Frank Zeeb

Die Palastwirtschaft in Altsyrien

nach den spätaltbabylonischen Getreidelieferlisten aus Alalaḫ (Schicht VII)

Alter Orient und Altes Testament
Veröffentlichungen zur Kultur und Geschichte des Alten Orients
und des Alten Testaments

Band 282

Herausgeber

Manfried Dietrich • Oswald Loretz

2001
Ugarit-Verlag
Münster

Die Palastwirtschaft in Altsyrien
nach den spätaltbabylonischen Getreidelieferlisten aus Alalaḫ (Schicht VII)

Frank Zeeb

2001
Ugarit-Verlag
Münster

Die Deutsche Bibliothek - CIP-Einheitsaufnahme

Zeeb, Frank:
Die Palastwirtschaft in Altsyrien nach den spätaltbabylonischen Getreidelieferlisten aus Alalaḫ (Schicht VII) / Frank Zeeb. - Münster: Ugarit-Verl., 2001
(Alter Orient und Altes Testament ; Bd. 282)
Zugl.: Münster (Westfalen), Univ., Diss., 2000
ISBN 3-934628-06-0

Herstellung: Weihert-Druck GmbH, Darmstadt

Printed in Germany

ISBN 3-934628-06-0

Printed on acid-free paper

Für Ute
in Liebe

Vorwort

Die nachfolgenden Studien sind eine leicht überarbeitete Fassung meiner Arbeit "... die am Tisch des Königs essen. Studien zur spätaltbabylonischen Palastorganisation nach den Getreidelieferlisten aus Alalaḫ (Schicht VII)" dar, die im WS 1999/2000 der Philosophischen Fakultät der Westfälischen Wilhelms-Universität zu Münster vorlag und von dieser als Dissertation angenommen wurde.
Wissenschaftliche Arbeit vollzieht sich nicht im Alleingang, sondern lebt vom Diskurs mit vielen Menschen, die die Entstehung eines Buches begleiten—teils durch Gespräch und Diskussion, aber auch durch andere Hilfestellung und Förderung in mancherlei Bereichen. Hierfür möchte ich mich bedanken.
Zuerst gilt mein Dank meinem Doktorvater, Herrn Prof.Dr. Manfried Dietrich, der mich für die Alalaḫtexte begeistert hat und während der Arbeit immer zum Gespräch bereit war. Auch sonst hat er sich, z.B. durch die Bereitstellung von Arbeitsmöglichkeiten in der Ugarit-Forschung, stets für den Fortgang dieser Arbeit eingesetzt. Danke auch an Herrn Prof.Dr. Walter Mayer für viele Diskussionen über die Geschichte Syriens und das Korreferat zu meiner Dissertation. Bedanken möchte ich mich auch bei zweien meiner Lehrer, von denen ich vieles lernen durfte, Herrn Prof.Dr. Oswald Loretz und Herrn Prof.Dr. Hans-Peter Müller. Sie alle haben meine Arbeit kritisch und wohlwollend begleitet.
Grundlage dieser Arbeit sind Kopien und Photos der Texte, die von den Herren Prof.Dr. Dietrich, Prof.Dr. Loretz und Dr. Hanspeter Schaudig hergestellt und mir zur Verfügung gestellt wurden—danke schön auch dafür; Herrn Prof.Dr. Dietrich und Herrn Prof.Dr. Loretz darüberhinaus für die Aufnahme des Bandes in die Reihe "Alter Orient und Altes Testament".
Mehr als sich sagen läßt verdanke ich auch meinen Eltern, Fritz und Sieglinde Zeeb. Meine Frau Ute Bögel hat während der Arbeit an den Alalaḫ-Texten immer zu mir gestanden und mich mit ihrer Liebe begleitet. Ohne sie wäre dieser Band wahrscheinlich nie entstanden, deswegen ist er ihr gewidmet.

Nellmersbach, im Mai 2001

Inhaltsverzeichnis

Vorbemerkung 323; Pferde im Normblock 324; Gerstenlieferungen in anderen Passagen 329; Andere Waren 333; Verhältnis zwischen verschiedenen Waren auf einer Tafel 338; *zaraphu* **und die Pferdefütterung 346; Empfänger:** *Ammuwa:* **351;** *Šinurapi:* **353;** *Jaṭereda:* 354; *Abiṭaba:* 355; *Irpa-Addu:* 358; **LÚ.(MEŠ.)SIPA: als Gruppe: 360;** Einzelne Hirten 361; *Nunikiyašu* 361; **Die Texte 38 und 39: 365;** *Lūpu:* 368; **Die LÚ.MEŠ.ŠÀ.GU₄:** 370; *Zauta:* 372; *Kuwan:* 372; *Kudurru:* 373; *Wandiya:* 373; *Gaita:* 375; *Ariya:* 375; *Šapši:* 377; *Šapši-Addu:* 377; *Samsu-Nabala:* 378; *Ḫalu:* 379; *Aštabi-šarru:* 380; *Taḫeya:* 381; **Zwischenergebnis 383; LÚ.SIPA und LÚ.KUŠ₇ 385; Amurru 388; Andere LÚ.MEŠ.***kizû:* 392; *Jašreda:* 392; *Werikiba:* 393; *Zukraši:* 394; *Ammuq:* 395; *Šak-eda:* 396; *Enaru:* 396; *Itada, Kūša:* 396; **Zusammenfassung 396**

Anhänge

I) Einführung

1. Das Thema der vorliegenden Arbeit

"Les textes 'économiques' eux non plus ne sont dépourvues de sensationnel, mais leur information est le plus souvent répétitive et, tant que les séries auxquelles ils appartiennent ne sont pas reconstituées, presque toujours insignifiants. Leur ensemble restauré on verra, cependant, que ce sont eux qui se révèlent la clef de la documentation de Mari". [1]

Dieses—aus einem anderen Zusammenhang entnommene Zitat—beschreibt gut den Hintergrund, auf dem die vorliegende Arbeit basiert.

Mit den Getreidelieferlisten [2] aus dem spätaltbabylonischen Alalaḫ haben wir ein Textkorpus vorliegen, das auf den ersten Blick kaum das Interesse des Betrachters zu wecken vermag: Lange Auflistungen einzelner, zumeist unbekannter Personen ermüden den Leser, aus den angegebenen Mengen läßt sich kaum eine Ratio ableiten. Auch die Datierung einzelner Tafeln mag zunächst ein fruchtloses Unterfangen darstellen, der Zweck der Lieferungen ist zudem nur in den seltensten Fällen angegeben. Alles in allem könnte man also zu dem Entschluß gelangen, die Texte seien von geringer Relevanz, die nähere Beschäftigung vielleicht sogar eine Verschwendung von Arbeitszeit und Arbeitskraft, die sinnvoller eingesetzt werden könnten. Es nimmt daher nicht wunder, daß gerade diese Texte kaum größere Beachtung [3] in der Altorientalistik fanden.

Dem ist entgegenzuhalten, daß—ganz im Sinne obigen Zitats—das "Sensationelle" auch hier vorhanden ist. Der Vorteil unseres Textkorpus ist dessen relative Beschränkung auf knapp 100 Texte, so daß eine gewisse Überschaubarkeit noch gegeben ist. Drei weitere Aspekte dürfen nicht vernachlässigt werden:

• Die Tontafeln aus Alalaḫ sind für die in Frage stehende Zeit so ziemlich die einzigen Texte aus Nordsyrien. Die Einordnung in ihren kulturellen, historischen und geopolitischen Kontext zeigt, daß wir es hier mit einer einzigartigen Sonderstellung in vielerlei Schnittpunktsituationen zu tun haben, die andererseits aufgrund dieser Einzigartigkeit zum einen das Typische herausstreicht, das allen diesen Aspekten gemein ist, zum anderen jedoch auch Besonderheiten hervortreten läßt, die schon um ihretwillen die Betrachtung lohnen.

Fragen wir nun nach den beteiligten Faktoren im einzelnen: Die Texte sind zunächst in die altbabylonische Kultur ihrer Zeit einzuordnen, lassen aber auch Rückschlüsse auf die Lebenswelt einer nordwestsemitischen Bevölkerung zu, die bereits hurritischem Einfluß ausgesetzt ist. Gleichzeitig lassen sich kulturelle Einflüsse aus Ägypten nachweisen, ebenso wie aus dem ägäischen Raum: Nordsyrien steht am Schnittpunkt der Weltkulturen. Historisch ist nachweis-

---

[1] J.-M. Durand, MARI 4, 7.

[2] Zu Terminologie und Textabgrenzung siehe unten Kap IV die entsprechenden Abschnitte.

[3] Siehe unten Kap. I,3. zum Forschungsstand.

bar [4], daß die Texte der Schicht Alalaḫ VII noch der Mittelbronzezeit zugehören, während schon wenig später die Spätbronzezeit beginnt. Sie sind chronologisch der Zeit zuzuordnen, in der die altbabylonische Zeit bereits ihren Zenit überschritten hatte und neue Kräfte zum Vorschein kamen, unter denen in erster Linie die Hethiter zu nennen sind, die den nordsyrischen Raum als ersten Bereich ihres Vorstoßes zur Einflußnahme in weiten Teilen des gesamten Vorderen Orients beeinflußten. Alle diese Faktoren sind im übrigen durch Texte anderer Provenienz nur schwer zu belegen, zumal das Zentrum des Raumes, das Hegemonialfürstentum in Aleppo, aufgrund der modernen Überbauung den Ausgrabungen nur schwer zugänglich ist [5]. Alleine schon deswegen muß die Beschäftigung mit den Alalaḫ-Texten als dem bislang einzigen wesentlichen Schriftfund dieser Epoche in diesem Raum unser Interesse wecken.

• Im Rahmen einer allgemeinen forschungsgeschichtlichen Tendenz der letzten Jahre und Jahrzehnte, die altorientalische und andere Texte nicht mehr hauptsächlich auf ihren religionsgeschichtlichen und kulturhistorischen Gehalt befragt, ist auch nach den sozio-ökonomischen Verhältnissen zu fragen, die dieser hochinteressanten Schnittstelle zugrunde liegen. Es steht zu erwarten, daß sich eine besondere Wirtschaftsform entblättert, die einerseits Einblicke in die innere Struktur und Organisation dieses Stadtstaates bietet. Die hier gewonnenen Ergebnisse dürften andererseits ein Erklärparadigma auch für die Umweltkulturen Alalaḫs bieten, anhand dessen in Analogie und Differenz auch wirtschaftliche Vorgänge über den engeren Bereich der Symmachie von Jamḫad hinaus gedeutet werden können. Für dieses Vorhaben ist die Interpretation der Getreidelieferlisten ein geeigneter Ausgangspunkt, da sie zum einen erwarten lassen, daß sie ein kohärentes Bild des von ihnen betroffenen ökonomischen Subsystems bieten. Zum anderen dürfen wir voraussetzen, daß dieses Subsystem innerhalb der wirtschaftlichen Realität von Alalaḫ nicht nur marginal ist, da von den insgesamt ca. 288 gefundenen Texten der Schicht VII immerhin 94 (= 32,63%) dieser Gruppe zuzuordnen sind: Die Schreiber und Bewahrer der Texte selbst maßen also den Getreidelieferlisten einen hohen Gebrauchswert zu, der seinerseits auf eine hohe Relevanz für das wirtschaftliche Leben der Schriftträger schließen läßt.

• Die Methode der Form- und Gattungskritik [6] soll an diesem Textkorpus daraufhin überprüft werden, inwieweit es mit ihr möglich ist, altorientalische Texte wirtschaftlichen und wenig spektakulären Inhalts präzise zu definieren und

---

[4] Einzelbeweise siehe unten Kapitel III.

[5] Vgl. zu den Ausgrabungen auf der Zitadelle von Aleppo jetzt den vorläufigen Bericht von W. Khayyata/K. Kohlmeyer, DaM 10, 69-95. Dort wurde 1996/97 ein Tempel, vermutlich aus der in Frage stehenden Zeit, erreicht, der evtl. "den Haupttempel Aleppos, denjenigen des Wettergottes" (89) darstellt. Eine Inschrift (a.a.O., 75f, Abb. auf Tafel 13b) könnte von der Zitadelle stammen und womöglich sogar die Gründungsinschrift darstellen.

[6] Siehe unten die methodologischen Vorbemerkungen.

so in ihren Kontext zu stellen, daß über diesen Kontext hinaus weitergehende Folgerungen sich ergeben.

Das Vorhaben dieser Arbeit besteht also darin, das "ensemble" und die "séries" der Getreidelieferlisten von Alalaḫ zu rekonstruieren und auf dieser Basis die allfällige Einordnung in den weiteren Kontext der Gesellschaft von Alalaḫ selbst vorzunehmen. Darüber hinaus soll an Einzelpunkten untersucht werden, welche Relevanz die Texte aus dem Stadtstaat Alalaḫ in historischer und wirtschaftsgeschichtlicher Hinsicht für die Altorientalistik haben können.

2. Methode und Gang der Darstellung

2.1. Einige Worte zur angewandten Methode [7]

Zu den allgemein-erkenntnistheoretischen Grundlagen ist zu bemerken, daß historisch-philologische Arbeit grundsätzlich modellhaft arbeitet und sich in "hermeneutischen Spiralen" bewegt. Unter einem *Modell* wollen wir im folgenden eine Zuordnung von Daten zueinander verstehen, die in sich kohärent ist und auf möglichst wenigen, in sich widerspruchsfreien Voraussetzungen beruht. Bei diesen Voraussetzungen handelt es sich zumeist um Hypothesen, erste näherungsweise [8] Interpretationsversuche zur Erklärung des Datenbestandes. Das jeweils vorgeschlagene Modell versucht, den festgestellten Befund sinnvoll zu beschreiben und zu interpretieren. Ein Modell ist so eine abgeleitete Größe, welche die der Realität entnommenen Befunde auf einer Metaebene erörtert und somit selbst nicht auf derselben Ebene wie diese steht, wenngleich Befund und Modell stets in einer Wechselwirkung zu sehen sind. Daher müssen wir uns vor Augen halten, daß ein Modell *per se* nie eine letztgültige Position liefern kann, sondern stets für neue Daten offen sein muß, die in unserem Fall z.B. in neu aufgefundenen Texten, veränderten Fragestellungen oder der Gegenüberstellung mit Material aus anderen Fundorten bestehen können. Diese neuen Daten stellen einen Testfall für das Modell dar, insoweit sie dieses stützen, *ad absurdum* führen oder doch seine Schwächen aufzeigen können. Letztere könnten z.B. darin bestehen, daß der neue Befund im Rahmen des alten Modells nicht erklärt werden kann, neue Hypothesen erforderlich macht oder auch Widersprüche oder Inkohärenzen im Hypothesenbestand aufdeckt. [9]

---

[7] Diese Vorbemerkung kann lediglich allgemeine Bemerkungen machen, weitere methodologische Begründungen finden sich zu Beginn der einzelnen Kapitel.

[8] Thomas von Aquin: *veritas est adaequatio intellectus et rei* (Summa Theologiae I, q16 a2).

[9] Der letzte Punkt spiegelt einen Entstehungsabschnitt dieser Arbeit wider: Zunächst wurden Hypothesen und Strukturen ausschließlich anhand der veröffentlichten Texte gewonnen. Das so erarbeitete Modell wurde dann dem Test durch die Befunde aus den unveröffentlichten Texten unterzogen: Es erwies sich im wesentlichen als tragfähig, wenngleich eine Vielzahl von Modifikationen erforderlich wurde.

Deshalb ist von einer *hermeneutischen Spirale* [10] zu sprechen: Ausgehend von einem Datensystem der Vergangenheit erheben wir mit modernen Fragestellungen ein Modell, das wiederum unseren Datenbestand und unsere Fragestellungen in ein neues Licht stellt. So sind wir aufgefordert, das Modell zu verändern, was wiederum neue Fragestellungen und Deskriptionsstrukturen erfordert. In diesem Zusammenhang kann und soll die wissenschaftstheoretische Diskussion [11] nicht vertieft werden, jedoch ist wichtig, daß wir uns der Unabgeschlossenheit unseres Forschens bewußt bleiben [12]. Für die konkret vorliegende Arbeit ist zu folgern, daß die Wechselwirkung von Modell, Fragestellungen, Hypothesen und Ergebnissen nicht aus den Augen verloren werden darf. Dies gilt umso mehr, als unser doch relativ begrenzter Datenbestand kaum mehr als möglichst kohärente Modelle zuläßt. Erstrebenswert ist also eine Interpretation, die kaum schlüssig bewiesen werden kann, aber die Mindestpostulate der inneren Widerspruchsfreiheit, der Übereinstimmung mit extern erhebbaren Daten [13], möglichst großer Interpretationsdichte und geringen Hypothesenbestandes erfüllen soll.

Ein wichtiges Instrumentarium zur Interpretation von Texten stellt die "formkritische Methode" [14] dar. Wir unterscheiden zunächst zwischen "Ausdruck" und "Bedeutung" [15]: Sprache [16] ist ein System, in dem verschiedene Zeichen [17] zueinander in beschreibbaren Beziehungen stehen. Diese Beziehungen

---

[10] Dieser Begriff dürfte dem des "hermeneutischen Zirkels" vorzuziehen sein, da ein Zirkel in sich selbst geschlossen ist und stets zu dem jeweils eigenen Ursprung zurückführt.

[11] Vgl. dazu die entsprechenden Einführungen, z.B. E. Braun/H. Rademacher, Wissenschaftstheoretisches Lexikon; W. Leinfellner, Einführung; H. Seiffert, Einführung; ders. (Hg.), Handlexikon. Die Literatur der letzten Jahre scheint sich darüber hinaus immer mehr aufzufächern in fachbezogene Einführungen ("Erkenntnistheorie für ...").

[12] Inwieweit die eigene wissenschaftstheoretische Position in Aufnahme und Widerspruch zu den Arbeiten K. Poppers (z.B. K. Popper, Logik) geprägt ist, kann hier nicht weiter erörtert werden, vgl. als Überblick Th. Mahlmann, TRE 20, 97-121.

[13] Z.B. dem Material aus anderen Orten, den politisch-historischen Abläufen und dem archäologischen Befund.

[14] Die Literatur ist vielfältig und stammt im allgemeinen aus der Literaturwissenschaft bzw. der biblischen Exegese: H.-P. Müller, TRE 11; K. Koch, Formgeschichte; K. Berger, UTB 1444. Seitens der Altorientalischen Philologie fehlt m.W. eine methodologische Studie i.e.S., die Methode wird zumeist ohne weitere Begründung angewendet.

[15] Diese terminologische Unterscheidung versucht, die etwas unklaren Begriffe "Form" und "Inhalt" zu vermeiden, da das eine nicht ohne das andere existieren kann.

[16] Hier geht es nur um Texte, so daß weitergehendere Erörterungen entfallen können.

[17] "Zeichen" bedeutet hier nicht "Keilschriftzeichen", sondern ist semiotisch gemeint: Ein sprachliches Zeichen (*signum*) ist ein "vereinbartes Handlungsschema" (G. Fohrer u.a., UTB 267, 60), das auf etwas außerhalb seiner selbst Liegendes (*significatum*) hinweist.

lassen sich auf verschiedenen Ebenen [18] feststellen und aufzeigen. Dabei gilt es zunächst, möglichst ohne "inhaltliche" Prämissen, die verwendeten Zeichen herauszuarbeiten: Die Realisierung einer sprachlichen Handlung erfolgt durch die Anwendung verschiedener sprachlichen Zeichen in einer konkreten Beziehung zueinander ("Ausdruck"). Diese sprachliche Handlung ist aber aufgrund des Zeichencharakters prinzipiell mehrdeutig [19] ("Polysemie"). Es bedarf weiterer Hinweise, die außerhalb der konkreten Realisierung des "Ausdrucks" liegen, um eine (möglichst) eindeutige "inhaltliche" Festlegung zu erhalten. Diese Reduktion der Polysemie auf den im jeweiligen Kontext wahrscheinlichen Inhalt nennen wir "Bedeutung".
Die Analyse von Einzeltexten hat also zunächst auf der Ausdrucksseite Aufbau- und Strukturelemente [20] herauszuarbeiten. Dieses Verfahren hat den Vorteil, daß wir in die Lage versetzt sind, mit möglichst wenigen Voraussetzungen die Texte selbst zu Wort kommen zu lassen [21]. Wo vorrangig Elemente der Ausdrucksseite einer sprachlichen Handlung im Vordergrund der Analyse stehen, sind Vor=Urteile über den *Inhalt* (="Bedeutung") zunächst nicht erforderlich. Damit bedürfen wir in diesem Stadium noch keiner Hypothese über die zugrunde liegende Realität(swahrnehmung), die aus den Texten zum Vorschein kommt.

Stellt sich nun bei der Analyse heraus, daß ein charakteristisches Konjunkt von Elementen mehreren Einzeltexten (im folgenden die *Form* eines Einzeltextes) gemeinsam ist, so fassen wir das durch die Gesamtheit dieser Elemente konstituierte idealtypische Gebilde unter dem Begriff der "*Gattung*" [22] zusammen.

---

[18] Man könnte diese Signeme z.B. unterscheiden auf Phonemebene, Morphemebene, Wortebene, Satzebene und Textebene. Auf dem Hintergrund unserer Texte sind die virulenten Ebenen: Keilschriftzeichen, Wort, Einzeleintrag, Textblock, Tafel und Archiv.

[19] Einige Beispiele aus der Alltagssprache mögen dies verdeutlichen: Wörter können unterschiedliche Bedeutungen aufweisen ("Strauß", "Schloß"); Sätze können in verschiedenen Kontexten bei perfekter Identität auf der "Ausdrucksseite" unterschiedlich gemeint sein ("Das hat gerade noch gefehlt!"). Ganze Textpassagen haben unterschiedliche Wirkung, wenn sie in verfremdetem Kontext gebraucht werden—hiervon lebt z.B. die Satire.

[20] Gegen M. Titzmann, UTB 592, 42 verwenden wir den Begriff der "Struktur eines Textes" also im nichtstrukturalistischen Sinne als ein Beschreibungsmoment des Ausdrucks.

[21] Selbstverständlich gibt es keine voraussetzungslose Wissenschaft: Bereits die Auswahl einer Textgruppe ist eine Voraussetzung, die selbst in vielerlei Hinsicht kontingent ist (persönliche Forschungsinteressen...).

[22] Dieser Gattung kommt dabei also keine reale Existenz zu (*non sunt nisi in animo*), sie sind pure *flatus vocis* (Formulierung nach Roscellinus von Compiègne, kurz vor 1100), ein Hilfsgebilde unserer Analyse.

Wir setzen nun voraus, daß zwischen einer so erarbeiteten "Gattung" und ihrem "Sitz im Leben" eine ein=eindeutige Relation [23] besteht, m.a.W.: Eine Gattung läßt auf das Vorliegen ein- und derselben—ebenso idealtypischen—Situation im Leben einer Gesellschaft schließen und umgekehrt: Das Auftreten der entsprechenden Situation hat im Regelfall die Emergenz der entsprechenden Gattung—mithin die Produktion von Einzeltexten mit den entsprechenden formalen Merkmalen—zur Folge. Dieses Postulat ist deswegen zulässig, da wir mit Rechts- und Verwaltungsurkunden zeitlich und räumlich eng begrenzter Provenienz arbeiten. Derartige Texte streben *per se* nach möglichst großer Eindeutigkeit, da im Rechtsleben, das auf Verbindlichkeit ausgerichtet ist, die Polysemie textlicher Äußerungen weitgehend ausgeschaltet werden muß: Ein Text entspricht einem genau definierten Kasus und kann nicht ohne weiteres auf andere Situationen übertragen oder ausgelegt werden [24]. Dies wäre natürlich bei anderen (z.B. literarischen) Textsorten unterschiedlich [25]:
Da nun die Realität auch in einem eng umrissenen Kontext nicht aus Idealtypoi besteht, sind neben den *gattungskonstitutiven* Elementen in jedem Text auch individuelle Merkmale vorfindlich, die das jeweils besondere der geschichtlich-

---

[23] Der Begriff der "ein=eindeutigen Relation" stammt ursprünglich aus der Mathematik und dient dazu, Operationen zu beschreiben, bei denen jedem Element der Grundmenge genau ein Element aus der Zielmenge zugeordnet wird, umgekehrt jedes Element der Zielmenge nur einem Element der Grundmenge zugeordnet ist. In der Geometrie ist also z.B. eine Achsenspiegelung eine solche Relation, in der Algebra z.B eine Funktion y=ax+b. Der mathematische Begriff wurde dann von der strukturalistischen Interpretation in die Textwissenschaften eingeführt; vgl. M. Titzmann, UTB 592, 42.

[24] Psychologisch ist dieses Verhältnis mit der Funktion des Ritus vergleichbar: Der Gefahr, die durch eine (lebensgeschichtliche) Situation heraufbeschworen wird, wird dadurch begegnet, daß ein gleichbleibender Ritus den Betroffenen Verhaltens- und Deutemuster an die Hand gibt und so den Umgängen mit der Situation und ihren Gefährdungen erleichtert. Ein anderes Beispiel sind gesellschaftliche Konventionen, die einerseits zwar Zwänge schaffen, andererseits aber auch die Sicherheit eines geregelten Normsystems vermitteln: "Man" weiß, wie "man" zu reagieren hat und was "man" billigerweise in einer gegebenen Situation erwarten darf. Auf die "Theorie der Institutionen", wie sie z.B. durch A. Gehlen, Urmensch, 1956 (vgl. dazu die Monographie von F. Jonas) und H. Schelsky (vgl. mehrere Beiträge in dem Sammelband "Auf der Suche nach Wirklichkeit") vorgelegt worden ist, kann hier natürlich nicht weiter eingegangen werden.

[25] Hier hätten wir mit Verfremdungseffekten zu rechnen, wie z.B. "Reibungsverlusten" durch Übernahme in neue textliche und/oder gesellschaftliche Bezüge. *Locus classicus* der alttestamentlichen Exegese ist die Übernahme des Qina-Liedes Am 5,2 in die Begründung des Scheltwortes Am 5,1-3. Diese Funktionen einer "Gattung" und der "Gattungsgeschichte" auf der diachronen Ebene können hier ausgeblendet werden, da wir im Rechts- und Wirtschaftsleben *einer* gesellschaftlichen Größe auf der synchronen Ebene sinnvollerweise mit einem hohen Maß an Analogie und Vereinheitlichung rechnen müssen.

einzigartigen Situation namhaft machen [26]. Wir gehen hermeneutisch also so vor, daß wir zunächst an konkreten Einzeltexten Beobachtungen machen, diese zu einem Idealtypus verdichten und diesen Idealtypus dann einer idealtypischen Situation ("Sitz im Leben") [27] zuordnen. Wenn wir uns dann wieder dem Einzeltext zuwenden, so tun wir dies in zweifacher Hinsicht: Zum einen zeigen wir auf, inwieweit der Einzeltext sich gattungskonstituenter Elemente bedient und damit im Rahmen der idealtypischen Situation bewegt; zum anderen aber, um aufgrund der jeweiligen Besonderheiten das Proprium des Textes und letztlich das historisch Einmalige der beschriebenen konkreten Situation zu erheben.
Dabei gehen wir so vor, daß wir als Gattung jeweils zunächst die größere Einheit ("*Rahmengattung*") analysieren und von dort ausgehend kleinere Einheiten ("*Gliedgattungen*") erarbeiten (*a maiore ad minus*). Diese Denkrichtung ermöglicht es uns einerseits, die Gattungen und ihren Sitz im Leben mit möglichst wenigen Voraussetzungen allgemein abzugrenzen, andererseits bietet jedoch die Analyse des Einzelnen bereits einen Testfall: Wo die Einzelanalyse mit dem Gesamtbild nicht in Einklang zu bringen ist, wird über die Korrektheit unserer Analyse nachzudenken sein.

2.2. Gang der Darstellung

—Aufgrund der dargestellten Methode haben wir—nach einer Verständigung über den Forschungsstand—als Bezugsgröße zunächst das Gesamtkorpus der Alalaḫ-Texte aus Schicht VII zu wählen (Kap. II). Wir haben dabei sowohl veröffentlichte als auch unveröffentlichte Texte heranzuziehen. Um Lesbarkeit und Überprüfbarkeit der Darstellung nicht überzustrapazieren und um der in Vorbereitung befindlichen Gesamtedition des Korpus nicht allzusehr vorzugreifen, werden wir i.w. für die Darstellung die veröffentlichten Texte heranziehen und das unveröffentlichte Material lediglich ausnahmsweise und als Anhang erwähnen. Dies geschieht auch deshalb, weil die unveröffentlichten Tafeln zumeist eher fragmentarisch erhalten sind, so daß Folgerungen oft nicht mit derselben Sicherheit gezogen und begründet werden können wie beim veröffentlichten Material. Alle Texte werden indessen einer Rahmen- und Gliedgattung zugeordnet.

---

[26] Also dem Text zu seinen Eigenschaften als Glied einer Gattung (formal = Ausdruck) seine Indivdualität (inhaltlich = Bedeutung) hinzufügen und ihn dadurch letztlich erst zu einer Größe mit Bezug auf das reale Leben machen.

[27] Diesem Vorhaben kann man nun entgegenhalten, daß mit der Einführung idealtypischer Situationen eine Vor=Entscheidung getroffen wird, die von außen an die Texte herangetragen wird. Dies ist insoweit zutreffend, als dieser idealtypischen Situation keinerlei eigenständige Realität zukommt: Sie ist nur in der Betrachtung existent. Andererseits ist das Konstrukt eines "Sitz im Leben" von uns methodisch dadurch kontrolliert, daß es anhand der typischen Einzelmerkmale erhoben wird, die möglichst ohne weitere Hypothesenbildung einander zugeordnet werden.

Auf dieser Basis wird es dann möglich sein, eine Neunumerierung der Texte vorzuschlagen [28], die gegenüber der bislang vorhandenen einige Vorteile aufweist und angesichts des unveröffentlichten Materials ohnedies ein dringendes Desiderat darstellt.

—Nach dieser formalen Analyse haben wir zweitens zu fragen, in welchen historischen Kontext die Alalaḫ-Texte zu stellen sind. Dies ist schon deshalb erforderlich, weil unsere Hypothesenbildung auf einsichtigen Voraussetzungen beruhen muß, so daß wir das Umfeld erarbeiten müssen, das den Texten zugrundeliegt. Wir wollen dies paradigmatisch so tun, daß wir die Geschichte Alalaḫs anhand der Fragestellung der Chronologie darstellen (Kap III). Dieses Vorgehen hat den Nebeneffekt, daß wir nicht nur sehr genaue Ergebnisse über die inneren Vorgänge im nordsyrischen Raum erhalten, sondern gleichzeitig darüber hinaus Alalaḫ in den weiteren Kontext der "altorientalischen" [29] Geschichte überhaupt stellen können. In diesem Kapitel sollen also entsprechend unserem Prinzip *a maiore ad minus* die Bedeutung der Alalaḫ-Texte für die allgemeine—relative wie absolute—Chronologie erörtert und ferner die innere Chronologie des Stadtstaates und seiner Umgebung dargestellt werden.

—Der dritte Hauptteil wird die dargestellte Methode auf die Gattung "Getreidelieferlisten" anwenden (Kap IV). Wir haben zunächst die Gattung zu definieren und den Textbestand anhand der Elemente auf der Ausdrucksseite darzustellen. Dabei werden wir feststellen, daß sich aus diesem Korpus von 94 Texten (davon 47 unveröffentlichte und zwei nur in Transkription veröffentlichte) aufgrund formaler Kriterien eine Teilmenge ausgrenzen läßt, die wir im folgenden als "*Normblock*" bezeichnen wollen. Diese Normblöcke lassen sich ihrerseits als diejenige Untergattung der Getreidelieferlisten beschreiben, deren "Sitz im Leben" die regelmäßigen Getreidetransaktionen des Palastes widerspiegelt. Daher eignen sie sich vorzüglich dazu, Strukturelemente der Palastwirtschaft zu erarbeiten. Vor der Einzelinterpretation der Normblöcke muß indessen noch eine inhaltliche Erörterung dessen stehen, was *allen* diesen Lieferlisten und folglich auch den Normblöcken gemeinsam ist. Dabei kommt es wiederum auf die innere Chronologie vor allem der letztgenannten Gliedgattung an, die uns entscheidende Einblicke und Interpretationsgrundlagen für die Darstellung der *realiter* vorliegenden wirtschaftlichen Transaktionen erlauben wird. Ferner haben wir kurz nach den belegten Maßangaben zu fragen und darzustellen, welche ernährungsphysiologischen Fragestellungen durch die belegten Getreidequantitäten aufgeworfen werden.

---

[28] Vgl. Vf., UF 30, 830f.876-881 und unten Anhang E.

[29] Der Begriff "altorientalisch" ist hier nicht ganz eindeutig, da wir auch Elemente aus dem ägyptischen und ägäischen Raum heranzuziehen haben, die traditionell nicht unter den Alten Orient zu fassen sind. Aufgrund der besonderen Stellung Alalaḫs als eines Unterzentrums an der Peripherie der altorientalischen Welt (vgl. zu den Begrifflichkeiten R. Lamprichs, AOAT 239, 27-30) mag diese Unexaktheit jedoch gestattet sein.

Nach diesem allgemeinen Überblick soll eine Einzelinterpretation der Normblöcke erfolgen (Kap. V), die in erster Linie versucht, die wirtschaftliche und gesellschaftliche Struktur der *Palastwirtschaft* von Alalaḫ herauszuarbeiten—weitere Einblicke in Struktur und Organisation des Stadtstaates sind uns zumeist verwehrt, da die erhaltenen Texte eben im Auftrag des Palastes verfaßt wurden und daher nur eine bestimmte Teilmenge aller möglichen Strukturen wiedergeben, doch lassen sich einige Aspekte benennen, die namentlich den königlichen Harem und den Tempel betreffen, da diese ab und an in den Lieferlisten in Bezug zum Palast gesetzt werden.

—Eine Zusammenfassung (Kap. VI) soll die gewonnenen Ergebnisse zusammenstellen und einen Ausblick auf eventuelle weitere Forschungen bieten.

—Ein Anhang soll in mehreren Abschnitten die Darstellung ergänzen und erweitern:
• die Texte (ggf. mit textkritischem Apparat) in Keilschriftkopie und Umschrift
• ein Index der belegten Wörter, Namen und Zahlen
• eine Darstellung der Blöcke und ihrer Abgrenzung als den jeweiligen Gliedgattungen, aus denen sich eine Getreidelieferliste zusammensetzt
• eine formkritische Analyse der Einzeleinträge und Summen als den kleinsten selbständig sinntragenden Einheiten oberhalb der Morphem- und Wortebene
• Konkordanzen der Getreidelieferlisten nach Museums-/Ausgrabungsnummer, unserer Nummer und ggfs. Al T-Nummer
• Konkordanzen des Gesamtkorpus von Schicht VII nach unserer Neunumerierung, der Al T-Nummer resp. bei unveröffentlichten Texten der Museums/Ausgrabungsnummer.

3. Forschungsstand

Wir haben uns im folgenden Abschnitt zunächst den Forschungsstand zu vergegenwärtigen. Dabei ist offensichtlich, daß nicht jede Äußerung zu den Alalaḫ-Texten wiedergegeben werden kann, die irgendwann einmal getätigt wurde [30]. Daher beschränken wir uns im wesentlichen auf die Aspekte der Ausgrabung, der Textveröffentlichung und einige Arbeiten zur sozialen Struktur des Stadtstaates von Alalaḫ. Es fällt auf, daß zu den Getreidelieferlisten nur sehr wenig publiziert wurde [31]: Nach den Veröffentlichungen der Texte und Umschriften erschienen nur zwei weitere Artikel, die sich speziell dieser Textgruppe widmeten: ein Aufsatz von A. Goetze, der i.w. textliche Probleme behandelte, und

---

[30] Überblickartige Lexikonartikel: M.C. Astour, ABD I; E.L. Greenstein, OxfEncANE 1; H. Klengel, RlA 8, 411f (Mukiš); ders., RGG^4; M. Noth, RGG^3; W.T. Pitard (Aleppo), OxfEncANE 1; D.L. Stein, OxfEncANE 1 (Alalaḫ Texts).

[31] Sprachlich nicht zugänglich ist mir die Dissertation von E. Gaál, Alalah táradalma. Hier bin ich auf die weiteren Arbeiten des Verfassers (siehe das Literaturverzeichnis) und die deutsche Zusammenfassung von G. Komoróczy, AUSB 15, 1974, 257-260 angewiesen.

einer von G. Bunnens, der ansatzweise unsere Fragestellung in den Blick nahm. Der Hügel von Tell Açana weckte das Interesse L. Wooleys, denn: "I believed (it) to be the site of a royal city commanding the principal trade-routes, including the pass to the sea, and controlling too the timber supplies of the Northern mountains" [32]. Es war also die handelsstrategische Bedeutung und nicht etwa die Größe des Hügels [33], die Alalaḫ in den Mittelpunkt des Interesses rückte. Acht [34] Ausgrabungskampagnen zwischen 1937 und 1948 [35] förderten in 17 (bronzezeitlichen [36]) Schichten reichhaltige archäologische Funde [37] zutage. Ferner wurden Textfunde [38] gemacht, und zwar hauptsächlich in den Schichten VII und IV, wenige weitere Texte auch aus anderen Schichten [39]. Unter letzteren ist sicherlich am wichtigsten die Statue des Idrimi [40]. Für unseren Zusammenhang ist es von hoher Bedeutung, daß aus den Fundzusammenhängen erhellt, daß die breite Mehrheit der Texte aus Schicht VII zu ein und demselben Archiv gehört [41]. Wir dürfen hieraus zwei Folgerungen ziehen: Der "Sitz im Leben" des *Gesamtarchives* braucht nicht weiter differenziert zu werden, da er innerhalb der Bedürfnisse des Palastes zu suchen ist. Zweitens sind die Texte bis zum Abschluß des Archivs aufbewahrt worden. Der Versuch ihrer Rettung zeigt, daß sie bis zu dieser Phase als relevant erachtet wurden.

---

[32] L. Wooley, Alalakh, 1.

[33] Vgl. D. Collon, AOAT 27, XXI.

[34] Ein präziser Überblick bei M. Heinz, AOAT 41, 9-12.

[35] Wenn D. Collon, AOAT 27, XXII von "seven" Kampagnen spricht, dann dürfte sie die Kampagne von 1936 nicht mitzählen, da sie sich mit dem Hafen (Tell el Mina) beschäftigte, wobei auf dem Tell Açana nur kurzfristig Sondagen durchgeführt wurden (vgl. L. Wooley, Alalakh, 1 und den Bericht in ders., JHS 56).

[36] Offenbar war der Tell Açana nur während der Bronzezeit bewohnt: "both before and after its destruction" (L. Wooley, Alalakh, 6) war der Tell Taʿyīnat besiedelt, der direkt nördlich von Alalaḫ gegenüber der Straße von Antakya nach Aleppo liegt, vgl. die Überblickskarte a.a.O., 4 und detailliert die Karten bei R.J. Braidwood, OIP 48, 12-19.

[37] Zur Keramik vgl. M. Heinz, AOAT 41, passim.

[38] Erste kurze Beschreibung bei S. Smith, AJ 19.

[39] Vgl. die bequeme Übersicht bei E.M. von Dassow, 459-461.

[40] So auch E.A. Speiser, JAOS 71, 151. Vgl. zum Text und seiner Interpretation die Erstpublikation von S. Smith, OPBIAA 1; G.H. Oller, Idrimi; ders., OPSNKF 11 sowie die Arbeiten von M. Dietrich/O. Loretz, H. Klengel und R. Mayer-Opificius in UF 13, ferner T. Longman III, COS; E.L. Greenstein, CivANE und ders./D. Marcus, JANES 8. Ein Sammelband zu Idrimi ist in Vorbereitung für ALASP 4. Eine neue historische Auswertung bei W. Mayer, UF 27.

[41] "It is clear that the tablets were kept in room 11 and those found in rooms 12 and 13, and the one in the court (room 9) had been dropped by people who were trying to salve them from the burning building." (L. Wooley, Alalakh, 103)

Die Erstausgabe der Tontafeln aus Alalaḫ wurde 1953 von D.J. Wiseman publiziert. Wiseman ordnete insgesamt 465 Texte [42] nach den von ihm erhobenen Gattungen an. Auf 58 Plates wurden Keilschriftkopien von 198 Texten gegeben. Problematisch an der Anordnung war zum einen die etwas ungenaue Definition der Textsorten, für die Praxis war indessen viel gravierender, daß D.J. Wiseman alt- und mittelbabylonisches Material lediglich durch einen Stern (*) von altbabylonischen Texten unterschied. Dieses Verfahren war in hohem Maße fehleranfällig und führte schon von Beginn an zu Mißverständnissen [43].
Neben den Kopien und Bearbeitungen ist für uns in erster Linie die "Introduction" (S. 1-22) von Belang: D.J. Wiseman beschäftigt sich hier mit allgemeinen (1f) und historischen Fragestellungen (2-8). Besonderes Augenmerk in bezug auf die altbabylonischen Lieferlisten richtete Wiseman auf die Monatsnamen (4f). Einzelne Abschnitte [44] beschäftigen sich mit "Population" (8f), "Professions and Occupations" (12f), "Measures" (14f), "Husbandry" (15f) und einem Überblick über die Sprache (18-22) [45]. Eine Fundgrube für die Arbeit an den Texten sind die Indices.
"Mainly for financial reasons" [46] konnten indessen nicht alle Kopien in der Erstpublikation wiedergegeben werden. Wiseman nutzte daher die Gelegenheit, im Folgejahr (1954) im "Journal for Cuneiform Studies" seine Kopien zu publizieren. Weitere Texte, die in Al T nicht geboten waren, wurden hier erstmals der Öffentlichkeit vorgestellt: Die Getreidelieferliste 283b und der juristische Text 455. Damit lag die Mehrzahl der veröffentlichten Getreidelieferlisten hier erstmals in Keilschriftkopie vor: "With the present publication, all the Alalakh tablets are now available in copy, with the exception of the longer lists of personal names and some of the more damaged fragments." [47] Ein altbabylonischer Text wurde erst später veröffentlicht, und zwar der historische Text Al T 456 [48], so daß die Publikation—abgesehen von Texten, die von vornherein gar nicht zur Veröffentlichung vorgesehen waren—vollständig war [49].

---

[42] Die Zahl ergibt sich aus den im Katalog vorfindlichen Nummern 1-454 sowie den durch Buchstaben an mehreren Stellen zusätzlich gebotenen Texten. Die Siegelfragmente wurden dabei nicht gezählt.

[43] Vgl. D.J. Wiseman, JCS 8, 3.

[44] Wir nennen hier nur das, was für unsere Untersuchung bedeutsam ist. D.J. Wiseman gibt zumeist querschnittartige Überblicke durch alt- wie mittelbabylonische Texte.

[45] Vgl. zu weiterem die Arbeiten von J. Aro, AfO 17; A. Draffkorn, Hurrians und G. Giacumakis.

[46] D.J. Wiseman, JCS 8, 1.

[47] D.J. Wiseman, ibid.

[48] D.J. Wiseman, JCS 12 (Kopie, Umschrift und Übersetzung); vgl. zur anschließenden Diskussion A. Draffkorn, JCS 13 und W.G. Lambert, JCS 13, 132.

[49] Eine bequeme Übersicht über das Material und weitere Bearbeitungen bei R.S. Hess, UF 20 (bis 1987). Ein weiterer Text aus Schicht IV (Al T 457 = 415.19) wurde publiziert von D.J. Wiseman/R.S. Hess, UF 27; eine Vielzahl kleinerer mB Texte von M.Die-

Ein weiterer Fortschritt bei der Veröffentlichungssituation trat 1959 ein, als Wiseman "at the request of the editors of the JCS" [50] die Getreidelieferlisten ("ration lists") sowohl der Schicht VII als auch der Schicht IV noch einmal kollationierte und eine Umschrift mit verbesserten Lesungen vorlegte.
In demselben Heft wie Wisemans Transkription der altbabylonischen Getreidelieferlisten und offenbar in Absprache mit diesem befasste sich A. Goetze mit diesen Texten und lieferte in einer Art Kommentar "Remarks on the Ration Lists from Alalakh VII". Diese Bemerkungen waren sowohl textlicher wie auch inhaltlicher Art. Vielleicht trug diese präzise Beschäftigung dazu bei, daß die Getreidelieferlisten fortan kaum mehr beachtet wurden; sie galten wohl als hinreichend interpretiert [51].
Die Forschung an den Alalaḫ-Texten richtete sich insgesamt auf zwei andere Schwerpunkte, zum einen die Frage der Chronologie [52], zum anderen die Frage nach den sozialgeschichtlichen Hintergründen.
Die zweite dieser Fragen fand zwischen 1955 und etwa 1980 ihren Niederschlag in mehreren kleinen Arbeiten: I. Mendelsohn [53] und H. Klengel [54] machten die Sklaverei in Alalaḫ zum Thema. Beide Autoren stimmen darin überein, daß die Quelle der Sklaverei in erster Linie die Versklavung zahlungsunfähiger Schuldner war und dieses Kontingent durch Kriegsgefangene ergänzt wurde. Nach I. Mendelsohn [55] wurden vor allem letztere zu "state slaves" (LÚ.MEŠ *asīrū*). Als solche sind sie in den Lieferlisten belegt. Dessen ungeachtet ist ihre ökonomische Rolle gering [56], denn die übrigen in den Lieferlisten belegten Berufe sind zumeist als freie Bürger anzusehen, "since artisans (with very few exceptions) were free-born people in the Ancient Near East". Daher liegt für I. Mendelsohn die Folgerung nahe, daß in Alalaḫ wie überall im Alten Orient die Großgrundbesitzer "seem to have preferred free tenants to slave labour" [57].

---

trich/O. Loretz in der Artikelreihe "Die soziale Struktur von Alalaḫ und Ugarit" (SSAU = dies., WO 3; WO 5; ZA 60; UF 1) vorgestellt. Listen aller, auch der unveröffentlichten, Texte und Textfragmente bei Chr. Niedorf, UF 30 (mB) und unten Anhang E (= Vf., UF 30, 876-881). Die mB-Texte werden i.f. nach Chr. Niedorfs Vorschlag zitiert.

[50] D.J. Wiseman, JCS 13, 19.

[51] Einige wenige Bemerkungen finden sich bei M. Tsevat, HUCA 29, 120-122.

[52] Siehe dazu ausführlich unten Kap. III.

[53] I. Mendelsohn, IEJ 5.

[54] H. Klengel, AcAnt 11.

[55] I. Mendelsohn, IEJ 5, 65f.

[56] Wenn M. Tsevat, HUCA 29, 121 behauptet, sie spielten "a considerable role in the economy of eighteenth century Alalakh as the mere listing of references shows", so kann er sich nicht auf I. Mendelsohn berufen, da seine Belegstelle (I. Mendelsohn, IEJ 5, 66) diese Behauptung nicht trägt. Vollends verwirrend ist die Bestreitung der Annahme einer großen ökonomischen Rolle durch E. Gaál, AcAnt 32, 3, da sein Bezug auf I. Mendelsohn (E. Gaál, ibid., FN 15) dort nicht existiert.

[57] Beide Zitate I. Mendelsohn, IEJ 5, 72.

Demgegenüber schätzt H. Klengel die Sklavenzahl zumindest für die Verhältnisse am Fürstenhof recht hoch ein: Er vermutet—allerdings ohne weitere Begründung—, daß die monatliche Ration eines Sklaven bzw. einer Sklavin deutlich unter 1 *pa* Gerste [58] gelegen hat, so daß er die Sklavenzahl am Hof von Alalaḫ VII —mit Fragezeichen—auf "etwa 150" [59] ansetzt. Die Rentabilität der Sklavenarbeit wird von H. Klengel uneinheitlich beurteilt: Der private Gläubiger hatte ein Interesse daran, den halbfreien Status seines Schuldners möglichst lange aufrecht zu erhalten [60]. Andererseits ist der Ankauf eines vollgültigen Sklaven in landwirtschaftlichem Kontext gegenüber der Anmietung von Zeitarbeitskräften dadurch von geschmälerter Attraktivität, daß der oder die Unfreie auch in Zeiten geringeren Arbeitsanfalls unterhalten werden muß [61]. Daher findet sich echte Sklaverei eher am Fürstenhof, während Privatleute das Institut der Pfandhaftung vorgezogen haben werden.
Insgesamt spiegelt sich in ungenannten Voraussetzungen beider Artikel wohl die bekannte Auseinandersetzung zwischen "bürgerlicher" und "marxistischer" Geschichtswissenschaft wider, wie sie in den 50er und 60er Jahren auch in der klassischen Altertumswissenschaft geführt wurde [62]: Stufte das eine Lager die Bedeutung der Sklaverei eher gering ein, so war für die Gegenposition die Sklaverei in ihren verschiedenen Ausprägungen die Verstehensgrundlage der ökonomischen Verhältnisse überhaupt.

Wir haben uns nun mit den Arbeiten von E. Gaál zu befassen, der sich seit den 70er Jahren immer wieder mit Alalaḫ-Texten und ihrem wirtschaftsgeschichtlichen Umfeld beschäftigt hat. Zu seiner Budapester Dissertation gilt das oben [63] Gesagte. Indessen sind die von G. Komoróczy in der Zusammenfassung [64] genannten Kapitel meistenteils von E. Gaál zu eigenen Aufsätzen ausgearbeitet worden, so daß wir uns ein ungefähres Bild machen können. Für unseren Zusammenhang am wesentlichsten dürften die Kapitel 6 und 7 sein, in denen sich E. Gaál "mit den verschiedenen Zweigen des Wirtschaftslebens" befaßt und "eine vollständige und genaue Sammlung der Angaben in bezug auf

---

[58] H. Klengel, AcAnt 11, 3.14.

[59] H. Klengel, AcAnt 11, 14. Die Frage wird uns unten (Kap. IV,5.3.; V,2.1.1 u.ö.) noch beschäftigen müssen.

[60] Zu der Klausel *balṭumma kaspa ušallim* H. Klengel, AcAnt 11, 8. Vgl. Vf., UF 24, 453 u.ö., der von C. Zaccagnini, SAAB 8, 31-33 geäußerte Widerspruch überzeugt nicht, da er letztlich den wirtschaftsgeschichtlichen Hintergrund nicht zureichend beachtet.

[61] H. Klengel, AcAnt 11, 13.

[62] Vgl. für die homerische Zeit die Debatte zwischen J.A. Lencman, Sklaverei, der einen weiten Teil seiner Arbeit dem "Kampf der Richtungen in der moderne ausländischen <sc. nichtrussischen, F.Z.> Literatur" widmet (63-93). Vgl. als Reaktion der "bürgerlichen Geschichtsschreibung" die Rezension von G. Wickert-Micknat, Gnomon 39.

[63] Siehe oben FN 31.

[64] G. Komoróczy, AUSB 15, v.a. 258f.

Ackerbau und Viehzucht, auf die sog. Hausgewerbe und das Handwerk, ferner auf den Handel" gibt. "Die sachliche Systematisierung wurde durch eine sorgsame Erläuterung der Terminologie der Dokumente, sowie der Fachausdrücke von Landwirtschaft und Handwerk begründet." [65]. E. Gaál geht also im wesentlichen von einem wirtschaftsgeschichtlichen System aus, dem er die Einzeldaten lexikalisch zuordnet. Vernachlässigt werden von ihm die jeweiligen Textgattungen [66], denen die Belege entstammen [67]. Damit beraubt sich E. Gaál aber der Möglichkeit, seine Erkenntnisse durch die Einordnung einer Textstelle in ihren jeweiligen "Sitz im Wirtschaftsleben" methodisch abzusichern [68]. Eine Darstellung und Auseinandersetzung mit den einzelnen Wirtschaftszweigen, die E. Gaál unter den Hauptstichworten "agriculture", "homecrafts", "handicrafts" <sic!> und "trade" herausgearbeitet hat, ist hier weder möglich noch sinnvoll; wir werden auf das einzelne im jeweiligen Kontext einzugehen haben.

Von Interesse ist hier aber das Wirtschaftssystem, das von E. Gaál seinen Analysen zugrunde gelegt wird. Er unterscheidet in seinen Arbeiten zwischen "state sector" und "private sector" [69]. Der König hatte dabei eine doppelte Funktion inne: Zum einen war er in seiner öffentlichen Funktion der Souverän, zum anderen jedoch in seiner privaten Funktion Landbesitzer. In Jamḫad und Alalaḫ war diese letztere Funktion entscheidend [70]. Die beiden Herrscherhäuser "belong to the same social level", der Fürst von Aleppo war indessen der *primus inter pares*, die einzige Verbindung zwischen beiden war ein Vertrag (41f). Folglich war Alalaḫ ein "member-state", mit Autonomie innerhalb des übergeordneten Territorialstaates von Jamḫad (42): Die Revolte von Irride hatte demnach das Ziel, ein "seperate movement" (ibid.) dadurch zu beenden, daß die aufständische Region direkt dem Fürsten von Aleppo unterstellt wurde: Abban

---

[65] Sämtliche Zitate bei G. Komoróczy, AUSB 15, 258. A.a.O., 260, Anm. 4 der Hinweis auf E. Gaál, AUSB 13.

[66] Vgl. G. Komoróczy, AUSB 15, 259.

[67] Dies zeigt sich gerade in der Arbeit AUSB 13, wo eine Unmasse von Belegen unter verschiedenen Themen systematisch gruppiert wird, aber der jeweilige Textzusammenhang kaum je genannt wird.

[68] Besonders deutlich E. Gaál, AUSB 13, 297, wo der "foreign trade" durch Textbelege aus verschiedenen Gattungen dargestellt wird, so daß weitergehende Folgerungen im Grunde sehr oberflächlich erscheinen. Die Verwendung von lexikalischen Daten zeigt deutlich, daß der Aspekt "Inhalt" nicht vorschnell eingebracht werden darf: Aus der (unzutreffenden) Interpretation des Wortes *māsūm* als "sailors and boatsmen" (297) wird eine bedeutsame Fernhandelsrelation konstruiert: "They maintained contracts <sic!> between *Alalaḫ* and Al-Mina, the seaport of the town, and with Qatna." Vgl. dagegen H. Klengel, OLA 6, 444f Anm. 50.

[69] Diese Unterscheidung beruht namentlich auf Arbeiten von I.M. Diakonoff (Hier seien genannt: ders., VDI 1969/4, 3-33 (russ.); ders., CRRAI 18, und I.J. Gelb (z.B. ders., CRRAI 18; ders., JAOS 87; ders. UF 11).

[70] E. Gaál, Oikumene 1, 40.

"thus became one of the land-owners where he had been 'only' a sovereign previously" (43) [71]. Da Jarimlim so faktisch enteignet wurde, mußte er entschädigt werden und erhielt eben Stadt und Gebiet von Alalaḫ [72]. Die Immobilienkaufverträge lehren zudem, daß in der Relation: Privatmann - Fürst von Alalaḫ - Fürst von Jamḫad der Besitz stets zur oberen Entität hin transferiert wurde, m.a.W. die Königshäuser und vollends der Hegemon immer größeren Machtbesitz an sich zogen (44). Der Hegemon sicherte sich gegen die Möglichkeit ab, daß einer seiner Bundesgenossen mehr Landbesitz anhäufte als er selbst, indem er sich (Al T 79; 456) ein Vorkaufsrecht vorbehielt [73].
Diese Dichotomie zwischen privater und öffentlicher Funktion des Königs wird von E. Gaál in einer Analyse der im Archiv belegten Orte näher geschildert [74]: 99 Orte werden aufgelistet, soweit möglich lokalisiert und auf ihre Zugehörigkeit zum staatlichen oder privaten Sektor hin untersucht. Was die Lieferlisten anlangt, wird dabei so unterschieden, daß Ortschaften dem Staatssektor zugerechnet werden, wenn sie "cereals of a respectable quantity as allowance from central/royal granaries" erhalten [75]. Wenn die Empfänger jedoch nicht als Individuen gekennzeichnet sind, wird ihr Herkunftsort dem Privatsektor zugewiesen. Als Ergebnis [76] wird festgehalten, daß Alalaḫ ebenso wie Jamḫad territorial organisiert war: Naštarbi, Tuba, Ušuwa sind Untereinheiten des Territorialstaates von Alalaḫ. Der "state/royal sector" läßt sich wiederum in zwei verschiedene Organisationsformen untergliedern: Solche, die ganz dem König unterstellt sind und andere, wo der König sich das Gebiet mit anderen Besitzern teilt [77].

---

[71] Es wird allerdings nicht ganz deutlich, wie sich dieses Konzept mit der Vertragsthese E. Gaáls verträgt: Der Aufstand in Irride hätte dann eben die Aufkündigung des Vertrages bedeutet. Daß Aleppo dies mit militärischer Gewalt verhindert, zeigt doch eher, daß die Vertragsparteien nicht ganz frei in ihren Entscheidungen waren.

[72] Diese gehörten offensichtlich vorher zum "state sector" von Aleppo. Inwieweit die Entstehung eines neuen Bundesmitgliedes im Kernland der Symmachie für den Hegemon von Vorteil war, wird von E. Gaál nicht weiter erörtert. Vermutlich bedeutete die Sicherung der Ostgrenze einen höheren strategischen Wert als die Abgabe von Gebieten an einen politisch geschwächten Verwandten.

[73] Vorsicht sollte man aber deswegen walten lassen, da wir eben nur über die Archive des *Palastes* von *Alalaḫ* verfügen. Hier steht von vornherein zu erwarten, daß Ankaufsurkunden aufbewahrt wurden, da sie Besitzrechte dokumentierten. Verfügte man über die Archive von Privatleuten, so könnte es durchaus sein, daß diese auch andere Transaktionen darstellten, die das gezeichnete Bild verändern dürften. Andererseits hat E. Gaál sicher darin recht, daß in der Relation Alalaḫ - Jamḫad ersteres der abhängigere Partner war. Vermutlich stärkte die Tatsache der Errettung Jarimlims die Position der Könige von Aleppo zusätzlich.

[74] E. Gaál, AcAnt 30, 3-44 und zuletzt Vf., UF 30.

[75] E. Gaál, AcAnt 30, 4.

[76] E. Gaál, AcAnt 30, 40.

[77] Vgl. die Arbeit E. Gaáls zu *eperu* (AUSB 17, v.a. 11f), die als *eperu* solche Untereinheiten einer Stadt beschreibt, die ggfs. verschiedenen Besitzern zugehörten.

Als Zusammenfassung der Position E. Gaáls kann sein Vortrag "The Social Structure of Alalaḫ" gelten, den er 1985 auf einem Symposium in Haifa hielt [78] und dabei auch wirtschaftsgeschichtliche Linien aufzeigte:
Die Könige leiteten persönlich als "Haushaltsvorstand" den Staatssektor "as a good farmer would do" (100). Durch Kauf von Immobilien vergrößerten sie ihre Macht auf Kosten der vormaligen Privateigentümer. Dabei gilt, daß 47,5% der Ortschaften "belonged to the state sector and 32,6 percent to the private sector ... the royal estate prevailed over the private sector, but the preponderance was not oppressive." [79] Demgegenüber stellen sich die Könige von Schicht IV eher als passive Teilnehmer am Rechts- und Wirtschaftsleben dar. Nach einer Analyse des soziologischen Befundes führt E. Gaál dies auf eine oberflächliche Betrachtung zurück: Idrimi war zu Beginn seiner Herrschaft, die er mit dem Schwert erworben hatte, ein klassischer "landlord" im Sinne der "ideology of the former phase: the field, the royal estate was the basis of sovereignity" (107). Die Untersuchung der sozialen Klassen— namentlich der *ḫupšu* und *ḫapiru*—ergibt, daß diese Personen oft dem königlichen Sektor zuzuordnen sind. Die Analyse von 238 Orten zeigt ihrerseits, daß hiervon 115 zum "state royal sector" gehören. Damit gelangt E. Gaál für Alalaḫ IV zum Ergebnis: "the state sector did not play second fiddle to the private sector" (109).

Da sich E. Gaál in der letzterwähnten Arbeit explizit [80] gegen die Position H. Klengels [81] zur wirtschaftsgeschichtlichen Entwicklung wendet, haben wir diese Meinung noch darzustellen.
H. Klengel [82] setzt mit der richtigen Beobachtung ein, daß die Funde aus dem Palastarchiv grundsätzlich zur Frage nötigen, inwieweit der jeweilige Text mit dem Palast (in Alalaḫ, bzw. Ḫalab/Waššukanni) zu tun hat: "Der privatwirtschaftliche Bereich ist offenbar nur begrenzt in das Blickfeld der Palastarchive gerückt ... Über die Rolle der Palastökonomie in der Gesamtwirtschaft kann daher nur bedingt eine Aussage gemacht werden." [83] Für die Zeit der Schicht Alalaḫ VII kann das Archiv "als das eines Haushaltes (*oikos*) bzw. seiner zentralen Einheit ('master-household') charakterisiert werden" (437). Das Archiv der Schicht IV indessen ist ein *Staatsarchiv*; die Rolle privaten Grundbesitzes kommt hier häufiger vor, da sich hier "die 'Individualisierung' der gesellschaft-

---

78 Veröffentlicht in OLA 23.

79 E. Gaál, OLA 23, 101. Bedenkt man, daß gerade im Bereich der Getreidelieferlisten die Kriterien für eine Sektorenzuweisung relativ uneindeutig waren und ferner, daß es sich um ein *Palast*archiv handelt, dann überrascht diese Evaluation etwas: Man könnte ebenso folgern, daß die Dominanz des Königs sich in einem Palastarchiv viel deutlicher widerspiegeln müßte als dies hier faktisch der Fall ist.

80 E. Gaál, OLA 23, 102 mit A.7.

81 H. Klengel, OLA 6 und ders., CRRAI 19.

82 H. Klengel, OLA 6, 436.

83 Ibid.

lichen Verhältnisse wider(spiegelt) sowie die Herausbildung privaten Grundbesitzes innerhalb der Gemeinden" (ibid.). Beide Faktoren stehen allerdings im Licht der Unterordnung unter die Souveränität des Königs. Der Tempel steht hinsichtlich seiner wirtschaftlichen Bezüge während der gesamten Zeit unter dem Palast [84].

Während der altbabylonischen Zeit haben wir aufgrund der Lieferlisten mit Handel (442) und handwerklichen (Textil, Leder, Metall) Tätigkeiten im Auftrage des Palastes (439f) zu rechnen, ferner mit Tätigkeiten für den unmittelbaren Verbrauch, mit Palastpersonal und Abgesandten anderer Höfe. Der Fernhandel wird vorsichtig als eingeschränkt betrachtet, da er wohl weitgehend in den Händen von Jamḫad lag (442f).
Als Personal finden sich Lohnarbeiter (444), gemietete Arbeitskräfte und das "Gesinde". Da das "Gesinde" für unsere nachfolgende Interpretation eine wichtige Rolle spielt, seien hier einige Zeilen als Vollzitat aufgeführt:

"Während die ständige Zugehörigkeit der in den Rationslisten aufgeführten Personen bzw. durch Berufs- oder Herkunftsangaben näher bezeichneten Empfänger nicht jeweils zu sichern ist, werden—meistens am Anfang der Listen—größere Zuweisungen an Gerste als Ration (ŠE.BA/*epru*) an 'Gesinde' notiert. Es scheint, daß es sich dabei vorwiegend oder ausschließlich um weibliches Personal handelt; die Rationsmengen schwanken—offenbar entsprechend dem Personalbestand—zwischen 60 und 75 Parisi Gerste monatlich. Die Menge der Rationen sowie die Position der Eintragung in den Listen lassen dieses Gesinde den 'Frauen' (SAL^{meš}(*-tim*)) gleichsetzen. Diese Gruppe dürfte zum ständigen Personal der Hauswirtschaft des Alalaḫ-Fürsten gehört haben; ihr sozialer Status ist nicht genauer zu bestimmen, doch ist nicht a priori anzunehmen, daß sie Sklavinnen waren. Das trifft auch für die als LÚ^{meš} *ki-na-ti* bezeichneten Bediensteten zu (Al T *272:3; *274:7), die Mengen von 12 bzw. 15 Parisi zugewiesen erhalten. Man darf wohl voraussetzen, daß diese Arbeitskräfte, für die kein Beruf genannt wird, im Palasthaushalt selbst beschäftigt waren, nicht in der agrarischen oder handwerklichen Produktion. [85]

Zur Gewinnung von Arbeitskräften wird die "Arbeit von Schuldnern anstelle von Zinsen" benutzt, wie aus den Schuldtexten deutlich wird (445) [86]. Sklaven kommen vor, wenngleich diese Gruppe "in den Quellen ... gegenüber anderen

[84] H. Klengel, OLA 6, 438.448f. Dies muß allerdings hinterfragt werden: Nach H. Klengels eigener Voraussetzung (s.o.) finden Vorgänge im Palastarchiv nur dann Erwähnung, wenn sie auf den Palast bezogen sind. Ferner ist der Tempel und mithin ein eventuelles Archiv mit dessen Belangen gar nicht ausgegraben, worauf H. Klengel selbst hinweist (437f). Es läßt sich also lediglich sagen: Die wirtschaftliche Verflechtung von Tempel und Palast war gering, was m.E. eher darauf hinweist, daß der Tempel eine eigene ökonomische Größe war.

[85] H. Klengel, OLA 6, 444. Wir werden unten sehen, daß H. Klengel hier vieles richtig annimmt und die richtigen Fragestellungen aufwirft, aber seiner vorsichtigen Skepsis durchaus gesicherte Argumente entgegengestellt werden können.

[86] Vgl. die Arbeiten des Vf. zu diesen Texten.

Gruppen von Arbeitskräften" zurücktritt [87]. Ferner haben wir mit "Kriegsgefangenen" (LÚ.MEŠ.*a-si-ri*) [88] zu rechnen, die nach H. Klengel mehrfach belegt sind, "was sie als ständiges Personal des Palastes ausweisen dürfte, nicht aber zugleich als Hinweis auf ihre größere Zahl oder Bedeutung gelten kann" (449).
Die in den Händen des Fürsten von Alalaḫ befindlichen Territorien als "ökonomische Grundlage" der Palastwirtschaft (451) stellen den Anteil der Dynastie am gemeinsamen Erbe des Königtums von Jamḫad dar (*zittu*, 450) [89]. Diese Basis kann durch Zukauf erweitert werden.
Insgesamt läßt sich im Verhältnis zwischen Alalaḫ und Jamḫad keine Veränderung während der Schicht VII feststellen (454). Dies ändert sich aber in Schicht IV, da "von Alalaḫ aus nunmehr ein geschlossenes Territorium beherrscht wurde" (455). Die Position der Könige in Alalaḫ beruht nun nicht mehr auf ihrem Anteil am gemeinsamen Erbe des Herrscherhauses von Aleppo, sondern auf ihrer Stellung als "Vasallen der Könige von Mitanni". [90] Dies führt auch zu Veränderungen in der inneren Organisation der Palastwirtschaft: von einer "Hauswirtschaft" i.e.S. ist nicht mehr die Rede, Gesinde wird nicht mehr erwähnt, vielmehr geht es nun "um die Durchsetzung auch der ökonomischen Interessen der Alalaḫ-Könige als Landesherren" (457).

Der einzige größere Artikel, der sich speziell und ausschließlich mit den (veröffentlichten) Getreidelieferlisten befaßt, stammt von G. Bunnens [91].
Dieser geht—ganz im Sinne unseres einleitenden Zitates— [92]von den Wiederholungen aus, die sich von Tafel zu Tafel finden. Dieses Ensemble erlaubt es, das allgemeine Bild der Palastverwaltung zu zeichnen, wobei nicht zuletzt die Abweichungen zu berücksichtigen sind, um so "donner quelque vie à cette administration en identifiant certains des individus qui la composent et en reconnaissant leur rôle dans l´ensemble du systèmes <sic!>" (72).
Zu den allgemeinen Charakteristika der Getreidelieferlisten gehört die Nennung der drei belegten Waren, die jeweils direkt oder am Ende der Tafel durch eine Summe (evtl. mit Monatsangabe) abgeschlossen wird. Ausnahmen sind möglich, auch Einzeleinträge mit anderen Materialien kommen vor, jedoch selten. Unter

---

[87] H. Klengel, OLA 6, 447. Eine weitere Interpretation der Bedeutung von Sklaverei in Alalaḫ kann so freilich nicht geleistet werden.

[88] Vgl. E. Gaál, AcAnt 32, 1-3.

[89] Auch hier liegt ein entscheidender Unterschied zwischen H. Klengel und E. Gaál vor: Letzterer lehnt eine verwandtschaftliche Beziehung der beiden Fürstenhäuser ab, vgl. E. Gaál, AUSB 22, 41.

[90] H. Klengel, OLA 6, 455. Diese Konzeption setzt natürlich eine hierarische Organisationsform von Mitanni nach Art der "feudalistischen Lehenspyramide" voraus, vgl. dagegen W. Mayer, ALASPM 9, 97f.169-179 mit weiterer Literatur.

[91] G. Bunnens, BAfO 19.

[92] Siehe oben S. 1.

den etwas mehr als 200 Personennamen kommen nur vier (Addu, Kinni, Kunnate und Zirri) häufiger als zehnmal vor [93], da diese zumeist miteinander auftreten, sind diese Dokumente "grosso modo contemporains" (73), da diese Texte wiederum mit anderen korreliert werden können, kann man "risquer l'hypothèse que l'ensemble du lot enregistre les dépenses d'une période rélativement courte: peut-être une génération, sans doute beaucoup moins" (ibid.). Dennoch ist eine chronologische Einordnung noch nicht möglich [94]. Ferner ist hier nur ein Teil der Aktivitäten der königlichen Verwaltung betroffen, es geht ausschließlich um Getreide [95] und nur um Ausgaben. Der zahlenmäßige Vergleich der belegten Getreidesorten lehrt, daß der Emmer die beliebteste Getreidesorte war, gefolgt von der Gerste. Dies wird auf die jeweiligen Empfänger zurückgeführt: Der König erhält stets ZÍZ, die Dienerinnen ausschließlich Gerste. Das *parīsu* wird auf etwa 8 l eingeschätzt (74). Was den König und den Palast anlangt, stellt G. Bunnens (74) die Frage, weshalb der Palast als Ausgabestelle an sich selbst Rationen ausgibt. Es ist zu unterscheiden zwischen einem "'palais' en sens étroit" und "en sens large". Im ersten Fall wird die königliche Residenz bezeichnet, im zweiten der Palast als "tout le secteur d'activité dépendant du roi". Die Ausgaben gehen also vom zweitgenannten Sektor in den ersten über [96]. Demgegenüber handelt es sich bei den Einzelempfängern eher um "des gens extrèmement modestes", die "haute administration" fehlt fast völlig. In einigen Fällen (Aja-šarri) läßt sich zeigen, daß es sich um Schuldknechte handelt.

G. Bunnens exemplifiziert seine Überlegungen an sechs Beispielen, die hier nur in ihren Ergebnissen gekennzeichnet werden sollen, eine Einzelauseinandersetzung erfolgt unten an den entsprechenden Stellen.

Beispiel 1 (75f): "*Addu et les travaux de labour*". Addu nimmt an allerlei landwirtschaftlichen Arbeiten teil (pflügen, säen, die Arbeitsrinder beaufsichtigen). Er ist der Verantwortliche für diesen Bereich und wird uns sozusagen als Person faßbar, da er einen Namen trägt.

Beispiel 2 (76f): "*Kunnate et l'elevage en étable*": Kunnate ist sicher ein PN [97], sein Titel ist É.KU$_7$ zu lesen, wobei KU$_7$ "Fett, mästen" bedeutet. Er erhält größere Einheiten als Addu, da er vielerlei Tiere füttern muß.

---

[93] Durch die unveröffentlichten Texte wären diese Angaben nun zu korrigieren: Es sind ca. 250 Personennamen, weitere Namen (z.B. Burra) sind öfter als zehnmal belegt, bei anderen beruht eine häufigere Nennung auf fehlender Personidentität (z.B. Išma-Addu).

[94] G. Bunnens nennt (BAfO 19, 73) Synchronismen, z.B. die Sumunnabi, den *šukkallu* Werikiba, die indessen im Lichte der von A. <sic!> Na'aman hinterfragten Chronologie neu eingeordnet werden. Die Probleme sind allerdings, wie wir sehen werden, vielschichtiger, die genannten Synchronismen weniger wertvoll, als G. Bunnens annimmt.

[95] Die Formulierung ist so nicht ganz richtig, da auch andere Waren vorkommen und ZI.AŠ keine Getreidesorte im engeren Sinne darstellt.

[96] Gegen H. Klengel, CRRAI 19, 276f, der die Ausgaben auf den Palast von Aleppo bezieht.

[97] Contra G. Giacumakis, 84.

Beispiel 3 (77f): "*Nuni-giyaše et les pâtures*". Auch hier handelt es sich um einen Personennamen. Er ist im Zusammenhang mit Rindern und Pferden belegt, seine Hirten erhalten auch andere Güter als Getreide. Es existierte vermutlich neben Arbeitstieren (Addu) und Stall (Kunnate) noch ein dritter Sektor, die Weiden, für die diese Person verantwortlich war.
Beispiel 4 (78f): "*Kinni et les troupeaux de volaille*". Die Vögel sind "animaux destinées à la consommation". Vermutlich gab es Vogelherden, so daß es sich bei den Angaben um wenige Vögel handelt, "peut-être ramenés au Palais pour y garnir la table royale". Kinni war Aufseher der Vogelhirten, wobei Vögel offensichtlich eine große Rolle in Wirtschaft und Ernährung spielten.
Beispiel 5 (79f): "*Les chevaux et les transports*". Neben Nunikiyašu [98] sind die *kizû* mit der Versorgung der Pferde betraut. Zu unterscheiden ist zwischen den Pferden im persönlichen Gebrauch des Königs und denen, die auf Reisen geschickt werden. Pferde waren das "moyen de transport par excellence d'Alalakh", Esel sind deutlich seltener belegt [99].
Beispiel 6 (80): "*La 'fête au château'*": Al T 269 nennt nach G. Bunnens eine Vielzahl von Königen, die sich in Alalaḫ zusammengefunden haben. Der Anlaß dieses Treffens dürfte die Hochzeit des Prinzen gewesen sein.
G. Bunnens schließt (81) mit einem phantasievollen, poetischen Stimmungsbild, und deshalb hier ganz zitiert werden soll, wenngleich unsere Untersuchung nicht alle Aspekte bestätigt und wesentlich nüchterner ausfallen wird:

> "Tandes <sic!> que Addu s'affaire au champ, stimulant les boeufs qui tirent sa charrue, et que Kunnate engraisse le bétail qui peuple son étable, Kinni et ses collègues ramènent vers le palais des canards, nourris dans les marais de l'Amuq, en vue du festin qui se prépare. Les pasteurs de Nuni-giyašu surveillent leurs troupeaux de boeufs ou rassemblent les chevaux qui paissent dans les prairies irriguées par l'Oronte, alors qu'arrivent au palais les premiers invités du roi d'Alalakh - le sukkallu du Yamkhad, le roi d'Ebla, le roi de Bitin, le roi de Naštarbi - venues participer a <sic!> une grande cérémonie. Les uns montent un cheval, les autres, plus traditionalistes, chevauchent un âne."

Weitere Arbeiten beschäftigen sich mit wirtschafts- und sozialgeschichtlichen Themen, tragen aber zumeist nur am Rande zu unserer Fragestellung bei [100], vor allem wo es schwerpunktmäßig um die Verhältnisse der Schicht IV geht [101].

---

[98] Wohl richtig so zu lesen, siehe unten Kap V,2.1.12 zur Begründung.

[99] Ob die geographische Distribution (in Aleppo und westlich davon stellen Pferde eine Neuerung dar, im Osten indessen herrscht weiterhin der Esel vor), die G. Bunnens, BAfO 19, 80 andeutet, ein charakteristisches Merkmal des altsyrischen Transportwesen darstellt, darf man bezweifeln.

[100] Schwerpunkte der (außer den Artikeln von Chr. Niedorf und Vf. in UF 30) vier neuesten Artikel zu den Alalaḫ-Texten: D. Arnaud, AuOr 16 (1998): Grammatik der Texte beider Archive; J.O. Mompeán (UF 30, 1998): Epigraphik; ders., AuOr 16, 1999/2000: Chronologie; J.-P. Vita, AoF 27 (2000): Kalender.

[101] So beschäftigt sich die Artikelserie von M. Dietrich/O. Loretz, SSAU I: WO 3; II: WO 5; IV: ZA 60; V: UF 1; eher mit dem mittelbabylonischen Material.

Als Ausnahme läßt sich der Aufsatz von A.R.W. Green [102] anführen, da er die Frage nach der Kontinuität der Gesellschaftsstruktur zwischen beiden Schichten explizit aufwirft. Er kommt zu dem Ergebnis [103], daß die Gesellschaft sich in ihrem Aufbau kaum verändert habe. Indessen sei die Klassenschichtung in mittelbabylonischer Zeit deutlicher zu fassen, da die Texte die einzelnen gesellschaftlichen Strata mit eindeutigen, der Verwaltung des hurritischen Mitanni entnommenen Termini, klar kenntlich machten. Dieselben Verhältnisse seien auch während der Mittelbronzezeit implizit vorauszusetzen. Da dieser Ansatz insoweit einen Neuansatz bietet, als er die Gesellschaftsstruktur der Schicht VII im Lichte von Texten der Schicht IV interpretiert, haben wir uns kritisch mit der Arbeit auseinanderzusetzen, um zu vermeiden, daß unsere eigenen Überlegungen methodisch hinter dem bereits von A.R.W. Green geleisteten zurückbleiben. Hier ist festzuhalten, daß A.R.W. Green den Beweis für seine Analysen letztlich schuldig bleibt [104]: Insoweit die Texte der Schicht VII eine Schichtung der Bevölkerung (z.B. in Land- und Stadtbewohner) nahelegen, bleibt die Trennung unterschiedlicher Klassen trivial, zumal ein Beleg für die Identität der sozialen Stellung vergleichbarer Bevölkerungsgruppen aufgrund der Natur der Texte nicht erwartet werden darf. Ferner ist A.R.W. Green methodisch vorzuhalten, daß er die veränderten politischen Gegebenheiten nicht genügend in Betracht zieht. Auch eine gattungsgeschichtliche Einordnung hätte hier wohl zur Vorsicht mahnen lassen: Es gibt in Schicht VII nur sehr wenig Texte, die mit den Personenlisten der Schicht IV formgleich sind. Beim Vorliegen unterschiedlicher Gattungen muß aber die Identität des Sitzes im Leben erst nachgewiesen werden, zumal wenn die Texte unterschiedlichen Kontexten entstammen.

Abschließend haben wir uns mit der neuesten Arbeit zu Alalaḫ IV zu befassen, der Dissertation von E.M. von Dassow (1997) [105], obwohl die Verfasserin schon im Titel deutlich macht, daß ihr Schwerpunkt anders gelagert ist als der unsere. Ein genaueres Hinsehen ist schon deswegen erforderlich, da zwei Fragerichtungen in unseren Bereich fallen könnten:

—Ergeben sich aus dem methodischen Vorgehen Anstöße für unser Vorhaben?

—Lassen sich aus den Ergebnissen E.M. von Dassows Folgerungen für die Vorgeschichte der von ihr erhobenen Gesellschaftsschichtung ziehen, die dann den uns betreffenden Zeitraum erhellen?

E.M. von Dassow stellt sich die Aufgabe, aufgrund der Personen- und Haushaltslisten die gesellschaftliche Schichtung in Alalaḫ unter der Vorherrschaft von Mitanni neu zu evaluieren und die Ergebnisse in einem historischen Kontext zu

---

[102] A.R.W. Green, FS Mendenhall.

[103] A.R.W. Green, FS Mendenhall, 202.

[104] Vgl. zur Kritik auch E.M. v. Dassow, 66-68.

[105] Siehe die genauen Angaben im Literaturverzeichnis.

interpretieren. Dabei möchte sie "Alalaḫ-immanent" arbeiten (Textkorpus, Archäologie) und auf externe Quellen wie theoretische Modelle weitgehend verzichten (2). Eine Untersuchung der historisch-chronologischen Hintergründe (7-49) ergibt als für ihre Arbeit wichtigste Ergebnisse, daß ein sozialer Unterschied zwischen hurritischer und nichthurritischer Bevölkerung nicht festzustellen ist, da hurritische Namen (soweit diese überhaupt die ethnischen Verhältnisse widerspiegeln) in allen vier Klassen in der Mehrheit sind (49). Die Hurritisierung der Gesellschaft dürfte ohnedies kaum auf Zuwanderung als vielmehr auf eine allgemeine Akkulturation zurückzuführen sein (47f). Zur Methode unterscheidet E.M. von Dassow zwischen zwei Interpretationsebenen: das "primary level" (eigene Terminologie und Taxonomie der jeweiligen Gesellschaft) und ein "secondary level", das die Interpretation auf dem Hintergrund moderner sozialwissenschaftlicher Fragestellungen und Methoden leistet (71). Ihre eigene Arbeit möchte weitgehend auf der ersten Ebene verbleiben, obwohl der Verfasserin bewußt ist, daß es schon durch die eigene Sprache und das Fehlen eines theoretischen Gesellschaftskonzeptes in Alalaḫ automatisch Interferenzen beider "Levels" geben muß (72f). Die Frage nach den Kriterien, die eine Klassenzugehörigkeit eines Individuums bestimmen, läßt so auch Schlußfolgerungen zu, welche die antike Gesellschaft nicht explizit gemacht hat (79) [106]. Insgesamt lassen sich lediglich die vier Klassen der *maryannu, eḫele, ḫupše* und *ḫaniaḫḫe* unterscheiden [107], und zwar anhand von vier Gesichtspunkten:

a) Im Rahmen der Unterscheidung einer Klassenzugehörigkeit aufgrund von "characteristics regarded as intrinsic or extrinsic to the individuals" (82) wird die Mitgliedschaft in einer Klasse letztlich durch Kriterien bestimmt, die nicht im Individuum selbst begründet sind, nämlich die wirtschaftliche Stellung.

b) Die ethnische Herkunft eines Individuums ist nicht entscheidend für dessen Klassenzugehörigkeit, zumal diese oft überhaupt nicht auszumachen ist (82f).

c) Die Zugehörigkeit zu einer der oberen Klassen kann erworben werden, was das Vorhandensein einer sozialen Mobilität impliziert (84).

d) Von einer Feudalgesellschaft kann nicht gesprochen werden, da die Bindungen an die oberen Schichten nicht die Klassenzugehörigkeit ausmachen.

Insgesamt ergibt sich, daß die Schichtung der Gesellschaft von Alalaḫ eine Unterscheidung von Klassen, nicht von "estates" darstellt [108].

---

[106] Hier besteht allerdings die Gefahr eines hermeneutischen Zirkels: Die Kriterien der Klassenzugehörigkeit können ausschließlich den antiken Texten entnommen werden, so daß gefragt werden müßte, inwieweit die neu getroffenen Schlußfolgerungen der Gesellschaft von Alalaḫ implizit waren oder ob sie dieser auf dem "secondary level" übergestülpt sind.

[107] Eventuelle weitere Mitglieder der Gesellschaft (das Königshaus, die Sklaven und Schuldhäftlinge, Ausländer...) finden in den behandelten Listen keinen Niederschlag und werden daher nicht weiter erörtert.

[108] Die Diskussion und Definition der soziologischen Begrifflichkeiten erfolgt auf S. 72-80 und schließt sich eng an G.D. Berreman, Social Inequality, 3-40 an.

In methodischer Hinsicht weist E.M. von Dassow darauf hin, daß bei den archivalen Zusammenhängen neben textlichen Beziehungen auch die Fundorte (89) in Betracht zu ziehen sind [109]. Unter den textlichen Gesichtspunkten sind Inhalt und formaler Aufbau eines Textes dazu heranzuziehen, Gruppen und Subkorpora zu definieren (90).

Die einzelne Durchführung der Analyse der vier behandelten Subcorpora (Listen) und der beteiligten Gesellschaftsklassen braucht hier nicht dargestellt zu werden. Wichtig sind für uns indessen die methodologischen Bemerkungen über die Prosopographie und die statistische Auswertung der erhobenen Daten:
—Zwei identische Namen können nur dann personidentisch sein, wenn noch mindestens ein weiteres Kriterium [110] beiden gemeinsam ist (228-230).
—Die statistische Auswertung eines Datenbestandes muß in Betracht ziehen, daß nicht alle Informationen erhalten sind. Auch die erhaltene Information kann unvollständig sein, da nicht alle Aspekte aufgeschrieben wurden (239-244): "All figures derived from such data underrepresent reality" (244) [111].

Im nächsten Kapitel analysiert E.M. von Dassow die jeweiligen Klassen einzeln (258-411). Dies kann hier nicht *en détail* nachgezeichnet werden, wobei allerdings die Ergebnisse der Arbeit dargestellt werden müssen:

—Die Listen vom Typ A sind später als die vom Typ B-1 [112], letztere gehören in den Beginn der Regierungszeit Niqmepas, erstere sind an den Schluß seiner Regierung zu plazieren (218f).

---

[109] Dies wurde für Alalaḫ von D. Collon, AOAT 27, durchgeführt, für Ugarit vgl. W.H. van Soldt, AOAT 41. Im Zusammenhang unserer Arbeit kann dieser Aspekt vernachlässigt werden, da die Texte der Schicht VII in ihrer überaus breiten Mehrheit *einem* Raum entstammen. Für mehrere weitere Texte läßt sich immerhin wahrscheinlich machen, daß sie demselben Archiv entstammen (L. Wooley, Alalakh, 103).

[110] Solche Kriterien können sein: eine Verwandtschafts- oder Berufsbezeichnung, ein identischer Kontext, die Herkunft... Ferner ist die Wahrscheinlichkeit eines zufälligen Zusammentreffens bei seltenen Personen geringer. Die postulierte Personidentität darf nicht zu Widersprüchen inhaltlicher oder chronologischer Art führen. Hypokoristika sind mitzubedenken.

[111] E.M. von Dassow, 243 nennt als Beispiele die oft fehlenden Berufsangaben oder Patronyme, obwohl jeder Mensch einen Vater hat und wohl auch die meisten Personen einen Beruf. Damit wird deutlich, daß die "reality" nicht 1:1 durch die Listen abgebildet wird. Dennoch liegt ihnen natürlich eine Realität zugrunde, nämlich die Realität dessen, was für die aufschreibende Stelle als relevant erachtet wurde. Es ist diese Realität, die wir als Bezugssystem zu erforschen haben, da die "underrepresented" Aspekte für uns verloren sind und höchstens als Ergebnis der Interpretation durchscheinen.

[112] Typ A sind die Listen, die die Einwohner eines Ortes nach Klassen anordnen (z.B. 413.1-12 = Al T 129-140), B-1 diejenigen, die die Haushaltungen einer Stadt auflisten (z.B. 412.6-8 = Al T 189-191).

—Die in den Listen aufgeführten Personen stellen die Gesamtheit der freien Staatsbürger dar, "who were subject to obligations to the state, including taxation and military or labor service" (412).
—Die Mehrheit der Bevölkerung gehörte zur *ḫupšu*-Klasse; ihre Aufgabe bestand in der "production of subsistence commodities" (404). Manche *ḫupšu* hatten auch eine Funktionsstelle inne oder übten ein Handwerk aus, doch war dies eine Minderheit.
—In einem niederen ökonomischen Status als die *ḫupšu* standen die *ḫaniaḫḫe* "arme Leute" [113], die mit ersteren zusammen die Klasse der *ṣābē nāme* bildeten. Sie hatten ähnliche Verpflichtungen wie jene, mußten indessen keinen "labor service" verrichten. Kein Mitglied dieser Klasse hatte eine Funktionsstelle inne (415f).
—Oberhalb dieser beiden standen die *eḫele*, sie bilden den "professional and service sector" (353). Fast alle Mitglieder dieser Klasse werden mit einer Berufsangabe versehen. Zumeist sind sie im Dienst einer höhergestellten Person (416f). Sie unterscheiden sich von den unteren Klassen durch die höhere Qualifikation ihres beruflichen Tuns.
—Die oberste der betrachteten Klassen sind die *maryanni*. Sie sind die besitzende Klasse, haben Teil an Regierung und staatlicher Verwaltung und zeichnen sich v.a. dadurch aus, daß sie berechtigt sind, Kriegswagen zu besitzen und zu benutzen (417f).

—Die beiden oberen Klassen ergeben in der Spätzeit Niqmepas je ca. 10% der Gesamtbevölkerung.
—Wir gewinnen mit den belegten Texten keine Momentaufnahme der Gesellschaftsschichtung zu einem gegebenen Zeitpunkt, sondern nehmen Einblick in "an emergent system of social stratification, not a static system already established by the beginning of the period in question" (420): Zwar lassen sich einige der belegten Termini und auch Klassen in der Frühzeit des Zeitraums nachweisen, doch kommt z.B. der Terminus *maryanni* erst im Verlauf der Schicht IV auf (421). Auch in bezug auf die Terminologie läßt sich ein Wechsel feststellen, der von semitischen zu hurritischen Bezeichnungen geht (422). Diese Wandlungen lassen sich am einfachsten durch das Bündnis mit Mitanni erklären. Festzuhalten ist ferner, daß in Arrapḫe am anderen Ende der Einflußzone von Mitanni ein Gesellschaftssystem in Geltung stand, das dem von Alalaḫ mehr als nur vergleichbar ist [114] (428f).
—Die Formierung dieses Klassensystems dürfte auf zwei Hauptfaktoren zurückzuführen sein: Zum einen die Einführung einer "charioteer class" (436), zum anderen die durch die Zeitumstände erforderliche Formierung einer Handwerkerklasse (433), die sich schnell vergrößerte.

---

[113] Einen Zusammenhang mit Ḫana hält E.M. von Dassow, 415 für eher unwahrscheinlich.

[114] Vgl. G. Dosch, HSAO 5.

Es ist hier nicht der Ort, die erarbeiteten Ergebnisse im einzelnen zu diskutieren [115]. In unserem Zusammenhang ist indessen hervorzuheben, daß die Gesellschaft Alalaḫs durch die Einführung Mitannis als des entscheidenden Machtfaktors in Nordsyrien umgreifende Wandlungen erfuhr. Insbesondere lehren die Zensuslisten, daß das politische Gebilde Alalaḫ IV eher territorial organisiert war. Eine Palastwirtschaft im Sinne der von uns behandelten Texte scheint in den Hintergrund getreten zu sein, was mit der großflächigen Anbindung an Mitanni zu tun haben dürfte. Die Ergebnisse von Dassows widerraten insgesamt eher einer voreiligen Einbeziehung von Texten der Schicht IV in unsere Fragestellung.

[115] Hinterfragbar wäre z.B., ob die *eḫele*-Klasse wirklich so sehr von den beiden unteren Klassen abzuheben ist. Die distinktiven Merkmale könnten ebenso gut darauf beruhen, daß die Mitglieder dieser Gesellschaft eben einen höheren Status innerhalb der Klasse der Gemeinfreien innehatten, ohne sich dadurch jedoch der Oberschicht anzunähern ("obere Mittelschicht").

II) Das Textkorpus Alalaḫ VII: Form- und Gattungskritik

Mit dieser Einführung [1] in die Alalaḫ-Texte [2] als Gesamtkorpus möchten wir auf der Ausdrucksseite das Umfeld angeben, in dem die Getreidelieferlisten situiert sind. Dabei ist festzustellen, daß nur wenige Gattungen vorhanden, deren "Sitz im Leben" mit hinreichender Genauigkeit bestimmt werden kann. Ziel der Analyse ist es dabei, den Rahmen herauszuarbeiten, in dem die Getreidelieferlisten selbst anzusiedeln sind. Es dürfte von vornherein wahrscheinlich sein, daß die allgemeinen Rahmenbedingungen für das Gesamtkorpus auch als sinnvolle Voraussetzungen für eine Einzelgattung anzusehen sind.
Wir werden im folgenden so vorgehen, daß wir die gattungskonstituenten Elemente der jeweiligen Rahmen- und Gliedgattungen vorführen und dabei aufzeigen, welche Funktion sie innerhalb der Gattung haben, um so den jeweiligen "Sitz im Leben" zu bestimmen. Eine kurze Darstellung der innerhalb der Gattung belegten Texte wird dann danach zu fragen haben, welche Ausnahmen von der Regel vorkommen. Diese Abweichungen vom Gattungstypischen sind kenntlich machen und mindestens ansatzweise zu begründen, um so das Idealtypische—und damit die Funktion der betreffenden Gattung noch schärfer fassen zu können.
Vorab sind zwei Einschränkungen zu benennen:

—Es versteht sich von selbst, daß im Rahmen dieser Darstellung die Diskussion zumeist auf der Ausdrucksebene verbleiben muß und wir nur in Ausnahmefällen Details auf der Bedeutungsebene anbieten können. Auf Gesamtinterpretationen muß ebenfalls verzichtet werden [3].
—Wir beschränken uns bei der Einzelanalyse auf die *veröffentlichten* Texte. An ihnen wurden die dargestellten Erkenntnisse gewonnen, die unveröffentlichten ergaben darüber hinaus keine gattungsdefinitiorischen Hinweise.

Hier nicht näher behandelt werden folgende veröffentlichte Texte [4]:

---

[1] Siehe zur Methode oben die Bemerkungen in Kapitel I,2.1.

[2] Die Kategorien bei D.J. Wiseman, Al T, 23f, sind in erster Linie auf Erwägungen der Bedeutungsseite begründet, die nicht immer auf einer Analyse der Ausdrucksseite beruhen. Ein Überblick über die jeweilige Anzahl der (veröffentlichten) Texte in jeder Kategorie findet sich nach Ausgrabungsschichten getrennt bei A. Draffkorn, Hurrians, 6f.

[3] Einzelne Textgruppen wurden bereits in der hier vorgeschlagenen Form bearbeitet: B. Kienast, WO 11 (Kaufurkunden); Vf., UF 23 (Schuldscheine); Vf., UF 24 (Pfandurkunden); Vf., UF 25 (Schuldabtretungsurkunden). Aus Gründen der inneren Kohärenz dieser Darstellung ist hier manches dort bereits Gesagte zu wiederholen.

[4] Die Texte der Schicht VII werden i.f. so zitiert, daß als Leitzählung Al T verwendet wird, der ggf. in Klammern unser Numerierungsvorschlag folgt: Al T 1 (10.01).

—Die historischen Texte **Al T 1 (10.01)** [5]**-126 (10.03)** [6]**-456 (10.02)** [7], die als historische Texte sich auf ein historisch einmaliges Ereignis beziehen [8] und mithin *per se* durch die hier vorgeschlagene Methode nicht erfaßt werden können, die wiederholt vorkommende Grundsituationen voraussetzt. Sie werden unter einer eigenen Kategorisierungsnummer 10 geführt.

—Zu erwähnen ist in diesem Zusammenhang, daß sich unter dem unveröffentlichen Material der einzige Brief des Korpus (Kategorisierungsnummer 11) findet [9].

—Die Siegel (Al T 443a-c; 444a,b) (Kategorisierungsnummer 12) wurden zureichend behandelt durch D. Collon [10]. Da diese Textgruppe uns weniger wegen des formalen Aufbaus interessiert, sondern in erster Linie aus historischen und kunstgeschichtlichen Gründen, muß hier auf diese Spezialarbeiten hingewiesen werden.

—Die Getreidelieferlisten Al T 236-283b (Kategorisierungsnummer 41) werden hier nicht erörtert, da dieser Frage ein eigenes Kapitel der vorliegenden Arbeit gewidmet ist.

—Drei weitere veröffentlichte Texte entziehen sich einer gattungskritischen Beschreibung und werden daher einer eigenen Gruppe "Unbestimmbares" (Kategorisierungsnummer 60) zugewiesen:

---

[5] Letzten Behandlungen durch G. Frame, RIME 4, 799f und J.O. Mompeán, Ishtar, 319f, vgl. auch N.Na'aman, JNES 39 und M. Dietrich/O. Loretz, TUAT I/5, 498-501.

[6] Neuere Versuche der Gattungsbestimmung: M. Dietrich/O. Loretz, UF 25, 99-117 (Photo, Kopie, Bearbeitung, Übersetzung) bezeichnen den Text als "Eideslösungsritual nach Vertragsbruch" (106.115). K. Reiter, MARI 7, 361 nennt für den Brief ARM II,77 = ARMT XXVI, 469 rituelle Handlungen, die für "Staatsverträge unter Beachtung hemerologisch günstiger Tage" zutreffen. Hiervon finden sich in Al T 126 das "Waschen der Hände" und der Eid. CAD A/1, 222b nennt Al T 126 einen "oB treaty". Bei B. Janowski/G. Wilhelm, OBO 123, 152-158 wird der Text als "Vereidigungsritual" (152) bestimmt, denn er "besteht, soweit verständlich, aus rituellen Vorschriften". Fraglich bleibt, ob ein Text, der rituelle Vorgänge beschreibt, deswegen schon ein Ritual ist. Die Einleitung (Z. 1-3) spricht doch eher dafür, daß wir es mit einer einmaligen, konkreten Situation zu tun haben, der Text also auf einer historisch einmaligen Begebenheit fußt, im Gegensatz zum Ritual, das prinzipiell wiederholbar wäre. Bearbeitung mit Übersetzung und Kommentar, aber ohne Gattungsbestimmung J.O. Mompeán, Ishtar, 326-329.

[7] Letzte Bearbeitung durch M.Dietrich/O.Loretz, TUAT I/5, 498-501.

[8] Natürlich ist jedes Ereignis historisch einmalig und unwiederholbar. Der Begriff des Einmaligen steht hier als Gegenbegriff zum Idealtypischen.

[9] Ausgrabungsnummer: ATT 39/182.24.

[10] D. Collon, AOAT 27, und dies., BAR.IS 132.

• Al T 270 (60.01) weist zwar einen klaren und stringenten Aufbau auf; dieser ist indessen nicht mit anderen Texten vergleichbar und kann demzufolge auch keiner Gattung zugeordnet werden, zumal ein "Sitz im Leben" nicht bestimmt werden kann [11].
• Bei Al T 97 (60.02) könnte es sich um eine Quittung handeln. Hier würde es sich um den einzigen Vertreter dieser Gattung handeln, so daß eine Einordnung nicht statthaft wäre.
• Von Al T 98b (60.03) ist i.w. nur die Zeugenliste erhalten, die allerdings keinen Rückschluß auf die Art des zugrunde liegenden Vorgangs erlaubt.

—Material aus unveröffentlichten Texten, das gattungskritisch nicht eindeutig bestimmbar ist, wird einer eigenen Kategorie zugewiesen (Kategorisierungsnummer 61).

Die unveröffentlichten Texte werden—jedoch ohne weitere Begründung—den jeweiligen Kategorien zugewiesen und unter den Texten der jeweiligen Gattung genannt. Der Erhaltungszustand ist zumeist so, daß eine Klassifizierung zwar möglich ist, aber weitere Schlußfolgerungen in hohem Maße spekulativ wären [12].

Im folgenden werden die Texte nach Maßgabe der neuen Kategorisierungsnummern angeordnet und diese jeweils genannt. Im vorliegenden Kapitel wird noch nach den Al T-Nummern zitiert, wobei jedoch auf den Stern (*), der seit D.J. Wiseman das altbabylonische Material kennzeichnete, verzichtet wird. Ab dem folgenden Kapitel wird die neue Numerierung benutzt, die unten vorgestellt wird.

Hierbei wird so vorgegangen, daß die Texte nach den genannten formkritischen Gesichtspunkten aneinander gereiht werden. Die Leitzählung erfolgt dabei nach zweistelligen Ziffern. Die erste Ziffer bezeichnet die Hauptgruppe (also die jeweilige Rahmengattung) [13], die zweite Ziffer vor dem Trennpunkt die Untergruppe (Gliedgattung). Innerhalb der jeweiligen Untergruppen erhalten die Texte zweistellige Sortierungsnummern, ggfs. mit führender Null. Sie werden auch hier nach formalen Gesichtspunkten angeordnet, d.h. der normtypischere Text erhält die niedrigere Nummer [14].

---

[11] G. Bunnens, BAfO 19, 81 A. 5: "Ce texte semble enregistrer des taxes en nature dues par la ville d'Alalakh et réparties entre divers contribuables."

[12] Die geplante Veröffentlichung der Texte durch M. Dietrich/O. Loretz und die Bearbeitung des Gesamtkorpus durch den Verfasser wird diesem Problem Rechnung tragen.

[13] Eine Ausnahme bietet natürlich die Kategorie 1 "Einzeltexte und Siegel", die *ipso facto* formkritisch disparates Material in sich vereinigt.

[14] Zum Vorgehen bei den Getreidelieferlisten, wo eine formale und chronologische Ordnung miteinander verzahnt sind, siehe unten S. 55f.

Es ergeben sich dabei folgende Gruppen[15]:

1 Historisch-situative Einzeltexte, Brief, Siegel
- 10 Texte mit historisch-situativem Bezug
- 11 Brief
- 12 Siegel[16]

2 Texte juristischen Inhalts
- 20 Prozeßurkunden[17]
- 21 Testamente
- 22 Immobilienkaufurkunden
- 23 Immobilientauschurkunden
- 24 Personenkaufurkunde

3 Schuldtexte
- 30 Schuldscheine
- 31 Pfandurkunden
- 32 Schuldabtretungsurkunden

4 Listen
- 40 einfache Listen
- 41 Getreidelieferlisten[18]
- 42 Verbuchungslisten Nominaltyp
- 43 Verbuchungslisten Verbaltyp
- 44 *annûtum inūma*-Listen

5 Vermerke
- 50 Buchungsvermerke
- 51 Aktenvermerke

6 Sonstiges
- 60 Unqualifiziertes (veröffentlicht)
- 61 Unqualifiziertes und Unlesbares (unveröffentlicht)

---

[15] Wo Hüllen von erhaltenen Texten vorhanden sind, werden diese dem jeweiligen Text mit dem Zusatz H zugeordnet, hier jedoch nicht mehr eigens aufgelistet.

[16] Die Anordnung der beschrifteten Siegel wird der Auflistung von D. Collon, AOAT 27 folgen. Da Siegel grundsätzlich nicht einem Text zugehören, sondern mehrfach abgerollt sein können, werden sie den Texten als Appendix beigegeben.

[17] Oftmals, vor allem bei unveröffentlichten Tafeln, läßt sich zwar noch erkennen, daß der Text dem Rechtsleben zugehört, aber nicht mehr genau feststellen, welche Gliedgattung vorliegt. Der Text wird dann hier eingeordnet.

[18] Wir verwenden den Begriff der "Getreidelieferliste" anstelle von der "Rationenliste", weil das Wort "Ration (*ipru*)" in Alalaḫ nicht alle vorliegenden Transaktionen abdeckt (s.u. Kap. IV,2.2.2). Ferner behalten wir das Wort "Getreide" bei, obwohl es sich nicht bei allen ausgegebenen Waren um Getreide i.e.S. handelt. Gehen wir aber davon aus, daß ZI.AŠ (s.u. Kap IV,4.5.1) von der Verwaltung (weil er geworfelt wurde, vgl. M. Stol, BSA 2, 131) als Getreidesorte betrachtet wurde, dann sind doch die meisten Einzeleinträge unter dem Begriff subsumiert. Umgekehrt wäre "Lebensmittel" ein zu allgemeiner Begriff, der zudem in der Umgangssprache die Tierfütterung nicht einschließt.

Dieses Anordnungsverfahren bietet verschiedene Vorteile:
—Die Texte der Schicht VII sind von denen der Schicht IV eindeutig getrennt [19]. Das Verfahren, Texte der älteren Schicht mit einen Stern auszuzeichnen, war in hohem Maße fehleranfällig, da der Stern oft vergessen wurde. Für die Bearbeitung mit EDV ist dieses Sortierkriterium zudem nur wenig hilfreich.
—Die neue Numerierung ist rein numerisch, auf Mischungen aus Ziffern und Buchstaben kann verzichtet werden [20].
—Sie erlaubt auf den ersten Blick eine Zuordnung eines Textes zu einer bestimmten, klar definierten Gattung. Dies dürfte der weiteren Forschung hilfreich sein, wenn sie Alalaḫ VII-Texte mit Texten anderer Herkunft vergleicht.
—Die Sortierung nach Gruppen läßt sofort feststellen, ob Texte derselben Gattung angehören, oder ob eine Zusammenstellung auf anderen (z.B. historischen oder lexikalischen) Merkmalen beruht. Da Haupt- und Untergruppen genannt werden, ist die formale Nähe zweier Texte direkt aus der Numerierung ablesbar.
—Die Numerierung läßt sich *mutatis mutandis* auf die Texte der Schicht IV übertragen [21], da viele Textgruppen hier wie dort vorhanden sind. Dieses Verfahren dürfte der weiteren Forschung den diachronen Vergleich erleichtern, da Analogien und Differenzen zwischen den beiden Archiven leichter erkennbar und darstellbar sind.

1 Einzeltexte und Siegel
10 Texte mit historisch-situativem Bezug
Al T 1 (Gründungsurkunde der Stadt Alalaḫ); Al T 456 (Vollstreckungsurkunde der Stadtgründung) [22]; Al T 126 (siehe dazu oben FN 6).
11 Brief
Der einzige erhaltene Brief trägt die Ausgrabungsnummer ATT 39/182.24 [23].
12 Siegel [24]

---

[19] Lediglich die Nummern 42.10-19 wurden sowohl in dem hier gemachten Vorschlag als auch von Chr. Niedorf, UF 30 vergeben, da dies die jeweilige innere Systematik der Zählungen unumgänglich machte. In allen anderen Fällen zeigt bereits die Nummer eines Textes seine Schichtenzugehörigkeit eindeutig an.

[20] Ausnahme: Hüllen; hier ist die Unterscheidung zwischen Tafel und Hülle sachgemäß, da es sich letztlich um denselben Text handelt.

[21] Vgl. inzwischen den Vorschlag von Chr. Niedorf, UF 30.

[22] Mit dem unveröffentlichten Hüllenfragment ATT 39/111.3.

[23] Angesichts unserer Definition von "Gattung" wäre es im Grunde unmöglich, aufgrund eines Einzeltextes eine Gattung anzugeben. Da aber in Syrien außerhalb Alalaḫs VII (v.a. natürlich in den Archiven von Māri und El-Amarna) genügend klar definierte Briefe vorliegen, ist das Verfahren hier nicht unzulässig. Vgl. zu Abgrenzung und Merkmalen der Gattung in anderen Textkorpora z.B. E. Salonen, StOr 38; A.L. Kristensen, UF 9; W.L. Moran, Amarna Letters, XXIIf.; Vf., UF 24, 487-490, und für Ugarit J.L. Cunchillos, HdO I/39, 360-367 (ugarit. Briefe); J. Huehnergard, HdO I/39, 375-378.

[24] Zu dieser Gattung s.o. S. 28.

2 Texte juristischen Inhalts
20 Prozeßurkunden

veröffentlichte Texte: Al T 7; 8; 9; 10 [25]; 11; 41; 57; 455 [26]
unveröffentlichte:
ATT 23; ATT 39/124; ATT 39/153.3; ATT 39/160; ATT 39/182.19;
ATT 39/182.20; ATT 48/2; ATT 80/11; ATT 80/32

Für die Prozeßurkunden läßt sich kein so strenges Formular namhaft machen wie z.B. für Schuldtexte [27], da der jeweilige "Sitz im Leben" facettenreicher ist: Es geht um unterschiedliche Rechtsfälle und Vorgänge, so daß u.a. die Wahrheitsfindungsmittel je nach Gegenstand verschieden sind [28].

Dennoch lassen sich einige gattungskonstituierende Formelemente [29] angeben:

—Prozeßeinführung:
Nennung des Prozeßgegenstandes mit *aššum* und der Prozeßbeteiligten. Subjekt ist der Klageführer, das Verb steht im Präteritum.
—Prozeßaufnahme:
Rede und Gegenrede der Parteien, zumeist durch *umma* gekennzeichnet.
—Vorgeschichte des vorliegenden Rechtsfalles [30]
—Beweisaufnahme (Zeugenaussagen, Eid...)
—Ergebnis des Prozesses, ggfs. mit Feststellung über die Durchführung
—Feststellung der Rechtskräftigkeit: Verbot, den Fall neu aufzunehmen [31]
—Strafbestimmung für den Fall der prozessualen Anfechtung [32]

---

[25] Umschrift und Kurzkommentar bei J.O. Mompeán, UF 30, 588.

[26] Gegen N. Na'aman, AnSt 29, 105f ist Al T 95 als Testament zu verstehen. Siehe zu den dadurch implizierten Mißverständnissen für die Chronologie unten Kap. III,3.

[27] Dies gilt auch für Prozeßurkunden aus anderen Archiven der altbabylonischen Zeit (E. Dombradi, FAOS 20/1, 1).

[28] Unsere Möglichkeiten, auf der lexikalischen oder syntaktischen Ebene die Form der Einzeltexte zu bestimmen, sind also stark eingeschränkt, da diese im Einzelfall für einen Vergleich zu stark voneinander abweichen. Dies tut unserer Methode jedoch keinen Abbruch, da wir nach wie vor auf einer Ebene unterhalb der Tafel die Form einzelner Texte analysieren und so zu einer Gattungsbestimmung vorstoßen.

[29] Vgl. (mit teilweise anderer Terminologie) zur aB Prozeßurkunde allgemein E. Dombradi, FAOS 20/1, 41-160.

[30] Die vorstehenden drei Elemente können zusammenfallen.

[31] Die Formulierung *ul* + Präsens/Stativ (20.01,37; 20.02,30) könnte dabei auf westsemitischen Sprachgebrauch zurückgehen, vgl. hebr. *ʾal* + PKKF.

[32] Diese hatte wohl eher abschreckenden Charakter (vgl. B. Kienast, WO 11, 43). Vermutlich sollte, dem Fluch vergleichbar, eine "Unheilssphäre" für den Vertragsbrüchigen geschaffen werden. Stilistisch kann vom Stilmittel der "irrealen Synchorese" gespro-

—Zeugenliste
—Datierung

Wir können nun—so wünschenswert dies im einzelnen wäre—nicht alle Texte *in extenso* behandeln oder eine Theorie des Rechtswesens in Alalaḫ anbieten, sondern müssen uns darauf beschränken, den Aufbau der Texte vorzuführen.

Al T 7 (20.01):
—Prozeßeinführung (*aššum* ... PN *itti* PNF *dīnam igri*)
—Prozeßaufnahme •Rede des Klageführers
•Gegenrede der Beklagten mit Vergleichsangebot
—Eintreten der Beteiligten zum König (*ana maḫar* RN *īrubū*) [33]
—Beweisaufnahme: Aussage eines Zeugen
—Ergebnis des Prozesses: •Entscheid durch den König
•Feststellung der Durchführung
—Feststellung der Rechtskräftigkeit: wechselseitiger Ausschluß des Rechtsweges
—Konventionalstrafe für den Fall der prozessualen Anfechtung
—Zeugenliste; Datierung

Al T 8 (20.02):
—Prozeßeinführung (mit *udabbir*) [34]
—Prozeßaufnahme: •Rede der Klageführerin:
Zahlungsaufforderung + Zeugenbenennung [35]

---

chen werden: Es kann überhaupt nicht sein, daß eine Partei die Sache noch einmal aufrollt, wenn dies dessen ungeachtet doch der Fall sein sollte... So erklärt sich auch die Verwendung des Präsens.

[33] Man wird hier zu fragen haben, ob die Formulierung *ana maḫar* RN *īrubū* darauf hinweist, daß wir es mit einem zweistufigen Prozeß zu tun haben: Der Prozeß wird wie gewöhnlich aufgenommen (vor wem?); erst als der Versuch einer gütlichen Einigung scheitert, tritt man zum König als der entscheidenden Instanz ein.

[34] Es dürfte sich um westlichen Substrateinfluß handeln. Die Form ist wahrscheinlich mit dem hebr. *dābār* "Sache, Wort" zusammenzusehen; für die Bedeutung "Rechtsfall" vgl. HAL 203a. Dem entspricht hier der D-Stamm: vgl. für die Verba denominativa im Hebr. E. Jenni, Piʿel, 264-267, der zu dem Ergebnis kommt, daß die Funktion des Piʿel bei denominierten Verben "eine faktitiv-resultative" (267, vgl. 275) ist und von daher *dbr* Pi übersetzt mit "Worte hervorbringen" (ibid., Anm. 301), "im Wortlaut bestimmt gedachte Worte machen" (165). Die Funktion des hebräischen Piʿels darf dabei mit der des akkadischen D-Stamms i.w. in eins gesetzt werden (GAG §88c.f). *udabbir* ist also an unserer Stelle als denominativer D-Stamm von westsem. *dbr* in der Bedeutung "Rechtsfall" zu verstehen und zu übersetzen "machte, veranstaltete einen Rechtsstreit". Es ist demzufolge inhaltsgleich mit dem im Formular zu erwartenden *dīnam igri*.

[35] Man kann diskutieren, ob die Zeugenbenennung bereits einen Akt der Beweisaufnahme darstellt oder noch zur Rede der Klageführerin gehört. Da üblicherweise Rede und Gegenrede direkt aufeinander folgen, wird hier die zweite Möglichkeit vorgezogen.

•Gegenrede des Beklagten mit Eidesangebot (*nīš ilim*)
—Ergebnis: •Die Klageführerin zieht ihre Klage zurück und bietet einen Vergleich an.
•Dieser Vergleich wird durchgeführt.
—Feststellung der Rechtskräftigkeit: wechselseitiger Ausschluß des Rechtsweges
—Körperstrafe im Fall der prozessualen Anfechtung
—Zeugenliste; Datierung

Al T 9 (20.03):
—Beginn zerstört
—Prozeßaufnahme: •Rede des Klageführers
•Eintreten zum König
—Ergebnis: •Zahlung in Sachwerten wird vom König festgesetzt
•Durchführung [36]
—Zeugenliste

Al T 10 (20.04):
—Prozeßeinführung (er führte einen Prozeß *maḫar* ÌR.MEŠ LÚ.[URU.*Alalaḫ*]$^{?}$).
—?
der Text läuft i.w. parallel zu Al T 9, läßt sich aber dennoch nicht eindeutig rekonstruieren.
—?
—vermutlich Ausschluß des Rechtsweges
—Körperstrafe im Fall der prozessualen Anfechtung
—Zeugenliste

Al T 11 (20.05):
—Prozeßeinführung
—Prozeßaufnahme: •Rede der Klageführerin
•Gegenrede des Beklagten
—Beweisaufnahme: •Angebot eines "Ritus" durch die Klägerin
•Durchführung des Ritus [37]
—Ergebnis: •Der *status quo* wird wiederhergestellt
—Feststellung der Rechtskräftigkeit: allgemeiner Ausschluß des Rechtsweges
—Konventionalstrafe für den Fall der prozessualen Anfechtung
—Zeugenliste; Datierung

[36] Der Ausschluß des Rechtsweges und die entsprechende Strafandrohung stehen auf dem linken Rand und wurden wohl nachträglich hinzugefügt. Bei D.J. Wiseman wurden sie irrtümlich (Al T, pl. X) zu Al T 28 hinzugefügt, vgl. Vf., UF 25, 467 und N. Na'aman, AnSt 29, 110.

[37] Im Gegensatz also zu Al T 8 (20.02), wo das Angebot eines "Ritus" zur Zurückziehung der Klage führte.

Al T 41 (20.06):

Hier handelt es sich um einen "Mischtyp", der bisweilen als Pfandurkunde betrachtet wurde [38]. Die Formulierungen am Schluß haben allerdings eher prozessualen Charakter, so daß der Text—auch wenn einige Elemente einer Rechtsurkunde fehlen—dennoch hierher gehören dürfte. Sicherlich ist der Text nicht ohne Al T 53 [39] verständlich.

Für den Aufbau ist zu beachten, daß die Prozeßeinführung einer Schuldabtretungsurkunde entspricht.

—Prozeßeinführung

•Vorgeschichte:

Summe, Ware

ša des Gläubigers

UGU des Schuldners (*ša* UGU PN *išû*)

•"Stand des Verfahrens": KÙ.BABBAR *ana* URU.ON *ana mazzazzāni nadi*

—Durchführung = •eigentlicher Rechtsakt:

Jarimlim hat das Silber an den Gläubiger bezahlt.

—Ausschluß des Rechtsweges

—Konventionalstrafe

Al T 57 (20.07):

—Prozeßeinführung: Vorgeschichte: vorgängiger Prozeß

—Prozeßaufnahme: Eintreten zum König

—Beweisaufnahme: Eid, Vorlegen einer Tafel und Zeugenaussagen

—Ergebnis des Prozesses:

Sieger wird festgesetzt (performatives Perfekt)

—Durchführung des Entscheides

—Einseitiger Ausschluß des Rechtsweges

—Körper- und Konventionalstrafe

—Zeugenliste

Al T 455 (20.08):

—Prozeßeinleitung mit Vorgeschichte

—Rede der Klageführer

—Eintreten zum König

—Zeugenaussagen

[38] B.L. Eichler, Indenture, 74f und G. Boyer, ARM VIII, 218f.

[39] Dies wurde zwar von D.J. Wiseman, Al T, 45 angedeutet, der Hinweis wurde allerdings von B. Kienast, WO 11, 52 in seiner Bearbeitung von Al T 53 nicht weiter verfolgt, vgl. Vf., AOAT 240, 549.

—Entscheid [40]
—Ausschluß des Rechtsweges
—Körper- und Konventionalstrafe im Fall der prozessualen Anfechtung
—Zeugenliste

Das Ergebnis dieses Durchgangs läßt sich tabellarisch zusammenfassen:

Text (Al T)	**7**	**8**	**9**	**10**	**11**	**41**	**57**	**455**
Prozeßeinführung	x	x	?	x	x	x	x	x
Prozeßaufnahme	x	x	x	x	x	-	-	x
—Rede Klageführer	x	x	x	-	x	-	-	x
—Gegenrede Beklagter	x	x	-	-	x	-	-	-
—Eintreten zum König	x	-	x	x	-	-	-	x
Beweisaufnahme	x	-[a)]	-	?	x[a)]	-	x	x
Entscheid	x	x	x	?	x	-	x	x
Durchführung	x	x	x	?	-	x	x	-
Ausschluß des Rechtsweges	x	x	x	x	-	x	x	x
Strafbestimmung	x	x	x	x	x	x	x	x
Zeugenliste	x	x	x	x	x	-	x	x
Datierung	x	x	-	-	x	-	-	-

[a)] Beweisaufnahme durch Ritus, bzw. durch Angebot zur Durchführung eines Ritus ersetzt.

Trotz der relativen Uneinheitlichkeit der vorausgesetzten Situation existiert also eine deutliche Konstanz der Form. Insbesondere ist bemerkenswert, daß die einzelnen Elemente—wenn sie auftreten—stets in derselben Reihefolge vorliegen. Dies bestätigt unsere Arbeitshypothese, daß die Gattung als idealtypischer Text einer idealtypisch vorgestellten Situation entspricht. Die jeweils besondere geschichtliche Situation wird durch die Darstellung in formtypischen Elementen so in den Rahmen des Idealtypischen eingefügt, daß ein Abweichen nicht erforderlich wird.

---

40 Die Abgrenzung ist nicht ganz eindeutig. Sicherlich gehört Z. 34 noch zu den Zeugenaussagen. Die Formel *ina līti izuzzu* ist so zwar erst bei Sargon belegt (Sg. 8, 157), doch kommt *ina līti* bereits mB vor (vgl. die Wörterbücher).

21 Testamente [41]

veröffentlichte Texte: Al T 6; 86; 95; 96
unveröffentlicht: ATT 39/182.12

Da wir nur über insgesamt fünf Texte verfügen, läßt sich keine eindeutige Form gewinnen. Konstitutiv ist in jedem Fall die Nennung des Erben, des Erblassers und der zu vererbenden Güter. Das Testament ist im Verbalsatz formuliert, eine Zeugenliste ist offenbar obligatorisch, während ein Ausschluß des Rechtsweges ebenso wie eine Datierung fakultativ sind.

Al T 6 (21.01):
Dies ist der ausführlichste Text, was damit zusammenhängen dürfte, daß hier nicht nur einzelne Gegenstände vererbt werden, sondern der König sein gesamtes Hab und Gut seinem Erbsohn vermacht [42].

Aufbau:

—Einführung	
—Erblasser	Es wird aus der Sicht dessen formuliert, der Subjekt des Rechtsaktes ist.
—*ina bulṭīšūma*	Diese Klausel scheint die Rechtsfähigkeit des Erblassers festzustellen und dient damit dazu, die Gültigkeit des Rechtsaktes abzusichern.
—IGI RN LUGAL *bēlīšu*	dto. Die Rechtsnachfolge in Dynastien nachgeordneter Fürstentümer war zu wichtig, um sie innerhalb dieser Staaten zu regeln. Hier war die Präsenz des Hegemons unabdingbar.
—Verb + Objekt *šimti* É-šu *išīmma*	
—Rechtsakt	
—Erbgegenstand	•Die zu vererbenden Güter •*kīma abūšu u ummašu ana* DUMU.A.NI *uweddûšu*. Die Ergänzung stellt sicher, daß alles, was vererbt wird, im Familienbesitz steht und umgekehrt der *gesamte* Familienbesitz auf den Sohn übergeht.

[41] Vgl. (mit etwas anderer Textzuweisung) J. Oelsner, RlA 9, 43f.

[42] Gemeint ist wohl neben der Übertragung des königlichen Privateigentums (H. Klengel, OLA 6, 438: "'Hauswirtschaft' des Palastes einschließlich des Palastgebäudes selbst")—einen Rechtsanspruch auf das gesamte Königreich gab es wohl nicht—auch die Designation zum Kronprinzen.

—Erbe	*ana* PN DUMU-*šu ša* DUMU.MÍ RN.ON *uldūšu*: der Begünstigte des Rechtsaktes wird möglichst präzise definiert.
—*uweddi*	Das Verb, das den gesamten Rechtsakt konstituiert.

—Perfikation des Vorgangs durch wörtlich zitierte Willenserklärung des Erblassers

Präzision des Rechtsaktes nach zwei Richtungen:
•ausschließlicher Alleinerbe.
•Er ist der "Knecht" des Hegemons, des Herrn des Erblassers.

—Zeugenliste, Datierung

Al T 86 (21.02):

—Rechtsakt [43]	
—Erblasser	
—Erbe	
—Erbgegenstand	
—Verb	*ana zittīšu iddin*
—Zeugenliste	
—Ausschluß des Rechtsweges	Einseitig: Nur dem Erben ist es verboten, gegen den Erblasser aufzutreten. Auffällig ist, daß der Ausschluß des Rechtsweges nach der Zeugenliste steht.

Al T 95 (21.03): [44]

—Einführung (weitgehend zerstört)
—Eintreten zum König
—? (vermutlich Rechtsakt)
—? (wohl Willenserklärung des Erblassers sein: *uddiš* "habe ich erneuert"
—Ausschluß des Rechtsweges
—Körper- und Konventionalstrafe
—Zeugenliste

[43] Eine Einführung fehlt. Vermutlich konnte auf sie verzichtet werden, da der Vorgang als innere Angelegenheit betrachtet wurde.

[44] Zur Einordnung des Textes als Testament siehe auch D. Collon, AOAT 27, 150.

Al T 96 (21.04):

—Rechtsakt

—Erbgegenstand

—Erblasserin [45]

—Tauschformel

Die Erbin hatte wohl ein anderes Teil am Erbe, oder aber der Erbanspruch wird eingetauscht gegen ein gegenwärtiges Besitzrecht.

—Erbin

—Verb

—Einschub: Näherbestimmung des Erbgegenstandes

—Ausschluß des Rechtsweges

—Konventionalstrafe

—Zeugenliste; Datierung

Auch hier läßt sich feststellen, daß trotz der relativen Bandbreite von real unterschiedlichen Situationen eine große Einheitlichkeit der Formen besteht: Beim Testament bedient man sich—da es sich um einen Rechtsakt handelt—der Terminologie und Formsprache einer Prozeßurkunde.

22 Immobilienkaufurkunden

veröffentlichte Texte: Al T 52; 53; 54; 55; 56; 58; 59; 60; 61; 62; 63; 64; 98d.
unveröffentlichte:

AM XXXX [46]; ATT 10; ATT 39/109-110.24; ATT 39/109-110.28; ATT 39/156 A 2; ATT 39/182.2; ATT 39/182.5; ATT 39/182.7; ATT 39/182.9; ATT 39/182.11; ATT 39/182.15; ATT 39/182.23; ATT 39/184.7; ATT 39/184.8; ATT 39/184.9; ATT 39/184.11

Die Textgruppe war bereits Gegenstand der Behandlung durch B. Kienast [47] und C. Zaccagnini [48], so daß wir uns bezüglich der formalen Definition kurz

---

[45] Beachte, daß hier das Erbe von der Mutter auf die Tochter übergeht. Diese Tatsache zeigt, daß neben dem gewöhnlichen Erbrecht auch ein "mütterliches Erbrecht" bestand, bei dem Güter innerhalb der weiblichen Linie einer Familie verblieben. Diese Frage bedarf noch eingehender Untersuchung.

[46] Es war mir leider nicht möglich, die genaue Museumsnummer ausfindig zu machen.

[47] B. Kienast, WO 11. Seine Textauswahl (a.a.O., 36) weicht allerdings von der unseren leicht ab. Zwar erkennt er richtig, daß Al T 65 und Al T 57 keine Immobilienkaufurkunden darstellen, doch verzichtet er ohne nähere Begründung auf die Einarbeitung der Texte Al T 98d und Al T 98fA.

[48] C. Zaccagnini, DdA 3/3, 46-55, wo allerdings Immobilienkauf- und Immobilientauschurkunden ohne Ansehen der formalen Differenzen besprochen werden. Nach C. Zaccagnini geht es eher um Nießbrauch als um reales Eigentum an den betroffenen Liegenschaften.

fassen können [49]. Einige Einzelpunkte sollen jedoch in Anlehnung an das von B. Kienast Erarbeitete erörtert werden.

Eine Immobilienkaufurkunde wird durch folgende Elemente konstituiert [50]:

—Kaufvorgang [51]

- •Kaufgegenstand, ggfs. mit weiteren Bemerkungen über Gemarkung, Schuldenfreiheit etc.
- •KI Verkäufer
- •Käufer
- •*ana* Preis (*qadu teqnītīšu*) + Formel *ana šīm gamir išām* [52]
- •Feststellung des Kaufs

[49] Zur Methode ist zu bemerken, daß B. Kienast, WO 11, 48f bei Licht betrachtet eine doppelte Vorgehensweise durchführt: arbeitet er zunächst heraus, daß "die aB Kaufverträge aus Alalaḫ formal eine Einheit bilden" (48), so will er sie im zweiten Schritt nach zwei inhaltlichen Gruppen trennen (49), wobei er v.a. aus der zweiten, dem Ortskauf, weitreichende historische und wirtschaftsgeschichtliche Folgerungen zieht (49f): Unter hurritischem Einfluß werde hier zum ersten Mal "eine Gesellschaftsordnung (faßbar F.Z.), die aber dann in mB Zeit mit leichten Variationen den gesamten Vorderen Orient erfassen sollte" (50). Es mag hier offen bleiben, ob diese Schlußfolgerungen ratsam sind, angesichts der m.E. nicht unbedingt bewiesenen Voraussetzungen B. Kienasts: a) Einführung des Privateigentums durch die Könige von Akkad; b) "Zugehörigkeit der Region zum Reiche von Ur" (49); c) nach dessen Untergang die "Könige und Fürsten Nordsyriens in ihrem Versuch, die Entwicklung von Grundbesitz aufzuhalten, weniger erfolgreich waren als die Herrscher Babyloniens" (50); d) Geschichte, Bevölkerungsanteil und soziale Struktur der Hurriter. Ganz anders deutet z.B. W. Sommerfeld, AOAT 240, 470 den Vorgang (erstmalige Entstehung eines zentralen Königtums).

[50] B. Kienast, WO 11, 35f.

[51] Zu beachten ist, daß dieser Abschnitt einem Schuldschein weitgehend entspricht, wie eine Gegenüberstellung der Elemente zeigt. Wir wählen aus darstellungstechnischen Gründen das Schuldschein-Formular in der Verbalsatzvariante:

Kaufgegenstand	Schuldsumme
KI Verkäufer	KI Gläubiger
Käufer	Schuldner
Preis	-
išām	*ilqe*

Dies bedeutet, daß der Schuldvorgang nicht als "abstrakte Verpflichtung" aufzufassen ist, sondern ebenso wie der Kaufvorgang ein Rechtsgeschäft zwischen zwei Personen darstellt, bei dem eine Sache—hier eine Immobilie, dort die Schuldsumme—*realiter* transferiert wird.

[52] Bei Verwendung des adverbiellen Absolutus ist die Präposition redundant. Die Formulierung kommt in mehreren Varianten vor: *ana šīmim gamri* (53,8; 61,11; 62,5); *ana šīm gamrim* (56,19); ganz ohne Präposition in 64,8. Vgl. zu der Formel A. Skaist, FS Greenfield, 619-626, v.a 623 (Alalaḫ).

—Perfizierungsvermerk [53]: *apil libbašu ṭāb* [54]: Der Stativ bedeutet wohl, daß die Angelegenheit durch die stattgehabte Bezahlung "ein- für allemal" in einen Zustand überführt ist.
—Strafbestimmung im Fall der prozessualen Anfechtung: Das entsprechende Verbot fehlt, da die Rechtskräftigkeit bereits durch die Stativformen des Perfizierungsvermerks hinreichend deutlich ist.
—Zeugenliste und Datierung [55]

Zur jeweiligen Funktion dieser Elemente hat B. Kienast [56] das Nötige gesagt, so daß hier ohne weitere Darstellung auf dessen Arbeit verwiesen werden kann [57].

Da das Formular "in seinen wesentlichen Bestandteilen bemerkenswert konstant" ist [58], genügt es für unsere Zwecke, im folgenden lediglich *die Abweichungen* der jeweiligen Texte aufzuzeigen.

Al T 52 (22.01):
• *qadu teqnītīšu*
• Die Datierung des Textes erfolgt durch eine Doppeldatierung, auf die B. Kienast weder in seiner Behandlung der Datierungsformeln noch bei der Text-

---

[53] Den Terminus übernehme ich von B. Kienast, WO 11, 35.41. Vgl. zur Formulierung R. Westbrook, JAOS 111, 219-224.

[54] Angesichts der Zeilenaufteilung, die *apil* und *libbašu* immer auf einer Zeile beläßt und der Konstruktion *aplū libbašunu ṭāb* (52,16) sollte eine entsprechende Aufteilung (Übersetzung: "sein Herz ist zufrieden, es ist gut") zumindest erwogen werden. Vgl. jetzt auch die entsprechende Formulierung aus Tall Mumbâqa, z.B. MBQ 3,21f (Subjekt: *šībūtu āli*) *kaspa maḫrū libbašunu ṭāb*. Vielen Dank an Herrn Prof. Mayer für seine Bereitschaft, mir das Manuskript bereits vor der Publikation zur Verfügung zu stellen. Abzulehnen ist daher die von D. Arnaud, AuOr 16, 145 für 58,10 vertretene Lesung *ṭa-aba* und seine Deutung als "permansiv pluriel" zum Dual *libbāšu*. Im übrigen spiegelt sich hier wohl der Übergang des Stativs zu seiner westsemitischen Funktion (vgl. J. Tropper, AOAT 240, v.a. 512f) wider.

[55] Die letzten drei Elemente könnten einer Prozeßurkunde entnommen sein. So wie am jeweiligen Formular deutlich wird, daß Kaufvorgang und Schuldvorgang jeweils eine Form von Transaktion darstellen, überschneiden sich also Kaufurkunde und Prozeßurkunde im Aspekt "forensisch", was wiederum an der formalen Gestaltung der entsprechenden Texte abzulesen ist.

[56] B. Kienast, WO 11, 36-46 mit Einzelbegründungen.

[57] Einzelne Unterschiede zwischen Kienast und Vf. in bezug auf die Lesung und Übersetzung einzelner Passagen gehören nicht in die Erörterung der allgemeinen Form der Texte und sind daher hier nicht auszubreiten. Angezweifelt wird allerdings B. Kienasts Interpretation des nur in diesen Texten belegten Wortes *teqnītu* als "zusätzliches Geschenk"; vgl. dazu Vf., AOAT 240, 549 ("Rückbehaltung(srecht)").

[58] B. Kienast, WO 11, 33.

bearbeitung eingeht [59]. Aus Al T 96,31, wo dieselbe Formulierung vorkommt, wissen wir, daß Mutanni König des Landes Nuḫašše war. Man möchte daraus doch folgern, daß der Ort—ebenso wie A(w)irraše (Al T 96)—im Grenzgebiet zwischen Aleppo und Nuḫašše [60] liegt. Ob letzeres allerdings ein eigenständiges Königreich war oder aber eine weitere Aleppo untertane Regionalherrschaft, muß hier offengelassen werden. Mir ist das zweite wahrscheinlicher, da kaum denkbar ist, daß ein Ort, an dem die königliche Familie Besitzansprüche hat, gleichzeitig im Einflußgebiet eines ganz anderen "Großkönigtums" [61] liegt und überdies von einem solchen Königtum in Nuḫašše sonst keine Nachricht vorliegt. Da zudem Al T 33 mehrfach im Zusammenhang mit der Stadt das Gewicht von Aleppo als maßgeblichen Standard nennt, wird man folgern müssen, daß Aleppo Oberherrschaft für alle Beteiligten war. Vermutlich war neben Aleppo auf der Landkarte wohl auch kein Platz für einen weiteren Hegemon.

Al T 53 (22.02):

• Die *teqnītu*-Formel ist (s.o.) als eigener Kaufakt stilisiert.
• Ein expliziter Ausschluß des Rechtsweges fehlt.
• Eine Datierung fehlt ebenfalls.

Al T 54 (22.03):

• Der Perfizierungsvermerk ist ersetzt durch eine Ritualhandlung. Dies bestätigt unsere Vermutung, daß dieses Element die Rechtskräftigkeit feststellen soll, da dies ebenso gut durch einen Vermerk auf der Tafel wie durch eine Bekräftigung *coram deo et hominibus* geschehen kann.

Al T 55 (22.04):

• Der Kaufgegenstand ist hier sehr breit geschildert, da es sich um mehrere Ortschaften handelt, die teilweise "lehenspflichtig" [62] waren, teilweise aber

---

[59] B. Kienast, WO 11, 45f bzw. 51.

[60] Vgl. Vf., UF 30, 848, Nr. 34 mit weiteren Hinweisen.

[61] Die Begriffe "Großkönigtum", "Reich" etc. sind provisorisch, da die Verhältnisse, die wir hier assoziieren, die Verhältnisse der hier in Frage stehenden Zeit kaum zutreffend beschreiben dürften. W. Mayer, ALASPM 9, 153f, benutzt für "Reich" den Begriff der "hegemonialen Symmachie", für "Großkönig" den des "Hegemon". Vgl. zu den Konsequenzen, die begriffliche Unschärfe in dieser Hinsicht haben kann, die Debatte um die Existenz eines "Old Assyrian Empire" zwischen B. Landsberger und J. Lewy (jeweils ArOr 18).

[62] Der Begriff steht zwischen Anführungszeichen, um anzudeuten, daß unsere Vorstellungen nicht durch das europäische Mittelalter belastet werden sollten. Die "rentenkapitalistische Ordnung" in Alalaḫ dürfte sich vom Lehenswesen des Mittelalters trotz mancher Strukturanalogien wohl deutlich unterschieden haben; siehe zur Theorie der wirtschaftlichen Entwicklung H. Bobek, Die Erde 90, zur "Feudalismus"-Debatte im Alten Orient W. Sommerfeld, AOAT 240, 467-469.

nicht. Gegen B. Kienast [63] kann von einer "königlichen *pabinnu*-Steuer" [64] wohl kaum die Rede sein: Die Formen *illû* und *uwârūšu* sind Plural und nicht Singular. Das akkadisierte Wort *papinnu* geht im übrigen zurück auf hurr. *pap-* "Berg" [65], *-enn-* ist die hurritische Adjektivisierungsendung [66], so daß der ganze Ausdruck zu übersetzen ist: "der Bergkönig". Gemeint ist damit offenbar ein König—möglicherweise hurritischer Provenienz—am Rand des Königreichs von Aleppo. Weshalb dieser ggfs. über Rechte an den hier verhandelten Orten verfügen, entzieht sich unserer Kenntnis. Denkbar ist, daß sich bei der Ausweitung des Hegemoniebezirkes von Aleppo auch solche Könige in die Symmachie begaben.

• Der Kaufpreis wird im einzelnen nicht aufgeschlüselt, ein Perfizierungsvermerk fehlt. Man wird daher davon ausgehen können, daß es sich nicht um ein "Barkaufgeschäft" i.e.S. handelt. Vielleicht war die Summe—ähnlich wie in Text 53—bereits auf dem Hypothekenweg abgezahlt oder sonstwie verrechnet worden.

• Zusätzlich zum Formular findet sich noch eine Haftungsklausel bezüglich eventuell doch vorhandener Leistungsverpflichtungen: Wenn diese doch vorhanden sein sollten, soll ein "Stößel" [67] auf (UGU) den Verkäufer "fallen".

• Zusätzlich zur Geldstrafe im Fall der prozessualen Anfechtung wird der Vertragsbrüchige seiner Gebiete verlustig gehen (*ittaṣṣi*).

• Die Zeugenliste erinnert an die von Al T 30.

Al T 56 (22.05):

• Im Kaufvermerk findet sich die Formulierung *usannaqma ileqqe*, die wohl so zu interpretieren ist, daß der Käufer mit den gekauften Gütern verfahren kann, wie es ihm beliebt. Dies gilt besonders auf dem Hintergrund der Zeilen 23f (dazu gleich), wo der Verkäufer eben "nichts mehr zu prüfen" hat.

• Kaufpreis (mit *ana šīm gamir*) und Käufer sind vertauscht.

• Anstelle des Perfizierungsvermerkes steht eine Bestimmung über eine Leibrente für den Verkäufer, die einerseits im Nießbrauch eines Grundstücks besteht, andererseits aber in der jährlichen Auszahlung von Gegenständen, die genau spezifiziert sind. Nach dem Tod des Verkäufers geht das Grundstück wieder uneingeschränkt in die Verfügungsgewalt des Käufers über. Das Grundstück, das dem Verkäufer zur Nutzung zu überlassen ist, ist nur nach seiner Fläche und seiner Lage in einer Ortschaft festgelegt. Der Verkäufer hat es, "wie der Käufer es gibt", zu akzeptieren; "er wählt nicht aus".

• Die Strafbestimmung ist wechselseitig formuliert.

---

[63] B. Kienast, WO 11, 37.54.

[64] So auch A. Draffkorn, Hurrians, 202: "Some specified service due to the king".

[65] Bzw. *pabani* (E. Laroche, GLH, 190).

[66] I.M. Diakonoff, HuU, 70.

[67] AHw 642b *s.v. mekkû*; E. Gaál, AUSB 17, 10: "thrown stone", "perhaps: he shall be stoned to death".

• Zeugenliste: Auffällig ist, daß sowohl der Großkönig wie auch Jarimlim als Zeugen fungieren. Da Jarimlim nicht als "Fürst von Alalaḫ" gekennzeichnet ist, sondern als "Bruder des Königs" gilt, dürfte es sich hier um eine Urkunde aus der Zeit *vor* der Gründung Alalaḫs oder sofort danach handeln, so daß wir es hier—neben Al T 1 und 456 — mit einem der ältesten Texte des Archivs zu tun haben. Ferner fällt auf, daß Irpa-Addu auf der ihn selbst betreffenden Urkunde als Zeuge belegt ist.

Al T 58 (22.06):

• Nach der Strafbestimmung erfolgt eine Klausel über die Lastenfreiheit gegenüber dem Fürsten(haus) von Alalaḫ sowie über die Dienstpflicht gegenüber dem Haus von Aleppo:

— Die in Frage stehenden Gebiete grenzen nicht an das Gebiet des Fürsten von Aleppo an.

— *ilik* URU [68].*Ḫalab*.KI-*ma itti* KUR.*Laban illak* "Lehenspflicht (besteht gegenüber) der Stadt Aleppo, und er (der Käufer) nimmt [69] sie zusammen mit dem Land Laban auf sich"

— Den Fürsten von Aleppo gehen die Gebiete nichts an.

Al T 59 (22.07):

• Preis und Verkäufer sind vertauscht.

• Eine Strafbestimmung und eine Datierung fehlen ebenso wie die *ana šīm gamir*-Formel.

Al T 60 (22.08):

• Nach dem Kaufvermerk ist wohl der Perfizierungsvermerk durch eine Ritualhandlung ersetzt. Die betreffenden Zeilen sind allerdings zerstört.

• Käufer und Kaufpreis (ohne Formel) sind vertauscht.

• Eine Datierung fehlt, die Strafbestimmung könnte im zerstörten Teil gestanden haben.

Al T 61 (22.09): [70]

Angesichts des Kaufpreises wird es sich um einen Hauskauf handeln [71].

• Käufer und Kaufpreis (ohne Formel) sind vertauscht. Die Strafbestimmung ist erweitert durch ein vorangestelltes *urram šēram* [72].

• Eine Datierung findet sich auf der Tafel nicht, wohl aber auf der zugehörigen Hülle (ATT 39/111).

---

68 Das Zeichen vor dem ON Aleppo kann É oder URU sein.

69 Vgl. zu *ilka alāku* AHw 371b.

70 Bearbeitung bei J.O. Mompeán, Ishtar, 325f.

71 Gegen B. Kienast, WO 11, 59 (Ortskauf). D.J. Wiseman, Al T, 49; I. Mendelsohn, IEJ 5, 67 und H. Klengel, AcAnt 11, 11f sprechen von Sklavenkauf.

72 Vgl. W. Mayer, UF 17, 405f.

Al T 62 (22.10):
• Eine Strafbestimmung und eine Datierung fehlen.
• Der Perfizierungsvermerk lautet nicht wie normal *apil libbu* +EPP (*ṭāb* fehlt ganz), sondern *ana* 100 *šiqil kaspa* (Liste von Gegenständen) *šīm* GIŠ.GEŠTIN *nadû* "für die 100 Šeqel Silber sind Gegenstände als Kaufpreis für den Wein(berg) hingelegt (=bezahlt)" [73].

Al T 63 (22.11):
• Der Perfizierungsvermerk fehlt.
• Eine Strafbestimmung ist demgegenüber vorhanden.

Al T 64 (22.12):
• Der Perfizierungsvermerk fehlt.
• Käufer und Kaufpreis sind vertauscht.
• Eine Strafbestimmung fehlt.

Al T 98d (22.13): [74]
• Abgebrochen (Z. 1-3). Es dürfte sich um einen Teil des Kaufgegenstandes gehandelt haben, dessen einer Teil die "Häuser" des Ammu-Ada darstellen.
• Kaufgegenstand, mit einer Bemerkung über Lage und Hypothekenlast.
• KI + Verkäufer(mehrheit)
• Kaufpreis
• *ana šīm gamir išām*
• Perfizierungsvermerk
• Wechselseitige Strafbestimmung
• Zeugenliste, evtl. Datierung

23 Immobilientauschurkunden

Eine Immobilientauschurkunde benennt Gebiete [75], die im Austausch gegen andere Gebiete erworben werden: Eine Person (Tauscherwerber) erwirbt die in Frage stehenden Landstücke oder Ortschaften und gibt dem Vorbesitzer (Tauschlasser) andere Gebiete und gegebenfalls weitere Wertgegenstände als Ausgleichszahlungen. Im Gegensatz zu dem, was wir unter Tausch verstehen— eine wechselseitige Angelegenheit zwischen zwei Subjekten— wird also ein Subjekt des Rechtsgeschäftes vom Empfänger als zweitem Partizipanten getrennt.

---

[73] Der Stativ Pl. bringt also—der Formulierung *apil libbašu* entsprechend—zum Ausdruck, daß durch den Austausch von Gegenständen die vereinbarte Kaufsumme rechtsgültig bezahlt, das Kaufgeschäft damit rechtsgültig (*ṭāb*) geworden ist.

[74] Angesichts des Erhaltungszustandes der Tafel sind hier die Elemente des Formulars noch einmal wiederzugeben.

[75] Zu *eperu/epru* siehe E. Gaál, AUSB 17; W. von Soden, NABU 1989 und C. Zaccagnini, Production and Consumption, 77.

veröffentlichte Texte: Al T 76; 77; 78; 79; 80
unveröffentlichte: ATT 39/184.5 hierher?

—Tauschgegenstand —Auch hier im Akkusativ: Ähnlich wie bei einer Kaufurkunde steht das virtuelle Objekt vorab: Man könnte sagen, daß hier nicht *ex latere emptoris*, sondern *ex latere emptae rei* formuliert wird.

—Tauschformel *ana pūḫ(at)*: "zum Tausch, als Ersatz" [76]
—Gegenstück
—Tauschlasser
—*ana* Tauscherwerber
—*ana šīm gamir*
—*iddin* [77]

Al T 76 (23.01):
• Formgemäß

Al T 77 (23.02):
• Diese Urkunde ist umgekehrt formuliert: Zunächst steht das Gegenstück (mit *ana pūḫat*), dann der Tauschgegenstand. Dem entspricht, daß der Tauscherwerber vor dem Tauschlasser genannt ist.
• Zeugenliste.

Al T 79 (23.03):
• Aufbau wie Al T 76. Zu beachten ist, daß es sich im Gegensatz zu Text 76f um einen "bedingten Tausch" handelt: Dem Tauschlasser bleiben gewisse Vorkaufsrechte erhalten.
• Der Tauschlasser wird nicht explizit genannt; es dürfte sich um den König Jarimlim III von Aleppo handeln.
• Der Tausch steht unter der Kautele, daß Ammitaqum den von ihm eingetauschten Ort nicht weiterverkaufen darf, ohne ihn vorher dem Großkönig zum Kauf anzubieten. Diesem bleibt es offenbar auch vorbehalten, die Erlaubnis zum

---

[76] AHw 877. Es ist unsicher, ob man *pūḫat* als Femininum Plural (so offenbar W. von Soden) oder als eigenes Lexem *pūḫtu* (G. Giacumakis, 95) aufzufassen hat.

[77] Durch die Verwendung des Wortes *iddin* anstelle von *išām* wird einerseits deutlich, daß Kauf und Tausch als unterschiedliche Rechtsakte zu betrachten sind, andererseits die oben angedeutete Stellung der jeweiligen Beteiligten im Rechtsakt bestätigt. Der Gebrauch des Wortes *šīmu* "Kaufpreis, Äquivalent" impliziert, daß der volle Gegenwert der einzutauschenden Immobilie durch das Gegenstück abgegolten ist.

Verkauf nach Gutdünken zu erteilen oder zu verweigern, auch wenn er sein Vorkaufsrecht nicht ausübt.
• Strafbestimmung
• Zeugenliste

Al T 80 (23.04): [78]
• Aufbau wie Text 76.
• Zeugenliste.

Al T 78 (23.05):
• Dieser Text ist außerhalb der eigentlichen Ortstauschurkunden zu besprechen, da es sich vermutlich um eine Doppelurkunde handelt, die einerseits einen Ortskauf, andererseits jedoch einen Ortstausch thematisiert. Da allerdings der Anfang nicht erhalten ist, läßt sich letzte Sicherheit nicht gewinnen.

• der erste Teil:
— ... *Ammitaqumma* LUGAL *ana šīm gamir išām.*

Dies dürfte der Rest der Ortskaufurkunde gewesen sein. Da auf der Rückseite weite Teile der Zeugenliste erhalten sind, kann nicht allzuviel zerstört sein. Welcher Ort betroffen ist, kann nicht mehr angegeben werden. Es ist aber wahrscheinlich, daß keiner der sonst im Text genannten Orte gemeint ist, da diese ja getauscht und nicht verkauft werden. Vermutlich dürfte daher Šinurapi im ersten Teil der Urkunde erwähnt gewesen sein: Die beiden Vorgänge sind auf einer Tafel festgehalten, weil es sich um einen "Junktimvertrag" zwischen zwei Personen handelt: Šinurapi verkauft (mindestens) einen Ort an den König und tauscht gegen einen weiteren andere Liegenschaften ein.
Der Hintergrund bleibt dabei offen: Denken läßt sich eine Art "Flurbereinigungsverfahren", bei dem das Königshaus versuchte, seine Gebiete möglichst abzurunden. Ein Nebenaspekt könnte der Tatsache zugrundeliegen, daß hier gegen einen Ort mehrere eingetauscht werden: Der König könnte versucht haben, das "regionale Unterzentrum" in seine Hand zu bekommen.

• Tauschurkunde (vgl. Al T 77/23.02):
  • Auffällig ist, daß zusätzlich zu den Immobilien noch weitere Gegenstände—wie sie von Ortskäufen vertraut sind—genannt werden. Die Formel *ana šīm gamir* fehlt, wohl weil sie bereits im ersten Teil vorhanden war. Ein Perfizierungsvermerk, wie er zum Ortskauf gehört, fehlt ebenfalls.
  • Strafbestimmung
  • Zeugenliste

[78] Der hier betroffene Ort Ṣuḫaruwe hat offenbar eine bewegte Geschichte, vgl. Vf., UF 30, 841f.

24 Personenkaufurkunde
veröffentlichter Text: Al T 65 (24.01); unveröffentlicht: keine

Dieser Text juristischen Inhalts gehört nicht zu den Schuldtexten[79]. Er wird unten (Kap. V,2.1.1.) *en détail* besprochen haben. Daher genügt hier eine kurze Charakterisierung dieser "Personenkaufurkunde" [80].

— Z. 1-2: stellen einen Schuldschein [81] dar
— Z. 3-5: stellen einen (erweiterten) Kaufvermerk dar:
• Zweck des Kaufs: Destination der gekauften Person: "Gesinde".
• Käuferin
• Kauf (präteritales Verb *išām*)
— Z. 6-7: stellen eine Zusatzklausel im "juristischen Präsens" dar
— Z. 8-12: Zeugenliste
— Z.13-15: Datierung

3 Schuldtexte [82]
30 Schuldscheine [83]

veröffentlichte Texte: Al T 32; 33; 34; 35; 37; 39[84]; 42; 43; 45; 127[85]; 319; 322; 370; 380
unveröffentlichte: AM 11114; ATT 39/182.4; 39/182.13; 39/182.22; ATT 57

---

[79] B. Kienast, WO 11, 46 sieht dies richtig, wenn er darauf hinweist, daß "AT 65 im Formular völlig von den ... Kaufverträgen" abweicht und "an das Formular des abstrakten Verpflichtungsscheins" erinnert.

[80] Der Begriff darf streng genommen nicht als Gattungsbezeichnung (miß)verstanden werden, da der einzige Text dieser Art im Korpus vorliegt. Andererseits gibt es im Korpus der mittelbabylonischen Alalaḫ-Texte weitere vergleichbare Texte (z.B. 341.1 und 341.2). Die vorgeschlagene "Gattungsbezeichnung" erfüllt die "Prädikatorenregeln" (G. Fohrer u.a., UTB 267, 95f) und steht in Übereinstimmung mit den anderen gewählten Begriffen, so daß ihre Verwendung hier unproblematisch sein dürfte.

[81] Siehe zu dessen Aufbau unten und Vf., UF 23, 408f.

[82] Die Texte werden hier nicht mehr einzeln vorgeführt, da sie bereits Gegenstand der Behandlung durch den Vf. waren: Bei jeder Gattung findet sich der Hinweis auf den Artikel, in dem die jeweiligen Texte, ihr Aufbau, ihre Abweichungen vom Formular etc. erörtert wurden. Die Neunumerierung richtet sich nach der dort jeweils begründeten Reihenfolge. Zur Gesamtdarstellung des Schuldwesens in Alalaḫ VII vgl. Vf., UF 27, 648-651.

[83] Vgl. Vf., UF 23, 405-438.

[84] Dieser Text gehört im Grunde nicht zum Korpus, da er der Schicht VI entstammt, vgl. D. Collon, AOAT 27, 206; S. Smith, AJ 19, 46f. und E.M. von Dassow, 459. Da er hierher gerechnet wird und auch die formalen Kriterien für eine Zuweisung in die Kategorie erfüllt, sei er dennoch hier eingeordnet.

[85] Bearbeitung bei J.O. Mompeán, Ishtar, 326.

Aufbau:
—Angabe der Menge und der geschuldeten Ware
—"UGU des Schuldners"
—Angabe des Schuldners.

Durch die Nennung dieser Elemente wird ein Schuldvorgang eindeutig qualifiziert [86]. Die Angabe des Gläubigers, die für unsere Begriffe untrennbar zum Schuldschein hinzugehört, kann in den meisten Fällen unterbleiben, da der Palast der Gläubiger ist. Wird ein Schuldvorgang durch einen anderen Gläubiger vorgenommen, so wird dieser explizit genannt. Dies erfolgt entweder durch das "*ša* des Gläubigers" direkt nach der Angabe der geschuldeten Ware oder aber durch Auflösung des "UGU des Schuldners" in einen Verbalsatz: KI PN *ilqe*. Der Schuldvorgang wird durch diesen Verbalsatz bzw. das "UGU des Schuldners" konstituiert: *ex latere debitoris* wird festgestellt, daß dieser sich durch die Entgegennahme der geschuldeten Ware in den Rechtsstatus des Schuldners begeben hat.
Weitere Angaben, die nicht konstitutiv sind, können dem Schuldschein folgen. Solche Kautelen bringen das Proprium des jeweiligen Falles zum Ausdruck [87].

31 Pfandurkunden [88]
veröffentlichte Texte: 18; 19; 20; 21; 22; 23; 24; 25; 26; 27; 36; 38; 40; 44
unveröffentlichte: ATT 1/h; ATT 39/182.17; ATT 81.13; ATT 82/6; ATT 85/24

Aufbau:

—Schuldschein wie oben, mit "*ša* des Gläubigers"	Feststellung der Schuld
—PN(N); ggf. mit Nennung des Verhältnisses zum Schuldner	Benennung der als Pfand gegebenen Person (kann entfallen, wenn der Schuldner selbst betroffen ist)
—*kīma* KÙ.BABBAR *annîm*	Stellt den Bezug zum Schuldvorgang her und betont die Verhältnismäßigkeit des nun folgenden Verfahrens.
—*ana mazzazzān(ūt)im*	Rechtstitel
—*Einsitzformel:* *ana* É Gläubiger *wašib*	Rechtsfolge

---

[86] Vgl. zu einem analogen Typ von Schuldscheinen H. Freydank, AoF 19: (Siegel) Menge Ware *ša* PN_1 (*ša* UGU *ginaʾe*) *ina* UGU PN_2 (z.B. S. 296, Nr. 15 u.ö.).

[87] Bestimmungen über Zinsleistungen, Nebenabreden der betroffenen Parteien etc. Siehe im Einzelnen Vf., UF 23.

[88] Siehe dazu Vf., UF 24, 447-480, dort besonders S. 449-453 zum wirtschaftsgeschichtlichen Hintergrund.

—Weitere Klauseln, insbesondere eine Zeugenliste und eine Datierung, können folgen. Ihre Verwendung ist von der konkreten Situation abhängig. Dies gilt ebenfalls für gewisse Abweichungen im Formular, die sich zumeist daraus erklären, daß in der Person des Gläubigers oder des Schuldners eine Besonderheit liegt [89].

Eine Pfandurkunde dient also dazu, das Darlehen durch die Arbeitskraft des Schuldners oder seiner Verwandten abzusichern. Die Arbeit der Pfandhäftlinge wird mit dem anfallenden Zins verrechnet. Oftmals dürfte es sich indessen eher um ein Scheindarlehen handeln, das lediglich dazu ausgegeben wird, um sich der Arbeitskraft des "Schuldners" zu bemächtigen [90].

32 Schuldabtretungsurkunden [91]
veröffentlichte Texte: Al T 28; 29; 30; 31
unveröffentlichte: keine

Aufbau:
Eine Schuldabtretungsurkunde gliedert sich in drei Abschnitte:

• 1. Vorgeschichte:

—Nennung der Schuldner	Die Betroffenen werden (analog zur Ware in den Kaufurkunden) zunächst genannt. Syntaktisch stehen sie im Kasus pendens.
—*aššum*	Kausalursache
Summe	Der in Frage stehende Wert
Gläubiger	Die zweite beteiligte, hier die in der Vorgeschichte handelnde Person.

[89] Zu Details siehe Vf., UF 24 unter den jeweiligen Texten.

[90] Insoweit sind diese Texte den *tidennūtu*-Urkunden aus Nuzi vergleichbar. Vgl. zu diesen B.L. Eichler, Indenture, und zur Auseinandersetzung Vf., UF 24, passim. Zur Schuldsklaverei in Alalaḫ insgesamt I. Mendelsohn, IEJ 5, 66f und—etwas differenzierter—H. Klengel, AcAnt 11, 10f.

[91] Vf., UF 25. D.J. Wiseman, Al T, 42f unterscheidet zwischen "transfer of debt" und "transfer of loan", doch sind seine Kriterien und die aus der Unterscheidung resultierenden Implikationen unklar.

-*iṣbat* + auf Schuldner bezogenes EPP	Im Verb wird die gesamte Vorgeschichte zusammengefaßt. Der Stand der Angelegenheit wird durch das narrative Präteritum zum Ausdruck gebracht, das durch *-ma* mit dem nachfolgenden Abschnitt verknüpft ist.
• 2. Der eigentliche Rechtsakt:	
—Subjekt des Rechtsaktes	Der Übernehmer wird namentlich genannt.
—*ana* Schuldsumme	Muß wiederholt werden, da die Identität des zweiten Aktes mit der Vorgeschichte sonst in Zweifel gezogen werden könnte, mithin die Voraussetzungen für das durch *iṣbat* konstituierte Pfandhaftverhältnis verändert wären.
-*itti* Gläubiger	Muß ebenfalls wiederholt werden, da der Gläubiger nun in ein neues Rechtsverhältnis eintritt: Anstelle des Schuldners ist nun der Übernehmer sein Vertragspartner.
-*ipṭur* + auf Schuldner bezogenes EPP	Im Verb wird der jetzt vollzogene Rechtsakt zusammengefaßt. Auch dieser wird präterital geschildert, da er die Voraussetzung für die nunmehr folgende Feststellung der Rechtsfolgen bietet. Das Präterium steht hier anstelle eines "performativen Perfekt", das sich zumeist auf die Zeitachse Gegenwart↔Zukunft bezieht. Unsere Urkunden sind allerdings auf eine Achse Vergangenheit↔Zukunft hin stilisiert. Dies wird dadurch deutlich, daß die beiden ersten Verben (durch *-ma* verbunden) in derselben präteritalen Zeitstufe stehen, die Verben der Rechtsfolge (Konjunktion *ù*) allerdings im "juristischen Präsens".
• 3. Die Rechtsfolge:	
—Summe	Die Wiederholung ist zwangsläufig, da die Identität wiederum die Voraussetzung für die Angemessenheit der Rechtsfolge darstellt.

—"UGU des Schuldners"

Auch die Schuldner müssen noch einmal genannt werden, da sie durch den Rechtsakt in neue Hände übergehen. Die Wiederholung dient dazu, die Entlassung der Schuldner aus ihrem bisherigen Rechtsstatus und ihren Eintritt in den neuen bei bestehender Sachidentität klarzustellen.

—Schlußklauseln

Diese Klauseln gehören sonst einer Pfandurkunde zu. Hier liegt ihre Funktion darin, diejenigen Begleitumstände, die dem ursprünglichen Pfandakt eigentümlich waren, auch auf das neue Rechtsverhältnis zu übertragen.

Zusammenfassend läßt sich zu den Schuldtexten sagen, daß sie ein gutes Paradigma für die Validität unserer Methode darstellen: Einem genau umrissenen "Sitz im Wirtschaftsleben" entspricht genau eine Gattung. Die jeweiligen Formkonstituenten erfüllen eine eindeutig zu definierende Funktion. Diese Beobachtung wird um so deutlicher, als einzelne Elemente in mehreren Gattungen auftreten: So wird der Tatbestand, daß eine Person sich verschuldet, durch das "UGU des Schuldners" (oder vergleichbar) ausgedrückt. Dieses hat seinen Ort natürlich im einfachen Schuldschein, kehrt aber in den anderen Gattungen, die auf diesen Tatbestand rekurrieren, entsprechend wieder: Der Tatsache einer Verschuldung als "Sitz im Leben" entspricht eine eindeutige Gliedgattung, der Schuldschein.
Je nach dem weiteren Verlauf des Vorgangs ändert sich dieser "Sitz im Leben", so daß die Gliedgattung in einer umfassenderen Rahmengattung aufgeht.

4 Listen [92]
40 einfache Listen

veröffentlichte Texte: Al T 176; 178; 366; 371; 412; 413; 432
unveröffentlichte: ATT 58; ATT 78/7 + ATT 69; ATT 39/182.17; ATT 81.13; ATT 82/6; ATT 85/24

Eine Liste läßt sich nach ihrer Ausdrucksseite beschreiben als eine Abfolge von Einzeleinträgen, die asyndetisch aneinander gereiht sind. Diese weisen keinen gemeinsamen Aufbau auf, da die Formulierung des Einzeleintrags abhängig ist von den aufgelisteten Größen:

---

[92] Vgl. zu Listen im Wirtschaftsleben anhand des Materials aus Ugarit J.A. Sanmartín, ALASP 7/1, 143f.

—Bei Entitäten, die nur einmal vorhanden sind (Personen, Orte...), genügt als eindeutiger Prädikator die Nennung der jeweiligen Größe.
—Bei zählbaren Mengen (Tieren, Wertgegenständen) müssen eine Zahl und die Angabe der jeweiligen Bezugsgröße stehen. Diese kann noch näher bestimmt werden ("Jungtier", "Gewichtsangabe"...).
—Bei nicht-zählbaren Mengen (Flüssigkeiten, Getreide und vergleichbare Waren, Silber) muß die Quantität angegeben sein. Dies erfolgt zumeist durch die Benennung einer Zahl und einer Maßeinheit vor der aufgelisteten Ware.

"Einfache Listen" bestehen ausschließlich aus der Aneinanderreihung von einfachen Einzeleinträgen. Eine Zusammenfassung, z.B in Form einer Summe, fehlt meist. *Per definitionem* ist also eine Angabe von Empfängern oder Zwecken nicht konstitutiv, so daß wir meist keine Aussage darüber treffen können, welchem Zweck die jeweilige Liste diente, so daß die Bestimmung eines "Sitzes im Leben" der Gattung nicht, die eines Einzeltextes nur in den seltensten Fällen—und dann nicht aufgrund formaler Erwägungen—möglich ist [93].

Al T 178 (40.01):
ca. 65 Frauennamen. Diese Liste muß uns weiter unten (Kap. V,2.1.1) noch beschäftigen, da wir sie aufgrund anderer Hinweise aus dem Korpus situativ verorten können. Sie braucht daher hier nicht weiter erläutert zu werden.

Al T 176 (40.02):
ca. 12 Männernamen. Hier gilt *mutatis mutandis* dasselbe wie für 40.01.

Al T 412 (40.03):
Aufgelistet werden 1 Becher, 2 Ledergegenstände, 1 Kleid, 1 Krug, zwei Gegenstände x des Paggi, ein weiterer Ledergegenstand, noch ein Kleid, ein Personename. Die Funktion des letzteren ist nicht klar. Wenn er der Empfänger aller Gegenstände wäre, wäre unsere Einordnung als Liste in Frage zu stellen. Allerdings kommen Kleid und Ledergegenstand doppelt vor, so daß der PN wohl parallel zu Paggi steht und Eigentümer/Inhaber der genannten Dinge ist.

Al T 413 (40.04):
Liste von Metallgegenständen, die nach ihrem Material gruppiert sind [94]. Eine Einzelinterpretation der Bezeichnungen kann hier nicht geleistet werden [95], auffällig ist, daß verschiedene Dinge doppelt belegt sind: einmal aus Gold,

---

[93] Dieser muß im übrigen keineswegs eindeutig sein. Bei einer so einfachen Form wie der der Liste ist denkbar, daß mehrere Situationen sich derselben Gattung bedienten.

[94] D.J. Wiseman, Al T, 107.

[95] Vgl. zu den Bezeichnungen die jeweiligen Eintragungen der Wörterbücher, v.a. A. Draffkorn, Hurrians.

einmal aus Bronze. Nach einem abschließenden Strich folgt eine Bemerkung, die sich vermutlich auf die gesamte Tafel bezieht, von der allerdings nur der Gottesname Nergal erhalten ist.

Al T 366 (40.05): [96]

Vor den nur teilweise erhaltenen Texten ist nun die "erweiterte einfache Liste" Al T 366 zu behandeln. Sie ist in mehrere Teile gegliedert. Zeile 1-12 bestehen aus sechs Einträgen mit Bechern, die durch hurritische Wörter näher bestimmt sind. Der Zusatz *adi* LUGAL *imtūt ana qubūri* [97] "was das angeht, daß der König starb, ins Grab" widerrät der Funktionsbestimmung durch D.J. Wiseman [98] ("Jarimlim's endowment of the IŠTAR Temple when he took over Alalah"). Vielmehr dürfte es sich (Z. 14-16 nennen den "Brustschmuck des Königs, den man ihm mit ins Grab gab") um die Bestattung des verstorbenen Königs handeln. Da wir nur über einen Text dieser Art verfügen, dürfte dieser König mit Jarimlim gleichzusetzen sein, dem einzigen [99] König, der während der Dauer der Schicht Alalah VII starb. Die Alternative—eine Zahlung zugunsten der Beerdigungsfeier eines Königs von Aleppo—scheitert neben diesem Argument v.a. daran, daß der Brustschmuck für einen toten König wohl von dessen direkter Entourage bezahlt werden mußte.

Z. 6 und 9 geben das Gewicht des Bechers an, wobei Z. 9 einen PN als Empfänger nennt. Diese Zusätze sind erforderlich, da es sich um ein und dieselbe Art von Bechern (*babaššarrē*) handelt.

Der erste Teil wird abgeschlossen durch eine Zwischensumme—das ŠU.NÍGIN-Zeichen fehlt allerdings—, die das Gesamtgewicht mitteilt. Dieselbe Summe wird offenbar für eine Stele (Z. 12) [100] ausgegeben.

Teil zwei bietet vier Einträge in Silber mit dem jeweiligen Zweck. Eine Zwischensumme schließt diesen Teil ab.

Eine Gesamtsumme (ŠU.NÍGIN ŠU.NÍGIN) beendet die Tafel. Offen bleibt, wie die abschließende Zeile 22 *ašar ištēn* "an einem Ort" zu verstehen ist: Ver-

---

[96] Bearbeitung bei C. Zaccagnini, Or 48, 475 (Z. 1-11); J.O. Mompeán, Ishtar, 327f; Teilbearbeitung (Z. 13-20) bei G. Wilhelm, SCCNH 9, 173.

[97] Zu *qubūri* in Emar vgl. J.-M. Durand, NABU 1989.

[98] D.J. Wiseman, Al T, 101 (im wesentlichen auch mitbestimmt von seiner Annahme, daß Schreibweise und Farbe des verwendeten Tons diesen Text mit Al T 1 und Al T 126 verbinden).

[99] Dies ist ein Vorgriff auf das unten (Kap. III,3) zur Chronologie zu Erörternde: Gegen neuere Ansetzungen (N. Na'aman, W. Nagel/Chr. Eder) ist von nur zwei Königen während der Schicht Alalah VII auszugehen.

[100] Auch dies spricht für eine Situierung des Textes im Umfeld des Totenkults, da Stelen und Betylen in Syrien ein wichtiges Element des Totenkults darstellen, z.B. KTU 1.17 I 26 parr. Vgl. M. Dietrich u.a., UF 21 und die gängige Literatur zum Totenkult, z.B. Th. Lewis, HSM 39 oder J.-M. Durand, NABU 1989. Zusammenfassend H. Niehr, NEB.E 5, 67-72.

mutlich bedeutet dies den Bezug auf ein und dieselbe Situation, so daß man paraphrasieren kann "auf einmal".

Al T 432 (40.06): [101]
Teilweise zerstört. Ca. 30 Einträge sind mehr oder weniger vollständig erhalten. Es handelt sich um Wörter, die—soweit erhalten—hurritisch sind. Z. 24 bietet eine Zwischensumme, die den Gesamtwert der (bislang genannten?) Gegenstände auf 3000 Silberšeqel (approximativ?) festsetzt. Der Zusatz zur Summe könnte *ša-ki-*[*in*] gelautet haben.

Al T 371 (40.07):
Weitgehend zerstört. Nach D.J. Wiseman [102] soll es sich um eine ganze Reihe von Einträgen über Gegenstände handeln, die allesamt 22 1/2 Šeqel Gold wiegen. Diese Annahme ist sicher unzutreffend. Vielmehr handelt es sich um Einträge zu 4 Šeqel Gold + 22 1/2 Untereinheiten, vgl. unten zu Al T 378 (44.05). Wie in der letzten Zeile die Zahl 34 zu verstehen ist, bleibt unklar; vermutlich handelt es sich um eine Summe [103].

41 Getreidelieferlisten [104]

Diese Texte—die meistbelegte Gattung im Textkorpus—werden nach folgendem Schema angeordnet:
—Die Tafeln mit "Normblöcken" [105], d.h. die regelmäßigen Ausgaben für das (zumeist fest angestellte) Personal werden zuerst geboten, da dieser regelmäßig stattfindende Vorgang zur Ausbildung einer eigenen Gliedgattung geführt hat. Innerhalb der Tafeln mit Vorhandensein dieser Gliedgattung ("Normblock") wird Al T 243 (= 41.01) vorangestellt, da er als Musterbeispiel für die Gattung gelten kann. Die anderen Tafeln mit Normblock werden nach ihrer noch zu erhebenden chronologischen [106] Reihenfolge geboten.

---

[101] Kopie, Bearbeitung und Versuch der Interpretation bei J.O. Mompeán, SEL 17.

[102] D.J. Wiseman, Al T, 102.

[103] Die Berechnung lautet: 22,5/60 Šeqel sind 3/8 Šeqel. Da jeweils diese Untereinheit in den Einzeleinträgen auftritt, müssen es neun Einzeleinträge gewesen sein. Hierdurch summieren sich die Untereinheiten zu 3 3/8 Šeqel, die von der Gesamtsumme abzuziehen sind, so daß die "ganzen" Šeqel zusammen 31 ausmachen. Wenn C. Zaccagnini, Or 48 recht hätte mit seiner Vermutung, daß 1 Mine = 50 Šeqel und dies auch für die Unterteilung des Šeqels gälte, dann ergäben sich 22,5 Untereinheiten dividiert durch 60 = 9/20. Es wären dann 21 Einzeleinträge erforderlich, die zusammen 9,45 Šeqel ergäben. Dies ist wohl auszuschließen.

[104] Siehe hierzu Kap. V und für formale Übersichten die Anhänge C und D.

[105] S.u. Kap. IV,2.4.2.

[106] Vgl. Kap. IV,3.5.1.

—Eine weitere, allerdings schlechter belegte Gliedgattung, der "ŠE.BA LUGAL-Block" [107] befaßt sich mit Lieferungen an den König. Tafeln mit einem solchen Abschnitt, allerdings ohne Normblock, werden dann nach denselben Prinzipien angeschlossen.
—Als nächstes ordnen wir "Sammeltafeln" an, das heißt Texte, die als Besonderheit aufweisen, daß ihre Einzeleinträge sich auf mehrere Monate beziehen.
—Viertens werden, wiederum—soweit möglich—chronologisch, die Tafeln ohne eine dieser drei Gliedgattungen geboten. Texte, die sich nicht datieren lassen, stehen jeweils am Schluß.
—Anhangsweise werden dann noch die unveröffentlichten Texte genannt, deren Zugehörigkeit zur Gattung der Getreidelieferlisten möglich ist, jedoch nicht sicher belegt werden kann.

Aus dem Gesagten ergibt sich die in Kapitel IV noch näher zu begründende und im Anhang aufgelistete Reihenfolge. Ferner ist schon hier deutlich, daß die von D.J. Wiseman unter dieser Kategorie verbuchten Texte Al T 270 und 271 nicht hier einzuordnen sind: Al T 270 erhält (s.o. S. 28) die Nr. 60.01, bei Al T 271 dürfte es sich weniger um eine Getreidelieferliste als vielmehr um eine Verbuchungsliste Verbaltyp handeln (43.04).

42 Verbuchungsliste Nominaltyp [108]

veröffentlichte Texte:

Al T 203; 204; 205; 206; 333; 334; 346; 347; 348; 357; 358; 359; 360; 367; 376; 377 [109]

unveröffentlichte: ATT 39/109-110.6; ATT 39/109-110.18; ATT 39/182.3

Aufbau:

- Eintragung der Gegenstände (jeweils nach Anzahl und Ware)
- Summe
- *ana (qātī)* PN

---

[107] S.u. Kap. IV,2.4.3.

[108] Es wird nicht zwischen den im Tempel gefundenen Texten 373-378 und den im Palast gefundenen unterschieden, da es hier auf die Ausdrucksseite ankommt, die beiden Textgruppen gemeinsam ist. Natürlich muß eine inhaltlich-wirtschaftsgeschichtliche Interpretation im Hinblick auf Bedeutungsseite und "Sitz im Leben" auf die Differenz achten. Wir verzichten auf die Behandlung der Einzeltexte, die in unserem Zusammenhang nichts Neues erbringt.

[109] Diese Texte werden nicht in der Reihenfolge der von D.J. Wiseman gegebenen Nummern dargeboten, sondern es werden zunächst die Pfeillisten, dann die Silberlieferlisten besprochen: Abweichend von unserem Schema, die formtypischen Texte zuerst zu nennen, ist dies aus Gründen der Darstellung geboten, zumal die jeweiligen Textgruppen Gliedgattungen bilden, die allerdings letztlich durch ein inhaltliches Element gegeneinander abgegrenzt sind.

Al T 203-206 (42.01-04):
Mit den Texten 203-206 beschäftigen wir uns sozusagen mit einer Gliedgattung der Ausgabevermerke, da diese Texte eindeutig ein "Korpus im Korpus" bilden [110]. Allen Texten ist gemeinsam, daß sie eine Reihe von Einträgen bzgl. Pfeil und Bogen bieten, wobei in den allermeisten Fällen auf eine Person 1 Bogen und 5 Pfeile kommen. Eine Summe ist in allen Texten vorhanden, sie steht allerdings in Text 203 und 205 nicht am Ende der Tafel, sondern in der Mitte. Text 205 bietet zusätzlich eine Summenangabe am linken Rand der Tafel. Nur bei den Summenangaben in der Mitte der Tafel findet sich die vertraute Formel *qātī* PN (203,17; 205,7).

Auch die Silberlieferlisten (Al T 367; 376; 377) lassen sich dem Typ Ausgabevermerke - Nominaltyp zuordnen. Sie unterscheiden sich von der vorgenannten Gruppe dadurch, daß die *ana qātī*-Formel bei Einzeleinträgen steht und in der Summe demzufolge fehlt. ZI.GA ist gattungskonstitutiv.

43 Verbuchungsliste Verbaltyp
veröffentlichte Texte: Al T 271; 320; 321; 335;349; 369; 372;373; 374;375; 379
unveröffentlichte: ATT 82/9; ATT 83/31; ATT 84/15

Die Texte sind formal mit dem vorherigen Typ vergleichbar. Die Ausgabe—entweder in den Einzeleinträgen oder in der Summe—ist jedoch nicht als Nominalgruppe formuliert, sondern beinhaltet eine Verbalgruppe [111].

44 (*annûtim-*)*inūma*-Typ
veröffentlichte Texte: Al T 378; 409; 410; 411; 414
unveröffentlichte: keine

Diese Texte unterscheiden sich von den vorgenannten Listen dadurch, daß nach den Einzeleinträgen und der Summe der konkrete situative Bezug hergestellt wird, anläßlich dessen die Ausgabe bzw. Einnahme durchgeführt wurde. Diese Gelegenheit wird durch *inūma* [112] angegeben.

---

[110] Vgl. zu solchen Pfeillisten KTU 4.68 und dort in erster Linie das Kolophon am linken Rand: *tup-pu* ERÍN.MEŠ *ša* GIŠ.BA[N].MEŠ. Diesem Text ist mit unserem v.a. dies gemeinsam, daß unterschiedlichen sozialen Gruppen, die *prima vista* nichts miteinander zu tun zu haben scheinen, Bogen zugesprochen werden.

[111] Auch diese Beobachtung zeigt also, daß der Stativ als Verbalform zu betrachten ist, obwohl man ihn neuerdings immer wieder als Nominalform verstehen will (vgl. J. Tropper, AOAT 240, v.a. 492-495; G. Buccellati, Grammar, 409f; M. Streck, CM 5, 177-189 und ders., NABU 1995). Siehe aber zuletzt N.J.C. Kouwenberg, Or 69. Wir verzichten wiederum auf ausführliche Behandlung der Einzeltexte.

[112] Von 15 Belegen des Wortes (in den veröffentlichten Texten) finden sich sieben in diesen Texten; Al T 35,9 dient zur Datierung des Schuldscheins. Die übrigen Belege (von Al T 1,1 als der Einleitung einer historischen Urkunde abgesehen) nennen die

Al T 411 (44.01):
Die Einheit 1-3 hat nach Ausgabe und Zweck den Eintrag *ana* ZI.GA *iddinū*. Hier bleibt offen, ob es sich um ein pluralisches Subjekt ("man") oder um einen asyndetischen Relativsatz handelt. Mir ist das erste wahrscheinlicher, da in Z. 22 ZI.GA und *nudunnû* unterschieden werden.
Z. 4ff bieten keine Besonderheiten, außer daß mehrfach die Braut namentlich genannt wird. Hier dürfte also die Morgengabe (*nudunnû*) vorliegen.
Z. 13 finden wir wiederum einen Verbaltyp, wobei die *nadnu*-Form und die *ana qātī*-Formel vertauscht sind.
Leider sind Z. 17-20 nicht vollständig erhalten; hier geht es offenbar darum, daß der Bräutigam das Hochzeitsfest bezahlen muß.
Die Summe liegt in Z. 22. Sie dürfte die Gesamtheit der Gegenstände für ZI.GA und Morgengabe in ihrem Silberwert zusammenfassen.
Die *annûtim inūma* Formel lautet: "Diese (Dinge) gab er, als Awari-Addu, der Priester, die Tochter des Fürsten von Alalaḫ zu seiner Braut nahm". Da nur wenige Empfänger namentlich genannt sind, möchte man annehmen, daß es sich hier um eine Zahlung des Bräutigams an den Palast handelt, der mit den so eingenommenen Mitteln die "Ausgabe" [113], d.h. die Morgengabe und das Hochzeitsmahl, bestritt.

Al T 410 (44.02):
Ca. 18 Einträge der Form Menge—Ware. Das ŠU.NÍGIN-Zeichen fehlt, wohl weil die Objekte so verschieden sind, daß eine erneute Summierung lediglich die Wiederholung des bereits Genannten bedeutet hätte. Leider ist die Schlußformel "*annûtim* Z[I.GA] *ša Ammitaqum* LÚ.URU.*Alalaḫ istu nukarāti iššû adi MU* 2 KAM ZI.GA *ušeṣṣi* [114] *ša* ÉRIN.MEŠ *imalû*" nicht ganz verständlich. Als Übersetzungsvorschlag möchte ich ansetzen: "Dies ist die Gesamtausgabe, welche Ammitaqum, der Fürst von Alalaḫ, aus Feindseligkeiten [115] (als Beute) 'forttrug' [116]. Bis zum zweiten Jahr wird er es als Ausgabe herausgeben, wovon gilt: die 'Leute werden voll sein'" [117].

Gelegenheit eines Einzeleintrages.

[113] Die pluralische Form wird so zu erklären sein, daß bei der Einnahme von Silber zum Zwecke des Ankaufs von Tieren nicht der Bräutigam persönlich bei der Palastkasse vorsprach, sondern dessen Familie oder der Tempel als Arbeitgeber des Priesters. Im übrigen bezieht sich die Summe eindeutig nur auf die Rückseite der Tafel (belegte Beträge, Abschlußstrich nach Z. 11).

[114] Die Verbform kann Präsens sein (*ušessi*) oder (Längenwippe!) Präteritum (*ušēṣi*). Angesichts des Präsens in Z. 24 ist ersteres wahrscheinlicher.

[115] AHw 802b *sub* 3.

[116] AHw 761 *sub* III 1.

[117] Hier handelt es sich offenbar um eine idiomatische Wendung, die wohl so zu verstehen ist: Die Beute wird nicht sofort verteilt, sondern erst im Verlauf dieses und des nachfolgenden Jahres an die Berechtigten ausgegeben, die nach Abschluß dieses Ver-

Al T 414 (44.03):
Z. 1-10 nennen verschiedene Einzelgegenstände (Tiere, Kleider, Metalle) ohne Angabe von Zweck oder Empfänger. Eine Summe fehlt aus denselben Gründen wie bei Al T 410.
Die *annûtim inūma*-Formel lautet: "Diese (Dinge), als eine Entscheidung [118] über PNF der Priester entschied". Ein Empfänger ist nicht angegeben, so daß wohl der Lohn des Priesters für die Durchführung des Orakels (anläßlich einer Hochzeit?) gemeint ist.

Al T 409 (44.04):
Z. 1-28: Ca. 18 Einträge der Form 1 GAL KÙ.BABBAR x KI.LÁ.BI GÌR [119] Diese können erweitert sein um mehrere Gegenstände (v.a. Kleidungsstücke, Z. 2.5.25) oder Gelegenheitsdatierungen mit *inūma* ... *elû* (Z. 4.11).
Z. 39-42 stellen drei Einträge vom Verbaltyp dar: X *ana* Y (Zweck) *nadin*, wobei allerdings der dritte kaum noch lesbar ist.
Die Summe listet alle Gegenstände [120] auf und schließt mit der Formel *annûtim* ZI.GA *ša Ammitaqum inūma* DUMU.MÍ LÚ.URU.*Apišal iḫīr* (der zu erwartende Subjunktiv fehlt). Der Text unterscheidet sich also von Al T 378 dadurch, daß hier ein Mitglied der königlichen Familie betroffen ist und die Summe deutlich als seine Auszahlung bezeichnet wird.

Al T 378 (44.05): [121]
Hier handelt es sich nicht um eine Ausgabeliste, sondern um eine "Einnahmeliste", die offenbar die Gaben auflistet, die einzelne Personen zu einer Hochzeit beitrugen. Schwer verständlich ist die Angabe ŠE in Z. 2.5.7.8.11. Die Interpretation als "grain" [122] scheitert daran, daß Z. 8 neben 1 Šeqel Silber 21 1/3 ŠE belegt sind und die angebliche Gerste in der Summe nicht erscheint. Ferner wird so nicht erklärt, welche Maßeinheit 1/6 ŠE (Z. 5.7) darstellen sollte. Es dürfte sich demnach um eine Unterteilung des Silberšeqels handeln. Das gemeinhin für ŠE angenommene *uṭṭetu* dürfte kaum in Frage kommen, da der

---

fahrens ihren "vollen" Anteil erhalten haben werden.

[118] Gemeint ist vermutlich ein Orakel.

[119] D.J. Wiseman, Al T, 106 liest anstelle von GÌR *qiš* als Abkürzung für *qištu* "Geschenk" mit dem Argument "such gifts would scarcely pass through an intermediary's hand". Dies setzt natürlich voraus, daß GÌR in allen Fällen einen Mittelsmann bezeichnet, was so wohl nicht zutrifft—abgesehen von der Frage, ob seine Behauptung der Realität entspricht.

[120] Wobei die Silberbecher hier nicht nach Gewicht, sondern nach ihrem Wert verrechnet werden.

[121] Bearbeitung bei C. Zaccagnini, Or 48, 474; J.O. Mompeán, Ishtar, 335f.

[122] G. Giacumakis, 104.

sechste Teil eines 1/180 Šeqels Silbel kaum noch wahrnehmbar ist [123]. Daher dürfte eine andere Einteilung des Šeqels in Frage kommen [124]: Gehen wir davon aus, daß auch für Untereinheiten des Šeqel das Sexagesimalsystem in Geltung stand, so würde sich ergeben 1 ŠE = 1/60 Šeqel, was eher wahrscheinlich ist, v.a. wenn nicht konkret Silber, sondern dessen Gegenwert z.B. in Getreide ausgegeben wurde [125]. Leider fehlen einige Zeilen der Tafel ganz, so daß auch die Interpretation der Summe kein Argument zuläßt.
Angesichts der Beobachtung, daß "Ausgabe-" und "Einnahmelisten" ihren Niederschlag in derselben Gattung finden, sind zwei Folgerungen zu ziehen: Zum einen wurden Ausgabe und Einnahme offenbar als vergleichbare Vorgänge betrachtet, wobei es lediglich auf die Perspektive ankommt, aus der der Zahlungsvorgang betrachtet wurde. Hierin liegt die Rechtfertigung unserer Gesamtüberschrift "Verbuchungsliste". Zweitens müssen wir aufgrund unserer Methode damit rechnen, daß der Text jeweils ein Proprium aufweist, das diesen doppelgliedrigen "Sitz im Wirtschaftsleben" monosemiert. Dieser liegt in der Tat vor: Zwischen der Summe und der *inūma*-Formel steht der Satz *ša ana* DUG.GAL.ḪI.A-*tim iškunū*, der sich pluralisch auf die Spendermehrheit bezieht [126]. Dem entspricht, daß die Formulierung *annûtim* ebenso fehlt wie ein eventuelles ZI.GA, so daß wir den "Sitz im Leben" aufgrund formaler Beobachtungen von dem einer "Ausgabeliste" gut abgrenzen können.

---

[123] Bei Annahme eines Gewichtes von 8,4 g für den Šeqel und einem spezifischen Gewicht von Silber von 10,5 g/cm^3 ergibt sich ein Silbervolumen von 0,074 mm^3, d.i. ein Würfel von etwa 0,4 mm Kantenlänge. M.A. Powell, RlA 7, 510 dürfte recht behalten, wenn er vermutet "Use of units smaller than 10 še was probably limited to calculation and to the measurement of very expensive materials (e.g. by jewellers)".

[124] Vgl. zu der in Syrien offenbar von der in Mesopotamien unterschiedlichen Metrologie N.F. Parise, Unità, 125-138 (Ugarit), sowie C. Zaccagnini, Iraq 40 (Alalaḫ IV) und ders., Or 48 (Alalaḫ VII), die sich aber i.w. mit dem Verhältnis von Talent, Mine und Šeqel befassen.

[125] Es entspricht die in Frage stehende Summe (2 *pa* ZÍZ kosten 1 Šeqel, 1 *pa* = 60 *qa*, unten Kap. IV,5.2.) im Wert ungefähr 1/2 *qa* Getreide.

[126] Alternativ könnte man vermuten, daß das *-u* die auf *ša* bezügliche Subjunktivendung des Singular darstellt. Dann müßte übersetzt werden "die er in Krüge (an)legte", mit Bezug auf den Bräutigam.

5 Vermerke [127]

50 Buchungsvermerke [128]

veröffentlichte Texte: Al T 381; 382; 383; 384; 385; 386; 387; 388; 389
unveröffentlichte: keine

Die Interpretation dieser Texte war bislang ein ungelöstes Problem. D.J. Wiseman [129] nennt die erste Hälfte der Texte ein "receipt", vermag aber den jeweils zweiten Teil nicht befriedigend zu deuten. Seinen Hinweis auf Al T 392,4 (mB 45.4,4) *paqdū* obstruiert er dadurch, daß er in der Einzelbehandlung der Texte das in Frage stehende PA mit "supervisor" übersetzt. Ferner nimmt seine Behandlung der Texte die Nummern 386-388 aus der Gattung heraus [130]. Wie wir sehen werden, liegt aber gerade in den Abweichungen, die diese drei Texte bieten, der Schlüssel zum Gesamtverständnis.
Betrachten wir die Texte [131] zunächst in einer tabellarischen Übersicht [132]:

Text	Zahl	*maḫ.*	*ša*	PN_1	Beruf	PA	PN_2	Beruf
381	10	x	x	x	LÚ.ŠU.KU_6	x	x	LÚ.ŠU.KU_6
382	10	x	x	x	DUMU	x	x	DUMU
383	4 1/2	x	x	x	LÚ.UŠ.BAR	x	x	DUMU
384	10	x	x	x	DUMU	x	x	b)
385	14	x	x	x	DUMU[a)]	x	x	DUMU
386	3	*lā*	x	x	-	-	-	-
387	10	x	!?	-	LÚ.x	c)	x	LÚ.ZAG.ḪA
388	10	x	*itti*				-	-
389	10	x	x			x	x	SUKKAL[??]

[127] Vermerke beziehen sich *eo ipso* auf konkrete Vorgänge. Wir haben daher damit zu rechnen, daß angesichts der Vielfalt der Vorgänge das Individuelle der Texte relativ breiten Raum einnimmt und die Gattungskonstituenten eher in den Hintergrund treten.

[128] Die meisten Texte dieser Gruppe wurden in der "royal chapel" gefunden. Wir machen hier keinen Unterschied, da es sich bei den Buchungsvermerken um eine formal klar abgegrenzte Textgruppe handelt, deren formale Analyse unabhängig von ihrem räumlichen Aufbewahrungsort ist.

[129] D.J. Wiseman, Al T, 103.

[130] Offenbar deshalb, weil diese das PA-Zeichen nicht führen.

[131] Die Tabelle ist nach Al T Nummern geordnet, die nachfolgende Anordnung richtet sich nach der vorgeschlagenen Neunumerierung.

[132] Der Parallelstrich deutet dabei eine Trennung durch Strich oder Beginn der Rückseite an.

[a] Anstelle einer Trennung sind die Zeilen, die nicht zu PA gehören, eingerückt.
[b] PN2 = PN1-*ma*
[c] Das PA ist ersetzt durch *ana... nadin*.

Die Tabelle läßt die Beobachtung verschiedener Besonderheiten zu:

—In **Al T 381 (50.01)** sind die Berufe von PN_1 und PN_2 identisch.

—In **Al T 382 (50.02)** werden beide Personen durch eine Filiation qualifiziert, wobei eine eventuelle Beziehung der beiden Personen zueinander nicht sichtbar ist.

—In **Al T 383 (50.03)** wird nur eine der beiden Personen durch eine Filiation, die andere durch eine Berufsangabe näher bestimmt, auch hier bleibt die Beziehung offen.

—In **Al T 384 (50.04)** sind PN_1 und PN_2 identisch. Die beiden Teile der Urkunde sind durch ein *-ma* miteinander verbunden. Wie wir der Tabelle entnehmen, entspricht dies der Tatsache, daß dieselbe Einteilung sonst durch einen Strich vorgenommen wird bzw. daß je ein Vorgang auf Vorder- und Rückseite der Tafel geschrieben ist (fünf von neun Texten, die Ausnahmen lassen sich erklären). Wir erhalten daher das Ergebnis, daß hier zwei Vorgänge beschrieben sind, die sich zwar gegeneinander abheben, aber dennoch aufeinander bezogen sind. Wir sollten daher vor dem PA-Zeichen in der deutschen Übersetzung ein "und", "und ferner" o.ä. einfügen. Die Größe, die beiden Vorgängen gemeinsam ist, ist die Geldsumme, die nur einmal—an erster Stelle!—genannt ist und folglich auf die gesamte Tafel zu beziehen ist.

—**Al T 385 (50.05)** bietet nichts Auffälliges und bestätigt so die oben geäußerte Annahme, daß die formale Gestaltung eines Textes nicht davon abhängig ist, ob er dem Tempelbereich oder dem Palastbereich zugehörig ist.

—**Al T 389 (50.06)** bietet keine Besonderheiten.

—In **Al T 387 (50.07)** ist der zweite Vorgang eindeutig formuliert. Der Text gehört also ebenfalls zu unserer Gattung, wie die Tabelle der Formkonstituenten zeigt, *ša* ist wohl zu Beginn der Z. 2 zu ergänzen. Anstelle der Formulierung mit PA findet sich die stativische Wendung *ana* PN mit Beruf *nadin*. Hier finden wir ein weiteres Argument für unsere wirtschaftsgeschichtliche Einordnung: Das Geld "ist eingegangen" (Stativ) und "wird (sofort wieder) ausbezahlt" (Stativ).

—**Al T 386 (50.08)** fällt aus dem Rahmen des bisher Festgestellten, da nur *ein* Vorgang geschildert ist, die zweite Hälfte aber fehlt. Hier steht anstelle des vertrauten *maḫru* verneintes *lā maḫru*, was doch wohl so zu deuten ist, daß eine nicht eingegangene Summe auch nicht zur weiteren Behandlung zur Verfügung steht. Damit ist die Funktion des *ša* eindeutig bestimmt: Es handelt sich nicht um ein "*ša* des Gläubigers", sondern um ein "*ša* des Besitzers" [133]. Die Silbersumme, die im Besitz von PN_1 ist/war, wird nun—wohl Tempel [134]—"empfangen". Der zweite Vorgang beschreibt also die Ausgabe des genannten Silbers an Dritte bzw. im Falle von Text 384 wieder an dieselbe Person. Diese unterbleibt hier aus dem einfachen Grund, daß kein Geld eingegangen ist [135].

Wenn noch eine Bestätigung für unsere These fehlte, so finden wir diese in **Al T 388 (50.09)**: Dort wird das "*ša* des Besitzers" ersetzt durch das Wortzeichen KI = *itti*.

Wir haben uns abschließend mit der Deutung des PA-Zeichens zu befassen. Inhaltlich ist die Bedeutung aufgrund der erhobenen Kriterien klar: Nach dem Eingang der Zahlung wird nun durch das PA die Wiederausgabe des Silbers nicht nur eingeleitet, sondern quasi performativ durchgeführt. Die Zeichenlisten und Lexika bieten keine weiteren Interpretationshilfen. Der einzige Hinweis, der weiterführen könnte, liegt in der Verwendung der Abkürzung LÚ.PA für *paqdu* "Beauftragter, Verwalter" [136]. Hiergegen ist allerdings nicht nur einzuwenden, daß diese Verwendung erst spB bezeugt ist, sondern v.a., daß sie nicht mit dem von uns Erwogenen in Einklang zu bringen ist. Alternativ könnte man mit D.J. Wiseman annehmen, es handle sich um eine Abkürzung für das Wort *paqādu*, das man dann—Subjekt ist immer noch das Silber—ebenfalls als Stativ Plural ansetzen müßte. Dagegen ist allerdings geltend zu machen, daß diese Form nach den Regeln der Syntax wohl kaum am Beginn eines Satzes stehen dürfte [137].

---

[133] Hier ist der juristische Unterschied zwischen Besitz und Eigentum zu beachten: Der Besitzer ist derjenige, der eine Sache tatsächlich innehat, obwohl sie ihm u.U. nicht "gehört"; der Eigentümer ist—ungeachtet des Besitzes—derjenige, dem sie tatsächlich "gehört".

[134] Vgl. KAV 98,42 *lā maḫrī* (Empfangsberechtigter ist der "Kanzler" Bābu-aḫḫu-iddina) und ARM IX,258,28; vgl. zu *maḫir* Stativ M. Birot, ARM IX, 256: "le récipendaire reste dans l'anonymat (...) sans doute parce qu'il s'agit du Trésor lui-même". Diese auf einen Einzeltext (ARM IX,248) bezogene Feststellung läßt sich wohl auf unsere Textgruppe analog anwenden.

[135] Angesichts dieser Besonderheiten wäre es natürlich denkbar gewesen, den Text aus dieser Gruppe herauszunehmen und ihn anderswo, z.B. unter den "Aktenvermerken" einzuordnen. Er wurde trotzdem hier verhandelt, weil er sozusagen *via negationis* demselben "Sitz im Leben" zugehört wie die anderen "Buchungsvermerke", wie sich an der formalen Analogie zu deren erster Hälfte aufzeigen ließ (siehe die Tabelle). Außerdem bot er gerade durch seine Besonderheit die Gelegenheit, die anderen Texte genauer zu fassen, so daß seine Abhandlung hier schon aus darstellungstechnischen Gründen gerechtfertigt schien.

[136] AHw 827a.

[137] GAG §130b.

Es bleiben uns daher zwei Möglichkeiten:

- Entweder wir betrachten das PA als eine Konjunktion nach Art des arab. und ugar. *fa-* bzw. *p-*[138].
- Oder wir vermuten, daß in dem PA die gesamte Verbalphrase *ana ... paqid/nadin* virtuell erhalten ist, die ja in 50.07,4-8 explizit belegt ist.

Letztere Möglichkeit ist m.E. vorzuziehen, da *p-* im Ugaritischen zwar recht häufig belegt ist, aber auch dort nicht ursprünglich beheimatet zu sein scheint [139], so daß es gewagt scheint, diese Konjunktion hier (und zwar im gesamten Korpus nur hier!) als westlichen Substrateinfluß anzusetzen. Für die Annahme eines "virtuellen Verbalsatzes" spricht zudem, daß ein solcher Vorgang in dem Wort UGU der Schuldscheine ja bezeugt ist: Wir hatten bereits gesehen [140], daß dieses in gewissen Zusammenhängen durch einen Verbalsatz ersetzt werden kann.

Als Ergebnis läßt sich die Übersetzung des Formulars formulieren: "n Šeqel Silber, die dem PN_1 (, dem "Beruf") gehören, sind eingegangen. Sie wurden weitergeleitet an PN_2 (, den "Beruf")".

51 Aktenvermerke

veröffentlichte Texte: Al T 12; 98a; 98c; 119; 120; 324b; 368
unveröffentlicht: ATT 39/109-110.12+26; ATT 39/182.6

Diese Texte schildern Vorgänge im Präteritum. Sie erfüllen—obgleich sie teilweise eine Zeugenliste aufweisen und juristische Themen behandeln—nicht die strengen formalen Anforderungen, die für die Zuweisung eines Textes zu den Prozeßurkunden zutreffen müßten [141].
Daher dürfen wir vermuten, daß sie trotz ihres forensischen Inhaltes nicht dem Prozeßwesen im engeren Sinne zuzuordnen sind. Wir bezeichnen sie als Akten-

---

[138] *-ma* in 384,4 wäre dann wohl mit "auch" wiederzugeben.

[139] Zur These einer "südlichen" Herkunft der Ugariter vgl. M.Dietrich/O.Loretz, ALASP 1, passim, und zum Sprachvergleich zwischen Ugar. und Arab. F. Renfroe, UF 18, 33-74 und ders., ALASP 5 (allerdings ohne Bezug auf die Konjunktion); vgl. ferner J.F. Healey, ALASP 7/1 und B. Kienast, Nordostafrikanisch-Westasiatische Studien 2, 59-68.

[140] Siehe zur näheren Diskussion Vf., UF 23 zu den jeweiligen Stellen.

[141] Es ist von vornherein wahrscheinlich, daß juristische und ökonomische Vorgänge, die unterhalb der prozessualen oder vertraglichen Ebene abgehandelt werden, ihren Niederschlag in einem Aktenvermerk finden. Es entsprechen sich also das weniger offizielle Procedere und die weniger gebundene Form.

vermerke [142], um mit diesem Gattungsbegriff deutlich zu machen, daß hier der Ablauf von Vorgängen geschildert und aufbewahrt wird. Der zumeist eher schlechte Erhaltungszustand, die relativ geringe Zahl von Texten und die Vielfalt der zugrunde liegenden Situationen machen eine nähere Bestimmung der gattungstypischen Form unmöglich.

Al T 12 (51.01):
Es geht um Grundstücke in der Stadt Kišādu [143]. Zwei Personen sind in die Streitfrage um Besitzverhältnisse verwickelt. Sie verzichten wechselseitig auf Besitzansprüche. Da dieser Verzicht in wörtlicher Rede wiedergegeben ist und die Zeugenliste vermutlich unmittelbar anschließt, dürfte es sich eher um einen Aktenvermerk als um einen "part of legal case" [144] handeln.

Al T 98c (51.02):
Auch dieser Text erinnert an eine Prozeßurkunde. Dennoch ist auch er, da der formale Aufbau dieser Gattung nicht gegeben ist [145], hierher einzuordnen. Inhaltlich geht es darum, daß PN_1 mit PN_2 einen Prozeß führt, PN_2 aber gegen PN_1 "zählt" [146]. Vermutlich wird daraufhin eine der beiden Personen vom Hof vertrieben [147].

Al T 119 (51.03):
Offenbar geht es um die Austreibung(?) einer Person in das Land Ḫurri, bis eine gewisse Summe zurückgezahlt wird. Die Vorgeschichte des Falles liegt darin, daß man dem Betroffenen 50 *parīsū* ŠE "voreilig" (*ša ḫanṭūti*) anvertraut hatte, dieser aber "nächtens" den Getreidespeicher öffnete und das Getreide stahl. Dabei bleibt offen, weshalb man den Dieb nicht einfach in Pfandhaft nahm.

Al T 120 (51.04):
Dieser Text ist sehr schwer verständlich. Eine Person PN_1 handelt gegen den Willen ihres Vorgesetzten und gibt einen Ölhain auf eigene Verantwortung weiter an einen Dritten, der die Pächter(?) wegen eines Talentes Oliven ergriffen

---

142 Ähnliches dürfte D.J. Wiseman, Al T, 101 im Sinn gehabt haben, wenn er Text 368 als "Memorandum" bezeichnet.

143 Der ON ist nur hier belegt. Vgl. Vf., UF 30, 872, Nr. 115.

144 D.J. Wiseman, Al T, 38.

145 Es fehlen z.B. der Prozeßgegenstand und ein Entscheid.

146 Gemeint ist vermutlich ein rituelles Hersagen eines Textes in magischer Absicht zum Zweck einer Verfluchung, vgl. AHw 605a *sub* 10: "(Lied, Beschwörung) rezitieren" und das ugar. *mnt* "Beschwörung" (1.100:20 u.ö.).

147 Die Verteilung der Tempora ist ein Rätsel: Z. 3 schildert den Prozeß im Präteritum, Z. 7 das "Zählen" im Präsens (ein dauerhafter Vorgang?) und Z. 9 die Vertreibung im Perfekt, wenn nicht ein ansonsten unbelegter Gt-Stamm von *ḫalāqu* in Frage kommt: "er verschwindet sich" = "er ist davongelaufen".

und mitsamt dem *papatennu* verhört hat. Die Zügel (??), die PN_1 dem *papatennu* angelegt hat, hat man ihm auferlegt [148], ebenso die Zahlungsverpflichtung, die vorher den Pächtern oblag.

Al T 368 (51.05):
Der Text besteht im Grunde aus einer relativ breit formulierten Qualifikation einer Silbermenge, die in die Stadt Kunuwe verbracht wurde. Den Rest des Silbers hat man im Palast zurückgehalten.

Al T 98a (51.06):
Leider ist der Anfang dieses Textes nicht erhalten. Es geht um die Zahlung einer Menge Silber (*mimmu* GÍN *šīmšu* "jedweder Šeqel, der sein Kaufpreis ist"), die vor Zeugen (IGI LÚ.MEŠ *annûtim* "vor diesen Männern") vollzogen wurde [149].

Al T 324b (51.07):
Hier liegt ein Schuldtext vor. Die Sammeltafel über mehrere Schuldvorgänge ist allerdings von den gewöhnlichen Schuldscheinen dadurch unterschieden, daß die Einträge nicht *e latere debitorum*, sondern neutral formuliert sind: x (Menge, Ware) *ana* Zweck (*uṣṣab*) *ana* PN. Interessant ist dabei die indirekte Gleichung in der Summenfeststellung MÁŠ.BI = *uṣṣab*. Die Geld- und Getreidemengen werden jeweils zum Ankauf vom Bier verwendet [150].

[148] M.E. ist *ap(a)tum* eine mit einer Geldsumme (SAG-*du*) "bindend" verbundene Verpflichtung.

[149] Die Tatsache, daß offenbar ein wie auch immer gearteter öffentlicher Akt die Zahlung begleitete und eine Zeugenliste nicht explitit vorhanden ist, unterscheidet den Text von einer "Quittung".

[150] Vgl. dazu Vf., UF 23, 417.

III) Der historische Kontext

1. Alalaḫ VII - einige methodologische Klärungen

Die Erörterung des historischen Kontextes richtet sich zunächst auf die Chronologie, für die der Befund der Schicht Alalaḫ VII eine entscheidende Rolle spielt [1], da der Tell Açana offensichtlich von der spätaltbabylonischen Zeit bis in die Mitanni-Zeit hinein ununterbrochen besiedelt war. Somit können mit diesem Bezugssystem sowohl der Wechsel von der Mittelbronze- zur Spätbronzezeit als auch die sogenannten "dunklen Jahre" bis zum Wiedereinsetzen assyrischer Quellen überbrückt werden.

Methodisch sind sowohl relative als auch absolute Datierung [2] in Betracht zu ziehen, d.h. unsere chronologische Erörterung muß die Bezüge zur Umwelt so aufarbeiten, daß sich "un système où tout se tient" [3] ergibt.

Wir müssen also zunächst [4] die Hypothesen zur allgemeinen Chronologie vorstellen und auf ihre Implikationen für die Geschichte Alalaḫs befragen, sodann die historische Abfolge der Geschehnisse in Alalaḫ selbst erheben, um schließlich den Befund begründet in das allgemeine Gerüst der Weltgeschichte des zweiten vorchristlichen Jahrtausends einordnen zu können.

Als Grundlage unserer Untersuchung ist die Bedeutung [5] hervorzuheben, die Nordsyrien für jede Geschichte des Alten Orients hat und die lange Zeit zumindest für die Frühzeit verkannt wurde [6]. Gerade für den Tell Açana im engeren und Aleppo/Jamḫad im weiteren Sinne läßt sich kaum bestreiten, daß diese Region eine Schnittstelle darstellt, auf die während der fraglichen Zeit verschiedene Kulturen [7] ihre Einflüsse ausübten:

—Beziehungen zu Mesopotamien dürften sich in erster Linie über Handelskontakte entwickelt haben, wobei die Vermittlung sicherlich nicht zuletzt über die

---

[1] Als erster dürfte S. Smith, AJ 19, 38 diese Bedeutung erkannt haben.

[2] Vgl. den Überblicksartikel von F. Cryer, CivANE, 651-665.

[3] Formulierung nach Ferdinand de Saussure, der damit nicht nur ein Postulat für seine Erforschung des Systems "Sprache" erarbeitete, sondern im Grunde jede strukturalistische Wissenschaft inaugurierte. Nun will die vorliegende Arbeit nicht strukturalistisch sein, dennoch ist die Forderung nach widerspruchsfreier Kohärenz wohl ein Minimalpostulat, das auch wir zu erfüllen haben.

[4] Gegenüber dem in den vorherigen Kapiteln vertretenen Prinzip *a minore ad maius* ist diese Umkehr geradezu notwendig, da die Forschungsgeschichte es verbietet, *ab ovo* zu beginnen.

[5] "Syria was the meeting-place of races and civilizations" (W.F. Albright, BASOR 77, 20).

[6] So glaubte man bis zur Entdeckung von Ebla, daß der nordsyrische Raum bis zur "amoritischen Wanderung" eine im Grunde unbedeutende Zone (vgl. noch W. Nagel/Chr. Eder, DaM 6, 3) war, was durch die Textfunde aus Ebla und jetzt auch Tell Beydar (vgl. W. Sallaberger, Beydar 3) widerlegt ist.

[7] Vgl. z.B. M.-H.C. Gates, HML II, 60f.

Stadt Emar am Euphrat [8] erfolgte. Ferner zu erwähnen ist die Tatsache, daß das Herrscherhaus von Aleppo [9] über die Königin Šibtu [10], einer Tochter aus dem königlichen Haus von Aleppo, auch mit Zimrilim von Māri verschwägert war.

—Gleichzeitig werfen ägyptische Fundstücke [11] und Einflüsse auf die Glyptik [12] ein Licht auch auf zumindest kulturelle Beziehungen mit dem Nilland, wenngleich man hierin vielleicht noch keine "evidence of very different political sympathies" [13] zu sehen braucht. Diese Frage wird uns unten noch beschäftigen müssen.

—Gleichzeitig hat als sicher zu gelten, daß auch zu den Königtümern Anatoliens, namentlich natürlich den Hethitern, mannigfaltige Beziehungen bestanden haben müssen. Dies entnehmen wir erstens der Tatsache, daß die Keilschriftkultur vermutlich von Aleppo aus zu den Hethitern kam [14], zweitens dem Fund eines hethitischen Briefes und weiterer hethitischer Texte in der Schicht Alalaḫ IV [15], und natürlich ist vor allem zu erwähnen, daß der Hethiterkönig Ḫattušiliš I die Stadt während seines zweiten Regierungsjahres zerstörte [16]. Da

---

[8] Vgl. den Band MARI 6, der ein ganzes Kapitel mit mehreren Aufsätzen (A. Archi; J.-M. Durand; D. Beyer; J.-Cl. Margueron; B. Geyer; F. Johannès) dieser Stadt in der in Frage stehenden Periode widmet.

[9] Man sollte besser nicht von einem "Reich" oder "Großkönigtum" sprechen, da diese Begriffe moderne Assoziationen wecken, die den antiken Gegebenheiten nicht entsprechen. W. Mayer, ALASPM 9, 19f.122-124 benutzt für die zugrundeliegende politische Struktur den Begriff der "hegemonialen Symmachie", der zudem die hier gegebene (gegen A. Goetze, BASOR 146, 22.24; E. Gaál, AUSB 22, 41 dürfte *aḫu* in 10.01,1 und 10.02,59 konkret als "Bruder" zu verstehen sein) Möglichkeit einer Verschwisterung der beteiligten Partner untereinander oder mit dem Hegemon offenläßt.

[10] Briefe dieser beachtenswerten Frau sind erhalten in ARM X und AÉM 1, vgl. dazu W.H.Ph. Römer, AOAT 12.

[11] L.Wooley, Alalakh, 235 und pl. XL.

[12] D. Collon, AOAT 27, 185f; M. Heinz, AOAT 41, 152; B. Teissier, OBO.SerAr 11; Chr. Eder, OLA 71, v.a. 7-29.

[13] L. Wooley, Alalakh, 386.

[14] Vgl. Chr. Rüster/E. Neu, HZL, 15f. zu den verschiedenen Möglichkeiten. W. Mayer, ALASPM 9, 69 spricht sich explizit für die Übernahme unter Ḫattušiliš I aus. In dieselbe Richtung weist auch die Traditionsgeschichte des "Epos der Freilassung" (E. Neu, StBoT 32). Die Tatsache, daß es auch in Kültepe Ib Tontafeln syrisch-altbabylonischen Typs gibt (K. Hecker, SCCNH 8), sagt über Zeitpunkt und Art der Übernahme der Keilschrift bei den *Hethitern* nichts aus.

[15] Vgl. Chr. Niedorf, UF 30, 560. Der Brief hat die Nummer H 3.

[16] KBo X 1 (akkadisch) und X 2 (hethitisch) sowie CTH 1,4. Vgl. dazu jede neuere Geschichte Syriens, z.B. H. Klengel, History, 80f, und H. Craig Melchert, JNES 37, 1-22. Der Text wurde 1958 ausgegraben und sogleich von H.Otten, MDOG 91, in Photographie und Übersetzung veröffentlicht, bearbeitet von F. Imparati/C. Saporetti, SCO 14, 40-85, vgl. auch P. Houwinck ten Cate, Anatolica 11, eine leicht zugängliche moderne

es sich bei diesen annalenartigen *Res Gestae* um historisch relevante Texte von hohem Quellenwert handelt [17], haben wir keinen Grund, diesen wichtigen Synchronismus anzuzweifeln: Das Ende der Schicht VII erfolgte im zweiten Jahr des Hethiterkönigs Ḫattušiliš I. Durch diesen Textfund erübrigen sich ältere Überlegungen, den militärischen Untergang der Stadt mit dem Babylonfeldzug des Muršiliš zusammenzudenken [18].
—Auch zur ostmediterranen Welt bestehen Bezüge. Wir nennen den LÚ.*A-la-ši-i* (41.35,33), bei dem es sich wohl um einen Zyprioten handelt, der sich kurzfristig (zu Handelszwecken?) in Alalaḫ aufhielt. Wichtiger und eindeutiger sind die keramischen Überreste zypriotischer Importware [19], die in Alalaḫ nur in Schicht VI und V aufgefunden wurden und deshalb einen wichtigen Baustein unserer chronologischen Argumentation darstellen [20]. Enge Beziehungen zur minoischen Kultur lassen sich an den ägäischen Fresken ablesen, die den Palast der Schicht Alalaḫ VII schmückten [21].
—Nicht zuletzt liegen die Welt der Hurriter und des Staatenbundes [22] von Mitanni im Blickwinkel von Alalaḫ. Daß in den beiden Schichten mit größeren Schriftfunden hurritische Personennamen und Wörter eine wichtige Rolle spielen, hat A. Draffkorn in ihrer Dissertation herausgearbeitet [23]. Als politische Größe tritt Mitanni erst nach der Schicht VII in das Konzert der Weltgeschichte ein: König Idrimi berichtet auf seiner Statue, wie er mit dem König von Mitanni zunächst verfeindet war, sich dann aber ins Benehmen gesetzt hat [24]. Die Tex-

---

Übersetzung bei H.-M. Kümmel, TUAT I/5, 455-463. Vgl. M.C. Astour, UF 29, 19f und B.J. Collins, JCS 50, 15-20.

[17] Vgl. W. Mayer, ALASPM 9, 55-60 zum Quellenwert der assyrischen Annalen, die wohl auf hethitische Vorbilder zurückgehen (a.a.O. 11 mit Anm. 3).

[18] Z.B. B. Landsberger, JCS 8, 52; A. Goetze, BASOR 146, 23; aber auch noch H. Klengel, History, 82.

[19] H. Cantor, JNES 15, 158-160; M.-H.C. Gates, SMS 4, 19. Zum Importcharakter dieser Ware vgl. L.M. Artzy, AOAT 22, 9.

[20] Siehe vorerst M.-H.C. Gates, SMS 4, 19 und dies., HML II, 63-65.

[21] Vgl. W.-D. Niemayer, Aegaeum 7, 190f, der (198-200) zum Ergebnis kommt, daß diese von minoischen Handwerkern selbst ausgeführt worden sein dürften (vgl. C. Zaccagnini, JNES 42). Zu wechselseitigen Beziehungen zwischen Māri und der ägäischen Welt vgl. A. Malamat, SHCANE 12, 33-40 und die dort genannte Literatur.

[22] Vgl. W. Mayer, ALASPM 9, 97f.

[23] A. Draffkorn, Hurrians. Wenngleich natürlich heute viele Einzelpunkte überarbeitungsbedürftig erscheinen, so steht außer Frage, daß A. Draffkorns Dissertation als eine Pioniertat gesehen werden muß. Inwieweit hurritische Namen schon in der spätaltbabylonischen Zeit hurritischen Einfluß widerspiegeln, bleibt offen, vgl. E.M. von Dassow, 42-49.

[24] Siehe dazu unten. Ein historischer Kommentar zu diesem wichtigen Text durch W. Mayer ist in Vorbereitung für ALASP 4, vgl. einstweilen ders., UF 27 und H. Klengel, UF 13.

te der Schicht IV erwähnen öfters (z.B. 31.1; 31.2) den Herrscher von Mitanni als Oberfürsten, der offenbar in dieser Zeit für Alalaḫ dieselbe Rolle spielt wie der König von Jamḫad/Aleppo in der älteren Schicht.

Bereits hier ist die Frage nach der inneren Kohärenz der jeweiligen Systeme zu stellen. Viele Assyriologen und Ägyptologen gingen bislang so vor, daß sie ein System für ihren Forschungsschwerpunkt aufstellten und dieses in einen Bezug zum jeweils anderen Gebiet stellten, so daß sich mesopotamische und ägyptische Geschichte wechselseitig erklärten. Die Randgebiete drohten dabei außer Blick zu geraten. So läßt sich für W. Röllig [25] die Chronologie Syriens "nur im Verhältnis zu den Großreichen darstellen". Demgegenüber erhebt M.-H.C. Gates [26] die Forderung, "that the Alalakh material must suggest a correct chronology, rather than be made to coincide with an internal Mesopotamian one". Es ist also zur Methode der chronologischen Forschung festzuhalten:

—Die chronologischen Systeme der einzelnen Gebiete sind miteinander in Einklang zu bringen. Es darf zu keinem Zeitpunkt außer acht gelassen werden, daß die Kulturen in enger Verbindung zueinander standen und keine von ihnen abgeschottet von den anderen existiere. Vielmehr hat der enge kulturelle, wirtschaftliche und politische Austausch zwar Synchronismen zur Folge, die unsere Arbeit erleichtern und überhaupt erst ermöglichen, andererseits ist zu bedenken, daß *jede* Änderung der Chronologie an *einer* Stelle zwangsläufig Änderungen an anderen Orten zur Folge hat. Man darf nicht eine in sich widerspruchsfreie Chronologie eines Ortes erheben, ohne die Auswirkungen für das gesamtchronologische System zu bedenken. Wissenschaftstheoretisch ausgedrückt bedeutet dies, daß eine konsistente Chronologie eines Kulturraumes nur eine notwendige, nicht aber eine hinreichende Bedingung darstellt. Mit anderen Worten: So kann nur *eine* Möglichkeit aus einer Vielfalt theoretisch denkbarer Chronologien dieses Spezialfalles erarbeitet werden, die allesamt—soweit sie in sich widerspruchsfrei sind—gleich wahrscheinlich oder unwahrscheinlich sind. Erst wenn gezeigt werden kann, daß eine solche Chronologie auch ein gesamtchronologisches System *aller* betroffenen Kulturen ohne innere Widersprüche ermöglicht, kann dieser Hypothese ein erhöhter Wahrscheinlichkeitsgrad zugesprochen werden. Auch dieser kann jedoch jederzeit durch neue Textfunde oder andere Daten relativiert werden.

—Bestehende Synchronismen setzen zumeist nicht ein Jahr A mit einem Jahr B gleich, sondern sie machen die Überlappung zweier Daten (z.B. von Regierungszeiten) [27] deutlich. Wir haben es also oft nicht mit einer Gleichzeitigkeit von Zeit*punkten*, sondern mit einer Schnittmenge von Zeit*räumen* zu tun. Analysieren wir beispielsweise einen Synchronismus zweier Herrscher an verschiedenen Orten, so handelt es sich in den allermeisten Fällen um die Synchronie eines Zeitraumes und nur dann um die eines Zeitpunktes, wenn die Erwähnung *beider*

[25] W. Röllig, Chronologie, 1.

[26] M.-H. Gates, HML II, 61.

[27] Z.B. gleichzeitige Keramik, eine Generationsfolge o.ä.

Herrscher zum selben Zeitpunkt eindeutig durch die Angabe z.B. des Regierungsjahres datiert werden kann [28].
Zur Verdeutlichung eventuell entstehender Probleme ist die Möglichkeit zu bedenken, daß der eine genannte Regent am äußersten Beginn seiner Herrschaft, der andere kurz vor dem Ende seines Regierungszeitraumes stand, so daß die Überlappung beider Zeiträume möglicherweise nur sehr kurz war. Andererseits könnte es ebensogut sein, daß beide Herrscher über viele Jahre parallel regiert haben. Die Einordnung eines dritten Herrschers durch einen vergleichbaren Synchronismus mit nur *einer* der beiden Regentschaften steht damit vor der Frage, wie groß die möglichen Schnittmengen letztlich sind. Jedenfalls ist der Schluß A [29] gleichzeitig B; B gleichzeitig C; also A gleichzeitig C nicht zwangsläufig, sondern lediglich möglich, da A, B und C zwar eine *Vereinigungsmenge* [30] bilden, aber so nicht gezeigt werden kann, daß zwischen A, B und C eine *Schnittmenge* besteht. Selbst wenn diese angenommen wird, ist noch nichts über deren Größe ausgesagt: Es ist ebenso möglich, daß die Schnittmenge den Synchronismus auf ein Jahr eingrenzt oder auch auf mehrere oder gar viele. Allen diesen Optionen kommt, solange nicht weitere Evidenz die prinzipielle Mehrdeutigkeit einschränkt, *a priori* gleiche Wahrscheinlichkeit zu.

Ein modernes Beispiel mag diese Überlegung veranschaulichen: Wir wissen, daß Ch. de Gaulle und J. Stalin parallel gesetzt werden können. Nun hat F. Mitterrand 1965 gegen Ch. de Gaulle kandidiert. Gleichzeitig wissen wir, daß F. Mitterrand zusammen mit H. Kohl sich für die europäische Einheit eingesetzt hat. Ergo wären H. Kohl und J. Stalin Zeitgenossen. Diese Schlußfolgerung entlarven wir deshalb sofort als unzulässig, weil wir über die beteiligten Personen und Vorgänge über weitere Kenntnisse verfügen. In der Erforschung der Geschichte des Alten Orientes ist dies oft nicht der Fall, so daß eine derartige Folgerung durchaus im Rahmen des Möglichen liegt.

—Als weiteres methodologisches Minimalkriterium ist die Konvergenz von Daten verschiedener Herkunft zu nennen: Archäologie, Astronomie, schriftliche Quellen, historische Analysen und Forschungsergebnisse weiterer Disziplinen liefern unterschiedliche Daten, die nicht isoliert voneinander betrachtet werden dürfen, sondern miteinander evaluiert werden müssen. Es wäre nicht statthaft, eine Chronologie zu erheben, die nur auf einzelnen dieser Forschungszweige beruhte und die anderen Quellen vernachlässigte [31]. Ferner müssen wir uns

---

[28] Streng genommen stellt natürlich auch ein Regierungsjahr einen Zeit*raum* dar, doch dürfen wir diese Unschärfe vernachlässigen.

[29] A, B und C sollen die Regierungszeiten dreier unterschiedlicher Herrscher an unterschiedlichen Orten bezeichnen.

[30] Die Begriffe "Vereinigungsmenge" und "Schnittmenge" stammen aus der mathematischen Mengenlehre: "Vereinigungsmenge" bezeichnet die Menge, die alle genannten Elemente zusammenfaßt, "Schnittmenge" diejenige Menge, die allen genannten Elementen gemeinsam ist.

[31] Diese Forderung ist natürlich nicht neu: Vgl. z.B. A. Goetze, BASOR 146, 24: "The historian ... must be 'tablet-minded' as well as 'ceramically minded'" oder ders., JCS 11, 53: "History and archeology must work hand in hand". A. Goetze selbst ist also auf dem richtigen Weg, geht diesen aber nicht mit der erforderlichen Konsequenz, da er Daten aus anderen Disziplinen nicht nennt.

ständig bewußt sein, daß jede dieser Datierungshilfen eigene Stärken und Schwächen hat, die teils methodologisch bedingt sind, teils aber am Vorhandensein oder Fehlen des jeweiligen Datenmaterials liegen. Daher bleibt jedes Urteil ein Wahrscheinlichkeitsurteil.
Dabei hat die höchste Wahrscheinlichkeit dasjenige Erklärungsmodell für sich, das die Datenbasis in sich widerspruchsfrei zu erklären vermag. Es müssen also Daten aus verschiedenen Erkenntnisquellen und verschiedenen Kulturkreisen zu einem geordneten Ganzen zusammengefügt werden. Wo sich Daten diesem Verbund nicht widerspruchsfrei einordnen lassen, muß die Divergenz erklärt oder mindestens angegeben werden, weshalb der Widerspruch das vorgeschlagene Modell nicht gefährden kann.

Diese Vorüberlegungen sind allerdings für die vorliegende Arbeit mit zwei Einschränkungen zu versehen:
• Eine eigenständige Chronologie des Alten Orients kann hier aus Gründen der Arbeitsökonomie nicht erstellt werden. Dieses Vorhaben würde eine eigene Monographie erfordern, da dazu alle Daten *en détail* erhoben, dargestellt und evaluiert werden müßten. Es wären Vorarbeiten erforderlich über die Geschichte [32] Assyriens [33], Babyloniens [34], Ägyptens [35], des ägäischen Raumes [36], der Hurriter [37] und der Hethiter [38]. Gleichzeitig wären die jeweiligen Beziehungen dieser Kulturen untereinander zu erörtern [39]. Die in den vorherigen Anmerkungen gegebene Literaturauswahl stellt nur einen sehr kleinen Ausschnitt weniger Standardwerke dar und zeigt, daß dieses Unterfangen im Rahmen dieses Kapitels nicht zu leisten ist.
• Wir dürfen von vornherein nicht erwarten, daß eine Datierung auf Jahr und Tag genau stimmen kann. Dies liegt zum einen daran, daß wir es mit Zeiträu-

---

[32] Die nachfolgenden Monographien behandeln zumeist in historischer oder thematischer Hinsicht nur Teilbereiche.

[33] W. Mayer, ALASPM 9 (gesamter Zeitraum, aber nur Militärgeschichte).

[34] Zu chronologischen Teilabschnitten vgl. J.A. Brinkman, AnOr 43; ders., OPBF 7; D.O. Edzard, Zweite Zwischenzeit, R. Pientka, IMGULA 2. Für die Isin-Larsa-Zeit wäre eine neue Darstellung der Geschichte "a distinct desideratum of Assyriological Scholarship" (D.R. Frayne, ZA 88, 6).

[35] E. Hornung, Grundzüge.

[36] V. Karageorghis, Cyprus.

[37] G. Wilhelm, Grundzüge 45; M. Popko, Huryci (mir sprachlich nicht zugänglich, vgl. die Besprechung von P. Taracha, OLZ 89).

[38] M.C. Astour, Hittite History; O.R. Gurney, Hittites; F. Cornelius, Geschichte; T. Bryce, Kingdom; H. Klengel, HdO I/34; J. Klinger, OLZ 95.

[39] W. Helck, Beziehungen^2; ders., EdF 120; ders., ALASP 7/1; C.Kühne, BBVO 1/1, 203-264; W.A. Ward, Egypt; F. Schachermayer, Ägäis; A.J. Spalinger, Relations; H. Klengel, ArOr 47; den von W.V. Davies/L. Schofield herausgegebenen Sammelband und zuletzt H. Buchholz, AOAT 261.

men ebenso wie mit genauen Zeitpunkten zu tun haben, wobei erstere bei weitem häufiger sind, und zum anderen daran, daß wir Daten unterschiedlicher Wahrscheinlichkeit zu interpretieren haben. Wir werden daher damit zufrieden sein müssen, wenn wir Ereignisse und Jahreszahlen mit der Genauigkeit etwa eines Jahrzehntes angeben können. Alles weitere wäre die Vorspiegelung einer Exaktheit, die keineswegs gegeben ist. Alle im folgenden gegebenen Jahreszahlen verstehen sich daher als ungefähre Zeitangaben, wobei aus Gründen der Lesbarkeit auf die Angabe ± x Jahre in der Regel verzichtet wird. Zu beachten ist auch, daß die genaue Datierung der Regierungszeit des Hammurapi von Babylon, die in der Literatur zumeist erfolgt, letztlich nur ein ungefähres Datum darstellen kann. Um Mißverständnissen vorzubeugen: Von diesen absoluten Angaben zu unterscheiden sind natürlich die Angaben einer relativen Chronologie, die in sich selbst stimmig ist. Wir wissen z.B. "sicher", daß Hammurapi von Babylon im 32. Jahr seiner Herrschaft Māri "unter seine Botmäßigkeit gebracht hat", aber wir können nicht angeben, ob dieses 32. Jahr in absoluten Zahlen nun dem Jahr 1697 (kurz) oder z.B. 1694 oder 1701 vor Chr. genau entspricht.

2. Forschungsgeschichte der chronologischen Fragestellung

Das Grundproblem der Chronologie des 2. vorchristlichen Jahrtausends liegt darin, daß wir einerseits mit den assyrischen Eponymen- [40] und Königslisten [41] für die Geschichte nach 910 über vollständiges, zwischen 910 und 1420 wenigstens verläßliches Material verfügen, das die Aufstellung eines Zahlengerüsts erlaubt; andererseits die innere Chronologie der altbabylonischen Zeit gut bezeugt ist; es aber aus der Zeit dazwischen nur sehr wenige Zeugnisse gibt. Dieser Zeitraum ist daher bisweilen auch als "dark ages" bezeichnet worden [42]. Die Lücke konnte nur durch mehr oder wenige scharfsinnige Rückschlüsse aufgefüllt werden, die teilweise schon in der Antike durchgeführt wurden [43]. Letztlich war es angesichts dieser Unterbrechung in der Überlieferung unmöglich, die Zeit der 1. Dynastie von Babylon zu datieren, von den Perioden davor ganz zu schweigen [44].

---

[40] Vgl. H. Freydank, Beiträge, und für unseren Raum M. Birot, MARI 4 zu altassyrischem Material.

[41] A.K. Grayson, RlA 6, 86-135.

[42] Vgl. auch W.F. Albright, BASOR 88, 28: "a yawning void of seven centuries of which only one contemporary record survived".

[43] Z.B. datiert Nabonid den Naram-Sîn von Akkad auf 3200 Jahre vor seiner Zeit (P.R. Berger, AOAT 4, Zyl III/2 Text 11, Kol. II,57, dazu F. Schmidtke, WO 1; M.A. Powell, ZA 81, 21), so daß "Sargon of Accad was dated by most serious scholars cic. 3800 B.C. and this date became the corner-stone of Sumerian chronology" (W.F. Albright, BASOR 88, 28).

[44] Kurzer Forschungsüberblick über die älteren Ansätze bei W.F. Albright, BASOR 88, 28 und bei W. Röllig, Chronologie, 6f.

Ein Neuansatz konnte erst erfolgen, als 1939 die Ausgrabungen auf dem Tell Ḥariri das Archiv von Māri zutage förderten. Alsbald wurde deutlich, daß diese Stadt mit der 1. Dynastie von Babylon gleichzeitig sein mußte—denn Hammurapi hatte sie in seinem 32. bzw. 35. Jahr heimgesucht, wie die Jahresdaten deutlich machen [45]:

Hamm. 32:	mu ... ma-rí.KI mè-ta bí-íb-šub- bé ma-rí.KI ... du$_{11}$-ga-né ku-li-bi bi-in-tuš
Hamm. 35:	mu ... inim AN ^{d}ELLIL-lá-ta bàd ma-rì.KI mu-un-gul-lá

Gleichzeitig zeigt die Urkunde VAB 5, Nr. 284,11f (datiert ins 10. Jahr des Hammurapi): MU ^{d}MARDUK $^{(12)}$*Ḫa-am-mu-ra-pí ù* ^{d}UTU-*ši*-^{d}IM ("Eid des Marduk zwischen Hammurapi und Šamši-Addu"), daß auch diese beiden in denselben Zeitraum fallen [46]. Šamši-Addu seinerseits ist nun aus der assyrischen Königsliste bekannt, so daß eine ungefähre Einordnung in die relative Chronologie gegeben ist. Weiter ist bekannt, daß derselbe Šamši-Addu Māri erobert und seinen Sohn Jasmaḫ-Addu dort zum König eingesetzt hat [47]. Nach Šamši-Addu wird dessen Sohn Išme-Dagan König in Assur. Ungefähr fünf Jahre später kehrt Zimrilim [48] aus Aleppo zurück und vertreibt den Jasmaḫ-Addu aus Māri. Mit diesen Rahmendaten gelangen wir zu folgender Tabelle:

Jahr	Babylon	Jahr	Assyrien	Jahr Māri
19 vor	Hammurapi	1	Šamši-Addu	
5 vor	Hammurapi	14	Šamši-Addu	vor Šamši-Addu
1	Hammurapi	(ca.)		x Jasmaḫ-Addu
10	Hammurapi	19	Šamši-Addu	
11-18	Hammurapi	29-31	Šamši-Addu [a]	
16-24	Hammurapi	1	Išme-Dagan	1 Zimrilim
28	Hammurapi	5-6	Išme-Dagan	9 Zimrilim [b]
32	Hammurapi			12 Zimrilim (ca.) [c]

[a] Synchronismus nach W. Röllig, Chronologie, 255 durch Dreiecksvergleich mit Rim-Sîn von Larsa und Daduša von Ešnunna. Nach D. Charpin/J.-M. Durand, MARI 4, fällt der Wechsel erst in das 17. Jahr des Hammurapi. Dies wür-

---

45 Vgl. zum vollständigen Text A. Ungnad, RlA 2, 180f.

46 M.W. zum ersten Mal erkannt von F. Thureau-Dangin, RA 34, 135-139.

47 Hierüber gibt jede Geschichte Syriens oder des Alten Orients Auskunft, vgl. z.B. H. Klengel, History, 48-50 (Textbelege!) und zur Rekonstruktion der inneren Vorgänge K.R. Veenhof, MARI 4, 191-218, insbesondere die "Chronological Evaluation" (206-217) mit Übersichtstabelle (mittlere Chronologie) auf S. 214. Kurzübersicht auch bei J.R. Kupper, RlA 7, 385-390.

48 Zu einer "Biographie" Zimrilims siehe J.M. Sasson, JAOS 118, 453-470.

de—wenn wir an dem Synchronismus 28Ḫ = 9 Zimrilim festhalten wollen, bedeuten, daß die Regierungszeit Išme-Dagans entsprechend zu kürzen wäre. Die Frage ist für die relative Chronologie Aleppos weniger interessant als für die absolute Datierung.
(b) Siehe dazu unten.
(c) Es sind 12 Jahresdaten des Zimrilim belegt. [49]

Durch diese Tabelle ist eine innere, relative Chronologie gegeben, aber es sind für unseren Zusammenhang noch zwei entscheidende Fragen offen:
- Wie sind Aleppo und Alalaḫ in dieses System einzuordnen?
- Welche absoluten Jahreszahlen lassen sich wahrscheinlich machen?

Hier ist es unvermeidlich, einen Abriß der Forschungsgeschichte zu geben. Dieser braucht aus den genannten Gründen nicht über die Entdeckung der Māri-Archive zurückzugreifen. In der Forschung werden fünf Modelle vertreten, die hier dargestellt werden sollen [50]. Dabei sollen nicht alle Verästelungen der Argumentation nachgezeichnet werden, sondern lediglich die Hauptlinien zum Vorschein kommen, die zum Verständnis der chronologischen Einordnung der Schicht Alalaḫ VII beitragen. Daher verzichten wir auch auf die Darbietung von Auseinandersetzungen der Vertreter untereinander, soweit sie nicht zur Profilierung der Positionen beitragen [51]. Auf die Auseinandersetzung mit ganz unwahrscheinlichen Außenseiterpositionen wird ganz verzichtet [52].

2.1. Die lange Chronologie

Diese wird oft als die Chronologie A. Goetzes bezeichnet, da er in der Altorientalistik als ihr Hauptvertreter in Erscheinung getreten ist. A. Goetze selbst hat sie allerdings zumeist die Chronologie F. Thureau-Dangins genannt, da dieser sie bereits vor ihm erarbeitet hat [53]. Dabei darf allerdings nicht vernachlässigt werden, daß dieses Modell auf eine Arbeit von D. Sidersky zurückgeht [54]. Zutreffend ist, daß D. Sidersky vorwiegend auf astronomisches Material zurückgreift: "er überließ es den Historikern, eine Bestätigung dafür zu fin-

---

[49] Vgl. K.R. Veenhof, MARI 4, 208.

[50] Kurzüberblick auch bei M. Heinz, AOAT 41, 198-201.

[51] Z.B. W.F. Albright BASOR 79, 36, gegen S. Smith; W.F. Albright und A. Goetze gegeneinander: BASOR 146, 32 u.ö.

[52] Z.B. D.M. Rohl, JACF 3; ders., ÄuL 3, und ders., Propheten, passim, der eine Kürzung der ägyptischen Chronologie um über 300 Jahre vornehmen will, so daß die Amarna-Zeit und die Entstehung des Königtums in Israel einander entsprechen. Ferner W.A. Mitchell, JACF 3, der auf astronomisch-statistischer Basis die Regierungszeit Hammurapis von Babylon auf 1565-1522 ansetzen will.

[53] M.C. Astour, Hittite History, 78 Nr. 3.

[54] D. Sidersky, RA 37, 45-54.

den" [55]. Aufgrund von astronomischen Erwägungen, namentlich der Venusdaten, wird das erste Jahr des Hammurapi von Babylon auf 1848 angesetzt, das Ende der ersten Dynastie von Babylon fällt so auf 1651.
A. Goetze, dessen Denkweg hier vorgestellt werden soll, geht davon aus [56], daß zwei Hauptereignisse der hethitischen Geschichte zu nennen sind: der Feldzug Muršiliš' nach Babylon und der Wiederaufstieg der Hethiter zur Großmacht. Letzterer ist denkbar "only in a period of Egyptian weakness. The absolute date is roughly 1450 B.C." [57]. Von dieser Datierung aus haben wir zurückzurechnen, um Muršiliš zu datieren. Hierfür sind die belegten hethitischen Könige aufzulisten und kritisch zu evaluieren (22f). Dies ergibt das Ergebnis (23), daß sich neun Könige belegen lassen, von denen Ḫantušiliš und Telepinuš vergleichsweise lange regierten. Diese Könige verteilen sich auf 5+x, wahrscheinlich sieben, Generationen, d.h. etwa 200 Jahre. Hier wird also mit der durchschnittlichen Länge einer Generation argumentiert—ein Verfahren, das notwendigerweise approximativ ist und keine exakten Daten ergeben [58] kann. A. Goetze zitiert dann den Text KUB XXV 21 III, der in Z. 2-5 die Angabe bietet, daß von Ḫantiliš bis Tudḫalyaš 500 Jahre vergangen seien. Rechnet man diese Zahl [59] auf ca. 400 Jahre herunter [60], so ergibt sich bei 14 Generationen eine durchschnittliche Generationendauer von 28 Jahren, die wiederum die von D. Sidersky vorgeschlagene Chronologie stützt. Dabei dürfte deutlich sein, daß dieses Verfahren einem Zirkelschluß sehr nahe kommt. Einige der Grundannahmen—v.a. die Anzahl der Generationen und die Datierung des Tudḫalyaš auf ca. 1450 sorgten in der Folge für eine Diskussion, bei der sich besonders M.B. Rowton [61] hervortat. Hierauf reagierte A. Goetze in einer Replik [62] dahingehend, daß er seine Position durch zwei neue Argumente bekräftigte. Zum einen bietet er ein Diagramm, das die Beziehungen Ägyptens, Mitannis und Ḫattis im 15. und 14. Jhd. synchronistisch darstellt und so aufzeigt, daß Tudḫalyaš kaum nach 1450 auf den Thron gekommen sein kann. Damit wäre das Datum der kurzen Chronologie (Babylonzug des Muršiliš 1530/31) ausgeschlossen, da zwischen 1530 und 1450 keine sieben Generationen liegen können. Das zweite Argument bezieht sich auf die Nichterwähnung Ägyptens in den Māri-Texten, das gemeinhin als Zeichen dafür gedeutet wird, daß Māri *nach* der 12.

---

[55] W. Röllig, Chronologie, 9.

[56] A. Goetze, BASOR 122, 19.

[57] Ibid.

[58] Vgl. G. Steiner, HML III.

[59] Was von A. Goetze, BASOR 122, 25 als Rundzahl anerkannt wird.

[60] W.F. Albright, BASOR 126, 24 hat die Lesung bezweifelt, nach Kollation vermerkt A. Goetze, BASOR 127, 26: "If there is any choice left, it is between 500 and 400." Es wird dabei nicht erörtert, inwieweit solche Distanzangaben historisch auswertbar sind.

[61] M.B. Rowton, BASOR 126.

[62] A. Goetze, BASOR 127, 21-26.

Dynastie Ägyptens zu datieren ist. Dem hält A. Goetze (25f) nun entgegen, daß Syrien nie unter einer ägyptischen Herrschaft im eigentlichen Sinn gestanden habe, so daß diesem Argument letztlich keine Aussagekraft zuzuschreiben sei. Die dritte Arbeit A. Goetzes, auf die hier einzugehen ist, berührt unseren Zusammenhang direkt: "Alalakh and Hittite Chronology" [63]. Wir werden uns mit diesem Artikel, namentlich mit der Rekonstruktion der Herrscherfolge in Alalaḫ, unten noch näher auseinanderzusetzen haben. Hier ist wichtig, daß A. Goetze [64] die Zerstörung Alalaḫs dem Muršiliš zuschreibt und damit das Ende der Schicht VII in die Zeit des Šamšu-ditanu von Babylon verlegt: "The end of Hammurapi falls roughly 150 years before the destruction of Alalakh VII" (26). Eine gewisse Zusammenfassung von A. Goetzes Forschungen zur Chronologie bietet schließlich sein Artikel "On the Chronology of the Second Millenium B.C." [65], wobei die Studien zur Geschichte Ḫattis und Ḫamas hier nicht von Belang sind. Was Alalaḫ anlangt, stützt sich A. Goetze wieder auf die Rekonstruktion B. Landsbergers (69): Hammurapi von Jamḫad war ein Zeitgenosse Hammurapis von Babylon. Daher seien die erhobenen fünf Generationen in Jamḫad und Alalaḫ denen in Babylon parallel zu setzen, was wiederum die Annahme einer Zerstörung unserer Schicht VII durch Muršiliš nahelegt [66].

Ergebnis: Alalaḫ ist nach A. Goetze durch Muršiliš zerstört worden, und zwar ca. 1650 v.Chr. Die Untersuchung stützt sich wesentlich auf die Generationenfolge und die vermutete Durchschnittslänge einer Generation. Auf astronomische und archäologische Evidenz wird kaum Bezug genommen. Das angesetzte System basiert i.w. auf dem hethitischen Befund, die Einbeziehung anderer Kulturen tritt demgegenüber zurück. Mit anderen, vor allem astronomischen und statistischen Gründen wird eine lange Chronologie auch durch P.J. Huber [67] vertreten, umgekehrt allerdings nicht historisch abgesichert.

2.2. *Die mittlere Chronologie*

Dieses chronologische System wurde 1940 [68] von S. Smith i.w. aufgrund der Evidenz aus Alalaḫ entwickelt [69]. Smith stellt kurz den Forschungsstand seiner

---

[63] A. Goetze, BASOR 146, 20-26.

[64] A. Goetze, BASOR 146, 23 in der Nachfolge B. Landsbergers.

[65] A. Goetze, JCS 11, 53-61.63-73.

[66] Alle genannten Arbeiten liegen also *vor der* Ausgrabung der Ḫattušiliš-Annalen. In jüngerer Zeit wird die These auch von H. Klengel, History, 81f für nicht unmöglich gehalten.

[67] P.J. Huber, OPNE 1/4; ders., HML I. Problematisch an diesem Ansatz ist, daß er die Richtigkeit eines der drei Chronologieschemata und die prinzipielle Verwendbarkeit der Venustafeln voraussetzt und lediglich auf dieser Basis mathematisch-statistisch die wahrscheinlichste der drei Möglichkeiten ermittelt.

[68] S. Smith, Alalakh and Chronology.

[69] Unabhängig davon sprach sich A. Ungnad, AfO 13, 145f für eine ähnliche Reduktion aus: Hammurapi 1801-1759.

Zeit dar und gelangt zu dem Ergebnis, daß "none of this written evidence can be called absolutely reliable" (3). Dem stellt er die Funde aus Syrien gegenüber, "which cover the period from Khammurabi to the 15th century, these are evidence of the first class". Er wendet damit also implizit das Kriterium an, daß nur ein während der "dark ages" *durchgehend* besiedelter Hügel die chronologische Lücke zu überbrücken vermag. Was die Keramik anlangt, so ist zunächst festzuhalten, daß die Ähnlichkeit zwischen der Ware aus der Zeit der 1. Dynastie von Babylon und der der Karaindaš-Zeit (ca. 1460) zu groß ist, um eine Zeitdifferenz von 500-600 Jahren vermuten zu lassen, wie sie wiederholt postuliert wurde. Nun findet sich in Alalaḫ auch Keramik der "Nuzu-ware" in den Schichten II-IV, die durch den Vergleich mit Nuzi sicher auf 1450-1350 datiert werden kann. Auch kann die Keramik der Schicht V präzise unterschieden werden von der der Schicht IV. Da diese beiden Keramiksorten in Nuzi zeitgleich sind, kann zwischen beiden Schichten kaum eine größere zeitliche Distanz bestanden haben (6). Andererseits gibt es zwischen Schicht VI und V ebenfalls keinen "overlap", so daß Schicht V in keramischer Hinsicht für sich steht. Smith bringt nun das Ende der Schicht V in Verbindung mit dem Feldzug Thutmosis' III, der in seinem 38. Jahr Tribut von Alalaḫ erhält (7). Ferner läßt sich kaum ein Unterschied in der Keramik der Schichten VI und VII erkennen. Da Schicht VII aber in die Hammurapi-Zeit gehört, kann hier zum ersten Mal die Lücke der "dark ages" aufgefüllt werden (8).

Entscheidend sind nun Keramikfunde aus Schicht V, die denen aus Meggido X und IX entsprechen. Damit lassen sich die Schichten VII und VI datieren auf 1800-1600. Diese Verkürzung der Chronologie [70] entspricht der Wahrscheinlichkeit, daß die "Khabur ware" nirgends länger als 300 Jahre hergestellt worden sein dürfte (10). Der berühmte Text G. Dossin, Syria 19, 117f zeigt nun, daß Jarim-Lim von Jamḫad, Hammurapi von Babylon und Išme-Dagan gleichzeitig sind. Damit gilt: "The palace of level VII at Alalakh seems to have been built by Jarim-Lim and is probably not earlier than Khammurabi of Babylon's 15th year" (12). Gleichzeitig werden die Eroberung Aleppos und der Feldzug Muršiliš' nach Babylon das Ende von Schicht VI verursacht haben (12f). Das nächste Kapitel beschäftigt sich mit dem Einfluß der ägyptischen 12. Dynastie auf Syrien, wobei "the collapse of Egyptian power immediately preceeded Shamshi-Adads Syrian expedition" (15)—auch dies ein wichtiger Synchronismus. Diese Verkürzung schafft auch in der hethitischen Chronologie Ordnung: Die bislang postulierte Lücke von 200 Jahren kann ersatzlos entfallen (16f). Die Gründe für die vor S. Smith geltende Frühdatierung sieht dieser in den Distanzangaben späterer Könige, zweitens in den Angaben der Königslisten, drittens in der Astronomie (17f). Angaben der Königslisten sind allerdings problematisch, da in dieser Textgattung parallel regierende Könige hintereinander angeführt werden, was nicht immer sicher getrennt werden kann und daher Anlaß zu

---

[70] W.F. Albright, BASOR 69, 21 datierte Hammurapi damals noch ca. 1870!

Fehldeutungen gibt [71]. Die Königsliste gibt nun für die Kassitenzeit eine Gesamtdauer von 576 Jahren und neun Monaten, was sicherlich zu lang ist (20). Die astronomische Evidenz besteht v.a. in Venusbeobachtungen (25): Eine Serie von 21 Jahren dürfte den 21 Jahren des Ammiṣaduqa entsprechen (25). Nun wurden vor Smith nur die Jahre astronomisch analysiert, die Hammurapi zwischen ca. 2000 und ca. 1800 ansetzen.
Brigadiergeneral J.W.S. Sewell (26f) wurde daher gebeten, auch die Möglichkeit eines Regierungsantritts kurz *nach* 1800 zu überprüfen. Die entsprechende Untersuchung gelangt (27) zu dem Ergebnis, daß ein Regierungsantritt Ammiṣaduqas 1646 [72] möglich ist. Die Zusammenschau aller Argumente (historisch, archäologisch, astronomisch) ergibt eine Chronologie der 1. Dynastie von Babylon, die Hammurapi auf 1792-1750 [73], das Ende der Dynastie aber auf 1595 ansetzt, mit der ägyptischen Chronologie übereinstimmt und ein gravierendes Problem aus der hethitischen Chronologie eliminiert [74].

Ergebnis: Sydney Smith führt archäologische Argumente in die Diskussion ein und bedient sich v.a. auch des Keramikvergleichs. Er erkennt die Wichtigkeit Alalaḫs für die Chronologie, da hier ein Hügel vorliegt, der in der fraglichen Zeit durchgehend besiedelt war und durch Schriftfunde in die Chronologie Vorderasiens eingefügt werden kann. Das von uns oben geforderte Minimalpostulat einer Konvergenz *aller* vorhandenen Daten aus verschiedenen Forschungsdisziplinen unter Berücksichtigung aller beteiligten Kulturen wird von S. Smith erstmalig in der erforderlichen methodischen Konsequenz durchgeführt, so daß es nicht Wunder nimmt, wenn sein Ansatz bis heute in der Forschung verbreitet ist [75].

2.3. Die kurze Chronologie

Diese Chronologie, die heute in der Forschung die Oberhand zu gewinnen scheint, ist wesentlich mit den Namen W.F. Albright [76] und F. Cornelius [77]

---

[71] Weitere Details der Argumentation sind für uns hier ebensowenig von Interesse wie die Frage, ob die ersten Kassitenherrscher in Babylon oder anderswo regierten und ob sie parallel zu den letzten Königen der 1. Dynastie waren.

[72] Das im Text genannte Jahr -1645 ist eine astronomisch-mathematische Entität, die dem Kalenderjahr 1646 v. Chr. entspricht.

[73] Vgl. das Diktum M.B. Rowtons, JNES 17, 111: "The most reasonable date for Hammurabi on 15th January 1958 was 1792-1750".

[74] Die i.f. bei S. Smith gegebene Geschichte Alalaḫs muß uns erst unten bei der Erörterung der inneren Geschichte Alalaḫs beschäftigen.

[75] So datieren auch neuere Standardwerke nach dieser Chronologie: Z.B. CivANE (1995) (vgl. F. Cryer, a.a.O., 659) und die OxfEncANE (1997) (vgl. die chronologische Übersicht Bd. V, 413).

[76] W.F. Albright, BASOR 69; ders., BASOR 77+78; ders., Stone Age.

verbunden. Nicht zu erörtern sind hier die Arbeiten Albrights vor 1942, da er zunächst die lange, dann aber die mittlere Chronologie vertrat. Albright ist so geradezu das lebendige Beispiel für den raschen Fortschritt der chronologischen Debatte zwischen 1939 und 1942. Die "third revision" [78] W.F. Albrights geht aus von der Veröffentlichung der assyrischen Königsliste [79] durch A. Poebel [80], die durch Addition der gegebenen Regierungsdaten Šamši-Addu auf "the date of 1726+x - 1694-x" festlegt [81], wobei x die Summe zweier weggebrochener Daten darstellt. A. Poebel selbst [82] hatte vermutet, daß diese Regierungszeiten so kurz waren, daß sie zusammen nicht einmal 1 Jahr ausmachen, so daß x=0 wäre. W.F. Albright möchte dem die Vermutung entgegenstellen x≈20 [83]. Mit dieser Annahme fiele das Akzessionsjahr Šamši-Addus auf ca. 1746. Damit würde folglich eine erneute Reduktion der Venusdaten erforderlich und—da die Venusperiode 64/56 Jahre ausmacht [84]—Hammurapi fiele auf 1728-1686. Kontrastiert man beide Hypothesen miteinander, so stellt man eine auffällige Evidenzverdichtung fest, da das Jahr Šamši-Addu 32 gleich dem Jahr Hammurapi 10 [85] ist. Ferner erlaubt diese Deutung weitere historische Erklärungen. So wäre der Babylon-Feldzug des Muršiliš auf 1530 zu datieren, eine Zeit, in der Aḫmose I in Palästina einfällt, mithin Ägypter wie Hethiter ein Machtvakuum zu ihren Gunsten ausnutzen, das durch den Niedergang Babylons entstanden war. [86]

Eine weitere Bestätigung fand diese Überlegung durch einen "Indirect Synchronism between Egypt and Mesopotamia, cir 1730 B.C." [87] Es geht hier um den Prinzen Yantin-Ammu von Byblus, der mit Zimrilim in Verbindung stand

---

[77] F. Cornelius arbeitet dabei eher astronomisch und kann daher von uns nicht mit derselben Ausführlichkeit behandelt werden wie W.F. Albright, vgl. aber seine Tabelle AfO 17, 308f.

[78] W.F. Albright, BASOR 88, 28-36.

[79] Bearbeitung der verschiedenen Textvertreter bei A.K Grayson, RlA 6, 101-125.

[80] A. Poebel, JNES 1+2.

[81] Vgl. W.F. Albright, BASOR 88, 29.

[82] A. Poebel, JNES 1, 288.

[83] W.F. Albright, BASOR 88, 30.

[84] Vgl. zu astronomischen Details F. Cornelius, AfO 17, 296f und B.L. van der Waarden, JEOL 10, 416-418. Die Venusperiode von 64 bzw. 56 Jahren bezieht sich auf eine Gesamtheit von Daten, eine Minimalkonvergenz ergibt eine Repetitionsfrequenz von 8 Jahren.

[85] W.F. Albright, BASOR 88, 31; vgl. unsere Tabelle oben.

[86] Die hebraistischen Erwägungen W.F. Albrights (33-36) sind in unserem Zusammenhang nicht von Interesse. Seiner Datierung der Hintergründe von Gen 14 wird heute kaum mehr gefolgt.

[87] W.F. Albright, BASOR 99.

(9) [88], der seinerseits in ägyptischen Texten als *ʾntn* oder *ʾnti-n* belegt ist [89]. Die kurze Chronologie macht es nun möglich, diesen Phönizier auf ca. 1730 einzuordnen, so daß eine Raffung der ägyptischen Chronologie nicht mehr erforderlich ist (10). Da Nefer-Hotep in der 13. Dynastie 11 Jahre lang regierte, stimmt dieser Synchronismus mit der Tatsache überein, daß Ägypten in dieser Zeit eine eher vernachlässigbare Rolle spielte [90]—eine Tatsache, welche die Gleichzeitigkeit Māris mit der 12. Dynastie eher unwahrscheinlich macht. [91]

Ein Neuansatz in der Position W.F. Albrights [92] war möglich, nachdem sowohl die Texte aus Alalaḫ veröffentlicht als auch der Ausgrabungsbericht L. Wooleys erschienen war. W.F. Albright versuchte, seine Datierungen anhand dieser Evidenz auch stratigraphisch zu untermauern. Er geht dabei von einer inneren Chronologie in Alalaḫ aus, die sich an B. Landsberger anlehnt und von uns unten noch hinterfragt werden muß. Da Hammurapi von Jamḫad in die Schlußphase der Māri-Zeit gehört, kann Text 10.01 (im Rahmen der Kurzchronologie) auf ca. 1680 datiert werden (28f), der Untergang von Schicht VII fiele dann ca. 1640: "One might be tempted to connect the fall of Alalakh with the great expansion of the Fifteenth Dynasty at this time under Khayana and Apophis, but this would have to remain conjectural" (29) [93].

Weiter ausgearbeitet wurde diese Überlegung von W.F. Albright schon ein halbes Jahr später in einem Artikel, den der Verfasser offenbar als Zusammenfassung der Debatte verstand: "It is now possible to bring our independent results together, each confirming and supplementing each other." [94] Auch hier wird eine innere Chronologie der Schicht VII vorangestellt, die jetzt allerdings aus den Texten selbst erarbeitet ist: Die drei Generationen von Alalaḫ dürften—wie auch die archäologischen Funde [95] lehren—in die Zeit von 1680-1630 zu datieren sein. Dabei wird auch auf den von B. Landsberger erarbeiteten Synchronismus [96] rekurriert, der von der Person des Zukraši handelt, ohne daß jedoch für unseren Zusammenhang weitergehende Folgerungen gezogen werden können.

---

[88] G. Dossin, Syria 20, 111.

[89] Die Parallele mit Nefer-Hotep (W.F. Albright, BASOR 77, 27f) litt noch darunter, daß W.F. Albright zu der Zeit nach der mittleren Chronologie den Zimrilim auf ~1770 datierte.

[90] Vgl. W.F. Albright, BASOR 77, 31.

[91] W.F. Albright ist später noch einmal auf diesen Synchronismus zurückgekommen: Sein Aufsatz in BASOR 176 gibt eine Geschichte der Herrscher von Byblus in der fraglichen Zeit, vgl. auch W. Helck, Beziehungen², 64-66 und W.F. Albright, BASOR 209, 12f. Gegen diesen Synchronismus wendet sich (m.E. kaum mit genügenden Gründen) Chr. Eder, OLA 71, 13-18.

[92] W.F. Albright, BASOR 144, v.a. 27.

[93] Die *Res Gestae* des Hattušiliš waren zu der Zeit noch unbekannt.

[94] W.F. Albright, BASOR 146, 26.

[95] Vgl. H. Cantor, JNES 15.

[96] B. Landsberger, JCS 8, 51.

Ergebnis: Eine steigende Anzahl neuer Synchronismen v.a. aus dem syrischen Raum fordern eine nochmalige Kürzung der Chronologie um eine weitere Venusperiode. Diese Chronologie beruft sich nicht zuletzt auf die assyrische Königsliste und auf archäologische Argumente. Sie ist von den bislang vorgestellten methodisch am saubersten erarbeitet, da sie sich allen beteiligten Kulturen widmet und gleichzeitig das Instrumentarium verschiedener Disziplinen einsetzt.

2.4. Die ultra-lange[97] *Chronologie*

Dieser chronologische Versuch ist eine Außenseiterposition, die B. Landsberger[98] vertritt. Er macht geltend, daß die bisherigen Ansätze viel zu kurz seien und kommt dabei zu einer Auffassung, von der A. Goetze sagt, sie sei "still more 'conservative'"[99] als seine eigene. B. Landsberger geht aus von einer Bearbeitung der assyrischen Königsliste, deren Details hier nicht darzustellen sind. Wichtig für uns sind die Tatsache, daß Kürzungen bei den Regierungszeiten Išme-Dagans nicht vorgenommen werden (36f), und die Annahme, daß seine Nachfolger aus geschichtsideologischen Gründen nicht in die Liste aufgenommen wurden: "Man schied diese unerfreuliche Episode einfach aus der Geschichte aus." (37). Dann wäre aber das Jahr Samsu-Iluna 15 überfüllt mit 7 Königen (Aššur-Dugal, 5 *ṭuppišu*-Könige, Adasi, der aber im selben Jahr noch stirbt) (37). Die Länge *ṭuppišu* = 0 scheidet als Möglichkeit aus[100]. B. Landsberger wendet sich dann den Distanzangaben der Königsinschriften zu, deren Betrachtung (41) auf das Jahr Šamši-Addu 1 = 1852 v.Chr konvergiert. Diese Angabe ist allerdings noch zu lang, weil Išme-Dagan und Šamši-Addu zusammen die angeblich unwahrscheinliche Gesamtregierung von 73 Jahren zugemessen wird, andererseits die *ṭuppišu*-Könige noch nicht angemessen berücksichtigt sind. Weitere Analysen ergeben, daß Adasi "etwa 1700 zur Regierung gekommen" (47) sein muß: "Dieses Ereignis liegt 52-x Jahre vor dem Ende Samsuditanas, worin x=5 *ṭuppišu*-Regierungen" (47). Im nächsten Schritt analysiert B. Landsberger die Evidenz aus Alalaḫ[101] (51).

Er rekonstruiert die Generationenfolge in Alalaḫ und Aleppo und weist erstmalig auf den Zukraši hin, der mit derselben Titulatur in 21.01,27 und in hethitischen Texten[102] belegt sei. Auf diesen Synchronismus müssen wir etwas näher ein-

---

[97] Begriff bei M.B. Rowton, JNES 17, 98.

[98] B. Landsberger, JCS 8.

[99] A. Goetze, JCS 11, 53.

[100] Vgl. indessen E.F. Weidner, AfO 15, 85-87; M.B. Rowton, JNES 10 für gegenteilige Argumente.

[101] Die Erörterung der sprachlichen Situation und der historischen Hintergründe kann uns hier nicht beschäftigen.

[102] KUB XXXVI 100 + KBo XVII 14 und Duplikate (CTH 15); KUB XXXI 5 + KBo XIX, 91 sind die bislang bekannten Texte, vgl. M.C. Astour, UF 29, 24.

gehen: Die Lesung in 21.01,27 ist nämlich keineswegs eindeutig. D.J. Wiseman [103] liest *akil šange.(meš)*. Diese Lesung wird jüngst von G. Bunnens aufgrund einer eingehenden Analyse der Zeichenformen unterstützt [104]. Außerdem ist der Name Zukraši noch für weitere Personen, u.a. einen Pferdeknecht (z.B. 41.12,8), belegt, kann also nicht ganz selten gewesen sein [105]. Wir tun also besser daran, bei der Rekonstruktion von Geschichte und Chronologie nicht auf diesen Synchronismus Bezug zu nehmen.

Ferner ergibt B. Landsbergers Generationenfolge, daß sechs babylonischen Generationen deren sieben in Aleppo gegenüber stehen. Folglich habe Muršiliš I den Hammurapi II von Aleppo "vom Thron gejagt", in diesen Zusammenhang gehöre auch die Zerstörung Alalaḫs (53). Weiterhin sei Schicht IV von Idrimi 1500 oder etwas früher inauguriert worden (53). Da Šaušatar nicht gleichzeitig mit Thutmosis III auf der Höhe seiner Macht gestanden haben könne, gelte folgende Chronologie: Idrimi 1510-1480, Niqmepa 1480-1455, Ilimi-Ilimma 1455-1440, Schicht III und II 1440-1370. Die hethitische Armee Šuppiluliumaš' I habe die Statue des Idrimi entfernt und so das Symbol des Königreichs von Alalaḫ beseitigt (54). Zwischen dem Ende von Schicht VII und dem Beginn von Schicht IV seien weitere sieben Generationen unterzubringen (55).

Der nächste Abschnitt beschäftigt sich mit der Eroberung Babylons durch die Kassiten. Eine Gleichzeitigkeit der letzten Könige von Babylon mit den ersten Kassitenkönigen wird ausgeschlossen (64-68), vielmehr sei Samsu-Ditana schon *vor* dem Muršiliš-Feldzug verstorben (72). Die Seiten 115ff gehen nach weiteren Erörterungen der assyrischen Königsliste, insbesondere des *ṭuppišu*-Problems, zurück zur chronologischen Fragestellung i.e.S.:

B. Landsberger befaßt sich dabei mit dem Platanos-Siegel (117-119), dem Schatzfund von Tod (119) und "Libby's Radiocarbon Date" [106]. Alle diese Daten sprechen nach Landsberger *gegen* die Kürzung der Chronologie: "Wir erklären uns außerstande, eine 'Chronologie' zu bieten. Und wer vermäße sich heute mit gutem Gewissen, dies tun zu können. Eine objektive Prüfung der Quellen scheint die Zahl ... 1900 (oder nahe davon) für Hammurabi 1 zu befürworten." (121).

---

[103] D.J. Wiseman, Al T, 33.

[104] Der entscheidende Unterschied zwischen SANGA und AGA besteht darin, daß "UKU has two series of horizontal wedges instead of one in the SANGA and SUKKAL signs" (G. Bunnens, AbrNahr 32, 96f., Zitat 97). Diese Beobachtung kann von uns voll und ganz bestätigt werden. Das in Frage stehende Zeichen in 21.01,27 ist indessen deutlich komplizierter als alle drei. Wir schlagen daher die Lesung NAR vor.

[105] Vgl. unten Index B 1a, sowie die kurzen Angaben bei G. Bunnens, AbrNahr 32, 97. E. Gaál, AUSB 22, 33f setzt alle belegten Namensträger untereinander gleich und kann so eine ganze Biographie und Karriere beschreiben. Die Voraussetzung, es handle sich um eine einzige Person, ist aber ziemlich sicher unzutreffend. Vgl. zu einem weiteren Namensträger auch mB 434.3.

[106] Zur Problematik von Radiocarbon-Datierungen siehe I.U. Olsson, HML II und die Arbeit von St.W. Manning.

Ergebnis: Eine umfangreiche Diskussion führt B. Landsberger dazu, jede Kürzung der Chronologie abzulehnen. Er versucht alle bis dato genannten Argumente und Methoden in die Debatte einzubringen, legt aber letztlich sehr viel Wert auf Emendationen und historische Konstruktionen. Diese halten im Einzelfall nicht immer der kritischen Überprüfung stand, so daß auch zum damaligen Kenntnisstand Zweifel an den Ergebnissen angebracht waren. Ein zeitlicher Ansatz beruht in erster Linie auf der Überbrückung des "Dunklen Zeitalters" durch den Vergleich von Generationenlängen und -folgen. Ferner fällt auf, daß ein Ermessensspielraum stets zu Gunsten des längeren Datums ausfällt, so daß insgesamt zwar die Schärfe des Gedankengangs und die Vielzahl der beigebrachten Argumente beeindrucken, aber letztlich nicht überzeugen.

2.5. Die ultrakurze Chronologie

Die ultrakurze Chronologie [107] lag bislang nur in wenigen Bemerkungen vor [108]. Sie fand bis vor kurzem nur wenig Anklang in der Forschung, so daß wenige Sätze genügt hätten, sie zu charakterisieren. Unlängst hat jedoch ein Team um H. Gasche [109] einen Ansatz vorgelegt, der unsere Beachtung verdient.

E.F. Weidner [110] geht aus von der Veröffentlichung der Assyrischen Königsliste (AKL) durch A. Poebel [111]. Das *tuppišu*-Problem (85-87) löst er (m.E. zu Recht) so, daß diese Formulierung den Zeitraum zwischen der Thronbesteigung eines Königs und dem nächsten Neujahrsfest beschreibt. Für die chronologische Verwendung der AKL gilt also *tuppišu*=0. Problematisch ist an der AKL in jedem Fall, daß für die Könige Nr. 65 und 66 (Aššur-Rābi I und Aššur-Nādin-aḫḫē I) Zahlenangaben fehlen. Entscheidend für die Argumentation sind nun die Distanzangaben späterer Könige (Tukulti-Ninurta I, Tiglatpileser I und Assarhaddon), die sich auf die Erneuerung des Anu-Adad-Tempels und des Assurtempels beziehen und dabei Šamši-Addu I nennen. Da wir wissen, daß es zwischen letzterem und Hammurapi von Babylon einen Synchronismus gibt [112], könnten diese Distanzangaben die Festlegung einer Chronologie der altbabylonischen Zeit ermöglichen. Eine Analyse der in Frage kommenden Stellen (89-95) ergibt nun, daß das Todesjahr des Assyrerkönigs zwischen 1696 und 1693 gelegen haben muß, der Regierungsantritt Hammurapis also in die Zeit zwischen 1705 und 1702 fällt (91). Aufgrund der Venustafeln kommt hiervon nur 1704 in Frage.

---

[107] Begriff z.B. bei P. Åström, ÄuL 3.

[108] F.M. de Liagre Böhl, BiOr 1, 1943/44, 102f; ders., Opera Minora, v.a. 347-349; E.F. Weidner, AfO 15.

[109] H. Gasche u.a., Dating; mit einer Korrektur: dies., Akkadica 108.

[110] E.F. Weidner, AfO 15. Hiernach auch die folgenden Seitenzahlen im Text.

[111] Vgl. A. Poebel, JNES 1+2.

[112] E.F. Weidner setzt diesen auf das 32. Jahr des assyrischen Königs, das zugleich dessen Todesjahr gewesen sei, vgl. indessen oben S. 74f und die dort genannte Literatur.

Weitere Argumente für denselben zeitlichen Ansatz nennt F.M. de Liagre Böhl [113]: Die Kurzchronologie hätte mit den Daten für Šamši-Addu einige problematische Stellen: Zwischen dem Regierungsantritt Šamši-Addus und der Zerstörung Māris lägen nur 4 Jahre; ferner wäre für die—wie man damals annahm—30 Regierungsjahre Zimrilims kein Platz, und überdies wären 58 Jahre Māri-Zeit kaum in der Chronologie unterzubringen. Vor allen Dingen wäre die Herrschaftszeit des Išme-Dagan dem System nicht einzupassen. Auch dies spreche dafür, die Chronologie im eben beschriebenen Sinne zu kürzen.
Hervorzuheben ist in methodischer Hinsicht, daß der hier vertretene Ansatz erstmalig konsequent von historischen Daten ausgeht und die Venusdaten nicht als unverrückbare Größe betrachtet. Vielmehr wird aufgrund textlich-historischer Quellen ein Zeitraum eingegrenzt, innerhalb dessen ein Ereignis liegen muß. Die astronomischen Daten sind dann ein *zweiter* Schritt, der die Feinabstimmung innerhalb des gegebenen Abschnitts ermöglicht.
Die neueste Monographie [114] über die chronologische Frage vertritt ebenfalls einen ultrakurzen Ansatz. Hier wird zunächst archäologisch vorgegangen: Zwischen den gut belegten Keramiksequenzen der altbabylonischen Zeit und denen des 14./13. Jhd. besteht eine Lücke (1), die den "dark ages" entspricht. Indessen widerraten die Ähnlichkeiten der Formen bereits der mittleren Chronologie, da von einem entwicklungsgeschichtlichen Standpunkt aus 200 Jahre nicht zu überbrücken wären. Demgegenüber (2) läßt sich die keramikgeschichtliche Lücke durch die durchgängige Sequenz aus Susa auffüllen. Historisch ist festzuhalten, daß sowohl die letzten Jahre der Samsu-Ditana-Zeit als auch der Muršiliš-Feldzug textlich ebenso schlecht belegt sind (6f) wie die "dark ages". Ferner ist von einer "deurbanization" auszugehen, die vor allem im südbabylonischen Bereich festgestellt werden kann, aber auch die Kerngebiete umfaßt (7-9) [115]. Auch astronomische und naturwissenschaftliche Quellen [116] "unfortuately have been able to contribute little information to the present undertaking" (9).
Aus der Evidenz aus Susa und dem Vergleich der Keramikformen in Babylonien (namentlich Nippur und Tell ed-Dēr) ergibt sich eine entwicklungsgeschichtliche Sequenz ("discernible evolutionary continuum") (38) zwischen der frühaltbabylonischen und der kassitischen Zeit, wobei die beiden Susa-Schichten A XII und A XI zusammen etwa ein Jahrhundert ausmachen und so die Zeit vom Untergang Babylons bis Kurigalzu I (ca. 1400) überbrücken.

---

[113] F.M. de Liagre Böhl, Opera Minora, 347-349.

[114] H. Gasche u.a., Dating (hiernach die Seitenzahlen im Text); vgl. dies., Akkadica 108.

[115] Dieser Prozeß beginnt schon unter Samsu-Iluna und wird von den Autoren auf eine Senkung des Euphratpegels zurückgeführt.

[116] Zur Dendrochronologie siehe jetzt P.I. Kuniholm, FS Özgüç; ders. u.a., Nature 381: Die Balken des Palastes Acemhöyük, in dem Bullen Šamši-Addus gefunden wurden, müssen zwischen 1828 und 1730 gefällt worden sein, was einer zu langen Chronologie widerspricht.

Damit ergibt sich, daß aus archäologischen Gründen eine weitere Kürzung der Chronologie sehr wahrscheinlich zu machen ist. Diese wird im nächsten Schritt durch Textanalysen gesichert: Die Assyrische Königsliste (47-54) und die Distanzangaben (57-61) werden evaluiert. Für die beiden fehlenden Regierungszeiten werden je 14 Jahre angesetzt [117], *ṭuppišu* wird als 0 Jahre bestimmt. Bei den Distanzangaben ist zu berücksichtigen, daß vermutlich assyrische Jahre Mondjahre sind, so daß für je 34 assyrische Jahre ein Jahr abgezogen werden muß, um astronomische, d.h. Solarjahre, zu erhalten [118]. Aus der Königsliste ergibt sich für das Todesjahr Šamši-Addus zwischen 1667-1688 (64) [119]. Ferner starb dieser im 12., 13. oder 17. Jahr Hammurapis von Babylon [120], so daß dessen erstes Jahr zwischen 1683 und 1704 liegen muß [121].
Der dritte Argumentationsgang beschäftigt sich mit den astronomischen Aspekten. Was die Venustafeln anlangt, so kann hier lediglich der 8-Jahres-Zyklus, nicht jedoch die 64/56-Jahrperiode aus dem Text entnommen werden (72f). Mit anderen Worten: Die einzige zulässige Aussage, lautet also: das Jahr 1 des Ammiṣaduqa muß (im julianischen System) der Formel n = 1646 +/- 8x genügen. Interessanter sind die beiden Mondfinsternisse der Ur III-Zeit [122], die auf den Tafeln 20 und 21 der Serie *Enūma Anu Enlil* bezeugt sind und sich auf den Tod Šulgis bzw. den Tod Ibbi-Sîns beziehen. Sie müssen daher etwa 40 Jahre auseinander liegen. Die Autoren bestimmen alle in Frage kommenden Finsternisse zwischen 2150 und 1850 (74f). Den Texten am besten entsprechen zwei Finsternisse aus den Jahren 1954 bzw. 1912. Auch diese Daten sprechen für eine Kürzung der Chronologie: Da die innere Chronologie der Ur III-Zeit und der altbabylonischen Zeit bekannt ist, liegt der Regierungsantritt Ammiṣaduqas etwa 358 Jahre nach dem Fall von Ur (81), mithin 1554/52.

---

[117] Dies entspricht dem Durchschnitt der 10 jeweils vor und nach der Lücke regierenden Könige. Dies ist auch deshalb eine sinnvolle Annahme, weil die Könige 63-68 insgesamt nur zwei Generationen angehören (56), was mit dieser These 52 Jahre ergäbe. Mit der Korrektur der Autoren (H. Gasche u.a., Akkadica 108, 1f) sind von der Gesamtlänge der beiden Könige insgesamt neun Jahre abzuziehen, die beiden Generationen machen zusammen nur 43 Jahre aus.

[118] 12 Mondmonate sind zusammen 354 Tage, so daß der Mondkalender hinter dem Solarkalender jedes Jahr um etwas über 11 Tage zurückbleibt, was sich in 33 Solarjahren auf etwa 1 Solarjahr summiert (33 x 11 = 363).

[119] Je nachdem wie die unterschiedlichen Varianten zu beurteilen sind.

[120] Die Autoren ziehen das 17. Jahr vor. Die Tabelle S. 63 ist daher für die Könige von Šamši-Addu bis Aššur-Šaduni um je neun Jahre zu verkürzen, vgl. dies., Akkadica 108, 1f.

[121] Bzw. zwischen 1679 und 1700, wenn wir von einem Tod im 12. Regierungsjahr Hammurapis ausgehen.

[122] Vgl. V.G. Gurzadyan/S.W. Cole, Akkadica 113.

Mit der eben genannten Bedingung ist also das Jahr 1550 v.Chr. anzusetzen [123].
Ein nächster Abschnitt (83-87) beschäftigt sich mit Jahresdaten aus Tell Muḥammad, die nach Auffassung der Autoren eine Unterbrechung der Besiedlung Babylons nahelegen und durch eine Mondfinsternis datiert werden können [124].
Als **Fazit** ergibt sich: Die babylonische Chronologie ist noch einmal zu kürzen. Der Fall Babylons ist auf 1499 v.Chr. zu datieren, die Regierungszeit Hammurapis fällt so auf 1696-1654.
Zur angewandten Methode ist abschließend zu bemerken, daß hier Daten verschiedener Provenienz unabhängig voneinander kritisch evaluiert werden. Insbesondere werden textliche, archäologische und astronomische Aspekte herangezogen, ohne daß vorab eine Präferenz für eine Datenquelle oder eine bestimmte Chronologie vorausgesetzt wird. Nicht zureichend berücksichtigt werden aber die Beziehungen Mesopotamiens zu den Kulturen der Umwelt [125].

2.6. Ergebnis des forschungsgeschichtlichen Überblicks

Eine gesicherte Chronologie, die *alle* Fragen befriedigend löst, existiert bislang nicht. Die Grundprobleme, die sich einer Lösung in den Weg stellen, sind die folgenden:
—Venusdaten sind prinzipiell mehrdeutig, da die zugrundeliegenden astronomischen Ereignisse und Beobachtungen sich nach einem Zeitraum von 56 bzw. 64 Jahren periodisch wiederholen. Überdies ist zu bedenken, daß die belegten Textvertreter, namentlich der 63. Tafel der Serie *Enūma Anu Enlil*, keine zeitgenössischen Beobachtungsaufzeichnungen darstellen, sondern aus dem 1. Jahrtausend stammen, mithin von der Zeit des Ammiṣaduqa, den sie nennen, weit entfernt sind. Obwohl sie auf ältere Textvertreter zurückgehen dürften [126], könnten im Überlieferungsprozeß Unexaktheiten aufgetreten sein. Insbesondere entzieht es sich unserer Kenntnis, inwieweit astronomische Beobachtungen zurückdatiert werden konnten. Es ist daher nicht *a priori* auszuschließen, daß eine Systematisierung bei der Abfassung der Serie durchgeführt wurde.

---

[123] M.E. kommt ebensogut das Jahr 1558 in Frage, was von den Autoren zwar als Möglichkeit genannt, aber als unwahrscheinlich zurückgewiesen wird, da es hierfür zu viele Jahresdaten gebe.

[124] Da die entsprechenden Texte noch unveröffentlicht sind und sichtlich eine Vielzahl von philologischen Problemen aufwerfen, soll eine detaillierte Auseinandersetzung mit der gebotenen Darstellung hier unterbleiben.

[125] So wäre z.B. zu fragen, ob und wie der aus Ebla bekannte Synchronismus mit dem ägyptischen Pharao Pepi I (vgl. P.J. Frandsen, RlA 6, 349) in dieses chronologische System einzupassen ist. M.E. wird hierdurch die These von M.C. Astour, BM 25, 36 gestützt, daß der Palast von Ebla durch ein nichtkriegerisches Ereignis zur Zeit Lugalzagesis zerstört wurde.

[126] Vgl. zu den Texten E. Reiner, BM 2/1; D. Pingree, in: H.D. Galter (Hg.) und E. Reiner, CM 11.

Mit anderen Worten: Wenn die antiken Gelehrten Historie und Astronomie aufeinander bezogen haben, z.B. um der Serie durch die Schilderung der historischen Realisierung der Omina in einer glorreichen Vergangenheit höhere Authentizität und Glaubwürdigkeit zu verleihen, dann sind die Venusdaten keine große Hilfe bei der Festlegung einer Chronologie. Auf weitere Probleme der Verwendung astronomischen Materials brauchen wir hier nicht näher einzugehen [127]: Lassen sich antike Formulierungen analog in einer modernen Terminologie von Beobachtungen ausdrücken? Heißt z.B. heth. *sagaû* (HethW, 176) "verfinstern" oder "ein Omen geben"? [128] Gleichermaßen ist mit der Möglichkeit zu rechnen, daß astronomische [129] und klimatische [130] Daten sich geringfügig geändert haben könnten. Dem entspricht, daß nicht immer die an einem Ort übliche Kalendertechnik exakt bekannt ist. Auch können die Beobachtungsmöglichkeiten unter eher naturnah lebenden Menschen anders gewesen sein als heute im industriellen Zeitalter. Zudem mag die moderne Zivilisation Beobachtungshemmnisse geschaffen haben, die die Beobachtung von astronomischen Details verändern (Staub, Streulicht ...).

—Auch Radiocarbondatierungen [131] sind nicht absolut sicher. Die Methode ist noch nicht zureichend ausgereift, d.h. sie weist noch Unwägbarkeiten auf, wie sich allerdings erst bei längerer Erprobung zeigte [132]. Hierzu gehören das Erfordernis einer relativ großen Menge an Grundsubstanz, die dann letztgültig verloren ist, das Problem einer möglichen Kontaminaton *in situ* oder nach der Entnahme und v.a. die Frage nach der Kalibration eines gewonnenen Datums [133]. Ohnedies darf nicht vergessen werden, daß unterschiedliche Substanzen auch einen unterschiedlichen C_{14}-Gehalt aufweisen, der seinerseits das

---

[127] Vgl. allgemein P.J. Huber, HML I, 5-17.

[128] "Der Bericht sagt nicht, daß es eine Finsternis gewesen sei. Aber was kann an der Sonne schon anderes passieren?" (F. Cornelius, AfO 17, 306f). Die Unsicherheit wird deutlich bei J. von Beckerath, HÄB 39, 107, der sich zum Sachverhalt zunächst im selben Sinne äußert, aber drei Jahre später unter expliziter Aufnahme seines Zitates bemerkt: "scheint mir jetzt doch zweifelhaft" (ders., MÄSt 46, 71).

[129] Vgl. als ein Paradebeispiel die Schwierigkeiten der Interpretation von KTU 1.78: Welches astronomische Ereignis liegt genau vor? Wie ist es zu datieren? Welchen Einfluß haben die Konstanz der Erdrotation und die Bahngeschwindigkeit des Mondes? Vgl. dazu T. de Jong/W.H. van Soldt, JEOL 30, 65f und W.C. Seitter/H.W. Duerbeck, ALASP 3 und aus astronomischer Sicht F.R. Stephenson/K.K. Yau, Astronomy and Astrophysics 260, 485-488, sowie F.R. Stephenson, Observatory 111, 282f.

[130] Wenn zum Beispiel auf die Gerstenernte Bezug genommen wird, so kann es sein, daß sich diese im Verlauf der Jahrtausende um einige Wochen verschoben hat.

[131] Als weitere naturwissenschaftliche Methoden kommen die Dendrochronologie (s.o FN 116) und die sog. SIMS-Methode in Frage (vgl. P.M. Fischer/A.R.E Lodding, HML III).

[132] Zur Theorie der Methode und ihrer Reichweite vgl. I.U. Olsson, HML II und H.L. Thomas, ÄuL 3.

[133] Gerade die letztere Fragestellung scheint für den syrisch-mesopotamischen Raum noch nicht zureichend geklärt (M.-H.C. Gates, HML II, 78).

Ergebnis beeinflußt. Die Methode liefert daher nur einen Wahrscheinlichkeitswert x±y Jahre, wobei die Intervalle um so länger werden, je älter die Probe ist. Diese werden bei den hier in Frage stehenden Zeiträumen leicht größer als die 64 Jahre der Venusperiode [134].

—Es hat sich—v.a. bei der assyrischen Königsliste, der Rekonstruktion der Dynastie von Aleppo und des hethitischen Königshauses—gezeigt, daß die Argumentation mit Generationslängen bzw. -abfolgen in hohem Maße unsicher ist, da die Textevidenz oft mehrere Interpretationen möglich macht.

3. Die innere Geschichte der Schicht Alalaḫ VII

Wir haben nun im nächsten Schritt zu der Frage nach der Chronologie Alalaḫs zurückzukehren. Wir werden einige Arbeiten v.a. zur inneren Chronologie vorstellen und auf diesem Hintergrund unser eigenes Textverständnis und die darauf beruhende eigene Position formulieren. Die wohl einflußreichste [135] Rekonstruktion der Dynastien hat B. Landsberger [136] vorgelegt:

Aleppo		Alalaḫ
Jarimlim I		
Hammurapi I		
Abban	(Bruder)	Jarimlim
Jarimlim II		(Sohn)
Niqmi-epuḫ		
Jarimlim III		Ammitaqum
Hammurapi II		(Sohn)
		Irkabtum

Es sind also—Filiationen werden entweder nachgewiesen oder doch angenommen—sieben Könige von Aleppo belegt; den fünf Königen seit der Gründung von Alalaḫ entsprechen dort drei Könige.

W.F. Albright [137] ändert diese Rekonstruktion in einigen Punkten ab. Er weist Hammurapi II derselben Generation zu wie Niqmi-epuḫ, der zudem erst nach jenem regiert habe. Damit wird andererseits die Annahme eines Königs Jarimlim III überflüssig. Demgegenüber wird—ein Jarimlim von Alalaḫ ist durch 20.03-05; 22.01 als Zeitgenosse des Niqmi-epuḫ von Aleppo belegt—die Annahme eines zweiten Jarimlim erforderlich, der dann zwischen Ammitaqum und Irkabtum regiert hätte. Nach dieser Rekonstruktion entsprechen sich an beiden Orten je vier Herrschergenerationen.

---

[134] Das von B. Landsberger verwendete Datum hält also wohl kaum heutigen Ansprüchen stand.

[135] W.F. Albright, BASOR 146, akzeptiert diese i.w., zu den Änderungen s.u.

[136] B. Landsberger, JCS 8, 51f.

[137] W.F. Albright, BASOR 146, 27.

A. Goetzes [138] Konstruktion ist etwas komplizierter:

Aleppo		Alalaḫ
Jarimlim I		
Hammurapi		
Abban		Jarimlim
Jarimlim II		
Niqmi-epuḫ		Ammitaqum
(Söhne)		
Irkabtum	Jarimlim III	(Söhne)
	(Sohn)	
	Hammurapi II	Hammurapi$^{?}$ Irkabtum

Die Herrscherfolge in Aleppo ist i.w. gesichert, Unsicherheit besteht über die Anzahl der Generationen und über die Frage, ob in Jamḫad ein König Irkabtum anzunehmen ist. Auch hier fällt auf, daß Filiationen, je nach der Länge des jeweils angenommenen chronologischen Systems angenommen oder aber verneint werden. Erheblich unsicherer ist dagegen die Abfolge in Alalaḫ. Als gesichert kann lediglich gelten, daß Abban und Jarimlim, der Gründer von Alalaḫ, Brüder waren [139]. Weitere Folgerungen werden durch Namensgleichheiten erschwert. Es ist daher unklar, wieviele Könige in Alalaḫ überhaupt regierten und wie diese verwandschaftlich zueinander in Beziehung standen. Diese Fragestellung ist in den 70er Jahren Gegenstand einer Diskussion zwischen D. Collon und N. Na'aman gewesen.

D. Collon [140] hat sich besonders mit den Filiationen befaßt und das genealogische Schema [141] aufgestellt:

	Aleppo	Alalaḫ
	Jarimlim I	
Šibtu von Māri——	Hammurapi I	
(Frau des Zimrilim)	ABBAN	Jarimlim
	JARIMLIM II	
		Ammitaqum
	NIQMI-EPUḪ	
	(3 Söhne)	Hammurapi
	Hammurapi IRKABTUM	Jarimlim II

[138] A. Goetze, BASOR 146, 23, vgl. ders., JCS 11, 69.

[139] Gegen A. Goetze, JCS 11, 22.24; W. Nagel/E. Strommenger, JCS 12, 109 und E. Gaál, AUSB 22, 41.

[140] D. Collon, AOAT 27, hier 146ff.

[141] Dieses Schema gibt vereinfacht das von D. Collon, AOAT 27, 145 wieder. Während der Zeit des Archivs von Alalaḫ in Aleppo regierende Könige werden in GROSSBUCHSTABEN genannt.

Die Tafel 20.01 ist dabei einer der Texte, die für die Schwierigkeiten verantwortlich sind, da hier ein Abban, der offensichtlich zu einem Hammurapi in verwandschaftlichen Beziehungen steht, "vor dem König Niqmi-epuḫ" prozessiert. D. Collon erkennt richtig, daß der umstrittene Vorgang kaum nach Aleppo gehören dürfte. Sie weist aber nicht darauf hin, daß nach Text 21.02 auch ein Abban als Sohn des Ammitaqum belegt ist. Dieser müßte also hier schon ein erwachsener Mann gewesen sein. Ammitaqum hat also den fraglichen Ort gekauft (Text 23.04), ihn später seinem Sohn (21.02) zugewiesen, wobei diese Transaktion umgehend einen Rechtsstreit zur Folge hatte.
Die gegebene Folge der Herrscher in Alalaḫ wird bei D. Collon nun so begründet, daß die Diskussion auszugehen hat von Jarimlim, dem Bruder des Abban von Aleppo. Für uns wichtig ist folgende Feststellung: "He was probably considerably younger than Abban, since he survived him and his heir Iarimlim II of Iamhad" (149). Text 21.03 wird als "record of the transfer of power from Iarimlim to Amitaqumma" (151) beschrieben, doch muß dies angesichts des fragmentarischen Zustandes des Textes offen bleiben.
Nach Text 21.01 hat Ammitaqum in der Tat einen Hammurapi zum Erben ernannt, doch gibt es keinen Beleg dafür, daß dieser je zur Regierung gelangte. D. Collon (152) dürfte recht behalten, wenn sie den in KUB XXXI 5 belegten Hammurapi mit diesem gleichsetzt, zumal Text 30.09, der bekanntlich in die Schicht VI zu datieren ist, ebenfalls einen Hammurapi als König nennt. Trotz der Katastrophe der Stadt konnte also offenbar die Kontinuität des Königshauses gewahrt werden. Demnach wären also in der Zeit von Schicht VII lediglich zwei Herrscher belegt: Jarimlim und Ammitaqum. Einen König Irkabtum, wie er vor D. Collon postuliert wurde, hat es aber in Alalaḫ VII nicht gegeben. Überprüfen wir zur Gegenprobe die für diesen geltend gemachten Belege, so dürfte in Text 30.07 deutlich sein, daß Irkabtum zwar der Sohn des Ammitaqum ist, aber dieser noch König ist. Daß in zwei Texten (21.04; 22.03) deutlich zwischen zwei Personen: Irkabtum DUMU LUGAL (Zeuge) und Irkabtum LUGAL.E (Datierung) unterschieden wird, bestätigt diese Vermutung [142]. Die Texte 22.06 und 30.05 gehören ohne Zweifel nach Aleppo, da sie beide die Stadt ausdrücklich nennen. Damit bleiben für einen eventuellen König Irkabtum nur drei Texte übrig: 22.12, 24.01 und 31.13.

Die beiden erstgenannten Tafeln nennen dabei die Sumunnabi, die auch in Text 21.04 die Hauptrolle spielt. Text 31.13 dürfte dabei der späteste dieser Texte sein, wenngleich alle drei zeitlich nicht weit auseinanderliegen dürften. Da ferner in allen zu Irkabtum genannten Texten (abgesehen von 22.06) der Ort A(w)irraše [143] betroffen ist, liegt die Vermutung nahe, daß Prozesse und Angelegenheiten bezüglich dieses Ortes allesamt in Aleppo verhandelt wurden, da der Ort vermutlich nicht zur direkten Einflußsphäre von Alalaḫ gehörte. Bei

[142] So auch A. Goetze, JCS 11, 70 und S. Smith, AnSt 6, 40.
[143] Vgl. E. Gaál, AcAnt 30, 7f.

allen anderen Belegen für den Namen Irkabtum ist aus anderen Gründen offensichtlich, daß es sich beim Namensträger nicht um einen König handelt [144]. Damit können wir als Zwischenergebnis formulieren: Für Alalaḫ sind nur zwei Herrschernamen belegbar: Jarimlim und Ammitaqum. Die Zerstörung der Stadt fällt in die Regentschaft des Ammitaqum, sein designierter Nachfolger und Erbe, Hammurapi, ist der erste König der Schicht VI.
Der Gebrauch des Wortes "Herrschernamen" im vorigen Absatz statt des kürzeren "Herrscher" ist nun bewußt. Wie wir sahen, hatte schon W.F. Albright bei seiner Rekonstruktion von zwei Herrschern mit Namen Jarimlim in Alalaḫ gesprochen. Diese Unsicherheit hat v.a. N. Na᾽aman [145] zum Anlaß genommen, eine neue Rekonstruktion vorzulegen, die sich explizit gegen D. Collon richtet.
N. Na᾽aman [146] geht aus von der Beobachtung, daß Hammurapi von Jamḫad in den Māri-Archiven erwähnt und die Zerstörung von Alalaḫ dem Ḫattušiliš zuzuschreiben ist, so daß die drei Generationen Hammurapi (J), Jarimlim (A) und Ammitaqum zusammen mindestens 125 Jahre regiert hätten—"which would have no parallel in the Ancient Near East" (130). Ferner stünden den vier Generationen in Jamḫad nur zwei in Alalaḫ gegenüber (131). Der Verfasser benutzt ferner die Gruppe der Texte 20.06; 22.02; 30.04 und 31.13, die allesamt von Jarimlim sprechen. Letzterer trägt dabei eine eindeutige Datierung in die Zeit des Irkabtum von Aleppo. Da die Zeugenlisten dieser vier Texte mehrere Überschneidungen aufweisen, werden alle vier Dokumente ungefähr gleichzeitig sein (132). Da andererseits Ammitaqum erstmalig unter Niqmi-epuḫ erwähnt ist (22.05,16) [147], folgert N. Na᾽aman, daß außer dem Gründer von Alalaḫ noch ein zweiter Jarimlim anzusetzen sei.
Bei genauerem Hinsehen ergibt sich aus den beigebrachten Argumenten allerdings nur, daß der König Niqmi-epuḫ von Aleppo gleichzeitig mit zwei Königen in Alalaḫ gewesen sein muß, einem Jarimlim und einem Ammitaqum. Die genannte Zeugenliste ist dann nichts weiter als die Standardzeugenliste am Hof von Aleppo zur Zeit dieses Niqmi-epuḫ. Der genannte Jarimlim ist nur in 20.06 eindeutig als König bezeichnet—und dieser Text ist aus inhaltlichen Erwägungen zeitlich vor 22.02 anzusetzen [148].
Im nächsten Argumentationsschritt weist N. Na᾽aman nach, daß auch die Textgruppe 20.08; 21.03 und 23.03 zusammengehört. Diese ist in die Zeit des Niqmi-epuḫ zu datieren, wie der Zusammenhang von 23.03 mit 20.01 lehrt

[144] Weitere Argumente für die Existenz eines Königs Irkabtum in Alalaḫ nennt auch B. Landsberger nicht.

[145] Vgl. zur Rekonstruktion N. Na᾽amans zustimmend auch E. Gaál, AUSB 22, 3 ("convincing") und J.O. Mompeán, AuOr 17/18, 234 ("evidente que la interpretación de Na᾽aman... es correcta").

[146] N. Na᾽aman, AnSt 26.

[147] Die Angabe Al T 54,16 bei N. Na᾽aman ist zu korrigieren in 55,16.

[148] Vf., AOAT 240, v.a. 549.

(134). Nach dem Gesagten ist damit aber offen, welchem der Alalaḫ-Könige die Texte jeweils zuzuweisen sind. Allerdings ist in 23.03 deutlich die Rede von einem König Jarimlim, dem ein Vorkaufsrecht eingeräumt wird. Hier kann—gegen N. Na'aman (135)—kein anderer als Jarimlim III von Aleppo gemeint sein [149]. Der Bezug auf 21.03 dürfte wie folgt zu erklären sein: Jarimlim (A) macht sein Testament zugunsten von Ammitaqum. Dies geschieht—analog zu dem Vorgehen in 21.01—natürlich vor dem König von Jamḫad, Jarimlim II. Daß die Zeugenliste von Text 21.03 mit der von Text 23.03 fast identisch ist, spricht höchstens dafür, daß Niqmi-epuḫ und Irkabtum zusammen nicht allzu lange regierten. Die Einführung eines zweiten Königs Ammitaqum durch N. Na'aman ist daher ein überflüssiges Postulat, zumal dieser Ammitaqum in 21.03 gerade *nicht* König ist, sondern zum Thronerben erst designiert wird. Im übrigen ist 30.09 ein Text der Schicht VI: "This of course could turn the order topsy-turvy", wie N. Na'aman selbst sieht (137) [150].
Die weitere Diskussion, in deren Verlauf N. Na'aman versucht "as many documents as possible" den jeweiligen Königen zuzuordnen, brauchen wir hier nicht darzustellen, da wir aus den obigen Gründen das Postulat der "Verdoppelung" von Königen nicht zu teilen vermögen [151]. Andererseits müssen wir darauf hinweisen, daß die Position von N. Na'aman für eine absolute Datierung benutzt wird: Da in Alalaḫ mindestens vier Generationen angenommen werden, kann nach seiner Auffassung die in Frage stehende Archivdauer besser erklärt werden (140). Gleichzeitig sind Schicht VI und Schicht V jeweils in Halbschichten zu unterteilen, so daß ihnen zusammen etwa 200 Jahre zugeschrieben werden können (141f). Alle diese Daten schließen eine kurze Chronologie aus.
Die Arbeit von N. Na'aman ist ein Paradebeispiel dafür, daß die Interpretation von Textevidenz nur mit größter Sorgfalt und Vorsicht erfolgen darf [152]. Ein Irrtum oder eine irrige Annahme entläßt Folgeprobleme aus sich, die mit jedem weiteren Denkschritt weiterreichendere Folgen haben. Zwar bietet die Analyse von N. Na'aman auf den ersten Blick ein überzeugendes Gesamtbild, doch zeigt sich bei näherer Betrachtung, daß dieses imposante Gebäude letztlich auf der Fehldeutung *eines* Textes (nämlich 21.03) beruht, die dann alle weitere Arbeit an der Chronologie determiniert. Ein mögliches Korrektiv, nämlich die Schich-

---

[149] Solche Vorkaufsrechte räumte sich der Hegemon ein, um die Zersplitterung seines Einflußbereiches zu verhindern, vgl. die Kautelen des Textes 10.02 und E. Gaál, Oikumene 1, 43-46.

[150] Denselben Fehler macht J.O. Mompeán, AuOr 17/18, 239. Sein Artikel übernimmt im wesentlichen die Argumentation von N. Na'aman, AnSt 29. Da er wie dieser irrigerweise von vier Königen in Alalaḫ ausgeht, können wir auf eine weitere Diskussion seiner Ergebnisse verzichten, die in unserem Zusammenhang ohnedies nicht weiterführen.

[151] Ich werde in meiner in Vorbereitung befindlichen Gesamtbearbeitung der Texte aus Schicht VII eine entsprechende Tabelle anbieten und dabei auf N. Na'amans Argumente detailliert eingehen.

[152] Dasselbe ist gegen J.O. Mompeán, AuOr 17/18 zu sagen, der Argumentation und Ergebnisse von N. Na'aman vergleichsweise unkritisch übernimmt.

tenzugehörigkeit von 30.09, wird von N. Na'aman nicht zureichend wahrgenommen, obwohl ihm klar ist, daß seine Hypothese bereits hier falsifiziert werden könnte.

D. Collon hat im darauffolgenden Band der "Anatolian Studies" hierauf geantwortet [153]. Sie weist darauf hin, daß es durchaus Beispiele im Alten Orient gibt, in denen zwei Generationen bis zu 90 Jahre regierten. Ein Überblick über alle Generationen im Archiv zeigt, daß 3-4 Generationen belegbar sind. Die Zusammengehörigkeit der Texte 20.06; 22.02; 30.04 und 31.13 wird dabei so gedeutet, daß verschiedene Jarimlims betroffen sind (128). Schon von daher ergibt sich keine Notwendigkeit, einen zweiten König in die Diskussion einzuführen—und demzufolge erst recht keinen zweiten Ammitaqum (128f). Gleichermaßen erklärt D. Collon die Tatsache, daß kaum Dokumente aus der Zeit vor Niqmi-epuḫ belegt sind, damit, daß das vorliegende Archiv erst später entstanden sei und die relevanten (129) Tafeln von anderswoher hierher verbracht worden seien. Mir ist es demgegenüber wahrscheinlicher, daß während der Zeit der Schicht VII nur *ein* Palastarchiv in Alalaḫ bestand, wobei Tafeln nur dann aufbewahrt wurden, wenn sie noch von Bedeutung für die Gegenwart waren und anderenfalls eben aussortiert wurden [154]. Es ist bei dieser Deutung offensichtlich, daß schon aus statistischen Gründen die Mehrzahl der Texte der Spätzeit entstammen wird.

N. Na'aman, der den AOAT-Band von D. Collon bei Erscheinen seines ersten Artikels noch nicht kennen konnte, macht in einer erneuten Replik [155] geltend, daß seine Deutungen durch das dort dargebotene Material eher noch mehr Gewicht erhalten. Er bestreitet daher die Lesung DUMU *Ni-i*[*q-mé-e-pu-uḫ*] in AOAT 27, Siegel Nr. 10. Da das Zeichen nur zwei waagrechte Keile habe, was in Alalaḫ VII nie vorkomme [156], sei diese Lesung aus epigraphischen Gründen auszuschließen und vielmehr DUMU *Ir-k*[*ab-tum*] zu lesen (103), so daß die Existenz einer fünften, konsekutiven Generation in Aleppo bewiesen wäre (104), was es um so unwahrscheinlicher mache, daß in Alalaḫ in der fraglichen Zeit nur zwei Könige regiert hätten. N. Na'aman kommt sodann auf das Problem des Hammurapi II von Jamḫad zu sprechen. Er ordnet ihn zwischen Irkabtum und Jarimlim III (104f) ein und vermutet, daß er ein Bruder des letzteren gewesen sei. Die Konstruktion eines zweiten Jarimlim in Alalaḫ wird noch einmal vorgestellt, ohne daß allerdings neue Argumente geltend gemacht werden (105). Für die Frage nach einem zweiten Ammitaqum diskutiert N. Na'aman Text 21.03,

---

[153] D. Collon, AnSt 27.

[154] Vgl. zur Zerstörung obsolet gewordener Tafeln W. Mayer, ALASPM 9, 31 und die Wörterbücher zu *ḫepû*, z.B. AHw 340b sub 2. Das Heft RA 89/1 (1995) beschäftigt sich mit dem Ende von Archiven und kann fast als Quellensammlung zu dieser Fragestellung verwendet werden, vgl. z.B. C. Michel, RA 89, v.a. 19 zum Zerschlagen einer Tafel (altassyrische Schuldtexte) bei eingetretener Nichtigkeit.

[155] N. Na'aman, AnSt 29.

[156] Vgl. indessen 23.04,1; 21.04,9 u.ö.

den er zwischenzeitlich kollationiert hat (105f). Der Text wird von ihm gattungsgeschichtlich als "inheritance claim" bestimmt, wie er gewöhnlich kurz nach dem Tod des Erblassers erhoben wird. Die logische Frage: "In the reign of which ^{Y}Yarimlim did an ^{A}Yarimlim die to be succeeded by his son ^{A}Ammitaqum" (106) trägt allerdings nur so lange etwas zur Ergebnisfindung bei, wie wir den von N. Na'aman postulierten Sitz im Rechtsleben der Urkunde akzeptieren, aus dem eine Datierung mit den genannten Konsequenzen unmittelbar folgt. Da wir bereits oben dargelegt haben, daß es sich bei 21.03 eben nicht um eine *Prozeßurkunde* handelt, sondern um ein *Testament*, sind Deutung wie Datierung hinfällig. Eine gattungsgeschichtliche Deutung von 44.04 (107f) bringt N. Na'aman dazu, auch diesen Text neu zu diskutieren und für seine Argumentation fruchtbar zu machen, wobei allerdings keine allgemein überzeugenden Argumente beigebracht werden.

Abschließend versucht er noch, zwei Fragen zu beantworten, die D. Collon aufgeworfen hatte:
• Was stellt das Archiv von Alalaḫ eigentlich dar?
• Wie können wir zwischen den Zeugen aus Alalaḫ und denen aus Aleppo unterscheiden? (109).
Zur ersten Frage wehrt sich N. Na'aman gegen die Vermutung D. Collons, daß die Mehrheit der Tafeln aus der Spätzeit des Archivs stamme. Er begründet dies mit der von ihm erarbeiteten Verteilung der Tafeln auf die Könige und gelangt zu dem Ergebnis, "that the documents are divided evenly and do not belong particularly to the last stages of level VII" (109) [157]. Dies gilt vor allem für die "transactions". Dabei erwähnt er nicht, daß solche Kaufurkunden der Beweis für Besitzansprüche waren und daher logischerweise aufbewahrt werden mußten [158].
Das zweite Problem, die Herkunft der Zeugen, kann nicht schematisch durch einen Erkenntnisalgorithmus geklärt werden, doch nennt N. Na'aman die Kriterien, die bei der Untersuchung zu beachten sind: Siegel mit vollen Titeln und Rechtsfälle, deren Gerichtsstand evident ist (109).

Wir könnten nun die Fragestellung mit der Formulierung eines Zwischenergebnisses auf sich beruhen lassen, hätten nicht W. Nagel und Chr. Eder unlängst die Frage neu aufgeworfen [159]. Auch diese beiden Autoren gehen davon aus, daß weder in Māri noch in Alalaḫ irgendwelche Textreferenzen auf Ägypten vorliegen, andererseits aber die Glyptik ägyptische Einflüsse aufweist (3f) [160].

---

[157] Die Position N. Na'amans wurde von E. Gaál, AUSB 22, 43 dahingehend aufgenommen, daß alle bislang veröffentlichten Tafeln in eine Chronologie eingeordnet wurden, doch scheitert der Versuch m.E. schon daran, daß die Getreidelieferlisten über die Regierungszeit dreier Könige verteilt werden müssen.

[158] Auffällig ist im übrigen, daß nur die Texte Al T 1-126 in die Tabelle S. 110 einfließen, nicht jedoch unsere Getreidelieferlisten Al T 236-283b, die (s.u. Kap. IV,3.4.) in die letzten drei Jahre des Archivs gehören.

[159] W. Nagel/Chr. Eder, DaM 6, 1-108. Durch diese Arbeit wird der Artikel von W. Nagel/E. Strommenger, JCS 12 sozusagen revidiert, so daß auf den älteren Aufsatz hier nicht mehr eingegangen werden muß. Vgl. auch Chr. Eder, OLA 71, 20f.

[160] Chr. Eder, OLA 71, 9 Anm. 1 löst das Problem so, daß eine Korrespondenz mit Ägypten wohl eher in Aleppo archiviert worden sein dürfte. Doch übersieht er, daß in Māri ein Textarchiv aus einem Umfeld vorliegt, das an politischer Bedeutung dem vom Aleppo nicht nachsteht. Die einfachste Erklärung liegt wohl nach wie vor darin, daß das

Damit sehen sich die Autoren erneut vor die alte Frage gestellt, "in welcher seiner hier in Frage kommenden Perioden Ägypten überhaupt fähig war, derart intensive Berührungen mit einer so weit entfernten Kultur aufzunehmen" (5). Wählt man diese Frage als Ausgangspunkt, muß die Antwort für die Einordnung in die absolute Chronologie von entscheidender Bedeutung sein. Problematisch hierbei erscheint allerdings schon die methodische Voraussetzung. Die Tatsache, daß ein direkter politischer Einfluß auf den syrischen Raum eben gerade nicht nachgewiesen werden kann, läßt sich m.E. nur so interpretieren, daß dieser im politischen Kontext nicht vorhanden war. Über die Wechselwirkungen zwischen den *Kultur*räumen Syrien und Ägypten ist damit noch keineswegs etwas ausgesagt. Beide Fragen sind strikt voneinander zu trennen. Zieht man darüberhinaus in Betracht, daß diese Siegel aller Wahrscheinlichkeit nach in Syrien hergestellt wurden [161] und damit die Feststellung zu gelten hat: "As such they are an indication of Syrian *taste*" [162], so muß die Folgerung (gegen W. Nagel/Chr. Eder) lauten: In der Periode des Archives Alalaḫ VII hatte Syrien offenbar gewisse Kontakte zu Ägypten. Ägyptische Kunst und Motivik waren *en vogue* [163], wenngleich—oder vielleicht gerade weil?—Ägypten in dieser Zeit keinen direkten politischen Druck auf den syrischen Raum ausübte. Das kunsthistorische Argument bietet lediglich einen *terminus non ante*, eine Gleichsetzung politischer und kunstgeschichtlicher Beziehungen ist für die Erhebung einer Chronologie in diesem Fall nicht statthaft [164].

Bei der Behandlung der Textquellen—dieser Abschnitt stammt aus der Hand von Chr. Eder—wird von folgenden Voraussetzungen ausgegangen:

—Jarimlim I und Hammurapi I von Jamḫad gehören in die Zeit Zimrilims (ARM IX,33). Die acht Könige in Aleppo zwischen Zimrilim und Muršiliš entsprechen etwa 200 Jahren.

Schweigen der Quellen bedeutet, daß keine Kontakte stattfanden, zumal internationale Kontakte Māris in den ägäischen Raum relativ gut bezeugt sind (vgl. A. Malamat, SHCANE 12, 33-40 und die dort genannte Lit.).

[161] D. Collon, UF 13.

[162] Dies., AOAT 27, 141 (Hervorhebung F.Z.).

[163] Insoweit kann man tatsächlich von "einer ungewöhnlich starken Ausstrahlung der ägyptischen Kultur auf ihre nordöstlichen Nachbarvölker" (Chr. Eder, OLA 71, 1) sprechen.

[164] Eine moderne Analogie, die diesen Fehlschluß beleuchtet, ist die Tatsache, daß in Westdeutschland um 1988 viele Kinder Boris, Nathalie und Katharina genannt wurden, während gleichzeitig in der DDR einer der beliebtesten Jungennamen "Mike" (in verschiedenen Schreibweisen) war. Es wäre natürlich absurd, hieraus eine politische Dominanz der USA bzw. UdSSR auf das jeweilige Gebiet ableiten zu wollen. Auch hier handelt es sich um Modeerscheinungen, die keineswegs auf realpolitische Gegebenheiten hindeuten.

—Jarimlim von Alalaḫ ist der Bruder des Abban, mithin der Sohn des Hammurapi I von Jamḫad (10.01; 10.02; 22.05).
—Jarimlim von Alalaḫ ist zeitgleich mit Jarimlim II von Aleppo (22.01; Siegel Al T 444a).
—Der Nachfolger des Jarimlim II in Aleppo ist Niqmi-epuḫ. Auch zu seiner Zeit [165] regierte in Alalaḫ noch Jarimlim (9) (22.01) [166].
—"Unter der Regierung des Niqmi-epuḫ kommt es auch in Alalaḫ zum Herrscherwechsel" (10). Vorausgesetzt werden muß—angesichts der Tatsache, daß Jarimlim seinen Bruder und dessen Sohn (22.04) überlebt—, daß er die Statthalterschaft erst spät [167] in seiner Lebenszeit angetreten hat.
—Nach Niqmi-epuḫ folgt dessen Sohn Irkabtum (Al T 443a) und danach Jarimlim III in Aleppo, der ebenfalls (20.08) ein Sohn des Niqmi-epuḫ ist [168]. Während der Zeit des Jarimlim III beginnt Ammitaqum "nach eigenen Jahresformeln zu datieren und führt dabei den Titel 'König' (LUGAL)" (10) [169].

Die genannten Argumente und Voraussetzungen sind von unterschiedlichem Gewicht. Dürften die ersten beiden unbestritten passieren, so bedarf vor allem der letzte Punkt der kritischen Würdigung. Wir dürfen zum einen nicht mit der Vollständigkeit des Archives rechnen. Vielmehr wurden nur die Tafeln aufbewahrt, die noch aktuell waren. Tafeln aus älterer Zeit hatten—die lange Aufbewahrungsdauer spricht von vornherein für hohe inhaltliche Relevanz—auch eine hohe inhaltliche Bedeutung. Es ist daher wahrscheinlich zutreffend, daß von den behandelten Vorgängen auch der Hegemon in Aleppo direkt oder indirekt betroffen war, dem natürlich der Titel LUGAL zuerst zukam. Wird dieser in einem Text als LUGAL bezeichnet, so kann der nachgeordnete Fürst von Alalaḫ nicht denselben Titel führen, da dies einer Rebellion gleichkäme.

Weitere Argumente sind geltend zu machen:
• Der Wechsel der Titulatur unter ein und demselben König, den Chr. Eder (S. 10, A. 18) postuliert, wäre erklärungsbedürftig. Ein Ereignis, das eine solche Aufwertung der Stellung Ammitaqums gerechtfertigt hätte, läßt sich nicht namhaft machen. Obwohl es sich hier um ein *argumentum ex silentio* handelt, sollte erwartet werden, daß ein politisches Ereignis solcher Bedeutung im Archiv

[165] Gegen W. Nagel/Chr. Eder, DaM 6, 9 und N. Na'aman, AnSt 26, 139 braucht es sich bei 22.01,27 nicht zwangsläufig um das Antrittsjahr des Niqmi-epuḫ zu handeln (vgl. J.J. Finkelstein, JCS 13, 40 mit Anm. 11).

[166] Der Nachweis beruft sich auf W. Nagel/E. Strommenger, JCS 12, 110 und wurde dort indirekt geführt: Da das Antrittsdatum des Nachfolgers synchron ist, wird er die ganze Zeit des Vorgängers hindurch regiert haben.

[167] Demgegenüber scheint doch der Aufstand in Irride eher kurz nach dem Tod des Hammurapi stattgefunden zu haben, vgl. Vf., UF 23, 403.

[168] Dagegen aber N. Na'aman, AnSt 26; ders., AnSt 29, siehe oben S. 94.

[169] So schon W. Nagel/E. Strommenger, JCS 12, 110.

irgendeinen Niederschlag gefunden hätte, der aber nicht sichtbar ist. Chr. Eder könnte nun für sich geltend machen, daß die Annahme des Titels LUGAL GAL in Aleppo den Hintergrund eines solchen Ereignisses bieten könnte. Doch wäre hiergegen einzuwenden, daß dieser in Alalaḫ nur auf drei Tafeln [170] belegt ist, die zudem erst in die Spätzeit des Archivs zu datieren sind, während frühere Tafeln noch den Titel LÚ.*Alalaḫ* tragen, obwohl Ammitaqum nach der Auffassung Chr. Eders längst der Titel LUGAL zugestanden hätte. Alle drei Texte behandeln interne Vorgänge in Alalaḫ, deren Terminologie nicht zwangsläufig mit der im "internationalen Protokoll" erforderlichen identisch sein muß. Vielmehr wurde der Stadtfürst von Alalaḫ in internen Texten als LUGAL bezeichnet, so daß der König von Aleppo, wenn *über* ihn gesprochen wird, in den Tafeln den Titel LUGAL GAL erhielt. Den Reflex einer offiziellen Titulatur stellt dies nicht dar, man wird eher an das deutsche "Ober-" erinnert, mit dem solche Hierarchieverhältnisse gerade auch mündlich ausgedrückt werden können.

• Die Texte 22.09 und 31.08, auf die Chr. Eder selbst hinweist—hinzuzufügen ist 31.01 [171]—dürften angesichts ihrer engen Verbindung zeitlich kaum weit voneinander entfernt sein [172]. Dabei ist zu beachten, daß 31.01 und 31.08 als Pfandurkunden interne Angelegenheiten behandeln, während es bei 22.09 um einen Ortskauf, also eine überregionale Rechtssache, geht. Folgerichtig wird Ammitaqum nur in den ersten beiden Texten als LUGAL, in Text 22.09 hingegen als LÚ.URU.*Alalaḫ* tituliert. Die unterschiedliche Titulatur ist so m.E. zureichend erklärt, weitere Anhaltspunkte für einen Wechsel in der Anrede des Ortsfürsten—womöglich innerhalb eines einzigen Tages—lassen sich nicht nennen.

Es ist nach allem also anzunehmen, daß der offizielle Titel der Herren von Alalaḫ "LUGAL" war, solange der Hegemon in Aleppo nicht betroffen war.

Bei der Durchsicht des von N. Na'aman genannten Materials spielt für Chr. Eder (13f) die Titulatur eine wichtige Rolle, da er anhand der Titulaturen die Tafeln "29, 30, 78 und 80 in die Regierungszeiten der Könige Irkabtum und Jarimlim III" einordnen will (14). Sein eigener Rekonstruktionsversuch geht von 20.05 aus (15). Hier bestehe ein Widerspruch zwischen Tafel 10.02, nach dem die Stadt Naštarwe dem Jarimlim von seinem Bruder gegeben worden sei, und 20.05, wo um "eben die Stadt Naštarbi, die der Vater des Yarimlim der Tattaya gegeben hat, die Yarimlim aber für sich in Anspruch nimmt", prozessiert wird (15). Dieser Widerspruch sei dahingehend zu lösen, daß nach Jarimlim eine zweite Person gleichen Namens anzusetzen sei, die Sohn des Stadtgründers war und mithin die Stadt von seinem Vater erhalten habe. So werde auch die "an-

---

[170] 41.35 (mehrfach); 42.06; 43.11.

[171] Vgl. Vf., UF 24, 454f.469.

[172] Datierung Text 31.08: \UD 6 KAM BA.ZAL MU *Ja-ri-im-li-<im>* LUGAL.E; Datierung 22.09H: MU *Ja-ri-im-li-im* LUGAL.E ITI *Ḫi-ia-ri* UD 7 KAM BA.ZAL. Dies wird wohl so zu verstehen sein, daß beide Texte nur einen Tag auseinander liegen.

fangs übernatürlich lange Regierungszeit eines Yarimlim — ... — normalisiert". Bei genauerem Hinsehen sind allerdings einige Einwände geltend zu machen:

—Die Verkürzung der Regierungszeit des Jarimlim ist offenbar für Chr. Eder ein überaus dringendes Anliegen, doch ist zu bedenken, daß auch Ammitaqum lange regiert hat, nämlich "über 1 1/2 Generationen", so daß nicht einzusehen ist, warum dies für seinen Vater nicht gegolten haben sollte.
—Das Parsimonitätsprinzip: *Pluralitas non est ponenda sine necessitate* [173].
—Die Tatsache der Vererbung der Stadt an die Frau darf nicht historisch ausgewertet werden, da es sich mitnichten um ein *brutum factum* handelt, sondern lediglich um eine Behauptung der Klageführerin. Jarimlim behauptet demgegenüber nicht, daß er die Stadt von seinem Vater erhalten habe. Es ist in diesem Zusammenhang entscheidend für die historische Bewertung der Klage, daß der Prozeß ohne weiteres verlorengeht.
—Nach Z. 15 und 24 "kehrt die Stadt zurück" an Jarimlim (*ittūr*). Das heißt doch wohl, daß er sie vorher innehatte, was sich gut mit der Tatsache zusammendenken läßt, daß er sie von seinem Bruder erhalten hatte.
—Die Behauptung, die Gesetze der Papponymie seien "in Syrien nicht verpflichtend" gewesen und "werden auch in Ḫalab verletzt" (16), ist nicht zutreffend. Ein Nachweis für Ḫalab wird nicht gegeben, der Verweis auf B. Landsberger ist nicht beweiskräftig, da dessen Beleg sich nicht auf Syrien bezieht, sondern auf die Kassitenkönige [174].

Die Festlegung der absoluten Chronologie geht wiederum von dem im Eingangsteil postulierten Verhältnis zu Ägypten aus. Dabei wird für die ägyptische Chronologie das Schema von R. Krauss [175] verwendet, dessen Daten um noch einmal 10 Jahre gekürzt werden, so daß die 12. Dynastie auf 1938-1746 fällt. Angesichts "unserer vorgegebenen Zeitgleichheit der I. Dynastie von Babylon seit König Ḫammurapi mit der XII. Dynastie in Ägypten (vergleiche Kapitel II,1; III,3) [176] würde Ḫammurapi dann zu einem Zeitgenossen von Amenemhet II und Sesostris II werden" (44). So gesehen, würde Alalaḫ VII dann "in das letzte Drittel des Mittleren Reiches in Ägypten" fallen (46, vgl. 56). Hier muß man fragen, ob nicht ein Zirkelschluß vorliegt, da diese Folgerung ja bereits Teil der Voraussetzung war: "Um aber zu *erreichen* (Hervorhebung F.Z.), daß das Archiv der Schicht VII in die Zeit des Mittleren Reiches fällt, muß man Ansätze der 'Ungekürzten Chronologie' heranziehen" (66). Alalaḫ VII ist dann auf etwa 1860-1750 v. Chr anzusetzen. Dabei werden keine Aussagen darüber getroffen, wie die Zeitspanne des "Dunklen Zeitalters" (67) bis zum Wiedereinsetzen der

---

[173] Wilhelm von Ockham, Scr. in Libr. I Sent., Prol q 1; d 1; q 3. Die Formulierung "entia non sunt multiplicanda" stammt nicht von Wilhelm von Ockham selbst.

[174] Vgl. zu Syrien auch M.C. Astour, Eblaitica 3, 21.

[175] R. Krauss, HÄB 20.

[176] Dieser Hinweis ist unverständlich, da auch dort keine Argumente beigebracht werden.

assyrischen Eponymenliste (ca. 1410) von dann etwa 300 Jahren überbrückt werden könnte. Dies gilt um so mehr, als keinerlei Aussagen zur hethitischen Geschichte gemacht werden.

Wir können damit als Zwischenergebnis festhalten: Es dürfte davon auszugehen sein, daß in Alalaḫ nur zwei Könige regiert haben, Jarimlim und Ammitaqum. Dem entsprechen in Aleppo sechs Könige: Abban, Jarimlim II, Niqmi-epuḫ, Irkabtum, Jarimlim III und Hammurapi II. Dabei sind allerdings der erste und der letzte nicht mit einer ganzen Generation in Anschlag zu bringen, da sie schon vor bzw. noch nach der Zeit des Archivs von Alalaḫ regierten. Irkabtum und wahrscheinlich auch Niqmi-epuḫ dürften dabei eher kürzere Regierungszeiten gehabt haben. Jarimlim III und Irkabtum waren vermutlich Brüder, so daß zwei Generationen in Alalaḫ etwas mehr als drei Generationen in Aleppo gegenüberstehen; ein Ergebnis, das allerdings dadurch relativiert wird, daß Niqmi-epuḫ offenbar relativ früh verstorben ist. Wir schlagen damit folgendes System vor:

Aleppo		**Alalaḫ**
Jarimlim I		
Hammurapi I		
Abban	(Bruder)	Jarimlim
Jarimlim II		
Niqmi-epuḫ		Ammitaqum
(Söhne)		
Irkabtum Jarimlim III		
Hammurapi II		Hammurapi (reg. nicht mehr während des Archivs VII)

Dieses System entspricht der Tatsache, daß sämtliche im Archiv belegten Generationenfolgen 3-4 Generationen ausmachen[177]. Es leuchtet weiter ein, daß Jarimlim von Alalaḫ beträchtlich jünger war als Abban, zumal er diesen und seinen Sohn überlebte. Ammitaqum, der Sohn des Stadtgründers, ist vermutlich ungefähr gleichzeitig mit der Stadtgründung auf die Welt gekommen und war vermutlich der älteste Sohn des Jarimlim. Gleichzeitig folgern wir, daß er sehr alt geworden sein muß, denn er überlebt sowohl den Niqmi-epuḫ als auch dessen Nachfolgegeneration. Dieses Ergebnis kann gleichzeitig als Falsifikationskriterium für die Richtigkeit unser Rekonstruktion gelten: Ammitaqums Lebensdauer ist ungefähr gleich der Dauer des Archivs und mithin der Schicht Alalaḫ VII. Erhalten wir für diese ein Ergebnis, das deutlich länger ist als ein Menschenleben dauern kann, so ist unser Modell falsch.

---

[177] D. Collon, AnSt 27, 127f. Vgl. N. Na'aman, AnSt 29, 108, der dieses Ergebnis teilweise akzeptiert.

Über das zeitliche Verhältnis Ammitaqums zum Aleppiner König Hammurapi II lassen sich indessen keine näheren Angaben machen, da hierfür nur die Texte 31.03 und 31.04 vorliegen, die zudem nicht überbewertet werden sollten, da sie gleichzeitig sind [178].

4. Einordnung in die allgemeine Geschichte

Wir haben im nächsten Schritt dieses Ergebnis einzuordnen in die allgemeine Geschichte der altbabylonischen Zeit. Dazu ist es erforderlich, den Abstand zwischen Ḫattušiliš und Muršiliš genauer zu fassen und andererseits die Verbindung der Könige von Jamḫad nach Māri zu beleuchten. Damit wird eine relative Chronologie ermöglicht (bezogen auf Hammurapi von Babylon), die dann auch in eine absolute Chronologie umgesetzt werden kann.

4.1. Aleppo, Māri und die Gründung von Alalaḫ

Referenzen auf Aleppo [179] finden sich häufiger in den Māri-Texten und können hier nicht einzeln und detailliert erörtert werden [180]. Wichtig ist in jedem Fall der Text ARM I,91+ [181], dem wir entnehmen können, daß Sumuepuḫ, der Vater des Jarimlim I, im Jahr 13 des Hammurapi von Babylon verstarb. Ferner sind mehrere Texte vorhanden, die sich mit einer Reise des Zimrilim nach Ugarit befassen [182]. Diese fand statt im Jahr 9 des Zimrilim, das durch die Eponymenliste in Māri [183] auf das Jahr 28 des Hammurapi von Babylon zu datieren ist: ARM XXIII 535-537 zeigen, daß der regierende König in Jamḫad zu der Zeit Jarimlim ist. Diese Texte sind datiert, so daß wir sicher sagen können, daß in den ersten Monaten dieses Jahres Jarimlim noch lebt. Andererseits hat M. Birot gezeigt [184], daß im achten Monat desselben Jahres bereits Wertgegenstände für dessen Grab abgesandt wurden [185]. Wir können damit festhalten: Jarimlim I von Aleppo starb im Jahr Zimrilim 9, das seinerseits dem Jahr Hammurapi von Babylon 28 entspricht. Gleichzeitig lassen die Ge-

---

[178] Vgl. Vf., UF 24, 460.

[179] Alalaḫ ist m.W. in Māri nicht belegt, es sei denn, man wollte es hinter *A-la-aḫ-tim*.KI (ARM IX,9,7; X 176, 6.9.11.14) sehen. Auch dann bieten diese Texte aber keine weiteren Informationen.

[180] Vgl. das Répertoire Analytique ARM XVI,1 und jetzt die beiden Briefe ARM XXVIII,16 und 17. Auch die familiäre Beziehung zwischen Māri und Jamḫad, die über die Šibtu besteht, kann nicht detailliert erörtert werden.

[181] Vgl. J.-M. Durand, MARI 5, 177-181; D. Charpin/J.-M. Durand, MARI 4, 310 (die Angaben bei P. Villard, UF 18, 387 Anm. 1 und H. Klengel, History, 51 Anm. 43 sind irrig).

[182] P. Villard, UF 18.

[183] K.R. Veenhof, MARI 4.

[184] M. Birot, Syria 55, 342; vgl. P. Villard, ARM XXIII, 473.

[185] ARM XXV,118, vgl. ARM XXV,17,1-4 und dazu P. Villard, UF 18, 410 Anm. 165.

schenklisten noch eine weitere Vermutung zu, deren Textbasis allerdings nur fragmentarisch erhalten ist und somit nur in hohem Maße wahrscheinlich gemacht, nicht aber streng bewiesen werden kann: Nach ARM XXIII,536, Côté gauche, erhält *Ab-ba* X [*Ja-ri*]-*im-li-im* anläßlich der Reise nach Ugarit ebenfalls ein Geschenk [186]. Die Folgerung scheint gerechtfertigt, diesen mit dem aus Alalaḫ wohlvertrauten Abban, dem Enkel Jarimlims, gleichzusetzen, der demnach schon vor der hier belegten Reise geboren wäre. Leider läßt der Text keine weiteren Rückschlüsse zu. Denkbar wäre allerdings, daß es sich hier um ein Geschenk zur Geburt handeln könnte.

Über die nächsten Könige ist aus Māri natürlich nicht mehr viel Material zu erwarten, da die Māri-Zeit im Jahr 32 des Hammurapi von Babylon zu Ende ging. Wir haben uns daher nach anderer Evidenz umzusehen, wovon zwei Stücke belegbar sind [187].

Bereits früher [188] hatten wir einen Synchronismus zwischen dem Herrscher Mutia von Tell Leilan [189] und Hammurapi von Jamḫad hergestelt, der die Feststellung erlaubt, daß der Aleppiner kurz nach dem Todesjahr seines Namensvetters in Babylon noch in Jamḫad regierte, so daß für die Gründung der Stadt Alalaḫ mit dem Todesjahr des Hammurapi von Babylon ein *terminus non ante* gegeben ist.
Zweitens existiert der Brief AbB VII,7, der von Samsu-Iluna an einen *Ab-ba*-AN gerichtet ist und eine Gesandtschaft nach Aleppo erwähnt. Auch hier ist eine Gleichsetzung wahrscheinlich, so daß ein weiterer Synchronismus vorliegen dürfte. H. Klengel [190] hält es für möglich, daß der Brief in Sippar abgelegt und nicht weiter expediert wurde, da der Empfänger inzwischen verstorben war. In diesem Fall hätte Abban nicht über den Tod des Samsu-Iluna, für den 38 Jahresdaten belegt sind, hinaus regiert, wodurch ein *terminus ante quem* für die Gründung von Alalaḫ gegeben wäre.
Ziehen wir in Betracht, daß Hammurapi von Jamḫad bereits 14 Jahre vor der Thronbesteigung des Samsu-iluna regierte, Abban u.U. kurz vor der Thronbesteigung des Hammurapi geboren wurde und Jarimlim zwar deutlich jünger war als Abban, aber dennoch wohl mindestens 20 Jahre alt gewesen sein mußte, bevor er in Irride eingesetzt werden konnte, dann läßt sich das Datum sogar noch

---

[186] [ ] x *a-na Ab-ba* [*Ja-ri*]-*im-li-im* (ARM XXIII, S. 512).

[187] Der Brief G. Dossin, Syria 19 nennt Jarimlim von Jamḫad zeitgleich mit anderen Herrschern und braucht hier nicht weiter erörtert zu werden, vgl. W. Mayer, ALASPM 9, 161.

[188] Vf., UF 23, 401ff.

[189] Der antike Name von Tell Leilan dürfte Šeḫna gewesen sein. Der Gleichsetzung mit Šubat-Enlil durch H. Weiss, MARI 4, 269-292 hält W. Mayer, ALASPM 9, 160 gewichtige Argumente entgegen.

[190] H. Klengel, History, 60 A. 95.

etwas eingrenzen. Wir berücksichtigen dabei unsere Vermutung, daß der Aufstand in Irride kurz nach dem Tod des Hammurapi anzusiedeln ist. Für die relative Chronologie wählen wir in der folgenden Tabelle das Akzessionsjahr des Hammurapi als Ausgangspunkt.

Babylon	**Aleppo**
Hammurapi 25	*Abban
" 28	†Jarimlim, Hammurapi wird König
" 30-40	*Jarimlim von Alalaḫ
Hammurapi 42//Samsu-Iluna 1	Hammurapi von Jamḫad regiert noch
" 50-60//7-17	Jarimlim ~20 Jahre alt
etwas später	Aufstand in Irride
kurz danach	Gründung von Alalaḫ

Demnach wäre also die Gründung von Alalaḫ in die relative Chronologie der altbabylonischen Zeit so einzuordnen, daß sie (je nach der Altersdifferenz zwischen Abban und Jarimlim, dem Alter Jarimlims bei seiner Thronbesteigung in Irride und seiner Regierungszeit dort) etwa zwischen dem 10. und dem 25. Jahr des Samsu-Iluna stattgefunden haben dürfte [191].

4.2. Die Zerstörung Alalaḫs

Wir hatten bereits gesehen, daß Alalaḫ durch den Hethiterkönig Ḫattušiliš vermutlich im zweiten Jahr von dessen Regierung zerstört wurde. Folglich haben wir nun zu versuchen, dieses Ereignis etwas genauer einzugrenzen und vor allem sein zeitliches Verhältnis zu dem Muršiliš-Feldzug nach Babylon und Aleppo [192] zu bestimmen.

Nun wissen wir aus dem "Testament" des Ḫattušiliš' [193], daß Ḫattušiliš "auf dem Totenbett" seinen Sohn Ḫuzziwaš und seinen Enkel Labarnaš enterbte und den Muršiliš zum Thronerben einsetzte. Dieser könnte ein anderer Enkel [194] gewesen sein [195], wie auch der Talmi-šarruma-Vertrag [196] ausdrücklich

---

[191] In absoluten Zahlen wäre dies nach den gängigen Chronologiesystemen 1644/1636 (ultrakurz); 1676/1666 (kurz), bzw. 1740/1730 (mittel).

[192] Zur historischen Einleitung des Aleppo-Vertrages siehe G. Steiner, AoF 26 und A. Archi, NABU 1999.

[193] F. Sommer/A. Falkenstein, Bilingue, vgl. auch KBo III 27 (CTH 5).

[194] Neuerdings macht G. Steiner, UF 28—neben vielen weiteren Argumenten—darauf aufmerksam, daß eine Vielzahl zeitgenössischer Quellen (nicht zuletzt das eben erwähnte Testament) Muršiliš als "Sohn" (DUMU) des Ḫattušiliš' bezeichnen. Er folgert daraus, daß jener in der Tat ein leiblicher, wenn auch spätgeborener Sohn des älteren Herrschers war. Die Frage muß hier nicht entschieden werden, da die Frage der Filiation unseren Zusammenhang nicht direkt berührt und auch G. Steiner nicht an einer großen zeitlichen Distanz zwischen den beiden Herrschern zweifelt.

[195] M.C. Astour, Hittite History, 13.

sagt. Ferner lehrt dieses Testament, daß Muršiliš zur Zeit seiner Ernennung noch nicht volljährig war, sondern festgelegt wurde, daß er noch mindestens drei Jahre zu warten hatte, bis er zum ersten Mal auf einem Feldzug mitziehen durfte. Wir gehen daher sicher nicht fehl in der Annahme, daß zwischen dem Tod des Ḫattušiliš und dem Babylon-Feldzug noch eine gewisse Zeitspanne vergangen sein dürfte [197]. Andererseits hatte Muršiliš das Blut seines Großvaters zu rächen [198], so daß wir diese Zeitspanne auch nicht zu lange ansetzen sollten. Ferner wissen wir nicht, in welchem Altersverhältnis die beiden Könige zueinander standen [199]. Wir müssen uns daher auf die Vermutung beschränken, daß Ḫattušiliš—wie auch seine vielfältigen militärischen Aktionen zeigen—"for at least thirty years" [200], vielleicht auch länger regierte. Zählen wir noch etwa fünf Jahre zwischen dem Tod des Ḫattušiliš' und der Kampagne gegen Aleppo und Babylon hinzu, dann sind sicherlich ca. 40-50 Jahre eine angemessene Distanz zwischen dem Muršiliš-Feldzug und der Zerstörung von Alalaḫ, die dann etwa 105-115 Jahre nach dem Tod des Hammurapi von Babylon und damit etwa in der ersten Hälfte der Regierungszeit des Ammiṣaduqa liegt. Im Rahmen dieser und der vorhergehenden Überlegungen ergibt sich dann für die Gesamtdauer des Archivs von Alalaḫ ein Ansatz von etwa 80-105 [201] Jahren—ein Zeitraum, der wohl gut durch zwei langlebige Könige ausgefüllt werden kann [202]. Auch das oben genannte Falsifikationskriterium entkräftet

---

[196] KBo I 6 obv. 13, vgl. CTH 75. G. Steiner, UF 28, 566 weist allerdings darauf hin, daß hier der einzige Text vorliegt, der Muršiliš als "Enkel" (DUMU.DUMU-*šu ša* [m]*Ḫa-at-tu-ši-li*) bezeichnet. Er meldet methodische Bedenken an, die Rekonstruktion der Verwandtschaftsverhältnisse auf einem Einzeltext aufzubauen, der zudem mehr als 300 Jahre *post festum* verfaßt wurde.

[197] Eine andere Auffassung vertritt A. Kammenhuber im Hethitischen Wörterbuch (Beleg: bei G. Wilhelm, RlA 8, 434f). Vgl. G. Steiner, UF 28, 598.

[198] KBo III 57.

[199] Vgl. zu diesem Problem M.-H.C. Gates, HML II, 73-75.

[200] M.C. Astour, Hittite History, 11.

[201] Die Zahl 105 ist eine maximale Angabe, die für *alle* betroffenen Zeiträume Extremwerte ansetzt. Sie ist also gleichzeitig extrem unwahrscheinlich.

[202] Dies gilt um so mehr, als wir auch mit Ḫattušiliš einen offenbar recht langlebigen König vor uns haben, so daß letztlich alle in Frage stehenden Zeiträume ausgefüllt sind. Auch Samsu-iluna und Hammurapi haben in Babylon zusammen 80 Jahre lang regiert. In Ägypten vgl. Thutmosis III (Regierungszeit 54 Jahre) und Ramses II (Regierungszeit 66 Jahre); im Alten Testament Asarja von Juda (nach 2.Reg 15,2: "Sechzehn Jahre war er alt, als er König wurde und regierte zu Jerusalem 52 Jahre lang") und Manasse von Juda (2.Reg 21,1: 55 Jahre Regierungszeit). Mögen die beiden letztgenannten Regierungszeiten im einzelnen nicht der Kritik standhalten, so zeigen sie mindestens, daß den deuteronomistischen Schreibern und ihren Lesern Regierungszeiten von über fünfzig Jahren nicht befremdlich vorkamen. M.E. gehen die chronologischen Angaben ohnedies auf eine Art Annalen zurück (vgl. z.B. 2.Reg 14,18) und sind damit als Quelle relativ glaubwürdig. Dies gilt besonders im Fall Manasses, dessen theologische Bewertung

diese Überlegungen nicht: Ammitaqum kann ohne weiteres über 80 Jahre alt geworden sein. Eine derartige Lebensdauer liegt sicherlich über dem Durchschnitt der altorientalischen Lebenserwartung, ist aber andererseits nicht unwahrscheinlich. Könige waren ohne Zweifel in medizinischer wie ernährungsphysiologischer Hinsicht besser versorgt als das Gros der Bevölkerung. Da es sich zudem um eine relativ friedliche [203] Epoche handelt, war die Chance des Ammitaqum, über 80 Jahre alt zu werden, recht groß. Andererseits kann die Dauer der Schicht auch nicht wesentlich länger angesetzt werden: Der archäologische Befund zeigt, daß an Palast und Tempel keine größere Reparaturen vorgenommen wurden [204], was in der regenreichen Gegend gegen eine allzulange Dauer der Schicht spricht.

4.3. Der Übergang von der relativen zur absoluten Chronologie

Wir haben bislang lediglich im Rahmen einer relativen Chronologie gearbeitet. Nun gilt es, im nächsten Schritt absolute Zahlen wahrscheinlich zu machen. Dabei ist von vornherein eine einschränkende Vorbemerkung zu machen: Wir haben uns mit den Kulturen der Umwelt Alalaḫs zu beschäftigen, andererseits würde es den Rahmen dieser Arbeit bei weitem übersteigen, wenn wir allen Verästelungen der Debatte namentlich in der Ägyptologie nachgehen wollten [205]. Dasselbe gilt für die hethitische Chronologie des 15. + 14. Jahrhunderts. Es soll hier lediglich aufgezeigt werden, welches chronologische System eine mögliche und aufgrund der Evidenz aus Alalaḫ sogar sehr wahrscheinliche Datierung bietet. Wollten wir den Grad der Wahrscheinlichkeit erhöhen, so hätten wir weitere beteiligte Kulturen und Fakten wie Dokumente mit derselben Gründlichkeit wie den Befund aus Alalaḫ zu evaluieren, was eine eigene Monographie erfordern würde. Hier geht es nur darum, die Alalaḫ-Belege so in eine Gesamtsicht einzuordnen, daß sich keine Widersprüche ergeben.

---

ausgesprochen schlecht ausfällt, so daß eine "geschichtstheologische Chronologie" sicherlich seine Regierungszeit gekürzt hätte.

[203] Es finden sich auch archäologisch keine Spuren einer Belagerung während der Schicht VII.

[204] L. Wooley, Alalakh, 91, vgl. 385.

[205] Zusammenfassend J. von Beckerath, MÄSt 46; und ders., HÄB 39. Hauptstreitpunkte in der Diskussion sind die Bewertung der Monddaten Ramses II (L.W. Casperson, JNES 47), und Thutmosis III (L.W. Casperson, JNES 45), die Frage nach dem Tagesbeginn im alten Ägypten (vgl. C. Leitz, ÄgAb 49, 1-5; U. Luft, AoF 14, 3-11), sowie die Bewertung einer kritischen Auswertung historischer und astronomischer Daten.

Wir haben dabei davon auszugehen, daß mit Idrimi [206] am Übergang von Schicht V zu Schicht IV wiederum ein Synchronismus zu anderen, historisch und chronologisch einzuordnenden Kulturen und Ereignissen besteht. Wir können den Übergang der beiden Schichten innerhalb der Biographie dieses Königs genau datieren, da die Schicht *per definitionem* mit dem Bau des Palastes beginnt [207] und Idrimi in seiner Inschrift schreibt: É *uš*$_{10}$*-te-pi-iš* "einen Palast ließ ich errichten" [208]. Es dürfte also so gewesen sein, daß Idrimi einen Palast errichtete und so seinen "Thron den Thronen der Könige gleich" machte (Z. 80f). Niqmepa baute diesen dann aus zu dem Bauwerk, wie es dann von L. Wooley ausgegraben wurde: Der Palast der Schicht Vb wurde später als Südflügel in den der Schicht IV inkorporiert, so daß die "30 Jahre" aus Z. 102 offenbar in etwa der Schicht Vb entsprechen [209].

Nun läßt sich Idrimi seinerseits in die Weltgeschichte einordnen, da in der Inschrift biographische Details vorliegen, die sich auf anderweitige Herrscher beziehen. Insbesondere berichten Z. 45-49 von einem Bundesschluß mit Barattarna, dem König der Hurriter (LUGAL ÉRIN.MEŠ *Ḫur-ri*.KI). Zeichnen wir Idrimis Biographie nach, wie sie sich aus der Inschrift ableiten läßt [210]: In Aleppo hatte sich ein *mašiktu* ereignet, aufgrund dessen die königliche Familie nach Emar fliehen mußte. Die inhaltliche Deutung des Wortes blieb bislang offen. [211] Gemeinhin übersetzte man "Untat" und verband dies mit einem politischen Aufstand. Neuerdings deutet allerdings W. Mayer [212] *mašiktu* mit "Unheil, Unglück". Neben dem Vorteil, daß diese Deutung keine Überstrapazie-

---

[206] Der Band ALASP 4 wird der Statue des Idrimi gewidmet sein. Bis zu dessen Erscheinen vgl. die beiden im Literaturverzeichnis genannten Arbeiten von G.H. Oller; E.L. Greenstein/D. Marcus, JANES 8; die Beiträge von M.Dietrich/O. Loretz; R. Mayer-Opificius und H. Klengel in UF 13; die Übersetzung des Textes durch M. Dietrich/O.Loretz, TUAT I/5, 501-504, sowie zu den historischen Hintergründen W. Mayer, UF 27.

[207] Vgl. M.-H.C. Gates, HML II, 63. L. Wooley, Alalakh, 110 schreibt den Palast allerdings dem Niqmepa zu.

[208] Vgl. zu den Schwierigkeiten und Möglichkeiten der Lesung *uš*$_{10}$ M. Dietrich/O. Loretz, UF 13, 224 und G.H. Oller, Autobiography, 159.

[209] Vgl. L. Wooley, Alalakh, 106-108. W. Mayer, UF 27, 348 deutet die Angabe "30 Jahre" als die Zeit "vom Zeitpunkt der Bestätigung durch Barattarna an".

[210] Vgl. jede Geschichte des syrischen Raumes, z.B. H. Klengel, History, 87-89 oder M.C. Astour, Hittite History, 18-21 und W. Mayer, UF 27 (zum Quellenwert und der Gattung der Königsinschrift a.a.O., 334f).

[211] Die ältere Literatur (mit Ergänzungs- und Deutungsvorschlägen) bei M. Dietrich/O. Loretz, UF 13, 210 und H. Klengel, UF 13, 273. CAD M/1, 324 (sub *masku*) ergänzt [*nukurtu*] *ma-ši-ik-tu* (dies der von W. Mayer, UF 27, 342 Anm. 41 vermißte Beleg); vgl. AHw 618b *sub masiktu*.

[212] Vgl. W. Mayer, UF 27, 342, vgl. zum inhaltlichen Vorgang auch ders., ALASPM 9, 96f. Ich danke Herrn Prof. Mayer an dieser Stelle ausdrücklich für manche Diskussion über die Geschichte Syriens und für seine Bereitschaft, mir sein Buchmanuskript schon vor dem Erscheinen zugänglich zu machen.

rung der Etymologie [213] des Wortes erfordert, kann diese Annahme auch inhaltlich gestützt werden: W. Mayer [214] vermutet darunter nämlich einen Vorstoß des erstarkenden hethitischen Reiches unter Tudḫaliyaš I nach Nordsyrien, bei dem Ilim-Ilimma "möglicherweise ums Leben gekommen" sei [215], in jedem Fall aber die überlebenden Mitglieder des Königshauses von Alalaḫ nach Aleppo geflohen seien, das allerdings nur wenig Schutz bot, da es ebenfalls von Tudḫaliyaš zerstört wurde, so daß die Familie bei den Verwandten der Mutter in Emar Zuflucht suchen mußte.
Nach der Darstellung der Statue (Z. 7-12) hätten sich die Brüder des Idrimi mit dieser Situation ohne weiteres abgefunden. Idrimi aber nahm sein Schicksal in die Hand und schloß sich den SA.GAZ-Leuten an, wobei er sieben Jahre im Lande *Ki-in-a-nim*.KI verbrachte [216].
Als Verbündeter der SA.GAZ legte sich nach dem Motto "der Feind meines Feindes ist mein Freund" eine Annäherung an die ägyptische Macht nahe, die die Oberherrschaft in "Kanaan" entweder nominell innehatten oder mindestens beanspruchten, zumal die SA.GAZ [217] in einem natürlichen Gegensatz zu den befestigten Städten standen, die eher nach Selbständigkeit strebten und sich wohl kaum bereitwillig dem aufkommenden ägyptischen Druck unterordneten.
Aus dieser Konstellation mußte auf Dauer zwangsläufig ein Gegensatz zu Barattarna ("Feindschaft", Z. 43f) entstehen, der sich nach demselben Prinzip zunächst seinerseits den Ägyptern verbunden wußte. Als aber der ägyptische Druck auf den syrisch-palästinensischen Raum stärker wurde, war eine Trennung zwischen ägytischen Interessen und denen von Mitanni unvermeidlich [218].

---

213 Die Wurzel *MŠK/MSK* "schlecht sein" (vgl. CAD M/1, 322) läßt sich gut als *paristu*-Form verstehen (vgl. GAG § 55f *sub* 5b): "Das Fem. von Adj. wird als Neutrum gebraucht" (GAG § 60a). Ein analoger Vorgang liegt in *damqu* "gut" → *damiqtu* "das Gute" vor.

214 W. Mayer, UF 27, 342. Vgl. auch ein Jahresdatum aus Tall Mumbāqa (MBQ-T 21, Z. 32; freundlicher Hinweis von Herrn Prof. Mayer, dessen Veröffentlichung der Mumbāqa-Texte unmittelbar bevorsteht) und die Einleitung des sog. Talmi-Šarruma/Aleppo-Vertrages (zuletzt G. Steiner, AoF 26; A. Archi, NABU 1999).

215 W. Mayer, UF 27, 342. Die Tatsache, daß er in der Inschrift nicht mehr erwähnt wird, läßt indessen nicht automatisch den Schluß zu, daß er schon bei der Verteidigung der Stadt umgekommen ist. Die Erwähnung seiner eventuellen Anwesenheit in Emar war auf der Statue schlichtweg unnötig. Es läßt sich lediglich sagen, daß er bei der Rückkehr Idrimis nicht mehr am Leben war, da er sonst wohl das erste Anrecht auf die Stadt gehabt hätte.

216 Diese sieben Jahre werden eher als literarischer Topos denn als exakte Zeitangabe zu verstehen sein und dürfen demnach nicht zu einer Näherbestimmung der Chronologie ausgewertet werden. Vgl. zu Kanaan als Toponym die Debatte zwischen N. Na'aman, UF 26 mit N.P. Lemche, UF 28, und ders., BASOR 310; ferner R.S. Hess, UF 31 sowie die Lexikonartikel von F. Stolz, TRE 17; P.C. Schmitz, ABD I und M. Weippert, RlA 5.

217 Vgl. W. Mayer, UF 27, 343-345.

218 W. Mayer, UF 27, 345.

Diese Rekonstruktion der politischen Verhältnisse, die Idrimi sieben Jahre lang in Feindschaft mit Barattarna (Z. 43f) brachte, läßt sich historisch einordnen: Der Hintergrund dürfte nur während der ersten Jahre der Alleinherrschaft Thutmosis' III denkbar sein, zumal der vorangegangene hethitische Vorstoß, der zum *mašiktu* in Aleppo führte, kaum während einer Phase starker ägyptischer Präsenz in der Region denkbar ist. Damit ist die zeitliche Einordnung des *mašiktu* in die Zeit der "Friedenskönigin" Hatschepsut wahrscheinlich [219]. Die Differenz des Idrimi zu Mitanni kann demgegenüber nur der Alleinregierung Thutmosis' III zuzuordnen sein [220]. Vermutlich hat Idrimi in Emar das Aufkommen des Thutmosis und die damit verbundene Änderung der Gewichte in Syrien-Palästina richtig wahrgenommen und den erforderlichen Wagemut besessen, alles auf diese Karte zu setzen und die neue politische Lage zu seinen Gunsten auszunutzen. Für eine Näherbestimmung der Rückkehr Idrimis könnte sich folgende Beobachtung geltend machen lassen: Thutmosis III hat in seinem 38. Jahr einen "Tribut" aus Alalaḫ erhalten (Urk IV, 719, 17ff). Gehen wir davon aus, daß damit nicht unbedingt eine direkte Oberherrschaft der Ägypter verbunden sein muß, dann könnte hinter dieser Lieferung die Gegenleistung für die von den Ägyptern an Idrimi geleistete Hilfestellung bei seiner Rückkehr zu sehen sein [221].

4.4. Die Schichten Alalaḫ VI und V

Damit läßt sich die Frage nach der Chronologie in zwei Teilaufgaben gliedern. Zum einen müssen wir die innere Chronologie der Schichten VI und V nachzeichnen, um nach weiteren Anhaltspunkten für deren Länge und historische Verortung zu suchen und zum zweiten müssen wir das so gewonnene relative System in die Chronologie Ägyptens einfügen, um zu absoluten Zahlen zu gelangen. Dabei dürfen wir davon ausgehen, daß wir die Schicht Vb bereits der Thutmosis III-Zeit zuordnen dürfen. Wenn die eben genannte Beobachtung richtig ist, läßt sich sogar ein *terminus non ante* für den Beginn namhaft machen, nämlich das 38. Jahr dieses Pharaos.

Zur ersten Frage existieren Arbeiten von M.-H.C. Gates und M. Heinz, die vorgestellt werden müssen:

---

[219] So auch W. Mayer, UF 27, 346f und ders., ALASPM 9, 169.

[220] W. Mayer, UF 27, 346 versteht die "sieben Jahre" relativ wörtlich als die Zeit zwischen der Schlacht bei Megiddo durch Thutmosis III und dessen 8. Feldzug 10 Jahre später, abzüglich einer gewissen Zeit zwischen dem erstgenannten Ereignis und dessen politischer Verwertung durch Idrimi. Auch wenn man von einer eher toposhaften Verwendung der Zahl ausgeht, bleibt die Tatsache bestehen, daß der in Frage stehende Zeitraum mindestens 5-10 Jahre betragen haben dürfte.

[221] W. Mayer, UF 27, 346.

M.-H.C. Gates [222] geht davon aus, daß jede absolute Chronologie ihren "acid test" (HML, 60) an den Rändern bestehen muß und nicht vom mesopotamischen Kernland aus erstellt werden darf. Ihre Neuerung im methodischen Vorgehen besteht also darin, daß sie nicht die Schichten mit den Textfunden zu datieren sucht, sondern im Gegensatz zu ihren Vorgängern das Augenmerk gerade auf die Zwischenschichten VI und V richtet (HML, 61; SMS 3). Dabei will sie archäologische Argumente unabhängig von einer vorschnellen historischen Evaluation benutzen. Ein archäologischer Überblick über die beiden Schichten zeigt nun, daß keine Zerstörungshorizonte vorliegen, d.h. "(they) seem to have led a quiet uninterrupted existence or at least successfully resisted" (SMS, 4). Wichtig ist in unserem Zusammenhang, daß die Befestigungsanlagen der Schicht Va ständig modifiziert wurden und ca. 30 Jahre nach ihrer Einrichtung "for a certain length of time" belagert wurden (SMS, 36). Wer der Aggressor war, läßt sich mit archäologischen Methoden logischerweise nicht bestimmen. Im Rahmen unserer oben dargelegten Rekonstruktion läßt sich diese Frage allerdings zwanglos dahingehend beantworten, daß hier ein Hinweis auf den genannten hethitischen Vorstoß vorliegt, der die Auswanderung Idrimis nach Emar zur Folge hatte. Andererseits scheint diese Arbeit an den Festungsanlagen die bedeutendste archäologische Veränderung gewesen zu sein (SMS, 30.34), was sicher auf längeren militärischen Druck von außen schließen läßt. Es wäre also Schicht Va *cum grano salis* mit der Regierungszeit der Hatschepsut zu verbinden. Da hier kaum ägyptischer Druck auf die Region vermutet werden kann, dürfte die entsprechende militärische Bedrohung eher aus dem kleinasiatischen Raum, also von den Hethitern, ausgegangen sein. Das *mašiktu* fällt damit in die Schicht Va, wenn es nicht den Übergang von Va zu Vb bezeichnet.

Für die Bewertung der Keramik sind zwei Feststellungen von entscheidender Bedeutung: Zum einen läßt sich die "local ware" der beiden Schichten einteilen in "inland North-Syrian" und "Syro-Palestinian coastal" Typen. Diese Unterscheidung entspricht dem Übergang von Mittelbronzezeit zu Spätbronzeit [223], der also im Verlauf dieser beiden Schichten anzusetzen ist (SMS, 16f) [224]. Noch bedeutsamer ist die Feststellung, daß in Alalaḫ *importierte* [225] zypriotische Keramik gefunden wurde (17f)—und zwar ausschließlich in den Schichten

---

[222] M.-H.C. Gates, SMS 4, 1-40 und dies., HML II, 60-86.

[223] Zu der Frage der Ursachen des Übergangs und v.a. der Rolle einer sog. hurritischen Einwanderung siehe N. Na'aman, Levant 26; R.S. Hess, Levant 29; W.G. Dever, GS W.G. Ward. Die Argumentation W.G. Devers (a.a.O., v.a.93-99), daß eine solche Einwanderung nicht belegbar ist, während umgekehrt in den Texten von Alalaḫ VII bereits deutliche Spuren von hurritischer Präsenz in Syrien vorhanden sind, ist m.E. stichhaltig. Vgl. auch die Diskussion zwischen W.G. Dever, Levant 22; J. Weinstein, Levant 23 und J.K. Hoffmeier, Levant 23.

[224] Vgl. das Diskussionsprotokoll aus Göteborg (HML III, 70f): Das Ende der MB-Zeit in Palästina ist an die Feldzüge des Aḫmose gebunden.

[225] Auf dem Wort *"importiert"* liegt dabei der Hauptton, da nur bei nachgewiesenen Importen die Gleichzeitigkeit mit dem Ursprungsort als gesichert gelten kann.

VI und V. Dieser Befund läßt sich sogar dahingehend präzisieren, daß die bichrome Keramik vermutlich in Schicht VIb erstmals auftritt, mit der Zeit an Häufigkeit zunimmt und ihren Höhepunkt in Schicht V erreicht [226]. Damit ist ein Synchronismus gewonnen: Die genannten Schichten entsprechen der Periode Mittelzypriotisch III einerseits und den Strata Megiddo X und IX andererseits (21) [227]. Letztere wiederum lassen sich in die ägyptische Chronologie einordnen, da Thutmosis III vor Megiddo erscheint. Die alte Frage, ob er es eingenommen und zerstört habe [228], ist hier von untergeordneter Bedeutung, da unabhängig davon der Übergang von Mittel- zu Spätbronzezeit in Tell eḍ-Ḍabʿa in die Zeit *vor* Thutmosis [229] fällt und wir andererseits bereits sahen, daß das Auftreten Thutmosis' III in Nordsyrien ungefähr der Rückkehr Idrimis gleichzusetzen ist. Damit verliert das Argument des Dreiecksvergleichs Megiddo - Zypern - Alalaḫ zwar den Reiz einer exakten Datierbarkeit, es bleibt aber dennoch wertvoll, da der Untergang von Megiddo IX etwa in die genannte Zeit fallen muß—und auf mehr als eine ungefähre Anordnung kommt es uns bei der Erhebung der Rahmenbedingung einer Chronologie nicht an. Denkbar wäre z.B., daß durch das Auftreten der Ägypter sich das Gleichgewicht der Kräfte in Mittelpalästina so verschoben hat, daß die Stadt Megiddo einer benachbarten Regionalgröße zum Opfer fiel oder auch von SA.GAZ-Truppen zerstört wurde. In Anbetracht der relativen Kurzlebigkeit der zypriotischen Keramik gelangt M.-H.C. Gates zum Zwischenergebnis: "Bichrome ware extended from 1575/60 to 1475/60 B.C ... It follows that Alalaḫ VI and V also date in this century." (22) Zu beachten ist, daß sie durch die Korrelation des archäologischen Befundes mit der Alleinherrschaft Thutmosis' III in die Lage versetzt wird, absolute Daten zu nennen. Weitere archäologische Synchronismen lassen sich durch die minoischen Fresken in Alalaḫ und die Ausgrabungen in Tell eḍ-Ḍabʿa gewinnen: Aus Tell eḍ-Ḍabʿa [230] ist eine ununterbrochene stratigraphisch auswertbare Sequenz bekannt. Diese ist in die ägyptische Chronologie einzufügen, da ihr Beginn (Schicht H = d/2) aus archäologischen und historischen Gründen ungefähr mit dem Ende der 12. Dynastie zusammenfallen muß, ihr Ende [231] (die

---

[226] Offenbar ist der stratigraphische Kontext der Keramikfunde in Alalaḫ allerdings nicht ganz präzise festgehalten, vgl. das Protokoll der Diskussion über den Vortrag von M.-H.C. Gates in Göteborg: HML III, 67-70.

[227] Vgl. aber die Einwände von St.J. Banke, Levant 25, v.a. 166, der die Relevanz dieser Beobachtung mit dem Argument bestreitet, daß es nur wenige gesicherte "local sequences" gibt. Da aber unsere Argumentation durch weitere archäologische, astronomische und historische Argumente gestützt wird, ist die Einrede nicht besonders gewichtig. Vgl. auch die Kritik von W.G. Dever, GS W.A. Ward, 104f. Zu ägäischer Keramik in Megiddo A. Leonhard/E.H. Cline, BASOR 309.

[228] Th. McClellan, SAOC 47, 191 nennt weitere Literatur.

[229] M. Heinz, AOAT 41, 203-205.

[230] Vgl. M. Bietak, AJA 88; ders., RlÄ 6 und hier v.a. ders., HML III.

[231] Wir sehen hier von der Besiedlung während der Ramessiden-Zeit ab.

Schichten D/3 und jüngere) indessen "continued after the fall of Avaris and lasted probably regionally till the time of Thutmosis III" [232]. Gleichzeitig läßt sich an dieser Entwicklung das Fortschreiten der MB-Zeit ablesen: Die beiden genannten Schichten entsprechen der palästinensischen Periode MB IIC [233], so daß wir diese Periode in die ägyptische Chronologie einhängen können [234]. Von Belang für die chronologische Einordnung Alalaḫs ist nun die Beobachtung, daß die zypriotische Exportkeramik auch in Tell eḍ-Ḍabʿa aufgefunden wurde, und zwar in den Schichten E/1 + D/3 = a/2, die nun eben in die spätere Hyksoszeit zu datieren sind, namentlich kurz vor Thutmosis III, was die chronologische Einordnung der Schichten Alalaḫ VI und Va wiederum stützt [235].
Ein weiteres Argument für die Einordnung in die überregionale Geschichte läßt sich aus den Fresken gewinnen, die im Palast der Schicht Alalaḫ VII gefunden wurden [236]. Bereits L. Wooley [237] hatte deren Vergleichbarkeit mit kretischen Fresken der Periode MM III erkannt. Für die Datierung war diese Erkenntnis indessen nur wenig hilfreich, zumal das ägäische Material nicht präzise zeitlich einzuordnen war. Erst in den letzten Jahren und wiederum auf der Basis der Funde in Tell eḍ-Ḍabʿa konnten die Parallelen nutzbar gemacht werden.
Durch Vergleich der Motive auf den Fresken in Alalaḫ mit minoischem Material und mit neuerdings in Tell Kabri in Westgaliläa gefundenen Parallelen [238] konnte W.-D. Niemaier [239] zeigen, daß die Fresken von minoischen Handwer-

---

[232] M. Bietak, HML III, 99.

[233] Der Übergang der Periode MB IIA auf MB IIB ist in Tell eḍ-Ḍabʿa in der Schicht F= b/3 vorfindlich. Diese ist einerseits (M. Bietak, HML III, 84f.94) mit dem Anfang der 14. Dynastie in Verbindung zu bringen, andererseits (a.a.O., 99) läßt sich die Korrespondenz Hazors mit Māri derselben Periode zuweisen (vgl. auch A. Malamat, ÄuL 3, 121-123), so daß wir einen weiteren Beleg dafür haben, daß die Māri-Zeit *nach* der 12. Dynastie zu datieren ist.

[234] M. Bietak gewinnt ein grobes Raster durch die Überlegung, daß den neun Schichten in Tell eḍ-Ḍabʿa nach der ägyptischen Chronologie etwa 270 Jahre entsprechen, mithin also pro Schicht durchschnittlich etwa 30 Jahre anzusetzen sind.

[235] Methodisch dürfte die Erforschung der zypriotischen Chronologie und chronologischen Stratigraphie von diesem Synchronismus auszugehen haben, vgl. z.B. L.C. Maguire, ÄuL 3, 117; G. Walberg, ÄuL 3, 157-159 ("Their <die minoischen Funde aus Tell eḍ-Ḍabʿa, F.Z.> importance for the Middle Bronze Age can certainly not be overestimated ... They support a low absolute chronology.", a.a.O., 159).

[236] Vgl. L. Wooley, Alalakh, 228-234.

[237] L. Wooley, Alalakh, 232.

[238] Die Gleichzeitigkeit von Tell Kabri mit Alalaḫ VII wird ferner durch die Keramik gesichert, die hier wie dort (vgl. ferner Tell Mardiḫ IIIB) zur "pre Bi-chrome phase of the MB II B period" gehört: A. Kempinski, ÄuL 3, 70f. Beachte, daß A. Kempinski gezwungen ist, die Zerstörung der Schicht VII auf 15-20 Jahre vor den Muršiliš-Feldzug zu datieren.

[239] W.-D. Niemeyer, Aegaeum 7, 193-195.

kern ausgeführt worden sein müssen [240]. Nun sind vergleichbare Fresken auch in Tell eḍ-Ḍabʿa gefunden worden, allerdings erst in einer der späteren Schichten [241]. Diese Kunstwerke gehören an den Übergang von MM IIIb zu LM Ia. Da umgekehrt der Palast der Schicht Alalaḫ VII stratigraphisch einer früheren Periode (MB IIB) zugehört, sind diese Fresken wohl eher einer früheren Phase der MM III-Zeit zuzuordnen. Nun zeigt L. Morgan [242], daß derartige Wandbilder in Knossos ab der Phase MM IIIa, und zwar ab dem "beginning of the Second Palace period" (ab 1700 v.Chr), vorhanden sind [243]. Da die Ausführung minoischer Kunst durch minoische Handwerker später sein muß als die Einführung dieser Kunst im Heimatland, können wir als Ergebnis feststellen, daß der Palast Jarimlims dem 17. Jahrhundert zugeschrieben werden muß.

Es sind jetzt die gewonnenen Erkenntnisse durch die historischen Bezüge abzusichern. Drei Ereignisse sind zu nennen, die jeweils das Ende einer Schicht nach sich zogen:

—**Schicht VII** wird gewaltsam zerstört im zweiten Regierungsjahr Ḫattušiliš' I.
—**Schicht VI** wird durch den Babylon-Feldzug des Muršiliš beendet [244].
—**Der Übergang von Schicht Vb zu Schicht Va** ist archäologisch an den Festungsanlagen abzulesen und ist historisch vor dem Hintergrund des *mašiktu* zu sehen, das während Schicht Va stattgefunden hat.
—**Schicht V** wird beendet durch den Umbau des Palastes, der kurz nach Beginn der Alleinregierung des Thutmosis von Idrimi vorgenommen wurde.

Der schwächste Punkt in dieser Argumentationskette ist sicherlich der Übergang von Schicht VI zu Schicht V, da unsere Gleichsetzung textlich nicht eindeutig

---

[240] W.-D. Niemeyer, Aegaeum 7, 198-200.

[241] Vgl. M. Bietak, in: W.V. Davies/L. Schofield (Hgg.), 23.

[242] L. Morgan, in: W.V. Davies/L. Schofield (Hgg.), 29f.

[243] Das Argument ist nicht zirkulär, da über Tell eḍ-Ḍabʿa eine Einbindung in die absolute ägyptische Chronologie gegeben ist. Zu weiteren Problemen der ägäischen Chronologie vgl. die Arbeiten von P. Åström und G. Walberg in HML I. Zum Problem der Datierung der Thera-Explosion kann hier nicht detailliert Stellung genommen werden, vgl. das Buch von St.W. Manning, v.a. 200-214, der sich für etwa 1628 v.Chr. ausspricht, ein späteres ("mid-16th-century") Datum aber nicht ausschließt. Da die Radiocarbon-Daten, die hier das Hauptargument bilden (vgl. 206), keineswegs über alle Zweifel erhaben sind und gleichzeitig die Explosion das Ende der Phase LM Ia bedeutet, halte ich ein späteres Datum aufgrund der historisch-archäologischen Überlegungen (Beginn von LM Ia ungefähr parallel Tell eḍ-Ḍabʿa D/2+3) für wahrscheinlicher (vgl. M. Bietak, in: W.V. Davies/L. Schofield (Hgg.), 21f), vgl. auch H. Goedicke, ÄuL 3, 61, der von einem in Ägypten nachweisbaren "natural disaster" spricht, das an den Beginn der 18. Dynastie zu datieren ist, was ebenfalls in dieselbe Richtung weist. Diese Verbindung wird aber bezweifelt von M.H. Weiner/J.P. Allen, JNES 57, v.a. 21-28.

[244] Der archäologische Niederschlag dieses Schichtenwechsels wird unten erörtert.

abgesichert werden kann. Es ist aber eine sinnvolle Annahme, daß der Angriff auf Aleppo durch Muršiliš nicht ohne Veränderungen in Alalaḫ vonstatten ging. Die großangelegte Kampagne des Hethiterkönigs war während der Minderjährigkeit Muršiliš' wohl reichlich früh vorhersehbar. Es war bekannt, daß es Muršiliš ein Anliegen sein würde, so bald als möglich einen Feldzug in den nordsyrischen Raum zu starten, eventuell "to revenge the blood of his adoptive father by destroying Halab" [245]. Dies dürfte für die Stadt Alalaḫ Anlaß genug gewesen sein, die notwendigen Umbauten namentlich der Befestigungsanlagen vorzunehmen, deren Nachweis den Schichtenwechsel konstituiert [246].

Dieses Ergebnis entspricht ungefähr unserer oben gewonnenen Grobdatierung des Endes von Schicht VII: "On the assumption that the end of Alalaḫ VII can be coordinated with a historical event at all", ist es "to the reign of Ammiṣaduqa rather than to Samsuditana" (SMS, 33) einzuordnen.
Auch Schicht Va fügt sich in diesen chronologischen Rahmen ein. Während einer Periode des Machtvakuums in Nordsyrien [247] versuchten die Hethiter abermals den Raum ihrer Interessensphäre zuzuordnen und verursachten so, vermutlich unter Tudḫaliyaš I [248], das *mašiktu* (Idr. Z. 4). Idrimis Rückkehr nach Alalaḫ bringt dann—"sieben"+x Jahre nach Beginn der Alleinherrschaft des Thutmosis (vermutlich in dessen 38. Jahr)—den Beginn der Schicht Vb mit sich, die etwa 30+x Jahre lang dauert (Idr. Z. 102) [249], bevor Schicht IV mit der Erweiterung des Palastes durch Niqmepa einsetzt.
Diese Rekonstruktion wird dadurch gestützt, daß letztgenannter Niqmepa durch mB 31.1 und 31.2 als Zeitgenosse des Šauššatar erwiesen wird, der seinerseits als Zeitgenosse Amenophis' II in die Chronologie Ägyptens und Assyriens eingeordnet werden kann.

4.5. Die Einbindung in die ägyptische Chronologie

Als letzten Schritt haben wir die Einordnung der so gewonnenen Ergebnisse in die ägyptische Chronologie zu bedenken, da so letztendlich auch absolute

---

[245] M.C. Astour, Hittite History, 14, mit Anm. 83 (S. 87, Nachweis der entsprechenden Texte), vgl. G. Wilhelm, RlA 8, 434. Ob in KBo 3,57 Vs. 10'f eine "Rache" Muršiliš für das "Blut seines Vaters" herausgelesen werden kann, ist umstritten (vgl. G. Steiner, UF 28, 565 mit Anm. 18), trägt aber für unsere Argumentation letztlich nichts aus.

[246] Dies gilt um so mehr, als auch der Feldzug Thutmosis' I an den Euphrat in dieselbe Zeit fällt; vgl. z.B. D.B. Redford, JAOS 99, 278 und L. Bradbury, Serapis 8, 18f.

[247] Dieses war ohne Zweifel ursächlich durch die Zerstörung Aleppos entstanden. Nachdem der Regionalhegemon seine Stellung nicht mehr ausüben konnte, mußte sich ein neues Gleichgewicht erst finden.

[248] W. Mayer, ALASPM 9, 169.

[249] Zu diesen 30 Jahren ist noch die Regierungszeit von Idrimis Sohn Adad-nirari hinzuzurechnen.

Zahlen [250] gewonnen werden können. Ein vorsichtiges Vorgehen ist um so dringender, als die Chronologie Ägyptens nicht so feststehend ist, wie immer wieder angenommen wird [251]. Umstritten sind das Akzessionsjahr Ramses' II [252], der Beginn der (Allein-)regierung des Thutmosis III [253] und die absolute Datierung der 12. Dynastie [254]. Alle diese Punkte sind für uns von Belang, da wir gesehen haben, daß die Schicht Alalaḫ VII deutlich nach der 12. Dynastie angesetzt werden muß und der Übergang von Alalaḫ Va zu Vb ungefähr mit dem Beginn der Alleinregierung des Thutmosis in eins fällt. Ferner hatten wir erhoben, daß zwischen dem jeweiligen Ende der Schichten VI und Vb, mithin dem Muršiliš-Feldzug und dem *mašiktu,* etwa 30 Jahre für die Schicht Va verbleiben. Da ersteres Ereignis einen Markstein der babylonischen Geschichte darstellt und 155 Jahre nach dem Tod des Hammurapi von Babylon stattfand, gewinnen wir ein Argument für die Länge der mesopotamischen Chronologie. Ein Abgleich mit der hethitischen Chronologie kann hier allerdings nicht detailliert erfolgen, da hierfür eigene Untersuchungen, v.a. zur Generationenfolge, durchzuführen wären, die hier aus Raumgründen unterbleiben müssen [255].

Die traditionelle ägyptische Chronologie [256] datierte Ramses II auf 1290ff, Thutmosis III auf 1490ff und die 12. Dynastie auf ca. 1991-1786. Entscheidend hierfür waren in erster Linie astronomische Beobachtungen, aber auch die Tatsache, daß mit Manetho und dem sog. Turiner Königspapyrus Texte vorlagen, aus denen man bei kritischer Benutzung Regierungszeiten und -abfolgen mit hoher Zuverlässigkeit entnehmen zu können meinte [257].

---

[250] Zur Vereinfachung für den Leser geben wir lediglich gregorianische Daten an.

[251] Die neuesten Monographien: R. Krauss, HÄB 20; C. Leitz, ÄgAb 49; U.Luft, SÖAW 598; J. von Beckerath, HÄB 39; ders., MÄSt 46. Einzelne weitere Artikel und Rezensionen siehe im Literaturverzeichnis.

[252] J. von Beckerath in den genannten Monographien und ders., GM 142.

[253] Vgl. die genannten Monographien, sowie L.W. Casperson, JNES 45; R. Krauss, GM 146.

[254] Unter den genannten Monographien v.a. U. Luft, SÖAW 598; vgl. J. von Beckerath, Or 64.

[255] Vgl. A. Goetze (z.B. BASOR 122, 23) und B. Landsberger (JCS 8, 50), die mit sieben Generationen zwischen Muršiliš und Šuppiluliumaš I rechnen. G. Wilhelm/J. Boese (HML I) setzen sogar neun Generationen (in HML III, 66 korrigiert auf sieben) an, datieren dafür den Beginn der Herrschaft des Šuppiluliumaš um 40 Jahre herunter, nämlich auf 1343, vgl. zum ganzen M.C. Astour, Hittite History, 39-51 unter der Überschrift "The problem of Hattushilish II and the Tudhaliashes" (39).

[256] Z.B. W. Wolf, Das Alte Ägypten, 217-249; R.A. Parker, SAOC 26.

[257] Zur chronologischen Methode und den zugrundeliegenden Voraussetzungen vgl. neben den beiden Monographien J. von Beckeraths und R. Krauss, HÄB 20, 1-61 nach wie vor R. Parker, SAOC 26. Weitere neuere Arbeiten zur Kalendertheorie sind z.B. J. von Beckerath, ZÄS 120; A. Spalinger, Or 64; L. Dupuydt, Or 65; Zu den astronomischen und mathematischen Voraussetzungen siehe z.B. H. Mucke, ÄuL 3; L.E. Rose, JNES 53;

Vor allem K.A. Kitchen [258] und W. Helck [259] haben sich in letzter Zeit allerdings für eine Reduktion namentlich der Akzessionsdaten Ramses' und Thutmosis' ausgesprochen, die dann auf 1279 bzw. 1479 (Kitchen) anzusetzen wären. Dabei schließt W. Helck jedes andere Datum als 1279 für Ramses kategorisch aus und berechnet das Akzessionsjahr des Thutmosis' anders als seine Vorgänger unter Berücksichtigung von Mitregentschaften und bei kritischer Sichtung des Manetho auf 1467, "das Ende der Hatschepsut auf etwa 1445" [260]. K.A. Kitchen argumentiert etwas vorsichtiger und stellt eine starke Präferenz für 1279 fest, wobei 1290 gerade noch möglich, 1304 aber definitiv auszuschließen sei. Auch Kitchen sichtet nun die überlieferten Daten kritisch und kommt zu dem Ergebnis, daß mindestens 182 Jahre zwischen den beiden Akzessionsjahren liegen sollten: "In short 1479 should be the preferred date for Thutmosis III with 1490 barely possible and 1504 firmly excluded" (41). Die Diskussion auch der astronomischen Gegebenheiten ergibt schlußendlich, "that at present we have two options", die sich um jeweils 11 Jahre voneinander unterscheiden.
Gegen diese Kürzung hat sich nun M.C. Astour ausgesprochen [261]. Er akzeptiert W. Helcks Beobachtungen bezüglich des Neumonddatums, weist aber darauf hin, daß sich das Phänomen alle 25 Jahre wiederholt, so daß 1279+25=1304 ebenfalls möglich wäre. Konsequenterweise datiert er dann die Akzession des Thutmosis III auf 1505 (seine Tabelle S. 77).

Wir haben uns nun mit den astronomischen und historischen Grundlagen dieser unterschiedlichen Datierungsmöglichkeiten auseinanderzusetzen. Dabei gehen wir einem Aufsatz von W.A. Ward [262] entlang, der die Frage unlängst bearbeitet hat und lassen neuere Arbeiten einfließen.

W.A. Ward (54f) setzt ein mit einer Darstellung der Unsicherheitsfaktoren der ägyptischen Chronologie:

---

ders., BiOr 56; W. Henne, ZÄS 119 und die Arbeiten von C. Leitz, ÄgAb 49; ders., ÄuL 3.

258 K.A. Kitchen, Or 36 und HML I.

259 W. Helck, HML I. Entscheidend ist m.E. das Argument (18), daß der Logbucheintrag eines Nilschiffers unverdächtig ist, "da kein anderer Grund zu erkennen, warum diese Eintragung gemacht worden ist, außer dem, daß in der Tat an diesem Tag (...) Neumond gewesen ist".

260 W. Helck, HML I, 23. Dieser Ansatz beruht letztlich auf einer Verkürzung der Regierungszeit des Haremhab, die allerdings auf eine unsichere Quellenlage gestützt ist. Daher hat diese erneute Verkürzung auch kaum Zustimmung in der Forschung gefunden, zumal sie mit der vorderasiatischen Chronologie kaum in Einklang zu bringen ist.

261 M.C. Astour, Hittite History, 4f.

262 W.A. Ward, BASOR 288; Seitenzahlen im Fließtext beziehen sich i.f. hierauf.

- Manetho und der Turiner Königspapyrus weisen nicht in allen Details eine gleichbleibend hohe Zuverlässigkeit auf.
- Die Regierungszeiten einzelner Könige bleiben unsicher.
- Mitregentschaften sind umstritten, da sie sich kaum sicher nachweisen lassen.
- Synchronismen mit anderen Kulturen sind zweifelhaft. Wenn an einem Ort—z.B. in Syrien—eine Änderung erforderlich wird, dann gerät das gesamte Gebäude auch der ägyptischen Chronologie ins Wanken.
- Astronomische Beobachtungen verlieren an Stellenwert, da "the processes and techniques that they used in their determination of time" (55), altägyptische Beobachtungstechniken, Sichtbarkeitshemmnisse etc. sich unserer Kenntnis entziehen.

Damit sind auch die genannten Zahlen der absoluten Chronologie, die sich genau auf diese Phänomene stützen, wieder fragwürdig geworden [263]. Zur Methode ist festzuhalten, daß im 1. Jtd. sichere Daten gegeben werden können (Psammetich 664 v.Chr.), doch bereits die Festlegung des Akzessionsjahres Ramses' II ist unsicher. Zwar wissen wir, daß etwa in seinem 19. Jahr der babylonische König Kadašman-Ellil II auf den Thron gekommen sein muß, doch ist auch dessen Regierungszeit umstritten [264]. J.A. Brinkmann hält deren Beginn zwischen den Rahmendaten 1283 bis 1261 für möglich, so daß Ramses II demnach zwischen 1302 und 1279 auf den Thron gekommen sein müßte.
Diese etwas unpräzise Festlegung läßt sich indessen verfeinern: Wir gehen davon aus, daß aufgrund des Monddatums (*psḏntjw* [265] am II *prt* 27) aus dem 52. Jahr Ramses' II für dessen Akzession nur die Jahre 1304, 1290 oder 1279 in Frage kommen [266]. Aufgrund der astronomischen Gegebenheiten (Sichtbarkeit des Neulichtes) sind die Daten 1279 oder 1304 vorzuziehen [267]
Zur Entscheidung zwischen beiden Daten hat J. von Beckerath [268] eine sehr sorgfältige Analyse der Synchronismen Ramses' II mit der vorderasiatischen Welt vorgelegt, die sich vor allem darauf stützt, daß Adad-Nerāris I Todesjahr mit ziemlicher Sicherheit auf 1265 festgelegt werden kann. Da dieser mit Ḫattušiliš III in Briefwechsel stand, der mit Ramses II in dessen 21. Jahr den berühmten Friedensvertrag schloß und sich die Entwicklung der Beziehungen

[263] W.A. Ward diskutiert (54-56) die gegenwärtige Literatur. Noch unbekannt war ihm U. Luft, SÖAW 598, der den Beginn der 2. Zwischenzeit ab 1798 ansetzt.

[264] Vgl. J.A. Brinkmann, BiOr 27, 301-314.

[265] *psḏntjw* wird gemeinhin mit "Neumond" übersetzt, es bezeichnet genauer "the first day on which the thin lunar crescant is no longer visible just before sunrise" (L.W. Casperson, JNES 45, 139).

[266] Vgl. L.W. Casperson, JNES 47, 183.

[267] C. Leitz, ÄgAb 49, 89 plädierte aus astronomischen Gründen für 1304, wobei allerdings ein Rechenfehler vorlag (vgl. J. von Beckerath, GM 142, 56: der 20. Dez. 1228 v.Chr ist im Monat II *prt* der 28., nicht etwa der 29. Tag).

[268] Ders., HÄB 39, 24-28. Details können hier nicht geschildert werden.

zwischen Ägypten und Ḫatti zwischen der Schlacht von Qadeš und diesem Friedensvertrag auch im Briefwechsel Ḫattušiliš mit den zeitgenössischen babylonischen Herrschern widerspiegelt, ist von den genannten drei Daten nur das späteste, also 1279 v.Chr., akzeptabel.

Nun hat sich die chronologische Einordnung der 18. Dynastie zumeist auf vier Daten gestützt [269]:
• Der Abstand der Thronbesteigung Thutmosis' III und der Ramses' II ist 200 Jahre [270]. Dieses Abstandsdatum ist wesentlich von der Beurteilung der Amarna-Zeit abhängig [271]: Hauptfragestellungen sind eventuelle Koregenzen und die Frage nach der Länge der Regierungszeit des Haremhab. Wir können auf Details hier nicht näher eingehen.
• Die Grabdecke des Grabes des Senenmut (TT 53) [272]. Auf diesem Grab findet sich die Darstellung einer "Planetenkonstellation, die in einem Zeitraum von 70 Jahren nur einmal eintritt" [273]. Auf dem Hintergrund, daß der Sturz des Senenmut [274] etwa in das 18. Jahr Thutmosis' III fällt, ergibt sich eine Datierungshilfe: Die Darstellung des Grabes muß in die Nacht vom 14./15. November 1463 v.Chr fallen [275]. Da wir nun vermuten dürfen, daß die Darstellung wohl kaum nach dem Sturz des Senenmut erfolgt ist, andererseits der zeitliche Abstand auch nicht zu groß sein dürfte, ergibt sich eine starke Präferenz für 1479 v.Chr. als Akzessionsjahr Thutmosis' III.
• Drittens lassen sich wiederum indirekte Synchronismen mit Vorderasien feststellen [276]: Wir entnehmen der Amarnakorrespondenz, daß die Könige Amenophis III und Amenophis IV im Briefwechsel mit verschiedenen babylonischen und assyrischen Königen stehen. Dabei wird sich EA 3 auf die Feier des Sedfestes [277] beziehen, das Amenophis III mehrfach gefeiert hat. Hieraus ergibt sich: Die Thronbesteigung Burnaburiaš II in Babylon fällt in das 30.-36. Jahr des Amenophis III, so daß dessen erstes Regierungsjahr im Zeitraum

---

[269] Wir haben uns hier vor Zirkelschlüssen zu hüten. Es ist z.B. nicht statthaft, das Ende der Mittelbronzezeit als Fixpunkt anzusetzen und daraus Folgerungen auf die absolute Datierung der 18. Dynastie zu ziehen, da die absoluten Zahlen des Periodenwechsels ursächlich aus der absoluten ägyptischen Chronologie gewonnen sind.

[270] E.F. Wente/C. van Siclen, SAOC 34 halten 225 Jahre für wahrscheinlich (siehe die Tabelle S. 218).

[271] Vgl. z.B. K.A. Kitchen, HML I; W. Helck, HML I; C. Kühne, AOAT 17.

[272] Vgl. ausführlich C. Leitz, ÄgAb 49, 35-48.

[273] C. Leitz, ÄgAb 49, 48.

[274] Vgl. zur Person und den Hintergründen W.K. Simpson, RlÄ 5, 849-851.

[275] Dies wird von R. Krauss, GM 146 aus astronomischen Gründen bestritten, doch ist seine Argumentation m.E. nicht besonders stichhaltig.

[276] J. von Beckerath, HÄB 39, 20-24.

[277] Ein Fest, das ägyptische Könige erstmals in ihrem 30. Regierungsjahr, danach "nach Bedarf" begingen, vgl. K. Martin, RlÄ 5, 782-790, v.a. 784.

zwischen 1396/1375 anzusetzen ist. Mit dem verbesserten Datum für Ramses II läßt sich dieser Zeitraum auf 1396/1385 einengen [278]. Da wir wissen, daß die Regierungszeiten Thutmosis' III, Amenophis' II und Thutmosis' IV zusammen (je nach dem, wie die Korregenzen zu bewerten sind) mindestens 85, höchstens 92 Jahre ausmachen, fällt das erste Jahr Thutmosis' III zwischen die Jahre 1488 und 1470 v.Chr. fallen, was ebenfalls für das Jahr 1479 v.Chr. spricht.

• Viertens sind auch hier astronomische Kalenderdaten hilfreich: Es existiert ein Monddatum, das untrennbar mit der Schlacht von Megiddo verknüpft ist. Nach diesem fallen *pśḏntjw* und die Schlacht von Megiddo auf einen Tag, nämlich den I *šmw* 20. Dies läßt für den Beginn der Regierung Thutmosis nur die Möglichkeiten 1479 und 1504 v.Chr offen [279]. Die ältere Datierung (1490 v.Chr.) stößt auf das Problem, daß das in Frage stehende Datum einen Tag vorher liegt, was nur durch eine Textemendation zu rechtfertigen wäre [280]. Im Rahmen der vorgenannten Argumente kommt also nur 1479 v.Chr. in Frage.

Das andere astronomische Datum—und damit kommen wir wieder auf den Aufsatz von W.A. Ward zurück—ist die Erwähnung eines "heliacal rising of Sirius" im 9. Jahr des Amenophis I, das auf der Basis einer Apokatastasis im Jahr 1317 oftmals auf das Jahr 1541 berechnet wurde. Allerdings sind die Voraussetzungen dieser Rechnung nicht ganz eindeutig.

Die entscheidenden Probleme sind die Fragen, ob und ggf. wie der Text auf dem sog. Ebersdatum astronomisch deutbar ist [281] und zweitens, *wo* die jeweiligen Beobachtungen gemacht wurden.

Zum letzteren ist darauf hinzuweisen, daß ein Breitengrad in Nord-Süd-Richtung ca. einen Tag Unterschied bei der Beobachtung ausmacht, mithin 4 Jahre Differenz in der Chronologie zur Folge hat. Daher gilt:

---

[278] J. von Beckerath, HÄB 39, 29.

[279] Vgl. L.W. Casperson, JNES 45, 149f.

[280] Hier spielt auch die Frage nach dem Tagesbeginn eine wichtige Rolle: Wir wissen (vgl. G. Lello, JNES 37, 327-330), daß Thutmosis III an I *šmw* 19 erwacht ist, seine Tätigkeiten während des 20. verrichtet und am Folgetag, also am I *šmw* 21 die Schlacht geschlagen hat. Dies ist zwanglos so zu erklären, daß das Erwachen am 19. *vor* Sonnenaufgang geschehen ist, mithin *ägyptisch betrachtet* dem *Vortag* zuzurechnen war, nach dem *modernen* Kalender jedoch auf *einen* Kalendertag fiel. Eine Textemendation wird daher unnötig.

[281] Vgl. J. von Beckerath, SÄK 14; ders., ÄuL 3, 23-26; W. Helck, SÄK 15; C. Leitz, ÄgAb 49, 26-34; R. Krauss, ÄuL 3.

Beobachtungsort	**Beobachtungsjahr** [282]	**Akz. Thutmosis' III** [283]
Memphis [284]	1541	1507/1503
Theben [285]	1523	1489/1485
Elephantine [286]	1519	1485/1481

Dieses Ergebnis überrascht auf den ersten Blick, da die Tabelle nicht mit dem als wahrscheinlich betrachteten Ergebnis in Übereinstimmung zu bringen ist, obwohl in Anm. 283 relativ hohe Zahlen vorausgesetzt wurden. Dies könnte drei Ursachen haben:

—Der Papyrus ist chronologisch nicht zu verwerten.
—Er ist astronomisch noch nicht hinreichend verstanden.
—Das Akzessionsjahr Thutmosis' III ist nicht 1479 v.Chr.

R. Krauss hat sich nun für folgende Argumentation stark gemacht: Ramses ist 1279 anzusetzen, Thutmosis war 200 Jahre vorher, so daß an diesem Datum festzuhalten ist, was bedeutet, daß nur Elephantine der Beobachtungsort gewesen sein kann. Ferner macht er die Tatsache geltend, daß Elephantine der südlichste Punkt Ägyptens ist, an dem also der Sirius zunächst sichtbar wird.
Einzuwenden ist allerdings folgendes:

—Es ist methodisch fragwürdig, die astronomische Grundlage aufgrund von chronologischen Ergebnissen zu bestimmen und daraus dann wiederum chronologische Folgerungen zu ziehen.
—Der Papyrus stammt aus Theben, so daß eine Beobachtung dort *prima facie* wahrscheinlicher ist [287].
—Die Annahme eines gemeinsamen Bezugspunktes astronomischer Daten [288] stößt auf das Problem, daß im alten Ägypten wohl die Beobachtung mindestens genauso wichtig war wie die theoretische Betrachtung.

---

[282] Zahlen nach W.A. Ward, BASOR 288, 59.

[283] Unter der Voraussetzung, daß Thutmosis I+II zusammen 22-26 Jahre lang regierten, vgl. dazu J. von Beckerath, MÄSt 46, 121-123, wo—ausgehend von 1479 als Wechsel von Thutmosis II zu Thutmosis III—dann das 9. Jahr Amenophis' I auf 1521-1514 bestimmt wird, woraus J. v. Beckerath die Folgerung zieht, daß das Ebersdatum sich auf Memphis/1517 bezieht. R. Krauss, ÄuL 3, spricht sich für eine nochmalige Kürzung aus, wobei dann das Datum auf 1506 v.Chr. fiele.

[284] So vor allem C. Leitz, ÄgAb 49, VII.90.

[285] W.A. Ward, BASOR 288, 59; J. von Beckerath, MÄSt 46, 122.

[286] R. Krauss, HÄB 20, 63-68.109; jetzt mit einer Variation in ders., ÄuL 3.

[287] Vgl. W.A. Ward, BASOR 288, 62.

[288] C. Leitz, ÄgAb 49, 26-34.90 argumentiert für Memphis, da er annimmt, daß astronomische Bezugspunkte grundsätzlich in Unterägypten liegen, vgl. zur Kritik z.B. W.A. Ward, BASOR 288, 60f.

—Ferner ist die Frage nach der Verbreitung der Information zu bedenken. Bis die Meldung vom Aufgang des Sirius von einem "Nationalobservatorium" in Elephantine in andere Teile Ägyptens gelangt wäre, hätte man dort den Sirius längst selbst beobachten können.

Wir haben daher nach der Aussage des Papyrus selbst zu fragen [289]. Bekanntlich stehen neben einer Spalte mit Monatsnamen eine Reihe von Tagen und in der obersten Zeile der Vermerk "Sothisaufgang". Dies kann nun bedeuten, daß der *pśḏntjw* des Monats, der genannte Tag und der Sothisaufgang gleichzusetzen sind. Wahrscheinlicher ist indessen, daß lediglich gesagt werden soll, daß der am genannten Tag stattfindende Sothisaufgang in den genannten Monat fällt [290]. Hieraus sind dann aber zwei Folgerungen zu ziehen:

—"In Memphis liegt er (der Sothisaufgang, F.Z.) fünf Tage später, wäre aber natürlich ebenfalls in den ersten Zeitabschnitten des Kalendariums gefallen. Die nicht mit Sicherheit zu entscheidende Frage des Beobachtungsortes wird nunmehr für die Chronologie nebensächlich." [291]
—Da die Datierung nun aber nicht mehr auf einen Tag, sondern nur noch auf einen Monat genau erfolgen kann, ist die chronologische Relevanz des Papyrus letztlich gering.

Dessen ungeachtet haben wir uns noch kurz mit den Vorgängern Thutmosis' III zu befassen, um ein Fixdatum für die Zerstörung von Awaris durch Aḫmose in dessen 12. Jahr und eine etwaige Einordnung für den Feldzug von Thutmosis I an den Euphrat zu gewinnen.
Für Thutmosis I ist lediglich ein Datum wahrscheinlich zu machen: Auf einer Wand, die im wesentlichen von Thutmosis III beschrieben ist, findet sich eine Kartusche mit dem Namen Thutmosis I zwischen den Angaben "Jahr 8" und "Jahr 9", die sich doch wohl auf ihn beziehen. Damit hätte er mindestens 9 Jahre regiert [292], was mit der Angabe Manethos übereinstimmt, der ihm "12 Jahre und 9 Monate" zuschreibt. Es wären dann also für ihn 9-13 Jahre anzusetzen, sein syrischer Feldzug fällt in den Zeitraum zwischen seinem 4. und seinem 13. Jahr. Im Falle Thutmosis' II ist zu bedenken, daß die Königin Hatschepsut im 16. Jahr des Thutmosis III ein Sedfest feiert und damit dieses Jahr als ihr 30. Regierungsjahr dokumentiert. Dies ist nur dann einsichtig, wenn man in Betracht zieht, daß sie sich als von ihrem Vater Thutmosis I eingesetzt betrachtete, so daß die gesamte Regierungszeit Thutmosis' II in den Zeitraum vom 30. Jahr der Hatschepsut abzüglich der bis dato bereits verstrichenen 15 Jahre Thutmosis' III

---

[289] Umschrift und Kommentar bei R. Krauss, HÄB 20, 105-109.

[290] J. von Beckerath, HÄB 39, 11-13.

[291] J. von Beckerath, MÄSt 46, 122f.

[292] Vgl. J. von Beckerath, HÄB 39, 110. Dagegen R. Krauss, HÄB 20, 238f, der nur sechs Jahre ansetzen will.

zu versetzen ist. Es ist daher eine vernünftige Annahme J. von Beckeraths [293], für Thutmosis II etwa 12 Jahre, höchstens jedoch 14 Jahre, anzusetzen [294].

Es ist damit folgende Liste aufzustellen:

Thutmosis III	ab 1479	
Thutmosis II	1493/1489-1479	
Thutmosis I	1506/1498-1493/89	(mit Ebersdatum 1517: 1504-1493/89)
Amenophis I	1527/1519-1506/1498	(mit Ebersdatum 1517: 1525-1504)
Aḫmosis I	1552/1544-1527/1519	(mit Ebersdatum 1517: 1550-1525)

Damit ergibt sich:
—Feldzug Thutmosis' I an den Euphrat: zwischen 1502 und 1494
—Fall von Awaris: 1540-1532.

Da wir so bereits absolute Daten nennen können, ist nun unser Ergebnis abzusichern, indem wir nach der absoluten Datierung der 12. Dynastie Ägyptens fragen. Hierfür sind v.a. die Texte aus Ilahun von Belang [295]. U. Luft bietet diese dar und kann ein Datennetz mit insgesamt 20 Daten aufstellen, die Neumonde und Festtage datierbar machen [296]. Es ergibt sich, daß das für den IIII *prt* 16 des 7. Jahres Sesostris' III belegte Sothisdatum auf das Jahr 1866 v.Chr (Beobachtungsort Memphis) zu datieren ist.
Demgegenüber setzt R. Krauss Elephantine als Beobachtungsort an, woraus das Jahr 1830 folgt [297]. Dies bedeutet dann zwingend, daß die 12. Dynastie auf die Zeit von 1936-1756 herunterzudatieren ist. Diese Behauptung ist für uns deshalb von Interesse, weil dadurch Teile der Māri-Zeit sowohl nach der mittleren wie auch nach der kurzen Chronologie mit der 12. Dynastie zeitgleich würden.
Allerdings ist geltend zu machen, daß wir—ebensowenig wie beim Ebersdatum—kaum von einem "Nationalobservatorium" in Elephantine ausgehen dürfen. Die Ankündigung eines Sothisaufgangs in Elephantine sollte für den Bereich Unterägypten nur von geringem Interesse gewesen sein. Daher dürfte jede Beobachtung für sich selbst stehen, so daß wir die von R. Krauss vorgenommene Kürzung der 12. Dynastie abzulehnen haben und mit J. von Beckerath [298] und U. Luft das Ende dieser Geschichtsperiode auf 1794/93 anzusetzen haben.

---

[293] Vgl. J. von Beckerath, MÄSt 46, 121.

[294] Der Widerspruch von R. Krauss, OLZ 90, 239 beruht auf der Auszählung archäologischer Zeugnisse, die kaum von Belang sein dürfte.

[295] Vgl. U. Luft, SÖAW 598, passim.

[296] U. Luft, SÖAW 598, 217-220.

[297] R. Krauss, HÄB 20, 95.

[298] J. von Beckerath, Or 64, 449.

5. Ergebnis

Durch die vorstehenden Überlegungen sind wir nun in die Lage versetzt, für die Geschichte Alalaḫs den Rahmen einer allgemeinen—relativen wie absoluten—Chronologie anzugeben.

Ende Schicht VI:	155 Jahre nach Hammurapis Tod	
mašiktu	ca. 30-40 Jahre später: Idrimi flieht nach Emar	
	Thutmosis III,	
	zunächst noch gemeinsam mit Hatschepsut	1479
	Idrimi wird SA.GAZ	1470/1460
	Thutmosis regiert alleine	1457
	Rückkehr Idrimis	1441(?)
	Idrimi regiert noch "30 Jahre"	bis ca. 1411

Versuchen wir nun, diesen Befund mit den Konzepten der mesopotamischen Chronologie in Einklang zu bringen:

Ereignis	ultralang	lang	mittel	kurz	ultrakurz [299]
Muršiliš-Feldzug	~1750	~1650	1595	1531	1499/1507
mašiktu	~1720/10	1620/10	~1565/55	~1500/1490	~1470-60/ 1478-1468
Δ_1 [300]	263/253	163/153	108/98	43/33	13 bis 3/ 21 bis 11
Δ_2	309/299	209/199	154/144	89/79	59-49/67-57

Die beiden letzten Reihen sind an die Person des Idrimi geknüpft: Die vorletzte gibt ungefähr die Aufenthaltsdauer Idrimis in Emar an, die letzte aber eine Mindestlebensdauer. Zusätzlich zu allen anderen genannten Argumenten ist unmittelbar einsichtig, daß alle Angaben mit Ausnahme der kurzen und ultrakurzen Chronologie von vornherein ausscheiden.

---

[299] In dieser Spalte stellt die erste Angabe die Zahlenwerte unter Voraussetzung der Daten bei H. Gasche u.a. (Muršiliš-Feldzug 1499) dar, die Zahlen nach dem Schrägstrich setzen die Daten E.F. Weidners (Muršiliš-Feldzug 1507) voraus.

[300] Das griechische Delta bezeichnet, wie in der Mathematik üblich, den Abstand der beiden Angaben in Jahren:
Δ_1 = *mašiktu*-Thutmosis' Alleinregierung
Δ_2 = *mašiktu*-Tod Idrimis.

Dabei bieten die Zahlen einer ultrakurzen Chronologie auf den ersten Blick wahrscheinlichere Werte. Die kurze Chronologie müßte verschiedene Grundannahmen voraussetzen:

—Sie müßte annehmen, daß Idrimi bei seiner Flucht aus Emar bereits ein reifer Mann war.
—Sie müßte ferner annehmen, daß der Feldzug Thutmosis' I zeitlich eher an das *mašiktu* zu datieren ist als an den Muršiliš-Feldzug. Dann ist aber unerklärbar, weshalb von Streitigkeiten zwischen Hethitern und Ägyptern nichts verlautet, was im anderen Fall keiner weiteren Erläuterung bedarf: Durch die Wirren nach der Rückkehr Muršiliš [301] nach Ḫattuša war Ḫatti sozusagen mit sich selbst beschäftigt, so daß Thutmosis I ungestört das durch den hethitischen Feldzug entstandene Machtvakuum in Syrien ausnutzen konnte. Die genannte Konstruktion paßt auch sehr gut zu der Evidenz aus Tall Mumbāqa [302]: Die beiden Zerstörungshorizonte wären in unseren Zahlen auf 1499/1507 und 1447 zu datieren, ein Zeitraum, in dem die etwa drei bis vier [303] handelnden Generationen gut unterzubringen sind.

Wir gelangen damit zu folgendem **Gesamtergebnis**:

> *Eine absolute Chronologie muß aufgrund der Einordnung der Evidenz aus Alalaḫ aller Wahrscheinlichkeit auf den Daten einer ultrakurzen Chronologie beruhen* [304]*, wobei wir uns bewußt sind, daß auch diese Daten nur Näherungswerte darstellen.*

Die wichtigsten Ereignisse lassen sich nachstehender Tabelle entnehmen:

---

[301] Vgl. G. Wilhelm, RlA 8, 435.

[302] Vgl. W. Mayer, RlA 8, 417.

[303] Ein deutliches Schwergewicht liegt auf einer Generation, eine weitere ist nur in Papponymen belegt, nicht aber selbst aktiv, wie mir Herr Prof. Mayer dankenswerterweise mündlich mitteilt. Zu bedenken ist also, daß die III. Generation der Enkel vermutlich schon geboren war, solange die I. Generation noch aktiv war, da die Dokumente der I. Generation in deren zweite Lebenshälfte fallen (da deren Eltern nicht mehr aktiv sind) und die aktive Zeit der IV. Generation durch den Untergang der Stadt verkürzt ist, so daß wir den Zeitraum des Mumbāqa-Archivs mit etwa 60 Jahren ansetzen dürfen.

[304] Dabei scheint die Annahme des Feldzugs 1507 besser zu dem Feldzug Thutmosis I zu passen und ließe auch etwas mehr Zeit für die Generationenfolge in Mumbāqa. Die Möglichkeit einer ultrakurzen Chronologie erwägt auch P. Åström, AuL 3. Von Seiten der Archäologie vgl. jetzt auch G. Galandi, NABU 1998 (aufgrund der Keramiksequenz aus Terqa sehr enthusiastisch) und G. Stiehler-Alegria, NABU 1999 (protokassitische Glyptik).

absolute Zahl	Mesopotamien/Ägypten	Alalaḫ/Aleppo	Schichtenfolge
1696/1704-1655/1663	Hammurapi von Babylon		
~1674/1682		* Abban	
~1670/1678	Zimrilim reist nach Aleppo und Ugarit		
1665+62 ‖ 1673+70	Eroberung/Zerstörung Māris		
~1665-60 ‖ 1673-1668		* Jarimlim	
1655/1663	† Ḫammurapi von Babylon		
~1645-30 ‖ 1653-38		Gründ. Alalaḫ	Beginn Alalaḫ VII
~1645-30 ‖ 1653-38		* Ammitaqum	
~1620-10 ‖ 1628-18		Thronwechsel Alalaḫ	
~1545/1553		Zerstörung Alalaḫs	Beginn Alalaḫ VI
1499/1507	Muršiliš-Feldzug		Beginn Alalaḫ Va
~1498	Thutmosis I-Feldzug		
1479-1447	Thutmosis III		
1470/60		*mašiktu*	Ende Alalaḫ Va
1457	Alleinherrschaft Thutmosis III		
~1453		Idrimi wird SA.GAZ	
1441		Idrimi kehrt zurück.	
~1411		Tod Idrimis	

IV) Die Getreidelieferlisten—allgemeine Aspekte

1. Einführung

Das nachfolgende Kapitel widmet sich den Aspekten, die einer Einzelinterpretation vorausgehen müssen, da sie das auf verschiedenen interpretatorischen Ebenen Gemeinsame namhaft machen und so die Folie herausarbeiten, auf der die Detailinterpretation aufbaut. Ferner hat die Erörterung dieser Aspekte vorab den arbeitstechnischen Vorteil, daß sich bei der Einzelinterpretation Wiederholungen [1] durch den Rekurs auf das hier Dargestellte reduzieren lassen [2].

In Wiederaufnahme der formkritischen Methode [3] haben wir uns zuerst mit der formalen Analyse der zu verhandelnden Getreidelieferlisten zu befassen. Da wir eine Liste als eine "Abfolge von Einzeleinträgen" definiert hatten, ist zu fragen, welche formalen Aspekte—neben dem inhaltlichen Konstituens, daß eben die Einzeleinträge sich mehrheitlich mit Getreide beschäftigen—eine Getreideliefer-liste als solche definieren. Ferner sind die einzelnen Elemente einer derartigen Liste herauszuarbeiten, also die Einzeleinträge und die Summen [4]. Hierher gehört ferner die graphische Realisation einzelner Listen in Tabellenform.

Im zweiten Schritt werden die Blöcke, aus denen eine Getreidelieferliste aufgebaut ist, in Augenschein genommen. Wir werden die zwei Grundmuster herausarbeiten. Mit einem davon, dem "Normblock", wollen wir uns weiter befassen, da die Zusammenschau von Gesamtheit und Einzelinterpretation der Normblöcke Einblicke in die Struktur der Palastwirtschaft zuläßt [5]. Insbesondere ist genau abzugrenzen, welche Tafeln einen Normblock enthalten.

Der dritte Abschnitt soll sich mit der zeitlichen Anordnung der Tafeln beschäftigen. Wir werden zunächst die Tafeln mit Normblock analysieren und dabei feststellen, daß es sich bei der gegebenen Regelmäßigkeit um eine chronologische Notwendigkeit handelt, da die Tafeln einem eng begrenzten Zeitraum entstammen. Es lassen sich diese Tafeln über etwas mehr als zwei Jahre verteilen, wobei wir gleichzeitig etwas über die Abfolge der Monate und die Schaltregelung in Alalaḫ erfahren. Ausgehend von diesen Erkenntnissen können wir dann eine Vielzahl weiterer Tafeln während des belegten Zeitraums den entsprechenden Tafeln mit Normblock zuordnen. Abschließend werden wir die Datierung der Getreidelieferlisten innerhalb des Archivs vorzunehmen haben.

Der vierte Abschnitt muß sich mit einigen Aspekten der Abfassung der Getreidelieferlisten beschäftigen, was wiederum einen ersten Einblick in die Struktur der zugrundeliegenden ökonomischen Vorgänge zuläßt.

---

[1] Umgekehrt können Ergebnisse hier angedeutet werden, deren Einzelbegründung erst in Kap. V erfolgt. Der Gefahr zirkulären Argumentierens ist dabei dadurch gewehrt, daß die Gesamtheit der Hypothesen sich zu einem kohärenten Bild zusammenfügt.

[2] I.f. wird bei der Nennung eines Textes jeweils die Kategorisierungsnummer 41 weggelassen.

[3] Siehe oben Kap. I,2.1.

[4] Vgl. hierzu den Anhang D.

[5] Vgl. unten Kap. V,1. zur näheren Begründung.

Ein fünfter Abschnitt soll einige inhaltliche Gesichtspunkte beleuchten: Die ausgegebenen Waren, die Maßangaben und einen ernährungsphysiologischen Aspekt. All dies muß im Rahmen des "mesopotamischen Rationensystems" erörtert werden.

2. Formale Aspekte

2.1. Die Getreidelieferlisten insgesamt

2.1.1. Einführung

Vermutlich ausgehend von dem inhaltlichen Kriterium, daß die Texte sich eben mit der Ausgabe von Rationen an präzise definierte Empfänger befassen, wurde die Zusammengehörigkeit der Textgruppe Al T 236-283b stets intuitiv gespürt [6], aber nicht formal begründet. Einen Neueinschnitt markiert G. Bunnens [7], der in seinem Artikel erstmals formale Kriterien nennt: Er nennt die *homogénéié de forme*. Es handelt sich um ein stets gleiches Schema mit drei Unterrubriken [8], die jeweils durch eine Summe abgeschlossen werden. Die ganze Tafel wird durch eine Monatsangabe datiert. Als Ausnahmen werden dabei drei Punkte namhaft gemacht: das gelegentliche (*parfois*) Fehlen einer oder zweier Getreidesorten, die gelegentliche Anordnung der Einzeleinträge ohne Beachtung der Rubriken (*pêle-mêle*) und das sehr seltene Vorkommen anderer Waren als der genannten drei Getreidesorten, "mais dans l'ensemble, le schéma dont s'inspirent ces documents est celui que je viens de décrire."

2.1.2. Die Definition von "Block" und "Lieferliste"

Hiermit sind sicherlich wichtige Gesichtspunkte angesprochen, dennoch eignen sich die genannten Aspekte noch nicht zu einer Gattungsdefinition, da sie von einer vorgefaßten Textmenge ausgehen und dann sozusagen *post festum* einige Argumente zur Beschreibung nachliefern. Insbesondere läßt sich so bei einem Einzeltext kaum angeben, ob er dieser Gattung zugehörig ist oder nicht.
Ein Neuansatz kann also nur so aussehen, daß wir uns den Texten mit folgendem Hilfskonstrukt nähern: "Einer Lieferliste [9] ist es wesenhaft, aus einem oder einer Abfolge von Einzeleinträgen [10] der unten geschilderten Form zu

---

[6] D.J. Wiseman, Al T, 81; A. Goetze, JCS 13, 31.

[7] G. Bunnens, BAfO 19, 72.

[8] Er definiert diese dann aber doch wieder inhaltlich, nämlich anhand der unterschiedlichen Waren.

[9] Hier ist noch nicht von einer "Getreidelieferliste" zu sprechen, da wir uns dem Phänomen erst annähern und sonst der methodische Fehler kaum zu vermeiden wäre, das *definiendum* in die Definition aufzunehmen.

[10] Siehe unten. Das umgekehrte Verfahren, erst den Einzeleintrag zu erarbeiten und dann darauf aufbauend die Getreidelieferlisten zu analysieren, hat den darstellungstechnischen Nachteil, daß wir auch die Einzeleinträge anderer Gattungen, wie z.B. Buchungsvermerke, analysieren und darstellen müßten. Wir dürfen es daher hier bei einer vor-

bestehen. Sie kann durch eine zusammenfassende Bemerkung wie z.B. eine Summenformulierung [11] abgeschlossen werden." [12] Diese Abfolge—die nicht unbedingt eineindeutig mit einer Tafel identisch sein muß—nennen wir im folgenden einen "*Block*".

2.1.3. Die Abgrenzung der "Blöcke"

Im Regelfall befaßt sich ein solcher Block nur mit *einer* Ware. Oftmals werden die Blöcke abgeschlossen durch einen Strich auf der Tafel [13]. Im Normalfall trennt allerdings der Strich innerhalb des Blockes die Einzeleinträge von der Summe und macht so deutlich, daß beide zwar zusammengehören, aber doch unterschiedliche Größen darstellen [14]. Andere Möglichkeiten der Gliederung bestehen darin, die Blöcke durch einen Absatz voneinander zu trennen [15]. Absätze können auch innerhalb eines Blockes zwischen Einzeleinträgen und Summenfeststellung stehen [16]. Ein weiteres Verfahren besteht in der Verteilung von verschiedenen Blöcken auf unterschiedliche Bereiche der Tafel (Vorder-bzw. Rückseite; Ränder) [17]. Als *Getreidelieferlisten* bezeichnen wir nun alle diejenigen Tafeln, auf denen sich mindestens ein Block der genannten Art finden, wobei die behandelte Ware eine Getreidesorte [18] ist [19]. In gewisser Weise lehnt sich dieses Verfahren an die offenbar in Alalaḫ selbst übliche Bezeichnung an, vgl. 74,1f: *ṭuppi kiššānu* ITI MN "*kiššānu*-Tafel des Monats MN". Wo—nur bei unveröffentlichten Tafeln—angesichts des Erhaltungszustandes Zweifel bestehen, ob eine Tafel der Gattung der Getreidelieferlisten zu-

---

läufigen Definition eines Einzeleintrages (Menge-Maßeinheit-Ware-Empfänger/Zweck, wobei weitere Angaben hinzukommen, andere—nicht aber Menge und Empfänger/Zweck—fehlen können) bewenden lassen.

[11] Unter "Summenformulierung" kurz "*Summe*" verstehen wir jedes zusammenfassende Syntagma, das mit der Ligatur ŠU.NÍGIN formuliert ist. Einige weitere zusammenfassende Bemerkungen gehören hierher, auch wenn das formale Kriterium des ŠU.NÍGIN-Zeichens nicht erfüllt ist.

[12] Dieser Satz stellt eine hinreichende, jedoch keine notwendige Bedingung für die Definition einer (Getreide-)Lieferliste dar, m.a.W. die Menge der (Getreide-)Lieferlisten ist eine Untermenge aller Texte, die diese Bedingung erfüllen.

[13] Z.B. nach 5,26; 12,24; 17,22.

[14] Z.B. nach 1,28; 4,19; 5,24.

[15] Z.B. nach 3,12.17; 13,22; 33,4.

[16] Z.B. vor 11,32; 15,15.

[17] Z.B. Text 4 (Summe auf oberem Rand); Text 11; Text 12; Text 13 (neuer Block beginnt jeweils auf Rückseite).

[18] Das "Gerstenmehl" (Texte 38-40) ist hierbei als "Getreidesorte" zu betrachten, da wir sehen werden, daß das Mehl als Substitut für die sonst ausgegebene Gerste dient.

[19] Also genügt das Vorkommen *eines* solchen Blockes, um eine Tafel als "Getreidelieferliste" im Sinne dieser Definition zu qualifizieren—ungeachtet dessen, daß auf einer Tafel auch andere Waren oder andere Gattungselemente vorkommen können.

zuordnen ist, lassen wir uns von dem Kriterium leiten, ob mindestens *ein* aus den Getreidelieferlisten bekanntes Element vorhanden ist. Wo dies nicht der Fall ist, wird die Tafel unter die Kategorie 61 eingeordnet.

Diese wenigen Beobachtungen versetzen uns bereits in die Lage, die vorkommenden Blöcke abzugrenzen, soweit die entsprechenden Abgrenzungssignale erhalten sind oder wenigstens erschlossen werden können. Die Tabelle im Anhang C nennt die jeweiligen Abgrenzungen, die belegten Waren und die Abgrenzungssignale zu Beginn und Ende des Blockes [20].

Aus der Tabelle können wir folgende Beobachtungen ableiten:

—Innerhalb der Getreidelieferlisten ist der Block eine wichtige Größe, die offenbar von den Schreibern als solche gesehen wurde, da sie in den meisten Fällen die Begrenzungssignale eindeutig setzten.
—Auf ein und derselben Tafel wird in der Regel nur ein Verfahren der Abtrennung von Blöcken verwendet [21].
—Die Summe ist zwar meist auf einen Block bezogen, sie ist allerdings nicht als konstitutiver Bestandteil eines Blockes zu verstehen, da sie a) fehlen kann, b) meist vom Block selbst durch ein Abgrenzungssignal unterschieden wird, und c) mitunter nicht direkt nach dem Block steht, zu dem sie gehört.
—Weiterhin ist festzustellen: Die Texte Al T 270 (60.01) und Al T 271 (43.04) sprechen zwar von Getreide, sie weisen jedoch keine Abgrenzungssignale wie die beschriebenen auf. Im Sinne unserer Definition können sie also nicht als Getreidelieferlisten bezeichnet werden.

Diese Ausgrenzung der beiden Texte durch Beobachtungen auf der Ausdrucksseite kann ergänzt werden durch einige Bedeutungsgesichtspunkte:

• 60.01,39f macht im übrigen durch die Summe deutlich, daß es sich um eine Verschuldung der Stadt Alalaḫ insgesamt handelt, wogegen der "Sitz im Leben" der Getreidelieferlisten in der Palastwirtschaft im engeren Sinne zu suchen ist.
• Im Fall von Text 43.04 erwecken die Ortsnamen [22] den Verdacht, daß der Hintergrund (in Analogie zu dem keilalphabetischen Text KTU 1.133) in einem Ištar-Fest zu suchen ist und ebenfalls nur indirekt die Palastwirtschaft betrifft.

---

[20] Summen werden in der Zeilenzählung genannt, wenn sie sich eindeutig und ausschließlich auf den jeweiligen Block beziehen und nicht durch Strich oder Absatz von diesem abgetrennt sind. Ein Warenwechsel ist nur dann ausdrücklich markiert, wenn er das einzige Begrenzungssignal darstellt. Die Formulierung Monatsangabe kann auch ein eventuelles ZI.GA mit beinhalten. Nicht in jedem Fall sind Erhaltungslücken vermerkt. Der Tabelle entnimmt man überdies, welche Warensorten auf welchen Tafeln belegt sind.

[21] Es dürfte dies aber kein Kriterium zur etwaigen Verteilung der Tafeln auf verschiedene Schreiber darstellen, zumal die Tafeln vermutlich nicht gleichzeitig abgefaßt wurden.

[22] Vgl. Vf., UF 30 zu den jeweiligen Einträgen.

So zeigt die Zusammenstellung der Ortsnamen, daß es sich, abgesehen von Alalaḫ selbst, nur zweimal um Orte handelt, die anderswo belegt sind [23]. Ein weiteres Problem stellen Ausgabemengen und Empfänger dar. Bereits in den beiden ersten Zeilen erhält eine Einzelperson 700 *pa* Gerste und 605 *pa* ZÍZ—Größenordnungen, die uns aus den eigentlichen Lieferlisten nicht bekannt sind. Die Zeichenformen lassen keinen sicheren Schluß zu, doch beachte z.B. das LA in Z. 3.
Insbesondere jedoch widerrät die mehrfache Erwähnung von "Ältesten" (*šībūt* URU x; Z. 6.8.16) [24] einer Zuordnung zu den aB Alalaḫ-Texten: Das *šībūtū*-Institut ist uns aus Alalaḫ VII nicht bekannt [25], wohl aber aus Emar, mithin in Texten, die noch später sind als Alalaḫ IV. In Alalaḫ selbst dürfte ein solches Institut nicht existiert haben, da es sonst mindestens in den juristischen Texten Spuren hätte hinterlassen müssen [26]. Wahrscheinlich handelt es sich also um einen Text, der in irgendeiner Weise aus den Randbezirken des Staatsgebiets hierhin kam. Eine gute Annahme wären dann entweder Murar oder Emar, da für beide das genannte Institut belegt ist und wir außerdem wissen, daß beide Orte Handelsstädte waren, was die großen Getreidemengen erklären könnte. In jedem Fall ist der Text nicht als Getreidelieferliste zu bezeichnen, sondern stellt vielmehr einen Verbuchungsvermerk Verbaltyp dar.

2.1.4. Die graphische Gestaltung der Getreidelieferlisten als Tabellen
In einem nächsten Schritt ist zu zeigen, daß die einzelnen Blöcke prinzipiell als Tabellen konzipiert sind. Sie weisen oftmals eine Kopfzeile auf, welche die für den jeweiligen Block konstitutiven Elemente aufweist. Diese gelten dann weiter, bis ein Abgrenzungssignal deutlich macht, daß ein neuer Block beginnt. Daher werden in den Einzeleinträgen diese Angaben nicht wiederholt, da sonst eine Redundanz aufträte. Wenn innerhalb eines Blockes Einzeleinträge vorkommen, die nicht dem in der Kopfzeile festgelegten Schema entsprechen, dann muß diese Abweichung deutlich gemacht werden.

Wir setzen ein mit der Beschreibung des Textes 4 als Paradigma [27]:

---

[23] Anstelle von *A-ra-e* ist *Ṣa-ra-e* zu lesen, vgl. Vf., UF 30, 866, Nr. 95; zu Adabiq siehe a.a.O., 848, Nr. 33.

[24] Vgl. H. Klengel, Or 29.

[25] Ausnahme: Text 30.12, aber dort geht es gerade nicht um Vorgänge in Alalaḫ, sondern um die Stadt Murar, also ein Randgebiet der Einflußzone von Alalaḫ.

[26] Vermutlich achteten auch die jeweiligen Herrscher darauf, die Einflußmöglichkeiten solcher politischen Institutionen nach Möglichkeit zurückzudrängen. Für Alalaḫ war wohl die Neugründung der Stadt als Maßnahme des Aleppiner Hegemons eine günstige Gelegenheit, die Regierungsgewalt in der Hand des Königshauses zusammenzufassen.

[27] Für Text 5, der mit Text 4 eng verwandt ist, gilt Analoges. Wir wählen Text 4 als Paradigma, da er in Keilschriftkopie bereits veröffentlicht ist (D.J. Wiseman, JCS 8, 19).

Bereits ein Blick auf die Keilschriftkopie weckt den Eindruck eines bewußt regelmäßig geschrieben Textes [28]: Die ersten beiden Zeilen sind von links nach rechts durchgeschrieben. Alle anderen Zeilen der Vorderseite und auf dem unteren Rand weisen das Merkmal auf, daß links eine Zahl steht, danach ein Zwischenraum steht und dann der Empfänger—quasi als eingerückter Tabulator—auf einer Linie folgt [29]. Blicken wir nun auf die Rückseite der Tafel, so zeigt sich ein ähnliches Bild: Die beiden restlichen Zeilen des Blockes (Z. 18+19) sind genauso geschrieben wie die Einträge der Vorderseite. Danach folgt ein durchgezogener Strich als Abgrenzungssignal, nach dem die Summe des Blockes steht, die in zwei Zeilen formuliert ist: Die erste Zeile ist von links nach rechts durchgeschrieben, die zweite ist eingerückt, jedoch nicht auf die Tabulatorweite, sondern etwas weniger.

Danach folgt wiederum eine vollgeschriebene Zeile (Z. 22), nach der wiederum die Einzeleinträge des Blockes nach demselben Verfahren wie die Vorderseite realisiert werden. Dabei gibt es allerdings eine Ausnahme: Z. 26 weist keinen Tabulator auf. Dies kann allerdings relativiert werden durch die Beobachtung, daß hier eine Ausgabe von über 100 *pa* erfolgt, was für die Lieferlisten relativ ungewöhnlich wäre [30]. Unser Verdacht, daß die formale Abweichung auf einer inhaltlichen Besonderheit beruht, wird bestätigt: Es werden nämlich keine Personen(gruppen) als Empfänger genannt, sondern hier und im folgenden Einzeleintrag wird als Zweck das "mahlen" und in Z. 27 die "Mühle" ausdrücklich als Zielort angegeben. Dieses Wortfeld kommt in den Getreidelieferlisten nur in diesen beiden Einträgen vor. Dem entspricht die Beobachtung, daß die Präposition *ana* im ganzen Text nur an diesen beiden Stellen steht. Die inhaltliche Besonderheit der zu formulierenden Einträge wird also vom Schreiber rein graphisch dadurch zum Ausdruck gebracht, daß er die Tabellenform verläßt, um bei den dann folgenden Einträgen sofort wieder zu ihr zurückzukehren. Abgeschlossen wird der Block und mit ihm die ganze Tafel durch die Summe auf dem oberen Rand, die graphisch genauso realisiert wird wie oben geschildert.

Fragen wir nun nach den durchgeschriebenen Kopfzeilen jeder Tabelle, so zeigt sich, daß diese jeweils drei überschießende Elemente bieten, die in den jeweiligen Blöcken nicht mehr vorkommen: Die Maßangabe GIŠ.*parīsi*, die jeweilige Warensorte und den Ausgabetitel ŠE.BA. Hieraus ist doch wohl zu folgern, daß diese Elemente jeweils für den ganzen Block zu gelten haben. Die Tabellenform soll es offenbar dem Leser erleichtern, unmittelbar festzustellen, welche Elemente für die Tabelle insgesamt gelten und wo die Besonderheiten des jeweiligen Blockes zu suchen sind.

---

[28] Wirft man einen Blick auf die Kopien in JCS 8, dann sieht man aus der Vogelschau unmittelbar, daß dies ein Charakteristikum der zusammengestellten Texte ist, das kaum zufällig sein dürfte.

[29] Z. 16f weichen davon leicht ab, was mit der Krümmung der Tafel am Rand zu erklären ist.

[30] Hiervon auszunehmen sind natürlich die Mengenangaben in den Summen.

Diese Beobachtungen ließen sich noch an vielen weiteren Tafeln wiederholen. Dies muß hier aus Raumgründen unterbleiben. Doch soll noch auf einige Besonderheiten aufmerksam gemacht werden:

—In Text 17 [31] ist der Text prinzipiell nach dem geschilderten Verfahren gegliedert. Auf der Vorderseite werden indessen zwischen Zahl und Empfänger Zeilenstriche eingefügt, wohl um sicherzustellen, daß die richtige Zuordnung gewährleistet ist. Drückt sich hier eine gewisse Unerfahrenheit des Schreibers aus? Die tabellarische Form wird zweimal durchbrochen: In Z. 5 finden sich zwei Einträge in einer Zeile, in Z. 26 aufgrund einer Rasur.
—Deutlich wird die Verwendung eines tabellarischen Formulars auch da, wo in einer Zeile zwei Waren vorkommen: in Text 32,11-15 werden Maßeinheiten und Waren ausgeschrieben, jedoch fällt auf, daß in Z. 13 und Z. 14 die beiden Zahlen direkt untereinander stehen.

Mag dies noch auf die Identität der Einträge zurückzuführen sein, so dürfte Text 68 eindeutig sein:
Hier finden wir mehrere Einträge, in denen zwei verschiedene Waren angegeben sind. Die Zahlen stehen jeweils durch Abstände getrennt genau untereinander. Unser Eindruck einer Tabelle wird durch Z. 3f, die Kopfzeilen dieses Abschnittes, bestätigt. Hier werden die Getreidesorten ausdrücklich benannt. Durch ein *šani* "abermals" wird deutlich gemacht, daß als Empfänger der darüberstehende Name gemeint ist [32]. Immer wieder finden sich zudem Zeilen, die nur eine Getreidesorte nennen (Z. 6.8-11). Hier macht die Position des Zahlzeichens deutlich, welche Getreidesorte gemeint ist.

2.2. Die Einzeleinträge

2.2.1. Allgemeine Übersicht über die Form der Einzeleinträge

Wir hatten bislang mit einer vorläufigen Definition von Einzeleinträgen [33] gearbeitet. Diese hatte sich als hinreichend erwiesen, um Analysen innerhalb größerer Kontexte vorzunehmen, dennoch ist es erforderlich, hier noch einige Präzisionen durchzuführen.

---

[31] Vgl. als ein sehr schönes Beispiel auch Text 11.

[32] Dies ist also unseren Anführungszeichen vergleichbar, die als Wiederholungszeichen verwendet werden. Vgl. auch die Zeichen ŠU und KI.MIN (3,22; 26,26), die sichtlich dieselbe Funktion innehaben (vgl. G. Giacumakis, 24).

[33] Ob in Alalaḫ selbst eine Bezeichnung für den Einzeleintrag existierte, wissen wir nicht. In den Wirtschaftstexten aus Ugarit könnte das Wort für Liste *spr* mindestens in KTU 4.690:18 auch den Einzeleintrag bedeuten. Auf diesem Hintergrund käme für Alalaḫ VII evtl. *ṭuppu* (24,26; 74,1) in Frage.

Angesichts von etwa 1200 Einzeleinträgen [34] ist es nicht möglich, diese hier im einzelnen vorzuführen. Die genaue Einzelanalyse findet sich im Anhang D *sub* A. In jedem Fall ist festzuhalten, daß der Schreiber Wert darauf legte, mit möglichst knappen Formulierungen eine möglichst präzise Kennzeichnung des Vorgangs zu erreichen. Dem entspricht, daß die allgemeinen Angaben zu einem Block zumeist in diesem Block lediglich in der Kopfzeile genannt sind, in den Einzeleinträgen danach jedoch nicht mehr. So nimmt es nicht wunder, daß von dem erhaltenen Material der größte Anteil die ausgegebene Menge nur durch eine Zahl nennt und auf die Angabe der ausgegebenen Ware, einer Präposition, eines Ausgabetitels [35] oder einer Maßeinheit verzichten kann (Typ 1.1, ca. 1/3 aller erhaltenen Einträge). Dieser Eindruck bestätigt sich, wenn wir diesem Typ auch die Einzeleinträge zur Seite stellen, die anstelle einer Person oder Personengruppe die Angabe eines Zweckes nennen (Typ 1.2, ca. 1/6 aller erhaltenen Einträge): Hier genügt meist die Nennung des Zweckes ohne Angabe des direkten Empfängers [36], die jedenfalls dann redundant war, wenn die Verantwortlichkeit für denselben Zweck eindeutig war [37]. Jeweils ca. 1/10 aller erhaltenen Einträge (Typen 1.3 und 1.4) arbeiten mit einer Präposition, wobei hier besonders auf die mehrgliedrigen Einträge hinzuweisen ist, die zumeist den Direktempfänger nennen und dann eine weitere Angabe über den Endzweck bzw. den Letztverbraucher machen. Insgesamt sind also ungefähr 3/4 aller Einzeleinträge von diesem Bemühen um eine möglichst knappe, aber dennoch präzise Formulierung geprägt. Aus diesem Ansatz läßt sich unmittelbar ableiten, daß die Maßeinheit *pa = parīsu* offenbar grundlegend für die Getreidelieferlisten war, da es insgesamt nur etwa 15 Mal vorkommt, daß eine Maßeinheit steht, die Ware aber nicht genannt wird. Umgekehrt kommt es nur selten vor, daß Zahl und Ware genannt werden, nicht jedoch die Maßeinheit. Als Besonderheiten sind noch die 18 Stellen zu nennen (Typ 4), die verschiedene Liefergegenstände nennen und zumeist (s.o.) als Tabelle formuliert sind.

---

[34] Angesichts des Erhaltungszustandes der Tafeln ist es nicht möglich, genaue Zahlenangaben zu bieten. Wir haben zudem damit zu rechnen, daß in nicht erhaltenen Passagen weitere Einzeleinträge standen. Daher ist es von vornherein abzulehnen, präzise statistische Angaben etwa über die prozentuale Verteilung von verschiedenen Formen zu bieten.

[35] Wir bezeichnen mit *Ausgabetitel* die Nennung eines Zweckes oder Anlasses der Ausgabe. In den meisten Fällen wird der konkrete Empfänger genannt. Nicht unter den Begriff "Ausgabetitel" fallen mehrgliedrige Formeln nach dem Schema x *ana*/GÌR X *ana*/GÌR Y.

[36] Z.B. bei der "Fütterung" (ŠÀ.GAL) von Tieren (selten von Menschen gebraucht) ca. 75 Einträge ohne, ca. 30 Einträge mit Empfängerangabe; bei der Qualifizierung einer Lieferung als ŠE.BA "Ration" 14 Belege ohne, nur einer mit Empfängerangabe.

[37] So z.B. bei der Entlohnung der LÚ.MEŠ.*māsū* (1.2.4), für die, wie noch zu zeigen sein wird, im Regelfall Kunnate zuständig war. Daher finden wir sechs Einträge ohne Empfängerangabe, einen mit Kunnates Berufsangabe und nur einen, der jemanden anderen nennt.

Zusammenfassend läßt sich sagen, daß die Vollform eines Einzeleintrages lautet: Zahl—Maßeinheit—Ware—Zielangabe. Hierbei sind Zahl und Zielangabe konstitutiv, die anderen beiden Größen werden jedoch im Sinne der Verminderung von Redundanz so weit als möglich vermieden.

2.2.2. Grammatikalische Aspekte der Einzeleinträge

a) Die Zahlenangaben
Über Aussprache und Syntax der Zahlangaben [38] lassen sich keine weiteren Angaben machen, da die Zahlen fast ausnahmslos mit Zahlzeichen geschrieben sind. Wo für die Bruchzahlen kein eigenes Zeichen [39] (1/2 [40]; 1/3; 2/3) im Keilschriftrepertoire vorhanden ist, werden sie durch die Konstruktion IGI.x.GÁL ausgedrückt. Dabei fällt auf, daß das GÁL beim Bruch 1/4 regelmäßig (35,68; 60,12; 66,11) fehlt. Die Annahme eines einfachen Schreibfehlers scheidet aus, da die Schreibung in drei Monaten unabhängig voneinander vorkommt. Außerhalb der Getreidelieferlisten findet sich diese Zahlenangabe nicht, so daß wir kein Korrektiv haben. Das Zeichen KAM findet sich (abgesehen von 34,8 ITI.1.KAM) lediglich in Text 36 und dort nur zur Angabe der Zahl der Monate, für die die Lieferung vorab ausgegeben wird [41]. An ausgeschriebenen Zahlen finden sich lediglich die höheren Zahlen 60 *šūši* (geschrieben *šu-ši*), 100 (Sg. *meʾat*, geschrieben *me-at*, *me-a-at*; Pl. *mêtim*, geschrieben *me-tim*, alle Formen zumeist abgekürzt *me*) und 1000 (*lim*, geschrieben *li-im* [42], abgekürzt *li*). Das System der Kardinalzahlen befindet sich damit, soweit feststellbar, in voller Übereinstimmung mit dem altbabylonischen Befund (vgl. GAG § 69g) [43]. Die Schreibungen *šu-ši* und *li-mi* zeigen, daß die Zahlen im St.abs. konstruiert werden, wobei eine geschlossene Silbe mit Langvokal durch einen Sproßvokal aufgelöst werden kann.

b) Die Maßangabe
Die Maßeinheit *parīsu* [44] (soweit nicht durch *pa* o.ä. abgekürzt), ist grundsätzlich nach der Zahlangabe als *parīsi* realisiert. Auch dies entspricht der Normgrammatik (vgl. GAG § 62d) [45], nach der Maßangaben im St.abs. des Sg.

---

[38] Vgl. G. Giacumakis, 47-50.

[39] Außerhalb der Getreidelieferlisten findet sich noch das Zeichen 5/6 (30.07,1; 44.04,2.8).

[40] Zur Lesung von 1/2 vgl. aus Schicht VI Text 30.09,5.7 *ba-ma-at*.

[41] Die Annahme einer Ordinalzahl scheidet wohl aus sachlichen Gründen aus, vgl. die Einzelinterpretation des Textes.

[42] Außerhalb der Getreidelieferlisten findet sich die Schreibung *li-mi* (44.02,17).

[43] Vgl. A. Goetze, JNES 5, 188f und GAG § 69g.

[44] *qa* kommt nur in dieser Form vor.

[45] G. Giacumakis, 45 deutet die Nominalform als Singular und beruft sich (kaum zu Recht) auf J. Aro, AfO 17, 363, der allerdings nur eine Stelle aus Schicht IV nennt.

stehen, wenn wir den eben erwähnten Sproßvokal ansetzen. Diese Verwendung entspricht den anderen Stellen aus dem Archiv der Schicht VII [46].

c) Die ausgegebene Ware

Auch hier haben wir es in den meisten Fällen mit Logogrammen zu tun, über deren Deklination wir nichts aussagen können. Im Regelfall sollte die Ware (GAG § 62d) [47] als Apposition im Nominativ stehen [48]. Die Durchsicht der Belege ergibt, daß bei *kiššānu* ausschließlich die Nominativendung steht; in dem einen Fall (45,18), wo *kunāšu* syllabisch geschrieben ist, jedoch die Genitivendung. Bei *zibû* steht wiederum ausschließlich die Nominativendung, bei *ḫilīmu* dagegen die Genitivendung. Etwas komplizierter stellt sich die Angelegenheit bei der Ausgabe von Salz dar: In 38,4.8 finden wir die Schreibung *ṭá-ab-tum*, in 92,6 dagegen *ṭá-ab-ti*. Dieser Befund wird nun so zu verstehen sein, daß das graphische *ṭá-ab-tum* die phonetische Realität nicht direkt widerspiegelt, sondern eine pseudoakkadographische Schreibung für das gesprochene /*ṭabti*/ darstellt [49]. Im Konjunkt mit den übrigen Belege liegt folglich die Vermutung nahe, daß hier nicht direkt von Kasusverwendung die Rede sein kann, sondern wiederum der St.abs. gemeint ist. Auch hier wird also die Schlußkonsonanz nach einem langen Vokal durch einen Sproßvokal aufgelöst, dessen Schreibung offenbar euphonischen Gesichtspunkten folgt. Für diese läßt sich versuchsweise eine Regel aufstellen, unter die alle Beispiele fallen: Wenn in einer zweisilbigen Basis die Silbenvokale unterschiedlich sind, so hat der Sproßvokal die Färbung des dritten Vokals aus der Reihe /*a*/-/*i*/-/*u*/ [50], sind sie identisch, so hat der Sproßvokal dieselbe Färbung. Im Fall des Wortes *ṭabtu* handelt es sich um den gewöhnlichen Sproßvokal mit /*e*/*i*/-Schreibung nach Doppelkonsonanz.

d) Der Ausgabetitel

In vielen Fällen dürfte als Ausgabetitel wohl ŠE.BA = *ipru* "Ausgabe, Ration" [51] zu supponieren sein, das oftmals in der Kopfzeile steht. Hier fällt auf, daß ŠE.BA niemals mit einer Präposition im selben Einzeleintrag belegt ist, so daß wir wohl zu übersetzen haben "x als Ration des Empfängers", somit ein

---

[46] Vgl. die "Mine", die stets als *ma-na* geschrieben wird.

[47] Ohne sich direkt zu äußern, nimmt G. Giacumakis, 45 offenbar den Genitiv an, da er die Formulierung "20 *pa-ri-si* ZÍZ" auflöst zu *kunāšim*.

[48] D. Arnaud, AuOr 16, 148 nennt mehrere Fälle angeblicher Verwechslung von Genitiv und Nominativ.

[49] Dasselbe ist anzunehmen für die Schreibung ŠE.A.AM für ŠE, vgl. zur Lesung unten Kap. IV,5.1.1.

[50] Dies gilt offenbar sogar dann, wenn die Grundform des Wortes verändert ist, wie z.B. zu *keššēnu*. Offenbar war die lautliche Realisation so, daß die beiden /*e*/ als unterschieden empfunden wurden.

[51] Die Lesung wird gesichert durch die indirekte Gleichung 24,1, siehe unten Kap. V,2.1.1. die Textanmerkung zu dieser Stelle.

Ausgabetitel vorliegt. Die sumerische Formulierung könnte nahelegen, daß es ausschließlich um Gerstenlieferungen geht, doch zeigt ein Überblick über die Belege, daß neben Gerste auch Emmer (vgl. aber unten S. 154), nicht jedoch *kiššānu*, als *ipru* [52] bezeichnet wird. Die Ausgaben teilen sich also auf in "Rationen" und andere Lieferungen, so daß die von D.J. Wiseman und anderen [53] verwendete Gattungsbezeichnung "Rationenliste" das Material nicht zutreffend beschreibt [54].
Andere Zweckangaben werden als Konstruktusverbindungen formuliert: Wir finden die Formulierungen *šīm* X "als Kaufpreis des X"; *idi* X "als Lohn des X"; *igir* X "als Miete des X" [55]. Eine andere Möglichkeit, eine Getreidelieferung für einen bestimmten Zweck zu beschreiben, besteht darin, diesen Zweck mit *ana* zu nennen (Anhang D unter 1.4.2; 1.4.3).
Die häufige Wendung ŠÀ.GAL X ist nirgendwo syllabisch geschrieben. Für einen Spezialfall der Pferdefütterung werden wir unten das Wort *zaraphu* wahrscheinlich machen [56]. Dies dürfte allerdings nicht für andere Tiere und Menschen gleichermaßen zutreffen oder gar einen *terminus technicus* des nordsyrischen Rationenwesens darstellen. Daher ist wohl bei der Lesung *ukullû* zu bleiben.

e) Die Empfängerangabe
Hier stehen wir auf etwas festerem Grund, da in vielen Fällen der Empfänger bzw. Ausgabezweck syllabisch geschrieben ist. In den meisten Fällen steht der Empfänger mit einer Genitivform, was auf den ersten Blick damit erklärt werden könnte, daß eine Präposition oder das ŠE.BA der Kopfzeile mitzudenken ist.
Etwa 10 Mal ist festzustellen, daß der Empfänger mit einer Nominativform steht [57]. Dies ist deswegen problematisch, da an mehreren Stellen (24,7.8.10; 57,9) die Präposition *ana* vorangeht. Daher ist ein Schreibfehler unwahrscheinlich. Ferner kann nicht behauptet werden, daß die Verwendung der Kasus an den jeweiligen Text gebunden sei, da in Text 24 die Formen *zabzurannu* (Z. 40) und *zabzuranni* (Z. 25) nebeneinander vorkommen.

---

[52] Ausnahme ist der Schuldschein 30.10, wo Emmer und *kiššānu* als *ipru ša eqli* ON bezeichnet werden und die Schuldsumme darstellen. Diese Verwendung ist aber offensichtlich von der in den Getreidelieferlisten vorliegenden zu unterscheiden, vgl. zum Vorgang Vf., UF 23, 427f.

[53] D.J. Wiseman, AlT, 81 und z.B. in den Titeln der Arbeiten von A. Goetze, JCS 12 ("ration lists") und G. Bunnens, BAfO 19 ("listes de ration").

[54] Vgl. zu *ḫîšu* als einem weiteren Ausgabetitel für monatliche Emmerlieferungen an den König unten Kap. IV,2.4.3.

[55] Zu NUMUN/*šukupte* siehe unten.

[56] S. unten Kap. V,2.1.12.

[57] Rein graphisch dürften die Fälle sein, wo eine Form mit Mimationsendung steht, z.B. 44,13 *ṭe₄-mi-tum*.

Die Erklärung, die wir für diese Unregelmäßigkeit vorschlagen möchten, beruft sich darauf, daß offenbar (siehe unten Kap. IV,4.1.) die Tafeln diktiert wurden. Beim Diktat wurden dabei vermutlich nur die konstitutiven Elemente genannt, die Ausfüllung (durch Präposition o.ä.) war in die Verantwortung des Schreibers gestellt. An den fraglichen Stellen (v.a. Text 7 und 24) wurde also der Nominativ diktiert, in Text 24 und in 57,9 fügte der Schreiber selbsttätig die Präposition ein, ohne dann die gehörte Form an die Normgrammatik anzupassen, was wohl auch deswegen nicht erforderlich war, weil er die entsprechenden Passagen ohnedies eher als Spalteneinträge einer Tabelle denn als syntaktische Einheit auffaßte.
Bisweilen finden sich Verbalsätze, die entweder qualifizierend mit *ša* oder aber temporal mit *inūma* formuliert sind. Inwieweit der Subjunktiv konsequent verwendet wird, läßt sich nicht sagen, da die meisten Fälle Verba III *infirmae* im Plural sind, in 53,5 steht nach *inūma* der Indikativ.
Zur Verwendung der Verben ist abschließend zu sagen, daß die vorkommenden Stativformen den Übergang der belegten Ware in einen anderen Ort oder Zustand bezeichnen. Bei den finiten Verbformen handelt es sich fast ausnahmslos um Präterita, nur zwei Präsensformen sind belegt: *illak* (53,5; futurisch) und *ibannû* (35,24, durativ). Das Partizip kommt mehrfach in Berufsbezeichnungen vor, die einzige *ad hoc* Bildung könnte 24,36 *ēpiš* GIŠ.GI ("der Produzent von Pfeilen") darstellen. Eine Infinitivform in finaler Bedeutung findet sich in 31,8 *ana šubšuli* "zum Auskochen" (in unklarem Kontext). 35,27 liegt mit *ublūnim* eine Ventivform vor.

f) Die Präposition

Wir wir oben sahen, wurde die Präposition nicht in allen Fällen als mitgelesenes/diktiertes Element des Einzeleintrags verstanden, sondern könnte auch lediglich als Marker gedient haben. Dennoch sind einige Gedanken über den Gebrauch der Präpositionen in den Einzeleinträgen angebracht:

—Die Präposition *ina* steht vor Ortsangaben, in Sonderheit, wenn diese namentlich genannt oder nur einmal vorhanden sind (É.GAL), sowie vor Zeitangaben wie Monaten und Feiertagen. Der Sonderfall *ina libbu* wird unten [58] gesondert besprochen. Die einzige Ausnahme (abgesehen von den nicht erhaltenen Stellen 37,8; 68,11) stellt 35,39 *i-na* SUKKAL LUGAL.GA[L dar. Die Formulierung *ina* É.GAL kann im selben Kontext wechseln mit *ana* É.GAL, je nachdem, ob durch die Präposition der Palast eher als räumliche Größe oder als Empfänger dargestellt wird, was aber offenbar inhaltlich keinen Unterschied macht.

—Ob es sich im Falle von GÌR um eine Präposition handelt, gilt als umstritten. D.J. Wiseman [59] ("controller") und G. Giacumakis [60] ("administrative

[58] Kap. V,2.25.

[59] D.J. Wiseman, Al T, 161.

officer, overseer") hatten sich dezidiert für eine Berufsbezeichnung ausgesprochen [61]. Für diese Deutung ließe sich ferner geltend machen, daß auch für die Māri-Texte GÌR als Bezeichung einer Funktionstätigkeit vermutet wurde: "(les gìrs) sont issues des hauts fonctionnaires du royaume de Mari" [62]. Ihre Aufgabe besteht nach C. Michel darin, daß "le gìr enregistre les entrées et les sorties de matériel au sein des differentes équipes d'artisans, il est responsable du transfert de la matèriere première au fabricant et de la livraisons des produits finis ... A ce titre le gìr est un haut fonctionaire du palais, qui dans son rôle d'«intermédiaire» reçoit pour l'artisan le matériau qui sera exploité sous sa propre administration." [63]
Dennoch erheben sich Bedenken gegen die Existenz eines solchen Titels in Māri und damit auch in Alalaḫ:
• Eine Berufs- oder Funktionsbezeichnung sollte nach dem Namen des Trägers stehen, in dem Band ARM XXV, wo das Zeichen GÌR öfters begegnet, steht es diesem indessen regelmäßig voran [64].
• Es handelt sich bei den Vorkommen in Māri um verschiedene Arten von Texten, die Gattung der Getreidelieferliste, wie sie in Alalaḫ vorliegt, ist nicht darunter. Es läßt sich daher auch nicht deutlich machen, wie man sich den Bedeutungswandel einer klar definierten hohen Beamtenstelle hin zu einer offenbar ständig belegten relativ bescheidenen Funktion, wie sie in Alalaḫ vorliegen müßte, vorzustellen hätte.
• Die Funktion läßt sich offenbar nicht deutlich von den LÚ.MEŠ.*ebbū* abgrenzen.
• Das von C. Michel [65] genannte Beispiel "GÌR PN *u* LÚ.MEŠ.*ebbī*" (unveröffentlicht) zeigt, daß ein Scheinproblem vorliegt: C. Michel zieht daraus nämlich die Folgerung: "L'emploi de génitiv pour le dernier substantif indique clairement que les *ebbum* susnommés ont également le statut de gìr, nous avons ainsi la preuve que certains *ebbum* peuvent aussi être gìr." Viel einfacher ist die Annahme, es handle sich um eine Präposition, so daß zu übersetzen ist "an PN und die Verantwortlichen".

Vor diesem Hintergrund wenden wir nun den Blick zurück auf unser Textkorpus:

---

[60] G. Giacumakis, 75.

[61] So offenbar auch E. Gaál in seiner Dissertation, vgl. den Bericht bei G. Komoróczy, AUSB 15, 259. Letzterer erwägt, GÌR als Abkürzung für GÌR.ÌR zu verstehen und folglich *šakkanakku* zu lesen.

[62] C. Michel, MARI 6, 209.

[63] C. Michel, MARI 6, 191.

[64] H. Limet, der Bearbeiter der Texte, übersetzt daher "responsabilité".

[65] C. Michel, MARI 6, 210.

• A. Goetze [66] macht geltend, daß GÌR nicht vor Zweckangaben steht. Unsere Übersicht im Anhang D *sub* A bestätigt diese Beobachtung. Insbesondere macht sie deutlich (vgl. dort v.a. 1.3.), daß GÌR vor verschiedenerlei Personen, Berufsbezeichnungen usw. steht. Es ist daher von vornherein unwahrscheinlich, daß es in einer doch relativ kleinen Verwaltung wie der von Alalaḫ eine solche Vielzahl von GÌRs gegeben haben sollte.
• Ferner ist zu beachten, daß in Text 21 mit Ausnahme der ŠE.BA-Einträge fast alle Einträge ein GÌR aufweisen. Analoges gilt für Text 15, wo mehrfach GÌR vorkommt, die Präposition *ana* indessen völlig fehlt. Umgekehrt sind weite Teile von Text 22 mit *ana* formuliert.
• Ein Überblick über die Texte zeigt, daß auf den 94 Tafeln nur 24x (25,5%) sowohl *a-na* als auch GÌR vorkommen, in 19 Fällen (20,2%) steht keines von beiden, in immerhin 51 Texten (54,3%) steht entweder *ana* oder GÌR. Dieser an sich schon signifikante Befund wird noch deutlicher, wenn wir die Prozentzahlen nur auf der Basis berechnen, wo überhaupt eine der beiden Formulierungen vorhanden ist. Dies ist deswegen eine sinnvolle Zusatzbedingung, da das Fehlen einer solchen Formulierung entweder auf den Erhaltungszustand zurückzuführen oder aber infolge der tabellarischen Gestaltung der Tafel zwangsläufig sein könnte. Dann ergibt sich folgendes Bild: 24 von den betrachteten 75 Tafeln weisen beide Formulierungen auf (32%), und 51 (68%) verwenden GÌR und *ana* alternativ.
• Der Anhang D *sub* A1 zeigt, daß GÌR häufig in solchen Einträgen vorkommt, wo nicht nur ein Empfänger belegt ist, sondern zusätzlich ein Zweck oder ein Letztverbraucher genannt wird. Umgekehrt ließe sich die eben angestellte Berechnung noch weiter verdeutlichen, wenn man z.B. berücksichtigt, daß das einmalige Vorkommen von *ana* in Text 1 nicht auf einen persönlichen Empfänger zielt, sondern auf einen Zweck, nämlich die Bierproduktion [67].

Insgesamt lassen sich aus dem Befund verschiedene Folgerungen über GÌR ziehen:
• Es handelt sich nicht um eine Funktionsbezeichnung, sondern vielmehr um eine Präposition, deren nächstvergleichbare Verwendung wohl das "aB in Urk." belegte *šep* PN [68] sein dürfte [69].
• Die grundlegende Differenzierung ist offenbar nicht die zwischen den Typen [70] "x PN"; "x *ana* PN" oder "x GÌR PN". Vielmehr scheint es (beim Diktat?) ins Belieben des Schreibers gestellt zu sein, welchen dieser Typen er verwendet, wobei allerdings infolge der tabellarischen Gestaltung der Typ "x

---

[66] A. Goetze, JCS 13, 34 (gefolgt von G. Bunnens, BAfO 19, 76).

[67] Vgl. Text 25: erste Hälfte hat GÌR, dann Einschübe mit *a-na ka-ra-ši*, dann kommt nur noch *a-na*.

[68] AHw 1215b *sub* B2.

[69] Vgl. 35,79: GÌR *ša*.

[70] PN steht hier *pars pro toto* für jede Empfängerangabe.

PN" bei weitem überwiegt. Wo Präpositionen in einer Reihe von Einzeleinträgen geschrieben sind, ist diese Reihe demzufolge zumeist identisch formuliert.

• Wichtiger scheint die Frage zu sein, ob es sich bei der Lieferung in erster Linie um eine empfängerbestimmte (vornehmlich zur persönlichen Verwendung) oder um eine zweckgebundene Zahlung handelt. Im letzteren Fall ist eher mit der Verwendung von GÌR zu rechnen.

—Auf dem Hintergrund dieser Ergebnisse können wir uns nun der Präposition *ana* zuwenden. Hier ist insbesondere die Verwendung des einfachen senkrechten Keils (DIŠ) auffällig, die eigentlich erst etwas später üblich wird [71]. In den etwas späteren Texten aus Tall Mumbāqa findet sich diese Verwendung des DIŠ-Zeichens nicht [72], wohl aber in den spätbronzezeitlichen Texten aus Emar [73]. Althethitisch ist DIŠ für *ana* m.W. nicht belegt, doch ist die Verwendung akkadischer Präpositionen in hethitischem Kontext ohnedies ein besonderes Problem [74].

Der Vorschlag, den senkrechten Keil als *ana* zu verstehen, gründet sich zunächst darauf, daß der Personenkeil als Determinativ in den Getreidelieferlisten so gut wie nicht vorkommt [75]. Wir haben nun wahrscheinlich zu machen, daß die Verwendung als Präpositionsersatz an den vorkommenden Stellen möglich ist:

2,26: Der Eintrag steht direkt vor einem Eintrag mit *a-na*. Diese beiden Einträge bilden die letzten Einträge des Blockes [76].

17,20: Es handelt sich um den ersten Eintrag des Blockes, der senkrechte Keil kann daher tabellarische Funktion innehaben (vgl. das ebenfalls eingerückte GÌR in Z. 32).

26,13: Die Stelle ist textlich schwierig, zur Begründung unserer Lesung siehe unten Kap. V,2.1.12. Da es sich beim Empfänger um eine Berufsbezeichnung handelt, wäre ein Personenkeil sinnlos.

---

[71] Vgl. W. von Soden, AkkSyll, 54 (als Lautwert ab mA), vgl. R. Labat/F. Malbran-Labat, 213.

[72] W. Mayer, Mumbāqa, 20.

[73] C. Wilcke, AuOr 10, 65 möchte dieses Phänomen auf die Texte des von ihm so genannten "syro-hethitischen" Typs beschränken, vgl. S. Seminara, MVS 6, 460.

[74] Vgl. F. Starke, StBoT 23, 109f.118f.: Kennzeichnung der terminativen bzw. lokativen Funktion des hethit. Dativs in althethitischen Texten unter präziser Übereinstimmung mit dem akkadischen Gebrauch. Nach F. Starke wurde diese Differenzierung binnenhethitisch später überflüssig (a.a.O., 110), wodurch sich die unpräzise Verteilung der Präpositionen in der Großreichszeit erklärt. M.E. wurde mit der Übernahme der Keilschrift auch der Gebrauch von Akkadogrammen übernommen, die zunächst so gebraucht wurden, wie "man es gelernt hatte". Später verselbständigte sich dann der Gebrauch.

[75] 94,5 in zerstörtem Kontext und 15,13 in einer korrigierten Umgebung.

[76] Ob Tapal einen PN darstellt oder das Lexem "Paar" kann hier offenbleiben.

63,12.14: Der Kontext ist nicht besonders gut erhalten. Im Fall von Z. 14 liegt wiederum die gut bezeugte Struktur ŠÀ.GAL + *ana* vor, in Z. 12 verfügen wir über kein Kriterium, ob Personenkeil oder DIŠ-Zeichen gemeint sind.

70,5: Auch hier wird eine Präposition vorliegen, zumal der Text an Text 73 erinnert, wo Kunnate ebenfalls mit Präposition formuliert ist.

Zusammenfassend ist festzuhalten, daß die Lesung des senkrechten Keils als DIŠ=*ana* zwar nicht zweifelsfrei bewiesen werden kann, zumal der Kontext in den meisten Fällen rekonstruiert ist, dennoch spricht einiges dafür, daß unsere Annahme zutrifft. Damit läge hier wohl einer der frühesten Belege für diese Verwendung vor [77].

Zuletzt ist zu fragen, ob sich gelegentlich auch die westsemitische Präposition *l-* in unseren Texten niedergeschlagen haben könnte. Dies wird von D. Arnaud [78] für die Stellen 45,5.10 (LÚ *la* Bitin) vorsichtig in Erwägung gezogen, "qu'on traduira par: 'destiné à aller à Bitin'", ebenso wie für 73,1f, wo die Schreibung NU = *là* doch etwas ungewöhnlich scheint. Dagegen ist allerdings einzuwenden, daß an allen drei Stellen wohl besser URU zu lesen ist.
Indessen könnte die enigmatische Stelle 31,9 (Getreide) *ana šubšuli* NU [f]DAM LÚ.MEŠ.UŠ.BAR so eine Erklärung finden: Das schwer erklärbare NU ist womöglich als *là* zu lesen und entspricht der westsemitischen Präposition. Weitergehende Folgerungen sollte man vorsichtigerweise aus dieser Vermutung nicht ziehen.

g) Determinative

—Wenn unsere eben geäußerte These zutrifft, gibt es in den Getreidelieferlisten keinen **Personenkeil** [79].
—Demgegenüber werden **weibliche Personennamen** relativ regelmäßig durch das MÍ-Zeichen gekennzeichnet. Allerdings haben wir mit der Möglichkeit zu rechnen, daß durch das eventuelle Fehlen einer Kennzeichnung ein Frauenname nicht als solcher erkannt wird. Wir haben daher nur da ein Falsifikationskriterium, wo wir aus anderer Quelle sicher [80] wissen, daß es sich bei einer Person

[77] Wenn es zutrifft, daß in Emar diese Verwendung nur in "syro-hethitischen" Texten vorkommt, ließe sich dies leicht einsichtig machen: Die Abkürzung war in Aleppo üblich, wurde dann von den Hethitern übernommen. Während sie im mitannizeitlichen Syrien wieder außer Gebrauch kam, wurde sie von den Hethitern wieder zurückgebracht.

[78] D. Arnaud, AuOr 16, 173.

[79] 94,5 kann nicht als Gegenargument angeführt werden, da die Stelle evtl. nicht hierhergehört und ohnedies nur sehr fragmentarisch erhalten ist.

[80] Z.B. bei mehrfachem Vorkommen eines Namens oder bei eindeutiger Benennung durch ein weibliches Attribut.

um eine Frau handelt. Dabei läßt sich feststellen, daß das Determinativ oft dann fehlt, wenn die Person durch die hurritische Genitivendung *-(w)e* am Namen ihres Mannes als Ehefrau gekennzeichnet ist [81]. In diesem Fall ist es arbiträr, da die Weiblichkeit der Person bereits durch den Genitiv gesichert ist, so daß die Geschlechtskennzeichnung durch Determinativ entfallen kann [82]. Von den übrigen ca. 50 Fällen fehlt das Determinativ nur an drei Stellen [83]. Diese drei Vorkommen verteilen sich auf die beiden Frauen Kuwe und Zirri, von denen wir sehen werden, daß sie eine relativ herausgehobene Rolle spielten, so daß die Kennzeichnung ihres Geschlechtes vermutlich nicht in jedem Einzelfall als erforderlich betrachtet wurde.

—Das DINGIR-Zeichen als Determinativ vor **Götternamen** steht regelmäßig, wenn der Name der Stadtgöttin Ištar absolut gebraucht wird. In dem Monatsnamen (^{d})*Kal-ma* steht es einmal (44,11) und fehlt einmal (35,76). In Personennamen steht es stets vor den Wortzeichen [84] für Addu, Šamaš/Šapaš und Ištar, fehlt jedoch mitunter (z.B 4,32; 31,6), wenn diese theophoren Elemente syllabisch geschrieben sind. Bei anderen Götternamen (z.B. Dagan; Ḫepat, Irra) wechselt die syllabische Schreibung mit und ohne Determinativ, wieder andere theophore Elemente (Kiyaše; Baḫl-; Rāpi) wurden offenbar nicht als solche empfunden und werden ohne Determinativ geschrieben.

—**LÚ(.MEŠ); MÍ(.MEŠ):** Hier ist in jedem Fall zu unterscheiden zwischen einer Verwendung als Wortzeichen für *awīlu* (2,13; 3,2 u.ö) bzw. *sinništu* (2,2; 6,17 u.ö.) einerseits und der Stellung als Determinativ vor Berufs- und Ortsangaben andererseits. Vor Ortsangaben dürften die Zeichen lediglich andeuten, daß der nachfolgende Ortsname als Nisbe zu lesen ist, wobei im Einzelfall zu klären ist, wie diese konkret realisiert wurde [85]. Vor Berufsangaben sind die Zeichen wohl nicht mitzulesen, zumal die Kennzeichnung öfter fehlen kann (17,15; 35,30) und folglich nicht konstitutiv ist [86].

---

[81] Streng genommen handelt es sich dann auch nicht um einen Frauennamen, sondern um eine Paraphrase zur genauen Bezeichnung einer ansonsten namenlos bleibenden weiblichen Person.

[82] In 35,34 dürfte es sich um eine versehentliche Auslassung handeln, da der PNF im Text mehrfach vorkommt und stets das Determinativ aufweist.

[83] 8,6; 12,11; 13,7.

[84] D. Arnaud, AuOr 16, 146 nimmt an, daß das Zeichen in verschiedenen PNN vor dem theophoren Element als *il*(*u*) mitzulesen sei, doch ist die Beweislage in den meisten Fällen eher unzureichend.

[85] In einigen Fällen (7,13; 29,12) liegt eine syllabische Umschrift vor, die auf die hurrit. Nisbenbildung mit *-ḫḫe* verweist. An anderen Stellen (35,47 gegen 5,29; 24,19 gegen 13,12 usw.) dürfte eher die semit. Bildungsform auf *-ī* vorliegen. Vermutlich war die Bildungsweise je nach dem zugrundeliegenden Ort unterschiedlich. Eine eindeutige Umschreibung liegt in 26,34 vor: *Ra-bi*.KI-*ia-ni*.

[86] Zur Verwendung in den Amarna-Texten siehe A.F. Rainey, HdO I/25,1, 29-31.

—Bei dem Zeichen ITI vor **Monatsnamen** dürfte es sich nicht um ein Determinativ handeln, sondern vielmehr um den St.constr. des Wortes *warḫu* "Monat" [87]. Die Zeichenfolge ITI MN ist also zu lesen als *waraḫ* MN [88]. Der Monatsname selbst ist wohl als Genitiv zu verstehen [89], da in einigen Fällen eine Genitivendung mit Mimation durch die Schreibung mit *-tim* hergestellt wird (12,29 u.ö.), wogegen der Regelfall die Endung *-i/e* [90] ist (auch in der Wendung *ūm* MN, z.B. 35,11).
—Ob das URU-Zeichen vor bzw. das KI nach [91] einer **geographischen Angabe** mitzulesen ist [92], entzieht sich unserer Kenntnis, da wir über keine syllabisch geschriebenen Belege verfügen [93]. Da andererseits die Verwendung von geographischen Angaben mit und ohne die genannten Elemente wechselt (vgl. 35,57 mit 35,51), ohne daß eine inhaltliche oder philologische Differenz ersichtlich wird, dürfte dies nicht der Fall sein.
—Im Umfeld von **Pflanzennamen** findet sich (z.B. 3,18 u.ö) die Formulierung ŠAM.Pflanzenname.(SAR). Diese Elemente dürften kaum mitzulesen sein (3,18 gegen 47,14?), wenngleich in 64,1 ein ausgeschriebenes *šammu* belegt ist.
—Weitere **gelegentlich vorkommende Determinative** sind KAŠ vor Getränkesorten [94], MUŠEN vor oder nach Vogelarten, GIŠ vor Holzgegenständen [95] und NA_4 vor Steingegenständen.
—Die **Pluralmarkierung** erfolgt durch die Determinative MEŠ (bei Personen) und ḪI.A (bei Gegenständen und Tieren) [96]. MEŠ steht in der Regel zwischen LÚ bzw. MÍ und der weiteren logographischen bzw. syllabischen Bestimmung; ḪI.A in der Regel am Schluß der Kette. In den meisten Fällen läßt sich nicht sagen, ob eine syllabisch geschriebene Bezeichnung singularisch oder pluralisch ist [97]. Allerdings kommt mehrfach der Fall einer Schreibung mit Mimation vor (z.B. 44,13 MÍ.MEŠ.*ṭe-mi-tum*). Diese Schreibungen dürften allerdings akkadographisch sein und sind also nicht beweiskräftig. Dies gilt um so mehr, als die eben genannte Stelle durch *pilakuḫuli* sozusagen glossiert wird.

---

[87] In ITI *ḫīšu* liegt evtl. eine lexikalisierte Verwendung vor, s.u. S. 154.
[88] Dieselbe Verwendung im Ugarit. in der Wendung *yrḫ* MN und im Hebr.
[89] Vgl auch D. Arnaud, AuOr 16, 146.
[90] Bei Ekena dürfte an eine diptotische Flexion zu denken sein.
[91] KUR kommt nur zweimal in den Getreidelieferlisten vor: 24,23; 35,28.
[92] Dies vermutet für die Amarna-Texte A.F. Rainey, HdO I/25,1, 29.
[93] Wo *ālu* als Vollnomen gebraucht wird (10.01,12; 23.03,19 u.ö.), liegt eine andere Verwendung vor.
[94] Zu KAŠ.GEŠTIN für *karānu* "Wein" siehe G.F. del Monte, FS Houwinck ten Cate.
[95] Zu GIŠ.*parīsu* siehe unten.
[96] Die Ausnahmen hiervon sind A.ŠÀ.MEŠ (42,4); TÚG.ḪI.A.x.MEŠ (2,33, wohl Gewandbezeichnung) und LÚ.MEŠ.NAGAR.ḪI.A (37,4).
[97] Vgl. für die Amarnabriefe A.F. Rainey, HdO I/25,1, 30.

h) Die dialektale Einordnung des grammatischen Befundes

Da wir es hier nicht mit ausformulierten Texten zu tun haben, entfällt mit der Syntax ein wichtiges Kriterium der sprachgeschichtlichen Einordnung. Dasselbe gilt für die Morphologie des Verbums. Auch auf phonologische Beobachtungen werden wir weitgehend verzichten müssen, da wir es mit einem Randdialekt zu tun haben, der zudem unter hurritischem und westsemitischem Einfluß steht. Angesichts der chronologischen Einordnung kommt—es finden sich keine direkten Assyriasmen [98]—nur die Alternative zwischen alt- und mittelbabylonisch in Frage [99].

Im Rahmen der soeben gemachten Einschränkung bestehen zwischen diesen beiden Dialektstufen zwei Hauptunterschiede: Der Abfall der Mimation und der Lautwandel *št* > *lt*.

• Zur Mimation [100] ist festzustellen, daß diese in den meisten Fällen nicht realisiert wird. Einige Ausnahmen sind als Akkadogramme zu bezeichnen, da ein sachlicher Plural durch eine mimierte Schreibweise wiedergegeben wird, die auf den ersten Blick an einen Singular denken läßt [101]. Das Wort *annû* wird im Plural stets mit Mimation geschrieben, doch mag auch dies eher eine Konvention als die gesprochene Realität widerspiegeln. Bereits oben hatten wir auf die Möglichkeit von akkadographischen Schreibungen bei den Wörtern *ṭabtu* und *ṭēmītu* hingewiesen, für *ṭênu* (4,26.27) dürfte dasselbe gelten. Ebenfalls stark in diese Richtung weisen die Schreibungen *šukuptum/šukuttum* (4x), da die Vielzahl der Belege für *šukupte/i* zeigt, daß hier (ebenso wie bei *ṭabtu*) lediglich die Auflösung einer auslautenden Doppelkonsonanz durch die akkadographische Schreibung intendiert ist.

In Text 24 finden wir zweimal eine "korrekt mimierte" Form, nämlich Z. 32 *nārim* (gegen Z. 38 *nāri*) und Z.33 *kaššem*. Da beide Formen direkt nebeneinander stehen, dürften sie sich gegenseitig attrahiert haben. Bei diesen beiden Fällen handelt es sich auch um die einzigen zwei Gelegenheiten, wo die Mimation durch eine Schreibung KV-VK ausgedrückt wird. An allen anderen Belegen finden sich KVK-Schreibungen, namentlich mit den Zeichen TIM und TUM.

---

[98] Zu evtl. Assyriasmen im Dialekt der Schicht VII vgl. D. Arnaud, AuOr 16, 147. Zu fragen wäre in dieser Zeit ohnedies, inwieweit man von "Assyriasmen" sprechen darf. Denkbar wäre immerhin, daß die sprachlichen Eigenarten Altsyriens ihrerseits das zeitgenössische Assyrisch beeinflußten. Der einzige Hinweis auf eine Beziehung zu Assur ist der Personenname Jašib-Aššur (4,24), der allerdings auch einen Ortsfremden bezeichnen könnte.

[99] Es ist hier nicht der Raum, die grammatikalischen Phänomene des Gesamtkorpus herauszuarbeiten. Eine derartige Analyse läßt sowohl eine diachrone Entwicklung als auch gattungsbedingte Sprachverwendung erkennen.

[100] Vgl. D. Arnaud, AuOr 16, 147.

[101] Z.B. LÚ.MEŠ.*pirîm* (64,4); MÍ.MEŠ.*mušēniqtum* (6-7x, versus das zu erwartende *mušēniqtāti* 4x), MÍ.MEŠ.*ṭēmitum* (44,13). Die Pluralmarker machen deutlich, daß die auf *-m* auslautenden Schreibungen rein graphisch sind.

Diese beiden Zeichen werden umgekehrt [102] nur zum Ausdruck der Mimation gebraucht. Die Mimation stellt folglich in den Getreidelieferlisten keine produktive Kategorie mehr dar.

• Der Lautwandel *št* (und ähnl.) > *lt* ist in den Getreidelieferlisten nicht festzustellen. Wohl aber finden sich etliche Belege für den Erhalt des *š*. Bei genauerem Hinsehen stellt sich aber heraus, daß diese sämtlich in Eigennamen stehen, so daß hier kein eindeutiges Argument gewonnen werden kann.

Insgesamt bedeutet dies für unsere Einordnung, daß das Akkadische der Getreidelieferlisten in Übereinstimmung mit dem Gesamtkorpus und unserer chronologischen Einordnung als ein spätes Altbabylonisch zu gelten hat.

2.3. Die Summen und zusammenfassenden Bemerkungen

2.3.1. Formale Aspekte

Wir hatten bereits oben (2.1.3.) festgestellt, daß die Summe innerhalb eines Blockes eine eigene Größe darstellt. Daher haben wir nun hier die Aufgabe, diese Größe nach ihrer formalen Realisierung zu beschreiben und zweitens inhaltlich zu fragen, wo die Summen und die zugehörigen Blöcke nach ihren Zahlangaben übereinstimmen. Letzteres ist eine entscheidende Fragestellung für die Erhebung des "Sitz im Leben" einer Summenformulierung: Können wir feststellen, daß die Summe grundsätzlich die Angaben des Blockes aufaddiert, so sind der "Sitz im Leben" in Block und Summe identisch. Ist dies nicht der Fall, so werden wir nach einer anderen Verortung suchen müssen.

Zur formalen Beschreibung der Summenformulierungen ist zunächst der Anhang D zu vergleichen. Für die Deskription der Summenformulierungen aus Ugarit hat I. Márquez Rowe eine wichtige Vorarbeit geleistet [103]. Er stellt fest, daß zu einer Summenformulierung in Ugarit drei Größen gehören: Die Formulierung "Summe" (ugarit. *tgmr*, akkad. ŠU.NÍGIN) (a), die Zahl (b) und die betroffene Ware (c). Seiner Auflistung nach Typen entnehmen wir, daß lediglich die Zahl konstitutiv ist, die beiden anderen Elemente jedoch fehlen können. Damit ergeben sich nach den Regeln der Kombinatorik [104] elf formale Anordnungsmöglichkeiten: b, ab, ba, bc, cb, abc, acb, bac, bca, cab und cba.

Von diesen werden nach der Aufstellung bei I. Márquez-Rowe in ugaritischen Formulierungen die mit b beginnenden Möglichkeiten verwendet, wobei aller-

---

[102] Die Stelle 28,5 ist keine Ausnahme, da das Zeichen hier im PN und ebenfalls im Auslaut steht.

[103] I. Márquez Rowe, UF 24, 259-261.

[104] Es können aus einer Menge mit drei Elementen {a,b,c} auf drei verschiedene Weisen ein Element, auf je sechs verschiedene Weisen zwei oder drei Elemente ausgewählt werden. Da indessen ein Element {b} konstitutiv ist, sind alle Teilmengen unzulässig, die dieses Element nicht enthalten, so daß von den 15 Möglichkeiten nur die genannten 11 übrig bleiben.

dings bca ersetzt wird durch acb (den häufigsten Typus) [105]. In akkadischen Summenformeln ist das Bild identisch, jedoch mit der Ausnahme, daß Text 4.63 (und 4.754) grundsätzlich die Anordnung abc wählt. Weitergehende Folgerungen werden allerdings aus der Typologie nicht gezogen. Wenden wir nun das methodische Vorgehen von I. Márquez-Rowe auf die Getreidelieferlisten aus Alalaḫ VII an, so sind folgende Elemente festzustellen:

a) Eine **"Überschrift"** als Hinweis auf die Summenformulierung folgt. Diese erfolgt meistens durch die Ligatur ŠU.NÍGIN. Die Lesung des Wortzeichens ist unsicher, die Zeichenlisten und Wörterbücher geben *napḫaru*. Dieses kann ersetzt werden durch die Formulierung *annûtim* (*ša*) (6,33; 25,18), durch anaphorisches Pronomen *ša* (53,10f) oder auch die Wendung *ṭuppi* (Ware) [106].
b) Der **Titel** der Summenformulierung: Hier haben wir die Formulierung ZI.GA, mitunter (4,21 u.ö.) erweitert durch *ša*. Diese ist ausweislich von 46,30 als *gimru* [107] "(Monats-)Ausgabe" zu lesen, was uns einen wichtigen Hinweis auf den "Sitz im Leben" der Blöcke und Getreidelieferlisten gibt.
c) Eine **Zahl**
d) Eine **Maßangabe**
e) Die ausgegebene **Ware**
f) Die **Monatsangabe**

Damit ergeben sich folgende Typen [108]:

acde: 22 Belege, davon 5 mit Erweiterung
acdeb: ca. 32 Belege, davon 1 mit Erweiterung
acdebf: ca. 22 Belege, davon 1 mit Erweiterung
ace: 2 Belege
aceb: 2 Belege
af: 1 Beleg
afb: 1 Beleg
bef: 1 Beleg
bf: 4 Belege, davon einer mit Erweiterung
f: 13 Belege
fab: 1 Beleg (mit Erweiterung)
facde: 1 Beleg
face: 1 Beleg

---

[105] I. Márquez-Rowe, UF 24, 259.

[106] Diese steht in 74,1 vor der gesamten Tafel, auf die sie sich bezieht, in 24,26 als zusammenfassende Bemerkung nach dem Block.

[107] Vgl. CAD G 76-78 (ohne diese Stelle). Das ugarit. *mgmr* ist von derselben Wurzel abgeleitet, das hurrit. *mi-zi-mi* (E. Laroche, GLH, 171), das auf einem ḪAR.RA.*ḫubullu*-Stück mit ZI.GA geglichen wird, hat mit unseren Texten sichtlich nichts zu tun.

[108] Einzelnachweise werden in Anhang D *sub* B) gegeben.

Die Übersicht zeigt, daß nur dann eine Zahl angegeben ist, wenn eine "Überschrift" mitgenannt ist. Anhand des Index D (*sub* B1) können wir diese Beobachtung noch präzisieren: Eine Zahl ist nur dann genannt, wenn der entsprechende Vermerk ausdrücklich mit ŠU.NÍGIN formuliert wird. Dies bedeutet, daß die Aufsummierung nur einen Teilaspekt der Zusammenfassung darstellt. Ferner zeigt die typologische Zusammenstellung, daß sich die zusammenfassenden Formulierungen auf drei Grundtypen zurückführen lassen [109]:
—Für den ersten Typus konstitutiv sind die Elemente acde, die sich in ca. 75% aller belegten Formulierungen finden. Sie können erweitert sein durch die Elemente b bzw bf, so daß wir annehmen dürfen, daß diese Elemente grundsätzlich zum Typ hinzugehören, jedoch nicht immer mitformuliert sind [110]. Dies bedeutet sachhaltig, daß es sich bei der überwältigenden Mehrheit der zusammengefaßten Blöcke bzw. Tafeln um *monatliche Ausgabelisten* handelt.
Das Fehlen der Maßeinheit im Typ ace dürfte demgegenüber kaum ins Gewicht fallen, zumal wir bereits sahen (oben 2.2.1), daß die Maßeinheit *parīsu* für einen Einzeleintrag so selbstverständlich ist, daß sie entfallen kann. Analoges gilt für die beiden Belege des Typus aceb.
—Der zweite Typus besteht in einer Zusammenfassung, die lediglich den Monat nennt (Typ f). Die Übersicht über die Belege zeigt, daß es sich hierbei meist um Einträge auf solchen Tafeln handelt, die überhaupt nur eine zusammenfassende Bemerkung aufweisen. An einigen anderen Stellen (54,23; 56,19) dient die durch Striche abgrenzte Monatsangabe sichtlich der Datierung der gesamten Tafel. Wo zwei solcher Einträge auf einer Tafel vorhanden sind (Text 9 und 17), liegen Blöcke vor, die in verschiedene Monate zu datieren sind, so daß die Angabe zwangsläufig ist.
—Für den dritten Typus sind die Angabe des jeweiligen Monats und der Überschrift konstitutiv. Weitere der genannten Elemente können folgen. Zwar fällt dieser Typus zahlenmäßig hinter die anderen beiden Typen zurück, jedoch ist er ein wichtiges Indiz für unsere gattungstechnische Einordnung: Da hier die Elemente b und f zwangsläufig stehen, ist zu folgern, daß *alle* Getreidelieferlisten von monatlichen Ausgaben handeln.

2.3.2. Übereinstimmung von Summen und zusammengefaßten Blöcken

Es ist nun zu überprüfen, ob die Summen lediglich eine Aufaddierung der zusammengefaßten Blöcke darstellen oder ob dies nicht der Fall ist. Wir gehen am besten tabellarisch vor [111]:

---

[109] Zu einigen besonderen Formulierungen siehe im Anhang D *sub* B 3.4.

[110] Dies wird deutlich z.B. an Tafel 1, wo die Typen acde, acdeb und acdef auf *einer* Tafel vorkommen. Dabei ist in Z. 25 der Monat eingerückt, was bedeuten dürfte, daß sich die Monatsangabe auf beide Summen bezieht.

[111] Da die Summe nicht zum eigentlichen Block gehört, sind die Blöcke hier grundsätzlich ohne Summenformulierung abgegrenzt. Zur Vereinfachung wird in Spalte 2 nur die Zeile genannt, in der das ŠU.NÍGIN steht. Summen, deren Bezug nicht eindeutig ist oder

Block	Summe	Soll	Ist	Differenz	Abw. in %
1,1-12	1,23	181	188	-7	-3,72
1,13-22	1,24	86	86	0	0
1,26-28	1,29	14	14	0	0
3,1-12	3,12	137	149	-12 [112]	-8,76
3,13-17	3,17	1	1	0 [113]	0
3,18-23	3,24	3 2/3-4 [114]	3 1/2	-0,16/-0,5	-4,54/-12,5
4,1-19	4,20 [115]	227	226 [116]	1/0	0,44/0
4,22-32	4,33	325	215	110	33,85
5,1-17	5,18	166	166 [117]	0	0
5,20-24	5,25	48	79+x	-(31+x)	> -64,59
6,1-10	6,11	96	96	0	0
10,1-16	10,18	205	184	21	10,24
10,19-28	10,29	156	111	45	21,95
10,31-38	10,39	163	164	-1	0,61
11,1-20	11,21	270	360	-90 [118]	-33,3/-0,74
11,23-31	11,32	574	782	-8 [119]	-1,39/-0,35
12,1-13	12,14	167	165	2	-1,20
12,15-16	12,17	50	50	0	0

---

die sich aufgrund des Erhaltungszustandes nicht mit dem jeweiligen Block vergleichen lassen, werden nicht aufgelistet. Unter "Soll" nennen wir die Angabe, die die Summenformulierung bietet, unter "Ist" die tatsächliche Aufsummierung der Einzeleinträge. Die prozentuale Differenz wird auf der Basis des "Soll" berechnet.

[112] Die Summe würde stimmen, wenn nur die Z. 1-7 mitberücksichtigt werden.

[113] Die Summe ist offenbar in Einzeleinträge aufgefächert: 1 *pa*, das sich zusammensetzt: 1/2 *pa* + 1/2 *pa*.

[114] Je nachdem, ob man das *ù* konjunktiv oder kopulativ auffaßt.

[115] Es steht irrtümlich ZÍZ für ŠE.

[116] Die Angabe Z. 17 ist nicht eindeutig, zumal die linke Hälfte des Zahlzeichens nicht erhalten ist. D.J. Wiseman, JCS 13, 25 liest "5", so daß die Summe korrekt wäre. Das Photo spricht eher für 4. Andererseits erhält dieselbe Person in Z. 29 5 *pa* Emmer, so daß ggfs. ein Schreibfehler in Z. 17 oder in der Summe vorliegen könnte.

[117] Siehe unten die Textanmerkung zu 5,1 (Kap. V,2.1.1.).

[118] Nimmt man die unverständlichen Einträge "*pakumuttu* GÌR Murrate" aus der Rechnung heraus, so stimmt die Summe bis auf 2 *pa*.

[119] Nimmt man auch hier den *pakumuttu*-Eintrag heraus, beträgt die Differenz wiederum genau 2 *pa*. Allerdings muß man dann die Getreidelieferung an Murrate in Z. 25 im Unterschied zu vorher in der Rechnung belassen.

Block	Summe	Soll	Ist	Differenz	Abw. in %
12,18-24	12,28	78	78	0	0
13,1-17	13,18	356	354	2	0,56
13,19-21	13,22	106	103	3 [120]	2,83
13,23-26	13,27	107	107	0	0
19,1-8	19,9	131	131[?]	0	0
19,12-19	19,20	110	109 1/3	2/3	0,61
19,23-27	19,28	55	55	0	0
20,1-5	20,7	75 1/2	75 1/2	0	0
20,9-20	20,21	250	175 +75,5 [121]	-1/2	0,20
20,23-26	20,27	55	49[?]	6	10,91
20,28-31	20,32	29	29	0	0
22,1-12	22,13	145	146	-1	0,69
22,14-18	22,19	95[?]	95	0	0
22,20-24	22,25	30	30	0	0
23,1-19	23,20	203 1/2	? [122]	0[?]	0[?]
23,34-41	23,42	200	198	2	1,00
26,1-19	26,22	380	400 5/6 [123]	-20 5/6	-5,48
26,23-32	26,32	84	83 2/3	1/3	0,40
32,1-17	32,18	62 1/3	631/3 [124]	-1	-1,60
32,1-17	32,19	53	53	0	0
35,44-63	35,64	161	161	0	0
35,69-79a	35,79	180	182,25	-0,25	-0,14
36,1-18	36,19	360	360	0	0

[120] Aus formanalytischen Gründen (s.u. 2.4.3) sind noch 3 *pa* an die Ammen zu erwarten, so daß die Summe stimmig wäre.

[121] Es handelt sich um eine Gesamtsumme aus zwei Blöcken, wie der Zusatz *ša* Ì.DUB PN deutlich macht, siehe zur genauen Interpretation Kap. V,2.20.

[122] In Anbetracht dessen, daß die Summe das halbe *pa* aus Z. 18 nennt, möchte man annehmen, daß korrekt aufaddiert wurde.

[123] Auf dem unteren Rand stehen zwei Einträge, die offenbar nicht direkt den Palast betreffen. Bezieht man diese beiden nicht mit ein, so ist die Summe auf 1/6 genau.

[124] Es sind hier alle Einträge zusammenzuzählen, bei denen nicht ausdrücklich eine andere Ware als ŠE genannt ist, in der nächsten Zeile alle ZÍZ-Einträge.

Block	Summe	Soll	Ist	Differenz	Abw. in %
37,1-8	37,9	72	73	-1	-1,73
38,1-13	38,14	242 [125]	242	0	0
38,1-9	38,15	3	3	0	0
44,1-8	44,9	90	89	1	1,11
45,1-5	45,6	46	46	0	0
45,7-10	45,11	31 1/2	31 1/2	0	0
45,13-17	45,18	21	20	1	4,76
46,1-28	46,29	634	632	2	0,32
54,1-5	54,6	318	318 1/3	-1/3	0,10
54,8-15	54,16	175	175	0	0
55,1-16	55,18	50	50 [126]	0	0
55,1-16	55,18	27	27	0	0
56,1-3	56,4	62	62	0	0
56,5-8	56,9	195	195	0	0
56,11-15	56,19	38	38	0	0
57,1-12	57,14	321	331 1/2	-10 1/2	-3,27
58,1-8	58,9	91	91	0	0
58,11-14	58,15	20	20	0	0
67,1-6	67,12	155	153 1/3	1 2/3	1,08
67,8-11	67,13	13	11	2	1,08
69,1-4	69,5	24	24	0	0

Aus der Tabelle lassen sich verschiedene Folgerungen ableiten:

• Etwa 31 von 62 bestimmbaren Summen stimmen in der Anzahl mit der Summe der im Block genannten Einzeleinträge präzise überein. Dies ist ziemlich genau die Hälfte.

• Bei weiteren 12 Summen beträgt die Differenz 1 *pa* oder weniger. Dabei fällt auf, daß vor allem da, wo die Einzeleinträge Bruchzahlen nennen, oftmals auf- bzw. abgerundet wird. Daraus dürfen wir ableiten, daß die Summe **nicht** die mechanische Addition der Einzeleinträge darstellt, da anderenfalls die Bruchzahlen mit addiert sein müßten. Wir haben daher davon auszugehen, daß Beträge

[125] Zur Verteilung der Waren auf ZÌ.DA (diese Zeile) und Salz (nächste Zeile) in den Einzeleinträgen siehe Kap. V,2.12.

[126] Es sind in dieser Zeile alle Einzeleinträge aufzuaddieren, bei denen nicht ausdrücklich eine andere Ware als ŠE genannt ist, die nächste Zeile befaßt sich mit ZI.AŠ.

mit Differenzen unter ein *pa* auf Rundung oder andere Differenzen zurückzuführen sein könnten. Auch könnte eine derartige Differenz im Einzelfall auf einen Schreibfehler zurückgehen.

• Die übrigen Texte (rund 1/3 der Datenbasis) nennen Zahlen, die von den Blöcken teilweise beträchtlich abweichen. Dabei fällt auf, daß z.B. in Text 20 vier Summen vorfindlich sind: Zwei davon stimmen genau, eine mit einem *pa* Differenz, die vierte (20,27) weicht stark ab. Wir können daher nicht von Eigentümlichkeiten der jeweiligen Tafel ausgehen, sondern müssen den Grund im Verhältnis zwischen Block und Summe suchen.

• Ferner hatten wir an einigen Stellen beobachtet, daß die jeweilige Summe genau oder annähernd genau ist, wenn einige Einzeleinträge nicht berücksichtigt werden.

• Außerdem ist festzustellen, daß an einigen Stellen ein Zusatz genannt wird, der die Ware lokal bestimmt ("der Speicher des Irra-Imitti").

• Ein weiteres Indiz ergibt sich aus dem Versehen 4,20, wo die falsche Getreidesorte genannt wird. Bei einer mechanischen Aufaddierung wäre dies nur schwer denkbar, zumal es sich um den ersten Block der Tafel handelt [127]

Die einfachste Erklärung für die beobachteten Phänomene dürfte folgende sein: Die Summe wird als separat vom zugehörigen Block betrachtet. Der Schreiber (bzw. der Diktierende) gibt mit der Summe nicht die Addition des Blockes an, sondern die "Bilanzdifferenz" vor und nach den jeweiligen Ausgaben, wie sie sich an der Ausgabestelle (z.B. dem Speicher des Irra-Imitti) darstellt. Diese kann und wird im Regelfall—v.a. bei kleineren Blöcken—der Summe der Einzeleinträge entsprechen. Dies muß jedoch nicht zwangsläufig der Fall sein. Verschiedene Ursachen können Abweichungen bewirken [128]. Diese können im Buchhaltungssystem begründet sein [129], oder externe Ursachen haben [130].

2.4. Die Blöcke und ihre Kategorisierung

2.4.1. Einführung

Nachdem wir nun die Getreidelieferlisten als ganzes auf Grundlage der Blöcke definiert und die Einzeleinträge und Summen als kleinste Seme formal analysiert haben, haben wir jetzt herauszuarbeiten, ob es zwischen diesen beiden Größen eine weitere Ebene gibt, mit anderen Worten, ob die Gattung "Block" in sich weiter differenzierbar ist. Hierbei ist allerdings das methodische *caveat* anzumel-

---

[127] Im Vorgriff auf das unten zu 2.4.2 zu erörternde ist festzuhalten, daß es sich um einen "Normblock" handelt, der automatisch von ŠE handelt, was das Versehen umso unwahrscheinlicher macht.

[128] Von Rechen-, Schreib- bzw. Hörfehlern kann hier ebenso abgesehen werden wie von absichtlichen Fälschungen in betrügerischer Absicht.

[129] "Verlustvorträge" für den folgenden Monat, bereits vollzogene, aber noch nicht gebuchte Zahlungen und *vice versa*...

[130] Rundungs- und Schüttverluste, Mäusefraß etc.

den, daß eine solche Unterteilung kaum auf rein formalen Kriterien aufgebaut werden kann, sondern inhaltliche Aspekte wie den konkreten Empfänger und die Ausgabemenge mit einbeziehen muß. Dies liegt daran, daß wir hier am Übergang von formaler Gestaltung eines allgemeinen, sich wiederholenden Sachverhalts (Einzelausgabe durch Einzeleintrag, monatliche Auflistung der stattgehabten Auszahlungen) zur konkreten inhaltlichen Ausformulierung von Einzelfällen stehen.

In diesem Zusammenhang richten wir unser Augenmerk besonders auf den Anfang der Blöcke, da wir vermuten dürfen, daß sich hier regelmäßige Eintragungen am ehesten niederschlagen, da die Abfassung von Blöcken wohl so geschah, daß erst das Regelmäßige und Bekannte formuliert wurde und sodann das Neue eingetragen wurde.

In der Tat finden wir beim Vergleich der Blockanfänge, daß 21 [131] von ca. 193 Blöcken (94 Tafeln), also knapp 11% (22,3%), als Empfänger "das Gesinde" nennen, wobei die Formulierung wechselt, stets aber die Elemente GÉME oder MÍ.MEŠ beinhaltet[132].

Ein weiterer häufig vorkommender Blockbeginn nennt als Ausgabetitel und Empfänger die Formulierung "ŠE.BA LUGAL". Dies kommt immerhin 14x vor [133], also in etwa 7% aller Blöcke.

Wir können daher schon *prima facie* annehmen, daß diese Tafeln in hohem Maße Standardvorgänge zum Ausdruck bringen. Daher definieren wir den häufigeren Block als "Normblock", den anderen als "ŠE.BA LUGAL-Block" [134].

2.4.2. Normblöcke

Untersuchen wir nun die Normblöcke, so fällt auf, daß ihnen nicht nur die einleitende Formulierung gemeinsam ist. Alle Normblöcke sprechen von Gerste, weitere Empfänger gehören regelmäßig hinzu: Es handelt sich um die LÚ.MEŠ.*asīrū* [135], die Weber [136] und die Zirri [137]. Auch die Ausgabe-

---

[131] 1,1-12; 2,1-16; 4,1-21; 5,1-19; 6,12-30; 8,1-6; 9,5-21; 11,1-21; 12,1-14; 13,1-18; 14,1-9; 16,2-10; 17,1-15; 19,1-9; 20,9-22; 21,16-23; 23,1-21; 24,1-25; 25,7-13; 26,1-19; 27,10-14.

[132] Siehe unten Kap. V,2.1.1.

[133] 4,22-32; 5,20-24; 6,1-10; 11,21-31 (die Formulierung hier erst in Z. 28); 12,15-16; 16,1; 19,23-27; 20,23-31; 21,1-15; 23,22-33; 26,20-21; 31,1-11 (die Formulierung hier erst in Z. 2); 34,8-21; 35,1-42 (die Formulierung hier erst Z. 25).

[134] Einige weitere Blöcke haben Einzeleinträge, die in einer bestimmten Abfolge vorkommen. Es handelt sich dabei aber nicht um eine eigene Untergattung, sondern wahrscheinlich eher um eine Stichwortassoziation. Wir werden bei der Einzelinterpretation in Kap. V auf solche "cluster" stoßen und diese dann jeweils im Kontext erarbeiten.

[135] Zumeist so geschrieben, vgl. auch *kinattu*, siehe unten Kap. V,2.1.2.

[136] LÚ.MEŠ.UŠ.BAR oder *maḫiṣū*, siehe unten Kap. V,2.1.3.

[137] Siehe unten Kap. V,2.1.4.

mengen sprechen dafür, daß es sich um regelmäßige Vorgänge handelt: Das Gesinde erhält (mit leichten Abweichungen) etwa 60-65 *pa* Gerste, die LÚ.MEŠ.*asīrū* ca. 12 *pa* (wobei hier die Streuung deutlich größer ist), die Weber 12-20 *pa*, die Zirri stets genau ein *pa*. Weitere Größen, z.B. Kinni und die von ihm betreuten Vögel [138], Kunna(te) [139] und Addu [140] kommen in den Normblöcken häufig vor, scheinen jedoch nicht konstitutiv zu sein [141].
Ausgehend von dieser Beobachtung können wir nun auf die Suche nach weiteren Normblöcken gehen: Der Block 3,1-12 weist drei der vier Konstituenten auf. Er fiel zunächst durch unser Raster, da im ersten Eintrag die LÚ.MEŠ LUGAL genannt sind. Sie erhalten 70 *pa* Gerste. Dieser Block ist als Normblock zu bezeichnen, da es sich um einen Schreib- oder Diktatfehler handeln dürfte [142].
In Text 7 ist der Anfang zerstört. Das einzige Konstituens ist das Vorkommen der Weber Z. 9, die 18 *pa* erhalten. Umgekehrt werden wir unten sehen, daß dieser Text eine chronologische Lücke füllt, so daß er ebenfalls hierher gehört.
Text 10 ist ein anders gelagertes Problem, da er auf besondere Weise mit Text 9 verknüpft ist. Es ist anzunehmen [143], daß die beiden Texte zusammen abgefaßt wurden und dabei der Eintrag über das Gesinde vergessen wurde. Hierfür spricht vor allem die Tatsache, daß die LÚ.MEŠ.*asīrū* in dem fraglichen Block belegt sind und die Weber in Text 9 im Normblock eine Ration von 16 *pa* erhalten, in Z. 1 jedoch außerhalb des Normblocks eine Lieferung von 16 *pa*, die eindeutig als zum Monat Attanatim gehörig gekennzeichnet wird—dem Monat also, in den Text 10 gehört.
In Text 15 finden wir die Weber in Z. 2, die LÚ.MEŠ.*asīrū* scheinen zu fehlen [144]. Indessen sind in Z. 4 Frauen belegt, die 65 *pa* Gerste entgegennehmen, so daß auch dieser Block als Normblock zu gelten hat.
In Text 18 sind bei der Gerstenausgabe lediglich die Mengen belegt: 65, 17, 7, 1 *pa*. Es ist wohl anzunehmen, daß als Empfänger die vier genannten Personen(gruppen) anzusetzen sind, zumal auch hier das Tafelfragment eine chronologische Lücke schließt.

Wir können damit als Ergebnis festhalten, daß die Texte 1-27 jeweils einen Normblock aufweisen. An einigen weiteren Stellen kommen einzelne Komponenten vor, die einem Normblock zugehören könnten. Da der Block jedoch durch ein Konjunkt von Formelementen konstituiert wird, sind diese Elemente

---

[138] Siehe unten Kap. V,2.1.6. und V,2.1.7.

[139] Siehe unten Kap. V,2.1.10.

[140] Siehe unten Kap. V,2.1.11.

[141] Dabei ist auch das Argument zu bedenken, daß Empfänger, die auch in einer Vielzahl von anderen Blöcken belegt sind, sich kaum als Gattungskonstituens eignen.

[142] Siehe unten Kap. V,2.1.1. (Textanmerkung zur Stelle).

[143] Zur näheren Begründung siehe unten Kap. IV,4.2.

[144] Siehe unten Kap. V,2.1.2. zu ihrer Identität mit den LÚ.MEŠ.*ki-na-ti* (Z. 3).

jeweils bei der Einzelinterpretation zu evaluieren und daraufhin zu befragen, inwieweit sie zu einer genaueren Profilierung der jeweiligen Vorgänge beitragen.

2.4.3. ŠE.BA LUGAL-Blöcke

Die Übersicht [145] zeigt zunächst, daß in 11 von 14 Fällen ein ŠE.BA LUGAL-Block auf einer Tafel vorhanden ist, die auch einen Normblock bietet. Dies stützt unsere Annahme, daß wir es hier mit regelmäßigen monatlichen Lieferungen zu tun haben. Gleichzeitig dürfen wir vermuten, daß dies auch an einigen weiteren Stellen der Fall sein könnte.

Wir haben daher zunächst die festgestellten Blöcke formal zu untersuchen und dann nach weiteren Niederschlägen desselben ökonomischen Vorgangs zu fragen.

Dabei fällt auf, daß die ausgegebene Getreidesorte stets der Emmer ist. Es handelt sich fast ausschließlich um die Menge von 40 *pa* [146]. Ferner ist festzuhalten, daß in den meisten so festgestellten Blöcken zusätzlich die "Ammen" vorkommen und 2-3 *pa* Emmer erhalten [147]. Diese beiden Einträge sind in Text 26 überdies die einzigen Einträge des Blockes.

Diese Beobachtung erlaubt einen Hinweis auf die in der Literatur [148] diskutierte Frage, ob der König von Alalaḫ oder der in Aleppo gemeint sein könnte: Da das formale Argument für die genuine Zusammengehörigkeit der Lieferungen an den fraglichen König und die an die Ammen spricht, kann wohl nur die Versorgung des Königs in Alalaḫ betroffen sein. Es wäre wohl kaum eine sinnvolle Annahme, daß irgendwelche Ammen in Aleppo eine Versorgung aus Alalaḫ bezogen hätten.

Mit den genannten Formalien haben wir zwei Möglichkeiten, weitere ŠE.BA LUGAL-Blöcke ausfindig zu machen: Zum einen können wir fragen, wo die Ammen im Textkorpus belegt sind und Emmer erhalten, zum anderen können wir nach dem Vorkommen von 40 *pa* ZÍZ suchen [149].

—Ammen sind außer in den genannten Blöcken an verschiedenen Stellen belegt:

2,24: Hier handelt es sich um 2 *pa* ZÍZ, der Anfang des Blockes ist nicht erhalten, so daß es sich gut um einen ŠE.BA LUGAL-Block handeln könnte.

---

[145] S.o. FN 133.

[146] Ausnahmen: Text 4 (die Lesung ist unsicher); Text 6 (30 *pa*, sind die 5 *pa* aus Z. 3 sachlich hinzurechnen?); Text 26: 50 *pa*.

[147] Die Ammen fehlen in den Texten 12; 16; 28 (siehe aber unten) und 31.

[148] Vgl. z.B. G. Bunnens, BAfO 19, 74 (Alalaḫ) und H. Klengel, OLA 6, 453f (Aleppo).

[149] Beides sind jedoch weder hinreichende noch notwendige Argumente: Da die Ammen offenbar nicht gattungskonstitutiv sind, muß nicht jeder Block, in dem sie vorkommen, automatisch ein ŠE.BA LUGAL-Block sein, während es umgekehrt solche Blöcke geben kann, in denen sie nicht belegt sind. Dasselbe gilt für die Ausgabe von 40 *pa* Emmer.

9,26: Zu diesem Block siehe unten.
10,15: Hier werden 2 *pa* ZÍZ ausgegeben. Die erste Zeile des Blockes spricht von 70 *pa* ZÍZ, der Rest der Zeile läßt sich jedoch kaum zu Š[E.BA LUGAL ergänzen.
15,8: Dieser Eintrag steht in einem Block, der die Warensorten mischt. Ein Hinweis auf die Ausgabe an den König findet sich nicht.
24,29: Zu diesem Block siehe unten.
30,24: Die Zeile ist sicherlich so zu ergänzen, siehe unten.
37,2: Zu diesem Block siehe unten.
75,5: Dieser Block ist zu zerstört, um weitere Folgerungen zuzulassen.
77,10: Den 2 *pa* an die Ammen entspricht keine Lieferung an den König.

—Lieferung an den König [150]:
24,28; 29,16: Die Angabe ITI *Ḫi-šu* É.GAL wurde bislang meist als Monatsname verstanden. Da dann allerdings kein Empfänger oder Zweck genannt würde, ist es besser, É.GAL als solche zu verstehen und höchstens *Ḫi-šu* als Monatsnamen zu deuten: "40 (sc. *pa* ZÍZ) im Monat Ḫišu in den Palast". Der "Palast" ist in jedem Fall mit dem König als seinem Inhaber als Rationenempfänger synonym [151]. Dabei entstehen allerdings verschiedene Probleme:
• Ein Monat Ḫišu wäre ausschließlich in dieser Einleitungszeile des ŠE.BA LUGAL-Blockes belegbar.
• Die beiden Texte 24 und 29, in denen die angenommene Monatsangabe vorkommt, sind jahreszeitlich kaum miteinander vereinbar [152].
• Die offensichtlich konstitutiv zur Einleitung des Blockes gehörige Angabe eines Ausgabetitels fehlt.

Es ist daher anzunehmen, daß mit der Zeichenfolge *ḫi-šu* kein Monatsname vorliegt [153], sondern eher der genannte fehlende Ausgabetitel [154]. *ḫîšu* ist dann als eine *pirs*-Ableitung einer Wurzel *mediae infirma ḪVŠ* zu deuten. Hier kommen zunächst in Frage das akkadische *ḫâšu* I "sich sorgen", dessen evtl. hebr. Äquivalent [155] *ḤWŠ* II (Koh 2,25) "genießen" [156] bedeutet. Zu be-

---

[150] Aus darstellungstechnischen Gründen folgt die Anordnung nicht den Textnummern.
[151] Vgl. G. Bunnens, BAfO 19, 74 (allerdings ohne Bezug auf diese Stelle in Anm. 37 S. 83).
[152] Siehe unten Kap. IV,3.2.
[153] Eine Deutung als phonetisches Komplement ITI-*ḫi-šu* = *waraḫîšu* würde dem formalen Duktus einer Einleitungszeile zuwider laufen, zumal dann der Bezug des Personalpronomens unklar bliebe.
[154] Vgl. CAD Ḫ 206 "obligation".
[155] Vgl. zur Fragestellung W. von Soden, UF 1, 197.
[156] Ges.[17] 220 (allerdings von einer anderen Wurzel); Ges.[18] 333 (mit weiterer Literatur) und HAL 288 übersetzen in Analogie zum akkad. "sich sorgen". Dabei wird allerdings die Parallelität zu *y ʾkl* "er ißt" übersehen.

achten ist ferner das seltenere *ḫâšu* II "geben" [157] (altakkad.). Es wäre daher zu erwägen, ob der hebr. Beleg auf diese Wurzel zurückzuführen ist, wobei dann die semantische Entwicklung im akkadischen von "geben" zu "Ration" lief, während das Hebräische diese Konnotation weiterentwickelte: Eine Ration wird auch verbraucht. Für das Wort in Koh 2,25 wäre also als Bedeutung etwa vorzuschlagen: "seine Ration verzehren", während wir an den beiden Stellen 24,28 und 29,16 die Bezeichnung der "Monatsration an den König" [158] vorliegen haben [159]. Offenbar gehört indessen das Wort ITI zu der Bezeichnung unabdingbar dazu. Daher ist auch eine einfachere Deutung möglich: Evtl. handelt es sich bei der Zeichenfolge *ḫi-šu* um ein phonetisches Komplement zu ITI (*warḫīšu*), das dann zu übersetzen wäre "als das seines Monats", frei umschrieben "als seine (des Königs/Palastes) Monatsration".

13,19: Die Lieferung von 40 *pa* Emmer an den Palast konstituiert aufgrund der eben festgestellten Synonymität einen ŠE.BA LUGAL-Block. Die Ammen fehlen indessen, da die Summe drei *pa* zu hoch ist, dürfte ein entsprechender Eintrag zu supponieren sein.
22,26: Auch hier findet sich eine Ausgabe von 40 *pa* an den Palast. Dieser Einzeleintrag ist allerdings der einzige Eintrag dieses Blockes. Meines Erachtens handelt es sich hier um eine Übertragszeile zu Text 33, wo allerdings der entsprechende Block nicht erhalten ist.
30,22: Der Block 30,22-24 besteht aus drei Einträgen zu 40 *pa* und zweimal drei *pa*. In den ersten beiden Einzeleinträgen steht *a-na*, der dritte hat MÍ, der Rest der Zeile ist jeweils zerstört. Ohne Zweifel ist allerdings in Z. 22 É.GAL-*lim* zu ergänzen, in Z. 24 sind die Ammen gemeint. Auch hier liegt also ein ŠE.BA LUGAL-Block vor.
32,16: Der Einzeleintrag nennt 40 *pa*, der Empfänger ist nicht vollständig erhalten, wobei die Zeichenreste die Lesung ⌜É.GAL⌝ ziemlich sicher erscheinen lassen. Allerdings ist die Monatsangabe eine andere als die der Gesamtsumme. Diese rechnet alle anderen ZÍZ-Ausgaben der Tafel korrekt zusammen, so daß die Monatsausgabe an den Palast von den anderen Ausgaben deutlich zu trennen ist, also auch von der Verwaltung als eigene Größe verstanden wurde.
9,24: In diesem Block kommen sowohl der Palast als auch die Ammen vor. Es dürfte sich daher um einen der von uns gesuchten Blöcke handeln. Dies bedeutet allerdings, daß die im Text vorfindliche Zahl 14 einen Schreib- oder Hörfehler

---

157 Vgl. CAD Ḫ 147.

158 Vgl. J.O. Mompeán, UF 30, 594f, der unter Bezug auf CAD Ḫ 206 feststellt, daß es sich an den dort genannten Stellen gewöhnlich um Einzahlungen handelt und vorsichtig formuliert: "Es kann sich also hier gleichfalls um eine regelmäßige bzw. monatliche Gersteeinzahlung für den Palast handeln". Er übersieht dabei a) die Parallele zu ŠE.BA bzw. *ipru* als Ausgabetitel, b) daß es sich in Alalaḫ um eine Ausgabe handelt und c) daß die beiden Belege in den Getreidelieferlisten von Emmer und nicht von Gerste sprechen.

159 Diese Bedeutungsfestlegung findet auch darin eine Stütze, daß 24,1 *ipru* als Ausgabetitel nennt.

für das zu erwartende "40" darstellt. Auffällig ist, daß die Wendung ŠE.BA durch die Formulierung *ina* É.GAL *šūrubū* "sind in den Palast verbracht" ersetzt ist. Da also das Getreide erst in den Palast geschafft werden muß, ist die Folgerung zu ziehen, daß die Ausgabestelle vom Palast mindestens räumlich zu trennen ist.
37,1: Zwar kommen der Palast und die Ammen in zwei aufeinanderfolgenden Einzeleinträgen vor, jedoch ist die Zahl von 15 *pa* ZÍZ nicht formtypisch. Umgekehrt fällt auf, daß die Summe einen Zusatz *ša* GIŠ[aufweist, der allerdings nicht deutbar ist. Da ferner die Summe der (Gersten-?)Einträge deutlich auf mehrere Monate bezogen ist, dürfte es sich bei der Lieferung an den Palast eher um einen Nachtrag als um eine Regellieferung handeln.

Damit ergibt sich folgendes Bild: Auf den 27 Tafeln mit Normblock findet sich in 16 Fällen auch ein Hinweis auf einen ŠE.BA LUGAL-Block. Ziehen wir die Tafeln ab, die zu zerstört sind, um eine Entscheidung zuzulassen (Texte 7; 8; 14; 27), so bleiben nur die Texte 1; 3; 10; 15; 17; 18 und 25 ohne einen solchen Hinweis. Demgegenüber haben wir mit der Möglichkeit zu rechnen, daß die sechs weiteren ŠE.BA LUGAL-Blöcke (Texte 28-31; 32; 34 und 35) zeitlich die genannten Lücken ausfüllen [160]. Dies wäre ohnedies zu vermuten, da wir festgestellt hatten, daß es sich um Monatslieferungen handelt und sowohl der "König" als auch die Ammen wohl regelmäßig versorgt werden mußten.
Weiter hatten wir bei Text 10 bereits angedeutet, daß dieser eng mit Text 9 verknüpft ist, so daß ein Fehlen in diesem Text nicht weiter relevant ist. U.U. könnte auch der nicht erhaltene Teil der Empfängerangabe in 10,1 in irgendeiner Weise auf die Lieferung in den Palast (zusammen mit weiteren Angaben) verwiesen haben, wenn nicht zu *š*[*i-im*] zu ergänzen ist.
Aus Text 18 läßt sich indessen noch eine Folgerung ableiten: Die Rückseite beginnt mit 20+x *pa*. Die folgende Zeile nennt als ausgegebene Ware den Emmer. Dies entspricht den Zeilen 1+2 der Vorderseite, so daß wir vermuten dürfen, daß Z. 7 ebenfalls vom Emmer die Rede ist. Dann liegt es nahe, die 20+x als 40[?] zu verstehen und eine Lieferung an Palast oder König zu vermuten. Ferner finden sich in Z. 10-12 drei Frauennamen, hinter denen sich die Ammen verbergen dürften. Dasselbe Verfahren läßt sich in Text 28 beobachten: hier nennen Z. 8-10 drei Frauennamen, wobei die Ammen fehlen [161].

---

[160] Der Einschub Text 32 nennt dementsprechend auch den Monat Ḫiari, der mit dem Ḫiari des Textes 1 gleichzusetzen ist.

[161] Die jeweiligen Namensträgerinnen sind allerdings nicht identisch. Da die Namen in Text 18 nicht ganz erhalten sind, legen sich zwei Deutungsmöglichkeiten nahe: Die Frauen sind identisch, aber im einen Fall (Text 28) als Ehefrauen, im anderen (Text 18) durch ihren Rufnamen gekennzeichnet. Alternativ könnte man annehmen, daß die Stellung einer Amme nicht von Dauer war, sondern die Frauen (aus biologischen Gründen?) nach einem gewissen Zeitraum ausgewechselt wurden. Zur Anmietung von Ammen vgl. z.B. CḪ § 194.

Wir haben nun noch zu versuchen, aufgrund der Abweichungen im Formular weitere Hinweise auf den "Sitz im Leben" der ŠE.BA LUGAL-Blöcke zu eruieren. Hier fallen die Erweiterungen der LUGAL-Zeile ins Auge: *ša* MN (6,1; 21,1f); *ina* MN (19,23); (*ša*) ITI MN (24,28; 29,16); *ša* ITI.1.KAM (34,8); *ša paššūrīšu* (28,1f); GÌR PN (31,2).
Hieraus sind verschiedene Folgerungen zu ziehen: Es handelt sich in der Tat um monatliche Lieferungen, die stets auf genau einen Monat bezogen sind. Ferner handelt es sich um "Getreide für den Tisch des Palastes". Dies soll sicherlich bedeuten, daß der Emmer zur persönlichen Versorgung des Königs und seiner Entourage dient. Hierfür spricht auch die hohe Konstanz der ausgegebenen Menge. Leider entzieht es sich unserer Kenntnis, ob das Getreide ausschließlich für Nahrungszwecke verbraucht oder auch als Wertgegenstand gehandelt wurde. Da keine Gerste genannt wird, ist mir das zweite wahrscheinlicher. Darüberhinaus vom Palast zu vollziehende Aufgaben, wie der Ankauf von Gegenständen etc. werden im ŠE.BA LUGAL-Block gesondert genannt (z.B. 5,22-24). Aus 31,2 wissen wir, daß mindestens in einem Fall eine konkrete Person mit der Entgegennahme und Weiterleitung der königlichen Ration betraut wurde. Dies dürfte an den anderen Stellen analog der Fall gewesen sein. Die Person ist vermutlich deshalb nicht weiter belegt, weil ihre Versorgung durch die Regellieferung mit abgesichert wurde.

2.4.4. Sammeltafeln

Unter Sammeltafeln verstehen wir die Tafeln, die sich im Gegensatz zur Mehrheit der Texte nicht auf *einen* Monat beziehen, sondern auf einen längeren Zeitraum (Texte 36 und 37). Ferner sind hier die drei Texte 38-40 zu nennen, die sich mit Mehl und Salz befassen. Wir werden unten [162] sehen, daß die letztgenannte Dreiergruppe einen Spezialfall darstellt, der die (halbjährliche) Lieferung von Mehl und Salz an Hirten behandelt, die relativ weit vom Palast entfernt sind. Die formale Auffälligkeit liegt in Text 38 darin, daß sich in Z. 1-9 Einzeleinträge mit Mehl und Salz abwechseln. Die Salzlieferungen werden abgeschlossen durch *ana qātīšu(nu)ma*. Hier wie in Text 39 finden sich einige der wenigen Einzeleinträge mit zwei Empfängern. Text 40 ist formal gesehen nicht weiter auffällig, gehört jedoch inhaltlich in diese Reihe. Ob Text 37 als Sammeltafel anzusehen ist, kann man hinterfragen, die Schlußzeile *ša*! ITI.ḪI.A scheint jedenfalls dafür zu sprechen.
Text 36,1-9 sprechen von der Pferde- und Rinderfütterung. Wir finden fünf Einzeleinträge vor, die jeweils den Zusatz tragen *ša* ITI.x.KAM, wobei $2 \leq x \leq 6$. Die ausgegebene Menge ist also für mehrere Monate gedacht [163].

---

[162] Siehe unten Kap V,2.1.12.

[163] Vgl. zum näheren unten Kap. V,2.1.11. Exkurs "Rinder".

3. Die innere Chronologie der Getreidelieferlisten

3.1. Methodische Vorbemerkungen

Da wir erhoben hatten, daß mit den Normblöcken und den ŠE.BA LUGAL-Blöcken jeweils *monatliche* Lieferungen vorliegen und dabei eine hohe Regelmäßigkeit feststellbar ist, ist der Versuch zu unternehmen, die genannten Texte in eine chronologische Reihenfolge zu bringen. Dies erfordert vorab eine Verständigung über zwei Fragestellungen:

—Läßt sich die Abfolge der Monate im Kalender von Alalaḫ angeben?
—Welchem Zeitraum sind die Getreidelieferlisten zuzuordnen?

Zur ersten Fragestellung sind zunächst die Vorbemerkungen von D.J. Wiseman [164] heranzuziehen, der uns den Weg zu methodischem Vorgehen weist [165]:

• Monate, die auf *einer* Tafel auftreten, dürften im Jahreslauf eng beieinander stehen. Es handelt sich dann offenbar um verschiedene Blöcke, die sich auf jeweils unterschiedliche Monate beziehen. Da anzunehmen ist, daß die Verbuchung zeitnah erfolgt, dürften auch die Monate nicht allzuweit auseinander liegen.
• Es ist darauf zu achten, daß *ein* Kalendermonat u.U. *mehrere* Namen hat [166], z.B. einen semitischen und einen hurritischen [167].
• Die Evidenz aus anderen Archiven könnte bei der Einordnung der Monatsnamen in den Jahreslauf hilfreich sein.

Zusätzlich dürfen weitere Themen nicht vernachlässigt werden:
• Gibt es in Alalaḫ ein Mond- oder ein Sonnenjahr oder eine Kombination aus beiden?
• Wie sind der Jahresanfang und eine eventuelle Schaltregelung zu deuten?
• Lassen sich Hinweise auf weitere Feste im Jahreslauf finden?
• *Last not least*: Wie stimmt die Einordnung in den Jahreslauf mit den auf den Tafeln belegten Daten und Fakten zusammen? [168]

Die Bearbeitung der zweiten Fragestellung hat davon auszugehen, daß wir bereits feststellten, daß es sich bei den Norm- und ŠE.BA LUGAL-Blöcken um regelmäßige Lieferungen handelt. Angesichts der hohen Zahl der offenbar

---

[164] D.J. Wiseman, Al T, 4f.

[165] Vgl. auch J.-P. Vita, AoF 27, der allerdings keinen methodischen Neuansatz bietet.

[166] Vgl. zu den Etymologien der Monatsnamen J.-P. Vita, AoF 27, 297-302.

[167] So erklärt sich am einfachsten, daß 16 Monatsnamen belegt sind, obwohl wir im Jahreslauf nur mit zwölf Monaten und einem Schaltmonat zu rechnen haben.

[168] Dies wird bei der Einzelinterpretation zu fragen sein, die dann als Testfall für die von uns vorgelegte Hypothese gelten kann. Vgl. unten z.B. zur Aussaat Kap V,2.9.1.

regelmäßig vorkommenden Personennamen ist *a priori* wahrscheinlich, daß der fragliche Zeitraum nicht allzugroß sein wird. Es ist davon auszugehen, daß die genannten Personen *regelmäßig* versorgt werden mußten.

Aufgrund der Ergebnisse dieser beiden Durchgänge können wir zunächst die Tafeln mit Normblock chronologisch anordnen.

Diesen werden wir zweitens die Tafeln mit ŠE.BA LUGAL-Block zuzuordnen haben und drittens, soweit möglich, alle anderen Tafeln. Dabei sind in erster Linie die Monatsangaben auf den Tafeln selbst zu berücksichtigen, zweitens aber die innere Evidenz:

- Ein Vorgang findet nur einmal Niederschlag auf einer Tafel. Wenn also derselbe Vorgang zweimal genannt ist, so gehören die fraglichen Tafeln verschiedenen Monaten zu.
- Tafeln in einem engen zeitlichen Rahmen dürften eher analoge Vorgänge beschreiben als solche, die zeitlich weiter voneinander entfernt sind: Wir müssen also möglichst kontinuierliche Entwicklungslinien beschreiben [169].
- Ein besonderes Augenmerk richten wir auf außerordentliche Vorgänge: Tafeln, auf denen der Besuch von Auswärtigen vermeldet wird, sind wahrscheinlich zeitlich eng verbunden [170].

Abschließend ist noch zu fragen, wie die Getreidelieferlisten chronologisch in das Gesamtarchiv einzuordnen sind.

3.2. Die Abfolge der Monate

Wir stellen zunächst fest, daß im Korpus der Getreidelieferlisten nur auf wenigen Tafeln mehr als ein Monat belegt ist. Mit zwei Ausnahmen [171] finden sich alle Belege auf Tafeln, die von regelmäßigen Lieferungen sprechen, also Normblöcke und/oder ŠE.BA LUGAL-Blöcke enthalten.

Es handelt sich im einzelnen um folgende Belege [172]:

---

[169] Z.B. dürften die Ausgaben für eine identische Menschen- oder Tiergruppe in benachbarten Monaten relativ konstant sein, da sich der Tier- bzw. Personalbestand kaum schlagartig ändert.

[170] Parsimonitätsprinzip: Stammen zwei Tafeln mit Bezug auf denselben Vorgang aus zeitlich aneinanderhängenden Monaten, so ist diese Annahme einfacher als die Behauptung, derselbe Vorgang habe mit zeitlichem Abstand zweimal stattgefunden.

[171] Text 52: Ḫudizzi und der "ITI *ša Tapše*" (siehe dazu unten Kap. V,2.1.9.); Text 63: Utitḫe und Aštabi, was allerdings kaum zusammenpaßt, so daß wir 63,5-7 eher als Memorandum zu bezeichnen haben.

[172] Text 76 könnte ebenfalls zwei Monatsnamen nennen, doch ist die Ergänzung Z. 3 unsicher. Die beiden Monatsnamen passen vom Jahresablauf kaum zueinander.

5: Šatalli [N]; Balaʿe[173]
6: Ḫudizzi [N]; Ekena[174]
9: Kirari [N]; Attana
10: Attana [N]; Kirari
17: Šatalli [N]; Ḫudizzi
19: Ekena [N]; Kirari
20: Attana; Kirari [N]
32: Ḫiari; Ekena
35: Utitḫe; Pagri; Kalma; Ni/Ekali[175]

Es sind also (in alphabetischer Reihenfolge) zunächst folgende 12 Monatsnamen der Untersuchung zugänglich: Aštabi; Attana; Balaʿe; Ekena; Ḫiari; Ḫudizzi; Kalma; Kirari; Ni/Eqali; Pagri; Šatalli; Utitḫe.

Auf den Tafeln mit Normblock, auf denen sich nur ein Monatsname findet, sind (zusätzlich) genannt:
Mešarri (Text 14) und Šamena (Text 22+23).

Sehen wir nun nach der Abfolge der Monate[176], so ergibt sich aus den Texten 9; 10 und 20, daß Kirari und Attana im Jahreslauf offenbar nebeneinander stehen. Nehmen wir noch Text 19 hinzu, so läßt sich die Reihenfolge erweitern zu Ekena - Kirari - Attana[177]. Eine weitere Abfolge entnehmen wir der Kombination der Texte 5 + 17: Ḫudizzi - Šatalli - Balaʿe. Ferner könnte man aus Text 6 entnehmen, daß Ḫudizzi und Ekena direkt nebeneinander stehen, so daß die beiden Ketten zu verbinden wären. Dies stößt jedoch auf das Problem, daß nach Text 32 der Ḫiari neben den Ekena zu stellen ist.

Wir haben uns an diesem Punkt mit der Evidenz aus anderen Orten zu befassen:

---

[173] Dieser Beleg ist unveröffentlicht und fehlt auf der Liste von J.-P. Vita, AoF 27, 303.

[174] 6,1 ist so zu verstehen, da (abgesehen von der Variante *Eqali* für *Niqali*) kein weiterer Monatsname mit anlautendem */e/* belegt ist (gegen J.-P. Vita, AoF 27, 303: "unidentifizierter Monat").

[175] Eqali ist nur einmal belegt und dürfte sicherlich mit dem fast gleichlautenden *Niqali* identisch sein.

[176] Die Erwägung von J.-P. Vita, AoF 27, 303-305 stößt auf verschiedene Probleme: a) Vita konnte nur das *veröffentlichte* Material in seine Darstellung einbeziehen. b) Er berücksichtigt den Listenkontext nicht hinreichend. c) Seine Benutzung der Kalender der Umwelt Alalaḫs ist zu schematisch. Er kommt daher (305) nur zu einem unvollständigen Ergebnis, das mehr Fragen aufwirft als es beantwortet.

[177] Die Abfolge im Jahreslauf kann natürlich auch umgekehrt sein.

Aus Ugarit [178], Nuzi [179] und der phönizischen Menologie [180] ist der Monat Ḫiaru bekannt. Hatte man diesen früher [181] mit dem babylonischen Ajjāru (etwa April/Mai) [182] geglichen, so zeigen T. de Jong und W.H. van Soldt, daß der ugaritische Monat *ḫyr* etwas früher im Jahreslauf gelegen haben muß. Dies entspricht der phönizischen Evidenz. Demgegenüber handelt es sich in Nuzi ebenfalls um den zweiten Monat nach dem Frühjahrsäquinoktium. Wir haben daher davon auszugehen, daß sich die Kalender der Küstenregion anders verhalten als die des Binnenlandes. Dies zeigt sich auch daran, daß die in Ugarit und dem phönizischen Kalender gemeinsame Abfolge *pgrm - ibʿlt/pʿlt - ḫyr* in Alalaḫ und Nuzi nicht nachweisbar ist. Vielmehr liegen offenbar in Alalaḫ weitere Monate zwischen den genannten. Dies bedeutet, daß irgendwann zwischen der Alalaḫ-Zeit und der Ugarit-Zeit eine Umstellung der Kalenderbezeichnungen stattgefunden haben dürfte, der etliche ältere Monatsnamen zum Opfer fielen [183]. Die übriggebliebenen Bezeichnungen wurden beibehalten und zu einem Block zusammengezogen, dessen Einzelmonate also jahreszeitlich nicht mehr mit denen der älteren Zeit übereinstimmen müssen. Für den Kalender der Getreidelieferlisten haben wir also anzunehmen, daß der Ḫiari dem Monat Mai entspricht und (mit Text 32) neben den Ekena zu stellen ist. Da wir ferner mit Text 6 anzunehmen haben, daß keine allzugroße Lücke zwischen Ekena und Ḫudizzi besteht, ergibt sich folgende Reihe:
Balaʿe - Šatalli - Ḫudizzi - Ḫiari - Ekena - Kirari - Attana. Dabei ist allerdings noch nicht gesichert, ob die Reihe so zutrifft oder rückläufig zu lesen ist. Dabei haben wir allerdings ein Kriterium in der eben festgestellten "Kalenderreform":

---

178 Vgl. J.P. Olivier, JNWSL 1; ders., JNWSL 2; T. de Jong/W.H. van Soldt, JEOL 30; D. Arnaud, SMEA 32; M.E. Cohen, Calendars, 377-383; J.-P. Vita, Antiquités Sémitiques 3.

179 Vgl. A.L. Oppenheim, ArOr 8; C.H. Gordon/E.R. Lacheman, ArOr 10; C.H. Gordon, RSO 15; G. Wilhelm, Šilwa-Teššup 2, 28; W. Mayer, AOAT 205/1, 147f; M.E. Cohen, Calendars, 367-372.

180 Siehe R.R. Stieglitz, JSOT.SS 273.

181 Z.B. J.P. Olivier, JNSWL 1, 44.

182 Auf die Annahme eines Eselsfestes in Māri (J.-M. Durand, MARI 1, 121f.) bzw. Emar (Emar VI, Nr. 463) gehen wir hier nicht weiter ein.

183 M.E. Cohen, Calendars, 302 nimmt an, daß im Westen ca. 1500 v.Chr. der standard-mesopotamische Kalender eingeführt wurde, der dann neben die lokalen Kalender trat. M.E. könnte die Einwanderung der Ugariter aus dem Binnenland (vgl. M. Dietrich, AOAT 248, 81f) eine beachtenswerte Größe darstellen: Gegen Ende der Mitanni-Zeit wurde im Binnenland der mesopotamische Kalender eingeführt, der binnensyrische Kalender wurde indessen von den einwandernden Ugaritern an der Küste mit einem Lokalkalender verschmolzen. Derartige "Kalenderreformen" können nicht ganz selten gewesen sein, vgl. z.B. Ebla (M.E. Cohen, Calendars, 23-34), wo ein älterer semitischer Kalender durch einen spezifisch eblaitischen ersetzt wurde (G. Pettinato, AfO 25, v.a. 28-36; ders., OA 16): "calendario mensile in vigore ad Ebla a cominciare dal regno di Ibbi-Sipiš" (ders., AfO 25, 1).

Der Monat Ḫiari muß im Jahreslauf *nach* dem Balaᶜe stehen, der mit dem *ibᶜlt* lexikographisch identisch sein dürfte. Ferner liegt im phönizischen Kalender der Monat KRR wiederum *nach* ḤYR [184]. Da dieser in den Systemen der Levante mit dem Fest der Auferstehung des Tammuz zusammenhängt, das [185] auf den 19. Juli fällt, stimmt dies ungefähr mit dem Ergebnis für den Ḫiari überein [186]. Umgekehrt finden wir sowohl in Nuzi (Attanašwe) als auch in den westlichen Kalendern (phön. *ʾtnm*, hebr. *ʾētān*) den Monat Attana als Jahresanfang [187], bzw. Beginn des Herbstjahres. Dies fordert für Alalaḫ VII die Frage, ob wir es ebenfalls mit einem Herbstjahr zu tun haben. In jedem Fall zeigt die Beobachtung, daß der Attana in die Zeit des Herbstäquinoktiums gehört.

Als nächsten Schritt können wir annehmen, daß die Monate Ni/Eqali- Pagri - (ᵈ)Kalma [188] - Utiḫe vor die genannte Reihe gehören. Dies ist darin begründet, daß in den Vergleichskalendern der Pagri direkt vor dem Balaᶜe steht. Dies kann nun kein zureichendes Argument sein, da wir sahen, daß der ugaritische bzw. phönizische Kalender mitunter Monate zusammenzieht, die in Alalaḫ getrennt stehen. Jedoch ist wohl daran festzuhalten, daß im ugarit. Kalender der Monat *nql* vor dem Pagri steht.

Zwar läßt sich auf dieser Basis auch noch nicht sagen, welche der zwölf unter dieser Bedingung theoretisch möglichen Reihenfolgen der genannten vier Monate zutrifft. Doch ist—im Vorgriff auf inhaltliche Argumente, die sich aus der Einzelanalyse ergeben und hier noch nicht ausführlich erörtert werden können [189]—die Reihe wie genannt anzusetzen [190].

---

[184] Vgl. M.E. Cohen, Calendars, 384; R.R. Stieglitz, JSOT.SS 273, 215.

[185] G. Garbini, OA 4; R.R. Stieglitz, JSOT.SS 273, 215.

[186] Die von J.P. Olivier, JNWSL 2, 38 vermutete Vermittlung von Kalenderelementen an die Phönizier via Ugarit läßt sich für den Monat Kirari nicht nachweisen, da dieser in Ugarit nicht vorzukommen scheint. Die Verhältnisse dürften also historisch komplizierter gewesen sein. Vermutlich geht der phönizische Kalender seinerseits auf eine ältere Vorlage zurück, die durch die Ugariter verändert wurde.

[187] Vgl. R.R. Stieglitz, JSOT.SS 273, 213.220 und für das AT 1.Reg 8,2.

[188] Der Monatsname ist in 35,76 sicher so zu ergänzen. Zur Determination des Monatsnamen durch ᵈ ist auf das heth. *Ḫalma* zu verweisen (vgl. V. Haas, HdO I/15, 401 A. 184.485f).

[189] Die "Frauen vom Gesinde" erhalten eine abfallende Kadenz, das Verhältnis der Lieferungen an Kunnate zu denen an Addu, die etwa vierteljährlichen Festtage.

[190] Dem entspricht die Beobachtung, daß in Text 35 der regelmäßige Block sich auf den Pagri bezieht, die beiden anderen Monate offenbar vorbereitende Zahlungen auf den Festtag im Utiḫe darstellen. Die Reihenfolge Z. 76-78 ist also nicht etwa Kriterium für die Abfolge der Monate, sondern man hat sich im Gegenteil den Vorgang so vorzustellen: Die Tafel wurde im Monat Kalma abgefaßt. Sie nennt die Zahlungen für diesen und den vorangegangenen Monat Pagri ebenso wie die Rückstellung für den kommenden Utiḫe. Dabei ist es in Z. 76-78 psychologisch verständlich, daß der laufende Monat zuerst genannt wird, dann die früheren Monate rückblicksweise in umgekehrter Darstellung genannt sind.

Da wir eine relative Reihe von einmal vier und einmal sieben Monaten herausgearbeitet haben, kann die Lücke zwischen beiden Abfolgen nur 0, einen oder zwei (bei Berücksichtigung eines Schaltmonats) Monate betragen. Dabei ist vorausgesetzt, daß wir es jeweils mit den reguläre Monatsnamen, nicht aber mit Alternativbezeichnungen zu tun haben. Dies dürfte dadurch gesichert sein, daß abgesehen von (ᵈ)*Kalma*—das eben gerade auf einer Tafel ohne Normblock steht—alle Monatsnamen auf mindestens zwei verschiedenen Tafeln mit Normblock [191] vorkommen. Dabei kann eine Überschneidung mit einem der Monate aus der anderen Reihe ausgeschlossen werden, da nach dem (ᵈ)*Kalma* noch der Utitḫe steht, bei dem die Regularität des Monatsnamen durch die Bemerkung *ūm Utitḫi* gesichert ist [192]. Umgekehrt kommt die Monatsangabe Mišarru nur einmal (Text 14) vor, so daß eine Alternativbezeichnung vorliegen könnte. Wir haben damit eine Reihe von 11 Monaten wahrscheinlich gemacht. Es fällt auf, daß der Monat *Niqali* in Ugarit und Emar [193] als *nql* der zweite Monat des Jahres ist. Ein dem *riš yn* entsprechender Monat fehlt aber in Alalaḫ. Nach J.C. de Moor [194] ist der Monat *riš yn* eine Sonderentwicklung des Ugaritischen: Der Monat *ʾtnm* wurde wegen der Kultdramatik umbenannt [195]. Dies bedeutet aber, daß die jahreszeitliche Abfolge den Attana *vor* dem Niqali fordert. Wir haben also mit einem Jahresbeginn im Herbst zu rechnen:

I	(I)	Attana (Sept/Okt) [196]
II	[Lücke x]	[Aštabi (Okt/Nov)]
III	(II + x)	Niqali (Nov/Dez)
IV	(III + x)	Pagri (Dez/Jan)
V	(IV + x)	Kalma (Jan/Febr)
VI	(V + x)	Utitḫi (Febr/März)
VII	(VI + x)	Balaʿe (März/April)
VIII	(VII + x)	Šatalli (April/Mai)
IX	(VIII + x)	Ḫudizzi (Mai/Juni)
X	(IX + x)	Ḫiari (Juni/Juli)
XI	(X + x)	Ekena (Juli/August)
XII	(XI + x)	Kirari (August/September)

---

[191] Bei 27 Tafeln mit Normblock, die monatliche Ausgaben beschreiben, ist das Vorhandensein von jeweils mindestens zwei Tafeln im selben Monat des Jahres wahrscheinlich.

[192] Vgl. außerhalb der Getreidelieferlisten 42.10; 42.12 für die Formulierung *ūm Ḫiari*.

[193] Vgl. M.E. Cohen, Calendars, 343.

[194] J.C. de Moor, AOAT 16, 59.78.

[195] Auch der in Emar belegte erste Monat SAG.MU (vgl. M.E. Cohen, Calendars, 343) erweckt den Eindruck, sekundär so benannt worden zu sein.

[196] Die Monatsangaben des modernen Jahres sind die Angaben, die sich jeweils nach stattgefundener Interkalation ergeben. Sie variieren natürlich mit wachsendem Abstand zum Schaltjahr.

Da wir umgekehrt gesehen hatten, daß Kirari und Attana direkt aneinander anschließen, ist für die Lücke offenbar anzusetzen x=1, woraus sich die oben genannte jahreszeitliche Verteilung und Numerierung der Monate ergibt.
Ferner wurden noch nicht eingearbeitet die Monate Aštabi, Mešarri und Šamena, unter denen dann offensichtlich der noch fehlende Monat sowie ggfs. der Schaltmonat zu suchen sind.
Dabei fällt auf, daß der Mešarri im gesamten Korpus nur zweimal belegt ist. An der anderen Stelle (30.05,27) ist offensichtlich [197] der gesamte Text auf die Stadt Aleppo bezogen, so daß hier wohl der Monatsname des aleppinischen Kalenders vorliegen dürfte. Ferner ist aus dem Kalender von Ugarit der Monatsname *iṯtbnm* bekannt, der wohl mit dem aus Ebla belegten ^{d}*Aš-tá*-GIBIL [198] identisch ist. Dabei ist zu beachten, daß nach G. Pettinato [199] das Jahr auch in Ebla im Herbst begann und der fragliche Monat auch dort der zweite im Jahreslauf war, so daß wir keine Bedenken zu haben brauchen, wenn wir dies auch für Alalaḫ VII ansetzen [200]. In jedem Fall haben wir es mit diesem Monatsnamen offenbar mit einer altsyrischen Tradition zu tun [201].
Aus dieser Diskussion ergibt sich nun, daß der Schaltmonat in Alalaḫ der Šamena gewesen sein muß [202]. Wir nehmen an, daß die Interkalierung [203] im Bereich des Jahreswechsels stattfand, um Mond- und Sonnenjahr wieder miteinander in Einklang zu bringen. Da wir ferner wissen, daß der Kirari und der Attana ebenso direkt aufeinander folgen wie der Ekena und der Kirari, kann die Schaltregelung nur so ausgesehen haben, daß der Schaltmonat *nach* dem ersten Monat Attana eingefügt wurde [204].

---

[197] Die Datierung bezieht sich auf den König Irkabtum von Aleppo, sowie die auf das Oberzentrum bezogenen Maßeinheiten Z. 1 und Z. 14.

[198] Vgl. M.E. Cohen, Calendars, 31.

[199] G. Pettinato, AfO 25, 33.

[200] Die Vorgänge, die in Ugarit dazu führten, denselben Monatsnamen an den Schluß des Jahres zu rücken, entziehen sich unserer Kenntnis.

[201] Es ist dabei (G. Pettinato, AfO 25, 35) für die Frage nach der "Einwanderung" der Hurriter in Nordsyrien von historischem Interesse, daß diese Tradition einen hurritischen Hintergrund hat. Vgl. E.M. von Dassow, 42-49; M. Salvini, BM 26.

[202] Damit führt unsere Analyse über die Feststellung M.E. Cohens (Calendars, 5 Anm. 3) hinaus: "No references to intercalated months have been found at either Nuzi or Alalakh. However, there are not enough references from these two sites to determine unequivocally wether these calendars used intercalation." Die Anwendung derselben Methode auf die von G. Wilhelm, Šilwa-Teššup 2, veröffentlichten Getreidelieferlisten könnte auch für Nuzi Klarheit schaffen.

[203] Die wichtigsten Aspekte zur Theorie bei H. Hunger, RlA 5, 297f. und R.A. Parker, SAOC 26, 26 (§ 123-128).

[204] Die Blöcke in der ugaritischen Getreidelieferliste KTU 4.387 haben die Abfolge *iṯ]bnm* (Z. 13); *šmʿt* (Z. 15) und *riš yn*. Gehen wir davon aus, daß diese die *umgekehrten* Reihenfolge (vgl. oben FN 190 zu Text 35) der Monate bietet, wäre (abgesehen vom ugar. *mgmr*) die Abfolge zwischen Neujahr und Pagri/*pgrm* in Alalaḫ und Ugarit exakt

3.3. Der Zeitraum der Getreidelieferlisten

Vor einer weiteren Analyse haben wir uns nun darüber zu verständigen, welchen Zeitraum die Getreidelieferlisten abdecken. Diese Fragestellung ist für die weitere Interpretation von entscheidender Bedeutung, da innere Abläufe unterschiedlich zu bewerten sind, je nach dem, ob sie relativ unmittelbar aufeinander folgen oder zeitlich weit auseinander liegen.

Eine pointierte Verteilung der (damals veröffentlichten) Getreidelieferlisten hat E. Gaál vorgelegt [205]. Diese ist allerdings letztlich von zwei Voraussetzungen abhängig:

- Das chronologische Modell E. Gaáls mit mehr als zwei Königen während Schicht VII muß vorausgesetzt [206] werden.
- E. Gaál nimmt im Regelfall bei gleichlautenden Personennamen automatisch Personidentität an [207]. Dies ist schon innerhalb der Getreidelieferlisten methodisch fraglich. Völlig verfehlt erscheint es jedoch, wenn die chronologische Einordnung einer Getreidelieferliste so erfolgt, daß ein Personenname gleichgesetzt wird mit einem gleichlautenden aus einem Text außerhalb der Getreidelieferlisten. Dies kann—abgesehen von dem Problem unterschiedlicher Gattungen—schon deshalb nicht angehen, weil der Vergleichstext unter Umständen nach Aleppo gehört.

Auch wo die Vergleichstexte eindeutig aus Alalaḫ stammen, scheint das Vorgehen E. Gaáls nicht unbedingt statthaft: Zwar erkennt er (34) richtig, daß Aya-šarri mit dem Pfandhäftling aus 31.01 identisch sein dürfte [208], doch kann hieraus keineswegs die Folgerung gezogen werden, daß die Getreidelieferlisten Text 1 und Text 11 in die Zeit eines Ammitaqum I gehören. Auch unter Voraussetzung des chronologischen Schemas von E. Gaál ist lediglich ein *terminus post quem* gegeben. Ferner wird durch das unveröffentlichte Material und die Neubearbeitung der bekannten Tafeln die eindrucksvolle Zeichnung (table 4) E. Gaáls doch erheblich relativiert [209].

Insgesamt ist daher der Versuch E. Gaáls als wenig wahrscheinlich zu betrachten, zumal die Funktion der Listen als monatliche Lieferlisten nicht berücksich-

---

parallel. Die Tabellen bei T. de Jong/W.H. van Soldt, JEOL 30, 70f und J.-P. Vita, Antiquités Sémitiques 3, 52 sind entsprechend zu korrigieren.

[205] E. Gaál, AUSB 22.

[206] S.o. Kap. III.

[207] Vgl. z.B. E. Gaál, AUSB 22, 33: "he (Kinni, F.Z.) was a fowler, which does not contradict the fact that he also held the title of *ḫazannum*, since royal officials (e.g. Irra-imitti and Wᵉri-giba) also bore this title." Aus der Tatsache, daß Kinni zwar mitunter auf derselben Tafel belegt ist wie Subaḫali, niemals aber zusammen mit Jarimlim DUMU LUGAL, werden dann chronologische Folgerungen gezogen.

[208] S.u. Kap. V,2.1.7.

[209] So ist z.B. Irra-imitti gegen E. Gaál, AUSB 22, 34 in 41.57 zusammen mit Jarimlim DUMU LUGAL belegt.

tigt wird. Da es sich um monatliche Listen handelt, wären unter der Annahme E. Gaáls die Normblöcke etwa alle zwei Jahre in unregelmäßigen Abständen verfaßt worden. Ein sinnvoller Zusammenhang entsteht allerdings nicht. Ferner wird nicht deutlich, zu welchem Zweck die Tafeln abgefaßt und aufbewahrt wurden. Darüberhinaus bleibt fraglich, wie die Versorgung des Königs und des festangestellten Personals in der Zeit zwischen den jeweiligen Tafeln erfolgte. Dies läßt sich auch kaum mit dem Zufall der Überlieferung erklären, da wir es mit einem einzigen Archiv zu tun haben, das vermutlich zu einem Großteil erhalten ist [210]. In diesem Zusammenhang muß darauf hingewiesen werden, daß "the bulk of the Level VII archive, as it has come down to us, probably belongs to the later part of this period" [211]. Die Annahme von D. Collon, daß ältere Tafeln anderswo aufbewahrt worden seien, stößt indessen auf das Problem, daß gerade die Gründungstafel erhalten ist. Wir haben daher anzunehmen, daß die Einordnung ins Archiv nicht nach chronologischen Kriterien erfolgte, sondern nach der noch bestehenden Relevanz [212]: Tafeln wurden dann aufbewahrt, wenn die auf ihnen festgehaltenen Vorgänge noch von Belang waren und beim Eintreten der Nichtigkeit aussortiert bzw. zerschlagen [213].

Ferner fällt auf, daß zwar eine Vielzahl der Listen nach dem jeweiligen Monat datiert wird, sich aber eine Jahresangabe nirgendwo findet. Dies spricht doch dafür, daß die Jahresangabe selbstevident war, was wiederum bedeutet, daß die Tafeln relativ zeitnah zueinander stehen.

Umgekehrt sind genau 27 Tafeln mit Normblock belegt. Dies bedeutet, daß der in Frage stehende konsekutive Zeitraum mindestens ebenso lange gewesen sein muß. Zwar läßt sich nicht ausschließen, daß in einem der Monate mehrere Normblöcke vorkommen, doch dürfte dies angesichts der Tatsache, daß wir es mit regelmäßigen Lieferungen an festangestelltes Personal zu tun haben, die unwahrscheinlichere Annahme sein. Für keinen der Monate sind mehr als zwei dieser Tafeln belegt [214]. Daher ist anzunehmen, daß die Getreidelieferlisten

[210] Die Alternative, daß die Tafeln während weiter Teile der Laufzeit des Archivs verfaßt wurden und eben nur zufällig ein kleiner Bruchteil erhalten wurde, ist vor allem im Fall der Getreidelieferlisten wenig wahrscheinlich.

[211] D. Collon, AOAT 27, 143. Der Widerspruch von N. Na'aman, AnSt 29, 109f überzeugt nicht, zumal wir sein chronologisches System bereits oben abgelehnt hatten. Eine eigene Zählung der Texte Al T 1-126 ergibt, daß 9 bzw. 10 Texte der Regierungszeit des Jarimlim von Alalaḫ zuzurechnen sind, ca. 40 indessen der des Ammitaqum, ca. 15 lassen sich nicht eindeutig bestimmen.

[212] Vgl. das Themenheft RA 89/1 (1995).

[213] Diese auf die pragmatische Ebene verkürzte Definition der "Relevanz" eines Textes ist hier hinreichend, da wir es im Archiv von Alalaḫ nur mit Rechts- und Wirtschaftsurkunden zu tun haben, beim Vorliegen von literarischen und religiösen Texten wäre die Begriffsbestimmung anders vorzunehmen, da hier auch Fragen der (Rezeptions-)Ästhetik und der kultischen Verwendung mitbedacht werden müßten.

[214] Die Monate Attana und Kirari (Texte 9; 10; 20; 21) stellen nur scheinbar Ausnahmen dar: Es handelt sich um je zwei Blöcke Attana/Kirari, die auf je zwei Tafeln belegt sind.

nur einem Zeitraum von etwas mehr als zwei Jahren entstammen. Ähnliche Vorgänge sind aus Ebla [215], den mykenischen Archiven von Pylos [216] und Ugarit [217] bekannt.

3.4. Die Einordnung des Zeitraums der Getreidelieferlisten in das Archiv

Da wir nun mit einer gewissen Sicherheit die zeitliche Zusammengehörigkeit der Getreidelieferlisten erhoben haben, ist im nächsten Schritt zu fragen, wie die genannten zwei bis drei Jahre in den Gesamtzusammenhang des Archivs einzuordnen sind.

Ausgehend von der Beobachtung, daß das Archiv nur das beinhaltet, was zum Zeitpunkt der Zerstörung Alalaḫs noch relevant war, ist von vornherein anzunehmen, daß die Getreidelieferlisten chronologisch relativ spät im Archiv zu verorten sind. Andernfalls müßten wir erläutern, weshalb ältere Tafeln aufbewahrt wurden, denen keine neueren folgen [218].
Es ist also der in Frage stehende Zeitraum entweder die letzten drei Jahre vor der Katastrophe der Stadt oder kurz vorher, da u.U. damit zu rechnen ist, daß die jeweils aktuellen Tafeln noch nicht verfaßt oder noch nicht archiviert waren.

Dabei sind folgende Argumente [219] geltend zu machen:
—Die in den Schuldtexten als Pfandhäftlinge genannten Personen, "die in die Wirtschaftseinheit des Ammitaqum eingeordnet" werden, sind gelegentlich in den Getreidelieferlisten erwähnt.
Daher müssen die Getreidelieferlisten später als die Pfandurkunden sein. Unser besonderes Interesse erweckt dabei Text 31.01, der den Aya-šarru nennt (vgl. 1,22). Da dieser Text aus der Zeit Jarimlims III von Aleppo stammt, haben wir hier einen *terminus non ante* [220].
—Weitere Personen, die aus den Getreidelieferlisten bekannt sind, kommen in anderen Texten vor: Hier sind vor allem die "Söhne des Kutturu" zu nennen, die nach 31.05 in "Schuldknechtschaft" verbracht werden, wobei vor allem Nadina

---

[215] M.C. Astour, BM 25, 24.

[216] S. Deger-Jalkotzky, OLA 23, 31f.

[217] Die sogenannten Texte aus dem "Brennofen" machen (J.A. Sanmartín, ALASP 7/1, 142) knapp 20% der Wirtschaftstexte aus. Ungeachtet der Frage, ob es sich in der Tat um Tafeln handelt, die zum Brennen in einen Ofen gelegt wurden (vgl. A. Millard, RSO 9, 119), dürfte deutlich sein, daß dieses Material zeitlich eng zusammengehört.

[218] Dies könnte in einer Änderung des Rationen- und Lieferungssystems begründet sein.

[219] Weiteres ergibt sich aus der Einzelinterpretation. Ein Kriterium muß auch darin liegen, daß die von uns erarbeitete Einordnung sinnvolle und widerspruchsfreie Schlußfolgerungen zuläßt.

[220] In dieselbe Richtung, allerdings ohne Beweiskraft, weist Text 31.03, der in die Zeit des letzten Königs von Aleppo datiert ist. Leider ist der Name des Pfandhäftlings in den Getreidelieferlisten nicht mehr belegt, wohl aber der Stand der Weber.

dann (42.15; 42.16) mit großen Mengen Wolle zu tun hat. Da wir kaum fehlgehen werden in der Annahme, daß auch diese Texte sich auf aktuelle wirtschaftliche Vorgänge beziehen, ist auch dies ein Indiz für eine Spätdatierung. Analoges gilt für den Siegelschneider Eḫluwa (42.07; 43.09), der nach Ausweis der Getreidelieferlisten [221] in der fraglichen Zeit zweimal in Alalaḫ war. Die Annahme liegt nahe, daß die beiden Texte sich auf jeweils einen Besuch beziehen, zumal Text 43.09 noch weitere Personenverknüpfungen mit Personen der Getreidelieferlisten aufweist (Kuzzi, Irima, Kunnate). 42.06 nennt ferner den Subaḫali.

—Damit läßt sich sagen: Wir haben keinen Beleg dafür, daß ein Text des Archives eindeutig später ist als eine Getreidelieferliste. Wohl aber zeigen die belegten Personen, daß eine breite Menge der anderen Listen mit den Getreidelieferlisten kontemporär ist. Die in Frage stehende Zeit ist während der Herrschaft Jarimlim III von Aleppo oder später. Damit sind wir berechtigt, das Teilkorpus der Getreidelieferlisten in die Spätzeit des Archivs zu verorten.

—Die Frage, ob wir es hier mit Texten aus den letzten Jahren der Schicht VII zu tun haben, läßt sich hier nur vorläufig beantworten, da noch Argumente aus der Fragestellung nach der Abfassung und der präzisen Einordnung einzelner Tafeln herangezogen werden müssen. Hier läßt sich vorgreifend sagen, daß während der letzten durch Normblöcke abgedeckten Zeit Kunnate keine Gerste mehr erhält. Ferner fällt die formale Ähnlichkeit der Texte 72-74 ins Auge, die fast ausschließlich auf Kunnate abstellen. In diesen drei Texten sind zweimal (73,3; 74,3) Zweckangaben gemacht: *a-na a-la-ak* LUGAL bzw. *a-na* KASKAL *it-ti* LUGAL. Diese beiden Angaben dürften nicht nur die reine Bewegung des Königs von Ort A nach Ort B zum Inhalt haben. Wahrscheinlicher ist, daß hier bereits Vorbereitungen auf den zu erwartenden Feldzug gegen die Hethiter getroffen wurden, mit anderen Worten die Funktion des Kunnate bereits "auf Kriegswirtschaft umgestellt" worden war. Zumindest Text 73 und 74 sind datiert in den Monat Utitḫi (Febr./März), was jahreszeitlich gut zur Vorbereitung eines Feldzuges paßt [222]. Dem entspricht, daß man bereits ab dem Aštabi (Text 24) Getreide "in/für das Feldlager brachte" (*ana karāši ublū*).

—Weiter ist festzuhalten, daß auch aus anderen Archiven bekannt ist, daß die Lieferungen aus den letzten Monaten des jeweiligen Archivs stammen [223]. So stellt der Befund aus Ebla eine schlagende Parallele dar: Für die 21 Woll-

[221] S.u. Kap. V,2.9.2.

[222] Wir werden unten sehen, daß im letzten Monat Utiḫe zwar offensichtlich noch Tafeln geschrieben wurden, aber kein Normblock mehr verfaßt wurde. Vgl. zu "war as a summer activity" P. Houwinck ten Cate, Anatolica 11, 63f.

[223] Nicht in Betracht zu ziehen sind die Texte aus dem "Brennofen" in Ugarit (vgl. A. Millard, RSOu XI).

Lieferlisten [224], die in ARET VIII veröffentlicht wurden [225], hat E. Sollberger zu den Fundumständen bemerkt: "It would appear that they would have been dropped there while being hurriedly carried away in an unsuccessful attempt to remove them from the burning palace. The tablets were found still on the large wooden boards, now wholly carbonized, used to transport them." [226] Dasselbe Phänomen findet sich in dem mykenischen Archiv in Pylos. Auch hier wurden offenbar die Liefertexte bis zuletzt fortgeschrieben. Offenbar waren sie "nicht für längeren Gebrauch vorgesehen, wurden ... lediglich an der Luft getrocknet, aber nicht im Brennofen gehärtet. Die erhaltenen Texte verdanken wir paradoxer Weise der Härtung der Täfelchen im Katastrophenbrand der Paläste." [227] Wir haben daher hier "eine Momentaufnahme der mykenischen Gesellschaft(en), zumeist aus der Zeit des Unterganges der mykenischen Paläste und des Endes der mykenischen Palastperiode" [228]. Der zeitlich enge Zusammenhang von Texten, den wir für die Getreidelieferlisten aus Alalaḫ festgestellt hatten, kehrt hier sogar in noch drastischerer Form wieder, denn die Texte betreffen "nicht einmal das ganze jeweilige Verwaltungsjahr, sondern nur die Zeit bis zur Zerstörung des Palastes, mitunter also nur wenige Monate. Was während dieser Zeit nicht notiert wurde, bleibt uns unbekannt." [229]

Ergebnis:
Zwar sind die letztgenannten Beispiele lediglich Analogien, doch zeigen sie im Verbund mit den korpusimmanent gewonnenen Beobachtungen mit ziemlicher Sicherheit, daß die Getreidelieferlisten der Schicht Alalaḫ VII einem eng begrenzten Zeitraum von mindestens 27 Monaten und höchstens drei Jahren vor der Zerstörung der Stadt zugehören.
Offenbar wurde diese Textgattung als relativ kurzlebig betrachtet, nach einem gewissen Zeitraum wurden ältere Tafeln entfernt, die auf ihnen festgehaltenen Vorgänge sind auf immer verloren. Wir wissen indessen nicht, ob die Kassation der veralteten Tafeln kontinuierlich in der Weise erfolgte, daß beim Anlegen einer neuen Tafel die jeweils älteste aussortiert wurde, oder ob wir mit einer bewußten "Archivrevision" z.B. alle drei Jahre zu rechnen haben.

---

[224] Die strukturelle Vergleichbarkeit der Phänomene in Ebla und Alalaḫ besteht aufgrund der Tatsache, daß es sich hier wie dort um "monthly reports" (so für diese Ebla-Tafeln M.C Astour, BM 25, 24) handelt.

[225] Hinzu kommt TM 76G530 = ARET I, Nr. 5 (Angabe bei M.C. Astour, BM 25, 24 ist zu verbessern). Vgl. jetzt auch G. Pettinato, MEE 5 = MVS 2.

[226] E. Sollberger, ARET VIII, IX. Vgl. M.C. Astour, BM 25, 24.36 (der allerdings die Zerstörung auf ein nichtkriegerisches Ereignis zurückführt); L. Viganò, AuOrS 12, 129 äußert sich etwas vorsichtiger zu den Gründen, aus denen die Tafeln hier situiert sein könnten, bestreitet aber nicht, daß sie in die Endphase des Archivs gehören müssen.

[227] S. Deger-Jalkotzky, OLA 23, 31 Anm. 3.

[228] S. Deger-Jalkotzky, OLA 23, 31f.

[229] S. Deger-Jalkotzky, OLA 23, 31 Anm. 4.

3.5. Die Verteilung der Tafeln auf die Monate

3.5.1. Die Abfolge der Tafeln mit Normblock

Wenn wir nun daran gehen, die Verteilung der Normblöcke über die belegte Zeit hin zu untersuchen [230], so haben wir davon auszugehen, daß die Texte zumeist einen Monatsnamen nennen. Dieser bezieht sich auf den Monat, dem die Lieferung zugehört. Dabei ist über die Abfassungszeit noch nichts ausgesagt. Ferner haben wir zu berücksichtigen, daß derselbe Monatsname lediglich den Text jahreszeitlich verortet, aber verschiedenen Jahren zuzuwiesen sein kann. Angesichts der Tatsache, daß es sich bei den Normblöcken um regelmäßige Lieferungen an genau umrissenes Personal handelt, ist dies sogar wahrscheinlich: Der Vorgang, daß eine Personengruppe ihre Monatslieferung erhält, wird genau einmal festgehalten. Damit bestätigen sich zwei Annahmen, die wir oben getroffen hatten [231]: Jedem Monat entspricht genau eine Tafel mit Normblock und *vice versa.*

Zweitens hat die Verteilung von Tafeln mit derselben Monatsangabe auf die unterschiedlichen Jahre davon auszugehen, daß eine gewisse Kontinuität im Personalbestand feststeht. Das bedeutet, daß dieselbe Empfängergruppe im Normblock in benachbarten Monaten vermutlich vergleichbare Mengen entgegennimmt. Die Tafeln sind daher den jeweiligen Jahren so zuzuordnen, daß sich für alle betroffenen Jahre eine möglichst kontinuierliche Verteilung ergibt. Als Parameter für die Verteilung sind dabei die Personengruppen heranzuziehen, deren Vorkommen den Normblock charakterisiert: die Frauen vom Gesinde, die LÚ.MEŠ.*asīrū* und die Weber [232] (siehe das Diagramm im Anhang F) [233]. Ferner wird der Besuch [234] der Timunna eine Kontrollfunktion innehaben: Wir gehen davon aus, daß die Erwähnung dieser Frau nicht unregelmäßig über die gesamte Zeit erfolgt, sondern jeweils in zusammenhängenden Abschnitten. Aufgrund dieser Vorarbeiten können wir ein Gerüst erarbeiten, in das dann die undatierten Tafeln einzuordnen sind.

---

[230] Die Texte sind (abgesehen von Text 1) nach ihrer Chronologie angeordnet, so daß es hier gilt, die Anordnung zu begründen.

[231] S.o. S. 159.

[232] Da Zirri stets 1 *pa* Gerste erhält, kann sie hier außer Betracht bleiben.

[233] Dabei ist zu beachten, daß es sich um unterschiedliche Personengruppen handelt, deren Funktion im Wirtschaftsleben noch nicht analysiert wurde, so daß von vornherein nicht erwartet werden darf, daß alle drei Gruppen in allen Fällen gleich gute Übereinstimmungen aufweisen. Wir können daher lediglich auf einer oberflächlichen Ebene Ausgabemengen vergleichen, müssen aber derzeit auf eine z.B. statistische Auswertung verzichten, die dem Kap V vorbehalten bleibt.

[234] S.u. Kap. V,2.4.4.

I	Attana (Sept/Okt)	10,19; 21,2
Ia	Šamena (Sept/Okt)	22,27; 23,21
II	Aštabi (Okt/Nov)	
III	Niqali (Nov/Dez)	12,29; 25,17
IV	Pagri (Dez/Jan)	13,29; 26,22
V	Kalma (Jan/Febr)	
VI	Utitḫi (Febr/März)	15,17
VII	Bala'e (März/April)	4,21; 16,14
VIII	Šatalli (April/Mai)	5,19; 17,22
IX	Ḫudizzi (Mai/Juni)	6,33; 18,18
X	Ḫiari (Juni/Juli)	1,25
XI	Ēkena (Juli/August)	19,11
XII	Kirari (August/September)	9,22; 20,33

Es sind also von den 27 in Frage stehenden Tafeln 19 durch eine Monatsangabe datiert. Bei den Texten 2; 3; 7; 8; 11; 14 und 27 fehlt diese, bei Text 24 ist wohl eine Umstellung vorzunehmen (siehe unten). Wir haben also die Aufgabe, die datierten Tafeln den jeweiligen Jahren zuzuordnen. Dabei sind die Tafeln, auf denen zwei Monate belegt sind, von besonderem Belang, da diese unbedingt nebeneinander zu stellen sind. Ferner ist zu fragen, in welches Jahr die Tafeln gehören, deren Monatsangabe nur einmal vorkommt. Zuletzt sind die Tafeln in das Gerüst einzuhängen, wo kein Monatsname belegt ist.

Um die Argumentation durchsichtiger zu machen, benennen wir die Jahre, denen die Texte entstammen können, mit großen lateinischen Buchstaben: Der Jahresteil vom Beginn der Normblöcke bis zum ersten Neujahrsfest trägt die Kennung A, das vollständige Jahr nach dem ersten Neujahrsfest die Kennung B und der Rest bis zum Untergang der Stadt den Buchstaben C [235]. Dieses Verfahren ist darin begründet, daß der Jahreswechsel zweimal bezeugt ist (Texte 9/10 und 20/21). Somit ist auch die Eventualität abgedeckt, daß zwei vollständige Schaltjahre mit je dreizehn Monaten aufeinander folgen könnten, denen ein Einzelmonat vorangeht oder folgt. Im übrigen ist dies *a priori* wenig wahrscheinlich, da der hethitische Feldzug sicherlich nicht nach der Jahreswende im Herbst stattfinden konnte.

Damit können wir nun mit der Verteilung beginnen:
Die Texte 9 und 10 einerseits sowie 20 und 21 gehören zusammen, und zwar in unterschiedliche Jahre. Die Zusammengehörigkeit der Texte 9 und 10 ergibt sich aus der Tatsache, daß in 9,3 die Zeilen 10,19+31f zusammengefaßt werden. Diese Zeilen beziehen sich alle auf den Monat Attana. Als nächstes sind zu-

---

[235] Der Attana, der mit dem ersten Neujahrsfest beginnt, heißt also Attana B, der Monat davor Kirari A, der Attana des darauffolgenden Jahres Attana C.

sammenzustellen die Monate der Texte 4 und 5, deren Normblöcke bis in die Formulierung hinein übereinstimmen. Daraus folgt unmittelbar, daß die Texte 16+17 in ein anderes Jahr gehören müssen.
Den Texten 4 und 5 ist ferner gemeinsam, daß in ihnen die Timunna erwähnt wird. Hier handelt es sich [236] um eine Frau, die nur gelegentlich zu versorgen ist, da sie nur zeitweise in Alalaḫ anwesend ist. Da sie in Text 15 im Monat Utiḫe nicht erwähnt ist, ist anzunehmen, daß ihr Besuch in dem Balaʿe des Textes 4 begonnen hat. Damit gehören von den beiden in den Monat Ḫudizzi datierten Tafeln Text 6 und 18 Text 6 direkt an die Reihe 4 und 5, Text 18 direkt an die Abfolge 16 und 17.
Text 1 (Ḫiari) hinwiederum muß in das Jahr gehören, das mit dem Kirari des Textes 20 abschließt, wie das Diagramm lehrt: In beiden Fällen haben wir für das Verhältnis *asīru*:Weber die Zahlen 7:19 vorliegen. Gegenprobe: Im Kirari des Textes 9 ist das Verhältnis signifikant unterschiedlich, nämlich 16:15.
Zwischen den so erhobenen Abfolgen 16-18+1 und 20-21 besteht eine Lücke von einem Monat Ekena. Der einzige Normblock, der in den Ekena datiert ist, ist Text 19. Das Verhältnis zwischen den beiden Empfängergruppen ist 9:20, die Ausgabe an die Frauen vom Gesinde beträgt 67 *pa*, was zu beiden Jahren stimmen könnte. Da zudem auch einer der nichtdatierten Normblöcke hierher gehören könnte, müssen wir eine etwas weitere Überlegung anstellen: Die Texte 55 und 56 sind auf die Monate Ekena und Kirari datiert. Sie gehören direkt hintereinander, wie aus den einleitenden Zeilen erhellt. Text 56 ist nun aber mit Text 20 zusammengehörig, wie wir aus den Verhältniszahlen der Lieferungen an Addu ersehen [237]. Umgekehrt zeigt die Abfolge der Namen Burra, Sumilammu und Subaḫali in den Texten 55 und 19 (mit jeweils demselben Verhältnis von 20 *pa* Gerste und 10 *pa* Emmer), daß auch diese Texte demselben Monat entstammen müssen. Die Gegenprobe ergibt, daß dies sonst nirgendwo der Fall ist, so daß der Dreiecksvergleich die Vermutung bestätigt.
Vor dieser Reihe steht der Monat Utiḫe, der durch Text 15 angeschlossen werden kann: sowohl die Weber als auch die LÚ.MEŠ.*asīrū* erhalten in Text 15 wie Text 16 Gerste in ungefähr demselben Verhältnis (0,8 bzw. 0,833), wohingegen in Text 4 die entsprechenden Werte 7 bzw. 13 *pa* ausmachen [238].
Eine weitere Beobachtung spricht für diese Einordnung: Text 47 weist keinen Normblock auf, wohl aber mit Z. 9 und Z. 22 zwei Einträge, die sich unschwer zu MÍ.MEŠ-Zeilen ergänzen lassen, und zwar mit 54 bzw. 65 *pa* Gerste. Es dürfte nun anzunehmen sein, daß diese beiden Zeilen als Fangzeilen die jeweiligen Blöcke den entsprechenden Normblöcken zuordnen sollen, was mit den Angaben in Text 15 und 16 übereinstimmt.

---

[236] S.u. Kap. V,2.4.4.

[237] S.u. Kap. V,2.1.10.

[238] Für diese Reihung spricht als weiteres Indiz das Vorkommen der LÚ.(MEŠ.)ÁZLAG, siehe unten Kap. V,2.1.5.

monate Šamena zu befassen. Für die Einschiebung dieser beiden Monate gibt es prinzipiell zwei Möglichkeiten: *Entweder* werden sie in unterschiedlichen Jahren eingefügt, oder aber man ließ die Differenz zwischen Sonnen- und Mondjahr so weit auflaufen, daß gleich zwei Schaltmonate hintereinander eingefügt wurden [239]. Hierbei ist einsichtig, daß Text 22 eher an Text 21 anschließt: Bei den LÚ.MEŠ.*asīrū* hat die Reihe Text 18-21 jeweils zwischen 7 und 9 *pa* Gerste, die der Weber ist zwischen Text 19 und Text 21 ständig fallend. Hinzu kommt die Erwähnung des LÚ.ÁZLAG und des Atri-Addu [240].
Damit reduziert sich die Fragestellung auf die Frage, ob Text 23 direkt an Text 10 oder an Text 22 anzuschließen ist. Zwar scheinen auf den ersten Blick die Zahlen der Weber und der LÚ.MEŠ.*asīrū* eher für Text 10 zu sprechen, doch würde eine solche Einordnung gewisse Probleme aufwerfen [241]. Sicher zusammengehört allerdings für den Šamena die Textgruppe 66-69, die untereinander vor allem durch die Nennung des Nuwašši-Ištar verbunden ist [242]. Ferner sind 68,17f Übertragszeilen zu 66,1-6, deren Gerstenlieferungen sie zusammenfassen. Diese Textgruppe wiederum nennt (68,7; 69,4f) den LÚ.URU.*Tunip*, der seinerseits in Text 23 belegt ist. Da dieser Auswärtige nicht ständig in Alalaḫ war und umgekehrt in Text 10 nicht vorkommt, dürfte es eine sinnvolle Annahme sein, die genannte Textgruppe und Text 23 in dasselbe Jahr zu setzen. Ferner sind Kümmellieferungen an die Reihe Burra, Eṭarmalik und Irḫamilla in Text 17 noch einmal belegt. Ein weiteres Argument sind das Vorkommen der LÚ.MEŠ.ÁZLAG = *kiblū* und der erneute Besuch der Timunna. Es ist daher sehr wahrscheinlich, daß die beiden belegten Schaltmonate direkt aufeinander folgen und die Schaltregelung folglich in unregelmäßigen Abständen durchgeführt wurde, wenn Sonnen- und Mondjahr so sehr differierten, daß die Einschaltung eines Schaltmonates nicht hinreichte [243].

---

[239] Beide Verfahren werfen das Problem auf, daß für eine gewisse Zeit der "bürgerliche" Kalender und die astronomisch-jahreszeitlichen Gegebenheiten nicht übereinstimmten. Welche kultischen Folgen diese Diskrepanz nach sich zog, kann hier nicht erörtert werden.

[240] Die Ausgabe an die Frauen ist in Text 10 nicht genannt, so daß die leichte Unstimmigkeit zu Text 22 nicht als Argument dienen kann.

[241] Zwischen Text 9 und Text 13 erhalten die LÚ.MEŠ.*asīrū* (wie wir noch sehen werden) jeweils 15 *pa*, eine Reihe, die für eine hohe Kontinuität des Personals spricht und durch die Einordnung von Text 23 zerstört würde.

[242] Dies gilt umso mehr, als Nuwašši-Ištar nur in Text 68 und 69 belegt ist.

[243] Dies kann z.B. so ausgesehen haben, daß alle 5 Jahre 2 Schaltmonate eingefügt wurden. Man wird dabei darauf geachtet haben, daß die Schaltung die Differenz möglichst gering hielt, so daß—modern gesprochen—das (theoretische) Herbstäquinoktium ungefähr in der Mitte der Schaltperiode mit dem tatsächlichen astronomischen Befund übereinstimmte.

Ausgehend von der Beobachtung, daß die Timunna in Text 23 erneut zu Gast in Alalaḫ ist, bietet es sich an, den Text 24 direkt hinter Text 23 und folglich in den Aštabi zu legen. Hierfür sprechen zunächst die identische Ausgabemenge an die LÚ.MEŠ.*asīrū* [244] und die um nur 1 *pa* differierende an die Frauen. Ferner sind die Timunna und der Pazage in beiden Texten belegt. Die LÚ.MEŠ.Ì.DUḪ sind in 23,8 und 24,7 mit identischen Ausgabemengen belegt, dasselbe gilt für Eḫliya (23,32), der wohl mit Ḫaliya (24,22) gleichzusetzen ist. Es besteht allerdings das Problem, daß Z. 26 den Monat Utitḫe nennt, was keineswegs hierher zu passen scheint, da nach dem bisher Gesagten die Tafel in den Monat Aštabi gehört. Andererseits handelt es sich hier ganz offensichtlich um einen Einschub, da der komplette Eintrag lautet "*ṭuppi Utitḫi* 50 ZÌ *ša* ZÍZ *ana* KASKAL LUGAL". Dieser Eintrag ist sichtlich attrahiert von Z. 24 und dürfte eine Rückstellung für den im kommenden Frühjahr stattfindenden Feldzug bezeichnen. Diese Vermutung einer Rückstellungsbildung wird dadurch gestärkt, daß auch Text 25,7-13 von solchen Rückstellungen *ana karāši* spricht. Dieser Text ist in den Niqali datiert, also nach unserem Kalender am Ende des Jahres, in eine Zeit also, in der sicherlich keine Feldzüge stattfanden, so daß es sich um Rückstellungen handeln muß. Diese Übereinstimmung läßt uns Text 25 an die Reihe anschließen, ebenso wie die Beobachtung, daß die Ausgabe an die Weber und die Frauen dem nicht widersprechen.

Zwangsläufig folgt nun, daß Text 12 dem Niqali des anderen Jahres [245] zugehören muß, wofür auch die Ausgabemenge an die Weber von 15 *pa* spricht, die offenbar über ein knappes halbes Jahr hinweg fast unverändert blieb, was ein weiteres Argument für unsere These darstellt: In politisch relativ ruhigen Zeiten bleibt die Personaldecke konstant, während der bevorstehende Feldzug im Bereich der Palastwirtschaft Änderungen mit sich brachte, die auch auf den Personalbestand und die Form der Texte Einfluß hatten.

Damit sind wir nun aber in die Lage versetzt, genauere Angaben über die Datierung der Tafeln zu machen: Die Texte 21 und folgende gehören in das letzte Jahr vor der Zerstörung der Stadt, mithin unser Jahr C, der Attana des Jahres B wird durch Text 10 widergespiegelt. Da die Reihe Text 4-6 keine Anzeichen einer Kriegswirtschaft aufweist, kann sie nicht in das Jahr C gehören, sondern ist dem Jahr A zuzuweisen. Es ergibt sich als Zwischenergebnis [246]:

---

[244] Siehe zur genauen Begründung unten Kap. V,2.1.2.

[245] Theoretisch möglich wäre auch ein Niqali zwei Jahre vorher, doch stößt dies auf das Problem, daß dann das Fehlen mindestens einer Tafel postuliert werden müßte.

[246] Da wir in Kap. III sahen, daß das Ende der Schicht nicht genau, sondern nur mit einer Unsicherheit von etwa ± 4 Jahren zu erheben ist, muß der Versuch unterbleiben, auf astronomischem Wege die Neumonddaten zu erheben und so eine tagesgenaue absolute Chronologie der Normblöcke bieten zu können.

Text	Monat	Text	Monat
—	—	15	Utitḫi B
4	Balaᶜe A	16	Balaᶜe B
5	Šatalli A	17	Šatalli B
6	Ḫudizzi A	18	Ḫudizzi B
—	—	1	Ḫiari B
—	—	19	Ekena B
9	Kirari A	20	Kirari B
10	Attana B	21	Attana C
—	—	22	Šamena I C
—	—	23	Šamena II C
—	—	24	Aštabi C
12	Niqali B	25	Niqali C

Auf diesem Hintergrund können wir nun die beiden Tafeln 13 und 26, die den Monat Pagri nennen, einordnen. In beiden Fällen läßt der Vergleich der Ausgabemengen gewisse Übereinstimmungen mit den Texten 12 und 25 zu, so daß sich auf dieser Basis keine sichere Entscheidung treffen läßt. Wir sind daher gehalten, ein weiteres Argument einzubringen: Dieses besteht in der Erhebung der Verhältniszahlen bei den Ausgaben an Kunnate und an Addu [247]: Aus diesem läßt sich eindeutig und in statistisch signifikanter Weise eine Differenz zwischen den beiden Jahren erheben, die folgende Verteilung nahelegt: Text 26 gehört in den Pagri des Jahres C, Text 13 indessen in den des Jahres B.

Damit sind alle Tafeln eingearbeitet, die eine eindeutige Monatsangabe nennen. Noch nicht eingeordnet werden konnten folgende Tafeln: 2; 3; 7; 8; 11; 14; 27. Diese sind nunmehr ist das vorhandene Gerüst einzuhängen.

Dabei ist zunächst auffällig, daß Text 7 mehrere Übereinstimmungen mit den Texten 4-6 aufweist: Die LÚ.MEŠ.*šālkū* [248], die nur in den Texten 4; 5 und 7 belegt sind, sowie der "Handlanger" des Kunnate (nur 6,25; 7,5) in annähernd derselben Formulierung. Auch die LÚ.MEŠ.Ì.DUḪ=*utû* kommen in Text 4-7 regelmäßig vor. Vor allem das Argument des "Handlangers" macht deutlich, daß Text 7 wohl direkt hinter die Reihe 4-6 zu stellen ist und mithin in den Ḫiari des Jahres A gehört.

Für die Einordnung von Text 11 zwischen die Texte 10 und 12 sprechen wiederum die Normausgaben: Die Weber erhalten in diesem Text 15 *pa*, was genau der Ausgabe in Text 9 und 10 einerseits und der in Text 12 und 13 andererseits entspricht, so daß sich hier eine konstante Ausgabe über 5 Monate hinweg nachzeichnen läßt. Das Ansteigen des Wertes bei den LÚ.MEŠ.*asīrū* von 12 auf 19 *pa* hat eine exakte Parellele in Text 24+25, wo—ebenfalls zwischen Aštabi und Niqali—die Ausgabe von 12 auf 19 *pa* ansteigt [249]. Die Frauen vom Ge-

---

[247] Siehe unten Kap. V,2.1.10.

[248] S. dazu unten Kap. V,2.4.3.

[249] S. zur Auswertung des Befundes unten Kap. V,2.1.2.

sinde empfangen in Text 9 65 *pa*, hier 66 *pa* und in Text 13 wiederum 65 *pa*. Hinzu kommt, daß Aya-šarru etwa vierteljährlich Lieferungen erhält [250]. Ferner läßt sich anhand der ökonomischen Verhältnisse bei den Siegelschneidern zeigen [251], daß die Texte 11 und 29 (die beide den Eḫluwa nennen) demselben Monat entstammen dürften. Da Text 29 in den Aštabi datiert ist, findet sich ein weiteres Indiz für unsere Annahme.

Die Texte 2 und 3 zeichnen sich dadurch aus, daß die Frauen überaus hohe Lieferungen erhalten (70 bzw. 76 *pa*), was dafür spricht, diese beiden Texte vor Text 4 (75 *pa*) zu stellen und so die drei höchsten Lieferungen an diese Personengruppe beieinander zu halten. In dieselbe Richtung weist 2,26, wo Getreide *ana imbari* "für die Regenzeit" bestimmt ist, was gut zu einer jahreszeitlichen Ansetzung auf November/Dezember paßt. Ein eindeutiges Argument über die Reihenfolge läßt sich nicht gewinnen. Die formalen Besonderheiten des Textes sprechen eher dafür, daß in Text 2 noch einige Angelegenheiten aus der "Archivrevision" eingeflossen sein könnten, die hier festgehalten wurden, so daß wir diesen Text in den Kalma ansetzen, Text 3 jedoch in den Utiḫe.

Die übrigen Normblöcke—die Texte 8; 14; 27—lassen sich nur sehr schwer auf die belegte Zeit verteilen, zumal nur zwei Lücken übrig sind, nämlich im Ekena A und im Kalma B. Es ist daher anzunehmen, daß einer der drei Texte in die Zeit außerhalb der durch Normblöcke abgedeckten Monate gehört. Da wir annahmen, daß die formalen Besonderheiten von Text 2 seine Einordnung an den Beginn dieser Zeit nahelegen, bleibt letztlich nur der Schluß, also der Monat Kalma C. Für diesen Monat könnte am ehesten Text 27 in Frage kommen, da der Cluster um Burra, Sumilammu und Subaḫali in regelmäßigen Abschnitten auftritt. Text 14 trägt die Monatsangabe Mešarri, von der wir annahmen, daß sie ursprünglich nach Aleppo gehört. Umgekehrt finden sich die Angaben Ekena und Kalma nur in Alalaḫ, so daß wir nicht wissen, ob und welcher dieser Monatsnamen in Aleppo belegt ist.

Aus der Angabe von 66 *pa* an die Frauen lassen sich keine weiteren Folgerungen ziehen, da dieser Wert zu der Reihe Text 11-15 ebensogut paßt wie neben Text 9. Das Argument kann sich also lediglich darauf stützen, daß die zwei namentlich genannten Frauen Pūze und Ḫepat-umara in Text 30 bzw. 31 noch einmal erwähnt sind: Diese Texte gehören aber in den Pagri des Jahres B, so daß die Einordnung von Text 14 in den Kalma desselben Jahres einiges für sich hat.

---

250 S.u. Kap. V,2.1.7.

251 S.u. Kap. V,2.9.2.

Hieraus ergibt sich dann zwangsläufig, daß Text 8 in die einzige dann noch bestehende Lücke im Monat Ekena gehört. Die Menge von [1]4 *pa* Gerste an die Weber paßt dabei gut zu der schon mehrfach erwähnten Reihe von jeweils 15 *pa* in den folgenden Monaten, so daß sich folgende Gesamtverteilung angeben läßt:

Monat	Jahr A	Jahr B	Jahr C
Attana	-	10	21
Šamena I	-	-	22
Šamena II	-	-	23
Aštabi	-	11	24
Niqali	-	12	25
Pagri	-	13	26
Kalma	2	14	27
Utitḫi	3	15	-
Balaʿe	4	16	-
Šatalli	5	17	-
Ḫudizzi	6	18	-
Ḫiari	7	1	-
Ekena	8	19	-
Kirari	9	20	-

3.5.2. Die Zuordnung der Tafeln mit ŠE.BA LUGAL-Block

Als nächsten Schritt haben wir zu fragen, wie sich die Tafeln zuordnen lassen, die einen ŠE.BA-LUGAL-Block, aber keinen Normblock aufweisen. Es handelt sich hier um die Tafeln 28-35, wobei wir so vorgehen, daß wir nach der Reihenfolge nur noch begründen, welche Gründe für die Einordnung in den jeweiligen Monat sprechen.

Text 28: Der Text nennt den Monatsnamen Azzalli, der nur hier und in 20.01,47 belegt ist. Auch dieser Text gehört nach Aleppo, so daß wir hier wiederum mit einem "fremden" Monatsnamen zu rechnen haben. Hier sind folgende Argumente zu nennen: Pazage ist [252] nur in gewissen Monaten belegt, die (zumeist) an den Besuch der Timunna geknüpft sind. Von den in Frage stehenden Normblöcken kommen also die Texte 4-6; 23 und 24 in Frage. Diese scheiden allerdings sämtlich aus, da sie bereits einen ŠE.BA LUGAL-Block aufweisen. Jarimlim DUMU LUGAL ist umgekehrt nur in den Texten 4 und 23 belegt, allerdings mit sehr unterschiedlichen Summen, so daß dies als Argument nicht hinreicht. Wir möchten daher annehmen, daß der Block zu Text 3 gehört. Hierfür spricht auch, daß vermutlich der Monatsname Azzalli zu Šatalli in Bezug zu setzen ist: Die Schlußsilben sind identisch, die Veränderung von */Azza/* zu */Šata/* könnte auf unterschiedliche Realisierung eines Interdentals in

[252] S.u. Kap. V,2.4.5.

Kontaktstellung zu einem Dental zurückehen [253], wobei die Doppelkonsonanz im einen Fall durch Anaptyxis, im anderen durch ein prosthetisches */a/* aufgelöst wurde [254]. Die zeitliche Differenz im Kalenderjahr könnte dann durch eine unterschiedliche Schaltregelung an beiden Orten erklärt werden.

Text 29: Die Tafel ist auf den Aštabi datiert. Da der Aštabi C (Tafel 24) bereits einen ŠE.BA LUGAL-Block hat, ist hier an den Aštabi B zu denken, dem (Tafel 11) ein solcher bislang fehlt.

Text 30: Die Zeilen 30,22f dienen wohl als Fangzeile zu 13,19f. Analoges gilt für Z. 2f, die auf 13,5f verweisen. Der Text gehört damit in den Pagri B.

Text 31: Pūya erhält in den ŠE.BA LUGAL-Blöcken von Text 23 und Text 35 Getreide. Daß es hier (31,10f) zum Zweck der Aussaat ausgegeben wird, paßt gut in die Jahreszeit. Als weiteres Argument ist die Ḫepat-Umara zu nennen, die hier offenbar noch einmal Getreide entgegennimmt, was dafür spricht, diesen Text in die Nähe von Text 30 zu rücken. Dann bietet sich der Monat Kalma an, der ziemlich genau ein Jahr vor den beiden Tafeln steht, in denen Pūya belegt ist [255], zumal dieser offenbar Auswärtslieferungen erhält.

Text 32: Der Text nennt den Monat Ḫiari als Datum der Monatslieferung an den Palast. Der Text kann aufgrund der Lieferung an Šinurapi nur mit Text 19 zusammengehören: Šinurapi erhält ZÍZ und ŠE im Verhältnis 1:1, was mit dem Befund aus Text 6 übereinstimmt. Wenn er umgekehrt im Ekena 20 *pa* Gerste erhält (Text 5), so bekommt er keinen Emmer. Da Ammuwa und Šinurapi aber in Text 32 und der Reihe Text 20 - Text 55 - Text 56 [256] zusammen vorkommen, liegt es nahe, daß alle diese Tafeln demselben Jahr entstammen. Dem entspricht, daß die Texte 5 und 6—wie wir sahen—in das andere Jahr gehören [257].

Text 33: Von der Monatsangabe ist noch so viel erhalten, daß sie sicher zu Šamena ergänzt werden kann. Da Text 23 einen vollständigen ŠE.BA LUGAL-Block aufweist, kann die Tafel nur zu Text 22 gehören: Bei 22,5-7 handelt es sich also wiederum um Übertragszeilen.

Text 34: Die Tafel ist nicht datiert. Indessen werden die LÚ.MEŠ.NAGAR erwähnt. Diese kommen im Plural nur noch in Text 35 und der Sammeltafel 37 vor. Einzelne Zimmerleute finden sich in den Texten 67-69, die in den Šamena zu datieren sind, so daß (abgesehen von zwei Streubelegen in Text 10) alle Belege in das letzte halbe Jahr des Textkorpus fallen. Die Versorgung dieser

---

[253] Aufgrund der Mehrdeutigkeit der Keilschrift läßt sich nichts Genaueres sagen: Handelt es sich um ein */ḏ/*?

[254] Also etwa */ḏt/ > /ḏḏ/ > /zz/* versus */ḏt/ > /ḏ^{a}t/ > /šat/*.

[255] Ob die beiden Šapši-Addu (31,5; 44,7) ungeachtet ihrer unterschiedlichen Titulatur zufällig im selben Monat belegt sind, kann hier offen bleiben.

[256] Diese Tafeln entstammen demselben Monat. Text 54 bietet für Burra usw. die Emmerlieferungen, die dem Normblock entsprechen.

[257] Ammuwa und Šinurapi erhalten ihre Lieferungen in relativ unregelmäßigen Abständen, s.u. Kap. V,2.1.12.

Handwerker findet ihre Erklärung in 35,13: sie waren am (Um-)Bau des Palastes tätig. Es liegt daher auf der Hand, daß Text 34 in den Niqali C gehört, aus dem noch kein ŠE.BA LUGAL-Block bekannt ist.
Text 35: Der Block ist in den Pagri datiert. Da im Pagri B die Versorgung des Palastes bereits durch Text 30 gesichert war, gehört die Tafel unstrittig in den Pagri C. Die Alternative, sie in den Pagri A vor alle anderen Tafeln zu verorten, scheitert m.E. daran, daß Text 35 mit Text 26 gemeinsame Bezüge im Hinblick auf die Städte Emar und Tunip aufweist.

Damit erhalten wir als Ergebnis: Für die Monate der Texte 2; 7; 8; 18 und 27 läßt sich aufgrund des Erhaltungszustandes nicht sagen, ob ein ŠE.BA LUGAL-Block vorliegt, in den Monaten der Texte 10 und 15 sind immerhin die Ammen belegt. Alle anderen Monate weisen einen ŠE.BA LUGAL-Block auf.

3.5.3. Einige Aspekte zu weiteren Tafeln

Im vorigen Abschnitt erhielten wir das Ergebnis, daß sich die 35 Getreidelieferlisten, die wir auf formalem Wege als normiert ausgesondert hatten (also etwa 37% des Materials), einem bestimmten Monat zuweisen lassen. Für die Sammeltafeln 36-40 ist dies *per definitionem* unmöglich, da sie mehreren Monaten zugehören. Einige weitere Tafeln konnten wir bereits den jeweiligen Normblöcken und damit den Monaten zuordnen (Texte 55; 56; 47; 66-69), so daß ungefähr die Hälfte des Materials "datiert" ist. Angesichts des Erhaltungszustandes entziehen sich die Texte 77-94 einer Datierung [258].

Hier können aus Raumgründen nicht alle Tafeln im Hinblick auf ihre Einordnung einzeln diskutiert werden. Einige Aspekte sollen jedoch genannt werden:

—Die formale Auffälligkeit und Zusammengehörigkeit der Texte 73+74 war bereits genannt worden. Wir hatten diese beiden Texte, die auf den Utitḫi datiert sind, wegen des genannten Feldzuges dem letzten Monat des Archivs zugewiesen, dem kein Normblock mehr entsprach. Bedenken wir nun, daß Text 72 ebenfalls den Kunnate und den Addu nennt und die Verhältniszahlen dem zumindest nicht widersprechen, dann könnte auch dieser Text in diesen Zusammenhang, vielleicht in den Vormonat, gehören. Text 75 ist dann in denselben Zeitraum zu stellen: Der Monat Utitḫi ist genannt, die Ematḫi kommt in Text 56 (Kirari B) noch einmal vor, die Erwähnung der Stadt Naštarbi weist auf Text 35 (Pagri C), die Ammen wären in den Monaten Utitḫi A und B bereits

[258] Zwar tragen die Texte 77; 83 und 94 eine Monatsangabe, doch reicht der Inhalt der Tafeln nicht hin, eine genauere Einordnung vorzunehmen. 77,16 nennt den Liqaše, der in den Getreidelieferlisten nur hier belegt ist (vgl. indessen 20.02,42) und ebenfalls dem Aleppiner Kalender zugehören dürfte. M.E. sieht M.E. Cohen, Calendars, 374 recht, wenn er den Monat mit dem Niqali gleichsetzt, doch dürfte es sich nicht lediglich um unterschiedliche Lesungen handeln, zumal Niqali anderswo (Ugarit, Emar) gut bezeugt ist.

durch ŠE.BA LUGAL-Blöcke versorgt. Text 76 ebenfalls hierhin zu stellen, empfiehlt sich wegen der vermuteten Nennung des Pūya, der vor allem in Text 23 und 35 vorkommt[259].
—Text 54: Die Verknüpfung dieses Textes mit Text 19 stützt sich auf die in beiden Texten erwähnten Namen: Zunächst fällt auf, daß die Stadt Amame nur in diesen beiden Texten (und Text 2) belegt ist. Dies wäre nun für sich genommen nicht eben beweiskräftig, da der LÚ.URU.*Amame* als LÚ.AZLÁG ein Fremdarbeiter ist[260]. Der Cluster um Burra läßt vermuten, daß in Text 54 die Emmerlieferungen genannt werden, die den Gerstenlieferungen (Text 19) fehlen.
—Texte 57 und 58: Diese beiden Texte sind sicherlich zusammenzustellen, zumal Ammarikke LÚ.NAR und Jarimlim DUMU LUGAL in beiden Texten je 20 *pa* Gerste erhalten, wozu in Text 58 noch eine Emmerlieferung von 10 *pa* für Ammarikke kommt. Daß dies kein Zufall ist, ersehen wir daran, daß dasselbe Verhältnis in Text 58 für Eḫli-Addu belegt ist, der in Text 57 nicht vorkommt. Dasselbe Phänomen wie bei Ammarikke findet sich bei den Pferden des Nunikiyašu: Sie erhalten in Text 58 6 *pa* Gerste und 2 *pa* ZI.AŠ, in Text 57 jedoch 6 *pa* Gerste. Die beiden Texte sind also so eng miteinander verknüpft, daß sie demselben Jahr entstammen müssen. Nun dürfte jedoch Text 57 mit Text 32 (Šinurapi[261]) und Text 24 (MÍ.*kaššû*) zusammengehören, so daß hier am ehesten der Attana C in Frage kommt. Hierfür spricht auch die Verbindung mit Jarimlim LÚ.*sākinnu* (vgl. 56,14f), zumal in Text 9 (bzw. 10) keine der drei genannten Personen vorkommt.
—Ferner sind wohl die Texte, die Hülsenfrüchte nennen, beieinander zu halten. Text 60 und 61 nennen Wikke als einen der Empfänger der Erbsenlieferung; Text 60 darüber hinaus den Burra, und mit diesem den Eṭarmalik[262]. Burra kommt auch in Text 66 zusammen mit Eṭarmalik, dem Sänger, vor (mit Kümmel), bei dem Eṭarmalik in Text 69 (mit Salz) dürfte es sich um den Schmied handeln. Insgesamt legt es sich nahe, aufgrund dieser Vernetzungen die Texte 60 und 61 (GÚ.GAL.GAL versus GÚ.TUR.TUR) zusammenzustellen. Letzterer ist in den Attana datiert, wobei es sich nur um den Attana C handeln kann, da Text 66 in den Šamena datiert ist[263].
—Ein letzter Textblock sind die Texte 44-46, die miteinander durch die gemeinsame Nennung des LÚ.URU.*Bitin* verbunden sind, der nur in dieser Textgruppe

[259] Die Ergänzung 76,3 zu Attanatim ist fraglich und darf daher nicht weiter ausgewertet werden.

[260] S.u. Kap. V,2.1.5.

[261] Šinurapi erhält seine Lieferung etwa einmal jährlich, die Angaben von Text 56 und 57 sind Zusatzlieferungen.

[262] Vermutlich ist jedoch zwischen Eṭarmalik, dem Sänger, und Eṭarmalik, dem Schmied sorgfältig zu unterscheiden.

[263] Dies ist ein weiteres Indiz für die oben erhobene Zusammengehörigkeit der Texte 66-69.

und in Text 50 belegt ist [264]. Die Texte fallen einmal in den Kalma, das andere Mal in den Balaʿe und dürften daher zusammengehören. Da die Summe 45,18-20 sich lediglich auf den Block bezieht, in dem der Bitinäer nicht genannt ist, möchten wir annehmen, daß der Block 45,1-12 direkt an den Text 44 anschließt. Die Einbindung dieser Monate in das Jahr B erfolgt einmal über die Person des Zauta [265] und zum anderen *via negationis* über die Beobachtung, daß im Jahr C letztlich kein Platz für die genannten Phänomene wäre [266].

Wir können damit eine Tabelle [267] über die Verteilung der Tafeln auf die Monate anbieten [268]:

[264] Daß es sich bei der Anwesenheit des Bitinäers um ein wichtiges Ereignis für die Palastwirtschaft gehandelt haben muß, zeigt die Tatsache, daß 45,1-12 sich ausschließlich hiermit befassen.

[265] S.u. Kap. V,2.1.12.

[266] Vgl. auch den Taḫeya, der außer Text 46 nur in den Texten 11 und 13 belegt ist, so daß wir wohl annehmen können, daß diese Textgruppe hier unmittelbar anschließt.

[267] Auch die Texte, die nicht ausführlich diskutiert wurden, werden in die Tabelle eingearbeitet.

[268] Die genannten Monate beziehen sich stets auf den normierten Teil einer Tafel. Die Abfassungszeit muß hiermit grundsätzlich nicht übereinstimmen. Ferner können sich einzelne Teile einer Tafel auf andere Monate beziehen.

Jahr	Monat	Datum	Nbl.	Al T	weitere Texte
A	**Kalma**	Nov.	**2**		
	Utithe	Dez.	**3**	275	28 (Al T 273); 41
	Bala°e	Jan.	**4**	258	
	Šatalli	Febr.	**5**	271	
	Ḫudizzi	März	**6**	265	
	Ḫiari	Apr.	**7**	277	
	Ekena	Mai	**8**		
	Kirari	Juni	**9**	252	
B	**Attana**	Juli	**10**	246	42
	Aštabi	Aug.	**11**	274	29 (Al T 263); 43
	Niqali	Sept.	**12**	256	
	Pagri	Okt.	**13**	254	30
	Kalma	Nov.	**14**		31; 44 (Al T 266)
	Utithe	Dez.	**15**	272	45 (Al T 259); 46 (Al T 268)
	Bala°e	Jan.	**16**	283b	47; 48;
	Šatalli	Febr.	**17**	264	49; 50; 51
	Ḫudizzi	März	**18**		52
	Ḫiari	Apr.	**1**	243	32 (Al T 242); 53 (Al T 244);
	Ekena	Mai	**19**	241	54 (Al T 240); 55 (Al T 239)
	Kirari	Juni	**20**	251	56 (Al T 245)
C	**Attana**	Juli	**21**	247	57-60 (Al T 248-250; 278); 61; 62; 63; 64; 65
	Šamena I	Aug.	**22**	261	33; 66-69 (Al T 260; 262; 276; 280)
	Šamena II	Sept.	**23**		70
	Aštabi	Okt.	**24**	238	
	Niqali	Nov.	**25**	257	34; 71
	Pagri	Dez.	**26**	253	35 (Al T 269)
	Kalma	Jan.	**27**		72
	Utithe	Febr.	**—**		73+74 (Al T 236+237); 75; 76

Sammeltafeln: Texte 36 (Al T 267); 37; 38 (Al T 283); 39 (Al T 279); 40 (Al T 282).
nicht eindeutig datierbar: 77 (Al T 255); 78 (Al T 281); 79-94.

4. Zur Abfassung der Tafeln

4.1. Wurden die Tafeln diktiert?

Zur Abfassung der Tafeln lassen sich verschiedene Möglichkeiten denken. Da es sich um monatliche Tafeln handelt, ist es relativ unwahrscheinlich, daß die Vorgänge sofort bei ihrem Vollzug niedergeschrieben wurden, da dies bedeutet, daß sämtliche auf einer Tafel belegten Auszahlungen synchron sein müßten. Hiergegen spricht schon Tafel 35, die sich auf drei Monate bezieht. Namentlich für die Tafeln mit Normblock wäre dann sozusagen ein regelmäßiger "Zahltag" zu postulieren, an dem die Ausgaben vollzogen und alsbald notiert worden wären. Nicht erklärt wird von einer solchen Annahme, weshalb die jeweiligen Tafeln oftmals verschiedene Waren nennen, wie Auswärtige versorgt wurden, die vielleicht erst nach dem Ausgabetermin in die Stadt kamen und weshalb mitunter verschiedene Ausgabestellen genannt sind. Daher ist anzunehmen, daß die Tafeln *post festum* verfaßt wurden: Die Ausgaben eines Monats wurden auf einer Tafel zusammengefaßt. Dies stimmt mit unserer oben [269] gemachten Beobachtung überein, daß die Summe nicht direkt zum "Haupttext" gehört, sondern als Buchungseintrag und Bilanzierung anzusehen ist.

Daher dürften die verschiedenen Vorträge nach der Auszahlung zusammengefaßt worden sein. Problematisch ist der Transfer von den verschiedenen Ausgabestellen und Ausgabedaten zu dieser letztgültigen Verschriftung. Prinzipiell sind dabei mehrere Möglichkeiten denkbar:

—Ein- und dieselbe Person war für Auszahlung *und* Verschriftung zuständig.

—Die Daten wurden an die Zentrale weitergegeben und dort aufgezeichnet.

Im ersten Fall kann diese Person aus dem Gedächtnis gearbeitet haben, so daß die Vermittlung ein Scheinproblem darstellt. Auch dann könnte es aber eine Zwischenstufe gegeben haben, die der zeitweiligen Aufbewahrung und damit der Entlastung des Gedächtnisses diente. Im zweiten Fall ist ein Vermittlungsvorgang mündlich (Bericht) oder schriftlich (Einzelnotizen) denkbar. Zu fragen ist auch, wer in Alalaḫ in der Lage gewesen sein könnte, Tafeln zu verfassen.

Zur Beantwortung der aufgeworfenen Frage sind wir auf innere Indizien angewiesen:

—Wir gehen aus von 11,1: In dieser Kopfzeile fehlt die Angabe des ausgegebenen Getreides (vgl. auch 14,1; 16,1; 17,1; 19,1). Die Annahme, diese sei einfach supponiert worden, weil sie im Normblock selbstverständlich war, läßt sich dadurch widerlegen, daß eben eine Vielzahl von Texten diese Angabe gleichwohl führt und außerdem die Summe 11,21 die Getreidesorte nennt. Die einfachste Erklärung dürfte daher eine Haplographie von ŠE ŠE.BA sein, die indessen das Vorhandensein einer Vorlage voraussetzt. Diese hätte dann entweder schriftlich vorgelegen, oder es wären die Angaben der Vorlage diktiert worden, wobei Logogramme mitdiktiert wurden.

---

[269] S.o. S. 150.

—Es gibt an mehreren Stellen Schreibungen, an denen das "falsche" Zeichen steht. Vergleicht man z.B. 12,26 mit 54,8, so fällt ins Auge, daß (bei bestehender Personidentität) dieselbe Berufsangabe einmal als LÚ.NINDA.DUḪ.DUḪ, einmal als LÚ.NINDA.DÙ.DÙ geschrieben ist. Die Verwechslung der beiden Zeichengruppen beruht sicherlich darauf, daß ein wenig erfahrener Schreiber die beiden Zeichen DÙ und DUḪ=DU_8 aufgrund ihrer phonetischen Ähnlichkeit verwechselte, was letztlich gegen eine schriftliche Vorlage spricht [270]. Vermutlich wurden also Logogramme als solche mitdiktiert [271] oder vom Schreiber *ad hoc* umgesetzt.
—In 3,2 finden wir irrigerweise LÚ statt MÍ. Dieser Schreibfehler ist wohl attrahiert durch die beiden LÚ-Zeichen in den Folgezeilen. Auch dies spricht dafür, daß eine Vorlage entweder nach Sicht oder nach Diktat abgeschrieben wurde, da der Fehler sonst im ersten Eintrag nicht erklärbar wäre. Da wir eine schriftliche Vorlage mindestens in Keilschrift bereits für unwahrscheinlich erachtet hatten, kommt nur noch ein Diktatfehler in Frage: Der Diktierende war schon bei den nächsten Zeilen, so daß der Schreiber bereits LÚ gehört hatte [272].
Die einfachste Erklärung für die genannten Fehler ist offenbar folgende: Die Getreidelieferlisten wurden diktiert. Ihnen lagen eventuell Notizen zugrunde, die bei der Ausgabe gemacht wurden. Daß diese in Keilschrift vorlagen, ist unwahrscheinlich, da dies bedeutet hätte, daß an den jeweiligen Ausgabestellen ein keilschriftkundiger Verwalter gesessen hätte. Vermutlich machten diese Personen ihre Notizen also nach einem anderen, einfachen System, das jedoch so eindeutig war, daß der Gesamtverwalter auf dieser Grundlage dem Schreiber die Einträge diktieren und die zu verbuchende Summe anfügen konnte. Diese Vorlage wurde nach der endgültigen Verbuchung zerstört [273]. Wie allerdings diese vorläufigen Notizen ausgesehen haben könnten, entzieht sich unserer Kenntnis [274].

---

270 Es sei denn, der Fehler entstammte bereits der Vorlage, wobei dann zu fragen wäre, weshalb ein Schreiber, der offenbar eine gewisse Freiheit bei der Gestaltung hatte (s.o. S. 138), den Fehler nicht einfach korrigierte.

271 Vgl. zu ähnlichen Vorgängen in den aA Kültepe-Texten (IR_1 für ÌR; KÙ.KI für KÙ.GI) K. Hecker, AnOr 44, §6c (S. 13). D. Arnaud, AuOr 16, 144 weist auf ähnliche Phänomene in Schicht IV hin.

272 S. auch unten Abschnitt 4.2.

273 Für die Samaria-Ostraca hat dies A.F. Rainey, Tel Aviv 6, 91-94 wahrscheinlich gemacht.

274 Eine ansprechende Vermutung könnte sich darauf richten, daß die Vorlagen ohnedies in einem vergänglichen Material (Wachstafeln?) geschrieben waren. Man könnte dann ferner vermuten, daß bereits eine frühe Form der Alphabetschrift benutzt wurde. Diese Vermutung ist nicht ganz so abwegig, wie sie zunächst erscheinen mag, da offenbar die Ugariter nach ihrer Abwanderung aus dem syrischen Binnenland an die Küste dort eine solche vorfanden (vgl. M. Dietrich, UBL 12, 35-37) und Beziehungen zwischen Alalaḫ VII und Ugarit bezeugt sind (42.14). Die Alphabetschrift konnte wohl auch von einem

4.2. Der zeitliche Rahmen der Abfassung von Normblöcken

—Wir setzen ein bei der oben [275] bereits angedeuteten Verbindung von Text 9 mit Text 10. Es fällt zunächst auf, daß in Text 9 der Berufsstand des Webers zweimal vorkommt, er jedoch in Text 10 fehlt. Außerdem springt ins Auge, daß der Eintrag 9,1 mit drei Winkelhaken vor der Zahl "6" beginnt, was auf den unbefangenen Betrachter zunächst wie die Zahl 36 wirken muß [276], die allerdings deutlich höher als alle anderen Ausgaben für die Weber wäre. Außerdem läge in Text 10 der einzige Normblock vor, der die Frauen nicht nennt.
Die Vermutung liegt nahe, daß diese Irregularitäten sich gegenseitig bedingen und mit der gemeinsamen Abfassung der Texte zu tun haben.
Wahrscheinlich ist nämlich 9,1-3 ein Nachtrag zu Text 10, der unmittelbar nachfolgt. Beide Texte wurden gemeinsam verfaßt und zwar offensichtlich zunächst Text 10. In diesem fehlen im Normblock die Weber ebenso wie die Frauen vom Gesinde. Nun sind 9,1-3 einerseits und der Normblock 10,18-28 sowie die Passage 10,29-38 andererseits miteinander verknüpft durch die Angabe 44 *pa* 30 *ke-eš-še-nu* ŠÀ.GAL ANŠE.KUR.RA (9,3), die die Angaben 10,19 und 10,29 bis auf ein *pa* genau zusammenfaßt [277], wie durch den interlinearen Kommentar *ke-eš-še-nu* deutlich gemacht wird. Kunnate, der in 9,2 vermutlich 40 *pa* Gerste erhält, ist in 9,13 ebenfalls mit 40 *pa* Gerste verzeichnet, so daß hier wohl die Verbindung liegen dürfte. Zu beachten ist darüberhinaus, daß in 9,1f in auffälliger Weise der obere Rand beschrieben ist. Die Eigentümlichkeiten von 9,1-3 rühren also daher, daß hier die Nahtstelle zwischen zwei Texten gekennzeichnet wird.
Es ist daher keineswegs die Zeichengruppe U+U+U+6 in 9,1 als Zahl "36" zu erklären, sondern die beiden ersten Winkelhaken sind Glossenkeile, die den "Übertrag" kennzeichnen und von der Zahl 16 gefolgt werden. Wir haben daher die Ausgabemenge an die Weber für den Monat Attana mit **16** *pa* Gerste anzusetzen, eine Zahl, die durchaus dem entspricht, was zu erwarten steht.
Die Entstehungsgeschichte der beiden Tafeln ist also wie folgt zu rekonstruieren: Beim Verfassen der beiden Monatsausgabelisten wurde zunächst Tafel 10 als die neueste Ausgabe diktiert. Offenbar kamen dabei mehrere Fehler vor: die Ausgabe für die Pferde wurde irrtümlich mit 45 statt 44 *pa* notiert, die Frauen und die Weber wurden vergessen [278]. Als dies bemerkt wurde, schloß der

---

einfachen Verwalter so weit erlernt werden, daß er die für seine Zwecke erforderlichen Notizen machen konnte.

[275] S.o. S. 152.

[276] D.J. Wiseman, JCS 13, 23 liest in Übereinstimmung mit seiner Kopie "44".

[277] Vgl. auch Text 66,1-3.

[278] Es läßt sich nicht mehr feststellen, ob der Diktierende oder der Schreibende nachlässig war. M.E. ist das zweite wahrscheinlicher: Der Diktierende wird nicht zwei der wichtigsten Einträge vergessen haben, außerdem sprechen die Rasur in Z. 17, der Schreibfehler in Z. 31 und das uneindeutige Zeichen Z. 3 eher für einen unerfahrenen oder unkonzentrierten Schreiber. Wenn man keinen Fehler annehmen möchte, kann man auch davon

Schreiber die Tafel ab (Strich über die gesamte Tafel). Der Neuansatz in 9,1-3 stellt also die Korrekturen zu Tafel 10 dar—wobei die Frauen vom Gesinde wiederum nicht aufnotiert wurden [279]. Zu diesem Bild paßt, daß Text 9 mit Hilfslinien arbeitet und auch hier (Z. 24) ein Schreibfehler vorliegt.

—Ein weiteres Indiz für die zweimonatliche Abfassung der Normblöcke besteht in der offenkundigen Parallelität der Normblöcke in Text 4 und 5: Die Zeilen 1-14 sind in beiden Texten identisch—abgesehen von den Zahlen, die selbstverständlich variieren. Die darüberhinaus gehenden Auszahlungen der beiden Monate sind dann jeweils in den Zeilen 15ff. formuliert, wobei die Zusammengehörigkeit sogar so weit geht, daß beide Normblöcke graphisch gleich gestaltet sind. Auch hier dürfte also eine gemeinsame Abfassung naheliegen.

—Fernerhin zeigt eine der Variablen, nämlich die Benennung der Frauen vom Gesinde, daß hier oftmals Paare gebildet wurden: Tafel 12,1f und 13,1f weisen dieselbe Formulierung auf (Menge *pa* ŠE.A.AM ŠE.BA MÍ.MEŠ-*tim*), ebenso 20,9 ‖ 21,16 (SAG.GÉME.MEŠ) [280] und 26,1f ‖ 27,1 (MÍ.MEŠ LUGAL).

—Damit lassen sich auch Text 2 und Text 3 als ein solches Paar zusammenordnen: Abgesehen von dem Schreibfehler in 3,2 [281] ist auch in diesen beiden Texten die Benennung der Frauen (MÍ.MEŠ LUGAL) identisch.

—Weiter zusammenordnen lassen sich die Texte 16+17, wo zwar im einen Fall MÍ.MEŠ durch ein *-tim* ergänzt wird, aber immerhin die Reihenfolge der ersten drei Einträge des Normblocks übereinstimmt und Zirri und Zukraši nebeneinander stehen (wenngleich in unterschiedlicher Reihenfolge). Das letztgenannte Argument gilt auch für die Texte 11+12, wo die Übereinstimmung soweit geht, daß Zukraši beide Male mit Berufsangabe genannt wird. Text 13 fehlt diese Berufsangabe, die Reihenfolge ist umgekehrt. Da in Text 14 andererseits keiner der beiden Einträge erhalten ist, läßt sich nicht sagen, ob Text 13 mit den Texten 11 und 12 gemeinsam verfaßt wurde oder mit Text 14 ein Paar bildet.

Insgesamt läßt sich also festhalten: Die Texte wurden offenbar nicht monatlich, sondern in der Regel zweimonatlich abgefaßt [282].

---

ausgehen, daß die Einträge in beiden Monaten identisch waren und deshalb nicht wiederholt werden sollten, da die Tafeln bereits durch den Übertragsblock als zusammengehörig gekennzeichnet waren.

[279] Dies könnte ein abermaliges Versehen sein oder bedeuten, daß diese Angabe im nachhinein für nicht so wichtig erachtet wurde, weil sie entweder gleich hoch war wie die vorherige oder sich die Frage bis dato schon erledigt hatte.

[280] Dieses Paar zeichnet sich auch dadurch aus, daß der Normblock nicht der erste Block der Tafel ist.

[281] Die Unaufmerksamkeit des Schreibers kann psychologisch dann noch so gedeutet werden, daß er von Tafel 2 her bereits wußte, daß es mit zwei LÚ.MEŠ-Einträgen weitergehen würde.

[282] Vielleicht hängt dies lediglich damit zusammen, daß der Schreiber nur unregelmäßig zur Verfügung stand, weil er z.B. aus Aleppo anreiste.

5. Inhaltliche Aspekte

5.1. Die ausgegebenen Waren

5.1.1. Gerste

Die Ausgabe von Gerste bildet den Löwenanteil der Lieferungen und Rationen [283]. Obwohl wir keine genauen Prozentangaben bieten können [284], beschäftigt sich ca. die Hälfte der Einzeleinträge mit Gerste, etwa ein Drittel mit Emmer und rund ein Fünftel mit ZI.AŠ. Nur wenige Einzeleinträge nennen andere Waren. Damit ist noch nichts über die wirtschaftliche Bedeutung der Pflanzen gesagt. Diese läßt sich nicht auf rein quantitativem Weg bestimmen, da jeweils die Verwendung des Getreides mitberücksichtigt werden muß. G. Bunnens [285] weist darauf hin, daß höhergestellte Personen gewöhnlich Emmer erhalten, wie bereits daran deutlich wird, daß der König ausschließlich diese Getreidesorte, nie jedoch Gerste erhält. Umgekehrt erhalten dienende und nachgeordnete Personen in der Regel Gerste. Formal entsprechen diese Beobachtungen den beiden monatlichen Regelblöcken, dem Normblock einerseits und dem ŠE.BA LUGAL-Block andererseits. Darüber hinaus ist darauf hinzuweisen, daß nur Emmer als Währungsersatz und Wertmesser dient, nicht jedoch die Gerste. Damit läßt sich wohl festhalten, daß die beiden Getreidesorten nicht in eine Reihenfolge gebracht werden dürfen: Beide haben ihren jeweiligen, spezifischen Ort im Wirtschaftsleben von Alalaḫ.
Über die landwirtschaftlichen Aspekte der Gerste im Alten Orient braucht hier nicht viel gesagt zu werden, da bereits Spezialliteratur vorliegt [286], die sowohl die Paläobotanik [287] als auch die Frage nach dem Verhältnis von Aussaat und Ertrag [288] eingehend erörtert.

---

[283] Vgl. E. Gaál, AUSB 13, 280, dagegen G. Bunnens, BAfO 19, 73. Die unterschiedliche Bewertung beruht auf unterschiedlichen Voraussetzungen: E. Gaál argumentiert von einer quantitativen Betrachtungsweise aus, G. Bunnens von der sozialen Stellung der Empfänger.

[284] S.o. S. 131f.

[285] G. Bunnens, BAfO 19, 73.

[286] Vgl. zur Erstinformation B. Hrozny, Getreide; E. Ebeling, RlA 3, 211f; R. Borger, RlA 3, 310; K. Butz, RlA 6, 471-486 und die Wörterbücher (CAD Š/2, 345-355), sowie G. Hillmann, BSA 1; ders., BSA 2. Zu einer Vielzahl landwirtschaftlicher Aspekte äußert sich ferner M. Civil, AuOrS 5. Zum Gerstenanbau im modernen Syrien-Palästina siehe G. Dalman, AuS 2, 251ff.

[287] Für Syrien z.B. L. Milano, DdA 3/3, 85-90; eher allgemein die Arbeiten von W. van Zeist; M.P. Charles und J.M. Renfrew in BSA 1.

[288] G. Pettinato/H. Waetzold, StOr 46; M. Civil, AuOrS 5, 2-6 (offensichtlich ist im Regenfeldbau die Aussaatmenge pro Fläche höher als in Sumer, F.Z.); J.N. Postgate, BSA 1, 97-102; zur Gegenposition zu Postgate siehe P. Halstead, BSA 5, 187-195, der auch den Faktor menschlicher Arbeit in seine Erwägungen mit einbezieht. Mit Nuzi beschäftigt sich C. Zaccagnini, BSA 5, 201-217; ders. OA 14, 182-184; ders, UF 11, 849-856; mit Ebla L. Milano, ASJ 9, 180-188.

In jüngster Zeit wird die Lesung des Logogramms ŠE aufgrund folgender Bemerkung in CAD Š/2 diskutiert: "The lexical passages ... suggest the existence in Akkadian of a word *uʾu* or *eʾu* for barley" [289]. A. Livingstone [290] hat sich—auch unter Berücksichtigung von Schreibungen wie ŠE.A.AM—dafür ausgesprochen, das akkadische Wort für Gerste als *ûm* (von einer Wurzel *ḪYY*) anzusetzen. Demgegenüber hat M.P. Streck [291] darauf hingewiesen, daß sich alle Kontextformen aus dem Ansatz *šeʾu* erklären lassen und ein Wort *ûm/îm/âm* nur in gelehrtem Kontext vorkommt. Es besteht daher kein Grund, die Schreibungen ŠE.A.AM von gewöhnlichem ŠE zu trennen oder gar zwei verschiedene Wörter oder sogar Getreidesorten anzusetzen. Vielmehr dürfte es sich wiederum um eine traditionelle akkadographische Schreibung handeln.
Auf eine Besonderheit ist jedoch noch hinzuweisen: In der Kopfzeile des Normblocks 23,1-19 und in dessen Summenformulierung (23,20) findet sich ein Komplement ŠE-*tù*, das auf *uṭṭatu* hinweist. Es könnte sich um die alalaḫ-akkadische Lesung des Logogramms handeln oder um eine von ŠE bzw. ŠE.A.AM verschiedene Getreidesorte. Letzeres ist definitiv auszuschließen, da sonst erklärt werden müßte, weshalb nur hier im Normblock eine andere Getreidesorte ausgegeben wird. Damit entfällt wohl auch ein Bezug auf das in Kleinasien belegte *uṭṭutu* [292], da dieses offenbar von der Gerste zu unterscheiden ist. Umgekehrt stößt die Annahme einer westlichen Lesung auf das Problem, daß die in Frage stehenden Wörter [293] eher den "Weizen" [294] bezeichnen. Es wird daher anzunehmen sein, daß *uṭṭatu* hier allgemeiner "Getreide" [295] meint, zumal aus dem Zusammenhang klar war, daß die Gerste gemeint sein muß [296].

5.1.2. Emmer

Auch Emmer [297] (*tritium dicoccum*) wird im Alten Orient seit vorgeschichtlicher Zeit angebaut [298] und ist biologisch eng mit dem Weizen (*tritium aesti-*

---

289 CAD Š/2, 355, vgl. vorher A. Cavigneaux, NABU 1989 und M. Civil, OA 21, 15.

290 A. Livingstone, JSS 42, 1-5.

291 M.P. Streck, NABU 1998, und ders., BiOr 54, 147f.

292 E. Ebeling, RlA 3, 211. Zu hurr. *utte* als Lehnwort aus *uṭṭetu* siehe E. Neu, Archivum Anatolicum, 259 und W.H. van Soldt, RA 75.

293 Siehe z.B. KTU 4.400:7-9, wo die Getreidesorten *šʿr*, *kśmm* und *ḥṭṭ* (das unserem *uṭṭatu* etymologisch entspricht) deutlich gegeneinander abgesetzt sind.

294 Vgl. HAL 294 zum hebr. *ḥṭh* und weiteren einzelsprachlichen Belegen.

295 Vgl. AHw 1446b *sub* 2; R. Borger, RlA 3, 310.

296 Das Komplement ist redundant, doch gilt dies auch für Schreibungen mit ŠE.A.AM.

297 Vgl. zu den Wörterbüchern noch G. Giacumakis, 83 "emmer wheat, barley". Da die Verwendung von Emmer*mehl* in 24,27 eigens genannt und gegen den "normalen" Emmer abgegrenzt wird, dürfte es sich bei einfachem ZÍZ um ungemahlenes Getreide handeln.

298 Vgl. zur Erstinformation R. Borger, RlA 3, 309; B. Hrozny, Getreide, 54ff.; L. Milano, DdA 3/3, 88-90; W. van Zeist, BSA 1; M.P. Charles, BSA 1.

vum) verwandt. Auf die wirtschaftliche Bedeutung in Alalaḫ—insbesondere seine Funktion als Währungsersatz—wurde bereits hingewiesen [299]. Nicht eindeutig festgelegt werden kann, inwieweit Lieferungen an den König der direkten Konsumation dienten und inwieweit andere Güter eingetauscht wurden.
An Schreibungen finden sich außer ZÍZ bzw. syllabischem *k*]*u-na-ši* (45,18) die Wendungen ZÍZ.AN.NA und ZÍZ.BABBAR. Auch hier dürften kaum unterschiedliche Getreidesorten gemeint sein [300]. Vielmehr wird es sich um historische Schreibungen für ältere Differenzierungen [301] handeln, die spätestens "during the Old Babylonian Period" in eins gefallen waren [302].

5.1.3. ZI.AŠ = *kiššānu/kiššēnu*

Die biologische Identität des *kiššānu* ist schwieriger zu bestimmen als die der beiden vorher genannten Getreidesorten. Zunächst darf als sicher gelten, daß das Logogramm für diese Pflanze ZI.AŠ ist [303], wie aus der Korrespondenz mehrerer Summenformeln mit den entsprechenden Blöcken [304] folgt und z.B. aus der Analyse der Pferde- und Rinderfütterung [305] bestätigt wird [306]. Ein Blick auf die Publikationen und Wörterbücher zeigt, wie breit das Spektrum der vertretenen Auffassungen ist: D.J. Wiseman [307] vermutete, es handle sich evtl. um "a vetch used in bread-making", ohne dies jedoch näher zu begründen. Insbesondere scheint der *kiššānu* ja eher für den tierischen als für den menschlichen

---

[299] L. Milano, DdA 3/3, 114 weist darauf hin, daß in Ugarit der Emmer eher für Menschen, die Gerste eher für Tiere verbraucht wird. Der Überblick über die Belege zeigt indessen, daß dies wohl zu einfach ist. Auch die Alalaḫ-Evidenz spricht gegen ein solches Schema. Daß in Alalaḫ der Emmer nicht an Pferde verfüttert wird, hat eine einfache biologische Ursache: "Hafer, Gerste und Mais können sehr gut in der Pferdefütterung eingesetzt werden ... Wenn überhaupt, sollten Weizen und Roggen nur in ganz geringen Mengen verfüttert werden." (A-K. Rostock/W. Feldmann, Islandpferde, 476).

[300] Die Stellen 46,1 und 54,8 führen ZÍZ.AN.NA jeweils in der Kopfzeile eines Blockes, dessen Summe einfaches ZÍZ nennt, so daß die Identität als bewiesen gelten kann. Dasselbe gilt für den Block 13,19-22, bei dem es sich zudem um einen ŠE.BA LUGAL-Block handelt.

[301] Eine funktionale Differenz nahm offenbar auch D.J. Wiseman, Al T, 15 an: ZÍZ = "emmer"; ZÍZ.AN.NA = "husked emmer".

[302] M.A. Powell, BSA 1, 51-53, Zitat 51.

[303] Dies wurde bereits von D.J. Wiseman, Al T, 15.81 richtig erkannt und von A. Goetze, JCS 13, 34 bestätigt.

[304] Vgl. 1,26 mit 1,29; 20,28 mit 20,32.

[305] S.u. Kap. V,2.1.10; 2.1.11 und 2.1.12.

[306] Die Vermutung W. von Sodens, AHw 492, es sei anstelle von ZI.AŠ *ze-rù* "Saatgut" zu lesen, ist durch diese Übereinstimmung hinfällig, zumal die Ausgabe als Saatgut in Alalaḫ anders gekennzeichnet wird, s.u. Kap. V,2.9.1.

[307] D.J. Wiseman, Al T, 15; vgl. auch G. Giacumakis, 83 "plant, vetch".

Verbrauch ausgegeben worden zu sein [308]. Die Wörterbücher äußern sich nicht besonders präzise:
Das AHw [309] bietet "eine Hülsenfrucht, deren Mehl verbacken wird" und nimmt also den zweiten Teil der Deutung Wisemans auf. Die gesamte Deutung und die Bezeichnung "Hülsenfrucht" dürfte auf die Zusammenfassung einiger anderer Belege verschiedener Provenienz und das in lexikalischen Listen vorkommende Logogramm GÚ.NÍG.ḪAR.RA zurückzuführen sein. Indessen ist einzuwenden, daß dieses Logogramm in Alalaḫ gerade nicht belegt ist. Im übrigen ist zu fragen, ob es methodisch angemessen ist, eine Vielzahl von Einzelbelegen zu einer Deutung zusammenzufassen. Dies gilt umso mehr, als die Zusammenschau der Belege des in sich geschlossenen Archivs von Alalaḫ der gebotenen Deutung eher widerrät.
Im CAD werden die verschiedenen Vorkommen voneinander getrennt, wobei allerdings auf eine biologische Festlegung verzichtet wird: "a leguminous plant" [310].
E. Gaál [311] wählt einen anderen Ansatz und verzichtet von vornherein auf eine Festlegung der Identität der Ware, indem er sie nach ihrer Funktion beschreibt und einordnet: als Futterpflanze für Tiere ("fodder plants"): Zwar ist hieran positiv zu werten, daß so Festlegungen aufgrund von Texten anderer Gattung und aus anderen Archiven vermieden werden ("Hülsenfrucht", "Mehl"), doch muß offen bleiben, was *kiššānu* nun genau ist. Auch gibt es einige Fälle, in denen die Fütterung nicht explizit genannt wird (z.B. 35,68), und in 35,65 gilt ZI.AŠ als Wertgegenstand zum Ankauf von Zedernholz. Überhaupt scheint E. Gaál nur die Stellen aufzuführen, wo das Wort explizit belegt ist, nicht aber jene, wo aufgrund der tabellarischen Struktur die Ware zu supponieren ist.
Trotz dieser Mängel ist die Feststellung unstrittig richtig, daß *kiššānu* in erster Linie zur Fütterung von Nutztieren verwendet wird [312].
Dessen ungeachtet ist es in einer gewissen Weise verwunderlich, daß über die Identität der Pflanze keine allgemein anerkannte Lösung vorhanden ist, obwohl der m.E. richtige Ansatz sich schon 1913 bei B. Hrozny [313] findet:
Bei Ausgrabungen in Gezer in Palästina wurden Samen gefunden, die von den ortsansässigen Arbeitern im lokalen Dialekt als *krsnh* bezeichnet wurden.

---

[308] Vgl. E. Gaál, AUSB 13, 283: "only used for foraging". Ob diese Aussage in der angenommenen Ausschließlichkeit zutrifft, kann hier dahingestellt bleiben.

[309] AHw 492b.

[310] CAD K 456f, Zitat 456.

[311] E. Gaál, AUSB 13, 283.

[312] Abgesehen von den Stellen, wo die Verwendung in den Getreidelieferlisten nicht explizit genannt wird und den beiden (zzgl. 35,65) von E. Gaál, AUSB 13, 283 angeführten Belegen (22.02,7; 30.10,2) für ZI.AŠ als Währungsersatz. Dabei fällt auf, daß ZI.AŠ beide Male neben der "eigentlichen" Währung ZÍZ steht und den geringeren Anteil ausmacht.

[313] B. Hrozny, Getreide, 27.

Hierbei handelte es sich um eine Wickenart (*vicia ervilia* "Knotenwicke") [314]. Von altorientalischer Seite hat sich m.W. nur M. Stol [315] näher mit dieser Pflanze befaßt. Er weist darauf hin, daß das Logogramm in Alalaḫ eine Sonderentwicklung darstellt [316]. Mit der Einführung von Pferden sei der *kiššānu* wichtiger geworden [317]. Insbesondere nennt M. Stol die heutigen dialektarabischen Belegstellen [318]: *kósne* "vesce noire" (Palästina), *k^ešen* "Wicke" (Nordmesopotamien) und *kirsanni* "Linsenwicke" (Aleppo) [319]. Gerade das letztgenannte Wort erweckt natürlich unser Interesse, da es sowohl räumlich als auch sachlich zu unserem *kiššānu* paßt und offensichtlich mit diesem phonologisch identisch ist [320].
M. Stol dürfte daher recht behalten, wenn er zusammenfassend feststellt: "Akkadian *kiššanu* means 'vetch'. However there are two vetches, both fodder crops: the Common Vetch (Vicia sativa) and the Bitter Vetch (Vicia ervilia)" [321]. Aufgrund der Belege aus Alalaḫ und dem sprachlichen Befund läßt sich nicht präzise entscheiden, welche dieser beiden Arten nun gemeint sein könnte [322]. Spricht einerseits vieles für die Linsenwicke, so kann doch nicht ausgeschlossen werden, daß die Differenzierung den Texten von Alalaḫ fremd ist und unter dem Wort *kiššānu* beide Formen subsumiert werden. Wir verwenden daher im folgenden in der Regel das akkadische Wort, das Logogramm oder die allgemeinere Bezeichnung "Wicke".

---

[314] Zu den landwirtschaftlichen Aspekten vgl. D. Enneking u.a., Al Awamia 89, 141-148: "The grain is fed to cattle at 1/3 to 2/3 of concentrate rations, the other part being made up with either sugar beet pulp, barley or (son) Chaff? The grain is crushed beforc feeding. It is used for cows to encourage and sustain milk production (2-4 kg/head/day), for calves (0.25-0.5 kg/head/day; 3-4 months of age). This ration increases to 2 kg/head/day for yearlings prior to sale. The grain is also used to feed bovine draught animals (1-2 kg/head/day)" (hier nach der www-Fassung). Zwar stammen die gewonnenen Beobachtungen aus dem Rif in Marokko, doch dürften sie *cum grano salis* auf unsere Fragestellung übertragbar sein.

[315] M. Stol, BSA 2, 130-132.

[316] "They invented for *kiššānu* the pseudo-ideogramm *zi-rum*" (M. Stol, BSA 2, 130).

[317] M. Stol, BSA 2, 130. Dies paßt gut zum historischen Bild, das uns in Alalaḫ eine sehr große Rolle von Pferden in einer sehr frühen Zeit vor Augen führt.

[318] M. Stol, BSA 2, 132.

[319] Vgl. Wehr 1095 *sub kirsanni*; vgl. hebr. *kršynh* "Linsenwicke" (Dalman 210).

[320] Die Dissimiliation des geminierten Sibilanten zu */rs/* stellt kein weiteres Problem dar, vgl. die verschiedenen einzelsprachlichen Realisierungen des Wortes *kussû*.

[321] M. Stol, BSA 2, 132.

[322] Vgl. J. Eidem, BSA 2, 142, der auf einen Šemšara-Text hinweist, der GÚ.TUR, GÚ.GAL und *ki-iš-ša-nu* nebeneinander nennt. Letzteres wird von ihm gedeutet als "bitter vetch".

5.1.4. *zibû* = ŠAM.TIN.TIR.GE$_6$.SAR

Dieses Gewürz, über dessen Logogramm und Identität mit dem "schwarzen Kümmel" (Samen der *Nigella sativa L.*) in der Literatur Einmütigkeit besteht, kommt in Alalaḫ VII nur an wenigen Stellen vor [323]. Die Gleichung *zibû* = ŠAM.TIN.TIR.GE$_6$.SAR ist gesichert durch die Parallelität der Blöcke 66,7-12 mit 17,31-36 sowie durch Belege außerhalb Alalaḫs [324]. Die Grundform des Wortes ist offensichtlich ein *zibibânu,* das in altakkadischer Zeit in verschiedenen Formen existierte, die sich erst später in verschiedene Regionalformen differenzierten [325]. Außerhalb Alalaḫs ist im syrischen [326] Raum noch auf das ugarit. *sbbyn* [327] hinzuweisen. Auch in Ugarit ist also festzustellen, daß der schwarze Kümmel gelegentlich vorkommt, nicht jedoch zu den Standardlieferungen gehört. In Māri (ARM IX,238,2.10.15) wird der schwarze Kümmel in einer Reihe verschiedener anderer Gewürzarten genannt, wobei wir einmal (Z. 18) erfahren, daß die Menge "an die Köchin" ausgegeben wird, ein andermal *ana mersi* (Z. 13) "für den Kuchen" [328]. Es ergibt sich also aus den wenigen Daten ein ungefähres Bild, von dem nun zu fragen ist, ob es mit dem Befund aus Alalaḫ in Einklang steht.

Wir tragen die Einzeleinträge in eine Tabelle ein:

Stelle	*pa*	Formulierung	Empfänger	Zus.
12,25	10	*zi-bu-ú*.SAR	-	*ana* ON
12,26	1/3	-	Burra LÚ.NINDA.DUḪ.DUḪ	-
12,27	1/6	-	Zimri-^{d}IŠDAR	-
17,31f	1	ŠAM.TIN.TIR.GE$_6$.SAR	Isma-Addu LÚ.NAR	GÌR
17,33	1	-	É.GAL-*lim*	*ina*
17,34	1/3	-	Burra	-

[323] Es handelt sich um die drei Blöcke 12,25-27; 17,31-36; 66,7-12 mit insgesamt 12 Einzeleinträgen.

[324] Überblick bei CAD Z 104f und R.C. Thompson, Botany, 69f.

[325] CAD Z 103.

[326] Im hebr. AT (Jes 28,25.27) ist lediglich der "römische Kümmel" *kammōn* (*Cumminum cyminum L.*) belegt.

[327] KTU 4.14:4 (u.ö.); 4.707:8. Aus den Stellen wird leider nicht ersichtlich, welchem Verwendungszweck die Körner zugeführt werden. Auf der erstgenannten Tafel steht der *sbbyn* parallel zu *kmn* ("Kümmel"), *ššmn* ("Sesam") und *šḥlt* ("Gartenkresse (?)"). Vgl. M.Dietrich u.a., UF 5, 115 und L. Milano, DdA 3/3, 119.

[328] AHw 646b: "ein Rührkuchen". Vgl. M. Birot, ARM IX, 270: "Tous ces végétaux ont été utilisés, de l'Irak à l'Égypte, dans l'antiquité comme de nos jours, pour aromatiser le pain, et il faudrait sans doute ajouter à cette liste le sésame dont les graines étaient utilisées aussi comme condiment."

17,35	1		Eṭarmalik	
17,36	1/8	-	Irḫamilla	DIŠ [329]
66,7f	1	*zi-bu*	Eṭarmalik	*ana*
66,9	1	*zi-bu*	É.GAL	*ana*
66,10	1/3	*zi-bu*	Burra	*ana*
66,11	1/4	*zi-bu*	Irḫamilla	*ana*

Die Zusammenschau ergibt also:

—Die Blöcke in Text 17 und Text 66 entsprechen sich (abgesehen von der Formulierung mit *ana* und der Wiederholung der Ware in Text 66) fast wörtlich, mit zwei Ausnahmen: a) In Text 17 findet sich ein Eintrag mehr, b) die an Irḫamilla ausgegebene Menge ist unterschiedlich.
—Die einzigen genannten Berufe sind der LÚ.NAR [330] und der Bäcker [331].
—Die Monatsabfolge zeigt, daß der Kümmel etwa halbjährlich ausgegeben wird.
—Aus 12,25 möchte man folgern, daß Kümmel auch als Handelsgut gilt. Die Stadt Apišal kommt in den Getreidelieferlisten nur zweimal vor: hier und in 3,21. Interessanterweise ist dort Burra der Empfänger einer Lieferung von *ḫilūmu* (siehe unten Abschnitt 5.1.5.). An keiner Stelle wird mehr Kümmel ausgegeben als in 12,25.
—Der Palast erhält eine eigene Lieferung. Diese dürfte wohl der täglichen Verfeinerung der Speisen gegolten haben und wurde bei der Zubereitung der Gerichte von Koch und dienenden Frauen verbraucht.

Im Zusammenhang mit den Belegen aus Māri und Ugarit ergibt sich:
Der schwarze Kümmel ist allenthalben eine nicht ungewöhnliche Ware, die allerdings auch nicht besonders häufig vorkommt. Er wird, soweit sich ein Zweck wahrscheinlich machen läßt, zum Kochen und Backen verwendet. In Alalaḫ könnte zudem gelegentlicher Handel anzunehmen sein.

---

[329] Da der schwarze Kümmel in Ugarit (*ltḥ*), Māri (ARM IX,239,4: 10 *qa*) und hier stets in Raummaßen ausgegeben wird, ist die Annahme einer Gewichtseinheit hier zurückzuweisen, zumal wenn man bedenkt, daß der achte Teil eines ŠE in Milligrammbereich liegt. Die einfachste Annahme ist die, das ŠE-Zeichen zu tilgen, zumal derselbe Schreibfehler in 16,17 in ähnlichem Kontext noch einmal vorkommt, was wiederum auf die gemeinsame Abfassung der beiden Texte 16 und 17 weist.

[330] Auch Eṭarmalik ist als LÚ.NAR anzusprechen, s.u. Kap V,2.3.2. U.U. sind die Kümmellieferungen an den Tempel weiterzuleiten. Hierfür könnte sprechen, daß die Menge ebenso hoch ist wie die an den Palast gehende.

[331] S.u. Kap. V,2.9.3 zu Burra.

5.1.5. *ḫilīmu*

Die Identität dieser Pflanze ist ungesichert. D.J. Wiseman [332] setzte die Lesung *ḫilimetu* an, ohne dies allerdings sachlich deuten zu können, verweist allerdings auf einige ähnlichlautende semitische Wörter. Der Hinweis auf Belege bei R.C. Thompson [333] ist wenig weiterführend, da die dort genannten akkadischen Stellen allesamt auf *alamû* lauten, was lautlich zu weit entfernt ist, um wirklich in Frage zu kommen. Eine Interpretation auf der Sachebene unterbleibt. A. Goetze [334] behält die Lesung *ḫilimitu* bei [335], weist allerdings auf die Schwierigkeit hin: "Of the word not much is known". Auch die Wörterbücher erbringen nichts Hilfreiches: CAD [336] listet lediglich die Belege für "a vegetable foodstuff" auf, AHw [337] vermutet fragend "ein Gemüse (?)" [338]. Auch G. Bunnens [339] verzichtet auf eine Festlegung und subsumiert diese Ware unter "autres plantes comestibles". Der m.W. einzige Versuch, über diese allgemeine Feststellung wirklich hinaus zu kommen, liegt bei E. Gaál [340] vor: Dieser gruppiert die in Frage stehende Pflanze unter "Legumes" und begründet dies mit 3,26f. Hier sei (mit D.J. Wiseman [341]) ZÌ.DA zu lesen. Dieses Mehl beziehe sich auf das *ḫilīmu*, das wohl in Z. 26 zu ergänzen (oder zu supponieren?) sei. So erkläre sich auch, weshalb in Text 16,15f Burra, der Bäcker, dieses Mehl erhalte. Diese Deutung klingt auf den ersten Blick überzeugend, weist aber einige Schwächen auf:

Zunächst ist nicht ZÌ.DA zu lesen, sondern ZÍZ.BABBAR. Ferner übersieht E. Gaál, daß in Text 3 der *ḫilīmu*-Block durch eine Summenformel abgeschlossen ist und die nachfolgende Auszahlung an Addu einen Nachtrag darstellt. Ferner bleibt offen, welches Gemüse zu Mehl verarbeitet und dann verbacken worden sein soll [342].

---

332 D.J. Wiseman, Al T, 87 mit Anm. 1.

333 R.C. Thompson, Dictionary, 69.

334 A. Goetze, JCS 13, 37.

335 Aus epigraphischen Gründen ziehen wir die Lesung *ḫi-li-mi*.SAR vor, die überdies mit der oben (siehe S. 134) für mehrsilbige Waren erhobenen Regel zur Lautverteilung bei der Endung übereinstimmt.

336 CAD Ḫ 186.

337 AHw 345a.

338 So auch G. Giacumakis, 77: "a vegetable; perhaps Hurr. word"; vgl. A. Draffkorn, Hurrians, 221.

339 G. Bunnens, BAfO 19, 72 mit Anm. 10 (S. 81).

340 E. Gaál, AUSB 13, 282.

341 D.J. Wiseman, JCS 13, 31.

342 Denkbar wären z.B. Hülsenfrüchte.

Wir haben damit zwei Aufgaben: Zunächst müssen wir die Belege [343] in ihrem jeweiligen Kontext darstellen und dann den Versuch einer Interpretation wagen:

Stelle	*pa*	Formulierung	Empfänger	Weiteres
3,18f	2	SAM.*ḫi-li-mi*.SAR	LÚ ^{d}RA LÚ.DUB.SAR	*ana*
3,20	1	-	Azira LÚ.NAR	
3,21	1/3	-	Burra	*ša ina* ON
3,22f	je$^{?}$ 1/3 [344]	ŠU	Kizzi, Diener des Zimri-Ištar + LÚ.*sākinnu*	-
16,15f	1/3 [345]	ŠAM.*ḫi-li-mi*.SAR	Burra LÚ.NINDA.DUḪ.DUḪ	*ana*
16,17	1/3	-	LÚ.*sākinnu*	tilge ŠE [346]
16,18f	1/3	-	É.GAL-*lim*	*ina*; GÌR PNF
16,20	1/6	-	Irḫamilla	

Beide Texte werfen in der Summenformulierung Probleme auf. Diese sind im Fall von Text 3 nicht lösbar, wir werden uns hier damit begnügen müssen, daß Block und Summe eben differieren. In Text 16 dürfte der Schlüssel in der

---

[343] Die Stelle 47,14 wird nicht weiter berücksichtigt, da hier das Wort *ḫilīmu* nur ergänzt ist. Die Ergänzung beruft sich auf die beiden Tatsachen, daß *ḫilīmu* im Korpus der Getreidelieferlisten das einzige Wort der Sachklasse ist, das mit dem Zeichen ḪI beginnt, und ferner Text 47 über die beiden Fangzeilen Z. 9 und Z. 22 in denselben Monat datiert werden kann wie Text 16. Wenn unsere Ergänzung zutreffend wäre, dann würde dies bedeuten, daß das in Text 16 ausgegebene *ḫilīmu* in demselben Monat angekauft wurde (entweder zur Weitergabe oder als Ersatzbeschaffung) und mithin nicht der eigenen landwirtschaftlichen Produktion entstammt. Darüber hinaus wird in 64,1 Emmer zum Ankauf von *šammu* ausgegeben. Wenn eine Gleichsetzung mit *ḫilīmu* statthaft wäre, dann wäre ŠAM evtl. mitzulesen.

[344] Die Formulierung wirft Probleme auf. Es könnte sich um drei Personen handeln: den Knecht des Zimri-Ištar, den Kizzi und den *sākinnu*, dies kollidiert jedoch deutlich mit der Summe. Besser ist es daher, den Kizzi als (nachgestellten) Personennamen des Dieners des Zimri-Ištar zu betrachten. Das ŠU-Zeichen dürfte sich auf die vorgenannte Menge von 1/3 *pa* beziehen. Alternativ könnte es bedeuten "je dasselbe für die beiden Personen". Unter der Voraussetzung, daß die Summe korrekt ist, wäre dies eine Menge von je 1/12 *pa*.

[345] Die Zeichenform ist in der Tat eher *qa* statt *pa* (vgl. D.J. Wiseman, JCS 13, 32). Da indessen das *qa* nur für flüssige Waren belegt ist (22.10,10 für Öl) und die Zusammenschau zeigt, daß die Standardausgabe offenbar 1/3 *pa* war, ist hier wohl von einem Versehen auszugehen.

[346] S.o. FN 329.

Fehleranfälligkeit des Schreibers liegen: Irrtümlich wurde dreimal *qa* statt *pa* geschrieben, in Z. 20 fehlt die Maßangabe ganz, wohl weil der Schreiber sein Versehen bemerkt hatte. Bei der Addition wurde dann das 1/6 *pa* an Irḫamilla zunächst übersehen, das keine Maßangabe trug. Daher ist die korrekte Angabe angefügt: "7 EŠ". Dieses ist folglich zu deuten als 1/3 + 1/3 + 1/3 + 1/6 *pa*. Dies ergibt 7/6 *pa*. 1 EŠ ergibt demnach 1/6 *pa* [347].

Inhaltlich stellen wir eine strukturelle Ähnlichkeit zwischen den beiden Texten für *ḫilīmu* und den dreien für *zibû* fest: Burra ist durchgängig erwähnt und erhält jeweils 1/3 *pa* der betroffenen Ware. Irḫamilla kommt dreimal vor, er erhält jedoch geringere Bruchteile eines *pa* (zwischen 1/4 und 1/8). Auffällig ist, daß er sonst nur noch zweimal (2,23; 11,27) belegt ist. Beide Monate liegen jeweils direkt vor den Monaten, in denen *ḫilīmu* bzw. *zibû* ausgegeben wird. Indessen erhält Irḫamilla an diesen Stellen jeweils ZÍZ. Die Menge ist einmal nicht erhalten, beträgt aber in 11,27 6 *pa*, also genauso viel wie evtl. in 47,14 für den Ankauf von *ḫilīmu* anzusetzen ist. Dies könnte bedeuten, daß der Ankauf dieser beiden Waren durch Vermittlung des Irḫamilla [348] erfolgt. Die relativ geringen Mengen, die er selbst erhält, sind dann entweder seine Gewinnspanne oder sozusagen das "Wechselgeld". Weiter fällt auf, daß beide Waren von Sängern entgegengenommen werden, wobei evtl. das Fehlen dieser Berufssparte in Text 16 damit zusammenhängen könnte, daß in Text 17 die andere Warensorte zweimal an Sänger ausgegeben wird. Auch der Palast wird mit einer gewissen Regelmäßigkeit versorgt, wobei allerdings die Mengen unterschiedlich sind: Handelt es sich beim schwarzen Kümmel um jeweils 1 *pa*, so beläuft sich die *ḫilīmu*-Ausgabe auf nur 1/3 *pa*. Ferner fällt auf, daß in 16,18f offenbar die Weitergabe an den Palast durch eine Frau erfolgt.

Die Lieferung an *ḫilīmu* erfolgt nur zweimal, und zwar im Abstand von etwa einem Jahr. Wir dürften daher nicht fehlgehen, wenn wir annehmen, daß die Ausgaben nicht zum sofortigen Verbrauch gedacht sind, sondern von einer Lagerhaltung ausgegangen werden muß.

Insgesamt ist festzuhalten, daß *ḫilīmu* offenbar eine Ware ist, deren Stellung in der Ökonomie der Palastwirtschaft dem schwarzen Kümmel vergleichbar ist, dennoch aber die genannten charakteristischen Unterschiede aufweist.

Nun wurde in der Literatur auf semit. Vergleichswörter hingewiesen [349]: In Frage kommen das syr. *ḥlmtʾ* [350], das hebr. *ḥlmwt* (Hi 6,6) [351], das seinen

---

[347] Die Einteilung des Halbkor in 6 Untereinheiten ist in Syrien älter und findet sich z.B. in Ebla (vgl. z.B. L. Milano, ASJ 9, 178f) und Tell Beydar (vgl. W. Sallaberger, SUBARTU 2, 81-84).

[348] Irḫamilla ist noch zweimal belegt, in 2,23 und (evtl.) 85,4. Beide Stellen lassen keine weiteren Folgerungen zu, zumal die Ausgabemengen nicht erhalten sind.

[349] S.o. S. 195.

[350] Brockelmann 234: *Anchusa*.

[351] HAL 308: *Anchusa officinalis* "Ochsenzunge" (oder Eibisch *Althanea officinalis*?).

Nachfolger im mhebr. *ḥlmh, ḥlmyt* hat [352], ferner arab. *ḥalūm,* bzw. *ḫal-lūm* [353]. HAL [354] verweist (ohne nachprüfbaren Beleg und Angabe der betreffenden Region) auf ein dialektarabisches *ḫlīmeh* "gutes Kamelfutter" [355]. Insgesamt weisen die anderen Sprachen also auf die *Anchusa officinalis L.* ("Ochsenzunge"). Hier handelt es sich um eine Pflanze mit blauen Blüten, die in mehreren Unterarten existiert [356]. Sie ist eßbar und wird gelegentlich zu Salat oder Gemüse verarbeitet. Diese Verwendung scheint aber nicht den Belegen aus Alalaḫ zu entsprechen, die das *ḫilīmu* in die Nähe des schwarzen Kümmels rücken, wobei die Ausgabemengen gleich oder sogar eher geringer als dieser zu sein scheinen. Wir müssen daher die taxonomisch präzise Einordnung als gescheitert betrachten und uns mit folgender Überlegung begnügen: Die *Anchusa officinalis* gehört innerhalb der Gattung der *Laminales* zur Familie der *Boraginaceae.* Als weitere, biologisch eng verwandte Familie innerhalb der *Laminales* sind die *Lamiaceae* zu nennen. Hier finden wir in der Tat einige Pflanzen, die den Befund aus unserem Textkorpus erklären könnten: Lavendel, Minze, Salbei, Thymian, Oregano und Rosmarin. Vor allem die letzten drei lassen sich als Gewürze sicherlich gut neben den schwarzen Kümmel stellen. Es wäre dann anzunehmen, daß im westsemitischen Bereich später eine Übertragung des Wortes *ḫilīmu* auf eine andere, verwandte Pflanzensorte erfolgt wäre [357]. Doch muß betont werden, daß diese Überlegung lediglich einen Ansatz darstellt, von taxonomischer Präzision sind wir noch weit entfernt.

5.1.6. Weitere ausgegebene Waren

Einige weitere Waren werden ausgegeben, die indessen hier nicht im einzelnen erörtert werden müssen, da sie entweder später in ihrem jeweiligen Kontext noch zu interpretieren sind oder aber für die Getreidelieferlisten so mariginal sind, daß es genügt, sie hier zu erwähnen.

---

[352] Vgl. Dalman 149: "Malve"; Levy II 61: "Melde", "Salzpflanze". I. Jacob/W. Jacob, ABD 2, 812, setzen die Malve auch für Hi 6,6 an. Die Pflanze ist eßbar, ihre Hauptverwendung ist medizinisch, z.B. als Abführmittel.

[353] Vgl. Dozy I 318 (*Anchusa*), Lane II 633 mit mehreren Beschreibungen aus der arab. Literatur, die aber zu einer biologischen Einordnung nicht viel beitragen.

[354] HAL 308.

[355] Dies widerspricht wiederum der Angabe bei Lane *sub voce*, nach der die genannte Pflanze bei Kamelen die Milz in Mitleidenschaft zieht.

[356] Z.B. *Anchusa arvensis; Anchusa azurea; Anchusa undulata.* Diese werden heutzutage allerdings eher als Zierpflanzen oder Ackerunkräuter angesehen.

[357] Besonders auffallend ist der Widerspruch zwischen der in Alalaḫ vorfindlichen Verwendung als Gewürz und Hi 6,6: Dort wird aus dem Parallelismus *bryr ḥlmwt* ‖ *bly mlḥ* deutlich, daß die Pflanze gerade nicht besonders wohlschmeckend ist. Mindestens ihr Sud ist also ohne nennenswerten Geschmack (*ṭʿm*). "Sud" ist m.E. die richtige Deutung für *ryr*, gegen HAL 1147, das mit jüdischen Deutungen "Geifer, Schleim" ansetzt. Allerdings ist dies nicht zuletzt auf die jüdische Deutung von *ḥlmwt* als "Eidotter" zurückzuführen.

a) Hülsenfrüchte
An Hülsenfrüchten [358] kommen vor GÚ.TUR.TUR (61,9; 69,7, 60,17) und GÚ.GAL.GAL (61,10.11) [359]. Es handelt sich offenbar um verschiedene Pflanzen, die jedoch eng aufeinander zu beziehen sind, wie ihr gemeinsames Vorkommen in Text 61 zeigt. Vermutlich dürfte der Unterschied zwischen beiden Waren in der Größe ihrer Früchte zu suchen sein: Es dürfte also für GÚ.TUR.TUR eher die Erbse oder Linse anzusetzen sein, für GÚ.GAL.GAL jedoch kaum [360] die Kichererbse, sondern eher (bei Annahme von Linse für GÚ.TUR.TUR) die Erbse oder aber die "broad bean" [361]. Die Beobachtung, daß GÚ.GAL.GAL eher nach auswärts gegeben wird (GIŠ.KIRI$_6$; Wikke [362]) könnte m.E. eher für Erbsen sprechen, ohne jedoch dezisiv zu sein. Bei GÚ.TUR.TUR fällt auf, daß uns mit Jarimlim (dem *sākinnu*), Eṭarmalik (dem Sänger), Burra und dem Palast teilweise dieselben Empfänger begegnen, die auch Gewürze erhalten.

b) Mehl und Salz [363]
Mehl kommt nur auf den Sammeltafeln Text 38-40 und in 24,27 vor. Bei den erstgenannten Belegen handelt es sich, wie noch zu zeigen sein wird, um Auswärtslieferungen an Gerstenmehl an Hirten. Auch 24,27—hier geht es um Emmermehl—bezieht sich auf eine Auswärtslieferung. Salz gehört auf der Sammeltafel 38 ebenfalls in diesen Kontext. Auch 69,9 (1 *pa* Salz an die Einwohner von Babeya) dient die Lieferung sicher eher zur Mitnahme als zum sofortigen Verbrauch. Der Zusammenhang von 92,6 (21 *pa*$^?$ Salz an Šarruwe) ist unklar.

c) Getränke
Mit KAŠ.GEŠTIN (19,27) dürfte der Wein [364] gemeint sein. Auffällig ist, daß nur eine einzige Lieferung belegt ist. Immerhin wird in 71,4 Getreide zum

---

358 Vgl. M. Stol, BSA 2, 127-129.

359 Vgl. zu den beiden Logogrammen und den so bezeichneten Pflanzen K. Maekawa, BSA 2, 99.

360 Vgl. CAD Ḫ 47f.

361 M. Stol, BSA 2, 129; für die "broad bean" (*vicia faba L.*) als Deutung des Logogramms GÚ.GAL = *pūlu* in einem Text aus dem Jahr 540 v.Chr. spricht sich auch R. Zadok, NABU 1998 aus.

362 S.u. Kap. V,2.1.7.

363 S.u. Kap. V,2.1.12. Zum Mehl im Alten Orient vgl. bequem L. Milano, RlA 8; zum Salz in Māri siehe J.-M. Durand, MARI 6, 629-634; M. Guichard, MémNABU 4, 167-200.

364 Vgl. M. Dietrich, UF 21, 78; G.F. del Monte, FS Houwinck ten Cate, 211-224. Zum Wein in Māri siehe A. Finet, AfO 25, 122-131; zum Wein in Ugarit M. Heltzer, UF 22.

Ankauf von "saurem Wein"[365], vermutlich für das Feldlager, ausgegeben. Bier ist in verschiedenen Sorten genannt, jedoch zumeist nicht direkt als Liefergegenstand, sondern ebenfalls als Kaufobjekt[366] oder als Endprodukt des gelieferten Getreides[367].

d) Sonstiges

Als weitere Waren sind (wenn die Zeichen richtig gedeutet sind) 15 Krüge Öl (92,1) belegt, doch bleibt hier (auch angesichts des Erhaltungszustandes) offen, ob dieser Text überhaupt zu unserer Gattung gehört. Ferner wird in 61,12 eine Ausgabe von 4 Einheiten (vermutlich Minen) Wolle an eine Frau MÍ-*ti* getätigt. Es dürfte sich um dieselbe Frau handeln, die in Z. 9 Erbsen/Linsen erhält, doch verschließt sich der Zusammenhang unserem Verständnis.

5.2. Die Maßeinheiten in ihrem kulturhistorischen Kontext

Abgesehen von der Einzelangabe in 2,31 (61 *qa* Bier)[368] ist das *parīsu* die einzige in den Getreidelieferlisten belegte Maßeinheit[369]. Dabei stellen wir fest, daß sich neben der "Vollform" *pa-ri-si*[370] (ca. 87 Belege) vor allem die Abkürzungen *pa* (ca. 203 Belege) und einmal (55,1) auch *pa-ri* finden. Gelegentlich wird die Maßeinheit mit dem Determinativ GIŠ geschrieben[371]. Dabei ist das Verhältnis zwischen Vollform und Abkürzung umgekehrt: Ca. 25 Belegen des ausgeschriebenen Wortes stehen nur neun mit abgekürzter Maß-

---

[365] Vermutlich ist der "Essig" gemeint, vgl. zu einer anderen Verwendung ARM VII,94,3: NINDA *em-ṣú* "pain levé".

[366] 35,17.27.

[367] 24,36; 35,22; 71,8, vermutlich gehören auch 1,15; 57,1 und 61,1 hierher.

[368] Wieviel 1 *qa* in Alalaḫ in modernen Maßeinheiten ausgedrückt ist, wissen wir nicht. Auch der Vergleich mit anderen Orten hilft nicht weiter, da das *qa* sich ändert (vgl. M.A. Powell, RlA 7, 503f.; zur Methode der Festlegung mit vorhandenen Krügen I.J. Gelb, JAOS 102, 585-587 und zur Entwicklung der tatsächlichen vorhandenen Werte ibid., 587-589). 1 DUG ist nach M.A. Powell, RlA 7, 504f. mit 20 bzw. 30 *qa* anzusetzen. Nun werden in der unveröffentlichten Liste 43.14 verschiedene Bestände eines Getränkes GIŠ.KAŠ.ḪI.A aufgeführt. Diese sind in *qa* bemessen und addieren sich zu 620 *qa*. Die Summe spricht indessen von 62 DUG.ḪI.A, so daß wir für Alalaḫ anzusetzen haben: 1 DUG = 10 *qa*. Dies entspricht auch dem Befund aus Māri (vgl. M. Birot, Commentaire, ARM IX, 250), so daß wir die Menge von 15 DUG Öl in 92,1 einschätzen können.

[369] Wir verzichten hier auf die Erörterung weiterer Maßeinheiten wie der Mine und des Šeqels, da diese in den Getreidelieferlisten nicht belegt sind, vgl. zur Diskussion die Arbeiten von D. Arnaud, RA 61; C. Zaccagnini, Iraq 40; ders., Or 48; N.F. Parise, Unità; dies., DdA 3/3.

[370] Der Nominativ des Stat.rectus ist nicht belegt, s.o. S. 133f.

[371] So auch schon in Ebla, vgl. A. Archi, AoF 13, 201.

einheit gegenüber [372]. Diese Verteilung dürfte kaum auf Zufall beruhen, sondern ist statistisch signifikant: Ein Determinativ fordert eher die Vollform (die also mit Determinativ zu denken ist), eine Abkürzung eher (im Sinne der Verringerung von Redundanz) die kürzestmögliche Form. Dabei dürfte das Determinativ am einfachsten so zu erklären sein, daß Getreide und andere Trockenstoffe ursprünglich durch "genormte" Holzgefäße abgemessen wurden. Auf zwei Besonderheiten ist noch hinzuweisen: In 43,5 ist das Zeichen *pa* zweimal übereinander geschrieben, ohne daß hierfür ein Grund zu erkennen wäre, in 54,16 wird das *pa* nach GIŠ irrtümlich ausgelassen.
Bei der Fragestellung, wieviel ein *pa* in modernen Maßeinheiten darstellt und wie seine Untereinheiten [373] zu definieren sind, müssen wir verschiedene Gesichtspunkte berücksichtigen:

—Die innere Evidenz muß nach zwei Gesichtspunkten analysiert werden:
• Welche Bruchzahlen eines *pa* sind belegt? [374]
• Wieviel *pa* Gerste erhält eine Person üblicherweise? [375]
—Es ist zu fragen, ob die so gewonnenen Ergebnisse sich im Licht der Evidenz aus Ebla, Tell Beydar, Ugarit und Māri sinnvoll deuten lassen.

Zunächst entnehmen wir dem Index, daß folgende Bruchzahlen vorkommen: 2/3; 1/2; 1/4; 1/6 und 1/8. Dies bestätigt unsere Vermutung, daß ein *pa* sich in Untereinheiten zu einem Sechstel gliedert, da dann gilt 1 EŠ=1/6 *pa*; 2 EŠ=1/3 *pa*; 3 EŠ=1/2 *pa* und 4 EŠ=2/3 *pa*. Nicht erfaßt von diesem Raster werden die Brüche 1/4 und 1/8. Nach der mathematischen Regel vom kleinsten gemeinsamen Vielfachen wären aus diesen Zahlen Untereinheiten von 1/x*24 zu fordern, bzw. wenn man den einmaligen Beleg von 1/8 *pa* (Kümmel, an Irḫamila) ausläßt [376], Untereinheiten zu 1/x*12.

Die zweite Fragestellung bedarf einer Vorüberlegung: Es sind alle Einzeleinträge daraufhin zu untersuchen, ob sich in ihnen Indizien finden, die für eine Ausgabe von weniger als 1 *pa* monatlich pro Person sprechen. Solche Indizien sind :

---

[372] Statistisch ausgedrückt (jeweils die Anzahl der geringer belegten Stichprobe geteilt durch die Gesamtmenge aller Belege) ist das Verhältnis im einen Fall ca. 26,5%, im anderen ca. 30%.

[373] Auf S. 196f haben wir bereits erhoben, daß es eine Untereinheit EŠ = 1/6 *pa* gibt.

[374] Hierdurch lassen sich evtl. Untereinheiten ausfindig machen.

[375] Diese Fragestellung ist von Belang für den nächsten Punkt, da wir die Evidenz dann testen wollen gegen das Rationensystem anderer Archive. Wir müssen von Gerste ausgehen, da die Normblöcke die Gerste als Regelgetreide nennen.

[376] Zu den Kümmellieferungen s.o. Sicherlich ließ sich gerade bei Kümmel auch eine kleine Maßeinheit, für die kein Normgefäß vorhanden war, unschwer durch Auswiegen mit der Balkenwaage bestimmen.

—Eine Ausgabemenge in Höhe eines "echten Bruches" [377];
—Die Nennung einer anderen Warensorte als Gerste. Dabei lassen wir auch ZÍZ-Lieferungen in die Analyse mit einfließen, da der Nährwert dieses Getreides und der der Gerste vergleichbar sind [378], so daß Emmer ggfs. auch als Ersatzlieferung gedient haben könnte.
—Angaben für mehrere Monate, die im Monatsdurchschnitt einen "echten Bruch" ergeben.
—Das Fehlen von Angaben für eine Verwendung der Lieferung zu anderen Zwecken, insbesondere dem Ankauf von Gegenständen oder der Verfütterung an Tiere.
—Die Angabe einer Lieferung von x < 2 *pa* Getreide [379] an eine Personenmehrheit, die durch LÚ.MEŠ oder MÍ.MEŠ gekennzeichnet ist.
—Aus methodischen Gründen sind zuletzt Lieferungen an Auswärtige aus der Betrachtung herauszuhalten, da—auch wenn eines oder mehrere Indizien vorhanden sind—mit der Möglichkeit gerechnet werden muß, daß sich diese Personen nur wenige Tage in Alalaḫ aufgehalten haben könnten und folglich keine ganze Monatslieferung erhält.

Die Durchführung dieser Analyse ergibt nun ein überraschendes Ergebnis: Es sind in den Getreidelieferlisten nur sechs Einträge [380] belegt, die eine Einzellieferung von weniger als 1 *pa* Getreide pro Person und Monat nahelegen.

6,9: 1/2 *a-na Ḫu-uš-ma-ar-ši* (ZÍZ)
35,22: 1 1/2 *a-na mi-iz-zi* DUMU.MEŠ LUGAL GÌR LÚ.MEŠ.*ḫa-še-ru-ḫu-li*
35,56: 1/2 GÌR ᶠ*La-ma-dá-e* (Gerste)
43,2: 1 1/2—LÚ.MEŠ [
64,3: 1/3 *pa* ZÍZ *a-na A-bi-ṭa-ba a-na* LÚ.MEŠ.*pi-ri-im*
72,5: 2/3 *a-na A*-[

Sichten wir nun diese Belege, so stellen wir fest, daß 35,22 und 64,3 eher eine Zweckangabe darstellen als eine Lieferung zur persönlichen Versorgung. Die Person aus 6,9 kommt nur noch einmal vor und erhält im Normblock 12,7 1 *pa* Gerste. Vielleicht ist Ḫušmarši also ebenfalls als Auswärtiger zu betrachten [381]. Aus 43,2 läßt sich keine Folgerung ableiten, da hier ein evtl. Zweck

---

377 Ein "echter Bruch" ist ein Bruch, dessen Dezimalwert kleiner 1 ist.

378 Im Gegensatz zum Weizen, dessen Nährwert deutlich höher liegt, vgl. H.G. Kippenberg, stw 130, 22.

379 Die Ausgabe von x ≥ 2 *pa* oder mehr an Personengruppen ist nicht dienlich, da hier mit der Möglichkeit zu rechnen ist, daß die Gruppe ihrerseits aus x Personen besteht (also z.B. 2 *pa* an 2 Personen gehen, mithin jede Person wieder 1 *pa* erhält).

380 60,6 wird hier nicht mitberücksichtigt, da die ausgegebene Ware vermutlich Erbsen sind.

381 S.u. Kap. V,2.12.1.

oder eine Ortsangabe im zerstörten Teil der Zeile vorgelegen haben könnte. Für die letzten beiden Belege gilt: Beide vorkommenden Personen sind auf der Tafel noch mindestens einmal belegt. Insgesamt finden wir also kein eindeutiges Gegenargument für die Behauptung, daß eine Regellieferung an eine Einzelperson 1 *pa* Gerste monatlich beträgt. Dabei entnehmen wir der Vielzahl von Belegen [382] für derartige Lieferungen an Frauen, daß dies für beide Geschlechter gleichermaßen gilt.

Im Umkehrschluß sind weitergehende Folgerungen möglich: Ist eine Person über mehrere Monate hinweg nicht belegt und erhält umgekehrt vor der Beleglücke eine größere Lieferung, so kann diese der Versorgung über die nicht belegten Monate dienen. Lieferungen von ca. 12 *pa* könnten Jahreslieferungen sein. Lieferungen an Personengruppen, die keinen Lieferzweck erkennen lassen, könnten einen Rückschluß auf die Anzahl ihrer Mitglieder zulassen.

Wir nennen im folgenden die Ausgabemenge von 1 *pa* pro Monat und Einzelperson "*Versorgungs*pa". Bevor wir zur ernährungsphysiologischen Interpretation dieses Faktums im Rahmen des "altmesopotamischen Rationensystems" fortschreiten können [383], ist es erforderlich, auf dem Hintergrund der Evidenz anderer Archive die ungefähre Größe eines *pa* in absoluten Zahlen zu erheben.

Wir gehen aus von den Māri-Texten [384]. Dort entspricht 1 *qa* = 60 Šeqel (347f.). 10 *qa* wiederum entsprechen 1 BÁN (*sūtu*) (348). Die nächstgrößere Maßeinheit ist das BA.AN zu 60 *qa* (349) [385]. Das KÙR sind nicht—wie in Babylonien—300 *qa*, wie die Summen lehren, sondern lediglich 120 *qa*, so daß gilt 1 KÙR = 2 BÁN (349). Auf dieser Basis würde sich ergeben, daß ein *parīsu*, d.h. ein Halbkor, mit 60 *qa* anzusetzen ist. Ferner weist J.-M. Durand [386] darauf hin, daß der Text A. 1917 vermutlich eine Art "Umrechnung" darstellt, die sich auf Regionen bezieht, wo anstelle der eben skizzierten Systematisierung mit *parīsu* gemessen wird: 44630 *pa* = 37 UGAR 1 KÙR 110 *qa*, was wiederum bedeutet 1 *pa* = 60 *qa*. Angesichts der bekannten Verbindung zwischen Māri und dem nordsyrischen Raum liegt es nahe, daß die Region, die nach *parīsu* mißt, eben dieser Raum mit Aleppo im Zentrum sein dürfte.

---

[382] Z.B. die Normblocklieferungen an Zirri, die Lieferungen an Timunna, an Atriaddu-e und viele mehr.

[383] Siehe unten Kap. IV,5.3.

[384] Siehe J. Bottéro, Commentaire, ARM VII, 347-353 (hiernach die Seitenzahlen im Text).

[385] Die Frage von M.A. Powell, RlA 7, 500: "archaic phonetic spelling for *pān* or Sumerogram?" ist m.E. so zu beantworten, daß es sich um ein Pseudosumerogramm für bariga ≈ *parīsu* handelt.

[386] J.-M. Durand, MARI 5, 606.

Werfen wir auf diesem Hintergrund einen Blick nach Ebla, so ergibt sich genau dasselbe Bild [387]: 1 GÚ.BAR = 2 *ba-ri-zu* [388] = 10 SÌLA = 60 AN.ZAM$_x$. Wir stellen also fest, daß ein *parīsu* auch in Ebla in 60 Untereinheiten gegliedert ist. Problematisch ist im Vergleich zu Māri, daß das SÌLA = *qa* hier offenbar ein Sechstel eines *parīsu* ausmacht. Umgekehrt zeigt L. Milano [389], daß in Ebla eine Person als Versorgung ebenso wie in Alalaḫ 1 *parīsu* erhält, so daß die Annahme naheliegt, daß 1 AN.ZAM$_x$ = 1 *qa*, zumal der zehnte Teil eines SÌLA lediglich wenige Gramm ausmachen würde [390]. In dieselbe Richtung weist neuerdings auch der Befund aus Tell Beydar [391]: 1 *bariga* = 6 BÁN = 60 SÌLA [392]. Dort findet sich auch ein Hinweis auf die absolute Größe eines SÌLA: Die Ration einer männlichen Person liegt im Regelfall bei 60 *qa* = 1 *bariga*, was ebenfalls für die Gleichung 1 *parīsu* = 60 *qa* spricht. Ferner konnten K. van Leberghe/G. Voet [393] durch Auslitern der in Tell Beydar gefundenen Gefäße zeigen, daß deren Rauminhalt dezimale Untereinheiten oder einfache Vielfache unseres Liters darstellen, so daß wohl anzusetzen ist 1 *qa* ≈ 1 l [394].

Damit ergibt sich für das Maßsystem in Alalaḫ VII:

—1 *parīsu* = 6 EŠ = 60 *qa* ≈ 60 l.
—1 DUG = 10 *qa* = 1 EŠ ≈ 10 l.

—In kulturhistorischer Hinsicht zeigt das Maßsystem in Syrien eine gewisse Einheitlichkeit, die allerdings (Ebla!) lokal differenziert erscheint. Die Maßeinheiten sind bis zum *bariga* = *parīsu* im wesentlichen mit den mesopotamischen identisch [395]. Bei größeren Maßen folgt dieses altsyrische System im Gegensatz zu Mesopotamien dem Dezimalsystem. Dies ist jedoch spätestens in der Māri-Aleppo-Zeit nicht mehr der Fall: Hier gilt ein geringeres KÙR, von dem das *parīsu* die Hälfte darstellt.

---

387 Vgl. L. Milano, MARI 5, 528.

388 1 *ba-ri-zu* dürfte kaum etwas anderes sein als unser *parīsu*.

389 L. Milano, MARI 5, 546f.

390 Bei Annahme eines spezifischen Gewichtes von 0,8 kg/l Getreide wiegt ein SÌLA (ca. 1 l) etwa 800g, der zehnte Teil davon also lediglich rund 80g.

391 Vgl. W. Sallaberger, SUBARTU 2, 81-84.

392 Das Maßsystem in Tell Beydar entspricht also eher dem von Māri als dem von Ebla, das eine Sonderentwicklung darstellt, vgl. zu einer Analogie im paläographischen Bereich W. Sallaberger, Beydar 3, 114.

393 Vgl. K. van Leberghe/G. Voet, Phoenix 41, 41.

394 Zur Entwicklung des SÌLA = *qa* vgl. I.J. Gelb, JAOS 102, 586-588; M.A. Powell, RlA 7, 502-504. Für Alalaḫ VII läßt sich keine präzise Angabe machen, doch dürfte auch hier der Wert bei etwa 1 l anzusetzen sein.

395 Vgl. bequem die Tabelle bei W. Sallaberger, Beydar 3, 120.

Dieses System läßt sich nun seinerseits dem hethitischen Befund gegenüberstellen. G.F. del Monte [396] hat herausgestellt, daß 1 PA = 6 BÁN = 24 *ḫazzila* entspricht. Die Untereinheiten der letzteren Größe variieren dabei allerdings beträchtlich. Neuerdings findet sich das Wort auch im Hurrit. wieder: hurr. *pariss=ad=e* steht heth. *parīsu* gegenüber (StBoT XXXII 15 Vs. I 9' (*pa*).11' (*PA-RI-SA*$_x$)) [397]. Die Beobachtung, daß dieselbe Abkürzung verwendet wird wie in Alalaḫ, läßt im Verbund mit der Traditionsgeschichte der Bilingue StBoT XXXII doch vermuten, daß hier eine direkte Linie aus dem nordsyrischen Raum zu den Hethitern führt, wobei dort nach der Übernahme mindestens im schriftlichen Gebrauch ein älteres System überlagert wurde. Das Aleppiner System überlebt in Nordsyrien ausweislich der Listen aus Alalaḫ IV den Untergang der Schicht VII und findet sich auch noch in Ugarit [398]. Dies bestätigt, daß wir es mit einer genuin nordsyrischen Benennung zu tun haben, die von den Hethitern übernommen wurde. Inwieweit die Verwendung in Ugarit ihrerseits durch die hethitische Suprematie beeinflußt ist, läßt sich nicht sagen, doch spricht das Vorkommen in den Opfertexten doch eher dagegen.

*5.3. Das Versorgungs*pa *im Kontext*

Als Versorgungs*pa* [399] hatten wir die Menge eines *pa* definiert, wie sie als Regellieferung an eine Einzelperson—gleich welchen Geschlechts—monatlich ausgegeben wird. Wir haben nun erhoben, daß diese Menge ungefähr 60 Litern entspricht, so daß die tägliche Versorgung bei etwa 2 l anzusetzen ist. Damit haben wir nun zwei Aufgaben: Wir müssen dieses Ergebnis in das "altmesopotamische Rationensystem" einordnen und hinterfragen, welche ernährungsphysiologischen Hintergründe namhaft zu machen sind.

5.3.1. Das "altmesopotamische Rationensystem" als Vergleichsgröße

Die Ausgabe von monatlichen Rationen ist nicht auf die Texte der Schicht Alalaḫ VII beschränkt, wenngleich sich in den Texten der Schicht IV und in Ugarit ein so konsequentes System, wie wir es für Alalaḫ VII erheben können,

---

[396] G.F. del Monte, OA 19, 219-226; ders., EVO 12, 139-144.

[397] Vgl. E. Neu, StBoT 32, 309 und ders., Archivum Anatolicum 3, 258.

[398] Die von J.-P. Vita, UF 28, 696 vorgenommene Deutung "medidad de alimentaciones" ist dahingehend auszubauen, daß das Wort auch in den Opferlisten KTU 1.41 und 1.87 vorkommt. Dort steht es in einer Reihe mit n *kdm* Wein, was doch sehr für eine Maßeinheit spricht. Hierher gehört auch die Beobachtung, daß *prs* in Ugarit mit etwa denselben Waren verbunden ist wie in Alalaḫ. Das Verhältnis des *prs*/*prś* zu *lṯḥ*/*ltḫ* kann hier nicht erörtert werden: Beide kommen gelegentlich im selben Text vor, auch *lṯḥ*/*ltḫ* steht mit Getreide. M.E. stellt *lṯḥ*/*ltḫ* eine Untereinheit des *prs*/*prś* nach Art des EŠ in Alalaḫ dar, da mehr Belege für seltenere Waren und Gewürze mit dieser Maßeinheit vorkommen. M. Heltzer, UF 22, 135 bestimmt 1 *lṯḥ* = 2,2 l. Dies könnte bedeuten, daß 1 *parīsu* = 24 *lth*, wobei dann das *parīsu* in Ugarit etwas kleiner wäre als das in Alalaḫ.

[399] S.o. S. 202f.

bislang nicht abzeichnet [400]. In Nuzi [401] ist zwar ein solches System belegt, doch stoßen wir hier auf das Problem, daß die an Sklaven ausgegebene Menge von 24 SÌLA monatlich (Sklavinnen 16 SÌLA) sich vom Befund aus Alalaḫ unterscheidet und kaum hinreichen dürfte, die Versorgung sicherzustellen [402]. Entweder liegt daher ein anderes System [403] vor oder die Maßeinheiten sind für Nuzi anders anzusetzen [404]. Wir haben daher im folgenden das Augenmerk vor allem auf ältere Archive zu richten, zumal ein Rationensystem wie das vorliegende auch in Māri bislang nicht eruierbar ist, wohl aber in den Texten aus Ebla und Tell Beydar und zudem in der Ur III-Zeit durchscheint. Dies könnte bedeuten, daß wir es hier mit einem älteren Phänomen zu tun haben, das sich in Nordsyrien länger hielt als anderswo [405].
Wir gehen im folgenden aus von der Darstellung von I.J. Gelb [406] aus dem Jahr 1965, die wir dann durch einige neuere Arbeiten zu Ebla, Ur III und Tell Beydar ergänzen. I.J. Gelb geht aus von der Differenz zwischen der Formulierung ŠE.BA "Ration" und dem Terminus Á "Lohn" (230). Diese entspricht dem soziologischen Gegenüber von freien Lohnarbeitern (LÚ.(MEŠ.)ḪUN.GA) zu einer "semi-free class of laborers receiving *še-ba*" [407]. Dabei sei die freie Lohnarbeit erst während der späteren Phase der Ur III-Zeit aufgekommen. In bezug auf die Gerstenlieferung [408] ist festzustellen, daß "the ration system is very much standardized all through the Sargonic and Ur III periods" (233), wie die Tabelle (232) zeigt: Die Differenzierung der Rationen erfolgt nach Geschlecht und Alter der Empfänger. Erwachsene Männer erhalten 60 SÌLA, erwachsene Frauen 30 [409], Kinder 20-30, Kleinkinder 10 SÌLA.

---

[400] Zum Nachleben des Rationensystems in der zweiten Hälfte des zweiten Jahrtausends vgl. L. Milano, StStA 13, 92-94.

[401] Vgl. W. Mayer, AOAT 205/1, 112; G. Wilhelm, Šilwa-Teššup 2, 22f.

[402] S.u. Kap. IV,5.3.2.

[403] Die Veränderungen in den Rationensystemen könnten ökonomische Konsequenzen des Übergangs von der altbabylonischen Zeit zur Mitanni-Zeit in Syrien widerspiegeln.

[404] Vgl. G. Wilhelm, Šilwa-Teššup 2, 26: "Für Nuzi konnte das absolute Volumen von 1 SÌLA noch nicht nachgewiesen werden."

[405] Für diese Vermutung spricht ferner, daß in den mykenischen Texten vor allem aus Pylos ähnliche Phänomene wahrnehmbar sind. Diese sollen jedoch hier nicht weiter betrachtet werden, da wir damit zu rechnen haben, daß ein eventueller Kulturtransfer von Ost nach West weitere Veränderungen nach sich zog.

[406] I.J. Gelb, JNES 24 (danach die Seitenzahlen im Text).

[407] Da wir sahen, daß der Ausgabetitel im Normblock ŠE.BA lautet, haben wir bereits einen ersten Hinweis auf eine soziologische Interpretation der Empfängerinnen und Empfänger, zumal der Ausgabetitel Á in den Getreidelieferlisten ebenfalls belegt ist.

[408] Wir verzichten auf die Darstellung der Öl- und Wollieferungen, da diese in Alalaḫ so nicht belegt sind.

[409] Vgl. allerdings aus Māri ARM IX,294, wo in der Summe (Z. 12) 11 Frauen zusammen 5 1/2 Kor erhalten, was umgerechnet wiederum 1 *pa* pro Person ergibt.

Im Vergleich zu den Alalaḫ-Texten ist festzuhalten, daß die Menge von 60 *qa* = 1 *pa* für Erwachsene identisch ist, wobei in Alalaḫ eine Differenzierung nach Geschlecht nicht erfolgt und Kinder nicht belegt sind. Da also Frauen doppelt so viel erhalten wie systemimmanent zu erwarten wäre [410], dürfte die Versorgung der Kinder durch die Lieferung an die Frauen erfolgt sein. Die so versorgte halbfreier und unfreier Arbeiter verschwindet am Übergang von der Ur III-Zeit zur altbabylonischen Zeit, was mit der Aufgabe des Rationensystems im mesopotamischen Kernland einhergeht (242f.). I.J. Gelb führt diesen Wandel zurück auf die zunehmende Verstädterung und Industrialisierung ab dem Beginn der altbabylonischen Zeit [411], die im Verbund mit sozialen Veränderungen angesichts der amoritischen Einwanderungen die freie Lohnarbeit förderten (243). In diesem Zusammenhang ist darauf hinzuweisen, daß I.J. Gelb sich zu den Alalaḫ-Texten nicht äußert und die Ebla-Texte noch nicht kennen konnte. Letzeren entnehmen wir [412], daß "different types of palace officials usually receive 1 *barizu* of cereals per month, which equals 2 an-zam$_x$ per day", was also genau dem gewonnenen Bild hier wie dort entspricht: "Ebla fully confirmes the picture which Gelb outlined for Mesopotamia" [413]. Ferner können wir nun den Texten aus Tell Beydar entnehmen, daß hier offenbar dasselbe Rationensystem galt [414]: Einzelpersonen erhalten meist 60 SÌLA, wobei eine Differenzierung der Ausgabemengen auch mit der Funktion der jeweiligen Person erklärt werden kann. Letzere Differenzierung ist auch in der Ur III-Zeit vorfindlich, wie vor allem H. Waetzold herausgestellt hat [415]: Bei der Schilderung der "Einkommensverhältnisse" von Frauen und Kindern [416] zeigt er, daß die Rationen "offensichtlich nach der Qualifikation und Leistung der betreffenden Arbeitskräfte gestaffelt" sind [417], so daß besonders talentierte Weberinnen 50-60 SÌLA erhalten [418], höherbezahlte Fachleute u.U. entsprechend noch mehr [419].

---

410 Vorausgesetzt ist dabei, daß die Versorgung durch das (umgerechnet) 1/2 *pa* der "altmesopotamischen" Texte hinreichend gesichert und die Alalaḫ-Lieferungen an erwachsene Frauen ebenfalls nur der Absicherung der Subsistenz dienen. Diese Voraussetzung ist angesichts der Identität der Lieferung an erwachsene Männer sinnvoll.

411 Vgl. H. Klengel, AOS 68, 159-166.

412 Vgl. L. Milano, StStA 13, passim; ders., ASJ 9, 180 und ders., SEL 12.

413 A. Archi, AoF 15, 26.

414 Vgl. W. Sallaberger, Beydar 3, 124-127, v.a. die Tabelle S. 125.

415 H. Waetzold, AoF 15; ders., AOS 86. V.a die erstgenannte Arbeit schildert ein lebendiges Bild der Lebensverhältnisse z.B. anhand der Stichworte Krankheit, Freizeit, Kindergeld, Kaufkraft, Inflation.

416 So eines der Hauptwörter im Titel von H. Waetzoldt, AoF 15.

417 H. Waetzoldt, AoF 15, 34.

418 H. Waetzoldt, AOS 68, 122, vgl. ders., AoF 15, 34.

Insgesamt läßt sich wohl festhalten, daß in Alalaḫ das Rationensystem eine relativ konservative Weiterentwicklung des gemeinorientalischen Systems darstellt, wie es im 3. Jtd. auch in Syrien bestimmend für die Palastwirtschaften war [420].

5.3.2. Einige ernährungsphysiologische Aspekte

Auf dem Hintergrund der oben gemachten Beobachtungen können wir nun die Frage stellen, ob ein *pa* Gerste monatlich [421] zur Versorgung einer Einzelperson ausgereicht hat [422]. Hier ist auf einen Artikel von R. Ellison [423] zu verweisen, der diese Fragestellung ausführlich behandelt. Die Verfasserin vergleicht den Nährstoffgehalt der Gerste mit den Empfehlungen der "Food and Agriculture Organization" (FAO) der Vereinten Nationen und kommt zu dem Ergebnis (39), daß Männer ca. 1,33l Gerste täglich als Minimum brauchen, Frauen indessen etwa 1l. Dabei sind nicht nur die reinen Kalorien zu berücksichtigen, sondern auch die sonstigen Nährstoffe und Spurenelemente. Unter diesem Gesichtspunkt ist festzustellen, daß die sonst übliche Versorgungsmenge von 30 *qa* für eine Frau bei Eisen defizitär ist. Ferner ist die Versorgung mit Vitamin A und C unzulänglich. Aufgrund der Tabellen (40) und der Feststellung (41), daß 2 *qa* Gerste = 1500g = 5400 cal mit 60 mg Eisen entsprechen, läßt sich die oben aufgeworfene Frage nach der Versorgung der Kinder in Alalaḫ wie folgt beantworten: Kinder sind nicht direkt belegt und dürften daher in anderen Zuwendungen subsumiert sein. Hier kommen am ehesten die Lieferungen an die Frauen in Betracht. Ernährungsphysiologisch gesehen, könnte eine Lieferung von 1 *pa* Gerste monatlich eine Frau und zwei Kinder versorgen. Dazu muß allerdings klar gesagt werden, daß diese Konstruktion ein absolutes Minimum

---

[419] Bei den 75 SÌLA, die P. Steinkeller, AOS 68, 86 für Umma unter Amar-Su'ena erwähnt, dürfte die höhere Ausgabe nicht in einer besonderen Qualifikation begründet sein, sondern eher darin, daß die Empfänger als Waldarbeiter körperlich sehr stark beansprucht waren.

[420] Vgl. auch L. Milano, StStA 13, 92.

[421] Auf die Abweichung der Nuzi-Texte vom gemeinorientalischen Rationensystem hatten wir bereits hingewiesen. Beachte, daß auch in der klassischen griechischen Antike dieselben Maße wiederkehren: Herodot, Hist. VII 187,2 setzt als tägliche Minimalration für die Soldaten 1 Choinix Weizen ≈ 1,09 l an (der Rechenfehler in der Gesamtaufrechnung ist für unsere Zwecke irrelevant). Da Weizen einen doppelt so hohen Nährwert hat wie Gerste, gelten 2 Choinix Gerste als tägliches Existenzminimum (vgl. H.G. Kippenberg, stw 130, 22), was ungefähr 1 *pa* Gerste monatlich entspricht.

[422] Von Interesse ist auch die Beobachtung von H. Waetzold, AOS 68, 135, daß im modernen Syrien eine Familie mit zwei Kindern 70 kg Weizen monatlich braucht. Dies sind rund 90 l (vgl. zum Gewicht von Weizen L. Milano, DdA 3/3, 109), was nach dem Nährwert ungefähr 3 *pa* Gerste entspricht. Hier ist allerdings noch mit anderen Nahrungsmitteln zu rechnen und ferner eine Rückstellung als Saatgut mit zu berücksichtigen, so daß lediglich ein ungefährer Vergleich möglich ist.

[423] R. Ellison, Iraq 43.

darstellt, mit dem die so versorgten Menschen gerade überleben können. Die Männer sind—was die reinen Kalorien anlangt—gut versorgt, allerdings ist die Versorgung auch hier kaum hinreichend, die anderen ernährungsphysiologischen Bedürfnisse abzudecken. Es liegt daher nahe, daß zusätzlich zur Gerste weitere Nahrungsmittel verzehrt wurden [424]. Diese sind—wenn man nicht die Hülsenfrüchte und Gewürze hier heranziehen will [425]—nicht belegt, so daß wir keine weiteren Aussagen treffen können [426].

6. Zusammenfassung und Ergebnisse [427]

—Aufgrund des Textbestandes konnten wir feststellen, daß sich die Einzeleinträge zu Blöcken gruppieren lassen, die sich formal präzise definieren und abgrenzen ließen, so daß die Gattung "Getreidelieferlisten" nicht nur aufgrund von Elementen der Bedeutungsseite [428], sondern in erster Linie nach der Ausdrucksseite konstituiert ist (2.1.2.).
—Aufgrund der formkritischen Analyse konnte das Material genau eingegrenzt werden. Insbesondere konnten wir die "Blöcke" präzise voneinander abheben (2.1.3., Anhang C).
—Die graphische Gestaltung der Blöcke und Getreidelieferlisten in Tabellenform ergab erste Hinweise auf die Abfassung der Tafeln (2.1.4.).
—Die Einzeleinträge lassen sich formal präzise beschreiben, wobei das Bemühen um Verringerung von Redundanz deutlich wird (2.2.1., Anhang D).
—Ungeachtet der tabellarischen Form der Listen lassen sich einige grammatikalische Besonderheiten ausfindig machen (2.2.2.).
—Die formkritische Analyse der Summen und zusammenfassenden Bemerkungen ergibt das Vorhandensein von drei Grundtypen. Als "Sitz im Leben" läßt sich die monatliche Abrechnung erheben (2.3.1.).
—Der Vergleich der Summen mit den Zahlen der zugehörigen Blöcke bestätigte, daß es sich bei den Summen nicht einfach um die Addition der Einzeleinträge

---

[424] Vgl. in den Pylos-Texten die Ausgabe von Feigen (J.A. Lencman, Sklaverei, 146).

[425] Da bei allen belegten Waren doch nur eine eher geringe Menge pro Person und Zeiteinheit anzusetzen wäre, dürfte hierdurch der Mangel kaum nachhaltig beseitigt worden sein.

[426] Denkbar wäre z.B., daß die belieferten Personen noch über private Gartenwirtschaft verfügen konnten, was in den offiziellen Texten logischerweise keinen Niederschlag fände. Diese Annahme würde ferner eine halbfreie Stellung des Personals nahelegen. Umgekehrt kann diese Form natürlich in der Kontrolle des Palastes gelegen, aber keine Buchhaltung erfordert haben, da die Erträge nicht gespeichert, sondern *ad hoc* verbraucht wurden.

[427] Hier sollen lediglich die wichtigsten Ergebnisse des IV. Kapitels noch einmal zusammengefaßt werden, um dem Leser einen schnellen Überblick zu ermöglichen. Das jeweilige Unterkapitel wird in Klammern angegeben.

[428] Nämlich dem inhaltlichen Kriterium der gelieferten Ware, das auf dieser Stufe der Interpretation ohnedies noch kein hilfreiches Argument wäre, da die sachliche Identität der jeweiligen Waren noch zu bestimmen war.

handelt, sondern daß die Summe als eigene Größe zu betrachten ist, welche die "Bilanzdifferenz" wiedergibt (2.3.2.).

—Es sind unter den Blöcken zwei Formen belegbar, die jeweils eine besondere Gliedgattung konstituieren: Der "Normblock" (2.4.2) und der "ŠE.BA LUGAL-Block" (2.4.3.). Ferner kommen Sammeltafeln vor, die sich auf mehrere Monate beziehen und eine weitere Gliedgattung darstellen (2.4.4.).

—Die Abfolge der Monate in Alalaḫ kann bestimmt werden: Es handelt sich um ein Herbstjahr mit einer ungewöhnlichen Schaltregelung (3.2.).

—Die Tafeln mit Normblock bzw. ŠE.BA LUGAL-Block stammen aus einem kohärenten Zeitraum von 27 Monaten (3.3.), der den letzten Monaten vor der Zerstörung der Stadt entspricht (3.4.).

—In diesen Zeitraum lassen sich alle normierten Tafeln und eine Vielzahl weiterer Tafeln auf den Monat genau einordnen (3.5).

—Zur Abfassung der Tafeln läßt sich wahrscheinlich machen, daß die Tafeln *post festum* diktiert (4.1.) und vermutlich zweimonatlich geschrieben wurden (4.2.).

—Eine Einzelperson wird im Regelfall monatlich mit einem *parīsu* Gerste beliefert, was etwa 60 l entspricht (5.2).

—Das so erhobene Rationensystem entspricht weitgehend den "altmesopotamischen Rationen" (5.3.1.); die ausgegebenen Mengen reichen gerade zur Deckung des Grundbedarfs (5.3.2.).

V) Die Getreidelieferlisten—Interpretation der Normblöcke

1. Vorbemerkungen zur Methode

1.1. Die Interpretation der Normblöcke als Paradigma der Palastwirtschaft

Wir haben den Text 41.01 = Al T 243 als "normtypischsten" Text definiert und ihn außerhalb der chronologischen Abfolge als Paradigma vorangestellt, da er sich für unsere Zwecke besonders gut eignet: Er ist gut erhalten, so daß die Interpretation nicht von Ergänzungen, epigraphischen Unwägbarkeiten etc. belastet wird. Ferner weist der Normblock 1,1-13 von 12 Einträgen 10 auf, die in den Normblöcken mit hoher Regelmäßigkeit auftreten. Nur zwei Einträge entsprechen diesem Kriterium nicht, doch werden wir in jedem der zu untersuchenden Normblöcke solchen Einträgen begegnen.
Unterhalb der Normblockebene bietet der Einzeleintrag [1] eine aus sich heraus verständliche, klar umrissene Größe. Dieser Größe entsprach im Wirtschaftsleben eine—für die Ausgabestelle klar definierte—Einheit [2], da die Gesamtausgabe des Getreides in solche Einheiten sortiert wurde. Es ist daher von den Einzeleinträgen auszugehen, um so den zugrundeliegenden wirtschaftlichen Einzelvorgang möglichst präzise fassen und ihn dann in seinen jeweiligen textlichen und ökonomischen Kontext einordnen zu können.
Wir stellen also im folgenden die Einzeleinträge der Reihenfolge ihres Auftretens nach vor. Zu jedem Eintrag ist auf der Empfängerseite das parallele Material zusammenzustellen. Dies gilt insbesondere für Varianten der Orthographie, der Berufsangaben etc. Im Einzelfall ist zu prüfen, ob Parallelen tatsächlich oder nur scheinbar sind. Dies gilt z.B. bei identischen Personennamen: Hier ist zu eruieren, ob tatsächlich Personidentität vorliegt und damit gleichartige wirtschaftliche Vorgänge angenommen werden dürfen. Läßt sich dies nicht bewahrheiten, so dürfen die betroffenen Einträge nicht gemeinsam evaluiert werden, da die so erhobenen Strukturen lediglich künstlich wären und nicht die Realität wiedergeben. Wir haben also bei der Suche nach Parallelen auf der Empfängerseite zunächst eine etwas breitere Basis aller *möglichen* Parallelen zu erstellen und diese dann zu reduzieren auf die Menge der *tatsächlichen* Parallelen.
Gleichzeitig müssen wir versuchen festzustellen, ob der Empfang von Ware (in diesem Fall Gerste) Folgerungen auf die Tätigkeit und die soziale Stellung des Empfängers zuläßt. Dies muß methodisch so geschehen, daß wir zunächst innerhalb der Gliedgattung "Normblock" verbleiben, also zu Beginn jeweils das Material darstellen, das im Normblock vorfindlich ist. Da die Normblöcke eine klar definierte Gliedgattung mit einem einheitlichen "Sitz im Leben" darstellen, dürfen wir davon ausgehen, daß parallele Einzeleinträge im Normblock auch Parallelitäten im Wirtschaftsleben darstellen, so daß dieser Arbeitsschritt uns in

---

[1] Eine weniger gut faßbare Einheit sind *Eintragscluster*, die in unterschiedlichen Texten dieselbe Abfolge mehrerer Einzeleinträge bieten. Diese sind im Einzelfall auf dem Weg der Kontextanalyse zu eruieren und dann gemeinsam zu interpretieren.

[2] Dies kann eine Einzelperson sein, eine Gruppe von Menschen oder auch ein bestimmter Zweck.

die Lage versetzt, das Regelmäßige des jeweiligen wirtschaftlichen Vorgangs zu erheben. Dabei ist darauf zu achten, daß über das Idealtypische hinaus auch die jeweiligen Besonderheiten zu eruieren sind. Diese könnten z.B. jahreszeitlich bedingt sein. Aufgrund dieses Arbeitsschrittes läßt sich dann bereits ein relativ scharfes Bild über die Funktion eines Empfängers zeichnen.
Ferner haben wir zu fragen, ob sich in der Rahmengattung, also dem Gesamtkorpus der Getreidelieferlisten, weiteres Material findet, das Hinweise auf den wirtschaftlichen Vorgang bietet, der gerade zu erörtern steht. Methodologisch haben wir dabei zu bedenken, daß allen Getreidelieferlisten grundsätzliche Gemeinsamkeiten eignen, andererseits außerhalb des Normblocks die Informationen stehen, die das Unregelmäßige bieten. Solche Informationen sind deswegen besonders wertvoll, weil sie die Facetten eines Vorgangs beleuchten, die nicht zum alltäglichen Leben gehören; sie bieten mit anderen Worten das, "was auch vorkommen kann" und vermitteln uns so ein abgerundeteres Bild.
Ein letzter Schritt muß danach fragen, ob ein Empfänger oder wirtschaftlicher Vorgang außerhalb der Getreidelieferlisten seinen Niederschlag gefunden hat. Gerade von solchen Belegen dürfen weitere Aufschlüsse erwartet werden, die es ermöglichen, Einblick in die Gesellschaftsstruktur Alalaḫs zu nehmen. So könnten Personen, die aus den Getreidelieferlisten bekannt sind, in einen weiteren Rahmen gestellt werden, der uns erlaubt, ihre Stellung gegenüber dem Palast präziser zu fassen und u.U. weitere Schlußfolgerungen auf die Gesellschaftsstruktur des Stadtstaates überhaupt zu ziehen.

1.2. Die Valenzmethode als Hilfsmittel zur Interpretation von Einzeleinträgen

Die meisten Eintragungen lassen sich auf einer bivalenten Ebene darstellen: $x \rightarrow y$, wobei x die Ausgabestelle bezeichnet, y den Empfänger der Lieferung und $\rightarrow$ die zwischen beiden Elementen bestehende Relation, nämlich die Ausgabe von einer durch die Relation jeweils definierten Menge der angegebenen Ware.
Verschiedene Zeilen haben indessen einen Valenzwert von 3: $x \xrightarrow{z} y$; x und y bezeichnen wieder Ausgabestelle und Empfänger, die Relation ist hier jedoch eine grundlegend andere: $\rightarrow$ bezeichnet die zwischen x und y herrschende Relation, nämlich die Ausgabe von einer durch die Relation jeweils zu definierenden Menge einer Ware *zur Weitergabe an Z* [3]. Bei der Behandlung ausschließlich zweiwertiger Relationen können wir die Funktion des Empfängers in diesem Geflecht lediglich in Bezug auf den Palast bestimmmen.
Tritt jedoch ein dritter Valenzpunkt hinzu, so haben wir die Relation aller vorkommenden x [4] zu allen vorkommenden y unter Berücksichtigung der Letztverbraucher Z in Betracht zu ziehen. Hierbei können Wiederholungen eintreten, da u.U. die Funktion eines Lieferungsempfängers y sich verändert, je nachdem,

---

[3] Z kann dabei wiederum eine Person(engruppe), Tier(e) oder ein Verwendungszweck sein.

[4] Wobei in unserem Fall die Frage dadurch vereinfacht wird, daß die Menge aller x nur ein Element, nämlich den auszahlenden Palast, enthält.

ob er in einer zwei- oder dreiwertigen Relation steht.
Ferner ist damit zu rechnen, daß der Letztverbraucher Z nicht nur in einer einzigen dreiwertigen Relation steht, sondern in mehreren derartigen Beziehungsgeflechten. Diese spiegeln eine ökonomische Realität wider, so daß die Interpretation dieser Beziehungsgeflechte nicht unter Absehung der zweiwertigen Relationen erfolgen kann, in denen die Lieferungsempfänger y jeweils stehen. Im Ablauf der Untersuchung haben wir uns also ständig gewärtig zu halten, daß unsere Ergebnisse zu einer zweiwertigen Relation von der Analyse dreiwertiger Relationen beeinflußt werden können und umgekehrt. Eine gewisse methodische Kontrolle wird dadurch eingebaut, daß wir die Normblöcke eintragsweise interpretieren, da ein Einzeleintrag jeweils das widerspiegelt, was die ausgebende Stelle als eigene Realität wahrnahm.

1.3. Einige Bemerkungen zur Prosopographie

In vielen Fällen haben wir es mit der Ausgabe von Waren an Personen zu tun. Es ist daher von entscheidender Bedeutung, diese Personen eindeutig zu identifizieren [5]. Daher sind einige Erinnerungen an methodische Grundsätze der Prosopographie hier angemessen [6]. Diese sollen hier schon im Hinblick auf das zu behandelnde Material formuliert werden.

—Der jeweilige Kontext, in dem ein Personenname auftritt, ist zu bedenken. In den Getreidelieferlisten stoßen wir gelegentlich auf "Eintragscluster", d.h. identische oder mindestens sehr ähnliche Abfolgen mehrerer Einzeleinträge. Die hier auftretenden Personen können ungeachtet leichter Differenzen der Schreibweise gleichgesetzt werden, wenn keine anderen Hinweise auf unterschiedliche Personen vorliegen.

—Es sind innerhalb der Getreidelieferlisten die Ausgabemengen und Monatsabfolgen mitzuberücksichtigen: Eine Person, die vom Palast zu versorgen ist, muß über 1 *pa* Gerste monatlich verfügen. Eine Ausgabe von mehreren *pa* kann für mehrere Monate gedacht sein, doch dürfen dabei keine Versorgungslücken auftreten. Bei gleichen Personennamen kann dies ein Kriterium für die Zuordnung der Einzeleinträge zu verschiedenen Personen sein. Dies gilt insbesondere dann, wenn sich zeigen läßt, daß Personen ihre Lieferung nur als Jahreslieferung oder für die Zeit einer mehrmonatigen Auswärtstätigkeit erhalten.

—Es muß daran gedacht werden, daß hypokoristische Schreibungen vorkommen können. Beim Auftreten dieses Phänomens (in Alalaḫ durch die Endung *-ya*) sind alle Namen mitzubedenken, die mit dem betreffenden Bildungselement beginnen. In unseren Texten ersetzt das Hypokoristikon meist ein theophores Element. Es sind also alle Namen des Typs Bildungselement + theophores Element in die Analyse miteinzubeziehen. Analoge Überlegungen gelten für logographische Schreibweisen, alternative Schreibungen und auch für evtl.

---

5 Vgl. oben Abschnitt 1.1. Ein ähnliches Problemfeld liegt bei Ortsnamen vor, vgl. dazu Vf., UF 30, 832.

6 Vgl. M.P. Maidman, JCS 28, 131-133; E.M. von Dassow, 228-233.

Lehnübersetzungen eines Namensbildungselementes vom Hurritischen ins Semitische und *vice versa.*
—Da wir es hier mit einem relativ begrenzten Personalbestand zu tun haben, dienen qualifizierende Zusätze (Berufsangabe, LÚ.URU.ON, Patronym) zu den Namen in hohem Maße der Eindeutigkeit: Wenn ein Personenname an zwei Stellen in den Getreidelieferlisten mit demselben Zusatz genannt wird, dann sind diese beiden Personen identisch [7].
—Bei der Verarbeitung von Material außerhalb der Getreidelieferlisten dürfen Datierung und historische Verortung des Vergleichstextes nicht vernachlässigt werden: Es ist zu fragen, ob ein Text in Alalaḫ oder in Aleppo situiert ist und ob es chronologisch möglich sein kann, daß die genannte Person in den letzten Jahren des Archivs noch in Alalaḫ Getreidelieferungen empfangen hat [8].
—Zuletzt ist noch die soziale Stellung einer Person zu erörtern: Läßt sich zeigen, daß eine Person im einen Fall eine hohe Stellung innehat (z.B. als Ortsbesitzer), dann ist unwahrscheinlich, daß dieselbe Person nachgeordnete Tätigkeiten (z.B. in der Landwirtschaft) ausübt. Umgekehrt werden wir mehrfach zeigen können, daß die soziale Stellung einer Person als Pfandhäftling, der "in die Wirtschaftseinheit des Ammitaqum eingeordnet ist" [9], auch die Versorgung dieser Person durch den Palast impliziert, so daß der Pfandhäftling in den Getreidelieferlisten belegt ist.

1.4. Lexikographische Vorbemerkungen

Die methodischen Grundlagen der Lexikographie sind auch auf unbekannte Wörter im Alalah-Akkadischen anzuwenden. Wir nennen hier im Anschluß an W.G.E. Watson [10], der die Methodik unlängst für das Ugaritische dargestellt hat, nur einige Gesichtspunkte:
—"Context is more significant than etymology": Dies gilt für Begriffe aus den Getreidelieferlisten in besonderer Weise, da hier in einem relativ eng umrissenen Kontext, der zudem sehr repetitiv ist, fremde Begriffe oftmals auf dem Weg der indirekten Gleichung an andere, bekanntere Lexeme angeschlossen werden können und so mit diesen gemeinsam interpretiert werden können. Die Warnung W.G.E. Watsons, nicht zuviel Wert auf die Etymologie zu legen, ist für das Alalaḫ-Akkadische von besonderem Belang, da hier mit hurritischen, west-

[7] Die eindeutige Benennung war auch im Interesse der Buchführung: Wenn zwei oder mehr gleichnamige Personen trotz dem qualifizierenden Zusatz immer noch verwechselbar gewesen wären, wäre der Zusatz redundant.

[8] Wenn z.B. eine Person während der Regentschaft des Jarimlim von Alalaḫ als Vater eines Zeugen genannt ist, dann ist diese Person vermutlich vor der Gründung der Stadt geboren und dürfte zur Zeit der Getreidelieferlisten längst verstorben sein. Eine Gleichsetzung wäre nicht statthaft.

[9] Vgl. Vf., UF 24, 448.

[10] W.G.E. Watson, HdO I/39, 125 nennt ein "set of rules". Hier werden nur die Aspekte wiederholt, die für unsere Texte von Belang sind.

semitischen und kleinasiatischen Substrateinflüssen gerechnet werden muß, die ihrerseits nicht immer eindeutig deutbar sind. Umgekehrt ist es ein Indiz für die richtige Deutung eines Wortes, wenn eine Kontextanalyse auch etymologisch abgesichert werden kann.

—Die phonologischen Regeln sind nur im Notfall zu übertreten. Dabei ist allerdings zu berücksichtigen, daß nicht in allen Fällen klar ist, *welche* phonologische Regel anwendbar ist (vgl. z.B. unterschiedliche Schreibungen von Sibilanten in Personennamen). Daher kann die Phonologie für unsere Zwecke nur zusätzliche Stützen von bereits existierenden Hypothesen beitragen.

—Vergleichsworte in anderen Sprachen müssen in Alalaḫ nicht dieselbe Bedeutung haben wie in der Ursprungssprache. Wir können sie daher zum Vergleich heranziehen, wenn sie demselben Wortfeld zugehören, müssen allerdings jeweils angeben, welcher Bezug zwischen Ursprungssprache und Alalaḫ denkbar ist ("semantische Brücke"). Auch dies ist also erst möglich, wenn bereits eine kontextbasierte Hypothese über die Bedeutung vorliegt.

—"Non-linguistic evidence should not be neglected". Dies bedeutet in unserem Fall nicht zuletzt die Berücksichtigung landwirtschaftlicher Gegebenheiten in Syrien. Ein Wort kann nicht richtig gedeutet sein, wenn es diesen Gegebenheiten widerspricht. Hierbei kann die jahreszeitliche Verortung der Belege eine bedeutsame Hilfe darstellen.

1.5. Statistiken und Verhältniszahlen

Wir werden im wesentlichen zwei mathematische Verfahren immer wieder heranziehen, die Berechnung von Verhältniszahlen und das statistische Modell der Standardabweichung. Beide sind hier kurz vorzustellen und auf ihren relativen Wert für die Erkenntnisfindung zu befragen.

1.5.1. Standardabweichung

Bei einer Stichprobe [11] aus n Daten [12] sind verschiedene Verteilungen möglich. Es kann sein, daß alle Werte x_1; x_2 ... x_n sich sehr eng um einen Mittelwert $\bar{x}$ [13] gruppieren. Dann sind "Ausreißer", also Werte, die von diesem Mittelwert sehr stark abweichen, besonders auffällig und müssen gesondert interpretiert werden. Umgekehrt kann es sein, daß die Streuung eher lose ist: Der Mittelwert ist dann eine eher zufällige Größe, der für die Betrachtung nur wenig Relevanz zukommt. Das mathematische Maß für diese verschiedenen Verteilungen ist die

---

[11] Im Gegensatz zur Umgangssprache bezeichnet "Stichprobe" in der Statistik die Gesamtheit der betrachteten Daten, die ja einen Auszug aus allen denkbaren Daten darstellt.

[12] "Daten" sind hier in erster Linie die Ausgabemengen, die bei verschiedenen vergleichbaren Vorgängen genannt werden.

[13] Da wir es hier mit relativ gleichförmigen Daten zu tun haben, genügt es für unsere Zwecke, die jeweiligen Mengen aufzuaddieren und diesen Wert durch die Zahl der betroffenen Einzeleinträge zu dividieren.

sogenannte Standardabweichung[14] σ^2. Diese ist ein "Maß für die Streuung einer Zufallsvariablen um ihren Mittelwert. Je mehr sich eine Verteilung um den Mittelwert häuft, desto kleiner ist der Wert von σ^2"[15]. Berechnet wird dies durch die Formel[16]:

$$\sigma^2 = \frac{1}{n-1} \cdot \sum_{i=1}^{n} (x-\overline{x})^2$$

Dabei geben wir aber stets den Wert für σ an, der also die positive Quadratwurzel des Terms darstellt. Nun ist in der Formel der Nenner des Bruchs n-1. Dies ist eine Konvention der beurteilenden Statistik, die darin begründet ist, daß vor allem bei kleineren Stichproben, der korrekte Vergleich mit einer genormten Beobachtungsreihe bei der Division durch n nicht garantiert wäre[17]. Da wir es in unseren Texten nicht mit Vergleichsreihen zu tun haben, sondern mit einzelnen Stichproben, geben wir grundsätzlich die Standardabweichung jeweils auf der Basis *n* und auf der Basis *n-1* an.
Der erkenntnistheoretische Wert der statistischen Analyse darf indessen nicht überschätzt werden[18]. Wir können beim Vergleich von Einzeleinträgen lediglich feststellen, wie stark die zugrundeliegenden Vorgänge einander ähneln. Die Standardabweichung bietet somit lediglich ein Indiz dafür, ob ein Vorgang in hohem Maße repetitiv ist[19], oder ob die Ausgabemenge noch durch andere Faktoren[20] beeinflußt wird, die dann ihrerseits der Interpretation bedürfen.

1.5.2. Verhältniszahlen

Gelegentlich kann es sinnvoll sein, einen Einzeleintrag in einen weiteren Kontext zu stellen. Dies wird mit hoher Regelmäßigkeit dann geschehen, wenn ein Empfänger in kurzen Zeitabständen mehrere Waren erhält, oder wenn wir vermuten, daß mit *einem* Vorgang verschiedene Empfänger befaßt sind. Es legt sich dann nahe, die betroffenen Ausgabemengen nicht nur aufzulisten, sondern jeweils in ein Verhältnis zu setzen. Wir erhoffen uns von diesem Verfahren

---

[14] Vgl. M. Fisz, Wahrscheinlichkeitsrechnung, 92; K. Bosch, Statistik-Taschenbuch, 30f.

[15] M. Fisz, Wahrscheinlichkeitsrechnung, 92.

[16] K. Bosch, Statistik-Taschenbuch, 30.

[17] Vgl. K. Bosch, Statistik-Taschenbuch, 30.

[18] Es ist in den Geisteswissenschaften gelegentlich der Fall, daß die vermeintlich "genaue" mathematische Methode dazu benützt wird, die "Wahrscheinlichkeit" des gewonnenen Ergebnisses abzusichern. Meist zeigt allerdings eine nüchterne mathematische Betrachtung, daß die erhobene "Sicherheit" lediglich bestätigt, daß im Rahmen der gewählten Voraussetzungen widerspruchsfrei gearbeitet wurde.

[19] Z.B. im Falle der Frauen vom Gesinde und der Weber.

[20] Z.B. bei den LÚ.MEŠ.*asīrū*.

Aufschluß darüber, welche Vorgänge wirklich zusammengehören. Erhält eine Person z.B. zwei Waren in einem bestimmten Verhältnis, so dürfte dieses Verhältnis in der Sache selbst begründet sein. Diese Sache ist aber evtl. von der absoluten Menge unabhängig. Dies läßt sich paradigmatisch an der Tierfütterung aufzeigen: Die Waren werden den Tieren in einem bestimmten Verhältnis zugeteilt, die absoluten Mengen sind indessen von der Zahl der jeweils betroffenen Tiere abhängig. Damit können wir ähnliche Vorgänge verorten: Wenn die Verhältniszahl identisch ist, dann *könnte* derselbe Vorgang vorliegen, ist sie signifikant unterschiedlich, dann liegen andere Tatsachen zugrunde, die wir zu hinterfragen haben.

1.6. Die Grenzen der Untersuchung

Reichweite und Geltung der Untersuchung und ihrer Ergebnisse sind durch das Material gegeben:

Wir haben es mit einem Ausschnitt aus einem Palastarchiv zu tun. In erster Linie ist daher nur das festgehalten, was dem Palast bewahrenswert erschien. Die Möglichkeit kann nicht außer acht gelassen werden, daß viele Vorgänge nur nichtschriftlich memoriert wurden und damit für uns verloren sind. Dasselbe gilt für die ökonomischen Aspekte, die evtl. auf vergänglichem Material aufgeschrieben wurden. Mit anderen Worten: Die Analyse der Getreidelieferlisten erlaubt lediglich den Einblick in die innere Verwaltung dieses Palastes in den letzten 28 Monaten vor der Zerstörung der Stadt. Ältere Vorgänge und Vorgänge, die andere Wirtschaftsträger betreffen, sind nur gelegentlich angedeutet, soweit diese innere Palastverwaltung betroffen ist. Dies gilt namentlich für die Bereiche Tempel, "Harem", Armee, Privatsektor. Daher ist vor einer Verallgemeinerung zu warnen: Der Ausschnitt, über den wir begründete Aussagen treffen können, ist relativ begrenzt:

—Die Darstellung einer "Volkswirtschaft" Alalaḫs ist durch das Material nicht gedeckt.

—Die Übertragbarkeit auf andere Orte und Archive ist nicht von vornherein evident, sondern lediglich auf der Basis von Analogieschlüssen möglich. Bei diesen ist jeweils zu berücksichtigen, daß das *tertium comparationis* der Analogie darzustellen ist. Dies gilt ebenso von Unterschieden, welche eine Analogie nur in begrenztem Maße zulassen oder gar unmöglich machen:

• Der Palast von Alalaḫ stellt ein *Unterzentrum* in Nordsyrien dar. Die Verhältnisse in Aleppo mögen sich von denen in Alalaḫ trotz der räumlichen Nähe und zeitlichen Identität charakteristisch unterschieden haben, da dort ein *Oberzentrum* vorliegt, dessen Bedürfnisse anders gelegen haben könnten. Solche Differenzkriterien könnten vor allem durch internationalen diplomatischen Handel und Verkehr aufgetreten sein [21].

[21] Beachte auch, daß in Māri ein gleichartiges System von Getreidelieferlisten bislang noch nicht herausgearbeitet werden konnte.

• Die Analyse der Gesellschaftsformen der Schicht IV lehrt, daß die Struktur des Palastes und seiner Wirtschaftsbeziehungen offenbar anders war. Es ist daher unstatthaft, eine Kontinuität zu behaupten oder die Ergebnisse aus der Schicht VII in die nachaltbabylonische Zeit zu übertragen. Dies gilt selbstverständlich auch für andere Orte der nachaltbabylonischen Zeit.

—Hieraus ergibt sich eine weitere Beschränkung zwangsläufig: Die vorliegende Studie kann keine Wirtschaftsgeschichte im engeren Sinn bieten. Sie möchte allerdings einige Gesichtspunkte der Palastwirtschaft in Alalaḫ herausarbeiten, die dann als Vergleichspunkte für die Beschreibung der Wirtschaftsgeschichte dieses Phänomens—sei es synchron für das 16. Jhd. oder diachron für Nordsyrien—fruchtbar werden könnten.

—Auf eine weitere Beschränkung muß hingewiesen werden: Unsere Untersuchung verbleibt weitgehend im inneren Bereich des gewählten Korpus und ist so eher deskriptiv als theoriebildend orientiert. Eine wirtschaftlich-soziologisch Theoriebildung ist nicht intendiert. Insbesondere soll kein Beitrag zu einer übergreifenden ökonomischen Theorie geleistet werden [22], da dies nur das Ergebnis einer wirtschaftsgeschichtlichen Vergleichung der hier gewonnenen Ergebnisse in einem sehr viel breiteren Kontext sein kann, was hier offenkundig den Rahmen sprengen würde.

2. Die Normblöcke im einzelnen

2.1 Text 1,1-12 (Al T 243)

2.1.1. Text 1,1: 60 ⌜GIŠ.*pa-ri-si*⌝ ŠE.BA GÉME.MEŠ

a) Belege im Normblock

1,1: 60 ⌜GIŠ.*pa-ri-si*⌝ Š]E.BA GÉME.MEŠ
2,1f: 1 *šu-ši* 16 GIŠ.*pa-ri-si* GÌR *A-bi-a-ṭar* ŠE.BA MÍ.MEŠ LUGAL
3,1f: 70 *pa-ri-si* ŠE.A.AM ŠE.BA LÚ.MEŠ LUGAL
4,1f: 75 GIŠ.*pa-ri-si* ŠE.A.AM ŠE.BA MÍ.MEŠ.SAG.GÉME.ÌR.MEŠ
5,1f: 65$^{?}$ GIŠ.*pa-ri-si* ŠE.A.AM ŠE.BA MÍ.MEŠ.SAG.GÉME.ÌR.MEŠ
6,12: 1 *šu-ši* 2 ŠE ŠE.BA SAG.GÉME.ÌR.MEŠ
7,19: [*p*]*a-ri-si* ŠE.BA [
8,1: x *p*]*a* ŠE *a-na* MÍ.MEŠ-*t*[*im*
9,5: 65 *pa* ŠE ŠE.BA MÍ.MEŠ
11,1: 66 *pa-ri-si* ŠE.BA MÍ.MEŠ
12,1f: 1 *šu-ši* 5 *pa-ri-si* ŠE.A.AM ŠE.BA MÍ.MEŠ-*tim*
13,1f: 1 *šu-ši* 8 *pa* ŠE.A.AM ŠE.BA MÍ.MEŠ-*tim*
14,1f: 66 *pa-ri-si* ŠE.BA *a-na* MÍ.MEŠ.SAG.GÉME
15,4: 65 MÍ.MEŠ-*ti*
16,2: 54 ŠE.BA MÍ.MEŠ-*tim*
17,1: 57 *pa-ri-si* <ŠE> ŠE.BA MÍ.MEŠ

[22] Vgl. R. Kessler, EvTh 54, 420-422.

18,1: 1 *šu-ši* 6 *pa* [ŠE MÍ.MEŠ.SAG.GÉME]
19,2: 1 *šu-ši* 7 ŠE.BA MÍ.MEŠ L[UGAL]
20,9: 1 *šu-ši* 9 *pa-ri-si* ŠE.A.AM ŠE.BA SAG.GÉME.MEŠ
21,16f: 68 *pa-ri-si* ŠE ŠE.BA SAG.GÉME.MEŠ
22,1: 57 *pa-ri-si* ŠE *i-na* É.GAL
23,1: 1 *šu-ši* 7 *pa-ri-si* ŠE-*tù* ŠE.BA MÍ.MEŠ LUGAL
24,1: 66 *pa* ŠE *ip-ru* MÍ.MEŠ.SAG.GÉME
25,1: 1 *šu-ši* 4 *pa* ŠE *a-na* MÍ.MEŠ
26,1f: 1 *šu-ši* 4 *pa* ŠE.A.AM ŠE.BA MÍ.MEŠ LUGAL
27,10: x *pa* ŠE *a-n*]*a* MÍ.MEŠ LUGAL

Textanmerkungen:

3,1: Dies ist der einzige Beleg, wo die Empfänger durch ein männliches Äquivalent ausgedrückt sind. Angesichts der Tatsache, daß das Logogramm SAG.GÉME.(ÌR.)MEŠ, wie wir sehen werden, keine direkten Rückschlüsse auf das Geschlecht der Empfänger zuläßt, bleibt die Eigentümlichkeit gegenüber dem häufigeren MÍ.MEŠ erklärungsbedürftig. Am einfachsten nimmt man an, daß der Fehler beim Diktat entstanden ist, und zwar durch eine *aberratio oculi* des Diktierenden.

5,1: Die Lesung 65[?] stützt sich auf die Tatsache, daß den MÍ.MEŠ gewöhnlich ca. 65 pa Gerste zugeteilt werden. Gleichzeitig ist zu beachten, daß diese Ergänzung genau mit der Summe übereinstimmen würde. Nun ist letzteres für sich genommen natürlich kein beweiskräftiges Argument, da Summen nicht immer zuverlässig sind. Da allerdings die Einerstelle erhalten ist und das formkritische Argument zusätzlich in Anschlag zu bringen ist, scheint unsere Lesung ziemlich sicher.

7,19: Diese Zeile erinnert doch stark an einen der MÍ.MEŠ-Einträge. Allerdings besteht das Problem, daß wir es hier mit der Rückseite der Tafel zu tun haben. Entweder stand also der konstitutive Eintrag im nicht erhaltenen Teil der Vorderseite oder aber es handelt sich hier um einen Nachtrag. Da Zahl und genaue Formulierung ohnedies nicht erhalten sind, kommt dieser Frage nicht viel Gewicht zu.

22,1: Hier ist der Eintrag MÍ.MEŠ durch *i-na* É.GAL ersetzt [23]. Da es aber offenbar um dieselbe Art von Transaktion geht, ist der Eintrag nicht nur heranzuziehen, sondern sogar außerordentlich wichtig für die Interpretation.

24,1: Anstatt des stereotypen ŠE.BA steht hier *ipru*, eine indirekte Gleichung [24], die offenbar auch in Alalaḫ Gültigkeit hatte. Zu vergleichen ist auch ugar. *ḥpr*, welches in Ugarit von ŠÀ.GAL = *drt* unterschieden wurde: "Wenn es sich bei *ḥpr* (= akkadisch *ipru* = sumerisch š e . b a) ursprünglich auch um das Wort für 'Gerstenration' handelte, so hat es verallgemeinernd doch die Bedeutung 'Ration' angenommen, und die zugeteilte Gegreideart <sic!> spricht es

[23] Vgl. oben Kap. IV,2.2.2 *sub* d.

[24] R. Borger, ABZ, Nr. 367, vgl. AHw 385.

nicht mehr an". [25] Hier handelt es sich indessen um eine Gerstenlieferung, die Fülle der Belege für ZÍZ ŠE.BA LUGAL zeigt, daß das obige Zitat bereits für die spätaltbabylonische Zeit Gültigkeit hat, wenngleich in diesem Fall das Logogramm vermutlich im Zusammenhang mit ITI als *warḫīšu* gelesen wurde [26].

b) Vorkommen von Frauengruppen in den Getreidelieferlisten, jedoch außerhalb der Normblöcke: [27]

6,17f: 18 ŠE.BA MÍ.MEŠ *ša* DA LUGAL GÌR *A-ri-ia*

Da es sich um einen Eintrag handelt, der auf einer Tafel mit Normblock, jedoch außerhalb des Normblocks steht, dürfte hier eine Sonderzahlung außerhalb der regelmäßigen Monatslieferung anzusetzen sein. Auffällig ist, daß zwischen MÍ.MEŠ *ša* DA LUGAL und SAG.GÉME.ÌR.MEŠ (Z.12) unterschieden wird, das Wort ŠE.BA nicht vorkommt und ein direkter Empfänger genannt ist. Dieser Eintrag wird uns unten (Kap. V,2.1.2; 2.6.1) noch beschäftigen.

35,7: 7 GÌR *We-ri-tal-ma a-na* MÍ.MEŠ (*pa* ZÍZ)

Diese Frauengruppe ist wohl nicht mit der im Normblock vorfindlichen identisch, da hier nicht ŠE, sondern ZÍZ verteilt wird. Wahrscheinlicher dürfte die unten (S. 291) zu 48,10 geäußerte Annahme sein, daß es sich hier um einen Besuch des Königs von Aleppo handelt, zu dessen Troß auch Frauen gehörten, die von der Staatskasse zu versorgen waren.

47,9.22: 54 *pa-ri-si*[; 65 ŠE.BA [

Die beiden (ergänzten) Stellen dienen als Übertragszeilen dazu, die jeweiligen Blöcke den zugehörigen Monaten zuzuordnen.

67,1: 1 *me* 30 *pa-ri-si* ŠE *a-na* ⌜MÍ.MEŠ⌝ !? LUGAL

Hier dürfte MÍ.MEŠ gestanden haben, doch ist dies keineswegs sicher, so daß keine weiteren Folgerungen zulässig sind, zumal auch die Zahl sehr hoch ist.

69,1f: 15 *pa* ŠE.A.AM ŠE.BA MÍ.MEŠ *ša* DA LUGAL

Dieser Eintrag erinnert stark an 6,17f. Die dort benannten Probleme sind auch hier vorhanden. Gleichzeitig zeigt 69,1 als erste Zeile eines nichtnormierten Blockes, daß in 6,17 ebenfalls eine Ausgabe außerhalb der Regellieferungen zu vermuten ist.

93,10:] GÉME.MEŠ—

Die Angabe ist zu zerstört, um weitere Folgerungen zuzulassen. Offensichtlich steht in der nächsten Zeile ÌR.MEŠ, doch kann nicht sicher gesagt werden, welche Funktion die beiden Menschengruppen in diesem

---

[25] M. Dietrich/O. Loretz, UF 23, 81; vgl. für Ebla L. Milano, StStA 13, 67f.

[26] S.o. Kap. IV,2.4.3.

[27] Hier wird von den *mušēniqtātu* abgesehen, da diese in eine andere Gliedgattung als den Normblock gehören und schon durch ihre Funktionsbezeichnung, die Art und die Menge des empfangenen Getreides von der hier vorliegenden Frauengruppe abgehoben sind.

Text haben. Dies gilt umso mehr, als nicht einmal sicher angenommen werden kann, daß es sich um eine Getreidelieferliste handelt. Der Beleg wird daher im folgenden nicht mehr ausgewertet.

c) Belege außerhalb der Getreidelieferlisten
Wo außerhalb der Getreidelieferlisten Frauen belegt sind, geschieht dies individuell, v.a. durch Namensnennung. Es ist daher nicht von vornherein auszuschließen, daß einzelne weibliche Personen der uns interessierenden Gruppe auch in anderen Texten vorkommen. Andererseits ist die Gruppe als solche nicht weiter belegt, woraus wir folgern dürfen, daß sie als Gruppe für den Palast nur in ihrer Relation [28] als regelmäßige Empfängergruppe von Belang war.

d) Interpretation
Wir haben nun diese Regellieferungen als wirtschaftlichen Vorgang näher zu beschreiben. Hierzu dient die Analyse des Empfängerkreises, der jeweilige Empfang sowie die soziologische Einordnung der betroffenen Frauen. Wir beginnen auf der Ausdrucksseite mit den verschiedenen Schreibweisen, die für die Empfängerinnen verwendet werden.

—*Empfängerkreis* [29]
MÍ.MEŠ (9,5 - 11,1 - 17,1 - 25,1)
MÍ.MEŠ-*ti* (15,4)
MÍ.MEŠ-*tim* (8,1 - 12,1f - 13,1 - 16,2)
MÍ.MEŠ LUGAL (2,1f - 19,2 - 23,1 - 26,1f - 27,1)
MÍ.MEŠ.SAG.GÉME (14,1f - 24,1)
MÍ.MEŠ.SAG.GÉME.ÌR.MEŠ (4,1f - 5,1f)
GÉME.MEŠ (1,1)
SAG.GÉME.MEŠ (20,9 - 21,16f)
SAG.GÉME.ÌR.MEŠ (6,12)
LÚ.MEŠ LUGAL (3,1f)
É.GAL (22,1)
fehlend: (7,19 - 18,1, sowie Text 10)

Die erste Durchsicht läßt folgende Beobachtungen zu:
• Es sind oftmals Paare gebildet (4,1f + 5,1f; 12,1f + 13,1; 20,9 + 21,16; 26,1f + 27,1, evtl. auch 2,1f + 3,1f, sehr ähnlich 15,4f + 16,2). Dies könnte darauf zurückzuführen sein, daß die Listen nicht jeden Monat, sondern nur zweimonatlich zusammengestellt wurden. In jedem Fall waren dann vermutlich der Schreiber und/oder der Diktierende identisch.

---

[28] Der Begriff der Relation bezeichnet hier die Gesamtheit aller zum Komplex "Empfänger in Getreidelieferlisten" gehörigen Aspekte, also neben Empfangsmenge usw. auch Art und Umfang des Dienstverhältnisses etc.
[29] Vgl. H. Klengel, OLA 6, 444.

• In 21 von erhaltenen 23 Belegen ist ein "weibliches Element" (MÍ oder GÉME) vorhanden, in 18 dieser 21 Belege ist dieses weibliche Element nicht durch das "männliche Element" ÌR parallelisiert. Ein ausschließlich männliches Element finden wir nur in 3,1f (LÚ.MEŠ LUGAL); in 22,1 wird die Bestimmung des Empfängerkreises ersetzt durch die geschlechtsneutrale Direktionalangabe *ina* É.GAL.
• Mit Ausnahme der letztgenannten Stelle weisen alle Belege ein Pluralzeichen MEŠ auf, das heißt, daß der Empfängerkreis eine Personenmehrheit darstellt, innerhalb derer nicht weiter differenziert wird. Wir dürfen hieraus nicht den Schluß ziehen, daß eine solche Differenzierung nicht vorhanden gewesen sein kann, allerdings war sie für die Ausgabestelle offenbar nicht distinktiv.
• Die Annahme, daß "der Palast" (É.GAL) das Ziel der Auslieferung für alle diese Regelzahlungen darstellt, wird neben der Tatsache, daß es sich um ein Palastarchiv handelt und schon deswegen die Empfängerinnen von Lieferungen in irgendeiner Weise mit dem Palast zu tun haben, dadurch unterstützt, daß "der König" (LUGAL) sechsmal (2,1f - 3,1f - 19,2 - 23,1 - 26,1f - 27,1) explizit genannt wird. M.a.W. die Ausgabe (ZI.GA), die durch die Palastwirtschaft vorgenommen wurde, geht wiederum an den Palast, dient also wahrscheinlich eher der Binnenwirtschaft als der Produktion. Daraus läßt sich nun—ebenso wie bei den ŠE.BA LUGAL-Blöcken—aber der Schluß ziehen, daß mit É.GAL nicht die "Palastwirtschaft" im umfassenden Sinne gemeint ist [30], sondern eher der Palast als "engere Wirtschaftseinheit", *cum grano salis* als "Gebäude" [31].
• Auffällig ist, daß das phonetische Komplement, das an das Logogramm MÍ.MEŠ angeschlossen wird, nicht einheitlich ist: Gegenüber dem hier zu erwartenden akkadographischen *-tim* als Komplement am Genitiv/Obliquus fem. Plural (4x), finden wir in 15,4 *-ti*. Wir sehen also erneut, daß die Mimation bereits schwach geworden ist und graphisch entfallen kann bzw. nicht mehr der lebenden Sprache angehört und nur noch quasi als Akkadogramm geschrieben wird. Als Nebenbemerkung darf gesagt werden, daß die Verwendung der Komplemente keinen zwingenden Schluß über den Numerus zuläßt, die Formen könnten ebensogut auch singularisch sein [32]. Wir werden über die exakte Lesung noch nachzudenken haben.
• In acht Fällen weist das Logogramm ein Element GÉME oder ÌR auf. Bezeichnet man das LUGAL der oben genannten Einträge als Angabe des Besit-

---

[30] Diese müßte sowohl die erwähnten Produktionseinheiten umfassen als auch alle anderen internen und internationalen Wirtschaftsbeziehungen, in denen der Palast stand, wie zum Beispiel den Fernhandel, das Militärwesen ...

[31] Vgl. hierzu die Bemerkungen von H. Klengel, OLA 6, 444 und G. Bunnens, BAfO 19, 74. Letzterer interpretiert die Zahlungen so, daß die Lieferung aus dem weiteren Bereich der allgemeinen Palastwirtschaft übergegangen seien in den engeren der "résidence royale".

[32] Diese Bemerkung mag auf den ersten Blick überraschen, da das Komplement ja jeweils nach dem MEŠ-Zeichen steht; wir werden jedoch unten sehen, daß durch MÍ.MEŠ auch ein kollektiver Singular ausgedrückt werden kann.

zers im Herr-Sklavin-Verhältnis, so wären es sogar 14 Belege, doch wäre es sicherlich übertrieben, hieraus irgendwelche Schlüsse zu ziehen, da dieses Element nur in 1,1 absolut vorkommt und zweitens die graphische Verwendung von GÉME bzw. ÌR nicht zwangsläufig auf Sklaverei [33] im engeren Wortsinn schließen läßt [34].

• In einem Fall (2,1f) ist der direkte Empfänger der Lieferung bekannt. Es handelt sich um einen gewissen Abiaṭar, der sonst nicht weiter belegt ist. Wir dürfen ihn wohl als die Person bestimmen, welche das Getreide zur Weiterverteilung an die Letztverbraucherinnen entgegennimmt. Wahrscheinlich handelt es sich immer um dieselbe Person, so daß die Nennung im Grunde redundant war und hier nur zufällig erfolgt.

—*Empfang* [35]

1,1: 60 *pa*; **2,1f:** 76 *pa*; **3,1f:** 70 *pa*; **4,1f:** 75 *pa*; **5,1f:** 65[?] *pa*; **6,12:** 62; **7,19:** x; **8,1:** x; **9,5:** 65 *pa*; **11,1:** 66 *pa*; **12,1f:** 65 *pa*; **13,1f:** 68 *pa*; **14,1f:** 66 *pa*; **15,4:** 65 *pa*; **16,2:** 54 *pa*; **17,1:** 57 *pa*; **18,1:** 66 *pa*; **19,2:** 67 *pa*; **20,9:** 69 *pa*; **21,16f:** 68 *pa*; **22,1:** 57 *pa*; **23,1:** 67 *pa*; **24,1:** 66 *pa* ŠE; **25,1:** 64 *pa*; **26,1f:** 64 *pa*; **27,10:** x *pa*

Wir stellen also fest, daß die Ausgabemenge sich in sehr engen Grenzen beläuft. Die durchschnittliche Ausgabemenge beträgt 65,30 *pa*, der niedrigste (54 *pa*) und der höchste Wert (76 *pa*) sind jeweils ca. 11 *pa* (~ 17%) von diesem Mittel entfernt. Betrachten wir nun die Verteilung, so ist festzustellen, daß zwölf von 23 Einträgen sich auf 64 bis 67 *pa* [36] belaufen, sechs Einträge liegen oberhalb dieser Grenzen, fünf Einträge darunter, so daß sich insgesamt [37] ein sehr regelmäßiges Bild ergibt. Die einzigen "Ausreißer" sind dabei 2,1; 3,1 und 4,1, die deutlich nach oben abweichen, sowie 16,2; 17,1 und 22,1 als die Einträge, die unter 60 *pa* liegen.

---

[33] Vgl. dazu die in Kap. I,3 besprochenen Arbeiten von H. Klengel, AcAnt 11 und I. Mendelsohn, IEJ 5. Eine theoretische Diskussion über das Wesen der Sklaverei insgesamt kann hier nicht geführt werden, vgl. insgesamt die Monographie von O. Patterson.

[34] Vgl. im Briefformular die Selbstbezeichnung des Absenders, der sich dem höhergestellten Empfänger gegenüber aus Höflichkeit als ÌR/GÉME-*ka*/*ki* zu bezeichnen hat.

[35] Die Reihenfolge der Zahlen richtet sich nach der Reihenfolge der Belege. War diese bei D.J. Wiseman, Al T mehr oder weniger zufällig, da sie sich lediglich nach eventuell vorhandenen Monatsangaben ohne Berücksichtigung der Jahre richtete, so können wir nun über die reine Statistik hinaus auch weitergehende Folgerungen ziehen.

[36] Diese Abgrenzung wurde so vorgenommen, daß vom Mittelwert je 1 *pa* addiert bzw. subtrahiert wurde und das Intervall [64,30; 66,30] in der jeweiligen Richtung auf Ganzzahlen erweitert wurde zum Intervall [64; 67].

[37] Die Standardabweichung beträgt auf der Basis *n* 4,84, auf der Basis *n-1* 4,98.

Dabei fällt direkt auf, daß die Spitzenwerte in drei Monaten nebeneinander liegen, von den Minima indessen mindestens zwei in aufeinanderfolgenden Monaten. Eine sichere Verteilung im Sinne einer z.B. jahreszeitlichen Ratio läßt sich indessen nicht ausmachen: Der höchste belegte Wert liegt im Monat November, der niedrigste im Januar. Dessen ungeachtet zeigt das Diagramm im Anhang F, daß in den Monaten Aštabi bis Utitḫi des Jahres B eine relativ konstante Ausgabe erfolgt. Dasselbe gilt für den Zeitraum Šamena II C bis Pagri C. Auf die Extremwerte im Winter des Jahres A (Maximum) und im Winter des Jahres B (Minimum) war bereits hingewiesen worden. Die Ausgabemengen des Ḫiari B und des Šamena C stören ferner eine ansonsten stetig erst ansteigende und dann wieder fallende Kurve, die ansonsten über fast ein ganzes Jahr hinweg (Balaʿe B - Pagri C) festzustellen wäre.
Dieser Befund von regelmäßigen und unregelmäßigen Zahlen ist in wirtschaftsgeschichtlicher Hinsicht doch wohl so zu interpretieren, daß die in Frage stehende Frauengruppe einerseits als relativ konstanter Faktor in der Palastwirtschaft über den zu betrachtenden Zeitraum anzusehen ist. Andererseits muß ein Kriterium gefunden werden, das die Schwankungen erklärt. Da eine saisonale Verteilung ausscheidet, dürfte dies in einer unterschiedlichen Personaldichte zu suchen sein: Der Palast beschäftigte stets nur so viele Personen, wie zu einem gegebenen Zeitpunkt erforderlich waren. Überschüssige Arbeitskräfte wurden nicht angestellt, da man sie hätte versorgen müssen, ohne eine Gegenleistung zu erhalten.
Dies läßt bereits hier verschiedene Folgerungen zu: Der Palast verfügte über ein gewisses Reservoir an Arbeitskräften, aus dem er nach Belieben schöpfen konnte oder eben nicht. Dies schließt allerdings die Annahme von Sklaverei im engeren Sinn aus: Sklaven [38] sind *per definitionem* dauerhaft anwesend, da sie im Eigentum des Herrn stehen [39]. Sie können nicht nach Belieben angefordert werden. Demgegenüber müssen sie auch dauerhaft versorgt werden. Ein derartiges Anstellungsverhältnis wäre höchstens für einen Grundsockel an Arbeitskräften sinnvoll gewesen, der ständig gebraucht wurde. Andererseits fehlt uns für eine derartige Differenzierung jeder Anhaltspunkt, da die betreffende Arbeitsgruppe eben als Einheit geschildert wird.

Wir wenden uns nun dem Text 40.01 zu. Hier sind ausschließlich Namen von Frauen aufgelistet, wobei allerdings über deren Funktion keine Aussage getroffen wird. Ebensowenig erfahren wir den Grund, aus dem diese Liste aufgestellt wurde.

---

[38] Gemeint ist hier Sklaverei im Sinne von engl. "chattle slavery". Vgl. zu den Begriffen I.J. Gelb, UF 11, 284f.

[39] Es fehlt jeder Hinweis darauf, daß die Frauen vom Gesinde auswärts tätig gewesen wären, wie dies z.B. in den Texten aus Pylos ab und an vorkommt, vgl. J.A. Lencman, Sklaverei, 157-160.

Wir möchten daher annehmen, daß hier eine Liste der Frauen vorliegt, die regelmäßige Monatslieferungen erhalten. Diese Hypothese setzt allerdings voraus, daß wir uns über einige Punkte vorab verständigen, die diese Tafel betreffen:

• Es muß vorausgesetzt werden, daß 40.01 eine altbabylonische Tafel darstellt. Dies ist von D.J. Wiseman offenbar angenommen worden [40]. H. Klengel [41] nennt Al T 178 nicht unter den Texten, denen der Stern hinzugefügt werden sollte, allerdings gibt er nur einen summarischen Überblick, so daß nicht deutlich wird, ob er den Text für mittelbabylonisch hält oder ob es sich lediglich um ein Versehen handelt. Ein Argument, das sich für die Spätdatierung anführen ließe, mag in der Verwendung des Determinativs ^{mf} statt ^{f} vor den Frauennamen liegen [42], doch kann dies kein Kriterium für die Schichtenzugehörigkeit sein. Jedenfalls zeigt 22.12,7, daß auch in altbabylonischer Zeit das Determinativ ^{mf} verwendet werden konnte.
• Die Personennamen, die auf der Tafel vorhanden sind, fallen nicht aus dem Rahmen des für die altbabylonische Zeit zu Erwartenden. Zwar sind nur sehr wenige Namen anderweitig im Archiv belegt, doch ist dies eher so zu erklären, daß die Frauen, die sonst erwähnt sind, Individuen sind, die kaum auf einer Sammeltafel vorkommen.
• Auf der Tafel, so wie sie heute erhalten ist, sind genau 65 weibliche Personennamen belegt. Dies würde mit der Tatsache koinzidieren, daß einzelne Personen üblicherweise eine Einheit von 1 *pa* Gerste pro Monat entgegennehmen [43]. Allerdings läßt sich nicht genau sagen, wieviel von der Tafel fehlt, wobei die Form der Tafel andeutet, daß der Fehlbestand nicht allzugroß sein kann. Damit liegt die Annahme nahe, daß diese 65+x Frauen den weiblichen Personalbestand des Palastes darstellen. Wir könnten den Text in diesem Fall sogar innerhalb des Archivs datieren. Da es sich hier und mit Tafel 40.02 um die einzigen altbabylonischen Texte dieser Art handelt [44], ist zu folgern, daß bei größeren Verände-

---

[40] Im Katalog (D.J. Wiseman, Al T, 71) fehlt zwar der Stern, der das altbabylonische Material kennzeichnet, doch sind die Personennamen im Index jeweils mit dem Stern versehen.

[41] 41 H. Klengel, History, 44 Anm. 20.

[42] 42 Vgl. die Diskussion von G. Giacumakis, 25 mit D.J. Wiseman, Al T, 20.

[43] Siehe dazu oben Kap. IV,5.3.

[44] E.M. von Dassow, 91 Anm. 15 nennt für 40.02 (Al T 176) den Fundort als Kriterium für altbabylonische Herkunft. Dies ist jedoch keine hinreichende Bedingung, da (vgl. D.J. Wiseman, Al T, 122) auch der direkt darüberstehende Text fehlerhaft aufgenommen wurde. Einziges Gegenargument ist der PN Eḫlup-šarri (Al T 40.01,5), der mittelbabylonisch (vgl. D.J. Wiseman, Al T, 133, wo die Belege für Al T 176 offenbar nicht eingearbeitet sind), nicht aber altbabylonisch belegt ist. Demgegenüber wäre die Schreibung *-a-du* für das theophore Element an Personennamen mB außerordentlich selten. Aus den Zeichenformen läßt sich kein weiteres Argument gewinnen. Am wahrscheinlichsten ist daher die Annahme, daß wir es hier mit einer Liste männlicher Arbeitskräfte zu tun

rungen im Personalbestand die "veralteten" Tafeln entfernt wurden. Das hieße dann aber, daß die Tafel eine Momentaufnahme des oben erwähnten Personalreservoirs darstellt, aus dem der Palast gegen Ende der Schicht Alalaḫ VII den jeweiligen Bedarf an weiblichen Arbeitskräften deckte [45].

Die Tatsache, daß nur zwei [46] der 65 Personennamen in den Getreidelieferlisten direkt belegt sind— *Pu-ú-zi* (40.01,23; hier: 26,4 u.ö.) sowie Ḫepatumara (40.01,14.19, hier: 14,4 u.ö.)—spricht eher für als gegen unsere Annahme: Die Personennamen sind offenbar relativ häufig und wir werden sehen, daß diese beiden Frauen besondere Aufgaben erfüllen. Ferner gelten die Frauen, die in den Normblöcken beliefert werden, der Ausgabestelle offenbar als Gesamtgruppe, innerhalb der die einzelnen Personen als Individuen nicht von Bedeutung sind. Daher ist die Erwähnung einzelner Namen von vornherein unwahrscheinlich. Die beiden genannten Frauen sind an den jeweiligen Stellen daher gerade nicht Mitglieder der Gruppe. Pūzi erhält in 26,4 auch keine Normallieferung, sondern die überraschend hohe Menge von 24 *pa* und wird zudem noch als MÍ.NAR näherbestimmt, m.a.W.: Entweder handelt es sich nicht um dieselbe Person, oder diese Frau erhielt aus uns nicht durchsichtigen Gründen eine einmalige Sonderzuwendung. Beide Personen stehen aber in Text 14 und Text 30 nebeneinander, und erhalten im letztgenannten Text jeweils Jahreslieferungen, so daß es sich wiederum entweder um verschiedene Menschen handelt oder eine auswärtige Tätigkeit im Hintergrund steht. Die Frage muß uns noch beschäftigen.

—Soziologische Einordnung

Wir sollten uns nun fragen, ob und inwieweit der Empfängerkreis noch nach seiner Funktion und der sozialen Stellung eingegrenzt werden kann. Dabei dürfen wir nach den vorangegangenen Überlegungen voraussetzen, daß alle Belege trotz der unterschiedlichen Formulierung auf dasselbe Empfängerkollektiv abzielen, das jedoch im konkreten Einzelfall unterschiedlich gefüllt sein kann. Zum Logogramm in der Formulierung ist folgende Vorüberlegung anzustellen: Da sowohl MÍ.MEŠ als auch MÍ.MEŠ.SAG.GÉME(.ÌR).MEŠ als auch Variationen beider belegt sind, dürfen wir die Formulierung MÍ.MEŠ.SAG.GÉME.ÌR.MEŠ zum "Volleintrag" erklären und behaupten, die anderen orthographischen Realisierungen seien Abkürzungen und Varianten hiervon, die bald den weiblichen, bald den servilen Aspekt der Empfängerinnen in den Vordergrund stellen, ohne daß hierfür eine Ratio oder inhaltliche Bedeutungsverschiebung erkennbar wäre. Die konkrete phonetische Realisierung aller

---

haben, die der von 40.01 symmetrisch ist, zumal die Personennamen mit einem Personenkeil präfigiert sind.

[45] Die Zahl weiblichen Personals ist vergleichsweise gering gegenüber den für Ebla vermuteten etwa 1500 weiblichen Bediensteten, vgl. L. Milano, StStA 13, 86.

[46] Vgl. aber Ariyan (40.01,4) mit dem männlichen PN Ariya (6,18 u.ö.) und Binineri (40.01,11) mit Binaya (78,13).

dieser Varianten dürfte identisch sein, da sie den *terminus technicus* für den Personenkreis darstellt: Einem identischen Vorgang des Wirtschaftslebens entspricht eine eindeutige Benennung des betroffenen Empfängers. Dies gilt allerdings nur für die Einträge mit dem Element SAG. Die anderen Formulierungen, die fast ausnahmslos von MÍ.MEŠ und Varianten [47] bzw. GÉME.MEŠ sprechen, weichen hiervon ab. Hier ist anzunehmen, daß anstelle des offiziellen Terminus durch eine Formulierung wie "die Frauen", die "Untergebenen" [48] etc. der Personenkreis, über dessen Identität wohl ohnedies kein Zweifel bestand, hinreichend deutlich charakterisiert war. Dies wird gestützt durch die alternative Formulierung *i-na* É.GAL (22,1): Hier wird anstelle des Empfängerkreises die örtliche Zielrichtung der Lieferung angegeben, die als Äquivalent für die Nennung der Empfängerinnen gelten durfte. Hieraus ergibt sich mit hoher Wahrscheinlichkeit, daß es sich um Frauen handelt, die im Palast selbst ihre Tätigkeit verrichteten und dort auch eingesetzt waren.

Haben wir damit ein wichtiges Element der Einordnung gewonnen, bleibt nun die Frage, welche Art von Arbeitsleistung die Empfängerinnen im Palast zu erbringen hatten.

Nun ist für SAG.GÉME.ÌR.MEŠ die Lesung *kinattūtu* [49] bezeugt. Gemeint wären also in der Vollform MÍ.MEŠ.SAG.GÉME.ÌR.MEŠ die "weiblichen Mitglieder des Gesindes". Deren Funktion dürfte weniger in der Produktion zu sehen sein als vielmehr in der Erfüllung der alltäglichen, im Palast und seinem näheren Umfeld anfallenden häuslichen Arbeiten. Neben dem *argumentum ex silentio*, daß solche Arbeiten ja getan werden mußten und kein Nachweis darüber geführt werden kann, wer für deren Ausführung sonst in Frage kommen könnte, spricht hierfür noch die Beobachtung, daß ein Einsatz dieser Frauen im produzierenden Sektor wohl zwangsläufig eine Arbeitsteilung zur Folge gehabt

---

[47] Im Obliquus Plural wohl *sinnišāti(m)* zu lesen. Eine Deutung *aššatu* "Frau" (vgl. ugar. *aṯt*) anstatt "Ehefrau" ist mir auch im Westen nicht belegbar, vgl. J.C. de Moor, AOAT 16, 1971, 74 (zu KTU 1.3 I 14): *aṯt* ist "actually not woman, but married woman".

[48] Diese Übersetzung von GÉME.MEŠ anstatt des üblichen "Sklavinnen" möchte noch einmal deutlich machen, daß hier nicht vorschnell von Sklaverei im engeren Wortsinn gesprochen werden darf. M.E. handelt es sich sich eher um eine weitere Abkürzung für den Volleintrag SAG.GÉME.ÌR.MEŠ.

[49] AHw 480a, wo unter *kinattūtu* "Gesinde" die Gleichung s a g . g é m e . m e š = *kinnattūtu* (CT 19,18 IV 4) zitiert wird. Vgl. ferner Chr. Rüster/E. Neu, HZL, Nr. 192, S. 184: SAG.GÉME.ÌR.MEŠ "Gesinde". Vgl. auch *aštapīru* für s a g . g é m e . ì r (AHw 85a) und dazu v.a. die Auflistung in CAD A/2 473f mit der Zusammenfassung: "While the term is used in Mesopotamia to refer to slaves (male and female) the references from OA, OB Alalakh and Bogh. indicate its use for personnel, servants, retinue of a ruler or official". Als hurritisches Fremdwort deutet E.A. Speiser, JAOS 73, 136 den Begriff. Diese Vermutung wird von A. Draffkorn, 97 wie folgt präzisiert: "If *aštapīru* is actually H.<urrian> for 'female and male slave', equalling SAG.GEME.ÌR, then *pir* could be H. for 'servant'".

hätte [50], die sich in den Getreidelieferlisten durch Berufsangaben hätte niederschlagen müssen —ebenso wie viele Männer durch Berufsangabe gekennzeichnet sind.
In diesem Zusammenhang ist von Interesse, daß dieselbe Beobachtung auch für Frauen gilt, die über die allgemeine Funktion, "zum Palastpersonal zu gehören", hinaus in speziellen Arbeitsgebieten tätig sind [51]. Durch diese Deutung wird gleichzeitig die stereotype Verwendung von MÍ.MEŠ trotz des ab und an vorkommenden GÉME.ÌR zwanglos erklärt:
Frauen werden hauptsächlich im "Innendienst" eingesetzt, da nach dem Verständnis der damaligen Zeit dies ihr natürlicher Arbeitsplatz war—*vice versa* formuliert, für Arbeiten im Haushalt wird in der Regel weibliche Arbeitskraft benötigt [52], da wohl niemandem der Gedanke gekommen wäre, hierfür einen männlichen Angestellten einzusetzen [53].

Die Frage nach der sozialen Stellung dieser Frauen und damit die nach den Bedingungen ihrer Rekrutierung läßt sich nicht ohne weiteres beantworten. Sicherlich ist sie nicht allzuhoch anzusetzen, da diese Frauen stets als einheitliche Masse angesehen werden. Selbst wenn Text 40.01 eine Namenliste genau dieser Personen darstellt, bleibt diese Vermutung gültig, da hier lediglich die Namen ohne weitere Zuordnung aneinander gereiht werden und vor allem ohne Filiation oder Angabe der Ehemänner, d.h. diese Frauen werden nicht in ihren sozialen Bezügen als Individuen gesehen, sondern es wird lediglich ihre Zugehörigkeit zum Palastpersonal festgehalten.
Ferner sahen wir, daß die Frauen monatsweise je nach Bedarf aus dem Arbeitsreservoir abgerufen werden konnten. Dies bedeutet, daß sie in ihrem Umfeld auf Abruf bereit stehen mußten und nicht in jedem Monat auf die Versorgung durch den Palast rechnen durften, so daß offenbar die Existenz einer Palastangestellten in hohem Maße von Unsicherheit belastet war.
Weitere Einblicke in die Lebensumstände einer solchen Frau sind uns aufgrund der fehlenden Individualisierung verwehrt, insbesondere läßt sich nicht angeben, inwieweit die Palastangehörigen durch eine Familie abgesichert waren und welche Belastungen ggfs. für die Familie durch die auswärtige Tätigkeit entstanden [54].

---

[50] Vgl. hierzu das mykenische Material, z.B J.A. Lencman, Sklaverei, 160: "Die Frauenabteilungen sind nach Produktionskategorien aufgestellt".

[51] Z.B. als MÍ.UŠ.BAR oder MÍ.NAR, im häuslichen Bereich als MÍ.*mu-še-ni-iq-tum*.

[52] Vgl. die analoge Verteilung der Arbeit auf die Geschlechter in der Oikoswirtschaft der homerischen Epen und dazu G. Wickert-Micknat, Unfreiheit, 150-153 und dies., ArchHom III/R, 38-80 (passim).

[53] Auch von hierher wird die Annahme gestützt, in 3,1 einen Schreibfehler anzunehmen.

[54] So wüßte man z.B. gerne, ob die "Frauen vom Gesinde" während ihrer Dienstzeit permanent im Palast anwesend waren oder neben diesem Sektor auch privatwirtschaftlich z.B. in der eigenen Familie aktiv werden konnten.

Nun haben wir im Archiv von Alalaḫ allerdings e i n e n Fall, der uns weitere Folgerungen erlaubt: Es handelt sich um den Text 24.01 (Al T 65), der um seiner Bedeutung willen hier in seinen wesentlichen Ausschnitten mitgeteilt werden muß:

24.01 (Al T 65) [55]

1) 33 1/3 GÍN KÙ.BABBAR	1) 33 1/3 Šeqel Silber
2) UGU ^{mf}*Ú-tal-ia*	2) zu Lasten von Utalya.
3) *a-na ki-in-na-tu-tim*	3) Zum Gesinde hat
4) ^{mf}*Su-mu-un-na-bi*	4) Sumunnabi (sie)
5) *i-ša-am*	5) gekauft.
6) *i-na an-da-ra-ri-im*	6) In die Freistellung
7) *ú-ul i-na-an-da-ar*	7) wird sie nicht frei ausgehen.
8-12) Zeugenliste	
13-15) Datierung	

Bemerkungen:
Z. 2: Das Zeichen RI kann bekanntlich *ri* und *tal* gelesen werden. Hier dürfte nach Analogie von KTU 4.348:14 (*utly*) eher *tal* zu lesen sein.

Zur Verwendung des UGU als eines feststehenden Begriffs der Schuldterminologie vgl. Vf., UF 23, 409.

Z. 3: *ana* hat hier die Funktion der Angabe eines Rechtstitels, vgl. *ana mazzazzān(ūt)im* und dazu Vf., UF 24, 447f.

Die Doppeltschreibung des *n* bei *kinnatūtim* bedarf der Erklärung. Da hier nicht mit der Längenwippe argumentiert werden kann, dürfte die Annahme eines Nebentones auf der ersten Silbe (vgl. GAG §38j) das Richtige treffen.

Z. 6: Eine Nebenform des sonst üblichen *andurāru* [56]. Die Summe der Belege spricht gegen das von M.Dietrich/O. Loretz [57] angenommene "Schuldenerlaß", zumal ein solches, dem alttestamentlichen Jobeljahr vergleichbares, Schuldenerlaßedikt in Alalaḫ nicht belegt und zudem wenig wahrscheinlich ist - warum sollte der Regent als der Hauptgläubiger sich seiner Rechte freiwillig berauben? [58] Wahrscheinlicher ist, daß hier die Einordnung der Schuldnerin in eine

---

[55] Bearbeitungen von H. Klengel, AcAnt 11, 10; B. Kienast, WO 11, 62f.; Übersetzung bei M. Dietrich/O. Loretz, TUAT I/3, 213.

[56] Vgl. AHw 50f; CAD A/2 115-117 mit D 109; F.R. Kraus, SD XI; M. Dietrich, AOAT 232; D. Charpin, MARI 6; B. Lion, NABU 1997; E. Otto, RA 92.

[57] M. Dietrich/O. Loretz, TUAT I/3, 213.

[58] Vgl. N.P. Lemche, JNES 38.

bestimmte soziale Klasse gemeint ist, die dem ugarit. *ʿbdʿlm* (KTU 1.14 II 2 u.ö.) entspricht.

Z. 7: Eine eigentümlliche Bildung: Deutlich ist, daß die Form vom üblichen *iddarrar* unterschieden ist: "This form seems to be treated as if it were a *prima nun* verb" [59]. Offenbar ist indessen die Wurzel virtuell identisch mit der von *andurarum*, zumal hier mit dem auch sonst im Rechts- und Wirtschaftsleben beliebten Stilmittel der *figura etymologia* zu rechnen ist [60]. Man erinnere sich in diesem Zusammenhang daran, daß der N-Stamm von *verba mediae geminatae* bisweilen ungewöhnliche Bildungen aufweist, vgl. GAG §101g, wozu hier noch eine weitere Besonderheit hinzuzukommen scheint.
Inhaltlich wird die Formulierung so zu verstehen sein, daß das neue Rechtsverhältnis (Utalya als Angehörige des Gesindes der Sumunnabi) auf Dauer angelegt ist: Sumunnabi bezahlt die Schuld, und als Gegenleistung gehört Utalya zukünftig zum Gesinde der Sumunnabi. Die Schuldnerin wird "in die Freistellung nicht frei ausgehen". Insbesondere kann letztere sich nicht darauf berufen, ihre Schuld sei mit den von ihr geleisteten Diensten zu verrechnen und irgendwann abgegolten. Z. 6f erfüllen also funktional dieselbe Aufgabe wie die Formulierung *kaspu ul uṣṣab ul iddarar* "es (das Silber) ist nicht verzinslich, es wird nicht freigestellt" in den Schuldtexten. Über eine eventuelle Bezahlung der Schuld durch Dritte oder andere Möglichkeiten einer Veränderung des Status ist damit nichts ausgesagt.

Diesem Text können wir also entnehmen, daß man durch Verschuldung zum Gesinde geraten kann. Die Tatsache, daß hier nicht der Palast selbst, sondern eine Privatperson Gläubigerin ist, darf nicht gegen diese Interpretation ins Feld geführt werden, da Sumunnabi eine sehr hochgestellte Persönlichkeit [61] war, der königlichen Familie angehörte und entweder im Palast selbst lebte oder aber ihren eigenen Haushalt führte, in jedem Fall aber über ihr eigenes Gesinde verfügte.

Besondere Beachtung für die Beziehung zwischen Privatgläubigern und dem König als Vertreter der Palastwirtschaft verdient auch Text 31.13 (Al T 38). Dort sind die Gläubiger die LÚ.MEŠ.*šar-ra-qí* "Asylanten" [62], wohingegen die

---

[59] G. Giacumakis, 71.

[60] Vgl. z.B. die Wendung *ina šīm gamir išām* und dazu A. Skaist, FS Greenfield.

[61] Vgl. Vf., UF 23, 416.

[62] Vgl. Vf., UF 24, 465f. D. Arnaud, AuOr 16, 184f lehnt diese Deutung ab und rekurriert auf die arab. belegte Wurzel *ŠRK* "être associé en affaires", so daß sich als Übersetzung des Lexems etwa "marchand, colporteur" ergibt. M.E. erklärt die von mir vorgeschlagene Deutung die sozialen Verhältnisse mindestens genauso gut. Da die Wurzel *ŠRʿ/ŠRQ* im Akkadischen und im späteren Westsemitischen belegt ist, scheint der Verweis auf das Arabische die fernerliegende Annahme zu sein. Die Tatsache, daß

Schuldner "Schuldknechte des Jarimlim" sind, d.h. es ist sehr wohl möglich, daß der Palast die Rechte Dritter übernehmen konnte oder in deren Namen wahrnahm. Da zudem solche Rechtsansprüche als frei verkäufliche Ware handelbar waren (siehe die Schuldabtretungsurkunden [63]), wäre es zum Beispiel denkbar, daß Sumunnabi die Utalya dem Palast abgekauft hätte, um einer bei ihr aufgetretenen Personalknappheit abzuhelfen. Diese Annahme würde gleichzeitig erklären, weshalb die Tafel im Palast aufbewahrt wurde. Doch bleibt dies natürlich Spekulation, da der Verkäufer nicht genannt wird. Daher könnte es sich auch um einen Selbstverkauf handeln, so daß die Freistellungsklausel lediglich dazu dient, eventuellen Anfechtungen der Utalya über ihren Stand von vornherein einen Riegel vorzuschieben. In jedem Fall spricht nichts dagegen, daß der zwischen Sumunnabi und Utalya vollzogene Rechtsakt seine Entsprechung zwischen dem Palast und anderen Frauen haben konnte. Solche Vorgänge sind aus den Pfandurkunden durchaus belegt: Oftmals wird der Schuldner samt seiner Frau und seinen Kindern in Pfandhaft genommen [64]. Der Verbleib dieser Frauen wäre somit hinreichend erklärt: Sie bleiben namenlos und werden dem Gesinde zugeordnet [65].

Hiermit soll nun keineswegs behauptet werden, daß a l l e Frauen, die zum weiblichen Personal des Palastes gehörten, als Schuldsklavinnen anzusehen seien. Ebenso könnten freie Lohnarbeiterinnen oder "echte" Sklavinnen [66] beim Gesinde angestellt gewesen sein, und es scheint nicht ausgeschlossen, daß unter den Arbeiterinnen alle drei soziologischen Kategorien [67] vertreten waren.

---

das Wort nach seiner Übernahme in das Hethische eine halbfreie Polizeitruppe bezeichnet, erklärt sich am einfachsten durch eine Übernahme aus dem Aleppiner Raum, was wiederum eher auf die Konnotation "Landfremder" als auf "Handelsagent" deutet.

[63] Vgl. Vf., UF 25.

[64] Z.B. 31.02 u.ö.

[65] Zum Verbleib der gepfändeten Männer siehe unten, Kap. V,2.1.2.

[66] Der deutsche Begriff "Schuldsklaverei" ist etwas unglücklich, da er die Konnotation der Unfreiheit zu stark herausstellt. Besser ist die englische Differenzierung zwischen "chattle slavery" und "debt bondage". Vgl. zur inhaltlichen Füllung (mit leider nur wenig Bezug auf Alalaḫ) im Alten Orient und Alten Testament G. Chirichigno, JSOT.SS 141, und die oben (FN 33 und 38) genannten Arbeit von I.J. Gelb und O. Patterson.

[67] Dabei ist zu beachten, daß die Opposition zwischen Schuldsklavin und Lohnarbeiterin nicht die zwischen "frei" und "unfrei" ist. Auch eine "Schuldsklavin" ist prinzipiell als frei anzusehen, da ihr gegenwärtiger Status nicht einer Versklavung i.e.S. entspringt (sie ist z.B. keine Landfremde), sondern einer temporären Verschuldungssituation (vgl. Vf., UF 27, 653f). Bei Rückzahlung der Schuld kehrte eine Person, die von Schuldsklaverei betroffen war, sofort wieder in den Rang eines freien Bürgers zurück (vgl. die Formel *šumma ippal ana libbīšu illak* "sobald er bezahlt, kann er hingehen, wohin es ihm gefällt").

Der Unterschied liegt lediglich in der unterschiedlichen Kündbarkeit des Arbeitsverhältnisses: Die freie Lohnarbeiterin kann ihren Arbeitsplatz gegebenfalls auf eigenen Wunsch verlassen, der "Schuldsklavin" (deren Arbeitsverpflichtung eine erzwungene ist) ist dies

Allerdings bleibt es uns verwehrt, über die zahlenmäßige Relation dieser Gruppen irgendwelche Aussagen zu treffen. Die Vermutung eines relativ großen Anteils von Schuldsklavinnen hat indessen verschiedene Gründe für sich:
• Die strukturulle Opposition der MÍ.MEŠ zu ihrem männlichen Konterpart, den LÚ.MEŠ.*asīrū*, über die wir unten sprechen werden.
• Die Tatsache, daß keine Angaben über die Auszahlung von Lohn an freie Arbeiterinnen vorhanden sind, spricht eher gegen breites Vorhandensein von weiblicher Lohnarbeit.
• Die wirtschaftlichen Verhältnisse aus Sicht des Palastes, die es wohl angeraten erscheinen ließen, den Personalbedarf möglichst kostenneutral zu decken.
—Hierfür bot sich das Institut der Pfandhaft [68] geradezu an, da eine einmalige Investition die Arbeitskraft einer Person, hier einer Frau, auf lange Zeit hinaus sicherte, wobei nur die "laufenden Betriebskosten" wie Nahrung und Kleidung zu bestreiten waren. Die Schuldsklavin bot darüber hinaus den Vorteil, daß sie aufgrund ihrer Abhängigkeitssituation jederzeit zum Dienst zur Verfügung zu stehen hatte, aber bei fehlendem Bedarf "beurlaubt" werden konnte und dann auch keine Kosten verursachte.
—Die Anstellung einer Lohnarbeiterin hätte darüberhinaus [69] die Auszahlung eines Gehaltes erfordert, so daß aus Sicht des Palastes das Kosten-Nutzen-Verhältnis bei einer Schuldsklavin deutlich günstiger war als bei einer Lohnarbeiterin. Dies gilt umso mehr, als für die hier zu verrichtenden Tätigkeiten keine besondere Qualifikation erforderlich war, die einen solchen Mehraufwand gerechtfertigt hätten.
—Die Beschäftigung einer echten Sklavin verursachte zunächst die Unkosten des Erwerbs [70]. Während des laufenden Betriebs dürften die Ausgaben denen für eine Schuldsklavin ziemlich gleichgekommen sein. Umgekehrt konnte eine echte Sklavin nicht in Zeiten fehlenden Arbeitskräftebedarfs entlassen werden, sondern mußte auch dann weiterbeschäftigt werden, was die Garantierung ihrer Versorgung während dieser Zeit erforderlich machte. Aus Sicht des Palastes mochte es dagegen ein Vorteil gewesen sein, daß die echte Sklavin anders als die prinzipiell freie Schuldsklavin keinen Rückhalt in der Gesellschaft hatte, so daß sie vermutlich eher unter größerer Ausbeutung zu leiden hatte. Andererseits

---

verwehrt. Vgl. zur Theorie die Ausführungen S. Lauffers, Gymnasium 68, 383, die zwar anhand der antiken Sklaverei gewonnen sind, aber an diesem Punkt auf die Alalaḫ-Texte übertragbar sind.

[68] Vgl. zu weiblicher Schuldknechtschaft im Alten Testament im Rahmen der allgemeinen Sklaverei von Frauen C. Pressler, JSOT.SS 262, 150-165.

[69] Die Arbeiterin hätte ja entweder vom Palast mitversorgt werden oder als Selbstversorgerin mindestens einen Lohn in Höhe der Subsistenz erhalten müssen.

[70] Die Texte des Schuldwesens zeigen, daß der "Materialwert" einer Person bei etwa 30 Šeqeln Silber lag, was etwa 60 *pa* Emmer entsprach, so daß grob gerechnet die "Anschaffungskosten" den "Betriebskosten" von etwa 5 Jahren gleichkamen. Da wir allerdings die Lohnkosten nicht präzise bestimmen können, ist ein Vergleich zur Rentabilität von Sklavenarbeit versus freier Lohnarbeit nicht statthaft.

bot ihre ständige Anwesenheit vielleicht auch die Chance, eine etwas bessere Arbeit oder auch eine höhere Stellung zu erhalten, die auf Dauer angelegt war [71] und eben nicht von Frauen ausgeübt werden konnte, die nur temporär im Palast dienten.

Fassen wir die soziologische Differenzierung des Gesindes zusammen, so läßt sich festhalten: Freie Lohnarbeiterinnen sind nicht zu belegen, ihre Anstellung dürfte zu teuer gewesen sein, zumal der Bedarf an weiblicher Arbeitskraft anderweitig gedeckt werden konnte. Echte Sklavinnen dürften dem Gesinde eingegliedert gewesen sein. Hier ist vor allem an solche Frauen zu denken, deren Erwerb keine Unkosten verursachte, weil sie z.B. aus einer Kriegsbeute stammten. Sie gehörten zum ständigen Personal des Palastes und sind damit unter den etwa 50 Frauen zu suchen, die den Grundstock des Personals ausmachen; allerdings läßt sich nicht genauer sagen, wie groß ihr Anteil gewesen sein mag. Der Rest der erforderlichen Arbeitskräfte wurde aus Schuldsklavinnen rekrutiert. Diese bilden den von Sklavinnen nicht abgedeckten Teil des Grundpersonals und v.a. den wechselnden Teil des Gesinde. Es muß sich also um mindestens 20 Frauen gehandelt haben. Sie übten wahrscheinlich die Routinearbeiten aus, für die eine regelmäßige Anwesenheit oder gar spezielle Ausbildung nicht erforderlich war. Funktionsstellen mußten an regelmäßiges Personal, das aus Schuldsklavinnen oder auch echten Sklavinnen bestehen konnte, vergeben werden. Untergeordnete Tätigkeiten wurden vermutlich bevorzugt denjenigen "echten Sklavinnen" zugewiesen, die sich nicht für eine Funktionsstelle qualifiziert hatten.

2.1.2. Text 1,2: 7 LÚ.MEŠ.*a-si-ri*

a) Belege im Normblock

1,2: 7 LÚ.MEŠ.*a-si-ri*
2,4: 11 LÚ.MEŠ.*a-si-ri*
3,3: 30 LÚ.MEŠ.*a-si-ri*
4,8: 7 LÚ.MEŠ.*a-si-ri*
5,8: 9 LÚ.MEŠ.*a-si-ri*
6,15: 10 LÚ.MEŠ.*a-si-ri*
8,4: x—*a-na* LÚ.MEŠ.*a-s[í-ri]*
9,7: 15 LÚ.MEŠ.*a-si-ri*
10,23: 12 LÚ.MEŠ.*a-si-ri*
10,26: 7 *Am-mi-ia* ŠÀ.GAL LÚ.MEŠ.*a-si-ri*
12,3: 19 LÚ.MEŠ.*a-si-ri*
13,3: 24 LÚ.MEŠ.*a-si-ri*

[71] Vgl. in den homerischen Epen die Eurykleia oder die Eurymedusa, die als Sklavinnen zur Funktionsstellung einer ταμίη "Schaffnerin" aufsteigen konnten, vgl. E. Schwarz, 250f.

16,4: 12 LÚ.MEŠ.*a-si-ri*
17,3: 12 LÚ.MEŠ.*a-si-ri*
18,3: 7—[ŠE *a-na* LÚ.MEŠ.*a-si-ri*]
19,1: ⸢9⸣ *pa-ri-si* ŠE.BA x [ ]
20,14: 7 LÚ.MEŠ.*a-si-ri*
21,19: 8 ŠE.BA LÚ.MEŠ.*a-si-ri*
22,5: 7 LÚ.MEŠ.*a-sí-ri*
23,5: 12 ŠÀ.GAL LÚ.MEŠ.*a-si-ri*
25,3: 18 *pa* ŠE GÌR LÚ.MEŠ.*a-si-ri*
26,4: 19 LÚ.MEŠ.*a-si-ri*
27,11: x *a-na* LÚ.ME]Š.*a-si-ri*

Textanmerkungen:

8,4; 22,5: Die Schreibung des Wortes mit dem Zeichen ZI = SÍ ist nur hier sowie in 41,6 und 60,5 belegt. Eine Übersetzung "Hilfskräfte" o.ä., die sich auf die westsemitische Wurzel ʿ*ZR* berufen könnte, scheitert m.E. daran, daß diese sich zwar inhaltlich gut einzufügen scheint, aber im Akkadischen recht selten belegt ist [72]. Die Tatsache, daß sich von den drei Belegen zwei im Normblock finden, beweist, daß es sich lediglich um eine graphische Variante und nicht um unterschiedliche Personengruppen handelt.

19,1: Die Textlücke könnte die Lesung LÚ.MEŠ.*a-si-ru* zulassen, wenngleich recht wenig Platz hierfür vorhanden zu sein scheint. Das Photo spricht eher für diese Möglichkeit als die Kopie. Die Ausgabemenge von 9 *pa* liegt auf der Linie dessen, was im Vergleich mit den Texten 18-22 zu erwarten ist. Zu beachten ist auch, daß ŠE.BA zumeist den Block einleitet [73] und im Normtyp explizit nur vor folgenden Personengruppen steht: die Frauen vom Gesinde [74], LÚ.MEŠ.UŠ.BAR, LÚ.MEŠ.*asīrū* und einmal (26,11) LÚ.MEŠ.SIPA, so daß auch von hier die Ergänzung sich nahelegt. Die Ware müßte allerdings im Kopf der Tabelle genannt sein. Hier wird man mit einer Haplographie des ŠE vor nachfogendem ŠE.BA zu rechnen haben [75].

b) Weitere Belege

Es gibt im Textkorpus nur zwei [76] weitere Belege für die LÚ.MEŠ.*asīrū*, und zwar in Getreidelieferlisten:

---

[72] Vgl. aber immerhin das späte Lehnwort *azāru* (AHw 92b; CAD A/2 527) und mB (Amarna) *izirtu* (AHw 408b) sowie *ḫāziru* in Māri (AHw 339a).

[73] Wo (abgesehen von 21,17-20) in mehreren Einträgen hintereinander ŠE.BA steht, weist der Block zumeist eine Anormalität auf, die hier darin liegen dürfte, daß die LÚ.MEŠ.*asīrū* vor den Frauen vom Gesinde stehen.

[74] Vgl. aber auch 6,17.

[75] Derselbe Fehler in 11,1.

[76] Die Belege für ŠU.DUḪ.A (35,1.9), die M. Tsevat, HUCA 29, 121 nennt, gehören nicht hierher und werden daher nicht weiter erwähnt. Vgl. E. Gaál, AcAnt 32, 2.

41,6: [ ] ⌜*a-na*⌝ LÚ.MEŠ.*a-sí-ri*
60,5: [x+]1 GÌR LÚ.MEŠ.*a-sí-ri*

Aus diesen beiden Stellen werden sich allerdings keine weiteren Folgerungen herleiten lassen, zumal jeweils keine Gerste verteilt wird. Wir begnügen uns mit der Feststellung, daß die in Frage stehende Personengruppe hier eine Zusatzlieferung erhält.
Außerhalb der Getreidelieferlisten finden sich in der Schicht VII keine weiteren Belege für die LÚ.MEŠ.*asīrū*. Dieser Befund ist offenbar so zu deuten, daß diese Gruppe innerhalb der Palastwirtschaft als Versorgungsempfänger eine regelmäßige Rolle einnimmt, außerhalb dieses Kontextes jedoch mindestens als Kollektiv nicht in Erscheinung tritt.

c) Interpretation
Zur Interpretation dieses Zwischenergebnisses haben wir—nachdem eine grundsätzliche Einordnung in den Kontext nun erfolgt ist—zunächst die inhaltliche Bedeutung der Berufsangabe *asīru* lexikalisch zu untersuchen. Auf dem Hintergrund des Ergebnisses sind dann die Texte daraufhin untersuchen, inwieweit der lexikographische Befund und die soziologische Analyse zusammen eine genauere Einordnung der LÚ.MEŠ.*asīrū* am Palast von Alalaḫ erlauben.

Das gemeinhin geübte Vorgehen geht von einer Wortbedeutung "Gefangene" [77] aus, aus der dann entsprechende soziologische Folgerungen [78] abgeleitet werden. Diese Annahme legt sich nahe, wenn man bedenkt, daß die Wurzel *ʾSR* gemeinsemitisch (ohne äth.) "fesseln, binden etc." bedeutet und als solche natürlich auch in militärischen Kontexten belegt ist. Dennoch erhebt sich die Frage, ob die starke, fast ausschließliche semantische Festlegung auf die

---

[77] So G. Giacumakis, 67 "captive, prisoner". Vgl. D.J. Wiseman, Al T, 15, der bei seiner Referenz zu *asiri* bemerkt "see also *bīt kilim*" und dabei verkennt, daß LÚ.MEŠ.*asīrū* nur in Texten der Schicht VII, *bīt kilim* dagegen nur in Texten der Schicht IV belegt ist. AHw 74a führt das Wort unter *asīru* "(Kriegs-)Gefangener". Dort findet sich unter 3b der Vermerk "in Syr. oft. ", wobei allerdings auf eine nähere Bedeutungsbestimmung verzichtet wird. Interessant ist zu Beginn des Eintrags die etymologische Bemerkung "v → *esēru*", da hier die Angabe, welchen Verbums *esēru*—es gibt (S. 249f) *esēru* II und *esēru* III—fehlt. Dieselbe Vereinfachung muß CAD A/2, 331f—als Grundbedeutung wird "prisoner of war, captive foreigner used as worker" angegeben—vorgehalten werden, wo die Alalaḫ-Belege unter c) angeführt sind. Dabei ist mir der Vermerk "MB Alalaḫ" (ein Druckfehler ist auszuschließen, da es zweimal vorkommt) unverständlich: Alle Belege des Wortes entstammen den aB Texten. Als verbale Grundlage wird in CAD *esēru* B angegeben (CAD E 334f: "to shut in, to enclose, to confine"), die Bedeutung "to take captive" ist offenbar auf den D-Stamm beschränkt.

[78] Vgl. I. Mendelsohn, IEJ 5, 65f: Die Kriegsgefangenen wurden Eigentum des Königs und dienten als Staatssklaven; H. Klengel, OLA 6, 447f und E. Gaál, AcAnt 32, 1 vermuten, daß es sich eher um Gefangene aus Feldzügen der Könige von Aleppo handelt, die dann nach Alalaḫ gelangt wären.

Bedeutung "(Kriegs-)Gefangener" in der Lexikographie [79] nicht unbewußt abhängig ist von dem arab. *ʾasīr* [80], das in der Tat genau diese Bedeutung aufweist. Die von uns vorgeschlagene Vorgehensweise möchte sicherstellen, daß die Interpretation nicht auf der Basis einer unzutreffenden lexikographischen Voraussetzung beruht.

—Lexikographische Fragestellung

Im biblischen Hebräisch des Alten Testaments finden sich unter 14 Belegen [81] nur drei, die eindeutig auf Kriegsgefangenschaft hinweisen: Sach 9,12 und Jes 14,17 scheiden dabei von vornherein aus, da es sich hier nicht um konkrete Kriegsschilderungen handelt, sondern um messianisch-apokalyptische Weissagungen, wobei Kriegsmetaphern toposhaft sind. In Ps 79,11 handelt es sich allerdings um - so die Überschrift in der Lutherbibel - "Ein Gebet des Volkes in schwerer Kriegsnot", aber auch hier scheint das Seufzen der Gefangenen eher ein Topos zu sein als eine konkrete Situation anzusprechen. Gen 39 läßt sich die Konnotation "Kriegsgefangenschaft" eindeutig ausschließen, da wir aus der Perikope über Potiphars Frau und aus Gen 37 wissen, daß Joseph auf andere Weise unter die *ʾsyrym* geraten ist. Die übrigen Stellen schildern den *ʾāsîr* lediglich in seiner bedauernswerten Lage, ohne daß es von Bedeutung wäre, wie er in dieselbe gekommen ist [82].

Vom lexikalischen Standpunkt her darf also bezweifelt werden, daß eine Gleichsetzung LÚ.*asīru* = "Kriegsgefangener" eindeutig ist [83]. Dies gilt umso mehr, als neben der Wurzel *esēru* II eine zweite Wurzel *esēru* III [84] "Zahlung einfordern" vorhanden ist, die [85] ihre Parallelen nur im Nordwestsemitischen hat. Der im AHw angebotene Sprachvergleich vermag allerdings nicht ganz zu befriedigen, da in jenen Sprachen die Wurzel *YSR* eine andere Bedeutung hat,

---

[79] Die altassyrischen Belege sind nach den Nachträgen zum AHw 1545a wohl mit CAD als *asīru* II abzutrennen. Dasselbe dürfte für die Belege in den von O. Loretz, UF 10 behandelten *asīru*-Texten (vgl. dazu A. Rositani, SEL 14) gelten, die eher zu den von A.F. Rainey, JNES 26 erörterten *āširu* zu stellen sind.

[80] H. Wehr, 24.

[81] Vgl. dazu die hebr. Wörterbücher und Konkordanzen, z.B. G. Lisowsky, 128.

[82] Ri 16,21.25 sprechen lediglich vom *byt ʾsyrym*. Der Plural deutet an, daß außer Simson dort noch andere Gefangene gesessen haben werden. Auch im Falle Simsons liegt keine Kriegsgefangenschaft im engeren Sinne vor.

[83] Vgl. zu den amarnazeitlichen Belegen aus Jerusalem A.F. Rainey, JNES 26, 296-301, der für Jerusalem eine orthographische Variation des Sibilantensystems annimmt, so daß die *asīru* (EA 268,18; 287,54) eher den aus Ugarit bekannten *āširūma* entsprechen. Etwas vorsichtiger ders., HdO I/25,1,18. Die Debatte über den Begriff "Kanaan" (N. Naʾaman, UF 26; N.P. Lemche, UF 28; ders., BASOR 310, R.S. Hess, IOS 18; ders., UF 31) in der Spätbronzezeit braucht hier nicht aufgenommen zu werden.

[84] CAD *esēru* B ↔ A.

[85] AHw 249f.

nämlich "raten, unterweisen, warnen", mithin eher ein "Verbum des weisheitlichen Diskurses" als ein forensisches darstellt [86].
Es scheint daher die einfachere Annahme zu sein, im Akkadischen auf die Unterscheidung zweier homophoner Wurzeln [87] zu verzichten und stattdessen davon auszugehen, daß nur *eine* Wurzel vorliegt, deren ursprüngliches semantisches Feld etwa gelautet haben könnte: "seiner vollen Bewegungsfreiheit und Rechtsfähigkeit beraubt sein". Aus diesem semantischen Feld differenzierten sich dann die Bedeutungen "fesseln", "(kriegs)gefangen sein", "unter Druck setzen" [88] heraus, wobei der finanzielle Aspekt nicht außer Betracht gelangte, da die Einforderung einer Zahlung dem "unter Druck setzen" des Schuldners ziemlich gleichkommt. Diese Vermutung erfährt weitere Unterstützung durch die Tatsache, daß der Schuldner im Falle seiner Zahlungsunfähigkeit in allen vormodernen Kulturen automatisch Einbußen seiner Rechts- und Bewegungsfreiheit hinzunehmen hatte [89]. Natürlich läßt sich auf diesem Wege nicht angeben, welcher der in *esēru* vorliegenden Aspekte primär gewesen sein mag, zumal die Ausdifferenzierung der Wurzel in unterschiedliche Konnotationen sicher lange vor der schriftlichen Wiedergabe des Wortes lag, doch scheint die hier angedeutete Hypothese die Bedeutungsbreite der Belege einfacher zu erklären als die in den Wörterbüchern vorfindliche Aufteilung in zwei homophone Wurzeln.
Ein weiteres *caveat* ergibt sich aus der Tatsache, daß das akkadische Wort *asīru* in den zweisprachigen Gesetzen der Hethiter [90] mit dem heth. *ḫippara* [91] parallelisiert wird [92]. Diese "haben Familie und bewirtschaften Grundbesitz" [93]. Alleine deswegen ist wohl ein Rekurs auf Kriegsgefangene [94] und die Bedeutung "Eingesperrter" abzulehnen. J. Klinger [95] löst dieses Problem so, daß er die soziale Stellung dieser Menschen mit den Insassen des "Steinhauses" vergleicht und eine eingeschränkte Rechtsfähigkeit der *ḫippara/asīrū*

---

[86] Beachte im Hebr. die Häufung der Belege in den Büchern Dtn, Prov und Jes Sir und vgl. G.J. Botterweck/R.D.Branson, ThWAT III, 688-697.

[87] Vgl. zu diesem methodischen Prinzip W.G.E. Watson, HdO I/39, 125.

[88] AHw 250a *sub* 2.

[89] Auf Einzelbelege kann hier verzichtet werden, es genügt eine reine Auflistung einiger Punkte: Die Schuldsklaverei in Griechenland vor Solon, das römische Zwölftafelgesetz, die mittelalterlichen Schuldtürme...

[90] Heth. Ges. § 48 parr., gut zugängliche Übersetzung bei E. von Schuler, TUAT I/1, 90f.

[91] J. Tischler, Hethitsches Etymologisches Glossar Lief. 2, 251f. Die Etymologie des Wortes ist offenbar unklar, die angegebenen semitischen Belegstellen (hebr., arab. *hpr*, "sich schämen") vermögen nicht zu überzeugen. Beachte indessen heth. *ḫappar* "Kaufpreis, Handel" (a.a.O., 252).

[92] Vgl. J. Klinger, Xenia 32, 190f. mit älterer Literatur.

[93] E. von Schuler, RlA 3, 241.

[94] H.G. Güterbock, CRRAI 18, 96 setzt als Bedeutung etwa "Kaufsklave" an.

[95] J. Klinger, Xenia 32, 190f.

konstatiert. Nicht ganz stringent ist allerdings auf dem Hintergrund der von uns oben dargestellten lexikographischen Bandbreite seine Folgerung: "auch der *ḫippara* war also eine Art Gefangener, was wiederum gut mit dem Akkadogramm *ASIRUM* übereinstimmt" [96].
Die hethitischen Belege wecken insgesamt unser besonderes Interesse, da das Wort wohl mitsamt seinen Konnotationen aus der Umgebung von Aleppo zu den Hethitern gekommen ist, so daß wir hier einen gewissen Anhaltspunkt für eine nicht ganz niedrige soziale Stellung der *asīrū* haben. Insbesonders dürfte die Behauptung, diese Gruppe habe ganz oder mindestens mehrheitlich aus Sklaven oder Kriegsgefangenen bestanden, für den hethitischen Befund nicht das Richtige treffen.

Exkurs: Vier weitere mögliche Vorkommen des Wortes

Ohne Anspruch auf Vollständigkeit sollen im folgenden vier Belegstellen vorgeführt werden, die u.U. in die hier aufgezeigte Linie gehören könnten:

—Zunächst ist an die *esirtu* des mittelassyrischen Rechtsbuches [97] zu denken. Dort finden wir die *esirtu*, gemeinhin übersetzt mit "Konkubine" [98] in den Paragraphen § 40 und 41. Sie wird deutlich abgesetzt einerseits von einer Ehefrau, der das Tragen des Schleiers grundsätzlich erlaubt ist, und andererseits von einer Sklavin, der es grundsätzlich verboten ist: "Eine Sklavin darf sich nicht verhüllen" (Z. 88). Die *esirtu* nimmt eine Zwischenstellung ein: Wenn sie mit (ihrer?) Herrin in die Öffentlichkeit geht, darf sie den Schleier tragen. Ferner werden (§ 41) Regelungen getroffen, wie ein Bürger eine *esirtu* verhüllen, das heißt in den Stand einer Ehefrau erheben kann. Die Annahme, es handle sich um eine Schuldsklavin, erklärt diese Passagen unter Berücksichtigung der oben genannten lexikalischen Erwägungen sehr gut und wird noch dadurch gestützt, daß wenige Zeilen (Z. 26-40) vor diesen beiden Paragraphen geschildert wird, wie eine Frau in Schuldknechtschaft zu behandeln ist [99].

---

[96] J. Klinger, Xenia 32, 191.

[97] KAV 1; Umschrift der hier interessierenden Passagen gut zugänglich bei R. Borger, BAL^2, 54-56. Eine deutsche Übersetzung gibt ders., TUAT I/1, 87f.

[98] Vgl. W. Mayer, AOAT 205/1, 111: "Haremsdame". W. Mayer selbst weist (112) auf die Probleme hin, daß die Zahl der so benannten Frauen in den Nuzi-Texten außerordentlich hoch ist und teilweise sogar in Außenorten größer als in Nuzi selbst. Die Konstruktion (112), "daß ein Teil des Harems den König auf seinen Reisen von 'Pfalz zu Pfalz' begleitete", dürfte kaum hinreichen, diese Probleme zu lösen.

[99] Vgl. zur femininen Form auch das eblaitische *a-si-ra-tu*, das von L. Milano, MARI 5, 543 mit "courtisan" (im Gegensatz zu *sa-bar-tum* "Pfandsklavin") übersetzt wird, in den Glossaren zu ARET mit "donna di corte" (ARET III, 337) bzw. "una categoria di donne ('inservienti')" (ARET IX, 379 mit Bezug auf ug. *ʿšr* "invitare a una festa"). G. Pettinato, Thesaurus, 41 übersetzt wiederum "prigioniera" und kommentiert "troppo generica ci sembra l'interpretazione del lemma offerta da P. Fronzaroli *apud* ARET 9, p. 379 ... Più probabilmente si è di fronte a donne prigioniere, per cui se veda accadico *asīru*". Aus dieser Diskussion wird m.E. deutlich, daß die Personengruppe in Ebla mit der hier in

—Das Eindringen des Wortes als *sr.t* ins Ägyptische stellt J. Quack [100] fest. Er beobachtet, daß die Bedeutungen "Konkubine" oder "kriegsgefangene Frau" die ägyptischen Belege nicht hinreichend erklären und möchte nach Analogie des hebr. *śrh* mit "Edelfrau" übersetzen. Sollte auch hier die sozial gehobenere Stellung einer Schuldsklavin gegenüber einer "normalen" Sklavin bei der Übernahme des Wortes ins Ägyptische eine Rolle gespielt haben?
—In der hurritisch-hethitischen Bilingue kommt der Begriff in den Graphien *a-as-sí-i-ri; a-sí-i-ri* mehrfach vor (Nr. 21 I 3'; Nr. 19 I 3) [101]. E. Neu [102] weist darauf hin, daß der Begriff geglichen ist mit heth. *appa pii̯anz* "der jemandem ausgeliefert ist" anstelle des zu erwartenden LÚ.*appanz-* "Kriegsgefangener". Wie man sich die Funktion solcher "Gefangenen, Ausgelieferter" zu denken hat, zeigt eines der sog. Ebla-Fragmente der Bilingue [103]: Sie erbringen "Sklavendienste im Haus (Kochen, Auftragen von Essen und Trinken, Abwaschen) wie auch bei der Textilienherstellung" [104]. Da die hurritische Version der Bilingue "nach der Zerstörung des altbabylonischen Ebla etwa im 17. Jahrhundert v. Chr. in Nordsyrien entstanden ist und später im Zusammenhang mit dort stattfindenden Eroberungszügen nach Ḫattuša verbracht wurde" [105], dürfen wir davon ausgehen, daß die hier vorliegenden Verhältnisse durchaus mit denen in Alalaḫ vergleichbar sind, so daß sich auch von dieser Seite eine Bestätigung für unsere Annahme finden läßt, zumal der Redeabschnitt der letztgenannten Tafel, dem die sozialen Verhältnisse entnommen sind, mit den Worten beginnt [106]: "Wenn jetzt Teššub in Not geraten ist, und er um (seine) Freilassung nachsucht, wollen wir, weil/wenn Teššub durch fehlendes Silber in Not geraten ist, - jeder von uns - (ihm) aber einen Schekel Silber geben" [107].
—Möglicherweise ist das Wort in vergleichbarer Bedeutung [108] auch einmal in Māri belegt:

Frage stehenden zu verbinden ist. M.E. spricht nichts dagegen, die eblait. *asirātu* gleichfalls als Schuldsklavinnen zu verstehen.

[100] J. Quack, WO 25, 17-20.

[101] Vgl. E. Neu, StBoT 32, 400. Die Fragmente werden nach StBoT 32 zitiert.

[102] E. Neu, Archivum Anatolicum 3, 261 A. 19.

[103] E. Neu, StBoT 32, 15 I 26'-IV 2.

[104] E. Neu, Archivum Anatolicum 3, 261 A. 19.

[105] E. Neu, StBoT 32, 2 mit Verweis darauf, daß das Hurritische die Ausgangs-, das Hethitische jedoch die Zielsprache der Übersetzung darstellt, auf die vorkommenden Götternamen im Proömium, sowie auf die schon im Proömium genannten Ortsnamen Ebla und Nuḫašše.

[106] E. Neu, StBoT 32, 15 I 3'-6' (hurr.).

[107] Die an Mēgi gerichtete Forderung wird durch die Not Teššups begründet.

[108] W.H.Ph. Römer, AOAT 12, 56 übersetzt ebenfalls "Kriegsgefangener" und bemerkt (a.a.O., 52 Anm. 5): "Daß *asīrū* im Kriegsdienst eingesetzt werden konnten - falls das hier gemeint ist -, dafür kenne ich keine (weiteren) Beispiele". Interessanterweise hat J.-M. Durand, der Bearbeiter von AÉM I/1, den vermutlich ebenfalls hierher gehörigen Terminus *asāru* (aB Emar) bestimmt als "Il est possible que l'équivalent du *muškênum* amorite soit à trouver dans le terme '*asarum*'" (J.-M. Durand, MARI 6, 57) und "L'*asarum* serait dès lors l'assujeti à l'impôt" (a.a.O., 61). Diese Deutung kommt der hier vorgeschlagenen in gewisser Weise entgegen.

AÉM I/1,207 = ARM X,4 begründen die Zeilen 40-43 — im Kontext einer Prophetie über einen bevorstehenden Sieg über Išme-Dagan die bevorstehende kampfentscheidende Zerstreuung der Hilfstruppen des Gegners:

40 *um-ma šu-nu-ma til-la-at Iš-me-*^{d}[*Da-gan*]	Sie (die befragten Auguren) sagen: Die Hilfstruppen Išme-Dagans
41 LÚ.*a-sí-ru i-na sà-ra-tim-*[*ma*]	sind Schuldknechte in "Unrecht" [109];
42 [*ù*] *di-ṣa-ti*[*m*] *it-ti-šu it-ta-na-šu*	und Drangsal ertragen sie bei ihm.
43 [ŠE].BA *ú-u*[*l*] *i-le-qú-ú*	Eine Lieferung erhalten sie nicht.

Dabei machen die Präsensformen deutlich, daß die unredliche Behandlung der Hilfstruppen durch ihren Herrn keine einmalige Handlung, sondern ein dauerhafter Zustand ist, den diese Kombattanten ertragen (Gtn). Da es in der Tat eigenartig wäre, wenn Kriegsgefangene in einer entscheidenden Schlacht als Hilfstruppen eingesetzt würden, liegt es nahe, daß auch hier Schuldknechte aufgeboten werden, zu deren Funktion es also gehört, auch militärisch ihren Gläubiger zu unterstützen. Deutlich ist jedenfalls, daß die Versorgung [110] der "Schuldknechte" Pflicht des Herrn ist, widrigenfalls diese ihrerseits ihren Verpflichtungen nicht nachkommen.
Ob die Situation als historisch-real zu denken ist oder im Rahmen der Prophezeiung lediglich einen Vergleich darstellt, kann hier offen bleiben. In jedem Fall ist gut vorstellbar, daß Šibtu, die Absenderin des Briefes, die sich hier gegen die denkbare Einrede verteidigt, das günstige Orakel unredlich beeinflußt zu haben, hier als *tertium comparationis* des Vergleichs Verhältnisse ihrer Aleppiner Heimat wählt.

—Die Auswertung der Belege

In den 27 Normblöcken sind die LÚ.MEŠ.*asīrū* 22-mal [111] belegt. Nicht erwähnt sind sie in den Texten 7; 11; 14; 15 und 24. Nun wird man aus dem Fehlen in den Texten 7 und 14 keine weiteren Schlüsse ziehen wollen, da hier die Normblöcke nur teilweise erhalten sind. Auch Text 24 ist nicht besonders beweiskräftig, da er einen sehr erweiterten Normblock bietet, so daß wir vermuten dürfen, daß angesichts der Vielzahl von Besonderheiten auch in Bezug auf die LÚ.MEŠ.*asīrū* eine Eigentümlichkeit vorliegen könnte. Wir werden unten sehen, daß dies tatsächlich der Fall ist und daß sowohl hier wie auch in Text 7 die LÚ.MEŠ.*asīrū* trotz ihres vordergründigen Fehlens belegbar sind.
Nun sind noch die Texte 11 und 14 zu betrachten. Auf beiden Tafeln finden sich die sonst nicht belegten LÚ.MEŠ.*kinātū*. Diese stehen in 15,3 direkt vor den MÍ.MEŠ-*ti*, in 11,7 allerdings durch einige Einträge von ihnen getrennt:

---

109 Gemeint: Sie befinden sich in einer Situation, die nicht einer rechts- und sittengemäßen Behandlung entspricht.

110 Problematisch ist, daß das [ŠE] (mit ARM X) ergänzt ist. Umgekehrt ist die Ergänzung von J.-M. Durand, AÉM I/1, 435 [*a-wa*]-*sú* unmöglich: Aufgrund des schrägen unteren Keils ist BA eindeutig, außerdem sollte die Form in Māri *a-wa-as-su* lauten.

111 Davon zweimal mit guten Gründen ergänzt, siehe oben. Der Eintrag 10,26 ist hier und im folgenden nicht mit eingerechnet, da er von der Normalform abweicht und uns daher unten beschäftigen muß.

11,7: 12 LÚ.MEŠ.*ki-na-a-ti*
15,3: 15 LÚ.MEŠ.*ki-na-ti*

Da offenbar die Ausgabemenge der für LÚ.MEŠ.*asīrū* üblichen entspricht und die Parallelität zu den MÍ.MEŠ des "Gesindes" (= *kinnattūtu*) ins Auge springt, ist anzunehmen, daß dieses *kinātu* eine Variante zu *asīru* darstellt [112]. Diese Männer werden also ebenfalls zum "Gesinde" [113] gehören, das heißt ihre Einordnung in eine Berufsgruppe ist entweder (noch) nicht vollzogen oder aber für die Verwaltung irrelevant, da sie eher unspezifizierte, untergeordnete Tätigkeiten ausüben [114]. Die oben dargestellten Überlegungen zur Bedeutungsbreite von *esēru* lassen wohl den Schluß zu, daß auch die LÚ.MEŠ.*asīrū* mindestens teilweise durch Schuldsklaverei in ihre gegenwärtige Stellung gekommen sind.

Innerhalb der Normblöcke fällt ferner auf, daß in 10,26 ein gewisser Ammiya [115] 7 *pa* Gerste bekommt ŠÀ.GAL LÚ.MEŠ.*a-si-ri.*

Diese Notiz ist um so interessanter, als die LÚ.MEŠ.*asīrū* in Z. 22 desselben Textes ihre Regellieferung in Höhe von 12 *pa* Gerste erhalten. Hieraus sind weitere Folgerungen zu ziehen:
• Soweit sich ŠÀ.GAL auf eine Gruppe von Menschen bezieht [116], besteht ein Unterschied zwischen diesem und dem üblicheren ŠE.BA/*ipru* [117], der indessen nicht näher bestimmt werden kann. Vor allen Dingen ist zu berücksichtigen, daß die Grundversorgung der im Palast beschäftigten Personen durch die ŠE.BA-Lieferung abgedeckt sein dürfte. Inwieweit die so versorgten Personen noch wirtschaftliche Bedürfnisse im Privatbereich haben, entzieht sich unserer Kenntnis, da diese eben nicht mehr dem Palastsektor zugehören. Die Zusatz-

---

[112] Diese Feststellung engt die Lesung von MÍ.MEŠ (und vergleichbar) ein auf die Möglichkeiten *kinātātu* und *kinattūtu* und schließt das Wort *aštapiru* letztlich aus.

[113] D.J. Wiseman, Al T, 158: "parters, servants".

[114] Vgl. H. Klengel, OLA 6, 444 mit A. 49: "Man darf wohl voraussetzen, daß diese Arbeitskräfte, für die kein Beruf genannt wird, im Palasthaushalt selbst beschäftigt waren, nicht in der agrarischen oder handwerklichen Produktion."

[115] E. Gaál, AcAnt 32, 1 setzt diesen Ammiya gleich mit dem aus 21.01,30 und 22.06,24 bekannten *ḫazannu* ("If Ammia the *ḫazannu* was responsible <sic!> ... 'for the order in the settlement and for the guarding of the palace's property', in that case the *ḫazannu* was capable of keeping his eye on the prisoners of war."), doch sind hiergegen drei Einwände zu machen:
—Es handelt sich nicht um Kriegsgefangene.
—Die von ihm genannten Texte sind chronologisch anders einzuordnen.
—Ammiya ist auswärts tätig, während die LÚ.MEŠ.*asīrū* in Parallelität zu den Frauen in Alalaḫ selbst stationiert sind.

[116] Diese Verwendung ist atypisch und kommt nur in Text 23 (mehrfach); 48,9 und hier vor.

[117] Vgl. M. Dietrich/O. Loretz, UF 23, zum Phänomen im Ugaritischen.

zahlung dürfte also innerhalb der Bedürfnisse des Palastes ihren Anlaß haben. Wenn Ammiya also zusätzlich Gerste für die Ernährung der männlichen Mitglieder des Gesindes entgegennimmt, so könnte dies z.B. der Bildung von Vorräten für den zu erwartetenden Personalanstieg [118] (der vielleicht schon während des laufenden Monats in Gang gekommen war [119]), dienen.

• Außerhalb der Getreidelieferlisten finden wir den Personennamen nur zweimal:

21.01,30: IGI *Am-mi-ia ḫa-za-an-⸢nu⸣*

Dieser Text ist in die Zeit Jarimlims III von Aleppo zu datieren, könnte also mit unseren Belegen etwa gleichzeitig sein. Andererseits ist kaum anzunehmen, daß es zu den Aufgabenbereichen eines Bürgermeisters gehört, die LÚ.MEŠ.*asīrū* zu versorgen, es sei denn, es handelte sich um eine Krondomäne oder dergleichen. Da wir aber oben feststellen konnten, daß Ammiya mit der Versorgung des männlichen *Palast*personals beauftragt ist, scheidet diese Möglichkeit wohl aus: Es dürfte sich nicht um dieselbe Person handeln.

22.06,24: IGI *Am-mi-ia ḫa-za-an-nu*

Da dieser Text mit dem Ort Ammenaše [120] befaßt ist, gehen wir wohl kaum fehl in der Annahme, daß Ammiya der Bürgermeister dieses Ortes ist. Er dürfte folglich eher mit dem Bürgermeister von Text 21.01 identisch sein und also nicht in unseren Kontext gehören [121].

• Wenn Ammiya in 10,26 Gerste für die LÚ.MEŠ.*asīrū* entgegennimmt und außerhalb der Getreidelieferlisten nicht belegbar ist, darf *a priori* vorausgesetzt werden, daß er in einer bestimmten Beziehung sowohl zu ihnen als auch zum Palast stand, m.a.W. wohl der Obmann, Aufseher oder dergleichen dieser Gruppe war. Dann aber darf man ihn gleichsetzen mit dem *Am-mi-ia-an* aus 7,8 und 24,6—den beiden Texten, in denen bislang keine LÚ.MEŠ.*asīrū* zu belegen waren, mit anderen Worten, diese sind auch in jenen zwei Texten vorfindlich.

7,8: 8 *a-na Am-mi-ia-an*
24,6: 5 *a-na Am-mi-ia-an* [122]

---

[118] Siehe dazu das Diagramm im Anhang F: Nach Text 10 steigen die Werte kurzfristig stark an.

[119] Beachte, daß die 12 *pa* der Regellieferung und die 7 *pa* der Zusatzlieferung zusammen genau die 19 *pa* ausmachen, die im Folgemonat ausgezahlt werden.

[120] Vgl. Vf., AOAT 240, 545f.

[121] Die von E. Gaál, AcAnt 32, 1 geübte Gleichsetzung der beiden Personen ist direkt von seiner Übersetzung des Wortes *asīru* als "Kriegsgefangener" und den darauf aufbauenden Hypothesen abgeleitet und mithin hier kaum zutreffend.

[122] Auch dieser ist Name ein Beleg für die These, daß auslautendes DINGIR-Zeichen mitunter lediglich eine Nasalisierung des Auslauts bezeichnet, vgl. Vf., UF 23, 402 A. 10 (anders A. Draffkorn, 121f; D. Arnaud, AuOr 16, 171: "suffixe d'elargissement").

Letzteres ist allerdings die geringste für LÚ.MEŠ.*asīrū* belegte Auszahlung, was um so mehr erstaunt, als diese Lieferung (siehe Diagramm im Anhang F) in eine Zeit fällt, in der eigentlich ein Anstieg zu erwarten gewesen wäre.
Allerdings ist zu beachten, daß direkt neben Ammiya eine Person mit Namen Ariya steht, die weitere 7 *pa* erhält. Derselbe Ariya ist in 6,18 für eine Zusatzauszahlung an eine Frauengruppe *ša* DA LUGAL verantwortlich [123]. Er hat also in jedem Fall eine Funktion bei der Weitergabe von Getreidezahlungen an Empfänger innerhalb des Palastes.
Gehen wir nun davon aus, daß die beiden Zahlungen an Ammiya und Ariya zusammenzusehen sind, dann ergeben sich für die LÚ.MEŠ.*asīrū* für den in Frage stehenden Monat insgesamt 12 *pa* Gerste, also ebensoviel wie im Vormonat. Warum hier die Zahlung nicht wie sonst unter der Gruppe verbucht wird, sondern unter zwei Einzelempfängern, entzieht sich einstweilen unserer Kenntnis, doch werden wir bei der Erörterung von Text 24 sehen, daß hier noch weitere Eigentümlichkeiten auffallen.
Akzeptieren wir nun die Annahme, daß Ariya unter Umständen in Zusammenarbeit mit Ammiya Gerste an die LÚ.MEŠ.*asīrū* weiterleitet, dann läßt sich noch eine weitere Annahme treffen:

14,3: 7 *a-na A-ri-ia-an* [124]

Hier werden wir angesichts der Menge, die in den Monaten zuvor und danach angegeben ist, annehmen, daß eine weitere Zahlung durch Ammiya im nichterhaltenen Teil der Tafel vorgelegen haben dürfte [125].

Wir gelangen somit zu folgendem Ergebnis:
• Die LÚ.MEŠ.*asīrū* sind wie die MÍ.MEŠ in allen 27 Normblöcken belegt.
• Sie sind nach Ausweis der Formulierung *kinātu* deren männlicher Konterpart. Dem entspricht, daß beide Gruppen mehrfach nebeneinander genannt sind.

Im nächsten Schritt ist ausgehend vom statistischen Befund zu erörtern, ob sich noch weitere Hinweise auf die Stellung der LÚ.MEŠ.*asīrū* erheben lassen.

Durchschnittlich [126] erhalten die LÚ.MEŠ.*asīrū* 12,58 *pa* Gerste [127]:

---

[123] Zu dieser Frauengruppe siehe unten 3.5.1 zu 6,17f.

[124] Der PN in 14,6 ist durch Determinativ als weiblich gekennzeichnet und gehört folglich nicht hierher, zumal der Zeichenrest eher auf ein IP als auf ein IA schließen läßt.

[125] Die weiteren Hinweise auf Ariya in den Texten 37 und 38 sind unergiebig, da es sich hier um Sammeltafeln handelt.

[126] Der Eintrag 10,26 wird hier mitverrechnet, da diese Zusatzlieferung offenbar der Personengruppe zugute kam. Ferner werden für Text 24 die Angaben für Ariya und Ammiya zusammengerechnet. Nicht eingerechnet wurde der Beleg aus 14,3, da er vermutlich nicht die gesamte Lieferung dieses Monats darstellt.

Zwischen 11 und 14 *pa* [128] liegen lediglich sieben der erhaltenen 24 Einträge, weitere sieben Texte liegen über dem Durchschnitt, zehn Texte liegen darunter. Das Bild stellt sich also deutlich unregelmäßiger dar als bei den weiblichen Mitgliedern des Gesindes, zumal wenn man bedenkt, daß bei jenen die Streuung um den Mittelwert innerhalb eines Rahmens von 20% lag, während hier die Werte zwischen 7 *pa* und 30 *pa*, also zwischen 55,64% und 238,64% [129] liegen.
Alles in allem haben wir also festzustellen, daß die Schwankungen im Bereich männlicher Arbeitskraft deutlich höher sind als die bei den weiblichen Hilfsarbeiterinnen.
Demgegenüber ist festzustellen, daß die Verteilung über die Monate hinweg hier regelmäßiger ist als dort: Das Diagramm (Anhang F) zeigt ein regelmäßiges Ansteigen und Absinken der belegten Mengen mit Maximalwerten in den Texten 3; 12 und 26, also *cum grano salis* jeweils im Spätherbst [130]. Demgegenüber liegen die Minimalwerte im Sommer. Auffällig ist ferner, daß die Folge 15-12-12 zweimal vorkommt, doch mag dies auf Zufall beruhen.
Der Befund muß daher so interpretiert werden, daß der Arbeitsbedarf an männlichem Gesinde saisonal bedingt war. Dies bedeutet, daß die Männer im Gegensatz zu ihren weiblichen Standesgenossinnen nicht im Haushalt angestellt waren, sondern vielmehr zu Arbeiten in Feld- und Gartenwirtschaft eingesetzt wurden. Da es sich auch bei den Maximalwerten nur um einen relativ geringen Personalbestand handelt, dürfte die Gartenwirtschaft die richtige Annahme sein. Hierfür spricht auch der Zeitpunkt des Maximums zu Beginn der Regenzeit. Für die LÚ.MEŠ.*asīrū* ergibt sich folglich ein ähnliches Bild wie bei den Frauen des Gesindes: Ein gewisser Arbeitsbedarf in Höhe von ca. sieben Personen ist ganzjährig gegeben, während gewisser Zeiten steigt die Personaldichte jedoch auf das drei- bis vierfache an.
Auch hier ist also von einem Reservoir an Arbeitskräften auszugehen, auf das der Palast nach seinen Bedürfnissen zurückgreifen konnte. Die obigen [131] Überlegungen zur Verwendung von Schuldknechten treffen auch hier zu, zumal sie mit dem lexikographischen Befund und der hethitischen Parallele [132] übereinstimmen:

---

[127] Die Standardabweichung auf der Basis *x-1* beträgt 5,90, auf der Basis *x* ist sie 5,78. Diese Werte sind ungefähr gleich hoch wie die zu den Frauen erhobenen, was aber angesichts des geringeren Durchschnittswertes eine höhere Unregelmäßigkeit bedeutet.

[128] Zur Berechnung des Intervalls siehe oben FN 36.

[129] Also $1/1{,}8\cdot\bar{x} \leq x \leq 2{,}4\cdot\bar{x}$. Dies ist—bezogen auf eine geometrische Progression—eine relativ regelmäßige Verteilung.

[130] Dieses Argument wäre noch stichhaltiger, wenn ein Beleg für Text 14 erhalten wäre, der in dieser Periode ein Maximum darstellte.

[131] S.o. S. 231.

[132] S.o. S. 237.

Die Betroffenen galten grundsätzlich als frei und konnten ihren privatwirtschaftlichen Bedürfnissen nachgehen, solange ihre Arbeitskraft nicht vom Palast als Gläubiger nachgefragt wurde [133].

Der Mittelwert von etwa 12 *pa* entspricht ungefähr der Anzahl von Personennamen, die auf der Liste 40.02 belegt sein dürften. Wir haben damit ein weiteres Indiz für die oben (FN 44) geäußerte Annahme, daß wir es hier mit einer Liste von männlichen Arbeitskräften zu tun haben.
Insgesamt läßt sich also festhalten, daß männliche und weibliche Arbeitskraft am Palast von Alalaḫ im wesentlichen analog organisiert waren, von der Ausgabestelle als vergleichbare Vorgänge betrachtet wurden und ihrer strukturellen Opposition entsprechend verwaltet wurden.

2.1.3. Text 1,3: **19 LÚ.MEŠ.UŠ.BAR**

Da dieses Wort offenbar in mehreren Normblöcken belegbar ist, müssen wir fragen, inwieweit eine syllabische Lesung vorkommt, die unsere Basis verbreitern könnte:

R. Borger [134] führt UŠ.BAR unter *u/išparru* [135]. Die Alalaḫbelege sind im AHw unter *išparru* eingeordnet, während in Nuzi und Ugarit der Vokalismus offenbar variiert.

Für Alalaḫ VII können wir der Stelle 31.11,5 (LÚ.*uš-pa-ru*) entnehmen, daß die Berufsbezeichnung als *ušparru* gelesen wurde [136]. Letzteres kommt demgegenüber in den Getreidelieferlisten nicht vor, obwohl der Pfandhäftling vermutlich in seinem Beruf eingesetzt wurde.

Andererseits ist bekannt, daß "the (or: a) word for weaver in Ugarit seems to have been *mḫṣ*" [137] (KTU 4.99:15), dem akkadisches *māḫiṣu* (AHw 584) entspricht, was in unseren Listen mehrfach vorkommt.

---

[133] Die Verwendung von "echten" Sklaven kann nicht weiter belegt werden, hier dürfte Analoges gelten wie bei den Frauen, im übrigen hielten die meisten vorindustriellen Gesellschaften mehr Sklavinnen als männliche Sklaven.

[134] R. Borger, ABZ, Nr. 211.

[135] Vgl. AHw 397a und AHw 1441b.

[136] Wenn nicht eine pseudosumerographische Auflösung des Logogramms UŠ.BAR vorliegt, was wiederum ein Diktatfehler sein könnte.

[137] D. Pardee, UF 6, 279 A. 23, dort auch eine kurze Besprechung der älteren Literatur. Vgl. zum Zusammenhang des ugaritischen Wortes mit dem akkadischen auch J. Huehnergard, HSS 32, 146. Weitere Belege aus anderen sem. Sprachen bei M. Held, JAOS 59, 175f.

Die in den lexikalischen Listen belegten Wortzeichen sind aber nie LÚ.UŠ.BAR, sondern LÚ.TÚG.TAG.GA [138] bzw. LÚ.GIŠ.BAN.TAG.GA u.ä. [139], so daß das AHw [140] die Alalaḫ-Stellen deutet: "der das Vieh stempelt (auch kastriert?) u. zur Schlachtung führt".

G. Giacumakis [141] legt sich nicht fest, verweist aber auf A. Goetze [142], der mit als erster [143] den Bezug auf das Textilhandwerk erkannte, obwohl die ugaritische Bedeutung seit 1940 mindestens erwogen worden war [144].

Da nun die LÚ.MEŠ.*ma-ḫi-iṣ-i* [145] nur in den Normblöcken vorkommen, wo die LÚ.MEŠ.UŠ.BAR nicht belegt sind, und umgekehrt in allen Normblöcken [146], wo nicht LÚ.MEŠ.UŠ.BAR vorkommt, die LÚ.MEŠ.*māḫiṣū* belegt sind, ist der Schluß zwingend, daß beide Termini [147] zu gleichen sind.

a) Vorkommen im Normblock:

1,3: 19 LÚ.MEŠ.UŠ.BAR
2,3: 14 LÚ.MEŠ.UŠ.BAR
3,4: 15 LÚ.MEŠ.*m[a]-ḫi-iṣ-i*
4,7: 13 LÚ.MEŠ.*ma-ḫi-iṣ-i*
5,7: 12 LÚ.MEŠ.*ma-ḫi-iṣ-i*
6,14: 12 LÚ.MEŠ.UŠ.BAR
7,9: 18 LÚ.MEŠ.UŠ.BAR

---

138 Beachte allerdings die jB Gleichung *ma-ḫi-ṣu ša sis-sik-ti = iš-pa-r[u]* CT 18, 16c,10.

139 Vgl. z.B. MSL 12, 239 IV 10f.

140 AHw 584, wo allerdings die durchgängige Plene-Schreibung des Auslautvokals nicht weiter berücksichtigt wird.

141 G. Giacumakis, 86.

142 A. Goetze, JCS 13, 35f: "textile manufacturer". CAD M/1, 102 nennt (1976) für Alalaḫ keine andere Bedeutung mehr, äußert sich indessen auch nicht zu der genannten Vokallänge.

143 Vgl. gleichzeitig M. Held, JAOS 59, 176. D.J. Wiseman, Al T, 158 führt das Wort unter *maḫizi* "sick, wounded".

144 Ch. Virolleaud, Syria 21, 150.

145 Die Orthographie ist eigentümlich, da sie im Grunde weniger auf eine Wurzel *mhs* als vielmehr auf eine Bildung einer Wurzel *ḫṣ*ʾ mit *m*-Präfix hinzuweisen scheint. Dabei bliebe allerdings der Nominalbildungstyp fraglich. Da die Bedeutung "weben" allerdings für *maḫāṣu* belegt ist (AHw 581a, sub 3), bleibt uns nichts weiter als die Eigentümlichkeit zu konstatieren, zumal der einzige syllabisch geschriebene Beleg für den Singular (60.01,37) *ma-ḫi-ṣu* schreibt. Da das Wort (J. Huehnergard, HSS 32, 146) in den westlichen Bereich zu gehören scheint, bleiben Länge und Silbentrennung letztlich unerklärt, wenn man nicht eine Endung nach Art des aramäischen Artikels annehmen will.

146 Ausnahme sind die Texte 9 und 10, siehe zu diesem Problem gleich unten.

147 Zu MÍ.UŠ.BAR *ka-aš-ši* u.ä siehe unten Kap. V,2.24.2.

8,5: [1]4—*a-na* LÚ.MEŠ.U[Š.BAR
9,1: \\16 *pa* ŠE LÚ.MEŠ.UŠ.BAR
9,6: 15 LÚ.MEŠ.UŠ.BAR
11,10: 15—LÚ.MEŠ.UŠ.BAR
12,4: 15 LÚ.MEŠ.*ma-ḫi-iṣ-i*
13,4: 15 LÚ.MEŠ.UŠ.BAR
15,2: 17 GÌR LÚ.MEŠ.UŠ.BAR
16,3: 15 ŠE.BA LÚ.MEŠ.UŠ.BAR
17,2: 15——[L]Ú.MEŠ.UŠ.BAR
18,2: 17——ŠE *a-[na* LÚ.MEŠ.UŠ.BAR]
19,7: 20 *a-na* LÚ.MEŠ.UŠ.BAR
20,12: 19 LÚ.MEŠ.UŠ.BAR
21,18: 18 ŠE.BA LÚ.MEŠ.UŠ<.BAR>.MEŠ
22,3: 16 *pa* ŠE *a-na* LÚ.MEŠ.UŠ.BAR
23,6: 12 SÀ.GAL LÚ.MEŠ.UŠ.BAR
24,2: 19 *a-na* LÚ.MEŠ.UŠ.BAR
25,4: 17 *pa* ŠE GÌR LÚ.MEŠ.UŠ.BAR
26,5: 15 LÚ.MEŠ.UŠ.BAR
27,12: x *a-na* LÚ.ME]Š.*ma-ḫi-iṣ-i*

Textanmerkungen

6,14: Die Zahl ist über eine Rasur geschrieben.

8,5: Die linke Seite der Tafel ist nicht erhalten, so daß nicht sicher bestimmt werden kann, wieviel fehlt. Angesichts der anderen Einträge ist jedoch die Ergänzung ziemlich sicher.

9,1: Es handelt sich nicht um die Zahl 36, sondern um Glossenkeile, welche den Übertrag von einer Monatstafel zur nächsten markieren (s.o. Kap. IV,4.2.).

21,18: <BAR> ist versehentlich ausgelassen worden. Da zwar LÚ.UŠ, nicht aber LÚ.MEŠ.UŠ.MEŠ belegt ist [148] und der Eintrag perfekt ins Formular paßt, ist die Ergänzung zwangsläufig.

b) Empfang

Um diese Vermutung abzusichern und in einen Kontext zu stellen, erörtern wir nun die Fragen der Statistik: Abgesehen von Text 14, wo die entsprechende Passage nicht erhalten ist, sind die Weber in allen 27 Normblöcken belegt. Sie gehören also zum ständigen Personal des Palastes. Wir sind in der glücklichen Lage, abgesehen von diesem Text und Text 27 die Ausgabe über die gesamte belegte Zeit lückenlos nachvollziehen zu können.

Es ergibt sich dabei eine durchschnittliche Liefermenge von 15,72 *pa* Gerste pro Monat. 15 von 25 Angaben entsprechen nach unserer Vorgabe [149] diesem

[148] Angesichts der Bedeutung des Titels kann diese Formulierung so auch gar nicht vorkommen, siehe dazu unten S. 290.

[149] S.o. FN 36.

Durchschnitt, sechs Angaben liegen mit 18 bis 20 *pa* darüber; nur vier Angaben mit 12 bzw. 13 *pa* darunter. Dabei fällt auf, daß drei der Maximalwerte im Jahreslauf direkt nebeneinander liegen, ebenso wie drei der Minimalwerte. Bei letzteren kommt noch hinzu, daß der Minimalwert im zweiten Schaltmonat liegt und die Ausgabemengen der beiden Schaltmonate eine Reihe von Maximalwerten unterbrechen, was durch eine Jahresabrechnung hinreichend erklärt werden könnte. Insgesamt ergibt sich also eine außerordentlich regelmäßige Verteilung, vor allem wenn man berücksichtigt, daß die Abweichung der beiden Extremwerte sich nur 24% bzw. 27% vom Durchschnittswert unterscheidet [150].
Werfen wir nun einen Blick auf das Diagramm im Anhang F, so bestätigt sich diese Vermutung großer Regelmäßigkeit. Ferner fällt uns auf, daß der Verlauf der Kurve vor allem in der zweiten Hälfte ziemlich genau der für die Frauen vom Gesinde entspricht.
Diese Korrelation ist wohl so zu erklären, daß das Arbeitsaufkommen zu einem großen Teil personalbezogen war. Je mehr Personen zu einem bestimmten Zeitpunkt insgesamt am Palast vorhanden waren, desto mehr Bedarf bestand nach weiblicher Arbeitskraft für die Erfüllung der anfallenden Arbeiten [151]. Gleichzeitig bestand aber auch eine hohe Nachfrage nach Bekleidung für alle diese Menschen, so daß auch die Gruppe der Weber verstärkt werden mußte.

c) Weitere Belege

Da nun die LÚ.MEŠ.UŠ.BAR = *māḫiṣū* in allen Normblöcken belegt sind und offenbar eine wichtige Rolle bei der Deckung des täglichen Bedarfs spielen, müssen wir im nächsten Schritt nachfragen, ob sich aus den weiteren Texten Hinweise auf ihre Stellung und Funktion entnehmen lassen [152].
Wir gehen dabei zunächst den Getreidelieferlisten entlang und beginnen mit den Belegen für Weber als Gruppe [153], wobei allerdings immer wieder Bezug - auch auf andere Texte im Korpus genommen werden muß. Ferner soll untersucht werden, ob einzeln belegte Weber mit dem Kollektiv in irgendeiner Weise in Beziehung stehen.

---

[150] Diese beiden Zahlen auf ganze Prozente gerundet. Auch die Standardabweichung bestätigt dieses Bild: Sie beträgt auf der Basis *x-1* = 2,28, auf der Basis *x* = 2,23. Hier handelt es sich also um die niedrigsten der bislang erörterten Werte und somit um die konstanteste der drei Reihen.

[151] Hier ist an Bedienung, Nahrungsmittelzubereitung, Reinigungsarbeiten und vieles mehr zu denken. Ein lebhaftes Bild für die Funktion von Dienerinnen in den homerischen Epen zeichnet E. Schwarz, 246-264.

[152] Von 60.01,37 soll im folgenden abgesehen werden, da dieser Text zwar in seiner Struktur klar aufgebaut ist, aber inhaltlich und ökonomisch nicht zugeordnet werden kann. Ferner sind Name und Zahl beim LÚ.*māḫiṣū* nicht erhalten.

[153] "Weberinnen" sind dabei vorerst nicht in die Betrachtung einzubeziehen, da davon ausgegangen werden muß, daß ihre soziale Stellung eine andere gewesen sein könnte als die ihrer männlichen Kollegen.

Wir beginnen mit 46,10, wo die LÚ.MEŠ.*ma-ḫi-iṣ-i* in einer Reihe mit mehreren anderen Personen stehen, die auch anderweitig in den Getreidelieferlisten vorkommen. Auffällig ist, daß im ganzen Text —mit Ausnahme von Z. 14 (einer Lohnzahlung) und Z. 24f. (Auszahlung an den Hirten zur Fütterung der Pferde)—ebenso wie in Text 54, der gewisse Parallelen mit Text 46 aufweist, ausschließlich durch 5 teilbare Zahlen [154] zur Auszahlung gelangen. Die beiden Texte liegen fünf Monate auseinander. Die LÚ.MEŠ.*māḫiṣū* erhalten in 46,10 40 *pa* ZÍZ. Wir werden daher wohl annehmen müssen, daß hier eine Lieferung vorliegt, die nicht jeden Monat erfolgt, sondern nur - es sind nur zwei derartige Texte erhalten - etwa im Abstand mehrerer Monate. Rechnen wir von Text 54 noch einmal fünf Monate weiter, so gelangen wir auf den Monat Niqali C, in dem die LÚ.MEŠ.*māḫiṣū* wiederum belegt sind. Leider sind hier die Ausgabemengen nicht erhalten, jedoch fällt auf, daß auch hier mehrere Personen ZÍZ erhalten, die aus den Normblöcken bekannt sind. Wir dürfen also folgern, daß die Emmerlieferung an die Weber nicht monatlich, sondern im Abstand von mehreren Monaten erfolgt. Daß es sich um eine Lieferung für mehrere Monate handeln muß, erhellt daraus, daß die übliche Lieferung an den König in 34,8 ausdrücklich gekennzeichnet wird *ša* ITI.1.KAM, was doch wohl so zu verstehen ist, daß die anderen Lieferungen als mehrmonatig zu verstehen sind [155]. Allerdings bleibt offen, wieso die Weber als Gruppe eine Zuteilung erhalten, andere Einheiten der Palastökonomie jedoch nicht [156].
Unter den einzelnen Webern verdient unser besonderes Augenmerk Eḫli-Addu (11,16) [157]. Er erhält im Normblock 8 *pa* Gerste. Daher wird er personidentisch sein mit der gleichnamigen Person in 6,6 und 46,22, die beide Male als UGULA LÚ.MEŠ.UŠ.BAR "Aufseher der Weber" bezeichnet wird und 5 *pa* ZÍZ erhält. Man möchte von daher vermuten, daß er der Aufseher der in 46,10 belegten LÚ.MEŠ.*māḫiṣū* war. Bedenkt man, daß zwischen Text 11 (Aštabi B) und Text 46 (Utitḫi B) [158] genau vier Monate liegen, so können wir festhalten, daß Eḫli-Addu in Text 11 etwa 2 *pa* Gerste monatlich für die kommenden Monate bekommt. Für die beiden ZÍZ-Lieferungen gilt unter Berücksichtigung des chronologischen Verhältnisses eine Menge von 1 *pa* Emmer monatlich.

---

[154] Für Text 54 stimmt diese Beobachtung nur für den ZÍZ-Block.

[155] Die Belege 48,9 und 75,7 lassen keine weiteren Schlußfolgerungen zu. Beim ersten könnte es sich um eine ZI.AŠ-Lieferung handeln, für die dann Analoges geltend gemacht werden könnte wie für den ZÍZ, die zweite gehört in den letzten Monat der Lieferungen überhaupt. Auch aus Text 31,9 lassen sich keine weiteren Ergebnisse ableiten.

[156] Es fehlen z.B. alle Frauen, die LÚ.MEŠ.*asīrū* etc.

[157] Es gibt zwei Personen mit diesem Namen in den Getreidelieferlisten, daher wird ausnahmslos die Berufsangabe "Weber" bzw. "Sänger" mit angegeben.

[158] Die Folgerungen sind stets mit dem Unsicherheitsfaktor belastet, daß in manchen Berechnungen der Ausgabemonat mit zu berücksichtigen ist und in anderen nicht. Dennoch dürften sie prinzipiell richtig sein.

Text 4,17.29 nennt einen Werimusa als Weber. Er erhält im Normblock 4 *pa* Gerste und darüberhinaus im ŠE.BA LUGAL-Block 5 *pa* ZÍZ. Auch hier wird man eine Vorgesetztentätigkeit vermuten dürfen, zumal bis zur Auszahlung an Eḫli-Addu genau fünf Monate vergehen. Er erhält also im Monatsdurchschnitt 1 *pa* ZÍZ und etwas weniger als 1 *pa* Gerste. Danach wird er nicht mehr erwähnt, vielleicht weil er seine Vorgesetztentätigkeit an Eḫli-Addu abgegeben hatte oder verstorben war.
Ein weiterer Weber ist Ḫirše, der in 21,9 ebenfalls 5 *pa* ZÍZ entgegennimmt, die dann seine Emmerversorgung ebenfalls bis in den Monat Niqali C sicherstellen. Setzen wir hier ebenfalls eine Aufgabe als Vorgesetzter an, so bleibt allerdings sein Verhältnis zu Eḫli-Addu offen. Dasselbe gilt für DUMU *Kutturruwe* (10,10: 3 *pa* ZÍZ).
Der Eintrag 68,6 ist nicht ganz erhalten, doch ist die Ergänzung UGUL]A LÚ.UŠ.BAR nach dem Gesagten ziemlich sicher. An diesen werden laut der Tabelle 7 *pa* ZÍZ, jedoch keine Gerste ausgegeben. Der Name des Empfängers wird leider nicht genannt. Rechnen wir allerdings vom Šamena, in den die Tafel gehört, sieben Monate zurück, so kommen wir ziemlich genau auf den Utitḫi, in dem der amtierende Weberobmann Eḫli-Addu seine letzte Lieferung erhalten hatte, so daß er hier gemeint sein dürfte.
Wir haben nun die Belege für Weber außerhalb der genannten Stellen daraufhin zu untersuchen, ob sich weitere Hinweise auf die genannten Personen oder das Kollektiv der Weber am Palast finden.
Da wir für das männliche und weibliche Gesinde jeweils erhoben hatten, daß Arbeitskraft vom Palast mindestens zu weiten Teilen durch das Institut der Schuldknechtschaft rekrutiert wurde, suchen wir zunächst in den Schuldtexten.

Den Belegstellen 31.11,5; 31.02,4 und 31.03,3f [159] entnehmen wir, daß Weber in Schuldknechtschaft verbracht werden konnten. Allerdings sind die dort belegten Namen in den Getreidelieferlisten nicht mehr erwähnt. Dies findet jedoch seine Erklärung darin, daß die Gruppe der Weber (ebenso wie die oben besprochenen Frauen und Männer) als Einheit gesehen wird. Die dort jeweils geäußerten Vermutungen über die Rentabilität von Schuldknechten sind in jedem Fall auch hier zutreffend, wobei hier noch das Kriterium der beruflichen Qualifikation hinzukommt. Daß Mitglieder einer Berufssparte "in die Wirtschaftseinheit des Ammitaqum" einverleibt werden, ist hier direkt bezeugt.
Indessen können wir noch weitere Folgerungen treffen: In Text 31.05,1-8 [160] werden Nadina und Zigilda, die beiden Söhne des Kutturu, in Pfandhaft genommen. Hatten wir uns bei der Behandlung dieses Textes noch vorsichtig über eine mögliche Gleichsetzung mit dem DUMU *Kutturuwe* aus 10,10 geäußert, so ist nun folgende Überlegung anzustellen: In 42.16,1 erhält ein Nadina LÚ.UŠ.BAR

[159] Vgl. zu diesen Texten Vf., UF 24.
[160] Vf., UF 24, 464f.

eine größere Menge Wolle (vgl. 42.15,1 [161]). Hier ist wohl davon auszugehen, daß es sich um Arbeitsmaterial handelt, was für die anderen in den beiden Texten belegten Personen genauso gelten dürfte, die demnach auch als Weber anzusehen sind, welche dem Palast unterstehen. Er dürfte also trotz (oder wegen?) seiner sozialen Stellung als Pfandhäftling zu den Personen gehören, die sich im Dienst des Palastes bewährten und einen gewissen Aufstieg erlebt haben, da er (s.o.) aus der Masse der Weber herausgehoben ist und zu den Personen gehört, die wenigstens einmal eine persönliche Lieferung erhalten und mit dem Empfang des Arbeitsmaterials betraut sind. Sein Bruder Zigilda hatte es offenbar nicht so weit gebracht: Er wird nur einmal [162] erwähnt (35,78) und füttert dort einen Esel. Entweder gehörte er also zu den Schuldknechten, die dem allgemeinen Personal eingegliedert waren, oder aber er war einer der nicht weiter erwähnten Weber.
Eine Person mit ähnlichem Namen ist belegt in 22.06,27: IGI *Zi-gi-il-de* ÌR LÚ*A-la-la-aḫ*. Er steht dabei unter mehreren hochstehenden Personen, ist aber der einzige, der keine konkrete Berufsangabe hat, sondern "nur" als ÌR LÚ*A-la-la-aḫ* gekennzeichnet ist. Diese Angabe scheint zunächst etwas widersprüchlich, löst sich aber zwanglos auf, wenn wir diesen Zigilde nicht mit dem erwähnten Pfandhäftling gleichen, sondern mit dem Zigilde aus 60.01,13. Obwohl dieser Text kaum verständlich ist, können wir sagen, daß die Person als LÚ.QA.ŠU.DUḪ bezeichnet wird und mit einer Menge von 101 *pa* ZÍZ befaßt ist. Es ist nach dem Gesagten kaum wahrscheinlich, daß Zigilde sich als Pfandhäftling eine solche Position erarbeitet hätte, zumal seine Position bei Hofe kaum eine offizielle war, die z.B. einen Titel mit sich brachte, während umgekehrt die Stellung eines "Mundschenks" gut zur Position des Zeugen und "ÌR LÚ*Alalaḫ*" paßt [163].

In Text 31.09,5 [164] wird ein Eḫli-Addu als Pfandhäftling genannt. Dieser hat seinen Kredit bei Talm-Ammu und nicht beim Palast aufgenommen, was durch eine charakteristische Abweichung in der "Einsitzformel" zum Ausdruck kommt: statt des üblichen (*ana mazzazzān(ūt)im*) *ina* É.GAL-*lim wašib* "als Pfand/zur Pfandhaft ist er in die Palastwirtschaft eingeordnet" steht hier nur *mazzazzānim wašib* "(sein Sohn) ist als Pfand eingesetzt", da der Schuldner sich wohl zunächst seinem direkten Gläubiger unterstellt sah. Hier wäre es mindestens denkbar, daß Eḫli-Addu von Talm-Ammu im Wege einer Schuldabtretung (deren Textbeleg allerdings nicht erhalten ist) an den Palast abgetreten wurde und es dort zu einer gewissen Stellung als Obmann der Weber brachte.

---

[161] D. Arnaud, AuOr 16, 165 übersetzt *ḫi-da-ru* mit "enclos", ohne nach dem Sinn einer solchen Deutung zu fragen.

[162] Wenn es sich um dieselbe Person handelt.

[163] Vgl. J.-J. Glassner, RlA 8, 420: Der Mundschenk ist ein "officier qui vit au service et dans la proximité des grands".

[164] Vf., UF 24, 470f.

Der letzte einzeln belegte Weber ist Ewriḫa'uwe (50.03,2) [165]. Nach der gängigen Meinung [166] handelt es sich um jemanden, der seine Schulden zurückzahlt, so daß die Stelle für unseren Zusammenhang nicht in Frage kommt. Dies ist allerdings abhängig von der Interpretation der Textgruppe 50 überhaupt. Richtig ist aufgrund unserer Analyse der Texte [167] wohl die Annahme, daß Ewriḫa'uwe als Weber eine selbständige Finanztransaktion durchführt, bei der der Palast lediglich als Zwischenstation für durchlaufendes Geld anzusehen ist. In jedem Fall lassen sich aus diesem Beleg keine Schlußfolgerungen für die LÚ.MEŠ.*māḫiṣū* der Getreidelieferlisten ziehen, da es hier wie bei allen Texten der Gruppe 50 eher um eine individuelle Angelegenheit geht, bei der der Beruf des Betroffenen [168] eher das Zufällige als das Wesentliche darstellt.

Fassen wir von der letztgenannten Stelle aus die soziologischen Aspekte bezüglich der Webergruppe zusammen: Der Beruf des Webers war eine Tätigkeit, die (siehe auch die Pfandurkunden) individuell und unabhängig von der Palastwirtschaft ausgeübt werden konnte. Unklar bleibt dabei, inwieweit außerhalb des Palastes ein Markt für Webereiprodukte bestand. Wir müssen doch wohl annehmen, daß im Privatsektor die Familien sich weitgehend autonom versorgten, während im Palast Weber deswegen vonnöten waren, weil aufgrund der Arbeitsteilung weite Teile der Angestellten mit anderen Aufgaben als der Herstellung von Webereiprodukten betraut waren. Überdies dürfte es effizienter gewesen sein, jede Personengruppe mit der Durchführung einer je eigenen Tätigkeit zu beauftragen und die Grundbedürfnisse zentral zu regeln, als die Arbeitszeit zugunsten der individuellen Versorgung zu reduzieren. Ein Bedarf an "Berufswebern" scheint daher eher bei solchen οικοι vorhanden gewesen zu sein, die zwar arbeitsteilig organisiert waren, jedoch keine so große Mitgliederzahl aufwiesen, daß eine eigene Sparte "Weberei" möglich und nötig war. Angesichts des Ausgrabungs- und Textbefundes besteht allerdings bezüglich dieser "Mittelschicht" eine Kenntnislücke. Wenn unsere Interpretation von UŠ.BAR-*tum* (32.04,4) [169] als "Zunftweber" richtig ist, wäre hier ein Indiz für eine solche Organisation gegeben, da die Weber des Palastes sich wohl nicht "gewerkschaftsmäßig" organisierten. Überdies spricht der genannte Text ja von der Pfändung einer Person, also von deren Beruf vor der "Einordnung in die Palastwirtschaft".

Innerhalb des Palastes war ein ständiger Bedarf für Webereiprodukte vorhanden, der aus einem Grundbedarf und aus Spitzenzeiten bestand. Die Maximalwerte waren abhängig von der Gesamtzahl der im Palast anwesenden Personen, so daß

---

[165] Wir verzichten auf die Bearbeitung der Belege 94,2.4, da sie in zerstörtem Kontext stehen und ohnedies fraglich bleiben muß, welcher Gattung der Text zuzurechnen ist.

[166] D.J. Wiseman, Al T, 103.

[167] S.o. Kap II.

[168] In Text 50.01 ein Fischer; sonst werden Filiationen genannt.

[169] Vf., UF 24, 457.

eine Korrelation zwischen den Ausgabemengen für Weber und für weibliches Gesinde bestand. Inwieweit die Pfandhäftlinge und die mitverpfändeten Frauen und Töchter jeweils gleichzeitig im Palast arbeiteten, läßt sich nicht sagen, da die Buchhaltung an den jeweiligen Individuen kein Interesse hatte. Auffällig ist, daß hier vor allem Männer weben, was im Alten Testament [170] und der Odyssee [171] nicht vorkommt, in den mykenischen Texten [172] nur selten belegt, in Ägypten [173] aber üblich ist.
Darüber hinaus ist festzuhalten, daß die Weber im Palast offenbar als eine separate Gruppe organisiert waren, die einem (oder mehreren?) Vorgesetzten unterstand. Für zwei der namentlich herausgehobenen Weber konnten wir eine soziale Herkunft aus dem Stand der Pfandhäftlinge wahrscheinlich machen, wobei allerdings keiner der beiden über die gesamte Zeit hinweg belegt ist.

2.1.4. Text 1,4: 1 ^{f}*Zi-ir-ri*

Mit Zirri begegnen wir zum ersten Mal dem Vorgang der Versorgung einer Einzelperson. Es kann vordergründig nicht eindeutig festgestellt werden, ob sie zur privaten Versorgung eine Nahrungsmittellieferung erhält oder ob sie als Funktionsträgerin anzusehen ist. *A priori* darf jedoch vorausgesetzt werden, daß sie eine hervorgehobene Rolle am Palast spielte, denn sie wird nicht unter den Begriff "Gesinde" subsumiert, sondern als Einzelperson mit Namen genannt. Sie ist ausschließlich im Normblock belegt, was dafür spricht, daß sie eine Funktion am Palast hatte oder zur königlichen Familie gehörte.

a) Belege

1,4: 1 ^{f}*Zi-ir-ri*
3,6: 1 ^{f}*Zi-ir-ri* MÍ.NAR
4,12: 1 ^{f}*Zi-ir-ri*
5,12: 1 ^{f}*Zi-ir-ri*
6,27: 1 ^{f}*Zi-ir-ri*
8,6: [1—] ⌊*a-na*⌋ *Zi-i*[*r-ri*]
9,19: 1 ^{f}*Zi-ir-ri*
11,14: 1 ^{f}*Zi-ir-ri*

---

[170] Vgl. H. Utzschneider, WuD 21, 72-74.

[171] Vgl. G. Wickert-Micknat, ArchHom III/R, zur Funktion der Frau in der Textilproduktion (a.a.O., 38-45) und *passim* zur geschlechtsspezifischen Arbeitsteilung (z.B. a.a.O., 76: "Die Trennung von männlichen und weiblichen Umgangsbereichen leitet sich gewöhnlich vom Objekt des Umgangs her.").

[172] J. Chadwick, Mykenische Welt, 108.201 zu Weberinnen, vgl. S. 210 zu einem Weber, doch gewinnt man hier den Eindruck, daß es sich nicht um die regelmäßige Produktion, sondern um einen Spezialisten handelt.

[173] Herodot, Hist. II 35,2 nennt webende Männer in Ägypten als Beispiel dafür, daß in Ägypten die Sitten und Gebräuche anders sind als überall sonst auf der Welt. Diese Tätigkeit war in Griechenland Frauensache, vgl. z.B. Hom., Il. I,30; Od. VII,108f u.ö.

12,9: 1 ^{f}*Zi-ir-ri*
13,7: 1 *Zi-ir-ri*
16,5: 1 ^{f}*Zi-ir-ri*
17,7: 1 ^{f}*Zi-ir-ri*
19,6: 1 *a-na* ^{f}*Zi-ir-ri*
20,16: 1 ^{f}*Zi-ir-ri*
22,11: 1 *pa* ŠE *a-na* ^{f}*Zi-ir-ri*
23,11: 1 ^{f}]*Zi-ir-ri*
24,13: 1 ^{f}]*Zi-ir-ri*{*-ḫu*}

Textanmerkungen:

8,6; 23,11; 24,13: Zur Lesung dieser Stellen ist zu bemerken, daß die Ausgabemenge 1 *pa* zwar ergänzt ist, aber dennoch als sicher zu gelten hat. Hierfür spricht der allgemeine Befund aller 17 Belege für Zirri, die für diese Frau keine andere Ausgabemenge kennen.

Die Ergänzung des Determinativs in 23,11 und 24,13 kann sich darauf berufen, daß der Name an letzterer Stelle in ganzen Reihe von Frauennamen (die Personen sind durch das hurrit. Genitivmorphem *-we* als Ehefrauen gekennzeichnet) steht, im erstgenannten Beleg immerhin direkt neben der Timunna[174].

8,6; 13,7: Nur diese zwei Stellen führen den Namen ohne Determinativ.

9,19: D.J. Wiseman[175] führt im Register diese Stelle und 11,14 unter *Pu-zi-ir-ri*[176]. Dies ist wohl ein Folgefehler seiner These über die Form des Determinativs vor weiblichen Namen[177].

24,13: Wahrscheinlich nimmt man am einfachsten[178] eine Dittographie aufgrund der Ähnlichkeit der Zeichen ḪU und RI an. Der Schreiber hätte also zunächst zu einem zweiten RI angesetzt, beim Einsetzen der senkrechten Keile[179] aber seinen Fehler bemerkt und innegehalten, das überflüssige Zeichen aber nicht getilgt.

b) Interpretation

Die Fragen der Statistik und der Orthographie sind in diesem Fall leicht zu erörtern. In allen Monaten, in denen die Zirri belegt ist, bekommt sie genau 1 *pa*

---

174 Siehe zu dieser Frau unten Kap. V,2.4.4.

175 D.J. Wiseman, Al T, 144.

176 So auch A. Draffkorn, Hurrians, 140 (nur letztere Stelle).

177 D.J. Wiseman, Al T, 20; vgl. G. Giacumakis, 25.

178 E. Gaál, AUSB 22, 32 liest LÚ.MUŠEN.<DÙ>: "The text reveal <sic!>, that the Lady Sirri was a fowler". Ist dies schon aus epigraphischen Gründen unzutreffend, sprechen die inhaltlichen Erwägungen vollends dagegen. Angesichts der Eindeutigkeit der übrigen Belege ist auch A. Draffkorns Lesung und Deutung (A. Draffkorn, Hurrians, 245) *zi-ni-ri-ḫu* "adj.; qualitiy of barley" abzulehnen.

179 Er wäre dabei also von rechts nach links vorgegangen, ähnlich wie wir dies mitunter tun, wenn in einem Wort mehrere i-Punkte oder t-Striche zu setzen sind.

Gerste. Dies entspricht der Regellieferung für eine Person ohne weitere Verpflichtungen [180]. Auffällig ist indessen, daß sie nicht jeden Monat eine Regellieferung erhält. Dies könnte man nun als Argument gegen die von uns gegebene Reihenfolge geltend machen, wenn man postuliert, daß die 17 Belege aufeinander folgen müßten, da Zirri sonst unversorgt wäre. Gegen dieses Postulat ist einzuwenden, daß an der Nahtstelle der Texte 9 und 10 Zirri ebenso wie die Frauen vom Gesinde nur eine Lieferung bekommt. Besser nehmen wir daher wohl an, daß die Lieferung an Zirri zwar mit einer gewissen Regelmäßigkeit, andererseits aber doch nicht allmonatlich erfolgt.

Auch bei der Schreibweise der Einzeleinträge stellen wir eine fast monotone Regelmäßigkeit fest. Die meisten Stellen schreiben ^{f}*Zi-ir-ri*, die Abweichungen [181] sind größtenteils in den Textanmerkungen aufgeführt.

Für uns am interessantesten ist die Variante 3,6, die uns Zirri als MÍ.NAR vorstellt. Demnach wäre sie eine Musikantin am Palast von Alalaḫ gewesen. MÍ.NAR ist im Korpus sonst nur [182] in der schwer verständlichen Stelle 44.04,37 belegt x GÍ]N GÌR GÌR MÍ.NAR *ša A-ia*. Diese Stelle weist folgende Probleme auf: Zunächst ist die Doppeltsetzung des GÌR unverständlich [183], und zum zweiten ist die Person des Aya, der im Text immerhin fünfmal belegt ist, unklar. Die zunächst naheliegende Annahme, es handle sich bei Aya nicht um eine Person, sondern um ein Divinum (entweder eine Hypostase des Ea [184] oder auch die Braut des Sonnengottes [185]) stößt auf die Schwierigkeit, daß in 44.04,22-24 mehrere Kinder des Aya vorkommen und in 21.02,12 eine Person namens Aya als Zeuge belegt ist [186]. M.E. wird der in 44.04 genannte Aya in irgendeiner Weise zur Familie der Braut, also nach Apišal, gehö-

---

[180] Dieser Wert ist (s.o. Kap. IV,5.2) geschlechtsunabhängig. Verpflichtungen wären die Fütterung von Tieren, der Ankauf von Gegenständen, die Weitergabe einer Lieferung an Dritte usw. Alles dies kommt bei der Zirri offenkundig nicht in Frage, sie erhält das Getreide zur bloßen Versorgung.

[181] Auf (1 *pa* ŠE) *a-na* (8,6 bzw. 22,11) brauchen wir hier nicht einzugehen, da es sich nicht um eine inhaltliche Variante, sondern um die Tabellenform der jeweiligen Tafel handelt.

[182] Abgesehen von den zwei gleich zu nennenden Belegen in den Getreidelieferlisten. In 30,3 ist wohl eher MÍ.ŠU.I als MÍ.NAR zu lesen.

[183] Es dürfte sich um einen Schreibfehler (Dittographie) handeln, zumal die benachbarten Zahlen stets GÍN GÌR Empfänger aufweisen.

[184] Vgl. zur Schreibung des GN Ea mit den Zeichen A.IA in PNN E.Lipiński, UF 20, 137.

[185] Vgl. zu dieser D.O. Edzard, WdM, 39 und H.D. Galter, DDD^{2}, 125-127 (mit weiterer Literatur). Die Verehrung der Göttin in Alalaḫ läßt sich allerdings nicht sicher nachweisen. Da in Ugarit (Ug 5 N 248,32) die solare Gottheit weiblich ist, dürften wir es hier eher mit dem Gott Ea zu tun haben, der seinerseits mit *Kṯr* zu gleichen ist (vgl. H. Niehr, NEB.E 5, 37f; M. Dietrich/O. Loretz, UF 31).

[186] Ob Personidentität vorliegt, muß offenbleiben.

ren [187]. Zwar wird die Braut in 21.01 als Tochter des Nawaratal bezeichnet, doch könnte der Brautvater schon verstorben und sein Rechtsvertreter der Aya gewesen sein. Dies würde also bedeuten, daß in 44.04,37 sozusagen eine einzelne "Privatmusikantin" des Brautvaters aufgeführt wäre. Da dies doch eher unwahrscheinlich ist und außerdem eine spezielle Ausgabe anläßlich einer Hochzeit nicht direkt auf eine monatliche Regellieferung übertragen werden darf, kann die Stelle 44.04,37 nur wenig für die Interpretation der Zirri-Belege beitragen. Immerhin halten wir fest, daß eine MÍ.NAR am Hof von Apišal für so wichtig gehalten wird, daß sie eigens eine Lieferung erhält. Ferner ist auffällig, daß Zirri nur dieses eine Mal als MÍ.NAR qualifiziert wird, wobei die Nennung des Berufes bei männlichen Musikanten eher der Regelfall ist. Auch ist kaum wahrscheinlich, daß nur eine Musikantin am Palast von Alalaḫ angestellt war. Gerade angesichts der hohen Qualifikation, die dieser Beruf erfordert, sollte man erwarten, daß Musikantinnen dauerhaft angestellt sind und mithin auch ständig beliefert werden. Dies ist offensichtlich nicht der Fall [188].

Eine weitere Hypothese bleibt zu prüfen, die ein Analogieschluß zuzulassen scheint. Eine Person, ein gewisser Ammarikke, tritt in 30.07,13 als Zeuge am königlichen Hof auf und wird dort als DUMU LUGAL bezeichnet. Eine gleichnamige Person erhält in 57,11 und 58,2 eine Gerstenlieferung von 20 *parīsū* [189] und wird dabei als LÚ.NAR qualifiziert. Man könnte also [190] beide Personen gleichsetzen, wofür man ins Feld führen könnte, daß Ammarikke in 57,11 direkt neben Jarimlim DUMU LUGAL steht und ebensoviel erhält wie jener. Ferner kommen in Text 58 ebenfalls beide Personen vor, wobei die Auszahlungsmengen wiederum identisch sind. Nun beruht diese Gleichsetzung im wesentlichen auf der Namensidentität, die allerdings zufällig sein könnte. Vielleicht ist es angesichts der anderen Argumente dennoch möglich, daß dieselbe Person vorliegt, die einerseits nach ihrer familiären Stellung als Königssohn, andererseits aber nach ihrer sozialen Stellung als LÚ.NAR bezeichnet wird. Sollte dies zutreffen, dann wäre der Titel LÚ.NAR nicht allzu konkret zu verstehen, sondern bezeichnet eine wie auch immer geartete. Diese wird dann indessen nicht am Palast [191], sondern eher am Tempel, der mit dem Palast

---

[187] H. Klengel, OLA 6, 440 (mit Anm. 25) glaubt, daß in 44.04 das "Palastpersonal im engeren Sinne, das den repräsentativen oder kultischen Verpflichtungen des Herrschers diente" belegt sei. Diese Annahme stößt allerdings auf das Problem, daß sich auch dann die Stellung des Aya und der mit ihm verbundenen Personen unter dem Palastpersonal nicht klar fassen läßt.

[188] Die anderen, in 24,12-16 genannten Frauen dürfen nicht als Musikantinnen apostrophiert werden, wie wir unten sehen werden.

[189] Ferner in 58,14 noch einmal 10 *pa* ZÍZ.

[190] Gegen Vf., UF 23, 423.

[191] Eine derartige Annahme müßte zudem erläutern, wieso Ammarikke als LÚ.NAR nur relativ selten, Zirri indessen relativ konstant beliefert wird.

schon rein räumlich eng verbunden war, zu suchen sein [192]. Es bleibt die Frage, ob dieser Befund auch auf Zirri übertragen werden kann. Man würde dann annehmen, daß es sich bei ihr um eine unverheiratete oder verwitwete Königstochter handelt, die noch oder wieder im Palast lebt und als solche versorgt werden muß. Sicherlich war sie als Person bekannt, so daß die Näherqualifikation ihres Namens nicht in jedem Einzelfall erforderlich war. [193]
Nähern wir uns nun dem Problem durch eine Übersicht über die Zeiträume, in denen die Frau belegt ist, so ist zunächst das Fehlen Zirris in folgenden Texten zu konstatieren: 2; 7; 10; 14; 15; 18; 21; 25-27. Dabei sind die Texte 7; 14 und 18 nicht vollständig erhalten, so daß wir über Zirris Funktion keine Aussage treffen dürfen. Ihr Fehlen in Text 10 könnte auf die Anomalie an der Nahtstelle der beiden Texte 9 und 10 zurückzuführen sein, so daß hier keine Aussage gemacht werden kann. Ihrer Nichtnennung in Text 2 am Anfang der belegten Zeit entspricht ihr Fehlen am Schluß in den Texten 25-27, so daß diese Texte außer Betracht bleiben müssen: Zirri könnte hier schlichtweg nicht zum Palastpersonal gehört haben [194]. Hierfür spricht, daß sie in Text 3 einmalig mit einer näheren Angabe vorgestellt wird. Da sie hier "neu eintrat", hielt man es für erforderlich, die Person einzuführen [195]. Zudem ist in den Getreidelieferlisten sonst nur einmal von MÍ.NAR die Rede:

26,4: 24 ^{f}*Pu-ú-ze* MÍ.NAR

Der Text liegt chronologisch außerhalb des Bereichs, in dem Zirri belegt ist. Vermutlich wurde die Funktion stets nur von einer Person gleichzeitig ausgeübt. Pūze erhält 24 *pa* auf einmal, was auf zwei Jahreslieferungen schließen läßt. Bei ihrem Neueintritt als Nachfolgerin der Zirri wurde die Gehaltsstruktur von Monats- auf Jahreslieferungen [196] umgestellt.

Ferner stellen wir fest, daß auch in 24,15 eine *Pu-ze-en* NAR belegt ist. Dies ist der einzige Text, wo diese parallel zu Zirri vorkommt. Dieses Vorkommen wird sozusagen als "Anlernphase" während des Amtswechsels zu deuten sein.

---

[192] Vgl. M. Heinz, AOAT 41, 14-19. Zur wirtschaftlichen Verbindung beider Größen wohl zu einseitig H. Klengel, OLA 6, 448f.

[193] Vgl. in der altakkadischen Zeit die Königstöchter Enḫeduana, die Tochter Sargons I und Enmenana, die Tochter des Narām-Sîn: "Die Königstöchter hatten kultische Ämter inne, die ihnen im übrigen auch regelrechten politischen Einfluß verschafften." (FWG II, 108). Zu ersterer vgl. jetzt A. Zgoll, AOAT 246, 38-46.155-169.

[194] Ihr Fehlen in den Texten 15 und 21 kann nicht erklärt werden.

[195] Die Phantasie könnte sich vorstellen, daß der Schreiber beim Diktat nachfragte und die erhaltene Auskunft gleich mit notierte.

[196] Diese Person ist dann wohl von der *Pu-ze-en* zu trennen, die in 30,7 eine Jahreslieferung erhält.

Da Zirri in ihrer Funktion offenbar austauschbar (bzw. diese Funktion von vornherein zeitlich auf zwei Jahre befristet) ist, wird sie ihre Lieferung kaum aufgrund ihrer Zugehörigkeit zur königlichen Familie erhalten haben. Wenn die Deutung "Sängerin" als Funktionsbezeichnung wörtlich zu nehmen ist, dann wäre es möglich, daß sie in irgendeiner Weise mit dem Tempel in Beziehung zu setzen ist.

Eine andere Vermutung ergibt sich aus den Texten von Māri. Wir wissen, daß in der Hierarchie des Harems [197] von Zimrilim die Sängerinnen—nach den Frauen königlichen Geblütes und den Konkubinen des Herrschers—die dritthöchste Kategorie bildeten [198]. Es gibt elf dieser Frauen, die wiederum hierarisch in zwei Untergruppen [199] eingeteilt waren ("premières chanteuses" und "petites chanteuses"). Leider läßt sich ihre soziale Funktion in Māri nicht präzise beschreiben. Immerhin konnten sie offenbar eigene Briefe [200] verfassen, in denen sie sich durchaus auch für ihre eigenen Belange einsetzten. Eine der Sängerinnen—die letztgenannte—erhält einen Ring im Wert vom 3 2/3 Šeqeln Silber [201]. J.-M. Durand hält die Sängerinnen für ehemalige Nebenfrauen Yasmaḫ-Addus, die mit Zimrilim verwandt und deshalb in den königlichen Harem aufgenommen worden waren [202].
Leider verbieten sich allzu kühne Schlüsse aus diesem Befund für unsere Zirri. Denkbar bleibt, daß sie eine Funktionsstelle zwischen Palast und Harem innehat. Wir werden unten sehen, daß die Häufung der Frauennamen in Text 24 mit außerordentlichen Lieferungen an den Harem zu tun hat. Wie allerdings Zirris Funktion genau zu beschreiben wäre, entzieht sich unserer Kenntnis.
Neuerdings vermuten G. del Olmo Lete und J. Sanmartín [203] für die Texte aus Ugarit, vor allem KTU 4.168, daß NAR = *šr* nicht unbedingt etwas mit Musik zu tun haben muß, sondern auch auf das hurritische *šer=i* "Thron" zurückgeführt werden könnte, zumal "Musiker" offenbar eher als Handwerker

---

[197] Bekanntlich stammt die Königin von Māri aus der königlichen Familie von Aleppo, so daß es durchaus möglich ist, daß die Struktur des Harems von Māri auch in Aleppo/Alalaḫ ihre Analogien hat. Vgl. zu Zimrilim und seinem Harem N. Ziegler, MémNABU 5, v.a. 69-82 zu Sängerinnen.

[198] J.-M. Durand, MARI 4, 395.

[199] N. Ziegler, MémNABU 5, 69 nennt als dritte Gruppe die Sängerinnen unter der Aufsicht von Izamu und vermutet, daß "Sängerin" mindestens gelegentlich als Euphemismus für "Konkubine" steht.

[200] J.-M. Durand, MARI 4, 413-416 nennt ARM X,97; X,92 und X,93.

[201] J.-M. Durand, MARI 4, 417.

[202] Der Titel könnte, ebenso wie der des *gerseqqu* (s.u. Kap. V,2.2.1.), im Lauf der Zeit eine Aufwertung erfahren haben.

[203] G. del Olmo Lete/J. Sanmartín, AOAT 250, 182f.

gesehen wurden [204]. Sollte eine Analogie zwischen beiden Textarchiven hier zulässig sein, dann wären Zirri und ihre Kolleginnen durch den Titel wohl lediglich als zur unmittelbaren Entourage des Thrones gehörig gekennzeichnet.

2.1.5. Text 1,5: **4 LÚ.ÁZLAG**

Hier treffen wir auf einen Eintrag, der im Normblock nicht obligatorisch ist. Im Normblock selbst finden wir folgende Einträge vor:

1,5: 4 LÚ.ÁZLAG
15,14: 4 *pa* ŠE LÚ.MEŠ.ÁZLAG [205]
17,4: 4 LÚ.ÁZLAG [206]
19,3: 4 *a-na* LÚ.ÁZLAG LÚ.URU.*A-ma-me*
21,20: 10 ŠE.BA LÚ.ÁZLAG *qa-du* TUR.MEŠ-*šu*
22,6: 4 *pa* ŠE *a-na* LÚ.ÁZLAG *Ni-im-na-du*
25,14: 4 *pa* ŠE *a-na* LÚ.ÁZLAG

Für die Lesung des Logogramms und die genaue Funktion des Berufs [207] bestehen auf den ersten Blick keine Anhaltspunkte, so daß bislang *faute de mieux*—die Wörterbücher geben für das Logogramm *ašlāku* [208]—auf die Angabe einer Lesung verzichtet wurde [209]. M. Tsevat [210] möchte sogar die Lesung ganz anzweifeln und argumentiert: "frequent occurence of these artisans, if we follow W. [211] is more than the Alalakhian society and economy would need and could bear". Daher möchte er LÚ.ḪUN lesen und dies als Abkürzung für LÚ.ḪUN.GA "Mietarbeiter" verstehen oder "less likely" *ašlakku* = "fuller" [212]. D̮.J. Wiseman [213] selbst liest LÚ.NAR, doch läßt sich hierfür ebenso wenig wie für LÚ.KU_4 bei J.O. Mompeán [214] eine Begründung angeben. Die Gesamtheit unserer Interpretation wird zeigen, daß LÚ.ÁZLAG wohl doch mehr Sinn ergibt.

---

[204] "Mit aller Wahrscheinlichkeit sind also die ug. *šrm* sowohl 'Sänger, Musiker' als auch 'Instrumentenbauer'" (G. del Olmo Lete/J. Sanmartín, AOAT 250, 182).

[205] G. Bunnens, BAfO 19, 76.83 A. 50 schlägt als Lesung LÚ.MEŠ.ENGAR vor.

[206] Vgl. auch die Abfolge in Text 21.

[207] Vgl. S. Lackenbacher, Syria 59, 137 A. 4; J.M. Sasson, JESHO 9, 161-181.

[208] AHw 81 (ohne Bezug auf Alalaḫ); CAD A/2 445-447 (dto.).

[209] Z.B. H. Klengel, OLA 6, 439 mit Anm. 14; G. Giacumakis, 108, s.v. TUG (sic!); D.J. Wiseman, Al T, 159.

[210] M. Tsevat, HUCA 29, 120.

[211] D.J. Wiseman, Al T, 159b.

[212] Vgl. dazu E. Reiner, AOAT 240, 407-411.

[213] D.J. Wiseman, JCS 13, 21.

[214] J.O. Mompeán, Ishtar, 322 "el que introduce en el templo".

LÚ.(MEŠ.)ÁZLAG kommt nur in der zweiten Hälfte des belegten Zeitraumes vor. Diese Beobachtung ist auch dann zutreffend, wenn wir den einzigen Beleg hinzunehmen, an dem das Wort außerhalb der Normblöcke in den Getreidelieferlisten erscheint:

35,14: 10 GÌR *Ni-mi-ni-a-du* LÚ.ÁZLAG

Hiergegen könnte man einwenden, daß evtl. in 2,15 Nimnadu erwähnt ist. Die Stelle ist aber stark zerstört, so daß keine weiteren Folgerungen zulässig sind. Die Beobachtung, daß die LÚ.MEŠ.ÁZLAG nur in einem begrenzten Zeitraum vorkommen, ist sicherlich schwerwiegender. Es dürfte sich daher um eine andere Person desselben oder eines ähnlichen Namens handeln [215].

Dies bedeutet dann, daß die entsprechenden Personen nur während der Zeit von Utitḫi B bis Pagri C in Erscheinung treten. Sie erhalten, abgesehen von der letztgenannten Stelle, stets 4 *pa* bzw. 10 *pa* Gerste. Dabei fällt allerdings auf, daß sie in den Normblöcken 16; 18; 20; 23 und 24 fehlen. Dabei sind allerdings die Texte 16 und 18 ohnedies nur teilweise erhalten, so daß der fehlende Beleg hier keine weitere Beweiskraft hat.
Indessen finden sich in dem bislang unveröffentlichten Normblock 23,19 die LÚ.MEŠ.*kiblū*, die vorher nur aus 20,3 bekannt waren.
Hier muß direkt auffallen, daß in 20,3 diese Personengruppe 10 *pa* Gerste erhält, was dem Wert aus Text 21 entspricht, in Text 23 jedoch die Menge von 4 *pa*, die aus den anderen Belegen vertraut ist. Da diese LÚ.MEŠ.*kiblū* nur in den Texten vorkommen, in denen die LÚ.MEŠ.ÁZLAG fehlen und gleichzeitig die ausgegebenen Mengen einander entsprechen, haben wir erste kontextuelle Indizien dafür, daß beide Personengruppen gleichzusetzen sind, und haben nun zu fragen, ob sich die Gleichung zusätzlich lexikalisch absichern läßt.

Überblicken wir die Forschungsgeschichte, so ist festzuhalten, daß für das Wort *giblu/kiblu* bislang keine befriedigende Deutung und Interpretation vorliegt: D.J. Wiseman [216] verzichtete auf eine Übersetzung, G. Giacumakis [217] setzte in seinem Glossar unter Berufung auf das sum. GIBIL [218] das Wort als "firewood man" an, das von A. Goetze [219] vorgeschlagen worden war, allerdings ohne diesen zu nennen. Die beiden Standardwörterbücher führen den Eintrag nicht [220].

---

[215] Das erste Element des Namens wird von D. Arnaud, AuOr 16, 170 auf eine N-Bildung der Warzel *ʾMN* zurückgeführt: "confirmation".

[216] D.J. Wiseman, Al T, 155.

[217] G. Giacumakis, 75 s.v.

[218] CAD G 65 s.v. *gibillu*

[219] A. Goetze, JCS 13, 35: "conceivably ‘firewood’".

[220] AHw 287b vermutet einen Hörfehler für *gidlu*.

D. Arnaud [221] erinnert an ugar. *gblm* und die darin vorfindliche Wurzel *GBL* "montagne", zieht es dann aber vor, "plutôt le sens de l'arabe et du syriaque" anzunehmen: "créer". Dabei bleibt allerdings offen, was dies im Kontext bedeuten könnte.

Demgegenüber wurde von M. Salvini [222] vorgeschlagen, das Wort mit dem hurr. *kepli* zu erklären. Dieses kommt in dem hurr.-heth. Mythos von Kešši [223] als Epitheton des Kešši vor und wird von M. Salvini als "Jäger" übersetzt. Diese Deutung wird aufgrund der hurritisch-hethitischen Bilingue bestätigt von E. Neu [224], der feststellt, daß in StBoT 32 14 Vs. I 12.14 das Wort in der hethitischen Übersetzung wiedergegeben wird durch das Akkadogramm LÚ.*ṢA-A-I-DU-TIM*, so daß die Existenz und Übersetzung des hurr. Lexems außer Zweifel steht.

Fraglich ist indessen, ob die LÚ.MEŠ.*kiblū* aus den Getreidelieferlisten hierher gehören, wie auch J.O. Mompeán annimmt. Letzterer vermutet innerhalb der Getreidelieferlisten eine Gleichsetzung mit LÚ.*Ṣa-i-du* (21,5) bzw. *Ṣa-i-id-ḫe* (42.04,14).

Gegen diese Annahme erheben sich indessen Bedenken:

—Ṣa'idu dürfte unstrittig einen Ortsnamen ("Steppe"?) darstellen, was auch die Nisbenbildung *ṣa'idḫe* ("Steppenbewohner"?) reibungsfrei erklären dürfte.

—Die hurr. Grundform des Wortes dürfte *kebel-* sein [225]. Dies wird aus den Schreibvarianten *ke-e-bi-il-la-šu-uš* (Z. 12) bzw. *ke-bé-e-il-la-šu-uš* in dem älteren Text der Bilingue hinreichend deutlich. Angesichts der Textgeschichte ist es daher einfacher anzunehmen, daß in Nordsyrien in der Ḫattušiliš-Zeit diese Form gebräuchlich war, die später im Hurritischen von Boğhazköi ihren mittleren Vokal verlor. Andernfalls müßten wir behaupten, das Wort sei in Alalaḫ ohne Vokal gesprochen worden, dann mit Vokal von Ebla zu den Hethitern gelangt, wo es den Vokal wiederum verloren hätte [226].

Fragen wir nun, wo im Akkadischen oder Semitischen eine Wurzel *GBL* bzw. *KBL* vorkommt, so stellen wir fest, daß erstere nicht mit einer im Kontext sinnvollen Bedeutung zu belegen ist. Für *KBL* ist die gemeinsemitische Wurzel *kabālu* "fesseln, binden" [227] zu nennen. Ein weiteres Indiz für die Richtigkeit unserer Annahme ist das Vorhandensein eines Gewandes *kaballu* [228] in Māri, Amarna, Nuzi und den hethitischen Texten, das von CAD auch in 22.05,16

---

221 D. Arnaud, AuOr 16, 157f.

222 M. Salvini, Xenia 21, 164.

223 CTH 361; Textzusammenstellung bei M. Salvini, Xenia 21, 160f.

224 E. Neu, Xenia 21, 104.

225 E. Neu, Xenia 21, 114 Anm. 19: "sprachechter Vokal hinter der Wurzel *keb-*".

226 Gegen E. Neu, StBoT 32, 114, der einen Sproßvokal annimmt und als Stammform dann *kēbli-* ansetzt.

227 AHw 414; CAD K 3, sowie die einzelsprachlichen Wörterbücher.

228 AHw 414a sowie 1565a; CAD 2f.

angesetzt wird [229]. Da das in Frage stehende Wort in Māri mit dem Determinativ TÚG gebraucht wird, ist anzunehmen, daß es sich eher um ein Kleidungsstück als um "Schuhe" (so CAD) handelt. Eine weitere lexikographische Beobachtung ist das Vorkommen des Wortes *kbs/ś* in Ugarit, das gemeinhin mit dem hebr. *KBS* "walken, waschen" (vgl. auch *KBŠ* "treten" geglichen), als "Walker" übersetzt wird und mit LÚ.ÁZLAG zu gleichen ist [230].
Das Lautwechsel /*s*/ zu /*ś*/ wird nun von J. Tropper [231] so erklärt, daß das Zeichen /*s̀*/ phonologisch als [^{t}s] realisiert wurde. Die Einführung des Zeichens sei angesichts der Deaffrizierung dieses bislang /*s*/ geschriebenen Lautes erforderlich geworden. In dem Wort *kbś* habe sich die Affrizierung halten können, da der Laut geminiert gesprochen worden sei. Hierdurch nicht erklärt werden allerdings a) die sachliche Nähe, ja fast Identität der beiden Wurzeln *KBS* und *KBŠ* im Hebräischen und b) weshalb im Partizip Aktiv Grundstamm der dritte Radikal geminiert sein soll—der Verweis auf die Form *sākinnu* genügt m.E. nicht, da hier die hurr. Endung *-nn-* Pate gestanden haben dürfte. In jedem Fall wird deutlich, daß bereits voreinzelsprachlich die Wurzeln KBS_1 ("treten", vgl. hebr. *KBŠ*) und KBS_3 (vgl. hebr. *KBS*, ugar. *KBS/Ś*) differenziert waren.
Das Vorhandensein einer zu postulierenden Wurzel **KBL* "wickeln, stricken" mit auf Kleidung bezüglichen Lexemen im Randakkadischen möchten wir nun so erläutern, daß dieser ein voreinzelsprachl. sem. /s_2/, also ein Lateral [232], zugrundelag, der in diesen Dialekten graphisch als /*l*/ realisiert wurde, und so mindestens graphisch KBS_2 mit der Wurzel *KBL* zusammenfiel. Inwieweit dies im Randakkadischen davon beeinflußt war, daß das Logogramm LÚ.ÁZLAG den "Walker" und den "Gewandmacher" meinte, muß offen bleiben. Unser Lexem *kiblu* stellt hiervon eine *pirs*-Bildung (Nomen actionis [233]) "das Stricken, das Wickeln" dar, so daß die LÚ.MEŠ.*kiblū* als "Leute des Strickens", mithin als "Stricker" zu bezeichnen sind. Insgesamt ist wohl anzunehmen, daß der "Gewandmacher" nicht mit gewebten Stoffen, sondern mit gesponnenen Wollfäden gearbeitet hat, so daß wir uns seine Tätigkeit eher als die eines "Strickers" vorzustellen haben. Hierfür spricht, daß der Fachhandwerker offenbar nicht jeden Monat belegt ist, was bei einem "Wäscher" doch anzunehmen wäre.

An weiteren Belegen für den Beruf finden wir in 31.13,19 [234] den Titel eines UGULA LÚ.MEŠ.ÁZLAG, der von einem Muš-šarru zur Zeit des Königs Irkabtum von Aleppo geführt wird. Dieser wiederum ist in den Getreidelieferlisten nicht belegt, was damit zusammenhängen dürfte, daß seine Eigenschaft als

[229] Dies ist indessen umstritten: A. Salonen, AfO 17, 379 liest *sar-ba-al-lu*.

[230] G. del Olmo Lete/J. Sanmartín, DLU, 209f.; vgl. W.H. van Soldt, UF 22, 352f mit Anm. 217.

[231] J. Tropper, UF 27, 519.

[232] Vgl. J. Tropper, JNWSL 20, 21.

[233] GAG § 55c.

[234] Vf., UF 24, 472f.

Zeuge eines Verpfändungsvorgangs chronologisch lange zurückliegt. Ob der Schuldner Aramu und seine Familie noch im Palast dienen, entzieht sich unserer Kenntnis [235].

Eine statistische Erörterung der Ausgabemengen erübrigt sich hier, da nur zwei unterschiedliche Mengen belegt sind: Für die Belange des "Strickers" sind—mit zwei Ausnahmen—stets 4 *pa* Gerste ausgegeben. Dabei fällt auf, daß der Empfänger in der Mehrzahl der Fälle im Singular steht. Da nun normalerweise eine Einzelperson 1 *pa* Gerste erhält und keine beruflichen Gründe namhaft gemacht werden können, die eine Mehrausgabe rechtfertigen, nehmen wir mit 15,14 an, daß mehrere Personen als Stricker eingesetzt sind, wobei jedoch nur eine Person, nämlich Nimnadu, *pars pro toto* empfangsberechtigt ist. Da der Empfänger andererseits gekennzeichnet ist als LÚ.URU.*A-ma-me* (19,3), wagen wir folgende Rekonstruktion: Der LÚ.ÁZLAG ist ursprünglich fremder Herkunft [236], er ist nicht aus der Residenzstadt gebürtig. Sein Name ist Nimnadu, er ist für eine Gruppe von Strickern [237] verantwortlich, für die er über einen gewissen Zeitraum hinweg monatlich 4 *pa* Gerste erhält. Allerdings gibt es hierbei zwei Ausnahmen: Die Sonderlieferungen in 20,3; 35,14—die beiden einzigen Belege, die außerhalb des Normblocks stehen—und 21,20. An zwei dieser drei Stellen kommen 10 *pa* Gerste, in Text 35 10 *pa* Emmer zur Auszahlung. In 21,20 wird überdies durch *qadu* TUR.MEŠ-*šu* [238] deutlich gemacht, daß hier nicht die reguläre Gruppe zu versorgen ist, sondern noch weitere Personen von der Austeilung betroffen sind.

Auch wenn dies aus den Normblöcken nicht direkt belegt ist, übt Nimnadu wohl die Funktion des UGULA LÚ.MEŠ.ÁZLAG ausübt. Er wäre dann der Nachfolger des aus der Pfandurkunde 31.13 bekannten Muš-šarru.

Leider wissen wir nicht, weshalb in der ersten Hälfte der belegten Zeit keine Stricker versorgt werden. Da kaum anzunehmen ist, daß ihr Berufsstand erst allmählich erfunden wurde, dürften sie in dieser Zeit aus einem anderen Haushaltsposten versorgt worden sein. Dieser könnte dann auf Tafeln niedergeschrieben worden sein, die nicht aufbewahrt wurden. Offen bleibt, weshalb die Buchungen umgestellt wurden und in den Normblock gelangten. Eine ansprechende Annahme [239] wäre, daß dies mit dem Beginn der Tätigkeit des Nimnadu zu tun haben könnte. Wenn dieser in 2,15 erwähnt sein sollte, dann könnte dies (Tafel 2 und Tafel 15 fallen in den Monat Kalma) bedeuten, daß er zunächst um Jahreslieferungen erhielt, die dann auf monatliche Zahlungen umgestellt wurden.

---

[235] Man könnte ihn hinter dem Aramu (5,22) suchen, der einen "Kasten" kaufen soll.

[236] Der Ort Amame könnte im Einflußbereich des Landes Amurru gelegen haben, vgl. Vf., UF 30, 839, Nr. 13.

[237] Vgl. 15,14, wo die 4 *pa* Gerste den LÚ.MEŠ.ÁZLAG zugesprochen werden.

[238] Lies: *ṣuḫārīšu*.

[239] Fraglich bleibt, wieso dieser dann weder bei seinem ersten impliziten Vorkommen in Text 15 namentlich genannt noch in 2,15 durch in Berufsangabe qualifiziert wird.

2.1.6. Text 1,6: 1 *Ki-in-ni* LÚ.MUŠEN.DÙ

Diese Person ist sowohl im Normblock als auch außerhalb belegt [240]. Daher stellen wir wiederum zunächst die Belege im Normblock tabellarisch zusammen.

1,6: 1 *Ki-in-ni* LÚ.MUŠEN.DÙ
2,6: [1] GÌ[R *K*]*i-i*[*n-n*]*i*
10,27: 4 ŠÀ.GAL MUŠEN.ḪI.A GÌR *Ki-in-ni*
11,11: 2—*Ki-in-ni* LÚ.MUŠEN.DÙ
15,6: 2 ŠE 1 ZÍZ GÌR *Ki-in-ni* LÚ.MUŠEN.DÙ
17,15: 1— *Ki-in-ni* MUŠEN.DÙ
19,8: 1 *a-na Ki-in-ne* LÚ.MUŠEN.DÙ
20,15: 2 ŠÀ.GAL UZ.MUŠEN GÌR *Ki-in-ni*
23,17: 2 *Ki-in-ni* LÚ.MUŠEN.DÙ

Dem sind Belege außerhalb des Normblocks gegenüberzustellen:

1,19: 1 ŠÀ.GAL MUŠEN.ḪI.A GÌR *Ki-in-ni* (ZÍZ)
10,11: 3 ŠÀ.GAL GÌR *Ki-in-ni* LÚ.MUŠEN.DÙ (ZÍZ) [241]
11,31: 3 GÌR *Ki-in-ni* LÚ.MUŠEN.DÙ ŠÀ.GAL MUŠEN (ZÍZ)
20,26: 1[?] UZ.MUŠEN GÌR *Ki-*[*in-*]*-ni* LÚ.MUŠEN.DÙ (ZÍZ)
23,31: 1 *Ki-in-ni* LÚ.MUŠEN.DÙ
28,3f: 1 *pa* ZÍZ *a-na Ke-en-ni* ŠÀ.GAL MUŠEN.ḪI.A.*ú-sí*
32,12: 2 *pa* ŠE 1 *pa* ZÍZ ŠÀ.GAL MUŠEN.ḪI.A *a-na Ke-en-ni*
34,5:] GÌR *Ki-in-ni* LÚ.MUŠEN.DÙ
50,16:] *a-na K*[*i-in-n*]*i*
57,5: 3 1/2 ŠÀ.GAL MUŠEN.ḪI.A GÌR *Ki-in-ni* (ŠE)
61,5: x+1 ŠÀ.GAL MUŠEN.ḪI.A GÌR *Ki-in-ni*
64,8: [x] ⌞ŠÀ.GAL MUŠEN⌟ *a-na Ke-en-ni*
67,11: 3 *a-na Ke-en-ni* (ZÍZ)
68,1f: 20 *pa* ZÍZ *šu-ku-up-te a-*[*n*]*a Ki-in-ni* MUŠEN.D[Ù] [242]
68,3: 1 *pa* ZÍZ 1 ŠE *ša-ni* [243]

---

[240] Vgl. E. Gaál, AUSB 22, 33.

[241] G. Bunnens, BAfO 19, 81 Anm. 13 nennt im Anschluß an D.J. Wiseman, JCS 12, 21 noch 10,8; dies trifft kaum zu, da die Menge von 20 *pa* nur hier und in 68,1 vorkommt und hier wohl *Ki-in-ni-ia* LÚ.NAGAR zu lesen ist. In 68,1 handelt es sich um *šukupte*-Getreide (siehe dazu unten Kap. V,2.9.1.), das demnach jährlich ausgegeben wird.

[242] Dieser Beleg wird im folgenden nicht mehr für die Interpretation Kinnis und des Vogelwesens herangezogen, da sowohl der Zusatz *šukupte* als auch die ungewöhnlich hohe Ausgabemenge deutlich machen, daß hier ein Ausnahmefall vorliegt.

[243] Hier handelt es sich ebenfalls um Kinni, da der Text tabellarisch angeordnet ist. Man wird dann *šani* als Stativform zum Verb *šanû* "abermals tun" auffassen und als Ersatz für den darüberstehenden Namen verstehen, vergleichbar unseren Anführungsstrichen.

78,3f: 1 ŠÀ.GAL MUŠEN.*ši-e* GÌR LÚ.MUŠEN.DÙ (ZÍZ)
82,2: [Š]À.GAL MUŠEN.ḪI.A GÌR *Ki-in-ni*

Da Kinni mit der Vogelfütterung zu tun hat, ist zur Verbreiterung der Argumentationsbasis aufzulisten, wo in den Normblöcken Gerstenlieferungen für die Vögel belegt sind. Wir haben die Belege aufzuführen, in denen Vögel vorkommen und *nicht* eindeutig eine andere Person als Kinni die Gerste erhält [244].

2,10: 1 ŠÀ.GAL UZ.MUŠEN.ḪI.A
19,5: 4 ŠÀ.GAL MUŠEN.ḪI.A.u_4-*sí* [245]
20,10: 2 ŠÀ.GAL UZ.MUŠEN

Hinzuzunehmen ist noch eine weitere Belegstelle, die allerdings von ZÍZ spricht:

18,13: 2 ŠÀ.GAL MUŠEN GÌR [

Die ersten drei Belege (zu 18,13 siehe später) stehen in Blöcken, in denen Kinni nochmals belegt ist. Wir stellen fest, daß 19,8 nicht von Weitergabe zur Fütterung spricht, so daß daß er hier wahrscheinlich 1 *pa* zur persönlichen Versorgung, in Z. 5 jedoch zur Fütterung der Vögel erhält. Dasselbe Phänomen wird in Text 2 vorliegen. In Text 20 liegt der Fall jedoch anders: Dort sind jeweils 2 *pa* ŠÀ.GAL UZ.MUŠEN belegt, einmal ist Kinni genannt, das andere Mal nicht. Da die Summe auf 1/2 *pa* genau stimmt, nehmen wir an, daß es sich nicht um einen Doppeleintrag handelt, sondern vielmehr in 20,10 die Auszahlung an jemand anders erfolgt [246].

Zu Orthographie und Prosopographie stellen wir fest, daß für Kinni keine Filiation angegeben wird. Dennoch ist es als sicher zu erachten, daß ein PN

---

[244] Die Stelle 1,8 ist vorerst herauszuhalten, da Ananumeni ein PN ist. Dies kann—gegen A. Draffkorn, Hurrians, 232 (vgl. aber auch a.a.O., 22 wo der Name unter den Personennamen aufgelistet wird) als sicher betrachtet werden (nicht etwa *a-na Nu-me-ni* oder dergleichen), da in 60,10 der PN noch einmal mit Präposition GÌR bezeugt ist. Zu Namen mit den Elementen Anani- und Ananu- aus Schicht IV vgl. bequem die Auflistung bei E.M. von Dassow, 502f. Vgl. auch den PN *A-na-ni*-LUGAL(-*ma*) (RSOu VII, Nr. 34, Z.1; vermutlich aus Emar). Zur Endung -meni in Namen aus Alalaḫ VII, vgl. Vf., UF 23, 430f. J.O. Mompeán, Ishtar, 322 liest *a-na* NU[?].ME.NI und vermag dann aber keine Übersetzung zu geben: "3 para ... del alimento de las aves".

[245] Alleine diese Stelle dürfte in Zusammenschau mit den anderen Belegen wohl hinreichen (gegen D.J. Wiseman, JCS 13), die Zeichenfolge Ú.ZI bzw. U_4.ZI nicht als Personennamen zu verstehen, sondern als Bezeichnung einer Vogelart.

[246] Außerhalb des Normblocks liegt noch eine Gerstenlieferung zur Vogelfütterung (Z. 5) vor, dort allerdings ohne Nennung des Empfängers. Dies entspricht dem Verfahren bei den LÚ.MEŠ.*kiblū*, die in diesem Text einmalig außerhalb des Normblocks belegt waren.

vorliegt [247] und nicht etwa eine Berufsbezeichnung, da auch andere Personen als LÚ.MUŠEN.DÙ bezeichnet sind und eine—sicherlich vom Vogler zu unterscheidende Person [248]—in 60.02,14 als *Ki-in-ni* LÚ.*ḫa-za-an-ni* als Zeuge fungiert. Die Orthographie bietet drei Varianten: *Ki-in-ni* (so meistens), *Ke-en-ni* (32,11) und *Ki-in-ne* (19,8). Daraus dürfte zu folgern sein, daß es sich bei der Zeichenfolge *KI.IN.NI* um eine traditionelle Schreibung handelt, die tatsächlich realisierte Aussprache aber etwa */Kenne/* war. [249]

Betrachten wir nun die Empfangsmengen, so fällt auf, daß Kinni im Normblock viermal (1,6; 2,6; 14,15 und 19,8) nur 1 *pa* Gerste bekommt. In allen vier Texten werden den Vögeln separat Lieferungen zugeteilt (1,7; 2,10; 14,11; 19,5) [250]. Wir dürfen dies als Bestätigung für die eben zu 19,5.8 geäußerte These werten und vermuten, daß die Differenzierung zwischen persönlicher Versorgung und Vogelfütterung auch in den anderen Texten Gültigkeit hat. Dem entspricht, daß diese vier Texte zwar nicht die einzigen Belege für Kinni sind, wo die Vogelfütterung nicht erwähnt ist, in den meisten Fällen aber Kinni explizit mit der Vogelfütterung in Beziehung gebracht wird.
Dies erlaubt nun eine weitere Folgerung: In 20,15 hat Kinni den Vögeln 2 *pa* Gerste zu verabreichen. Dazu kommen (Z. 10) 2 weitere *pa* durch eine andere Person, so daß die UZ.MUŠEN zusammen 4 *pa* Gerste erhalten. Dem entspricht die Nettoausgabe an die MUŠEN.ḪI.A u_4-*sí* in 19,5. Auch in Text 10 sind 4 *pa* Gerste belegt, dort kommen allerdings noch Auszahlungen an Emmer hinzu. Dies wird damit zusammenhängen, daß in Text 9 (mit dem Text 10 ja zusammengehört) keine Ausgabe an die Vögel erfolgt. Zählen wir die Ausgaben in Text 11 zusammen, so ergeben sich 5 *pa* Getreide, in Text 15 sind es 3 *pa*. Dieses Verfahren läßt sich weiterführen: In den Texten der Monate Bala᾿e B (16; 47; 48) und Ḫudizzi B (18; 52) ist Kinni nicht belegt, im Šatalli desselben Jahres (17; 50) ist die Ausgabemenge (50,16) nicht erhalten. Über die Texte der Zeit Ḫiari B bis Kirari B hatten wir schon gesprochen; ob die in 32,12 belegten weiteren 3 *pa* Getreide für eine andere Vogelgruppe gedacht sind oder eher eine nachträgliche Ausgleichszahlung für das Ausbleiben von Getreide im Šatalli darstellen, muß offen bleiben. Im Monat Attana C erhält Kinni für die Vögel 3 1/2 *pa*, in den beiden Schaltmonaten 3 (67,11) bzw. 2+1+1 *pa* (23,17 in Verbindung mit 68,3); für die späteren Monate läßt sich die Aussage nicht so genau treffen, da die entsprechenden Mengen nicht vorhanden sind. Auch wird die Darstellung durch die Tatsache belastet, daß zwei Belege nicht datierbar sind. Die Verteilung der Tafeln über die Monate hinweg gibt noch Rätsel auf: Weder ist die Belegdichte eindeutig auf einen bestimmten Zeitraum fixiert, noch ist sie

---

[247] So auch A. Draffkorn, Hurrians, 39 mit einer Parallele aus Nuzi.
[248] Contra E. Gaál, AUSB 22, 33.
[249] Es wäre wohl aber des Guten zuviel, wollte man aufgrund dieser Varianten etwa *Ke-en*$_6$-*né* umschreiben.
[250] 1,7: 3 *pa* ŠE; 2,10: 1 *pa* ŠE; 17,11: 1 *pa* ŠE; 19,5: 3 *pa* ZI.AŠ.

gleichmäßig. Allerdings läßt sich sagen, daß während des Jahres von Utiṯhi B bis Niqali C Kinni so gut wie jeden Monat vorkommt [251]. Auch die monatlichen Ausgaben sind ungefähr gleich, wie wir sahen. Demgegenüber gibt es einen gewissen Schwerpunkt am Jahreswechsel von Jahr A zu Jahr B: Hier erhält Kinni einmal insgesamt 7 *pa* Getreide (Text 10, vermutlich dann für zwei Monate), das andere Mal dann 5 *pa*.
Völlig außerhalb dieser Reihen liegen die Belege in Text 2 und Text 28. Dort geht es allerdings jeweils nur um 1 *pa* Getreide, das im zweiten Fall eindeutig zur Fütterung bestimmt ist.
Drei der vier Belege, in denen Kinni nur 1 "Versorgungs*pa*" erhält, liegen hintereinander [252], wobei die Texte 1, 17 und 19 weitere Belege bieten, in denen Vögel ohne Angabe der direkten Bezugsperson genannt sind. Daher ist für Text 18 dasselbe anzunehmen: Auch hier erhält Kinni sein Versorgungs*pa* und zusätzlich noch weiteres Getreide, mit dem er die Vögel zu füttern hatte.
Als letzte Beobachtung ist zu erwähnen, daß Kinni im Attana B offenbar mehrere Vogelscharen zu versorgen hatte, da er in diesem Monat in drei verschiedenen Texten mit der Fütterung beauftragt ist.
Daß ferner Saatgetreide (*šukupte*, siehe dazu unten) jeweils im Abstand eines Jahres ausgegeben wird und offenbar im Spätsommer ein Höhepunkt der Aktivität Kinnis liegt, könnte darauf schließen lassen, daß die Vogelfütterung so organisiert war, daß der LÚ.MUŠEN.DÙ das für die Vögel erforderliche Getreide selbst anzubauen hatte und nur im Bedarfsfall um weitere Versorgung einkommen mußte.

2.1.7. Text 1,7: **3 ŠÀ.GAL MUŠEN.ḪI.A**

Auch hier ist zunächst—mit dem Normblock beginnend—das Material zusammenzustellen [253]. Auf die oben unter Kinni besprochenen Stellen kann dabei nicht verzichtet werden, da Empfang und Versorgung der Vögel zunächst

---

[251] Für den Ḫudizzi ist die Tafel nur fragmentarisch erhalten, Text 24 ist ohnedies etwas unregelmäßig, auch haben wir damit zu rechnen, daß der eine oder andere undatierbare Beleg hier unterzubringen sein könnte.

[252] Text 18,4.5 nennen jeweils 1 *pa*, der Empfänger ist weggebrochen.

[253] Auf den Beleg 35,16 wird vorerst verzichtet, da es sich hier nicht um eine Lieferung zur Fütterung handelt, sondern um Emmer, der sozusagen als Geldeswert zum Ankauf von Vögeln verwendet wird. Wir gewinnen daraus eine Relation: 8 Vögel kosten 1 1/2 *pa* Getreide. Mit der weiteren Relation 1 Šeqel Silber = 2 *pa* ZÍZ (51.07) können wir errechnen, daß 1 Vogel 3/32 Šeqel Silber kostete.
Dasselbe gilt für 2,25, wo der Knecht des "Steuereintreibers" 1 *pa* zum Ankauf von Vögeln erhält. Bei ungefähr gleichen Preisen wären dies 5 Tiere. Auffällig immerhin, daß beide Belege in die Zeit November/Dezember fallen. Ein besonderer Beleg ist der Ankauf (eines?) ḪAR.ḪAR-Vogels für ein *pa* ZÍZ in 6,8. Wenn die Lesung des Logogramms mit *ḫutḫutû* zutrifft, werden in 35,38 2 *pa* für den Erwerb weiterer Exemplare ausgegeben.

unabhängig davon zu erheben sind, welche menschliche Person die Lieferung zur Weiterverteilung entgegennimmt[254]. Wir untersuchen daher zunächst die Belege, die nur von Vögeln sprechen und gehen erst in einem weiteren Schritt auf den Berufsstand der Vogler ein. Hierdurch sichern wir uns auch dagegen ab, Lieferungen, die zur persönlichen Versorgung der Menschen gedacht sind, und solche zur Fütterung der Vögel unzulässig miteinander zu vermischen.
Die Tatsache, daß Kinni in der vorigen Zeile ein *pa* zu seiner persönlichen Versorgung entgegennimmt (zweiwertige Relation) und hier die Vögel extra zu versorgen sind, ist zu hinterfragen: Formal betrachtet ist die Angabe "Menge - Zweck" ebenfalls eine zweiwertige Relation. Wir dürfen auf dem Hintergrund des zu Kinni erhobenen Materials aber davon ausgehen, daß auch hier eine menschliche Person für die Vögel handelt, so daß wir die formal zweiwertige Relation als implizit dreiwertig zu betrachten haben.

a) Normblock

1,7: 3 ŠÀ.GAL MUŠEN.ḪI.A
1,8: 3 *A-na-nu-me-ni* ŠÀ.GAL MUŠEN.ḪI.A
2,10: 1 ŠÀ.GAL UZ.MUŠEN.ḪI.A
10,27: 4 ŠÀ.GAL MUŠEN.ḪI.A GÌR *Ki-in-ni*
11,18: 3 ŠÀ.GAL MUŠEN GÌR *Zu-un-na*
11,19: 1 ŠÀ.GAL MUŠEN GÌR *Šar-ru-we* DUMU SANGA
16,10: 1 ŠÀ.GAL MUŠ[EN *Iš-ma-*]*a-du* [LÚ.MU]
17,11: 1 ŠÀ.GAL UZ.MUŠEN GÌR LÚ.MU
19,5: 4 ŠE ŠÀ.GAL MUŠEN.ḪI.A u_4*-sí*
20,10: 2 ŠÀ.GAL UZ.MUŠEN
20,15: 2 ŠÀ.GAL UZ.MUŠEN GÌR *Ki-in-ni*
22,7f: 3 *pa* ŠE [Š]À.GAL [MU]ŠEN.ḪI.A u_4*-sí a-na Za-ab-ra-an*
25,5: 3 *pa* ŠE ŠÀ.GAL MUŠEN GÌR *Zu-un-na*

Textanmerkung:

16,10: Zu lesen ist lediglich die Zeichenfolge *a-du*. Wir werden unten sehen, daß der einzige in Frage kommende, auf *-a-du* auslautende Name, der hier vorgeschlagene Išma-Addu LÚ.MU[255] ist, den wir daher hier ergänzen. Die Annahme wird noch dadurch gestützt, daß die Vögel sonst im Normblock für gewöhnlich mehr Gerste bekommen als 1 *pa*. Nur in den Fällen, wo Kinni, der LÚ.MU oder der DUMU SANGA mit der Vogelfütterung betraut sind, wird 1 *pa* ausgegeben. Hier dürfte also von einer besonderen Verwendung auszugehen sein: Die Priesterschaft verwendet Vögel (vermutlich für Divinations-

[254] Allerdings könnte diese Differenzierung Folgerungen auf die Organisation des Voglerwesens zulassen. Dies kann jedoch nur das Ergebnis der Analyse sein, nicht jedoch deren Voraussetzung.

[255] Für die Ergänzung [*Na-ap-ši*]*-a-du* oder [*Ig-mi-ra*]*-a-du* ist wohl nicht genügend Platz.

zwecke—vgl. den *Ku-uz-zi* LÚ.ÚZU, der in 11,30 direkt vor Kinni steht und 2 *pa* erhält, andererseits in 35,16 8 Vögel kauft [256]), wohingegen der "Koch" wohl Enten zur Schlachtung füttert. Dabei ist interessant, daß die beiden Tafeln 16 und 17 direkt aufeinanderfolgenden Monaten entstammen und damit die Lieferungen an den Koch eine besondere Angelegenheit darstellen.

b) Tafeln mit Normblock; Belege außerhalb des Normblocks

19,17: 3 ŠÀ.GAL MUŠEN.ḪI.A u_4-*sí* (ŠE)
20,6: 3 ŠÀ.GAL UZ.MUŠEN (ŠE)

c) Gerstenlieferungen auf Tafeln ohne Normblock

32,9: 2 *pa* ŠE ŠÀ.GAL MUŠEN.ḪI.A *a-na Na-mu-qa-ni*
32,11f: 2 *pa* ŠE 1 *pa* ZÍZ ŠÀ.GAL MUŠEN.ḪI.A *a-na Ke-en-ni*
33,1: U]Z.MU[ŠEN
47,11: x]== ŠÀ.GAL MUŠEN G[ÌR LÚ.MUŠEN.DÙ]
47,13: 1+x——ŠÀ.GAL MUŠEN [
47,18: x] ŠÀ.GAL MUŠEN GÌR [
57,5: 3 1/2 ŠÀ.GAL MUŠEN.ḪI.A GÌR *Ki-in-ni* (ŠE)
61,5: x+1 ŠÀ.GAL MUŠEN GÌR *Ki-in-ni*
64,7: 10 *pa* ŠE *a-na* ŠÀ.GAL MUŠEN.ḪI.A.*ú-sí*
64,8: [x] ⌞ŠÀ.GAL MUŠEN⌟ *a-na Ke-en-ni*
67,6: 3 *a-na* MUŠEN.ḪI.A *a-na pa-za-ri*
68,10: 1 ŠÀ.GAL MUŠEN.⌜ḪI⌝!.[A]
82,2: [Š]À.GAL MUŠEN.ḪI.A GÌR *Ki-in-ni*

d) andere Waren

1,19: 1 ŠÀ.GAL MUŠEN.ḪI.A GÌR *Ki-in-ni* (ZÍZ)
1,22: 1 ŠÀ.GAL MUŠEN GÌR *A-ia*-LUGAL-*ri* (ZÍZ)
11,31: 3 GÌR *Ki-in-ni* LÚ.MUŠEN.DÙ ŠÀ.GAL MUŠEN (ZÍZ)
18,13: 2 ŠÀ.GAL MUŠEN GÌR [(ZÍZ)
18,14: 1 ŠÀ.GAL MUŠEN GÌR *A-ia*-[LUGAL LÚ.MUŠEN.DÙ (ZÍZ)
20,26: 1 ŠÀ.GAL UZ.MUŠEN GÌR *Ki-in-ni* (ZÍZ)
28,3f: 1 *pa* ZÍZ *a-na Ke-en-ni* ŠÀ.GAL MUŠEN.ḪI.A.*ú-sí* (ZÍZ)
28,5f: 1 *pa* ZÍZ *a-na Am-mi-ia-tum* ŠÀ.GAL MUŠEN.ḪI.A (ZÍZ)
50,14:] ⌜ŠÀ.GAL⌝ MU[ŠEN x (ZÍZ)
78,3: 1 ŠÀ.GAL MUŠEN.*ši-e* GÌR LÚ.MUŠEN.DÙ (ZÍZ)

Die Vögel bekommen also ausschließlich Gerste und Emmer [257]. Die Verteilung über die Monate hinweg ist unregelmäßig: Während der Monate Balaʿe B bis Šamena C finden sich regelmäßig Vögel, daneben noch einmal am Übergang

---

[256] Vgl. zu seiner Funktion als Priester auch 43.09,14.

[257] Vgl. G. Bunnens, BAfO 19, 78. Die Anmerkung S. 83 A. 68, nach der in 44,3 auch ZI.AŠ ausgegeben würde, beruht auf einer Fehllesung und ist zu korrigieren.

Attana/Aštabi B, alles weitere (Kalma A, Utitḫi A, Niqali C) sind Streubelege. Dies gilt auch, wenn man Lücken der MUŠEN-Überlieferung durch Kinni-Belege auffüllt und *vice versa*: Kinni ist abgesehen von Text 15 in denselben Monaten belegt wie die Vögel. Sein Vorkommen in diesem Text wird so zu erklären sein, daß er im Utitḫi des Jahres B Vögel zu füttern hatte, die dann zur weiteren Mast dem Išma-Addu übergeben wurden: In den Monaten Balaʿe und Šatalli, in denen der Koch vorkommt, erhält Kinni einmal nichts, im anderen Fall nur das Versorgungs*pa*. Wenn LÚ.MU einen "Koch" i.e.S. bezeichnet, ist verständlich, daß hier nur zwei Monate betroffen sind: Die in Frage stehenden Enten wurden wohl gemästet und dann bald geschlachtet. Dem entspricht, daß Kinni in diesem Zeitraum keine Gerste zur Fütterung der Tiere erhält.
Ein analoges Phänomen im Jahr zuvor anzusetzen: Die Tiere werden im Monat Kalma und im Utitḫi, der jahreszeitlich in dieselbe Zeit fällt, gefüttert, treten dann aber in den Folgemonaten nicht mehr auf.

Zur Verwendung der Vögel ist nun ein kurzer Überblick über die bisherige Forschungsgeschichte zu geben. Einer der ersten, der sich mit dem Problem befaßt hat, war O.Eißfeldt [258], der das Wort mit dem in Ugarit bezeugten *yqšm* "Vogelsteller" gleicht und feststellt, daß dieses sich "nicht nur auf die Beschaffung von eßbaren Vögeln, sondern auch auf die Bereitstellung von solchen, die zu Omina-Zwecken gebraucht werden", bezieht.
Weiterführende Anmerkungen macht E. Gaál [259]: Seiner Auffassung nach läßt der Gattungsbegriff keine weiteren Folgerungen über die Art der bezeichneten Tiere zu. Aus den in Text 10.03 belegten Zahlen möchte E. Gaál folgern, daß es sich eher um "domesticated" als um "trapped" Tiere handelt [260]. Letzterer Text deutet die Verwendung von Vögeln als Opfertiere an. Ferner nimmt E. Gaál an, daß Vogelsteller auch auf eigene wirtschaftliche Verantwortung tätig werden konnten, da die Tiere ja auch ge- und verkauft werden konnten [261].
Das Wort *ūsu* wird von E. Gaál in Anlehnung an G. Giacumakis [262] mit "goose" übersetzt, diese Tiere kommen nur in den Getreidelieferlisten vor [263].

---

[258] O. Eißfeldt, KlS III, 276f.

[259] E. Gaál, AUSB 13, 284.

[260] Doch wird hier zu fragen sein, ob die besondere Situation, die auch in der gattungskritisch einzigartigen Form des Textes zum Ausdruck kommt, auch in Bezug auf die Opfervögel eine Besonderheit ausdrückt, die demnach gerade nicht als Argument für das regelmäßige Leben herangezogen werden darf.

[261] Dabei wird allerdings stets nur der Käufer bzw. Mittelsmann genannt, nie jedoch ist explizit gesagt, daß der belegte PN der Verkäufer sein muß. Dies ist eher unwahrscheinlich, da die Formanalyse der Einzeleinträge zeigt, daß der jeweilige direkte Empfänger eher dem Palast zuzurechnen ist als dem Empfangszweck.

[262] G. Giacumakis, 110 (s.v. *usû*).

[263] Auf die Fehllesung Text 44 und die daraus resultierenden Interpretationen E. Gaáls (AUSB 13, 284) wird hier nicht weiter eingegangen.

Ferner hat sich G. Bunnens [264] mit der Vogelhaltung in Alalaḫ befaßt. Er stellt fest, daß diese Tiere in den Getreidelieferlisten doch relativ häufig vorkommen. Aufgrund der Tatsache, daß der "Koch" belegt ist und die näherbestimmten Vögel "Enten" bzw. "Gänse" sind, zieht G. Bunnens die Folgerung: "Ce ne sont pas des oiseaux d'agrément ni, semble-t-il, des oiseaux dressés pour la chasse, mais des animaux destinés à la consommation". Die ausgegebenen Mengen sind relativ gering, was in erstaunlichem Widerspruch zu der Tatsache steht, daß in den Sümpfen um Alalaḫ ein für Vogelzucht günstiges Milieu vorfindlich wäre und vor allen Dingen, daß 10.03 [265] von 1200 Vögeln bei einem "banquet sacré" spricht [266].
Dessen ungeachtet finden sich insgesamt mindestens acht Personen, die mit dem Titel MUŠEN.DÙ belegt sind. Diese haben nach G. Bunnens jeweils eine Vogelherde in den Sümpfen der Amuq-Ebene zu versorgen, so daß die ausgegebenen Lieferungen höchstens an die Vögel zu verfüttern sind, die in den Palast zurückgebracht werden, "pour y garnir la table royale". Kinni war unter diesen Voglern der höchstgestellte, da er am Palast selbst tätig war, vielleicht sogar als Vorgesetzter seiner Berufsgenossen. Insgesamt folgert G. Bunnens, daß die Vogelhaltung "devait constituer une part non négligable des activités économiques et sans doute de l'alimentation du palais d'Alalakh" [267].

Insgesamt werden also vier verschiedene Verwendungsbereiche für Vögel in der Literatur vertreten: Für den sakralen Bereich Opfer und Omen, für die Ökonomie Handel und Verzehr.
Wir haben uns deshalb in der Folge mit Text 10.03 zu befassen, um festzustellen, ob sich hieraus nähere Folgerungen auch für unseren Bereich ableiten lassen: Bereits oben [268] hatten wir festgestellt, daß dieser Text sich einer gattungskritischen Einordnung entzieht, da er im Korpus singulär dasteht und sich aller Wahrscheinlichkeit nach auf einen internationalen Vorgang bezieht [269]. Da es demnach um eine Angelegenheit in Aleppo geht, von der die Stadt Alalaḫ mittelbar betroffen war [270], läßt sich folgendes festhalten: In Aleppo wurden zu besonderen Anlässen Vögel und andere Tiere geopfert. Dies dürfte für Alalaḫ genauso gegolten haben, wenngleich entsprechende Vorgänge nicht belegt sind. In jedem Fall darf [271] hieraus kein weiterer Rückschluß auf die Getreideliefer-

---

[264] G. Bunnens, BAfO 19, 78f; Zitat S. 78.

[265] Vgl. V. Haas, HdO I/15, 658.

[266] Vgl. G. Bunnens, BAfO 19, 78.

[267] G. Bunnens, BAfO 19, 78.

[268] Kap. II.

[269] M. Dietrich/O. Loretz, UF 25, 107.

[270] Die Datierung fällt schwer, vgl. die Diskussion bei M. Dietrich/O. Loretz, UF 25, 106f mit vorangehender Literatur.

[271] Gegen E. Gaál, AUSB 13, 284.

listen gezogen werden, da Vögel als Opfertiere in Alalaḫ selbst nicht explizit belegt sind und ferner ein Anlaß, wie er dem Vorgang in 10.03 zugrundeliegt, nicht dem täglichen Leben entstammt. Ferner ist festzuhalten, daß außerhalb der Getreidelieferlisten Vögel nur in 10.03 belegt sind.

Dessen ungeachtet gibt es Hinweise darauf, daß Vögel auch in Alalaḫ zu sakralen [272] Zwecken verwendet wurden: In Text 35,16 erhält ein gewisser *Ku-uz-zi* [273] 1 1/2 *pa* Emmer zum Ankauf von acht Vögeln [274]. Nun ist in 11,30 ebenfalls eine Person mit Namen *Ku-uz-zi* belegt, die dort als LÚ.ÚZU, also als *bārû* näher bestimmt wird [275]. Daß dieser "Opferschaupriester" in Text 11 [276] direkt neben Kinni, der zur Fütterung der Vögel 3 *pa* ZÍZ erhält, zu stehen kommt, könnte folgende Assoziationskette nahelegen: Opferschaupriester → hat mit Vögeln zu tun → Kinni. Umso wahrscheinlicher wird die Juxtaposition, wenn der Opferschaupriester das Getreide ebenfalls für die von ihm betreuten Tiere entgegennimmt. Ablauf oder Auswertung der jeweiligen Orakel durch den Mantiker in Alalaḫ sind uns nicht bekannt; wir wissen auch nicht, ob es sich um Vogelflugorakel oder andere Formen handelt, wie sie aus der römischen Welt, aber auch aus den Kulturen des Alten Orients bekannt sind [277].
In jedem Fall können wir der Statue des Idrimi [278] einen eindeutigen Hinweis auf Vogelflugorakel entnehmen: Während seines Aufenthaltes bei den SA.GAZ führt Idrimi offenbar regelmäßig Orakelanfragen durch:

a-na li-bi ÉRIN.MEŠ LÚ.SA.GAZ	"Mitten unter den Ḫapiru
[28]*a-na* MU 7.KAM.MEŠ *aš-ba-ku*	saß ich sieben Jahre.
MUŠEN.ḪI.A *ú-za-ki*	Ich ließ Vögel frei[a)]

[272] Die Beziehung der Vögel zum "Koch" wird unten zu behandeln sein, da sie sicherlich weder durch Opfer noch Orakel begründet, sondern im profanen Bereich anzusiedeln ist.

[273] D. Arnaud, AuOr 16, 159 liest *Qú-uz-zi* und bemerkt "thème qutl d'une racine *qzz arabe ("être en repos") ... Les génitifs se lisent-ils aussi ainsi ou sont-ils superficiellement babylonisés?".

[274] Siehe zu den Folgerungen über den Wert der Tiere oben FN 253.

[275] Diese Person ist uns noch häufiger bezeugt: *Kuzzi* LÚ.ÚZU 42.04,12; 43.01,21; 43.09,13. Sie ist allerdings von dem Kuzzi in 23,28 zu trennen, da dieser als LÚ.NUMUN bezeichnet wird.

[276] Beachte auch 11,19: 1 (*pa* Gerste) an Šarruwe DUMU SANGA. Wenn das DUMU-Zeichen hier als TUR = *ṣuḫar* zu lesen ist und folglich nicht der Sohn des Priesters, sondern dessen Untergebener gemeint ist, hätten wir wiederum einen Hinweis auf kultische Verwendung der Vögel.

[277] Vgl. zu einem kurzen Überblick über Vogelopfer in syrischen und südanatolischen Ritualen V. Haas, HdO I/15, 658-661, zu Vogelflugorakeln z.B. a.a.O., 27.691; zu Vogelflugorakeln in Babylonien vgl. G.J.P. McEwan, ZA 70, 61-63, der einen hurritischen Ursprung dieser Form von Orakeln annimmt. Weshalb die Lutherbibel in 2.Reg 21,6 ("Vogelgeschrei") auf Vogelflugorakel anspielt, ist mir nicht deutlich.

[278] Vgl. zum Text M. Dietrich/O. Loretz, UF 13, 204.

[29]SILA$_4$.ḪI.A *ab-ri-ma*	und betrachtete Lämmer.
ù še-eb-i ša-na-ti [d]IM	Und im siebten Jahr wandte sich
[30]*a-na* SAG.DU-*ia it-tu-ur*	Teššup mir zu." (Idr. 27-30)

[a)]AHw 1507a *sub zakû* II D 7.

Die Stelle läßt sich kaum anders verstehen als so, daß Idrimi während seines Aufenthaltes in Kanaan darauf wartete, daß die Orakelanfragen dem Vorhaben seiner Rückkehr günstig waren. Zu den beiden verwendeten Orakeltechniken gehört auch das Vogelflugorakel, das Idrimi wohl aus Alalaḫ kannte. Wir dürfen aus der Gesamtheit der Indizien vermuten, daß auch in der aB Zeit das Vogelflugorakel eine gängige Praxis war, das die Anwesenheit mindestens eines Teiles der Vögel in den Getreidelieferlisten verständlich macht.

Eine Erklärung für die unregelmäßige Abfolge von Zahlungen für Vögel im Sakralbereich läßt sich so allerdings nicht geben. Insbesondere lassen die erhaltenen Hinweise kaum Schlüsse darauf zu, welche Personen (abgesehen vom Koch) mit Ominavögeln und welche mit Opfervögeln befaßt sind. Dies ist wohl so zu deuten, daß der Tempel prinzipiell selbständig wirtschaftete und im Palastarchiv nur die Vorgänge Niederschlag fanden, die diesen direkt betrafen. Dennoch läßt der Befund auch einen Rückschluß auf die ökonomische Verhältnisbestimmung zwischen Palast und Tempel zu. Offenbar bedurfte es in Alalaḫ—wie überall—für Orakelanfragen eigens ausgebildeten Personals, das kaum vom Palast selbst angestellt war, sondern vielmehr sein Auskommen im Tempel gehabt haben müßte [279]. Andererseits ließ sich der Tempel natürlich die entsprechenden Aufwendungen vom Palast ersetzen. Hierfür fanden wir bereits die entsprechenden Hinweise: Die Zahlung an den Priester zum Ankauf von Vögeln dürfte wohl so am einfachsten zu verstehen sein. Die Vögel kehrten bei ihrer Freilassung sicherlich nicht zurück, so daß der Palast die für sein Orakel entflogenen Tiere ersetzen mußte. Ein weiterer Hinweis auf wirtschaftliche Transaktionen zwischen Tempel und Palast findet sich in Text 30.13. Hier schuldet der Palast dem Tempel fast 2000 Šeqel [280]. Ein m.E. eindeutiger Beleg dafür, daß Orakelanfragen vom Tempel nicht umsonst durchgeführt wurden, besteht in 44.03,11-13: Eine Auflistung von wertvollen Gegenständen und Tieren wird gekennzeichnet als

"*annûtim inūma parsa ša* PNF LÚ.SANGA *uparrisu*"
"diese (Dinge) als der Priester eine Entscheidung für PNF durchführte".

---

[279] Wäre dies der Fall gewesen, so hätten solche Spezialisten viel öfter Niederschlag in den Listen finden müssen, da derart hochqualifizierte Menschen sicherlich nicht nur von Zeit zu Zeit angefragt worden wären und sich auch für eine "freiberufliche" Tätigkeit keine Hinweise finden lassen.

[280] Alleine diese Tatsache spricht gegen H.Klengels (OLA 6, 438.448f) Annahme, der Tempel sei eine dem Palast untergeordnete wirtschaftliche Größe gewesen. Vgl. auch Vf., UF 23, 431f.

Hier dürfte die Erklärung für die unregelmäßige Verteilung von Vögeln zu suchen sein: Im Sakralbereich wurden die Tiere nicht gleichmäßig über das ganze Jahr verteilt gebraucht. Vor gewissen Festen lag eine Häufung im Vogelbestand vor, die dann durch Vogelopfer und Orakel reduziert wurde.

Ferner bleibt offen, ob alle Vögel als UZ = *ūsu* zu bezeichnen sind oder ob in Alalaḫ auch andere Vogelarten zu füttern waren. Das in 78,3 belegte *ši-e* faßt man wohl am einfachsten als Wort für die Verwendung der Tiere auf. Nach dem Erhobenen kommt am ehesten eine Verbindung mit dem akkadischen *ša ʾû* "fliegen", so daß es sich um Vögel für Vogelflugorakel handeln dürfte. Vermutlich ist indessen noch mindestens eine zweite Vogelart belegt, nämlich der MUŠEN.ḪAR.ḪAR (6,8) [281]. Dieser wird allerdings nicht direkt gefüttert, sondern lediglich angekauft. Ein Zweck ist nicht angegeben, auch der Empfänger ist uns sonst nicht bekannt. Der einzige Hinweis, der eventuell vorliegt, könnte darin bestehen, daß die Zeichenfolge ḪAR.ḪAR das Tier sicherlich auf onomatopoetische Weise bezeichnet. Dann wäre denkbar, daß die Lesung des Logogramms mit dem *ḫutḫutû* aus 35,58 gleichzusetzen ist [282]. Dabei muß die Verwendung offen bleiben. Immerhin fällt auf, daß direkt vor und nach der in Frage stehenden Stelle der Pūya beliefert wird, so daß wir annehmen, daß er auch mit dem Ankauf der *ḫutḫutû*-Vögel befaßt ist. Da dieser nur selten vorkommt und vermutlich mit der Sumunnabi zu tun hat (53,4f), könnte es sein, daß er ebenso wie Igmira-Addu zu einer Wirtschaftseinheit außerhalb des Palastes gehört, die hier ausnahmsweise vom Palast mit derartigen Vögeln beschenkt wird, wobei wir nicht erfahren, ob es sich um Ziervögel, um besonders wohlschmeckende Tiere handelt oder ein ganz anderer Zweck anzunehmen ist.

Insgesamt muß auch die taxonomische Einordnung der Vogelarten offenbleiben [283]. Wahrscheinlich ist dies aber ohnedies eine zu moderne Fragestellung: Das in den Wörterbüchern gegebene "Ente" [284] bzw. "Gans" [285] dürfte wohl—vgl. die nicht eindeutig zu treffende Einordnung zwischen Falke, Adler

---

[281] Auch wenn die Zeichenfolge UK.UK zu lesen wäre, würde dies die Argumentation nicht verändern.

[282] Akkad. *ḫarḫarru* "Kette" (AHw 1559) kommt wohl nicht in Frage, es sei denn, man wollte auch hier einen Verwendungszweck sehen, wobei dann allerdings offen bleibt, wieso die Tiere angeketten werden sollten.

[283] Anders löst das Problem J.O. Mompeán, UF 30, 597, der zu 28,4 bemerkt: "Kein PN *Ú-zi*, sondern Präteritumform *ú-ṣi*". Dies wäre dann für alle derartigen Stellen anzunehmen, wobei zu fragen wäre, warum diese verbale Formulierung nur bei der Vogelfütterung vorkommt. Wir halten daher die Annahme für stichhaltiger, daß hier die Vogelart näherbestimmt wird.

[284] AHw 1438a.

[285] G. Giacumakis, 110: "goose".

und Geier für des semitische *nšr*[286]—eine zu genaue Angabe sein. Gemeint ist offenbar jedwede Species watschelnder, zu Vogelflugorakeln und Opferzwecken geeigneter Vögel. Auf biologische Unterschiedlichkeit oder gar Arteneinheitlicheit wurde dabei wohl keine Rücksicht genommen.
Ganz unwahrscheinlich dürfte die Annahme von D. Arnaud[287] sein, der andeutet, daß es sich um eine *purs*-Bildung der Wurzel ʿZZ oder aber ein hurritisches Wort vorliegen könnte.

Um Verwendung von Vögeln und Organisation der Vogelhaltung im profanen Bereich etwas genauer zu fassen, haben wir nun die jeweiligen Empfänger[288] in Augenschein zu nehmen[289]:

Der Beruf des Kochs (LÚ.MU) ist in den Getreidelieferlisten sechsmal[290] belegt, woraus wir bereits folgern dürfen, daß es sich um besondere Zuwendungen handeln dürfte und nicht etwa um einen festangestellten Küchenchef[291]. Insgesamt sind in den Getreidelieferlisten[292] drei Personennamen belegt: Napši-Addu, Išma-Addu und Laʾu-Addu[293]. Diese kommen nur im Jahr B vor, allerdings auch nicht in einer geregelten Monatsabfolge.

---

[286] Vgl. die divergierenden Meinungen bei B. Margalit, BZAW 182, 340 Anm. 4: Ugarit. *nšr* sei der "Jagdfalke" und "originally a generic term for any carnivorous bird belonging to the hawk or falconic family". Anders äußert sich M. Dijkstra, Balaam, 211: Adler und Geier "belong to the overall family of birds of prey and that is what the word *nšr* actually means". H.-P. Müller, Balaam, 195f lehnt die taxonomische Festlegung ganz ab: Die terminologische Unterscheidung von Species dürfte "weniger biologischen Kategorien folgen als vielmehr durch die Relevanz dieser Differenzierung für das praktische Leben" bestimmt sein.

[287] D. Arnaud, AuOr 16, 160.

[288] Nach G. Bunnens, BAfO 19, 78 mit A. 69 (S. 83) sind im Korpus Alalaḫ VII mindestens acht MUŠEN.DÙ belegt. Zu dieser Liste sind allerdings einige Bemerkungen erforderlich: Ammi-Addu (28,5) ist *Am-mi-ia-tum* zu lesen und nimmt zwar eine Lieferung zur Vogelfütterung entgegen, wird aber nicht als MUŠEN.DÙ gekennzeichnet, sein Ayabi-Šarru (46,23) ist vermutlich *A-ia-aš*!*-šar-ri* zu lesen. Zirri ist kaum als "Voglerin" zu bezeichnen (vgl. FN 178), von den vier Personen, die in 32.01 vorkommen, findet sich in den Getreidelieferlisten nur noch Wikke wieder, Zukrašu ist vermutlich nicht mit dem Hirten Zukraši zu gleichen, dasselbe gilt für Taḫuzi und den (Schweine-)Hirten Taḫeya.

[289] Zu Kinni ist oben schon das Nötige gesagt worden.

[290] 11,5; 16,10; 17,11; 19,19; 46,20; 60,6.

[291] Es dürfte sich eher um einen einfachen Angestellten als um einen höheren Funktionär handeln.

[292] Außerhalb der Getreidelieferlisten sind noch weitere Personen (42.01,36.37; 44.04,36; 44.05,5) als Empfänger verschiedener Gegenstände belegt.

[293] Daß es sich jeweils um Namen mit dem theophoren Element Addu handelt, dürfte indessen auf Zufall beruhen.

Als Empfänger einer Lieferung zum Zweck der Vogelfütterung haben wir den Koch nur in 17,11 belegt. Aufgrund von 11,5 (10 *Iš-ma-a-du* LÚ.MU) postulierten wir oben die Lesung dieser Person auch für 16,10. Abgesehen vom Argument, daß sonst keiner der belegten Namen hier einzufügen ist, läßt sich noch geltend machen, daß in Text 11 dieser Koch direkt vor dem LÚ.MUŠEN.DÙ steht. Damit ist natürlich keineswegs bewiesen, daß die Gerstenlieferung ausschließlich zur Vogelfütterung erfolgt. Dennoch kann ein Zusammenhang als wahrscheinlich betrachtet werden, da auch der LÚ.MUŠEN.DÙ mit 20 *pa* eine überdurchschnittliche Menge erhält. Dies dürfte dafür sprechen, daß im Monat Aštabi eine Veranstaltung mit hohem Vogelverbrauch stattfand, was sich in erhöhten Auszahlungen sowohl für den Vogler als den Bereitsteller der Tiere als auch für den Koch, der sie zuzubereiten hatte [294], niederschlug. In jedem Fall stellt jedoch die Zusammenstellung ein Indiz dafür dar, daß Vogler und Koch assoziativ zusammengedacht werden konnten [295]. Ein weiterer Beleg aus den Getreidelieferlisten für LÚ.MU—abgesehen von den bereits besprochenen Stellen—liegt in 19,20 vor. Dort erhält ein Napši-Addu, dessen Name sonst nur in 35,20 [296] belegt ist, 2 *pa* (mutmaßlich Gerste). Offenbar dienen diese nicht der persönlichen Versorgung, sondern sind zweckgebunden. Dies wird nicht nur an der Menge deutlich [297], sondern legt sich auch durch die Verwendung der Präposition GÌR nahe. Dies wäre nun für sich genommen kein beweiskräftiges Argument, doch wird im gesamten Text der Empfänger sonst mit *ana* eingeführt. Der Zweck wird allerdings nicht genannt, so daß wir nicht wissen können, ob auch hier die Vogelfütterung in Frage kommt.

Insgesamt dürfen wir zusammenfassen, daß ein Bezug von Vögeln und Köchen sich deutlich abzeichnet, so daß die Verspeisung von Vögeln am königlichen Hof als gesichert anzunehmen ist. Dabei ist jedoch festzuhalten, daß der Bezug insgesamt nicht so deutlich zutage tritt, daß er als Regelfall anzusehen wäre. Vielmehr haben wir es hier mit einem Spitzenphänomen zu tun.

---

[294] Man könnte auch annehmen, daß die hohe Auszahlung an den Koch sich so erklärt, daß bei Festen mehr Gerste für Nahrungszwecke benötigt wurde. Denkbar wäre auch, daß der Koch schlichtweg (zur Zubereitung der vielen Vögel?) Hilfskräfte anstellen mußte. Andererseits zeigt die Relation der Frauen vom Gesinde und der Weber, daß es sich hier nicht um Monate handelt, in denen besonders viele Menschen am Palast anwesend waren.

[295] Diese Beobachtung ist strukturanalog zu der oben gemachten Assoziation zwischen Vogler und Opferschauer, wenngleich das *tertium comparationis* hier natürlich in der Verspeisung der Vögel liegt.

[296] 5 GÌR *Na-ap-ši-a-du.* Gemeint ist ZÍZ. Für oder gegen die Identität der Personen lassen sich keine Argumente ins Feld führen, da der Name nur an diesen beiden Stellen belegt ist, jedoch gut ins Onomastikon paßt (H.B. Huffmon, APNM, 240), so daß gut denkbar wäre, daß verschiedene Personen diesen Namen tragen.

[297] Eine Einzelperson erhält sonst bekanntlich 1 *pa*.

In Text 11,19 erhält ein *Šarruwe* DUMU/TUR SANGA 1 *pa* Gerste zur Vogelfütterung. Wir können indessen nicht sicher feststellen, ob es sich um den Sohn oder den Knecht des (Ištar?-)Priesters handelt. Der Name ist im Korpus noch zweimal belegt: In 42.01,12 *Šar-ru-we* DU[MU x. Die letzten beiden Zeichen sind zu fragmentarisch erhalten, um gedeutet zu werden, doch scheint für das erste von ihnen DUMU mindestens möglich [298]. Der andere Beleg liegt in 50.07,4 vor. Dort wird festgestellt, daß an Šarruwe, den (Steuer-)Einnehmer, 10 Šeqel Silber ausgezahlt sind. Wir haben daher zu fragen, ob ein Steuereintreiber mit der Vogel*fütterung* zu tun haben kann. Die einzige Verbindungsmöglichkeit könnte darin bestehen, daß Šarruwe Geld im Auftrag des Tempels einsammelt. Der Zweck ist dabei nicht angegeben. Dennoch könnte es möglich sein, daß Šarruwe als Tempelangestellter sozusagen allerlei Dienste ausführt und hier im Rahmen einer Transaktion zwischen Palast und Tempel als "Sacharbeiter für Finanzfragen" tätig wird. Demgegenüber besteht in Text 11 seine Aufgabe darin, die Vögel zu füttern, die mit dem Palast zu tun haben [299].

22,8 nennt den *Ḫa-ab-ra-an* als die Person, die die "Enten" füttert und dafür 3 *pa* Gerste erhält. Leider ist der Name sonst nicht mehr belegt. Doch ist immerhin 24,17 zu vergleichen 1 ⌞*Ḫa*⌟-*ab-ra*. Hier ist vom ersten Zeichen nur der Kopf eines senkrechten Keils erhalten, so daß nichts gegen die Annahme einer Gleichsetzung beider Personen spricht, wenngleich sich dies natürlich nicht stringent beweisen läßt. Interessant ist die Feststellung, daß er nur während eines sehr begrenzten Zeitraumes von drei Monaten zu Jahresende belegbar ist, was ihn dem Kinni (Texte 10/11) vergleichbar macht, zumal auch Ḫabran offenbar einmal nur das Versorgungs*pa* entgegennimmt.

Nur einmal belegt ist *Ammiyatum* [300]. Er steht in 28,5 direkt neben Kinni und erhält 1 *pa* zur Fütterung der Vögel.

Namuqani erhält in 32,9f 2 *parisi* ŠE zur Fütterung der Vögel. Hierbei fällt auf, daß er parallel zu und direkt vor Kinni steht. Allerdings bekommt jener zusätzlich zu den 2 *pa* Gerste zusätzlich noch 1 *pa* Emmer. Namuqani ist sonst nicht weiter belegt. Auch hier handelt es sich also um einen Streubeleg.

---

[298] Wenn es sich um identische Personen handelt, so wäre die Tatsache der sozial doch eher niederen Einstufung der meisten in dieser Textgruppe belegten Personen eher ein Indiz für TUR.

[299] Es dürfte aber zu weit gehen, in ihm den Verbindungsmann zwischen Tempel und Palast sehen zu wollen.

[300] Wohl nicht identisch mit Ammiya-Addu (31.01,3 u.ö.), der zwar als LÚ.MUŠEN.DÙ bezeichnet wird, aber: a) sind die Schreibweisen zu unterschiedlich und b) spricht Text 31.01 nur davon, daß die Söhne Ammiya-Addus als Pfandhäftlinge (siehe dazu unten) Vogelfänger des Königs sind, er selbst wird vom Königshaus lediglich "unterstützt", vgl. zum gesamten Vorgang Vf., UF 24, 452-455.

Ananumeni [301] ist in den Getreidelieferlisten insgesamt fünfmal belegt, kommt aber außerhalb dieser Textgruppe nicht vor. Er erhält in 1,8—also direkt anschließend an die Kinni nennende Zeile und den Eintrag zur Vogelfütterung, so daß sich ein richtiggehender Unterblock zur Vogelhaltung ergibt— drei *pa* Gerste. Dies ist allerdings der einzige Eintrag, in dem wir diese Person in einem Normblock vorfinden. In 60,10 erhält Ananumeni vier *pa* (vermutlich ebenfalls Gerste [302]?). Leider bricht die Zweckbestimmung ab. Nach einem AD-Zeichen ist nichts mehr zu lesen. Vermutlich ist auch hier damit zu rechnen, daß Vögel involviert sind, zumal die Mengenangabe 4 *pa* im Rahmen dessen liegt, was für die Vogelfütterung zu erwarten ist. Da es sich kaum um die Lesung des Logogramms ŠÀ.GAL handeln dürfte [303], handelt es sich vielmehr um ein Wort für den Aufbewahrungsort der Vögel, ohne daß wir dies näher bestimmen könnten [304]. Sinngemäß ist dann wohl an eine Außenbeziehung zu denken, womit vielleicht Vogelherden gemeint sind, die von den "Voglern" in den Sümpfen des Amuq gehalten und gezüchtet wurden [305]. Ananumeni ist dann eine Person, die nur zeitweise in Alalaḫ selbst anwesend ist.

Aus den Einträgen 41,5 und 43,3 läßt sich kein weiteres Argument gewinnen, da im ersten Fall die belegte Zahl nicht erhalten ist, im zweiten Text zwar klar ist, daß Ananumeni 1 *pa* Gerste erhält, aber das Umfeld der Zeilen nicht besonders gut lesbar ist. Allerdings ist im selben Monat Utitḫi A auch Ammiyatum belegt, was dafür spricht, daß hier die LÚ.MUŠEN.DÙ von außerhalb einbestellt wurden, da die von ihnen gezüchteten Vögel jetzt zum Verbrauch anstanden [306].

Interessant ist der Eintrag 30,10: 12 *A-na-nu*[*-me-ni* (Gerste oder ZI.AŠ?). Hier dürfte es sich um eine Jahreslieferung handeln. In der Tat zeigt die Verteilung der Belege, daß Ananumeni nach Text 30 erst wieder in Text 1 eine Lieferung entgegennimmt. Dies macht genau ein halbes Jahr aus, so daß wir folgern können, daß er die Waren wahrscheinlich für sich und eine weitere Person mitnimmt. Mit dieser Lieferung muß er auskommen, solange er wegen seiner auswärtigen Tätigkeit nicht am Hof selbst versorgt werden kann.

---

[301] Zur Lesung des PN s.o. FN 244.

[302] Der Text ist fragmentarisch erhalten, die Summe nennt GÚ.TUR.TUR, doch sind "Erbsen" nur hier und in den Texten 61 und 69 belegt. In ersterem ist die Menge nicht erhalten, in Text 69 geht es um die für Erbsen eher wahrscheinliche Menge von 1/2 *pa*. Außerdem stimmt die Summe 60,17 in keinem Fall mit den Einträgen überein.

[303] Diese wäre nur hier belegt, wobei eine Formulierung mit *a-na* singulär wäre.

[304] Das einzige andere mit *ad-* anlautende Wort ist *adrūtnātim* (35,24.40). Da allerdings auch dieses undeutbar ist, hilft diese Beobachtung nicht weiter. M.E. läßt der Kontext von 35,24.40 darauf schließen, daß wir es mit einer Art Außenbeziehung zu tun, was auch hier gut passen könnte.

[305] G. Bunnens, BAfO 19, 78.

[306] G. Bunnens, BAfO 19, 78f. Siehe für ein weiteres Indiz auch unten S. 280.

Haben wir so etwas über die Organisation der Vogelhaltung in Alalaḫ und seiner Umgebung erfahren, so bleibt noch die Frage nach der soziologischen Einordnung der Vogler.
Entscheidend für dieses Problem sind dabei zuerst die Belege für *Zunna* (11,18; 25,5). Beide Male erhält dieser im Normblock 3 *pa* Gerste zur Vogelfütterung. Nun ist der Name Zunna für unterschiedliche Personen belegt [307], zumeist in seiner Funktion als Zeuge bei Transaktionen am Hof von Alalaḫ. Es ist unwahrscheinlich, daß eine so wichtige Person mit der Vogelfütterung zu tun hat. Nun haben wir in Text 31.07,4 den Zunna noch einmal belegt [308]. Leider ist der Text nicht ganz erhalten, doch ist soviel offenkundig, daß ein Zunna mit Frau und Kindern [309] als Sicherheitsleistung für eine (weggebrochene) Schuldsumme im "Hause des Ammitaqum" als Pfandhäftling einsitzt. Eine Berufsangabe ist nicht vorhanden. Daher darf wohl angenommen werden, daß hier die Möglichkeit besteht, daß Schuldner zur Vogelfütterung herangezogen wurden. Dies gilt um so mehr, als (abgesehen von Šarruwe DUMU/TUR SANGA) bei den Empfängern nie eine Näherbestimmung erfolgt, was doch wohl so zu verstehen ist, daß es sich hier um eine wenig qualifizierte Tätigkeit handelt, die durchaus von Schuldnern und anderem angelerntem Personal durchgeführt werden konnte.

Dasselbe Argument läßt sich für *Wikke* in Anschlag bringen: Dieser kommt im Monat Attana C in zwei Texten insgesamt dreimal vor:

60,9: 16 GÌR *Wi-ik-ke* (vermutlich ŠE, s.o. FN 302)
60,16: 1/2 GÌR *Wi-ik-ke* (Erbsen)
61,11:]GÚ.GAL.GAL *a-na Wi-ik-ke-en*

Dabei ist offensichtlich, daß die unterschiedliche Schreibung der Personidentität keinen Abbruch tut.
Der erste Beleg scheint seinerseits für eine Jahreslieferung zu sprechen, zumal Wikke später nicht mehr vorkommt. Zudem steht er direkt neben Ananumeni, wo wir erhoben hatten, daß hier eine Lieferung "nach den Au[ßenorten]" anzusetzen ist. Auch hier wäre also zu fragen, für welchen Zeitraum die gelieferten Waren bestimmt sind: Wikke erhält viermal so viel Gerste wie Ananumeni, wobei letzterer vielleicht noch eine weitere Person zu versorgen hat. Nehmen wir dasselbe auch für Wikke an, so ergäbe sich eine Dauer der Lieferung von acht Monaten, was mit der Tatsache übereinstimmt, daß Wikke später nicht mehr belegbar ist.

---

[307] Z.B 30.05,23; 31.05,9; 31.12,14; u.ö., vgl. Vf., UF 23, 418. Der Zunna LÚ.UD.K[A.BAR] (34,18) gehört sichtlich nicht hierher.

[308] Vf., UF 24, 467f.

[309] Die Tatsache, daß die ganze Familie mitgepfändet wird, könnte bedeuten, daß Zunna und seine Familie nur bei Bedarf eingesetzt wurden, eine auswärtige Tätigkeit wurde ihm vielleicht nicht zugemutet.

Bislang hatten wir indessen noch nicht gezeigt, daß Wikke mit Vögeln zu tun hat. Dies ergibt sich indessen aus Text 32.01: Dort wird *Wi-ik-ke-en* nebst anderen Personen auf dem Wege der Schuldabtretung vom König übernommen, wobei nach der Auflistung der Personen ausdrücklich gesagt wird LÚ.MEŠ.*ušandū* [310]. Auch hier ist also ein Pfandhäftling betroffen. Dieser wird in seinem angestammten Beruf eingesetzt, was dafür sprechen könnte, daß für eine längere auswärtige Tätigkeit doch eine gewisse Qualifikation erwartet wurde oder mindestens von Vorteil war.

Eine weitere Stütze für die Verwendung von Schuldnern im Beruf des Voglers läßt sich durch die Gegenprobe gewinnen:
Wir fragen, wo in den Getreidelieferlisten—abgesehen von den genannten Personen und Stellen—die Berufsangabe LÚ.MUŠEN.DÙ belegt ist [311]. Dabei ist 78,20 der Kontext von MUŠEN.DÙ zu zerstört, um weitere Folgerungen zuzulassen. Die anderen Belege sind die folgenden:

11,4: 20 *A-ia*-LUGAL LÚ.MUŠEN.DÙ
18,14: 1 ŠÀ.GAL MUŠEN GÌR *A-ia*-[LUGAL LÚ.MUŠEN.DÙ]
23,18: 3 1/2 LÚ.MEŠ.MUŠEN.DÙ
34,6:] GÌR *A-ia*-LUGAL-*ri* LÚ.[MUŠEN.DÙ]
41,2: Z]ÍZ *a-na Ḫa-ia-aš-šar-r*[*i*
46,23: 10 *A-ia-aš*[!]*-šar-ri* LÚ.MUŠEN.DÙ

Die Belege 23,18 und 41,2 tragen zur weiteren Interpretation nichts bei, da nicht gesagt wird, ob das Getreide den Menschen zugewiesen wird oder ob es der Vogelfütterung zugedacht ist. Da Kinni direkt vor 23,18 mit 2 *pa* Gerste belegt ist und die hier ausgegebene Summe genau dem entspricht, was Kinni zwei Monate vorher (57,5) zur Fütterung der Vögel entgegennimmt, ist die zweite Annahme wahrscheinlicher. Es ist somit anzunehmen, daß wir es auch hier mit einer Zusammenkunft mehrerer auswärtiger Vogler in der Residenzstadt zu tun haben, wie sie zum Jahreswechsel (siehe oben zu Text 43) offenbar üblich war. Die anderen vier Belege [312] nennen sämtlich den Aya-šarru [313]. Die Verteilung dieser Texte über die Monate lehrt uns nichts neues: Die Abstände, in

---

[310] Diese Stelle sichert gleichzeitig die Lesung LÚ.MUŠEN.DÙ = *ušandu*.

[311] Hier können wir die Belege für Kinni vernachlässigen, ebenso wie die von G. Bunnens, BAfO 19, 83 Anm. 69 genannte Stelle 44,1-3, da diese auf einer Fehllesung beruht. Indessen nennen wir ungeachtet der ungewöhnlichen Schreibweise den Beleg 41,1 für Aya-šarri.

[312] Zu den oben angegebenen Stellen kommt noch 1,22, wo Aya-šarru zwar nicht den Titel LÚ.MUŠEN.DÙ trägt, aber doch 1 *pa* Emmer zur Fütterung der Vögel erhält.

[313] Besondere Schreibweisen findet sich in 46,23 und in 41,2: Die beiden Namensbestandteile sind hier durch das AŠ-Zeichen miteinander verbunden, was doch sicherlich bedeutet, daß sie in der Aussprache nicht durch einen "Glottal stop" getrennt wurden. Vgl. B.L. Eichler, Indenture, 66 und Vf., UF 24, 453.

denen er vorkommt, sind relativ regelmäßig und betragen (bei einer Beleglücke in der zweiten Hälfte des Jahres A) ungefähr 3 Monate. Die hohen Zahlen in 11,4 und 46,23 sprechen dafür, daß es sich bei Aya-šarru ebenfalls um einen Funktionsträger handelt, der dem Kinni vergleichbar ist: Wie jener erhält er längerfristige Lieferungen, mit denen er frei wirtschaften kann. Bei seinen etwa vierteljährlichen Besuchen in der Residenz erhält er zusätzlich die Waren, deren er und seine Tiere bedürfen.

Für Aya-šarru lassen sich noch weitere Angaben zu seiner sozialen Stellung machen. Er ist uns aus 31.01 bekannt, wo er zusammen mit seinem Bruder als Sicherheitsleistung für die Schulden seines Vaters als Pfandhäftling "in die Wirtschaftseinheit des Ammitaqum eingeordnet" wird. Dabei finden wir den interessanten Vermerk *šunu* MUŠEN.DÙ-*ú*. Wir gelangen also zu folgender Rekonstruktion [314]: Aya-šarru ist als Sohn eines Schuldners Pfandhäftling im Palast des Ammitaqum. Die Einverleibung in diesen Stand hat noch zu Zeiten des Jarimlim III [315] von Aleppo stattgefunden. Dieser hinwiederum ist, wie wir sahen, "über hethitische Texte mit der Regierungszeit des Khattushili <I> zu korrelieren" [316], so daß wir die Verpfändung der Person datieren können. Da für den Beruf Aya-šarrus [317] am Königshof (bzw. dessen Umgebung) Bedarf herrschte, wurde er nicht unter die LÚ.MEŠ.*asīrū* eingeordnet, sondern in seinem erlernten Beruf eingesetzt [318]. Offenbar blieb er "in die Wirtschaftseinheit des Ammitaqum eingeordnet" bis in die hier vorliegende letzte Zeit von Alalaḫ.

Die zeitliche Differenz zwischen Pfandurkunde und Getreidelieferliste könnte auch erklären, weshalb Aya-šarrus Bruder Bendi-Addu, der mit ihm verpfändet

---

[314] Kurz angedeutet bei G. Bunnens, BAfO 19, 74.

[315] Siehe zu den Details oben Kapitel III,3. E. Gaál, AUSB 22, 34 möchte die beiden (und damit nach unserer Auffassung alle) Getreidelieferlisten in die Zeit Jarimlim II von Aleppo datieren: "We would like to emphasize that the two ration lists <sc. Text 1 und 21, F.Z.> in which he appears can definitely be assigned to the days of Ammitaqum I since a document dated with the year Name of Iarimlim II of Iamḫad records that his father delivered him and his brother as securities into Ammitaqum's hands and that he could only have received rations from the royal household after this event". Abgesehen davon, daß wir diese Rekonstruktion bezüglich der Königsfolge insgesamt für unzutreffend halten, ist die letzte Folgerung ein *non sequitur*: Wenn Ammitaqum I der *terminus non ante* ist, dann ist selbstverständlich auch Ammitaqum II als dessen (postulierter) Nach-Nachfolger möglich. E. Gaál, AcAnt 32, 2 ordnet den Text in der Zeit des von ihm postulierten Königs Jarimlim II von Alalaḫ zu.

[316] M. Heinz, AOAT 41, 196.

[317] Auch sein Vater Ammu-Addu war nach Ausweis von 31.01,3 schon LÚ.MUŠEN.DÙ.

[318] Ebenso wie bei den Webern bleibt offen, inwieweit ein Vogler bei freiberuflicher Tätigkeit außerhalb von Palast und Tempel einen Absatzmarkt und Arbeitsmöglichkeiten hatte.

wurde, in den Listen nicht belegt ist [319]. Zunächst ist keineswegs sicher, daß er eine ähnliche Karriere wie sein Bruder gemacht haben muß; er könnte auch im Kollektiv der LÚ.MEŠ.MUŠEN.DÙ zu finden sein. Selbst wenn wir dies voraussetzen: Er mag im Lauf der Zeit verstorben oder freigelassen worden sein, vielleicht wurde er auch durch eine andere Person ersetzt. Gegebenenfalls hätten wir seinen Nachfolger in Kinni zu sehen, doch wäre auch möglich, daß der Posten nicht wieder besetzt wurde.

Wir fassen also zusammen: Vögel werden im Tempel zu Opfer- und Orakelzwecken verwendet. Der Palast ist insoweit betroffen, als er immer wieder die entsprechenden Tiere liefern oder bezahlen muß. Am Palast selbst werden Vögel verzehrt. Die Haltung, damit vermutlich auch die Aufzucht von Vögeln, erfolgt nicht in Alalaḫ selbst, sondern in Außenorten, an denen die Vogler stationiert sind. Sie sind allerdings gelegentlich am Palast präsent, jedenfalls um ihre Tiere abzuliefern und die ihnen zustehenden Lieferungen entgegenzunehmen. Da mehrere Personen belegt sind, dürfte auch von mehreren Vogelherden auszugehen sein.

Zwei der Vogler haben eine besondere Stellung: Kinni und Aya-šarru. Vermutlich ist ersterer für die Vogelhaltung in der näheren Umgebung Alalaḫs verantwortlich, während letzterer die Vögel im weiteren Umfeld betreut haben dürfte.

Über die soziologische Stellung der mit den Vögeln befaßten Personen läßt sich sagen, daß zumindest Aya-šarru, Wikke und Zunna durch das Institut der Schuldknechtschaft in ihre jetzige Position gelangt sind, die zumindest ersterem offenbar eine relativ selbständige Stellung eintrug. Für alle übrigen Personen—insbesondere für Kinni—haben wir keine Kriterien. Insbesondere zeigte sich, daß Vogler besonders gerne in Pfandhaft genommen wurden. Dies könnte bedeuten, daß freie Lohnarbeit in diesem Beruf durch die abhängige Stellung des Pfandhäftlings abgelöst wurde: Da die freiberufliche Tätigkeit des Voglers unrentabel wurde, fielen die Betroffenen der Pfandhaft anheim. Der Palast hatte daran sicherlich ein Interesse. Leider kann nicht gesagt werden, inwieweit er als ein Hauptabnehmer von Vögeln den Vorgang marktpolitisch steuerte.

2.1.8. Text 1,8: **3 *A-na-nu-me-ni* ŠÀ.GAL MUŠEN.ḪI.A**

Dieser Eintrag braucht nicht mehr eingehend besprochen zu werden, da wir Ananumeni, seine Standesgenossen und die zu fütternden Vögel bereits erörtert hatten [320]. Offenbar gehört Ananumeni auch zu einer der Vogelherden aus-

---

[319] Es sei denn, man wollte ihn hinter *Wa-an-dì-en* (24,18) suchen. Hierfür würde sprechen, daß er direkt neben Zabran belegt ist und ebenso wie dieser 1 *pa* Getreide erhält. Andererseits kann die hypokoristische Bildung auch jeden anderen Namen mit Bend- oder Wand- ersetzen, so daß wir mit einer Gleichsetzung vorsichtig sein müssen.

[320] S.o. S. 278.

wärts und zu den Aufsehern, die hin und wieder in Alalaḫ präsent sind. In welchem Verhältnis er zu Aya-šarru steht, läßt sich nicht genau sagen, man gewinnt indessen den Eindruck, daß letzterer am Palast doch eher präsent ist. Dies könnte dann bedeuten, daß Aya-šarru die Gesamtverantwortung für die auswärtige Vogelhaltung hat, während Ananumeni eben eine Vogelherde betreut.

2.1.9. Text 1,9: **25 GIŠ.BANŠUR ᵈIŠDAR**

Dieser Eintrag ist nicht normtypisch, so daß wir uns hier kurz fassen können: D.J. Wiseman [321] las É.BÀD, das von A. Goetze [322], G. Giacumakis [323] und anderen [324] offenbar übernommen wurde, allerdings ohne daß eine weitere Deutung erfolgt wäre [325].
Die Lesung É.BÀD und Gleichsetzung von É.BÀD mit *bīt dūri* [326] stößt auf das Problem, daß diese Wendung einer späteren Sprachstufe zugehört und eher in militärischen Kontexten belegt ist. Das in AHw *sub* 2d [327] belegte *bīt dūri* "(Tempel)Zingel" kommt als singulärer Beleg wohl ebenso wenig in Frage, zumal auch dies spB ist. Widerrät schon der lexikographische Befund dieser Deutung, so gilt dies um so mehr für die Epigraphik: Das in Frage stehende Zeichen ist im gesamten Korpus nur hier, in Z. 13 sowie in den unveröffentlichten Texten 50,9 und 61,3 belegt [328]. Die Zusammenschau aller Belege zeigt m.E., daß anstelle von É.BÀD besser GIŠ.BANŠUR zu lesen ist. In keinem Fall sollte man daher aus diesem Beleg folgern, daß "las raciones ... podrían ... referirse muy verosimilmente a parte de la infraestructura socio-económica del templo de ISHTAR en Alalah" [329].
Die Lesung entnehmen wir der Stelle 28,2, wo statt ŠE.BA LUGAL steht:

i-na É.GAL *ša* GIŠ.*pa-aš-šu-ri-šu* "in den Palast, wovon gilt: sein Tisch" [330]

---

[321] D.J. Wiseman, JCS 13, 21.

[322] A. Goetze, JCS 13, 35 äußert sich zumindest nicht anderslautend.

[323] G. Giacumakis, 70.72.

[324] Interessanterweise nennt H. Klengel, OLA 6, 437f bei seinen Erwägungen zum Verhältnis von Tempel und Palast diese Stelle nicht.

[325] Den archäologischen Befund versucht N. Na'aman, JNES 39, 213f zur Klärung heranzuziehen. Auch er vermag indessen nicht zu erklären, weshalb hier Lieferungen an Getreide ausgegeben werden. Dasselbe gilt für G. Del Olmo Lete, AuOrS 3, 161 A. 72.

[326] AHw 178; CAD D 197 führen den Beleg nicht.

[327] sic! Gemeint ist e).

[328] Wenn G. Giacumakis, 72 noch 249,9 nennt, so wird es sich um einen Druckfehler für 243,9 handeln. Auch die Stellenangabe 243,20 ist fehlerhaft und dürfte darauf beruhen, daß in Z. 13 20 *pa* Getreide genannt sind.

[329] J.O. Mompeán, Ishtar, 323.

[330] Da das Zeichen PA Alalaḫ VII nur sehr selten für *bá* steht, nehmen wir die Lautung *pa* an, vgl. AHw 845f.

Offenkundig bezeichnet hier der "Tisch" (im Gegensatz zu 43.08,8) nicht das konkrete Möbelstück, sondern vielmehr metonymisch die Versorgung, die an diesem Tisch oder von ihm ausgehend stattfindet. Das Wort "Tisch" hat also eine ähnliche Bedeutungsverschiebung mitgemacht, wie das lateinische "mensa", das ursprünglich einen Tisch als Möbelstück bezeichnet, aber dann auch die Versorgungsinstitution für Studierende und nicht zuletzt auch die Versorgung eines Akademikers überhaupt.
Wir können also davon ausgehen, daß auch in Bezug auf den Ištar-Tempel [331] ein ähnliches Phänomen vorliegt und listen zunächst die vier Belege auf:

1,9: 25 *ša* GIŠ.BANŠUR ^{d}IŠDAR (ŠE)
1,13: 20 *pa* ZÍZ *ša* GIŠ.BANŠUR ^{d}IŠDAR
50,9: 30 *a-na* GIŠ.BANŠUR ^{d}IŠDAR (ZÍZ)
61,3: 10 *a-na* GIŠ.BANŠUR ^{d}IŠDAR (ŠE)

Es fällt zunächst auf, daß es sich um relativ hohe Zahlen handelt, wobei alle vier Ausgabemengen durch fünf teilbar sind, was auch bedeuten könnte, daß es sich um Rundzahlen handelt.
Die Monate befinden sich in einem relativ kurzen Zeitraum: Zwischen Text 50 und Text 1 liegt nur ein Monat, dann fehlen zwei Monate, dann erfolgt wieder eine Zahlung. Die letzte Zahlung ist die kleinste von den vieren, es könnte sich also auch um eine Art Nachtrag handeln.
Wir haben nun die Gegenprobe zu machen und suchen die Belege in den Getreidelieferlisten, die von der Göttin Ištar sprechen:

2,13: x ⌜*A*⌝*-ri-a-du* LÚ ^{d}IŠDAR
24,21: 1$^{?}$ LÚ.SANGA
32,14f: 1 *pa* ŠE 1 *pa* ZÍZ *a-na Ḫa-li-ia a-na pa-ni* ^{d}IŠDAR
35,11: 1 *a-na pa-ni* ^{d}IŠDAR *i-na* u_4*-um Ú-ti-it-ḫi*
35,44: 1 *pa* ŠE *a-na pa-ni* ^{d}IŠDAR *ša* u_4*-um Ú-ti-i[t-ḫi*
50,3: 1 *a-na* GIŠ.TUKKUL *pa-ni* ^{d}IŠDAR

[331] Die Lesung des Gottesnamens ist ein ungelöstes Problem (vgl. D. Prechel, ALASPM 11, 41-44), da der Gottesname stets mit Ideogramm geschrieben ist. Die einzige hier zu nennende Ausnahme sind die Zeilen 68,4+5 wo im PN Nuwašši-^{d}IŠDAR einmal das Logogramm und einmal ^{d}*Iš-ḫa-ra* geschrieben ist, so daß wir mindestens für diesen Fall die Gleichsetzung von Ištar und Išḫara sicher belegt haben. In syllabisch geschriebenen Personennamen kommen die denkbaren Elemente *-i/e/aš-tar*; *ḫe-pát*; *iš-ḫa-ra*; *ša-uš-ka* vor, ohne daß sich eine Ratio ableiten ließe. Ein Hinweis auf die im Königshaus vertretene "offizielle" Theologie könnte darin liegen, daß die Schwester des Königs (44.04,6) den Namen Taği-Išḫara trägt. Ferner scheint für Schicht IV die Lesung *-išḫara* sicher (D. Prechel, a.a.O., 68-70), so daß wir für die frühere Zeit die Unterscheidung verschiedener Hypostasen annehmen müssen, wobei Išḫara die der "offiziellen Religion" war, die anderen eher bei den unteren Gesellschaftsschichten anzunehmen wäre. Letzte Sicherheit ist natürlich nicht zu gewinnen, zumal Personennamen kaum 1:1 mit religiösen oder soziologischen Daten zu gleichen sind.

50,4: 2 *a-na pa-ni* ᵈIŠDAR
50,12f: 1 *a-na Bur-r*[*a*] *a-na pa-*[*ni* ᵈIŠDAR
78,6: 15 GÌR LÚ.SANGA ᵈIŠDAR

Textanmerkung:
24,21: Anstelle des Zeichens ME für die Zahl "100" [332] ist wohl eher 1 zu lesen, der nachfolgende Strich bildet keinen Keil, sondern die Zeilenlinie.

Dabei fällt auf, daß viermal eine Person genannt ist: Ari-Addu, der "Untergebene der Göttin Ištar" [333], Ḫaliya [334], Burra [335] und der Priester [336]. In den meisten Fällen dürfte es sich um untergeordnete Personen handeln, die lediglich *ana pāni* Ištar Getreide entgegennehmen, wobei uns verborgen bleibt, welche Zweckbestimmung mit dem Getreide verbunden ist.
Sechs Lieferungen erfolgen *ana pāni* ᵈIŠDAR. Von diesen sind zwei direkt mit dem *ūm Utitḫi* verbunden, den wir uns demnach als einen Festtag während dieses Monats vorzustellen haben. Die Lieferungen für das zu feiernde Fest erfolgen allerdings bereits vorab im Monat Pagri. Hierfür sprechen auch die drei Einträge 35,76-78: Pferde werden während dreier Monate gefüttert. Der eigentliche Anlaß der Tafel war sichtlich ein Ištar-Fest im Monat Utitḫi (Z.11.44), dessen Vorbereitungen offenbar mehrere Monate erforderten. Dabei stammt die Tafel selbst (Z.25) aus dem Monat Pagri. Offenbar kamen Gesandte von auswärts nicht nur zum eigentlichen Anlaß nach Alalaḫ, sondern sie hielten sich schon vorher in der Stadt auf und mußten dementsprechend versorgt werden.
Diese Angabe läßt sich vergleichen mit den 3 bzw. 15 *pa* Getreide (5,3.24), die im Monat Šatalli anläßlich des *ūm niziqtu* [337] "Tag des Unheils, Kummers, Trauer" ausgegeben werden. Vermutlich für denselben Festtag werden in Text 50 mehrere Getreideausgaben für Ištar gemacht.
Parallel zu dieser Tafel erfahren wir aus 17,26f, daß in demselben Monat ein *pa* ZÍZ für den Festtag *šiataltapše* ausgegeben wird. Von diesem wiederum wissen wir nun aus 52,8, daß auch er eine Monatsangabe ersetzen konnte: Parallel zur

---

[332] D.J. Wiseman, JCS 13, 19.

[333] Der Name ist häufiger belegt, auch der seiner Frau, so daß hier keine weiteren Folgerungen gezogen werden können, s.u. Kap. V,2.2.2.

[334] Nur hier und 24,22, dort allerdings direkt neben dem LÚ.SANGA. Es handelt sich allerdings, wie wir unten sehen werden, um eine andere Person, die in 32,14 als *Eḫ-li-ia* geschrieben wird.

[335] Burra: mehrfach, zumeist als Bäcker; da der Kontext hier nicht ganz erhalten ist, ist eine Aussage nicht möglich, ob es sich immer um dieselbe Person handelt.

[336] Zu 11,19 Šarruwe DUMU SANGA siehe oben S. 277; ferner 24,21: 1 LÚ.SANGA. An letzerer Stelle dürfte das Getreide der persönlichen Versorgung des Priesters dienen, die während des Festes vom Palast zu bestreiten war.

[337] Das Wort *niziqtu* bedeutet "Ärger, Kummer, Sorge" und wird auch in kultischem Kontext (Omina, Klagen) verwendet, vgl. AHw 799a und CAD N 303f.

Pferdefütterung im Monat Ḫudizzi erfolgt eine Ausgabe zur Fütterung der Pferde, die näherbestimmt wird *ša* ITI *ša Ta-ap-še*. "(Pferdefütterung) des Monats mit dem Tapše". Letztere Bezeichnung stellt sicherlich eine Abkürzung desselben Festtages dar [338].
Text 32 fällt in den Monat Ekena und damit genau drei Monate nach den Einträgen aus Text 50.
Ein weiterer Beleg für einen Festtag findet sich in Text 23,10. Hier läßt sich leider lediglich sagen, daß zu einem solchen Tag (UD *ūli*) Gerste ausgegeben wird, ohne daß wir nähere Angaben machen könnten [339]. Denkbar ist angesichts der Datierung des Textes in einen zusätzlichen Schaltmonat, daß hier das Fest der Tag- und Nachtgleiche gefeiert wurde. Ein weiterer Beleg für ein derartiges Fest liegt in der Datierung ITI *E-ek-ke* u_4*-um šu-uḫ-ḫi* (31.13,27f). Dieser Festtag dürfte mit dem *ūm Ḫiari* zu gleichen sein [340]. Zu diesem Anlaß finden wir Gaben des Palastes an den Tempel in den Texten 42.10 und 42.12 [341]. Hier geht es jeweils um Schafe, die für den *ūm Ḫiari* an Ištar gegeben werden.
Die bislang erörterten Belege für Ištar sind also im großen und ganzen jeweils drei Monate auseinander. Sie bezeichnen besondere Tage, die etwa vierteljährlich "vor Ištar" gefeiert wurden und wohl mit dem Sonnenstand zu tun hatten: Gefeiert wurden die halbjährlichen Äquinoktien und die jeweils längsten Tage bzw. Nächte [342] des Jahres. Hier bietet sich ein Vergleich mit dem ugaritischen Baʿl-Zyklus an, den J.C. de Moor als "seasonal pattern" deutet [343]. Die interessantesten Parallelen [344] liegen darin, daß das Jahr mit religiösen Begehungen begleitet wird und darin, daß offenbar im Frühjahr "rites of mourning" begangen werden, die wohl hier dem *ūm niziqtu* zu vergleichen sind. Der Unterschied liegt sicherlich darin, daß in Alalaḫ nicht der Wettergott im Zentrum stand, sondern eine Ištar-Gestalt, doch ist ja im mesopotamischen Bereich auch für diese eine jahreszeitliche Konnotation bezeugt [345]. Vielleicht läßt sich daher annehmen, daß hier etwa die Fahrt der Fruchtbarkeitsgöttin in die Unterwelt während der Sommermonate im Hintergrund steht [346].

338 Vgl. das US-amerikanische Xmas für "christmas".

339 Insbesondere ist nicht klar, ob die Zeile an die vorherige, die den Addu nennt, anzuschließen ist.

340 Vermutlich handelt es sich im einen Fall um die in Aleppo gebräuchliche Bezeichnung, da der Schuldtext nach einem dortigen König datiert ist.

341 Zu beiden vgl. J.O. Mompeán, Ishtar, 320.

342 Eine Wintersonnwendfeier in Ugarit postuliert M.J. Mulder, UF 4.

343 Vgl. zusammenfassend die Tabelle in ders., AOAT 16, 245-248.

344 Zur Kritik an J.C. de Moors Hypothese vgl. den Überblick bei M.S. Smith, SVT 55, 63-69.

345 Vgl. überblicksweise C. Wilcke, RlA 6; T. Abush, DDD².

346 Vgl. S. Dalley, Descent, 381-384.

Die Ausgaben des Palastes fassen sicherlich nicht die gesamte Organisation Durchführung des Festes zusammen (über die wir sonst nicht informiert sind), sondern stellen lediglich einen gewissen Beitrag dar. Sie werden nicht direkt am Festtag ausgegeben, sondern bereits einige Wochen vorher. Dies läßt wohl darauf schließen, daß sie weniger die finanzielle Durchführung des Festtages ermöglichten, sondern eher als eine Art Präoffertorium symbolischen Charakter hatten. Dies wird besonders deutlich aus der Angabe 50,3, wo für eine "Waffe" (GIŠ.TUKKUL) der Göttin ein *pa* Gerste gegeben wird. Hier ist aller Wahrscheinlichkeit nach eine symbolische Zahlung gemeint, da die Waffe der Göttin kaum als ein konkreter Kampfgegenstand verstanden werden darf, sondern eher ein Symbol darstellt [347].

Gehen wir nun zurück zu den BANŠUR-Stellen, so stellen wir fest, daß diese in parallelen Monaten wie die übrigen auf Ištar bezüglichen Stellen liegen: Bei Text 50 ist dies evident, Text 61 gehört in den Monat Attana C, so daß der Bezug entweder auf die Sommersonnenwende fallen könnte oder aber schon vorab für den zusätzlichen Schaltmonat gilt. Da indessen Text 1 dem Ḫiari entstammt, in dem das Fest gefeiert wurde, dürfen wir wohl davon ausgehen, daß GIŠ.BANŠUR Stellen reale Zahlungen des Palastes an den Tempel bezeichnen, die der Speisung am Tisch der Göttin zugute kamen. Leider bleibt offen, wie man sich dies konkret vorzustellen hatte [348].

2.1.10. Text 1,10: **30 ŠÀ.GAL GU_4.ḪI.A GÌR LÚ.É.UŠ**

Wir setzten ein mit der Beobachtung, daß hier wie öfters der LÚ.É.UŠ und der LÚ.ENGAR direkt hintereinander stehen. Beide erhalten Gerste zur Fütterung der Rinder, und zwar im Verhältnis 30:14 = 2,14:1. Einen analogen Vorgang entnehmen wir dem Text 10,14f. Dort sind beide Berufe einem Namensträger zugeordnet: Der LÚ.É.UŠ heißt Kunnate, der LÚ.ENGAR Addu. Dieses Paar begegnet uns wieder in Text 24,3f, wo beide Personen Gerste zur Fütterung der Rinder entgegennehmen; das Verhältnis beträgt 25:10 = 2,5:1. Da nun Addu mehrfach als LÚ.ENGAR belegt [349] ist, Kunnate mehrfach als LÚ.É.UŠ [350], liegt eine Gleichsetzung nahe.

---

[347] Vgl. die Belege AHw 422b *sub* 3. Welche hohe Rolle diesen "Waffen" in Aleppo und Alalaḫ beigemessen wurde, ersehen wir aus 10.01,3.16f (GIŠ.TUKKUL des Addu von Aleppo; GIŠ.IGI.DÙ der Ištar).

[348] Ungeachtet der zeitlichen und religionsgeschichtlichen Differenzen könnte man an eine Art *mrzḥ*-Mahl denken, wie es aus Ugarit gut bezeugt ist (vgl. z.B. J.L. McLaughlin, UF 23, 265-281).

[349] Z.B 10,33; 35,67.73. Siehe auch unten Kap. V,2.1.11.

[350] Siehe gleich die Zusammenstellung der Belege.

Nun wurde bisweilen angezweifelt, daß es sich bei Kunnate und Addu [351] um Personennamen handelt, zunächst von D.J. Wiseman [352], was von A. Draffkorn [353] übernommen und mit der ausführlichen Begründung versehen wurde: "Its exact meaning, and its distinction from *ad(d)un* can not be determined. (...) the term may refer to some kind of 'regular' rations, which meaning might be able to be supported from Sem. etymology". Demgegenüber macht A. Goetze [354] geltend, daß es sich um einen gut deutbaren Namen handelt, daß GÌR nicht vor Zweckangaben steht und daß 17,20 ein Personenkeil vor dem fraglichen Wort steht [355]. Ein Begriff für "regelmäßige Lieferung" kommt kaum in Frage, da das Wort auch außerhalb des Normblocks belegt ist. Daher muß es sich bei Kunnate unstrittig um eine Person haneln [356].
Umgekehrt ist mit der Berufsangabe LÚ.É.UŠ nirgendwo in den Getreidelieferlisten eine andere Person gekennzeichnet als Kunnate [357]. Dieser wird umgekehrt ausschließlich mit diesem Titel gekennzeichnet, sowie mit dem Wort LÚ.UŠ [358], was eine Abkürzung des volleren É.UŠ darstellen dürfte. Angesichts der schwachen Belegdichten außerhalb der Getreidelieferlisten ist anzunehmen, daß Kunnate und der LÚ.(É.)UŠ in "ein-eindeutiger Relation" zueinander stehen, d.h. die beiden Prädikatoren sind austauschbar: Überall wo Kunnate steht, dürfen wir LÚ.É.UŠ supponieren und umgekehrt. Angesichts der Fülle der Belege haben wir so eine recht breite Belegsituation, die sich durch Herausarbeiten der Lesung für LÚ.(É.)UŠ sogar noch erweitern läßt.
R. Borger führt das Logogramm É.UŠ nicht: É.UŠ.BU.DU = *ašlukkatu* "Vorratskammer" kommt wohl nicht in Frage, da É.UŠ hiervon zwar eine Abkürzung darstellen und das Wort inhaltlich in unseren Zusammenhang gehören könnte,

---

[351] Wir gehen i.f. von der Parallelität beider aus und begnügen uns mit der Feststellung, daß es sich auch bei Addu um einen Personennamen handelt. Auf das Problem ist im Abschnitt 2.1.11 unten (S. 308) bei der Behandlung Addus noch genauer einzugehen.

[352] D.J. Wiseman, Al T, 161 im "Selected Vocabulary": "supplies".

[353] A. Draffkorn, Hurrians, 226-228, Zitat 228 und in ihrer Nachfolge G. Giacumakis, 84.

[354] A. Goetze, JCS 13, 34 (gefolgt von G. Bunnens, BAfO 19, 76).

[355] Letzteres Argument ist nicht hinreichend, da es sich um ein DIŠ-Zeichen handelt, vgl. auch 70,5.

[356] B. Landsberger, JCS 8, 121 A. 259 versteht das Wort als Personenname für die *aḫšu*-Sprache, die in Kültepe belegt, evtl. indoeuropäisch und mit dem Nesischen verwandt ist. Er bemerkt aber vorsichtig: "(Kunna) kommt in Alalaḫ vor, wo man keine Nesier vermuten wird."

[357] SUKKAL.UŠ (21.04,24) dürfte kaum hierher gehören. Ohne die zwischen A. Draffkorn, JCS 13 und W.G. Lambert, JCS 13 geführte Debatte "Was King Abban a Vizier for the King of Ḫattuša?" (So der Titel der Miszelle von A. Draffkorn) neu aufwerfen zu wollen (vgl. zur Form des SUKKAL-Zeichens G. Bunnens, AbrNahr 32, 96), ließe sich hier an ein phonetisches Komplement hethitischer (Nom.Sg) oder hurritischer (Ergativ-, bzw. Abstraktendung) Herkunft denken.

[358] 11,2; 15,1; 17,8; 73,5.

das Logogramm aber nirgendwo mit Determinativ LÚ belegt ist, und außerdem die Form LÚ.UŠ hieraus kaum erklärt werden könnte. Auch das nA É.UŠ "Kronprinz" [359] "ne paraît guère convenir ici" [360]. G. Bunnens will das Wortzeichen UŠ hier als KU_7 lesen und etwa "Masthaus" [361] übersetzen. Seine Begründung wirkt allerdings etwas spekulativ, zumal die einzige von ihm erwähnte Lesemöglichkeit *ša kuruštu* zwar in Māri [362] belegt ist, nicht aber in Alalaḫ. Dabei sind noch zwei Schwierigkeiten zu nennen, die G. Bunnens' Vorschlag wohl unmöglich machen: Das Wort ist laut den Wörterbüchern fast ausschließlich mit *ša* belegt, und das Zeichen KU_7 ist dem Zeichen UŠ zwar ähnlich, aber von jenem wahrscheinlich doch zu unterscheiden. Auch die umgekehrte Vorgehensweise hilft nicht weiter: Die für UŠ gebrauchten Wortwerte *rēdû, zikāru, ušāru, emēdu* lassen sich nicht mit É verbinden; LÚ.UŠ ist zwar belegt, bezeichnet aber "eine Art Soldat" und dürfte daher—es geht ja um Rinderfütterung—ebenfalls auszuschließen sein.
Weiterführend ist demgegenüber eine lexikalische Liste aus Ugarit: RS 21.062 r 13' auf die Gleichung é = *pu$^?$-ur$^?$-li* [363]. Dies entspräche zwanglos dem hurritischen *purli, puruli* "Haus" [364]. Eine weitere Stütze ist KTU 1.6 VI 53ff, wo im Kolophon parallel zu weiteren Titeln der Vorgesetzte des Schreibers Ilimalku, der *atn*, als *prln* bezeichnet wird. Die nachfolgenden Titel zeigen, daß *atn* in der Verwaltung des Königs Niqmaddu III von Ugarit eine bedeutsame Rolle gespielt haben muß, wird er doch gleichzeitig als *rb khnm* "Meister der Priester" und als *rb nqdm* "Meister der 'Hirten'" [365] bezeichnet. Das hurritische Wort ist dabei offenbar *parulenni* zu lesen und bezeichnet den "Hausverwalter" o.ä. [366]. Die neuerdings von W.H. van Soldt [367] geäußerte Vermutung, *prln* beziehe sich auf seine kultische Funktion, wirft die Frage auf, weshalb hier nicht der höchste Titel einer Person ihrem Namen am nächsten steht. Außerdem legt W.H. van Soldts eigene Deutung des Wortes *ṯʿy* KN = SUK-

359 AHw 23 *sub bīt redûti*.

360 G. Bunnens, BAfO 19, 76.

361 G. Bunnens, BAfO 19, 76f "engraisseur".

362 ARM VII,225f,5.

363 J. Huehnergard, HSS 32, 34f mit Kommentar (71). Vgl. E. Laroche, GLH, 206f.

364 G. Wilhelm, BM 26, 123f. vermutet für hurr. *purl-* eine Gleichsetzung mit É.GAL, so daß eher "Tempel" gemeint wäre. Da wir sahen, daß in Alalaḫ VII É.GAL zumeist den Palast bezeichnet, brauchen wir uns mit der Frage hier nicht weiter auseinanderzusetzen.

365 Vgl. zu diesem Wort jeden Kommentar zum alttestamentlichen Propheten Amos (z.B. J. Jeremias, ATD) und H.-J. Stoebe, WuD 5; sowie E. Lipiński, AOAT 250, 512-514.

366 Vgl. M. Dietrich/O. Loretz, UF 4, 32f mit älterer Literatur und dem Bezug auf hebr. *ʿl hbyt*.

367 W.H. van Soldt, UF 20, 313 mit A. 6.

KAL des Königs [368] eine chiastische Stellung der Titel nahe: *prln* und *ṯʿy* beschreiben die Stellung der Person zum König und rahmen gleichzeitig die beiden Funktionsbeschreibungen in Bezug auf das Palastpersonal.
Wir haben nun zu fragen, ob diese Beobachtungen aus den späteren ugaritischen Texten sich in irgendeiner Weise für Kunnate nutzbar machen lassen.
Nun existiert in 36,8f sowie in 11,9.26 ein LÚ.*pa-ru-li*, dessen Funktion bislang noch nicht identifiziert wurde [369]. Dabei stellen wir fest, daß in Text 36 dieser LÚ.*paruli* [370] 28 *pa* ZI.AŠ zur Fütterung der Rinder erhält. In 11,9 steht er direkt neben dem LÚ.ENGAR, in 11,26 erhält er Getreide zur Weitergabe an Mietarbeiter als deren Lohn. Alle diese Argumente sprechen dafür, den LÚ.*pa-ru-li* mit Kunnate gleichzusetzen [371] und zu vermuten, daß die Funktion eines hohen Hofbeamten, der neben der Rinderfütterung auch Aufgaben in der Verwaltung innehat, *cum grano salis* der Stellung des *atn* in Ugarit entspricht. Wir wählen daher als Paraphrase seines Titel die Formulierung "Haushofmeister" und wollen damit deutlich machen, daß sein Funktionsbereich eben Aufgaben der Verwaltung und der Landwirtschaft umfaßt.

Das Logogramm ist folglich als Kontamination zweier Dinge zu erklären. Zum einen wurde der Berufsname *paruli* [372] mit dem hurrit. Wort für "Haus" [373]

---

[368] W.H. van Soldt, UF 20, 319: "Thus the SUKKAL appears to have been dependent on the king or queen and he must have been quite high on the hierarchical ladder."

[369] G. Giacumakis, 94: "a profession or occupation"; AHw 142 sub *b/purullum* "eine Art Gewerbepolizist"; D.J. Wiseman, Al T, 86.159 legt sich nicht fest; A. Draffkorn, Hurrians, 192: eine Berufsbezeichnung "cowherd (?)".

[370] Nach der Normgrammatik (GAG § 12a) dürfen in akkadischen Wörtern nicht drei kurze, offene Silben aufeinander folgen. Da allerdings nicht auszumachen ist, welche der Silben eine Länge hat und ob diese Regel im Fremdwort zutrifft, wäre es reine Willkür, eine Positionslänge zu behaupten. Die ungewöhnliche Wortform mag daher stehenbleiben.

[371] Noch schlagender wäre die Argumentation, wenn im Kontext auch Addu erwähnt würde. Daß dies nicht geschieht, mag daran liegen, daß es nicht um Gerstenlieferungen, sondern um ZI.AŠ geht. Allerdings ist die Angabe Z. 3: 84 *pa* für sechs Monate nicht durch einen Adressaten qualifiziert, so daß mindestens nicht ausgeschlossen werden kann, daß sie an Addu gehen könnte.

[372] Der Unterschied im Vokalismus zwischen dem hier belegten *paruli* und dem normal-hurrit. *puruli* sollte nicht überbewertet werden. Zum einen wissen wir nichts über die Aussprache des Hurrit. im altbabylonischen Alalaḫ (schon eine Tonfärbung zu /o/ könnte die Schreibung mit einem *a*-haltigen Zeichen hervorrufen), und zum anderen ist es nicht unbedingt zwangsläufig, daß die beiden Wörter etymologisch miteinander zu verbinden sind. Entscheidend ist, daß die Schreiber sich vom Berufsnamen zureichend an das hurrit. Lexem erinnert fühlten.

[373] Vgl. E. Laroche, GLH, 206f. Ein Zusammenhang mit dem ugarit. belegten *prln* "diviner" (dazu W.H. v. Soldt, UF 21, 365-368) ist wohl auszuschließen, da das Logogramm hierfür ḪAL lautet und hinter dem enigmatischen *pu-ru-da*?*-ni* (Ug V 131,1') zu suchen sein könnte. Vgl. jetzt auch Tell Beydar *ba-rí* "Aufseher" vor Vieharten, das von

zusammengedacht; zum anderen war wohl die "korrekte" akkadische Übersetzung das in Alalaḫ nicht singularisch belegte [374] *rēdû* = UŠ "Anführer". Die Schreibung É.UŠ erklärt sich so zwanglos: Das É dient wohl dazu, die richtige Lesung *paruli* zu sichern, so daß das Logogramm als *ad hoc* Bildung zu verstehen ist.

Neben diesen Bemerkungen zum Logogramm und seiner Lesung stellen wir fest, daß die Orthographie bemerkenswert einheitlich ist: Fast alle Belegstellen lesen *Ku-un-na-te*, lediglich an vier Stellen finden sich leichte Abweichungen: 74,4 (vermutlich auch 63,16) bietet das defektive *Ku-na-te*. Ob es sich hier um eine bewußt vereinfachende Schreibung oder um einen Schreibfehler handelt, muß offenbleiben. 2,5 und 24,3 lesen *Ku-un-na*. Dies läßt sich so erklären, daß hier ein Element *-te* vorliegt, das wohl auf den hurritischen Gottesnamen Teššup zurückgeht und sozusagen als hypokorisistische Schreibweise ausgelassen wurde [375].
Außerhalb der Getreidelieferlisten kommt der Name in 42.03,6 vor, wo der Namensträger einen Bogen erhält, sowie in 43.09,6f, wo er (bei sicherlich bestehender Personenidentität mit dem Kunnate der Getreidelieferlisten) als Treuhänder einer Silberzahlung fungiert.

In den Getreidelisten kommt LÚ.É.UŠ nur einmal für eine andere Person als Kunnate vor: In 48,10 wird Weritalma als LÚ.É.UŠ LUGAL bezeichnet. Eine Person desselben Namens erhält in 35,7 4 *pa* Emmer *a-na* MÍ.MEŠ. In beiden Fällen ist auffällig, daß im jeweiligen Text auch der "Großkönig" (LUGAL GAL) genannt ist. Man wird daher kaum fehlgehen in der Annahme, daß Weritalma diesem zuzuordnen ist. Dies bedeutet wohl, daß er bei Besuchen des Königs von Aleppo in der Funktion des *paruli* seinen Herrn begleitet [376].

Das Logogramm bzw. das Wort *paruli* ist ansonsten im Gesamtkorpus nur zweimal belegt:

22.08,10 (in zerstörtem Umfeld): Allerdings läßt der Kontext (Z. 9: eine Person gießt Öl aus) die Frage zu, ob hier unser *paruli* vorliegt oder doch mit W.H. van

---

W. Sallaberger, Beydar 3, 126 auf *barû* zurückgeführt wird, aber wohl nicht in unseren Zusammenhang gehört.

[374] 21,18 ist wohl (s.o. S. 247) UŠ.BAR zu lesen; die mehrfach belegten AGA.UŠ gehören nicht hierher, da sie nicht königliche Funktionäre, sondern lediglich einfache Truppen waren. Außerdem kommen sie (22.03,17; 43.09,20; 43.10,6) in Alalaḫ nie als Individuen vor; belegt ist ausschließlich ihr Vorgesetzter, der UGULA AGA.UŠ.

[375] Vgl. A. Draffkorn, Hurrians, 108; I.J. Gelb u.a., NPN, 264.

[376] Auffällig ist, daß beide Belege etwa ein Jahr auseinander liegen. Sollte es sich um eine Art "Jahresvisitation" handeln?

Soldt [377] von einem "Opferschauer" auszugehen ist. Erwägenswert wäre es z.B., dieses Wort als eine Lehnübersetzung aus akkad. *barû* ins Hurritische anzusehen [378]. Die Schreibung mit der Tenues entspräche dann der hurritischen Phonologie und wäre in die ugaritische Alphabetschrift übernommen worden. Wenn es einen solchen Zusammenhang gibt, dürfte er indessen eher hinter der Gleichung hurr. *pu-ru*$^{?}$*-da-ni* = ugar. *pu-ru-s*[*à*$^{?}$*-tu*$_{4}$$^{?}$ zu suchen sein [379], zumal die Wurzel *PRS* bei Orakelentscheidungen auch in Alalaḫ belegt ist [380]. Da der Text 22.08 außerdem einer deutlich früheren Zeit zugehören dürfte als die Getreidelieferlisten, ist indessen die Annahme wahrscheinlicher, daß wir es in der Immobilienkaufurkunde mit einem Vorgänger des Kunnate oder seinem Amtskollegen in Ebla zu tun haben.

22.13,29 [381]: Eine Person *At-ri-i*[*a*] ist Zeuge und wird als *paruli* qualifiziert. Das Zeichen vor *paruli* kann ŠA oder TA sein und entweder zum Personennamen gehören oder als anaphorisches Pronomen zu *paruli*. Gemeint ist sicherlich der Atri-Addu LÚ.É.GAL aus 21.04,23. Andererseits wäre eine solche Formulierung "der des Hauses" in einer Zeugenliste ausgesprochen ungewöhnlich, so daß hier kein Argument ableitbar ist. Auch hier müssen wir die Möglichkeit offenhalten, daß u.U. ein Vorgänger Kunnates belegt sein könnte.

a) Die Belege im Normblock

Wir stellen im folgenden zunächst wieder die Belege im Normblock zusammen:

1,10: 30 ŠÀ.GAL GU$_{4}$.ḪI.A LÚ.É.UŠ
2,5: x+1 [GÌ]R ⌊*Ku-un-na*⌋
4,4: 30 *Ku-un-na-te*
5,4: 30 *Ku-un-na-te*
5,5: 1 LÚ.É.UŠ
6,13: 30 *Ku-un-na-te* LÚ.É.UŠ
6,25: 1 *ṣu-ḫa-ar qa-ti ša Ku-un-na-te*
7,5: [x+1] TUR *ša qa-ti Ku-un-na-t*[*e*]
7,10f: 18 ŠÀ.GAL GU$_{4}$.ḪI.A *ù* UDU.NÍTAḪ.ḪI.A *a-na Ku-un-na-te*
9,2: 40$^{?}$ *pa* ŠE GÌR *Ku-un-na-te*
9,13: 40 GÌR *Ku-un-na-te*
10,20: 48 *Ku-un-na-te* LÚ.É.UŠ
11,2: 36 GÌR *Ku-un-na-te* LÚ.UŠ
11,9: 5 LÚ.*pa-ru-li*
12,6: 25 *Ku-un-na-te* LÚ.É.UŠ

---

[377] W.H. van Soldt, UF 21, 365-386.

[378] Akkad. *barû* = hurr. *wur-* "sehen", vgl. E. Laroche, GLH, 298f.

[379] Vgl. Ug V 131,1' und J. Huehnergard, HSS 32, 62.

[380] 44.03,13.

[381] Die Stelle wurde bislang übersehen, da der Text in Kopie und Umschrift nicht veröffentlicht wurde.

13,5: 30 *Ku-un-na-te*
15,1: 53 *pa* ŠE 14 *pa* ZI *Ku-un-na-te* LÚ.UŠ
16,12: 3 *Ku-un-na-te* LÚ.É.U[Š]
17,5: 2 LÚ.É.UŠ 1 *pa* LÚ.ŠÀ.GU_4
17,8: 40 *Ku-un-na-te* LÚ.UŠ
20,13: 40 *Ku-un-na-te*
21,21: 37 GÌR LÚ.É.UŠ
22,2: 44 *pa* ŠE *a-na Ku-un-na-te*
23,3: 40 *Ku-un-na-te*
24,3: 25 *a-na Ku-un-na* ŠÀ.GAL GU_4.ḪI.A
24,9: 1 *a-na* LÚ.TUR *ša Ku-un-na-te*

Textanmerkungen:
6,25: Das Zeichen erinnert stark an ŠU—dennoch ist wohl ṢU gemeint, der Unterschied besteht lediglich in einem senkrechten Keil, da der oberste der waagrechten weit vorsteht. Gemeint ist ein "Knecht, Diener" des Kunnate. Die Konstruktusverbindung *ṣuḫār qāti* ist eigentümlich, man könnte eine Absolutivform lokal-adverbieller Bedeutung annehmen, wobei dann *qātum* "Hand" von einer Wurzel *qtʾ* abgeleitet zu betrachten wäre [382]. Diese Annahme scheint allerdings so viele unsichere Prämissen zu beinhalten, daß man wohl besser ein Kompositum ansetzt, das dann—etwas frei—durch unser deutsches Wort "Handlanger" wiedergegeben werden könnte. Das Logogramm für *ṣuḫāru* [383] ist in 24,9 (auf Kunnate bezogen) und 7,5 belegt: TUR. Auch dort enthält der "Handlanger" die Menge von 1 *pa* Gerste. Es kann daher nur eine Auszahlung zum persönlichen Gebrauch gemeint sein. Vermutlich ist dieses 1 *pa* sonst in der Auszahlung an Kunnate enthalten. Zu weiteren Belegen in den Getreidelieferlisten siehe den Index, wobei nicht in allen Fällen sicher gesagt werden kann, ob das Zeichen DUMU oder TUR zu lesen ist. Weitere Belege für LÚ.TUR finden sich—abgesehen von Text 10.03—in 42.04,10; 42.06,8 (LÚ.TUR); 42.06,13 (LÚ.TUR LUGAL) [384]; 42.06,17 (LÚ.TUR URU.*Nuranti*.KI); 43.09,20 (LÚ.TUR UGULA AGA.UŠ); 43.09,8 (LÚ.TUR LÚ.URU.*Apišal*.KI).
7,5: Vgl. 6,25; 24,9.
9,2: Zu lesen ist nur ein Winkelhaken ("10"). Da es sich um die Verbindungszeile zweier Tafeln handelt und ein Bezug auf 10,20 nur dann in Frage kommen könnte, wenn das Zahlzeichen "8" zu lesen wäre, ergänzen wir nach Z. 13.

---

[382] Vgl. A. Goetze, JCS 2, 269f.

[383] AHw 1109a. G. Giacumakis, 100 nennt keine altbabylonischen Belege, doch sind wohl die Stellen 69,7 (gemeint 69,18); 78,7 hierherzurechnen, die er sub *ṣiḫru* führt. Man entnimmt überdies dem AHw, daß neben LÚ.TUR durchaus—in Nuzi!—auch einfaches TUR als Logogramm belegt ist. In Māri findet sich diese Verwendung *passim* (vgl. J.M. McDonald, JAOS 96; J. Sasson, AfO 27; A. Finet, CRRAI 18), vgl. aber auch schon die Ur III-Zeit (F. Pomponio, VO 8/2, 17).

[384] Diese beiden Belege qualifizieren den LÚ.TUR durch eine Verbalphrase.

15,1: Dieselbe Abkürzung—es handelt sich ja nur um die Auslassung eines einzigen Keils—in 63,3.

Kunnate ist also mit Ausnahme der Texte 3; 8; 14; 18; 19 und 25-27 in allen Normblöcken belegt. Dabei sind allerdings nicht alle Lücken gleich beweiskräftig: Die Texte 8; 14 und 18 sind zu schlecht erhalten, um wirklich Folgerungen zuzulassen. Text 25-27 bilden eine zeitliche Einheit, so daß wir hier für das Ausbleiben von Lieferungen u.U. andere Gründe namhaft werden machen können. Immerhin beobachten wir vorab, daß mitten im Block 25 auch ZI.AŠ-Einträge vorkommen, wobei auch Kunnate mit 7 *pa* bedacht wird.

Da Kunnate nicht nur im Normblock, sondern ungefähr genauso oft auch außerhalb vorkommt, stellen wir nun auch die weiteren Belege aus den Getreidelieferlisten vor.

b) Belege in den Getreidelieferlisten außerhalb des Normblocks [385]

ŠE (und fraglich):

2,32: ŠU.NÍGIN 1 *šu-ši* LÚ.*pa-ru-li* \ ŠE
30,3: 30 *a-na Ku-u*[*n-na-te*
35,61: 42 GÌR *Ku-un-na-te* LÚ.É.UŠ
35,63: 38 GÌR *Ku-un-na-te* LÚ.[É].UŠ
47,7: 8 GÌR *Ku-u*[*n-na-te*
47,15: 30 ⌜*Ku*⌝-*u*[*n-na-te*
57,4: 8 *a-na Ku-un-na-te*
70,1: 40 *pa* ŠE G[ÌR *Ku-un-na-te*]
70,5: 5 *pa* ŠE DIŠ *Ku-u*[*n-na-te*]
72,6: 27 *a-na Ku-u*[*n-na-te*
72,12: 20 *a-na Ku-u*[*n-na-te*
72,13: 8 *a-na Ku-u*[*n-na-te*
73,5: 27 *pa* ŠE GÌR *Ku-un-na-te* LÚ.UŠ
78,5: 21 *pa* ŠE GÌR *Ku-un-na-te*
78,21: x *Ku-un-na-te*

---

[385] Angesichts der überaus breiten Belegdichte ist—wie sich gleich zeigen wird—von einer Differenzierung zwischen Belegen auf Tafeln mit Normblock und solchen, wo kein Normblock vorkommt, kein weiterer Erkenntnisgewinn zu erwarten. Demgegenüber dürfte es einen Unterschied machen, welche Warensorten jeweils vorkommen, so daß die Belege i.f. hiernach angeordnet sind.

Textanmerkungen und inhaltliche Beobachtungen: [386]

2,32: Dieser Eintrag umfaßt die letzte Zeile der Tafel und den oberen Rand; sie ist nicht ganz einfach, da noch weitere Gegenstände hier eingetragen sind: Bier und Gewänder. Die Getreidelieferung besteht dabei sichtlich in 60 *pa* ŠE, die weiteren Gegenstände erhält Kunnate vermutlich zusätzlich, ohne daß wir etwas über deren Verwendung erfahren. Zu beachten ist, daß auch Addu Z. 29f eine immense Summe erhält, die deutlich über dem Üblichen liegt [387].

35,63: In diesem und dem zuvor genannten Eintrag Z. 61 sind die hohen Mengen auffällig. Man wird nicht fehlgehen, wenn man vermutet, daß Kunnate hier eine Lieferung erhält, die nicht zur Erfüllung seiner sonstigen Pflichten gedacht ist. Offenbar handelt es sich um Zwecke, die vergleichbar, aber nicht identisch sind. Beachte, daß ab Z. 57 Lieferungen an Nicht-Alalaḫianer erfolgen. Es wird anzunehmen sein, daß die Zusatzlieferung der Gerstenversorgung des jeweiligen Trosses dient.

47,15: Es dürfte sich um Gerste handeln, da die Tafel durch die "Normblockeinträge" Z.9 und Z. 22 datiert ist.

70,1: Die Parallelen im Aufbau, die zu Text 73 bzw. 74 festzustellen sind (kleine Tafel, Nennung nur des Kunnate), die Zahl 40 (Z. 1) und die Tatsache, daß Kunnate in Z. 5 genannt ist, lassen die Ergänzung ziemlich sicher scheinen.

72,6.12: Es handelt sich vermutlich in beiden Fällen um Gerste, da in Z.7 erst der Wechsel zu einer anderen Ware erfolgt und die höchste für ZI.AŠ in einem Monat belegte Zahl nur 14 *pa* beträgt.

72,13: Zur Menge des ausgegebenen Getreides vgl. 57,4. Dennoch bleibt unsicher, ob es sich nicht um eine andere Ware handelt [388], andererseits finden wir auf der Tafel kein Indiz für einen Wechsel der Ausgabeware.

78,21: Die Ware kann nicht sicher bestimmt werden.

ZI.AŠ:

6,31: 6 *pa ke-eš-še-nu* GÌR *Ku-un-na-te*
10,34: 8 *Ku-un-na-te* LÚ.É.UŠ
12,18: 5 *pa* ZI.AŠ *a-na Ku-un-na-te*
13,25: 7 *a-na Ku-un-na-te*
17,19f: 6 *pa ke-eš-še-nu* DIŠ *Ku-un-na-te*
20,28: 10 [*pa-r*]*i-si ke-eš-še-nu* GÌR *Ku-un-na-te*
21,24: 14 *pa* ZI.AŠ GÌR LÚ.É.UŠ
22,22: 7 *ki-iš-ša-nu a-na Ku-un-na-te*

---

[386] Über die rein epigraphischen Bemerkungen hinaus sollen hier schon einige inhaltliche Beobachtungen und Anfragen formuliert werden. Dies ist deswegen erforderlich, weil wir mindestens wahrscheinlich zu machen haben, welche Ware vorliegt, wenn der Eintrag den Bezug nicht deutlich nennt oder nicht in einem Block steht, der sich eindeutig auf nur eine Sorte bezieht.

[387] Evtl. handelt es sich um einen "Übertrag" aus der letzten Archivrevision.

[388] Zu 8 *pa* ZI.AŠ vgl. 10,34; 26,23.

23,37: 5 *Ku-un-na-te*
25,6: 7 *pa* ZI.AŠ GÌR *Ku-un-na-te*
26,23: 8 *pa* ZI.AŠ *a-na Ku-un-na-te*
35,66: 7 GÌR *Ku-un-na-te*
35,72: 6 ŠÀ.GAL G[U$_4$] GÌR *Ku-un-na-te*
36,4f: 40 ŠÀ.GAL GU$_4$.ŠE LÚ.É.UŠ *ša* ITI.4.KAM
36,8f: 28 ŠÀ.GAL GU$_4$.ḪI.A *ša* ITI.2.KAM *a-na* LÚ.*pa-ru-li*
55,8f: 10 *pa-ri-si ki-iš-ša-nu a-na Ku-un-na-te*
63,16: *Ku-n*]*a-te* LÚ.UŠ
74,4: 6 *a-na Ku-na-te*

Textanmerkungen und inhaltliche Beobachtungen:
10,34: Es handelt sich um *kiššānu*; fraglich ist, ob dieser zur Rinderfütterung ausgegeben wird. **35,66:** Die Menge liegt im Rahmen des üblichen und wird—vgl. die Nennung des Addu in Z. 67—eher eine Regellieferung darstellen.
35,72: Hier ist die Rinderfütterung explizit belegt. Beachte, daß auch hier Addu LÚ.ENGAR direkt hinter dem Kunna(te)-Eintrag steht.
36,4f: Über die Rinder werden wir noch zu sprechen haben. Hier ist festzuhalten, daß in vier Monaten 40 *pa*, im Durchschnitt monatlich also etwa 10 *pa*, ausgegeben werden. Dies entspricht in etwa dem, was für die Rinderfütterung erwartet werden kann. Zu vgl. ist Z. 3, wo zur Fütterung der GU$_4$.APIN.LÁ in sechs Monaten 84 *pa* gestellt werden, so daß die Ausgabemenge eines Monats durchschnittlich 14 *pa* beträgt. Daher wird die Vermutung richtig sein, daß hier—die Menge ist identisch—ebenso wie in 1,11—Addu der Empfänger der Lieferung ist.
36,8f: Auch hier beträgt die Ausgabe also durchschnittlich 14 *pa* monatlich. Allerdings ist auffällig, daß die Rindersorte hier (im Gegensatz zu vielen anderen Einträgen in Text 36) nicht spezifiziert wird. In Bezug auf die Menge ist 21,24 zu vergleichen.
74,4: Gemeint ist *kiššānu*, wie aus der Überschrift der ganzen Tafel erhellt. Auch diese Lieferung dürfte zur Rinderfütterung erfolgt sein. Hierfür spricht auch, daß in der folgenden Zeile Addu 3 *pa kiššānu* erhält, was gut den noch zu erörternden Verhältniszahlen entspricht.

ZÍZ:
9,27: 11 [x] x [x] *i-di* LÚ.MEŠ.*ma-sí*
11,26: 8 *i-di* LÚ.MEŠ.*ma-a-si* GÌR LÚ.*pa-ru-li*

Anmerkung:
9,27: In Analogie zu 11,26 wird ebenfalls Kunnate der direkte Empfänger sein.

Wir können nun schon einige Zwischenergebnisse zusammenstellen:

• Wo Kunnate im Normblock belegt ist, da erhält er sonst auf der Tafel keine Gerste mehr. Die einzige Ausnahme hierzu ist Text 2, wo allerdings der zusätzliche Eintrag sowohl durch seine Form als auch durch seinen Inhalt deutlich macht, daß ein besonderer Vorgang vorliegt.

- Die Gerstenzahlungen an Kunnate sind also für die Ausgabestelle so konstitutiv, daß sie unbedingt unter "regelmäßige Zahlung" zu fassen sind. Dies spricht dafür, daß Kunnate seiner Funktion nach eine wichtige Rolle am Palast gespielt hat.
- Er erhält ausschließlich Gerste und ZI.AŠ. Die beiden (?) Belege, wo er Emmer entgegennimmt, sind insoweit als Ausnahme zu verstehen, als Kunnate hier die LÚ.MEŠ.*māsū* auszahlt. Der Emmer ist also nicht in seiner normalen Verwendung als Nutzgetreide genannt, sondern vielmehr als Zahlungsmittel.
- Kunnate erhält ab dem Monat Niqali C im Normblock keine Gerste mehr. Demgegenüber haben wir in Text 35 eine besondere Verwendung festgestellt, die nicht näher bestimmt werden konnte. Ferner fiel uns die formale Ähnlichkeit der Texte 72-74 ins Auge, die sich fast ausschließlich mit Kunnate beschäftigen. In diesen drei Texten sind zweimal (73,3; 74,3) Zweckangaben gemacht: *a-na a-la-ak* LUGAL bzw. *a-na* KASKAL *it-ti* LUGAL. Diese beiden Angaben dürften nicht nur die reine Bewegung des Königs von Ort A nach Ort B zum Inhalt haben. Wahrscheinlicher ist, daß hier bereits Vorbereitungen für den Feldzug gegen die Hethiter getroffen wurden, mit anderen Worten die Funktion des Kunnate bereits auf Kriegswirtschaft umgestellt worden war. In diesem Zusammenhang ist daran zu erinnern, daß auch der Normblock des Niqali C (Text 25) schon verschiedene Auffälligkeiten aufwies, und ferner darauf hinzuweisen, daß dieser Text mehrere Einträge mit der Zweckbestimmung *ana karāši ublū* "brachte man ins Feldlager" enthält. Dieser Vermutung entspricht, daß diese Texte zu den letzten Tafeln des Archivs von Alalaḫ gehören und im letzten Monat Utitḫi zwar offensichtlich noch Tafeln geschrieben wurden, aber kein Normblock mehr verfaßt wurde.
- Wo ein Verwendungszweck für die ausgegebene Lieferung angegeben ist, ist fast ausnahmslos die Rinderfütterung gemeint, doch sind in 7,10f auch Schafböcke genannt. Da Kunnate aber auch Lohnarbeitern (LÚ.MEŠ.*ma-a-si*) ihren Lohn auszahlt und auf der anderen Seite über mindestens einen "Handlanger" verfügt, wird man anzunehmen haben, daß sein Aufgabenbereich nicht nur die reine Viehwirtschaft ist. In Anbetracht der oben (S. 289) geführten Diskussion zur Bedeutung von Wort und Logogramm legt auch diese Beobachtung die Übersetzung "Hausverwalter" o.ä. nahe. Dies gilt umso mehr, als Kunnate auch in 43.09,7 mit der Auszahlung einer Silbersumme befaßt ist [389].

Kunnate und Addu

Eine genauere Definition seiner Position bedarf jedoch noch der Untersuchung zweier weiterer Fragekomplexe:

---

[389] Dieser Text könnte mit Text 35 zusammenhängen, da neben Kunnate auch Irima und Kuzzi beiden Texten gemeinsam sind.

- Kunnates Verhältnis zu Addu
- die Fragestellung nach den Rindern

Die zweite Fragestellung soll unten in einem eigenen Exkurs abgehandelt werden, so daß wir uns in diesem Abschnitt auf das Verhältnis Kunnates zu Addu [390] beschränken können. Die Erörterung geschieht am besten durch tabellarisches Vorgehen.

Um die verschiedenen wirtschaftlichen Vorgänge zu erfassen, geben wir verschiedene Tabellen an, die jeweils die Stellen bieten, welche

a) beide Personen im Normblock nennen,
b) denen, die eine Person im Normblock, die andere auf derselben Tafel, nicht jedoch im Normblock führen,
c) Einträgen auf derselben Tafel; wobei kein Eintrag im Normblock steht.

a) Beide Einträge im Normblock
Notwendigerweise handelt es sich bei beiden Einträgen um Gerste. Wir haben jeweils festzustellen, ob eine Zweckangabe genannt wird. Ferner ist zu berechnen, in welchem mathematischen Verhältnis die jeweils ausgegebenen Summen zueinander stehen [391].

Beleg Kunna	*pa*	**Zweck**	**Beleg Addu**	*pa*	**Zweck**	**Verh.**
1,10	30	ŠÀ.GAL GU_4.ḪI.A	1,11	14	ŠÀ.GAL GU_4.ḪI.A	**2,14**
9,13	40	-	9,9 [392]	15	ŠÀ.GAL GU_4.ḪI.A	**2,67**

[390] Im Vorgriff auf das unten (Kap. V,2.1.11.) zu Addu Festzustellende beziehen wir hier auch die Stellen mit ein, die von LÚ.ENGAR sprechen oder eine orthographische Variante zu Addu bieten. Nicht ausgewertet werden hier die Belege für Addus Ehefrau und für Enni.

[391] Die an Addu ausgegebene Summe wird dabei gleich 1 gesetzt.

[392] Der Bezug ist sicherlich so zu ziehen: Die Ausgabe Z. 8 besteht in Getreide zu Saatzwecken. Mit den 15 *pa* zur Rinderfütterung ist zweifelsohne Addu gemeint, dessen Name nicht wiederholt zu werden braucht, da er bereits in der Zeile vorher genannt wird. Die Zeile 9,2 darf nicht in diese Betrachtung einbezogen werden, da es sich um eine Übertragszeile handelt.

11,2 [393]	36	-	11,8	20	-	**1,8**
23,3	40	-	23,9f	2	*a-na* UD *ú-li* (hierher?)	**20**
24,3	25	ŠÀ.GAL GU$_4$.ḪI.A	24,4	10	ŠÀ.GAL GU$_4$.ḪI.A	**2,5**

Bereits die erste Übersicht über diese Belege zeigt, daß Text 23 kaum zu Recht in diese Reihe postiert sein dürfte: Die Zweckangabe macht deutlich, daß Addu—wenn er an dieser Stelle der Empfänger ist—eine besondere Lieferung aus Anlaß eines Festtages erhält, so daß hier keine Folgerungen über die *regelmäßigen* Verhältnisse, wie sie aus den Normblöcken zu erheben sind, getroffen werden können. Dies lehrt auch ein Blick auf die rechte Spalte, wo die Verhältniszahl mit 20:1 im Vergleich zu den anderen Zeilen doch auffallend hoch ist. Von den verbleibenden vier Belegen wird in insgesamt drei Fällen mindestens eine der beiden Personen mit der Rinderfütterung betraut. Dies wird folglich auch in Text 11 zu postulieren sein, umso mehr, als sich die Verhältniszahlen sehr schön um einen Mittelwert $\bar{x}$=2,28 gruppieren, was eine Gemeinsamkeit in der Verwendung der Gerste nahelegt [394]:

$$2{,}28;\ x_1-\bar{x} = -0{,}14;\ x_9-\bar{x} = 0{,}39;\ x_{11}-\bar{x} = -0{,}47;\ x_{24}-\bar{x} = 0{,}22;$$

Es handelt sich insgesamt offenbar um eine sehr symmetrische Verteilung, die trotz der wenigen Proben kaum auf Zufall beruhen dürfte [395], sondern vielmehr vier Schlußfolgerungen nahelegt:

—Auch in Text 11 sind beide Personen mit der Rinderfütterung betraut.
—Wenn in demselben Normblock eine Person zweimal vorkommt, so deutet dies darauf hin, daß sie zwei verschiedene Aufgaben [396] zu erfüllen hat. Daher wird in Text 9 der Name des Addu nicht wiederholt, es kommt einzig auf seine Funktion an; in Text 11, wo die Aufgabe nicht spezifiziert ist, wird unterschieden zwischen LÚ.UŠ und LÚ.*paruli*.
—Die beiden Personen und die beiden Rindergruppen sind aufeinander bezogen und stehen offenbar in einem bestimmten Verhältnis zueinander.
—Aufgrund der wenigen Daten läßt sich aus der Verteilung der Belege über die

---

[393] Dem Beleg Z. 9 steht keine Angabe für Addu gegenüber. Er wird daher mit 11,25 unten unter Tabelle b) geführt.

[394] $\bar{x}$ ist der Mittelwert aus den Verhältniszahlen, die jeweilige Tafel wird durch die Indexziffer am zugehörigen x-Wert gekennzeichnet.

[395] Die Standardabweichung dieser Differenzen beträgt auf der Basis *n-1* 0,38, auf der Basis *n* 0,33.

[396] Der Begriff "Aufgabe" bezeichnet hier recht allgemein die Abzweckung der Lieferung und kann z.B. auch die private Versorgung beinhalten.

Zeit keine Aussage treffen, immerhin fällt auf, daß der Jahresbeginn offenbar eine Zeit ist, in der beide Personen bedacht werden.

b) Mehrere Einträge auf einer Tafel, mindestens einer im Normblock, mindestens einer außerhalb [397].

	Kunnate			Addu		
Beleg	***pa***	**Sorte**	**Zweck**	***pa***	**Sorte**	**Zweck**
1,**10**	30	ŠE	Rind	-	-	-
1,**11**	-	-	-	14	ŠE	Rind
1,26	-	-	-	7	ZI.AŠ	Rind
2,**5**	x+1	ŠE				
2,29f				143 1/3	ZI.AŠ	Rind
2,32	60	ŠE [398]	-			
10,**20**	48	ŠE	-	-	-	-
10,33	-	-	-	20	ZI.AŠ	-
10,34	8	ZI.AŠ	-	-	-	-
11,**2**	36	ŠE	-	-	-	-
11,**8**	-	-	-	20	ŠE	-
11,**9**	5	ŠE	-	-	-	-
11,25	8	ZÍZ	*idu*			
12,**6**	25	ŠE	-	-	-	-
12,18	5	ZI.AŠ	-	-	-	-
12,19	-	-	-	30	ZI.AŠ	-
13,**5**	30	ŠE	-	-	-	-
13,24	-	-	-	60	ZI.AŠ	Rind

[397] Die Zeilennr. eines im Normblock befindlichen Eintrag ist **fett** gedruckt.

[398] Sowie andere Gegenstände im Eintrag Z. 31-33.

Beleg	*pa*	Sorte	Zweck	*pa*	Sorte	Zweck
13,25	7	ZI.AŠ	-	-	-	-
20,4	-	-	-	8	ŠE	Saat [399]
20,13	40	ŠE	-	-	-	-
20,28	10	ZI.AŠ	-	-	-	-
20,31	-	-	-	8	ZI.AŠ	-
21,21	37	ŠE	-	-	-	-
21,24	14	ZI.AŠ	-	-	-	-
21,26	-	-	-	8	ZI.AŠ	-
22,2	44	ŠE				
22,21				16 [400]	ZI.AŠ	-
22,22	7	ZI.AŠ				
23,3	40	ŠE				
23,9				2	ŠE	?
23,36	5	ZI.AŠ				
23,37 [401]				12	ZI.AŠ	

Wir entnehmen der Tabelle, daß sich daß im Regelfall einem Eintrag mit Kunnate im Normblock je ein Eintrag mit Kunnate und Addu außerhalb des Normblocks entspricht, wobei letztere von ZI.AŠ handeln: Zu dieser Gruppe gehören die Tafeln 10; 12; 13; 20 [402]-23.

---

[399] Dieser Beleg wird unten im Zusammenhang mit der "Saat" noch genauer dargestellt werden.

[400] *E-ni* (22,21) dürfte hier dem Addu entsprechen, der in diesem Text nicht belegt ist, siehe unten Abschnitt 2.1.11.

[401] 23,43 nennt offensichtlich ein Versorgungs*pa* für Addu, das hier nicht berücksichtigt werden muß.

[402] In diesem Text findet sich ein zusätzlicher Eintrag, der Addu Getreide für Saatzwecke zumißt, s.o. FN 392. Die beiden Tafeln liegen ziemlich genau ein Jahr auseinander, was uns folgern läßt, daß auch diese Zusatzlieferung einer gewissen Regelmäßigkeit folgt.

Text 1 nennt den Addu mit einer Gerstenlieferung anstelle des sonst üblichen ZI.AŠ und war daher oben schon zu erwähnen, da die Zweckangabe "Rinderfütterung" deutlich macht, daß hier eine andere ökonomische Einordung zu treffen ist.
Dasselbe gilt für Text 11, der mehrere Gersteneinträge für Kunnate, einen für Addu und zusätzlich einen ZÍZ-Eintrag für Kunnate bietet. Letzterer dient zur Auszahlung von Gehältern an offenbar nicht regelmäßig im Palast beschäftigte Personen. Die oben beobachtete Tatsache, daß Kunnate nur dann ZÍZ erhält, wenn er diese Personen auszahlen soll, macht abermals deutlich, daß mehrere Einträge auf derselben Tafel für eine Person nicht einfach zu addieren sind, sondern auf jeweilige Differenzierungen in der Ökonomie des Palastes hindeuten [403].
Bei Text 2 haben wir die außergewöhnliche Form des Kunnate-Eintrages bereits festgestellt, hier ist noch zu erwähnen, daß auch Addu eine ungewöhnlich hohe Lieferung erhält, wobei wir in beiden Fällen den Grund für die Unregelmäßigkeit nicht angeben können. Denkbar ist, daß es sich hier um einen Übertrag aus der letzten Archivrevision handelt. Trotz einer textlichen Unsicherheit ist es allerdings ziemlich wahrscheinlich, daß Addu auch hier mit der Rinderfütterung beauftragt ist.
Stellen wir nun die jeweiligen Verhältniszahlen auf:

Text	**Kunnate**		**Addu**	**Verhältnis** [404]				
	ŠE	ZI.AŠ	ZI.AŠ	Kunnate				Addu
10	48	8	20	6	:	1	:	2,5
12	25	5	16	5	:	1	:	6
13	30	7	60	4,28	:	1	:	8,57
20	40	10	8	4	:	1	:	0,8
21	37	14	8	2,64	:	1	:	0,57
22	44	7	16	6,28	:	1	:	2,28
23	40	5	12	8	:	1	:	2,4

Betrachten wir zunächst das Verhältnis der ausgegebenen Waren bei Kunnate:

ŠE und ZI.AŠ verhalten sich dabei so, daß stets signifikant mehr Gerste ausgegeben wird. Die Texte 10 und 22 liegen ziemlich genau ein Jahr auseinander, so daß wir hier bei fast identischen Verhältniszahlen (6,00 bzw. 6,28) von jahreszeitlich bedingten Variationen der Lieferungen und damit der dahinter-

---

[403] Hier unterschiedliche Aufgaben des Empfängers, unten werden wir noch Beispiele für unterschiedliche Herkunft der jeweiligen Lieferung etc. finden.

[404] Wenn hier die ZI.AŠ-Lieferung an Kunnate als Basis gesetzt wird, so hat dies nicht nur den darstellungstechnischen Grund, daß in den meisten Fällen diese Lieferung die geringste Menge aufweist, so daß wir handhabbarere Zahlen erhalten, sondern ist sachlich auch darin begründet, daß hier offenbar das *tertium comparationis* beider Personen liegt, so daß wir hiervon ausgehend weitere Aufschlüsse erwarten dürfen.

stehenden Rinderherden auszugehen haben [405]. Umgekehrt fällt auf, daß nur jeweils drei bzw. vier [406] Monate relativ eng beieinander liegen: Es sind jeweils die Sommermonate, in denen die in Frage stehenden Rinderherden zusätzlich zu versorgen sind. Angesichts der absoluten Zahlen liegt die Variationsbreite aber eher im Bereich ZI.AŠ als bei der Gerste.

Ferner fällt uns die Unregelmäßigkeit der Lieferungen an Addu auf: Sowohl in absoluten Zahlen als auch der Verhältniszahl nach ist hier keine Ratio zu erkennen. Dies gilt auch in Bezug auf das Verhältnis zur Gerste und bedeutet, daß die von Addu zu betreuenden Tiere nicht so klar abzugrenzen sind wie die anderen Herden. Da die Texte 20/21 einerseits sich sowohl hinsichtlich der absoluten Zahlen als auch nach dem Verhältnis der ausgegebenen Waren signifikant von den Texten 22/23 andererseits unterscheiden, gehen wir wohl nicht fehl mit der Annahme, daß die Zufütterung von ZI.AŠ an die Rinder des Addu gegen Ende der Trockenzeit die variable Größe darstellt.

In Text 1 liegt das umgekehrte Verhältnis der eben genannten Gruppe vor. Hier erhalten beide Personen ŠE, aber nur Addu ZI.AŠ. Besondere Beachtung verdient dabei die Tatsache, daß in allen drei Fällen die Rinderfütterung explizit genannt wird. Weshalb Addu hier zusätzlich Gerste an die Rinder verfüttert, entzieht sich unserer Kenntnis. Wir dürfen diese Besonderheit nicht in die Betrachtung mit einbeziehen, müssen aber den Empfang von Gerste durch Kunnate und von ZI.AŠ durch Addu auf dem Hintergrund der eben erhobenen Verhältniszahlen berücksichtigen.
Es ergibt sich so ein Verhältnis von Gerste zu ZI.AŠ von 4,29:1, eine Zahl, die in etwa den Werten der Texte 21 (4,625:1) und 20 (5:1) entspricht, sich andererseits aber signifikant von der Textgruppe 10; 12 und 13 unterscheidet. Daher dürfen wir annehmen, daß die oben behandelten Texte als Hintergrund ebenfalls die Rinderfütterung voraussetzen, da diese hier belegt ist und die Verhältniszahlen einander entsprechen, so daß ein analoger Vorgang anzusetzen ist. Hinzu kommt, daß Text 1 nur durch einen Monat von dem Block 20-23 getrennt ist. Aus Text 11 lassen sich Folgerungen nur begrenzt ziehen, da wir hier keine Verhältniszahl wie aus den anderen Texten erheben können. Hier erhält Addu [407] 20 *pa* Gerste, ein Zweck wird nicht genannt [408]. Wir können lediglich festhalten, daß es sich hier vermutlich ebenfalls um Rinder handelt; offen

---

[405] Dies gilt umso mehr, als auch die absoluten Zahlen sich sehr genau entsprechen.

[406] Mit Berücksichtigung der Texte 1 und 11 erhöhen sich die beiden Zahlen um je eins.

[407] Im Text steht LÚ.ENGAR, doch ist dieser sicher mit Addu gleichzusetzen, siehe dazu unten.

[408] Eine Verwechslung—die Zahl 20 entspricht der ZI.AŠ Ausgabe von Text 10—ist wohl auszuschließen, da der Eintrag im Normblock steht und ansonsten ZI.AŠ im Text nicht vorkommt. Auch in den beiden anderen Texten dieses Monats (29; 43) ist diese Ware nicht belegt.

bleiben muß, weshalb diese Tiere hier mit Gerste anstelle von ZI.AŠ gefüttert werden. Der hier vorliegende Eintrag gehört also zu Tabelle a) (oben S. 298f).

Insgesamt lassen sich aus dem Befund zwei Ergebnisse folgern: Die Unterschiede, die wir feststellten, dürften auf zwei Ursachen zurückzuführen sein. Zum einen schwankte die Zahl der Rinder saisonal und v.a. zwischen den Jahren, zum anderen wurde diese Gruppe von Tieren offenkundig nur im Sommer versorgt. Dabei ist zu bemerken, daß das Verhältnis an Gerste fressenden Rindern zwischen Kunnate und Addu offenbar relativ konstant blieb, während dies für die Austeilung von ZI.AŠ an Addu offenbar nicht galt. Damit soll nicht ausgeschlossen werden, daß Unterschiede in geringem Maß auch darauf zurückzuführen sind, daß mit den Tieren auch deren Hirten versorgt werden mußten, doch fehlt hierfür die Evidenz. Man wird also die Zweckangabe ŠÀ.GAL GU_4.ḪI.A wörtlich nehmen und hier die primäre Abzweckung der Zahlung vermuten. Dies gilt umso mehr, als oftmals andere Zwecke genannt sind (NUMUN, *idi* LÚ.MEŠ.*māsū*). Von besonderem Interesse sind dabei die Texte, in denen Kunnate im Normblock doppelt vorkommt. Aus dem Befund ist die Folgerung zu ziehen, daß Kunnate jeweils einmal eine Regellieferung zur Erfüllung seiner allmonatlichen Aufgaben (namentlich also der Rinderfütterung) erhält, eine weitere Lieferung jedoch für besondere Zwecke. Dies erhellt besonders aus Text 11: Kunnate LÚ.UŠ bekommt (Z. 2) 36 *pa* Gerste, eine Menge, die für seine Tätigkeit in der Rinderfütterung zu veranschlagen ist. Andererseits erhält er unter dem Eintrag LÚ.*paruli* in Z. 9 weitere 5 *pa*. Es fällt auf, daß in Z. 25—wiederum unter dem Titel LÚ.*paruli*—8 *pa* ZÍZ geführt werden. Hier ist als Zweck eindeutig angegeben *i-di* LÚ.MEŠ.*ma-a-si*. Man wird daher annehmen dürfen, daß dies auch der Anlaß für die Gerstenlieferung war. Der Bezug ist dann wohl so zu verstehen, daß das eigentliche Gehalt in Emmer als dem in Alalaḫ üblichen Geldersatz ausbezahlt wurde, die Versorgung der Arbeiter jedoch durch Gerste erfolgte. Da wir andererseits nicht wissen, für wieviele Monate Gehalt und Versorgung gestellt wurden, verbieten sich weitere Folgerungen z.B. auf Anzahl der Arbeiter etc.

c) Keiner der Einträge im Normblock[409]

	Kunnate			Addu			
Beleg	*pa*	Sorte	Zweck	*pa*	Sorte	Zweck	Verhältnis
26,23	8	ZI.AŠ					
26,31				30	ZI.AŠ		1 : 3,75
30,3	30	ŠE$^?$	-				
30,5				30	ŠE$^?$		1:1
30,16	⌜22⌝	ZI.AŠ	-				
30,17				8	ZI.AŠ		3,75 : 1
35,61	42	ŠE	-	-[410]	-	-	-
35,63	38[411]	ŠE	-	-	-	-	-
35,66	7	ZI.AŠ	-	-	-	-	-
35,67			-	20	ZI.AŠ	-	1 : 2,85
35,72	6	ZI.AŠ	Rind	-	-	-	-
35,73	-	-	-	20	ZI.AŠ	-	1 : 3,33
47,1				14	ZI.AŠ$^?$	-	
47,7	8	ZI.AŠ$^?$	-				1 : 1,75
55,4	-	-	-	16	ŠE	Rind	-
55,8f	10	ZI.AŠ	-	-	-	-	-

[409] Die Sammeltafel Text 36 wird unten (S. 314f) kurz besprochen. Die Tafel 72 wird nicht weiter erörtert, da die Namen Kunnates und Addus lediglich ergänzt sind. Vermutlich wird *mutandis mutatis* dasselbe gelten wie für die formal ähnlichen Tafeln 73 und 74. Text 23 wird nur das Paar aufgeführt, das nicht zum Normblock gehört.

[410] Für Text 35 muß die Einteilung in Blöcke beachtet werden. Im vorliegenden ŠE-Block kommt Addu auffälligerweise nicht vor, was auf den besonderen Anlaß der Tafel zurückgehen könnte: Die hier betroffenen Fragestellungen gingen eben Kunnate in seiner Funktion als Haushofmeister an, nicht aber Addu.

[411] Dabei fällt auf, daß Kunnate mit demselben Titel genannt wird wie Z. 62. Wenn die oben vermutete Ansicht richtig ist, bedeutet dies, daß der Zweck der Gerstenausgabe identisch oder mindestens vergleichbar ist.

Beleg	*pa*	Sorte	Zweck	*pa*	Sorte	Zweck	Verhältnis
55,13	-	-	-	7	ZI.AŠ	-	1,43 : 1
68,11	10	ZI.AŠ	?	-	-	-	-
68,9 [412]	-	-	-	10	ZI.AŠ	-	1:1
74,4	6	ZI.AŠ	-	-	-	-	-
74,5	-	-	-	3	ZI.AŠ	-	2:1

Die Ergebnisse dieser Tabelle sind nicht besonders greifbar. Immerhin weisen sie an mehreren Punkten in dieselbe Richtung, in die auch die anderen Befunde deuteten:

—Wenn beide Personen gleichermaßen eine Lieferung erhalten, handelt es sich um ZI.AŠ [413].
—Die Verhältniszahlen der ZI.AŠ-Lieferungen unterscheiden sich signifikant voneinander. Mitunter (30; 55; 72) erhält Kunnate mehr, manchmal aber Addu (26; 35; 47). Die Verhältniszahlen liegen innerhalb des unter b) erhobenen Rahmens.
—Ein Zweck der gemeinsamen Lieferungen ist nicht genannt. Analog zu dem oben Gesagten wird man auch hier an die Rinderfütterung zu denken haben.

Wir fassen nun die bislang gewonnenen Ergebnisse zusammen:
—Die Arbeitsbereiche des Kunnate und des Addu berühren sich insoweit, als beide mit der Fütterung je verschiedener Gruppen von Rindern zu tun haben. Offenbar ist das Verhältnis der Gruppengrößen relativ feststehend, sie schwanken allerdings bedeutsam in unterschiedlichen Jahren.
—Werden weitere Zwecke erwähnt, so fällt auf, daß Kunnate mit Geldgeschäften zu tun hat (43.09,6f) und außerdem die Mietarbeiter entlohnt. Addu erhält demgegenüber Lieferungen ausschließlich zur Rinderfütterung und für Saatzwecke. Dieser Beobachtung entsprechen die Logogramme: Kunnate steht mit dem Wortzeichen für "Haus" in Verbindung und konnte als "Haushofmeister" bestimmt werden, Addu hingegen wird als LÚ.ENGAR "Bauer" bezeichnet.

412 Angesichts des Erhaltungszustandes ist die Einordnung dieser beiden Zeilen hierher nicht zwangsläufig. Die Zeilen werden daher i.f. nicht weiter erörtert, zumal auch die Verhältniszahlen nicht dem sonst üblichen entsprechen.
413 Eventuelle Ausnahme ist Text 30.

Daraus ist zu folgern, daß es eine Trennung beider Verantwortungsbereiche gab: Kunnate im engeren Bereich des Palastes, Addu demgegenüber für die außerhalb des "Hauses" gelegenen Liegenschaften. Gestützt wird diese Vermutung dadurch, daß in 36,3f die "Rinder, die den Pflug tragen" eben *nicht* von Kunnate versorgt werden.
Daraus können wir einstweilen neben der Berufsbezeichnung des Kunnate als "Haushofmeister" die des Addu etwa mit "Domänenverwalter" [414] ansetzen.

2.1.11. Text 1,11: **14 ŠÀ.GAL GU$_4$.ḪI.A GÌR LÚ.ENGAR**

Aufgrund der Parallelität zwischen Kunnate und Addu, die sich auch in den Zeilen 1,10 und 1,11 ausdrückt, wurden weite Teile des hier zu verhandelnden Materials bereits im Abschnitt 2.1.10 besprochen. Dennoch sind hier zumindest die Belege zu wiederholen, da der Perspektivenwechsel von Kunnate zu Addu als Prüfkriterium der erhobenen Ergebnisse dienen kann.

Zunächst ist sicherzustellen, daß es sich bei Addu ebenso wie bei Kunnate um einen Personennamen handelt, so daß dann die Korrelation der Berufsangabe LÚ.ENGAR mit diesem Namen festgestellt werden kann.
D.J. Wiseman änderte seine Meinung, ob das Wort als Personenname oder als Lexem zu verstehen ist, offenbar zwischen Al T [415] und seiner Publikation der Umschrift der Getreidelieferlisten [416].
A. Draffkorn [417] argumentierte ausgehend von ihrer Deutung von Kunnate als "Regellieferung" gegen ein Verständnis als Personenname. Sie vermutete, daß hier "some form of extra-ordinary ration" vorliegen könnte und hielt das Wort für ein akkadisches Lehnwort im Hurritischen [418].
A. Goetze [419] thematisiert das Problem nicht mehr eigens, sondern stellt lediglich die Parallelität zu Kunnate fest. Da er sein Verständnis Kunnates als Person ausführlich begründet, bezeichnet er Addu ohne weiteres als Person.
G. Bunnens [420] begründet nicht näher, weshalb er Addu als Person versteht.

---

414 Die Übersetzung soll zum Ausdruck bringen, daß Addu in Diensten der königlichen Landwirtschaft steht, und zwar in leitender Funktion.

415 Vgl. D.J. Wiseman, Al T, 160 im Index: *ādu* "daily levy?" mit einigen der hierher gehörigen Stellen.

416 D.J. Wiseman, JCS 13. Hier werden die A-Zeichen zu Beginn der Zeichenkette, wie bei Personennamen üblich, jeweils groß geschrieben.

417 A. Draffkorn, Hurrians, 154.

418 A. Draffkorn, Hurrians, 153 mit Bezug auf *ana ittišu* VII i 8. MSL 1,91,8 - 92,12 hat á.du = *ad-du-ú* "tägliches Arbeitspensum", wobei natürlich schon die Schreibung mit langem *-ū* einer vorschnellen Gleichsetzung widerrät. Vgl. G. Giacumakis, 65: "(Hurr.) 'portion, ration'"

419 A. Goetze, JCS 13, 34.

420 G. Bunnens, BAfO 19, 77f.

Die oben (S. 288) genannten Argumente für Kunnate als Person sind auch hier in Anschlag zu bringen. Zwar ist eine ein-eindeutige Relation zwischen dem Personennamen und der Berufsangabe hier nicht gegeben, doch hat die obige Analyse bereits wahrscheinlich gemacht, daß Addu für einen breiteren Bereich verantwortlich ist als Kunnate. Daher ist es auch eher denkbar, daß eine weitere Person in derselben Funktion tätig ist. Dies gilt umso mehr, als die Tabelle zeigte, daß Enni (22,21) in derselben Beziehung zu Kunnate stand wie dies sonst für Addu der Fall ist. Wir dürfen daher diese Stelle als Ausnahme betrachten, die die Richtigkeit der Annahme nicht grundsätzlich in Frage stellt. Ferner hatten unsere Analysen deutlich gemacht, daß die Parallelität beider über die reine Position in den Texten hinaus auch eine inhaltlich-ökonomische Sachlage widerspiegelt.
Es kann daher kein Zweifel daran bestehen, daß es sich auch bei Addu um eine Person handelt, die für die Palastwirtschaft eine bedeutende Rolle spielte.

Die Orthographie des Personennamens ist relativ facettenreich: Wir finden *A-ad-du* oder defektiv *A-du* [421] wobei zusätzlich die Variante *A-du-un* [422] beachtet werden muß, die allerdings keiner weiteren Erörterung bedarf, da auf Vokal V auslautende Personennamen oft das Zeichen Vn annehmen, wohl um eine Nasalisierung des Schlußvokals anzudeuten [423]. Dies gilt um so mehr, als in Text 55 die Schreibungen *A-du* und *A-du-un* auf derselben Tafel vorkommen. Erwähnenswert ist zuletzt die Schreibung *A-ad-du-ni* in 2,30.

Die Berufsangabe kommt—viermal [424] mit dem Personennamen zusammen—insgesamt neunmal vor und lautet stets LÚ.ENGAR, nur in 21,26 fehlt das Determinativ [425]. Gelesen wird das Logogramm [426] als *epinnu*, wofür

---

[421] G. Bunnens, BAfO 19, 75 hält die Form *A-ad-du* für "une orthographie plus proche à la prononciation 'classique' avec redoublement du *d* et *a* initial peut-être destiné a noter le ʿ: ʿ*addu*". Dem ist entgegenzuhalten, daß nach Ausweis alphabetischer Texte z.B. aus Ugarit der Gottesname, auf den sich G. Bunnens selbst (ibid.) beruft, mit *h*-anlautet.

[422] 55,14; 74,5; 77,7.

[423] Das bekannteste Beispiel ist der Königsname *Ab-ba-an*; vgl. Vf., UF 23, 402 A. 10. Vgl. zum hurr. Suffix *-n* M. Dietrich/W. Mayer, UF 23, 109f mit Nennung älterer Literatur. Zum *-n*-Suffix an Personennamen in Alalaḫ vgl. A. Draffkorn, Hurrians, 120-126.

[424] 10,33; 21,26; 35,67.73.

[425] Ob die Auslassung als fehlerhaft zu gelten hat, läßt sich nicht beurteilen, da die Auslassung von Determinativen bisweilen vorkommt; vgl. z.B 35,30 SIPA gegenüber 26,11 LÚ.SIPA in derselben syntaktischen Umgebung. Zudem entstammen die Texte demselben Monat.

[426] A. Goetze, JCS 13, 34; G. Giacumakis, 73.78. G. Bunnens, BAfO 19, 75f trifft keine Entscheidung, da beide Logogramme "charrue" bedeuten, so daß der "maître de charrue" in jedem Fall einen "résponsable agricole" bezeichnet.

24,10 sprechen könnte. Dagegen ist festzuhalten, daß der Personenname Addu an dieser Stelle eben nicht steht. Außerdem widerrät die Parallele zu Kunnate—vgl. 24,3f mit 9f—eher einer solchen Gleichsetzung, da in Z. 9 gerade nicht Kunnate die Lieferung erhält, sondern dessen *ṣuḫāru*. Die Tatsache, daß das Logogramm LÚ.ENGAR sonst als *ikkaru* [427] zu lesen ist, spricht dafür, nicht vorschnell zu gleichen, sondern einen Untergebenen des Addu zu sehen.

Wir wenden uns nun der etwas befremdlichen Stelle 22,20f zu. Hier ist auffällig, daß "*E-ni* [428], der IN.KÀR des Königs" in derselben Position und Funktion belegt ist wie sonst Addu [429]. Dem entspricht, daß Addu in Text 22 sonst nicht vorkommt. D.J. Wiseman [430] liest LÚ.*in-kàr** SAL LUGAL. Enni wäre dann das Pendant zu Addu und übt im Auftrag der Königin dieselbe Funktion aus wie Addu beim König. Da wir nun zwar wissen, daß zumindest Frauen der sozial höhergestellten Schichten eine hohe wirtschaftliche Selbständigkeit ausübten (Ortskauf!), ist es nicht von vornherein ausgeschlossen, daß sie auch über Ländereien zur Bewirtschaftung durch Dritte verfügten. Dennoch sollten wir davon Abstand nehmen, dies hier vorschnell zu postulieren, da dies der einzige Beleg für eine solche Größe wäre. Da ferner Addu in Text 22 nicht belegt ist, wird wohl eher ein Stellvertreter gemeint sein. Dies gilt umso mehr, als die in Frage stehenden Keile auf dem Rand der Tafel eher zum Zeichen KÀR gehören dürften als ein eigenes Zeichen formieren. Wenn die Königin eigene Ländereien durch einen "Domänenverwalter" bewirtschaften ließ, so könnte natürlich sein, daß dieser am besten dazu geeignet war, die Stellvertretung des Addu zu übernehmen, wenn dies einmal erforderlich war. Daß wir sonst keinen Beleg vorfinden, läge dann daran, daß der Besitz der Königin in einem eigenen Archiv dokumentiert war, das uns nicht erhalten ist [431].
Insgesamt dürfte die Schreibung LÚ.IN.KÀR eine "lautschriftliche" Schreibung für das Logogramm LÚ.ENGAR darstellen. Erklärt wird die Variante wohl dadurch, daß Addu aus irgendwelchen Gründen verhindert war und sein "Stellvertreter" nicht denselben "Bekanntheitsgrad" hatte. Daher mußte man den Namen eindeutig qualifizieren, wozu auch der Genitiv "des Königs" beitrug. Gleichzeitig ist der Vorgang ein Indiz dafür, daß die Verwendung einer Berufsbezeichnung im Singular ohne Personennamen—wenn die Berufsbezeichnung

---

427 AHw 368f. Für die Serie ḪAR.RA *ḫubullu* II, vgl. z.B. Emar VI/4,542,235' (S. 53).

428 Der Name ist sicherlich eine verkürzte Schreibung für Enni, das wiederum auf das hurr. Wort *eni* für Gott zurückgeht, vgl. E. Laroche, GLH, 80-82 und I.J. Gelb u.a., NPN, 209f.

429 Siehe oben FN 400.

430 D.J. Wiseman, JCS 12, 26.

431 Ein weiterer Hinweis könnte indessen darin liegen, daß in 23,38 die "Rinder der [König]in" (das LUGAL-Zeichen ist ergänzt) genannt sein könnten. Dies würde dann bedeuten, daß in diesen beiden Schaltmonaten die Wirtschaft der Königin vom Palast unterstützt wurde.

nicht mit mehreren Trägern vorkommt—stets den Funktionär κατ' ἐξοχήν meint, so daß das bisher z.B. bei Kunnate von uns geübte Verfahren der Gleichsetzung von Personennamen und hohen Funktionsträgern hier eine indirekte Rechtfertigung erfährt.

Die Schreibung IN.KÀR [432] stellt kein größeres Problem dar. Natürlich ist das /n/ sonst an /k/ assimiliert, doch darf man erstens an eine etymologisierende Schreibweise denken [433], zweitens könnte der Schreibung auch die Aussprache eines palatalen Nasals zugrundeliegen [434]. Den Wörterbüchern [435] entnimmt man überdies, daß in Nuzi die Schreibung mit einem *n*-haltigen Zeichen durchaus üblich ist.

Zuletzt ist noch darauf hinzuweisen [436], daß *ikkaru* nicht ausschließlich den Landarbeiter bezeichnet, sondern auch den "Gutsinspektor" [437], was gut zu unserer Übersetzung "Domänenverwalter" paßt.

a) Die Belege im Normblock [438]

1,11: 14 ŠÀ.GAL GU_4.ḪI.A GÌR LÚ.ENGAR
9,8: 40 *a-na* NUMUN GÌR LÚ.ENGAR
9,9: 15 ŠÀ.GAL GU_4.ḪI.A
11,8: 20 LÚ.ENGAR
23,9f: 2 ⌜*a-na A-ad-du*⌝ [*a-na*] UD *ú-li*
24,4: 10 *a-na A-du* ŠÀ.GAL GU_4.ḪI.A

Textanmerkungen:
9,9: Hier ist—s.o. FN 392—Addu zu supponieren.
23,9f: Der Bezug von Addu auf den Festtag ist—vgl. oben S. 299—fraglich.

---

[432] Vgl. A. Goetze, JCS 13, 36.
[433] Sicherlich beeinflußt durch eine Aussprache des Logogramms als */engar/*.
[434] GAG §32.
[435] AHw 368b.
[436] AHw 368b *sub* 3): aB, Nuzi, Māri; also durchaus vergleichbare Stellen.
[437] Vgl. zu der Bandbreite des Wortes in Māri J.M. Sasson, AOAT 25, 401-410, der zeigt, daß das Wort *ikkarum* semantisch nicht auf die Bedeutung "Gutsinspektor" eingeengt sein muß. Da wir es in Alalaḫ indessen im Grunde nur mit einer Person (einmal vertreten durch eine andere) zu tun haben und deren Funktion durch die Parallelität mit Kunnate eingeschränkt ist, müssen wir für Alalaḫ VII mit einer engeren Variationsbreite rechnen, so daß unsere Übersetzung nicht abgeändert werden muß. Offenbar ist die Stellung des *ikkaru* in Alalaḫ also eine höhere als z.B. in den meisten der von M. Stol, BSA 8, 192 genannten Texte.
[438] Angesichts des oben Gesagten entfällt natürlich 24,10.

Angesichts der Häufigkeit von mehr als 30 Belegen für Addu überrascht es etwas, daß lediglich sechs Belege im Normblock stehen. Diese sind überdies quer über die in Frage stehende Zeit verteilt, wobei etwa halbjährliche Lieferungen festzustellen sind. Ferner handelt es sich genau um die Belege, bei denen es einen Parallelbeleg zu Kunnate gibt [439]. Addu ist also im Normblock ausschließlich dann belegt, wenn er parallel zu diesem steht. Dies stützt die oben geäußerte These, daß die zu versorgenden Rindergruppen des Kunnate und des Addu zwar aufeinander bezogen, aber doch voneinander zu trennen sind. Auch dies spricht für unsere Überlegung, den Gesamtbestand der Tiere als räumlich getrennt anzusehen und je einer der beiden Personen die Aufsicht über einen der beiden Bereiche "Haus" und "Domäne" zuzuerkennen.

b) Die weiteren Belege

Stellen wir nun die sonstigen Belege für Addu [440] zusammen [441]:

1,26f:	7 *pa* ZI.AŠ GÌR LÚ.ENGAR ŠÀ.GAL GU$_4$.ḪI.A [442]	
2,29f:	1 *me* 43 1/3 GIŠ.*pa ki-ša-nu* ŠÀ<.GAL> GU$_4$ GÌR *A-ad-du-ni*	
3,26f:	5 1/3 *pa* ZÍZ.BABBAR *a-na A-ad-du*	
10,33:	20 *A-du* LÚ.ENGAR	(ZI.AŠ)
12,19:	30 *a-na A-ad-du*	(ZI.AŠ)
13,24:	1 *šu-ši a-na A-ad-du* ŠÀ.GAL GU$_4$.ḪI.A	(ZI.AŠ)
20,4:	8 *A-ad-du a-na* NUMUN	(ŠE)
20,31:	8 *A-ad-du*	(ZI.AŠ)
21,26:	8 GÌR *A-du* ENGAR	(ZI.AŠ)
23,41:	1 *A-ad-du*	(ZI.AŠ)
26,31:	30 *a-na A-ad-du*	(ZI.AŠ)
30,5:	30 *a-na A-ad-du*	(ŠE)
32,13:	1 *pa* ŠE 1 *pa* ZÍZ *a-na A-du*	

[439] 9,8 nennt NUMUN als Zweck der Auszahlung und ist hier also nicht mit zu berücksichtigen.

[440] Der in 22,21f genannte Enni soll hier nicht in die Betrachtung aufgenommen werden, da er zwar die Funktion des Addu vertretungsweise übernimmt, es allerdings methodisch nicht geraten erscheint, aus dieser Einzelbeobachtung weitere Schlüsse zu ziehen. Zum einen sind uns die Gründe für seine Vertretung unbekannt, zum anderen muß damit gerechnet werden, daß seine Funktion nicht in allen Punkten deckungsgleich ist mit der des Addu. Z.B. könnte er noch Lieferungen erhalten, die seiner persönlichen Versorgung dienen, welche während seiner Dienstzeit vom Palast und sonst von einer anderen Stelle zu übernehmen war.

[441] Da wir bereits erhoben hatten, daß die Stellen, die von Addu sprechen, eher unregelmäßige Lieferungen darstellen, ist es nicht erforderlich, noch einmal zwischen Belegen auf Tafeln mit oder ohne Normblock zu trennen. Die jeweilige Getreidesorte wird in Klammern angegeben, wo sie sich nicht aus dem Eintrag selbst ergibt.

[442] U.U könnte der LÚ.ENGAR auch der Empfänger der in Z. 28 für Pferdefütterung ausgegebenen Gerste sein, doch ist dies nicht beweisbar und angesichts der Tatsache, daß Addu sonst nie im Zusammenhang mit Pferden belegt ist, eher unwahrscheinlich.

35,67:	20 GÌR *A-du* LÚ.ENGAR	(ZI.AŠ)
35,73:	20 GÌR *A-du* LÚ.ENGAR	(ZI.AŠ)
36,3:	(implizit 14 *pa* ZI.AŠ monatl. zur Fütterung der GU_4.APIN.LÁ)	
55,4:	16 *a-na A-du* ŠÀ.GAL GU_4.ḪI.A	(ŠE)
55,13f:	7 *pa ki-ša-nu a-na A-du-un*	
56,3:	16 *a-na A-ad-du* ŠÀ.GAL GU_4.ḪI.A	(ŠE)
68,9:	10 LÚ.ENGAR [443]	
72,4:	1 *a-na A-[ad-du*$^?$	?
72,5:	2/3 *a-na A-[ad-du*$^?$	?
74,5:	3 *a-na A-du-un*	(ZI.AŠ)
77,6f:	15 *pa* ZI.AŠ ŠÀ.GAL GU_4.ḪI.A	

Textanmerkung:
10,33: Gegen Wiseman ist wohl nicht *A-du-la,* sondern *A-du* ENGAR zu lesen, zumal die beiden Zeichen sich nur geringfügig unterscheiden. Auffällig ist allerdings, daß das Determinativ LÚ vor der Berufsangabe fehlt, doch mag dies einen Schreibfehler darstellen. Für eine gewisse Fehlerträchtigkeit (Unerfahrenheit des Schreibers, Müdigkeit...) beim Abfassen der Tafel [444] spricht auch, daß in Z. 24 als dem ersten Eintrag der ZI.AŠ Tabelle zwar das GÌR-Zeichen mit den anderen GÌR-Zeichen auf einer Linie steht, dafür aber die konstitutive Zeichengruppe ZI.AŠ sehr gequetscht werden mußte.

Die Verteilung dieser Belege über die Monate [445] bestätigt das bisher gewonnene Bild: Für Addu ergeben sich drei klar abgrenzbare Wirksamkeitsperioden: Jeweils am Jahresende in den Sommermonaten und dann ganz am Schluß der belegbaren Epoche, wo er mit Kunnate zusammen in der "Feldzugswirtschaft" tätig ist. Aus diesem klaren Bild fallen lediglich zwei Belege heraus, nämlich 2,29f und 3,26f. Letztere Stelle ist allerdings hier nicht relevant, da es sich auch um den einzigen Beleg handelt, wo Addu mit ZÍZ zu tun hat. Wir dürfen daher annehmen, daß er dieses Getreide nicht im Rahmen seiner sonstigen Tätigkeit für die Rinder entgegennimmt, sondern daß es sich hier um eine Sonderzahlung handelt, die vermutlich zweckgebunden ist. Es ist gut möglich, daß Addu hier das Getreide als Geldersatz bekommt, um für seine Domäne irgendeinen Einkauf zu tätigen. Auch 2,29f vermag das Gesamtbild nicht zu stören, da die hier feststellbaren Unregelmäßigkeiten vermutlich auf die "Archivrevision" zurückgehen. Ein weiteres Mal ist ein Zweck explizit angegeben, nämlich in 20,4, wo die ausgegebene Gerste als Saatgut deklariert ist.

---

[443] Bereits oben (FN 412) hatten wir die Frage aufgeworfen, ob es sich hier um einen Paralleleintrag zu Kunnate handeln könnte. Die tabellarische Position macht deutlich, daß es sich um Gerste handeln muß.

[444] S.o. S. 186.

[445] Die Sammeltafel 36 bleibt von vornherein außer Betracht; sie wird im Zusammenhang mit den Rindern genauer analysiert.

Abschließend sind die Belege zu bedenken, in denen Addu Gerste erhält. Dies ist elfmal der Fall [446]. dabei ist nur in 30,5; 32,13 und 68,9 kein Auszahlungszweck genannt. An der zweiten [447] Stelle dürfte es angesichts der Auszahlungsmengen um die persönliche Versorgung Addus [448] gehen, so daß diese Stelle keine weiteren Probleme bereitet [449]. Die Stelle 30,5 läßt sich nicht ohne weiteres deuten: Immerhin hatten wir für Text 30 bereits wahrscheinlich gemacht (s.o. S. 278), daß es sich um Lieferungen handeln könnte, die nur (halb-)jährlich erfolgen. Dies würde dann bedeuten, daß Addu im Winterhalbjahr die für seine private Versorgung (und evtl. die seiner Familie oder Untergebenen) auf der Domäne erforderliche Gerste auf einmal entgegennimmt. Alle anderen Texte nennen entweder Rinderfütterung oder Saatzwecke [450] explizit.

Exkurs: Die Rinder in den Texten der Schicht Alalaḫ VII

Es dürfte hier der geeignete Ort sein, die Rinder im Zusammenhang zu analysieren. Die bei Kunnate und Addu erhobenen Ergebnisse ermöglichen in der Zusammenschau mit den anderen Stellen, an denen diese Tiere im Archiv von Alalaḫ vorkommen, ein vorläufiges Gesamtbild, das wichtige Einblicke in die Palastwirtschaft insgesamt zuläßt.

Dabei müssen aus darstellungstechnischen Gründen manche Belege wiederholt werden, allerdings werden nicht alle Stellen aufgeführt, an denen Rinderfütterung eventuell belegt sein könnte, ohne daß dies explizit gesagt wird oder wahrscheinlich gemacht werden kann.

Umgekehrt können wir uns hier noch nicht mit dem Personal befassen, das die Rinder betreut. Dies liegt daran, daß manche der belegten Personen auch mit Pferden zu tun haben. Wir haben daher deren Rolle gesondert zu erfassen und tun dies im Abschnitt 2.1.12 [451], der die Pferde *en bloc* bespricht.

Auch mit dieser Einschränkung läßt sich ein hinreichend scharfes Bild zeichnen, das durch die Wiederholung der genannten Stellen zwar bestätigt würde, nicht aber grundsätzlich verbessert werden könnte. Die Viehhaltung läßt sich offenbar nur als Gesamtkomplex erfassen, so daß wir gezwungen sind, uns einstweilen mit einem vorläufigen Bild zu begnügen.

---

[446] Davon 6x im Normblock, ferner an den Stellen 20,4; 30,5; 32,13; 55,4 und 56,3.

[447] Die Funktion der Ausgabe von 68,9 bleibt ungeklärt.

[448] Hierfür spricht auch die Ausgabe von ZÍZ, der wohl als Gehalt (oder parallel zu Ḫaliya als Opfergabe für das bevorstehende Sommerfest) zu verstehen ist.

[449] In den übrigen Texten wird die persönliche Versorgung nicht eigens genannt, sondern durch die allgemeine Lieferung abgedeckt sein. Für 11,8 hatten wir bereits oben die Rinderfütterung wahrscheinlich gemacht.

[450] 9,8 und 20,4.

[451] Siehe dazu unten S. 370ff.

a) "Freie" Belege in den Getreidelieferlisten [452]

15,12:	ŠÀ.GAL.GU$_4$.ḪI.A	11 *pa* ZI [453];
23,38:	ŠÀ.GAL GU$_4$.ḪI.A MÍ.[LUGAL	23 *pa* ZI.AŠ:
25,2:	ŠÀ.GAL GU$_4$.ḪI.A	5 *pa* ZI.AŠ

Es sind also drei Texte übrig, in denen Rinder außerhalb der genannten Kontexte genannt werden. Alle drei befinden sich auf Tafeln, die auch einen Normblock aufweisen. Dennoch sprechen sie alle von ZI.AŠ, so daß wir es hier offenbar mit Zusatzlieferungen zu tun haben. Abgesehen von 23,38 läßt sich keine Näherbestimmung der Rinderherden angeben, so daß wir uns mit der Aussage begnügen müssen, daß es zusätzlich zu den Wirtschaftseinheiten Kunnates, Addus und den noch zu behandelnden weitere Rinder gibt, deren Versorgung dem Palast obliegt. Ein Indiz für eine solche Rinderherde könnte Text 23 sein, wo u.U. Rinder der Königin mitversorgt werden. Allerdings läßt sich aus den zeitlichen Abständen und den belegten Mengen nicht sagen, ob dies an den beiden anderen Stellen auch der Fall ist.

b) Die Sammeltafel 39

Der ganze Text ist eine Lieferung von 62 *pa* Gerstenmehl an die Rinderhirten des Nunikiyašu. Wir haben den Text unten noch zu behandeln und werden dabei festgestellen, daß anhand der Rinderhirten neben "Haus" (Kunnate) und "Hof" (Addu) noch ein dritten Sektor der Landwirtschaft erhebbar ist, die man *cum grano salis* als "Außenwirtschaft" bezeichnen könnte.

c) Die Sammeltafel 36

Die Belege auf dieser Tafel weisen zwei Besonderheiten auf: Zum einen werden die Rinder hier nach verschiedenen Gesichtspunkten differenziert [454], zum anderen erfolgen mehrere Ausgaben nicht nur für den jeweiligen Monat, sondern für längere Zeiträume.

Z. 3: GU$_4$.APIN.LÁ: 6 Monate: 84 *pa* ZI.AŠ → 14 *pa*/Monat (Addu, supponiert)
Z. 4: GU$_4$.ŠE: 4 Monate 40 *pa* ZI.AŠ → 10 *pa*/Monat (Kunna)
Z. 8: GU$_4$.HI.A: 2 Monate 28 *pa* ZI.AŠ → 14 *pa*/Monat (Kunna)
Z. 17: 3 ŠÀ.GAL AMAR *Am-mi-la-du*
Z. 18: GU$_4$.MAḪ: 2 *pa*

---

[452] Die Belege, die von Kunnate oder Addu sprechen, werden hier nicht wiederholt. Die Belege der Sammeltafeln 36 und 39 bilden eigene Probleme und sind daher gesondert und im Zusammenhang der jeweiligen Tafel zu besprechen.

[453] Sicherlich Abkürzung oder Schreibfehler für ZI.AŠ, siehe den Wortindex für weitere Vorkommen desselben Phänomens.

[454] Die Differenzierung der Boviden erfolgt offensichtlich nicht nach taxonomischen Gesichtspunkten im Sinne einer modernen Artenunterscheidung, sondern ausschließlich nach ihrer Relevanz für die Ausgabestelle.

Dieses Ergebnis paßt zu den oben erhobenen Befunden: Da Z. 3 von einer Zahlung für sechs Monate spricht, ist von folgender Rekonstruktion auszugehen: Im Sommerhalbjahr bekommen die von Addu zu versorgenden Rinder ZI.AŠ. Dieser wird monatlich ausgezahlt. Im Winterhalbjahr erfolgt eine Sammelauszahlung, die nur einmal getätigt wird und für die gesamte Zeit ausreichen muß. Dies ist wohl so zu erklären, daß Addu sich mitsamt den Rindern während der Trockenzeit nicht an seinem eigentlichen Arbeitsplatz auf der "Domäne" aufhielt, sondern in der näheren Umgebung Alalaḫs, so daß hier auch die Versorgung sicherzustellen war. Während des Winterhalbjahrs waren die Rinder demgegenüber so weit von der Ausgabestelle entfernt, daß ihre Nahrung auf einmal ausgegeben und mitgenommen werden mußte. Die durchschnittliche Angabe von 14 *pa* entspricht i.w. den während des Sommerhalbjahres an Addu ausgegebenen Mengen. Dabei ist zu berücksichtigen, daß ein Durchschnittswert durchaus auch Schwankungen während der belegten Zeit beinhalten kann und daß ferner damit gerechnet werden muß, daß es auf den Domänen auch zusätzliche Versorgungsmöglichkeiten gegeben haben könnte [455]. Andererseits wissen wir aus den Māri-Texten, daß ein Pflugrind etwa 5-10 l Gerste pro Tag braucht [456]. Da wir davon ausgehen dürfen, daß hier noch zusätzliche Futtermöglichkeiten vorhanden waren, dürfte hier ein geringerer Bedarf zu vermuten sein: Es könnte sich demnach um sieben Rinder gehandelt haben, die jeweils 2 *pa*/Monat erhalten, was etwa 4 l täglich entspricht.
Wir haben uns nun mit den verschiedenen Bezeichnungen für die Rinder in den Getreidelieferlisten zu befassen. Dabei finden wir in Text 36 die Termini vor: GU_4.APIN.LÁ, GU_4.ŠE und GU_4.MAḪ.

GU_4.APIN.LÁ—über die Lesung lassen sich keine Angaben treffen, eventuell kommt *ērišūtu* in Frage [457]—ist ersichtlich ein Pflugrind und wird als solches in den Arbeitsbereich des Addu [458] gehören. Hierfür spricht auch, daß die Höhe der pro Monat durchschnittlich ausgegebenen Lieferung den in 77,6 und sonst belegten 15 *pa* ZI.AŠ ziemlich genau entspricht. J.O. Mompeán [459] möchte GU_4.APIN.MAŠ.LÁ lesen und deutet dies als "einen aus Logogrammen zusammengesetzten Begriff ... (*alap epinni ašarēd kamî*), der offenbar nur ‘ein an erster Stelle gebundenes Rind’ bedeuten kann". Dabei denkt er offenbar an ein Vierergespann, dessen erstes Rind hier gemeint sei, und vergleicht 13,17,

---

[455] Vgl. M. Stol, BSA 8, 195.

[456] ARM VII,263 II 14f und dazu D. Charpin/J.-M. Durand, MARI 2, 96 (12 a-gàr für 24 Rinder). Vgl. zum Gesamten M. Stol, BSA 8, 195f, der die Evidenz der altbabylonischen Belege auflistet, wobei zumeist 5-10 l Gerste anzusetzen sind, wenngleich weitaus größere und kleinere Mengen vorkommen.

[457] Vgl. M. Stol, BSA 8, 184 mit Belegen aus Māri und Chagar Bazar.

[458] Vgl. G. Bunnens, BAfO 19, 76f; vgl. ferner (allerdings ohne nähere Begründung) E. Gaál, AUSB 13, 285.

[459] J.O. Mompeán, UF 30, 591.595.

das er ebenfalls so lesen möchte [460]. Ob die Tiere für "seed-ploughing" oder "deep-ploughing" eingesetzt wurden [461], läßt sich nicht sagen. Da offenbar die Menge der so verwendeten Rinder begrenzt war, dürfte beides der Fall gewesen sein. Keine Angaben lassen sich über die Zahl der Tiere im Gespann machen [462]: Vermutlich dürfte hier der gebräuchliche Pflug mit vier Rindern in Frage kommen und die Rinderzahl daher auf acht Tiere anzusetzen sein.

GU$_4$.MAḪ ist nur in 36,18 belegt. Das Logogramm ist wohl als *gumāḫu* [463] "Prachtrind" zu lesen; aus einem vereinzelten Beleg läßt sich allerdings nichts Sicheres über Art und Funktion des Tieres erheben [464]. Am besten nimmt man mit M. Stol [465] als Bedeutung "ein ausgewachsenes Tier" an, wenngleich wir hier nichts über dessen Geschlecht erfahren.

Dasselbe gilt für das **Kalb** des Ammiladu. Bei (seinem?) Kalb wird es sich schwerlich um ein Einzeltier handeln, da der Verzehr von 3 *pa* ZI.AŠ monatlich doch etwas hoch scheint: Ein Kalb erhält offenbar [466] im Regelfall etwa 2 l Gerste täglich. Die hier ausgebene Menge entspricht 6 l ZI.AŠ pro Tag, so daß wir es vermutlich mit mindestens drei Tieren zu tun haben, wenn keine weiteren Versorgungsgrundlagen angegeben sind. Man hat sich also vorzustellen, daß Ammiladu für mehrere Kälber verantwortlich ist, da er z.B. deren Aufzucht und Verkauf als Aufgabe erhalten hat.

Interessanter ist die Bezeichnung **GU$_4$.ŠE** für die von Kunnate mit ZI.AŠ gefütterten Rinder. Diese bekommen (36,4) 10 *pa* ZI.AŠ monatlich—eine Menge, die Kunnate öfters entgegennimmt (20,28, 55,8f, wo allerdings von Rinderfütterung nicht die Rede ist). Die exakte Bedeutung und Lesung des Logogramms ist ein ungelöstes Problem, über das zudem noch nie gehandelt wurde. Die zunächst naheliegende Annahme, es handle sich um Gerste fressende Rinder [467], stößt auf die Schwierigkeit, daß der Text ja von der Verfütterung von ZI.AŠ spricht. Bedenkt man allerdings, daß mehrfach (s.o. S. 300) Kunnate sowohl Gerste als auch ZI.AŠ zur Rinderfütterung entgegennimmt, so könnte hier ein Ansatzpunkt liegen: Manche Rinder in der Aufsicht des Kunnate werden hauptsächlich mit Gerste gefüttert. In manchen Monaten wird allerdings ZI.AŠ

---

[460] Zu beachten ist allerdings, daß beim Pflug das *hintere* Tier das wichtigste ist, vgl. M. Stol, BSA 8, 191.

[461] M. Stol, BSA 8, 188f.

[462] Vgl. M. Stol, BSA 8, 189f.

[463] Vgl. R. Borger, ABZ, Nr. 297; G. Giacumakis, 75.

[464] E. Gaál, AUSB 13, 286 übersetzt "fetted ox" und vermutet "it was presumably fattened for sacrificial purposes". Abgesehen von der einfachen Frage, ob eine solche Mästung nicht häufiger belegt sein müßte, scheinen hier doch Annahmen über das Verhältnis von Palast und Tempel unreflektiert vorausgesetzt, die kaum der Realität entsprechen dürften.

[465] M. Stol, BSA 8, 175.

[466] M. Stol, BSA 8, 195.

[467] D.J. Wiseman, 86: "cattle fed on grain".

hinzugefüttert. Dem entspricht, daß die vorliegende Tafel von vier Monaten spricht, die durch eine Sammelausgabe abgedeckt wurden. Erinnern wir uns nun, daß die oben besprochenen Texte eine chronologische Lücke von fünf Monaten (zwischen Pagri B und Ḫiari B) aufweisen, so ist sehr wahrscheinlich anzunehmen, daß diese Monate durch die Sammeltafel 36 aufgefüllt werden. Die Zufütterung von ZI.AŠ [468] an die "Rinder, die sonst Gerste fressen", würde dann in den Wintermonaten sozusagen als "Stallfütterung" [469] erfolgen.

Als Zwischenergebnis können wir festhalten, daß die bisher erörterte Zweiteilung der Landwirtschaft zwischen den Bereichen Kunnates und Addus sich bestätigt. Ferner konnten wir eine Ratio über die Verteilung der Waren und die belegten Monate namhaft machen.
Interessant und auffällig ist, daß Kunnate einmal (7,10f) 18 *pa* zur Fütterung von Rindern und Schafen gleichzeitig erhält. Man wüßte gerne, ob dies zu seinen regelmäßigen Pflichten gehörte oder ob diese Schafe z.B. Handelsware [470] waren, die nur zwischenzeitlich vom Palast aus zu versorgen waren. Es wird in jedem Fall kaum anzunehmen sein, daß Schafe ständig unter den Rindern zu subsumieren sind, da diese Tiere häufig separat vorkommen. Auffällig ist ferner, daß Kunnate hier nur männliche Schafe zu versorgen hat. Da dies—im Korpus nur hier—eigens erwähnt wird, liegt die Annahme nahe, es handle sich um Schafböcke, die zur Deckung verwendet wurden. Diese wären dann lediglich während der Paarungszeit in den Stallungen des Palastes gehalten worden [471]. Die Anwesenheit von Schafen im April ließe sich auch durch eine Beobachtung aus dem modernen Syrien erklären, wo Schafe bekanntlich während Teilen des Jahres auf teilweise weit entfernten Weidegründen gehalten werden: "Auf dem Rückweg zu den Sommerweiden verweilen sie dann wieder einige Wochen im Bereich der heimatlichen Gemarkung, um die frischen Stoppelfelder zu überweiden." [472]

---

[468] Zur Zufütterung von Emmer an Rinder als "zusätzliches Kraftfutter" in Tell Beydar vgl. jetzt W. Sallaberger, Beydar 3, 123.

[469] Da der Begriff in der Landwirtschaft genau definiert ist, muß hier darauf aufmerksam gemacht werden, daß wir nicht über die nötige Evidenz für eine präzise Bestimmung verfügen. Der Terminus soll lediglich deutlich machen, daß eine Ausgabe während gewisser Monate entgegen der sonst üblichen Praxis erfolgt.

[470] Zum Ankauf von Schafen siehe z.B. 29,12.

[471] Die nur zeitweise Anwesenheit widerrät der Annahme, es handle sich um männliche Schafe, die zur Durchführung von Leberschauen gebraucht worden wären: Solche wären sicherlich ganzjährig benötigt worden. Im modernen Mesopotamien haben die Schafe zweimal jährlich Paarungszeit: Im April/Juni sowie im August/November, was gut zu dem hier belegten Datum stimmen würde.

[472] E. Wirth, Landeskunde Syriens, 1971, 207.

d) Belege außerhalb der Getreidelieferlisten

Texte 20.03; 20.04: Diese beiden Texte[473] beziehen sich auf *einen*[474] Prozeß, der um Schafe und Rinder aus einem Nachlaß geführt wurde. Angesichts des Erhaltungszustandes läßt sich der genaue Hergang nur ungefähr rekonstruieren. Es ist in unserem Zusammenhang lediglich darauf hinzuweisen, daß Rinder im Wirtschaftsleben von Alalaḫ eine so wichtige Größe waren, daß über sie ausgiebig vor Gericht gestritten wurde.

Text 22.03: Hier fungieren zwei Rinder als Teil des Kaufpreises beim Verkauf eines Ortes. Der Gesamtwert des Ortes liegt bei 1800 Šeqel Silber. Analog zu Text 30.11[475] dürfen wir wohl annehmen, daß die Tiere nicht zusätzlich zum Silber berechnet wurden, sondern wie dort und anderswo[476] die Silbersumme den Gesamtpreis nennt, von dem die genannten Wertgegenstände abzuziehen sind[477].

Text 23.05: Für diesen Text gilt *mutatis mutandis* dasselbe wie für den eben genannten; allerdings handelt es sich um einen Ortstausch im Gegensatz zum vorigen Ortskauf, bei dem die beiden erwähnten Rinder Teil des Wertausgleiches sind. Es ist daher kein Gesamtwert in Silber angegeben, da die beiden Tauschgegenstände (deren einer allerdings nicht erhalten ist) wertgleich sind.

Text 30.04: Auch dieser Text zeigt die Wichtigkeit der Rinderhaltung auf: Eine Personenmehrheit nimmt einen Kredit von 12 Rindern auf und dient dafür als Schuldknechte bei Jarimlim[478]. Dabei erlaubt die Tafel eine Folgerung auf den Geldwert von Rindern: 6 Personen verschulden sich um 12 Rinder, daß heißt, daß der Wert einer Person dem von zwei Rindern entspricht. Nun entnehmen wir den Texten des Schuldwesens[479], daß eine Einzelperson normalerweise bis zu 30 Šeqeln verpfändbar war, so daß wir den Wert eines Rindes auf ca. 15 Šeqel Silber[480] veranschlagen können[481].

---

[473] Vgl. zu 20.04 J.O. Mompeán, UF 30, 588.

[474] So richtig schon D.J. Wiseman, Al T, 37f; zum Verhältnis dieser beiden Texte untereinander E. Gaál, AUSB 22, 12. Der Bezug auf einen Text 98f (D. Collon, AnSt 27, 130 A. 11) ist leider nicht mehr nachvollziehbar, da dieser Text nicht auffindbar ist. Vermutlich handelt es sich um 20.11 = ATT 39/153.3.

[475] Vf., AOAT 240, 549.

[476] Vgl. W. Mayer, ALASPM 9, 43 zum Wert an Silber und anderen Beigaben in 2.Reg 18,14 und BAL^2 1,75,42. Das AT spricht von 300 Talenten Silber; Sanherib nennt 800 Talente und noch andere Dinge. Der Sachverhalt war also wohl der, daß ein Gesamtwert von 800 Talenten Silber bezahlt wurde, davon nur 300 Talente in Silber, der Rest in Wertgegenständen.

[477] Insbesondere dürfte das Getreide (Z. 11f.) als Wertmaßstab gegolten haben.

[478] Vgl. E. Gaál, AUSB 13, 285f.; Vf., UF 23, 413.

[479] Vf., UF 24, 450f.

[480] Zu diesem Wert vgl. M. Heltzer, Goods, 86 *sub* Nr. 20: Ein Rind kostet in Ugarit 10-17 Šeqel Silber, was den genannten Vergleichsorten ungefähr entspricht.

Texte 42.08; 42.09: Diese beiden Texte sprechen ausschließlich von Rindern und müssen daher in diesem Zusammenhang ausführlich besprochen werden[482].

42.08 (Al T 333)
BM 131.602
T.: Al T, pl. XXXV.

1) 18 GU_4 *um-mu*	1) 18 Mutterkühe
2) 8 GU_4 MU.DIL NÍTAḪ	2) 8 einjährige Rinder, männlich
3) 4 GU_4 MU.DIL MÍ	3) 4 einjährige Rinder, weiblich
Rs.	
4) ŠU.NÍGIN 30 GU_4.ḪI.A	4) Summe: 30 Rinder
5) *a-na qa-ti*	5) in die Hand
6) ᵐ*Ak-ki*	6) des Akki

Kommentar:
Z. 1: Die Verwendung von *ummu* im Kontext von Tieren ist in Alalaḫ nur hier belegt. Das Logogramm GU_4 ist wohl *burtu* zu lesen, da *alpu* [483] eher das männliche Rind bezeichnet [484]. Das westliche Wort *pr* (z.B. hebr., ugar.) [485] kann auf das männliche Rind und mit der Feminin-Endung *-t* auch auf das weibliche bezogen werden. Die Charakterisierung "Muttertier" wird sich weniger auf die Trächtigkeit der Tiere [486] beziehen als vielmehr auf ihre Verwendbarkeit als Milchvieh.

481 Diese Wertangabe ist natürlich nur eine ungefähre, da verschiedene Faktoren nicht berücksichtigt werden können, die den Preis determinieren: Die Rinder ebenso wie die Schuldknechte könnten unterschiedliche "Qualität" aufweisen. Angebot und Nachfrage von Rindern wie Schuldknechten verändern ebenfalls den Preis. Dennoch zeigt dieser Vergleich eine gewisse Relation, die *grosso modo* zutrifft.

482 Vgl. E. Gaál, AUSB 13, 286.

483 Gegen G. Giacumakis, 66. Ein Eintrag *būru* oder *burtu* fehlt in seinem Glossar.

484 Vgl. auch in Ugarit die Opposition zwischen *alp* einerseits und *gdlt* bzw. *prt* andererseits.

485 HAL 904f mit Belegen und anderen semitischen Parallelen.

486 D.J. Wiseman, 95: "cows bearing young". Vgl. auch den Artikel von M. Stol, RlA 8, 189-201, v.a. §4.

Z. 2f: Wir haben keinen sicheren Anhalt für die Lesung der Logogramme [487]. In Ugarit werden Jahresangaben mit Tieren offenbar durch die Kardinalzahl mit hurrit. Endung *-ḫ* ausgedrückt, vgl. KTU 1.92:10 *arbḫ* "ein vierjähriges (Jagdtier)" [488]. Inhaltlich sind wohl nicht gemeint "Rinder in ihrem ersten Jahr [489], da die Tiere im Gegensatz zu den von M. Stol zitierten Belegen in 42.09 eindeutig von den noch saugenden Kälbern unterschieden werden. Es ist daher von Rindern auszugehen, die ihr erstes Lebensjahr vollendet haben.
Z. 6: Der PN Akki ist in Alalaḫ VII nur hier belegt [490].

42.09 (Al T 334)
AM 8632
T.: JCS 8, S. 26.

1) 25 GU$_4$ Ù.TU	1) 25 Mütterkühe
2) 7 AMAR GA NÍTAḪ	2) 7 Milchkälber, männlich
3) 3 AMAR GA MÍ	3) 3 Milchkälber, weiblich
4) 3 AMAR MU.DIL MÍ	4) 3 einjährige Kälber, weiblich
5) 2 AMAR MU.DIL NÍTAḪ	5) 2 einjährige Kälber, männlich
u.Rd.	
6) 2 GU$_4$ *zu-zu-qá- \ -an-nu*	6) 2 neugebo- \ rene Rinder
Rs.	
7) ŠU.NÍGIN 42 GU$_4$.ḪI.A	7) Summe: 42 Rinder
8) *qa-ti Ku-uz-zi* SIPA	8) zu Händen des Hirten Kuzzi

Kommentar:
Z. 1: Auch hier handelt es sich um "Muttertiere". Die Gleichung wird neben der offensichtlichen Parallelität der Texte 42.08 und 42.09 noch durch eine statistische Beobachtung gestützt: In Text 42.08 gilt: Muttertiere : Gesamtzahl = 18:30 = 0,6; in Text 42.09 ist das Verhältnis 25:42 = 0,595. Gleichzeitig ist das Verhältnis von männlichen zu weiblichen Jungtieren (einjährige + "Milchkälber") in beiden Texten 2:1, wenn man von den beiden *zuzuqannū* absieht, die aber gerade nicht nach Geschlecht bestimmt werden. Wir dürfen davon ausge-

[487] Vgl. im Alten Testament die Formulierung *bn šnh* für einjährige Tiere (Lev 12,6) u.ö.

[488] Das etymologisch zu erwartende ʿ fällt in Kontaktstellung mit dem Suffix aus. Vgl. zur Fragestellung J. Sanmartín, UF 9, 374f.

[489] M. Stol, BSA 8, 174.

[490] Vgl. allerdings I.J. Gelb u.a., NPN, 14 zu dem in Nuzi gut bezeugten Akkia und a.a.O., 198 zu möglichem Zusammenhang mit hurr. *ak-* "darbringen".

hen, daß es sich nicht um zufällige Zusammensetzungen einer Herde—erwachsene männliche Tiere fehlen völlig—handelt, sondern um eine bewußte Zusammenstellung, die landwirtschaftlichen Zwecken diente, uns aber nicht mehr nachvollziehbar ist.
Z. 2f: AMAR GA ist vielleicht *būr šizbi* zu lesen. Da männliche Rinder keine Milch geben, können nur Kälber gemeint sein, die noch bei der Mutter saugen.
Z. 4f: Der Unterschied zwischen AMAR GA und AMAR MU.DIL wird sich auf die Entwöhnung der Tiere beziehen [491], der zwischen AMAR GA und GU_4 MU.DIL kann sich nicht auf den Eintritt der Geschlechtsreife beziehen, da diese erst im dritten Jahr eintritt [492].
Z. 6: *zuzuqannū* ist eine hurrit. Adjektivbildung mit akkadischer Kasusendung im Plural. Die Wurzel dürfte dabei wohl *zuq-* lauten [493]. Insgesamt wird durch Wurzel und reduplizierendes Präfix auf onomatopoetische Weise [494] das Säugegeräusch neugeborener Tiere nachgebildet [495]. Diese Annahme wird gestützt durch die Beobachtung, daß die Tiere in absteigender Folge nach dem Alter angeordnet sind.
Z. 7: Die Formulierung ist von der in Text 42.08 unterschieden. Hier handelt es sich wohl um einen Status constr. Dual obl. in adverbialer Bedeutung.
Z. 8: Der PN Kuzzi ist mehrfach belegt, in 42.04,12 u.ö als LÚ.ÚZU, was allerdings hier nicht zum Zeichen paßt. Da weder eine Lesung des ersten Zeichens als MAŠ oder DA, noch eine des zweiten als QA oder GADA Sinn ergibt, dürfte es sich um ein verschriebenes SIPA=PA*LU handeln. Eine derartige Lesung vermag jedenfalls zu erklären, weshalb der Empfänger Rinder vom Palast erhält. Sie kann sich zudem auf einen Analogieschluß zu Addu gründen: Addu erhält, wie wir sahen, einmal jährlich Getreide zu Saatzwecken. Andererseits ist Kuzzi in den Getreidelieferlisten einmal (23,28) als LÚ.NUMUN qualifiziert, so daß der Annahme nichts im Wege steht, daß wir es hier mit einem analogen Vorgang zu tun haben, zumal jener Text in dieselbe Jahreszeit fällt wie die eben erwähnten Lieferungen an Addu. Der PN selbst wird von I.J. Gelb u.a. auf *kuz-* zurückgeführt, aber nicht weiter behandelt [496].

---

[491] M. Stol, BSA 8, 176.178f.

[492] M. Stol, BSA 8, 176.

[493] Die Annahme einer Wurzel *zuz-* oder einer reduplizierten Wurzel *zu-* ist auszuschließen, da ein Infix *-uq* kaum mit den gängigen Regeln der hurritischen Grammatik in Einklang zu bringen sein dürfte und auch ein Negativformans nicht in Frage kommt.

[494] Vgl. im Ugaritischen—in etwas anderer Bedeutung—die Wurzel *ZĠ* "brüllen (vom Rind); bellen (vom Hund)" (KTU 1.14 III 18 parr.; 1.15 I 5).

[495] Vgl. zur Lautmalerei das lateinische *succulum* (dort allerdings nicht vom Rind, sondern vom Schwein). Siehe ferner PNN wie Zuzu; Zunzu und Zuzuia (I.J. Gelb u.a., NPN, 181f).

[496] I.J. Gelb u.a., NPN, 231. Sollte man einen Lautwandel *kušaḫi* > *kušḫi* > *kuzzi* annehmen? Vgl. zu Sibillanten im Hurritischen M. Dietrich/W. Mayer, ALASP 7/1, 32-34; und dies., UF 26, 106.

Text 43.05: 17 Rinder werden—wohl mit einer Eigentumsmarke versehen[497]—an den Hof verbracht.
Text 44.01: Hier sind die Rinder[498] Teil einer Liste von Gütern, die der Bräutigam anläßlich seiner Hochzeit mit einer Königstochter beibringen muß.
Text 44.02: Hier sind die Rinder Teil einer Kriegsbeute. Ihr Wert macht sie also nicht nur zu Objekten von Tausch und Handel, sondern sie werden aufgrund ihres Wertes auch bei kriegerischen Auseinandersetzungen erbeutet[499].
Text 44.03: Auch hier sind drei Rinder Teil einer Liste von Gütern, die anläßlich eines Orakels gegeben werden. Vermutlich handelt es sich um die Gegenstände, die der Tempel als Gegenwert für seine Bemühungen erhält.

Die Rinder lassen einen Einblick in das Wirtschaftssystem von Alalaḫ zu. Die Betrachtung der Tiere und ihre Bezeugung im Kontext lehrt, daß Rinder Nutztiere sind, die in der Landwirtschaft eingesetzt werden, z.B. zum Pflügen (GU_4.APIN.LÁ). Demgegenüber scheint ihre Nutzung als Zugtiere in Alalaḫ zurückzutreten. Ihre Verwendung bei Hofe dürfte der Fleisch- und Milchwirtschaft gedient haben. Ein dritter Sektor der Landwirtschaft, die "Außenwirtschaft" hat Mast und Zucht der Tiere zum Ziel und wird unten untersucht. Andererseits sind Rinder aber auch Wertgegenstände. Sie dienen als "Währungsersatz"[500] bei Kauf- und Tauschgeschäften, können zur Bezahlung von Schulden und Gebühren eingesetzt werden und sind so auch beliebter Teil der Kriegsbeute. Insgesamt erinnert die Form der Rinderwirtschaft stark an die Verhältnisse, die in den homerischen Epen[501] geschildert werden und wohl auch in den mykenischen Palastwirtschaften vorauszusetzen sind[502].

---

[497] Vgl. AHw 744a. Die Schreibung *ni-iq-rum* ist wohl als Akkadogramm zu verstehen.
[498] Wenn ein Rind ca. 15 Šeqel Silber kostet und der Gesamtwert der genannten Rinder und Schafe 60 Šeqel beträgt, handelt es sich entweder um zwei oder um drei Rinder.
[499] Vgl. Homer, Il. I,154 u.ö; im AT z.B. Num 31,32.
[500] Der Terminus setzt eine moderne Geldwirtschaft voraus, von der in Alalaḫ noch keine Rede ist. In allen vor-münzlichen Kulturen dienen Gegenstände als Tauschwert für "Geld"-Summen. Zur Umrechnung von Getreide und Mehl in Gerstenäquivalente vgl. R.K. Englund, BBVO 10, 18ff.82ff u.ö. Die Beispiele lassen sich beliebig vermehren: eine besonders konsequente und daher brutal anmutende Variante ist die Verwendung von Sklaven als "traveller's checks" in Afrika, vgl. H.W. Fisher/A. Fisher, Slavery, 146.
[501] Bei Homer liegt eine andere Literaturgattung vor: Die Epen zeichnen nicht die Wirklichkeit nach, sondern sind eine rückwärts gerichtete Fiktion, die vermutlich mit Abfassungszeit nicht viel zu tun hat. Dennoch spiegeln sie eine Wirklichkeit wider, die zwar nur in dem entsprechenden Literaturwerk vorhanden ist, wobei aber Einzelzüge nicht nur im Geiste eines Dichters vorhanden waren, sondern Anhalt in der Lebenswelt hatten. Die Fiktion darf also als Vergleichspunkt herangezogen werden, nicht allerdings ohne weitere Begründung als historischer Explikationsgrund. Vgl. W. Richter, ArchHom II/H, 44-53.
[502] Vgl. P. Halstead, BSA 8.

2.1.12. Text 1,12: **14 ŠÀ.GAL ANŠE.KUR.RA**

Vorbemerkung

Mit den Pferden haben wir vielleicht den umfangreichsten [503] Abschnitt im Archiv von Alalaḫ erreicht. Dies gilt umso mehr, als wir nicht nur die Funktion dieser Tiere zu berücksichtigen haben, sondern auch die Personen in die Untersuchung einbeziehen müssen, die mit Fütterung und Beaufsichtigung der Tiere zu tun haben. Erschwert wird die Darstellung dabei allerdings durch die öfters beobachtete Tatsache, daß manche Personen für Rinder und Pferde gleichermaßen belegt sind [504]. In jedem Fall ist vorab zu bedenken, daß die Häufigkeit der Belege in unserem Archiv ein wichtiges Indiz für eine sehr wichtige Rolle der Pferde schon in einer relativ frühen Zeit darstellt [505].

A. Alt [506] vermutete, daß die Tiere nur als Zugpferde für Wagen verwendet wurden, wobei die Fahrzeuge ausschließlich dem König unterstanden. Dabei sei die Feststellung von Belang, daß es eine "Wagentruppe" als militärische Einheit jedoch noch nicht gegeben habe [507].
G. Bunnens stellt fest, daß die Mehrzahl der Belege keine weitere Differenzierung in der Rolle der Pferde erlaubt: "on les utilisait sans doutes à diverses tâches civiles et militaires" [508]. Eine Differenzierung läßt sich lediglich zwischen den "Pferden des Königs" treffen, die zu dessen persönlichem Gebrauch dienten, und solchen, die von einer (auswärtigen) Mission zurückkehren. Die Funktion der Tiere hätte in jedem Fall darin gelegen, daß sie das "moyen de transport par excellence" [509] gewesen seien [510].
E. Gaál [511] möchte aus den belegten Mengenangaben die Folgerung ziehen, daß Nunikiyaše und Ammuwa Aufseher der "königlichen Pferdeaufzuchtanlage" gewesen seien, alle übrigen Lieferungen an die Pferde jedoch Gelegenheits-

---

503 So auch G. Bunnens, BAfO 19, 79.

504 G. Bunnens, BAfO 19, 77.

505 Vgl. für einen Überblick über die Geschichte von Pferd und Wagen: M.A. Littauer/J.H. Crouwel, HdO VII/1 B 1, v.a. 48-72, W. Nagel, BBVF 10, und ders./Chr. Eder, DaM 6, 67-81.

506 A. Alt, WO 2, 234f.

507 Vgl. indessen W. Mayer, ALASPM 9, 445-455. Dort wird (445) nachgewiesen, daß der erstmalige Einsatz von Streitwagenkontingenten "in der Zeit der Auseinandersetzung zwischen den Hethitern und Jamḫad" belegbar ist. Daß auch in Alalaḫ Wagen in militärischen Kontexten gebraucht wurden, läßt sich implizit aus den "Pfeillieferlisten" (42.01-42.04) ableiten.

508 G. Bunnens, BAfO 19, 79.

509 Ibid.

510 Zu der von G. Bunnens postulierten lokalen Differenzierung zwischen Pferden und Eseln s.o. Kap I,3.

511 E. Gaál, AUSB 13, 287.

lieferung aus Anlaß einer Reise darstellten. Zur Verwendung der Tiere nennt E. Gaál zwei Belege (12,11; 24,23) für Transportwesen, die allerdings die Folgerung nicht zu tragen vermögen [512].

Wenn wir im folgenden das Material zusammenstellen, dann ist vorab eine Voraussetzung klar zu legen: Die Personen, die mit Pferden zu tun haben, werden bereits hier in die Tabellen und Auflistungen integriert. Dasselbe gilt für das Wort *zaraphu*, das "Pferdefütterung" bedeutet. Ebenso einzuarbeiten waren die LÚ.MEŠ.KUŠ$_7$ und die Hirten, obwohl hier der Bezug auf die Pferdefütterung nicht immer unmittelbar deutlich ist. Einzelnachweise und Begründungen werden dann im Verlauf der Interpretation jeweils gegeben [513].

Vorab lassen sich folgende Argumente geltend machen:

—Der Vielzahl der Belege für Pferde entspricht eine hohe Relevanz dieser Tiere zumindest im Bereich der höfischen Wirtschaft.
—Pferde und Wagen müssen auch in Alalah existiert haben. Inwieweit die Interferenz mit dem aufstrebenden hethitischen Königtum nach dem Prinzip von "challenge and response" Auswirkungen auf die Militärgeschichte Nordsyriens hatte, läßt sich aus den Getreidelieferlisten allerdings nicht so präzise beantworten wie dies wünschenswert wäre.
—Auch Nichtalalahianer verwenden Pferde, ohne daß dies besonders thematisiert wird. Wir dürfen dies so interpretieren, daß die Pferdehaltung als vollkommen selbstverständlich betrachtet wurde.
—Im Gegensatz zu der mitannizeitlichen Differenzierung in Schicht IV bildet der Besitz von Pferden und Wagen in Alalah VII offenbar noch kein klassendistinktives Merkmal [514]. Dabei ist allerdings die Einschränkung zu machen, daß wir über die mittleren und unteren Schichten der Bevölkerung kaum informiert sind.

Pferde im Normblock

1,12: 14 ŠÀ.GAL ANŠE.KUR.RA
2,7: 1 *Zu-uk-ra-ši*
2,14: x Š[À.GAL] ANŠE.KUR.RA.HI.A *ša* MAR.TU
3,5: 1 *Zu-u[k]-ra-ši* LÚ.TUKU+KUŠ$_7$

[512] Beide Belege sind anders zu lesen: im einen Fall handelt es sich um einen Personennamen, im anderen (statt 283 lies 238) steht statt ANŠE.KUR.RA "Pferd": *a-na* KUR.*Ka-al* "in das Land *Ka-al*".

[513] Dieses Verfahren ist hermeneutisch zulässig, da die Ergebnisse nicht vorausgesetzt, sondern lediglich aufgelistet werden. Dennoch wird darauf zu achten sein, daß die Begründung weitere Argumente nennt als lediglich das Vorhandensein in der Auflistung, da wir sonst einem *circulus vitiosus* anheim fallen würden.

[514] Vgl. E.M. von Dassow, 437.

3,7: 20 Š[À.GAL ANŠ]E.KUR.[R]A.ḪI.A
4,9: 4 LÚ.MEŠ.KUŠ$_7$
4,16: 20 LÚ.MEŠ.SIPA *ša Nu-ni-kí-ia-šu*
5,9: 4 LÚ.MEŠ.KUŠ$_7$
5,15: 20 *Ši-nu-ra-pí*
6,16: 10 *Ši-nu-ra-pí*
6,22: 4 LÚ.MEŠ.KUŠ$_7$
6,29: 1 *Ša-ak-e-d*[*a*] LÚ.KUŠ$_7$
7,7: 2 LÚ.MEŠ.*ki-zu-ú*
7,13: 1 LÚ.*ki-zu A-mu-ru-uḫ-ḫe*
9,3: 44 *pa* (interlinear: 30 *ke-eš-še-nu*) ŠÀ.GAL ANŠE.KUR.ḪI.A
9,18: 1 *Zu-uq-qa-mu* LÚ.KUŠ$_7$ *Am-mu-ri*.KI
9,20: 11 *za-ra-ap-ḫu*
9,21: x+1—11$^{?}$ ŠÀ.GAL ANŠE.KUR.RA.ḪI.A
10,19: 45 *pa* ŠE ŠÀ.GAL ANŠE.KUR.RA.ḪI.A ITI *At-ta-*[*na-tim*]
10,21: 5 ŠÀ.GAL ANŠE.KUR.RA.ḪI.A *ša* MAR.TU.KI
11,13: 1 *Z*[*u-u*]*k-ra-ši* LÚ.KUŠ$_7$
11,15: 7 *Ta-aḫ-e-ia* LÚ.SIPA
12,5: 30 ŠÀ.GAL ANŠE.KUR.RA *a-na Am-mu-wa*
12,8: 1 *Zu-uk-ra-ši* LÚ.KUŠ$_7$
12,11: 2 ŠÀ.GAL ANŠE.KUR.RA *ša Ab-ba-i* DUMU *Ku-we*
12,13: 1 ŠÀ.GAL ANŠE.KUR.RA *Ir-pa*^{d}IM
13,6: 55 ŠÀ.GAL ANŠE.KUR.RA
13,8: 1 *Zu-uk-ra-ši*
13,14: 26 ŠÀ.GAL ANŠE.KUR.RA *ša Nu-ni-kí-ia-šu*
16,6: 1 *Zu-uk-ra-ši* LÚ.TUKU+KUŠ^{7}
16,8: 1 LÚ.TUR *A*[*m-mu-ri*.KI]$^{??}$ (interlinear: LÚ.K[UŠ$_7$]$^{??}$)
16,9: 10 *We-ri-k*[*i*]*-ba* LÚ.[KUŠ]$_7$
17,6: 1 *Zu-uk-ra-ši* LÚ.KUŠ$_7$
20,11: 20 ŠÀ.GAL ANŠE.KUR.RA.ḪI.A
20,18: 3 ŠÀ.GAL ANŠE.KUR.RA *ša* MAR.TU
21,15: 30 *za-ra-ap-ḫu*
21,22: 10 LÚ.KUŠ$_7$ MAR.TU
22,4: 8 *pa* ŠE ŠÀ.GAL ANŠE.KUR.RA
23,4: 38 ŠÀ.GAL ANŠE.KUR.RA.ḪI.A
24,8: 5 *a-na* LÚ.MEŠ.*ki-zu-ú*
26,8: 3 *Am-mu-uq* LÚ.KUŠ$_7$
26,9f: 45 ŠÀ.GAL ANŠE.KUR.RA.ḪI.A *ša Nu-ni-kí-ia-šu*
26,11: 2 ŠE.BA LÚ.SIPA *ša* ANŠE.KUR.RA MAR.TU
26,12: 1 *Zu-uk-ra-ši* LÚ.KUŠ$_7$
26,13: 28 ŠÀ.GAL ANŠE.KUR.RA DIŠ SIPA-*re-na*
26,17f: 1 ŠÀ.GAL ANŠE.KUR.RA.ḪI.A *ša Ur-*^{d}IM DUMU URU.*Ar-ra*
27,13: x Š.GA]L ANŠE.KUR.RA.ḪI.A

Textanmerkungen:

3,5 u.ö.: Die Person des LÚ.KUŠ$_7$ Zukraši ist uns (z.B. aus 26,12) bekannt, wobei sicherlich Personidentität besteht. Hier muß auf die graphische Eigentümlichkeit hingewiesen werden, daß in das sonst übliche IŠ-Zeichen noch ein TUKU eingeschrieben ist, ohne daß wir eine Ratio angeben könnten. Das Phänomen tritt nur bei den Namen Zukraši, Werikiba, zweimal bei Jašreda sowie einmal nach LÚ.MEŠ auf. Alle diese Namen kommen auch ohne das TUKU-Zeichen vor, so daß es sich vielleicht auch um eine Eigenart des Schreibers handeln könnte. Dagegen steht allerdings Text 49, wo Z. 4.7.11 TUKU+KUŠ$_7$ bieten, jedoch Z. 2 bei einer anderen Person bloßes KUŠ$_7$.

9,3: Zum Zusammenhang der Tafeln 9 und 10 wurde oben schon das Nötige gesagt. Hier genügt der Hinweis, daß die Zeile streng genommen außerhalb des Normblockes steht, aber als Bezugnahme auf 10,19.31 nichtsdestotrotz hier zu wiederholen ist.

9,18: Man könnte natürlich den Block am Ende des MU als ŠE abtrennen, doch läßt sich die Kombination QA + horizontaler Keil kaum als defektive Schreibung für RA deuten. Die Schreibung ŠE für das bei diesem Namen sonst übliche ŠI könnte sich auf 78,15 berufen. Da ferner Zukraši nur hier als Amoriter gekennzeichnet wäre, ist davon auszugehen, daß hier eine andere Person vorliegt.

22,4: Das Zeichen ŠÀ ist unterstrichen, doch wird man dem keine weitere Bedeutung zumessen dürfen.

26,13: Die Lesung von 26,13 ist zu begründen. Zum DIŠ-Zeichen für *ana* siehe oben Kap. IV,2.2.2. *sub* e). Daß der Zweck einer Auszahlung mit nachgestelltem Empfänger durch *a-na* formuliert wird, findet sich öfter [515], so daß wir nur noch die Lesung von SIPA-*re-na* zu begründen haben. Die Deutung der ersten Zeichengruppe PA +  als SIPA ist problemlos möglich. Erachten wir nun die Endung *-na* als einen determinierten hurrit. Plural [516], so bietet sich an, das Zeichen RI=RE=TAL als phonetisches Komplement zum Logogramm SIPA zu deuten, dessen Lesung bislang nicht gesichert ist. Dann legt sich folgende Überlegung nahe: Das in Alalaḫ übliche Wort für "Hirte" war *kapparu* I "Junghirt" [517], von dem die Form *kapparēna* ohne weiteres ableitbar ist.

Eine weitere Stütze für diese Annahme findet sich im Kontext: Z. 8-13 behandeln insgesamt die Ausgabe von Getreide zugunsten der Pferde, Z. 11 nennt ausdrücklich einen LÚ.SIPA *ša* ANŠE.KUR.RA MAR.TU, so daß immerhin gezeigt ist, daß unsere Annahme der Ausgabe an einen Pferdehirten nicht ausgeschlossen werden kann. Natürlich kann man einwenden, daß Z. 8 vermutlich die persönliche Versorgung des Hirten meint, doch muß dies kein Argument gegen unsere Deutung darstellen: Vergleichen wir Z. 8f mit Z. 12f, so stellen wir fest, daß beide Male eine relativ geringe Menge an einen

---

[515] 26,15.16; 36,7.9; u.a.m.

[516] Vgl. die hurritischen Grammatiken, z.B. I.M. Diakonoff, HuU, 101.

[517] AHw 442b.

LÚ.KUŠ$_7$ ausgegeben wird, der eine große Zahl zur Fütterung der Tiere folgt. Auch in Z. 10 wird man also supponieren dürfen, daß "Hirten" mitzudenken sind [518].

Insgesamt stellen wir eine eigentümliche Verteilung fest. Zunächst fällt auf, daß Pferde über die gesamte belegte Zeit gefüttert werden. Allerdings ist nicht in jedem Normblock eine Fütterung belegbar. In anderen Monaten gewinnt man den Eindruck, daß lediglich das Personal versorgt wird.
Gehen wir der zeitlichen Anordnung der Belege [519] entlang, ergibt sich folgendes Bild: Die Texte 2 und 3, wobei ersterer nicht ganz erhalten ist, nennen je 1 *pa* für Zukraši und eine größere Menge für Pferde, die in 2,14 nicht erhalten ist, wobei die Tiere als *ša* MAR.TU näher bestimmt sind. Aus Text 4 und 6 ergibt sich, daß die LÚ.MEŠ.KUŠ$_7$ jeweils 4 *pa* erhalten, doch wohl zu ihrer privaten Versorgung, wie auch aus der Nennung eines einzelnen Berufsgenossen in 6,29 erhellt. Zwar erhalten in 4,16; 5,15 und 6,16 Šinurapi bzw. die Hirten des Nunikiyašu große Mengen Gerste (10 bzw. 20 *pa*), doch fällt auf, daß in den Texten 4-8, also etwa den Monaten Januar bis Mai, die Tiere nicht explizit genannt werden [520]. Auch in Text 7 haben wir es offenbar lediglich mit Personal, nicht jedoch mit den Tieren selbst zu tun. Dies ändert sich mit den beiden Tafeln 9 und 10: Hier wird eine große Menge Gerste (45 *pa*, 10,19 ‖ 9,3) ausdrücklich zur Fütterung der Tiere ausgegeben, die (9,21) noch durch eine weitere Lieferung ergänzt wird. Text 11 wiederum nennt lediglich das Personal, wohingegen die Texte 12 und 13 sowohl das Personal als auch offenbar deutlich zu unterscheidende Pferde nennen: Wir begegnen einzelnen Tieren mit ihren Besitzern (12,11.13) und größeren Lieferungen, die einmal dem Nunikiyašu (13,14), einmal dem Ammuwa (12,5) und einmal (13,6) keinem Direktempfänger zugeordnet sind. Auch der schon bekannte Zukraši erhält je einmal ein Versorgungs-*pa*. Text 14 ist zu schlecht erhalten, um eine Feststellung treffen zu können. Auffälligerweise wird in Text 15 kein Pferd erwähnt, dieser Text liegt jahreszeitlich nur wenig später als Text 4, mit dem die oben genannte Beleglücke begann. Die Verhältnisse von Text 16 und 17 entsprechen denen der Texte 4 und 5, mit denen sie auch jahreszeitlich vergleichbar sind: Der Zukraši und ein ammuritischer Pferdeknecht (?) erhalten ein einzelnes *pa*, hierin den LÚ.MEŠ.KUŠ$_7$ vergleichbar eine weitere größere Menge geht an Werikiba. Dabei beobachten wir, daß die an Werikiba bzw. im Vorjahr an Šinurapi ausge-

[518] Vgl. z.B. 20,2 zu einer vergleichbaren Menge Getreide "an die Hirten des Nunikiyašu".

[519] Zur Erhöhung der Lesbarkeit wird in diesem Abschnitt das Wort "Text" als Abkürzung verwendet für das präzisere "der in Text x vorfindliche Normblock". Dies ist zulässig, da sich der Abschnitt nur mit den Regellieferungen beschäftigt, die im Normblock ausgedrückt sind.

[520] Natürlich ist hier auch der Erhaltungszustand der Texte mit zu berücksichtigen, doch dürfte diese Beobachtung kaum auf reinen Zufall zurückgehen.

gebenen Gerstemengen jeweils durch 10 teilbar sind. Im Verbund mit der Beobachtung, daß die "Pferdelücke" etwa fünf Monate ausmacht, könnte dies wiederum bedeuten, daß Lieferungen für eine längere Zeit als Versorgung ausgegeben werden, doch werden wir diese Vermutung noch zu prüfen haben. Aus Text 18 läßt sich leider angesichts des Erhaltungszustandes keine weitere Folgerung ableiten. Der hier einzuordnende Text 1 bietet nun wiederum (etwa April) eine Lieferung von 14 *pa* an die Pferde, Text 19 fehlt jeder Bezug auf die Tiere. Dies bedeutet wohl, daß Text 1 nicht von der regulären Pferdeversorgung spricht, sondern von Tieren, die nur ausnahmsweise zu versorgen sind.

Wie aus den Ergebnissen des Vorjahres bereits zu erwarten war, setzen mit Text 20 im Frühsommer wieder die regelmäßigeren Lieferungen ein, die allerdings etwas geringer ausfallen als im Jahr A. Vor allen Dingen stört die Tatsache das Bild, daß in Text 21 zwar 10 *pa* an den LÚ.KUŠ$_7$ ausgegeben werden, die Pferde indessen nicht explizit genannt sind. Auch die Lieferung 22,4 ist mit 8 *pa* wesentlich geringer als die des Vorjahres, was allerdings durch die 38 *pa* im Folgemonat wieder relativiert wird. Die Monate der Texte 24 und 25 wiederum sprechen eher von der Versorgung des Personals, wobei in 24,8 die LÚ.MEŠ.*kizû* 5 *pa* erhalten, was mit den 4 *pa* zu vergleichen ist, die dieser Berufsgruppe knapp zwei Jahre vorher—ebenfalls im Winter—zugeteilt wurde.

Das bisher gewonnene Bild ist ziemlich einheitlich: Die regelmäßige Fütterung der Pferde mit Gerste, wie sie sich im Normblock niederschlägt, erfolgt i.w. im Sommerhalbjahr. Im Winterhalbjahr werden diese Tiere offenbar nicht weiter gefüttert. Dies entspricht unserem Ergebnis bei den Rindern: "Zugefüttert" wird nur während der Monate, in denen eine Versorgung der Tiere anderweitig nicht sichergestellt ist. Umgekehrt dürfte die "Hauptarbeitszeit", namentlich im militärischen Bereich, das Sommerhalbjahr gewesen sein. Aufgrund der höheren Belastung und des schlechteren Versorgungsstandes war die zusätzliche Versorgung erforderlich.

Diese Annahme läßt sich zusätzlich untermauern durch die Beobachtung, daß auf Tafel 36—wo die einmalige Ausgabe an die Rinder für die in Frage stehenden Monate verbucht wird—auch 120 *pa* ZI.AŠ für die Pferdefütterung während fünf Monaten erwähnt werden.

Hiervon ausgenommen sind allerdings Sonderlieferungen vermutlich an andere Pferdegruppen, wie sie z.B. in Text 1 vorkommen. Auch die nur einmalige Versorgung von Pferden (von Besuchern in Alalaḫ?) ist immer wieder belegt (z.B. 12,11.13), wozu auch der "Amurriter" (9,18; evtl. 16,18) gehören könnte [521].

---

[521] Die Tatsache, daß solche Lieferungen ebenfalls im Normblock stehen, widerspricht keineswegs unserer Voraussetzung, daß hier Zahlungen an festangestelltes Personal zu verbuchen waren. Vielmehr ersehen wir hier, daß es sich bei dieser Folgerung nicht um eine Äquivalenzrelation handelt. Aus A → B darf nicht gefolgert werden B → A; m.a.W. Zahlungen an festangestelltes Personal werden im Normblock verbucht, aber nicht jede Zahlung im Normblock läßt auf feste Anstellung der bedachten Person schließen.

Demgegenüber sind die Menschen, die sich um die Tiere kümmern, selbstverständlich ständig zu versorgen. So findet sich der Zukraši über die gesamte belegte Zeit, wobei er allerdings nicht in jedem Monat vorkommt. Andererseits könnte er zu vier bis fünf Personen gehören, die als Gruppe genannt werden. Hierfür spricht, daß er nie im selben Normblock von diesen getrennt steht.
Dieses abgerundete Bild wird allerdings durch Text 26 empfindlich gestört. Hier finden sich mitten im Winterhalbjahr, im Monat Dezember, insgesamt sechs Belegstellen.
Hier scheint sich doch eine militärische Verwendung der Tiere nahezulegen, mindestens derer, die unter der Aufsicht des Nunikiyašu stehen (26,9f). Man hätte sich den Vorgang dann so vorzustellen, daß in den letzten Monaten der Existenz des Archives bereits die Gefahr eines hethitischen Angriffs auf Alalaḫ klar gesehen wurde und entsprechende Vorbereitungsmaßnahmen getroffen wurden. Daher wurden die Pferde zusammengezogen [522] und mußten auch versorgt werden. In dieselbe Richtung deutet Text 25, wo Gerste und ZI.AŠ "ins Feldlager verbracht" werden.

Gerstenlieferungen in anderen Passagen [523]

7,13: 1 LÚ.*ki-zu A-mu-ru-uḫ-ḫe*
7,16f: [30??] *pa-ri-si* ŠE 15 *pa ki-iš-ša-nu*] ŠÀ.GAL ANŠE.KUR.RA
10,28: 5 ŠÀ.GAL ANŠE.KUR.RA *ša* MAR.TU ITI *Ki-ra-ri*
17,23f: 30 *pa-ri-si* ŠE ŠÀ.GAL ANŠE.KUR.RA.ḪI.A
17,25: 15 *Ia-ṭe-re-da*
19,12: 33 1/3 *za-ra-ap-ḫu*
19,29: [x] ŠÀ.GAL ANŠE.KUR.R[A] (hierher?)
20,1f: 50 *pa-ri-si* ŠE.A.AM *šu-ku-up-tum a-na*
LÚ.MEŠ.SIPA *ša Nu-ni-kí-ia-šu*
20,5: 4 1/2 ŠÀ.GAL ANŠE.KUR.RA.ḪI.A
30,2: 54 ŠÀ.GAL [ANŠE.KUR.RA (hierher?)
32,1: 33 1/3 *pa-ri-si* ŠE *mu-ud-du*
32,2: 10 *a-na Ši-nu-ra-pí*
32,4: 14 *a-na Am-mu-wa* ŠÀ.GAL ANŠE.KUR.RA
33,8: *W*]*e-ri-ki-*[*ba*
33,10: *We-ri-*]*ki-ba*! LÚ.[KUŠ$_7$
33,11: [ŠÀ.GAL AN]ŠE.KUR.RA.Ḫ[I.A
34,16:] LÚ.MAR.TU.KI (hierher?)
35,45: 12 1/2 ŠÀ.GAL ANŠE.KUR.RA.ḪI.A GÌR *A-bi-ṭa-ba*
35,48: 4 ŠÀ.GAL ANŠE.KUR.RA *ša* SUKKAL LUGAL.GAL

---

[522] Wohl in der Absicht, im Frühjahr die entsprechende Militärmacht bei Bedarf sofort verfügbar zu haben. Daß es darum gegangen sein könnte, den Feldzug durch taktische Maßnahmen "über die Zeit" zu bringen (vgl. zu analogen Vorgängen die heth. Evidenz, z.B. KBo IV 4 III 23 u.ö.) ist angesichts der Jahreszeit auszuschließen.

[523] Die Personen, die mit der Fütterung und Wartung betraut sind, werden wiederum gleich mit eingetragen.

35,49: 5 ŠÀ.GAL ANŠE.KUR.RA *ša* MAR.TU.KI
35,62: 1 ŠÀ.GAL ANŠE.KUR.RA *ša Su-mi-e-pa* LÚ.URU.*Si-na-bi-te*
37,18: 30 ŠÀ.GAL [ANŠE.KUR.RA.]ḪI.A (hierher?)
45,3f: 4 ŠÀ.GAL A[NŠE.KUR.R]A.ḪI.A *ša* [LÚ.URU.*Bi-t*]*i-in*.KI
49,1f: 20 GIŠ.*pa-ri-si* ŠE ŠÀ.GAL ANŠE.KUR.RA *a-na Am-mu-wa* LÚ.KUŠ$_7$
49,3f: 10 GIŠ.*pa-ri-si* ŠE ŠÀ.GAL ANŠ[E.KUR].RA
a-na Ia-aš-[*re*]*-e-da* LÚ.TUKU+KUŠ$_7$
49,5: 10 [ŠÀ.GAL ANŠE.KUR.RA.ḪI].A
50,2: ŠÀ.[GA]L ANŠE.KUR.RA ⌜*ša*⌝ M[AR.TU]
50,5f: 20 GÌR *Ḫu-ri-ip-te* [x] ŠÀ.GAL ANŠE.KUR.RA
LUGAL URU.*Bi-t*[*i-in*
52,1-3: 1 *šu-ši pa-ri-si* ŠE.A.AM ŠÀ.GAL ANŠE.KUR.RA.ḪI.A *ša* ITI MN
53,1: 35 *pa* ŠE ŠÀ.GAL ANŠE.KUR.RA.⌜ḪI.A⌝
54,5: 33 1/3 *za-ra-ap-ḫu*
54,19f: [x] GIŠ.*pa-ri-si* ŠE ŠÀ.GAL ANŠE.KUR.RA LUGAL
ša Ì.DUB *Ir-ra-i-mi-it-ti*
55,1-3: 29 *pa-ri* ŠE ŠÀ.GAL ANŠE.KUR.RA *a-na Am-mu-wa-an*
55,5: 3 *a-na* LÚ.TUR *A-mu-ur-ri*
56,1f: 36 *pa-ri-si* ŠE.A.AM *za-ra-ap-ḫu*
56,7: 10 ŠÀ.GAL ANŠE.KUR.RA.ḪI.A LUGAL
56,8: 5 *a-na Ši-nu-ra-pí*
57,2: 10 *a-na Ši-nu-ra-pí*
57,3: 18 ŠÀ.GAL ANŠE.KUR.RA.ḪI.A
57,7: 6 ŠÀ.GAL ANŠE.KUR.RA *ša Nu-ni-kí-ia-šu*
57,8: 43 *a-na* LÚ.MEŠ.SIPA *ša Nu-ni-kí-ia-šu*
57,10: 11 *a-na A-bi-ṭa-ba* LÚ.KUŠ$_7$
58,1f: 20 *pa* ŠE.A.AM Á LÚ.KUŠ$_7$
58,4: 5 *za-ra-ap-ḫu*
58,5f: 6 ŠÀ.GAL ANŠE.KUR.RA.ḪI.A *ša Nu-ni-kí-ia-šu*
59,1f: 22 *pa-ri-si* ŠE.A.AM NUMUN *a-na* ŠÀ.GAL ANŠE.KUR.RA
59,3: 30 ŠÀ.GAL ANŠE.KUR.RA
61,2: 30 *za-ra-ap-ḫu*
63,5f: 30 *pa* ZI.AŠ 45 *pa* ŠE ŠÀ.GAL ANŠE.KUR.RA.ḪI.A
66,1-3: 45 *pa-ri-si* ŠE 30 *pa* ZI.AŠ ŠÀ.GAL ANŠE.KUR.RA
66,4-6: 7 *pa* ZI.AŠ 30 *pa* ŠE *a-na Ia-ṭe-re-da* ŠÀ.GAL ANŠE.KUR.RA
67,5: 1/3 *a-na* ANŠE.KUR.RA
68,17: 45 *pa* ŠE ŠÀ.GAL ANŠE.KUR.RA.ḪI.A
68,18: 20 GÌR KAR-^{d}IM ŠÀ.GAL [ANŠE.KUR.RA]
75,1f:] ŠE ŠÀ.GAL [ANŠE].KUR.RA
77,12f: 2 *pa* ŠE *a-na* ANŠE.KUR.RA *ša Nu-ni-kí-ia-še*
77,14: 1/2 *pa* ŠE ANŠE.KUR.RA
78,7f: 5 ŠÀ.GAL ANŠE.KUR.RA TUR *ša* MAR.TU.KI
78,9: 1 GÌR LÚ.KUŠ$_7$ *ša* MAR.TU.KI
78,10f: 1 GÌR *We-ri-ki-ba* LÚ.KUŠ$_7$
78,12: x *I*]*š-ma-a*[*-du*] (hierher?)

78,15f:] GÌR *Zu-uk-ra-še* [ ] x x LÚ.KUŠ$_7$
78,18: x [G]ÌR *Iš-ma-a-du*
80,1-3: x-*du-qí a-na* LÚ.MEŠ.SIPA *ša Nu-ni-kí-ia-šu* (hierher?)
82,1: [*Ši*]-⌈*nu-ra-pí*⌉
85,5: ANŠE.K]UR.RA[
86,3: 3 *We-ri-*[*ki-ba* (hierher?)
86,4: 3+x Š[À.GAL (hierher?)
86,6-8: 2 bzw. 3 Š[À.GAL (hierher?)
91,1: *Nu-ni-kí-i*]*a-šu*[(hierher?)
93,5:]-⌈*e*⌉ ANŠE.[KUR.RA]

Textanmerkungen:

7,16f: Die Zahl könnte—das Verhältnis ŠE:ZI.AŠ ist auch in 17,23f.28 30:15—30 gelautet haben, sicher ist dies freilich keineswegs.

10,28: Die Zeile ist hier einzuordnen und nicht unter a), da sie sich auf einen anderen Monat bezieht, nämlich den der Tafel 9. Hier wird wiederum der Zusammenhang der beiden Tafeln als Übertragstafeln deutlich.

20,1: Dieser Abschnitt steht in Parallele zu 59,1. Wir müssen einstweilen offenlassen, ob die Gerste ebenfalls zur Fütterung zu verwenden ist oder ob hier die Hirten Saatgerste zur privaten Verwendung erhalten.

30,2.8: Die Ware ist aus dem Text selbst nicht ersichtlich. Ein mögliches Argument, das für Gerste sprechen könnte, siehe S. 278. Andererseits spricht Z. 8 von 30 *pa*, was eher auf ZI.AŠ hindeutet.

32,1: Die Aufnahme dieser Zeile beruht auf der Voraussetzung, daß 32,1-4 insgesamt mit Pferden zu tun haben. *muddu* wird gemeinhin mit "Feinmehl" übersetzt [524], was eine Parallele in Mehllieferungen an die Hirten haben könnte, doch werden wir unten (Kap. V,2.9. Exkurs: *muṭṭu*) eine alternative Lesung und Deutung für dieses Wort vorschlagen. Eine Mehllieferung für Pferde wäre ohnedies kaum sinnvoll, so daß hier höchstens die Hirten gemeint sein könnten.

32,4: Da die Zeile direkt nach einem ZÍZ-Eintrag steht, sollte man annehmen, daß auch hier ZÍZ gemeint ist. Dem ist aber nicht so: Zunächst müßte man erklären, wieso in den Zeilen 3.5.6.7 u.ö. die Getreidesorte explizit genannt ist, hier jedoch nicht. Die einfachste Deutung ist wohl die, daß hier eben eine andere Ware gemeint ist als Emmer. Dem entspricht die Summenabrechnung: Die Summe der ZÍZ-Einträge Z. 19 stimmt genau, wenn man alle [525] Einträge addiert, in denen das Logogramm ZÍZ steht. Die Summe aller anderen Einträge [526] stimmt bis auf 1 *pa* mit dem überein, was Z. 18 als Summe der Gerstenlieferung angegeben ist.
<ANŠE.KUR.RA> ist sicher zu ergänzen, vgl. 49,1 u.ö.

---

[524] AHw 673a; vgl. auch L. Milano, RlA 8, 25 unter Verweis auf Ḫ̮ḫ̮ MSL XI,74,25ff.

[525] Abgesehen von den 40 *pa* (Z. 16), die als ŠE.BA LUGAL-Ausgabe nicht zu den allgemeinen Ausgaben gehören.

[526] Abgesehen natürlich von der ZI.AŠ-Lieferung Z. 5.

33,8: Bildet die Folgezeile einen eigenen Eintrag oder gehört sie hierher?
33,10: Das BA-Zeichen weist (gespaltener Griffel?) zwei Keile mehr auf als üblich, die Ergänzung beruft sich auf Z. 4.8.
34,16: Die Ware läßt sich nicht bestimmen, da die Ränder der Tafel fehlen.
37,18: Da die Vorderseite von ZÍZ spricht, kommen nur Gerste oder ZI.AŠ in Frage. Die belegte Menge spricht eher für ZI.AŠ, so daß auch ein Warenwechsel in Z. 14-17 vorliegen könnte.
49,5: Angesichts der Summe über ZI.AŠ in Z. 11 könnte hier auch diese Ware gemeint sein.
50,5: Es muß offenbleiben, ob Z.5 und Z.6 einen oder zwei Einzeleinträge darstellen.
55,3: Text 55 gehört in denselben Monat wie Text 19, so daß hier die Belege für Pferde vorliegen könnten, die wir oben vermissten. Die genauen Bezüge der beiden Tafeln zueinander bleiben noch zu untersuchen.
68,18: Der Vergleich dieser Passage mit 66,1-6 läßt mehrere interessante Folgerungen zu:
—Zum einen handelt es sich offenbar um verschiedene Gruppen von Pferden, die ebenso wie die Rinder klar voneinander abgrenzbar, aber dennoch aufeinander bezogen sind.
—Das Wortzeichen KAR ist (in Ergänzung zu R. Borger [527]) in diesem PN nicht als Form von *ezēbu* Š zu lesen, sondern als von *eṭēru* [528] abgeleitet zu betrachten [529]. Gegen A. Goetze [530] und J. Huehnergard [531] ist also die zunächst naheliegende Gleichung KAR-^{d}IM = *Eḫli-Addu* für diesen Fall auszuschließen, zumal letzterer stets durch eine Berufsangabe näher bestimmt wird, wohl um zwei gleichnamige Personen, einen "Weber" und einen "Sänger", eindeutig zu unterscheiden.
—*-eda* Namen sind von Addu abzuleiten, da das theophore Element hier mit ^{d}IM wiedergegeben wird [532].
77,11: Dieser PN kann also (dipt. oder tript?) flektiert werden. Handelt es sich um einen Schreibfehler, eine Inkorrektheit oder ist vielmehr anzunehmen, daß es sich bei der Mehrzahl der Schreibungen auf *-šu* um orthographische Schreibungen handelt, bei denen der Nominativ für alle Kasus verwendet wird?

---

[527] R. Borger, ABZ, Nr. 376*; vgl. auch B. Landsberger, JCS 8, 57 A. 111.

[528] D. Arnaud, AuOr 16, 177f übersieht diese Gleichheit, wenn er die Namen auf die Wurzel *WTR* "rendre supérieur" zurückführt und das Zeichen TAR bei *E*-TAR-*ma-lik* u.ö. mit dem Lautwert */ter/* ansetzt, obwohl er richtig sieht, daß Formen von *watāru* und solche von *etēru* gleich lauten.

[529] Vgl. J.J. Stamm, MVAeG 44, 170.

[530] A. Goetze, JCS 13, 37.

[531] Vgl. J. Huehnergard, HSS 32, 81f; in der dort verhandelten Liste wird das Logogramm in der Tat mit hurr. *eġl-* "save" geglichen, es handelt sich aber eben nicht um Alalaḫ, sondern um das deutlich spätere Ugarit.

[532] Vgl. B. Landsberger, JCS 8, 52 Anm. 87.

78,7f: Zu TUR für LÚ.TUR vgl. 2,25 u.ö.
78,12: Ein *Išma-Addu* ist nicht als LÚ.KUŠ$_7$ oder sonst im Zusammenhang mit Pferden belegt. Da aber mehrere Eintrage zuvor von Pferden sprechen und der Name relativ häufig ist, kann die Möglichkeit nicht ausgeschlossen werden, daß der Eintrag hierher gehört. Diese Möglichkeit soll aber im folgenden nicht weiter erörtert werden.
78,15f: Diese beide Zeilen dürften zusammengehören, doch läßt sich nicht sagen, wie der Zusammenhang genau zu fassen ist: Bezieht sich LÚ.KUŠ$_7$ noch auf Zukraši (der nur hier mit dem ŠE-Zeichen geschrieben wird) oder handelt es sich um zwei getrennte Einträge?
80,1-3: Die Ware ist nicht belegt. Die "Hirten des Nunikiyašu" stehen indessen sonst mit Gerste, so daß der Eintrag wohl hierher gehört.
82,1: Es handelt sich nach Z. 3 sicherlich um Gerste, wegen der dort genannten Summe von 3 1/2 *pa* haben wir wohl an die persönliche Versorgung des Šinurapi zu denken.
86,4.6-8: Es ist nicht sicher, ob es sich um Gerste handelt oder ob ein Pferd vorkommt; die Nennung des Werikiba in Z. 3 macht dies aber wahrscheinlich.
91,1: Die Bedingung der Möglichkeit dieser Ergänzung bedarf angesichts der Vielzahl der Erwähnungen Nunikiyašus keiner Begründung, Sicherheit ist freilich nicht zu gewinnen.

Andere Waren [533]

1,28: 7 *pa* ŠÀ.GAL ANŠE.KUR.RA.ḪI.A
2,21: LÚ].KUŠ$_7$ ŠE.BA
5,27f: 5 *pa-ri-si ki-ša-nu* [x Š]À.GAL ANŠE.KUR.RA *i-na* URU.*Mu-ra-ar*
6,5: 10 *Ši-nu-ra-pí* TUR *Ir-pa-*^{d}IM (**ZÍZ**)
7,16f: [30$^{??}$] *pa-ri-si* ŠE 15 *pa ki-iš-ša-nu* [Š]À.GAL ANŠE.KUR.RA
10,31f: 30 *p*[*a k*]*e-eš-še-nu* ŠÀ.GAL ANŠE.KUR.RA.[ḪI.]A *ša* ITI MN
10,36: 2 ŠÀ.GAL ANŠE.KUR.RA.ḪI.A *ša* MAR.TU.K[I]
10,38: 2 ŠÀ.GAL ANŠE.KUR.RA *ša* MAR.TU.KI
12,20: 28 ŠÀ.GAL ANŠE.KUR.RA
12,21: 7 1/2 *We-ri-ki-ba* LÚ.KUŠ$_7$
12,22: 5 *Ia-aš-re-e-da*
12,24: 1/2 ŠÀ.GAL ANŠE.<KUR.RA> *Ir-pa-*^{d}IM
13,23: 35 *pa* ZI.AŠ ŠÀ.GAL ANŠE.KUR.RA
17,28: 15 *pa ke-eš-še-nu* ŠÀ.GAL ANŠE.KUR.RA
17,29: 5 *Ia-ṭe-er-e-da*

---

[533] Auch hier werden wir wieder alle Hinweise auf "Pferde" und "Hirten" etc. mit einarbeiten. Die ausgegebene Ware ist—soweit nichts anderes angegeben ist—ZI.AŠ. Hier nicht geboten werden die Textstellen, die bereits in Tabelle b) aufgelistet wurden, auch wenn dort die Ware nicht sicher bestimmt werden konnte. Die Texte 38-40 bilden sichtlich eine Einheit, die unten *en bloc* zu besprechen ist. Ferner werden Belege nicht genannt, wo eine Person, die sonst mit Pferden zu tun hat, andere Tiere füttert. Diese Stellen werden dann jeweils *ad personam* besprochen.

19,10: 8 ZI.AŠ ŠÀ.GAL ANŠE.KUR.RA

19,15: 20 *a-na Ši-nu-ra-pí*

20,29: 10 ŠÀ.GAL ANŠE.KUR.RA

20,30: 1 ŠÀ.GAL ANŠE.KUR.RA *ša* MAR.TU

21,27: 1 GÌR LÚ.KUŠ$_7$ MAR.TU

22,15: 10 **ZÍZ** *a-na* ^{d}*Ir-<pa->-sa-ap-si*

22,16: 10 **ZÍZ** *a-na A-bi-ṭa-ba*

22,23: 4 *ki-iš-ša-nu a-na* ANŠE.KUR.RA

22,24: 3 *ki-iš-ša-nu a-na Am-mu-wa*

23,24: [2]0 GÌR x x x LÚ.KUŠ$_7$

23,35: 30 ŠÀ.GAL ANŠE.KUR.RA.ḪI.A

26,24: 20 ŠÀ.GAL ANŠE.KUR.RA *a-na Am-mu-wa*

26,25f: 20 ŠÀ.GAL ANŠE.KUR.RA *ša Nu-ni-kí-ia-šu* \ ŠU KI.MIN **ZÍZ**

26,27: 1/3 *We-ri-ki-ba* LÚ.KUŠ$_7$

26,28: 4 *Ia-aš-re-e-da* LÚ.KUŠ$_7$

27,1:] LÚ.TUKU+KUŠ$_7$

27,2:] LÚ.TUKU+KUŠ$_7$

27,5f:] x 23 GIŠ.*pa* ZI.AŠ [x] *Sú-bá-ḫa-li*

28,11f: 5 *pa ki-iš-ša-nu* ŠÀ.GAL ANŠE.KUR.RA

29,15: 3 *pa* **ZÍZ** *a-na Ia-ṭe-re-da*

30,8: 30 ŠÀ.GAL ANŠE.K[UR.RA (hierher?)

30,18: 2 ŠÀ.GAL AN[ŠE.KUR.RA (ZI.AŠ oder **ZÍZ**)

32,3: 10 *pa* **ZÍZ** *a-na Ši-nu-ra-pí*

33,2: A]NŠE.KUR.RA[

33,3: A]NŠE.KUR.RA *a-na* TU[R

33,4:] ANŠE.KUR.RA *a-na We-ri-[ki-ba*

35,4: 10 GÌR *A-bi-ṭa-ba* TUR *Qa-an-a-du* (**ZÍZ**)

35,10: 2 GÌR *E-na-ru* LÚ.KUŠ$_7$ (**ZÍZ**)

35,70: 2 ŠÀ.GAL ANŠE.KUR.RA *ša* SUKKAL LUGAL.GAL

35,71: 5 ŠÀ.GAL ANŠ[E.KUR.R]A *ša* MAR.TU.KI

35,76: 30 ŠÀ.GAL ANŠE.KUR.RA *ša* ITI *Ka-al-[*

35,77: 20 ŠÀ.GAL ANŠE.KUR.RA *ša* ITI *Pa-ag-ri*

35,78: 25 ŠÀ.GAL ANŠE.KUR.RA *ša* ITI *E-qa-li*

36,1f: 1 *me-at* 20 GIŠ.*pa-ri-si ki-ša-nu* ŠÀ.GAL ANŠE.KUR.RA.ḪI.A
ša ITI.5.KAM

36,6f: 30 ŠÀ.GAL ANŠE.KUR.RA.ḪI.A *ša* ITI.4.KAM *a-na Ia-aš-re-e-da*

36,16: 8 ŠÀ.GAL ANŠE.KUR.RA.ḪI.A *ša* MAR.TU

43,6: 3——*a-na Am-m[u-x* (**ZÍZ**)

44,1f: 50 GIŠ.*pa-ri-si ki-ša-nu a-na We-ri-ki-ba* LÚ.KUŠ$_{7!}$

44,5: 5 *It-a-da* LÚ.KUŠ$_7$ *ša* LÚ.URU.*Bi-ti-in*<.KI>

44,6: 6 *Ku-ú-ša* LÚ.KUŠ$_7$ LÚ.URU.*Bi-ti-in*.KI

44,8: 2 *Za-ú-tá* LÚ.SIPA

45,8f: 1 ŠÀ.GAL ANŠE.KUR.RA.ḪI.A *ša* LÚ.URU.*Bi-ti-in*

46,24: 20 *Ta-ḫe-e-ia* LÚ.SIPA (**ZÍZ**)

46,25: 11 *Ni-iq-mi-e-pu-uḫ* UGULA LÚ.MEŠ.SIPA (**ZÍZ**)

46,26: 2 ŠÀ.GAL ANŠE.KUR.RA.ḪI.A (**ZÍZ**)
47,3: 1/2 *a-na* ANŠE.KUR.R[A
47,5: 1/2 *a-na* ANŠE.KUR.R[A
47,16: 2 GÌR LÚ.KUŠ$_7$
48,3: *We-ri-*]*ki-ba* LÚ.TUKU+KUŠ$_7$
48,4:] LÚ.TUKU+KUŠ$_7$
49,6f: 2 ⌜ŠÀ.GAL⌝ [ANŠE.KUR.RA.ḪI.A]
a-na Ia-aš-re-e-da LÚ.TUKU+KUŠ$_7$
49,8: 1 ŠÀ.GAL ANŠE.KUR.RA.ḪI.A *a-na We-ri-ki-ba* LÚ.TUKU+KUŠ$_7$
50,21: [ANŠE.KUR.RA.Ḫ]I.A [MAR.]TU
50,22: [*Ši-nu-r*]*a*$^?$*-pí*
51,1f: 10 GIŠ.*pa-ri-si ke-eš-še-nu* ŠÀ.GAL ANŠE.KUR.RA *a-na Am-mu-wa*
51,3: ⌞4 ŠÀ.GAL ANŠE.KUR.RA.ḪI.A⌟ *š*[*a* \ MAR.TU.KI$^?$]
52,7f: 30 *pa* [ZI.AŠ] ŠÀ.GAL ANŠE.KUR.RA *ša* ITI *ša ta-ap-še*
53,2f: 30 *pa ke-eš-še-nu* ŠÀ.GAL ANŠE.KUR.RA *ša* ITI *Ḫi-ia-re-e*
54,21f: 2 GIŠ.*pa-ri-si ke-eš-še-nu* ŠÀ.GAL ANŠE.KUR.RA *We-ri-ki-ba*
55,10: 1 *pa a-na* LÚ.TUR *A-mu-ri*
55,11f: 10 *pa ki-iš-ša-nu a-na Am-mu-wa-an*
56,17f: 10 GIŠ.*pa-ri-si ke-eš-še-nu* ŠÀ.GAL ANŠE.KUR.RA.ḪI.A LUGAL
58,11f: 2 *pa ki-ša-nu* ŠÀ.GAL ANŠE.KUR.RA *ša Nu-ni-kí-ia-šu*
59,4f: 30 *pa-ri-si ki-ša-nu* ŠÀ.GAl ANŠE.KUR.RA
63,14: ANŠE.KUR.R]A.ḪI.A DIŠ *A-bi-ṭa-ba*
64,15: 2 *pa* [ZI.AŠ] *Iš-ma-a-du*
68,18: 4 *A-bi-ṭa-ba* TUR [*Qa-an*]*-a-du*
75,4: AN]ŠE.KUR.RA
92,3f: x x x *a-na Ia-ṭe*$_4$*-re-da*

Textanmerkungen:

2,21: Da der Normblock nicht eindeutig abgrenzbar ist, bleibt fraglich, ob die Stelle hierher gehört. Da indessen Z. 24 die Ammen erwähnt sind, könnte es sich auch um ZÍZ handeln. Die etwas unübliche Stellung von ŠE.BA wird man am einfachsten attributiv verstehen: "als Ration" (sc. zur persönlichen Versorgung).

5,27f: Dieser ON ist zu gleichen mit dem in Ugarit belegten Mirar [534].

6,5: Auch hier erhält Šinurapi ZÍZ. Interessant ist, daß er als "Knecht" bzw. "Sohn" des Irpa-Addu qualifiziert wird. Sollte es sich um denselben Irpa-Addu handeln, der in 12,13.24 ein Pferd besitzt? Der Name ist allerdings zu häufig belegt, um prosopographisch eindeutig eingeordnet zu werden. Zu beachten ist, daß Irpa-Addu und sein Pferd nur in jenem Text zusammen genannt werden, so daß auch die Möglichkeit einer auswärtigen Herkunft erwogen werden muß. Hier kann lediglich auf das Problem aufmerksam gemacht werden; eine eingehende Diskussion findet sich unten.

[534] Vgl. Vf., UF 30, 840f (Nr. 17).

7,16f: Zu Beginn von Z. 17 muß nicht unbedingt etwas gestanden haben, es wird sich um eine eingerückte Zeile handeln, wobei die Einrückung die Zusammengehörigkeit der beiden Zeilen deutlich machen soll.
10,31: Die Ergänzung *ša* ITI MN findet ihre Erklärung wiederum in dem Zusammenhang der Tafeln 9 und 10.
12,20: Vgl. die Abfolge der PNN von 12,20-22 mit der identischen in 26,24-27. Die Mengen sind allerdings unterschiedlich.
12,24: <KUR.RA> ist zu ergänzen, da es sich sicherlich um ein Pferd handelt, zur Begründung siehe unten S. 359.
22,15: Der Name kommt nur hier vor. Vermutlich ist die Ergänzung so zu treffen. Der einzige PN im Korpus, der mit ^{d}*Ir* beginnen könnte, wäre Irra-Imitti, wobei dies allerdings nicht zu den Zeichenresten paßt, obwohl seine Nennung hier einen guten Sinn ergäbe. Insgesamt muß offenbleiben, ob der Eintrag hierher gehört, vgl. indessen die Textanmerkung zur Folgezeile.
22,16: Die Verfütterung von ZÍZ an Pferde ist offenbar eher selten, so daß wir zu fragen haben, ob hier im Sommer nicht eher an die Versorgung des Personals gedacht werden muß. Ebenso wie in 5,15; 6,15 ist die Summe durch 10 teilbar. Abiṭaba ist—wenn es sich um dieselbe Person handelt—im selben Monat noch einmal im Text 68 belegt und dann erst wieder vier Monate später in Text 35.
26,25-27: Das auf den Rand geschriebene ŠU KI.MIN ZÍZ "dasselbe: Emmer" kann sich auf Z. 25f wie auf den nächsten Eintrag beziehen. Vermutlich gehört es zu Z.27 und bezeichnet 1/3 *pa* ZÍZ, die der persönlichen Versorgung des Werikiba dienen.
27,5f: Vielleicht hat im ersten Teil von Z. 5 noch eine Angabe von Gerste gestanden.
30,8: Die unten noch zu besprechende Analogie ≈ 45 *pa* + 30 *pa* ZI.AŠ dürfte dafür sprechen, daß dieser Vorgang auch hier gemeint ist.
30,18: Die vorherige Zeile hatten wir oben als ZI.AŠ-Lieferung an Addu bestimmt, der also auch hier gemeint sein dürfte. Dagegen läßt sich allerdings sagen, daß Z. 22 die ZÍZ-Lieferungen nicht als Sortenwechsel kenntlich gemacht sind und die Summen Z. 25f nur von zwei Waren sprechen, die allerdings nicht erhalten sind.
32,3: Hier ist auffällig, daß nicht eindeutig dasteht, daß Šinurapi den ZÍZ für die Pferdefütterung erhält. Dennoch muß er mit der Pferdefütterung zu tun haben, da er fast ausschließlich vor oder nach einem Eintrag mit "Pferd" belegt ist. Da Pferde offenbar nur selten ZÍZ fressen, wäre es denkbar, Šinurapis Aufgabe eher in der Versorgung der Hirten zu sehen.
33,2-4: Aus Z. 5 entnehmen wir, daß es sich um ZI.AŠ handeln muß.
36,1f: D.h. also durchschnittlich 48 *pa* ZI.AŠ monatlich. Dies entspricht mengenmäßig etwa den bisweilen belegten 45 *pa* Gerste, so daß wir hier eine frappierende Parallele zur "Stallfütterung" der Rinder haben. Da die Stallfütterung im Winterhalbjahr stattfand, koinzidiert dies mit der Beleglücke für die Pferde im Normblock. Nun muß allerdings offenbleiben, ob die Stallfütterung ausschließlich oder (m.E. wahrscheinlicher) als Zufütterung erfolgt. Immerhin ist auffällig, daß die Lücke im Normblock 4-5 Monate beträgt, doch sind für

mehrere Monate keine Tafeln erhalten, so daß eine eindeutige Gleichsetzung wohl zu spekulativ wäre.
43,6: Der Name könnte zu Ammuwa ergänzt werden, so daß dessen persönliche Versorgung mit Emmer angesprochen wäre. Die Ergänzung muß freilich unsicher bleiben.
44,5f: Die Lokalisierung des Ortes ist unsicher [535]. Falls es mit dem heth. *Bi-di-na* zu gleichen ist, läge es an der Grenze zu Kizzuwatna [536]. Wahrscheinlicher ist es allerdings, mit M.C. Astour [537] den Tell Buṭnan als Lokalisation anzusetzen. In Z. 5 ist <KI> sicherlich zu ergänzen, da alle Einträge im Umfeld KI bieten [538]. Für eine gewisse Fehlerträchtigkeit beim Abfassen der Zeilen spricht auch die irrtümliche Wiederholung des BA in Z.3.
Die beiden Zeilen unterscheiden sich trotz der sachlich vergleichbaren Einträge formal dadurch, daß in Z. 6 *ša* fehlt. Man sollte aus dem Fehlen des Pronomens aber nicht folgern, daß Kūša der Name des LÚ.URU.Bitin ist. Vielmehr wird es sich bei diesem um einen Gesandten oder Kaufmann o.ä. handeln, der mit einer Entourage in Alalaḫ eingetroffen ist und nun samt dieser versorgt werden muß.
44,8: So zu lesen, vgl. 39,5 und unsere Erörterung zu diesem Text unten.
46,26: In 46,24f sind Hirten erwähnt, ob sie mit Pferden zu tun haben, ist fraglich. Festzuhalten ist, daß hier das Pferd eindeutig mit ZÍZ gefüttert wird.
47,5.16: Die Waren sind in Text 47 kaum noch auseinanderzuhalten.
48,4: Der Name läßt sich nicht ergänzen. In Frage kommen Ammuwa und Jašreda. Die Parallele zu Text 49 macht das letztere wahrscheinlicher, doch ist keine Sicherheit zu gewinnen.
50,22: Die Ergänzung stützt sich auf das in der vorigen Zeile vorkommende Pferd, ohne daß Sicherheit beansprucht wird. Die Z. 21 und 22 könnten zusammengefaßt auch einen Eintrag darstellen.
51,3: Alternativ könnte auch ein PN gestanden haben.
52,7: Die Lücke ist kaum anders zu füllen, zumal eine Lieferung von 30 *pa* ZÍZ für Pferde sehr ungewöhnlich wäre. Zur Formulierung ITI *ša tapše* siehe oben S. 286.
55,10: Der Eintrag muß nicht mit Pferden zu tun haben, dennoch ist dies sehr wahrscheinlich.
64,15: Zu der Möglichkeit, daß Išma-Addu ein Pferdehirt gewesen sein könnte, siehe oben S. 333.
68,18: Ergänzung nach 35,4.
75,4: Es könnte sich um ZÍZ handeln, da die nachfolgende Zeile die *mušēniqtātu* nennt. Die Zahlen der vorhergehenden Zeile sind vermutlich keine reale Ausgabe, sondern dienen wohl nur dazu, anstelle einer Rasur einen Schreibfehler zu tilgen.

---

[535] Vgl. Vf., UF 30, 863 (Nr. 85).

[536] Vgl. G.F. del Monte/J. Tischler, RGTC 6, 320.

[537] M.C. Astour, RHA 36, 16; vgl. E. Gaál, AcAnt 30, 13f.

[538] Bitin steht sonst nur in 45,10 ohne KI; 50,6 ist unsicher.

92,3: Der Zusammenhang ist zu zerstört, um wirklich interpretiert werden zu können: Weder läßt sich sicher sagen, daß es sich um ZI.AŠ handelt, noch daß es sich überhaupt um eine Getreidelieferliste handelt.

Wir haben nun folgende Aufgaben:
—Erläuterung des Bezuges von *zarapḫu* auf die Pferdefütterung,
—Aufarbeitung der Texte 38-40.
—Zusammenordnung aller Belege nach Empfängern, wobei die Frage nach Nunikiyašu und dem Verhältnis von "Hirten" und "Pferdeknechten" eine wichtige Rolle spielen wird.
—Gleichermaßen müssen wir fragen, inwieweit ein Verhältnis von Gerste-, Emmer- und *kiššānu*-Auszahlung auf derselben Tafel festzustellen ist.

Verhältnis zwischen verschiedenen Waren auf einer Tafel
Zur Erörterung dieser Fragestellung stellen wir aus den obigen Tabellen zusammen, in welchen Texten Gerste und ZI.AŠ in Bezug auf Pferde gemeinsam belegt sind. Dies ist bei folgenden Tafeln der Fall [539]:

1-3; 5; 7; 10; 12; 13; 16$^?$; 17; 19$^?$-23; 26; 27; 30$^?$; 33; 35; 37$^?$; 45; 49; 50; 52-56; 58; 59; 63; 66; 68; 75$^?$; 78$^?$.

Überhaupt keine Bezüge auf Pferde sind auf den folgenden Tafeln zu finden: 8; 14; 15; 18; 25; 31; 41; 42; 60; 62; 65; 69-74; 76; 79; 81; 83; 84; 87-91; 94.

Dabei dürfen aus einer Nichterwähnung selbstverständlich keine weitergehenden Folgerungen gezogen werden, da oftmals der Erhaltungszustand eine entscheidende Rolle spielt.

Auf folgenden Tafeln sind also zwar Pferde erwähnt, nicht aber Gerste und ZI.AŠ zusammen:

Text 4:	Gesamte Tafel nennt nur ŠE und ZÍZ.
Text 6:	Die Tafel nennt ŠE und ZÍZ, von 2 *kiššānu*-Einträgen bezieht sich einer auf Esel.
Text 9:	Z. 3 ist wegen der Zusammengehörigkeit der Texte 9 und 10 nicht mit einzubeziehen.
Text 11:	Gesamte Tafel nennt nur ŠE und ZÍZ.
Text 16:	Eine Aussage läßt sich aufgrund des Erhaltungszustandes der Tafel nicht treffen.
Text 24:	Die LÚ.MEŠ.*kizû* erhalten Gerste, vermutlich zur persönlichen Versorgung [540].

---

[539] Zu den Texten 38-40 siehe unten.

[540] Siehe oben S. 328.

Text 28:	Gesamte Tafel nennt nur ŠE und ZÍZ.
Text 29:	Gesamte Tafel nennt nur ŠE und ZÍZ.
Text 32:	Gesamte Tafel nennt nur ŠE und ZÍZ.
Text 34:	Die Tafel nennt nur einen Bezug auf den LÚ.MAR.TU.KI, ohne daß deutlich wird, welche Ware ausgegeben wird; er muß auch nicht zwangsläufig mit Pferden zu tun haben.
Text 36:	Gesamte Tafel nennt nur ZI.AŠ.
Text 43:	Eine Aussage läßt sich aufgrund des Erhaltungszustandes der Tafel nicht treffen.
Text 44:	Gesamte Tafel nennt nur ZI.AŠ und ZÍZ.
Text 46:	Gesamte Tafel nennt nur ZÍZ.
Text 47:	Die Waren sind in Text 47 kaum noch auseinanderzuhalten.
Text 48:	Gesamte Tafel nennt nur ZI.AŠ.
Text 51:	Der Teil der Tafel, der Gerste nennt, ist weitgehend zerstört.
Text 57:	Gesamte Tafel nennt nur ŠE.
Text 61:	Gesamte Tafel nennt nur ŠE und Erbsen.
Text 64:	Gesamte Tafel nennt hauptsächlich ŠE und ZÍZ, ZI.AŠ kommt auf dieser Tafel nur am Rande vor, allerdings Z. 15 auf Išma-Addu bezogen.
Text 67:	Gesamte Tafel nennt nur ŠE und ZÍZ.
Text 69:	Gesamte Tafel nennt nur ŠE und ZÍZ.
Text 77:	Gesamte Tafel nennt nur ŠE und ZÍZ.
Text 80:	Eine Aussage läßt sich aufgrund des Erhaltungszustandes der Tafel nicht treffen.
Text 82:	Das Fragment nennt nur Gerste.
Text 85:	Eine Aussage läßt sich aufgrund des Erhaltungszustandes der Tafel nicht treffen.
Text 86:	Text spricht vermutlich nur von einer Ware.
Text 92:	Eine Aussage läßt sich aufgrund des Erhaltungszustandes der Tafel nicht treffen.
Text 93:	Eine Aussage läßt sich aufgrund des Erhaltungszustandes der Tafel nicht treffen.

—Auch die Berücksichtigung der Tatsache, daß zu den Tafeln, auf denen zwar Normblöcke (ggfs. mit weiteren Gersteneinträgen) vorhanden sind, ansonsten aber nur ZÍZ genannt wird, unter Umständen noch weitere Tafeln vorhanden sein könnten, welche die fehlende ZI.AŠ-Ausgabe belegen, führt nicht weiter: Zu keinem der Texte 4; 6; 9; 24 gibt es eine solche Tafel. Analoges gilt für Text 11: Text 29 weist dasselbe Phänomen auf, und aus Text 43 läßt sich keine weitere Folgerung ziehen.

Für Text 24 ist allerdings noch der Eintrag 63,5-7 zu berücksichtigen:

30 *pa* ZI.AŠ 45 *pa* ŠE ŠÀ.GAL ANŠE.KUR.RA.ḪI.A ITI *Aš-ta-bi*

Der in Text 24 fehlende direkte Bezug auf Pferde könnte hier gegeben sein.

Wir halten also fest: Wenn auf einer Tafel ZI.AŠ und ŠE belegt sind *und* ein Bezug auf die Pferde gegeben ist, dann finden sich—abgesehen von Text 9 (ohne den Übertragsblock)—bei beiden Waren Hinweise auf die Pferdefütterung. Die letztgenannte Tafel ist aufgrund ihrer besonderen Stellung im Zusammenhang mit Text 10 kaum beweiskräftig. Trotz der Unwägbarkeiten aufgrund des schlechten Erhaltungszustandes vieler Tafeln kann also festgehalten werden, daß die obige Folgerung gültig ist.

Machen wir nun eine Gegenprobe: Nur zwei Texte haben ausschließlich ZI.AŠ-Einträge und sprechen von Pferden, nämlich Text 36 und Text 48. Bei ersterem dürfte es allerdings um die oben genannte Stallfütterung gehen, so daß die Ausnahme hier sachlich in einem unterschiedlichen ökonomisch-landwirtschaftlichen Vorgang zu suchen sein dürfte, wie er sich auch durch die auffallende Form andeutet.

Aus Text 48 läßt sich eine solche eindeutige Folgerung leider nicht ziehen, doch ist zu erwähnen, daß er mit dem ebenfalls nicht präzise interpretierbaren Text 16 zeitlich zusammengehört, so daß aufgrund der Unsicherheit der Texte [541] mindestens kein Gegenargument geltend gemacht werden kann [542].

Die Tafeln 57 und 61 [543] sind die einzigen Texte, die nur Gerste nennen. Sie entstammen offenbar demselben Monat. Dabei braucht Text 61 nicht vertieft zu werden, da hier nur ein Eintrag vorhanden ist, der mit Pferden zu tun hat und sich im selben Monat in 59,3 wiederholt. Text 57 indessen beschäftigt sich mehrfach mit Pferden und ihrem Personal. Dabei gewinnt man allerdings angesichts der belegten Mengen den Eindruck, daß es sich nicht ausschließlich um Monatslieferungen handelt, sondern daß wir es hier wiederum mit Überbrükkungslieferungen zu tun haben, die mehrere Monate betreffen.

Betrachten wir nun die Verteilung der Belege über die Monate, so läßt sich als vorläufige These annehmen, daß die Pferde in jedem Monat Gerste und ZI.AŠ erhalten. Die fehlenden Belege vor allem im Jahr A widerraten dieser These nicht, da sie über das Jahr gleichermaßen verteilt sind, so daß eine jahreszeitliche Verteilung ausgeschlossen werden kann. Demgegenüber hatten wir bei Normblöcken schon eine gewisse Verteilung über das Jahr hinweg geltend gemacht, so daß wir zu folgern haben, daß es sich bei den verschiedenen Waren um verschiedene Pferdegruppen handeln muß oder aber ein anderer Vorgang die Ausgabe bestimmt. Bevor wir allerdings versuchen können, hier mehr Klarheit

[541] Vgl. auch Text 47.

[542] Auch hier weisen formale Punkte (Text 16: ŠE.BA LUGAL Block auf eine Zeile reduziert; Text 47 als Übergangstafel zweier Monate) auf eine durch einen besonderen Anlaß verursachte Störung hin, die vielleicht in dem 48,7 erwähnten LUGAL GAL zu suchen sein könnte. Könnte ein Besuch des Königs von Aleppo (ähnlich wie in Text 35 dessen SUKKAL) die Besonderheiten erfordert haben?

[543] Tafel 61 nennt Gerste und Erbsen, soll hier aber mit erörtert werden, da die Ausgabe von Erbsen eher die Ausnahme darstellt.

zu schaffen, sind aus Gründen der methodischen Abgrenzung die (wenigen) Belegstellen zu untersuchen, an denen die Pferde und/oder das mit ihnen befaßte Personal Emmerlieferungen erhalten.

Es handelt sich um folgende Stellen:

6,5; 22,15.16; 26,25; 29,15; 30,18?; 32,3; 35,4.10; 43,6; 46,24.25.26, evtl. 75,4

Allein die Tatsache, daß aus den insgesamt ca. 200 aufgeführten Einträgen nur etwa 13 von Emmer sprechen, muß uns auffallen. Ferner ist beachtenswert, daß nur in einem einzigen Fall, nämlich 46,26, explizit dasteht: "ZÍZ zur Fütterung der Pferde". Dies spricht dafür, die fraglichen Belege 26,26 und 30,18 [544] nicht hierher einzuordnen, sondern die Alternative für wahrscheinlicher zu halten [545].
Alle anderen Fälle nennen die Ausgabe von ZÍZ an Personen, wobei ins Auge fällt, daß in fünf (6,5; 22,15.16; 32,3; 35,4) von elf verbleibenden Fällen die betreffende Person genau 10 *pa* ZÍZ erhält, einmal (46,25) handelt es sich um 11 *pa* und ein anderes Mal (46,26) um 20 *pa*—eine auffallende Konstanz in der auf den ersten Blick eher diffus anmutenden Auszahlungspraxis [546]. Der Eindruck von gewollter Regelmäßigkeit wird dadurch verstärkt, daß es offenbar immer dieselbe Personengruppe ist, die solche Zahlungen entgegennehmen kann.

Da offenbar ZÍZ nicht primär zum Zwecke der Pferdefütterung verwendet wird, ist anzunehmen, daß die Lieferung der Versorgung der Hirten dient [547]. Dies wird besonders deutlich in Text 22, wo zwei Personen nebeneinander mit je 10 *pa* erwähnt sind. Offenbar ist es derselbe Abiṭaba, der in Text 35 wiederum 10 *pa* erhält. Der zeitliche Abstand beider Texte (5 Monate) legt die Vermutung nahe, daß er den ZÍZ nicht alleine aufbraucht, sondern noch eine weitere Person mit zu versorgen hat. Diese Frage wird uns noch beschäftigen.
Auch für Šinurapi ist etwas Analoges anzunehmen, allerdings liegen hier die Texte (6 und 32) etwas weiter auseinander, so daß wir zu vermuten haben, daß entweder in der Mitte dieser Zeit (etwa im Monat Pagri B [548]) eine Lieferung fehlt oder aber Šinurapi seinen Emmer in relativ langfristigen Abständen erhält.

---

[544] Siehe zu den Argumenten oben jeweils die Textanmerkungen.

[545] Ob es sich in 46,26 um eine irrtümliche Einordnung durch Schreiber oder Diktierenden handelt oder eben um die berühmte Ausnahme von der Regel, muß dahingestellt bleiben. Denkbar ist auch, daß der Emmer hier wie öfters als Tauschobjekt verwendet wurde.

[546] Die übrigen Belege nennen 1/3 *pa* (26,27; Werikiba); 3 *pa* (29,15; Jaṭereda — 43,6; Ammu-x), 2 *pa* (35,10; Enaru).

[547] Die betroffenen Personen könnten also die Obmänner je einer Pferdegruppe darstellen.

[548] Die vermißte Angabe könnte z.B. eingeflossen sein in die 60 *pa* ZÍZ, die in 13,21 undifferenziert an den Palast ausgegeben werden.

Über den Hirten Taḫeya (46,24) und seine Stellung werden wir unten bei Behandlung der Hirten noch ausführlicher sprechen müssen; dasselbe gilt auch für den "Aufseher der Hirten" Niqmi-epuḫ (46,25).

In allen genannten Fällen handelt es sich demnach um Lieferungen, die längerfristig, etwa halbjährlich bzw. jährlich, erfolgen und eher für eine auswärtige Tätigkeit dieser Personen sprechen.
Die vier noch nicht erfaßten Belege vermögen diese Annahme kaum in Frage zu stellen, da Jaṭereda (29,15) und Werikiba (26,27) öfter im Zusammenhang mit Pferden erwähnt werden, was von vornherein vermuten läßt, daß sie in der Nähe des Palastes angestellt sind, so daß ihre Versorgung anderweitig gesichert ist. In dieselbe Richtung weist die relativ geringe Menge ZI.AŠ und Emmer, die Werikiba hier erhält, die für eine Lieferung nach auswärts doch recht unwahrscheinlich anmutet. Für den Ammu-x (43,6) ist zu beobachten, daß er ebenso viel Emmer bekommt wie Jaṭereda und die Lieferung im selben Monat erfolgt wie die letztere, so daß wir es sichtlich mit vergleichbaren Vorgängen zu tun haben. Der letzte Beleg ist 35,10, wo wir angesichts der Stellung des Eintrages im Kontext wohl anzunehmen haben, daß der Empfänger Enaru dem Troß von Emar zuzurechnen ist.

Nachdem wir so festgestellt haben, daß die Zuweisung von ZÍZ in den Bereich der Pferdewirtschaft eher mit den Hirten zu tun hat als mit den Tieren, dürfen wir als Ergebnis festhalten, daß Pferde ausschließlich Gerste und ZI.AŠ fressen.

Wir haben uns daher zu fragen, in welchem Verhältnis die beiden Waren zur Pferdewirtschaft stehen. Dabei ist zu berücksichtigen, daß es sichtlich verschiedene Pferdegruppen gibt und das Personal jeweils zu versorgen ist. Zunächst untersuchen wir die Fälle, in denen ein oder mehrere ZI.AŠ-Einträge auf Tafeln vorhanden sind, die auch einen Normblock bieten. Einträge des Normblockes sind i.f. wieder **fett** gedruckt. Verhältnisangaben sind nur dann sinnvoll, wenn ein wechselseitiger Bezug zweier Einträge aufeinander vorliegt. Wo dies unwahrscheinlich ist, müssen solche Angaben unterbleiben [549].

[549] Das Pluszeichen in der Tabelle bedeutet selbstverständlich nicht, daß die jeweiligen Zahlen aufzusummieren seien, sondern deutet lediglich an, daß mehrere Einträge derselben Ware auf der Tafel belegt sind. Um die Tabelle nicht zu überfrachten, wurde im übrigen darauf verzichtet, die genauen Fundorte oder gar die Vollzitate zu wiederholen.

Text Nr.	Gerste	ZI.AŠ	Verhältnis
1	**14** *pa*	7 *pa*	2:1 [550]
2	x	-	- [551]
3	**20** *pa*	2 *pa*	- [552]
4	**4 + 20** *pa*	-	-
5	**4 + 20** *pa*	5? *pa*	- [553]
6	**10 + 4 + 1** *pa*	-	-
7	**? + 1 + x** *pa*	15 *pa*	~2:1 [554]
10	**45 + 5 + 5** *pa*	30 + 2 + 2 *pa*	1,5:1
			2,5:1
			2,5:1 [555]
12	**30 + 1** *pa* [556]	28 + 1/2 *pa* [557]	1,07:1 [558]
			2:1 (Irpa-Addu)
13	**55 + 26** *pa*	35 *pa*	1,57:1 bzw 0,74:1 [559]

---

[550] Aus der Parallelität von Z. 26f und 28 könnte man folgern, daß Addu der Empfänger ist, doch ist dies unwahrscheinlich, da er sonst nie mit Pferden zu tun hat. Die Assoziation bei der Zusammenstellung dieses Eintragscluster dürfte gewesen sein: Fütterung von Tieren, je 7 *pa*, wobei die Ausgabemenge an Pferd und Rind auch zufällig identisch sein könnte.

[551] Die Zusätze machen deutlich, daß es sich um verschiedene Vorgänge handelt. Wenn ein Vergleich gezogen werden darf, dann zwischen Z. 7 und Z. 21, doch erhält Zukraši stets nur 1 *pa* Gerste, was einer Gleichsetzung widerspricht. Einträge, die ihn betreffen, werden daher i.f. nicht wiederholt.

[552] Eine Verhältniszahl ist hier nicht sinnvoll, da eindeutig vermerkt ist, daß wir es bei der Lieferung von ZI.AŠ an Pferde mit Tieren auswärtiger Herkunft oder Stationierung zu tun haben.

[553] Hier liegen drei verschiedene Vorgänge vor: Zum einen die Fütterung der "eigenen" Pferde mit Gerste, zum zweiten die Versorgung "fremder" Pferde mit ZI.AŠ, drittens die Versorgung der Hirten mit Gerste.

[554] Aufgrund der Analogie zu 17,23+28 möchte man annehmen, daß insgesamt etwa 30 *pa* Gerste anzusetzen sind.

[555] Die drei verschiedenen Vorgänge ("eigene" Pferde im Attana, MAR.TU-Pferde und MAR.TU-Pferd im Kirari) sind eindeutig voneinander getrennt, wobei die jeweiligen Waren aufeinander bezogen sind.

[556] Den 2 *pa* an Abba und dem 1 *pa* an Zukraši entspricht keine ZI.AŠ-Lieferung.

[557] Den 7 1/2 bzw. 5 *pa* ZI.AŠ an Werikiba und Jašreda entspricht keine Gerstenlieferung.

[558] Zu erwarten wäre eine Gerstenlieferung von ca. 45 *pa* (s.u.), die allerdings nicht belegt werden kann. Ein Paralleltext für den in Frage stehenden Monat fehlt.

[559] Offenbar handelt es sich um zwei verschiedene Pferdeherden. Die formal exakte Parallele ist die zwischen Z. 6 und Z. 23. Da indessen Nunikiyašu häufiger erwähnt ist, kann die Möglichkeit nicht ausgeschlossen werden, daß seine Pferde hier auch ZI.AŠ erhalten. Dies halte ich jedoch für weniger wahrscheinlich, zu den Argumenten siehe unten.

17	30 + 15 *pa*	15 + 5 *pa*	2:1 (Pferd); 3:1 PN [560]
19 [561]	33 1/3 *pa*	20 + 8 *pa*	4,17:1 // 1,67:1 [562]
20	**20 + 3 +** 50 + 4 1/2 *pa*	10 + 1 *pa*	2:1 bzw. 3:1 [563]
21	**10** + 30 *pa*	1 *pa*	10:1
22	**8** *pa*	4 *pa* + 3 *pa*	2:1 [564]
23	**38** *pa*	30 *pa*	1,27:1
26	**45 + 3 + 1 + 2 + 28** *pa*	20 + 20 + 1/3 + 4 *pa*	Nunikiyašu: 2,25:1 [565]
27	x	23	- [566]

Nun sind die Texte zu betrachten, die ŠE und ZI.AŠ bieten, wobei kein Eintrag auf einer Tafel mit Normblock vorliegt:

[560] Der parallele Aufbau der vier Einträge: Gerste: Pferd, Jaṭereda - (Unterbrechung durch ZÍZ) - ZI.AŠ: Pferd, Jaṭereda, ist ein Indiz für die Berechtigung unseres Vorgehens: Die Ausgabe der beiden Waren an Pferde und Pferdepersonal wurden offensichtlich durch die Ausgabestelle als zusammengehörig empfunden.

[561] V.a. ist die Zahl nicht mehr zu lesen. Die Stellung außerhalb der Blöcke läßt zudem vermuten, daß es sich entweder um eine Übertragszeile handelt oder zumindest um eine Zahlung außerhalb der Reihe. Mir ist die erste Möglichkeit wahrscheinlicher, da Text 19 offenbar auf den Monat Ekena bezogen ist. Der Übertrag richtet sich dann wohl auf Text 56,36, der im Monat direkt nach Text 19 folgt. Es dürfte sich daher—wir werden unten argumentieren, daß *zaraphu* mit Pferdefütterung gleichzusetzen ist—um 36 *pa* Gerste handeln.

[562] Die oben zu Text 13 gemachten Erwägungen gelten auch hier.

[563] Auch hier wird unterschieden zwischen "eigenen" Pferden und MAR.TU-Pferden.

[564] Wenn die an Ammuwa ausgegebene Menge ZI.AŠ von 3 *pa* eingerechnet wird, gelangen wir zu einer Verhältniszahl von 1,14:1, was dem bei Ammuwa üblichen in etwa entspricht, wie wir sehen werden.

[565] Bei den anderen Einträgen handelt es sich um Einzeleinträge, da jeweils die Empfänger genannt sind. Zu erwägen wäre indessen, ob die 28 *pa* Gerste an die Hirten und die 20 *pa* ZI.AŠ an Ammuwa zueinander gehören könnten, dann betrüge das Verhältnis 1,4:1.

[566] Angesichts der Textprobleme lassen sich keine weiteren Aussagen treffen.

Text	Gerste	ZI.AŠ	Empfänger	Verhältnis
30?	54	30 + 2		1,8:1 [567]
33	x	x	Werikiba	? [568]
35 [569]	12 1/2 *pa*	ZÍZ!	Abiṭaba	
	5 *pa*	5 *pa*	MAR.TU-Pferde	1:1
	4 *pa*	2 *pa*	SUKKAL LUGAL GAL	2:1
45	4 *pa*	1 *pa*	LÚ.URU.Bitin.KI	4:1
49	10 *pa*	2+x *pa*	Jašreda	2:1 oder 5:1 [570]
50	x	x	MAR.TU-Pferd(e)	? [571]
52	60 *pa*	30 *pa*		2:1
53	35 *pa*	30 *pa*		1,16:1
54	33 1/3 *pa*	x + 2	Pferd des Königs	
			Werikiba	16,67? [572]
55	29 *pa*	10 *pa*	Ammuwan	2,9:1
	3 *pa*	1 *pa*	LÚ.TUR *Amurri*	3:1
56	10 *pa*	10 *pa*	Pferde des Königs	1:1 [573]
58	6 *pa*	2 *pa*	Nunikiyašu	3:1
59	52 [574] *pa*	30 *pa*		1,73:1
63	45 *pa*	30 *pa*		1,5:1
66	45 *pa*	30 *pa*	Pferde	1,5:1
	20 *pa*	7 *pa*	Jaṭereda	2,86:1

567 Zu den Problemen, die dieser Text v.a. in bezug auf die Verteilung von Gerste und ZI.AŠ bietet, ist das Erforderliche bereits gesagt. Wir gehen davon aus, daß in Z. 2 Gerste, in Z. 8 jedoch ZI.AŠ gemeint ist, eine Verteilung, die öfter vorkommt, andererseits auch bei den Verhältniszahlen zwischen den beiden Fütterungsmitteln einen realistischen Wert ergibt.

568 Der Text bietet je drei Einträge mit Gerste bzw. ZI.AŠ. Leider ist keine einzige Mengenangabe erhalten.

569 Zur Vereinfachung werden nur die Einträge aufgenommen, die wirklich paarweise erscheinen.

570 Das Zahlzeichen in Z. 6 kann nur 2 oder 5 sein, je nachdem ist das Verhältnis zu bestimmen.

571 Die Zahlen sind nicht erhalten.

572 Die beiden Einträge stehen nebeneinander und sind durch einen Strich auf der Tafel voneinander getrennt. Dies dürfte m.E. eher bedeuten, daß sie nicht zusammenzufassen sind, zumal im einen Fall die Tiere im Plural, im anderen jedoch im Singular stehen. Inwieweit der "Speicher des Irra-Imitti" und Werikiba zueinander gehören könnten, bleibt noch zu untersuchen.

573 Die Einträge *zaraplu* und Šinurapi sprechen beide von Gerste.

574 Die beiden Summen sind zusammenzufassen, da lediglich die Tatsache, daß unterschiedliche Ausgabequellen vorkommen, eine Trennung der Einträge erforderte.

68	45 *pa*	20 *pa*	Jaṭereda [575]	2,25:1
75	x	x	?	?
78	x	x	Išma-Addu	?

Überblicken wir die Verhältniszahlen, so sind so große Unterschiede festzustellen, daß eindeutige Folgerungen unmöglich sind. Sichtlich erfolgt die Ausgabe in jedem Einzelfall nach Bedarf, wobei uns die Kriterien unklar bleiben. Stets liegt jedoch die Auszahlung an Gerste mengenmäßig über der an ZI.AŠ. Zu beachten ist eine Streuung um den Wert 3:1, wenn namentlich genannte Einzelpersonen Lieferungen zur Pferdefütterung erhalten. In solchen Fällen dürfte die Person Gerste für den eigenen Bedarf erhalten und so viele Pferde zu versorgen haben, daß sich das Verhältnis auf etwa 3:1 beläuft.
Ansonsten beträgt die Verhältniszahl oft ca. 2:1 [576]; in einigen Fällen sogar nur 1:1 [577]. Hier könnte die Auszahlung ohne Berücksichtigung des Personals an die Pferde erfolgen. Ferner erfolgt in beiden Fällen eine Qualifikation der Tiere, so daß es sich um besondere Pferde dreht. Diese Vermutung wird dadurch gestützt, daß in Text 56 an Šinurapi noch weitere Gerste ohne Gegenwert in ZI.AŠ ausgezahlt wird, in Text 35 gilt dasselbe für Abiṭaba, der aber noch Emmer erhält. Die Ausnahme in Text 45 (Verhältniszahl 4:1) könnte darauf zurückzuführen sein, daß hier Pferde und Esel zu versorgen sind, so daß weitere Personen über das übliche Maß hinaus mit Gerste versorgt werden müssen.
Eine weitere Durchsicht durch die Tabelle zeigt, daß bisweilen ca. 45 *pa* Gerste ausgeteilt werden, die wiederum oftmals in Relation stehen zu 30 *pa* ZI.AŠ. Diese Stellen gehören offenbar in den Zusammenhang der Wirtschaftseinheit des Nunikiyašu und sind dort genauer zu erörtern.

zaraphu und die Pferdefütterung

Bislang haben wir den Bezug des Wortes *zaraphu* auf die Pferdefütterung vorausgesetzt, ohne jedoch weitere Argumente für die Richtigkeit dieser Annahme beizubringen, andererseits aber auch keine weiteren Folgerungen aus dieser Annahme gezogen, sondern implizit festgestellt, daß ein Gesamtbild nicht gestört wird. Dies wäre methodisch unzulänglich, wenn wir nicht den Nachweis führten, daß *zaraphu* tatsächlich auf die Pferdefütterung bezogen ist [578].

---

[575] Nach Analogie von Text 66 sollte man hier 30 bzw. 7 *pa* ZI.AŠ erwarten, doch läßt sich dies auf der Tafel nicht verifizieren. Wahrscheinlich liegt hier wiederum eine Übertragszeile vor, die den Schluß von Text 68 mit dem Beginn von Text 66 zusammenkoppelt.

[576] Besonders auffällig ist Text 17, wo die Verhältniszahl im Falle Jaṭeredas 3:1 ist, im allgemeinen Fall (Z. 23-28) jedoch 2:1.

[577] Text 56: die den König betreffenden Pferde; 35,49.71: die MAR.TU-Pferde.

[578] Vgl. oben unsere Ausführungen über den Modellcharakter: Wir waren von einer Hypothese ausgegangen, stellten fest, daß diese innerhalb des Modells nicht zu Widersprüchen führt und haben nun von dieser Warte aus die Hypothese neu zu evaluieren bzw. zu falsifizieren.

Zunächst stellen wir die Belege zusammen [579]:

9,20: 11 *za-ra-ap-ḫu* (ŠE)
19,12: 33 1/2 ŠE *za-ra-ap-ḫu*
21,15: 30 *pa* ŠE *za-ra-ap-ḫu*
54,5: 33 1/2 *za-ra-ap-ḫu* (ŠE)
56,2: 36 *pa-ri-si* ŠE.A.AM *za-ra-ap-ḫu*
58,4: 5 *za-ra-ap-ḫu* (ŠE)
61,2: 30 *za-ra-ap-ḫu* (ŠE)

Dabei fällt auf, daß mit Ausnahme von 9,20 und 58,4 der Ausgabewert stets bei 33 +/- 3 *pa* liegt. Es wird ausschließlich ŠE ausgegeben. Die Ausgabe erfolgt nur in den Monaten Ekena, Kirari und Attana, also zwischen Mai und Juli. Zwei der genannten Stellen könnten wiederum Übertragszeilen darstellen: 19,12 und 54,5 einerseits sowie 21,15 und 61,2 andererseits entstammen demselben Monat und nennen die gleiche Gerstenmenge. Diese Zeilen schaffen also eine Verbindung zu den jeweiligen Tafeln mit Normblöcken.

Bei der Frage nach der Bedeutung des Wortes helfen die Wörterbücher nicht: G. Giacumakis [580] spricht von "threshed (grain)", begründet aber seine Auffassung nicht weiter. Diese Deutung dürfte eine Übernahme der Vermutung D.J. Wisemans [581] sein, der bei seiner Besprechung von Al T 245 (Text 56) übersetzt "threshed barley", aber seine Position nicht weiter untermauert. A. Draffkorn [582] vermutet "a quality of barley". Das CAD führt den Eintrag *zaraphu* oder vergleichbar in keinem der zu den Sibillanten erschienenen Bände. W. von Soden wagt im AHw [583] eine Näherbestimmung, indem er zur Etymologie anführt "churr. Fw." und übersetzt "ein Gerstenbrot?". Der Hinweis auf *karapḫu* (447a) scheint wertlos zu sein, da die Bedeutung "Brachland" kaum in unseren Kontext paßt und das Wort zudem offenbar erst nA belegt ist. Die von G. Giacumakis in der Nachfolge D.J. Wisemans gegebene Bedeutung "dreschen" läßt sich etymologisch nicht untermauern, was auch für die auf hurritischen Hintergrund zielenden Annahmen A. Draffkorns und W. von Sodens gilt [584].

---

[579] Auffällig ist der Beleg 32,1: 33 1/3 *pa-ri-si* ŠE *mu-uṭ-ṭu*, der ebenso wie 54,5 im Ekena B liegt. Man könnte die Frage stellen, ob hier nicht ein wie auch immer gearteter Bezug auf *zarapḫu* vorliegen könnte, doch werden wir unten sehen, daß dies nicht der Fall ist.

[580] G. Giacumakis, 113.

[581] D.J. Wiseman, Al T, 83.

[582] A. Draffkorn, Hurrians, 198f.

[583] AHw 1514b.

[584] Im Semitischen läßt sich keine Wurzel finden, die mit der Realisation *zarapḫu* in der jeweils genannten Bedeutung in Verbindung zu bringen wäre, zumal auch die Endung -*ḫu* noch erklärt werden müßte. Auch im Hurr. läßt sich nichts finden, was hier anwend-

Alle bislang vorgetragenen Lösungsvorschläge beruhen also auf inhaltlichen Erwägungen, so daß auch wir versuchen müssen, eine Kontextanalyse vorzunehmen, um so zu einer Interpretation zu gelangen.
D.J. Wiseman versuchte anhand von Text 56, das Wort aus dem Kontext zu verstehen und weist uns so den Weg zu einem methodisch geordneten Vorgehen: er nimmt die Einteilung des Textes in Blöcke ernst [585] und versteht *zarapḫu* als eine Apposition zu ŠE.A.AM. Dies ist eine Einordnung, die unter rein formalen Gesichtspunkten sicherlich möglich ist [586]. Die Formanalyse der Einträge [587] zeigt, daß daneben folgende Möglichkeiten denkbar sind: Empfänger [588] bzw. Angabe eines Verwendungszweckes für die Lieferung. Wir dürfen nun annehmen, daß ein Personenname nicht in Frage kommt, da ein Personenname kaum ins Onomastikon paßt und außerdem die Einheitlichkeit der Belege dagegen spricht [589]. Ferner wäre zu zeigen, weshalb die Person in wenigen Monaten sehr viel Gerste entgegennimmt, dann jedoch ein dreiviertel Jahr nicht bedacht wird. Die Annahme einer Berufsangabe wäre zwar möglich, scheitert aber aus analogen Gründen. Im übrigen würde so das Problem nur verschoben: Wir müßten erläutern, welcher Beruf vorliegt, was wiederum nur durch eine Kontextanalyse möglich wäre, da eine etymologische Untersuchung keine Ergebnisse erbrachte.
Untersuchen wir nun jeweils den nächsten Kontext der *zarapḫu*-Belege, so läßt sich feststellen, daß in Text 56 der *zarapḫu*-Eintrag direkt vor dem Addu-Eintrag steht und mit diesem zusammen einen eigenen Block bildet. Dieser Block erinnert uns unweigerlich an Tafel 55,1-4. Die Summe der an Addu zur Rinderfütterung ausgegebenen Gerste stimmt dabei genau überein, die in Text 55 zur Pferdefütterung an Ammuwa gezahlte Menge beträgt 29 *pa* (gegenüber hier 36 *pa*). Diese Übereinstimmung kann kaum zufällig sein, da beide Tafeln direkt aufeinanderfolgenden Monaten entstammen und vielleicht sogar zusammen abgefaßt wurden.
Stellen wir nun diese beiden Tafeln dem jeweiligen Normblock gegenüber, so wird deutlich, daß Tafel 19, die dem Monat Ekena zugehört, einen Nach-

---

bar wäre, doch ist uns der hurr. Wortschatz nicht genügend bekannt, so daß wir diese Annahme nicht mit Sicherheit ausschließen können. Übrigens bietet auch das Heth. keine Hilfe.

[585] D.J. Wiseman, Al T, 83: "Entries are subdivided (by lines)—(1) 22 <sic!> *parisi* of *še ʾu za-ra-ap-ḫu*—threshed barley—16 of which is *ana a-ad-du* ox-feed."

[586] Vgl. vorderhand die Näherbestimmung der gelieferten Ware durch *šukupte* oder *muṭṭu*.

[587] Unten im Anhang D *sub* A unter den entsprechenden Gliederungspunkten.

[588] Ggfs. näherbestimmt durch Berufsangabe, Herkunftsort, Verwandtschaftsverhältnis...

[589] Bei mehreren Belegen eines PN findet sich zumeist eine orthographische Variante oder aber eine Filiation oder dergleichen.

trag [590] am oberen Rand aufweist, der lediglich die Pferdefütterung und den Monat Kirari nennt. Leider ist die entsprechende Zahl nicht erhalten. Auch hier dürfte es sich also um eine Übertragszeile handeln. Diese Annahme wird durch die Tatsache gestützt, daß Addu im Normblock von Text 19 fehlt [591], wohl aber hier auf der Nachtragstafel erscheint. Leider läßt sich kein analoger Nachweis für das Verhältnis der Tafeln 56 und 20 führen, doch haben wir deren Zugehörigkeit zueinander oben schon wahrscheinlich gemacht.
Die Analyse von 54,5 läßt leider keine solchen direkten Schlüsse zu, doch ist daran zu erinnern, daß die Tafel in denselben Monat gehört wie Text 19. Unwahrscheinlich ist daher, daß der *zaraphu*-Eintrag eine Doppelauszahlung darstellt. Vielmehr dürfte eine Gelenkfunktion anzunehmen sein: *zaraphu* schließt in 54,5 den Block ab (vor Strich und Summenformel) und leitet ihn in 19,12 ein [592].
Auch in Text 21 steht *zaraphu* außerhalb der festgefügten Blöcke, es dient auch hier als Trennstelle des ŠE.BA LUGAL-Blocks (in dem fast alle Einträge ein GÌR aufweisen) vom MÍ.MEŠ-Block, der mit 4 ŠE.BA-Einträgen einsetzt. Auffallen muß uns, daß im Text die Pferdefütterung anderweitig nicht explizit belegt ist [593]. Dies gilt analog für den bislang unveröffentlichten Text 61. Hier wird nach dem ungewöhnlichen Eintrag von 160 *pa* Gerste "KAŠ" der *zaraphu*-Eintrag aus 21,15 wiederholt, um deutlich zu machen, wohin diese Tafel einzuordnen ist.
Im Umfeld der bisher vorgeführten *zaraphu*-Einträge zeichnet sich 58,4 dadurch aus, daß hier nur 5 *pa zaraphu* ausgegeben werden. Wir stellen zunächst fest, daß Text 58 einen höchst symmetrischen Aufbau aufweist: Ehli-Addu, Ammarikke und die Pferde des Nunikiyašu sind je zweimal belegt. Der in denselben Monat gehörige Text 57 führt dieselben Leistungsempfänger, bietet aber andererseits noch weitere Einträge. Hier fällt v.a. die Formulierung *ša* Ì.DUB *Ìr-ra-i-mi-it-ti* (57,15) ins Auge. Das Verhältnis beider Texte zueinander wird demnach so zu bestimmen sein, daß Text 58 die Ausgabe an eine Personengruppe festhält, wobei alle drei Waren zur Sprache kommen. Text 57 gibt demgegenüber die Auszahlung eines Monates von einem bestimmten Warenspeicher aus an. Die jeweiligen Überschneidungen sind also gewollt, um nicht zu sagen systembedingt, da dieselbe Zahlung aus zwei verschiedenen Blickwinkeln betrachtet wird. Es ist daher denkbar, daß die in Text 58 vertretenen 5 *pa zaraphu* mit den in 57,2.3 genannten 10 (*pa*) *ana* Šinurapi und 18 ŠÀ.GAL ANŠE.KUR.RA zusammenzufassen sind, so daß sich eine Gesamtsumme von 33 *pa* ergibt, die dem

---

[590] Es muß sich um einen Nachtrag handeln, da ŠE und ZÍZ bereits vorher aufgeführt und durch eine Summenformel abgeschlossen sind. ZI.AŠ ist zumindest in Bezug auf die Pferde ebenfalls abgehandelt (Z. 10f).

[591] Siehe zu den Gründen oben S. 311.

[592] Vgl. auch die Parallelität des jeweiligen Umfeldes: Sumilammu und Burra mit jeweils gleich hohen Mengen der jeweiligen Ware.

[593] Wohl aber finden sich Einträge mit LÚ.$KUŠ_7$.

sonst für *zaraphu* üblichen entspricht. Dies wäre allerdings wohl eine zu gewagte Interpretation, zumal wir keine weiteren Kriterien für die Verifikation einer solchen Gleichung anführen können und vor allen Dingen *zaraphu* sonst nirgends mit einem Empfänger genannt wird. Eine andere Lösung ist daher vorzuziehen: Die Tafeln gehören in denselben Monat wie Text 21, in dem 30 *pa zaraphu* erwähnt sind. Es ist also anzunehmen, daß die 5 *pa* sozusagen als Nachtrag hier hinzuzuaddieren sind, so daß wir mit 35 *pa* ebenfalls eine angemessene Zahl erhalten.

Text 9,20 bietet *zaraphu* auf einer Tafel, die einen Normblock aufweist. Es handelt sich dabei um den einzigen *zaraphu*-Eintrag aus dem Jahr A. Die Menge liegt mit 11 *pa* deutlich unter dem, was wir erwarten. Allerdings ist aus diesem Monat keine weitere Tafel erhalten, deren Eintrag hier hinzugerechnet werden könnte, so daß wir auf die Tafel 9 [594] selbst angewiesen sind. Diese weist—abgesehen von der Übertragszeile Z. 3 und dem *pa* an den Amurriter Z. 18—nur noch einen Eintrag auf, der hier in Frage kommt, und zwar direkt nach dem *zaraphu*-Eintrag (Z. 20). Dieser ist allerdings nur unvollständig erhalten, doch läßt sich immerhin feststellen, daß einem nicht erhaltenen oder nicht vorhandenen Zeichen eine mit Strich abgesetzte "11" folgt, nach der die Formulierung ŠÀ.GAL ANŠE.KUR.RA steht. Dies dürfte so zu deuten sein, daß es sich bei der ersten Zahl um eine weitere Angabe zur Pferdefütterung handelt, zu der die 11 *pa zaraphu* hinzuzuzählen sind. Im übrigen darf nicht erwartet werden, daß im Jahr A dieselben Größenverhältnisse zwangsläufig herrschen müssen wie im Jahr B.

Die Beobachtungen lassen die Folgerung zu, daß *zaraphu* einen Spezialfall der gewöhnlichen Pferdefütterung darstellt. Die Beobachtung, daß *zaraphu* nur während eines eng begrenzten Teiles des Jahrs ausgegeben wird, scheint dafür zu sprechen, daß hier eine jahreszeitlich bedingte Zusatzfütterung vorliegt. Diese dürfte man sich so vorzustellen haben, daß die Pferde aufgrund der Sommerdürre auf der Weide nicht genügend hochwertige Nahrung vorfanden und daher zusätzlich mit Gerste versorgt werden mußten.

Sind die genannten Argumente stichhaltig, dann ist noch ein Hinweis auf eine kulturgeschichtliche Entwicklung des Wortes möglich. M. Dietrich und O. Loretz [595] haben gezeigt, daß das ugarit. *drt* auf eine Wurzel **DRY* II "genau bestimmen, abmessen" zurückzuführen ist, die im Hebräischen als **ZRH* II [596] realisiert wird. Die Bedeutung des Wortes ist nach den beiden Autoren (82) "als eine allgemeine Bezeichnung für 'Ration, Zuteilung' anzusehen, die hauptsäch-

---

[594] Tafel 10 weist keinen auswertbaren Eintrag auf.

[595] M. Dietrich/O. Loretz, UF 23, 79-82.

[596] Die protosemit. Lautung bleibt offen. Die in den Wörterbüchern (Ges.[17] 208; Ges.[18] 315; HAL 281, korrigiere dort ugar. *ḏrt* zu *drt*) *sub zrt* genannten äthiop. und aram. Belege lassen auf ein **ZRY* schließen, das von M. Dietrich/O. Loretz, UF 23, 81 herangezogene arab. *drt* "Abmessung" fügt sich nicht in dieses Bild.

lich, vielleicht sogar ausschließlich, Futter für Tiere meint." Hiervon ausgehend läßt sich die Form in Alalaḫ bestimmen als eine Kombination der semit. Wurzel mit dem hurrit. Suffix der 2. Position *-pḫ-* [597] und der "Kasusendung" *-u*. Dieser *terminus technicus* für einen Spezialfall der "Pferdefütterung" wurde dann im Lauf der Zeit von seiner genau definierten Bedeutung entschränkt auf andere Tiere, so daß er in Ugarit "als Bezeichnung einer Ration für Tiere zur Mästung oder besseren Fütterung während der Arbeitszeit" (in KTU 4.636 für Rinder) verwendet werden kann. Problematisch an dieser Deutung ist lediglich der ungewöhnliche Lautwandel im Ugarit., da ein protosemit. *z* auch hier als *z* wiedergegeben sein sollte. Hier ist wohl an eine Analogiebildung zu dem ebenfalls unregelmäßigen *DRᶜ* zu denken [598].

Empfänger

Wir fragen nun nach den Empfängern der Lieferungen für Pferde. Es handelt sich um folgende Personen und Personengruppen [599]: Ammuwa, Šinurapi, Abiṭaba, Jašreda und evtl. Išma-Addu, die Pferdeknechte, die Hirten (des Nunikiyašu) [600], Amurriter. Als Besitzer eines Pferdes treten—neben dem König—Abba, Sumi-epa und der LÚ.Bitin [601] in Erscheinung.

Zum Vorgehen werden wir am besten so verfahren, daß wir zunächst die belegten Einzelpersonen in einen Kontext zu stellen versuchen, sodann die Personengruppen aufarbeiten und diese jeweils nach belegten Einzelvertretern differenzieren. Dieses Vorgehen bietet sich deswegen an, da wir an Einzeldaten—hier den Individuen—gewonnene Hypothesen und Fragestellungen gegen die allgemeineren Phänomena testen können, um so zu verbesserten Aussagen zu gelangen, wobei auch diese selbstverständlich modellhaft bleiben. Ferner legt die Natur des Materials in diesem Fall die Vermutung nahe, daß über die Einzelpersonen mehr Information in Erfahrung gebracht werden kann, die dann wiederum hypothesenbildend nutzbar gemacht werden kann.

Ammuwa:

12,5: 30 ŠÀ.GAL ANŠE.KUR.RA *a-na Am-mu-wa* (ŠE)
22,24: 3 *ki-iš-ša-nu a-na Am-mu-wa*
26,24: 20 ŠÀ.GAL ANŠE.KUR.RA *a-na Am-mu-wa* (ZI.AŠ)
32,4: 14 *a-na Am-mu-wa* ŠÀ.GAL ANŠE.KUR.RA (ŠE)
49,1f: 20 GIŠ.*pa-ri-si* ŠE ŠÀ.GAL ANŠE.KUR.RA *a-na Am-mu-wa* LÚ.$KUŠ_7$
51,2: 10 GIŠ.*pa-ri-si ke-eš-še-nu* ŠÀ.GAL ANŠE.KUR.RA *a-na Am-mu-wa*

---

597 Vgl. I.M. Diakonoff, HuU, 70.

598 Vgl. zu dessen Anomalie D. Sivan, HdO I/28, 22f.

599 Wo Personen namentlich genannt, aber einer Personengruppe eindeutig zugeordnet werden können, sind sie unter dieser behandelt und werden demzufolge hier nicht aufgeführt.

600 Die beiden letztgenannten Gruppen sind noch nach Vertretern zu charakterisieren.

601 Ḫuripte (50,5) ist wohl in Zusammenhang mit diesem zu behandeln.

55,1-3: 29 *pa-ri* ŠE ŠÀ.GAL ANŠE.KUR.RA *a-na Am-mu-wa-an*
55,12: 10 *pa ki-iš-ša-nu a-na Am-mu-wa-an*

Sachlich hinzuzunehmen ist sicherlich

32,5: 4 *parīsū kiššānu*

und auf Ammuwa zu beziehen, da ein Empfänger nicht genannt wird. Hierdurch wird dem Schema Genüge getan wird, daß Pferde Gerste und ZI.AŠ erhalten. Die Verhältniszahl von 3,5:1 wäre zwar relativ hoch, doch wird dies durch die Tatsache relativiert, daß auch in Text 55 Gerste und ZI.AŠ im Verhältnis 2,9:1 ausgegeben werden. Die Gerste wird in Z. 18-20 als zum Monat Ekena gehörig betrachtet, so daß wir dies auch für den *kiššānu* annehmen dürfen. Mit den beiden Texten liegt also in diesem Monat ein Doppeleintrag vor.
Auffällig ist dann aber, daß in den Texten 12; 22, 26; 49 und 51 vorderhand kein Bezug auf Ammuwa mit der jeweils komplementären Ware gefunden werden kann.
In Text 22 sind indessen wohl den 3 *pa kiššānu* für Ammuwa die 8 *pa* ŠE ŠÀ.GAL ANŠE.KUR.RA aus Z.4 zur Seite zu stellen. Wir erhalten dann eine Verhältniszahl von 2,67:1, die dem oben Festgestellten in etwa entspricht.
Ferner haben wir zu bedenken, daß die Texte 49 und 51 demselben Monat entstammen. Leider sind beide Texte nicht besonders gut erhalten, so daß die jeweiligen Komplementärzeilen auch im zerstörten Teil der jeweiligen Tafel vorhanden gewesen sein könnten, doch ist festzuhalten, daß ein Bezug weder ausgeschlossen noch postuliert werden kann, da auch hier ein Doppelbeleg im selben Monat vorliegen könnte. Den Texten 12 und 26 kann keine Parallele beigegeben werden.
Insgesamt bereitet die Verteilung der Belege über die Monate Schwierigkeiten: Läßt sich aus der Mehrzahl der Tafeln folgern, daß eine Auszahlung etwa vierteljährlich erfolgt, so wird dies durch die Doppelauszahlungen im Šatalli und Ekena des Jahres B ebenso in Frage gestellt wie durch die Beobachtung, daß zwischen Niqali B und Šatalli B eine Beleglücke von einem halben Jahr festzustellen ist.

Zur Schreibung des Personennamens [602] bleibt zu erwähnen, daß durch die Variante in Text 55 (Endung *-an*) deutlich ist, daß das PI-Zeichen als /*wa*/ zu lesen ist, da anderenfalls die Nasalierungsendung [603] graphisch anders zu lesen wäre (vgl. die Varianten *A-du-un* für Addu und *Wi-ik-ke-en* für Wikke).

---

[602] D. Arnaud, AuOr 16, 150 möchte das AN-Zeichen im Auslaut als Silbenzeichen deuten und den Namen als *ʿammu-ʾīl* verstehen, doch dürfte die Vielzahl der Belege für die Nasalierung des Auslauts in verschiedenen PNN hier das schwerwiegendere Argument sein.

[603] Siehe oben FN 423.

Die Funktion Ammuwas muß einstweilen noch offengehalten werden, da wir aus der Belegdichte keine eindeutigen Folgerungen ziehen konnten.

Šinurapi:

5,15: 20 *Ši-nu-ra-pí* (ŠE)
6,5: 10 *Ši-nu-ra-pí* DUMU *Ir-pa-*dIM (ZÍZ)
6,16: 10 *Ši-nu-ra-pí* (ŠE)
19,15: 20 *a-na Ši-nu-ra-pí* (ŠE)
32,2: 10 *a-na Ši-nu-ra-pí* (ŠE)
32,3: 10 *pa* ZÍZ *a-na Ši-nu-ra-pí*
50,22: [*Ši-nu-r*]*a*?*-pí* (ZI.AŠ)
56,8: 5 *a-na Ši-nu-ra-pí* (ŠE)
57,2: 10 *a-na Ši-nu-ra-pí* (ŠE)
82,1: [*Ši*]-⌜*nu-ra-pí*⌝ (ŠE)

Es ist zunächst wahrscheinlich zu machen, daß Šinurapi mit der Pferdefütterung zu tun hat. Dies dürfte sich aus der Tatsache zweifelsfrei ergeben, daß Šinurapi in Text 32 genau parallel zu Ammuwa, in den Texten 50; 56 und 57 jedoch direkt nach einem ŠÀ.GAL ANŠE.KUR.RA-Eintrag steht [604].
Betrachten wir nun die ausgegebenen Mengen, so haben wir festzustellen, daß Šinurapi nur einmal (50,22) ZI.AŠ erhält, wobei die empfangene Menge leider nicht erhalten ist. Indessen erhält er zweimal Emmer (6,5; 32,3) [605]. Diese beiden Lieferungen sind mengenmäßig identisch (je 10 *pa*) und liegen etwas über ein Jahr auseinander, so daß wir es hier offenbar mit einer einmaligen Lieferung zu tun haben, die über einen längeren Zeitraum hinweg aufgebraucht wird. Wir beobachten dabei, daß die Verhältniszahl zwischen Gerste und Emmer beide Male 1:1 ist. Überhaupt erwecken die Mengenangaben noch mehr als bei Ammuwa den Eindruck hoher Lieferungen, zumal sie allesamt durch 5 teilbar sind [606], was auf eine gewisse Regelmäßigkeit schließen läßt, die kaum zufällig sein dürfte, sondern bedeuten muß, daß Šinurapi und der Palast in einem geregelten und genau präzisierten Verhältnis stehen. Dies ist dann angesichts der Parallelen auch für Ammuwa geltend zu machen.
Die Monatsverteilung ist nämlich ungefähr identisch mit der bei Ammuwa festgestellten. Im Monat Ekena findet sich ein Doppelbeleg (Texte 19; 32), die Texte 56 und 57 folgen direkt aufeinander, ebenso wie die Texte 5 und 6. Nach den beiden letztgenannten Texten folgt eine Beleglücke von einem ganzen Jahr [607], die der Ausgabefrist des Emmers entspricht. Die nachfolgenden Lieferungen folgen dann relativ schnell aufeinander, während der letzten drei Monate (Ekena bis Attana) sogar monatlich. Dieser Befund dürfte so zu ver-

---

[604] Weitere Argumente wurden oben schon genannt, s.o. S. 327f.

[605] Zu einer weiteren Möglichkeit für eine Emmerlieferung s.o. S. 341f.

[606] Sieht man von 56,8 ab, so sind sie sogar alle durch 10 teilbar.

[607] Es sei denn, 82,1 wäre etwa in der Mitte dieser Zeit zu datieren.

stehen sein, daß Šinurapi und Ammuwa ihre Lieferungen im Normalfall in unregelmäßigen Abständen erhalten. Wenn aber ein besonderer Bedarf besteht, richtet sich die Lieferung nach diesem. Da die Mengen relativ konstant sind, ist dabei vermutlich auch an eine lokale Differenzierung zu denken: Die jeweiligen Herden werden direkt vom Palast versorgt, wenn sie sich in der unmittelbaren Nähe von Alalaḫ befinden. Anderenfalls erfolgt ihre Versorgung offenbar anderweitig. Da dies von außerhalb des Palastes erfolgt, haben wir darüber keine Zeugnisse. Dennoch legt diese Beobachtung die Vermutung nahe, daß es sich bei den zu betreuenden Pferden letztlich um militärisch genutzte Tiere handelt. Diese waren von Alalaḫ aus zu versorgen, solange ihre Einheit sich z.B. zu Manöverzwecken dort aufhielt, anderenfalls z.B. vom Königshaus des Hegemons in Aleppo. So wird auch erklärt, weshalb die Belege der Tafeln 5 und 6 im Normblock stehen: Zwar handelt es sich nicht um eine allmonatliche Ausgabe, dennoch gehörte die Versorgung der Streitkräfte zu den "regelmäßigen" Zahlungsverpflichtungen des Palastes. Anders ist es offenbar mit dem Emmer: Dessen Zahlung ist eine persönliche Zuwendung an Šinurapi, die er abholen kann, wenn seine Einheit in der Nähe steht.

Bezüglich der Person des Šinurapi ist noch folgendes zu erwähnen[608]: Šinurapi ist—wie oben dargestellt—nicht unmittelbar für die Pferdefütterung verantwortlich, sondern wahrscheinlich eher mit der Versorgung des Personals betraut. Daher erhält er kaum je ZI.AŠ und vor allen Dingen kann er Emmer entgegennehmen, der bekanntlich nicht zur Pferdefütterung dient.
Außerhalb der Getreidelieferlisten ist der PN an zwei Stellen belegt (23.04,12, 23.05,9); einmal als Ortsbesitzer, das andere Mal als Zeuge bei einem Ortstausch. Es muß offen bleiben, ob es sich um dieselbe Person handelt, da beide Texte zwar den Ammitaqum nennen, aber kaum näher datierbar sind. Andererseits ist nur schwer denkbar, daß ein Ortsbesitzer in militärischer Funktion mit einer Pferdeherde umherzieht.

Jaṭereda:

17,25: 15 *Ia-ṭe$_4$-er-e-da* (ŠE)
17,29: 5 *Ia-ṭe$_4$-er-e-da* (ZI.AŠ)
29,15: 5 *pa* ZÍZ *a-na Ia-ṭe$_4$-re-da*
66,4-6: 7 *pa* ZI.AŠ 20 *pa* ŠE *a-na Ia-ṭe$_4$-re-da* ŠÀ.GAL ANŠE.KUR.RA
68,18: 20 GÌR KAR-^{d}IM ŠÀ.GAL [ANŠE.KUR.RA.ḪI.A] (ZI.AŠ)
92,4: *a-na Ia-ṭe$_4$-re-da* (?)[609]

Zunächst finden wir in Text 17 ein weiteres Argument für den oben vollzogenen Bezug Šinurapis auf die Pferdefütterung: Die Einordnung einer Zeile mit Pferde-

[608] Zur Lesung des DUMU-Zeichens s.u. S. 359.

[609] Dieser Beleg ist auch in seinem Kontext kaum verständlich und erlaubt keine neuen Folgerungen, so daß er im folgenden nicht mehr erwähnt wird.

fütterung, worauf eine Zeile mit PN (ohne ŠÀ.GAL) folgt, entspricht genau dem, was wir bei Šinurapi feststellten. Hier ist allerdings festzuhalten, daß Jaṭereda mehrfach explizit mit ŠÀ.GAL steht, so daß unser Schluß von der einen Zeile auf die andere durch diese Analogie eine weitere Rechtfertigung erfährt.
Der Vergleich von 66,1-6 mit 68,17f läßt über das oben festgestellte [610] noch eine weitere Folgerung zu: In Text 68 werden—durch einen Strich getrennt von der ansonsten tabellarisch aufgebauten Tafel—dieselben Mengen Gerste erwähnt, die in Text 66 die ersten beiden Einträge ausmachen. Interessant daran ist, daß Text 68 keinen ZI.AŠ nennt, von dem die anderen beiden Einträge in 66,1-6 sprechen. Wir gehen daher sicher nicht fehl in der Annahme, daß 68,17f wiederum Übertragszeilen bilden, die von der einen Tafel zur anderen hinleiten.
Zu beachten ist ferner, daß in den Fällen, wo für Jaṭereda sowohl ZI.AŠ als auch ŠE belegt sind, das Verhältnis beider Waren relativ gleichmäßig ist: 2,86:1 (Text 66) bzw. 3:1 (Text 17). Über die Monatsverteilung ist zu sagen, daß nur drei Belege vorliegen, die im Abstand von genau einem halben Jahr liegen. Wiederum ist daher festzustellen, daß die Lieferung von 15 bzw. 20 *pa* Gerste eine längerfristige Angelegenheit darstellt, welcher eine geringere persönliche Emmerlieferung an Jaṭereda entspricht. Diese ist in 29,15 ebenso hoch wie die ZI.AŠ Lieferung ein halbes Jahr später und umfaßt 5 *pa*, so daß für jeden Monat ungefähr 1 *pa* zur Verfügung steht [611]. Insgesamt scheint die Regelmäßigkeit der Auszahlungen noch frappanter als bei den beiden vorher genannten, so daß wir hier eine engere Beziehung zwischen Jaṭereda, den entsprechenden Pferden und dem Palast annehmen möchten. Wie diese allerdings konkret zu fassen ist, läßt sich nicht erheben.
Die Person des Jaṭereda bleibt uns ansonsten unbekannt. Der auf Tafel 20.09,10 in zerstörtem Kontext begegnende *Ia-ṭ[e*$_4$*-re-e-d]a* LÚ.ÚZU ist zwar namensgleich, wird aber kaum hierher gehören, zumal dieser Text wohl eher in die Frühzeit des Archivs zu datieren sein dürfte [612].

Abiṭaba:

22,16: 10 *a-na A-bi-ṭa-ba* (ZÍZ)
29,6: 2 *pa* ŠE *a-na A-b[i-ṭa-ba*$^?$
35,4: 10 GÌR *A-bi-ṭa-ba* TUR *Qa-an-a-du* (ZÍZ)
35,45: 12 1/2 ŠÀ.GAL ANŠE.KUR.RA.ḪI.A GÌR *A-bi-ṭa-ba* (ŠE)
36,13: 10 *A-bi-ṭa-ba* T[UR *Qa-an-a-d]ú* (ZI.AŠ)
57,10: 11 *a-na A-bi-ṭa-ba* LÚ.KUŠ$_7$ (ŠE)
63,14: ANŠE.KUR.R]A.ḪI.A DIŠ *A-bi-ṭa-ba* (ZI.AŠ)

---

[610] S.o. S. 332.

[611] Der nächste Ausgabetermin wäre dann etwa der Monat Kalma C, doch scheinen zu der Zeit die Regelmäßigkeiten bereits an ein Ende gekommen zu sein.

[612] Die Beobachtung, daß Ammitaqum mehrfach als DUMU *Jarimlim*, nicht jedoch als LÚ/LUGAL von Alalaḫ bezeichnet wird, scheint sogar dafür zu sprechen, daß sich der Vorgang noch während der Regentschaft Jarimlims abgespielt hat.

64,3: 1/3 *pa* ZÍZ *a-na A-bi-ṭa-ba a-na* LÚ.MEŠ.*pí-ri-im*
69,18: $4^?$ *A-bi-ṭa-ba* TUR [*Qa-an*]*-a-du* (ZÍZ)

Hier fällt zunächst auf, daß Abiṭaba alle drei Waren erhält und nie im Normblock vorkommt. Die Tatsache, daß 22,16 und 35,4 ungefähr ein Jahr auseinander liegen und dieselbe Menge ZÍZ nennen, erlaubt die Folgerung, daß es sich in allen Fällen um dieselbe Person handelt und nicht etwa Abiṭaba LU.KUŠ$_7$ und Abiṭaba DUMU/TUR Qan-Addu zu trennen sind. Die Lieferung von jeweils ca. 10 *pa* in Text 35 entspricht—v.a. beim ZÍZ—dem üblichen, so daß wir auch für Abiṭaba *per analogiam* das oben bei Ammuwa und Šinurapi gewonnene Ergebnis anwenden dürfen. Abiṭaba ist also ebenfalls eine dauerhaft angestellte Person, die mit "Jahreslieferungen" versorgt wird. Darüber hinaus wissen wir, daß er als LÚ.KUŠ$_7$ bezeichnet wird, was ihn wiederum eher an Ammuwa annähert.
Dadurch findet sich auch eine zwanglose Erklärung für die unerwartet geringe Auszahlungsmenge in 69,18: Es dürfte sich um eine Zusatzlieferung handeln—Text 69 und 22 entstammen demselben Monat.
Ferner dürfte es sich in Text 29, wenn die Ergänzung zutreffend ist, um eine Lieferung zur persönlichen Versorgung des Abiṭaba handeln.
Nicht ganz ins System paßt die Stelle 64,3: Es muß sich hier um eine Lieferung zur Weitergabe an Eselsknechte handeln, siehe dazu unten den Exkurs "Die Esel in den Texten aus Alalaḫ VII".
Die Gerstenlieferungen in Text 35 und 57 sind wohl nicht direkt miteinander zu vergleichen: Text 35 sind sie eindeutig an Pferde weiterzugeben, während die Gerste in Text 57 in einer ganzen Reihe von Einträgen steht, die Jahreslieferungen darstellen und damit auch der persönlichen Versorgung des Abiṭaba während des folgenden Jahres dienen könnten.
Wir haben also zu folgern, daß Abiṭaba nicht permanent in Alalaḫ anwesend war. In dieselbe Richtung weist die Tatsache, daß Abiṭaba auf der Sammeltafel 36 erwähnt ist. Zu dieser hatten wir bereits festgestellt, daß sie nicht einem Einzelmonat zuzuordnen ist, sondern Sammellieferungen während des Jahres B auflistet.
Die Dauer der Anstellungszeit ist also ungefähr über denselben Zeitraum belegbar, wie die des Šinurapi und des Ammuwa: In allen drei Fällen sind etwa 1 1/4 bis 1 1/2 Jahre belegt, wobei die ersten und die abschließenden Monate der belegten Zeit jeweils fehlen, da es sich um unregelmäßige Lieferungen handelt.
Zur Person des Abiṭaba lassen sich über das Gesagte hinaus noch weitere Argumente finden [613]. Wir wissen aus dem bislang Dargestellten, daß Abiṭaba als DUMU/TUR des Qan-Addu—der außerhalb der Abiṭaba-Stellen nicht belegt ist—und als LÚ.KUŠ$_7$ anzusehen ist.

---

[613] Vgl. E. Gaál, AUSB 22, 35f., der allerdings aufgrund seiner chronologischen Voraussetzungen zu teilweise anderen Ergebnissen kommt.

Es erheben sich zwei Folgefragen:
• Ist Abiṭaba außerhalb der Getreidelieferlisten [614] belegt?
• Läßt sich ein Kriterium dafür angeben, ob das DUMU-Zeichen hier als DUMU oder als TUR zu interpretieren ist?

Zur ersten Frage ist auf Text 30.08 hinzuweisen [615]: Abiṭaba, ein LÚ.*Lu-lu-bi-a* [616] macht zweimal Schulden bei Talm-Ammu. Nun wäre es denkbar, daß Abiṭaba, z.B. auf dem Wege der Schuldabtretung, seinen Dienst in der Palastwirtschaft ableisten mußte [617]. Da er offenbar aus einer Gegend stammte, in der Pferde wohl häufig waren, lag es nahe, ihn in diesem Bereich einzusetzen. Dabei bleibt natürlich offen, ob er wirklich vor seiner Verschuldung mit Pferden gearbeitet hatte, oder ob hier ein Klischee zum Tragen kommt. Ein gewisses Problem stellt allerdings die Datierungsformel (30.08,17) dar: MU *Ja-ri-im-li-im* LUGAL. Setzt man diesen Jarimlim gleich mit dem ersten König von Alalaḫ, so wäre zwischen dem Zeitpunkt des Schuldscheins und den Getreidelieferlisten doch eine recht große Zeitspanne zu überbrücken. Da aber gerade Talm-Ammu wohl nicht der Frühzeit von Alalaḫ zuzuordnen ist [618], wird man unter Jarimlim wohl am besten den König Jarimlim III von Aleppo zu verstehen haben. Damit hätten wir eine ungefähre Datierung gewonnen, die gestützt wird durch die Tatsache, daß Talm-Ammu in Text 31.01, wo wir den Aya-šarru als Pfandhäftling erkannten, als Zeuge fungiert. Abiṭaba hätte sich also etwa gleichzeitig mit dem Vogler verschuldet, wäre in die Palastwirtschaft einverleibt worden, ohne daß wir diesen Vorgang genauer rekonstruieren könnten, und dient nun als Pferdeknecht.

Auf dem Hintergrund dieser Erwägungen läßt sich ein Kriterium für die Deutung des Zeichens DUMU angeben: Abiṭaba wird—im Gegensatz zu den im Schuldwesen sonst üblichen Gepflogenheiten—nicht durch eine Filiation be-

---

[614] Der Abiṭaba aus 42.05,10 ist wohl aus der Betrachtung auszunehmen, da ein Pferdehirt kaum mit einer Summe von 130 Šeqeln Silber umgeht. Außerdem sprechen die Erwähnung der Bittati, des Königs selber und des Königs von Ṭuba dafür, daß es sich bei diesem Text um eine Angelegenheit auf höherer (internationaler?) Ebene handelt (contra E. Gaál, AUSB 22, 36).

[615] Vf., UF 23, 423-425.

[616] Vgl. Vf., UF 30, 860, Nr. 76. Es kann hier offen bleiben, ob es sich um ein Synonym für Bergbewohner handelt (H. Klengel, RlA 7, 164-168) oder (wahrscheinlicher) um einen Ortsnamen (G.F. del Monte/J. Tischler, RGTC 6, 251; vgl. in den ugaritischen Texten KTU 4.264:6; 4.307:7; PRU 6,118:5' und in Alalaḫ IV 413.6,1). Der ON wurde von D.J. Wiseman, Al T, 65.155 als *Lu-ú-bi-ia* bzw. *Ku-zu-bi-ia* gelesen, richtig *Lu-lu-bi-ia* z.B. E.M. von Dassow, 445.

[617] Zumal Talm-Ammu ohnedies auf das engste mit dem Palast verflochten ist.

[618] Die Texte sind wohl ausnahmslos der Ammitaqum-Zeit zuzurechnen. Text 30.07 (mit Standardzeugenliste) erwähnt ihn als Zeugen einer Angelegenheit im Zusammenhang mit der Hochzeit des Sohnes von Ammitaqum.

zeichnet, sondern durch ein Ethnikon. Er ist also fremdstämmig, wird allerdings als in die Gesellschaft von Alalaḫ integriert betrachtet [619]. Bei einem Fremdstämmigen, der in Alalaḫ offenbar keine Familie hat, die z.B. für seine Schulden bürgt, wäre die mehrfache Nennung seines Vaters schwer erklärlich, zumal die Angabe eines Patronyms in den Getreidelieferlisten ohnedies eher ungewöhnlich ist. Dies ist auch nicht anders zu erwarten, da die Bestimmung einer Lieferung in erster Linie durch den reinen Personennamen—oder zum Zweck der Eindeutigkeit—durch die Berufsangabe erfolgt. Wir sind daher wohl berechtigt anzunehmen, daß DUMU hier als TUR = "Knecht" zu interpretieren ist. Qan-Addu wäre dann der "Vorgesetzte" des Abiṭaba [620]. Da er offenbar keine eigenen Lieferungen erhält, ist es nicht weiter verwunderlich, daß er nur im Zusammenhang mit letzterem belegt ist. Problematisch bleibt dabei, weshalb der Knecht eines Dritten in der Palastwirtschaft tätig sein sollte. Hier liegt möglicherweise ein Fall von "Vermietung" vor: Qan-Addu tritt dem Palast zumindest zeitweise seine Rechte auf seinen Knecht ab. Wir werden unten folgern, daß LÚ.KUŠ$_7$ Bedienstete bezeichnet, die am Palast oder in dessen Umgebung beschäftigt sind [621].

Irpa-Addu:
Dieser Personenname ist recht häufig, aber in den Getreidelieferlisten nur dreimal [622] belegt:

6,5: 10 *Ši-nu-ra-pí* TUR *Ir-pa-*^{d}IM (ZÍZ)
12,13: 1 ŠÀ.GAL ANŠE.KUR.RA *Ir-pa-*^{d}IM (ŠE)
12,24: 1/2 ŠÀ.GAL ANŠE<.KUR.RA> *ša Ir-pa-*^{d}IM (ZI.AŠ)

Zunächst ist die Begründung nachzuliefern für die Behauptung, daß in Z. 24 ein <KUR.RA> zu ergänzen ist. Für diese Ergänzung spricht das zahlenmäßige Verhältnis dieser Zeile zu Z. 1, das bei der reinen Pferdefütterung durchaus üblich ist [623]. Dagegen ließe sich geltend machen, daß in Text 45 ebenfalls Esel und Pferd einer Einzelperson erwähnt sind. Betrachten wir allerdings dort

---

[619] Sonst hätte eine Bestimmung über eine evtl. Flucht erwartet werden müssen, vgl. Text 31.12.

[620] Qan-Addu hätte dann die Rechte des Talm-Ammu geerbt oder übernommen, wobei wir über den Vorgang nicht weiter informiert sind.

[621] Die soziologische Einordnung könnte einen Vergleich nahelegen mit den SA.GAZ-Listen der Schicht IV (vgl. E.M. von Dassow, v.a. 204-208 zur Einordnung derselben in die Armee), doch handelt es sich dort um eine festgefügte Klasse, während Abiṭaba eher einen Einzelfall darstellt. Die Bezeichnung Abiṭabas als LÚ.KUŠ$_7$ spricht (anders als bei Šinurapi) ohnedies eher für eine nichtmilitärische Tätigkeit.

[622] In 22,15 ist wohl ein *<pa>* zu ergänzen und ^{d}*Ir-<pa>-sa-ap-si* zu lesen, wobei das DINGIR-Zeichen wohl irrtümlich an die falsche Stelle geraten ist.

[623] Siehe unsere Erörterungen oben.

die Verhältniszahlen, so stellen wir fest, daß dort das Zahlenverhältnis für beide Waren 2:1 zugunsten der Esel ist, also genau umgekehrt wie hier. Vergleichen wir die Verhältniszahl der Ausgabe von *kiššānu* an die Esel zur Ausgabe von Gerste an die Pferde—was der unergänzten Form von 12,24 entspricht—so stellen wir gar ein Verhältnis von 4:1/2 = 8:1 zugunsten der Pferde fest. Dieser Text darf also nicht mit Text 12 verglichen werden.
Daher ist die Z. 24 zu ANŠE<.KUR.RA> zu ergänzen. Dies bedeutet, daß Irpa-Addu Besitzer eines Pferdes ist. Nun ist nach 6,5 Šinurapi der DUMU/TUR des Irpa-Addu. Wir dürfen daher annehmen, daß das Verhältnis von Šinurapi zu Irpa-Addu strukturell offenbar dem von Qan-Addu zu Abiṭaba entspricht. Es ist daraus zu folgern, daß das DUMU-Zeichen auch hier als TUR zu deuten ist. Dann haben wir aber zu vermuten, daß es sich bei Irpa-Addu um eine hochgestellte Persönlichkeit handelt, die auch sonst im Archiv vorkommen sollte [624]. Wir haben daher die weiteren Belege für Irpa-Addu im Archiv zusammenzustellen [625]:

10.02,69:	Kontext zerstört, der Text ist in die Frühzeit des Archivs zu datieren.
20.01 (S)	Vater des Samšu-^{d}IM (Aufseher der Händler) unter Niqmi-epuḫ von Aleppo [626].
20.06,10f:	Prozeßurkunde, zur Zeit des Jarimlim von Alalaḫ
20.07:	Vater des Šamši-Addu, als Ortskäufer. Der Text—mithin der Sohn—gehört in die Zeit des Ammitaqum.
22.05,20:	Ortskäufer zur Zeit des Abban.
22.08,6:	Vater des Šapši-Addu
22.09,4:	Vater zweier Frauen (?)
23.01:	Ortsempfänger zur Zeit des Abban
23.02:	Zwei Personen, beide zur Zeit des Abban • der Aufseher der Mundschenke • der Aufseher der Händler
24.01,12:	Zeuge zur Zeit des Irkabtum von Aleppo
30.04,14:	Zeuge zur Zeit des Jarimlim III oder Niqmi-epuḫ von Aleppo
51.01,6:	"Herr" zweier Personen. Vielleicht handelt es sich wiederum um den Aufseher der Händler, doch läßt sich dies nicht beweisen. Der Text läßt sich auch nicht datieren.

---

[624] Bei Qan-Addu war dies nicht der Fall, da dieser mit der Palastwirtschaft nur über die Person des Abiṭaba verbunden war. Durch die Tatsache, daß Irpa-Addu als Vorgesetzter hier unmittelbar erwähnt wird, ist bereits eine Relation zwischen der Ausgabestelle und seiner Person gegeben, der wir noch weiter nachzuforschen haben.

[625] Dies kann nur summarisch geschehen, da wir sonst weite Teile der Texte wiederholen müßten, was überflüssig ist, da es uns hier nur auf die Funktion der Person ankommt.

[626] D. Collon, AOAT 27, Nr. 141, S. 77. Vgl. die Diskussion über die Person und ihren Vater auf S. 152f, die von N. Na'aman, AnSt 29, 108 akzeptiert wird. Der Text gehört also in die Frühzeit des Ammitaqum.

60.02,13: Irpa-Addu [ ] ÌR Jarimlim. Der Text dürfte aufgrund der Personennamen in die Mitte der Regierungszeit des Ammitaqum gehören.

Es läßt sich also zusammenfassen: Es gibt (nach 23.02) mindestens zwei Personen mit Namen Irpa-Addu. In der Mehrzahl der Fälle dürfte es sich allerdings um den Aufseher der Händler handeln [627]. Den—abgesehen von der undatierbaren Tafel 51.01—spätesten Beleg könnte 60.02,13 darstellen, da hier mit Talm-Ammu und Dam-Ḫuraṣi zwei Personen im Kontext stehen, die uns (Text 20.02) während der Regierungszeit des Ammitaqum belegt sind.
Neben diesem ist der einzige für uns in Frage kommende Beleg also 30.04,14, wo ein Irpa-Addu als Zeuge bei einem Schuldakt parallel mit Ammitaqum fungiert. Es bleibt uns unbenommen, diesen mit dem Pferdebesitzer aus 12,13.24 gleichzusetzen, doch ist die Annahme unbeweisbar und führt letztlich auch kaum weiter, da wir auch über diesen Zeugen nichts Näheres wissen.

Es wird daher anzunehmen sein, daß auch Irpa-Addu nicht in Alalaḫ beheimatet ist, sondern als Auswärtiger einmal in Alalaḫ anwesend ist, wobei sein Pferd [628] zu versorgen war. Dies paßt gut zu der Annahme einer militärischen Funktion seines Untergebenen Šinurapi: Irpa-Addu war dessen Dienstvorgesetzter und hielt sich nur ausnahmsweise in Alalaḫ auf. Seine persönlichen Bedürfnisse waren durch seine Militäreinheit—vermutlich von Aleppo aus—abgesichert und belasteten daher nicht den Palast von Alalaḫ. Demgegenüber war während seiner Anwesenheit in Alalaḫ sein Pferd selbstverständlich zu versorgen, was sich in den genannten Textstellen niederschlug.

LÚ.(MEŠ.)SIPA:

als Gruppe:

4,16: 20 LÚ.MEŠ.SIPA *ša Nu-ni-kí-i[a-šu]*
20,1f: 50 *pa-ri-si* ŠE.A.AM *šu-ku-up-tum*
a-na LÚ.MEŠ.SIPA *ša Nu-ni-kí-ia-šu*
26,13: 28 ŠÀ.GAL ANŠE.KUR.RA DIŠ SIPA-*re-na*
38,15f: 3 *pa-ri-si* MUN *a-na* LÚ.MEŠ.SIPA *ša Nu-ni-kí-ia-šu*
39,6-8: [ŠU.NÍGI]N 1 *šu-ši* 2 GIŠ.*pa* ZÌ.DA ŠE
a-na L[Ú.ME]Š.SIPA GU$_4$.ḪI.A *ša N[u-ni]-ki-ia-šu*
46,25: 11 *Ni-iq-mi-e-pu-uḫ* UGULA LÚ.MEŠ.SIPA
57,8: 43 *a-na* LÚ.MEŠ.SIPA *ša Nu-ni-kí-ia-šu*
80,1-3: x-*du-qí a-na* LÚ.MEŠ.SIPA *ša Nu-ni-kí-ia-šu*

---

[627] H. Klengel, OLA 6, 443 A. 40.

[628] Interessanterweise verlautet nichts über eine Lieferung an ihn selbst.

Textanmerkung:
80,1-3: Es ist nicht ratsam, mit 32,8 zu *Ṣaduqqi* zu ergänzen, da dieser dort als Letztverbraucher anzusehen ist.

Einzelne Hirten

11,15:	7 *Ta-aḫ-e-ia* LÚ.SIPA (ŠE)
26,11:	2 ŠE.BA LÚ.SIPA *ša* ANŠE.KUR.RA MAR.TU
35,30:	12 *ši-im* UDU GÌR SIPA *ša Tal-ma-am-mu*
44,8:	2 *Za-ú-ta* LÚ.SI[PA
46,24:	20 *Ta-ḫe-e-ia* LÚ.SIPA (ZÍZ)
94,7:	SI]PA *Ib-bi-*^{d}IM x [

Textanmerkung:
94,7: Es muß offen bleiben, ob dieser Beleg tatsächlich SIPA zu lesen ist. Da die Gattung des Textes nicht einwandfrei festgestellt werden konnte und auch Ibbi-Addu nirgendwo sonst belegt ist, wird die Stelle im folgenden nicht weiter erörtert.

Es fällt unmittelbar ins Auge, daß neben Taḫeya und Zauta [629] offenbar einzelne Hirten nur in besonderen Fällen vorkommen und jeweils näherbestimmt sind durch Angabe des Tätigkeitsbereiches (der Hirte des MAR.TU-Pferdes) oder der Person, in deren Dienst sie stehen. Dies läßt die Folgerung zu, daß Hirten, wenn nicht besondere Umstände vorliegen, in Alalaḫ im Kollektiv zu sehen sind.

Auffallen muß uns ferner, daß in 26,11 ein namentlich nicht weiter genannter Hirte ausdrücklich 2 *pa* als ŠE.BA erhält. Offenbar soll hier dem Mißverständnis vorgebeugt werden, daß die in Frage stehende Gerste Teil der Pferdefütterung ist. Diese Gerste wird durch die Titulatur ausschließlich der persönlichen Versorgung des Hirten zugewiesen.

Nunikiyašu
Die Auflistung der Belege zu den Hirten als Gruppe zeigt, daß in den allermeisten Fällen der Nunikiyašu mit erwähnt ist [630].
Um unsere Basis zu verbreitern, sollten wir daher jetzt die Belege für diesen systematisch zusammenstellen:

4,16: 20 LÚ.MEŠ.SIPA *ša Nu-ni-kí-i*[*a-šu*] (ŠE)
13,14: 26 ŠÀ.GAL ANŠE.KUR.RA *ša Nu-ni-kí-ia-šu* (ŠE)

---

[629] Dieser ist insgesamt dreimal belegt, siehe dazu unten.

[630] Die Texte 39 und 40 erweisen sich dabei wiederum als außerhalb der Reihe stehend, da sie formale Besonderheiten aufweisen: Im einen Fall handelt es sich um Rinderhirten, im anderen wird Salz ausgegeben.

20,1f: 50 *pa-ri-si* ŠE.A.AM *šu-ku-up-tum*
a-na LÚ.MEŠ.SIPA *ša Nu-ni-kí-ia-šu*
26,9f: 45 ŠÀ.GAL ANŠE.KUR.RA.ḪI.A *ša Nu-ni-kí-ia-šu*
26,25f: 20 ŠÀ.GAL ANŠE.KUR.ḪI.A *ša Nu-ni-kí-ia-šu* (ZI.AŠ)
27,7: *Nu-ni-kí-i*]*a-še* ŠÀ.GAL GU_4.ḪI.A (ŠE)
38,15-7: ŠU.NÍGIN 2 *me* 42 *pa-ri-si* ZÌ.DA ŠU.NÍGIN 3 *pa-ri-si* MUN
a-na LÚ.MEŠ.SIPA *ša Nu-ni-kí-ia-šu*
39,6ff: [ŠU.NÍGI]N 1 *šu-ši* 2 GIŠ.*pa* ZÌ.DA ŠE
a-na [LÚ.ME]Š.SIPA GU_4.ḪI.A *ša Nu-ni-ki-ia-šu*
57,7: 6 ŠÀ.GAL ANŠE.KUR.RA *ša Nu-ni-kí-ia-šu* (ŠE)
57,8: 43 *a-na* LÚ.MEŠ.SIPA *ša Nu-ni-kí-ia-šu* (ŠE)
58,5f: 6 ŠÀ.GAL ANŠE.KUR.RA.ḪI.A *ša Nu-ni-kí-ia-šu* (ŠE)
58,11f: 2 *pa ki-ša-nu* ŠÀ.GAL ANŠE.KUR.RA *ša Nu-ni-kí-ia-šu*
77,12f: 2 *pa* ŠE *a-na* ANŠE.KUR.RA *ša Nu-ni-ki-ia-še*
80,1-3: x-*du-qí a-na* LÚ.MEŠ.SIPA *ša Nu-ni-kí-ia-šu* (?)
91,1: *Nu-ni-kí*]*-a-šu*[(?)

Zunächst sind einige Beobachtungen bezüglich der Person des Nunikiyašu [631] mitzuteilen:
Auch in seinem Fall wurden Argumente namhaft gemacht, daß es sich eventuell nicht um einen Personennamen handle [632]. G. Bunnens selbst kann jedoch diese Argumente entkräften und weist vor allem auf weitere Personennamen mit dem Element *-kiyašu* hin [633], das auf einen Götternamen aus Emar zurückgehen soll.
Die richtige Lesung und Deutung ergibt sich bei Betrachtung der Schreibweisen [634]. Wir beobachten, daß der Guttural in den allermeisten Fällen mit dem GI-Zeichen geschrieben wird, zweimal allerdings mit KI. Daher müssen wir nach der richtigen Transkription fragen. Gehen wir davon aus, daß mindestens eines der Elemente theophor ist, so könnten wir zunächst an den "Fischgott" Nūnu [635] denken. Die Erklärung des zweiten, in unserem Zusammenhang ent-

[631] Zu Niqmi-epuḫ, dem Aufseher der Hirten (46,25), siehe unten (S. 383).

[632] G. Bunnens, BAfO 19, 77: Weder GÌR noch *ana* im Umfeld, keine nähere Qualifizierung gegeben.

[633] Zu nennen ist auch mB 33.1,17.24 ᶠAgap-Kiyaše.

[634] G. Bunnens, BAfO 19, 83 A. 59 möchte das letzte Zeichen *-ši* lesen, doch handelt es sich sicherlich um ŠE.

[635] AHw 804a mit (auch aB) Belegen für PN; das in ugar. PNN belegte *nn* wird von F. Gröndahl, PTU, 167 auf die mesopotamische Göttin Nana(ya) zurückgeführt und dürfte hier kaum in Frage kommen. Neuerdings möchte J.O. Mompeán, UF 30, 590f die ersten beiden Zeichen als *Be-lí-* lesen. Hiergegen ist allerdings einzuwenden, daß er offenbar seine Lesung lediglich aus der Stelle 20,2 gewonnen hat, die anderen (abgesehen von 13,14) Vorkommen des Namens indessen nicht nennt. Ferner sind Personennamen vom Typ *Bēlī*-GN in Alalaḫ nicht belegt (lediglich GN-*be-lí*). Insbesondere würde man als erstes Element auch eher *Ba-li-* oder *Ba-aḫ-li-* erwarten, vgl. Baleya (46,19 u.ö.) und

scheidenden Elementes fällt demgegenüber nicht leicht. Die zwischen /*k*/ und /*g*/ alternierende Schreibung läßt an die Realisation eines /*q*/ denken, doch bliebe bei einer Ableitung von *qiāšu* "schenken" der Nominaltyp offen. Gleichzeitig müßte erläutert werden, weshalb die Vokalkontraktion unterblieben sein sollte. Besser scheint es daher, auf das in Ugarit (KTU 1.125:12) und anderswo belegte Element *kyḏd* = *kiyaše* [636] zu rekurrieren. Wir folgen hier dem keilalphabetisch belegten /*k*/, sind uns aber bewußt, daß angesichts der verschiedenen Schreibungen die genaue Aussprache nicht gesichert werden kann. Immerhin fällt auf, daß einer der beiden Belege für /*ki*/ die "korrekte" Form *ki-ia-še* statt des häufigeren *-ia-šu* bietet, so daß wohl /*ki*/ der Etymologie nach vorzuziehen ist, während die zeitgenössische, dialektische Aussprache in Alalaḫ eher an /*gi*/ erinnerte. Möglich, aber nicht sicher erhebbar ist, daß der in Frage stehende Laut mit einem semitischen *ġ* vergleichbar ist.

Einen Schritt weiter haben unlängst M. Dietrich und W. Mayer getan [637]: Sie stellen fest, daß in mB 33.1 der oben genannte Personenname Akap-kiaše gleichzusetzen ist mit der im selben Text belegten Schreibung *A-kap-*A.AB.BA [638], so daß wir es hier mit einer Meergottheit zu tun haben [639]. Ob allerdings eine Differenzierung des theophoren Elementes zwischen weiblichen und männlichen Namensträgern auf Tiamat und Yam zwangsläufig ist, muß dahingestellt bleiben [640].
Schließlich ist darauf hinzuweisen, daß die Schreibung der Endung *-šu* lautet, nur in zwei Fällen (27,7$^{?}$; 77,13) findet sich das "korrekte" *-še*. Wir dürfen dies als Hinweis darauf werten, daß der Name in Alalaḫ als /*nūnikiyāšu*/ gesprochen wurde, was wohl als Analogiebildung zu anderen Namen mit "Nominativendung" zu verstehen ist. Die Schreibung auf *-še* muß demgegenüber keine phonetische Realität widerspiegeln, es könnte sich auch lediglich um die Wiedergabe des Gottesnamens in einer graphischen Form handeln [641].

---

eine bequeme Übersicht über die verschiedenen Formen des theophoren Elements D. Arnaud, AuOr 16, 151.155.

636 E. Laroche, GLH, 147: "nom divin et vocable de sens inconnu" mit Belegen aus Boğazköy, Māri, Nuzi, Ugarit, Alalaḫ IV und Emar, die in der Schreibung ebenfalls zwischen /*g*/ und /*k*/ alternieren.

637 M. Dietrich/W. Mayer, AOAT 247, 79-89; dies., UF 28, 177-188.

638 Vgl. N. Na'aman, OA 19, 109.

639 M. Dietrich/W. Mayer, UF 28, 186.

640 Diese kommt (M. Dietrich/W. Mayer, UF 28, 186 Anm. 31) offenbar nur in aAkk Personennamen vor, was gegen ein Vorkommen in diesem Text spricht. Außerdem belegen die ugaritischen Belege (ibid., Anm. 32) die Gleichung *ym* = A.AB.BA hinreichend. Dem Argument, daß die Mehrzahl der Belege Frauennamen sind, ist jetzt die Vielzahl der Belege für Nunikiyašu entgegenzuhalten. M.E. genügt es, eine Namensform für beide Geschlechter anzunehmen.

641 Vgl. die vielen Namen auf Wortzeichen ^{d}IM; ^{d}IŠDAR.

Da die Lieferung von ca. 45 *pa* Gerste an Pferde des Nunikiyašu oft belegt ist, dürften auch diese Stellen hierher gehören und sind deshalb aufzuführen [642]:

9,3: 44 *pa* (interlinear: 30 *ke-eš-še-nu*) ŠÀ.GAL ANŠE.KUR.RA.ḪI.A
10,19: 45 *pa* ŠE ŠÀ.GAL ANŠE.KUR.RA ITI *At-ta-[na-tim]*
13,6: 55 ŠÀ.GAL ANŠE.KUR.RA
23,4: 38 ŠÀ.GAL ANŠE.KUR.RA.ḪI.A
26,9f: 45 ŠÀ.GAL ANŠE.KUR.RA.ḪI.A *ša Nu-ni-kí-a-šu*
30,2: 54 ŠÀ.GAL [ANŠE.KUR.RA] [643]
53,1-3: 35 *pa* ŠE ŠÀ.GAL ANŠE.KUR.RA.⌈ḪI.A⌉
57,8: 43 *a-na* LÚ.MEŠ.SIPA *ša Nu-ni-kí-ia-šu*
59,1-3: 22 *pa-ri-si* ŠE.A.AM NUMUN *a-na* ŠÀ.GAL ANŠE.KUR.RA
30 ŠÀ.GAL ANŠE.KUR.RA
63,5f: 30 *pa* ZI.AŠ 45 *pa* ŠE ŠÀ.GAL ANŠE.KUR.RA.ḪI.A ITI MN [644]
66,1-3: 45 *pa-ri-si* ŠE 30 *pa* ZI.AŠ ŠÀ.GAL ANŠE.KUR.RA
68,17: 45 *pa* ŠE ŠÀ.GAL ANŠE.KUR.RA.ḪI.A

Zunächst ist festzustellen, daß die Belege 10,19 und 9,3 sowie 66,1 und 68,17 einander so zuzuordnen sind, daß jeweils beide sich auf denselben Vorgang beziehen und—wie oben aufgezeigt—Übertragszeilen darstellen. Andererseits sind nicht für jeden Monat Lieferungen in der doch recht hohen Menge von über 40 *pa* belegt. Gegen die Annahme einer Zahlung für mehrere Monate spricht, daß im Zeitraum Kirari B bis Aštabi C jeden Monat die in Frage stehende Menge ausgegeben wird. Wir haben es also wiederum mit Lieferungen zu tun, die ausschließlich in das Sommerhalbjahr fallen [645].
Zweitens fällt auf, daß in 20,1f; 26,9f und 57,8 Hirten bzw. Pferde des Nunikiyašu genannt sind. Angesichts der über längere Zeit relativ konstanten Ausgabemenge ist zu folgern, daß *alle* derartigen Einträge sich auf die Wirtschaftseinheit des Nunikiyašu beziehen.

---

[642] Offenbar sind 53,1-3 und 59,1-6 hier mit zu erörtern (siehe oben FN 574). Hier entspricht allerdings das Verhältnis zwischen Gerste und ZI.AŠ nicht ganz den anderen Texten. Vielleicht liegt der Unterschied—die ZI.AŠ-Lieferungen scheinen mit ca 30 *pa* konstanter zu sein als die Gerstelieferungen—an einer unterschiedlichen Anzahl von Personal bei gleichbleibender Pferdezahl. Ferner ist festzustellen, daß die Aufsummierung der Mengen von 49,1-5 einen ähnlichen Befund erlaubt, wobei eine parallele ZI.AŠ-Lieferung allerdings nicht vorhanden ist. Die Frage, ob Text 49 hierher gehört, ist abhängig von der Frage, wie sich die LÚ.MEŠ.KUŠ$_7$ zum Personal des Nunikiyašu verhalten.

[643] Bei allen Unsicherheiten könnte die Lieferung von 30 *pa* in Z. 8 dem gewohnten Verhältnis entsprechen, wenn es sich um ZI.AŠ handelt.

[644] Gemeint ist der Aštabi C, dem der Text 24 zugehört.

[645] Die früheste Lieferung gehört in den Kirari A, die späteste in den Aštabi C. Dies bedeutet, daß im Jahr A die Sommerlieferungen etwas später einsetzten bzw. nicht belegt sind. Für das Jahr C sind keine Sommermonate mehr vorhanden.

Die Lieferung wird also den Hirten [646] zugewiesen, welche sie zur Pferdefütterung während der Sommermonate zu verwenden haben.
Über den Eigenbedarf des Personals ist damit noch nichts ausgesagt. Dennoch läßt sich aus den Verhältniszahlen eine weitere Beobachtung geltend machen: An allen erwähnten Stellen (mit der Ausnahme von Text 20, wo die ZI.AŠ Zahlung relativ gering ist, und Text 57) wird auch ZI.AŠ ausgezahlt. Es handelt sich um folgende Mengen:

> Text 9/10: 30 *pa*; Text 13: 35 *pa*; Text 23: 30 *pa*; Text 26: 20 *pa*; Text 30: 30 *pa*?; Text 53: 30 *pa*; Text 59: 30 *pa*; Text 63: 30 *pa*; Text 66/68: 30 *pa*.

Diese Auflistung bestätigt unsere Annahme relativer Konstanz in eindrucksvoller Weise.

Es dürfte eine vorläufige Schlußfolgerung zu ziehen sein: Die Wirtschaftseinheit des Nunikiyašu ist eng mit der Palastwirtschaft verknüpft. Es geht um Hirten, die mit der Pferdebetreuung beauftragt sind, aber nur im Sommer eine Lieferung von etwa 45 *pa* Gerste und 30 *pa* ZI.AŠ erhalten. Dabei dürfte nach dem oben Gesagten die Zahl dieser Pferde vergleichsweise konstant bleiben, sie erhalten Gerste und Emmer zu etwa gleichen Teilen mit leichtem Übergewicht der Gerste. Die Differenz der Auszahlung an Gerste dient der Versorgung der Hirten. Da unsere obigen Beobachtungen vermuten ließen, daß das Verhältnis ca. 2:1 zugunsten der Gerste sein müßte und dieses sich durch Lieferungen an Personal noch erhöhen sollte, haben wir die Verhältniszahl von ca. 1,5:1 zu erklären. Dies geschieht offenbar analog zu unserem Ergebnis bei der Rinderwirtschaft durch eine Zufütterung von ZI.AŠ während der sommerlichen Trokkenzeit.

Trotzdem scheint sich allerdings die Wirtschaftseinheit, für die Nunikiyašu zuständig ist, keineswegs auf diesen Bereich zu beschränken, wie der Beleg von Rinderhirten 39,7 zeigt.
Die Auszahlung geringerer Mengen (vgl. 57,7 6 *pa* direkt an ein Pferd gegenüber 43 *pa* an die Hirten) dürften den Unterschied zwischen dem privaten Pferdebesitz des Nunikiyašu und der königlichen Pferdehaltung widerspiegeln, wie aus 58,11 und 77,13 eindeutig hervorgeht.

Die Texte 38 und 39

Wir haben uns nun den Texten 38 und 39 zuzuwenden. Diese Texte sprechen von Gerstenmehllieferungen an die Hirten des Nunikiyašu und müssen sicherlich

[646] Es fällt auf, daß hier ausschließlich LÚ.SIPA steht, nicht jedoch LÚ.KUŠ$_7$, was wir für die Untersuchung der sozialen Stellung beider Berufsgruppen im Auge behalten müssen.

aufeinander bezogen werden. Aufgrund des gemeinsamen Aufbaus beider Texte legen sich einige Folgerungen nahe:

• Auch in Text 38 sind die erwähnten Hirten nicht Pferde-, sondern Rinderhirten. Dem Nunikiyašu unterstehen also nicht nur weite Teile der Pferdewirtschaft, sondern auch Rinder. Neben den Wirtschaftsbereichen des Kunnate und des Addu liegt hier also eine dritte Größe der Rinderhaltung vor, die der Palastwirtschaft zuzuordnen ist.

Dabei fällt auf, daß hier keine Gerste ausgeteilt wird, sondern Gerstenmehl. Die Mengen sind mit 62 *pa* bzw. 242 *pa* außerordentlich hoch. Sie dürften daher kaum einem Monat zugehören, sondern vielmehr auf mehrere Monate zu verteilen sein. Ferner ist anzunehmen, daß Mehl nur an solche Personen geliefert wird, die keine Gelegenheit zum Mahlen von Getreide haben.

• Die Ausgabe von Salz ist in den Getreidelieferlisten ein einzigartiger Vorgang, der ebenfalls dafür spricht, daß die hier zu versorgenden Rinder nicht im direkten Umfeld des Palastes zu suchen sind. Da die Hirten aufgrund ihrer weiten Entfernung nicht in regelmäßigen Abständen auf kleine Mengen an Salz zurückgreifen können, muß der Salzbedarf *en gros* mitgenommen werden. Angesichts des hohen spezifischen Gewichtes von Salz stellt ein Volumen von 3 *pa* = 180 l ein beträchtliches Gewicht dar. Zudem ist die Frage der Lagerung zu berücksichtigen: Salz sollte nicht mit Wasser in Berührung kommen. Alle diese Beobachtungen sprechen dafür, daß die Ausgabe großer Mengen an Salz nur dann sinnvoll sein kann, wenn eine ökonomische Ausnahmesituation vorliegt, die wir hier vermutlich in der großen Entfernung der Empfänger von der Ausgabestelle zu suchen haben [647].

• Die Ausgabe von **Mehl** kommt außer in diesen beiden Texten nur noch zweimal vor. Zum einen in Text 40, der sich zur Gänze auf die Ausgabe dieser Ware bezieht: Die oben gemachten Beobachtungen bezüglich der hohen Menge gelten auch hier (93 *pa*). Der Text ist formal und inhaltlich den beiden anderen vergleichbar: hohe Auszahlungssummen an eine Reihe von Einzelpersonen, die nicht weiter qualifiziert werden. Wir dürfen daher diesen Text mit den Texten 38 und 39 in eine Reihe stellen, zumal auch hier eine Monatsangabe fehlt.

Der andere Beleg für Mehl ist 24,27; dort wird zwar kein Gersten-, immerhin aber Emmermehl in einer Quantität von 50 *pa* ausgegeben. Die Zweckangabe *a-na* KASKAL LUGAL "für den Feldzug des Königs" spricht ebenfalls dafür, daß hier eine Lieferung nach auswärts zu vermuten ist.

Wir stellen nun die in den drei Texten belegten Namen der Hirten tabellarisch zusammen:

---

[647] Auch in den homerischen Epen gewinnen wir den Eindruck, daß die Weidewirtschaft fernab vom Oikos liegt, vgl. die Beschreibung der Lebensverhältnisse des Eumaios im 14+15. Gesang der Odyssee. Vgl. auch die Anzahl der verschiedenen Herden und Tiere Od. XIV,18-22.98-102.

Name des Hirten	38	39	40
Ḫalitanua	165	18	
Zauta	1 MUN	15	
Gaita	1 MUN		
Aria	36 1 MUN		
Šapsi	16		
Ḫalu	15		
Aštabi-šarra	10		
Ilānu		23	
Ṣadammu		23/18	
Lūpu		6	
Aripkušuḫa		15	16
Kuwan		19	
Uwandarama		27	
Kudurru		6	
Wandia			25

Textbeobachtungen:

Ḫalitanua: Ḫalitanua erhält in Text 39 zusammen mit Ṣadammu 18 *pa*.

Zauta: • Gerste (Text 39): Die Zahl ist nicht erhalten, aber aufgrund der Summe ergänzt. Die Ergänzung hat als sicher zu gelten, weil auch die Summenangaben der beiden anderen Texte stimmen. Zauta erhält die 15 *pa* zusammen mit Arip-Kušuḫa
• Salz: Siehe gleich bei Gaita.

Gaita: Angesichts der Summe von 3 *pa* dürften 38,3-5 zu interpretieren sein: "(Je) 1 *pa* für Gaita und Zauta, (zusammen) 2 *parīsū* in ihre Hände."

Aria: Aria ist in Text 38 der einzige, der Gerstenmehl und Salz erhält.

Ilānu: Ilānu erhält in Text 39 zusammen mit Ṣadammu 23 *pa*.

Ṣadammu:
- Der PN ist auch in Emar belegt [648].
- Ṣadammu erhält zusammen mit Ilānu 23 *pa* und zusammen mit Ḫalitanua 18 *pa*.

Lūpu: Die Zahl dürfte 6 zu lesen sein, da der linke Teil zerstört ist und auch in Z. 3 Dreierreihen übereinander stehen.

Die Auszahlung an eine Einzelperson liegt also zumeist unter 20 *pa*. Rätselhaft bleibt die ungeheuer groß anmutende Menge von 165 *pa* an Ḫalitanua. Ferner kann kein Grund dafür angegeben werden, weshalb Salz nur an einzelne Personen und nur in Text 38 ausgegeben wird.
Vergleichen wir jetzt die mehrfach belegten Namen, so entnehmen wir der Tabelle, daß von 15 Hirten keiner in allen drei Texten und nur drei in zwei Texten vorkommen. Man möchte hieraus doch ableiten, daß unter den "Hirten des Nunikiyašu" die Fluktuation relativ hoch war: Vermutlich handelt es sich um nur kurzfristig im Hirtenamt beschäftigte Personen—Nunikiyašu konnte sicherlich auf weiteres Personal zurückgreifen, und der Dienst auf den Außenposten war wohl nicht sonderlich beliebt, so daß eine Art "Rotationsprinzip" denkbar wäre. Alternativ könnte man annehmen, daß hier drei verschiedene Gruppen von Hirten gemeint sind, doch ist angesichts der Überschneidungen die erste Annahme vorzuziehen.
Suchen wir nun nach Belegen für die erwähnten Namen außerhalb der drei Texte, so stellen wir fest, daß der eine oder andere Name durchaus noch einmal vorkommt, wenngleich der Einzelnachweis der Personidentität natürlich schwerfällt, zumal wir hier Lieferungen auf auswärtige Posten, sonst aber interne Vorgänge betrachten. Dennoch lassen sich einige Folgerungen wahrscheinlich machen [649].

Lūpu: Dieser Personenname ist noch zweimal belegt: 42.01,7 (*Lu-pu-un*) und 42.06,5. Im einen Fall erhält er einen Bogen, im anderen wird er als Vater eines Tulpi bezeichnet, der Pfeile und Bogen entgegennimmt. Diese beiden Belege könnten auf zufälliger Namensgleichheit beruhen. Bedenken wir allerdings, daß /l/ und /n/ bisweilen wechseln [650], so finden wir den Namensträger auch in 9,14 und mit einer leichten Variante in 2,9:

---

[648] Vgl. M. Dietrich, UF 22, 39 zu Emar VI/3, Nr. 217 und den Fußabdrücken der Kinder des Ṣadammu (Emar VI/3, Nr. 218-220).

[649] Die Einzelanalyse der Namen geht davon aus, daß die belegten Namen in enger Beziehung zueinander stehen, so daß die Abfolge ihrer Darstellung letztlich zweitrangig ist. Wir ordnen die Abschnitte daher so ein, wie es für eine stringente Argumentation am sinnvollsten scheint.

[650] Vgl. E. Laroche, GLH, 25 und G. Bunnens, BAfO 19, 83 Anm. 62. In Alalaḫ ist bei definitiv bestehender Personalidentität die alternierende Schreibung *A-ri-iš-lu-bar* (31.01 H. 23.26) und *A-da-iš-nu-bar* (22.09 H. 23; 31.08,13) namhaft zu machen, vgl. Vf., UF 23, 413 und UF 24, 470. Zum Personennamen Lūpu, vgl. A. Draffkorn, Hurrians, 136f.

2,9: 1 *Nu-pa*
9,14: 11 *Nu-pu* LÚ.ŠÀ.GU_4.

Die erstgenannte Stelle ist insofern von Relevanz, als sie direkt nach einer Zeile steht, die eine Lieferung nach Amame an den LÚ.ŠÀ.GU_4 nennt, was wiederum in die Richtung einer Auswärtslieferung weist.

Diese Stelle ist für uns in dreierlei Hinsicht beachtenswert:
• Zum einen stellen wir hier fest, daß mindestens einer der "Hirten" in einem anderen Beruf belegt ist, der allerdings auch mit landwirtschaftlicher Tierhaltung zu tun hat. Dies ist eine starke Stütze für unsere Annahme einer zeitlichen Begrenzung des Auswärtsdienstes.
• Zum zweiten erhält Lūpu hier nicht Mehl, sondern Gerste, was wohl so zu verstehen ist, daß die ökonomische Ausnahmesituation—die weite Entfernung seines Wohnsitzes vom Palast—hier nicht gegeben ist.
• Drittens erhält Lūpu 11 *pa* Gerste. Da kaum anzunehmen ist, daß er diese zu verfüttern hat [651], wird man vermuten, daß diese seiner persönlichen Versorgung dienen. Dies bedeutet, daß wir es mit einer Jahreslieferung zu tun haben. Die gewöhnliche Menge von einem *pa* Gerste monatlich gilt nach 17,5 auch für den LÚ.ŠÀ.GU_4 [652]. Die auffällige Menge von 11 *pa* ist wohl nur so zu erklären, daß Lūpu in der fraglichen Zeit zwar noch nicht/nicht mehr als Hirte im Außendienst steht, aber dennoch für Rinder verantwortlich ist, die nicht direkt am Palast eingesetzt sind, sondern in einiger Entfernung davon, so daß Lūpu seine Gerste nur einmal im Jahr abholt [653]. Dem entspricht, daß er in den Texten 38-40 nur einmal belegt ist: Wenn er im Kirari des Jahres A eine Jahreslieferung erhalten hat, so ist er etwa bis zum Kirari des Jahres B versorgt. Wir können aus dieser Beobachtung eine Datierung für die drei Texte ableiten: Auszugehen ist davon, daß Text 39 chronologisch den mittleren der drei Texte darstellt [654]. Er muß also nach dem eben Gesagten etwa in den Kirari des Jahres B zu datieren sein.

Eine Datierung in die Zeit vor den belegten Getreidelieferlisten ist zweifelsohne auszuschließen, da dann noch ein weiterer Text noch früher zu datieren wäre

[651] Die Rinder des Addu erhalten Z. 9 15 *pa* zugewiesen, Kunnate direkt vorher 40 *pa*, so daß diese beiden Wirtschaftseinheiten abgedeckt sind. Auffällig ist ferner, daß L/Nūpu direkt vor zwei weiteren Personen steht, die ebenfalls 11 bzw. 12 *pa* erhalten, so daß es sich sicherlich nicht um Fütterungszwecke handelt, die wohl eigens genannt wären.

[652] Mit R. Borger, ABZ, Nr. 384 und G. Giacumakis, 83 vermutlich *kullizu* zu lesen.

[653] Wiederum bietet sich die vom Herrensitz deutlich abgetrennte und dennoch fest mit ihm verbundene Haushaltung des Schweinehirten Eumaios in der Odyssee zum Vergleich an (vgl. W. Richter, ArchHom II/H, 25-28).

[654] Ḫalitanua und Zauta kommen in Text 38 und 39 vor, Aripkušuḫa in Text 39 und 40; es liegt andererseits keine Überschneidung zwischen 38 und 40 vor.

und nicht einsichtig gemacht werden könnte, weshalb gerade diese beiden Texte länger als die anderen Getreidelieferlisten aufbewahrt worden wären. Umgekehrt würde ein Text fehlen, der Auswärtslieferungen nach dem Kirari B behandelt.

Machen wir nun die Gegenprobe: Die Datierung von Text 39 etwa in den Monat Kirari B stimmt gut mit der Tatsache überein, daß nach dem Attana die Füllmonate eingefügt werden. Der Jahreswechsel ist nun sicherlich ein geeigneter Termin für die Ausgabe von längerfristigen Lieferungen. Da demgegenüber die Ausgabe von Lieferungen offenbar bald zu einem Ende kommt, müssen wir annehmen, daß die Lieferungen nicht als Jahreslieferungen, sondern eher in etwa halbjährlichem Abstand anzusetzen sind [655]. Es nimmt daher auch nicht wunder, daß Lūpu nur zweimal belegt ist: Für die Zeit von Kirari A bis kurz vor dem absoluten Ende der Lieferungen ist seine Versorgung nachgewiesen. Fraglich bleibt nur, wovon er vom Beginn der Lieferungen bis zum Kirari des Jahres A gelebt hat. Diese Frage läßt sich aber mit dem Hinweis darauf beantworten, daß Lūpu eben keine monatliche Lieferungen erhält. Eine Jahreslieferung, die er eventuell vor dem Kirari A erhalten hatte, kann nicht belegt sein, da die entsprechende Tafel vor der Archivrevision verfaßt worden wäre und mithin nicht erhalten ist.

Die LÚ.MEŠ.ŠÀ.GU$_4$

Ausgehend von der Person des L/Nūpu haben wir uns nun mit dem Beruf des *kullizu* zu befassen, obwohl diese Berufsgruppe nicht mit Pferden, wohl aber mit Rindern zu tun hat. Da Lūpu als Hirte und zu einer anderen Zeit als *kullizu* angestellt war, können wir die Tätigkeit dieser Berufsgruppe bereits einschränken: Sie sind nicht so weit vom Palast entfernt wie die Hirten und könnten daher dem Addu unterstellt gewesen sein. Da andererseits Addu auch fast jeden Monat versorgt wird, ist diese Vermutung nicht zwangsläufig. Es ist zu untersuchen, ob alle Belege für ŠÀ.GU$_4$ Jahreslieferungen darstellen oder ob auch Einzellieferungen vorkommen. Im letzteren Fall hätten wir ein Entscheidungskriterium: Wer eine Jahreslieferung erhält, ist relativ weit von der Ausgabestelle entfernt und wohl—wie Lūpu—dem Nunikiyašu zuzuordnen; wer aber näher am Palast arbeitet, der erhält seine Lieferungen monatlich und dürfte folglich zur Arbeitseinheit des Addu gehören.

2,8: 1 *i-na A-ma-me* LÚ.ŠÀ.GU$_4$
4,10: 3 LÚ.MEŠ.ŠÀ.GU$_4$
5,10: 3 LÚ.MEŠ.ŠÀ.GU$_4$

---

[655] Die Tatsache, daß die Empfänger offenbar weiter vom Zentrum entfernt sind als Lūpu (der Empfänger einer Jahreslieferung), widerspricht dem nicht: Eine Einzelperson kann ihren Jahresbedarf mit wenigen Tragtieren mitnehmen, während es sich für die extrem weit entfernten Personengruppen wohl rentierte, zweimal im Jahr eine "Karawane" auszurüsten, zumal auf den Außenposten je nach Jahreszeit sicherlich auch andere Waren benötigt wurden.

6,21: 4 LÚ.MEŠ.ŠÀ.GU_4
9,14: 11 *Nu-pu* LÚ.ŠÀ.GU_4
13,9: 1 LÚ.MEŠ.ŠÀ.GU_4
17,5: 1 *pa* LÚ.ŠÀ.GU_4
23,7: 4 ŠÀ.GAL LÚ.MEŠ.ŠÀ.GU_4

Überraschenderweise stehen alle acht Einträge im Normblock. Im Zuge der eben geäußerten Fragestellung bemerken wir, daß in den Blöcken, in denen die LÚ.MEŠ.ŠÀ.GU_4 erwähnt sind, Addu nur dreimal [656] vorkommt: In Text 9 erhält er das Getreide *ana* NUMUN, in Text 23 dürfte es sich um seine persönliche Versorgung handeln, und Text 2 macht durch die außergewöhnliche Form deutlich, daß es sich eben nicht um eine Regellieferung handelt. Ferner haben wir anzunehmen, daß zumeist mehrere Personen betroffen sind, da LÚ.MEŠ steht. An diesen Stellen beträgt auch die Ausgabe stets mehrere *pa*, wogegen umgekehrt an Stellen mit purem LÚ stets nur 1 *pa* ausgegeben wird. Diese Beobachtung spricht für persönliche Versorgung von Einzelpersonen bzw. Kleingruppen, die jeweils in der Nähe des Palastes sind. Auffallen muß uns, daß (abgesehen) von Lūpu nie ein persönlicher Name genannt wird, so daß offenbar die Gruppe oder Einzelperson durch die Berufsangabe hinreichend definiert war. Betrachten wir nun die Verteilung der Belege auf die Monate, so stellen wir zunächst eine Verdichtung auf die Monate Bala^ce A bis Ḫudizzi A (Winterhalbjahr) fest. Die ausgegebene Menge läßt vermuten, daß sich um dieselbe Kleingruppe von drei bis vier Personen handelt. Im Jahr B haben wir nur zwei Einzelbelege, die etwa in den Oktober bzw. Februar fallen, so daß auch diese Person(en) im Winterhalbjahr versorgt werden. Dasselbe gilt für den Beleg 2,8, dem ein Beleg für Lūpu 2,9 zur Seite zu stellen ist. Dieser Text gehört in den November. Leicht abweichend hiervon ist Text 23, wo die Kleingruppe schon im September beliefert wird, doch vermag diese leichte Abweichung das Gleichgewicht nicht nachhaltig zu stören.
Man muß daher annehmen, daß der oder die LÚ(.MEŠ).ŠÀ.GU_4 nur dann versorgt werden, wenn sie nicht mit der "Stallfütterung" befaßt sind. Zu Ende dieser Periode, also eben im Kirari, erhalten sie eine Jahreslieferung, mit der sie dann auskommen müssen. Wenn sie sich während der Regenzeit ausnahmsweise in der Nähe des Palastes aufhalten, werden sie zusätzlich versorgt.
Da es sich nach Text 4-6 um insgesamt nur drei bis vier Personen handelt und Lūpu uns schon namentlich bekannt ist, liegt nahe, daß auch die beiden Personen, die in 9,15f direkt nach ihm stehen, zu den LÚ.ŠÀ.GU_4 gehören.

15) 11 *Pa-i-še-na* [657]
16) 12 *Ip-pa-da-gan*

---

[656] In Text 17,4 ist ÁZLAG zu lesen, nicht ENGAR.

[657] Das Zeichen PA gehört zum Personennamen, wie die Position in der (tabellarisch angeordneten) Tafel eindeutig zeigt.

Beide Personen sind nur hier belegt [658], was nicht verwundern kann, da sie ja eine Jahreslieferung erhalten haben und ansonsten nur durch die Angabe ihres Berufes genannt sind. Das oben zu Lūpu Gesagte gilt *mutatis mutandis* auch für sie, so daß die oben aufgeworfene Frage, wovon Lūpu *vor* dem Kirari A gelebt hat, beantwortet ist: Lūpu war bereits *kullizu*.

Zauta: Zauta ist—abgesehen von 38,3 und 39,5—noch einmal in 44,8 [659] belegt. Dort erhält er 2 *pa kiššānu* und wird als LÚ.SI[PA] bezeichnet. An dieser Stelle kann wohl ausgeschlossen werden, daß die Lieferung mit der in Text 39 verhandelten vergleichbar ist: Hiergegen spricht nicht nur die geringe Menge, sondern v.a. die Tatsache, daß keine Gerste, sondern ZI.AŠ zur Auszahlung gelangt. Dieser Monat liegt ca. 6 Monate vor der Lieferung, was *prima facie* zu unserer Annahme von Halbjahreslieferungen stimmen würde. Die für einen LÚ.SIPA relativ geringe Menge von 2 *pa* ZI.AŠ läßt sich wie folgt erklären: Eine Monatslieferung liegt bei 1 *pa*, Zauta wird hier also für die Monate Kalma und Utitḫi beliefert, so daß er während dieser beiden Monate abgesichert ist. In der Zeit ab Kirari B lebt er dann von der Mehllieferung aus Text 39. Wir müssen demnach annehmen, daß Text 38 vor 39 einzuordnen ist, da anderenfalls eine Versorgungslücke bestünde. Andererseits bleibt auffällig, daß Zauta in Text 38 kein Getreide(produkt), sondern Salz erhält. Diese Schwierigkeit bleibt allerdings in jedem Fall bestehen und könnte so aufzulösen sein, daß die immens hohe Menge, die Ḫalitanua erhält, auch die Versorgung des Zauta mit abdeckt.

In Analogie zu Lūpu könnte man fragen, ob auch Zauta vor seinem Hirtendienst mit Rindern befaßt war. Andererseits ist dies in keinster Weise beweisbar. Die Lieferung in Text 44 diente wohl lediglich der Überbrückung einer gewissen Zeit, während der Zauta sozusagen auf Heimaturlaub in Alalaḫ war. Er konnte als "Hirte" bezeichnet werden, da dies eben sein Beruf war, dem er vor diesem Aufenthalt nachgegangen war und in dem er auch in wenigen Wochen wieder arbeiten würde.

Kuwan: Dieser Name ist sonst nicht mehr belegt, zu vergleichen sind allerdings *Ku-wa* (12,11), wo 2 *pa* Gerste zur Fütterung des Pferdes *ša Ab-ba-i* DUMU *Ku-wa* und 7,15, wo 1 *pa* ZÍZ *a-na* DUMU ᶠ*Ku-ú-e ka-ka-te-nu* ausgegeben werden [660]. In beiden Fällen dürfte es sich um eine hochgestellte Frau handeln, die mit der Landwirtschaft höchstens in indirektem Zusammenhang steht, nicht aber mit dem hier genannten Hirten identisch sein kann.

---

[658] Wenn *Ip-pa-da-gan* identisch ist mit dem *Ip-a-an* (42.03,17) und der in diesen Listen belegte Lūpu mit unserem Rinderhirten, ergäbe sich eine weitere Parallele.

[659] *Za-ša-ú-da* in 30.06,8 gehört wohl nicht hierher.

[660] Die Personen des Abba und seiner Mutter Kuwe werden unten im Exkurs "Esel" erörtert, siehe S. 402f.

Kudurru: Ein vergleichbarer Name ist noch 4,18 (DUMU *Ku-ut-tu-ru-w*[*e*]) und 31.05,4 belegt [661]. Angesichts der unterschiedlichen Schreibweisen und der Tatsache, daß an jenen beiden Stellen Kuturru nicht Lieferungsempfänger, sondern Vater des Lieferungsempfängers bzw. Pfandhäftlings ist, wird man auch hier kaum eine Gleichsetzung vertreten können. Hiergegen spricht auch 10,10, wo der Sohn des Kuturruwe als Weber bezeichnet ist, siehe oben S. 250f.

Wandiya: Hier stoßen wir auf das Problem, daß *-ia* eine hypokoristische Endung [662] darstellt, so daß hier alle Personen in Frage kommen, deren Namen mit Wand-, Bend- etc. einsetzen. Nicht in Frage kommen demgegenüber alle Personen, die außerhalb der Landwirtschaft tätig sind (z.B. der *ḫazannu* 31.12,2f).

Es handelt sich also um folgende Belege:

31.06,4: DUMU *Ku-ša-aḫ-a-tal*
Könnte in Frage kommen, da er als Pfandhäftling einsitzt [663]. Da ein Beruf o.ä. nicht angegeben ist, kann allerdings keine genauere Angabe gemacht werden.

44.05,11: LÚ x x
Die Reste widerraten eher einer Lesung LÚ.SIPA oder LÚ.ŠÀ.GU_4. Wir stehen darüberhinaus vor der Schwierigkeit, daß im Zusammenhang dieser Ausgabeliste die Angabe 13 ŠE kaum die Getreidesorte bedeuten dürfte, sondern vielmehr als Maßeinheit zu verstehen ist [664].

50.03,4: DUMU *Iš-mi-il-a-du*
Empfängt 4 1/2 Šeqel Silber zur Weitergabe an einen Dritten. Ein Schuldvertrag liegt indessen nicht vor, es können auch keine weiteren Angaben über die Person und ihre soziale Stellung gemacht werden.

60.01,7: DUMU *Ḫi-iš-ša*
Belege aus Text 60.01 sind für die wirtschaftliche Betrachtung wenig relevant, da es sich um einen Einzeltext handelt, dessen Hintergrund überdies nicht zureichend erhellt ist. Ḫišše kommt in den Getreidelieferlisten und anderen Texten öfter vor und

---

[661] Vf., UF 24, 464.

[662] A. Draffkorn, Hurrians, 63 zu 24,18: "It is not clear whether -EN is to be read syllabically or as a logogramm, i.e. read *Wandi/en* or *Wandi-ewri* respectively". Diese Frage ist eine direkte Folge ihrer schon mehrfach zitierten Position über das *-n*-Suffix am PN. Hier fällt die Frage nicht ins Gewicht, da ein Name Wandi-Ewri—der syllabisch nicht belegt ist—in jedem Fall von unserem Raster erfaßt würde.

[663] Vgl. Vf., UF 24, 465-467.

[664] Vgl. M.A. Powell, RlA 7, 510.

	hat in 31,5 einen anderen Sohn, Išma-Addu, der 5 *pa* ZÍZ entgegennimmt. Diese beiden Personen verschulden sich gemeinsam in 30.05,8. Wenn also ein Bezug hergestellt werden darf, dann weist dieser wiederum auf Schuldknechtschaft.
60.01,29:	DUMU *Ig-mi-ra-a-du* dto.

Ohne nähere Bestimmung:

22.08,18.23f.26:	Hier handelt es sich um Zeugen beim Immobilienkauf, wobei die chronologische Einordnung des Textes allerdings etwa in die hier in Frage stehende Zeit führt. In Zeile 18 steht neben Wandi auch ein Aštabi-šarru (vgl. 38,13) [665]. Beide Namen sind indessen zu häufig, um die Annahme einer Personalidentität sicher zu erlauben.
30.11,6:	Eine Person, die als Pfandhäftling einsitzt.
31.04,4:	Bendi-Addu sitzt ebenfalls als Pfandhäftling ein.
31.07,6:	Zeuge
42.03,3f:	Erhalten je einen Bogen. Die Schreibung unterscheidet hier zwischen *Bend-* und *Wand-*.
50.04,3:	Rückzahler einer Silbersumme, die dann weitergeleitet wird.

In den Getreidelieferlisten [666]:

24,18:	Erhält 1 *pa* Gerste
26,33:	Vater einer Person, die 2 *pa* Gerste erhält.
25,16:	Verantwortlich für die Mietarbeiter. Ein Zusammenhang mit dem Rinderhirten ist vermutlich nicht gegeben.
34,13:	Vermutlich ist die Person als UGULA ANŠE qualifiziert. Dies könnte zu einer landwirtschaftlichen Funktion passen, wenn man nicht eher annehmen möchte, daß der "Aufseher des Esels" in den Zusammenhang eines Besuchs von auswärts gehört. Hierfür spricht die fragmentarische Erwähnung eines ŠEŠ LÚ.*Ta-da-an-di* in der Folgezeile.
64,12:	1 *pa* ZI.[AŠ] *a-na Wa-an-dì-ia a-na ni-gi* Das Wort *ni-gi*, das als Endzweck der Lieferungen genannt wird, könnte auf das akkadische *nagû* "Bezirk" zurückzuführen sein [667]. Es wäre dann im Einklang mit unserer Vermutung über den landwirtschaftlichen Hintergrund der Auszahlung an Wandi zu deuten als "Außenstelle": Wandi erhält über seine normale Lieferung hinaus noch ZI.AŠ, den er an seinen Außenort mitnehmen soll.

---

[665] Bei Aštabi-šarru könnte es sich auch um den LÚ.SAG.U[R].S[AG] aus 10,9 handeln.

[666] Bendaya (10,16) ist als Schreiner qualifiziert und kann daher nicht gleichzeitig Rinderhirte sein.

[667] AHw 712a *sub* 1 "Felder".

Das nunmehr zu formulierende Ergebnis ist negativ: Der Name bzw. Ableitungen davon sind überaus häufig belegt, eine direkte Verbindung mit unserem Rinderhirten läßt sich abgesehen von der letzten Stelle nirgends nachweisen, umgekehrt indessen an mehreren Stellen aber auch nicht eindeutig ausschließen. Es wäre kaum ratsam, irgendwelche weiteren Folgerungen zu ziehen, zumal die zwei Informationen, die mit einer gewissen Wahrscheinlichkeit hierher gehören könnten—Status als Pfandhäftling und Tätigkeitsort in einem Außenbezirk—für uns im Grunde keine Innovation darstellen.

Gaita: Der Name ist in 60.01,5 noch einmal belegt. Da es sich allerdings um den Vater des betroffenen Eḫli-Addu handelt und der Text sich ohnedies genauerem Verständnis entzieht, wird man hieraus keine Folgerungen ziehen können, zumal der uns bekannte Eḫli-Addu, der Aufseher der Weber, ja seinerseits schon arbeitsfähige Söhne hätte. Eine Identität würde dann bedeuten, daß hier der Großvater als Hirte tätig war, was angesichts der vorauszusetzenden Anstrengungen und Gefahren dieses Berufes doch wohl auszuschließen ist.

Ariya: Auch hier sind—mit der oben gemachten Einschränkung—wiederum alle PNN in Betracht zu ziehen, für die Ariya das Hypokoristikon sein könnte. Wir haben daher alle Stellen zu evaluieren, an denen ein Personenname mit der hurritischen Wurzel *ar-* "geben"[668] vorliegen könnte. Nicht berücksichtigt wird dabei der Name Aripkušuḫa, der nur in den anderen beiden Texten belegt ist und sicherlich eine andere Person bezeichnet.

In den Getreidelieferlisten:

5,22:	*A-ra-mu*	Erhält Getreide zum Ankauf eines "Kastens". Der Beleg dürfte mit einem Feiertag zusammenhängen und kaum in unseren Zusammenhang gehören.
6,18; 14,3; 24,5:	*A-ri-ia-(an)*	Erhält Getreide für die Frauen und dürfte kaum mit dem Rinderhirten zusammengehören, siehe oben S. 243 und unten zu 6,18.
37,13:	*A-ri-ia*	Der Beleg könnte hierher einzuordnen sein, da im Umfeld Pferde vorkommen, es handelt sich indessen um eine Sammeltafel, wobei der nicht erhaltene Kontext die Interpretation vollends unmöglich macht.

[668] Vgl. E. Laroche, GLH, 52; I.J. Gelb u.a., NPN, 202; J.M. Sasson, UF 6, 375f.

55,6: *A-ra-aš-šar-ri* 1 *pa* ZÍZ. Wenn der Beleg mit unserem Hirten zusammengehört, dann handelt es sich um eine Zusatzlieferung, wie wir sie schon oben bei Auswärtigen beobachtet hatten.

64,11: *A-ri-ip-ke-en* Hier könnten wir den vollen Namen Ariyas gefunden haben. Hierfür spricht vor allem die Parallele zu Wandiya in der Folgezeile. Offenbar erhalten beide Personen eine Lieferung für ihren Auswärtsposten.

67,3.9: *A-ra-am-ma-ra* Erhält 10 *pa* ŠE und 5 *pa* ZÍZ. Es spricht nichts dagegen, ihn mit dem Schmied gleichen Namens, der in 20,19.25 10 *pa* ŠE und (ebenfalls 10 *pa*?) ZÍZ erhält, gleichzusetzen.

Außerhalb der Getreidelieferlisten:

21.01,23: *A-ri-*dIM DUB.SAR: Kommt hier wohl (schon aus historischen Gründen) nicht in Frage.

30.09,3.17: *A-ri-ia* Eine Person, die 4 Šeqel Geld aufnimmt, aber nicht einsitzt, sondern Zinsen bezahlt[669]. Eine Personenidentität[670] ist alleine deshalb unwahrscheinlich, weil der Text vermutlich aus Level VI stammt[671].

Ariya kann also nicht auf dem Wege der Verschuldung (er leiht zudem von einem Dritten) in den Palast gekommen sein, da sich dieser Vorgang später ereignet hätte. Selbst wenn wir annehmen, daß es sich um dieselbe Person handelt, dann ließe sich nur folgern, daß er nach dem Untergang der Stadt und des Palastes in wirtschaftliche Not gekommen war und sich Geld beschaffen mußte. Daß es sich bei dem Ariya aus Text 30.09 nicht um einen einfachen Menschen handelt, zeigt sich an der Tatsache, daß er ein Siegel führt[672]

---

[669] Wenn aber der dort genannte Ariya erst nach der Zerstörung der Schicht VII eine Schuldverpflichtung eingegangen ist, dann können dieses Schuldverhältnis und die Person nicht mit dem in den Getreidelieferlisten genannten Ariya identisch sein.

[670] Meine Formulierung in UF 23, 426 "Ariya ist in 283,7 <sic! gemeint 238,7> und 359,4 Lieferungsempfänger" war insofern mißverständlich, da keine Personidentität, sondern Namensgleichheit besteht.

[671] Vgl. z.B. E.M. von Dassow, 459.

[672] D. Collon, AOAT 27, 67, Nr. 124 (auch zur Datierung).

31.13,4.6:	*A-ra-ma* DUMU *I-ḫi-ku-bi*	Sitzt als Pfandhäftling ein. Der Text trägt eine Datierung in die Zeit Irkabtums, so daß ein Pfandhäftling durchaus in dieser Zeit auftreten könnte, wenngleich er dann wohl schon zu alt gewesen wäre, um noch als Hirte zu dienen.
42.15,4:	*A-ri-ia*	Erhält Wolle. Dies wäre bei einem Rinderhirten zwar gut denkbar, doch haben wir es hier vermutlich mit einem Weber zu tun (siehe oben S. 251).

Wir erhalten demnach dasselbe Ergebnis wie bei Wandiya: Der Personenname ist häufig bezeugt, aber wir sind nur einmal in die Lage versetzt, ihn positiv mit einem der Belege so in Verbindung zu bringen, daß sich weitergehende Folgerungen ergeben. Die Folgerung führt allerdings nur wenig über das bisher Bekannte hinaus: Ariya ist eine hypokoristische Form des Namens Aripken.

Šapši [673]
Šapši-Addu (und vergleichbar) [674]:

In den Getreidelieferlisten:
4,19: Hier wird der Bruder des Königs gemeint sein, vgl. Z. 32.
4,32; 23,25; 56,13: "Bruder des Königs": Ob die Händlerfamilie nun mit der Königsfamilie verschwägert [675] war oder nicht, es ist kaum glaubhaft, daß ein Angehöriger des Königshauses als Rinderhirt tätig ist.
31,6: Erhält als LÚ.*A-da-na-at*.KI 5 *pa* ZÍZ
44,7: Erhält als LÚ.*A-na-de/ke*.KI 10 *pa* ZI.AŠ
68,8: Erhält 30 *pa* (vermutlich Gerste). Auch hier läßt sich eine Verbindung zu unserem Rinderhirten nicht sicher nachweisen, sie könnte aber naheliegen, wenn man bedenkt, daß in Z. 9 der LÚ.ENGAR Gerste erhält: Beide Einträge hätten dann mit Rinderfütterung in verschiedenen Bereichen zu tun.
77,5: Erhält Emmer zur Weitergabe an die "Boten". Hier dürfte eine Aufgabe vorliegen, die eher dem Aufseher der Händler zukam als einem Rinderhirten.

---

[673] Auch hier gelten die oben (Kap V,1.3.) gemachten methodischen Bemerkungen zu hypokoristischen und einelementigen Namen. Gegen D. Arnaud, AuOr 16, 152 (Tapši von hurr. *Tapše* "arm") halte ich Šapši für die richtige Lesung: Es handelt sich, wie bei Addu, um einen Kurznamen, der auf das theophore Element reduziert ist.

[674] Der Name begegnet bekanntlich mit verschiedenen Schreibungen, die im folgenden nicht mehr einzeln nachgewiesen werden.

[675] Die Konstruktion, die D. Collon, AOAT 27, 153 anbietet, scheint doch etwas gewagt.

Außerhalb der Getreidelieferlisten:

20.01 S [676]:	Hier handelt es sich um den "Aufseher der Kaufleute".
20.02,37:	Als Zeuge und Auswärtiger dürfte die Person kaum hierhergehören, vgl. 31,6.
20.04,23:	Ebenfalls ein Zeuge.
21.04,7:	Samsi-^{d}IM ist bei einem Ortskauf beteiligt
21.04,28:	SUKKAL.SUKKAL. Die genaue Deutung bleibt unsicher, vermutlich handelt es sich um eine Steigerung "Großwesir" im Gegensatz zu Z. 24 SUKKAL.UŠ, wenn nicht einfach eine Dittographie anzunehmen ist.
22.02,18.21:	Hier haben wir es mit einer Standardzeugenliste zu tun, für die Rinderhirten kaum in Betracht kommen.
22.12,15:	DUMU *Ad-di*. Der Sohn eines Ortskäufers (Z.3f) wird—auch wenn er offenbar nicht der Haupterbe ist—ebenfalls nicht als Hirte tätig sein.
22.13,11:	Ein Ortsbesitzer dürfte nicht als Hirte agieren.
30.05,25:	LÚ.KUŠ$_{7}$. Da wir bereits festgestellt hatten, daß zwischen LÚ.KUŠ$_{7}$ und den Hirten ein charakteristischer Unterschied festzuhalten ist, dürfte diese Stelle kaum in Frage kommen.
42.01,2:	Erhält einen Bogen und 5 Pfeile.
44.05,3:	DUMU *Kur-ri-ia-an-ni*
44.05,15:	(ohne weitere Bemerkungen)
44.05,17:	DUMU SANGA (für diese drei Belege gilt das oben zu Wandiya 44.05,11 Gesagte. Auch läßt sich nicht angeben, ob die Personen identisch sind oder nicht.)
51.06,2:	Auch hier geht es um einen Ortskauf: Šapši-Addu ist entweder als Vertragspartner oder als Zeuge beteiligt. Den Texten 20.01; 21.02 und 23.04 entnehmen wir ohnedies, daß es sich um einen Ort handelte, der mit dem Krongut zu tun hatte.
51.07,15:	Hier nimmt ein Šapši-Addu, zusammen mit einer weiteren Person, 30 *pa* ZÍZ zum Ankauf von Bier entgegen. Da allerdings die Verzinslichkeit ausdrücklich festgestellt wird, ist wohl auszuschließen, daß der Schuldner in die Pfandhaft verbracht wurde.
60.03,10:	dto.

Samsu-Nabala:

23.02,5:	Hier erhält Samsu-Nabala zusammen mit seiner Mutter im Tausch gegen Felder ein Dorf. Der Text kommt allerdings schon aus chronologischen Gründen nicht in Frage, da er in die Abban-Zeit zu datieren ist.

[676] Bei D. Collon, AOAT 27, 77, Nr. 141.

Auch hier können wir also nirgendwo eine direkte Beziehung sicher nachweisen, so daß wir angesichts der offensichtlichen Beliebtheit des Namensbildungselementes auf weitere Folgerungen verzichten müssen.
Interessant bleibt die Parallele Šamši-Addus mit dem LÚ.ENGAR in 68,8, die eine starke Stütze für die hier vertretene Mehrgliederung des landwirtschaftlichen Systems darstellen könnte. Doch müssen wir—um uns vor Zirkelschlüssen [677] zu schützen—im folgenden natürlich darauf verzichten, diese Beziehung zur Grundlage weiterer Folgerungen zu machen.

Ḫalu:
Auch hier dürfte es sich um einen Kurznamen handeln, wie wir bereits an dem im selben Text belegten Namen Ḫalitanua [678] ersehen.

23.04,14: Zeuge beim Ortstausch.

30.04,2.4 [679]: Eḫli-Ešta; Ḫali-Addu: Diese beiden Person leihen—als Schuldnermehrheit zusammen mit weiteren Personen—12 Rinder: "Bis sie die Rinder bezahlen, sind sie Schuldknechte des Jarimlim". Für die Gleichsetzung einer dieser Personen mit dem Ḫalu spricht natürlich die Tatsache, daß Rinder Gegenstand des Leihvorganges sind. Auch die Zeugenschaft des Abiṭaba, der immerhin mit der in der Landwirtschaft belegten Person identisch sein könnte, ließe sich ins Feld führen. Auf der anderen Seite dient hier die Person als Schuldknecht des Jarimlim und nicht des Ammitaqum oder des Nunikiyašu, so daß sich auch hier keine Gewißheit erlangen läßt.

---

677 Der etwa so lauten würde: "Das mehrgliedrige System wird postuliert, ohne weitere Argumente setzen wir aufgrund unserer Voraussetzung die Person mit einem Hirten gleich und betrachten damit das mehrgliedrige System als bewiesen". Diese Schlußfolgerung wäre selbstverständlich unzulässig.

678 Die Deutung des Namens wirft Probleme auf und ist m.W. noch nicht befriedigend gelungen. Bezieht man *-tanua* auf hurr. *tan-* = *epēšu* "machen", so könnte *ḫal-* auf das gemeinsem. *ḫal* "Onkel mütterlicherseits" zurückgehen (vgl. D. Arnaud, AuOr 16, 154: "avec voyelle longue et babylonisation superficielle"). Ob die von H.B. Huffmon, APNM, 194f vorgenommene Aufsplitterung in zwei homonyme Elemente das Richtige trifft, mag man bezweifeln, wenn man bedenkt, daß die eine Wurzel in seinen Belegen nur als erstes Element, die andere jedoch nur als zweites Element vorkommt. Besser scheint daher die Annahme, *ḫal* sei in unseren Texten eine Variante des bekannteren Elementes *eḫl-*. Da wir andererseits über Eḫli-Addu schon gesprochen hatten, Eḫluwa als Siegelschneider und Eḫliya als Pförtner qualifiziert ist, brauchen wir die Belege mit dem Formans *eḫ-l*+Vokal nicht mehr aufzulisten, wenn wir hier noch zur Kenntnis nehmen, daß Eḫli-Aštar (22.04,35; 30.04,2) als Priester bezeichnet wird und ein Eḫli-Išḫara (42.03,18) Pfeil und Bogen erhält.

679 Vgl. Vf., UF 24, 411-414.

24,22: 1 *pa* Gerste, ebenso wie der oben erwähnte Wandi-en. Wenn man hierin ein Argument sehen will, könnte man natürlich annehmen, daß beide Personen zusammengehören. Dagegen muß geltend gemacht werden, daß die Schreibung in beiden Texten stark voneinander abweicht. Im übrigen fällt Text 24 in eine Zeit, in der zumindest Wandiya versorgt sein sollte.

32,14f: Erhält Gerste und Emmer *ana pāni* ^{d}IŠDAR, was wohl eher für eine kultische als für eine landwirtschaftliche Tätigkeit der betreffenden Person sprechen dürfte, wenngleich natürlich die Parallele zu dem eine Zeile vorher mit denselben Mengen belegten Addu ins Auge fällt [680].

Aštabi-šarru:

22.08,18: Zusammen mit *Wa-an-di* Zeuge in einer Ortskaufangelegenheit. Auch hier gilt: Die chronologische Einordnung würde ungefähr zutreffen, allerdings wird es sich um eine zufällige Koinzidenz handeln, zumal beide Namen eher häufig sind.

30.06,18: Eine der Personen, die bei Sumunnabi Geld für Bier leiht. Auch hier bleibt—man sollte besser nicht *Za-ša-ú-da* (Z. 8) mit *Za-ú-ta* gleichen und hieraus Schlußfolgerungen auf Aštabi-šarru ableiten—festzuhalten, daß die Verzinslichkeit des Darlehens durch die Formulierung *uṣṣab* festgestellt wird; m.a.W. haben wir auch hier zu vermuten, daß es sich eher um einen realen Kredit handelt, der mit Zinsen zurückgezahlt wird, als um ein Geschäft zur Erlangung der Arbeitskraft von Pfandhäftlingen.

60.01,2: DUMU *Am-mi-e-ki.* Auch hier muß auf eine weitere Interpretation verzichtet werden, zumal auch der Vater nicht belegt ist.

10,9: Hier wird der Name offenbar näherbestimmt; allerdings ist die Qualifikation LÚ.SAG.[U]R.S[AG] nicht vollständig erhalten. Die Person erhält 1 *pa* Emmer, wohl zur persönlichen Versorgung. Wenn es sich in der Tat um einen Eunuchen handelt, dann war diese Person sicherlich nicht in der Viehwirtschaft eingesetzt.

Auch bei den letzten beiden Personen konnten wir keinen eindeutigen Bezug geltend machen, der sich weiter auswerten ließe. Die drei übrigen Personen, (Ilānu; Ṣadammu und Ḫalitanua) sind nur hier belegt. Sie bilden indessen insoweit eine Gruppe, als sie jeweils zu zweit Lieferungen erhalten. Da es sich um ein Gleichungssystem mit drei Unbekannten handelt, dem nur zwei Gleichungen angehören, haben wir nach den Regeln der Mathematik keine Möglich-

---

[680] Siehe zum Problem auch oben S. 285f.

keit, eine genauere Festlegung zu treffen [681]. Da es sich bei Liefermengen um positive, vermutlich ganzzahlige, Beträge handelt, können wir nur sagen: Ṣadammu und Ḫalitanua erhalten jeweils höchstens 17 *pa*, die Menge Ilānus ist um 5 *pa* höher als die Ḫalitanuas, sie beträgt mithin mindestens 6 *pa*, höchstens 22 *pa*. Besonderen Wert für die Interpretation haben diese Zahlen allerdings nicht. Eine sinnvolle Interpretation ergibt sich jedoch, wenn das Verhältnis 11:6:12 betragen hätte. In diesem Fall nehmen Ṣadammu und Ilānu je eine Jahreslieferung entgegen, Ḫalitanua jedoch nur eine Halbjahreslieferung [682].

Taḫeya:
Dieser ist in den Getreidelieferlisten dreimal belegt und wohl von Taḫe LÚ.TIN (46,17) zu unterscheiden.
Hierfür sprechen folgende Argumente:

- Die Schreibung ist in charakteristischem Maße unterschiedlich.
- Eine Wiederholung derselben Person kommt in Text 46 nicht vor.

11,15: 7 *Ta-aḫ-e-ia* LÚ.SIPA (ŠE)
13,17: 10 *a-na T*[*a*]*-aḫ-e-ia* ŠÀ.GAL ŠAḪ (ŠE)
46,24: 20 *Ta-aḫ-e-ia* LÚ.SIPA (ZÍZ)

Textanmerkung:
13,17: Die Lesung G. Giacumakis' [683] beruht lediglich auf der syllabischen Erwähnung dieser Tierart in Z. 11. Die richtige Lesung findet A. Goetze [684]: "The sign after ŠÀ.GAL 'fodder' must denote an animal: ŠAḪ 'pig' seems graphically possible". Immerhin scheint es angesichts der anderen Belege, die Taḫeya als Hirten bezeichnen, durchaus angemessen, wenn er hier für ein Schwein [685] Getreide entgegennimmt. J.O. Mompeán [686] möchte lesen GU$_4$.MAŠ.APIN.LÁ, doch scheint die Lesung ŠAḪ hier eher das Richtige zu treffen, zumal sie sich auch inhaltlich absichern läßt.

Offenbar erhält Taḫeya überhaupt nur dreimal Getreide, davon zweimal als Hirte und einmal zur Fütterung der Schweineherde. Da wir bereits sahen, daß es ver-

---

[681] Setzen wir die Menge Ilānus gleich x, die Ṣadammus gleich y und die Ḫalitanuas gleich z, so gilt:
$x+y=23$ (I); $y+z=18$ (II) woraus folgt: (I)-(II): $x-z=5$, woraus sich $5<x<23$ unmittelbar ableiten läßt wegen $\{x;y;z\}\in N$; $y<18$ und $z<18$ sind trivial.

[682] Dies gilt jedoch nur, wenn auch bei Mehl die Gleichung 1 *pa* pro Monat gilt, was allerdings nicht ohne weiteres vorausgesetzt werden kann. L. Milano, DdA 3/3, 108f setzt eine Mehlausbeute von ca. 640g je Liter Weizen an.

[683] G. Giacumakis, 100.

[684] A. Goetze, JCS 13, 36.

[685] Gemeint ist sicherlich wiederum eine ganze Herde solcher Tiere.

[686] J.O. Mompeán, UF 30, 591.

schiedene Gruppen von Hirten gab, liegt die Annahme nahe, daß neben den belegten Rinder- und Pferdehirten Taḫeyas Verantwortungsbereich die Schweinezucht ist.

Vor einer weiteren Analyse dieses Wirtschaftsbereiches haben wir die Fälle mitzuberücksichtigen, in denen Namen auf *Taq-* bzw. *Taḫ-* vorliegen [687]. In den Getreidelieferlisten selbst ist (abgesehen vom "Gastwirt") nur noch Tāqu (35,6.31) zu nennen, der als DUMU LÚ.GU.ZA.LÁ wohl ausgeschlossen werden kann.

Auch Taḫe (31.04,3.8) dürfte ebenfalls kaum in Frage kommen, da er zwar im Schuldkontext—als Vater eines Schuldners—belegt ist, wobei allerdings die Klausel "Er wird—was den Bürgen angeht—das Geld bezahlen" deutlich wird, daß er doch über eine gewisse ökonomische Selbständigkeit verfügt, die sich kaum mit der Position des (Schweine-)Hirten verträgt. Da der Vater offenbar selbständig bleibt und nur seinen Sohn verpfändet, kann er nicht mit dem Hirten identisch sein. Die *Ta-qí-iš-ḫa-ra* (44.04,26) kommt von vornherein nicht in Frage, da es sich hier um die Schwester des Königs handelt.

Es bleiben folgende Textstellen zu behandeln:

23.01,5:	Ein Beteiligter am Ortstausch. Daher dürfte—wer Teile eines Dorfes besitzt, wird kaum als Schweinehirt dienen—auch diese Person kaum hierher gehören.
30.11,3:	Eine Person, die als Pfandhäftling gestellt wird. Allerdings wird nicht explizit angegeben, wer der Begünstigte ist.
32.01,4.17:	Schuldner, der im Zuge einer Schuldabtretung an Ammitaqum kommt. Die Schreibung *Ta-(aḫ)-ú-ze-(en)* läßt indessen eine Gleichsetzung wenig wahrscheinlich wirken [688].
42.15,3; 42.16,2:	Empfänger einer Woll-Lieferung, vermutlich ein Weber. Siehe oben zu Ariya, S. 250f.
44.05,9:	Vater einer Person, die 1/2 Šeqel Silber bekommt.
51.01,17:	Kontext zerstört; es dürfte sich um einen Zeugen oder eine Siegelabrollung handeln [689]

Auch hier ist also ein zurückhaltendes Ergebnis zu formulieren: Angesichts der Häufigkeit der Belege für vergleichbare Personennamen läßt sich nicht eindeutig sicherstellen, daß an einer der angeführten Stellen der genannte Schweinehirt gemeint sein *muß*. Wir sind daher für die Interpretation der Schweinehaltung ausschließlich auf die drei Belege der Getreidelieferlisten angewiesen.

---

[687] Vgl. I.J. Gelb u.a., NPN, s.v. Takku, 145. Die Wurzel dürfte (gegen I.J. Gelb u.a, NPN, a.a.O. und 261) das hurrit. *taḫe* "Mensch, Mann" sein (E. Laroche, GLH, 251), so daß Namen *Taḫ-* + GN solchen wie Mut-Baˁl, Awil-Marduk oder ʾIš-Baˁl entsprechen.

[688] Vgl. Vf., UF 25, 466.

[689] D.Collon, AOAT 27, 31, Nr. 42 ergänzt *Ni-]iq-a-du*.

Zeitlich liegen die Belege relativ eng beieinander: Sie sind jeweils durch einen Monat voneinander getrennt und fallen in die Zeit zwischen August und Dezember. Es kann sich also nicht um Zusatzfütterung während des Sommers handeln, wie wir dies bei den anderen Tierarten festgestellt hatten.
Vielmehr dürfte auch für Taḫeya wie für die anderen Hirten gelten, daß er auf einem Außenposten seine Herde beaufsichtigte [690]. Er erhält einmal im Normblock Gerste (7 *pa*), einmal ZÍZ (20 *pa*), diese könnten seiner privaten Versorgung auf seinem Außenposten gedient haben. Da zwischen der ersten Lieferung und der zweiten genau drei Monate liegen, wird er dort nicht alleine gelebt, sondern mindestens eine weitere Person zu versorgen gehabt haben. Die Schweine indessen werden mit Gerste gefüttert. Da es sich um einen einmaligen Vorgang handelt, ist anzunehmen, daß Taḫeya mit der Schweineherde im Oktober in Alalaḫ war. Vermutlich hatte er sie zu dieser Zeit dort zur Schlachtung abzuliefern. Während der meisten Zeit des Jahres war eine solche Versorgung nicht erforderlich, da die Tiere sich ihre Nahrung auf der Weide weitgehend selbst suchten.
Auch Taḫeya wird unter einer gewissen Aufsicht gestanden haben, da er in 46,24 parallel zu einem *Ni-iq-mé-e-pu-uḫ* UGULA LÚ.MEŠ.SIPA steht. Dieser erhält 11 *pa* ZÍZ und wird in 78,1f [691] gar mit 50 *pa* ZÍZ bedacht. Auch hier dürfte es sich um Auswärtslieferungen handeln, wie v.a. die Ausgabemenge von 11 *pa* (etwa eine Jahreslieferung) deutlich macht. Niqmi-epuḫ ist also vermutlich derjenige, der den Hirten auswärts vorsteht, mindestens jedoch der Arbeitseinheit, der Taḫeya zugehört.

Zwischenergebnis
Bevor wir nun die Abgrenzung der Hirten zu den LÚ.MEŠ.KUŠ$_7$ durchführen können, fassen wir den Ertrag unserer Untersuchungen zu den Hirten thesenartig zusammen:
—Die von F.R.Kraus [692] geäußerte Annahme, der Hirte sei im etwa gleichzeitigen Mesopotamien zur Zeit Ammiṣaduqas "ein Unternehmer (gewesen), dem Vieh der Domäne unter festen Bedingungen anvertraut war", läßt sich für die Palastwirtschaft von Alalaḫ nicht verifizieren. Vergleichbar ist die Tatsache, daß Hirten fernab vom Palast wirtschafteten, jedoch scheinen sie eher in untergeordneten Arbeitsverhältnissen beschäftigt gewesen zu sein; jedenfalls sind sie auf den Palast bezogen. Hier muß noch einmal betont werden, daß keinerlei

---

[690] Die Parallele zu Eumaios im 14.+15. Gesang der Odyssee bietet sich an, vgl. als Überblick W. Richter, ArchHom II/H, 25-28 und zum Wesen der Schweinehaltung insgesamt a.a.O., 64-69.

[691] Es dürfte sich um dieselbe Person handeln. Vgl. die 50 *pa*, die Werikiba in 44,1f erhält. Der LÚ.GAL TUKU+KUŠ$^?$ gleichen Namens (63,17) ist in einer zu schlecht erhaltenen Umgebung bezeugt, um hier weitere Hinweise zu liefern. Vermutlich handelt es sich um eine andere (auswärtige?) Person, da die Titel unterschiedlich sind und auch die jeweiligen Arbeitsfelder sich voneinander unterscheiden.

[692] F.R.Kraus, OLA 6, 430.

Aussagen über eventuelle Hirten und Herden von Privatleuten getroffen werden können, da die entsprechenden Archive in Alalaḫ nicht vorliegen. Ebensowenig wissen wir über den Sektor privater Viehhaltung, den es sicherlich gegeben hat, wenngleich *per definitionem* nicht vom "Hirten" gesprochen werden kann, wenn ein Kleinbauer (oder vergleichbar) sich ein paar Stück Vieh zur privaten Nutzung hält.

—Hirten sind offenbar nach mehreren Tierarten (Pferde, Rinder, Schweine) getrennt. Die Haltung von Kleinvieh (Ziegen und Schafe) ist ihnen nicht anvertraut. Es bleibt also offen, wie die Haltung dieser Tierarten, die im Palast sicherlich auch benötigt wurden, organisiert wurde. Sollte man annehmen, daß diese nicht in Staatsbetrieben aufgezogen wurden, sondern jeweils nach Bedarf angekauft wurden [693]?

Die Analyse der weiteren Belege für die als Hirten qualifizierten Personennamen ergibt, daß Hirten nur sehr selten außerhalb ihrer Domäne erwähnt sind. Es ist also zu vermuten, daß sie die meiste Zeit dort tätig sind und für uns nur faßbar werden, wenn sie aufgrund ihrer Lieferungen mit dem Palast in Verbindung treten oder wenn sie in die Hauptstadt zurückversetzt werden. Eine genaue Festlegung ihres sozialen Status war uns nicht möglich; einige Namen könnten identisch sein mit denen von Pfandhäftlingen. Wenn diese Identität nicht auf reinem Zufall beruht, bestätigt sich wiederum unsere Erkenntnis, daß die Arbeit solcher Personen billiger war als die Beschäftigung freier Lohnarbeiter oder der Erwerb von fremdstämmigen Sklaven. Überdies mußte bei letzteren wohl damit gerechnet werden, daß sie sich ihrem Schicksal durch die Flucht zu entziehen versuchten, was von einem weitab liegenden, naturgemäß kaum ständig zu kontrollierenden Außenposten aus Sicht des Palastes eine reale Gefahr dargestellt haben dürfte. Wenn Pfandhäftlinge auf einen Außenposten versetzt wurden, ist wahrscheinlich anzunehmen, daß deren Familien direkt ins Gesinde des Palastes aufgenommen wurden, da so ihre Versorgung ohne weiteres sichergestellt werden konnte.

—Für die Hirten sind zwei Aufsichtspersonen namhaft gemacht: Zum einen fanden wir den Niqmi-epuḫ UGULA LÚ.MEŠ.SIPA erwähnt, der in 46,25 direkt neben Taḫeya, dem Schweinehirten, steht. Die Jahreslieferung dürfte bedeuten, daß er eine Art Obmann vor Ort war. Die zweite Person ist Nunikiyašu, der wohl am Palast selbst wirkte und dort für die gesamte Außenwirtschaft, soweit sie sich auf Vieh bezog, verantwortlich war.

Wir gelangen also zu folgendem Zwischenergebnis: Die Viehwirtschaft ist nicht als einheitliche Größe zu betrachten, vielmehr sind—abgesehen von den auswärtigen Tieren und den Tieren in militärischer Verwendung—drei Sektoren [694] zu unterscheiden.

a) Die *Hauswirtschaft*, für die *Kunnate* verantwortlich ist. Sie beschränkt sich auf das engere Umfeld des Palastes, es geht in erster Linie um Rinder. Ein

---

[693] Vgl. die Texte 42.10-42.12.

[694] So intuitiv richtig geahnt von G. Bunnens, BAfO 19, 75-78.81.

terminus technicus für das Personal ist nicht erwähnt, denkbar ist, daß hier auch Mitglieder der LÚ.MEŠ.*asīrū* herangezogen wurden.

b) Die *Feldwirtschaft*, für die *Addu* verantwortlich ist. Sie bezieht sich auf landwirtschaftliche Aufgaben im näheren Umfeld von Alalaḫ. An Tieren lassen sich ausschließlich Rinder belegen, der *terminus technicus* für das Personal ist *kullizu*/ŠÀ.GU_4.

c) Die *Außenwirtschaft* im weiteren Umfeld von Alalaḫ, für die *Nunikiyašu* (bzw. Niqmi-epuḫ) verantwortlich ist. Sie beschäftigt sich mit Tierhaltung (Pferde, Rinder, Schweine) und ist dadurch gekennzeichnet, daß Lieferungen stets für mehrere Monate erfolgen. Ein weiterer charakteristischer Unterschied besteht in der Lieferung von Mehl an die Rinderhirten: Offenbar bekommen diese als Zugeständnis an ihren Außendienst ihre Lieferung in bereits gemahlener Form. Wer demgegenüber am Palast selbst oder nicht allzuweit davon entfernt tätig ist, erhält seine Lieferung im Rohzustand und muß selbst für die Aufbereitung Sorge tragen. Es geht um verschiedene Tiere, der *terminus technicus* für das Personal ist "Hirte" (SIPA).

LÚ.SIPA und LÚ.$KUŠ_7$

Wir haben uns nun dem letzten belegbaren Bereich der Viehwirtschaft in Alalaḫ zuzuwenden und kommen dabei wieder auf die Pferdezucht zurück: Hier sind die Pferdeknechte zu beleuchten, die LÚ.MEŠ.$KUŠ_7$ [695], die als *kizû* [696] zu lesen sind. Wir haben zunächst zu zeigen, daß in unserem Textkorpus weder "persönliche Diener" noch "Wagenlenker", sondern "Pferdeknechte" [697] ge-

---

[695] Die Debatte, ob das Zeichen IŠ als $KUŠ_7$ oder als ŠÙŠ bzw SUS zu lesen ist, wurde zuletzt wieder eröffnet von R.H. Beal, NABU 1992, und ders., TdH 20, 162-169. Da es hier weniger auf eine sumerologisch korrekte Lesung ankommt als vielmehr darauf, das Zeichen in seiner Bedeutng eindeutig festzulegen, bleiben wir i.f. ohne weitere Diskussion bei dem in den Zeichenlisten gegebenen $KUŠ_7$.

[696] Die Wörterbücher geben "youth, squire, attendant" (G. Giacumakis, 83); "squire, groom" (D.J. Wiseman, Al T, 158) bzw. "Diener" (AHw 496a); "squire, personal attendant" (CAD K 478). Die in AHw gegebene Lesung für das Wortzeichen SAḪAR < *ṣuḫāru* müssen wir allerdings für Alalaḫ ablehnen, da wir hier als Wortzeichen für letzteres das Zeichen DUMU = TUR vorfanden. Zur Literatur über Lesung, Deutung und Funktion des Wortes und des bezeichneten Berufsstandes siehe E.M. von Dassow, 327-329, die sich allerdings für die Vorkommen in Schicht VII zwischen "squire" und "chariot-driver" nicht eindeutig festlegt, und G. del Olmo Lete/J. Sanmartín, DLU, 233 s.v. *kzy*.

[697] Das Wort ist in Ugarit mehrfach belegt: KTU 4.68:62; 4.99:10; 4.126:14; 4.222:3. Die ersten drei Stellen bieten die *kzym* in einer Liste von etwa denselben Berufen wie Text 4.68, der im Kolophon als *ṭup-pu* ÉRIN.MEŠ *ša* GIŠ.BAN.MEŠ gekennzeichnet ist und insoweit mit AlT 42.01-42.04 vergleichbar sein könnte. 4.222:3 nennt (allerdings in zerstörtem Kontext) den *rb kzym*, den "chief of the grooms" (C.H. Gordon, UT, 418, Nr. 1215). Dort wird übrigens bereits "(horse)groom" als Bedeutung erwogen. Vgl. neuerdings J.-P. Vita, Ejército, 118-122 "conductor de carro", was mindestens für Alalaḫ kaum zutreffen dürfte.

meint sind. In diesem Zusammenhang ist auf das oben zu Abiṭaba Gesagte zu verweisen: Abiṭaba wird im Zusammenhang mit der Pferdefütterung genannt und einmal explizit als LÚ.TUKU+KUŠ$_7$ bezeichnet.

a) Vorkommen im Normblock[698]

Singular:

2,7: 1 *Zu-uk-ra-ši*
3,5: 1 *Zu-u[k]-ra-ši* LÚ.TUKU+KUŠ$_7$
6,29: 1 *Ša-ak-e-d[a]* LÚ.KUŠ$_7$
7,13: 1 LÚ.*ki-zu A-mu-ru-uḫ-he*
9,18: 1 *Zu-uq-qa-mu* LÚ.KUŠ$_7$ *Am-mu-ri*.KI
11,13: 1 *Z[u-u]k-ra-ši* LÚ.KUŠ$_7$
12,8: 1 *Zu-uk-ra-ši* LÚ.KUŠ$_7$
13,8: 1 *Zu-uk-ra-ši*
16,6: 1 *Zu-uk-ra-ši* LÚ.TUKU+KUŠ$_7$
16,8: 1 LÚ.TUR *A[m-mu-ri*.KI]?? (interlinear: LÚ.K[UŠ$_7$]??
16,9: 10 *We-ri-k[i]-ba* LÚ.KUŠ$_7$
17,6: 1 *Zu-uk-ra-ši* LÚ.KUŠ$_7$
21,22: 10 LÚ.KUŠ$_7$ MAR.TU [
26,8: 3 *Am-mu-uq* LÚ.KUŠ$_7$
26,12: 1 *Zu-uk-ra-ši* LÚ.KUŠ$_7$

Plural:

4,9: 4 LÚ.MEŠ.KUŠ$_7$
5,9: 4 LÚ.MEŠ.KUŠ$_7$
6,22: 4 LÚ.MEŠ.KUŠ$_7$
7,7: 2 LÚ.MEŠ.*ki-zu-ú*
24,8: 4 *a-na* LÚ.MEŠ.*ki-zu-ú*

Textanmerkung:

16,8: Die Ergänzung ist fraglich.

Hier stellen wir fest, daß—ebenso wie bei den LÚ.MEŠ.ŠÀ.GU$_4$—die Texte 4-6 von einer Kleingruppe sprechen, die in direkter Abfolge nacheinander belegt ist. Waren jene in Text 23 noch einmal belegt, so gilt dasselbe hier von Text 24. Es ist dieselbe Folgerung zu ziehen: Die LÚ.MEŠ.KUŠ$_7$, halten sich als Kleingruppe nur während des Winters in Palastnähe auf.

Offenbar wird bei Text 7 nur die Hälfte der Gerste ausgegeben, dies dürfte dafür sprechen, daß die Gruppe in diesem Monat nur etwa zwei Wochen lang zu

[698] Diese und die folgende Tabelle nehmen wiederum die namentlich bekannten Personen gleich mit auf. Es handelt sich um folgende Namen: Ammuq, Enaru, Itada, Jašreda, Kūša, Šak-Addu, Werikiba, Weritalma und Zukraši. Abiṭaba und Ammuwa wurden oben schon behandelt, Zuqqammu werden wir im Zusammenhang mit den Amurritern behandeln.

versorgen war und dann den engeren Palastbereich wieder verließ. Dieser Zusammenhang bestätigt gleichzeitig die Gleichung KUŠ$_{7}$ = *kizû*.
Eine weitere indirekte Bestätigung für die Gleichung KUŠ$_{7}$ = *kizû* finden wir natürlich in der Parallele 9,18 mit 7,13. Der entsprechende Abschnitt von Text 8 ist nicht erhalten, der amurritische Pferdeknecht war offensichtlich während dieser drei Monate in Alalaḫ zu versorgen.
Wo ansonsten einzelne Hirten vorkommen, erhalten sie fast ausschließlich 1 *pa*, das in jedem Fall ihrer persönlichen Versorgung dient. Wir werden das einzelne ebenso wie die Ausnahmen 16,9 und 26,8 bei der Behandlung der jeweiligen Personen zu besprechen haben.

b) Außerhalb des Normblocks [699]

2,21: LÚ.]KUŠ$_{7}$ ŠE.BA
12,21: 7 *We-ri-ki-ba* LÚ.KUŠ$_{7}$ (ZÍZ)
12,22: 5 *Ia-aš-re-e-da* (ZÍZ)
21,27: 1 GÌR LÚ.KUŠ$_{7}$ MAR.TU (ZI.AŠ)
23,24: [2]0 GÌR x x x LÚ.KUŠ$_{7}$ (ZÍZ)
26,27: 1/3 *We-ri-ki-ba* LÚ.KUŠ$_{7}$ ŠU KI.MIN ZÍZ (ZI.AŠ, ZÍZ)
26,28: 4 *Ia-aš-re-e-da* LÚ.KUŠ$_{7}$ (ZI.AŠ)
27,1.2:] LÚ.TUKU+KUŠ$_{7}$ (zwei Einträge: ZI.AŠ)
29,7: 4 *pa* ŠE *a-na* LÚ.M[EŠ.KUŠ$_{7}$]$^{?}$
29,8: 1 *pa* ŠE *a-na Zu-u[k]-ra-ši*
30,14: 12 *Am-mu-u[q* LÚ.KUŠ$_{7}$
33,4:]ANŠE.KUR.RA *a-na We-ri-[ki-ba* (ZI.AŠ)
33,8: *W]e-ri-ki-[ba*
33,10: *We-ri-]ki-ba* LÚ.[KUŠ$_{7}$
35,10: 2 GÌR *E-na-ru* LÚ.KUŠ$_{7}$ (ZÍZ)
35,46: 3 ŠE.BA LÚ.MEŠ.KUŠ$_{7}$.ḪI.A
36,6f: 30 ŠÀ.GAL ANŠE.KUR.RA.ḪI.A *ša* ITI.4.KAM *a-na Ia-aš-re-e-da* (ZI.AŠ)
44,1f: 50 GIŠ.*pa-ri-si ki-ša-nu a-na We-ri-ki-ba* LÚ.KUŠ$_{7}^{!}$
44,3: 1 ŠÀ.GAL ANŠE.ḪI.A *ša We-ri-ki-ba-{ba}* (ZI.AŠ)
44,5: 5 *It-a-da* LÚ.KUŠ$_{7}$ *ša* LÚ.URU.*Bi-ti-in*<.KI> (ZI.AŠ)
44,6: 6 *Ku-ú-sa* LÚ.KUŠ$_{7}$ LÚ.URU.*Bi-ti-in*.KI (ZI.AŠ)
47,16: 2 GÌR LÚ.KUŠ$_{7}$ (?)
48,3: *We-ri]-ki-ba* LÚ.TUKU+KUŠ$_{7}$ (ZI.AŠ)
48,4:] LÚ.TUKU+KUŠ$_{7}$ (ZI.AŠ)
49,3f: 10 ŠÀ.GAL ANŠ[E.KUR].RA.ḪI.A *a-na Ia-aš-[re]-e-da* LÚ.TUKU+KUŠ$_{7}$
49,6f: 2 ⸢ŠÀ.GAL⸣ [ANŠE.KUR.RA.ḪI.A] *a-na Ia-aš-re-e-da* LÚ.TUKU+KUŠ$_{7}$
49,8f: 1 ŠÀ.GAL ANŠE.KUR.RA.ḪI.A *a-na We-ri-ki-ba* LÚ.TUKU+KUŠ$_{7}$

[699] Es handelt sich um Gerste, wenn nichts anderes angeben ist.

54,21f: 2 GIŠ.*pa-ri-si ke-eš-še-nu* ŠÀ.GAL ANŠE.KUR.RA.ḪI.A *We-ri-ki-ba*
58,1: 20 *pa* ŠE.A.AM Á LÚ.KUŠ$_7$
78,9: 1 GÌR LÚ.KUŠ$_7$ *ša* MAR.TU.KI
78,10f: x GÌR *We-ri-ki-ba* LÚ.KUŠ$_7$ (ŠE$^?$)
86,3: 3 *We-ri-[ki-ba* (?)

Außerhalb der Getreidelieferlisten ist LÚ.KUŠ$_7$ in 30.05,25f belegt. Dort sind 2 LÚ.MEŠ.KUŠ$_7$ Zeugen eines Schuldvorgangs. Beachtenswert ist dabei, daß deren Namen als LÚ.MEŠ.KUŠ$_7$ sonst nicht mehr belegt sind. Dies dürfte darauf zurückzuführen sein, daß der Vorgang offenbar in der Stadt A(w)irraše, also außerhalb von Alalaḫ, spielte. Dieser Ort [700] dürfte—wie wir oben sahen—am Rande des Einflußgebietes von Alalaḫ und mithin am Rande des Interesses der Palastverwaltung gelegen haben. Wir dürfen demnach folgern, daß die dort erwähnten *kizû* wahrscheinlich dem Palast von Alalaḫ nicht direkt unterstanden.

Amurru

Die beiden einzigen Erweiterungen bestehen offenbar in den Hinweisen auf die Stadt Bitin und auf Amurru. Da es sich bei der Anwesenheit von Menschen aus Bitin offenbar um eine Gesandtschaft handelt, der weite Teile mehrerer Tafeln gewidmet sind (44-46), behandeln wir diese im Kontext der entsprechenden Normblöcke (14f). Zur Verbreiterung unserer Argumentationsbasis über die LÚ.MEŠ.KUŠ$_7$ müssen wir jetzt das Material für Amurru/MAR.TU [701] zusammenstellen:

a) Normblock

2,14: x [ŠÀ.GAL] ANŠE.KUR.RA.ḪI.A *ša* MAR.TU
7,13: 1 LÚ.*ki-zu A-mu-ru-uḫ-he*
9,18: 1 *Zu-uq-qa-mu* LÚ.KUŠ$_7$ *Am-mu-ri*.KI
10,21: 5 ŠÀ.GAL ANŠE.KUR.RA.ḪI.A *ša* MAR.TU.KI
10,28: 5 ŠÀ.GAL ANŠE.KUR.RA.ḪI.A *ša* MAR.TU.KI ITI *Ki-ra-ri*
16,8: 1 LÚ.TUR *Am-[mu-ri*.KI] (interlinear: LÚ.K[UŠ$_7$) (hierher?)
20,18: 3 ŠÀ.GAL ANŠE.KUR.RA *ša* MAR.TU

---

[700] Vf., UF 23, 416; ders., UF 30; 845f, Nr. 26; E. Gaál, AcAnt 30, 7f. nimmt die Vorgänge als Beleg dafür, daß der Ort "was a privately owned town, it did not belong to the system of the royal household".

[701] Die Literatur zu diesem Begriff ist uferlos. Als einige Beispiele seien—neben jeder Geschichte des Alten Orients, Syriens oder Israels—genannt: A. Haidar, MANE 1; die Lexikonartikel in RlA (E. Honigmann/E. Forrer, RlA 1,99-103; A. Jirku, RlA 2, 362-367 (älterer Forschungsstand)); D.O. Edzard, RlA 7, 438-440 (v.a §2 "Ergänzende Literaturangaben zu Amurru" 439f), G.E. Mendenhall, ABD I, G. Bucellati, OxEncANE 1. Kompliziert wird die Debatte natürlich dadurch, daß das AT gelegentlich die vorisraelischen Bewohner Palästinas als *ʾmry* bezeichnet. Dem dürfte jedoch—ähnlich wie bei der Nennung von Hethitern und Hurritern—höchstens eine historische Reminiszenz, keineswegs aber historische Realität zukommen.

21,22:10 LÚ.KUŠ$_7$ MAR.TU [
26,11: 2 ŠE.BA LÚ.SIPA *ša* ANŠE.KUR.RA MAR.TU

b) außerhalb [702]

10,36: 2 ŠÀ.GAL ANŠE.KUR.RA.ḪI.A *ša* MAR.TU.K[I] (ZI.AŠ)
10,38: 2 ŠÀ.GAL ANŠE.KUR.RA.ḪI.A *ša* MAR.TU.KI (ZI.AŠ)
20,30: 1 ŠÀ.GAL ANŠE.KUR.RA *ša* MAR.TU (ZI.AŠ)
21,27: 1 GÌR LÚ.KUŠ$_7$ MAR.TU (ZI.AŠ)
34,16:] LÚ.MAR.TU.KI
35,28: 9 GÌR LÚ.MEŠ.ŠAMAN.LÁ [703] *ša i-na* KUR.MAR.TU *it-ti* PN *il-li-ku* (ZÍZ)
35,49: 5 ŠÀ.GAL ANŠE.KUR.RA *ša* MAR.TU.KI
35,53: 1 GÌR LÚ.MEŠ.ŠAMAN.LÁ *ša* MAR.TU.KI
35,71: 5 ŠÀ.GAL ANŠ[E.KUR.R]A *ša* MAR.TU.KI (ZI.AŠ)
35,75: GÌR LÚ.MEŠ.ŠAMAN.LÁ *ša* MAR.TU.KI (ZI.AŠ)
36,16: 8 ŠÀ.GAL ANŠE.KUR.RA.ḪI.A *ša* MAR.TU. (ZI.AŠ)
50,1f:] ŠÀ.[GA]L ANŠE.KUR.RA ⌜*ša*⌝ M[AR.TU]
50,21: [ANŠE.KUR.RA.Ḫ]I.A [MAR.TU] (ZI.AŠ)
51,3: ⌞4 ŠÀ.GAL ANŠE.KUR.RA.ḪI.A⌟ *š[a* \ [MAR.TU.KI]$^?$ (ZI.AŠ)
54,12: 5 GÌR LÚ.SIMUG *ša A-mu-ur-ri-im* (ZÍZ)
55,5: 3 *a-na* LÚ.TUR *A-mu-ri* (ZI.AŠ)
55,10: 1 *pa a-na* LÚ.TUR *A-mu-ur-ri* (ŠE$^?$)
65,1f: 20 *pa-ri-si* ŠE.A.AM *a-na* LÚ.SIMUG *ša* MAR.TU
78,7f: 5 ŠÀ.GAL ANŠE.KUR.RA TUR *ša* MAR.TU.KI
78,9: 1 GÌR LÚ.KUŠ$_7$ *ša* MAR.TU.KI

• Das Gentilizium ist in Alalaḫ VII ausschließlich in den Getreidelieferlisten belegt. Von 29 Belegen sind ein knappes Drittel, nämlich neun, im Normblock situiert.

• In den allermeisten Fällen ist Amurru mit Pferden in Verbindung gebracht. Hiervon gibt es nur zwei Ausnahmen: den Schmied von 54,12; 65,1f. und die Gesandtschaft, die in Text 35 mit Amurru ausgetauscht wird. Die Form des Zeichens SIMUG entspricht der von 20,25. Im übrigen erhält der dort belegte Arammara SIMUG in 67,8f ebenfalls 5 *pa* ZÍZ. Da er in 67,3 ebenso wie in 20,19 10 *pa* Gerste erhält, spricht einiges für eine Gleichsetzung. Er dürfte dann wiederum identisch sein mit dem Schmied aus 65,1f. Alle Texte entstammen drei aufeinanderfolgenden Monaten.

---

[702] Wo keine Ware angegeben ist, handelt es sich wiederum um Gerste.

[703] Die Funktion des *šamallû* bedarf weiterer Erörterung. Die Wörterbücher geben "apprentice" (G. Giacumakis, 102) bzw. "'Beutelträger', Gehilfe" (AHw 1153b, *sub* 1: "des *tamkārum*"), vgl auch G. Steiner, Iraq 39, 13: "Handelsagent", was hier vorzuziehen sein dürfte. Das Lexem kommt in Alalaḫ VII nur in diesem Text vor.

• Bei den Pferden wird fünfmal die Person LÚ.KUŠ$_7$ MAR.TU erwähnt, viermal die des LÚ.TUR Amurri. Letzterer kommt zweimal in Text 55 vor. Er dürfte daher, da Text 55 zeitlich ziemlich nahe bei Text 21 steht, mit dem LÚ.KUŠ$_7$ gleichzusetzen sein. Hierfür spricht auch, daß beide Personen mehrfach doppelt auftreten [704], so daß unsere Lesung in 16,8 von hier eine gewisse Stützung erfährt. Folglich ist auch für 78,7-9 die Gleichsetzung beider Personen anzunehmen [705].

Der Unterschied dürfte ein funktionaler sein: Die soziale Stellung dessen, der die Pferde füttert, ist die eines (LÚ.)TUR, als Beruf des Amurriters wird LÚ.KUŠ$_7$ angegeben. Allerdings stimmt das Verhältnis von Gerste und ZI.AŠ jeweils nicht überein. In Text 21 liegt es bei 10:1, wobei hier keine Pferde genannt sind, in Text 55 bei 3:1 ebenfalls ohne Nennung von Pferden, und in Text 78 wird nur Gerste ausgegeben, und zwar 5 *pa* zur Pferdefütterung und 1 *pa* zur Versorgung des Knechtes.

• Der Begriff "Pferdehirt" kommt in Verbindung mit Amurritern nie im Plural vor.

• Der einzige namentlich genannte Pferdehirt ist Zuqqammu (9,18). Offenbar gehört er zu einer während der Zeit von Text 9 und 10 in Alalaḫ anwesenden Gruppe, zumal in diesen beiden Texten je 5 *pa* Gerste und 2 *pa* ZI.AŠ zur Fütterung der MAR.TU-Pferde ausgegeben werden.

• Alle anderen Belege für Amurri sprechen von Pferden, die gefüttert werden, es gibt—der eben genannte Zuqqammu könnte die einzige Ausnahme darstellen—keinen direkten Beleg dafür, daß ein Amurriter ein amurritisches Pferd versorgt [706].

• Die Monate, während derer Amurriter in der Stadt sind, sind also (von der offenbar einmaligen Gelegenheit in Text 35 und vom Schmied abgesehen) über fast die gesamte belegte Zeit verteilt, jedoch nicht in der Weise, daß sich eine jahreszeitliche Verteilung angeben ließe. Es ist daher anzunehmen, daß die Amurriter nur gelegentlich in Alalaḫ anwesend sind, was wiederum stark in die Richtung "Händler" weist [707].

---

[704] 21,22.27; 55,5+10 und dann auch 78,7f+9.

[705] Keine Parallelstelle haben somit lediglich 7,13 und 9,18. Dies wird im einen Fall daran liegen, daß die Person namentlich genannt ist und somit als Person und nicht als Funktionsträger zu erachten ist. Dabei sind immerhin in Text 10 noch MAR.TU Pferde erwähnt, von denen mindestens eines dem Zuqqammu unterstellt gewesen sein könnte. In Text 7 ist auch an den Erhaltungszustand zu denken. Übrigens nennen beide Stellen im Normblock jeweils 1 *pa* Gerste, so daß wir hier von persönlicher Versorgung auszugehen haben, was auch für 16,8 gelten dürfte.

[706] Text 78 spricht auffälligerweise nicht von ANŠE.KUR.RA MAR.TU.

[707] Die Verteilung in 9,21; 10,28.36.38 legt nahe, daß in beiden Monaten die MAR.TU Pferde 5 *pa* Gerste und 2 *pa* ZI.AŠ erhalten, von denen die Pferde unter der Verwaltung des Nunikiyašu (10,19.31) zu trennen sind. Wir haben es also mit amurritischen Pferden zu tun, die zeitweise in Alalaḫ von der Palastwirtschaft versorgt werden mußten.

Gleichzeitig wird deutlich, daß Amurru sicherlich eine geographische und jedenfalls auch politisch präzise Größe bezeichnet, die für die Ausgabestelle offenbar durch den Terminius hinreichend genau definiert war, ohne daß wir heute noch anzugeben vermöchten, was genau gemeint sein könnte [708], zumal die Bezeichnung für diese staatliche Größe offenbar im Lauf der Zeit nicht immer an einem Ort verhaftet war.

Wir gelangen also zu dem Ergebnis, daß "Amurriter" als Personen immer wieder, aber jeweils nur kurzfristig in Alalaḫ sind und nicht vorschnell mit den amurritischen Pferden in Verbindung gebracht werden dürfen. [709]
Diese Pferde kommen in den Texten 2; 10; 20; 35; 36; 50; 51 und 78 vor, d.h. relativ unregelmäßig über die Zeit verteilt. Wir stehen nun vor dem Dilemma, entweder eine jeweils nur kurze Anwesenheit amurritischer Pferde in der Stadt annehmen zu müssen und so den Charakter von Text 36 als einer Sammeltafel zu vernachlässigen oder aber die Sammeltafel als Indiz für eine permanente Anwesenheit der Tiere zu werten und uns so das Problem einzuhandeln, weshalb verschiedene Monate dennoch Einzeleinträge bieten. Die Erklärung hat davon auszugehen, daß—abgesehen von Text 36—alle [710] Texte die Amurru-Pferde paarweise führen: Es werden jeweils ZI.AŠ *und* ŠE ausgegeben. Dasselbe dürfte dann natürlich auch für die Sammeltafel anzunehmen sein [711]. Wir können dem entgegenhalten, daß die Nennung der MAR.TU-Pferde in Text 36 in dem Teil liegt, der nicht von Sammeltafeln spricht. Wir haben uns daher umzusehen nach einer entsprechenden Lieferung, die—abgesehen davon, daß offenbar auch hier ZI.AŠ ausgegeben wird—in der Stelle 51,3 gegeben sein könnte.
Zusammenfassend wird die Antwort also lauten: Auch amurritische Pferde hielten sich nur kurzfristig in der Stadt auf, sie werden jeweils einzeln versorgt, und zwar mit Gerste u n d ZI.AŠ. Dies spricht dann gegen eine Pferderassenbezeichnung und eher für Gesandtschaften aus der entsprechenden Region.

---

[708] M. Bonechi, MémNABU 1, 10 zitiert den Māri-Brief A. 2760, der neben Ḫazor und Qaṭna Boten von vier amurritischen Königen nennt (Šamši-Addu Zeit). G. Pettinato, OLA 65, 229-243 weist das Bestehen einer solchen politischen Größe ("non allo stato nomade bensì sedentari strutturati in regno", 243) schon eblazeitlich nach und vermutet sie "a sud-est di Ebla, nell'area geografica del Gebel Bišri" (242). Zum Königreich von Amurru in der Amarnazeit und später vgl. z.B. J. Aboud, FARG 27, 54-56; H. Klengel, History, 160-174: "located between the coast of the Mediterranean Sea and the plain of Homs" (161).

[709] Ein Pferdeknecht aus Amurru wird sich sicherlich um die Pferde zu kümmern haben, die seiner Gesandtschaft zugehören. Natürlich kann es sich dabei auch um amurritische Pferde handeln, doch steht dies nicht explizit da. Umgekehrt können amurritische Pferde ohne die Gegenwart eines Amurriters nach Alalaḫ gekommen sein, wenn es sich um eine Gattungsbezeichnung handelt.

[710] Abgesehen von Text 2, wo eine ZI.AŠ-Passage ganz fehlt, zu Text 51 siehe gleich.

[711] Es wäre eine fragwürdige Behauptung, wenn wir davon ausgehen wollten, daß die Pferdesorte jeweils zweierlei Waren erhält, nur in Text 36 nicht.

Andere LÚ.MEŠ.*kizû*

Kehren wir nun zurück zu den LÚ.MEŠ.*kizû*. Neben den Amurritern, die aus den genannten Gründen nicht zum engeren Kreis der Palastwirtschaft zu stellen sind, haben wir nun die oben genannten Personen [712] einzeln zu analysieren.

Jašreda:

Diese Person ist insgesamt fünfmal [713] belegt:

12,22: 5 *Ia-aš-re-e-da* (ZI.AŠ)
26,28: 4 *Ia-aš-re-e-da* LÚ.KUŠ$_7$ (ZI.AŠ)
36,6: 30 ŠÀ.GAL ANŠE.KUR.RA *ša* ITI.4.KAM *a-na Ia-aš-re-e-da* (ZI.AŠ)
49,3f: 10 ŠÀ.GAL ANŠ[E.KUR].RA.ḪI.A
a-na Ia-aš-[*re*]*-e-da* LÚ.TUKU+KUŠ$_7$ (ŠE)
49,6f: 2 ⌜ŠÀ.GAL⌝ [ANŠE.KUR.RA.ḪI.A]
a-na Ia-aš-re-e-da LÚ.TUKU+KUŠ$_7$ (ZI.AŠ)

Jašreda gehört also zu den Personen, die nicht jeden Monat eine Lieferung erhalten, sondern mit dem, was sie gelegentlich erhalten, über einen gewissen Zeitraum auskommen müssen. Da er in Text 36 eine Lieferung zur Fütterung der Pferde bekommt, dürfte er zu den Personen gehören, die mit der Stallfütterung der Pferde beauftragt sind. Wir dürfen hieraus die Folgerung ziehen, daß er nicht zu den Hirten gehört—er wird nicht als LÚ.SIPA bezeichnet und hat auch keinerlei Beziehung zu Nunikiyašu, so daß wohl anzunehmen ist, daß die Bezeichnung des LÚ.KÚŠ$_7$ eher in die engere Palastwirtschaft gehört. Die Verteilung der ihm persönlich zugewendeten Lieferungen bestätigt die oben geäußerte Vermutung, daß die LÚ.MEŠ.*kizû* und die *kullizû* strukturell vergleichbar sind: Jašreda erhält eine Lieferung im Niqali B für fünf Monate, die also für die Zeit bis etwa zum Šatalli B gedacht ist, wo er (Text 49) wiederum versorgt wird. Diese Lieferung von immerhin 10 *pa* ŠE—sonst erhält er nur ZI.AŠ—deckt dann die Zeit ab bis zum Pagri C. Die nunmehr ausgegebenen 4 *pa* reichen über die Zeit des Archivs hinaus.

Die Funktion Jašredas liegt also darin, Pferde zu betreuen, die nicht direkt am Palast anwesend sind, andererseits ist er offenbar auch nicht weit genug entfernt, um eine Jahreslieferung zu erhalten.

Ferner beobachten wir hier wiederum, daß ein- und derselbe Personenname einmal im Zusammenhang mit Pferdefütterung, andererseits mit der Qualifikation LÚ.KUŠ$_7$ erscheint. Unsere Deutung des Logogramms als "Pferdeknecht" dürfte also gerechtfertigt sein.

---

712 Išma-Addu ist dabei zu unsicher, um hier weiter erörtert zu werden, s.o. S. 333.

713 Für die Erwähnung eines *Ja-še-re-da* in 42.05,5 dürfte (abgesehen von der differierenden Schreibung) das oben (FN 614) zu 42.05,10 zu Abiṭaba Gesagte gelten.

Werikiba:
Hier sind die Belege auszuschließen, in denen der Personenname anders als mit LÚ.KUŠ$_7$ näherbestimmt ist.[714] Ebenso dürfte der Zeuge Werikiba *ša* AN.ZA.QAR (21.04,27)[715] schon aus chronologischen Gründen kaum in Frage kommen.

22.02,19: Der Zeuge, der mit Zunna belegt ist, ist wohl der SUKKAL.
31.12,13: dto.

Somit bleiben ausschließlich Belege aus den Getreidelieferlisten übrig:
12,21: 7 *We-ri-ki-ba* LÚ.KUŠ$_7$ (ZI.AŠ)
16,9: 10 *We-ri-ki-ba* LÚ.[KUŠ$_7$] (ŠE)
26,27:1/3 *We-ri-ki-ba* LÚ.KUŠ$_7$ *šu* KI.MIN ZÍZ (ZI.AŠ; ZÍZ)
33,4:]ANŠE.KUR.RA *a-na We-ri-[ki-ba* (ZI.AŠ)
33,8: *W]e-ri-ki-[ba* (ŠE)
33,10: *We-ri]-ki-ba*! LÚ.KUŠ$_7$ (ŠE)
44,1f: 50 GIŠ.*pa-ri-si ki-ša-nu a-na We-ri-ki-ba* LÚ.KUŠ$_7$!
44,3: 1 ŠA.GAL ANŠE.ḪI.A *ša We-ri-ki-ba-{ba}* (Gerste)
48,3: *We-ri-]ki-ba* LÚ.TUKU+KUŠ$_7$ (ZI.AŠ)
49,8f: 1 ŠÀ.GAL ANŠE.KUR.RA.ḪI.A
a-na We-ri-ki-ba LÚ.TUKU+KUŠ$_7$ (ZI.AŠ)
54,21f: 2 GIŠ.*pa-ri-si ke-eš-še-nu* ŠÀ.GAL ANŠE.KUR.RA.ḪI.A
We-ri-ki-ba (ZI.AŠ)
78,10: x GÌR *We-ri-ki-ba* LÚ.KUŠ$_7$ (ŠE)
86,3: 3 *We-ri-[ki-ba* (Gerste)

Textanmerkung:
44,3: {*ba*} ist irrtümlich wiederholt.

Eine sichere Datierung ist bei den letzten beiden Texten nicht möglich, doch ist Werikiba zwischen dem Niqali B und dem Pagri C relativ konstant vertreten. Angesichts der Variationen in den Mengen ist denkbar, daß er während dieser Zeit zwar zum ständigen Personal des Palastes gehörte, andererseits aber für wechselnde Aufgaben eingesetzt war. Die Menge von 50 *pa* ZI.AŠ legt sogar die Vermutung nahe, daß hier eine Auswärtslieferung[716] vorliegen könnte. Ziehen wir allerdings in Betracht, daß im Kontext mehrfach der Troß aus Bitin und seine Pferdeknechte zur Sprache kommen, dürfte eher anzunehmen sein, daß

---

[714] 22.01,24 als *ḫazannu*; 22.09 H 20; 31.01 H 18; 31.08,9; als SUKKAL.

[715] Es kann in diesem Fall offen bleiben, ob es sich um einen "Turm", eine "Kelter", eine "Festung" oder um eine Form des Wortes "stark" handelt (vgl. zu weiterer Literatur AOAT 20/6, 952; D. Michaux-Colombot, UF 29; M. Heltzer, UF 31).

[716] Vgl. die Nennung des Zauta in Z.8 und des LÚ.URU.Bitin (mehrfach).

Werikiba mitunter für die Betreuung auswärtiger Gesandtschaften zuständig war [717]. Auf diese Weise lassen sich die zwei Anomalien in Text 44 zwanglos erklären: Zum einem die erstaunlich hohe Menge *kiššānu* in Z.1 und zum anderen die Tatsache, daß Werikiba, der *Pferde*knecht, in Z. 3 Lieferungen zur Fütterung von *Eseln* entgegennimmt.

Zukraši:

Der in 21.01,27 belegte Zukraši UGULA NAR.MEŠ [718] ist hier nicht in die Betrachtung mit einzubeziehen [719].

2,7: 1 *Zu-uk-ra-ši*
3,5: 1 *Zu-u[k]-ra-ši* LÚ.TUKU+KUŠ$_7$
11,13: 1 *Z[u-uk]-ra-ši* LÚ.KUŠ$_7$
12,8: 1 *Zu-uk-ra-ši* LÚ.KUŠ$_7$
13,8: 1 *Zu-uk-ra-ši*
16,6: 1 *Zu-uk-ra-ši* LÚ.TUKU+KUŠ$_7$
17,6: 1 *Zu-uk-ra-ši* LÚ.KUŠ$_7$
26,12: 1 *Zu-uk-ra-ši* LÚ.KUŠ$_7$
29,8: 1 *pa* ŠE *a-na Zu-u[k]-ra-ši*
48,8:] ŠÀ.GAL ANŠE.ḪI.A *ša Zu-uk-ra-ši*
78,15f: [1] GÌR *Zu-uk-ra-še*

Hier erhalten wir also ein relativ eindeutiges Ergebnis: Der Name Zukraši tritt—abgesehen von 78,15—an allen Belegstellen in der Graphik *Zu-uk-ra-ši* auf. Er erhält stets (abgesehen von 48,8, wo die Lieferung nicht für ihn, sondern zur Fütterung seines Esels bestimmt ist) 1 *pa* Gerste. Die Schreibung *-ra-še* in 78,15f deutet wohl lediglich auf eine leichte Abtönung des /i/ hin und sollte wohl nicht allzusehr problematisiert werden [720]. Allerdings erinnert uns das bisweilige Auftreten eines derartigen Phänomens daran, daß die Phonologie altorientalischer Personennamen keine exakte Repräsentation in der keilschriftlichen Wiedergabe findet, sondern im Einzelfall sorgfältig studiert werden muß [721].

---

[717] Vgl. den Troß aus Tunip in Text 26.

[718] Siehe oben Kap. III zur Chronologie und vgl. G. Bunnens, AbrNahr 32, 96f der UGULA SANGA.MEŠ lesen möchte.

[719] Die Stelle 30,19 (1 *Zu-ḫe-ra-ši*) dürfte eine andere Person (desselben Namens?) meinen, da die Schreibung ungewöhnlich wäre und Zukraši sonst keinen ZI.AŠ entgegennimmt.

[720] Die Stelle weicht noch dahingehend ab, daß nur hier die Präposition GÌR vor Zukraši steht.

[721] Angesichts der Vielzahl von PNN in unterschiedlichen, jeweils phonologisch relevanten Schreibweisen erscheint es doch etwas summarisch, wenn G. Giacumakis, 28, die PNN aus der Betrachtung mit der Bemerkung ausschließt: "The linguistic phenomena in names do not always have a direct bearing on the speech of the people."

Die Tatsache, daß Zukraši stets 1 *pa* Gerste erhält, spricht dafür, daß diese Auszahlung zu seiner persönlichen Versorgung erfolgt. Dies läßt sich auch aus der Tatsache ableiten, daß acht von elf Belegen im Normblock stehen.
Die räumliche Nähe, die in den Texten bisweilen zu Zirri besteht [722], dürfte weniger auf eine inhaltliche Vergleichbarkeit zurückzuführen sein als vielmehr darauf, daß beide Personen hier sozusagen "Privatzahlungen" erhalten und daher assoziativ zusammengedacht werden konnten. Dies gilt umsomehr, wenn die jeweiligen Texte gleichzeitig abgefaßt wurden.
Die zeitliche Verteilung fordert die Frage, ob Zukraši ebenfalls nicht dauerhaft in Alalaḫ anwesend war. In jedem Fall ist ein Schwergewicht seiner Präsenz während des Winters feststellbar: Die Texte 2+3 (etwa November/Dezember); Texte 16+17 (etwa Januar/Februar) und Text 26 (etwa Dezember). Zusätzlich wird er während der Monate Aštabi bis Pagri versorgt. Eine zusätzliche Lieferung für seine Esel erhält er in Text 48 (parallel Text 16). Da Text 29 parallel zu Text 11 liegt, werden wir zu vermuten haben, daß diese Lieferung ebenfalls den Tieren zugute kommt [723].

Erinnern wir uns nun an die Belege für den Plural von LÚ.KUŠ$_7$, so fällt auf, daß kein einziger Beleg existiert, in dem die LÚ.MEŠ.KUŠ$_7$ parallel zu Zukraši vorkommen. Dies wird man wohl so zu deuten haben, daß Zukraši (neben Werikiba) der einzige relativ dauerhaft in Alalaḫ angestellte Pferdeknecht war. Kommen weitere Kollegen vor, so dürfte Zukraši unter den Plural subsumiert worden sein, so daß seine Versorgung über die gesamte Zeit hinweg offenbar doch gesichert ist.

Ammuq: [724]
Dieser Personenname kommt nur zweimal vor. Die zugehörige Person erhält in 30,14 eine Jahreslieferung von 12 *pa* (vermutlich Gerste) und etwas über ein Jahr später (26,8) weitere 3 *pa* Gerste. Auch hier ist von einer relativen Entfernung zum Palast auszugehen, die für diese *kizû* festzustellen ist. Offen bleibt, weshalb er in Text 26 nicht erneut eine Jahreslieferung erhält. Vielleicht war seine Dienstzeit abgelaufen oder die bevorstehende Auseinandersetzung mit den Hethitern ließ eine Tätigkeit auf weit entfernten Außenposten nicht mehr zu.

---

[722] In den Texten 3; 11; 12; 13; 16; 17.

[723] Es läge nahe, daß diese Zusatzlieferung jeweils zu Beginn einer Anwesenheitsperiode erfolgt, so daß Text 78 dann entweder parallel zu Text 2 oder zu Text 26 gehört, doch läßt sich dies nicht weiter substantiieren.

[724] Der Personenname klingt außergewöhnlich. Im Hintergrund könnte das Namensbildungselement *emūqu* (J.J. Stamm, MVAeG 44, 212) und/oder die westsemitische Wurzel ᶜ*MQ* II "stark sein" stehen. D. Arnaud, AuOr 16, 144 möchte das zweite Zeichen mit überhängendem Vokal lesen, doch überzeugt seine Lesung nicht, da er für dieses Phänomen für Schicht VII als "exemples les moins discutables" nur vier Stellen nennt, davon zwei mit Vorbehalt. Neben unserer Stelle bleibt nur 22.06,10 (*ṭa-aba*) übrig, was wir allerdings oben (Kap II zur Stelle) schon zurückgewiesen hatten.

Šak-eda:
Dieser Name ist nur in Text 6,29 belegt. Da er lediglich das eine Versorgungs*pa* entgegennimmt, dürfte er kein Alalaḫianer gewesen sein, sondern zu einer auswärtigen Gesandtschaft, vermutlich also zur Entourage, der Timunna gehören.

Enaru:
Enaru ist nur in 35,10 mit 2 *pa* Emmer belegt. Er dürfte zum Troß von Emar gehören, da der "Mundschenk aus Emar" direkt zuvor belegt ist und wir sonst keinen Hinweis auf die Versorgung der emariotischen Pferde haben.

Itada, Kūša:
Diese beiden Pferdeknechte sind nur in 44,5.6 belegt. Die Apposition (*ša*) LÚ.URU.*Bitin* macht deutlich, daß es sich um eine einmalige Angelegenheit aus Anlaß der Gesandtschaft aus Bitin handelt.

Zusammenfassung
• Die graphische Variante LÚ.TUKU+KUŠ$_7$ unterscheidet sich inhaltlich offenbar nicht von einfachem LÚ.KUŠ$_7$, da beide Formen bei denselben Personen *promiscue* gebraucht werden, ohne daß wir einen funktionalen Unterschied feststellen konnten.
• Das Verhältnis von LÚ.KUŠ$_7$ zu LÚ.SIPA ist wohl dahingehend zu verstehen, daß LÚ.SIPA eher in den Sektor "auswärtige Beziehungen" gehört, LÚ.KUŠ$_7$ demgegenüber eher den Pferdeknecht im Palast oder dessen näherer Umgebung bezeichnet. Wo auswärtige Personen mit pferdebetreuendem Personal belegt sind, handelt es sich grundsätzlich um LÚ.KUŠ$_7$. Dabei fällt auf, daß der Begriff des *kizû* etwas schillernder ist als der des "Hirten", m.a.W. im Rahmen der Dreiteilung der Wirtschaftsbereiche, die wir festgestellt hatten, läßt sich das Wort nicht auf einen Bereich einengen. Funktional deckt es ein vergleichsweise breites Spektrum ab: vom einfachen Pferdewart, der namenlos bleibt, über den Begleiter bei Reisen bis hin zu Werikiba, der im Bereich der Pferdehaltung als Betreuer dieser Gesandtschaften einen relativ hohen Status innehat.

Exkurs: Die Esel in den Texten aus Alalaḫ VII

Es bietet sich an, zum Abschluß dieses Kapitels nach der Erörterung der Pferde auch die belegten Esel [725] exkursartig zusammenzustellen [726]. Das Maultier

---

[725] Wir gehen für diese Zeit davon aus, daß es sich um zahme Hausesel und nicht um den Onager handelt. *pirû* kommt als Lesung wegen der LÚ.MEŠ.*pí-ri-im* in Frage, ist aber nicht beweisbar. Vgl. zu Eseln und Onagern W. Nagel u.a., AoF 26, v.a. 156-163.

[726] Vgl. E.Gaál, AUSB 13, 287f, der einen Teil der Belegstellen knapp aufführt und zusammenfaßt: "They (die Esel, F.Z.) were important pack- and saddle-animals, but these data cannot give exact information on their number partly because they do not require special feeding". G. Bunnens, BAfO 19, 78f.81 möchte eine regionale Verteilung zwischen Pferden und Eseln als Haupttransport- und Reittieren ansetzen, doch dürfte dies

ANŠE.GÚR.NUN (35,59) soll indessen nicht weiter erörtert werden, da es sich um einen vereinzelten Beleg handelt, der im Zusammenhang mit mehreren Eseln auftritt. Man denkt sich sein Vorkommen wohl am einfachsten so, daß in der Equidenherde des Königs aus Naštarwe neben etlichen Eseln eben auch ein Maultier mitgeführt wurde. Diese Deutung widerrät auch der Lesung W.G. Lamberts [727], der DÀRA.MAŠ "Hirsch" lesen will: Es ist unmittelbar einleuchtend, daß neben Eseln ein Maultier belegt ist, ein Hirsch wird sich kaum in dieses Umfeld einfügen lassen [728].

Die Übersicht der Belege zu den Eseln zeigt, daß diese Tiere im Archiv der Schicht VII nur in den Getreidelieferlisten vorkommen. Die einzige Ausnahme hiervon ist Text 43.09,21:

1 GÍN LÚ.TUR UGULA.AGA.UŠ *ša* ANŠE.ḪI.A *ú-še-lu-ú*
"1 Šeqel an den Knecht des 'Generals', der die Esel heraufbrachte"

Es handelt sich bei diesem Text um eine Verbuchungsliste Verbaltyp, bei der auffällt, daß mehrere Einträge Silber nennen, das nach auswärts geht (Ebla: Z. 5; Apišal: Z. 8; Aleppo: Z. 19). Oftmals sind die Empfänger nicht Letztverbraucher des Geldes, sondern Treuhänder für die Weitergabe an Dritte oder einen angegebenen Zweck. Hieraus ist die Folgerung zu ziehen, daß in Z. 21 ein analoger Vorgang vorliegt. Um den Kaufpreis für die Tiere dürfte es sich nicht handeln, da die in Frage stehende Summe zu niedrig ist [729]. Wenn man nicht annehmen möchte, daß der Überbringer der Tiere Bargeld erhält und dafür seine Versorgung selbst sichern soll, dann könnte die Silbersumme als eine Art Trinkgeld für den UGULA AGA.UŠ zu verstehen sein [730].

Die Belege in den Lieferlisten sind die folgenden:

---

daran scheitern, daß wir a) über die Verhältnisse in den anderen Orten nichts wissen, b) uns umgekehrt die Verhältnisse bei Gesandtschaften von Alalaḫ nach auswärts unbekannt sind und c) in Alalaḫ selbst Pferde und Esel belegt sind.

[727] W.G. Lambert, BASOR 160, 42f.

[728] Die Lesung GAM.MAL (D.J. Wiseman, JCS 13, 28) ist aus historischen Gründen wenig einleuchtend, da die Domestikation des Kamels mindestens im Westen in einer so frühen Zeit noch nicht wahrscheinlich ist: Vgl. W. Heimpel, RlA 5; und R. Walz, ZDMG 101; ders., ZDMG 104; A. Salonen, AASF.B 100, 84-90.

[729] M. Heltzer, Goods, 86f nennt für Esel in Ugarit zwischen 10 und 24-30 Šeqel, was den Preisen in den aufgeführten Nachbarländern etwa entspricht. Am billigsten waren Esel offenbar im Ägypten der 19. Dynastie (umgerechnet 2,5-7 Šeqel) und bei den Hethitern (4-8 Šeqel). Für mehrere Esel ist ein Šeqel in jedem Fall zuwenig.

[730] Hierfür wird eine Quittung ausgestellt worden sein, die dem LÚ.TUR mitgegeben wurde. Dem Palast genügte als Beleg die Eintragung "in die Bücher".

2,11: x ŠÀ.⌜GAL⌝ ANŠE.ḪI.A *ša* LÚ.GURUŠ (ŠE)
3,10: 1 ŠÀ.[GAL A]NŠE.ḪI.A *ša* URU.*E-mar*.KI *a-ba-ti* (ŠE)
3,11: 1 ⌜ŠÀ⌝.GAL [A]NŠE.ḪI.A *ša* URU.*Ṣa-al-wa-ar* (ŠE)
3,13f: 1/2! *pa-ri-si* ZI.AŠ ŠÀ.GAL ANŠE.ḪI.A *ša* URU.*E-mar*.KI (ZI.AŠ)
3,15f: 1/2 ŠÀ.GAL ANŠE.ḪI.A *ša* URU.*Ṣa-al-wa-ar*
6,20: 2 ŠÀ.GAL ANŠE.ḪI.A *ša* DA LUGAL (ŠE)
6,32: 1 ŠÀ.GAL ANŠE.ḪI.A <*ša*> DA LUGAL (ZI.AŠ)
13,12: 1 Šà.GAL ANŠE.ḪI.A URU.*E-mar a-ba-ti* (ŠE)
34,13: [*W*]*a-an-di-ia* UGULA ANŠE??
35,51: 1 ŠÀ.GAL ANŠE.ḪI.A *ša* LUGAL URU.*Na-aš-tar-we* (ŠE)
35,57: 2 ŠÀ.GAL ANŠE.ḪI.A *ša* LUGAL URU.*Na-aš-tar-we*.KI (ZÍZ)
35,58: 1 ŠÀ.GAL ANŠE.ḪI.A *ša* DUMU.A.NI-*šu* (ZÍZ)
35,69: 1/2 ŠÀ.GAL ANŠE.ḪI.A *ša* LUGAL URU.*Na-aš-tar-we* (ZI.AŠ)
35,78: 1/2 ŠÀ.GAL ANŠE *ša Zi-⌜gi-il⌝-de* (ZI.AŠ)
35,78: 1 ŠÀ.GAL ANŠE.ḪI.A *ša Ab-ba* (ZI.AŠ)
44,3: 1 ŠÀ.GAL ANŠE.ḪI.A *ša We-ri-ki-ba*{*-ba*} (ZI.AŠ)
45,1f: 40 GIŠ.*pa-ri*[*-si* ŠE.A.AM] ŠÀ.GAL ANŠE.ḪI.A (ŠE)
45,5: 2 ŠÀ.GAL ANŠE.ḪI.A ⌜LÚ⌝.URU.*Bi-ti-in* (ŠE)
45,7: 30 *pa-ri-si ki-ša-*[*nu*] ŠÀ.GAL ANŠE.ḪI.A
45,10: 1/2 ŠÀ.GAL AN[ŠE.Ḫ]I.A LÚ.URU.*Bi-ti-in* (ZI.AŠ)
48,7: Š]À.GAL ANŠE.ḪI.A
48,8: Š]À.GAL ANŠE.ḪI.A *ša Zu-uk-ra-ši*
52,5: [ ] ANŠE
64,3: 1/3 *pa* ZÍZ *a-na A-bi-ṭa-ba a-na* LÚ.MEŠ.*pí-ri-im*

Textanmerkungen

3,11: Der Ortsname [731] ist nur hier und 42.02,5 belegt. Die Lokalisierung ist umstritten: M.C. Astour [732] vermutete ʿAin Sallur, hat seine Meinung aber geändert und möchte die Stadt nun mit heth. Zanuar [733] (KBo I 11 Rs 25.29) gleichen ("at Koyuncu Hüyuk, near the marshes north of the Lake of Antioch") [734]; E. Gaál [735] macht sich für Kara Ṣu stark, übersieht aber die Stelle.

3,13: Die Untersuchung der Verhältniszahlen zeigt, daß die Lesung 1/2 sein muß, offenbar fehlt irrtümlich ein waagrechter Keil.

34,13: Das ANŠE-Zeichen ist archaisierend.

---

[731] Vgl. Vf., UF 30, 866, Nr. 94.

[732] M.C. Astour, JNES 22, 238.

[733] Zu den Problemen der Lokalisierung des heth. ON vgl. auch G.F. del Monte/J. Tischler, RGTC 6, 41 *sub* Aruna, wo der Ort ebenso wie Bitin an der Grenze zu Kizzuwatna lokalisiert wird.

[734] M.C. Astour, Hittite History, 89 A. 104; vgl. jetzt auch ders., UF 29, 14f.

[735] E. Gaál, AcAnt 30, 37.

Dabei fällt unmittelbar ins Auge, daß die Esel in einem Text zumeist mehrfach vorkommen. In den Texten 2; 34 und 52 dürfte die Ausnahme im Erhaltungszustand begründet sein [736]. Für Text 44,3 hatten wir bereits oben (S. 393f) vermutet, daß es sich um einen Sonderfall handelt, nämlich eine auswärtsbezogene Lieferung an die Menschen aus Bitin; bei Text 13 ließe sich annehmen, daß Emarioten häufiger in der Stadt sind und vielleicht über eigene Einnahmequellen für ihre Esel verfügten [737]. In Text 35 erhalten die Esel des Königs von Naštarbi sogar alle drei Waren, wenngleich die anderen Besitzer nur je einmal erwähnt sind.

Hinzuzunehmen ist die Stelle 64,3: Hier erhält Abiṭaba eine auffällig geringe Menge zur Weitergabe an die LÚ.MEŠ.*pí-ri-im*. Dieser Eintrag ist schon aus grammatikalischen Gründen problematisch, da wir an dieser syntaktischen Position im Eintrag für pluralische Letztverbraucher ein *-ī* oder höchstens ein *-ū* als Endung erwarten sollten. Eher dürfte also ein kollektiver Singular in Frage kommen, obwohl die Mimation in unseren Texten so gut wie nicht mehr geschrieben ist [738], so daß es sich hier wohl um eine akkadographische Schreibweise handelt. Semantisch haben wir anzunehmen, daß diese Personengruppe in irgendeiner Weise in den Arbeitsbereich des Abiṭaba gehört. Wir schlagen daher einen Bezug auf das hebräisch und akkadisch belegte Wort *pirû* [739] vor, das gemeinhin mit "Wildesel", "Onager" übersetzt wird. In diesem Zusammenhang weisen wir hin auf die Formulierung BAR.AN in Ebla [740], die mit diesem Wort zusammenhängen könnte. Dabei könnte die Formulierung *bìr*-BAR.AN nicht (wie L. Milano im Glossar [741] meint) ein "pariglia di equidi" bezeichnen, sondern ein Hinweis auf die Aussprache *pirû* sein. Sollte diese Gleichung mit dem Befund aus Alalaḫ zutreffen, dann legt sich die Vergleichbarkeit des LÚ.*bìr*-BAR.AN (ARET IX 17 r III 5) mit den hier vorfindlichen LÚ.MEŠ.*pirû* nahe [742].

Da allerdings das Wort in Alalaḫ VII nur einmal vorkommt, ist eine präzisere Deutung kaum möglich, doch dürfte es sich um die Aufseher von Eseln handeln, die ja ab und an belegt sind und hier wohl von auswärts stammen dürften. Die geringe Ausgabe für eine Personenmehrheit zeigt, daß es sich wohl nur um einen sehr kurzen Aufenthalt gehalten haben dürfte.

---

[736] 34,13 könnte zudem lediglich die Versorgung des Eselshirten behandeln, vgl. den chronologisch direkt vorangehenden Beleg 24,18.

[737] Der Vergleich mit Text 35 lehrt, daß dies im Pagri offenbar regelmäßig der Fall war.

[738] S.o. Kap IV,2.2.2. *sub* h.

[739] AHw 837a sub *parû*.

[740] Z.B. ARET IX 16 v. I 2;III 10.

[741] ARET IX, 330.

[742] Die semantische Brücke *pirû* "Esel" → LÚ.*pirû* "Mann des Esels" → "Eselshirte" ist gut nachvollziehbar.

Ein Blick auf die belegten Waren lehrt, daß alle drei Pflanzenarten vorkommen, Gerste und ZI.AŠ allerdings signifikant häufiger als Emmer, der nur in Text 35 und in 64,3 belegt ist. Dies entspricht dem Befund bei den Pferden. Bekanntlich sind Esel in ihren Ansprüchen genügsamer als Pferde, so daß bei diesen Tieren eine Verfütterung von Emmer eher in Frage kam.

Wir stellen nun, wo dies möglich ist [743], die Verhältniszahlen zusammen.

Text 3	ŠE:ZI.AŠ	1 : 0,5	2 : 1[a)]
Text 6	ŠE:ZI.AŠ	2 : 1	2 : 1
Text 35	ZÍZ:ŠE:ZI.AŠ	1: 0,5 : 2	4 : 2 : 1
Text 45	ŠE:ZI.AŠ	2 : 0,5	4 : 1
	ŠE:ZI.AŠ	40 : 30	1,33 : 1

[a)]Die Zahlen gelten sowohl für die Esel aus Emar wie auch für die aus Ṣalwar. Hier liegt die sachliche Begründung für unsere Lesung der ausgegebenen Menge in Z. 13: Da nirgendwo die Menge des ZI.AŠ größer als die der Gerste ist und in den allermeisten Fällen das Verhältnis 2:1 ist, muß hier statt "2" das Zeichen "1/2" gelesen werden. So findet auch die Summe Z. 17 eine reibungsfreie Erklärung: Die Summe bezieht sich nicht auf den Gesamttext, sondern lediglich auf die Zeilen 13-16, die durch einen Absatz deutlich vom vorhergehenden getrennt sind. Die Summe lautet also nicht [744] "1 *me* 1/2 GIŠ.*pa*" sondern "1 1/2 1/2 *pa*". Diese Formulierung ist also paraphrasierend zu verstehen als "1 *pa*, 1/2 *pa* und noch einmal 1/2 *pa*".

Es ist also festzustellen, daß in vier von sechs Fällen das Ausgabeverhältnis von Gerste zu ZI.AŠ 2:1 beträgt. Wo Emmer vorkommt, ist das Verhältnis entweder noch größer, oder er ist als einzige Ware für den fraglichen Esel belegt (35,58). Betrachten wir nun die Empfänger, so bemerken wir, daß sehr viele auswärtige Personen Lieferungen zur Fütterung ihrer Esel erhalten: Emarioten, Menschen aus Ṣalwar, aus Naštarbi und aus Bitin [745]. Mit dem LÚ.URU.Bitin [746] beschäftigen sich drei Tafeln (Texte 44-46): Hier behandeln 45,1-12 ausschließlich

---

[743] D.h. wo in ein und demselben Monat dieselben Esel, resp. deren Eigentümer, mit verschiedenen Waren belegbar sind. Um zu einheitlichen Vergleichsbasen zu gelangen, werden die Verhältniszahlen auf der Basis der ZI.AŠ-Lieferung angegeben.

[744] Gegen D.J. Wiseman, JCS 12, 31.

[745] Evtl. auch der Bruder des Mannes aus Tatandi (34,14).

[746] Tell Buṭnan, vgl. M.C. Astour, RHA 36, 16; E. Gaál, AcAnt 30, 14 vermutet, daß es sich um einen eigenen Stadtstaat im Verbund von Jamḫad gehandelt habe (vgl. die Landkarte S. 41).

diese Person und ihre Tiere (Esel und Pferde). Auffällig ist in diesem Text die Verteilung der Tiere über die Zeilen: Sie folgt dem Schema Esel - Pferd - Esel (Z. 1-5), das ab Z. 7 wiederholt wird. Eine Begründung für das nur hier vorfindliche Abweichen der Verhältniszahlen könnte darin liegen, daß in 44,3 Werikiba 1 *pa* ZI.AŠ zur Fütterung eines Esels entgegennimmt. Addieren wir nun dieses *pa* zu dem halben *pa* in 45,10, ergibt sich ein Verhältnis von 2:1,5 = 1,33:1, das genau der anderen Verhältniszahl in Text 45 entspricht.
Die Erörterung der sozialen Stellung der jeweiligen Empfänger ergibt—abgesehen von Zukraši, Werikiba und dem *eṭlu* [747], daß es sich bei den Tierhaltern aus Emar vermutlich um Kaufleute handelt [748], für Bitin und Ṣalwar wird ähnliches gelten. In Text 43.07 wird offenbar ein Prozeß gegen den LÚ.URU.Bitin geführt (*idīnū*), bei dem sich die Phantasie von dem Prozeß aus Ugarit gegen die Händler aus Urra anregen lassen kann [749]. Im Fall der Eselsbesitzer aus Naštarbi handelt es sich sogar um den "König" [750] selbst und seinen Sohn.
Auch die beiden Belege in Text 6 sprechen von Eseln im Zusammenhang mit der königlichen Familie. Die Formulierung *ša* DA LUGAL "die beim König sind" kann prinzipiell den Besitzer oder auch den Aufenthaltsort der Tiere bezeichnen. Eine Kontextanalyse der Formulierung zeigt indessen, daß wir es hier mit einem semantisch genau umrissenen "Sitz im Leben" zu tun haben: Abgesehen von Text 6 kommt die Wendung "*ša* DA LUGAL" nur noch in 69,2 vor, auch hier auf Frauen bezogen. Hier wird kaum von "Besitz" die Rede sein, es geht vielmehr darum, eine Relation aufzuzeigen. Es ist wohl anzunehmen (vgl. unten Kap. V,2.6.1), daß es sich bei den Frauen *ša* DA LUGAL in beiden Fällen um die Entourage der Timunna handelt. Folglich liegt es nahe, daß mit den Eseln *ša* DA LUGAL ebenfalls um Reit- und Lasttiere dieser Personen-

---

[747] *eṭlu*/LÚ.GURUŠ ist im Korpus nur in 2,11 belegt, so daß wir—zumal die Stelle nicht vollständig erhalten ist—kaum weitergehende Folgerungen ziehen dürfen. In Ebla bezeichnet GURUŠ in der Regel einen eher nachgeordneten Arbeiter (vgl. ARET IX, 389). Zur Geschichte der GURUŠ-Arbeiter im Rahmen des altmesopotamischen Rationensystems bis zu deren Ersetzung durch andere Formen abhängiger Arbeit zu Beginn der altbabylonischen Zeit vgl. I.J. Gelb, JNES 24, 241-243. Unter dieser Voraussetzung würde es sich beim Vorkommen von GURUŠ hier um ein Relikt handeln, das im mesopotamischen Kernland so nicht mehr denkbar wäre.

[748] Zur näheren Begründung siehe unten.

[749] PRU IV Nr. 34.

[750] Außer in Text 35 ist der Ort in Text 10.02; 20.05 und 30.05 belegt. Er scheint also zum Einflußbereich von Alalaḫ gehört zu haben, hat aber (30.05,25) offenbar nicht zu allen Zeiten loyal zum Königtum Aleppos gestanden: Da die weiteren Belege historisch früher sind als die Getreidelieferlisten, ist es unmöglich anzugeben, welche Beziehung nun zwischen Aleppo, Alalaḫ und Naštarbi genau herrschte. Da hier von einem LUGAL die Rede ist, ist m.E. anzunehmen, daß Naštarbi ein eigenständiges Königtum entwickelt hatte. Die Anwesenheit des Königs und seines Sohnes mag der Vorbereitung einer Hochzeit zwischen letzterem und einer Prinzessin von Alalaḫ gedient haben.

gruppe gemeint sind, was wiederum gut zu der Beobachtung paßt, daß Esel in der Regel auswärtigen Lieferungsempfängern zuzuordnen sind.

Für Abba (35,78) können wir ebenfalls vermuten, daß er entweder zur königlichen Familie gehört oder als Eselbesitzer ebenfalls von auswärts stammt. Angesichts der Namensform haben wir offenbar auch vergleichbare Namen wie Abban und Abbai in die Diskussion mit einzuarbeiten [751].

Belege für den PN in den Getreidelieferlisten:

20.02,12: Abban DUMU Šikuwa. Hier prozessiert eine Alalaḫianerin gegen Ammitaqum. Abban tritt als Zeuge dafür auf, daß die in Frage stehende Summe bereits bezahlt ist. Er könnte also durchaus in das Umfeld des Königshauses gehören und dürfte Bankier oder etwas ähnliches gewesen sein. Da allerdings der Name seines Vaters nirgendwo belegt ist, kann nicht sicher gesagt werden, daß er zur regierenden Dynastie selbst gehört, bzw. wie er in diese einzuordnen ist.

22.11,14: Abban LÚ.*Ṭaime* [752] als Zeuge Es wird sich um einen Bürger oder gar den Regenten eines Kleinfürstentums handeln, das allerdings nicht näher zu lokalisieren ist. Die Ortsbenennung zeigt indessen, daß die Person nicht aus Alalaḫ stammt.

21.02,2: Ammitaqum weist einem Abban eine Stadt *ana zittīšu* "als sein Erbteil" zu, woraus wir folgern dürfen, daß jener sein Sohn ist.

42.10,2: Die eben genannte Vermutung wird bestätigt, da es ausdrücklich heißt: 1 (Schaf) *Ab-ba-an* DUMU LUGAL

Belege in den Getreidelieferlisten:

12,11: 2 ŠÀ.GAL ANŠE.KUR.RA *ša Ab-ba-i* DUMU *Ku-we*

In 7,15 erhält wiederum ein DUMU ^{f}*Ku-ú-e* eine Ration. Kuwe ist folglich eine Frau gewesen und hatte einen Sohn mit Namen Abba(i) [753]. Auf der anderen Seite hat dieser Abba(i) ein Pferd zu seiner Verfügung, und es gibt einen Sohn

---

[751] Auf den Abban von Aleppo wird allerdings verzichtet, da er aus chronologischen Gründen nicht mit der hier belegten Person identisch sein kann. Ebenso wird von der Behandlung des PN in Text 42.04 Abstand genommen, da hier nur gesagt wird, daß er einen Sohn oder Untergebenen hatte, was nichts über die Person selbst aussagt. Der Name des Abban von Aleppo zeigt übrigens von vornherein, daß der PN in der königlichen Familie möglich ist.

[752] Bei D.J. Wiseman, Al T, pl. XVIII ist der ON nicht zu lesen. Vgl. Vf., UF 30, 850f (Nr. 39).

[753] Das /*i*/ könnte ebenso wie das öfter belegte /*n*/ Reflex einer nichtoffenen Aussprache des /*a*/ oder eines Hypokoristikon gewesen sein. Vielleicht handelt es sich auch um eine Koseform.

des Königs mit demselben Namen. Nun haben wir festgestellt, daß der Privatbesitz von Equiden und die königliche Familie eine gewisse Affinität zueinander haben. Daher wagen wir folgende Rekonstruktion: Der Abba ist ein Sohn des Königs Ammitaqum, aber er gehört nicht zu der haupterbberechtigten Linie, d.h. er ist entweder einer der jüngeren [754] Söhne oder die Kuwe ist eine Nebenfrau bzw. eine Frau, die irgendwann verstoßen wurde [755].
Jedenfalls wird der Sohn ausbezahlt: er bleibt damit Mitglied der königlichen Familie, aber weitergehende Ansprüche sind ein- für allemal ausgeschlossen. Es gilt für ihn: *ana Ammitaqumma ina urkīt ūmī mimma ul iqabbi* "zu Ammitaqum wird er in der Länge der Tage nichts sagen"; frei übertragen: Abban braucht zu Ammitaqum nie mehr etwas über ein Erbe zu sagen. Eine weitere Stütze für diese Rekonstruktion findet sich in der Abfolge 7,14-17: Zunächst bekommt die MÍ.LUGAL Getreide in den Palast geliefert, dann erhält der DUMU [f]Kuwe seinen Anteil mit der Apposition *kakatennu*. Diese Abfolge entspricht der von 42.12 [756], woraus wir ferner folgern dürfen, daß in jenem Text entweder ein Versehen für DUMU LUGAL vorliegt, oder Abba dem Beruf des Goldschmieds [757] nachging. Da ihm allerdings eine ganze Stadt zugewiesen worden war, wird er kaum auf Erwerbstätigkeit angewiesen gewesen sein. Vermutlich handelt es sich bei LÚ.KÙ.DÌM daher eher um eine Art "Ehrentitel". Wenn es sich demnach um einen Militärbeamten handelt, so wäre leicht einsichtig, weshalb der Abba(i), der Sohn der Kuwe, ein Pferd besitzt.

Exkurs: kakatennu

kakatennu ist ein ungelöstes Problem. Sicherlich ist die hurr. Endung *=a(t)=ennu* (für Adjektive) zu isolieren, so daß ein Grundwort *kak-* übrigbleibt (vgl. 51.05,10 *papatennu* zu *pap-* ; gegen E. Laroche, GLH, 190: "le thème *pab-* tel qu'on l'énonce parfois, n'existe pas. La nasale appartient au radical" wird hier von einer Wurzel *pap-* ausgegangen, wobei offen bleiben kann, ob der bisweilen durch *-n-* nasalierte Vokal wurzelhaft oder Bindevokal ist). Nun wurde bereits mehrfach (G. Giacumakis, 81) auf das akkad. (v.a. im assyrischen Raum belegte) *ka(r)kardennu* (AHw 421: "Truchseß?") hingewiesen, das in Ugarit (KTU 4.126:27) als *kkrd* in einer Reihe von Berufsbezeichnungen belegt ist. Eine exakte Deutung ist allerdings bislang nicht gelungen. M.E. ist das Wort mit dem hurr. und urart. *karkarni* (so E. Laroche, GLH, 137) bzw. *kirkirine* zusammenzubringen, das "eine Waffe" bedeutet. Ferner dürfte es sich hierbei um eine Entlehnung aus dem

---

[754] Bzw. der vom König aus irgendeinen Grund nicht zum Erbprinzen designierte Älteste.

[755] Vgl. zu historischen Parallelen die Tochter des Bentešina von Amurru (RS 17.372+; RS 17.159) und dazu D. Arnaud/M. Salvini, Sem 41/42, 7-22, wo die Söhne indessen vertrieben werden. Aus den homerischen Epen lassen sich analoge Vorgänge wie in Alalaḫ ableiten, da auch hier die νόϑοι eine sozial hohe Stellung einnehmen können, vgl. E. Schwarz, 309f; G. Wickert-Micknat, ArchHom III/R, 84-86. Zu den Kindern von Nebenfrauen und Sklavinnen im Alten Testament und den mesopotamischen Rechtsquellen siehe zuletzt R. Westbrook, JSOT.SS 262, 220f.

[756] Zunächst opfert die Königin, dann ein Abban LÚ.KÙ.DÌM.

[757] J.O. Mompeán, Ishtar, 320: "orfebre".

akkad. *kakkum* "Waffe" handeln, so daß nicht ein "Truchseß", sondern eher ein höherer Militär gemeint sein wird.
M. Dietrich/W. Mayer, UF 24, 28f weisen darauf hin, daß in EA 24 III 113 die *kirkirini* als Antonym zu den *nullû* stehen: Es ist die "Panzerung", die reguläre und irreguläre Truppen voneinander unterscheidet. Sämtliche Beobachtungen weisen also darauf hin, in dem Wort eine Bezeichnung für einen Offizier zu sehen. Die beiden /r/, die zudem in der Überlieferung nicht univok sind, sind dabei wohl als Dissimilationsprodukte zu betrachten. Bei dem zweiten /r/ ist zudem mit der Möglichkeit zu rechnen, daß die Wurzel virtuell verdoppelt wurde: *kakk-* > *kark-* > *karkar*. Im hurro-akkad. von Alalaḫ war allerdings die Variante mit /r/ (noch?) nicht üblich.

Fassen wir zusammen:

• Der Esel ist ein Tier, das in Alalaḫ selbst nur in Bezug auf das Königshaus vorkommt. Es gibt keinen Beleg dafür, daß ein Normalbürger in Alalaḫ mit Eseln zu tun gehabt hätte. Dies kann natürlich auf die Eigenschaft der Texte als *Palast*archiv zurückzuführen sein. Andererseits kann der Esel kein alltägliches Nutztier gewesen sein wie ein Rind oder Schaf, da sich hier immer wieder Belege finden, die diese Tiere im Zusammenhang mit einfachen Bürgern nennen. Dies ist bei Eseln nirgendwo der Fall.

• Ferner sind Esel die Tiere, die im Zusammenhang mit Überlandreisen belegt sind.

• Wir wissen andererseits nichts über eine geregelte Organisation der Eselhaltung, wie wir sie bei Pferden und Rindern nachweisen konnten und für die Schweinehaltung immerhin vermuteten. Vermutlich dürfte daher keine Eselwirtschaft im großen Stil betrieben worden sein, sondern der Wirtschaftsbereich in Alalaḫ [758], in dem Esel vorkamen, war ausschließlich der Palast im engeren Sinne.

---

[758] Für die Esel, die Auswärtigen gehören und in Alalaḫ versorgt werden, wird Analoges gelten. Hier wird wiederum deutlich, wie sehr Handelskontakte an den königlichen Hof geknüpft sind.

Nach der Erörterung des Normblockes 1,1-12 haben wir uns nun den anderen Normblöcken zuzuwenden. In den Abschnitten 2.2-2.27 setzen wir die Ergebnisse des bereits Erhobenen voraus, so daß im folgenden nur noch diejenigen Zeilen eingehend besprochen werden, deren Interpretation noch nicht von dem zu 1,1-12 Gesagten abgedeckt wird.

2.2. Text 2,1-16 (unveröffentlicht)

Wir stoßen bei Text 2 auf die Besonderheit, daß wir nicht genau angeben können, wo der Normblock endet. In jedem Fall ist sicher, daß spätestens ab Z. 24 etwas Neues beginnt, da die Ammen auf jeden Fall ZÍZ erhalten [759]. Dies wird bestätigt durch die Beobachtung, daß in Z. 25 Getreide zum Ankauf von Vögeln vorkommt, wobei es sich ebenfalls um ZÍZ handelt, wie die Summe Z. 28 deutlich macht. Da der Wechsel zwischen den Getreidesorten nicht markiert ist, dürfte es eine sinnvolle Annahme darstellen, daß die Vorderseite ganz zum Normblock gehört, mit der Rückseite jedoch der Emmerabschnitt beginnt. Die nicht erhaltene Z. 16 oder auch der Beginn der Z. 17 dürften den Wechsel markiert haben [760].
Ferner weist der Text die Auffälligkeit auf, daß neben den gängigen Waren noch weitere Gegenstände und Lebensmittel verteilt werden (Z. 31-33). Empfänger ist der LÚ.*paruli.* Wahrscheinlich ist die einfachste Annahme die, daß hier—es handelt sich vermutlich um den ersten Text nach der "Archivrevision"—noch ein Übertrag im Sinne einer Endabrechnung des Vorhergegangenen aufgeschrieben ist; ein Vorgang, der folglich in den weiteren Normblöcken nicht mehr auftreten kann.

Bei Durchsicht der Einträge stellen wir fest, daß die Empfänger der Z. 1-11 von uns schon behandelt worden sind, so daß wir uns nur noch mit den Zeilen 12-15 zu befassen haben.

2.2.1. Text 2,12:] *Šu-ub-ḫa-li*

Belege im Normblock:
2,12:] *Šu-ub-ḫa-li*
9,12: 20 *Su-bá-ḫa-li* GÌR.SÈ[!].GA[!]
19,4: 25 *a-na Su-bá-ḫa-li*

Textanmerkung:
9,12: Die Lesung dieser Stelle muß begründet werden. G. Giacumakis [761] liest RÁ.GAB "courier, messenger" und setzt sich mit dieser Deutung implizit von D.J. Wiseman [762] ("a temple administration official") ab. Eine Begründung

---

[759] Vgl. oben Kap. IV,2.4.3.

[760] Der erhaltene Rest von Z. 17 ist kaum als ŠE.BA LUGAL zu lesen, was aus Gründen der äußeren Form wohl zu erwarten wäre.

[761] G. Giacumakis, 97.

[762] D.J. Wiseman, Al T, 159a.

der jeweiligen Deutung wird von keinem der beiden gegeben. Mit 54,10 nehmen wir dieselbe Berufsbezeichnung an, wobei wir Personidentität voraussetzen [763].

Wir listen nun die Belege auf, an denen Subaḫali außerhalb der Normblöcke belegt ist.

24,37: 5 *Šu-ba-ḫa-li* (vermutlich ZÍZ)
27,6:] *Sú-bá-ḫa-li* (vermutlich ZI.AŠ)
46,5: 20 *Šu-ub-ḫa-li* (ZÍZ)
47,10: 6 *pa* ŠE *Šu-*[*ba-ḫa-li*
54,10: 10 *Šu-ba-ḫa-li* LÚ.GÌR.SÈ.GA [764] (ZÍZ)
60,1: GÌR] ⌜*Sú* -*b*[*a-ḫa-li*] (Erbsen?)
60,12: IGI.4 GÌR⌝ *Su-ba-* ⌞*ḫa-li*⌟ (Erbsen?)
75,19: *Š*]*u-ba-ḫa-li* (ZI.AŠ)

Textanmerkung:
47,10: Die Ergänzung ist im Grunde arbiträr. Daher dürfen keine weiteren Folgen aus ihr gezogen werden.

Zunächst gehen wir davon aus, daß die Differenz der Zeichen ŠU/SU im Anlaut für die Identität der Person ohne weitere Bedeutung ist, da dieser Wandel in unseren Texten häufiger vorkommt [765]. Eher ließe sich eine Frage an die Graphik S/Šub- richten, doch wird die weitere Analyse zeigen, daß eine Personidentität unbezweifelbar ist. Die alternativen Schreibungen dürften sich so erklären lassen, daß vor dem Element *ḫal-* ein Sproßvokal nach Art eines hebr. Chataf-Patachs realisiert wurde, der an den beiden fraglichen Stellen eben nicht mitgeschrieben wurde.
Sodann stellen wir fest, daß die Texte 19 und 54 demselben Monat angehören, in dem Subaḫali zusammen 25 *pa* Gerste und 10 *pa* Emmer erhält. Alleine von daher dürften wir wohl annehmen, daß eine Personidentität besteht. Letzte Gewißheit gibt uns ein Blick auf den jeweiligen Kontext: In Text 54,8ff folgen aufeinander Burra (der Bäcker), Sumilammu (der *gerseqqu*), Subaḫali (der *gerseqqu*) und ein LÚ.GI. Alle bekommen jeweils 10 *pa* Emmer. In Text 19 steht Subaḫali im Normblock, im nichtnormierten Teil folgen Sumilammu und

[763] Diese Annahme wird gleich begründet. E. Gaál, AUSB 22, 35 löst die Fragestellung etwas gewaltsam mit der Bemerkung "his offices which are recorded in the ration lists do not contradict each other, both can be interpreted as being of a military nature".

[764] A. Draffkorn, Hurrians, 142 liest LÚ.ANŠE.

[765] Vgl. die Person der Su/Šumunnabi, zum Phänomen siehe J. Aro, AfO 17, 361f; G. Giacumakis, 26f, W.H. van Soldt, AOAT 40, 387f; G. Jucqois, 210-212.267f; D. Arnaud, AuOr 16, 152f. Für die promiskue Verwendung von Sibilantenzeichen in den Alalaḫ IV Texten siehe I. Márquez-Rowe, IOS 18, 69f, für das ugaritische Konsonanteninventar J.Tropper, JNWSL 20, 17-59, v.a. 19-36.

Burra, die allerdings statt 25 nur 20 *pa* Gerste erhalten [766]. In 9,12 steht Subaḫali GÌR.SÈ[!].GA[!] direkt hinter Burra (der allerdings nur die Hälfte bekommt) und Addumalik, dem Siegelschnitzer. In Text 46 ist die Reihe wie folgt: Eḫluwa LÚ.BUR.GUL - Addumalik LÚ.BUR.GUL - Subaḫali - Sumilammu LÚ.GAR - Burra, der Bäcker und Aḫmuša LÚ.GIŠ.BAN [767].
Diese Koinzidenzen dürften kaum auf Zufall beruhen, sondern sprechen dafür, daß hier ein "Eintragscluster" zu sehen ist. Diese Beobachtung berechtigt uns, die Lesung in 9,12 mit LÚ.GÌR.SÈ.GA in 54,10 gleichzusetzen: Das Zeichen SÈ stimmt mit dem Zeichen DU=RÁ in der Anzahl der Keile überein, am Rand der Tafel ist es gut möglich, daß die Lage der Keile zueinander derart verändert wurde, daß die Verwechslung erklärbar wird. Die einzige Unsicherheit ist das letzte Zeichen, dessen Block ein BI darstellt, wobei anstelle der beiden schrägen drei schräge Keile stehen. Dies wird man angesichts der sonstigen Übereinstimmungen vernachlässigen dürfen, zumal der Schreiber seine Fehleranfälligkeit bereits durch das Auslassen des LÚ demonstriert hat.
Die Verteilung der Belege über die Monate hinweg läßt eine etwa halbjährliche Belieferung vermuten, wobei die Lücke zwischen Text 9 und Text 19 durch die Belege der Texte 46 und 47 aufgefüllt werden kann, wenngleich dort das Verhältnis von Gerste und Emmer umgekehrt ist. Ganz am Schluß der belegten Zeit erhält Subaḫali noch einmal zwei Lieferungen, die insoweit aus dem Rahmen fallen, als er nur hier ZI.AŠ empfängt und der halbjährliche Abstand nicht eingehalten wird. Dies ist wohl so zu deuten, daß hier eben schon besondere Zeiten vorliegen, denen besondere wirtschaftliche Vorgänge entstammten. Der Emmerlieferung aus 24,37 sollte noch eine Gerstenlieferung entsprechen, doch ist diese nicht belegt.
Nun können wir aus unserer Standardliste noch zwei weitere indirekte Gleichungen ableiten: zum einen dürfte der LÚ.GI von 54,11 gleichzusetzen sein mit dem *Aḫmuša* LÚ.GIŠ.BAN von 46,8, zumal der Personenname in 21,4 noch einmal als LÚ.GIŠ.GI belegt ist, und zum anderen stellen wir anhand der Person des Sumilammu fest, daß die Berufsangaben LÚ.GÌR.SÈ.GA und LÚ.GAR offenbar zu gleichen sind [768]. Wir haben also einen Hinweis auf die Bedeutung des Logogramms GÌR.SÈ.GA [769]. Es dürfte sich entweder um einen

---

[766] Die Tatsache, daß Šinurapi in Z. 15 ebenfalls 20 *pa* entgegennimmt, darf nicht als Argument gegen unsere obige Deutung gewertet werden, da er mit dem LÚ.GI nicht gleichzusetzen ist: Erstens ist die Reihenfolge umgekehrt und zweitens ist er durch einen Strich von diesem getrennt. Die Anordnung beruht an dieser Stelle wohl auf einer gedanklichen Assoziation angesichts derselben Ausgabemengen.

[767] Subaḫali, Sumilammu und Burra erhalten wiederum gleichviel Gerste.

[768] Die Folgerung ist zwangsläufig, da die Person jeweils im Kontext mit Subaḫali vorkommt.

[769] G. Giacumakis, 75 "court official" im Anschluß an D.J. Wiseman, Al T, 158a. Die Belege, die das AHw aus Ugarit und Alalaḫ nennt, sprechen mehrheitlich von einem "Hofbediensteten", vgl. S. 1012a "Präfekt".

Statthalter des Königs (von) auswärts [770] oder aber—wenn man *šaknu* oder *sākinnu* (so die für Alalaḫ anzunehmende Lesung, da in 16,6 der LÚ.[*s*]*à-ki-ni* direkt hinter Burra steht) als Terminus ernst nimmt—der "Eingesetzte", ein Beamter. Dabei ist darauf hinzuweisen, daß die westliche Lesung des Wortes ohnedies eher die an das Partizip Aktiv angelehnte Form hat [771].

Bevor wir die anderen belegten Personen dieses Berufsstandes in Augenschein nehmen, haben wir nun noch darzustellen, wo der Name Subaḫali außerhalb der Lieferlisten belegt ist:

21.01,29: IGI *Su-ba-ḫa-li* SUKKAL. Der Text stammt aus Aleppo, dieser Subaḫali dürfte mit unserem kaum zusammenzudenken sein.

42.06,16f: Erhält einen Šeqel Silber zur Weitergabe an den LÚ.TUR URU.*Nuranti*. Hier könnte es durchaus sein, daß diese Person mit dem Subaḫali der Getreidelieferlisten identisch ist, zumal wir gleich sehen werden, daß die Weitergabe von Geld durchaus zu den Aufgaben eines *šākinnu* gehören kann.

60.02,12.14: Ebenfalls als Zeuge mit Siegel; ob es sich um unsere Person handelt, muß offenbleiben. Eine Person mit Namen Kinni ist zwar ebenfalls belegt, doch darf dies nicht als Argument gebraucht werden, da es sich bei diesem Bürgermeister kaum um den in den Lieferlisten bekannten Vogler handeln dürfte.

Wir wissen nun aus weiteren Texten [772], daß Subaḫali nicht die einzige Person mit diesem Beruf am Hofe von Alalaḫ war, so daß eine eingehende Interpretation der anderen Belege seine Funktion kaum weiter erhellt, zumal wir auch damit zu rechnen haben, daß die Funktion des Beamten je nach seinem Einsatzgebiet unterschiedlich gewesen sein könnte.

---

[770] Vgl. dazu den LÚ.*šakinnu* in Ugarit z.B. RS 34.129,3; jetzt bequem zugänglich in RSOu VII, Nr. 11, S. 38f, dort S. 39 A. 30 weitere Belege und Kurzkommentar.

[771] Vgl. zu Form, Bedeutung und den wichtigsten Belegen aus anderen Archiven, CAD S 76f; D. Sivan, AOAT 214, 159; J. Huehnergard, HSS 32, 157.210; W.R. Mayer/W.H. van Soldt, Or 60, 117; zur Form *sākinnu* vgl. v.a J.Huehnergard, a.a.O., 210: "Thus the double writing of the /*n*/ is a phenomenon not confined to the Ugaritic scribes, and it is possible that such writings, despite the transparent NWS pedigree of /*sākinu*/, reflect learned spellings borrowed from the Hittite (or Hurro-Hittite) milieu". Darf man annehmen, es handle sich hier um eine Hybridform aus dem westsemitischen Partizip und einer hurrit. Endung? Jedenfalls findet sich in unseren Texten noch kein Beleg für eine Doppeltschreibung des /*n*/. Ferner ist zu beachten, daß die Form *šaknu* eher einen passivischen, die Form *sākinnu* eher einen aktivischen Verbmodus naheliegt. Es bleibt zu untersuchen, ob dies mit dem Übergang in ein hurritisches Sprachmilieu zusammenhängt.

[772] 56,14f; 57,6.

Werfen wir nun einen Seitenblick nach Māri, so stellen wir fest, daß ein *gerseqqu* dort offenbar keine allzuhohe Funktion ausübte [773]: So hatte Asqud-dum, der Beschwörungspriester, 16 *gerseqqū* in seinem Personal [774]—eine doch recht beachtliche Anzahl, auch wenn man bedenkt, daß es sich um einen Verwandten (Schwager) des Zimrilim handelt. Leider erfahren wir nichts näheres über die Funktion dieser Personen; daß es sich schlichtweg um Hausperso-nal [775] ("domestiques") handelt, ist unwahrscheinlich, da unter den 16 Perso-nen nur zwei Frauen sind. Die von uns erhobene Gleichsetzung *gerseqqu* = *sākinnu* verbindet also in Alalaḫ eine eher zweitrangige (Māri) mit einer hohen diplomatischen (Ugarit, El Amarna [776]) Stellung. Die Wahrheit dürfte da-zwischen liegen: Es könnte sich bei *gerseqqu* um eine Berufsbezeichnung handeln, die in Māri für die genannte, nachgeordnete Funktion in Gebrauch war. Die etwas anders geartete Palastwirtschaft in Aleppo/Alalaḫ wertete die Bezeich-nung auf, so daß der Titel nun etwa das bezeichnete, was wir vielleicht einen "mittleren Beamten" nennen würden. Im Laufe der Geschichte setzte sich dieser Aufwärtstrend fort, bis *sākinnu* schließlich einen der höchsten königlichen Funktionäre bezeichnete [777].

Die Belege für die Funktion in den Getreidelieferlisten sind folgende [778]:

2,27: 1 ⌊*a-na*⌋ *Ia-ri-im-li-im* LÚ.*sà-ki-ni* (ZÍZ)
3,22f: ŠU *na-ar*! *Zi-im-ri-*dIŠDAR *Ki-iz-zi ù a-na* LÚ.*sà-ki-ni* (1/3 *pa* des *ḫilīmu*-Gewürzes)
5,23: 11+x *ši-im* GI.PISAN.GAL.GAL GÌR LÚ.*sà-ki-ni* (ZÍZ)
6,7: 2 1/2 *i-di* LÚ.MEŠ.*ma-sí* GÌR *Ia-ri-im-li-im* (ZÍZ)
12,12: 4 *a-na* LÚ.*sà-ki-ni* (ŠE)

---

[773] Vgl. W.H.Ph. Römer, AOAT 12, 68, der unter Bezug auf ARM X,112 bemerkt, daß *ṣuḫarātu*-Dienerinnen als "Kolleginnen" (*aḫâtu*) an die *gerseqqū* schreiben.

[774] D. Charpin, MARI 4, 458; vgl. ders., RA 80.

[775] Dies ist indessen die Bedeutung des Wortes im 3. Jtd., siehe z.B. I.J. Gelb, JNES 24, 242.

[776] *rābiṣa sukina* (EA 362,69; vgl. A.F. Rainey, AOAT 8, 23 "the commissioner (the prefect)", und W.L. Moran, Amarna Letters, 360 "commissioner") ist sicherlich nur eine lautliche Variante, die für den sog. kanaan. Lautwandel *ā* > *ō* spricht, der also auch in offener, sozusagen positionslanger Silbe, eintritt. Vgl. zur Geschichte des Wortes vom aAkk bis zum Hebräischen E. Lipiński, ZAH 1, 70.

[777] Nach D. Charpin, RA 80, 186 wäre der *sākinnu* sogar gleichbedeutend mit dem König von Ugarit gewesen. Für analoge Bedeutungsentwicklungen lassen sich auch aus anderen Kulturkreisen Beispiele namhaft machen, z.B. die Entwicklung vom "Ministerialen"—im MA einer der (ursprünglich unfreien) Funktionäre des Königs—zum heutigen "Minister", oder die Ausdifferenzierung desselben Grundwortes zu engl. knight "Ritter" und deutsch "Knecht" (vgl. W.F. Albright, AfO 6, 220).

[778] Die namentlich genannten Sumilammu und Jarimlim sind hier wiederum gleich eingearbeitet, nicht jedoch die bereits aufgeführten Belege für Subaḫali.

12,23: 2 *a-na* LÚ.*sà-ki-ni* (ZI.AŠ)
16,17: 1/3 *pa* {ŠE} LÚ.*sà-ki-ni* (*ḫilīmu*)
17,14: 2 LÚ.*sà-ki-ni* (ŠE)
17,21: 1 LÚ.*sà-ki-ni* (ZI.AŠ)
19,13: 20 *a-na Su-mi-lam-mu* (ŠE)
26,15: 20 *a-na* NUMUN GÌR LÚ.*sà-ki-ni* (ŠE)
27,8: 30 *Su-mi-la*!*-mu*! (ZI.AŠ)
45,14: 6 *Ia-ri-im-li-im* (ZÍZ)
46,6: 20 *Su-mi-lam-mu* LÚ.GAR (ZÍZ)
48,2: *Ia-ri-*]*im-li-im* LÚ.*sà-ki-ni* (ZI.AŠ)
49,10: 4 LÚ.*sà-ki-ni* (ZI.AŠ)
54,9: 10 GÌR *Su-mi-lam-mu* LÚ.GÌR.SÈ.GA (ZÍZ)
56,14f: 10 *a-na Ia-ri-im-li-im* LÚ.*sà-ki-ni* (ZÍZ)
57,7: 2 GÌR *Ia-ri-im-li-im* LÚ.*sà-ki-ni* (ŠE)
60,13: 1/3 GÌR *Ia-ri-im-li-im* (Erbsen)

Textanmerkung:

6,7; 45,14; 60,13: Von Jarimlim ist jeweils zu begründen, weshalb die Stellen hier aufgenommen sind [779]: In 6,7 wird das Getreide ausgegeben, um Mietarbeiter zu bezahlen. Diese Funktion rückt den Empfänger in die Nähe des Kunnate (s.o. Kap. V,2.1.10) und paßt gut zu einer Tätigkeit als Verwaltungsbeamter. 45,14 steht Jarimlim direkt neben der Ausgabe für diese Arbeiter, so daß wir vermuten, daß auch hier die Zahlung an den Beamten geht [780]. Für 60,13 ist geltend zu machen, daß Jarimlim direkt neben Subaḫali steht.

16,17: Irrtümlich wurde ein ŠE geschrieben. Der Eintrag entspricht 3,22f, woraus wir folgern dürfen, daß das Gewürz nur einmal jährlich ausgegeben wurde. Die Menge von einem Drittel *pa* Gerste wäre ausgesprochen wenig.

27,8: Die Zeichen auf dem Rand sind etwas verschrieben, können aber kaum anders zu deuten sein, zumal auch Burra in derselben Zeile belegt ist und Subaḫali nur zwei Zeilen vorher vorkommt.

56,14: Die Stellung direkt neben dem Bruder des Königs könnte auch bedeuten, daß mit Jarimlim der Sohn des Königs gemeint ist. Wenn man nicht annehmen will, daß beide Personen gleichzusetzen sind, könnte die Rekonstruktion darin bestehen, daß das "Getreide an Jarimlim (sc. den Königssohn)" ausgegeben

---

[779] Nicht aufgenommen werden Stellen, an denen Jarimlim als DUMU LUGAL bezeichnet wird. Wir betrachten in diesen Fällen das Zeichen als DUMU und nehmen an, daß der Prinz nicht als "mittlerer Beamter" tätig gewesen sein dürfte. Bei 24,42 (DUMU *Bittakubiti*?) könnte man sagen, daß Bittakubiti in 60,7 noch einmal vorkommt, einem Text, in dem auch ein Jarimlim belegt ist, den wir als *sākinnu* betrachten. Die Koinzidenz dürfte allerdings zufällig sein, zumal der Name des Vaters (oder der Mutter?) ergänzt ist. Schlecht erhaltene Stellen werden hier nicht aufgeführt.

[780] Man kann wohl kaum argumentieren, daß Z. 13 Getreide an den Palast ausgegeben wird und folglich der Königssohn gemeint sein müsse, da es sich hier eben nicht um die Regellieferung von 40 *pa* Emmer handelt, sondern nur um 10 *pa*.

wurde. Wahrscheinlicher dürfte indessen das Getreide an den *sākinnu* gegangen und die zu erwartende Ausgabe an den Prinzen in 57,12 zu suchen sein.

Dazu kommt noch ein Beleg außerhalb der Getreidelieferlisten:

44.04,34: ⌜5⌝ GÍN GÌR *Zi-il-li* LÚ.GAR

Die Belege für den Personennamen Jarimlim außerhalb der Lieferlisten sind zu vielfältig, um weiteres für den Beamten zu ergeben, zumal es sich hier in den allermeisten Fällen um Mitglieder der königlichen Familie handelt. Sumilammu ist noch einmal belegt in 44.05,5, dort allerdings als LÚ.MU. Es handelt sich vermutlich nicht um dieselbe Person.

Die Verteilung der Belege über die Monate ergibt kein sehr eindeutiges Bild: Während zweier Perioden von vier bzw. fünf Monaten sind der Beruf oder die genannten Personen nicht belegt [781]. Diese sind allerdings jahreszeitlich nicht identisch, was gegen eine landwirtschaftliche Verwendung spricht [782]. Bei Sumilammu fällt uns auf, daß er relativ hohe Mengen in zeitlichen Abständen erhält. Dabei sind alle drei Waren belegt. Dies entspricht grob dem, was wir bei Subaḫali festgestellt hatten, wenngleich das Bild hier nicht so eindeutig ist.

Aus den Ausgaben lassen sich einige Folgerungen ziehen: Die Personen erhalten alle drei Waren. In Text 3 erhält der *sākinnu* 1/3 *pa* des *ḫilīmu*-Gewürzes, ebenso wie zwei andere Personen. Dem dürfte Text 16,17 entsprechen. Ferner bekommen Subaḫali und Jarimlim in Text 60 offenbar Hülsenfrüchte. Leider ist 60,1 die Menge nicht erhalten. Eine Menge von 15 bzw. 20 l dieser Hülsenfrüchte legen entweder die Versorgung einer größeren Anzahl von Menschen oder aber eine Jahreslieferung nahe.
Bei Subaḫali läßt sich zweimal ein Verhältnis von Emmer- zu Gerstelieferung angeben, es liegt einmal bei 2,5:1, an der anderen Stelle aber bei 1:4. Angesichts der hohen Zahlen ist anzunehmen, daß diese Lieferungen durch den jeweiligen Zweck zu verstehen sind, dem die Lieferung diente, wobei wir diesen allerdings nicht mehr nachvollziehen können.
Zweimal (Texte 12; 17) sind auch Verhältnisse von Gerste zu ZI.AŠ im selben Text vorhanden. Diese betragen jeweils 2:1 an den anonymen LÚ.*sākinnu*, was dafür spricht, daß hier dessen persönliche Versorgung gemeint ist. Die Beobachtung, daß seine beiden Kollegen jeweils deutlich höhere Mengen entgegennehmen, spricht dafür, daß mit diesem *sākinnu* Jarimlim gemeint ist, was wiederum einen Einblick in dessen Versorgung zuläßt: Die Ausgabe von 4 *pa* im Niqali B reicht wohl hin bis zum Šatalli B, wo er wiederum eine Lieferung

---

[781] Es handelt sich um die Monate Ḫiari A - Aštabi B und Šamena C - Niqali C.

[782] Damit kann auch ein Zusammenhang mit *šakkinu* (CAD Š/1 166f) ausgeschlossen werden.

erhält. Dann müssen wir allerdings annehmen, daß die 10 *pa* ZÍZ aus 56,14 zumindest teilweise auch auf die Subsistenz Jarimlims anzurechnen waren, mindestens bis zum Empfang von weiteren 2 *pa* im Attana C.
Eine Zweckbestimmung läßt sich dreimal angeben: einmal dient das Getreide zu Saatzwecken, das zweite Mal erhält der Beamte die Lieferung als Geldersatz für den Erwerb eines "Kastens", die dritte Stelle spricht von der Entlohnung der LÚ.MEŠ.*māsū*. Wenn unsere Gleichsetzung des anonymen *sākinnu* mit Jarimlim zutrifft, dann hätten wir es an allen drei Stellen mit diesem zu tun. Bezogen auf seine Funktion müßte man in ihm dann eine Art Verwalter sehen, der allerlei Tätigkeiten auch in Bezug auf die Finanzen des Palastes ausübte. Dasselbe gilt offenbar für Subaḫali, der einmal (42.06) einen Auswärtigen auszahlt. Über Sumilammu können wir keinerlei weitere Angaben machen, doch dürfte auch sein Ausgabenfeld in dieselbe Richtung hin einzuordnen sein.
Insgesamt sind die Angaben zu undeutlich, um ein genaues Berufsbild zu präsentieren. Vermutlich gehen wir nicht fehl, wenn wir den *sākinnu* = *gerseqqu* als eine Art "Sonderbeauftragten" verstehen, dessen Funktion in der königlichen Verwaltung im Gegensatz zu den genau definierten Berufsangaben etwa als eine Art "Attaché" beschrieben werden kann, dessen Aufgaben jeweils neu nach Bedarf festzulegen waren. Dabei könnte die Zueinanderstellung mit dem nur selten belegten LÚ.GI auf einen militärischen Kontext deuten und die Parallele zu den Siegelschneidern nach Aleppo weisen. Einige der Auffälligkeiten wären dann so zu deuten, daß Jarimlim als "persönlicher Referent" Ammitaqums ständig in Alalaḫ präsent war, während seine Kollegen für auswärtige Beziehungen zuständig waren.

Wir halten also fest: Die Funktion und soziale Stellung der drei "Beamten" lassen sich aus den Belegen nicht eindeutig fassen. Angesichts der verschiedenen Lesarten, Logogramme und unserer Analyse mag sie auch etwas schillernd gewesen sein. Vermutlich war man sich in Alalaḫ bewußt, daß mit der—aus Aleppo übernommenen?—Neudefinition *gerseqqu* = *sākinnu* ein Neuansatz in der Beamtentitulatur erfolgt war.

2.2.2. Text 2,13: ⌜A⌝ *-ri-a-du* LÚ ^{d}IŠDAR

Die Fragen betreffs der Göttin Ištar in den Getreidelieferlisten hatten wir bereits (oben Kap. V,2.1.9) erörtert. Da Ari-Addu nicht weiter belegbar ist und auch nicht mit den anderen Personennamen auf *Ar-* gleichgesetzt werden kann, müssen wir auf weitergehende Schlußfolgerungen verzichten.

2.3. Text 3,1-12 (Al T 275)

Die einzelnen Blöcke sind hier nicht durch Striche voneinander getrennt, sondern durch Abstände. Die Summe gibt offenbar nur die Z. 1-7 wieder, weshalb die in den Z. 8-11 genannten 12 *pa* nicht vorkommen, entzieht sich unserer Kenntnis. Auf die relativ hohen Ausgabemengen an männliches und weibliches Gesinde haben wir bereits hingewiesen, ebenso auf den Fehler in Z. 1 und die Tatsache, daß die Vogelfütterung in diesem Text ganz fehlt.

Die Tafel insgesamt weist vier deutlich abgrenzbare Blöcke auf: den Normblock Z. 1-12, einen ZI.AŠ-Block, der sich mit Eseln aus Emar und Ṣalwar befaßt, einen Block über das *ḫilīmu*-Gewürz und abschließend eine kurze Notiz über eine Emmer-Lieferung an Addu. Die Blöcke sind so verknüpft, daß den ZI.AŠ-Lieferungen an auswärtige Esel je eine Lieferung im Normblock gegenübersteht und der im Normblock vorkommende Azira noch eine *ḫilīmu*-Lieferung erhält. Eine Tafel mit weiteren Lieferungen aus dem Utitḫi A liegt nicht vor.

2.3.1. Text 3,8: 4 *A*-[x x] x-[*i*]*k-ku*

Z. 8: Der Zeichenrest dürfte *-i*]*k-ku* zu lesen sein. Das letzte Zeichen könnte demnach auch ÁZLAG sein [783], doch ist dieses Wortzeichen stets nur zusammen mit LÚ bzw. LÚ.MEŠ belegt, was hier wohl ausgeschlossen werden darf, zumal auch ein mit *A-* beginnender LÚ.ÁZLAG nicht belegbar ist [784]. Auch eine Ergänzung zu *A-*[*am-ma-ri-i*]*k-ku* ist unmöglich, da dieser Personenname stets mit anlautendem AM geschrieben wird und auch zuwenig Platz vorhanden ist. Ferner ist eine Lesung mit *a-na* kaum anzunehmen, da dieses Wort im gesamten Text nicht vorkommt und das A-Zeichen hier isoliert steht und nicht wie sonst mit dem NA ligiert wäre. Im Textkorpus sind noch zwei weitere auf *-kku* endende Namen belegt, nämlich Ubulikku, der in 12,16 10 *pa* ZÍZ erhält und Amma-Akku LÚ.NAR (42.06,12), an den in einer Liste 2 Šeqel Silber ausgegeben werden. Beide Namen gehören indessen aller Wahrscheinlichkeit nicht hierher [785].

2.3.2. Text 3,9: 5 *A-*[*zi-r*]*a*? LÚ.NAR

Angesichts der sonstigen Belege für diese Person ist die Ergänzung als sicher zu betrachten. Bei der Zusammenstellung nehmen wir die Ehefrau gleich mit in die Betrachtung auf.

3,9: 4 *A-*[*zi-r*]*a*? LÚ.NAR
3,20: 1 *A-zi-ra* LÚ.NAR (*ḫilīmu*)
10,12: 5 DAM *A-zi-ra* LÚ.NAR (ZÍZ)
10,22: 5 ᶠDAM *A-zi-ra* LÚ.NAR (ŠE)
10,37: 2 ᶠDAM *A-zi-ra* LÚ.NAR (ZI.AŠ)
13,13: 10 *A-zi-ra* LÚ.NAR (ŠE)
13,20: 3 *pa* ZÍZ.BABBAR *a-na* MÍ.DAM *A-zi-ra*
13,26: 5 *a-na A-zi-ra* NAR (ZI.AŠ)

---

[783] Umso mehr als wir gesehen haben, daß dieser zumeist 4 *pa* erhält.

[784] Auch eine Ergänzung zu *A-*[*ma-me*, das im Kontext des LÚ.ÁZLAG immerhin belegt ist, ist auszuschließen: Es blieben die Reste von zwei Zeichen unerklärt, und eine sinnvolle Deutung ist vollends nicht möglich, zumal der Bezug von Amame auf die Stricker erst in der zweiten Hälfte der belegten Zeit gegeben ist.

[785] Keinerlei Aussage läßt sich treffen über einige weitere Namensfragmente, von denen nur das A zu Beginn erhalten ist, siehe dazu den Index.

Textanmerkung:
3,9: Da A und LÚ.NAR sicher sind, dürfte die Lücke kaum anders [786] zu füllen sein. Beachte auch, daß die Person zumeist doppelt vorkommt und in Z. 20 noch einmal belegt ist.

Die Grundform des Namens ist in anderen Textkorpora wohl als Aziri oder Aziru anzusetzen [787]. Wir dürften es—die Belege sind offenbar alle im Genitiv—also entweder mit einer unveränderlichen Form Azira zu tun haben oder aber mit einer diptotischen Flexion auf *-a* nach Art des Arabischen [788], wie sie im Westen verbreitet ist [789].
Einige Analogien, aber auch Differenzen zu Atri-Addu springen ins Auge: Zum einen haben wir es offenbar auch hier mit einem Ehepaar zu, wobei der Name der Gattin nie genannt wird. Zum anderen sind auch diese offenbar immer wieder belegt, keineswegs jedoch regelmäßig oder in gewissen Abständen. Neben den gewohnten Lieferungen werden indessen diese beiden Menschen einmal auch mit dem *ḫilīmu* beliefert. Sie erhalten darüber hinaus nicht nur ŠE, sondern alle drei Waren in unterschiedlichen Mengen. Im Unterschied zum Ehepaar Atri-Addu werden die beiden auch im selben Monat (Text 13) je separat beliefert. Es entfallen hier grundsätzlich jeweils zwei bzw. drei Belege auf eine Tafel, die stets auch einen Normblock enthält. Aus diesen Beobachtungen auf der Ausdrucksseite dürfen wir bereits vorläufige Folgerungen ziehen:

- Es handelt sich um wichtige Personen, da sie im Normblock stehen.
- Es geht nicht nur um ihre private Versorgung, sondern sie haben darüber hinaus Ausgaben, die vom Palast abzudecken sind.

In Text 10 ist lediglich die Gattin Lieferungsempfängerin. Es werden alle drei Waren ausgegeben und zwar im Verhältnis ŠE:ZÍZ:ZI.AŠ = 2,5 : 2,5 : 1. In Text 13 erhält sie die Lieferung an ZÍZ.BABBAR, er die beiden anderen Waren. Das Mengenverhältnis beträgt 2 : 0,6 : 1. Angesichts der Parallelität dürfte es sich trotz der unterschiedlichen statistischen Relationen um analoge Vorgänge handeln, deren Hintergrund für uns undurchsichtig bleiben muß, da weitere Angaben fehlen. An offenen Fragen entsteht z.B.

---

[786] Andere Sänger mit *A-* sind zwar belegt, doch sind alle diese Belege außerhalb der Lieferlisten.

[787] Vgl. zum Vorkommen des Namens in den verschiedenen Textkorpora und den entsprechenden Flexionsmustern R.S. Hess, ASOR.DS 9, 44-46. Aus der Verteilung der Belege in der Amarna-Zeit wird deutlich, daß in der Selbstbezeichnung des Aziri von Amurru offenbar der Name nicht flektiert wurde. Zu den geschichtlichen Hintergründen dieser Person vgl. H. Klengel, History, 160-166, und I. Singer, HSS 41, 148-158.

[788] Vgl. die Grammatiken, z.B. C. Brockelmann § 74 mit Paradigma XX.

[789] Vgl. für das Ugarit-Akkadische z.B. die Arbeit von M. Liverani, RSO 38.

• Warum wird einmal nur die Frau mit einer Lieferung bedacht, das andere Mal beide Ehepartner (aber mit unterschiedlichen Waren)?
• Warum haben wir solche Texte nur dreimal belegt, wobei Text 3 nicht ganz in das Schema paßt?
• Wovon lebt das Ehepaar in der restlichen Zeit? Die Texte 10 und 13 liegen relativ eng beieinander, Text 3 jedoch deutlich davor. Für die Zeit nach dem Pagri wissen wir nicht, wie Azira und seine Frau versorgt wurden.
• Wie ist die Anomalie von Text 3 einzuordnen? Es gibt keinen weiteren Beleg, der Azira oder seine Ehefrau mit ZÍZ und/oder ZI.AŠ nennt, was angesichts der beiden anderen Texte unbedingt erwartet werden sollte. Ist das 1 *pa ḫilīmu* Ersatz für die anderen Waren?

Wir haben daher die weiteren Belege [790] für "Sänger" [791] zusammenzustellen [792]:

11,17: 2 *Ni-iq-ma-a-bi* LÚ.NAR (Gerste) [793]
17,17: 3 *Iš-ma-a-du* LÚ.NAR (Emmer) [794]
17,31f: 1 *pa* ŠAM.TIN.TIR.GE$_6$.SAR GÌR *Iš-ma-a-da* LÚ.NAR (Kümmel)
17,35: 1 *E-ṭe$_4$-er-ma-lik* [795] (Kümmel)
24,32: 12 *a-na A-ka-an* DUMU *na-ri-im* (Emmer) [796]
24,38: 5 *Eḫ-li-a-du* LÚ.*na-ri* (Emmer) [797]
24,39: 5 *a-na E-ṭar-ma-lik* (Emmer)

---

[790] Zu MÍ.NAR siehe oben zu Kap. V,2.1.4.

[791] Neuerdings will I. Márquez Rowe, ZA 87 das Wort *nari* in 352.1,2 (Schicht IV) als hurritische Glosse für "Zinssatz" verstehen. Dies ist für unsere Texte wohl auszuschließen, da die Schuldscheine hierfür eine verbale Phrase *uṣṣab* bieten. Auch müßte eine Konstruktion LÚ/MÍ.NAR "Mann/Frau des Zinssatzes" = Schuldner o.ä. doch etwas weit herangeholt werden. Vgl. dagegen M. Dietrich/ W. Mayer, UF 28, 181f, die mit guten Gründen für eine Ordinalzahl "ein Fünfhundertstel" plädieren. Vgl. ferner G. del Olmo Lete/J. Sanmartín, AOAT 250, 182f., die ug. *šr* = LÚ.NAR mit dem hurrit. *šer=i* "Thron" in Verbindung bringen, was hier eher in Frage kommen könnte.

[792] 21,13 dürfte wohl KURUM$_6$ (Korrektur: LUGAL) LUGAL zu lesen sein, obwohl sich eine Lesung LÚ.NAR auf 22.02,23 berufen könnte.

[793] Die Person ist nur hier belegt.

[794] Išma-Addu ist ein Problem, da wir mindestens den "Sänger" und den "Koch" belegt haben. Die sechs weiteren Belege ohne Namensangabe lassen sich nicht einordnen, zur Möglichkeit, daß ein Išma-Addu Pferdehirt gewesen sein könnte, siehe oben. Außerhalb der Lieferlisten ist der Personenname noch viermal belegt, einmal als Schuldner (30.05,8) und dreimal als Zeuge (21.04,25; 22.03,26; 60.03,9), davon einmal als *ḫazannu*.

[795] Eṭarmalik, der Schmied, muß unten noch erörtert werden. Hierzu gehört sicherlich auch der Beleg 69,7.

[796] Im gesamten Korpus nur hier belegt, wenn man ihn nicht (m.E. unwahrscheinlich) hinter Ak-eda sehen will, der in 42.14,1f Wolle entgegennimmt.

[797] Von Eḫli-Addu, dem Weber, stets deutlich geschieden, siehe dazu oben.

35,55: 1 GÌR *E-ṭar-ma-lik* LÚ.NAR (Gerste)
35,68: 14 IGI.4 GÌR *E-ṭar-ma-lik* LÚ.NAR (ZI.AŠ)
57,11: 20 *a-na Am-ma-ri-ik-ke* LÚ.NAR [798] (Gerste)
58,2: 20 *Eḫ-li-a-du* LÚ.NAR (Gerste)
58,3: 20 *Am-ma-ri-ik-e* LÚ.NAR (Gerste)
58,13: 10 *Am-ma-ri-ik-e* (Emmer)
58,14: 10 *Eḫ-li-a-du* LÚ.NAR (Emmer)
60,8: 4 GÌR *E-ṭar-ma-lik* LÚ.NAR (Erbsen)
66,7f: 1 *pa zi-bu a-na E-ṭar-ma-lik*
71,6: 5 ⌜GÌR⌝ *E-ṭ[ar-m]a-lik* (Emmer)

Außerhalb der Getreidelieferlisten [799]:
22.02,22: *A-bi-za-zi* LÚ.NAR LUGAL (als Zeuge)
42.01,15: *A-ḫi-ia* LÚ.NAR (erhält 1 Bogen und 5 Pfeile)
42.02,6: DUMU *A-ni-ia-e* (dto.) [800]
42.03,2: *Bé-e-ia* LÚ.NAR (dto.)
42.04,2f: *Lu-par-wa-an-di* DUMU *Hé-za-am-mu-ḫu-li* [801]
42.06,12: 2 GÍN *Am-ma-ak-ku* [802] LÚ.NAR (Silber)
43.09,6: 2 GÍN *Lu-par-wa-an-di* LÚ.NAR (Silber)

Überblicken wir die Belege, so müssen wir als Ergebnis eine außerordentliche Disparatheit feststellen, und zwar sowohl in bezug auf die Ausgabemenge, die beim Getreide von 1 *pa* Regellieferung über eine vermutliche Jahreslieferung (24,32) bis zu 14 1/4 *pa* reicht, als auch hinsichtlich der erhaltenen Waren: Silber, Getreide, Kümmel, *ḫilīmu* und Waffen. Auffällig ist, daß der Berufsstand außerhalb der Lieferlisten kaum vorkommt, was nicht eben für eine hohe Stellung am Palast spricht, aber leicht erklärbar wäre, wenn die Tätigkeit prinzipiell am Tempel situiert wäre. Dessen ungeachtet, konnten offenbar auch Mitglieder dieser Gruppe zu militärischen Dienstleistungen herangezogen werden, wie die Pfeillieferlisten zeigen. Dabei dürfte es sich doch eher um einfache Soldaten handeln. Es ist offen, ob es mehr als reiner Zufall ist, daß auf den Listen

---

[798] Diese Person ist wohl mit dem DUMU LUGAL aus 30.07,13 zu gleichen. Siehe dazu oben Kap. V,2.1.4.

[799] Auf Zukraši UGULA LÚ.NAR.MEŠ (21.01,27) gehen wir aufgrund der genannten Probleme mit der Lesung hier nicht weiter ein.

[800] Es handelt sich sicherlich um einen Personennamen und nicht um ein sum. Personalsuffix A.NI, da mehrere Einträge auf der Liste mit DUMU PN gestaltet sind. Der Bezug eines Suffixes wäre ebenso unerklärbar wie es die verbleibenden Zeichen zwischen DUMU.A.NI und LÚ.NAR wären.

[801] Die Person ist sicherlich identisch mit dem Sänger, der in 43.09 Silber entgegennimmt.

[802] Darf man hier <*ra*> ergänzen und mit Ammarikke gleichsetzen?

42.01-42.04 jeweils nur ein Sänger vorkommt [803]. Lubarwandi erhält sein Silber übrigens aus der Hand des Kunnate [804], was bestätigt, daß jene Texte ungefähr gleichzeitig sind mit unseren Getreidelieferlisten.
Nur wenige Personen sind mehrfach belegt, wobei nur die Zirri Empfängerin einer Regellieferung ist. Die Einordnung in das Sozialgefüge wirft ein neues Problem auf: Hatten wir für Zirri und Ammarikke eine Position am Königshof, vielleicht sogar die Zugehörigkeit zur königlichen Familie, wahrscheinlich gemacht, so dürfte es sich bei den Empfängern von Pfeil und Bogen doch eher um nachgeordnete Soldaten handeln [805]. Öfter belegt sind indessen Eḫli-Addu und Eṭarmalik. Ersterer steht in Text 58 genau parallel zu Ammarikke, was wohl bedeutet, daß er hier eine diesem vergleichbare Funktion ausübt. Da er in Text 24 noch einmal belegt ist, dürfen wir wohl davon ausgehen, daß er in der Verbindung von Tempel und Palast zumindest in den beiden Monaten eine herausragende Stellung ausübt. Analoges gilt für Eṭarmalik, der in Text 17 zusätzlich Kümmel [806], in Text 60 zusätzlich Erbsen erhält. Überblicken wir die Belege insgesamt, so fällt auf, daß die Sänger zumeist paarweise begegnen. Die Monate, in die die Belege fallen (Azira und seine Frau: Utitḫi A, Attana B, Pagri B; die anderen Sänger: Aštabi B, Šatalli B, Attana C, Aštabi C, Pagri C; hinzu kommen die Streubelege aus Šamena I und Niqali), lassen eine weitere Folgerung zu: Sie entsprechen nämlich (Text 17 entstammt demselben Monat wie Text 50; Text 61 dem Attana C; Texte 2 und 3 wurden gemeinsam abgefaßt) ziemlich genau den Monaten, in denen wir oben Getreide für Ištar und den Tempel festgestellt hatten. Dies läßt sich kaum anders deuten als so, daß die Sänger mit den vierteljährlichen Festen zu tun hatten, anläßlich derer Palast und Tempel in eine ökonomische Interaktion traten. Zu Beginn der belegten Zeit geschah dies unter der Federführung des Azira und seiner Frau, später wurde das Ehepaar offenbar durch die drei anderen Personen ersetzt. Išma-Addu ist nur einmal federführend, und zwar im Šatalli B. Weitere Hintergründe dieser Personalpolitik des Tempels bleiben uns verborgen, da wir nicht über die entsprechenden Quellen verfügen, doch läßt sich die Beobachtung machen, daß die ausgegebenen Mengen im Attana C am höchsten sind. Vielleicht hängt dies—wegen der Einfügung der Schaltmonate?—mit einer größeren Feier zusammen, deren Organisation auf mehr Schultern ruhen mußte, so daß hier mehr Personal abgestellt wurde.

Insgesamt läßt sich also sagen, daß der Sängerstand uns soziologisch nicht genau faßbar ist, da er nicht am Palast situiert ist. Immerhin scheint es, daß die

---

[803] Bzw. in 42.02 lediglich der Sohn eines Sängers, der aber außerhalb der Pfeillieferlisten noch einmal belegt ist und sicherlich den Beruf seines Vaters ausgeübt hat.

[804] Vgl. oben Kap. V,2.1.10.

[805] Daß Lubarwandi einmal mit 2 Šeqeln Silber zu tun hat, widerspricht dem nicht, er kann hierzu gelegentlich beauftragt worden sein.

[806] So auch Išma-Addu.

Berufsgruppe in sich differenziert ist, es gibt gleichermaßen Personen wie Zirri und Ammarikke, die vermutlich von sehr hoher sozialer Abkunft sind, wie gewöhnliche Beauftragte, zu denen wir den Luparwandi rechnen möchten. Ferner sind auch einfache Soldaten unter ihnen. Wie man "Sänger" oder "Sängerin" wurde, wissen wir nicht, doch war wohl eine gewisse Begabung Voraussetzung, u.U. war das Amt auch erblich.
Von der ökonomischen Seite her läßt sich feststellen, daß die Versorgung der Sängerinnen und Sänger offenbar wesentlich durch den Tempel geschah und nur in den Fällen, wo der Palast einen Feiertag mit organisierte, vom Palast aus geregelt wurde. Nur Zirri ist als Sängerin ständig vom Palast zu versorgen. [807]

2.4. Text 4,1-21 (Al T 258)

Die Texte 4 und 5 sind in den Normblöcken weitgehend identisch: Sowohl die Reihenfolge der Einträge wie auch die Menge der ausgegebenen Gerste ist oft gleich. Vor allem die Reihenfolge ist ein starkes Argument dafür, daß die beiden Texte gemeinsam abgefaßt wurden. Beide Tafeln sind zudem eindeutig und sehr sauber tabellarisch gegliedert. Auf den (Schreib- oder Diktier-)Fehler in der Summe (4,20 ZÍZ für ŠE) haben wir bereits hingewiesen.

2.4.1. Text 4,3: **3 LÚ.MEŠ.Ì.DUḪ**

Nach Zeichenlisten und Wörterbüchern [808] ist das Logogramm *atû* zu lesen, im Westen (Māri, Nuzi, Alalaḫ, Ugarit) ist *utû* durchaus üblich. Der Begriff ist mit "Türhüter, Gärtner" zu übersetzen. Eine weitere Möglichkeit wäre hier die Lesung *ḫilaḫuni* (36,14), das von M. Dietrich/O. Loretz [809] als ein Wort für Pförtner erkannt wurde, dabei fällt aber auf, daß dieser Pförtner offenbar nicht dem Palast unterstellt ist, sondern einer Privatperson. Da im Korpus andererseits *utû* mehrfach belegt ist, halten wir an hieran fest und dürfen *utû* und Ì.DUḪ gleichen. Damit ergibt sich folgende Belegsituation:

2,17: x Ì.DUḪ LUGAL (ZÍZ?)
4,3: 3 LÚ.MEŠ.Ì.DUḪ
5,3: 3 LÚ.MEŠ.Ì.DUḪ
6,23: 2 LÚ.MEŠ.Ì.DUḪ
7,6: 3 LÚ.MEŠ.*ú-tu-ú*
23,8: 3 [ŠÀ.GAL LÚ]. ⌞MEŠ.Ì.DUḪ⌟
23,32: 1 *Eḫ-li-ia* LÚ.Ì.DUḪ (ZÍZ)
24,7: 3 *a-na* LÚ.MEŠ.*ú-tu*
24,22: 1 *Ḫa-li-ia-an*

---

[807] Zu den verbleibenden Zeilen von Text 3: Über Esel und die Stadt Ṣalwar wurde oben schon gehandelt, die Stadt Emar (Kap. V,2.13.3.) ist unten zusammen mit *a-ba-ti* genauer zu besprechen.

[808] Z.B. R. Borger, ABZ, Nr. 231; AHw 88.

[809] M. Dietrich/O. Loretz, WO 3, 191f.

Mit zwei Ausnahmen liegen alle Belege im Normblock. Diese beiden Stellen unterscheiden sich dadurch von den anderen Belegen, daß hier nicht Gerste, sondern Emmer ausgegeben wird. Außerdem handelt es sich jeweils um singularische Belege, während im Normblock stets eine Personenmehrheit genannt wird.
Die zeitliche Verteilung weist eine besondere Eigentümlichkeit auf: Sowohl das Individuum als auch die Gruppe werden zu Beginn des abgedeckten Zeitraumes beliefert, die Gruppe sogar in vier Monaten hintereinander, mit (abgesehen von 6,23) stets 3 *pa* Gerste. Danach folgt eine Beleglücke bis zum Text 23, wo wir einen einzelnen Pförtner vorfinden, und danach Text 24, wo wiederum die Gruppe in Erscheinung tritt.
Demgegenüber sollte man erwarten, daß die "Türe" ständig besetzt sein sollte, mithin ein Pförtner eine dauerhafte Stellung innehaben müßte. Dies gilt umso mehr, als der Beruf nur im Normblock vorkommt, also festangestelltes Personal bezeichnet. Eine Alternative könnte darin bestehen, eine andere Deutung des Begriffs anzunehen [810], doch würden wir uns damit gegen alle anderen Belege aus anderen Fundorten wenden. Dies wäre indessen kaum ratsam, da AbB 6,189,24 ausdrücklich sagt "*...utâm ina bâbim liškun*", wodurch wohl eine andere Deutung eindeutig ausgeschlossen wird [811].
Wir haben uns daher umzusehen nach einer Gemeinsamkeit, welche die Texte 3-7 einerseits und Text 23+24 andererseits miteinander verbindet.
Diese Gemeinsamkeit dürfte darin liegen, daß die Timunna in den Texten 4-6; 23 und 24 belegt ist. Wir haben sie zu verstehen als eine Auswärtige, die offensichtlich nur in den genannten Monaten mitsamt ihrer Entourage in Alalaḫ anwesend ist. Die LÚ.MEŠ.*utû* sind dann vermutlich als "Pförtner" der Timunna zu verstehen, die als "Staatsgäste" vom Palast zu versorgen sind. Da umgekehrt ein Alalaḫianer nur zweimal (2,17; 23,32) als Pförtner vorkommt, ist wohl auch in bezug auf die Königin bzw. den königlichen Harem festzustellen, daß dieser prinzipiell wirtschaftlich eigenständig war. Wo indessen Ausgaben anfielen oder Menschen zu versorgen waren, die letztlich dem Palast zugute kamen, mußte dieser für einen Ausgleich sorgen: Die Anwesenheit weiblicher Staatsgäste war ein solcher Anlaß. Diese wurden mitsamt ihrem Gefolge im Harem untergebracht und dort verpflegt. Dadurch entstanden der Wirtschaftseinheit der Köni-

[810] Die Folgehypothese bestünde dann darin, das Logogramm richte sich nach dem homonymen Wort. Eine weitere Möglichkeit bestünde in der Annahme, das Logogramm gehe auf DUḪ = *paṭāru* zurück und bezeichne die Personen, die bei einer Schuldübertragung "gelöst" (vgl. Vf., UF 25), aber noch nicht in ihre neue Position eingearbeitet wurden. Man könnte sich dabei auf die westsemitische Wurzel *ʾtw* berufen. Insgesamt beruht aber diese Hypothese auf einer Fülle von unbewiesenen Annahmen, die kaum in Frage kommen.

[811] Dem widerspricht es nicht, daß die "Pförtner" funktional anders eingesetzt werden konnten. Zu denken ist hier an ugar. *yt* = LÚ.Ì.DUḪ "Aufseher" (vgl. M. Dietrich/O. Loretz, UF 9, 338f). Wir hätten es dann mit einer sekundären Bedeutungsdifferenzierung zu tun, deren erste Spuren sich hier abzeichnen.

gin zusätzliche Kosten, die nicht ihrem regelmäßigen Bedarf entstammten. Offenbar ließ sich der Harem diese Kosten vom Palast ersetzen [812].

Mit dieser Annahme können wir auch die genannten Unregelmäßigkeiten erklären: Die ZÍZ-Lieferungen gehen jeweils an das auswärtige Kollektiv. Bei den beiden Texten, wo Einzelpersonen vorkommen, handelt es sich um Alalaḫianer, die vermutlich als Verbindungsleute zwischen Harem und Palast tätig wurden. So wäre denkbar, daß der Ì.DUḪ LUGAL in Text 2 den bereits angekündigten Besuch vorzubereiten hatte, was dann auch für Eḫliya (23,32) angenommen werden darf. Dann wäre dieser wahrscheinlich gleichzusetzen mit Ḫaliyan (24,22), der dann den Besuch der Timunna zum Jahreswechsel B/C begleitet hätte [813]. Da in 2,17 und 23,32 ZÍZ der Ausgabegegenstand ist, dürfen wir vermuten, daß damit—ZÍZ fungiert ja oft als Geldersatz—auch finanzielle Ausgaben bestritten werden sollten. Die Gerstenlieferung (24,22) dient dem persönlichen Bedarf des Eḫliya.

Die These über das Verhältnis vom Harem und Palast wird bestätigt, wenn wir noch einmal zurückgreifen auf den oben erwähnten LÚ.*ḫilaḫuni* (36,14), der ebenfalls als Pförtner zu gelten hat: Das Wort dürfte auf das hethitische *ḫila-* "Einschließung" zurückgehen [814]. Dieser erhält ebenso wie Pazage, der "Eunuche" (6,4), und der LÚ.*zabzurannu* 10 *pa* Gerste. Virulent wird diese Beobachtung durch die Tatsache, daß dieser LÚ.*ḫilaḫuni* gekennzeichnet wird als *ša A-du-e*, also einer Frau zugehört, deren Mann ebenfalls eine wichtige Rolle bei Hofe spielt. Genannt wird er in dem Zusammenhang, daß er ausnahmsweise eine Aufgabe am Palast zu erfüllen hat [815]. Folglich dürfte er als "Pförtner" der genannten Frau anzusehen sein. Der Unterschied in der Formulierung—hurritisches gegen akkadisches Wort—wird kaum auf Dialektunterschiede zurück-

[812] Daß die "Pförtner" ihre Funktion auch im Harem hatten, läßt sich belegen durch die Haremstexte aus Māri, die ebenfalls drei "Pförtner" nennen, vgl. J.-M. Durand, MARI 4, 390; zu Pförtnerinnen im Harem von Māri *(utâtu)* siehe jetzt N. Ziegler, MémNABU 5, 110-112.120-122.

[813] Es handelt sich also bei *Eḫ-li* bzw. *Ḫa-li-* lediglich um unterschiedliche graphische Varianten des hurr. Elementes *eġl-*. Die gleichnamige Person in 32,14 dürfte mit dem Tempel zu tun haben und folglich hiervon zu unterscheiden sein, zur Unterscheidung war die Zweckangabe *a-na pa-ni* ^{d}IŠDAR erforderlich.

[814] Vgl. M. Dietrich/O. Loretz, WO 3, 191f. Wenn J.O. Mompeán, UF 30, 596 auf die hurr. Wurzel *ḫil(l)-* rekurriert und unter der Berufsbezeichnung einen "Kanzelredner" oder "Beter" versteht, so ist dies ein Folgefehler seiner Lesung ALAM GIBIL, die das zum König hinaufgebrachte Objekt als einen Kultgegenstand deutet.

[815] Die Lesung Z. 14 bereitet Schwierigkeiten. Wir lesen *ša* TAḪ DUGUD *ú-še-lu-ú ša* LUGAL und übersetzen "der schweren 'Ersatz' des Königs hinaufbrachte" und verstehen darunter eine Abgabe, die die Familie Addus am Palast abzugeben hatte, vielleicht als Rückzahlung für eine zuviel erhaltene Abschlagslieferung. Mit der Abwicklung des Geschäfts wurde offenbar der Pförtner beauftragt, der so ausnahmsweise in die Texte Eingang fand.

gehen, sondern darauf beruhen, daß im einen Fall der königliche Harem betroffen ist, im anderen letztlich die Haushaltung einer Privatfamilie, so daß eine soziale Differenzierung mitschwingt. So läßt sich auch das nur einmalige Vorkommen des Wortes erklären: Die Organisation privater Haushaltungen, deren Untergebene, wie z.B. der Pförtner, waren dem Palast im Grunde gleichgültig und werden daher nicht weiter erwähnt. Hier tritt indessen eine Person in Interaktion mit dem Palast, so daß eine ausnahmsweise Nennung erforderlich wurde. Diese Annahme wird unterstützt durch die Beobachtung, daß der Pförtner namenlos bleibt: Bedeutsamer als seine persönliche Identität waren seine Zugehörigkeit zum Haushalt Addus und die Funktion, in der er am Palast vorstellig wurde.

2.4.2. Text 4,6: 1 ^{f}*At-ri-a-du-e*

Hier bleibt noch zu untersuchen, ob diese Frau noch anderweitig noch belegbar ist. Dabei nehmen wir die Belege für Atri-Addu, ihren Ehemann, gleich mit hinzu[816].

4,6: 1 ^{f}*At-ri-a-du-e* (ŠE)
5,6: 1 ^{f}*At-ri-a-du-e* (ŠE)
19,18: 1 *a-na At-ri-<a>-du* (ŠE)
20,17: 1 *At-ri-a-du* (ŠE)
21,23: 1 GÌR *At-ri-a-du* (ŠE)
24,14: 1 ^{f}]*At-ri-a-du-e* (ŠE)
29,9: 1 *pa* ŠE *a-na At-ri-a-du*
64,14: 2 *pa* ŠE *At-ri-a-du*

Textanmerkung:
Bei der Auflistung der Belege fällt auf, daß Atri-Addu und seine Ehefrau niemals näher bestimmt sind. Es ist daher von zwei Voraussetzungen auszugehen: Zum einen dürfen wir annehmen, daß die Person immer dieselbe ist, da beim Vorliegen verschiedener Personen sonst eine Mehrdeutigkeit auftreten würde. Ferner weist die Benennung der Frau als "Ehefrau des Atri-Addu"[817] ohne eigenen Namen[818] auf die Eindeutigkeit des Ehemannes hin.
Da beide Personen offenbar mit einer gewissen Regelmäßigkeit Lieferungen erhalten, können sie nicht ganz unbedeutend gewesen sein, andererseits erhalten sie auch nicht jeden Monat Gerste. Eventuell bedeutet dies, daß der eigentliche Arbeitgeber dieses Ehepaares der Tempel, nicht jedoch der Palast, war und

---

[816] Wir umschreiben ^{f}PN-*e* und nicht MUNUS, da die Form PN-*e* "die des PN" wohl (ähnlich wie in den slawischen Sprachen) als Surrogat für den weiblichen Namen zu verstehen ist, so daß u.E. das MUNUS-Zeichen hier Determinativ ist.

[817] Zum hurr. Element -*we* als Genitiv-Endung vgl. die hurr. Grammatiken, z.B. E. Laroche, GLH, 26. In intervokalischer Position entfällt in der Schreibung der Gleitlaut /*w*/.

[818] Vgl. die Ehefrau des Azira LÚ.NAR, die für uns auch namenlos bleibt.

demzufolge Lieferungen des Palastes nur gelegentlich vorkamen.
Die Palastbürokratie sieht dabei die Empfänger und Empfängerinnen von Lieferungen ausschließlich aus dem Blickwinkel ihrer Relation zur Ausgabestelle. Ist diese personal, so wird die Person namentlich bezeichnet. Im Falle einer funktionalen Beziehung wird durch Berufs- oder Ortsangabe die Funktion genannt. Offenbar erhält die Frau ihre Lieferung aufgrund einer abgeleiteten Funktion: sie handelt hier nicht in eigenem Recht, sondern wird in ihrer Eigenschaft als Ehefrau des Atri-Addu versorgt und daher als solche gekennzeichnet. Daher ist es für die Zwecke der Verwaltung irrelevant, wie ihr Name gelautet haben mag, da im relationalen Geflecht der Wirtschaftsbeziehungen durch die Angabe des Ehegatten die Ausgabe und die Empfängerin hinreichend gekennzeichnet sind.

Zunächst fällt auf, daß die Einträge relativ einförmig sind; v.a. ist die ausgezahlte Menge—abgesehen von 64,14—stets dieselbe: 1 *pa* ŠE. Die Frau ist dreimal, ausschließlich im Normblock, genannt, ihr Gatte indessen je dreimal innerhalb und außerhalb des Normblocks. Niemals sind beide Personen auf derselben Tafel oder im selben Monat belegt. Auch die beiden letztgenannten Belege fallen in aufeinanderfolgende Monate, doch sind sie um mehr als ein Jahr von den anderen getrennt.
Es fällt auf, daß die Belege fast über die gesamte belegte Zeit hinweg reichen, wobei allerdings Schwerpunkte festzustellen sind: Die Frau erhält zu Beginn und am Ende Gerste, ihr Gatte in der Mitte (Sommer) und dann dreimal hintereinander (Ekena B - Attana C). In diese Zeit fallen auch die Unregelmäßigkeiten, daß Atri-Addu mehr als 1 *pa* Gerste entgegennimmt und daß er zweimal im selben Monat belegt ist. Dazu ist festzustellen, daß in 21,23 (nur hier) der Name mit einem GÌR versehen ist, was allerdings bei den Einträgen in der unmittelbaren Umgebung auch der Fall ist. Daher wird man annehmen, daß die 2 *pa* aus 64,14 in irgendeiner Weise für seine Aufgabe gedacht sind.

Wir haben nun die anderen Belege für den Namen zusammenzustellen.

20.01 H.43 + Siegel [819]: NA_4.KIŠIB *At-ri-a-du*

Atri-Addu ist Zeuge, er wird als QA.ŠU.DUḪ bezeichnet. Der Text ist allerdings in die Anfangszeit des Ammitaqum zu datieren und gehört offenbar in die Aleppiner Sphäre. Eine Personidentität mit dem Atri-Addu der Lieferlisten ist also eher unwahrscheinlich.

20.05,17.32:

Atri-Addu SANGA ist Zeuge in Aleppo. Der Text spielt in den letzten Jahren des Jarimlim von Alalaḫ. Wenn die Person mit der vorstehenden identisch sein sollte, dann wäre er im einem Fall mit seiner Berufsanga-

[819] Siegel: D. Collon, AOAT 27, Nr. 160; zur Diskussion auf S. 156 beachte, daß D. Collon vermutet, daß hier das Siegel durch einen Dritten verwendet wird.

be, im anderen durch seine Stellung bei Hofe qualifiziert worden. Eine Identität ist jedoch nicht sicher.

31.09,5:

Atri-Addu ist der Sohn eines Schuldners und sitzt für die Schulden seines Vaters in Pfandhaft. Der Schuldner könnte Weber gewesen sein [820], doch ist zu bedenken, daß der als Pfandhäftling gestellte Sohn nicht im Palast einsitzt. Ferner bliebe offen, weshalb Atri-Addu (und seine Frau) als gewöhnliche Pfandhäftlinge eigene Lieferungen erhalten.

22.01,22:

Zeuge in Aleppo: Atriaddu SUKKAL. Dieser und Naḫmi-Dagan stehen wie in Text 20.05 nebeneinander und dürften daher gleichzusetzen sein. Es mag in diesem Zusammenhang offenbleiben, ob der Wechsel der Bezeichnugen SANGA und SUKKAL darauf zurückzuführen ist, daß die Person beide Funktionen innehatte, oder ob lediglich eine Verwechslung der beiden relativ ähnlichen Zeichen vorliegt [821].

20.07,45:

Ein Zeuge in Alalaḫ. Atri-Addu ist der Sohn eines Dini-Addu [822]. Eine gleichlautende Person ist uns aus 22.04,30 als SUKKAL bekannt, doch darf man hieraus keine weitergehenden Folgerungen ziehen, da die Texte 22.04 und 20.07 nicht wie 20.05 und 22.01 nach Aleppo gehören.

21.04,23:

Atri-Addu ist LÚ.É.GAL und steht wieder neben Naḫmi-Dagan, dem SUKKAL.UŠ. In derselben Zeugenliste ist Šapsi-Addu als SUKKAL.SUKKAL erwähnt. Hieraus möchte man folgern, daß die *šukallū* keine uniforme Gruppe bildeten, sondern auch beim Sukkal-Amt Differenzierungen vorfindlich waren [823]. Zwar könnte LÚ.É.GAL für

---

[820] Wenn man ihn mit dem LÚ.UŠ.BAR (11,16) oder dem UGULA LÚ.MEŠ.UŠ.BAR (6,6; 46,22) gleichsetzt; siehe dazu oben.

[821] Vgl. J. Kupper, BiOr 11, 119, der vor einer Verwechslung der Zeichen warnt. G. Bunnens, AbrNahr 32, gibt ein Kriterium für die Unterscheidung der beiden Zeichen an: Nur SANGA hat einen waagerechten Keil unter den senkrechten. Demnach handelt es sich in 22.01,22 um das Zeichen SUKKAL.

[822] Vgl. zu diesem auch 40.04,8f. Neueste Bearbeitung des Textes durch J. Mompeán, Ishtar, 326f. Vgl. D. Arnaud, SEL 12, 24.

[823] Der SUKKAL.SUKKAL wäre dann der "Ober-SUKKAL", der SUKKAL.UŠ diesem nachgeordnet.

eine Position dieses Atri-Addu am Tempel [824] sprechen, doch dürfte die Person kaum mit dem Atri-Addu der Getreidelieferlisten in Beziehung stehen, da hiergegen wohl schon die Datierung spricht.

30.14,3 [825]:

Ein Atri-Addu, der "Kastenflechter", ist als Schuldner vermutlich einer Frau belegt. Allerdings steht nichts über die eventuelle Verpfändung an Tempel oder Palast da, so daß wir nur konstatieren können, daß hier eine weitere Person desselben, offenbar beliebten Namens vorliegt.

In Frage kommen könnte zuletzt noch 22.13,29:

IGI *At-ri-i[a] ša pa-r[u-li*

Atriya könnte Hypokoristikon sein für Atri-Addu, die Deutung *ša paruli* spricht dafür, in ihm den LÚ.É.GAL aus 21.04,23 zu sehen.

Fassen wir zusammen: Außerhalb der Lieferlisten läßt sich kein sicherer Beleg für einen personidentischen Atri-Addu oder dessen Ehefrau finden [826]. Daher können wir die beiden Personen und ihre soziale Stellung nicht genauer beschreiben. Auch ihre Aufgaben (im ökonomischen Geflecht zwischen Tempel und Palast?) bleiben uns verborgen. Offenbar sind sie jedoch nur während genau umrissener Zeiträume vom Palast zu versorgen, und die Ausgabe umfaßt zumeist nur die Versorgung. Dies läßt vermuten, daß ihre weiteren Ausgaben von einer anderen Stelle bestritten wurden, was wiederum dafür spricht, das Ehepaar im Umfeld des Tempels zu situieren, der sich die Unkosten vom Palast sicherlich erstatten ließ.

2.4.3. Text 4,11: LÚ.MEŠ.*ša-al-kí*

Dieses Wort kommt in den Getreidelieferlisten dreimal vor. Eine befriedigende Lesung [827] und Deutung [828] ist bislang nicht gelungen:

4,11:	3 LÚ.MEŠ.*ša-al-kí*
5,11:	2 LÚ.MEŠ.*ša-al-kí*
7,4:	[x] LÚ.MEŠ.*ša-al-ku*

---

[824] Beachte allerdings, daß É.GAL ohne Angabe der Göttin in Alalaḫ zumeist den Palast bezeichnet, was auch hier das Richtige treffen dürfte.

[825] Vgl. Vf., UF 23, 432-434.

[826] Gegen E. Gaál, AUSB 22, 37 der alle Belege für *eine* Person in Anspruch nimmt und daraus eine farbige Biographie dieser Person mit mannigfachen beruflichen Veränderungen konstruiert.

[827] Vgl. A. Goetze, JCS 13, 36: "The reading seems rather dubious."

[828] G. Giacumakis, 102 *sub šalgu* "(a profession or occupation)", AHw und CAD führen den Eintrag nicht.

Zunächst stellen wir fest, daß diese Personengruppe offenbar nur in der Zeit des ersten Besuchs der Timunna belegt ist, allerdings fehlt ein Beleg aus Text 6 [829]. Eine Deutung der Zeichenkombination als anaphorisches Pronomen *ša* + Nomen scheitert an zwei Beobachtungen: Zum einen wäre diese Formulierung in unseren Texten doch sehr ungewöhnlich, wenn es sich nicht um einen Personennamen handelt; zum anderen stünde in 7,4 nach dem *ša* eine fehlerhafte Nominativform. Es ist daher davon auszugehen, daß die drei Zeichen zu einem Wort gehören. Dies ist umso wahrscheinlicher, als Text 7 zu den Texten gehört, die den Empfänger grundsätzlich im Nominativ nennen. Es dürfte sich daher um ein Lexem *šalku* handeln.

Da die bezeichnete Personengruppe sichtlich mit der Begleitung der Timunna zusammenzudenken ist und nicht auf eine semitische Wurzel *ŠLG* oder ähnlich zurückgeführt werden kann, liegt es nahe, an eine Ableitung von der Verbalwurzel *alāku* zu denken. Ein Derivat des Š-Stammes kommt allerdings nicht in Frage, da die entsprechenden Formen mit *šu-* anlauten müßten oder aber nur dichterisch belegt sind [830], was hier wohl ausgeschlossen werden kann [831].

Verlockend wäre nun folgende Annahme, daß im Hintergrund eine lexikalisierte Verbindung des anaphorischen Pronomens *ša* mit einer Form von *alāku* steht. Problematisch daran ist allerdings, daß ein *alku* oder ähnlich nicht existiert. Man könnte allenfalls an das Wort *ilku* denken, oder aber eine Partizipialform voraussetzen [832]. Beide Annahmen stoßen allerdings auf weitere philologische Schwierigkeiten, so daß wir es am besten bei einem *nescio* belassen. Der Kontext läßt indessen folgende Bedeutungseinschränkung zu:

Vermutlich handelt es sich um zwei bis drei Personen, die den Troß der Timunna und der mit ihr reisenden Frauen begleiteten, wobei ein Azzagami [833] einmal namentlich genannt ist. Daß dieser zwischen den beiden Einträgen steht, die

---

[829] In Anbetracht dessen, daß auf der Tafel offenbar am oberen Rand ein "Miniblock" über die Frauen gegeben ist, wäre es eine verlockende Annahme, daß der ansonsten nirgendwo belegte *Azzagami* der Verantwortliche der LÚ.MEŠ.*šālkū* war: Er steht hier bei den Frauen *ša* DA LUGAL und erhält 2 *pa*.

[830] GAG §56i.j.

[831] Eine assyriasierende Form (vgl. z.B. GAG § 97i) ist auszuschließen, da wir nicht eine unbekannte Größe durch die Anhäufung weiterer Hypothesen "erklären" dürfen.

[832] *ša āliku* > *šāliku* > *šalku*. Es würde sich dabei aber um eine eigentümliche Entwicklung handeln, die der Normgrammatik zuwider läuft und mit westlichen Einflüssen erklärt werden müßte (vgl. hebr. *ha-hōlēk* → *ha-hōlᵉkîm*).

[833] Es dürfte sich um einen Personennamen handeln, obwohl dies in der Forschung bestritten wurde: G. Giacumakis, 68 (mit A. Goetze, JCS 13, 36) *azzamu* "a cult vessel", A. Draffkorn, Hurrians, 159:"a type of figurine" (Verweis auf E. Laroche, JCS 2, 130; A. Draffkorn, JBL 76, 222; vgl. E. Laroche, GLH, 67); beides letztlich von sum. AN.ZAM = *assammu*. Für ein Substantiv könnte sprechen, daß hier die einzige Stelle im Text ist, an der *ana* steht, doch spricht dagegen, daß auch bei Zweckangaben der direkte Empfänger meist genannt ist. Außerdem handelt es sich bei den Z. 6,17-19 offenbar um einen "Eintragscluster", der sich mit der Versorgung der Timunna beschäftigt.

sich durch DA auszeichnen und damit wohl Auswärtige betreffen, spricht für unsere Annahme, daß auch er der Entourage der Timmuna zuzurechnen ist.

2.4.4. Text 4,13: 1 ᶠ*Ti-mu-un-na*

Wir hatten den Besuch der Timunna in Alalaḫ bereits als Schlüssel zum Verständnis dieses und des folgenden Textes erkannt. Zunächst sind die Belegstellen beizubringen:

4,13: 1 ᶠ*Ti-mu-un-na*
5,13: 1 ᶠ*Ti-mu-un-na*
6,26: 1 ᶠ⸢*Ti-mu-un-na*⸣
23,12: 1 ᶠ]*Ti-mu-un-na*
24,12: 1 ᶠ]*Ti-mu-un-na*

Textanmerkung:

23,12; 24,12: An den vollständig erhaltenen Stellen erhält Timunna stets 1 *pa* Gerste, so daß wir dies jeweils auch hier annehmen dürfen. In Text 24 steht sie in einer ganzen Reihe von Frauen, die jeweils 1 *pa* Gerste erhalten, in Text 23 immerhin neben der Zirri, die—wie wir sahen—ebenfalls stets dieselbe Menge erhält.

Wir stellen also fest, daß Timunna stets das Versorgungs*pa* erhält. Sie ist ausschließlich im Normblock belegt. Leider können wir nirgendwo einen Hinweis darauf entnehmen, woher sie stammt und was die Funktion ihres Besuches in Alalaḫ gewesen sein könnte. Lediglich ein Hinweis auf die Größe ihrer Entourage läßt sich geben: In 6,17 nimmt Ariya eine Lieferung zur Weitergabe an die MÍ.MEŠ *ša* DA LUGAL "die beim König sind" entgegen [834]. Wir dürfen dies doch wohl so verstehen, daß hier die Frauen gemeint sind, welche die Timunna begleiten. Die Angabe ist also nicht als direkter Hinweis auf den königlichen Harem gemeint, sondern situativ zu verstehen: "die Frauen, die (sc. derzeit auf Staatskosten zu Besuch) in Alalaḫ anwesend" sind.

---

[834] Siehe dazu unten, S. 434f.

2.4.5. Text 4,14: 1 *Pa-an-za-ge* [835]

4,14: 1 *Pa-an-za-ge*
5,14: 1 *Pa-an-za-ge*$_5$
6,4: 10 *Pa-zé-ḫa*
6,24: 1 *Pa-an-za-ge*
7,12: 1 *Pa-an-za-ge-en*
23,14: *Pa-z]a-gi-in*
24,11: 1 *Pa-za-ge-e[n*
28,14: 3 *pa* ŠE *a-na Pa-za-ge*
30,12: 10 *Pa-an-za-[ge*$_5$

Textanmerkung:
6,4: Die Stelle ist wohl hierhin einzuordnen, obwohl die graphische Realisierung stark abweicht: Die Verwendung eines *e*-haltigen Zeichens spricht für eine Vokalqualität /*ä*/, die Verwendung von ḫa für eine spirantische Aussprache des Gutturals

Unsere erste Beobachtung ergibt, daß Pazage wiederum in den Monaten belegt ist, in denen die Timunna zu Gast ist, so daß auch er in irgendeiner Weise mit diesem Besuch zu tun haben dürfte.
In den Texten 4 und 5 fällt auf, daß Pazage hinter Timunna und Zirri steht, in Text 24 indessen direkt vor einer Liste von Frauen, was wiederum dafür spricht, daß er mit diesen in Verbindung zu bringen ist. Das Personalpronomen "er" ist deshalb unzweifelhaft, weil die Person nie mit Determinativ ^{f} steht und vor allen Dingen in Text 24 kein Platz wäre, um zusätzlich zur Zahl 1 ein solches Determinativ zu ergänzen, das bei den anderen Frauen steht. Nun steht Pazage in Text 6 durch einen Eintrag von den beiden Frauen getrennt, aber direkt nach den eben erörterten LÚ.MEŠ.Ì.DUḪ, in Text 7 kommen letztere wenigstens vor. Auffällig ist noch das Vorkommen in Text 28. Dies ist der einzige Text, in dem weder die "Pförtner" noch Timunna belegt sind, dafür aber umgekehrt eine Reihe anderer Frauen. Dieser Text weist ferner die Anomalie auf, daß Pazage nur hier, in 6,4 und in 30,12 mehr als 1 *pa* erhält, nämlich 3 *pa*. Die anderen Stelle dürften sich auf langfristige Lieferungen beziehen. Es sei daher folgender Versuch einer Funktionsbestimmung gewagt:

---

[835] Das PA-zeichen gehört sicher zum PN, da die Maßeinheit auf dieser Tafel nur im Tabellenkopf vorkommt und jeweils als GIŠ.*pa-ri-si* realisiert ist. A. Draffkorn, Hurrians, 232 faßt den ganzen Eintrag als Nomen: "a kind of bird-feed", vgl. zum PN A. Goetze, JCS 13, 36. Auch in der Umschrift von D.J. Wiseman, JCS 12, 24 ist durch Großschreibung ein Verständnis als PN angedeutet. Die Stelle 7,12 wurde von D.J. Wiseman, a.a.O., 31 als Panzagi MUŠEN<.DÙ> gelesen. Die Differenz in der Schreibung zwischen *Pa-* und *Pan-* dürfte wiederum als Nasalierung des ersten Vokals zu deuten sein, so daß wir im Fließtext Pazage schreiben.

Pazage ist Alalaḫianer und wird anfänglich vom königlichen Harem aus versorgt. Wenn der Palast für die Versorgung eintritt, erhält er 1 *pa* Gerste zu seiner persönlichen Verfügung, außer wenn besondere Unkosten entstehen. Diese dürften im Fall von 28,14 darin zu sehen sein, daß Pazage zusätzlich die Versorgung der LÚ.MEŠ.*šalkū* zu übernehmen hat, die im folgenden Monat nicht belegt waren. Zur Deckung dieser Ausgabe erhält er 3 *pa* zusätzlich.
Auch diese Beobachtung weist in die schon angedeutete Richtung, daß der königliche Harem über ein eigenes Ein- und Ausgabewesen verfügt. Dies bedeutet, daß er nicht auf Zahlungen des Palastes unmittelbar angewiesen ist, sondern ebenso wie Palast und Tempel als wirtschaftlich eigenständige Größe dasteht.
Offenbar wurde aber die Versorgung Pazages im Pagri B umgestellt, wobei wir zu vermuten haben, daß er zwischen der Abreise Timunnas und diesem Monat wiederum vom Harem versorgt wurde. Mit der Veränderung erhält er eine größere Lieferung, die seiner privaten Versorgung während der kommenden Monate diente. Dies wird so zu deuten sein, daß er ungeachtet seiner Bezahlung durch den Palast weiterhin im Harem angestellt war. Bei der Rückkehr der Timunna erfolgte dann wieder das alte System.
Aus der Beobachtung, daß in 6,4 als SAG.UR.SAG bezeichnet wird, folgt die Frage, ob noch weitere "Eunuchen" in Alalaḫ belegbar sind und welche Funktion sie innehaben. Insoweit diese bei Tempel und Harem angestellt gewesen sein könnten, ist selbstevident, daß sie in unseren Texten nicht in Erscheinung treten. Andererseits ist die Beleglage auch in den Getreidelieferlisten keineswegs so, daß wir annehmen dürften, daß Eunuchen etwa die Rolle innehatten, die ihnen später z.B. am assyrischen Königshof zugemessen wurde[836]. Es wird daraus zu folgern sein, daß wir es hier eher mit einem Verbindungsbeamten zu tun haben als mit einem "Eunuchen" im biologischen Sinn.
Da Pazage und der LÚ.*zabzurannu* (24,25.40)[837] beide jeweils eine Lieferung von 10 *pa* Getreide erhalten (vgl. auch 6,4) und je einer dieser Belege jedem Besuch der Timunna zuzuordnen ist, liegt es nahe, sie zu gleichen und in *zabzurannu* die Lesung des Logogramms SAG.UR.SAG zu sehen. Eine etymologische Deutung darüber hinaus läßt sich derzeit nicht angeben, doch mag der Hinweis erlaubt sein, daß die Wurzel (*-annu* dürfte die hurrit. Adjektivierungsendung[838] sein) vom Bildungstyp ($K_1K_2K_1K_3$) mit heth. *zapzagi*/ugar.

---

[836] Beachte dabei, daß LÚ.SAG nicht automatisch den "Eunuchen" im biologischen Sinn meint, sondern auch die Funktion des "Vorstehers" (Belege AHw 974), vgl. zum Thema A.K. Grayson, AOAT 240, 85-98.

[837] G. Giacumakis, 113 "a profession or occupation".

[838] I.M. Diakonoff, HuU, 70: "im Hurrischen gern (substantiviert) für Berufsbezeichnungen gebraucht".

spsg [839] vergleichbar ist [840]. Da allerdings auch die Herkunft dieses Wortes unklar ist [841], kann diese Beobachtung nicht viel weiter helfen. Man könnte höchstens vermuten, daß hier das Hethitische und das Alalaḫ-Akkadische aus derselben unbekannten, durch das Hurritische vermittelten, Quelle schöpfen. Ein weiteres Problem tritt dadurch auf, daß in Aleppo als Lesung für dieses Logogramm in einer früheren Zeit mit 10.01,19 [842] wohl *para=uram* vorzuschlagen ist, wobei Etymologie und Herkunft dieses Wortes im Dunklen bleiben [843]: SAG.UR.SAG und das ebenfalls im Akkusativ stehende *para=uram* sind wohl zu gleichen, letzteres ist eine Glosse des Logogramms [844]. Ein weiterer Beleg für das Logogramm in Alalaḫ dürfte in 10,9 vorliegen, wobei der dort belegte Aštabi-šarru sicher nicht mit dem Rinderhirten aus 38,13 identisch ist. Wieso der Haremsbeamte hier nur einmal eine Sonderzahlung erhält, entzieht sich unserer Kenntnis und mag sich wiederum daraus erklären lassen, daß der Harem nur ausnahmsweise beliefert wird, wenn besondere Umstände vorliegen.

2.4.6. Text 4,15: 20 LÚ.MEŠ.*ag-ri*

Die LÚ.MEŠ.*agrū* sind zu gleichen mit den LÚ.MEŠ.ḪUN.GA [845]. Wir haben damit mehrere Belege [846]:

4,15: 20 LÚ.MEš.*ag-ri* (ŠE)
25,15: 9 *pa* ŠE *a-na* LÚ.MEŠ.ḪUN.GÁ GÌR *Wa-an-di-ša-uš-ka*
60,11: 6 GÌR LÚ.MEŠ.HUN.GÃ (Hülsenfrüchte)

---

[839] C.H. Gordon, UT 451, Nr. 1792 "NonSemitic". Die Literatur zu diesem und seinem evtl. Vorkommen in Prov 26,23 ist uferlos, vgl. z.B. H.L. Ginsberg, BASOR 98; M. Dietrich u.a., UF 8; B. Margalit, BZAW 182, 316-319. Das richtige dürfte jüngst E. Neu, UF 27, 395-402, getroffen haben: *spsg* ist mit heth. *zapzagai* in Beziehung zu setzen. Letzteres wiederum bezeichnet eher "ein Material" als eine "Glasur".

[840] Da in beiden Fällen V_1 ein *a* und K_2 ein Labial ist, ist die Analogie ziemlich weitgehend.

[841] Vgl. E. Neu, UF 27, 396: Bei der Deutung als "Wanderwort unbekannter Herkunft (sollte man) aber bedenken, daß *zapzagi* durch den Stammauslaut *-i/ai̯*, der im Hethitischen vor allem Adjektiven eigen ist, über ein deutliches indogermanisches Wesensmerkmal verfügt".

[842] Bearbeitung durch M. Dietrich/O. Loretz, TUAT I/5; 499f und G. Frame, RIME 4, 719f.

[843] M.E. weist die Vorsilbe *para=* auf indoeuropäische Herkunft und damit wohl auf den kleinasiatischen oder ägäischen Raum, wobei diese Vermutung momentan nicht substantiiert werden kann.

[844] M.Malul, AuOr 10, 1992, 53, liest {*ú-ra*} *ú-ra-am* von *ūru* II "weibliche Scham".

[845] R. Borger, ABZ, Nr. 536; AHw *s.v.*; zur Miete von Personen siehe M. Stol, RlA 8, 162-174 und K.R. Veenhof, RlA 8, 181-184.

[846] Die Vermutung bei M.Tsevat, HUCA 29, 120, in Text 19,3 sei LÚ.ḪUN als Abkürzung für LÚ.ḪUN.GÁ zu lesen, hatten wir oben (Kap. V,2.1.5.) schon zurückgewiesen, da dort LÚ.ÁZLAG steht.

Außerhalb der Lieferlisten finden sich noch zwei Belege:

42.07,7: 10 GÍN GÌR LÚ.MEŠ.*ag-ri*
43.09,17: 2 GÍN *a-na Ti-šu-ḫi a-na* LÚ.MEŠ.*ag-ri na-di-in*

Wir stellen fest: "Der Lohn wird meistens in Gerste oder Silber bezahlt" [847]. Diese Feststellung M. Stols ist auch für die Alalaḫ-Texte gültig—abgesehen von den Erbsen, die aber wahrscheinlich zur Nahrung der Mietarbeiter dienten. Man wird also anzunehmen haben, daß hier Kost und Versorgung durch die Lieferung abgegolten sind und ein "Lohn" hinter den Silberzahlungen zu suchen ist. Dieser dürfte kaum viel ausgemacht haben. Setzen wir wieder 1 *pa* Gerste als Monatsration einer Person an, so wären in Text 25 9, in Text 4 20 derartiger Personen in Alalaḫ beschäftigt gewesen. Wenn ferner die Silberzahlungen sich auf dieselbe Menschengruppe beziehen, dann wären dies im Höchstfall etwas über 2 Šeqel pro Person—fürwahr kein fürstliches Entgelt, auch wenn wir nicht wissen, für welchen Zeitraum diese Summe ausgezahlt wurde.

Die Frage nach der Arbeit, die diesen Menschen zugewiesen wurde, läßt sich auf der Basis unserer Texte kaum beantworten, da Mietarbeiter für alle möglichen Zwecke eingesetzt werden konnten [848]. Dies gilt umso mehr, als wir nicht wissen, nach welchen Kriterien solche Mietarbeiter rekrutiert wurden und insbesondere unbekannt ist, ob die *agrū*-Arbeiter Bürger aus Alalaḫ waren. Ferner wüßte man gerne, in welchem Verhältnis sie zu den LÚ.MEŠ.*māsū* standen [849]. In jedem Fall ließ sich offenbar der Bedarf an Arbeitskräften nicht aus dem gewöhnlichen Personalreservoir befriedigen, so daß noch zusätzlich Menschen eingestellt werden mußten.
Es sind nur zwei "Funktionäre" belegt, die mit dieser Personengruppe zu tun haben:

• Tišuḫi, der nur an der oben genannten Stelle und in 43.10,1 vorkommt und jeweils 2 Šeqel Silber an eine Personenmehrheit abgibt [850].
• Wandi-Šauška (25,16), für den wir nun die Belege zusammenzustellen haben. Da Šauška, Ištar und Išḫara gleichzusetzen sind, gehören auch Wandi-Namen mit diesen theophoren Elementen in unseren Zusammenhang [851].

---

[847] M. Stol, RlA 8, 171.

[848] M. Stol, RlA 8, 172.

[849] Vgl. H. Klengel, OLA 6, 444f, wo die Frage zwar gestellt, aber im Grunde nicht beantwortet wird. Nach ihm gewinnt man "den Eindruck, daß sie gegenüber ihrer Rolle im altbabylonischen Mesopotamien in Alalaḫ wenig ins Gewicht fielen."

[850] Dies muß jedoch keineswegs bedeuten, daß die LÚ.MEŠ.URU*Abratik* und die LÚ.MEŠ.*agrū* dieselbe Personengruppe darstellen.

[851] Hier handelt es sich natürlich um einen Auszug der oben zu Wandiya gegebenen Liste, da das Hypokoristikon *-ia* auch für Ištar etc. stehen könnte. Hinzu kommen allerdings die Namen mit Berufsangabe.

Wandi-e (26,33)
Wandi-en (24,18)
Wandi-ia (40,5, Hirte)
Wandi-ia MU (22.08,20)
Wandi-Išḫara LÚ.UŠ.BAR (31.03,3.4)
Wandi-Ištar (30.11,6)
Wandi-Šauška (31.07,16; 30,11,6)
Wandi-Šauška LÚ.GIŠ.GIGIR (42.04,8)

Hier gilt—*cum grano salis*—das oben Gesagte. Wir halten auch hier die Möglichkeit fest, daß die in Frage stehende Person auf dem Weg der Pfandhaft (30.11,6) in die Palastwirtschaft aufgenommen wurde. Er wäre dann in die Position eines Vorgesetzten aufgerückt. Angesichts der Häufigkeit des Namens wird indessen letzte Sicherheit nicht zu gewinnen sein. Auch läßt sich von hier kein Argument für die oben aufgeworfene Frage nach dem Verhältnis der Mietarbeiter zu den regulären Arbeitskräften, insbesondere den Schuldknechten, gewinnen. Der Weber, der Koch und der Rinderhirte werden hier kaum in Betracht kommen; eher schon ließe sich dies für den Wagenfahrer (militärische Funktion) und den Zeugen aus 31.07,16 behaupten.

2.4.7. Text 4,19: **20 ᵈUTU-*ši*-ᵈIM**

Dieser Personenname ist sehr häufig. Wir hatten bereits oben zu den Hirten die Belege zusammengestellt, was hier nicht wiederholt zu werden braucht. Angesichts der Ausgabe in Z. 32: 20 *pa* ZÍZ *Sa-am-si*-ᵈIM ŠEŠ LUGAL dürfte es sich auch hier um den Bruder des Königs handeln. Dies gilt umso mehr, als beide Male die betreffende Person den letzten Eintrag vor der Summe bildet. Dieser "Bruder des Königs" ist nur selten belegt, da er vermutlich seine eigene Haushaltung führte und von seinem Erbteil (*zittu*) lebte, das Königssöhnen üblicherweise zugewiesen wurde [852]. Wenn es sich um dieselbe Person handelt, dann ist ein Šamši-Addu in 21.04; 22.12 und 22.13 mit Ortskauf- und -tauschangelegenheiten befaßt. Diese Ländereien sichern die wirtschaftliche Eigenständigkeit des Šamši-Addu, so daß es nicht weiter verwundert, daß er in den Lieferlisten nur vier bzw. fünfmal belegt ist [853].

4,19: 20 ᵈUTU-*ši*-ᵈIM (ŠE)
4,32: 20 *Sa-am-si*-ᵈIM ŠEŠ LUGAL (ZÍZ)
23,25: [2]0 ᵈUTU-*ši*-ᵈIM ŠEŠ LUGAL (ZÍZ)
56,13: 18 *a-na* ᵈUTU-*ši*-ᵈIM ŠEŠ LUGAL (ZÍZ)
77,4f: 15 *pa* ZÍZ *a-na* LÚ.MEŠ.*ši-ip-ri a-na* ᵈUTU-*ši*-ᵈIM

---

[852] Vgl. H. Klengel, OLA 6, 436f.452f.

[853] Die Belege, an denen der häufige Name durch eine Benennung deutlich auf eine andere Person bezogen ist, werden hier nicht wiederholt.

Textanmerkung:
77,4f: Diese Stelle ist hier wohl mit einzubeziehen, da erstens die Menge ungefähr dem entspricht, was für den Königsbruder üblich ist, und zweitens im selben Text auch der Prinz Jarimlim in Erscheinung tritt (Z. 10f; vgl. 4,31; 23,26, zu dem Problem 56,14 s.o. S. 410f).

Es ist damit festzuhalten, daß der Bruder des Königs nur ab und zu vom Palast zu versorgen ist. Er erhält dann jeweils größere Mengen Getreide, meistens Emmer. Dies wird so zu deuten sein, daß er nicht alleine kommt, sondern seiner Stellung entsprechend gewisse Ausgaben für Personal und Repräsentation hat, die ihm als engem Verwandtem des Herrschers vom Palast ersetzt werden. Die letztgenannte Stelle spricht offenbar von einer Gesandtschaft, die an Šapši-Addu gerichtet wird und Getreide mitnimmt. Die Hintergründe bleiben unklar, zumal der Text sich nicht chronologisch einordnen läßt. Die ersten drei Stellen liegen auffälligerweise genau in den Monaten, wo die Timunna ebenfalls anwesend ist, doch verfügen wir über keine weiteren Argumente, dies genauer zu interpretieren [854].

2.5. *Text 5,1-19 (unveröffentlicht)*

Dieser Normblock ist in Z. 1-14, mit Ausnahme der Zahlen, voll identisch mit 4,1-14. Die Identität konnte bislang nicht festgestellt werden, weil D.J. Wiseman [855] einen anderen Text als Rationenliste unter Al T 271 führt und dieser Text mithin unveröffentlicht ist. Er ist im übrigen schon von der äußeren Form mit Text 4 vergleichbar [856] und dürfte wohl gleichzeitig mit jenem abgefaßt worden sein [857]. Die Summe ist um 10 *pa* zu hoch.

2.5.1. Text 5,16: **10 *Ki-ir-ra*** [858]

Diese Person kommt in den Getreidelieferlisten viermal vor. Sicherlich ist *Ki-ir-*[x x]*-tu-du* (29,5) nicht hier zu verhandeln, da der Name anders endet [859]. Offensichtlich gehört indessen 19,16 hierher, da Kirra ebenfalls hinter Šinurapi steht, wobei die Empfangsmenge hier wie dort identisch ist: 20 *pa* für Šinurapi, 10 für Kirra.

---

[854] Sie könnte die Ehefrau des Königssohnes oder des Šapši-Addu gewesen sein. Oder es handelt sich um ein Familienfest, zu dem sie ebenfalls geladen war.

[855] D.J. Wiseman, Al T, 87; ders., JCS 8, 22; ders., JCS 13, 19. Bei diesem Text handelt es sich aber um die "Verbuchungsliste Verbaltyp" 43.04.

[856] Siehe oben Kap IV,2.1.4.

[857] Vgl. oben Kap. IV,4.2.

[858] Zu 5,15 s.o. Kap. V,2.1.12.

[859] Dasselbe gilt für 68,15: 10 (ZÍZ) ᶠ*Ki-*[*ir-ra*. Abgesehen von der Frage, ob die Ergänzung zutrifft, erhält die Person hier Emmer und nicht Gerste. Vgl. zur Namensbildung I.J. Gelb u.a., NPN, 228 (dort auch ein weiblicher Name *Kirrazi*).

5,16: 10 *Kí-ir-ra*
19,16: 10 *a-na Ki-ir-ri*
67,4: 10 *a-na Ki-ir-ra-an*
69,19: 5 *Kí-ir-ra* [(ZÍZ)

Kirra erhält also grundsätzlich 10 *pa* Gerste und nur einmal eine Zusatzlieferung von 5 *pa* Emmer. Die Monate, in denen er belegt ist, ergeben indessen keine klare Ratio, da einer sehr langen Beleglücke schon drei Monate später wieder eine Lieferung folgt. Dies spricht eher für eine unregelmäßige Anwesenheit am Palast. Nun hatten wir bereits festgestellt, daß Kirra zweimal neben Šinurapi belegt ist, wobei das Zahlenverhältnis jeweils 2:1 beträgt und auch die Ausgabemengen identisch sind. Es liegt daher nahe, diesen wie jenen in einen analogen Kontext zu rücken. Zu Šinurapi hatten wir oben festgestellt, daß dieser vermutlich in militärischer Funktion mit Pferden und deren Personal zu tun hatte. Auch Kirra dürfte also als Militär verstanden werden. Hierfür spricht noch eine weitere Beobachtung: An der vierten Belegstelle steht Kirra direkt neben Abiṭaba, den wir ebenfalls als einen Pferdeknecht bestimmt hatten. Die Assoziation hinter der Zusammenstellung wäre dann die Funktion des Kirra beim Heer gewesen [860].

Außerhalb der Getreidelieferlisten finden wir den Namen nur zweimal belegt:

—Der Kirri ÌR ŠÀ.TAM aus 20.02,39 wird kaum in Frage kommen, zumal ein Prozeß gegen den Fürsten von Alalaḫ wohl am königlichen Hof in Aleppo geführt wurde.
—43.09,23f: 2 GÍN *ši-im ni-wa-ri ša-ni-ta* GÌR *Kí-ir-ra*

G. Giacumakis [861] liest *ša* Ì und übersetzt demzufolge "perhaps a container for oil". A. Draffkorn [862] vergleicht "perhaps Nuzi niw(a)ri 'honorarium'" und Māri *niwari* [863], vermag letztlich aber auch keine Deutung anzugeben [864]. D. Arnaud [865] liest die ganze Zeile anders: *ni-wa-re* Ì NA_4 und übersetzt: "pric d'achat de lampes à huiles en pierre". Dies dürfte allerdings schon epigraphisch unmöglich sein.

---

[860] Auch dies spricht gegen eine Gleichsetzung mit der ᶠ*Ki*-[*ir-ra*] aus 68,15.

[861] G. Giacumakis, 92.

[862] A. Draffkorn, Hurrians, 231f, vgl. AHw 799a "Anteil".

[863] F. Thureau-Dangin, RA 36, 12 (Nr. 3,15 u.ö.).

[864] Es gibt im semitischen Bereich kaum Wörter, die besser in den hier vorfindlichen Kontext einzufügen sind, vgl. z.B. arab. *nyr* "Joch" oder bibelhebr. *nyr* II "neu umgebrochener, zum ersten Mal gepflügter Acker". Als Element des PN vgl. *Ni-wa-ri-a-du*, das allerdings auf die Wurzel *nawāru* "hell sein, leuchten" zurückgehen dürfte.

[865] D. Arnaud, AuOr 16, 166.

Laut den Wörterbüchern [866] könnte in Nuzi mit einem ähnlichen Wort der Papyrus gemeint sein. Dies hätten wir dann so zu verstehen, daß im Militär mindestens auch auf Papyrus geschrieben [867] worden wäre, der natürlich nicht erhalten ist. Entweder handelt es sich also nicht um dieselbe Person oder das Wort hat eine andere Bedeutung, die eher mit dem Militärwesen und/oder Pferden zu tun hatte [868].

2.6. Text 6,12-30 (Al T 265)

In diesem Normblock ist einmal auf die Rasur (Z. 14) hinzuweisen. Die Summe ist um 1 *pa* zu hoch, doch könnte dies an der Rasur Z. 14 liegen, da z.B. ein Fehler in der Vorlage berichtigt worden sein könnte. Auffällig ist ferner das DA in Z. 17f und Z. 20, zumal Z. 19 beide Einträge trennt.
Der Normblock weist eine Besonderheit auf: Auf dem unteren Rand finden sich drei Zeilen, die einen eigenen "Eintragscluster" bilden, den man "Versorgung des Personals der Timunna" nennen könnte. Dieser wird mit einer Zeile eingeleitet, die mit *ša* DA LUGAL endet, eine Formulierung, die nur dann vorkommt, wenn die Timunna und ihr Umfeld gemeint sind.

2.6.1. Text 6,17: **18 ŠE.BA MÍ.MEŠ *ša* DA LUGAL GÌR *A-ri-ia***

Wir hatten bei der Erörterung der Frauen vom Gesinde bereits festgestellt, daß hier eine besondere Frauengruppe vorliegen muß, da eine Lieferung von 18 *pa* Gerste an "die Frauen" außergewöhnlich wäre, da diese Personengruppe sonst stets ca. 65 *pa* monatlich erhält. Dies gilt umso mehr, als die Regellieferung von 62 *pa* in Z. 12 vorliegt. Daher hatten wir festgestellt, daß Ariya wohl für die Versorgung der Frauen in der Entourage der Timunna verantwortlich ist.
Der diesem Eintrag am nächsten vergleichbare ist 69,1f:

15 *pa* ŠE.A.AM ŠE.BA MÍ.MEŠ *ša* DA LUGAL.

Hier wird also die ausgegebene Menge ausdrücklich als "Ration" bezeichnet. Text 69 gehört in den Šamena C und ist somit vermutlich mit dem zweiten Besuch der Timunna zusammenzudenken.

Die Namen, die auf Ar- gehen, haben wir bereits oben zu den Hirten zusammengestellt, was hier nicht wiederholt zu werden braucht. Von den dort genannten Stellen kommen höchstens 5,22 und 37,13 in Frage, wobei der zweite Beleg zu zerstört ist, um wirklich eine Folgerung zuzulassen, die höchstens darin bestehen könnte, daß Ariya hier eine Lieferung für einen längeren Zeitraum erhält. Die Stelle 5,22 ist insoweit von Interesse, als Arammu hier Emmer zum Ankauf

---

[866] AHw 784b, CAD N 200f *sub niāru*. Zu *niwaru* bemerkt das CAD N 302 "uncertain".

[867] Zur eventuellen Verwendung des unter der Bevölkerung gebräuchlichen Papyrus in Ugarit vgl. M.Dietrich, AOAT 248, 82.85.

[868] Zu Z. 17 und dem *ūm niziqti* siehe oben zu Kap. V,2.1,9.

eines "Kastens" entgegennimmt. Dieser Beleg dürfte allerdings eher mit den Verpflichtungen des Palastes zum *ūm niziqti* "Trauertag" zusammenhängen als mit dem Besuch der Timunna.

24,5: Ariya erhält 7 *pa* Gerste und steht direkt neben Ammiya, der (s.o) die LÚ.MEŠ.*asīrū* betreut. Seine Klientel ist dann natürlich nicht mit den "normalen" Frauen vom Gesinde gleichzusetzen, sondern er hat das Getreide hier an die Frauen weiterzugeben, die mit Timunna gekommen sind [869], als einheitliche Reisegruppe im königlichen Harem untergebracht waren und daher vom Palast als dessen Gäste versorgt wurden [870].
14,3: Auch hier läßt der Kontext Folgerungen für Ariyas Funktion zu: Er steht direkt nach der Lieferung für die Frauen vom Gesinde und vor einer Auflistung weiterer Frauen. Wir hatten oben erhoben, daß er hier zusammen mit Ammiya die LÚ.MEŠ.*asīrū* versorgen dürfte. Diese Beobachtung stimmt damit zusammen, daß hier zwar einige weitere Frauen in der Stadt anwesend sind, aber die Timunna eben gerade nicht.

Damit ergibt sich folgendes Resultat: Ariya ist am Palast als Funktionär angestellt und vermutlich zusammen mit Ammiya für die "innere Personalabteilung" und deren Versorgung verantwortlich.
Wenn die Timunna und mit ihr wohl noch weitere Frauen zu Besuch sind, dann ist es seine Aufgabe, auch deren Versorgung zu koordinieren.

2.6.2. Text 6,28: **3 *Mu-ut-tu***

Auch bei Muttu dürfte es sich um einen PN handeln [871], der in Alalaḫ VII sonst allerdings nicht belegt ist [872]. Ein Zusammenhang mit *muṭṭu* "Inventardifferenz" ist m.E. auszuschließen, da eine solche Inventardifferenz normalerweise über die Summenangabe verbucht wird. Die Ausnahme 32,1 liegt daran, daß eine hohe Differenz wie 33 1/3 *pa* so auffällig war, daß sie eigens aufgeführt werden mußte. Gegen eine Gleichsetzung sprechen zwei Argumente:

—Die Graphik: Die Schreibung des Phonems /*ṭ*/ erfolgt in den meisten Fällen mit dem entsprechenden Zeichen der D-Reihe, das hier also wie in 32,1 DU sein sollte.
—Eine Inventardifferenz sollte am Beginn oder am Ende eines Blocks stehen und diesen nicht unterbrechen.

---

[869] Hierfür sprechen die relativ geringe Ausgabemenge und die Tatsache, daß die Frauen vom Gesinde in allen drei Texten eine Regellieferung erhalten.

[870] Vgl. auch 35,6.

[871] Zu Mutta in Nuzi vgl. I.J. Gelb u.a., NPN, 101.236; in Ugarit F. Gröndahl, PTU, 285. B. Landsberger, JCS 8, 128f möchte den Namen der von ihm erhobenen *-muwa*-Sprache zuweisen.

[872] Zu 11,20.24 s.u.

Daß die Person nur einmal belegt ist, kann nicht weiter verwundern, da der Block ohnedies durch den Besuch der Fremdgruppe einige Eigentümlichkeiten aufweist.

2.7. Text 7,1-13 (Al T 277)

Der Anfang der Tafel ist abgebrochen; es kann indessen nicht viel gefehlt haben. In jedem Fall fehlt eine Angabe über die MÍ.MEŠ.SAG.GÉME und über die Vögel, die LÚ.MEŠ.*asīrū* sind nur indirekt über den Ammiya belegt. Ferner fällt auf, daß der Normblock sozusagen ohne eine Summe ausläuft und ab Z. 13 andere Waren vorkommen, so daß diese Zeilen nicht zum Normblock gehören.
Die Interpretation wird dadurch erschwert, daß etliche Vorgänge—soweit sie uns nicht aus anderen Texten ohnedies bekannt sind—sich unseren Bemühungen entziehen.
Zu beachten ist in jedem Fall, daß in Z. 14 die Königin erwähnt wird, die eine relativ geringe Menge ZÍZ in den Palast geliefert erhält. Es dürfte sich um eine Zusatzlieferung handeln, die der Palast wiederum deshalb ausgeben muß, weil die Timunna und ihre Entourage auf Besuch sind und in Alalaḫ im Palast leben. Da dieser Besuch dem Interesse der gesamten Stadt diente, war von der Königin nicht zu erwarten, daß sie die Ausgaben aus ihrer Privatschatulle bestritt, so daß hier eine Unterstützung erfolgt. Offen bleibt, ob das Getreide direkt verbraucht wurde oder als Zahlungsmittel für den Erwerb von weiteren Dingen eingesetzt wurde.

2.7.1. Text 7,1+2

Die Zeichenreste in Z.1 sind nicht zu deuten. Z.2 sind die Zeichenreste *ka-ri* zu erkennen, doch ist auch damit nicht viel anzufangen. Eine Lesung als *-si-ri* und damit die Ergänzung zu *a-si-ri* ist wohl auszuschließen, ebenso wie die Deutung *-úr-ri*, die sich dann zu *A-mu-úr-ri* ergänzen ließe, da für eine Zahl und mindestens ein LÚ kein Platz wäre.

2.7.2. Text 7,3: [LÚ.]MEŠ.*qa-nu-ḫe-en*

Das Wort *qanuḫḫe* läßt sich zunächst verstehen als ein semitisches *qanû* "Rohr, Pfeil" mit einer hurritischen Endung *-ḫḫe* [873], das dann etwa zu paraphrasieren wäre "der zum Rohr/Pfeil gehörige". Dabei ist noch nicht gesagt, ob die so bezeichnete Tätigkeit die Herstellung oder den Umgang mit Pfeilen beschreibt [874].

[873] "Adjektiv der Zugehörigkeit" (I.J.Diakonoff, HuU, 70) vgl. zu solchen Bildungen an der Berufsangabe in Texten aus Alalaḫ IV: M. Dietrich/O. Loretz, WO 3, 189-205, zur Lesung v.a. S. 202, wo LÚ.GIŠ.BAN zwar genannt, letztlich aber kein Vorschlag für eine Lesung gegeben wird.

[874] Vgl auch Chr. Rüster/E.Neu, HZL, Nr. 118 "Bogenschütze".

Zur Verbreiterung unserer Basis entnehmen wir den Wörterbüchern [875] die Gleichung *qanû* = GI, aus der wir unmittelbar ableiten dürfen, daß LÚ.GI und *qanuḫḫe* zu gleichen sind. Ferner hatten wir bereits festgestellt, daß 46,5-8 dem Text 54,7-10 entspricht [876], und daraus wiederum die Gleichsetzung von LÚ.GI mit LÚ.GIŠ.BAN erhoben. Durch diese Gleichsetzung mit dem Wortzeichen für "Bogen" [877] dürfte auch deutlich sein, daß diese Menschen mit Pfeil und Bogen zu tun haben und nicht etwa das Rohr zu Körben o.ä. verarbeiten.
Damit sind zur Interpretation der LÚ.MEŠ.*qanuḫḫe* alle Stellen heranzuziehen, die eines der beiden Logogramme aufweisen [878].

7,3: [LÚ.]MEŠ.*qa-nu-ḫe-en* (ŠE)
20,20: 1 LÚ.GIŠ.BAN (ŠE)
21,4: 10 GÌR *Aḫ-mu-ša* LÚ.GIŠ.GI (ŠE)
34,10: x *ša* LÚ.GI (ZÍZ)
34,17:] *ša* LÚ.GI (ZÍZ?)
46,8: 25 *Aḫ-mu-ša* LÚ.GIŠ.BAN (ZÍZ)
54,4: 10 *a-na* LÚ.GI (ŠE)
54,11: 10 GÌR LÚ.GI (ZÍZ)

Textanmerkung:
20,20: Nach der Kopie ist die Lesung eindeutig. A. Draffkorn [879] liest *ma*-TAR und ordnet das Wort ein in ihren Abschnitt "Terms that may be Hurrian", also in eine Liste, die Wörter enthält "that are of doubtful origin, but could be Hurrian" [880]. Eine Deutung vermag sie dementsprechend nicht zu geben; die Formulierung "occ.<upation> term" hilft ebenso wenig weiter wie ihr Hinweis "perhaps read DI(!).KUD 'judge' instead" [881]. Wir haben angesichts des deutlichen epigraphischen Befundes von der Lesung GIŠ.BAN auszugehen, zumal weder ein enigmatisches *ma*-TAR noch DI.KUD [882] in den Lieferlisten noch einmal vorkommen, wohl aber GIŠ.BAN.

---

[875] AHw 898a; G. Giacumakis, 96.

[876] Siehe oben S. 407. In die Reihe dieser Texte ist auch 19,12-14 zu stellen.

[877] Vgl. die Wörterbücher und Zeichenlisten: R. Borger, ABZ, Nr. 439, CAD A/2 52b (zu *ša qašti*) und Q 151f; AHw 906b (dort auch Verweis auf *gerseqqu ša* BAN); G. Giacumacis, 96.

[878] Wenn beide Logogramme dieselbe Personengruppe bezeichnen, muß dies allerdings nicht zwangsläufig bedeuten, daß beide Zeichengruppen gleich zu lesen sind.

[879] A. Draffkorn, Hurrians, 230.

[880] A. Draffkorn, Hurrians, 218.

[881] A. Draffkorn, Hurrians, 230.

[882] Im übrigen steht im gesamten Korpus stets einfaches DI.KUD und nirgendwo LÚ.DI.KUD.

Wir gehen nun aus von der Beobachtung, daß abgesehen von 7,3 stets nur eine Einzelperson eine Lieferung entgegennimmt, die zweimal mit dem Namen Aḫmuša benannt ist. Dabei erhält dieser in Text 20 lediglich das Versorgungs*pa*, an den anderen vier Stellen, wo die Menge erhalten ist, jedoch relativ große Mengen, die allesamt durch fünf teilbar sind. Dabei handelt es dreimal um 10 *pa*, nur an einer Stelle (46,8) werden 25 *pa* erreicht, doch ist darauf hinzuweisen, daß in diesem Block auch die anderen Personen Burra, Sumilammu und Subaḫali doppelt so viel erhalten wie sonst, nämlich 20 statt 10 *pa*.
Auch die Verteilung über die Monate spricht eine deutliche Sprache: Nach dem Ḫiari A haben wir eine Beleglücke von sieben Monaten, danach noch einmal vier Monate, dann folgen drei Monate aufeinander, der letzte Beleg steht wieder in einem Abstand von drei Monaten.
Dies dürfte wohl bedeuten, daß Aḫmuša die Lieferung für eine Personenmehrheit entgegennimmt, die nicht ständig am Palast anwesend ist. Dabei muß allerdings offenbleiben, ob es sich hier um eine militärische Einheit handelt oder ob diese Menschen mit der Herstellung der Bogen beschäftigt waren. Das zweite ist wahrscheinlicher, da anderenfalls erklärt werden müßte, wie die anderen Truppenteile versorgt wurden. Auch die Parallele zu den *sākinnu* und zum Bäcker spricht eigentlich eher gegen Mitglieder des Heeres. Im übrigen betreffen die Lieferlisten insgesamt eher die Produktion als die Versorgung militärischer Einheiten [883].

Einen weiteren Hinweis und gleichzeitig eine ansprechende Vermutung über die Verwendung dieser Getreidegaben bei den "Bogenmachern" legt Text 24 nahe.

24,36: 10 (ZÍZ) *a-na* KAŠ *e-pí-iš* GIŠ.GI "10 *pa* Emmer für Bier: dem Bogenmacher" [884]

Hier ist offenbar gemeint, daß Aḫmuša, der doch wohl als Empfänger anzunehmen ist, das zugeteilte Getreide in Bier [885] für seine Arbeitstruppe umsetzen soll. Leider ist nicht gesagt, ob das Getreide direkt verbraut wird oder eher als Tauschware für den Ankauf des Getränks [886] dient.

---

[883] Die Versorgung dieser wird jeweils explizit genannt (*ana karāši ublū*) oder ließ sich bei den Pferdehirten als genau umrissene Gelegenheit wahrscheinlich machen.

[884] Die Form *ēpiš* GIŠ.GI dürfte als Part.Sg. im Stat.constr. zu deuten sein. Eine invertierte Infinitivkonstruktion ist in unseren Texten kaum zu erwarten.

[885] Vgl. zum Bier A.L. Hartmann/F.L. Oppenheim, JAOS.Supp. 10; W. Röllig, Bier; sowie die Artikel von K. Huber, RlA 2 und J. Bottéro, RlA 3. Zum Bier und Brauwesen in Alalaḫ vgl. E. Gaál, AUSB 13, 288.

[886] Die Texte 30.05 und 30.06 zeigen, daß der Ankauf von Bier vorkam. Allerdings handelt es sich dort wohl um eine bessere Sorte (vgl. Vf., UF 23, 414-421).

Ferner wird in 31.08,3 ein Aḫmuša in Pfandhaft genommen [887]. Nun läßt sich nicht beweisen, daß die Person zwangsläufig identisch ist; auf der anderen Seite hatten wir bereits mehrere Beispiele, in denen die Möglichkeit bestand, daß Schuldner in den Lieferlisten wieder vorkommen. Aḫmuša hätte dann die Aufstiegsmöglichkeiten genutzt, die die hierarchisch gegliederte Palastwirtschaft einem Pfandhäftling bot und wäre zum Vorarbeiter einer ganzen Abteilung ernannt worden. Über das Schicksal seiner namenlos bleibenden Familienmitglieder wird nichts ausgesagt. Gegen eine Identität der beiden Personen kann man die Frage stellen, ob eine auswärtige Abteilung wohl gerade einem Pfandhäftling anvertraut wurde.

Einen letzten Hinweis entnehmen wir der Stelle 18,15, wo Pfeile käuflich erworben werden. Leider erfahren wir nicht, wieviele Pfeile man für das ausgegebene *pa* Emmer erhielt.

2.8. Text 8 (unveröffentlicht)

Dieser Text ist sehr schlecht erhalten, auffällig ist, daß die Rückseite nicht beschriftet wurde. Die Reste auf der rechten Seite der Z. 4-6 sind zu ergänzen zu LÚ.MEŠ.*a-s*[*ṭ-ri*; LÚ.MEŠ.U[Š.BAR und *Zi-i*[*r-ri*; Z. 1 vermutlich zu MÍ.MEŠ-*t*[*im*, so daß die Zugehörigkeit dieses Textes zu den Tafeln mit Normblock gesichert ist.

2.8.1. Text 8,2: [ ]—5 ***a-na*** **LÚ.MEŠ.URU.*Ḫé*?-[**

Die Lesung des einzigen vom Ortsnamen erhaltenen Zeichens ist fraglich. Es sind lediglich Ḫibat (16,19) bzw. Ḫimat (10,13) belegt, die hier in Frage kommen könnten. Beide Stellen sind allerdings mit 8,2 nicht zu vergleichen. Immerhin spricht 10,13 von derselben Menge Getreide, doch handelt es sich nicht um Gerste, sondern um Emmer. Man wird daher von weiteren Deutungen Abstand nehmen müssen.

2.8.2. Text 8,3: **1+x *a-na Mu-ur-ra-t*[*e*]**

Murrate ist nur hier und im Monat Aštabi B belegt:

8,3: 1+x *a-na Mu-ur-ra-t*[*e*]
11,12: 86 [*M*]*u-úr-ra-te* (ŠE)
11,20: 2 *pa-ku-mu-ut-tu* GÌR *Mu-ú-ra-te* (ŠE)
11,24: 6 *pa-k*[*u-m*]*u-ut-tu* GÌR *Mu-úr-ra-te* (ZÍZ)
11,25: 14 GÌR *Mu-úr-ra-te* (ZÍZ)
43,8: 3 *a-na Mu-ur-r*[*a-te* (ZÍZ)

Außerhalb der Getreidelieferlisten ist das Lexem Murrate nur in 42.01,20 belegt. Hier wird ein Bogen, jedoch keine Pfeile ausgegeben.

---

[887] Vgl. Vf., UF 24, 469. B.L. Eichler, Indenture, 63 liest Kammuša.

Daß es sich in der Tat um eine Person handelt und nicht etwa um eine Berufs- oder Zweckangabe, ist dadurch gesichert, daß das Element *mur-* in PNN häufig ist [888]. *Mu-úr-*ᵈIM (44.04,8) könnte dieselbe Person bezeichnen, da das Element *-te* hypokoristisch für Teššup sein könnte. Der Zeuge Murḫeni in 20.01,45 wird als ÌR Ammitaqum bezeichnet und dürfte also ebenfalls eine gewisse Stellung bei Hofe gehabt haben. Das hurrit. Element *eni* bedeutet bekanntlich "Gott", doch dürfte gerade der Unterschied zwischen "Gott" und "Teššup" gegen eine Personidentität sprechen. Dasselbe gilt für den Weber *Mu-úr-ru-we* (30.08,13), dessen Namenbildung wir schon früher [889] mit der des Murḫeni aus 20.01,45 verglichen hatten. Angesichts des Befundes in Text 11, wo die Person viermal erwähnt ist und teilweise recht hohe Mengen erhält, sollten wir von einer Gleichsetzung mit einer der bekannten Personen Abstand nehmen.

Zur Schreibweise [890] ist zu bemerken, daß in 11,20 der Name als *Mu-ú-ra-te* geschrieben ist, wobei das Ú offenbar sekundär eingefügt wurde. Dies dürfte so zu erklären sein, daß der Schreiber zunächst das Zeichen ÚR vergessen hatte, es dabei aber nicht bewenden ließ. Da für das korrekte Zeichen nun kein Platz mehr war, fügte er nach dem Prinzip der "Längenwippe" eben Ú ein.

In Text 11 ist auffällig, daß die für Gerste angegebene Summe ziemlich genau den Angaben entspricht, die sich ergäben, wenn die beiden Einträge mit Murrate nicht berücksichtigt werden. Beim Emmer stimmt diese Beobachtung nicht ganz. Dort ist die Summe um 8 *pa* zu hoch, subtrahiert man indessen das Getreide an Murrate, wäre der Restbetrag um 12 *pa* zu niedrig.

Murrate empfängt also insgesamt 86 *pa* Gerste, 2 weitere *pa pa-ku-mu-ut-tu* GÌR *Mu-úr-ra-te* (Z. 20) und 6 *pa* ZÍZ mit derselben Qualifikation (Z. 24) sowie (Z. 25) 14 *pa* ZÍZ GÌR *Mú-ur-ra-te*. Die letzte Stelle ist wohl so zu verstehen, daß er das Getreide nicht zu seiner privaten Versorgung erhält, zumal (abgesehen von Kunnate, Z. 2 und den Zweckangaben Z.18+19) alle anderen Empfänger in diesem Normblock ohne Präposition stehen, ab Z. 25 indessen GÌR mehrfach vorkommt und v.a. Z. 26 eindeutig als Zweckangabe zu verstehen ist. Die relativ hohen Getreidemengen in Z. 12.25 korrespondieren einander also ebenso wie das rätselhafte *pakumuttu* in Z. 20 und 24. Die eventuelle Alternative, die ersten beiden Zeichen als "*pa* ZÍZ" zu lesen [891], scheitert daran, daß so die offenkundige Symmetrie des Textes aufgebrochen würde. D.J. Wiseman [892]

---

[888] A. Draffkorn, Hurrians, 91 "appears as a separate element Ala." Belege a.a.O., 43, dazu ist noch 44.08,8 zu nennen.

[889] Vf., UF 23, 425.

[890] Der Unterschied zwischen Schreibungen mit UR und ÚR dürfte vernachlässigbar sein.

[891] Eine Deutung "n *pa* ZÍZ *mu-uṭ-ṭu*" ist deswegen schwierig, weil sie die Probleme um Murrate letztlich nicht löst, und vor allem nicht erläutert, weshalb im Normblock ZÍZ erwähnt ist.

[892] D.J. Wiseman, JCS 13, 30.

liest die zweite Stelle *Pa-ku?-li-li*, doch gilt auch hiergegen das Argument der Textstruktur, zumal diese Lesung nicht weiterführt. Wir müssen es bei einem *nescio* belassen. Andererseits darf man mit Sicherheit annehmen, daß es sich hier nicht um einen Personennamen handelt. Zwar ist das Element *mut-* [893] in PNN durchaus belegt, aber zumeist als erster Bestandteil des Namens. Zweitens zeigt die Statistik, daß derartige Doppelformulierungen mit zwei PNN direkt hintereinander ausgesprochen selten sind. Wahrscheinlicher ist es daher, daß *pakumuttu* eine wie auch immer geartete Zweckangabe darstellt, deren genaue Interpretation sich uns entzieht, zumal wir auch den Empfänger nicht recht fassen können.

Angesichts der genannten Differenzen nehmen wir vor allem für Text 11 an, daß es sich um durchlaufende Gelder handelt, d.h. Murrate mit irgendeiner Aufgabe betraut war, die vom Palast "zwischenzufinanzieren" war. Eine dritte Stelle ersetzte dem Palast mindestens die Gerste, so daß die Auffälligkeit in Bezug auf die Summe erklärt wäre. Die 3 *pa* ZÍZ, die Murrate in Text 43 entgegennimmt, sind wohl eher seiner persönlichen Versorgung zuzuordnen, ebenso wie die Gerste, die er in Text 8 ausnahmsweise erhält. Da der Übergang vom Jahr B zum Jahr C infolge der beiden Schaltmonate 14 Monate beinhaltet, könnte es sich bei den Ausgaben in Text 11 um Jahreslieferungen handeln: 14 *pa* ZÍZ sind erwähnt, die 86 *pa* Gerste sind (mit einem kleinen Rest von 2 *pa*) durch 14 teilbar.

2.9. Text 9,5-21 (Al T 252)

Die Tafel fällt dadurch auf, daß der Normblock mit 17 Zeilen vergleichsweise umfangreich ist und eine Summe fehlt. Über die Beziehung des Textes zu Text 9 und die Entstehungsgeschichte haben wir oben (Kap. IV) das Nötige gesagt. Leider ist der Schluß der Tafel nicht besonders gut erhalten. Aus der Erwähnung der MÍ.*mušēniqtātim* wird wohl zu folgern sein, daß mit Z. 24 ein ŠE.BA LUGAL-Block einsetzt [894]. Die Erwähnung des LÚ.*eḫ-e-le* [895] ist das einzige Vorkommen des Terminus in Schicht VII und wäre daher doppelt interessant, doch läßt sich angesichts des fragmentarischen Zustandes nicht mehr als das schiere Vorkommen des Begriffs konstatieren. Eine gewisse Auffälligkeit bieten auch die tabellarischen Striche, welche die Ausgabemenge und den Empfänger

---

[893] Vgl. dazu die Namenforschung (siehe R.S. Hess, ASOR.DS 9, 208 mit weiterer Lit.).

[894] Die Zahl "14" dürfte sicherlich als "40" zu lesen sein.

[895] Die Lesung erstmalig bei M. Dietrich/O. Loretz, WO 5, 85 A. 18. Vgl. darüber hinaus an neuerer Literatur zu LÚ.*eḫele* in Alalaḫ IV: E.Gaál, OLA 23, 101 sowie E.M. von Dassow, 332-375; da D.J. Wiseman, JCS 13, 23 die Zeilen als unlesbar bezeichnete, ist der Hinweis E.M. von Dassows "the terms *eḫele* and *šūzubu* are not so far attested outside Late Bronze Age Alalah as designations for a social class" (332) mit einem Bezug auf 9,25 zu versehen (wobei natürlich aus einem Einzelbeleg keine Rückschlüsse auf eine später klar abgegrenzte Klasse gezogen werden dürfen). Zu den weiteren Belegen siehe AHw 191b; CAD E 51.

miteinander verbinden. Dies kommt in den Lieferlisten nur selten vor [896]. Diese Eigentümlichkeit ist jedoch nicht als Eigenart des Schreibers zu werten, da Tafel 10 nicht in dieser Form abgefaßt ist.

2.9.1. Text 9,8: **40 *a-na* NUMUN GÌR LÚ.ENGAR**

Zu Addu als LÚ.ENGAR hatten wir oben schon das Erforderliche erhoben, was hier nicht wiederholt werden muß. Neu ist indessen hier die Zweckangabe NUMUN, die wir oben nicht im Zusammenhang interpretiert hatten.

Das Zeichen NUMUN ist deutlich. Die Wörterbücher geben als Lesung an *zēru* [897]. Diese allgemeine Lesung muß allerdings in Alalaḫ nicht zwangsläufig gültig gewesen sein; vielmehr werden wir sehen, daß dies nicht der Fall ist. Wir stellen zunächst die Belege zusammen:

9,8: 40 *a-na* NUMUN GÌR LÙ.ENGAR (ŠE)
11,23: 5 *me-tim pa-ri-si* ZÍZ NUMUN A.ŠÀ (ZÍZ)
20,4: 8 *A-ad-du a-na* NUMUN (ŠE)
23,34: 1 *me-a-at* 10 *pa-ri-si ki-ša-nu a-na* NUMUN
26,15: 20 *a-na* NUMUN *a-na* LÚ.*sà-ki-ni* (ŠE)
26,16: 50 *a-na* NUMUN *a-na* É.GAL-*lim* (ŠE)
35,50: 29 *a-na* NUMUN (ŠE)
50,8: 30 *pa* ZÍZ *a-na* NUMUN *na-di-in*
54,15: 1 *me-a*]*t* 20 *a-na* NUMUN *na-di-in* (ZÍZ)
59,1f: 22 *pa-ri-si* ŠE.A.AM NUMUN *a-na* ŠÀ.GAL ANŠE.KUR.RA

Die erste Durchsicht der Belege läßt verschiedene Folgerungen zu: Eine Vielzahl der Belege entstammt dem Monat Pagri C. Es handelt sich zusammengerechnet um jeweils etwa 100 *pa* Getreide. Vor NUMUN steht (außer in 11,23; 59,1f) die Präposition *ana*. Diese Stellen weisen zudem die Besonderheit auf, daß nur hier das Wort NUMUN und die ausgegebene Getreidesorte direkt nebeneinander stehen. Dies ist wohl so zu verstehen, daß hier eine Wortverbindung vorliegt: "Saatgerste" bzw. "Saatemmer". Hieraus läßt sich zwanglos das Problem von 59,1f lösen: Es muß ja erläutert werden, ob das in Frage stehende Getreide nun zur *Aussaat* oder zur *Pferdefütterung* gedacht ist. Übersetzt man allerdings mit "Saatgerste", so lassen sich die beiden Bestimmungen auseinander halten: es handelt sich in der Tat ursprünglich um "Saatgerste", die jetzt allerdings nicht ihrem eigentlichen Zweck entsprechend verwendet wird. Vielmehr wird das Getreide sozusagen buchhalterisch umgewidmet und nun verfüttert.

Auffällig ist ferner, daß ZI.AŠ nur einmal (23,34) in Verbindung mit NUMUN erwähnt wird. Dies könnte bedeuten, daß diese Pflanzensorte nicht in Regie des Palastes angebaut wurde, sondern von Dritten bezogen werden mußte, doch läßt

---

[896] Z.B Text 11; Text 17 (teilweise), Text 35 (teilweise).

[897] R. Borger, ABZ, Nr. 72; AHw 1521f; G. Giacumakis, 113. Nicht hierherzunehmen ist allerdings ZI.AŠ, das W. von Soden, AHw 492, als *ze-rù* lesen möchte.

sich dies nicht belegen [898].
Setzen wir nun als Arbeitshypothese an, daß das bisher unerklärte *šukupte* [899] ebenfalls "Aussaat" bedeutet. Dieses Vorgehen entspricht dem Denkweg, auf dem diese Überlegung durch "trial and error" gewonnen wurde: Bei Anordnung der Belege war aufgefallen, daß NUMUN und *šukupte* ungefähr in denselben Monaten und zur selben Jahreszeit belegt sind. Die Analyse des Kontextes legte also die Hypothese einer Gleichsetzung nahe, die im folgenden zu begründen und zu untermauern ist.
Bevor wir die Belege im einzelnen vorführen, werfen wir einen kurzen Blick auf die lexikographischen Aspekte der erwogenen Gleichsetzung. Es ist der Versuch zu unternehmen, die Bedingung der Möglichkeit dieser Übersetzung durch eine geeignete Etymologie aufzuweisen und gleichzeitig durch die Analyse der Belege aufzuzeigen, daß die Gleichsetzung auch die Verwendung des Wortes im Kontext angemessen erklärt.
Die Ansetzung eines semitischen Hintergrundes für *šukub/pte* bzw. *šukub/ptum* läßt auf eine Nominalform *purust* [900] einer Wurzel schließen. Diese ist—wenn es sich nicht um ein reines Gegenstandsadjektiv handelt—aufzufassen als "Abstrakta von Adjektiven ... Bisweilen auch von Verbalwurzeln" [901]. Nun ist eine Wurzel *ŠKB/P* akkadisch ausgesprochen schlecht belegt [902], nicht aber im westsemitischen Bereich [903]. Erinnern wir uns aber daran, daß im Akkadischen von Alalaḫ die Schreibungen von Sibilanten im Anlaut durchaus wechseln können [904], dann läßt sich unsere Arbeitshypothese bestätigen: Die zugrun-

---

898 Eine weitere Erklärung wäre, daß die Wicke nicht i.e.S. gesät, sondern als wildwachsende Pflanze genutzt wurde. Ob so allerdings die belegten Mengen erwirtschaftet werden konnten, muß fraglich bleiben.

899 D.J. Wiseman, Al T, 163 gibt "rations?"; G. Giacumakis, 105 "m<ea>n<in>g. uncert."; AHw 1265b: ein Gefäß, mit einem Beleg aus Māri (ARM XII,613 r. 4). CAD Š/3 227 unterscheidet "1. (a class or category of persons)" und "2. (uncert. mng.); Mari (?), MB <sic!> Alalakh", gibt also auch keine Deutung.

900 GAG §55d *sub* 3b. Die Alternativen—eine *šuprust*-Form einer Wurzel *mediae infirmae* dürfte kaum in Frage kommen, da eine solche Wurzel *kâpu* nach den Wörterbüchern nur schwach und im Š-Stamm überhaupt nicht belegt ist. Außerdem finden sich keine Anzeichen für ein kontraktionslanges *û* in einer Form *šukûpte*. Ebenfalls auszuschließen ist eine *purrust*-Bildung (§55n *sub* 22b), da der zweite Radikal nie doppelt geschrieben ist.

901 A.a.O., §55d *sub* 3b.

902 AHw 1233a. Das Wort *sakāpu* "sich zur Ruhe legen" ist mehrheitlich (abgesehen von zwei aB Gilgameš-Belegen) erst im 1. Jtd. etwas reichlicher belegt und könnte auf aramäischen Einfluß zurückgehen.

903 Vgl für das Hebr. *ŠKB* und seine Derivate (HAL 1377f, dort auch Verweise auf weitere westsemitische Belege).

904 Vgl. G. Giacumakis, 27: "The second set *ša/še/ši/šu* often represents etymological *s/š*."

deliegende Verbalwurzel entspricht Standardakkadischem *zaqāpu* [905], das in der Bedeutung "anpflanzen" auch akkadisch belegt ist. Nun wird Getreide nicht im engeren Sinn gepflanzt, wohl aber gesät, so daß unsere Arbeitshypothese durchaus Bestätigung findet. Die lexikalische Brücke zwischen westsem. *ŠKB* und akkad. *zaqāpu* war wohl die Vorstellung "den Samen in den Boden legen" [906].

Die Belege für *šukupte* sind die nachstehenden:

1,14: 20 *šu-ku-up-te* (ZÍZ)
6,2: 30 *pa šu-ku-ut-tum* (ZÍZ) [907]
13,15: 70 *a-na šu-ku-up-ti* (ŠE)
17,10: 70 LÚ.*šu-ku-up-ti* (ŠE)
17,16: 20 *pa-ri-si* ZÍZ LÚ.*šu-ku-up-ti*
20,1f: 50 *pa-ri-si* ŠE.A.AM *a-na šu-ku-up-te*
a-na LÚ.MEŠ.SIPA *ša Nu-ni-kí-ia-šu* (ŠE)
23,28: 2+x *Ku-uz-zi* LÚ.NUMUN
26,3: 91 *šu-ku-up-ti* (ŠE)
31,10: 50 *a-na šu-ku-up-ti* (ZÍZ)
34,9: *šu-k*]*u-up-te* (ZÍZ)
34,15: *šu-ku*]*-up-te* (ZÍZ)
36,10: 15 *a-na* LÚ.*šu-ku-up-te i-nu-ma* LUGAL *i-lu-ú* (ZI.AŠ)
46,11: 40 *šu-ku-up-tum* (ZÍZ)
47,20: [ ] *šu-*[*ku-up-ti*]$^{?}$ (?)
50,10: 30 *a-na šu-k*[*u-u*]*p-t*[*i*] (ZÍZ)
68,1f: 20 *pa* ZÍZ *šu-ku-up-te a-*[*n*]*a Ki-in-ni* MUŠEN.D[Ù] (ZÍZ)
69,12: [x] ZÍZ *š*[*u*]*-ku-up-*[*te*]
69,15: 30 *šu-ku-up-tum* (ZÍZ)
71,1: 2 *pa-ri-si* ZÍZ *šu-ku-up-ti a-na ka-ra-ši-im*
77,1f: 2 *me* 50 *pa-ri-si* ZÍZ *šu-ku-up-te* (ZÍZ)
77,3: 25 *pa* ŠE *a-na šu-ku-up-te* (ŠE)

Wir stellen also fest: Es ist zu unterscheiden zwischen dem LÚ.*šukupte* und der Bezeichnung *šukupte* als Attribut zu einer Getreidesorte. In Text 36 ist der einzige Beleg für ZI.AŠ in Verbindung mit *šukupte*. Hier erhält der LÚ.*šukupte* in Z.10 ZI.AŠ. Es stellt sich die Frage, ob die Formulierung *ana šukupte* sich

---

[905] AHw 1512f "anpflanzen" *sub* 7.

[906] Wir setzen i.f. die Form *šukupt-* als Grundform an und wollen damit die westsemitisch anmutende Graphematik ernstnehmen, gleichzeitig aber eine partielle Assimilation des stimmhaften Bilabials an den stimmlosen Dental der Endung andeuten. Dieses Verfahren findet seine Begründung nicht zuletzt in 6,2, wo der Bilabial vollständig assimiliert ist und das Wort *šukuttum* lautet.

[907] G. Giacumakis, 106 führt das Wort *šukuttu* als separaten Eintrag, es gehört aber sicherlich hierher, zumal beide Einträge von ihm nicht gedeutet werden.

auch auf die Person bezieht [908] oder stets mit *ana* NUMUN gleichzusetzen ist. Die Analyse verweist uns auf die Texte 13 und 17. In Text 17 erhält der LÚ.*šukupte* 70 *pa* Gerste. Dieselbe Menge gerät in Text 13 zur Auszahlung und zwar *ana šukupti*. Aus Text 77 entnehmen wir, daß 250 *parīsū* ZÍZ *šukupte* verteilt werden. Dies dürfte dann die Näherbestimmung des Getreides als Saatgut sein, zumal in der nächsten Zeile wiederum *ana šukupti* steht. Da es sich einmal um Gerste, das andere Mal um Emmer handelt, erkennen wir denselben Unterschied wie in Text 17: die Emmerlieferung ist signifikant größer. Im Gegensatz zu den NUMUN-Lieferungen sind nur zwei Empfänger angegeben: Kinni, der Vogler, die Hirten des Nunikiyašu, als LÚ.NUMUN ist ein Kuzzi einmal namentlich belegt. Die Formulierung *ana šukupti ana* LÚ.MEŠ.SIPA erinnert wiederum stark an die Form eines Eintrags zur Weitergabe an Dritte, m.a.W.: Auch hier dürfte der LÚ.*šukupte* der Mittler gewesen sein. Weshalb Kinni in 68,1f [909] 20 *pa* Saatgut erhält, haben wir oben schon erörtert. Die anderen Belege lassen sich nicht eindeutig zuordnen, doch spricht in 6,2; 46,11; 69,15 die Verwendung des Nominativs direkt nach der Zahl gegen die Annahme einer Person bzw. Berufsangabe, da diese im Genitiv/Obliquus stehen müßte [910]. Hier liegt folglich eine Zweckangabe vor.

Wir haben nun die Verteilung der Belege über die Monate hinweg zu betrachten. Dabei nennen wir nicht die akkadischen Monatsnamen, da diese sich infolge der Schaltregelung jahreszeitlich etwas verschieben, sondern deren "moderne" Äquivalente, da es uns hier auf den Jahreslauf ankommt [911]:

---

[908] Dabei dürfte es so sein, daß die Berufsbezeichnung *šukupte* vom Zweck abgeleitet ist, m.a.W., daß letztendlich das Getreide doch ausgesät wird. Dennoch haben wir methodisch zu unterscheiden zwischen Zahlungen an Personen und solchen zu bestimmten Zwecken.

[909] Bzw. 10,8, wenn die Lesung von D.J. Wiseman, JCS 12, 21 zuträfe.

[910] Vgl. z.B. die LÚ.MEŠ.*asīrū* in der Schreibung *a-si-ri*.

[911] Kleinere Unexaktheiten können hingenommen werden, da auch die jeweiligen Wetterperioden nicht jedes Jahr gleich eintreten, vgl. E. Wirth, Landeskunde, 73-76.

Monat	Textbeleg	Sorte	Menge	Bemerkungen
Januar	47,20	?	?	
Februar	17,10	ŠE	70	LÚ.*šukupti*
	17,16	ZÍZ	20	LÚ.*šukupti*
	50,8	ZÍZ	30	*nadin*
	50,10	ZÍZ	30	
März	6,2	ZÍZ	30	
April	1,14	ZÍZ	20	
Mai	54,15	ZÍZ	120	*nadin*
Juni	9,8	ŠE	40	LÚ.ENGAR
	20,1f	ŠE	50	Hirten
	20,4	ŠE	8	Addu
Juli	59,1	ŠE	22	Pferdefütterung
August	11,23	ZÍZ	500	Feld
	68,1f	ZÍZ	20	Kinni
	69,12	ZÍZ	x	
	69,15	ZÍZ	30	
September	23,28	ZÍZ	2+x	PN LÚ.*šukupte*
	23,34	ZI.AŠ	110	
Oktober	13,15	ŠE	70	
November	31,10	ZÍZ	50	
	34,9	ZÍZ	x	
	34,15	ZÍZ	x	Feldlager
	71,1	ZÍZ	2	
Dezember	26,15	ŠE	20	*sākinnu*
	26,16	ŠE	50	É.GAL
	35,50	ŠE	29	
	46,11	ZÍZ	40	

Nun wissen wir, daß die Aussaat im Winter stattfindet, namentlich in den Monaten Oktober bis Dezember [912]. Dem entspricht die Vielzahl der Belege

[912] Vgl. z.B. G. Dalman, AuS 1, 164ff u.ö.; E. Wirth, Landeskunde, 231f; J.C. de Moor, AOAT 16, 104; V. Fritz, BiblEnzyk 2, 93.

in den Monaten November bis Dezember. Diese dürften Getreide darstellen, das in unmittelbarer Nähe des Palastes [913] gesät wurde [914].
Damit wird allerdings nicht zureichend erklärt, weshalb alle Monate des modernen Kalenders mindestens einmal vorkommen. Man wird also einen weiteren Schritt tun müssen: In den genannten Monaten wurde gesät. In der Zeit mußte also das Saatgut bereits vor Ort, in den Domänen und Scheunen der jeweiligen Verwalter auf den Feldern sein.
Dies dürfte die Belege der Monate August bis Oktober erklären: Große Mengen Saatgutes wurden aus den Speichern des Palastes nach außerhalb verbracht.
Von den übrigen Belegen sind die aus der Betrachtung auszunehmen, bei denen wir bereits eine "buchhalterische Umwidmung" wahrscheinlich gemacht hatten oder bei denen andere Zwecke genannt sind. Ferner fallen uns zwei Belege auf, in denen Getreide mit einer Stativform *nadin* "(aus)gegeben" gekennzeichnet ist. Hier dürfte der umgekehrte Vorgang vorliegen: Das Getreide wird "buchhalterisch umgewidmet" zu Saatgut. Es wird sozusagen eine Rücklage gebildet. Schon kurz nach der Aussaat ließ sich absehen, wieviel Getreide noch bis zur Ernte für Fütterung und Nahrung gebraucht werden würde. Mit den Überschüssen konnte man bereits Vorsorge für den Beginn der neuen Saat treffen [915].
Wo dieses Getreide gelagert wurde, wissen wir nicht. Es liegt natürlich nahe, hier an einen Speicher wie den des Irra-Imitti zu denken, doch läßt sich dies nur vermuten, nicht aber positiv belegen [916].
Die Deutung des Wortes *šukuptum* als Abstraktum einer Verbalwurzel in der Bedeutung "säen" ist "die Saat". Formulierungen wie *ana* NUMUN, *ana šukupte* sind demnach zu übersetzen "für die Saat". Die Nominative (46,11 u.ö.) bedeuten folglich "als Saat(gut)", und der LÚ.*šukupte* ist die mit der Verwaltung und Organisation der Saat betraute Person. Interessant ist in diesem Zusammenhang, daß Addu zweimal vorkommt, in Text 9 und Text 20. Diese beiden Texte liegen genau ein Jahr auseinander, die eingegangenen Mengen sind allerdings sehr unterschiedlich. Daher wird man nicht annehmen dürfen, daß Addu neben seiner Funktion als LÚ.ENGAR gleichzeitig der LÚ.*šukupte* gewesen ist, zumal diese Berufsangabe (23,28) einmal mit einem Personennamen versehen ist [917].

---

[913] Dafür sprechen auch die Empfänger É.GAL und *sākinnu*.

[914] Der Beleg 2,26 ist sicherlich eine außerordentliche Abgabe an eine Einzelperson, zumal 1 *pa* bei den damaligen Erträgen (vgl. K. Butz, RlA 6, 482-484; E. Wirth, Landeskunde, 234) höchstens ungefähr den Jahresbedarf einer Person deckt. Ferner handelt es sich bei dem Getreide, das ins Feldlager verbracht wurde, um eine besondere Ausgabe.

[915] Vermutlich wurden nach der Ernte die jeweiligen Mengen ausgetauscht und frisches Getreide dem Saatgut zugeschlagen, während das bisher als Saatgut gespeicherte verbraucht wurde.

[916] Auch hier sind natürlich wieder buchungstechnische Gründe zu nennen: Das Getreide war vom Palastkonto abgebucht worden. Die entsprechende "Gegenbuchung" ist am Empfangsort zu denken; ob sie je schriftlich erfolgte, läßt sich nicht sagen.

[917] Dieser kommt nur hier vor und ist sicherlich von dem gleichnamigen LÚ.ÚZU (11,30) zu unterscheiden.

2.9.2. Text 9,10: 15 *An-du-ma-lik* LÚ.BUR.GUL

Eine Person in dieser Schreibung ist nur hier belegt. Hinzuzunehmen ist allerdings *Ad-du-ma-lik* [918] (46,4). Daß wirklich Personidentität vorliegt, entnehmen wir der Tatsache, daß nicht nur Berufsbezeichnung und Ausgabemenge übereinstimmen, sondern es sich außerdem bei dem Ausschnitt um eine standardisierte Abfolge handelt, die in den Lieferlisten mehrfach vorkommt. [919] Die Tatsache, daß die Ausgabemenge der für die LÚ.MEŠ.*asīrū*, die Weber und die Rinderfütterung genau entspricht, wird man keine weitere Bedeutung zumessen dürfen. Soziologisch ist dieser Zusammenhang ohne Belang, da wir die jeweiligen Empfänger einzeln evaluieren müssen, wobei die pure Ausgabemenge kein hinreichendes Kriterium für eine Festlegung der sozialen Stellung sein kann. Auch für die Mechanismen beim Abfassen der Tafel kann nichts erhoben werden, da die Reihenfolge durch die 40 *pa* zur Aussaat unterbrochen wird und auch sonst nicht die Menge berücksichtigt.
Zur Lesung des Logogramms ist zu sagen, daß BUR.GUL [920] in Alalaḫ VII nur als Logogramm vorkommt. In den mB Texten der Schicht IV findet sich immerhin LÚ.*pur-gu₅-ul-lu-ḫu-li* (412.19,8) und LÚ.MEŠ.*par-gul-lu* [921]. Die Funktion von Person und Beruf bedarf hier keiner weiteren Erörterung, zumal über Siegel und Siegelschneider in Alalaḫ bereits Detailstudien vorliegen [922].

Wir haben nun das Material für BUR.GUL zusammenzustellen:

1,16: 25 LÚ.BUR.GUL (ZÍZ)
9,10: 15 *An-du-ma-lik* LÚ.BUR.GUL (ŠE)
11,3: 50 *Eḫ-lu-wa* LÚ.BUR.GUL (ŠE)
21,6: 10 GÌR LÚ.BUR.GUL (ZÍZ)
21,11: 1 GÌR LÚ.BUR.GUL (ZÍZ)
29,14: 3 *pa* ZÍZ *Eḫ-lu-wa-an* (ZÍZ)
46,3: 50 *Eḫ-lu-wa* LÚ.BUR.GUL (ZÍZ)

---

[918] Entweder handelt es sich um eine übertrieben gelehrte Schreibung, die eine gedachte Assimilation *nd* > *dd* auflösen will (was bei einem Gottesnamen wenig wahrscheinlich ist), oder um einen Schreibfehler für ᵈ<*Ad*->*du-ma-lik*. Andererseits ist letztere Schreibung in PNN auch nicht belegt, so daß wahrscheinlich /*Ādu*/ die korrekte Aussprache war und beide Schreibvarianten versuchen, dies wiederzugeben. Vgl. zu weiteren Beispielen für ein theophores Element *ʾand* (aus Schicht IV) D. Arnaud, AuOr 16, 152.

[919] Siehe oben zu Subaḫali.

[920] R. Borger, ABZ, Nr. 349.

[921] Vgl. M. Dietrich/O. Loretz, WO 3, 202, wo vermutet wird, daß beide Lesungen möglich sind und es ins Belieben des Rezipienten gestellt war, welche Lesung er bevorzugte.

[922] V.a. D. Collon, AOAT 27 (zu Siegelschneidern als einheimischen Handwerkern 177f); dies., BAR.IS 32; dies., UF 13; vgl. ferner (knapp) H. Klengel, OLA 6, 439 A. 20, aber auch E. Auerbach, Akkadica 74/75, und G. Wilhelm, Or 59, 310f. Vgl. an neuerer Literatur z.B. Chr. Eder, OLA 71 oder B. Teissier, OBO.SerAr 11.

46,4: 15 *Ad-du-ma-lik* LÚ.BUR[!].GUL (ZÍZ)
54,14: [5] *Eḫ-lu-wa* BUR.GUL (ZÍZ)

Textanmerkungen
46,4: Das Zeichen ist NÍG, dürfte aber zweifelsohne BUR zu lesen sein.
54,14: Wenn die Summe stimmt, wären 5 *pa* zu lesen.

Es ist zunächst unmittelbar deutlich, daß alle Belege bis auf drei relativ hohe Beträge nennen, die durch fünf teilbar sind. Die Ausnahmen hierzu sind 21,11; 29,14 und evtl. 54,14. Wir gehen ferner davon aus, daß es sich um mindestens zwei Siegelschneider handelt, die einmal (Text 46) zusammen versorgt werden. Nun ist der Beruf des Siegelschneiders ein hochspezialisiertes Handwerk, das ohne Zweifel nicht von angelernten Arbeitskräften ausgeübt werden konnte. Andererseits war aber auch die Nachfrage relativ gering, da wohl in den mittleren und unteren Gesellschaftsschichten nicht jedermann ein Siegel führte [923]. Zudem muß bedacht werden, daß ein Siegel—wenn es einmal vorhanden war—von großer Haltbarkeit war und nachweislich über längere Zeit hinweg verwendet wurde [924].

Dies stellt insgesamt keine günstige Voraussetzung für die Absatzchancen eines Siegelschneiders dar. Daher liegt es wohl nahe anzunehmen, daß in Alalaḫ kein eigener Siegelschneidebetrieb bestand, sondern die Handwerker bei Bedarf aus Aleppo anreisten [925]. Wir haben also den Aufenthalt beider Personen jeweils für sich zu betrachten, wie auch die Verteilung der Belege über die Zeit zeigt: Eḫluwa war im Ekena B (Texte 19; 54) in Alalaḫ, Addumalik im Kirari A (Text 9). Die beiden Texte 1 und 21 sind zu datieren in die Monate Ḫiari A und Attana C und dürften sich folglich auf Eḫluwa beziehen. Nun sind in Text 46 beide Siegelschneider parallel belegt, d.h. sie müssen in der Zeit gemeinsam in Alalaḫ gewesen sein. Es kann zudem vermutet werden, daß Eḫluwa einen breiteren Funktionsbereich wahrzunehmen hatte, denn er bekommt stets die größere Lieferung.

Ferner entstammen die Texte 11 und 29 *einem* Monat. Wir beobachten dasselbe Phänomen wie in Text 21: Der Siegelschneider bekommt eine große Menge

---

[923] D. Collon, AOAT 27, nennt insgesamt ca. 180 Siegel.

[924] R. Mayer-Opificius, UF 18, 237-240 weist nach, daß Siegel "Jahrhunderte lang über der Erde geblieben und immer wieder verkauft oder vererbt wurden". Ihr Beispiel bezieht sich auf ein altakkadisches Siegel, das auf einer Tafel in Tall Mumbāqa (15. Jhd.) abgerollt wurde. Vgl. auch die Diskussion um die Datierung des dynastischen Siegels von Ugarit (D. Arnaud, SMEA 39, 159-160). Ungeachtet der Frage, ob dieses Siegel aus dem Anfang des 2. Jtd. stammt oder doch eher (wie D. Arnaud m.E. zu Recht meint) aus dessen Mitte, ist deutlich, daß das Siegel lange Zeit weiterverwendet wurde.

[925] So auch D. Collon, UF 13, 33-43. Vgl. aber dies., AOAT 27, 177: "a resident seal-cutter (...) and this was not an itinerant seal-cutter".

Getreide und zusätzlich noch eine kleinere Einheit. Man möchte daraus doch die Folgerung ziehen, daß die große Menge den Lohn für die Arbeit, den Unkostenausgleich für Werkzeug und Material und ähnliches abdeckt, wohingegen die kleinere Menge der persönlichen Versorgung des Siegelschneiders (und seiner eventuellen Entourage?) dient. Man könnte nun vermuten, daß die drei Versorgungslieferungen den drei Besuchen der beiden Handwerker zuzuordnen sind, doch ist dem nicht so, wie nachstehende Tabelle zeigt [926]:

Text	**Eḫluwa dienstlich**	**privat**	**Addumalik dienstlich**	**privat**
9	-	-	10 (ŠE)	-
11/29	50 (ŠE)	3	-	-
46	50	-	15	-
1	25	-	-	-
54	-	5	-	-
21	10	1	-	

Offenbar erhält Addumalik keine eigenständige Lieferung für Privatzwecke, sondern er muß abwarten, bis auch Eḫluwa in Alalaḫ eintrifft. Auch dieser bekommt nicht sofort nach seiner Ankunft eine Privatzuwendung, sondern erst im zweiten Monat. Da dienstliche Zuwendungen stets doppelt erfolgen (bei Beginn und Ende eines Besuchs), dürfte dies das übliche Vorgehen bei Siegelschneiders sein: Bei seiner Ankunft erhält er einen Vorschuß, mit dem er sein Material etc. bezahlt. [927] Vor seiner Abreise wird ihm dann sein Lohn ausgezahlt. Das 1 *pa* aus Text 21 läßt sich dann am einfachsten so erklären, daß Eḫluwa länger in Alalaḫ anwesend war als ursprünglich vorgesehen, so daß er noch weitere private Bedürfnisse hatte, die vom Palast zu befriedigen waren.
Außer den Lieferlisten sind die genannten Personen oder ihr Beruf nur noch zweimal belegt und zwar:

42.07,1: 20 GÍN GÌR *Eḫ-lu-wa* LÚ.BU[R.GUL]
43.09,25: 2/3 GÍN *Eḫ-lu-wa* BUR.GUL

Diese beiden Listen sind weder datiert noch nennen sie eine Zweckangabe. Daher fällt eine genauere Einordnung schwer. Auffällig ist immerhin, daß in beiden genannten Texten die Stadt Ebla belegt ist. Denkbar wäre, daß es sich in

[926] Die Texte sind chronologisch angeordnet; die Einträge mit Gerste sind gekennzeichnet, in den anderen Fällen handelt es sich um ZÍZ.

[927] Bzw. die von ihm vorgestreckten Ausgaben ausgleichen kann.

beiden Fällen um eine Auszahlung an Eḫluwa jeweils anläßlich eines Besuches handelt, durch den z.B. weitere Ausgaben des Siegelschneiders bezahlt wären, doch darf diese Hypothese nicht weiter ausgezogen werden, da die Beweiskraft des Indizes relativ gering ist. Unerklärt bleibt, weshalb im zweiten Fall die Menge relativ gering ist, doch ist es immerhin möglich, daß durch die hohe Zahlung in 42.07 Eḫluwa sozusagen noch ein Guthaben hatte, das bei seinem Folgebesuch lediglich ausgeglichen wurde.

2.9.3. Text 9,11: 10 *Bur-ra-an*

Der einzige Beleg außerhalb der Lieferlisten ist 23.05,18, wo ein Zeuge mit diesem Namen erwähnt wird, über den wir allerdings nichts näheres erfahren, so daß sich nicht angeben läßt, ob dieser mit unserem Burra identisch ist. Daher wird im folgenden auf diesen Zeugen nicht mehr eingegangen, zumal die Getreidelieferlisten eine relativ breite Bezeugung bieten:

3,21: 1/3 *Bur-ra ša i-na* URU.*A-pi-šal*.KI (*ḫilīmu*)
9,11: 10 *Bur-ra-an* (ŠE)
12,26: 1/3 *Bur-ra* LÚ.NINDA.DUḪ.DUḪ (*zibû*)
16,16: 1/3 *pa* [928] ŠAM.*ḫi-li-mi*.SAR
17,34: 1/3 *Bur-ra-an* (*zibû*)
19,14: 20 (Rasur: *a-na*) *a-na Bur-ra* (ZI.AŠ)
27,8: 30 *Bur-ra* 30 *Su-mi-la-mu* (ZI.AŠ)
46,7: 20 *Bur-ra* LÚ.NINDA.DUḪ.DUḪ (ŠE)
50,12f: 1 *a-na Bur-r*[*a*] *a-na pa-*[*ni* ᵈIŠDAR (ZÍZ)
54,8: 10 GIŠ.*pa* ZÍZ GÌR. *Bur-ra* LÚ.NINDA.DÙ.DÙ (ZÍZ)
60,2: x+1 GÌR *Bur-ra-an* (Erbsen?)
60,15: 1 GÌR *Bur-ra-an* (Erbsen?)
66,10: 1/3 *a-na Bur-ra* (*zibû*)

Hier ist zunächst festzuhalten, daß Burra von den 13 Belegen in den Getreidelieferlisten nur sechsmal die üblichen Waren erhält, und zwar alle drei Nutzpflanzen. Alle anderen Belege sprechen von Gewürzen und Hülsenfrüchten. Betrachten wir nun zuerst die regulären Ausgaben, so fällt auf, daß zwei davon (19,14; 54,8) in denselben Monat fallen. Hier werden ZÍZ und ZI.AŠ ausgegeben. Da Burra aber in 9,11 und 46,7 auch Gerste erhält, stellt sich die Frage, weshalb in diesem Monat keine Gerste ausgegeben wird. Eine Lösung könnte sich anbieten, wenn wir darauf eingehen, daß auch Text 32 demselben Monat entstammt. Dort lesen wir in Z. 1 den enigmatischen Eintrag 33 1/3 *pa-ri-si* ŠE MU.UD.DU. Da alle anderen Gerstelieferungen in Text 32 eindeutig an Personen gehen, kann eine eventuelle Gerstenlieferung an Burra nur in diesem Eintrag liegen.

---

[928] Da die Summe von 1 *pa-ri-si* spricht, werden die Zeichen in den Zeilen 15; 17 und 18 als PA und nicht als QA zu lesen sein. Dies gilt um so mehr, als auch in Text 17 von 1 *pa* die Rede ist. Siehe zur Entstehung der Verschreibung oben Kap. IV,5.1.5.

*Exkurs: **muṭṭu***

Die Bedeutung dieses Wortes ist im Kontext bislang nicht eindeutig geklärt [929]. Nehmen wir die vorgeschlagene Bedeutung "Feinmehl" [930] an, so würde es sich um eine Zweckangabe handeln, die den Burra als Empfänger bindet. Das Wort hätte dann nichts zu tun mit dem aus Ugarit bekannten LÚ.*mu-du* (PRU 3,82,21 u.ö.) = ugarit. *md* (KTU 4.99:4 u.ö) [931]. Gleichermaßen auszuschließen ist eine Verbindung mit *muddû* I [932]. Als Zweckangabe verstehen ließe sich die von M.A. Powell [933] (in anderem Zusammenhang) vermutete "Emmergrütze", doch ist hier ja Gerste belegt. Burra hätte in jedem Fall im Monat Ekena alle drei Waren erhalten. Man könnte es dabei bewenden lassen, wenn das Wort nicht ebenso unerklärt bliebe wie die Tatsache, daß die betreffende Gerstenlieferung relativ hoch ist. Das Argument, für die Herstellung von Feinmehl sei eben mehr Gerste erforderlich gewesen als für gewöhnliches Mehl, reicht zur Erklärung sicherlich nicht aus, da a) dies auch für die anderen Waren gilt und b) Burra kaum gewöhnliches Fladenbrot herstellte. Dessen Produktion war wohl Aufgabe jedes einzelnen Haushaltes und dürfte im Palast durch die Frauen vom "Gesinde" erfolgt sein. Burra war vermutlich für die Herstellung feineren Gebäcks zuständig, wie auch die Gewürzlieferungen vermuten lassen. Dabei bleibt offen, ob er dieser Aufgabe alleine oder mit Mitarbeitern nachkam.

Nun ist neuerdings M. Müller [934] noch einmal der Verwendung des Wortes in Nuzi nachgegangen. Er gibt nach einer gründlichen Untersuchung der Belege aus Nuzi als Bedeutung an: "ein zu leistender oder beglichener 'Fehlbetrag', 'Fehlbestand' bzw. 'Lieferungsrückstand'" [935]. Die zugrundeliegende Wurzel wäre dann *MṬĪ* "gering sein, werden" [936].

---

929 G. Giacumakis, 89 und A. Goetze, JCS 13, 34 sprechen sich für eine Ableitung von *mundu* "Feinmehl" aus, vgl. AHw 673, und CAD M/2, 201, dort auch die Belege aus Nuzi. Zu *mundu* "Feinmehl" vgl. die Serie ḪAR.RA.*ḫubullu* (MSL XI 74,25ff) und die Ausführungen von L. Milano, RlA 8, 25.

930 Es bleibe dann offen, ob die Lieferung von Burra selbst verarbeitet werden sollte oder ihm bereits in gemahlener Form zur Verfügung gestellt wurde. Die Existenz einer Mühle (vgl. jetzt L. Milano, RlA 8, 393-400; R.S. Ellis, RlA 8, 401-404) ist in den Lieferlisten (4,27) angedeutet. Zum Wort *mundu* in den keilalphabetischen Texten aus Ugarit siehe *mndġ* (KTU 1.85:4) und vgl. J. Sanmartín, AfO 35, 288.

931 Vgl. zur Diskussion J. Huehnergard, HSS 32, 144f und die dort angegebene Literatur.

932 AHw 666a: "churr. Fw.", etwa "Verantwortung".

933 M.A. Powell, ZA 76, 12ff.

934 M. Müller, SCCNH 5, 29-43, vgl. CAD M/2, 161f; G. Wilhelm, AOAT 9, 46 Anm. 2.

935 M. Müller, SCCNH 5, 42.

936 CAD M/2, bzw. AHw 636. Die Nominalbildung und Entstehung von *muṭṭu* wird bei M. Müller, SCCNH 5, 42 diskutiert.

Aus dem singulären Beleg läßt sich demzufolge nicht ableiten, daß Burra der Empfänger ist. Wahrscheinlicher dürfte als neutrale Übersetzung "Inventardifferenz" vorzuschlagen sein. Durch diesen Eintrag zu Beginn einer Tafel wurden sozusagen die Bücher wieder ins Lot gebracht, d.h. der Buchbestand mit dem tatsächlichen vorhandenen Getreide in den Speichern in Einklang gebracht.

Da Lieferungen von keiner der vorkommenden Waren in jedem Monat belegt sind, stellt sich auch hier die Frage, ob Burra ebenfalls ein auswärtiger Handwerker ist. Hierfür könnte sprechen, daß er öfter im Kontext eines der Siegelschneider steht, was aber nicht weiter verwundert, da es sich um eine Standardausgabeliste handelt. Die Annahme eines auswärtigen Handwerkers scheint auch deshalb nicht das richtige zu treffen, da Burra immer wieder eine Lieferung erhält [937]. Es ist daher wahrscheinlicher, daß Burra ständig in Alalaḫ anwesend ist [938], seine Lieferungen jedoch nur nach Bedarf erhalten hat. Dies gilt für alle vorkommenden Waren. Die Gewürze und Hülsenfrüchte, die nicht zu den regulären Lieferungen gehören, wurden ihm wohl vom Palast als Auftraggeber zugeteilt, der sie wohl als Monopolist seinerseits von auswärts bezog. Welche Waren Burra aus den erwähnten Ingredenzien hergestellt haben mag, läßt sich kaum angeben.

2.9.4. Text 9,17: 2 1 LÚ.*Tu-ni-ip*.KI

Wir haben uns hier nach der Funktion dieses Mannes zu fragen. Die Verwendung von LÚ.(URU.)ON.KI heißt nun keineswegs, daß hier zwangsläufig der Fürst eines Ortes gemeint sein muß, vielmehr ist mit einer Nisbenbildung [939] zu rechnen. Deren Realisierung—akkadisch, westsemitisch oder hurritisch—mag allerdings bei den einzelnen Ortsnamen unterschiedlich gewesen sein und läßt sich demzufolge nur dann angeben, wenn eine syllabische Schreibung vorliegt, was hier leider nicht der Fall ist.
Der Bürger aus Tunip, der in Alalaḫ anwesend war, wird vom Palast versorgt, was darauf schließen läßt, daß er in einer offiziellen Mission unterwegs ist. Als Gründe lassen sich der Handel ebenso denken wie diplomatische Beziehungen.

---

[937] Rechnen wir die Belege auf Tafeln ohne Normblock um auf die Normblocktafeln, so sind es die Monate 3; 9; 12; 15; 16; 17; 19; 21; 22 und 27, in denen Burra vorkommt. Auffällig sind dabei in der Tat zwei Beleglücken, die aber jahreszeitlich differieren: Einmal von Dezember bis Mai, das andere Mal von September bis Dezember.

[938] Hierfür spricht auch die Angabe *ša ina* URU.*Apišal* (3,21). Wäre Burra ständig in Apišal, so wäre diese Angabe redundant.

[939] Vf., UF 23, 424.

Der Ort Tunip selbst ist von Alalaḫ relativ weit entfernt [940], aber "the relative 'great' number of data refers to good economic relations". [941]

Wir haben nun die Belege für den Ort [942] zusammenzustellen:

9,17: 2 1 LÚ.*Tu-ni-ip*.KI (ŠE; 1 ZÍZ)
23,13: LÚ].URU.*Tu-ni-ip*.KI *ša* KÙ.GI (ŠE)
26,19: 1/3 LÚ.URU.*E-mar*.KI 1/2 *pa* LÚ.ŠEM.GIG (ŠE)
26,29: 1/3 *a-na* LÚ.*Tu-ni-ip*.KI *ša* GIŠ.ŠEM.GIG (ZI.AŠ)
35,29: 1/3 GÌR LÚ.URU.*Tu-ni-ip ša* KÙ.GI (ZÍZ)
35,60: 2 GÌR LÚ.URU.*Tu-ni-ip ša* KÙ.GI (ŠE)
35,79: 1/2 GÌR *ša* LÚ.KÙ.GI (ZI.AŠ)
68,7: 1 *pa* ZI<.AŠ> 2 LÚ.*Tu-ni-ip*.KI (1 ZI.AŠ, 2 ŠE)
69,4: 1 LÚ.*Tu-ni-ip*.KI *ša* KÙ.GI (ŠE)
69,6: 1/2 *ke-eš-še-nu* LÚ.URU.*Tu-ni-ip*.KI (ZI.AŠ)

sowie einmal außerhalb der Getreidelieferlisten:
43.11,1-4: 13 GÍN KÙ.BABBAR GÌR *Ku-šu-e i-na* URU.*Tu-ni-ip ú-bi-il*

Textanmerkungen:
9,17: In der ganzen Auflistung, die durch Striche als Tabelle gekennzeichnet ist, ist dies der einzige Doppeleintrag, der zwei Waren behandelt. Es muß sich bei der zweiten Getreidesorte um Emmer handeln, da dies die einzige andere Ware ist, die auf der Tafel vorkommt.
23,13: In Anbetracht dessen, daß der "Mann aus Tunip" nie mehr als 2 *pa* Gerste erhält, ist man geneigt, auch hier 1 oder 2 zu ergänzen. Aufgrund des 1/2 *pa* in Z. 18, das in der Summe auftritt, können wir lediglich sagen *ūm uli* + Pazage + Bitin = 10 *pa*, ohne dies jedoch präzisieren zu können.
68,7: Der Schreibfehler oder die Abkürzung ZI für ZI.AŠ findet sich öfter.

Nun sind die Belege aus Text 68 und Text 69 zusammenzudenken, da sie demselben Monat entstammen. Dort enthält also die in Frage stehende Person insgesamt 3 *pa* Gerste sowie 1 1/2 *pa* ZI.AŠ. Auch die Texte 26 und 35 entstammen demselben Monat und zeigen, daß hier der LÚ.URU.Tunip alle drei Waren entgegennehmen kann: 2 *pa* ZÍZ und jeweils 1/2 + 1/3 *pa* Gerste und ZI.AŠ. Zeitlich weit getrennt von den anderen Belegen liegt 9,17, wo die Person 2 *pa* Gerste und 1 *pa* ZÍZ, jedoch keinen ZI.AŠ erhält. Die Gesamtmenge der

---

[940] Vgl. G.F. del Monte/J. Tischler, RGTC 6, 440 und mehrere Arbeiten von M.C. Astour: Or 38, 391ff; ders., Or 46, 51-64; ders. FS Gordon (1980), 7. Demnach ist Tunip mit dem modernen Ḥamā zu gleichen (ders., Eblaitica 3, 9 Anm. 32: "citadel mound of Hama"), vgl. aber zuletzt H. Klengel, OLA 65, 125-134.

[941] E. Gaál, AUSB 30, 34.

[942] Der "Mann aus Tunip" ist nie namentlich genannt.

ausgegebenen Waren schwankt also bei unterschiedlichen Verhältniszahlen zwischen knapp unter 3 *pa* und 4 1/2 *pa*. Diese Diskrepanz besteht allerdings nur dann, wenn man annimmt, daß die Zahlenwerte jeweils zusammengezählt werden dürfen, wobei vorausgesetzt werden würde, daß der Ausgabeempfänger immer dieselbe Person ist. Genausogut ließe sich annehmen, daß bei mehrfachen Nennungen im selben Monat verschiedene (z.B.) Händler aus Tunip anwesend waren. Folgt man M.C. Astour [943] in seiner Interpetation von Tunip als einer "twin-city", so ist diese Annahme sogar unabdingbar, da in den Texten zwischen dem "Goldenen Tunip" und einmal vom "Tunip der *kanaktu*-Pflanze" [944] die Rede ist.

Dabei sind die Belege wie folgt aufzuteilen [945]:

"Goldenes" Tunip:	35,29.60.79	ŠE : ZI.AŠ : ZÍZ	= 4 : 1 : 0,67
	69,4.6	ŠE : ZI.AŠ	= 2 : 1
"*kanaktu*"-Tunip:	26,19.29	ŠE : ZI.AŠ	= 0,67 : 1
	68,7	ŠE : ZI.AŠ	= 2 : 1
unbestimmbar:	9,17	ŠE : ZÍZ	= 2 : 1.

Hieraus läßt sich die Folgerung ziehen, daß die Bedürfnisse der jeweiligen Einheiten offenbar unterschiedlich waren und vom Palast nur das befriedigt wurde, was erforderlich war [946].

Der Gebrauchswert der *kanaktu*-Pflanze lag sichtlich in dem aus ihr gewonnenen, offenbar wohlriechenden Öl lag. [947] Wir führen dazu aus Māri folgenden Brief an Jasmaḫ-Addu an [948]:

---

[943] M.C. Astour, Or 46, 53f.

[944] Diese wird gewöhnlich als eine Art Weihrauchpflanze aufgefaßt: AHw 434b. G. Giacumakis, 81 hat "drug, druggist"; M. Tsevat, HUCA 29, 120 "a gum wood used for medicine or incense". Zu Gegenargumenten (allerdings ohne eigene Lösung) siehe CAD K 136a.

[945] Bei 9,17 läßt sich keine Aussage treffen, welcher Stadtteil gemeint ist, bei Text 23 fehlt eine Gegenbuchung in ZÍZ.

[946] Zum Vergleich des Bürgers aus Tunip mit dem aus Emar in Text 35 siehe unten S. 466.

[947] Zu den AHw 434b und CAD K 135 genannten Belegen—namentlich aus Māri—kommt noch eine altakkadische Liebesbeschwörung (J. Westenholz/A. Westenholz, Or 43) hinzu; vgl. ferner zu Ebla *ga-na-ag-tum*: A. Archi, FS Garelli, 219f.

[948] ARM V,63,5-16, dazu F. Joannès, MARI 7, v.a. 254f: "l'oliban, extrait d'une plante native d'Abyssinie (*botwellia*), avec laquelle on identifie généralement le terme *kanaktu*, le *kanaktum* doit être un arbre ou un arbuste occidental".

5 *aš-šum* Ì *tu-ni-pí-tim*	Wegen des Öles aus Tunip
6 *be-lí iš-pu-ra-am*	hat mein Herr mir geschrieben.
7 *ù* Ì *tu-ni-pí-tum*	Aber Öl aus Tunip
8 [*i*]*-na qa-ti-ia ú-ul i-ba-aš-ši-ma*	habe ich nicht "zur Hand".
9 [*a-na*] *s*[*e*]*-er be-lí-ia*	An meinen Herrn
10 [*ú-ul*] *ú-ša-*[*b*]*i-lam*	habe ich (also) keines geschickt.
11 *ki-ma ṭup-pí be-lí-ia eš-mu-ú*	Als ich die Tafel meines Herrn gehört habe,
12 *a-na ma-a-at Ḫa-la-ab*.KI	habe ich (alsbald) ins Land Ḫalab
13 *aš-ta-pa-ar*	geschrieben.
14 *ub-ba-lu-nim-ma*	Man wird mir (welches) bringen, und dann
15 *a-na s*[*e*]*-er be-lí-ia*	werde ich meinem Herrn
16 *ú-ša-ab-ba-lam*	(welches) schicken.

Zwar werden hier der Ort Tunip und die *kanaktu*-Pflanze leider nicht in einem Atemzug genannt, doch wird die Schlußfolgerung nicht fehlgehen, daß mit dem Öl aus Tunip das *kanaktu*-Öl gemeint ist. Daher möchten wir annehmen, daß es beim LÚ.Tunip um einen Händler geht, der das *kanaktu*-Öl nach Alalaḫ brachte. Ein Weiterverhandeln scheint in diesem Fall ausgeschlossen, da Alalaḫ wohl eher am Ende der Handelskette gelegen haben dürfte. Gerade der Text aus Māri legt ja nahe, daß der Fernhandel über Aleppo lief. Sowohl der Māri-Text als auch die Tatsache, daß der Händler im Palast versorgt wurde, lassen die Vermutung zu, daß der Handel mit der Substanz dem Palast vorbehalten war. In diesem Zusammenhang fällt auf, daß die pluralische Formulierung LÚ.MEŠ.URU.Tunip nicht belegt ist. Dies wird wohl so zu verstehen sein, daß das Öl durch *eine* Person verhandelt wurde ("Handelsvertreter"). Dabei soll nicht bestritten werden, daß dieser Händler von einer Entourage umgeben war, doch hat der Palast nur diese Einzelperson als seinen Ansprechpartner betrachtet.

Der letzte Beleg für den Ort Tunip findet sich außerhalb der Lieferlisten, in Text 43.11,1-4. Wir entnehmen dem Text, daß die Summe von 13 Šeqeln Silber durch eine dritte Person nach Tunip verbracht wird. Der Name dieses (oder dieser) [949] Kušue ist sonst nur in 60.01,11 bezeugt, wo ein DUMU *Ku-šu-e* im Zusammenhang von 95 *pa* ZÍZ genannt wird [950]. Die 13 Šeqel Silber könnten in jedem Fall den Kaufpreis für das Öl darstellen [951].

---

[949] Angesichts der Namensbildung könnte es sich auch um eine Frau handeln.

[950] Da die Summe angibt 1100 + x *pa* UGU URU*A-la-la-aḫ*.KI, könnte es gut sein, daß hier auswärtige Zahlungsverpflichtungen involviert sind, wenngleich ein Ortsname nirgendwo im Text steht. Der Text 60.01 wäre dann sozusagen eine Außenhandelsbilanz und Kušue die Person aus Tunip, welche die Abrechnung für das bezogene Öl vollzieht.

[951] Wenn die Vermutung bezüglich 60.01 richtig war, dann könnten wir einen Schritt weiter gehen: Der Gesamtkaufpreis wäre dann 95 *pa* ZÍZ = 47 1/2 Šeqel Silber, wovon 13 "in bar" bezahlt wurden, so daß noch 69 *pa* ZÍZ übrig blieben.

2.10. Text 10,19-30 (Al T 246)

Über diesen Text, seinen Zusammenhang mit Text 9 und die gemeinsame Genese der beiden Tafeln hatten wir bereits gesprochen.
Insgesamt entspricht der Aufbau des Blocks Z. 19-28 dem *keššēnu*-Block Z. 30-37. Es entsprechen sich die Pferde des Nunikiyašu (45 bzw. 30 *pa*), Kunnate, die MAR.TU-Pferde (2x), sowie die Frau des Sängers Aziru. Überschüssig sind im ZI.AŠ-Block der TUR Kun-Baḫli [952] und Addu, im ŠE-Block Irišmabi, Šerrima und Ammiya [953]. Šerrima ist zwar nicht im ZI.AŠ-Block, wohl aber im ZÍZ-Block belegt, wo er ebenso wie hier 10 *pa* erhält. Dasselbe gilt auch für die Ehefrau des Sängers, die mithin die einzige Person ist, die in allen drei Blöcken vorkommt und zwar ebensoviel ZÍZ wie Gerste entgegennimmt, jedoch eine geringere Menge ZI.AŠ.
Die Summe des Normblocks stimmt mit den Einträgen überein.

2.10.1. Text 10,24: 15 *I-ri-iš-ma-a-bi*

Dieser Personenname ist nur hier und in 24,30 erwähnt:

24,30: 25 *a-na Ir-šu-ma-bi* (ZÍZ)

Es dürfte sich ungeachtet der unterschiedlichen Schreibungen um dieselbe Person handeln, wenn wir annehmen, daß lediglich verschiedene Versuche der Auflösung einer Trikonsonanz */ršm/* vorliegen. Dem entspricht, daß die ausgegebenen Getreidemengen in beiden Fällen relativ hoch sind, wobei offen bleibt, ob es sich jeweils um eine Jahreslieferung handelt. Die Deutung wird noch dadurch erschwert, daß verschiedene Getreidesorten ausgezahlt werden. Für eine Jahreslieferung spricht in jedem Fall, daß die Texte 10 und 24 aufgrund der Schaltmonate ziemlich genau 15 Monate auseinander liegen. Die Ausgabe in Text 24 bleibt aber unverständlich. Ferner ist Irišmabi als Zeuge in 20.01,46 belegt. Dieser Text spielt aber zu Beginn der Regierungszeit des Ammitaqum und ist außerdem in Aleppo abgefaßt worden, so daß diese Person hier nicht in Frage kommen dürfte.

---

[952] A. Draffkorn, Hurrians, 40 liest *Ku-un-zu-uḫ-li* und vermutet: "This may be an occ<upation> term rather than a PN". Im Gegenzug könnte man allerdings festhalten, daß *Kun-* dem ersten Element im PN *Kunnate* entsprechen dürfte. Bedenken wir ferner, daß -*te* eine Abkürzung für Teššup darstellen wird und *baḫli* ohne Zweifel auf das westsem. *bʿl* zurückgeht, so könnte (*bʿl* wie Teššup sind Wettergottheiten) eine Gleichsetzung beider Namen im Bereich des Möglichen liegen. Wir hätten dann hier einen Beleg für den Knecht des Kunnate, vgl. 24,9 u.ö., wobei dieser hier allerdings eine auffällig hohe Zahlung entgegennimmt, so daß die Gleichung doch unwahrscheinlich ist.

[953] Die Personen- und Personengruppen, deren Platz im Normblock ist, werden hier nicht aufgeführt. Die Beziehung des Ammiya zu den LÚ.MEŠ.*asīrū* hatten wir bereits angedeutet, hier muß noch eine eingehendere Analyse erfolgen.

2.10.2. Text 10,25: **10 *Še-er-ri-ma***

Šerrima ist nur in diesem Text (hier und in Z. 5) belegt. Wir stellen fest, daß er—insoweit der Frau des Sängers vergleichbar—ebensoviel ZÍZ wie Gerste erhält. Angesichts der dünnen Materialbasis sind uns weitergehende Folgerungen verwehrt. Auch die Deutung des Namens bleibt offen: Ein Zusammenhang mit akkad. *šerru* "Kind" ist nicht besonders wahrscheinlich [954], der Rekurs auf *šēru* "Morgen" bleibt möglich, wenn wir die Schreibung auf das bekannte Phänomen der Längenwippe zurückführen, doch ist festzuhalten, daß diese in der Wendung *urram šēram* nicht eintritt. Eher vergleichbar sind wohl Namen wie die ugar. als *šr* bzw. *ḏr* belegten [955]. Dieser Name ist in Alalaḫ allerdings aufgrund der unterschiedlichen Vokalisation von den *šarru*-Namen zu trennen, mit denen das ugarit. Material vermutlich zusammengehört. In Alalaḫ VII käme hierzu nur *Šar-ru-we* [956] in Frage, wobei allerdings eine Abweichung an drei Stellen bei einem dreisilbigen Namen doch weit hergeholt scheint.
Wahrscheinlich dürfte es am einfachsten sein, mindestens den letzten Namen als den einer auswärtigen Person anzusehen, und dann z.B. anzunehmen, daß er in irgendeiner Weise mit den amurritischen Pferden zu tun hätte und z.B. der Obmann der in Alalaḫ befindlichen Gesandtschaft gewesen wäre.

2.11. Text 11,1-21 (Al T 274)

Auch in diesem Text stimmt die Summe nicht mit den Einträgen überein. Die Unsicherheitsfaktoren liegen im einen Fall in der Person des Murrate, dessen Gerstenempfang nicht in die Summe einfließt, im anderen Fall darin, daß das Saatgut vermutlich nicht genau abgemessen wurde. Hier wird man allerdings zu fragen haben, ob die 500 *pa* Saatgut eine exakte Zahl darstellen wollen oder doch eher als Rundzahl zu sehen sind. Entscheidend dürfte in jedem Fall sein, daß die Summe als Schlußabrechnung mit dem Palast korrekt war. ZI.AŠ wird in dieser Tafel nicht ausgegeben, ferner ist kein Monat genannt. Die Blöcke und Summen sind durch Striche voneinander getrennt, die tabellarisch geschriebenen Empfänger und Auszahlungszwecke sind mit den zugehörigen Tafeln durch Striche verbunden.

2.11.1. Text 11,5: **10 *Iš-ma-a-du* LÚ.MU**

Hier handelt es sich um einen häufigen Namen, dessen Belege wir hier zusammenstellen müssen, ebenso wie die der Varianten Išma-ada und Išma-adu.

a) In den Getreidelieferlisten:

11,5: 10 *Iš-ma-a-du* LÚ.MU (Gerste)
16,10: 1 ŠÀ.GAL MUŠ[EN GÌR *Iš-ma*]-*a-du* L[Ú.MU]
17,17: 3 *Iš-ma-a-du* LÚ.NAR

---

[954] AHw 1217f.
[955] F. Gröndahl, PTU, 196f; vgl. auch das hurr. *šer=i* "Thron" (KUB XXXII 19 I 5 u.ö.).
[956] 11,19; 92,6; 42.01,12; 50.07,4.

17,31f: 1 *pa* ŠAM.TIN.TIR.GE$_6$ GÌR *Iš-ma-a-da* LÚ.NAR
22,10: 2 *pa* ŠE *a-na Iš-ma-*ᵈIM
24,34: 5 *Iš-ma-a-da* (ZÍZ)
31,4: 5 GÌR *Iš-ma-a-da* DUMU *Ḫe-eš-še* (ZÍZ)
46,20: 5 *pa* ZÍZ *Iš-ma-a-du* LÚ.MU
64,15: 2 *pa* [ZI.AŠ] *Iš-ma-*ᵈIM
78,12: x [*I*]*š-ma-a-*[*du*
78,18: x [G]ÌR *Iš-ma-a-du*

Textanmerkung:
24,34: D. Arnaud [957] schlägt zu dieser Stelle vor, die zugrundeliegende Wurzel als *ŚMʿ* anzusetzen und das erste Zeichen als ÍS zu transkribieren. Er beruft sich (a.a.O., 180) auf die PNN in 20.05,31 und 31.06,11. Beide Stellen dürften indessen, wie D. Arnaud selbst nicht ausschließt, als *Am-mu-ir-pa* zu lesen sein, so daß wir hier bei konventionellem IŠ bleiben können.

b) Außerhalb der Getreidelieferlisten:
21.04,25: IGI *Iš-ma-a-da ḫa-za-an-nu*
22.03,26: IGI *Iš-ma-a-da* DUMU *Di-ni-a-du*: Zeit des Irkabtum von Aleppo.
30.05,8: Einer der Schuldner. Diese schulden aber nicht dem Palast, sondern der Sumunnabi. Ein Text, nach dem einer oder mehrere der Schuldner an den Palast abgetreten worden wäre, liegt nicht vor, so daß wir eine Gleichsetzung nicht zwingend ist.
60.03,9: Wiederum ein Zeuge in schwer verständlichem Zusammenhang.

Aus 17,11 hatten wir erhoben, daß mit dem Koch, der die Vögel füttert, niemand anders gemeint sein kann als Išma-Addu. Dies dürfte dann auch für 16,10 in Anschlag zu bringen sein und ebenso für 46,20, so daß hier ein Cluster von drei Monaten vorkommt, in denen diese Person hintereinander belegt ist.
Die beiden Stellen in Text 17 sprechen vom Sänger, der sicherlich nicht mit dem "Koch" in eines gesetzt werden darf.
Die beiden Belege in Text 78 erbringen keine weiteren Folgerungen, da weder die Zahl noch eine eventuelle Näherbestimmung erhalten sind [958].
Für die weiteren Textstellen können wir nicht sicher sagen, ob der Koch, der Sänger oder noch eine dritte Person in Frage kommen. Immerhin fällt auf, daß eine Lieferung von 5 *pa* ZÍZ nicht nur in 46,20, sondern auch in 24,34 und 31,4 belegt ist, so daß es sich hier ebenfalls um den Koch handeln dürfte. Da die Ausgabe der anderen beiden Waren in 22,10 und 64,15 kurz nacheinander erfolgt, könnte dieser hier ebenfalls gemeint sein, doch können wir hierüber letztlich keine Aussage machen.

---

[957] D. Arnaud, AuOr 16, 145f.

[958] Für diese beiden Belege hatten wir ebenso wie für 64,15 mit Vorbehalt vermutet, daß sie mit Pferden zu tun haben könnten.

2.11.2. Text 11,6: **10** ***Na-mi-^{d}Da-gan*** **LÚ.RÁ.GAB**

a) In den Getreidelieferlisten

11,6: 10 *Na-mi-^{d}Da-gan* LÚ.RÁ.GAB (ŠE)
32,7f: 4 *pa* ZÍZ *a-na Na-mi-da-ga$_{14}$* DIŠ *Ṣa-du-uq-qí*
46,9: 20 *Na-aḫ-mi-^{d}Da-gan* LÚ.QA.ŠU.DUḪ (ZÍZ)
53,6f: 5 *pa* ZÍZ GÌR *Na-aḫ-mi-^{d}Da-gan* LÚ.RÁ.GAB
75,18: *Na-a]ḫ-mi-da-ga$_{14}$*

b) Außerhalb der Getreidelieferlisten

20.01,43:	*Na-aḫ-mi-^{d}Da-gan* SUKKAL
20.01 S [959]	*Na-aḫ-mi-^{d}Da-gan* SUKKAL *Ni-iq-mé-e-pu-uḫ* (ist Aleppiner)
20.05,19.33:	*Na-aḫ-mi-^{d}Da-gan*
20.09,9:	*Na-aḫ-mi-^{d}Da-gan* SUKKAL
21.04,24:	IGI *Na-aḫ-mi-^{d}Da-gán* SUKKAL.UŠ
22.01,23:	*Na-aḫ-mi-^{d}Da-gán* SUKKAL
22.06,23:	*Na-aḫ-mi-^{d}Da-gán* SUKKAL
42.06,7:	1 GÍN GÌR *Na-aḫ-mi-^{d}Da-gan a-na* LÚ.TUR *ša* TAḪ *a-na* MÍ.EN *ub-lu* (Silber)
51.05,1:	^{m}*Na-aḫ-mi-^{d}Da-gán* LÚ.QA.DUḪ.A (siehe unten zu Murar)

Zu unterscheiden sind also mindestens drei Personen mit dem Namen Naḫmi-Dagan [960]: Der SUKKAL aus Aleppo, der in den Lieferlisten aus Alalaḫ logischerweise nicht in Erscheinung tritt, zumal er offenbar einer früheren Zeit angehört [961]. Als zweites ist der LÚ.QA.DUḪ.A aus Murar zu nennen, von dem wir nicht sicher sagen können, ob er mit dem QA.ŠU.DUḪ zu gleichen ist [962]. Dabei bleiben für eine dritte oder weitere Personen noch die Belege in den Getreidelieferlisten und die Silberausgabe in 42.06,7 übrig. Obwohl die Ausgabe an ZÍZ (4 bzw. 5 *pa*) einander entspricht, wird nicht anzunehmen sein, daß auch der—nicht näher bestimmte—Nami-Dagan in 32,7 dieselbe Person ist, da die Ware hier an einen Dritten weiterzugeben ist [963]. Ferner läßt sich nicht sagen, welcher Naḫmi-Dagan die Lieferung in Text 75 bekommt. Naḫmi-Dagan, der Wagenlenker, erhält also eher unregelmäßige Lieferungen, was auf einen militärischen Beruf hindeuten könnte. Wir hatten ja auch bei auswärts dienenden militärischen Funktionsträgern schon mehrfach beobachtet, daß sie nur dann beliefert werden, wenn ihre Einheit in der direkten Umgebung des Palastes steht.

---

[959] Das Siegel hat bei D. Collon, AOAT 27 die Nummer 19 (S. 18f).

[960] Zu den Schreibweisen mit und ohne *aḫ* vgl. D. Arnaud, AuOr 16, 151. Beachte auch, daß das AN-Zeichen gelegentlich entfällt.

[961] Text 20.05 liegt bekanntlich noch vor der Regierungszeit Ammitaqums.

[962] In diesem Fall wäre Text 51.05 ungefähr datiert.

[963] Es sei denn, die Zeichenfolge QA.DUḪ in 32,6 wäre irrtümlich in die falsche Zeile geraten.

In bezug auf die Silberlieferung läßt sich sagen, daß hier eine offensichtliche Parallele vorliegt zu 36,15 [964]. Die Aufgabe, dem Knecht, welcher der "Herrin" (doch wohl der Königin) die geschuldete Abgabe überbringt, einen Geldbetrag zu überreichen, dürfte eher dem "Mundschenk" als dem Wagenlenker zugefallen sein.
Die Frage nach der Lesung des Logogramms kann nicht sicher beantwortet werden. Sicher ist wohl, daß der Zeichenfolge die semitische Wurzel *RKB* "reiten, fahren" zugrundeliegt [965]. R. Borger [966] gibt *rakbu* "fahrender Gesandter". Dabei ist zu unterscheiden zwischen *rakbu* "Meldereiter" und *rakbû* "(reitender) Gesandter" [967]. Letzerer ist allerdings erst nA belegt und wird außerdem mit RA_1 geschrieben, so daß dies hier nicht in Frage kommt. Ernstlich zu erwägen ist allerdings eine Partizipialform *rākibu* [968] oder auch die Form *rakkābu*.
Man könnte nun folgern, daß Naḫmi-Dagan eine Person von auswärts ist, der mit seinem Pferd oder auch dem Wagen nur während zweier Monate in Alalaḫ anwesend ist. Eine andere Überlegung legt der Text 53,4f nahe. Dort erfahren wir, daß eine Lieferung erfolgt *inūma* *ᶠŠumunnabi illak* "als Šumunnabi aufbrach". Es ist daher denkbar, daß Naḫmi-Dagan zu deren Equipage gehört und die hochgestellte Dame irgendwohin begleitet hat [969]. Daher erhält er eine Auszahlung sozusagen als Wegzehrung für die Reise. Während der übrigen Zeit, in der er keine solchen logistischen Aufgaben für den Palast übernimmt, wird er eine anderweitige Versorgung bezogen haben, z.B. von seiner Militäreinheit. Es ist wohl anzunehmen, daß ein weibliches Mitglied des Königshauses bei einer auswärtigen Verpflichtung von einer Eskorte der königlichen Garde begleitet wurde. Auch diese hatte offenbar eine eigene Finanzverwaltung, da von regelmäßigen Zahlungen an sie nichts verlautet. Sie ist insoweit dem königlichen Harem vergleichbar, der nur dort einen Ausgleich erhält, wo er Aufgaben für den Palast mit übernimmt.

2.12. Text 12,1-14 (Al T 256)

Auch diese Tafel ist tabellarisch geschrieben. Die jeweiligen Summen sind eingerückt. Die abschließende Monatsangabe ist gegenüber der vorstehenden Summe noch einmal eingerückt, sie ist beim Normblock um 2 *pa* zu hoch, bei den beiden anderen Waren indessen zutreffend. Die Gliederung der Tafel geschieht so, daß der Normblock die gesamte Vorderseite einnimmt, zwischen dem

---

[964] Siehe dazu zu FN 815.

[965] Siehe die einzelsprachlichen Wörterbücher.

[966] R. Borger, ABZ, Nr. 206.

[967] Zu den beiden Wörtern siehe AHw 947b.

[968] AHw 948a.

[969] Vgl. zu dieser Person und ihrer Stellung am königlichen Hof E. Gaál, AUSB 22, 46f. Die von D.J. Wiseman, Al T, 43 vermutete Verwandtschaft zu Naḫmi-Dagan ist also hinfällig.

ŠE.BA LUGAL Block auf der Rückseite und dem ZI.AŠ-Block ein kleiner Absatz steht und der letzte Block durch einen Strich vom übrigen abgesetzt ist. Das ist wohl so zu deuten, daß es dem Schreiber bewußt war, daß die Ausgaben an Kümmel deutlich zu trennen sind von den Regellieferungen. Demgegenüber wirkt die Summe an ZI.AŠ wie ein Nachtrag, nachdem bereits von etwas anderem die Rede war.

2.12.1. Text 12,7: 1 *a-na Ḫu-uš-ma-ar-ši*

Der PN ist nur hier und in 6,9 belegt. Außer dem 1 *pa* Gerste, das hier ausgegeben wird, erhält die Person dort 1/2 pa Emmer. Eine Deutung des PN [970] kann nicht angegeben werden. Das erste Element könnte jedenfalls zurückgehen auf hurr. *ḫuš-* [971] oder eine Dialektvariante zu hurr. *ḫaš-* "hören" [972]. Auch die Einordnung der Person auf der Tafel erbringt keine Hinweise: Hier steht er zwischen Kunnate und Zukraši, also im Bereich der Landwirtschaft. In Text 6 steht der Name im ŠE.BA LUGAL-Block zwischen einer Ausgabe zum Vogelkauf und den Ammen, somit eher im häuslichen Bereich. Wir belassen es daher am besten bei der Feststellung, daß hier eine Person begegnet, die nur ausnahmsweise eine Lieferung erhält und für uns daher nicht weiter faßbar ist.

2.12.2. Text 12,10: 1 *A-di-ni-iḫ-ḫe*

Auch hier müssen wir uns mit der Feststellung begnügen, daß über die Person keine weiteren Aussagen möglich sind, da sie nur hier vorkommt. Es wird sich in jedem Fall um eine Person handeln, da eine Abtrennung *adi* Niḫḫe daran scheitert, daß *adi* als Ausgabepräposition in den Getreidelieferlisten nicht vorkommt. In 44.05,13 findet sich immerhin ein PN, der mit *Ni-iḫ*-x beginnt, doch ist dies keine Seltenheit [973]. Auch das Element *adi* ist aus Nuzi als Formans am PN bekannt [974]. Eine Alternative zur Lesung bieten A. Draffkorn [975] (*A-ki-*⌜x⌝*-ḫi-še*) und D.J. Wiseman [976] (*A-ki-i-ḫi*). Letzteres wäre zwar deutbar [977], doch dürfte unsere Lesung zutreffend sein.

---

[970] A. Draffkorn, Hurrians, 222f faßt den Terminus als Substantiv auf, vermag ihn dann aber auch nicht zu deuten. Für diese Auffassung ließe sich geltend machen, daß an beiden Stellen *ana* steht, doch mag dies auch zufällig sein, zumal in Text 12 diese Präposition häufiger vorkommt.

[971] E. Laroche, GLH 115f; AHw 362a: "verbe de sens incertain", bzw. "an-, festbinden".

[972] E. Laroche, GLH, 95. *-m* könnte ein Bindelaut sein.

[973] I.J. Gelb u.a., NPN, 239 gibt ca. 20 Beispiele hierfür.

[974] I.J. Gelb u.a., NPN, 208.

[975] A. Draffkorn, Hurrians, 128.

[976] D.J. Wiseman, JCS 13, 24.

[977] Die Stadt Akē ist belegt, eine Form *Akiḫḫi* könnte etwa bedeuten "Bürger von Akē", vgl. den LÚ*Akē* (51,4).

2.13. Text 13,1-18 (Al T 254)

Dieser Text enthält die für einen Normblock typischen Elemente mit Ausnahme der Vögel, demgegenüber werden andere Tiere (Gazelle, Schwein) erwähnt, die ihrerseits nur hier vorkommen. Der Text ist wiederum tabellarisch geschrieben, die Summen sind durch Striche von den Einträgen abgegrenzt, die einzelnen Blöcke durch Absätze voneinander geschieden.

2.13.1. Text 13,10: 1 ***Ku-ra-az-zi***

Diese Person ist in dieser Schreibung nur hier belegt, dürfte aber in demselben Monat noch einmal in 30,9 vorkommen. Dort erhält ein *Ku-ra-a*[*z-zi* 12 *pa* (vermutlich Gerste). Es dürfte sich hierbei um eine Jahreslieferung handeln, wie sie im Kontext 30,9-15 mehrfach belegt ist. In Text 13 würde er dann das Getreide entgegennehmen, das er während des Monats verbraucht, in dem er sich seine Jahreslieferung in der Ausgabestelle abholt.
Ferner findet sich in Text 44.04,24 *ein Ku-úr-ra-az-zi* DUMU *A-ia*. Dabei ist nicht klar, ob es sich um dieselbe Person handelt, zumal dieser Aya vermutlich nach Apišal gehört. Es wäre aber immerhin möglich, daß dieser Aya der Vater des Kurrazzi gewesen ist. Dies würde mit unserer Annahme zusammenstimmen, daß die Lieferlisten in die Spätzeit des Archivs gehören: der Vater des Kurrazzi lebte noch, als Ammitaqum einem seiner Söhne ein Erbteil zuwies, und Kurrazzi war bereits geboren, als Ammitaqum heiratete. Doch kann dies höchstens ein Indiz sein, da die Personidentität auf unsicherem Beweisgrund ruht, so daß weitergehende Folgerungen in den Bereich der Phantasie gehören [978].

2.13.2. Text 13,11: **1 ŠÀ.GAL *ṣa-bi-i-ti***

Die Gazelle ist nur hier belegt: In Z.17 wird ŠAḪ [979] zu lesen sein, da kaum einsichtig zu machen ist, weshalb das Tier im selben Monat einmal 1 *pa* Getreide, dann noch einmal 10 *pa* erhält und ansonsten nie wieder versorgt wird. Auf der anderen Seite entsteht das Problem, weshalb nur hier eine Gazelle erwähnt wird und welche Funktion sie im Palast gehabt haben mag [980].

2.13.3. Text 13,12: **1 ŠÀ.GAL ANŠE.ḪI.A URU.*E-mar*.KI**

Die Stadt Emar ist durch die französischen Ausgrabungen hinreichend bekannt

---

[978] Z.B. daß Kurrazzi als Familienangehöriger der Königin Anspruch auf eine Jahreslieferung hatte.

[979] Mit A. Goetze, JCS 13, 36. G. Giacumakis, 100 hält an SAL.ḪAL.MAŠ fest.

[980] Die Bemerkungen von E. Unger, RlA 3, 153 helfen hier nicht weiter, ebensowenig wie der Hinweis von M. Tsevat, HUCA 29, 128 auf 1.Reg 5,3. Letzere Stelle spricht ohnedies von der Speisung des Königs und nennt die Gazellen unter den Luxuria (vgl. M. Noth, BK IX/1, 76f). Bedenken wir, daß der Text in den Monat Pagri gehört, in dem ein Ištar-Fest gefeiert wurde, könnte es sich bei der Gazelle auch um einen Teil des Festessens handeln, was auch für die Schweine (Z. 17) und das "Malz" (Z. 16) gegolten haben könnte.

und mit Tell Meskene am Euphrat identifiziert [981]. Nach Text 10.02,1 [982] wurde sie *ina nawīšu* "mit ihrer Umgebung" [983] dem Jarimlim von Alalaḫ bei der Gründung der Stadt übergeben und gehörte folglich zum direkten Einflußbereich von Alalaḫ, für das es aus (handels-)strategischen Gründen sicherlich sehr wichtig war, über einen direkten Zugang zum Euphrat zu verfügen.

a) in den Getreidelieferlisten

3,10: 1 ŠÀ.[GAL A]NŠE.ḪI.A *ša* URU.*E-mar*.KI *a-ba-ti*
3,13: 1/2 *pa-ri-si* ZI.AŠ ŠÀ.GAL ANŠE.ḪI.A *ša* URU.*E-mar*.KI
13,12: 1 ŠÀ.GAL ANŠE.ḪI.A URU.*E-mar a-ba-ti* (ŠE)
24,19: 10 LÚ.MEŠ.URU.*E-ma-ri* (ŠE)
26,19: 1/3 LÚ.URU.*E-mar*.KI 1/2 *pa* LÚ.ŠEM.GIG (ŠE)
26,30: 1 *a-na* LÚ.URU.*E-mar*.KI (ZI.AŠ)
35,9: 5 GÌR LÚ.ŠU.DUḪ.A *ša* URU.*E-mar*.KI (ZÍZ)
35,52: 1 GÌR LÚ.MEŠ.ŠAMÁN.LÁ *ša* URU.*E-mar*.KI *a-ba-ti* (ŠE)
35,74: 1 GÌR LÚ.MEŠ.ŠAMÁN.LÁ *ša* URU.*E-mar*.KI *a-ba-ti* (ZI.AŠ)

b) außerhalb

10.02,1: s.o.
42.12,13: Es werden Schafe geopfert (Z. 2), die also nicht als Ausgabe nach Emar verbucht werden, sondern von dort stammen.
42.13,6: Eine Liste von Kleidungsstücken. Nach zwei Personen sind die Ortsnamen Emar und Wariri erwähnt. Es dürfte daher auch hier um den Eingang der Kleidungsstücke [984] in Alalaḫ gehen.

Angesichts der Vielfalt der belegten Waren und der Tatsache, daß LÚ.MEŠ.*šamallû* [985] aus Emar sich in Alalaḫ aufhalten, bestätigt sich die von J.-M. Durand [986] beschriebene Rolle Emars als Handelszentrum auch für die Alalaḫzeit.

---

[981] Die Sekundärliteratur zu Emar ist inzwischen fast unüberschaubar geworden. Aus der Fülle seien hier nur genannt: Der von M.V. Chavalas herausgebene Sammelband zu verschiedenen Themen als Erstüberblick. Ferner zu einigen Einzelkomplexen: Die Texteditionen von D. Arnaud (Emar VI,1-4) und ders., AuOrS 1; J.-M. Durand, MARI 6, 39ff; R.Zadok, OLP 22, 27ff sowie die beiden Überblicksaufsätze im "Biblical Archaeologist": J.-C. Margueron, BA 58 und D. Fleming, ibid., Zur Sprache der spätbronzezeitlichen Texte von Emar siehe zuletzt J. Ikeda, IOS 18 und S. Seminara, MVS 6; zur Geschichte der Stadt die Arbeiten in MARI 6 von A. Archi, J.-M. Durand; D. Beyer, J. Margueron, B. Geyer und F. Joannès; zur Gesellschaft: M. Yamada, AoF 22.

[982] Trotz der Schreibung *I-ma-ar* dürfte der Ort mit der Stadt Emar identisch sein.

[983] Zu *nawûm* "Sommerweide" vgl. F.R. Kraus, OLA 6, 430 und ders., RA 70, 172-179.

[984] Gegen E. Gaál, AcAnt 30, 15.

[985] Vgl. G. Steiner, Iraq 39, 13: "Handelsagent".

[986] J.-M. Durand, MARI 6, 39ff.

Die Texte 26 und 35 gehören zusammen. Es ist demzufolge zunächst zu unterscheiden zwischen den pluralisch belegten Händlern und dem einzeln erwähnten LÚ.URU.Emar. Letzterer erhält alle drei Waren—ebenso wie der offenbar gleichzeitig mit ihm in der Stadt anwesende LÚ.URU.Tunip. Bei beiden Personen fällt darüber hinaus auf, daß sie überproportional viel ZÍZ erhalten, wobei das Verhältnis bei dem Emarioten sogar noch deutlicher (15:3:1) ist als bei seinem Kollegen (12:2:3). Ein Grund hierfür könnte in der unterschiedlichen Verweildauer der beiden Personen in der Stadt zu sehen sein. Da allerdings die LÚ.MEŠ.ŠAMÁN.LÁ gerade keinen ZÍZ entgegennehmen, wäre es auch denkbar, daß ihr Obmann hier stellvertretend für seine ganze Entourage den Emmer erhält. Außerhalb von dieser offenbar recht bedeutsamen Handelsgesandtschaft halten sich Emarioten aber auch zu anderen Gelegenheiten in Alalaḫ auf, wie aus 24,19 direkt ersichtlich wird. Aus den anderen Stellen darf immerhin erschlossen werden, daß sie Esel zu versorgen haben, die wohl als Reit- und Tragetiere eingesetzt wurden [987]. Es bestätigt sich in jedem Fall, daß der Handel eine wichtige Aufgabe des Königshauses war, da die Handelsbeziehungen offensichtlich vom Palast aus durch materielle Versorgung unterstützt wurden [988].

Wir haben uns jetzt mit dem enigmatischen Zusatz *a-ba-ti* zu beschäftigen. Die Lesung hat als sicher zu gelten, wenngleich G. Giacumakis [989] das Wort unter *azutu* führt und dazu bemerkt "mng. uncert." Eine Deutung versucht J.O. Mompeán [990], der diese Lesung beibehält und auf das akkad. *aṣutu* (sic!) "Auszug" verweist, das "nun mit Sicherheit ... (in den Wörterbüchern, F.Z.) hinzugefügt werden" soll. Allerdings bleibt er eine inhaltliche Deutung des von ihm angesetzten Lexems schuldig. Besser zum epigraphischen Befund fügt sich m.E. die Vokabel *abattu* [991], die eine Art Kieselstein bezeichnet und von daher als "gelber Flußkies" (AHw) gut zu der am Euphrat gelegen Stadt Emar passen würde [992]. Nun ist allerdings dasselbe Wort auch als Ortsname belegt [993]. Eine Lokalisierung ist offenbar bislang noch nicht gelungen [994]. Die Vorschläge

---

[987] Die Versorgung der Tiere dürfte durch die ZI.AŠ-Lieferungen erfolgt sein.

[988] Zusätzlich zu den gängigen Arbeiten zu Handel, Händler etc. (z.B. H. Klengel, AoF 6, 69-80; ders., Handel und Händler; M. Heltzer, Goods) vgl. auch J. Aboud, FARG 27, 1-103 und W. Mayer, ALASPM 9, passim.

[989] G. Giacumakis, 68. Der Beleg 3,14 ist dort zu ergänzen.

[990] J.O. Mompeán, UF 30, 591.

[991] AHw 4f; CAD 39f *sub abattu* A.

[992] In jedem Fall ist die Schärfung des dritten Konsonanten von Bedeutung, da sonst drei kurze Vokale in aufeinanderfolgenden offenen Silben stünden.

[993] B. Groneberg, RGTC 3, 1; vgl. das Répertoire Géographique ARM XVI/1, 3.

[994] Vgl. W. Mayer, ALASPM 9, 135. Nach dem Brief ARM XIV,83 scheint Abattum auch in Verbindung zu Jamḫad gestanden zu haben.

reichen von "sur l'Euphrate, entre l'embouchure du Balīḫ et Meskéné" [995] über "am Balīḫ", "oberhalb von Meskene" bis zu "so (südöstlich, F.Z.) von Emar" [996]. Dabei wird allerdings nicht deutlich, ob es sich immer um dieselbe Ortslage handeln muß und ob unsere Evidenz mit jener gleichzusetzen ist. Wichtig ist dabei die von W. Mayer [997] beobachtete Tatsache, daß die Weihinschrift des Jaḫdun-Lim die Orte [998] Samānum, Tuttul und Abattum in der Reihenfolge nennt, wie sie von Māri aus gesehen wurden [999], wobei Tuttul bekanntlich mit Tall el-Biʿa [1000] gleichzusetzen ist. Von daher spricht nichts gegen die Annahme, daß das in Alalaḫ VII in Verbindung mit Emar genannte *a-ba-ti* und die Stadt Abattu zueinander gehören. Die Tatsache, daß *a-ba-ti* hier nicht mit Ortsdeterminativ versehen wird, sondern gleichsam als Epitheton der Stadt Emar [1001] gebraucht wird, läßt nur den Schluß zu, daß Abattu zu dieser Stadt gehört haben muß oder mindestens nicht weit von ihr entfernt gelegen haben kann [1002]. Man möchte daher annehmen, daß es sich um einen am Euphrat gelegenen Vorort oder Stadtteil von Emar gehandelt hat [1003], der direkt am Euphrat gelegen haben muß [1004]. J.-M. Durand [1005] vermutet, daß es sich um eine Stadt auf dem rechten Flußufer gehandelt haben könnte. Zu fragen wäre dann, ob diese identisch mit dem aus Ebla belegten A-BAR-SAL_4 [1006]

---

995 M. Anbar, IOS 3, 11 mit Anm. 32 und J.-M. Durand, MARI 5, 160f.

996 Übersicht: B. Groneberg, RGTC 3, 1.

997 W. Mayer, ALASPM 9, 132.

998 Wir sehen ab von der Nennung der Gebiete der Stämme, für die dieselbe Beobachtung gelten dürfte, so daß Rabiya (26,34) nordwestlich von Emar gelegen haben dürfte.

999 G. Dossin, Syria 32, 1-28; Bearbeitungen: G. Frame, RIME 4,606,68-73; M. Dietrich/O. Loretz, TUAT II/4, 501-504.

1000 Vgl. zur Geschichte der Stadt W. Mayer, UF 19, 121-160; ders., UF 21, 271-276; ders., ALASPM 9, 135-139, sowie einige Einzelbemerkungen bei H. Klengel, History; zu den Schriftfunden aus Tuttul M. Krebernik, MDOG 123, 41-70.

1001 In Text 3 werden dieselben Esel einmal mit Epitheton, einmal ohne genannt. Auch Text 35 spricht eher dafür, daß LÚ.ŠU.DUḪ zu den *šamallû* aus Emar in enger Beziehung steht.

1002 Umso mehr als in 13,12 das KI-Zeichen ganz fehlt.

1003 Das Zusammenwachsen von Städten aus mehreren Ortsteilen ist in der Geschichte immer wieder bezeugt: Der nächstliegende Vergleich ist hier die "twin-City" Tunip, aber auch Uruk und Lagaš sind bekanntlich aus mehreren Bezirken zusammengewachsen. Dasselbe gilt auch für viele moderne Städte, z.B. Budapest.

1004 Da sich an dieser Stelle heute der Stausee befindet, wird eine genaue Lokalisierung oder sogar Ausgrabung wohl für immer ausgeschlossen sein.

1005 J.-M. Durand, MARI 6, 45-48. Vgl. vor ihm M.C. Astour, Or 46, 54: "The city of Emar was divided into *Emar libbi* 'inner Emar' and *Emar abatti* 'Emar of the river pebbles', the harbour quarter."

1006 Dieses dürfte wahrscheinlich eher Apišal bezeichnen, vgl. M.V. Tonietti, 232f und D. Charpin/N. Ziegler, 247 (jeweils MARI 8).

ist, wobei der Ortsname dann natürlich von der gemeinsemitischen Wurzel ʿ*BR* "hinübergehen" abzuleiten wäre und etwa "ville de l'autre rive" [1007] bedeuten müßte. Wenn es sich demnach eher um ein Epitheton gehandelt hätte, wäre allerdings denkbar, daß mehrere Ortslagen so bezeichnet worden sind [1008].

2.13.4. Text 13,16: **40 *a-na* BAPPIR *bá-ap-pí-ri***

Ein Eintrag wie der vorliegende kommt nur hier vor. G. Giacumakis deutet das Ideogramm als "malt" [1009] und bemerkt zu Recht "note the gloss on the ideogramm". Der Zeichenliste von R. Borger [1010] entnehmen wir die Gleichung BAPPIR = *bappiru* "Bierbrot" und den Hinweis auf LÚ.LÙNGA = *sirāšû* "Bierbrauer". Im AHw [1011] finden wir zur Datierung der Belege aA und m/jB, so daß hier babylonisch-westlich mit einer der ältesten Belege vorläge, wenngleich in den Nachträgen [1012] immerhin ein aB Beleg vermerkt ist. Allerdings vermögen uns diese auch nicht weiterzuhelfen. Weitere Belege finden sich im CAD [1013], vor allem auch solche aus älterer und vor-aB Zeit [1014]. In unserem Kontext interessiert besonders ein Beleg aus Māri [1015]: 2 1/2 GUR BAPPIR $MUNU_x$ "2 1/2 Kor 'Bierbrot' an den Mälzer". Das CAD faßt seine Erörterungen zusammen: "The rendering 'beer bread' is meant to refer to specific confection made of unmalted grain (with added spices) prepared in an oven (...), destined to be combined eventually with a similar confection but made of malted grain (*titapu*) for the making of beer." [1016] Nun ist diese Zusammenstellung offensichtlich ein Konvolut aus verschiedenen Belegen verschiedener Zeiten und Provenienzen, so daß sie hier kaum unbesehen zutreffen dürfte. Für unsere Stelle ist festzuhalten, daß die Glossierung im Genitiv zeigt, daß Logogramme generell mitzulesen sind. "Malz" ergibt sicherlich einen guten Sinn. Andererseits wissen wir, daß bierähnliche Getränke offenbar auch ungemälzt (24,36) aus Emmer bzw. Gerste hergestellt werden konnten. Es wird sich hier also um eine besondere Form des Bieres handeln, die offenbar nicht in jedem Monat belegt ist, wobei ein Grundstock von 40 *pa* = 24 Hektoliter doch eine recht große Menge an Malz, das heißt letztlich noch viel mehr Bier ergäbe, so

---

[1007] J.-M. Durand, MARI 6, 46 mit Anm. 37.

[1008] Vgl. im Deutschen die Ortsnamen Nordheim, Westerheim oder Sont(=Süd)heim, die mehrfach vorhanden sind und ursprünglich nur die Lage zu einer Muttergemeinde angeben.

[1009] G. Giacumakis, 93.

[1010] R. Borger, ABZ, Nr. 225.

[1011] AHw 103f, Datierung 103.

[1012] AHw 1547: TIM 9,51,9.

[1013] CAD B 95-97.

[1014] Vgl. M. Stol, RlA 7, 322-329 und zu weiterer Lit. die Angaben dort S. 328f.

[1015] ARM VII,263 i 5.13.

[1016] CAD B 97.

daß wir vermuten, daß das so hergestellte Getränk oder auch schon der Grundstoff eine hohe Haltbarkeit aufwies. Bedenkt man nun, daß alkoholische Getränke [1017] als Zahlungsmittel (20.07,13) verwendet wurden und auch Teil einer jährlichen Leibrente (22.05,33) sein konnten, dann wäre es auch denkbar, daß das "Getränk der Bogenschnitzer" (24,36) von dem der Oberschicht zu unterscheiden ist. Tranken jene "gewöhnlichen" vergorenen Gerstensud, so war im Palast und seiner Umgebung das "Bier" gemälzt. Hier läge dann die Ausgabe der erforderlichen Gerste an den Mälzer vor, der für die Herstellung des Malzes und vermutlich letztlich auch des Bieres verantwortlich war. Eine offene Frage bleibt, ob jenes Getränk identisch ist mit dem KAŠ.LUGAL aus 30.05,13 [1018]. In Anbetracht des oben zur Gazelle Gesagten dürfte die außerordentliche Menge wohl mit dem Ištar-Fest zusammenhängen, das bekanntlich im Monat Pagri gefeiert wurde.

2.14. Text 14 (unveröffentlicht)

Dieser Text ist ausgesprochen schlecht erhalten. Wir haben nur ca. sechs Zeilen der Vorderseite und eine Summe auf der Rückseite. Diese Summe dürfte sich auf eine andere Ware als auf Gerste beziehen.

2.14.1. Text 14,4: 1 ᶠ***Ḫe-pát-ú-ma-ra***

Diese Frau ist abgesehen von dieser Stelle nur noch zweimal belegt:

30,7: 22 *a-na* ᶠᵈ*Ḫ[e-pát-ú-ma-ra* (vermutlich Gerste)
31,3: 3 GÌR ᶠ*Ḫe-pát-ú-me-ra* (Emmer)

In zwei Fällen (14,4; 30,7) steht sie unmittelbar neben Pūze, so daß wir bei der Interpretation auf diese Zusammenhang Rücksicht nehmen müssen, umso mehr als wir festgestellt haben, daß diese beiden die einzigen Frauennamen darstellen, die auf Tafel 40.01 vorkommen *und* in den Getreidelieferlisten noch einmal belegt sind. Die unterschiedliche Schreibweise des vorletzten Vokals mit *a* bzw. *e* werden wir als einen Hinweis auf eine Abtönung nach Art der arabischen Imala zu verstehen haben.

2.14.2. Text 14,5: 1 ***Pu-ze-en***

Diese Person ist offenbar [1019] von der Sängerin zu trennen, so daß wir nur zwei Lieferungen haben, nämlich die beiden, die parallel zu Ḫepatumara stehen. Neben 14,5 handelt es sich um

30,6: 22 *a-na* ᶠ*Pu-u-[ze* (vermutlich Gerste)

[1017] KAŠ.GEŠTIN (19,27; 71,4) bedeutet wohl "alkoholisches Getränk auf Traubenbasis", womit dann der Rotwein gemeint wäre, vgl. G.F. del Monte, FS Houwink ten Cate, 211-224.

[1018] Vf., UF 23, 417.

[1019] Siehe oben zu Zirri (Kap. V,2.1.4).

Die beiden Personen erhalten also in Text 14 jeweils ein Versorgungs*pa*, obwohl sie im Monat vorher (Text 30) eine Jahres- oder sogar Zweijahreslieferung erhalten haben. Zusätzlich erhält im nächsten Monat Ḫepatumara noch einmal 3 *pa* Emmer. Da die beiden Frauen auf der Personalliste belegt sind, dürften sie in der Zeit vorher zum allgemeinen Gesinde gehört haben. Nun aber wird ihnen offenbar eine Aufgabe zugewiesen, die den Palast dazu zwingt, ihnen eine Auswärtslieferung zuzuweisen, die scheinbar direkt ausgezahlt wird. Dessen ungeachtet haben die beiden Frauen diesen Dienst anscheinend nicht sofort angetreten, da sie im nächsten Monat (bzw. den nächsten zwei Monaten) noch vom Palast durch eine Regellieferung versorgt werden.

2.14.3. Text 14,6: [1] ⌈*A-ri-ip*-x

Die Ergänzung der Zahl als "1" dürfte sich aus der Beobachtung ergeben, daß auch die vorstehenden Frauen sowie die Frauen der Liste in 24,12-16 jeweils ein *pa* erhalten. Darüber hinaus ist allerdings mit dem Eintrag nicht viel anzufangen, da der Name nicht weiter belegt ist [1020].

2.15. Text 15,1-17 (AlT 272)

Diese Tafel weist verschiedene Eigentümlichkeiten auf. Zunächst halten wir fest, daß die sonst übliche Aufteilung der Waren auf verschiedene Blöcke hier nicht stattfindet, vielmehr die Einträge mehrfach zwei Pflanzenarten nennen, die allerdings nicht streng tabellarisch angeordnet sind. Dreimal steht anstelle der Zeichenfolge ZI.AŠ, die im Text nicht vorkommt, nur ZI. Es läßt sich nicht sicher entscheiden, ob der Schreiber hier lediglich eine Abkürzung verwendet oder ob es sich um eine Nachlässigkeit handelt.
Ferner fällt auf, daß die übliche Reihenfolge nicht eingehalten wird, d.h. die Frauen vom Gesinde stehen nicht zu Beginn des Blockes. Die Summe von 200 *pa* stellt offenkundig eine Rundzahl dar; wir können allerdings nicht angeben, ob sie den Einträgen der Tafel entspricht, da einige Einträge nicht erhalten sind. Insbesondere gilt dies für die Ausgabe an die LÚ.MEŠ.URU*Aš-ta-ka-mu*.KI, die in Text 17 90 *pa* Gerste, in Text 46 150 *pa* ZÍZ erhalten. Es wäre demnach nicht ausgeschlossen, daß sie auch hier mit einer großen Menge bedacht werden, so daß die Summe letztlich nur eine ungefähre Zahl darstellt. Übrigens fehlt die Addition der anderen Waren ganz.

2.15.1. Text 15,5: 7 *Lu-bar*-LUGAL LÚ.AŠGAB

Diese Person ist so nur hier belegt, angesichts des hurritisch üblichen Anlautwechsels zwischen /*l*/ und /*n*/ ist auch *Nu-bar*-LUGAL (31.14,9) mitzubedenken, der als Zeuge eines Pfändungsvorganges auftritt. Doch läßt sich angesichts des Erhaltungszustandes jener Stelle kein weiteres Argument gewinnen.

[1020] Für die mit *Arip-* beginnenden Namen ohne weibliches Determinativ hatten wir oben schon die Einordnung erarbeitet: Es handelt sich in allen Fällen um Hirten.

LÚ.AŠGAB kommt noch dreimal vor:

35,12: 3 GÌR LÚ.MEŠ.AŠGAB (ZÍZ)
35,54: 5 GÌR LÚ.MEŠ.AŠGAB *ša* KUŠ (ŠE)
60,4: (x+1) GÌR LÚ.MEŠ.AŠGAB

Eine Interpretation des Berufsstandes [1021] ist nicht möglich, da nur ein Belege—nämlich der vorstehende—im Normblock steht. Dies ist gleichzeitig die einzige Stelle, an der ein einzelner Lederarbeiter vorkommt, der zudem namentlich genannt ist. Immerhin sichert der Zusatz *ša* KUŠ (35,54) die Lesung AŠGAB. Die Aussprache im altbabylonischen Alalaḫ ist nicht bekannt, zumal in Schicht IV *maškuḫuli* (412.13,29) sicherlich eine Fehllesung darstellt [1022].
In ökonomischer Hinsicht läßt sich vermuten, daß Lederarbeiter auf eigene Rechnung tätig und nicht etwa direkte Angestellte des Palastes sind, da sie anderenfalls häufiger und im Normblock erwähnt sein müßten [1023].

Insgesamt gewinnt man den Eindruck, daß die Lederarbeiter ähnlich organisiert waren wie die LÚ.MEŠ.ÁZLAG [1024], das heißt sie erhalten nur unregelmäßig Lieferungen und stehen unter der Obhut eines Obmannes, den man in Lubaršarru sehen kann. Auch sie werden kaum mit der Herstellung einfacher Sandalen befaßt gewesen sein, sondern qualitativ höherwertiges Schuhwerk angefertigt haben [1025]. Solche Stücke dürften als Wertgegenstände angesehen worden sein, da sie Teil eines Kaufpreises sein können (22.05,18; 22.10,10), aber auch in der Beuteliste 40.03,10.16 erwähnt werden [1026].

2.15.2. Text 15,9: **2 *pa* ŠE *A-ia-* ⌊*bi-ta*⌋ *-ku-še***
Die Person ist nur hier belegt. Auch aus der Ausgabemenge lassen sich keine weitergehenden Folgerungen mit hinreichender Sicherheit ziehen.

2.15.3. Text 15,10f: **x] *pa* ŠE GÌR LÚ.MEŠ.URU.*Aš-ta-ka-mu*.KI**
Diese Menschengruppe ist insgesamt dreimal belegt [1027]. Außer der hier vorfindlichen Stelle handelt es sich um die Texte:

[1021] Vgl. E. Salonen, StOr 41, 79-83.

[1022] Vgl. E.A. Speiser, JAOS 74, 20 Anm. 13; M. Dietrich/O. Loretz, WO 3, 197; zur Gleichung KUŠ = *ma-aš-ku* = *aš-ḫe* (hurr.) = [*ú*]$^{?}$*-ru* vgl. J. Huehnergard, HSS 32, 47.

[1023] Vgl. zu den gefertigten Produkten A. Salonen, AASF B 157.

[1024] S.o. Kap. V,2.1.5.

[1025] Vgl. H. Klengel, OLA 6, 439 mit Anm. 18.

[1026] Dabei ist die pseudologographische Schreibweise KUŠ.E.SI.RU zu beachten.

[1027] Siehe Vf., UF 30, 863, Nr. 84. Zur Identifikation mit dem modernen Stuma vgl. M.C. Astour, JNES 22, 236 und die Karte bei E. Gaál, AcAnt 30, 41. E. Gaál, a.a.O., 13 deutet den Ort "as a larger settlement which belongs to the royal sector of Alalaḫ", kann als Argument aber nur die hohen Zahlen nennen, die hier involviert sind.

17,9: 90 LÚ.MEŠ.URU*Aš-ta-ka-mu*.KI
46,1f: 1 *me* 50 GIŠ.*pa-ri-si* ZÍZ.AN.NA *a-na* LÚ.MEŠ.URU*Aš-ta-ka-mu*

Text 46 stammt aus demselben Monat wie 15,11 und behandelt also die der hier vorfindlichen Gerstenlieferung entsprechende Ausgabe von Emmer. Leider ist die Menge nicht erhalten, da jedoch der Rest eines Winkelhakens noch zu erkennen ist und zum linken Rand hin nicht allzuviel Platz für die Zahl bleibt, dürfte auch hier eine durch 10 teilbare zweistellige Zahl in Frage kommen.
Alle drei Belege stammen aus zwei Monaten, die durch einen Monat voneinander getrennt sind. Daraus dürfen wir folgern, daß die Menschen aus Aštakamu nur während dieser kurzen Zeit in Alalaḫ anwesend waren.
Eine Begründung für ihren Aufenthalt und die hohen Lieferungen findet sich indessen nicht. Entweder handelt es sich um eine große Anzahl von Personen oder—wahrscheinlicher—dient die Menge nicht der reinen Versorgung, sondern einem Zweck. Dieser wird allerdings nicht weiter konkretisiert (Kaufpreis?), so daß wir uns hier damit begnügen müssen, daß ihn die Ausgabestelle für bekannt gehalten hat. Wir hatten aber bei den Siegelschneidern festgestellt, daß bei deren Ankunft ein Vorschuß gezahlt und bei ihrer Abreise das Konto ausgeglichen wurde. Angesichts der Lücke im Monat Balaʿe könnte ein analoger Vorgang auch hier angesetzt werden, wenngleich wir nicht wissen, was hinter dem Vorgang steht.

2.15.4. Text 15,13: **2 *pa* ŠE 2 *pa* ZI (Korrektur) *ša* LÚ.MEŠ.^{m}Tu-la-a-ši**
Der Eintrag läßt sich nicht weiter interpretieren, da die Personengruppe nur hier vorkommt. Auch Tulaši als Person ist nicht weiter belegt. Vielleicht hat er mit dem LU.URU.*Bitin* aus den gleichzeitigen Texten 44-46 zu tun, doch läßt sich dies natürlich nur vermuten, nicht jedoch positiv nachweisen. Jedenfalls ist uns der "Mann aus Bitin" nicht namentlich bekannt, so daß eine Verbindung nicht ausgeschlossen ist, zumal die Person in den Texten 44-46 eine Lieferung erhält, hier aber nicht aufgeführt wird. Die Zeile 15,13 kann aber auch schlichtweg darin begründet sein, daß Tulaši und die Seinen nur in dem einen Monat in Alalaḫ anwesend waren. Vom epigraphischen Standpunkt ist noch auf die Korrektur vor dem *ša* hinzuweisen.

2.16. Text 16,2-10 (Al T 283b)

Auch auf dieser Tafel sind Teile des Textes nur unzureichend erhalten. Auffällig ist, daß in Z. 1 der Text beginnt mit 40 ŠE.BA LUGAL, einer Angabe also, die einem anderen Kontext zugehört. Nun gibt es dies mitunter, daß die Tafel oder auch nur der Normblock nicht mit einer MÍ.MEŠ-Zeile beginnen, aber dieses Verfahren ist einzigartig, zumal die Monatsration sonst in ZÍZ besteht, der im Text nirgendwo erwähnt wird. Unter Umständen ist also im abgebrochenen Teil der Tafel ein ŠE.BA LUGAL Block zu vermuten. Wahrscheinlicher ist allerdings, daß hier lediglich eine Fangzeile vorliegt, die anstelle des zu erwartenden ŠE.BA LUGAL Blocks steht. Hierfür spricht, daß am Schluß der Tafel in Z. 22 diese Zeile noch einmal aufgenommen wird.

2.16.1. Text 16,7: 1 *Qa-uz-zi* DUMU *Ši-na-ši-tu-ri*

Beide Angaben sind nur hier belegt, so daß sich keine weiteren Folgerungen ziehen lassen. Qauzzi läßt sich sicher nicht mit dem Kuzzi aus 35,16 gleichen, da dieser in 11,30 als ÚZU bezeichnet wird. Die etwas eigenartige Namensform wirft die Frage auf, ob der Name in irgendeiner Weise mit dem (allerdings erst ab dem 13./12. Jhd. v.Chr. belegten) edomitischen Gott Qa'us [1028] zu tun hat.
Es läßt sich auch nicht zweifelsfrei feststellen, ob es sich um einen "Sohn" oder einen "Knecht" handelt. Da lediglich das Versorgungs*pa* ausbezahlt wird, erlaubt auch die Ausgabemenge keine weiteren Folgerungen.

2.17. Text 17,1-15 (Al T 264)

Auffällig an diesem Text ist zunächst, daß keine Summe angegeben ist. Dies bestätigt in gewissem Maße unsere Vermutung über die Abfassung der Summen: Der Schreiber konnte eine Summe offenbar nicht selbst erstellen, wenn sie ihm nicht diktiert worden war, denn er war über die zugrundeliegenden Vorgänge nicht informiert. Die Bilanzierung indessen erfolgte, wie wir sahen, nicht duch einfaches Addieren der Einträge.
Zweitens haben wir zu vermerken, daß die Zahlen und Empfänger hier durch Striche miteinander verbunden sind. Da hierdurch zwar Verlesungen ausgeschlossen sind, die Tafel aber (für unser Empfinden) etwas unordentlich aussieht, können wir vermuten, daß diese Hilfskonstruktion anstelle der sonst üblichen tabellarischen Textanordnung vielleicht von einem etwas weniger geübten Schreiber vorgenommen wurde.
Eine weitere Auffälligkeit liegt darin, daß in Z. 5 zwei Einträge in eine Zeile geschrieben sind. Dies kann indessen kein Nachtrag sein, da der Strich sehr kurz ist, d.h. beide Einträge von vornherein in diese Zeile geschrieben werden sollten. Durch diesen Eintrag—Z. 4 beschäftigt sich mit Addu, Z. 5 mit Kunnate und dem LÚ.ŠÀ.GU_4—rückt letzterer etwas näher zu Kunnate. Dies scheint unserem Ergebnis oben zu widersprechen, ist jedoch so zu erklären, daß es hier sichtlich nicht um eine Jahreslieferung geht, sondern um eine kurzfristige Anwesenheit am Palast, so daß hier Kunnate verantwortlich ist.

2.17.1. Text 17,12: **2** ***Ku-tá-bi*** **GIŠ.GIGIR**

Da Einzelpersonen im Regelfall nur 1 *pa* erhalten, ist Kutabi—der im Korpus nur hier vorkommt—überdurchschnittlich gut versorgt. Auffällig ist, daß das LÚ-Determinativ vor GIŠ.GIGIR fehlt. Zu beachten ist in unserem Zusammenhang v.a. die Formulierung "1 Bogen 5 Pfeile PN_1 DUMU PN_2 *ša* GIŠ.GIGIR" (z.B. 42.06,4), doch sollte man hieraus keine weitere Folgerung ziehen. Viel-

---

[1028] Vgl. E.A. Knauf, DDD², 674-677 und H. Niehr, NEB.E 5, 217. Zum Vorkommen des GN in Schicht IV siehe D. Arnaud, AuOr 16, 156.

leicht handelt es sich bei Kutabi um einen Wagenfahrer [1029], der auf Urlaub oder verletzungsbedingt seine Einheit verlassen mußte. Es könnte sich auch um eine wie auch immer geartete Belohnung handeln. Spekulationen, die aus dem fehlenden LÚ-Zeichen einen Bezug auf den Wagen selbst ableiten [1030], verbieten sich wohl, da ein solcher Vorgang öfter vorgekommen sein sollte. Am einfachsten [1031] deutet man den Beleg vermutlich so, daß der Wagenfahrer von auswärts kam und kurzfristig von seiner Truppe abwesend war, so daß er vom Palast zu versorgen war [1032].

2.17.2. Text 17,13: 1 *Ku-še-sa-a*

Der PN ist kaum zu deuten und nur hier belegt. Es wäre denkbar, daß es sich ebenfalls um einen Wagenlenker handelt. Hierfür ließe sich die Analogie zu 9,14ff geltend machen, wo wir zeigen konnten, daß es sich bei einer Reihe von mehreren aufeinanderfolgenden Personen um Rinderhirten handelt, obwohl das Logogramm nur einmal geschrieben war. Auch die fremdartigen Namen und die Tatsache nur einmaliger Erwähnung im gesamten Korpus spricht für eine Ausnahmesituation, die auch für Kušesa [1033] das zu Kutabi Vermutete denkbar erscheinen läßt.

2.18. Text 18,1-7 (unveröffentlicht)

Dieser Text ist zu schlecht erhalten, um wirklich interpretiert zu werden. Wir können lediglich geltend machen, daß mit Z. 8 der Wechsel der Waren einsetzt. Eine Summe dürfte am linken Rand gestanden haben, doch ist sie nicht erhalten. Gehen wir davon aus, daß auf dem Rand vor dem Rest der Z. 16 etwa gestanden hat [ŠU.NÍGIN 1+x *me*], dann dürften etwa 4-6 Zeilen fehlen, so daß der Normblock zwar relativ kurz gewesen wäre, in dieser Hinsicht aber nicht aus dem Rahmen des zu Erwartenden fällt.

2.19. Text 19,1-9.(12-20) (Al T 241)

Der Normblock ist durch einen Strich auf der Tafel und die Summe vom folgenden abgetrennt. Danach folgt ein Eintrag mit ZI.AŠ, der sich jedoch auf einen anderen Monat bezieht. Der nächste Block bietet wieder einen Unterblock, der

---

[1029] Vgl. zum Wagen als Kriegsinstrument W. Mayer, ALASPM 9, 445-455 (Geschichte der Wagentruppen) und W. Nagel/Chr. Eder, DaM 6, 66-81 (mit älterer Lit.) und als Zusammenfassung die Arbeit von M.A. Littauer/J.H. Crouwel, HdO VII/1.

[1030] Z.B. eine Reparatur, die von Kutabi bezahlt worden wäre.

[1031] Es dürfte zu weit gehen, den Berufsstand mit den späteren *mariyannū* gleichzusetzen, da diese als Wagenbesitzer wohl erst später eine Rolle in Nordsyrien spielten.

[1032] Hier könnte der Unterschied zwischen LÚ.RÁ.GAB und (LÚ.) GIŠ.GIGIR liegen: Letzerer ist Teil der militärischen Einheit, ersterer jedoch im zivilen Bereich als Wagenlenker beschäftigt (s.o. S. 461).

[1033] Ist der Name eventuell Kušesaya auszusprechen?

auch im Normblock situiert sein könnte [1034]. Dies wäre dann so zu verstehen, daß der ZI.AŠ Eintrag Z. 10f lediglich einen Einschub bezeichnet, nach dem dann der Normblock fortgesetzt wird. Dies läßt sich am einfachsten als gedankliche Abschweifung des Diktierenden erklären.
Der Strich zwischen Z. 14 und Z. 15 ist nur halb durchgezogen und könnte als Unsicherheit des Schreibers gewertet werden, wie sie sich auch in der Rasur Z. 14 ausdrückt.
Die Summe in Z. 9 stimmt unter der Voraussetzung, daß in Z. 1 die Zahl als ⌜9⌝ richtig gelesen ist. Dies ist epigraphisch sicherlich vertretbar, da die letzten drei senkrechten Keile noch erkennbar sind. Die Summe in Z. 20 rundet den Bruchteil (Z. 12) auf volle *pa* auf.

2.20. Text 20,9-22 (Al T 251)

Auf dieser Tafel wird ein Normblock mit einem anderen auf Gerste bezogenen Block zusammengebracht (Z. 1-8). Dieser bezieht sich allerdings auf einen anderen Monat, nämlich den nachfolgenden Attana, was wiederum auf gemeinsame Abfassung der Tafeln 20+21 weist. Daß beide Blöcke vom Schreiber als zusammengehörig, aber dennoch verschieden betrachtet wurden, ersehen wir aus der Tatsache, daß die beiden Blöcke durch einen Strich getrennt sind, umgekehrt aber ungeachtet der Zwischensumme Z. 7f beide Gerstenlieferungen in Z. 21f in einer Gesamtsumme zusammengefaßt werden. Dabei fällt besonders ins Auge, daß der Normblock im Gegensatz zum anderen Block keine eigene Summe führt [1035]. Wir können hieraus mehrere Folgerungen ziehen:

- Bei der nachträglichen Notierung der Ausgaben wurde buchungstechnisch genau unterschieden zwischen den regelmäßigen Zahlungen, die ihren Niederschlag im Normblock finden, und den zusätzlichen Zahlungen in dem gesonderten Block Z. 1-8.
- Die Zahlungen wurden offenbar gleichzeitig verbucht, da für den Monat Attana eigene Tafeln, insbesondere ein eigener Normblock, vorhanden sind. Dem ist zu entnehmen, daß eine Zahlung zwar eindeutig einem Monat zugeordnet ist, jedoch die Buchung nicht in unmittelbarem Anschluß an die Ausgabe auf Tafeln notiert wurde [1036]. Analog zu der Entstehungsgeschichte der Tafeln 9+10 haben wir anzunehmen, daß der zeitlich nächststehende Vorgang zuerst diktiert wurde.
- Die eigenartige Formulierung ŠU.NÍGIN ŠU.NÍGIN (Z. 21) ist demnach nicht als Dittographie zu behandeln, sondern vielmehr mit "Gesamtsum-

---

[1034] Über diesen Eintragscluster mit Sumilammu und Burra hatten wir schon gesprochen.

[1035] Die Zwischensumme Z. 7f stimmt präzise mit den Einträgen überein, die Gesamtsumme rundet das halbe *pa* Z. 5 ab auf ganze *pa* und stimmt, vom Rundungsfehler abgesehen, ebenfalls.

[1036] Dies entspricht der Tatsache, daß wir bereits mehrfach auf Übertragszeilen gestoßen sind.

me", "summa summarum" zu übersetzen[1037]. Dem entspricht, daß dieselbe Formulierung in 40.05,21 belegt ist. Der Unterschied liegt allerdings darin, daß dort beide Blöcke je eine eigene Summe aufweisen. Der Normblock wurde also auch vom antiken Schreiber als eine Größe *sui generis* betrachtet. Der Summenvermerk wurde offensichtlich nicht um der Feststellung der Ausgabemenge willen formuliert, sondern in erster Linie, um die Herkunft des auszugebenden Getreides deutlich zu machen. Demgegenüber ist die einmalige Zahlung mit einer eigenen Summe versehen, da sie buchungstechnisch abgeschlossen werden mußte.

Die letztgenannte Feststellung bedeutet, daß das Getreide, das in den Zeilen 1-20 ausgegeben wird, eine Gemeinsamkeit aufweist, die sich durch den in der Summe genannten und auf beide Blöcke bezogenen Vermerk "*ša* Ì.DUB ᵈ*Ìr-ra-i-mi-ti*" ausdrückt.

Eine Analyse der Belegstellen[1038] ergibt, daß in den Lieferlisten von fünf Belegen für Irra-Imitti vier im Kontext von Ì.DUB stehen. Der fünfte Beleg ergibt indessen einen weiteren Hinweis: 19,22—ebenfalls in einer Summenformel—liest *i-na li-ib-bu* ŠE.A.AM *ša Ir-ra-i-mi-it-ti*[1039]. Wir sind angesichts des gleichen Kontextes und angesichts der Tatsache, daß hier der fünfte Beleg einer ansonsten identischen Reihe[1040] vorliegt, berechtigt, den Beleg 19,23 als Sachgleichung für Ì.DUB zu behandeln. Dabei dürfte *ina libbu* einen Loka-

---

[1037] Vgl. D.J. Wiseman, Al T, 84: "grand total"; dto. G. Giacumakis, 91 *sub napḫaru*, allerdings unter Bezug auf das andere Vorkommen der Logogrammgruppe (40.05,21).

[1038] Ì.DUB: 20,22; 54,20; 56,10; 57,15; Irra-Imitti 19,22; 20,22; 54,20; 56,10; 57,15 (bei D.J. Wiseman, Al T, 139 statt: 272,22 lies: 251,22). Außerhalb der Getreidelieferlisten ist Ì.DUB nicht, der Personenname als Zeuge in 23.03,30 und 21.03,38 belegt. Da er an letzterer Stelle als *ḫazannu* bezeichnet wird, dürfte dies auch für 23.03,30 zutreffen, zumal die Zeugen aus 23.03 sich mit einer Ausnahme in 21.03 wiederfinden. Hieraus könnte man folgern, daß Irra-Imitti der Bürgermeister des Ortes war, in dem der Speicher sich befindet. Allerdings ist mindestens 21.03 in die Zeit vor dem Regierungsantritt Ammitaqums zu datieren, so daß Irra-Imitti zur Zeit der Getreidelieferlisten kaum noch aktiv gewesen sein dürfte.

[1039] Es wird sich unstrittig um einen Personennamen handeln, der in der altbabylonischen Zeit häufig vorkommt, im Westen allerdings selten ist. Auffällig ist, daß Irra sonst in Alalaḫ nicht als Gottesname belegt ist. Vgl. D.O. Edzard, WdM I/1, 63f: "Sein Name wird als der eines ursprünglich fremden Gottes zunächst (bis in die altbabylonische Zeit hinein) ohne das Gottesdeterminativ geschrieben" (Zitat 63, vgl. in unserem Korpus 19,22; 54,40). Vielleicht beruht das Vorkommen dieses hier untypischen Namens auf der populären Tradition, daß Irra-Imitti von Isin (1773-1766 ultrakurz) einen Ersatzkönig inaugurierte und danach "beim Schlürfen eines (zu) heißen Breis verstorben" sei (Zitat D.O. Edzard, RlA 5, 170).

[1040] Alle fünf Belege stehen in Summenformeln, alle sprechen von Gerste, alle stammen aus insgesamt nur drei Sommermonaten.

tiv-Adverbialis mit pleonastischer Präposition darstellen [1041]. Nimmt man die Präposition *ina* ernst, dann bedeutet dies, daß die Zahlung zunächst an Irra-Imitti fließt und von dort aus an die genannten Einzelempfänger. Die gegenteilige Annahme—*ina* z.B. "ablativisch" [1042] zu verstehen—ergibt letztlich dasselbe Phänomen: die Endverbraucher erhalten ihre Lieferung durch Vermittlung des Irra-Imitti, dem eine bestimmte Speichereinheit untersteht. Hierfür spricht auch die Beobachtung, daß in Text 56 die Gerstenausgabe durch zwei Blöcke beschrieben ist, die jeweils eine Summe aufweisen, wobei allerdings nur der zweite (Z. 5-10) mit dem Verweis auf Irra-Imitti gekennzeichnet ist. Auch sachliche Gründen sprechen für unsere Annahme, da sonst für die Lieferungen, die in den Palast im engeren Sinne (z.B. an die "Frauen vom Gesinde", oder die LÚ.MEŠ.*asīrū*) gehen, eine Doppelbuchung vorläge: Zunächst aus einer wie auch immer gearteten Quelle des Palastes an Irra-Imitti, dann von diesem weiter an die jeweiligen Empfänger im Palast. Offen bleibt letztlich, woher die "Einnahme" in den "Speicher" [1043] des Irra-Imitti gelangt. Immerhin erklärt die Annahme einer Ausgabestelle außerhalb des engeren Bereichs des Palastes zwanglos solche Angaben wie *ana/ina* É.GAL (z.B. 28,1 bzw. 19,27). Auch die Stereotype ŠE.BA LUGAL findet so eine Erklärung: Palast wie König werden eigens beliefert, da sie nicht über eine interne Vorratshaltung verfügen. Die Versorgung mit Gerste liegt—mindestens während dieser drei Monate—in den Händen des Irra-Imitti, der zwar außerhalb des Palastes agiert, aber doch Teil der Palastwirtschaft ist. In moderner Haushaltsterminologie würden wir von einer Umbuchung sprechen: Das Konto des Irra-Imitti wird zugunsten des Palastes belastet. Auffällig ist ferner, daß Irra-Imitti nur im Zusammenhang mit Gerste belegt ist. Angesichts der Formulierung in 19,22f dürfte dies kein Zufall sein, sondern Irra-Imitti ist ausschließlich für Gerste zuständig, nicht aber für andere Waren. Dabei bleibt offen, wie diese verwaltet wurden. Der Analogieschluß, daß hier andere Speicher verwendet wurden, findet eine indirekte Bestätigung darin, daß Irra-Imitti nur während einer kurzen Zeit belegt ist. Dies mag in einer relativen Versorgungsknappheit der "eigentlichen" Ausgabestelle bei Gerste begründet sein. Diese ist ansonsten nicht belegt, da ihre Funktion selbstverständlich war. Da offenbar eine solche Lücke für den Emmer und den ZI.AŠ nicht eingetreten war, sind bezüglich dieser Waren keine Ausweichlager belegbar. Offen bleibt die Frage, welche Funktion Irra-Imitti sonst spielte. Es läge nahe anzunehmen, daß er auch sonst die Geschäfte der Palastwirtschaft führt

---

[1041] GAG §66b, vgl. zu *i-na li-ib-bu er-ṣe-tim* "im Inneren der Erde" (Gilg. M I 11) W.R. Mayer, Or 64, 180.

[1042] AHw 380b, *sub* II 1.

[1043] So wohl die korrekte Übersetzung des Logogramms, im Gegensatz zu "storage jar" (G. Giacumakis, 91 *sub našpaku*). Vgl. auch E. Laroche, GLH, 137, *sub karubi* und RS voc. II 9, sowie die Wörterbücher (CAD I 258f und AHw 397b) *sub išpiku*. Die Vermutung E. Laroches, es könnte sich um ein Derivat von heth. É *karubaḫi* handeln, mag hier auf sich beruhen, denkbar ist immerhin, daß beide Sprachen Lehnwörter aus akkad. *karû* "Getreidehaufen, -speicher" gebildet haben, vgl. A. Draffkorn, Hurrians, 177.

und hier sozusagen aus seiner Privatschatulle Gerste vorschießt, doch läßt sich dies nur vermuten.

2.20.1. Text 20,19: **10 *A-ra-am-ma-ra***

Der Name ist im Textkorpus etwa fünfmal belegt [1044]:

21.01,31: *A-ra-am-ma-ra* DI.KUD

Dieser Beleg ist der einzige außerhalb der Lieferlisten. Ohnedies dürfte der Namensträger eher nach Aleppo gehören als nach Alalaḫ. Er kann hier also auch wegen der abweichenden Berufsangabe unberücksichtigt bleiben.

20,19: 10 *A-ra-am-ma-ra*
20,25: [5] ⌜A⌝*-ra-am-ma-ra* LÚ.SIMUG
29,1f: 1 *me* 30 *pa-ri-s*[*i* ŠE] *a-na A-r*[*a-am-ma-ra*]?
67,3: 10 *a-na A-*⌜*ra*⌝*-am-ma-ra*
67,8f: 5 *pa-ri-si* ZÍZ *a-na A-ra-am-ma-ra*

Textanmerkungen:
20,25: Die Ausgabemenge muß ergänzt werden, was durch die Unsicherheit in Z. 26 erschwert wird. Halten wir uns an die Summe in Z. 32, so wäre 1 *pa* zu ergänzen; die Analogie zu Text 67 fordert indessen 5 *pa*, so daß die Summe als 55 *pa* zu lesen ist.
29,1f: Die Ergänzung ist arbiträr. Wegen der ausgebenen Menge dürfte die Person ohnedies nichts mit dem Schmied zu tun haben.

Die anderen vier Belege gehören untrennbar zusammen. Arammara ist Schmied. Er erhält Gerste und Emmer im Verhältnis 2:1 [1045]. Wir stellen ferner fest, daß Arammara in zwei Monaten vorkommt, die durch einen Monat getrennt sind. LÚ.SIMUG kommt außerhalb dieser Texte [1046] vor in

21,7: 10 GÌR LÚ.SIMUG URUDU (ZÍZ)
21,12: 1 GÌR LÚ.SIMUG

[1044] Der in Text 31.13 belegte Aramma und der Arammu aus Text 31.02 dürften mit Arammara nichts zu tun haben, wenngleich gerade der erste im Palast des Ammitaqum als Pfandhäftling dient. Allerdings dürfte er unter die Weber zu rechnen sein (Vf., UF 24, 457).

[1045] Vgl. zu diesem Verhältnis den Amarikke (Text 58) oder auch den Burra (Text 19/Text 54).

[1046] Wir sehen ab von Text 22.11,4, da hier die Lesung SIMUG nicht eindeutig ist und außerdem die Angabe lediglich die Berufsangabe des Ehemannes der handelnden Frau ist. Wenn SIMUG zu lesen ist, dann gehören Schmiede und ihre Ehefrauen nicht unbedingt zur Unterschicht, sondern können über nicht unerheblichen Landbesitz verfügen.

22,9: 3 *pa* ŠE *Mu-k[a* x x] LÚ.SIMUG
54,12: 5 GÌR LÚ.SIMUG *ša A-mu-ur-ri-im* (ŠE)
65,1f: 20 *pa-ri-si* ŠE.A.AM *a-na* LÚ.SIMUG *ša* MAR.TU.KI
69,7: [1]/2 *pa* GÚ.TUR.TUR GÌR *E-ṭe$_4$-er-ma-lik* (Hülsenfrüchte)
69,10: 1 *E-ṭe$_4$-er-ma-lik* LÚ.SIMUG (Salz)

Aus 54,12 und 65,1f entnehmen wir, daß der Schmied wohl von auswärts stammt (*ša Amurrim)*. Da der Schmied stets doppelt belegt ist, steht zu vermuten, daß seine Gerstenlieferung unter die Lieferung an die LÚ.MEŠ.URU.*A-ma-me* zu subsumieren ist, was dann bedeuten würde, daß Amame, das nicht lokalisierbar ist, im Land Amurru oder an der Grenze dazu liegen müßte.
Auch in Text 69 könnte eine Lieferung an eine auswärtige Person zu denken sein [1047]. Der Kupferschmied in Text 21 entspricht wiederum nach Monat und Ausgabeverhältnis dem MAR.TU-Schmied von Text 65 und ist zweifelsohne mit diesem gleichzusetzen. Da die beiden Texte in die Versorgungslücke von Arammara zu datieren sind und Text 54 genau einen Monat früher liegt, ist folgendes anzunehmen: Arammara, der Schmied, ist mit dem Kupferschmied [1048] identisch und nur während dieser vier Monate in Alalaḫ präsent [1049]. Die beiden anderen Belege für einen Schmied stammen aus Text 69 und gehören damit ebenfalls in die in Frage stehende Zeit. Da Eṭermalik als Schmied nur hier belegt ist [1050], legt sich folgende Annahme nahe: Der Schmied/die Schmiede halten sich nicht das ganze Jahr in Alalaḫ auf, sondern sie stammen von auswärts (vermutlich aus der Stadt Amame in/bei Amurru) und sind folglich nur eine begrenzte Zeit vom Palast angestellt. Aller Wahrscheinlichkeit nach handelt es sich um Wanderarbeiter, die ihr Auskommen an verschiedenen Orten suchen. Eṭermalik ist dabei als Kollege oder Mitarbeiter des Arammara anzusehen. Dies erklärt, weshalb er in Text 69 keine der üblichen Waren, sondern Salz und Hülsenfrüchte erhält: Es gehörte innerhalb der Schmiedegruppe zu seinen Aufgaben, diese Nahrungsmittel zu verwalten. Da Text 69 der späteste Text ist, in dem Schmiede vorkommen, ist vielleicht anzunehmen, daß bei der Auflösung des Arbeitsverhältnisses an einem Ort der bisherige Arbeitgeber für die Auffüllung der Lebensmittelbestände zu sorgen hatte. In jedem Fall treten die Schmiede offenbar nicht als Einzelpersonen auf, sondern

---

[1047] Die Texte 22 und 69 entstammen wohl demselben Monat. Daher entsteht durch die Angabe in 22,9: 3 *pa* ŠE *Mu-k[a* x LÚ.SIMUG kein weiteres Problem: Er dürfte dem in Text 22 belegten Schmied Eṭermalik zuzuordnen sein.

[1048] Zu den Belegen für Kupferschmiede vgl. AHw 739b *sub nappaḫu* und 929f *sub qurqurrum.*

[1049] Bei dem einen *pa*, das der Schmied in 21,12 zusätzlich erhält, dürfte seine persönliche Versorgung im Blick sein.

[1050] 24,39 dürfte der Eṭarmalik LÚ.NAR gemeint sein, siehe dazu oben.

als eine wohlorganisierte Gruppe [1051]. Anderenfalls wäre wohl auch die recht hohe Ausgabemenge an Arammara schwer erklärbar.

2.21. Text 21,16-23 (Al T 247)

Dieser Normblock ist vergleichsweise kurz, was damit zusammenhängen könnte, daß aus demselben Monat neun weitere Tafeln vorliegen, so daß manche Gerstenlieferung, die sonst vielleicht im Normblock notiert worden wäre, in andere Zusammenhänge gestellt werden konnte. Dem entspricht die Beobachtung, daß wir sämtliche Einträge schon früher verhandelt hatten. Daher ist anzunehmen, daß hier lediglich das in diesem Monat Normtypischste mit größtmöglicher Knappheit festgehalten wurde [1052]. Umgekehrt sind mit Ausnahme der Zirri die meisten normtypischen Elemente vorhanden [1053]. Wir haben daher nur die Tafel allgemein zu beschreiben.
Dabei ist festzuhalten, daß die Tafel alle drei Waren nennt. Diese treten in derselben Reihenfolge auf wie in Text 10: ZÍZ-ŠE-ZI.AŠ, wobei allerdings auffällt, daß hier nur Kunnate und der LÚ.KUŠ$_7$ MAR.TU mehrfach belegt sind [1054]. Eine Summe wird nicht geboten.

2.22. Text 22,1-13 (Al T 261)

Auch dieser Normblock ist vergleichsweise kurz, was wiederum daran liegen könnte, daß aus dem Monat mehrere weitere Tafeln vorliegen. An der äußeren Form der Tafel fällt auf, daß nicht die Form der Tabelle benutzt wird, sondern *pa* ŠE im Normblock, ab Z. 14 wenigstens die jeweilige Ware ständig wiederholt wird. Der Schreiber (oder sein Diktierer) arbeiten also hier nicht besonders konventionell. Dem entspricht, daß in 22,1 statt dem gewohnten *a-na*/ŠE.BA MÍ.MEŠ oder vergleichbar eine andere Formulierung steht, nämlich das bedeutsame *i-na* É.GAL [1055], das für unsere Deutung der MÍ.MEŠ als "Frauen des Gesindes" ein wichtiges Argument war. Ferner erinnern wir daran, daß Addu in diesem Text durch Enni ersetzt ist.
Alle drei Waren sind in diesem Text belegt, jedoch sind nur die ZÍZ- und ZI.AŠ-Blöcke von ihren jeweiligen Summen durch Striche abgegrenzt. Zwischen dem Normblock und der dazugehörigen Summe fehlt der Strich ebenso wie nach

---

[1051] Daher können sie in Text 54 auch unter der Herkunft subsumiert werden, wobei allerdings die LÙ.MEŠ.URU*Amame*.KI sicher noch aus weiteren Personen bestanden haben dürften.

[1052] Von den sieben Einträgen finden sich fünf unter Text 1 wieder.

[1053] Diese Konformität mit dem zu Erwartenden darf andererseits aber nicht überbewertet werden, da der Text und das von uns gewählte "Urbild" Text 1 nur um zwei Monate voneinander getrennt sind.

[1054] Die Nennungen des LÚ.BUR.GUL (Z. 6.11) und des Schmiedes (Z. 7.13) fallen in diesem Zusammenhang aus der Betrachtung, da sie in beiden Fällen ZÍZ erhalten, und zwar jeweils 10 *pa* als Funktionsträger und 1 *pa* für ihre private Versorgung.

[1055] Vgl. auch 45,13.

dieser Summe, abschließende Striche finden sich demgegenüber am Ende des unteren Randes und zum Schluß der gesamten Tafel. Ohne weitere Bedeutung ist offensichtlich auch die Unterstreichung des ŠÀ in Z. 4.
Die Summen für ZÍZ und ZI.AŠ stimmen präzise, die des Normblockes ist um 1 *pa* zu niedrig.

2.22.1. Text 22,12: 1 ⌜*pa* ŠE⌝ LÚ.TUR URU.*Mu-ra-ri*

Auch hier dürfte mit LÚ.TUR ein auswärtiger Untergebener gemeint sein. Die Stadt Murar ist ebenfalls gut belegt. Wir bieten zunächst die Belege für LÚ.TUR [1056]:

Außerhalb der Getreidelieferlisten:

10.03,4.9.10: Es geht um den LÚ.TUR *Na-ak-ku-še* [1057]. In jedem Fall handelt es sich um eine auswärtige Person [1058], da Z. 1-3 lauten:
^{m}*Ja-ri-im-li-im* ⌜LUGAL⌝ KI LÚ-*lim a-ḫi-im ni-iš* ^{d}IM *ù* ^{d}IŠDAR *i-pu-uš-ma.*

"Jarim-Lim, der König, hat mit einem fremden Mann/Fürsten einen Eid bei Addu und Ištar geleistet". [1059]

42.06,7f:	1 GÍN GÌR *Na-aḫ-mi-*^{d}*Da-gan a-na* LÚ.TUR *ša* TAḪ *a-na* MÍ.EN *ub-lu*
42.06,13f:	3 GÍN GÌR LÚ.TUR LUGAL *ša* TAḪ *ú-še-lu-ú*
42.06,17f:	*Su-ba-ḫa-li a-na* LÚ.TUR URU.*Nu-ra-an-ti*.KI
43.09,8:	4 GÍN LÚ.TUR LÚ.URU.*A-pi-šal*.KI
43.09,20:	1 GÍN LÚ.TUR UGULA AGA.UŠ *ša* ANŠE.ḪI.A *ú-še-lu-ú*

[1056] Die Belege für bloßes TUR = DUMU werden hier nicht gegeben, da es den Rahmen dieser Arbeit sprengen würde, in allen Fällen zu erörtern, ob jeweils "Sohn" oder "Untergebener" gemeint ist. In vielen Fällen erfolgte diese Analyse auch bei der Namensangabe. Die Lesung von LÚ.TUR als *ṣuḫāru* hatten wir oben schon festgestellt, zur Rolle dieser Untergebenen in Māri z.B. J. McDonald, JAOS 96; A. Finet, CRRAI 18.

[1057] Vgl. zum Gesamten des Textes B. Janowski/G. Wilhelm, OBO 129 und M. Dietrich/O. Loretz, UF 25.

[1058] M. Dietrich und O. Loretz wenden sich allerdings (a.a.O., Anm. 78 mit Literatur) gegen die Annahme eines Personennamens. Vgl. auch G.G.W. Müller, Mes 21, 235f deutet das Lexem als "unter dem Aspekt der bedingten Freilassung 'abgestellt (für einen Dienst, d.h. aus einem anderen Einflußbereich entlassen'". Beachte indessen, daß das Lexem in 36,12 und 46,12 ohne LÚ steht, aber mit einer Berufsangabe qualifiziert ist, so daß es sich hier wohl um einen Personennamen handelt. Für die nachfolgende Argumentation ist die Frage unwesentlich.

[1059] Die Übersetzung bei M. Dietrich/O. Loretz, UF 25, 111.

In den Getreidelieferlisten [1060]:

2,25: 1 *ši-im* MUŠEN.ḪI.A TUR LÚ.ZAG.ḪA (ZÍZ)
6,5: 10 *Ši-nu-ra-pí* TUR *Ir-pa-*ᵈIM (ZÍZ)
6,25: 1 *ṣu-ḫa-ar qa-ti ša Ku-un-na-te* (ŠE)
7,5: [x+1] TUR *ša qa-ti Ku-un-na-te* (ŠE)
10,35: 1 *me-at* GÌR TUR *Ku-un-ba-aḫ-li* (ZI.AŠ)
16,8: 1 LÚ.TUR *A*[*m-mu-ri*.KI] (interlinear: LU.K[UŠ$_7$$^{??}$ (ŠE)
21,20: 10 ŠE.BA LÚ.ÁZLAG *qa-du* TUR.MEŠ-*šu* (ŠE)
22,12: 1 ⌜*pa* ŠE⌝ LÚ.TUR URU.*Mu-ra-ri*
24,9: 1 *a-na* TUR *ša Ku-un-na-te* (ŠE)
33,3: A]NŠE.KUR.RA *a-na* TU[R
35,4: 10 GÌR *A-bi-ṭa-ba* TUR *Qa-an-a-du* (ZÍZ)
36,13: 10 GÌR *A-bi-ṭa-ba* T[UR *Qa-an-a-du* (ZI.AŠ)
46,15: LÚ.TUR LÚ.URU.*Bi-ti-in*.KI (10 ZÍZ)
48,11: x *pa a-na* TUR LÚ.GIŠ.GIGIR (ŠE)
55,5: 3 *pa a-na* LÚ.TUR *A-mu-ur-ri* (ŠE)
55,10: 1 *pa a-na* LÚ.TUR *A-mu-ri* (ZI.AŠ)
69,18: 4 *A-bi-ṭa-ba* TUR *Qa-an-a-du* (ZÍZ)
78,7f: 5 ŠÀ.GAL ANŠE.KUR.RA TUR *ša* MAR.TU.KI (ŠE)

In vielen Fällen ist also bei LÚ.TUR eine auswärtige Ortsbezeichnung angegeben. In weiteren Belegen ist der LÚ.TUR einer weiteren Person zugeordnet (LÚ.ÁZLAG, LÚ.ZAG.ḪA, UGULA AGA.UŠ, Kunnate, Kunbaḫli, Qan-Addu, Irpa-Addu, LUGAL), wobei wir für eine Vielzahl der Fälle ebenfalls auswärtige Herkunft oder wenigstens Stationierung im Militär außerhalb von Alalaḫ erhoben hatten. Weitere dreimal ist die Person mit Transport- bzw. Botenaufgaben befaßt [1061]. Es handelt sich in solchen Fällen aller Wahrscheinlichkeit nach nicht um einen gewöhnlichen oder nachgeordneten Knecht, sondern eben um eine Person, die "im Auftrag" handelt. Dabei muß die betreffende Person wie ihre Tiere versorgt werden. Dies bedeutet bei auswärtigen Personen in jedem Fall, daß der entsprechende Beauftragte nur kurzfristig in der Stadt anwesend ist. [1062]

[1060] Die meisten der nachfolgenden Belege wurden weiter oben schon im jeweiligen Kontext ihrer Bezugspersonen oder Herkunftsorte interpretiert, worauf jetzt nicht mehr einzeln hingewiesen wird.

[1061] Verben: *wabālu, elû* IV Š.

[1062] Bzw.—aber das kommt auf dasselbe hinaus—als Untergebener des Königs mit Aufträgen nach auswärts betraut ist: Vermutlich wurden diese Personen an ihrem Aufenthaltsort von der dortigen Verwaltung versorgt. Texte sind uns leider nicht erhalten.

Nun wollen wir uns der Stadt Murar zuwenden [1063]:

10.02,17.28: Teil des Ortstausches: Jarimlim bekommt Ersatz für Irride
43.02; 43.03: Öllieferungen aus Murar [1064]
30.12: eine Verschuldung in Öl
51.05,6: Aktenvermerk: Unregelmäßigkeit in einem Ölhain in Murar.

In den Lieferlisten ist der Ort ebenfalls mehrfach erwähnt:

5,29: 5 *pa-ri-si ki-ša-nu* ŠÀ.GAL ANŠE.KUR.RA *i-na* URU.*Mu-ra-ar*
22,12: 1 ⸢*pa* ŠE⸣ LÚ.TUR URU.*Mu-ra-ri*
35,47: 10 GÌR *Pu-ú-ia a-na* LÚ.MEŠ.*Mu-ra-ri*.KI

Fassen wir zusammen: Murar ist ein Ort, der zwischen Alalaḫ und Ugarit liegt. Als wegen der Revolte in Irride eine Neuordnung der Interessensphäre von Aleppo erforderlich wurde, wird der Ort dem Jarimlim zugewiesen und gehört in der Folge nach Alalaḫ. Da offenbar in Murar ein Zentrum der Ölproduktion liegt, können wir sagen, daß Jarimlim ein wirtschaftlich außerordentlich lebensfähiges Territorium erhält, da er nicht nur dieses Produktionszentrum unter seine Kontrolle bekommt, sondern mit der Stadt Emar auch über einen Zugang zum Euphrat verfügt. Auch hier dürfen wir also vermuten, daß Menschen, die aus Murar nach Alalaḫ kommen, dies in erster Linie aus Handelsgründen tun. Dann sind sie aber an den Palast verwiesen, der sie auch versorgen muß. Die Wichtigkeit des Ölhandels [1065] läßt sich entnehmen vor allem aus den Mengen Öl, die von Murar aus nach Alalaḫ verbracht werden (43.02 und 43.03), sowie daran, daß Öl in Murar fast als Substitut für Silber bezeichnet werden kann (30.12). Die beiden Texte 43.02 und 43.03 sind also gegen E. Gaál nur insoweit mit Text 51.05 in Verbindung zu bringen, als hier die immense Bedeutung des Handels zwischen beiden Orten deutlich wird. Wenn eine direkte Beziehung dieser Texte zu anderen Texten im Korpus bestehen sollte, dann zu den Lieferlisten, die sozusagen das Reziprok zu den Verbuchungen darstellen: Die Leute aus Murar bringen Öl nach Alalaḫ und nehmen Versorgungsgüter in Empfang. Die Bedeutung, die Murar in Alalaḫ zugemessen wurde, zeigt auch die Tatsache, daß Unregelmäßigkeiten in Murar in Alalaḫ nicht nur zur Kenntnis genommen, sondern offenbar sogar dort abgestraft wurden. Wenn man nicht soweit gehen

---

[1063] Vf., UF 30, 840f., Nr. 17. Vgl. zum Ort, seiner Lage und Geschichte E.Gaál, AcAnt 30, 26f; M.C. Astour, FS Gordon (1980), 5 (der den ON von akk. *murāru* "bitter lettuce" ableiten möchte) und W. Röllig, Art. Mirar/Murar, RlA 8, 220.

[1064] E.Gaál, AcAnt 30, 27: "The tablets *320, *321, *322 are strictly connected to the tablet *120". Er meint mit 322 unsere Nummer 30.12 (Al T 322a) und übersieht dabei die formalen Differenzen der genannten Texte: 320 und 321 sind Verbuchungslisten Verbaltyp, Text 30.12 aber ein Schuldschein (vgl. Vf., UF 23, v.a 429-431).

[1065] Vgl. zu einer Parallele in Juda die Stadt Ekron: W. Zwickel, UF 26.

will, kann man konstatieren, daß die Angelegenheit in Murar dem Palast so wichtig war, daß darüber ein Aktenvermerk erstellt wurde. [1066]

2.23. Text 23,1-21 (unveröffentlicht)

Für eine unveröffentlichte Tafel ist Text 23—abgesehen von einem Bruch in der Mitte, der auf der Vorderseite den linken Teil einiger Zeilen unleserlich macht—relativ gut erhalten. Glücklicherweise sind wir in der Mehrheit der Fälle in der Lage, den Empfänger zu rekonstruieren, wenngleich die Zahlen verloren sind. Dies wirkt sich bei Z. 9f besonders gravierend aus, da wir hierdurch nicht mehr sicher angeben können, ob Addu in irgendeiner Weise mit dem Festtag zu tun hat. Aufgrund des Fehlens der Zahlenangaben läßt sich die Summe nicht überprüfen [1067].

Die Tafel ist im wesentlichen tabellarisch geschrieben, die Waren sind nur zwischen Z. 33 und 34 durch einen Strich getrennt. Ein weiterer Strich findet sich vor der Summe des Normblocks (nach Z. 19). Diese ist auf den unteren Rand geschrieben, der zugehörige Monat erst auf die Rückseite.

2.23.1 Text 23,15: **2 *Su-ri-im***

Es handelt sich um einen (vollständigen?) Personennamen, der nur hier belegt ist, so daß wir keine weiteren Angaben machen können. Auch die Betrachtung des Kontextes hilft nicht weiter. Die einzige Vermutung, die allerdings auch nicht weiter belegt werden kann, wäre die, daß Surim mit dem Besuch der Timunna oder des "Mannes aus Tunip" zu tun hat. Für ersteres könnte sprechen, daß er direkt hinter Pazage steht und daß Timunna bei diesem Besuch bekanntlich nur zwei Monate in Alalaḫ anwesend ist.

2.23.2 Text 23,16: **2 *Ku-un-di-b[a-aḫ-li***

Da die Ergänzung unsicher ist, ist die Gleichsetzung mit Kun-Baḫli aus 10,35 schwierig. Dieser ist uns nur durch seinen Knecht bekannt, der 100 *pa* ZI.AŠ entgegennimmt, ohne daß wir erfahren, wofür. Es bleibt zu fragen, ob er mit dem "Mann aus Tunip" zusammenhängt. In beiden Fällen läßt sich auswärtige Herkunft wahrscheinlich machen: In 10,35 ist dies aufgrund der hohen Menge und des Vorhandenseins eines LÚ.TUR ziemlich sicher. [1068].

[1066] Man könnte auch den Naḫmi-^{d}Dagan LÚ.QA.DUḪ.A (51.05,1) mit dem Naḫmi-Dagan LÚ.QA.ŠU.DUḪ (46,1) gleichsetzen. Dann wäre der in Frage stehende Verwalter in Murar sogar ein direkter Untergebener des Palastes von Alalaḫ—entweder seit jeher gewesen oder strafweise geworden. Die Häufigkeit des Namens widerrät dem allerdings.

[1067] Eine Erwägung darüber und evtl. Konsequenzen in der Textanmerkung zu 23,13 oben S. 454.

[1068] Die Verwendung des theophoren Elementes *-baḫli*, das sicherlich mit westsemitisch *b*ᶜ *l* zusammenhängt, ist für Alalaḫ und den Aleppiner Raum eher untypisch. Die Geschichte der Bᶜl-Verehrung in "vorugaritischer" Zeit ist noch wenig erforscht, vgl. G. Pettinato, FS Gordon (1980), 203-209; W. Herrmann, DDD^2, 132f; zum Vorkommen des Gottesnamens in Ebla F. Pomponio/P. Xella, AOAT 245, 358 u.ö.; V. Haas, HdO I/15,

2.24. *Text 24,1-25 (Al T 238)*

Die Tafel weist einige Besonderheiten auf, wie schon daran deutlich wird, daß es sich hier mit insgesamt 26 Zeilen um den längsten aller Normblöcke handelt. Die Erwähnung der Frauen in Z. 12-16 hatten wir oben schon sachlich durch den Besuch der Timunna begründet. Für den Wandiya in Z. 18 hatten wir oben aufgrund von 34,13f wahrscheinlich gemacht, daß er in den Zusammenhang eines Besuchs aus Tadandi gehören könnte.
Eine Summe und ein Abschnitt fehlen. Der Normblock endet offensichtlich mit dem Eintrag *ṭup-pí* ITI *Ú-ti-it-ḫi* 50 ZÌ *ša* ZÍZ *a-na* KASKAL LUGAL [1069]. Dieser Eintrag bietet offenbar einen Einschub, der seinerseits nur aus diesem einen Eintrag besteht, da mit Z. 29 ein ŠE.BA LUGAL-Block beginnt, den wir in den Monat Aštabi datiert hatten. Diese Datierung dürfte für die ganze Tafel gelten, so daß Z. 1-25 den Normblock darstellt und Z. 26f einen Nachtrag bietet, der sich auf den Feldzug bezieht, den auch die Texte 73 und 74 nennen, die ebenfalls in den Monat Utitḫi datiert sind, aber andere Waren aufführen.

2.24.1. Text 24,16: *⸢Tu?-tu-ma?-ra*

Dieser Eintrag ist nicht ganz sicher, da weder Kopie noch Photo eine eindeutige Lesung zulassen. Deutlich ist lediglich das MÍ-Zeichen am Beginn der Zeile, das zu den Zeilen vorher paßt. Die nachfolgende Zeichenkombination ist wohl als TU zu lesen, wenngleich Sicherheit nicht zu gewinnen ist: Es könnte sich auch um einen Glossenkeil handeln, wobei allerdings nicht klar ist, wieso ausgerechnet hier das MÍ-Zeichen glossiert sein sollte. Ein DAM-Zeichen stimmt nicht so gut zu den erhaltenen Zeichenresten, auch würde man nach Analogie der Charakterisierung anderer Ehefrauen eher ein hurrit. *-e* als Endung erwarten. Der Name ist nicht weiter belegt, so daß wir es hier ebenfalls mit einer Auswärtigen zu tun haben könnten, ohne daß jedoch deutlich würde, was deren Funktion in Alalaḫ gewesen sein könnte.

2.24.2. Text 24,19: **10 MÍ.UŠ.BAR.*ka-aš-ši***

24,20: 10 MÍ.UŠ.BAR.*ka-aš-ši* (ŠE)
24,33: 10 MÍ.UŠ.BAR *ka-aš-še-em* (ZÍZ)
57,9: 10 *a-na* MÍ.*ka-aš-šu-ú* (ZÍZ)
64,14: [10] MÍ.MEŠ.*ka-aš-šu-ú* (ŠE?)
65,3: 10 Mí.*ka*-[*aš*]-⸢*šu*⸣-[*ú*] (ŠE)
71,3: 10 MÍ.*ka-aš-ši-i-tum* (ZÍZ)

---

99 möchte den ugarit. Bʿl-Zyklus "weit früher (sc. als die erhaltenen Textzeugen)—jedenfalls noch vor der hurritischen Einflußnahme im Westen Syriens im 16. Jahrhundert" ansetzen. Vgl. zum Wettergott von Aleppo in Ugarit J. Tropper/J.-P. Vita, AoF 26.

[1069] Zu *ṭuppi* "etwa 'im Endzeitraum von, während'" siehe AHw 1394b und die älteren Erwägungen bei E.F. Weidner, AfO 15, 85-87.

Textanmerkung:
64,14: Die Ergänzung "10" beruht darauf, daß die belegte Person (der belegte Personenkreis) stets 10 *pa* Getreide erhält. Die erste Hälfte der Zeile dürfte nicht hierher gehören.
65,3: Die Ergänzung paßt zu den Zeichenresten und zu 57,9; 64,14.

Es wird also kein Unterschied gemacht, ob es sich um eine Einzelperson handelt oder um einen Personenkreis. Dies dürfte—vergleichbar den Strickern—so zu deuten sein, daß eine Obfrau jeweils das Getreide für eine Personenmehrheit entgegennimmt.

In allen Fällen beträgt die Ausgabemenge 10 *pa* Getreide. Dabei handelt es sich vermutlich in je drei Fällen um Emmer und um Gerste, ein Fall von Gerste ist nicht sicher entscheidbar. Auffälligerweise liegen alle Belege in der zweiten Hälfte der durch Getreidelieferlisten abgedeckten Zeit und häufen sich in den Monaten Attana C, Aštabi/Niqali C (jeweils drei Belege). Die Schreibung *ka-aš-šu-ú* in Text 57 und 64 erweckt natürlich den Verdacht, daß es sich um eine Nisbenbildung zum Adjektiv "kassitisch" handeln könnte, doch sollte diese doch *kaššītu* (71,3) lauten. Indessen macht die Nominativ-Endung deutlich, daß es sich ungeachtet der maskulinen Form um ein Attribut zu der Person handeln muß.
Damit wird auch die Deutung M. Tsevats [1070] "ten weavers of the Sheikh" ausgeschlossen. B. Landsberger [1071] verweist auf kassitsche Saisonarbeiter, die in aB Texten [1072] aus der Zeit Ammiṣaduqas in Sippar belegt sind. Doch handelt es sich hier um Ausnahmefälle, die zudem das Problem aufwerfen, wie solche Kassiten hier in Nordsyrien historisch einzuordnen wären.
Eine Durchsicht der in Frage kommenden Wörter [1073] läßt u.U. einen Bezug auf die Wurzel *kašāšu* I "in die Gewalt bekommen" [1074] zu, von der in Ugarit immerhin das Partizip *kāšišu* "Schuldherr" belegt ist. Dabei wäre allerdings hier die Wortbildung schwer erklärbar und vor allen Dingen die offenbare Längung des letzten Vokals hinterfragbar. Wir rekurrieren daher wohl am besten auf die Wurzel *KS/Š* ʾ [1075]. Diese ist in der Bedeutung "binden" immerhin belegt, so daß wir einen Bezug zum Beruf der Frau herstellen könnten, wenngleich dieser nicht besonders deutlich ist. Als Übersetzung wäre dann zu erwägen, ob es sich um eine besondere Lesung des Logogramms MÍ.UŠ.BAR handelt. Wir könnten dann behaupten, daß die feminine Form von *māḫiṣu* eben das *kaššû*

1070 M. Tsevat, HUCA 29, 120.
1071 B. Landsberger, JCS 8, 67.
1072 CT 6,23b,14f.
1073 AHw 906 *qaššim* "geweiht" kommt wohl nicht in Betracht.
1074 AHw 402a.
1075 *kasû* III - *kašû* I, vgl. AHw 455a bzw. 463.

wäre [1076] oder aber vermuten, daß es sich bei dieser Bezeichnung eher um einen besonderen Beruf handelt, der zwar mit Weberei und Wolle zu tun hat, aber gleichwohl nicht durch das gewöhnliche *māḫiṣu* abgedeckt wird, weil z.B. eine besondere Herstellungsart oder ein unbekanntes Endprodukt involviert sind. Diese Vermutung erlaubt dann den Bezug auf die westsemitisch gut belegte Wurzel *KSH* [1077], deren Derivate *kswy* und *kswt* in der Bedeutung "Decke" im Alten Testament an einigen Stellen belegt sind. Im akkadischen Wortschatz ist dieses *kusītum*-Gewand [1078] offenbar nicht eindeutig bestimmbar. Auffällig ist indessen, daß die Form *kuššatu* neben altakkadischen Belegen in einem heth. Text bezeugt ist. Dies könnte bedeuten, daß in Nordsyrien das "Gewand" genau definiert war und das Wort von den Hethitern übernommen wurde. Wir hätten dann in den so benannten Weberinnen Spezialistinnen zu sehen, die sich mit der Produktion dieses Textilerzeugnisses befaßten.

2.24.3. Text 24,23: **2 *a-na*** **KUR.*Ka*[!]*-al i-li-ku***

Dieses Land [1079] kommt nur hier vor. Wir können daher lediglich festhalten, daß Getreide nach außerhalb ausgegeben wird. Ein Zweck oder auch ein direkter Empfänger sind nicht genannt und für uns auch nicht eruierbar. Angesichts der geringen Menge ist denkbar, daß es sich um eine "Wegzehrung" für eine nicht besonders große Gruppe handelt, die eine Mission in einem nicht sehr weit entfernten Ort auszuführen hat [1080].

2.25. Text 25,7-13 (Al T 257)

Diese Tafel weist insgesamt einige Eigentümlichkeiten auf, die vorab dargelegt werden müssen. Zum einen ist hier der Normblock gemischt mit ZI.AŠ-Einträgen und mit solchen, die von einem "Feldlager" (*karāšu*) sprechen. Auffällig ist ferner die Angabe am Schluß der Tafel: *annûttim* ZI.GA *i-na* ŠÀ ŠE. Die Formulierung ist zu vergleichen mit *libbi ša* (26,14) sowie mit dem oben besprochenen *i-na li-ib-bu* ŠE.A.AM *ša Ìr-ra-i-mi-ti* (21,21f). *ina libbu* bezeichnet dabei den Ausgangspunkt, von dem die Transaktion ausging. Andererseits ist in Text 26 *libbi ša* eindeutig die Bezeichnung einer Lieferung, deren Gesichtspunkt *e latere recipientis* geschildert wird. Die genetivische Formulierung ohne Pronomen stellt dabei kein weiteres Problem dar, da dies in unseren Texten ständig

---

[1076] Dagegen spricht aber LÚ.*ka-aš-ši-i* (40.03,7), vgl. J.R. Kupper, BiOr 11, 119.

[1077] Vgl. HAL 464f.

[1078] AHw 514b (*kusītu*); 517a (*kuššatu*).

[1079] Gegen Vf., UF 30, 865f scheint mir nach nochmaliger Überprüfung des Photos das erste Zeichen nunmehr eher KA als RA zu sein. Darüber hinaus wäre es nur schwer denkbar, daß in einem Ortsnamen als Konsonanten nur die beiden Liquida /*r*/ und /*l*/ vorkommen.

[1080] Das "Land" ist nicht weiter lokalisierbar. Vielleicht handelt es sich lediglich um einen Bezirk o.ä.

vorkommt [1081]. Hier ist also *libbi ša* zu übersetzen mit "nach" [1082]. Gemeint ist also in beiden Fällen das punktuelle Verständnis einer Bewegung (der Gerstenlieferung) von A nach B, wobei im einen Fall die Bewegung auf ihren Ausgangspunkt, im anderen auf ihren Zielpunkt fokussiert wird. Das Wort *annûtim* gehört gattungskritisch betrachtet nicht hierher, sondern zu den *annûtum inūma*-Listen (Kategorie 44). Diese Abweichung auf der Ausdrucksseite entspricht der Beobachtung, daß eine Summe völlig fehlt. Sie ist wohl in dem Wort *annûtum* mitgedacht. Festzustellen ist noch, daß die auf das Feldlager bezogenen Angaben durch einen Strich vom Rest der Vorder- bzw. Rückseite deutlich abgetrennt sind. Dies berechtigt uns dazu, das enigmatische *up-pa-ni* [1083] (Z. 11) [1084] zu lesen als *ub-lu*$^{!}$*-ni* und *<ka-ra-šu>* zu ergänzen bzw. zu subintelligieren. Zuletzt ist noch zu bemerken, daß in der ersten Hälfte der Tafel der jeweilige Empfänger durch GÌR gekennzeichnet wird, auf der Rückseite jedoch durch *a-na*. Diese Tatsache bestätigt unsere Vermutung, daß beide Präpositionen einander gleichwertig sind. Der Wechsel könnte attrahiert worden sein durch die zielende Angabe *ana karāši*.

Im Normblock selbst ist auffällig, daß hier durch die präteritale Formulierung die jeweilige Ware als bereits ins Feldlager ausgegeben gekennzeichnet wird. Dabei handelt es sich dreimal um Gerste, einmal um ZI.AŠ. Zählt man alle Gersteneinträge zusammen, so erhält man ein Verhältnis von 45:15 = 3:1 [1085]. Die dreifache Nennung der Gerste ist wohl so zu verstehen, daß das Feldlager nicht auf einmal, sondern in drei Tranchen versorgt wurde. Hinter diesem "Feldlager" dürfte sich bereits ein erstes Anzeichen des Angriffs der Hethiter spiegeln, der letztlich zum Untergang der Stadt führte. Dem ist entgegenzuhalten, daß Feldzüge nicht in den Wintermonaten durchgeführt wuren [1086]. Es handelt sich daher auch in keinem Fall um einen Offensivfeldzug Alalaḫs oder Aleppos, zumal sich ein solcher wohl weitgehend aus Feindesland verproviantiert hätte. Möglich wäre es, an eine Art Manöver zu denken, doch

---

[1081] LÚ.MEŠ.*asīrī* usw.

[1082] Eine Übersetzung mit "Anteil" scheitert schon daran, daß diese Verwendung erst später belegt ist (AHw 550b *sub* C 2b).

[1083] D.J. Wiseman, JCS 13, 25.

[1084] Vgl. A. Draffkorn, Hurrians, 242f: "a place to which or purpose for which grain is distributed". Diese Formulierung macht die Unsicherheit deutlich, die bei der Deutung dieses Eintrags vorliegt.

[1085] Dies entspricht ungefähr dem, was wir als Regelverhältnis für Pferde erhoben hatten, zumal diese Tiere weder hier noch in den parallelen Texten 34 und 71 vorkommen.

[1086] Vgl. W. Mayer, ALASPM 9, 120. Aus hethitischer Sicht wird dies daran deutlich, daß Annalen oft so gegliedert sind, daß am Ende eines Jahres die Formulierung steht *nu I-NA* URU.ON *gimmantariyanun* ("und überwinterte in ON"). Der Bericht des Folgejahres beginnt dann *maḫḫanma ḫamešḫanza* ("als es Frühling geworden war"). Besonders deutliches Beispiel sind die ausführlichen Annalen des Muršiliš (KBo IV 4 Rs III 56||57).

muß dann deutlich gesagt werden, daß die so beschäftigten Männer bei der Aussaat und anderen landwirtschaftlichen Arbeiten gefehlt hätten. Es bleiben dann noch zwei weitere Möglichkeiten: Entweder handelt es sich um *corvée*-Arbeiten, die allerdings in Alalaḫ kaum belegbar sind [1087], oder aber—mir am wahrscheinlichsten—man nimmt an, daß hinter dieser auffälligen Devianz im Formular eine außergewöhnliche Situation in der Realität zu suchen ist. Dann liegt es in der Tat nahe, die hethitische Bedrohung als Folie dieser Einträge zu sehen. Vermutlich ist der Vorgang also so zu erklären, daß hier von Soldaten die Rede ist, die bereits jetzt auf den für das Frühjahr zu erwartenden hethitischen Feldzug vorbereitet wurden.

2.26. Text 26,1-19 (Al T 253)

Die Tafel ist hervorragend erhalten. Auch hier ist der Normblock vergleichsweise ausgedehnt; es begegnen zudem mehrere Ortsnamen. Nach dem Normblock folgt wieder ein ŠE.BA LUGAL Block, der hier allerdings nur aus zwei Einträgen besteht. Eine Summe für den Normblock fehlt.

2.26.1. Text 26,7: **36 ᶠ*Be-el-ti-ma-ti***

Hier erhält neben Pūze (Z. 4) eine weitere Frau 36 *pa*. Hier wäre also anzunehmen, daß die Bēlti-māti eine Jahreslieferung für drei Personen oder aber eine Lieferung auf drei Jahre hinaus entgegennimmt. Auch Bēlti-māti [1088] ist nur hier zu belegen, und insoweit mit der Pūze zu vergleichen, deren relativ kurze Belegdauer wir schon angesprochen und begründet hatten. Weshalb Bēlet-māti nun hinsichtlich ihrer Versorgung eine gesonderte Behandlung erfährt, entzieht sich unserer Kenntnis, da wir aus den Einzelbelegen keine weiteren Folgerungen ziehen dürfen: ***unus testis nullus testis est.***

2.26.2. Text 26,14: **1 ŠÀ-*bi ša* URU.*A-ke-e*.KI**

Über die Probleme der präpositionalen Konstruktion hatten wir bereits nachgedacht. Da der Ort Akē mehrfach belegt ist, läßt sich eine historische Rekonstruktion versuchen: Nach dem Testament 21.05 wurde er dem Ammitaqum vererbt. Wenn es sich in den beiden Ortskaufurkunden 22.03 und 22.04 [1089] um denselben Ort handelt, dann wurde dieser mehrfach hin und her transferiert. Ammitaqum hätte ihn zunächst an einen Dritten weitergegeben, dann zurückgekauft, dann an einen seiner Söhne weitergegeben und zuletzt von diesem zurückgekauft. Wahrscheinlicher ist indessen, daß mit Ammitaqum in 22.03,1 der Priester (22.04,15) gemeint ist. Dann ist anzunehmen, daß der König Ammitaqum den ererbten Ort an den Priester verkauft und später in zwei Tranchen von dessen Söhnen zurückerworben hätte. Da in 22.04,36 ein Bendili als Bür-

---

[1087] Lediglich die LÚ.MEŠ.*māsū* weisen auf die Existenz einer solchen Einrichtung hin.

[1088] Der Name ist auch als Gottesname belegt, vgl. C. Wilcke, RlA 5, 77, und entspricht also typologisch dem des Addu.

[1089] Vgl. B. Kienast, WO 11, 52-55.

germeister erwähnt ist, dürfte dieser entweder dem Ort Akē oder dem gleichzeitig verkauften Igandan zuzuordnen sein. Wir wissen nun nicht, welche Gründe Ammitaqum veranlaßten, Akē wieder an sich zu bringen. Vermutlich war der Priester inzwischen verstorben und hatte den Ort seinen beiden Söhnen vermacht. Die Gründe, aus denen der König den Ort an den Priester weitergegeben hatte, waren wohl mit dessen Tod ebenfalls hinfällig geworden, so daß der König nun im Wege des regulären Ortskaufs den Ort wieder an sich brachte. Hierfür waren offizielle Kaufakte vonnöten, wie sie in 22.03 und 22.04 vorliegen.
E. Gaál [1090] erklärt den gesamten Vorgang auf eine andere Weise: Es habe sich beim Erwerber um den Bruder des ursprünglichen Besitzers gehandelt. Da er selbst zugeben muß, daß ein *missing link* fehlt, "which might explain how returned Agē to the brother of the original owner", ist unsere Rekonstruktion wesentlich einfacher: Das *missing link* wurde aus dem Archiv entfernt, da es obsolet wurde, als Ammitaqum die Stadt zurückkaufte. Die Kaufbelege 22.03 und 22.04 waren hinreichend als Besitznachweis, um eventuelle Ansprüche der Priestersöhne zum Scheitern zu bringen. Die Besitzerwechsel der Zwischenzeit (vom König auf den Priester bzw. von diesem auf dessen Söhne) waren für einen eventuellen Rechtsstreit zwischen den Vorbesitzern und dem König irrelevant. Entscheidend war der Nachweis, daß Ammitaqum den Ort rechtmäßig erworben hatte und das Besitzrecht durch die Zahlung *realiter* auf ihn übergegangen war. Warum nun ausgerechnet dieser Ort eine Gerstenlieferung erhält, läßt sich allerdings nicht angeben.

2.27. Text 27,10-14 (unveröffentlicht)

Von diesem Normblock, der offensichtlich auf der Rückseite der Tafel steht, sind nur wenige Zeilen erhalten, und von diesen auch nur der rechte Teil der Einträge. Da die jeweiligen Reste zu normtypischen Einträgen gehören, sind sie bereits behandelt worden.

[1090] E. Gaál, AcAnt 30, 6. Beachte, daß E. Gaál das unveröffentlichte Testament noch nicht einbeziehen konnte.

VI) Zusammenfassung und Ausblick

Die vorstehenden Analysen und Interpretationen erbrachten verschiedene Ergebnisse, von denen die wichtigsten im folgenden noch einmal überblicksweise zusammenzustellen sind. Des weiteren sollen einige Forschungsschneisen angedeutet werden, für die die gewonnenen Resultate zukünftig fruchtbar sein könnten. Vollständigkeit ist dabei nicht angestrebt.

1. Überblick über die Ergebnisse

—Die Methode der form- und gattungskritischen Analyse erwies sich als hilfreich für unser Textkorpus, da sie es ermöglichte, das Textkorpus relativ präzise abzugrenzen und einen einheitlichen "Sitz im Leben" zu bestimmen. Dabei konnten wir auf verschiedenen interpretatorischen Leveln (Einzeleintrag, Block und Tafel) jeweils genaue Ergebnisse formulieren.

—Das Korpus der Alalaḫ VII-Texte insgesamt bedient sich eines relativ beschränkten Gattungsfundus'. Nur sehr wenige Texte fallen aus diesem Rahmengerüst heraus. Dies bedeutet umgekehrt, daß die schriftlichen Hinterlassenschaften nur einen eng begrenzten Realitätsausschnitt wiedergeben, der allerdings die jeweiligen realen (v.a. juristischen und wirtschaftlichen) Situationen überaus effektiv handhabt.

—Auf der historischen Ebene sind die Alalaḫ VII-Texte vor allem in chronologischer Hinsicht von Belang. Sie legen eine Chronologie nahe, die deutlich kürzer ist als die bislang vertretenen. Diese Chronologie erlaubt die widerspruchsfreie Interpretation nicht nur der syrischen Geschichte, sondern auch der historischen Zusammenhänge aus anderen Kulturräumen. Auch die innere Geschichte der Symmachie von Aleppo und der Stadt Alalaḫ wird in ihren wesentlichen Grundzügen deutlich.

—Das Korpus der Getreidelieferlisten spiegelt die monatlichen Ausgaben der Palastverwaltung in den letzten Monaten und Jahren der Schicht Alalaḫ VII wider. Wir gewinnen eine Momentaufnahme aus dieser Zeit, da sie uns Einblick geben sowohl in die regelmäßigen Vorgänge als auch in die Aspekte, die während dieser Zeit "außer der Reihe" vorfielen.

—Insbesondere konnten wir aufgrund der regelmäßigen Lieferungen an Gerste wichtige Einsichten gewinnen:

• Der Palast verfügt über ein Reservoir an männlichen und weiblichen Arbeitskräften, das jedoch nicht konstant ist, sondern je nach Bedarf eingesetzt wird. Das Institut der Pfandhaft (Pfandhäftling = *asīru*) spielt eine wichtige Rolle, da hierdurch mit geringem Aufwand sichergestellt werden kann, daß das erforderliche Personal stets vorhanden ist, aber umgekehrt keine überflüssigen Arbeitskräfte zu versorgen waren. Demgegenüber kommen gelegentlich gemietete Arbeitskräfte vor, die allerdings deutlich in den Hintergrund treten. Der strukturelle Unterschied zwischen diesen und dem eigentlichen Personal liegt offenbar darin, daß das Personal Rationen zur Versorgung enthält, die Mietarbeiter indessen entlohnt werden. Die "Fronarbeiter" kommen nur an wenigen Stellen vor, es wird sich kaum um ein wirtschaftlich bedeutsames Institut handeln.

• Die Einteilung der Arbeitskräfte im eigentlichen Palast erfolgt geschlechtsspezifisch: Frauen sind für Dienste im Haus, Männer eher für "Gartenarbeit" zuständig. Daher läßt sich bei letzteren eine jahreszeitliche Verteilung feststellen, die Anzahl der jeweils angestellten Frauen ist indessen in erster Linie abhängig von der Zahl der insgesamt zu einem gewissen Zeitpunkt im Palast selbst anwesenden Personen.

• Die Frauen sind weniger im produktiven Sektor beschäftigt als vielmehr in einem Bereich, den wir "Service" nennen würden. Dem entspricht, daß die Zahl der "Weber" mit denen der "Frauen vom Gesinde" korreliert, m.a.W. auch diese arbeiten nicht für einen Markt, sondern für die internen Bedürfnisse des Palastes.

• Weitere Berufsgruppen sind gelegentlich erwähnt, es fällt auf, daß vor allem spezialisierte Berufe wie Siegelschneider, Schmiede etc. offenbar nicht regelmäßig vom Palast versorgt werden. Hieraus wird zu folgern sein, daß sie ihr Gewerbe entweder privatwirtschaftlich ausübten oder aber nur zeitweise in Alalaḫ anwesend waren, wenn ihre Dienste dort nachgefragt wurden. Vermutlich bedeutet dies, daß der Schwerpunkt spezialisierten Gewerbes in Aleppo zu suchen ist. Dessen ungeachtet konnten wir im Einzelfall immer wieder zeigen, daß Versorgung und Entlohnung auch dieser Erwerbszweige genau geregelt waren und gewissen Strukturen folgten.

• Ein Hauptzweig der vom Palast kontrollierten Wirtschaft ist die Agrarproduktion. Wir konnten feststellen, daß hier drei genau voneinander getrennte Sektoren unterschieden wurden: Die Landwirtschaft in der unmittelbaren Umgebung des Palastes, die "Domänenwirtschaft" und die "Außenwirtschaft". Die drei Zweige unterscheiden sich bei den jeweils dort tätigen Berufsgruppen terminologisch; mit Kunnate, Addu und Nunikiyašu unterstehen sie je einem Hauptverantwortlichen. Der Ackerbau erfolgt im wesentlichen auf der Domäne, an Viehwirtschaft sind in den drei Sektoren vor allen Dingen Rinder und Pferde, am Rande auch Schweine, zu nennen. Esel kommen gelegentlich vor, sie sind aber nicht Teil der palastbezogenen Landwirtschaft, sondern eher auf das Königshaus im engeren Sinn und auf auswärtige Personen beschränkt. Schafe und Ziegen fehlen fast völlig, vielleicht wurden diese Tiere in Alalaḫ nicht durch den Palast bewirtschaftet, sondern jeweils kaufweise bezogen.

• Über diese Landwirtschaftszweige hinaus ist die Palastwirtschaft in der Vogelhaltung engagiert. Auch hier konnten wir den engeren Zweig der Wirtschaft am Palast selbst von einer Form der Außenwirtschaft unterscheiden. Die Vögel wurden sowohl in sakralen als auch profanen Zusammenhängen benötigt.

• Die wirtschaftliche Verflechtung zwischen Palast und Tempel scheint eher lose gewesen zu sein. Der Tempel und sein Personal treten in den Getreidelieferlisten nur dann in Erscheinung, wenn sie mit dem Palast zu tun haben. Dies dürfte bedeuten, daß der Tempel in ökonomischer Hinsicht autonom war und vermutlich seine Versorgung selbsttätig durchführte. Ob und in welcher Form eine Buchhaltung nach Analogie der Getreidelieferlisten im Tempel üblich war, wissen wir nicht. Kontaktpunkte zum Palast entstehen in der Regel an Feiertagen, die offenbar etwa vierteljährlich zelebriert wurden. Dann war der Palast offenbar gehalten, seinen Beitrag zur Durchführung des Festes zu leisten.

• Auch die Wirtschaft der Königin bzw. des königlichen "Harems" war scheinbar vom Palast autonom. Hier gilt analog das eben über den Tempel Gesagte: Der Harem und sein Personal kommen nur in den Getreidelieferlisten vor, wenn sie Aufgaben übernehmen, die sozusagen gesamtstaatlichen Nutzen haben. Diese Ausgaben werden dann vom Palast bestritten. Paradebeispiel sind die beiden Besuche der Timunna, die ihre Entourage mit "Pförtnern", Begleitdamen und "Eunuchen" mitbringt. Diese werden im "Harem" untergebracht, aber aus der Palastschatulle versorgt.
• Über den Handel haben wir hauptsächlich indirekte Informationen: Die Anwesenheit von Menschen aus Murar, Tunip und Emar dürfte mit Handelsverkehr zu tun haben. In einzelnen Fällen können wir auch Mutmaßungen über den Handelsgegenstand anstellen (Tunip: *kanaktu*-Öl), doch bleiben diese Informationen sporadisch. Dies gilt umso mehr, als sich nicht eindeutig feststellen läßt, in welchem Verhältnis das Handelswesen in Alalaḫ zu dem in Aleppo steht. Insbesondere gewinnt man den Eindruck, daß der Fernhandel wesentlich über Aleppo läuft.
• Angesichts der bedrohten Situation der Stadt am Ende ihrer Existenz nimmt es nicht Wunder, daß auch das Militärwesen eine bedeutsame Rolle spielt. Zu Beginn der in Frage stehenden Zeit erhalten wir gelegentliche Einblicke in die militärischen Belange, die allerdings nicht direkt erfolgen: Zumeist handelt es sich um Soldaten und Offiziere, die mit ihren Pferden gelegentlich am Palast anwesend sind und dann von dort versorgt werden. Dies ändert sich indessen in den letzten Monaten der belegten Zeit: Die gesamte Wirtschaftsordnung gerät sichtlich in Auflösung, das Feldlager gewinnt an Bedeutung. Offenbar wird sozusagen der Regelbetrieb der Palastwirtschaft auf Kriegswirtschaft umgestellt.

2. Ausblick

Die zukünftige Weiterarbeit mit den Ergebnissen aus den Getreidelieferlisten von Alalaḫ könnte in verschiedene Richtungen erfolgen. Zunächst könnte auf der formalen Ebene gefragt werden, wo die Gattung der Getreidelieferlisten außerhalb der Schicht Alalaḫ VII belegt ist. Es wären solche Paralleltexte daraufhin zu befragen, wo auf der Ausdrucksseite die formalen Analogien und Differenzen zu unseren Getreidelieferlisten vorliegen. Eine zweite Fragerichtung müßte dann erheben, ob ein ebenso kohärentes System wie in Alalaḫ erhebbar ist [1]. Da in dem zeitlich näher liegenden Māri zwar Texte vorhanden sind, die u.U. als Getreidelieferlisten ansprechbar sind [2], diese sich aber bislang noch nicht in der Weise systematisieren ließen, wie dies in der vorliegenden Arbeit erfolgte, könnten Seitenblicke nach Ebla [3] und Tell Beydar [4] lohnend sein [5].

---

[1] Die Wirtschaftstexte aus der Ur III-Zeit wären dabei ebenfalls mit in die Diskussion einzubeziehen, wenngleich hier wohl eine andere Traditionslinie vorliegen dürfte und eine Vielzahl davon noch unveröffentlicht ist.

[2] Z.B. ARM XXI,151-188; ARM XXIII,57.

[3] Vgl. die Arbeiten von L. Milano, ASJ 9; ders., SEL 12.

Beide Textkorpora lassen m.E. die Beobachtung zu, daß im nordsyrischen Bereich eine "Palastwirtschaft" nach Art der im Palast von Alalaḫ vorfindlichen schon voraltbabylonisch belegbar ist, so daß hier nach dem formgeschichtlichen Vergleich auch ein wirtschaftsgeschichtlicher Vergleich herausarbeiten könnte, inwieweit die Phänomene der Schicht Alalaḫ VII traditionell sind und inwieweit sie eine Reaktion auf eine besondere historische Situation darstellen: Ursachen dieser Besonderheiten lassen sich z.B. darin sehen, daß wir es in Alalaḫ mit einem *Unter*zentrum zu tun haben [6]. Ferner könnte es sein, daß die Neuordnung der Region durch die Gründung der Stadt Alalaḫ auch in besonderer Weise ökonomische Folgen hatte. Möglich ist z.B., daß es den Fürsten von Alalaḫ gelang, die Wirtschaft stärker auf den Palast zu konzentrieren als dies anderswo der Fall war. Hierfür hätten sich z.B. die Möglichkeiten des Ortskaufs und der Pfandhaft geradezu angeboten.
Ferner wäre es eine interessante Frage, wie das so geartete System einer Palastwirtschaft in Nordsyrien entstanden ist. Ggfs. lassen sich aus den formalen und ökonomischen Vergleichen Folgerungen ziehen über die Differenzen zu präsargonischen und altakkadischen [7] Texten, die dann als Folie für die spezielle Ausbildung des Systems in Nordsyrien dienen könnten.
Darüberhinaus kann gefragt werden, wie das Nachleben der Textgattung ausgesehen hat: Die Rationenlisten der Schicht IV [8] weisen schon in formaler Hinsicht relativ große Differenzen zu unseren Getreidelieferlisten auf und dürften kaum vergleichbar sein [9]. Am ehesten dürften die Listen aus dem Archiv des Šilwa-Teššup aus Nuzi als Vergleichspunkt in Frage kommen [10], doch hatten wir oben (Kap. IV) schon auf die Differenzen hingewiesen. Darüberhinaus handelt es sich bei Šilwa-Teššup zwar um ein Mitglied der königlichen Familie, aber eben bei seiner Buchhaltung nicht um ein Palastarchiv. Daher dürfte ein Vergleich mit unseren Texten zwar in formaler Hinsicht ebenso lohnend sein wie bezüglich der Realien, dennoch kann das Archiv des Šilwa-Teššup wohl kaum zur Erhellung der Palastwirtschaft beitragen. Dasselbe gilt

---

[4] Siehe einstweilen W. Sallaberger, SUBARTU 2; ders., Beydar 3.

[5] Vgl. auch die "Bierlieferlisten" aus Tell Leilan (M. van de Mieroop, Or 63), die teilweise bis in die Formulierung hinein Formelemente (z.B. die Summenformulierung) mit unseren Texten teilen, obwohl die ausgegebene Ware nicht Getreide ist.

[6] Daher dürfte der Vergleich mit den Texten aus Tell Beydar mehr Ertrag versprechen als der mit Ebla.

[7] Vgl. z.B. R. Dsharakarian, ZA 84 zu altakkad. Awal und Gasur.

[8] Vgl. D.J. Wiseman, JCS 13, 50-62; A. Goetze, JCS 13, 63f.

[9] So sind nur in den Texten mB 433.1-10 (mesopotamische) Monatsnamen belegt. Diese Texte zeichnen sich ferner durch relativ geringe Mengen Gerste aus. "In all of them figure the gods and *Tarḫu-ziti*. The latter is probably the highest Hittite official in Alalaḫ" (A. Goetze, JCS 13, 64).

[10] Vgl. G. Wilhelm, Šilwa-Teššup 2 + 3.

für die Texte aus Ugarit [11]. Bislang noch nicht ausführlich gezogen wurde der Vergleich mit den mykenischen Texten aus Pylos und Knosos [12]. Hier wäre zu prüfen, ob die Struktur der Palastwirtschaft (indessen wohl eines *Ober*zentrums) vielleicht doch gewisse Analogien zu unseren Getreidelieferlisten aufweist. Denkbar wäre z.B., daß die Idee dieser Art von Verwaltung oder mindestens ihrer buchhalterischen Notierung [13] aus Syrien in die ägäische Welt gelangt wäre und dort die altbabylonische Zeit überdauert hätte. Dieser Vergleich und die Evaluation der daraus folgenden Hypothesen können allerdings hier nicht geleistet werden [14].

In wirtschaftstheoretischer Hinsicht könnte noch einmal gefragt werden, ob die Bezeichnung "Rentenkapitalismus" [15] für ein System wie das in Alalaḫ vorliegende angemessen ist. Dieses wäre dann in die allgemeine wirtschaftsgeschichtliche Entwicklung einzuordnen und vor allem gegen "Tempelwirtschaft" und "Privatkapitalismus" abzugrenzen.

---

[11] Zwar entspricht KTU 4.128 *cum grano salis* einem Normblock, doch wäre es vermessen, aus diesem doch alleinstehenden Beleg ein Weiterleben der Gattung und der zugrundeliegenden ökonomischen Verhältnisse zu postulieren.

[12] Vgl. A. Uchitel, Historia 33, der dieses Material mit sumerischen Texten aus Mesopotamien vergleicht, ohne die Frage nach dem "missing link" zu stellen. Ders., OLA 23, 23.30, stellt fest, daß die sumerischen Texte ohnedies eher in Frage kommen als das Material aus Alalaḫ und Ugarit.

[13] Es ist mindestens von Interesse, daß die mykenische Buchhaltung ebenfalls auf Tontäfelchen erfolgt.

[14] Es wäre in einem solchen Rahmen auch zu fragen, inwieweit die syrische Welt neben ihren Bezügen zu Ägypten und zur semitisch-mesopotamischen Welt auch Anteil an einer ostmediterranen Kultur hatte.

[15] Vgl. H. Bobek, Die Erde 90; O. Loretz, UF 7 und zur Kritik an Begriff und hermeneutischen Implikationen R. Kessler, EvTh 54.

Anhang A: Die Texte

Vorbemerkung: Ungeachtet der erarbeiteten Ergebnisse weisen die Texte immer noch eine Vielzahl von Problemen hinsichtlich ihrer Lesung und Interpretation auf. Die angebotenen Umschriften stellen insoweit eher einen Zwischenstand dar als ein Endergebnis. Es steht zu hoffen, daß die Zusammenfassung des gegenwärtigen Standes die weitere Diskussion anregt, so daß in naher Zukunft weitere und sicherere Ergebnisse erarbeitet werden, als dies derzeit der Fall sein kann. Die Darstellung von Entscheidungsfindungsprozessen und damit die Begründung von Lesungen würde diesen Anhang sicherlich überfrachten. Es wird daher darum gebeten, zu den jeweiligen Texten auch die Register mit zu benutzen.

Zu den **Textkopien**: Hier mußten aus satztechnischen Gründen Kompromisse in Kauf genommen werden. Daher sind nicht alle Kopien gleich groß, es erwies sich auch nicht in allen Fällen als machbar, daß die Keilschriftzeile auf derselben Höhe wie die Umschrift steht.

Zur **Umschrift**:
Akkadische und westsemitische **Silbenzeichen** [1] werden in kursiver Schrift gesetzt und innerhalb eines Wortes durch Bindestriche miteinander verbunden. Eigennamen werden dabei durch Großbuchstaben angedeutet. Bei der Wiedergabe von **Logogrammen** [2] verwende ich im wesentlichen die "Chicagoer bzw. Gelb'sche Transliteration". Die in Frage stehenden Zeichen werden mit ihrer *sumerischen* Lesung wiedergegeben und großgeschrieben. Die von R. Borger genannten Nachteile [3] sind in dieser Textgruppe, die weitgehend formalisiert ist, kaum vorhanden; die angenommene Lesung eines Logogramms ist dem Index zu entnehmen. Da die Texte dieser Gruppe weitgehend diktiert wurden und dabei Verwechslungen vorkamen (DÙ statt DUḪ), wurden zumindest manche Logogramme auch von den Verfassern und Auftraggebern als Fremdkörper empfunden. Wo Logogramme aus mehreren sumerischen Zeichen beste-

---

[1] Mitunter kann man unterschiedlicher Meinung sein, ob ein Zeichen als Silbenzeichen oder als Akkadogramm zu sehen ist, z.B. TUM in 37,4: *ṭá-ab*-TUM oder *ṭa-ab-tu*$_4$. In solchen Fällen wurde *-tum* umschrieben, zur weiteren Begründung siehe oben Kap. IV,2.2.2.

[2] Vgl. R. Borger, ABZ, S. 301 und die dort angegebene Literatur.

[3] R. Borger, ABZ, 301f, er bezeichnet diese Transkription als "eine neue Verschlüsselung" (302) und argwöhnt, daß so "die Assyriologie eine esoterische Disziplin (wird), die das profanum vulgus, inklusive Vertreter der Nachbardisziplinen fernhält" (301). Dies dürfte doch zu hart geurteilt sein, da die Verwendung von Transliterationen doch Grundkenntnisse der altorientalischen Sprachen und des Keilschriftsystems voraussetzt. Im übrigen ist die Benutzung des Keilschrifttextes ohnedies kaum durch eine noch so präzise Umschrift zu ersetzen, so daß letztere nicht überfrachtet werden muß. Wo eine Umschrift aussieht wie eine mathematische Gleichung, dürfte dies auf Nichtfachleute ebenfalls nur wenig anziehend wirken.

hen, werden diese durch Punkt voneinander getrennt, ausgenommen die Zeichengruppen, die nach allgemeiner Übereinkunft *ein* Wort darstellen, also ŠÁM statt NINDA x ŠE x AN, GÉME statt MÍ x KUR, aber z.B GU.ZA. In Einzelfällen kann man sicherlich verschiedener Meinung sein (KÙ.BABBAR oder kubabbar).

Determinative werden um einer besseren Lesbarkeit willen nur dann hochgestellt, wenn es sich um einzelne Buchstaben handelt (^{m},^{f},^{d}), die das nachfolgende qualifizieren. Andere Determinative (URU; GIŠ; LÚ usw.) sind mit dem folgenden als Einheit zu denken und werden daher durch Punkt abgetrennt. Genauso wird bei den nachgestellten Determinativen (KI) und bei den Dual- und Pluralmarkern verfahren.

Phonetische Komplemente sind den Logogrammen als syllabische Lesehilfe beigegeben und werden daher wie Silbenzeichen behandelt; sie werden an das jeweilige Logogramm durch Bindestrich angeschlossen.

Beschädigte Zeichen werden durch Klammern kenntlich gemacht, wobei der Transliteration entnommen werden kann, welcher Teil des Zeichens lesbar ist: Wir folgen dem Vorschlag R. Borgers [4], verzichten aber auf die Verwendung des Circellus. Überhaupt wurde darauf geachtet, einen Kompromiß zwischen präziser Umschrift und Lesbarkeit der Transliteration anzustreben.

Die übrigen verwendeten Prinzipien und Abkürzungen bedürfen wohl keiner weiteren Erläuterung. Anzumerken bleibt noch, daß durch \ angegeben wird, wenn eine Zeile umgebrochen, also in der nächsten Zeile fortgesetzt wird, ohne daß der Schreiber die Fortsetzung als eigene Zeile empfunden hätte. Die Einrückung der zweiten Zeile ist dann in der Umschrift nicht wiedergegeben.

Soweit Veröffentlichungen der Texte bereits vorliegen, werden die ursprünglichen Publikationen in einem textkritischen Apparat dem gegebenen Text gegenübergestellt. Die Sigla bedeuten im einzelnen:

A: Photos
B: Kopien von M.Dietrich, O.Loretz und H. Schaudig
C: Kopien aus Al T (nach Plates)
D: Kopien nach D.J. Wiseman, Supplementary Copies of Alalakh Tablets, JCS 8, 1954, 1-30
E: Transkriptionen und Rückschlüsse aus Al T (Textteil)
F: Transkriptionen nach D.J. Wiseman, Ration Lists from Alalakh VII, JCS 13, 1959, 19-33.

Weiter wurden eingearbeitet die Arbeiten von G. Giacumakis, A. Draffkorn, A.Goetze (JCS 13, 34-38) und J.O. Mompeán (UF 30) da diese eigenständige und (teilweise) vollständige Überarbeitungen des Textkorpus durchgeführt haben. Andere Veröffentlichungen wurden nur gelegentlich hier eingearbeitet,

---

4 R. Borger, ABZ, S. 50.

wenn sie für unsere Interpretation des jeweiligen Textes von Bedeutung sind. Vollständigkeit aller Zitationen in der Sekundärliteratur konnte ohnedies nicht angestrebt werden.
Nicht in jedem Fall vermerkt sind unterschiedliche Zeichenlesungen (ḪÁ statt ḪI.A usw.), offensichtliche Tipp- und Druckfehler (z.B. 19,6 ŠÀ.GÁZ statt ŠÀ.GAL; 24,12 *ublu* statt *ub-lu*) und auch nicht alle unterschiedlichen Bewertungen in der Sichtbarkeit der Zeichen, zumal der Erhaltungszustand sich geändert haben könnte. Die unterschiedliche Lesung kann aber bisweilen unterschiedliche Interpretationen zur Folge haben. Dann war sie anzugeben (*ma-zi* oder *ma-sí*). Bei nicht-akkadischen Lexemen und v.a. bei Personennamen sind Stimmhaftigkeit bzw. Stimmlosigkeit nicht immer als Variante verzeichnet, da dies den Apparat unnötig verbreitert hätte. Hier ist entscheidend, daß der Benutzer der Transkription entnehmen kann, welches Zeichen im Text steht. Die phonologische Konkretisierung kann dann von jedem Benutzer selbst vorgenommen werden.
Bei den Transkriptionen wurde darauf Wert gelegt, nicht nur die Zeichen und ihren Erhaltungszustand eindeutig kenntlich zu machen, sondern auch einen Eindruck von ihrer Verteilung über die Tafel zu geben, d.h. Einrückungen soweit als möglich im Schriftbild wiederzugeben. Ferner waren graphische Linien im Text wiederzugeben, auch wenn sie sich nicht über die ganze Tafel erstrecken, da sie oft vom Schreiber als tabellarische Hilfslinien zwischen Zahl und Empfänger gezogen wurden. Dabei mußten allerdings immer wieder Kompromisse zugunsten der Lesbarkeit der Transkription eingegangen werden, so daß nicht zwangsläufig von der Position eines Zeichens in der Transkription auf die auf der Tafel geschlossen darf. Insbesondere ist—technisch bedingt—die Länge graphischer Linien innerhalb von Keilschriftzeilen im Gegensatz zum Original in unserer Umschrift stets identisch. Mit dem =-Zeichen werden doppelte Unterstreichungen gekennzeichnet.
Im textkritischen Apparat werden folgende Abkürzungen verwendet:

add.: *addit, addunt*: Hinzufügung in einem (bzw. mehreren) der Textzeugen
omm.: *omittit, ommittunt*: Auslassung in einem (bzw. mehreren) der Textzeugen
praeb.: *praebit, praebunt*: Änderung in einem (bzw. mehreren) der Textzeugen.
lineam: Eine graphische Linie im **Keilschrifttext**; eine Zeile der Transkription heißt "Zeile".
* Ein von Wiseman bei seiner Kollation (JCS 12,19.33) gegenüber D,E geändertes Zeichen.

Text 1 = Al T 243

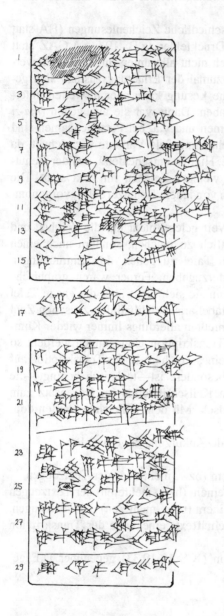

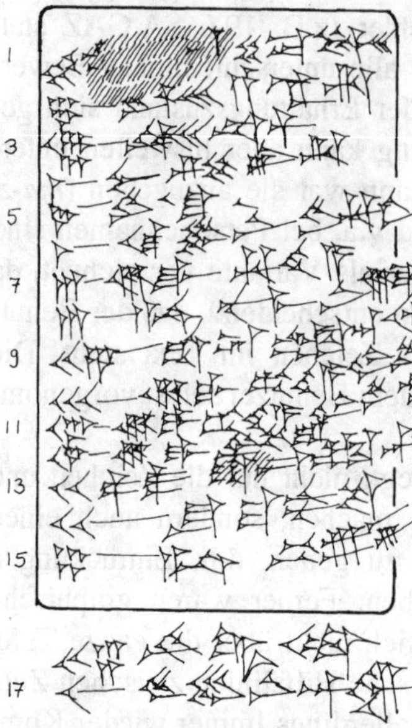

Z.1: F add. [PA]; **Z.4:** Momp.: KU_4; **Z.5:** F: LÚ.NAR; **Z.9:** F: É.BÀD; **Z.10:** Momp.: LÚ.GIŠ.UŠ; **Z.13:** F: É.BÀD; **Z.14:** F: 29 (gegen C); **Z. 16:** Momp.: 35; **Z.18:** F: *ši-im-da-al-te*; Momp.: *Si-im-ra-al-la*; **Z.21:** Momp.: *Za-ma-ia*; **Z.28:** C,F omm. *pa*; **Z.29:** E: *ki-eš-še-nu*

Text 1 = Al T 243

Melbourne

C: pl. XXXI; E: S. 82; F: S. 21; J.O. Mompeán, Ishtar, 322f.

1) 60 ⌜GIŠ.*pa-ri-si*⌝ ŠE.BA GÉME.MEŠ
2) 7 LÚ.MEŠ.*a-si-ri*
3) 19 LÚ.MEŠ.UŠ.BAR
4) 1 ^{f}*Zi-ir-ri*
5) 4 LÚ.ÁZLAG
6) 1 *Ki-in-ni* LÚ.MUŠEN.DÙ
7) 3 ŠÀ.GAL MUŠEN.ḪI.A
8) 3 *A-na-nu-me-ni* ŠÀ.GAL MUŠEN.ḪI.A
9) 25 *ša* GIŠ.BANŠUR ^{d}IŠDAR
10) 30 ŠÀ.GAL GU$_4$.ḪI.A GÌR LÚ.É.UŠ
11) 14 ŠÀ.GAL GU$_4$.ḪI.A GÌR LÚ.ENGAR
12) 14 ŠÀ.GAL ANŠE.KUR.RA
13) 20 *pa* ZÍZ *ša* GIŠ.BANŠUR ^{d}IŠDAR
14) 20 *šu-ku-up-te*
15) 5 *a-na* KAŠ.Ú.SA

u.Rd.

16) 25 LÚ.BUR.GUL
17) 10 GÌR *In-ni-*^{d}IM

(Rasur)

Rs.

18) 2 *Ši-im-ba-al-la*
19) 1 ŠÀ.GAL MUŠEN.ḪI.A GÌR *Ki-in-ni*
20) 2 GÌR *Ku-un-zu*
21) *ša* URU.*Ṣa-ra-e ub-lu*
22) 1 ŠÀ.GAL MUŠEN GÌR *A-ia-*LUGAL*-ri*

---

23) ŠU.NÍGIN 1 *me* 88 *pa* ŠE ZI.GA
24) ŠU.NÍGIN 86 *pa* ZÍZ ZI.GA
25) ITI *Ḫi-ia-re-e*
26) 7 *pa* ZI.AŠ GÌR LÚ.ENGAR
27) ŠÀ.GAL GU$_4$.ḪI.A
28) 7 *pa* ŠÀ.GAL ANŠE.KUR.RA.ḪI.A

---

29) ŠU.NÍGIN 14 *pa ke-eš-ša-nu*

Text 2 (unveröffentlicht)

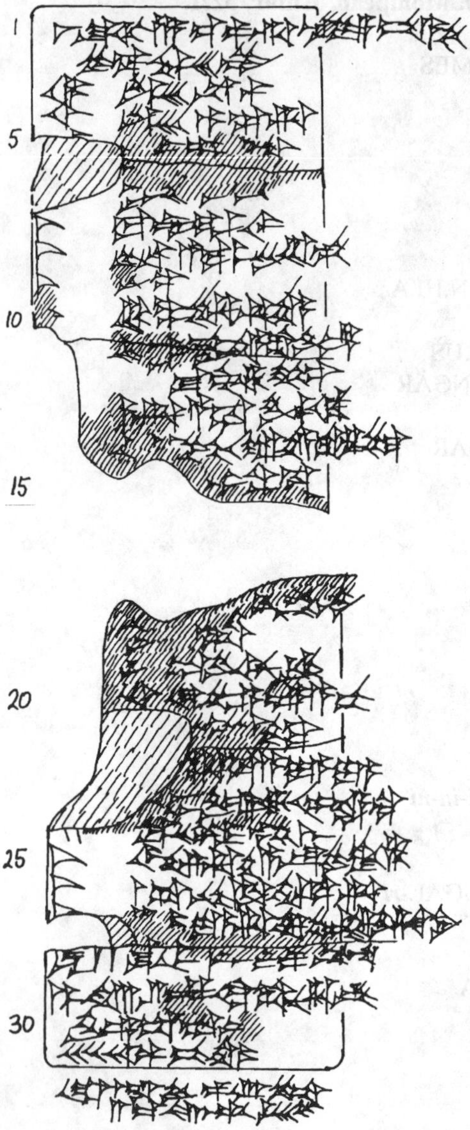

Text 2 (unveröffentlicht)
ATT 15+17

1) 1 *šu-ši* 16 GIŠ.*pa-ri-si* GÌR *A-bi-a-ṭar*
2) ŠE.BA MÍ.MEŠ LUGAL
3) 14 LÚ.MEŠ.UŠ.BAR
4) 11 LÚ.MEŠ.*a-si-ri*
5) x+1 [GÌ]R ⌞*Ku-un*⌟*-na*
6) [1] GÌ[R *K*]*i-i*[*n-n*]*i*
7) 1 *Zu-uk-ra-ši*
8) 1 *i-na A-ma-me* LÚ.ŠÀ.GU$_4$
9) 1 *Nu-pa*
10) 1 ŠÀ.GAL UZ.MUŠEN.ḪI.A
11) x ŠÀ.⸢GAL⸣ ANŠE.ḪI.A *ša* LÚ.GURUŠ
12) *Šu-ub-ḫa-li*
13) 1 ⸢*A*⸣*-ri-a-du* LÚ ^{d}IŠDAR
14) x Š[À.GAL] ANŠE.KUR.RA.ḪI.A *ša* MAR.TU
15) [*Ni-i*]*m-na-du*
16) [ ]

Rs.
17) [ ] x Ì.DUḪ LUGAL
18) [ ] x x-*ša*
19) [x-*a*-]*du* LÚ.IGI.NU.TUKU
20) [ ] GÌR *A-ia-a-bi*
21) [LÚ].KUŠ$_7$ ŠE.BA
22) [ ] *Tal-ma-a-ia*{*-ia*}
23) [ ] x GÌR *Ir-ḫa-mi-il-la*
24) ⸢2⸣ MÍ.MEŠ.UM.ME.GA.LÁ
25) 1 *ši-im* MUŠEN.ḪI.A TUR LÚ.ZAG.ḪA
26) 1 DIŠ *Ta-pal a-na im-ba-ri*
27) 1 ⌞*a-na*⌟ *Ia-ri-im-li-im* LÚ.*sà-ki-ni*
28) ŠU.NÍGIN 1 *šu-ši* ⸢1+x *pa* ZÍZ⸣.AN.NA
29) 1 *me* 43 1/3 GIŠ.*pa ki-ša-nu* ŠÀ<.GAL> GU$_4$
30) GÌR *A-du-*{*du*}*-ni*
31) 61 *qa* KAŠ.ḪI.A

o.Rd.
32) ŠU.NÍGIN 1 *šu-ši* LÚ.*pa-ru-li* \ ŠE
33) 2 TÚG.ḪI.A.x.MEŠ

Text 3 = Al T 275

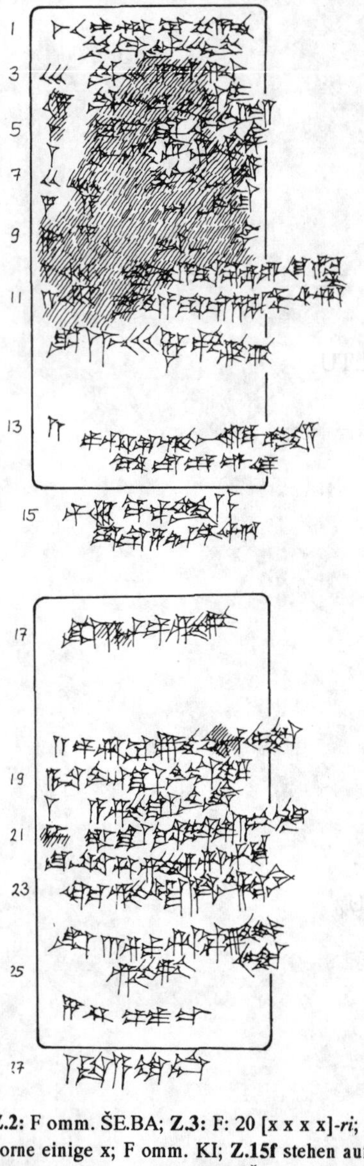

Z.2: F omm. ŠE.BA; **Z.3:** F: 20 [x x x x]-*ri*; **Z. 4-11:** F: "illigible"; **Z.12:** E: 140; **Z.13:** F: 3; **Z.14:** F hat vorne einige x; F omm. KI; **Z.15f** stehen auf u.Rd. (gegen F); **Z.15:** F hat vorne einige x; **Z.16:** [x x x x]-*a-ab*; **Z.17:** F: 1 ME 1/2 GIŠ.PA ZI.GA; **Z.18:** F: omm. ŠAM; F: *ḫi-li-mi-tu*; **Z.21:** F: x *A-ra-te i-na* URU.*A*-x-*ka*; **Z.22:** F: 2/3 *Ka-na-ḫu*; **Z.23:** F: add.2/3; **Z.24:** F omm. ŠAM; **Z.26:** F: 5 2/3 PA ZÌ.DA; **Z.27** steht auf o.Rd. (gegen F)

Text 3 = Al T 275

AM 9017

D existiert nicht; E: S. 87f; F: S. 30f (ab Z.3 unterschiedliche Zeilenzählung)

1) 70 *pa-ri-si* ŠE.A.AM
2) ŠE.BA LÚ.MEŠ LUGAL
3) 30 LÚ.MEŠ.*a-si-ri*
4) 15 LÚ.MEŠ.*m*[*a*]-*ḫi-iṣ-i*
5) 1 *Zu-u*[*k*]-*ra-ši* LÚ.TUKU+KUŠ$_7$
6) 1 ^{f}*Zi-ir-ri* MÍ.NAR
7) 20 Š[À.GAL ANŠ]E.KUR.[R]A.ḪI.A
8) 4 *A*-[x x] x-[*i*]*k*$^{?}$-*ku*
9) 5 *A*-[*zi-r*]*a*$^{?}$ LÚ.NAR
10) 1 ŠÀ.[GAL A]NŠE.ḪI.A *ša* URU.*E-mar*.KI *a-ba-* \ *ti*
11) 2 ⸢ŠÀ⸣.GAL [A]NŠE.ḪI.A *ša* URU.*Ṣa-al-wa-ar*
12) ŠU.NÍGIN 1 *me* 37 *pa* ŠE ZI.GA
(Absatz)
13) 1/2$^{!}$ *pa-ri-si* ZI.AŠ ŠÀ.GAL ANŠE.ḪI.A
14) *ša* URU.*E-mar*.KI

u.Rd.
15) 1/2 ŠÀ.GAL ANŠE.ḪI.A
16) *ša* URU.*Ṣa-al-wa-ar*

Rs.
17) ŠU.NÍGIN 1 1/2 1/2 *pa* ZI.GA

(Absatz)
18) 2 *pa-ri-si* ŠAM.*ḫi-li-mi*.SAR
19) *a-na* LÚ.DINGIR-*ra* LÚ.DUB.SAR
20) 1 *A-zi-ra* LÚ.NAR
21) 1/3 *Bur-ra ša i-na* URU.*A-pí-šal*.KI
22) ŠU *na-ar*$^{!}$ *Zi-im-ri-*^{d}IŠDAR
23) *Ki-iz-zi ù a-na* LÚ.*sà-ki-ni*
24) ŠU.NÍGIN 3 1/2 *pa-ri-si* ŠAM.*ḫi-li* \ *-mi*.SAR
25) ZI.GA
26) 5 1/3 *pa* ZÍZ.BABBAR

o.Rd.
27) *a-na A-ad-du*

Text 4 = Al T 258

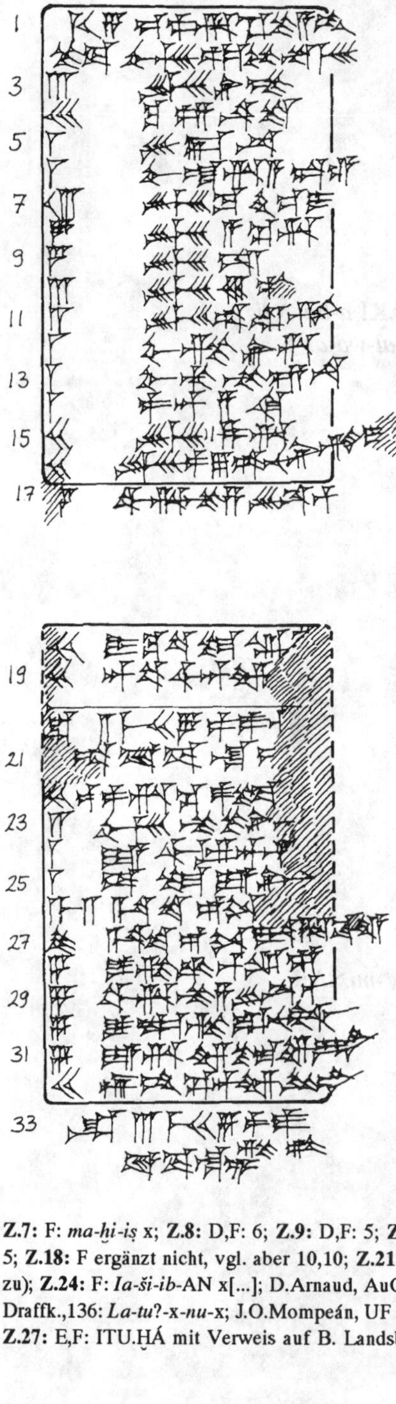

Z.7: F: *ma-ḫi-iṣ* x; **Z.8:** D,F: 6; **Z.9:** D,F: 5; **Z.11:** F: *ša-al-gi* (?); **Z.17:** steht auf u.Rd. (gegen F); D,F: 5; **Z.18:** F ergänzt nicht, vgl. aber 10,10; **Z.21:** *Ba*-la*-e** [...]; **Z.22:** F: 31 (D läßt keine Entscheidung zu); **Z.24:** F: *Ia-ši-ib*-AN x[...]; D.Arnaud, AuOr 16,165:*Ia-ši-ib*-DINGIR EN; **Z.25:** F: *At-tu?-ia-nu* [...]; Draffk.,136: *La-tu?-x-nu*-x; J.O.Mompeán, UF 30, 592: *Pá-še-ra-A-nu-u*[*m*; **Z.26:** D,F bricht nach *ana* ab; **Z.27:** E,F: ITU.ḪÁ mit Verweis auf B. Landsberger, OLZ 1922, 337; **Z.33:** D,F: 2

Text 4 = Al T 258

BM 131.565

D: S. 19; E: S. 85; F: S. 25

1) 75 GIŠ.*pa-ri-si* ŠE.A.AM
2) ŠE.BA MÍ.MEŠ.SAG.GÉME.ÌR.MEŠ
3) 3 LÚ.MEŠ.Ì.DUḪ
4) 30 *Ku-un-na-te*
5) 1 LÚ.É.UŠ
6) 1 ^{f}*At-ri-a-du-e*
7) 13 LÚ.MEŠ.*ma-ḫi-iṣ-i*
8) 7 LÚ.MEŠ.*a-si-ri*
9) 4 LÚ.MEŠ.KUŠ$_7$
10) 3 LÚ.MEŠ.ŠÀ.G[U$_4$]
11) 2 LÚ.MEŠ.*ša-al-kí*
12) 1 ^{f}*Zi-ir-ri*
13) 1 ^{f}*Ti-mu-un-na*
14) 1 *Pa-an-za-ge*$_5$
15) 20 LÚ.MEŠ.*ag-ri*
16) 20 LÚ.MEŠ.SIPA *ša Nu-ni-kí-i*[*a-šu*]

u.Rd.
17) 4$^{?}$ *We-ri-mu-za* LÚ.UŠ.BAR

Rs.
18) 20 DUMU *Ku-ut-tu-ru-w*[*e*]
19) 20 ^{d}UTU-*ši*-^{d}IM [ ]

---

20) ŠU.NÍGIN 2 *me* 27 *pa* {ZÍZ} <ŠE> Z[I.GA]
21) *ša* ITI *Ba-la-*⌜*e*⌝
22) 20$^{?}$ GIŠ.*pa-ri-si* ZÍZ ŠE.BA [LUGAL]$^{?}$
23) 2 MÍ.MEŠ.*mu-še-ni-i*[*q-tum*]
24) 1 *Ia-ši-ib*-^{d}AN.ŠUR
25) 1 *Ba-tu-ia-ì-li*
26) 1 *me* 2 *a-na ṭe*$_4$*-e-nim*
27) 50 *a-na ṭe*$_4$*-e-nim i-na* ḪAR.ḪAR.ḪI.A
28) 5 DUMU *Zi-iq-qa-ru-e*
29) 5 *We-ri-mu-za* LÚ.UŠ.BAR
30) 4 DUMU *Ka-zi-ra-nu-up-ši*
31) 5 *Ia-ri-im-li-im* DUMU LUGAL
32) 20 *Sa-am-si*-^{d}IM ŠEŠ LUGAL

o.Rd.
33) ŠU.NÍGIN 3 *me* 25 *pa* ZÍZ \ ZI.GA
34) ITI *Ba-la-e*

Text 5 (unveröffentlicht)

(Diese Tafel ist in Transkription bislang nicht veröffentlicht. Die von D.J. Wiseman, Al T, 86; ders., JCS 8, 22 und JCS 13, 29f gegebenen Texte und Bemerkungen beziehen sich auf eine Verbuchungsliste Verbaltyp.)

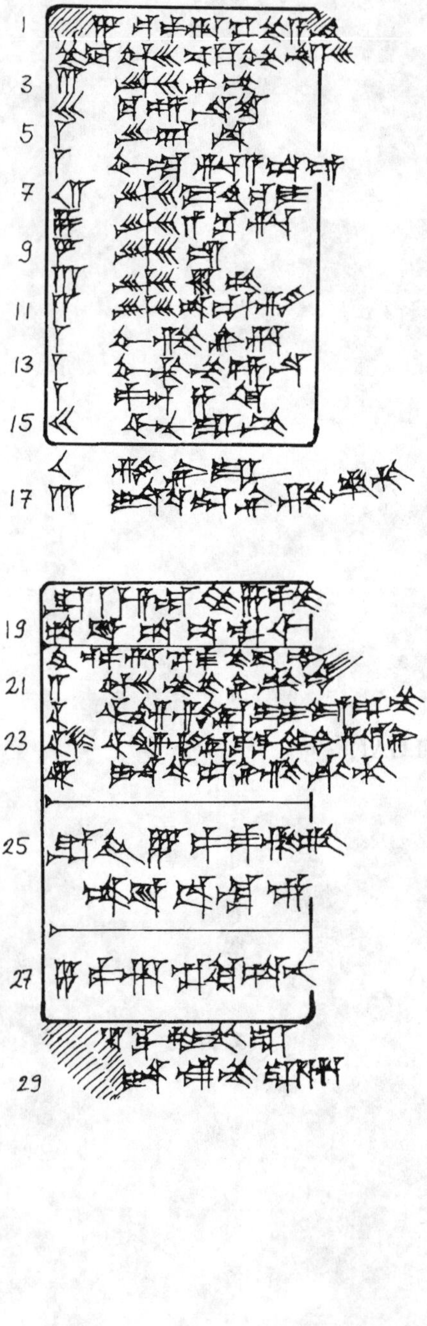

Text 5 (unveröffentlicht)
AM 9029

1) 65$^{?}$ GIŠ.*pa-ri-si* ŠE.A.AM
2) ŠE.BA MÍ.MEŠ.SAG.GÉME.ÌR.MEŠ
3) 3 LÚ.MEŠ.Ì.DUḪ
4) 30 *Ku-un-na-te*
5) 1 LÚ.É.UŠ
6) 1 ^{f}*At-ri-a-du-e*
7) 12 LÚ.MEŠ.*ma-ḫi-iṣ-i*
8) 9 LÚ.MEŠ.*a-si-ri*
9) 4 LÚ.MEŠ.KUŠ$_{7}$
10) 3 LÚ.MEŠ.ŠÀ.GU$_{4}$
11) 2 LÚ.MEŠ.*ša-al-kí*
12) 1 ^{f}*Zi-ir-ri*
13) 1 ^{f}*Ti-mu-un-na*
14) 1 *Pa-an-za-ge*$_{5}$
15) 20 *Ši-nu-ra-pí*

u.Rd.
16) 10 *Kí-ir-ra*
17) 3 *i-na u*$_{4}$*-um ni-zi-iq-ti*

Rs.
18) ŠU.NÍGIN 1 *me-a-at* 66 *pa* ŠE
19) *ša* ITI *Ša-ta-al-lim*

---

20) 40 GIŠ.*pa-ri-si* ZÍZ ŠE.BA LUGAL
21) 2 MÍ.MEŠ.*mu-še-ni-iq-tum*
22) 11 *ši-im* GI.PISAN.TUR.TUR GÌR *A-ra-mu*
23) 11+x *ši-im* GI.PISAN.GAL.GAL GÌR LÚ.*sà-ki-ni*
24) 15 *i-na u*$_{4}$*-um ni-zi-iq-ti*

---

25) ŠU.NÍGIN 48 *pa* ZÍZ ZI.GA
26) *ša* ITI *Ba-la-e*

---

27) 5 *pa-ri-si ki-ša-nu*

o.Rd.
28) [x Š]À.GAL ANŠE.KUR.RA
29) *i-na* URU.*Mu-ra-ar*

Text 6 = Al T 265

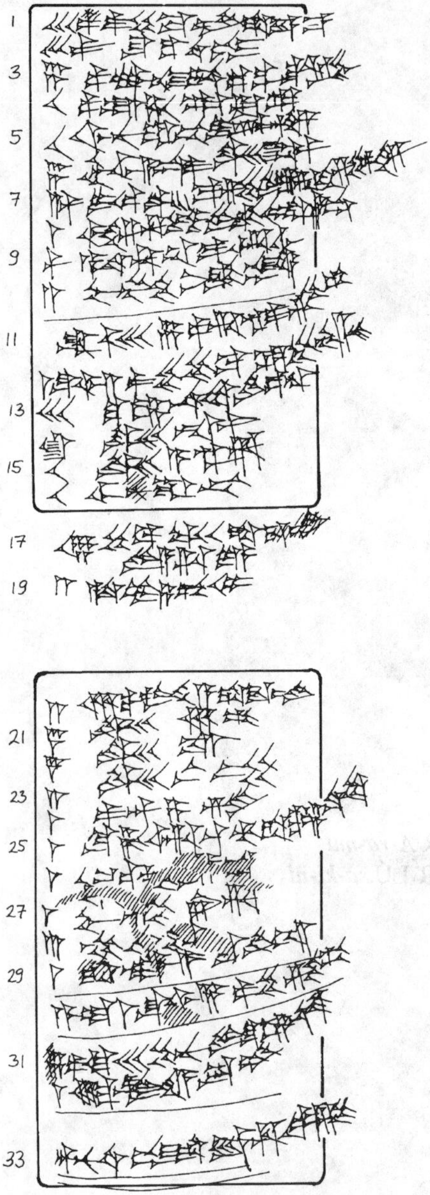

Z.1: F: ITU x*; **Z.5:** F: *Ir*-pa-*; **Z.6:** D,F omm. Rasur; **Z.7:** F: *ku-zi*; **Z.8:** F: MUŠEN x; **Z.9:** *Ḫu-uš-ba-*; **Z.12:** F: 2 PA ŠE.BA (gegen D); **Z.14:** 1 Winkelhaken nicht vollständig getilgt; D,F omm. Rasur; **Z.17:** F: DA*; **Z.19** steht auf u.Rd. (gegen D,F); F: *az-za-am-mi*, vgl. Draffk. 159; **Z.20:** F: DA*; **Z.25:** F: DUMU.MEŠ *ar-ka$_4$-ti ša*; **Z.26:** D,F: ^{f}*Ša-mu-un-na* vgl. aber 4,13); **Z.28:** F: *Mu-na-tu*; **Z.32:** F: erg. nicht; **Z.33:** F: *an-nu-tum* (gegen D)

Text 6 = Al T 265

AM 9030

D: S. 21; E: S. 86; F: S. 27

1) 30 *pa* ZÍZ ŠE.BA LUGAL *ša* ITI *E*
2) 30 *pa šu-ku-ut-tum*
3) 5 *pa-aq-dum i-na* É.GAL *šu-ru-bu*
4) 10 *Pa-zé-ḫa* SAG.UR.SAG
5) 10 *Ši-nu-ra-pí* TUR *Ir-pa-*^{d}IM
6) 5 *Eḫ-lim-a-du* UGULA LÚ.MEŠ.(Rasur)UŠ.BAR
7) 2 1/2 *i-di* LÚ.MEŠ.*ma-sí* GÌR *Ia-ri-im-li-im*
8) 1 *ši-im* MUŠEN.ḪAR$^{?}$.ḪAR$^{?}$ GÌR *Ig-mi-ra-a-du*
9) 1/2 *a-na Ḫu-uš-ma-ar-ši*
10) 2 MÍ.*mu-še-ni-iq-tum*.ḪI.A

---

11) ŠU.NÍGIN 96$^{!?}$ *pa-ri-si* ZÍZ ZI.GA
12) 1 *šu-ši* 2 *pa* ŠE ŠE.BA SAG.GÉME.ÌR.MEŠ
13) 30 *Ku-un-na-te* LÚ.É.UŠ
14) (Rasur) 12 LÚ.MEŠ.UŠ.BAR
15) 10 LÚ.MEŠ.*a-si-ri*
16) 10 *Ši-nu-ra-pí*

u.Rd.
17) 18 ŠE.BA MÍ.MEŠ *ša* DA LUGAL
18) GÌR *A-ri-ia*
19) 2 *a-na Az-za-ga-mi*

Rs.
20) 2 ŠÀ.GAL ANŠE.ḪI.A *ša* DA LUGAL
21) 4 LÚ.MEŠ.ŠÀ.GU$_{4}$
22) 4 LÚ.MEŠ.KUŠ$_{7}$
23) 2 LÚ.MEŠ.Ì.DUḪ
24) 1 *Pa-an-za-ge*
25) 1 *ṣú-ḫa-ar qa-ti ša Ku-un-na-te*
26) 1 ^{f}⌜*Ti-mu-un-na*⌝
27) 1 ^{f}*Zi-ir-ri*
28) 3 *Mu-ut-tu*
29) 1 *Ša-ak-e-d*[*a*] LÚ.KUŠ$_{7}$

---

30) 1 *me-at* 1 *šu-ši* 5 *pa* ŠE ZI.GA

---

31) 6 *pa ke-eš-še-nu* GÌR *Ku-un-na-te*
32) 1 ŠÀ.GAL ANŠE.ḪI.A <*ša*> DA LUGAL

---

33) *an-nu-ut-tum ša* ITI *Ḫu-di-iz-zi*

Text 7 = Al T 277

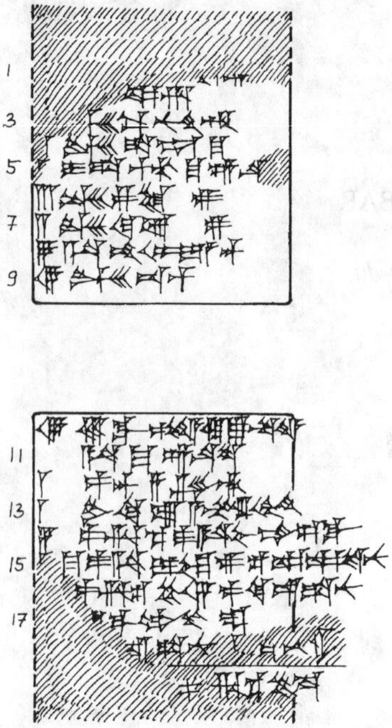

Z.3: F: x LÚ.]MEš.*ki-nu-uḫ-en*; **Z.4**: F: *ša il-ku*; **Z.9**: F add. lineam; **Z.12**: D,F: 1/2; F: *Pa-an-za-gi* MUŠEN<.DÙ>; **Z.16**: cf. 17,23.25?

Text 8 (unveröffentlicht)

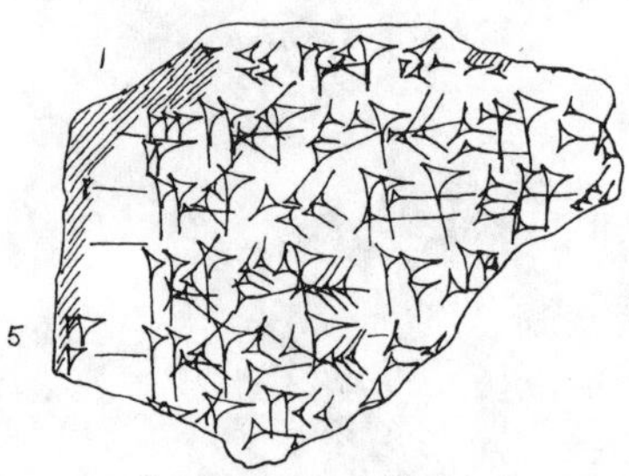

Text 7 = Al T 277

AM 9015

D: S. 23; E: S.88; F: S. 31

1) [x x x x] x x
2) [x x] *ka-ri*
3) [LÚ.]MEŠ.*qa-nu-ḫe-en*
4) [x] LÚ.MEŠ.*ša-al-ku*
5) [x+1] TUR *ša qa-ti Ku-un-na*[*-te*]
6) 3 LÚ.MEŠ.*ú-tu-ú*
7) 2 LÚ.MEŠ.*ki-zu-ú*
8) 8 *a-na Am-mi-ia-an*
9) 18 LÚ.MEŠ.UŠ.BAR

Rs.
10) 18 ŠÀ.GAL GU$_{4}$.ḪI.A *ù* UDU.NÍTAḪ.ḪI.A
11) *a-na Ku-un-na-te*
12) 1 *Pa-an-za-ge-en*
13) 1 LÚ.*ki-zu A-mu-ru-uḫ-ḫe*
14) 5 *pa-ri-si* ZÍZ *a-na* MÍ.LUGAL É.GAL
15) ⌞1⌟ (Rasur) ZÍZ *a-na* DUMU ^{f}*Ku-ú-e ka-ka-te-nu*
16) [30$^{??}$] *pa-ri-si* ŠE 15 *pa ki-iš-ša-nu*
17) [Š]À.GAL ANŠE.KUR.RA
18) [x *pa ki-i*]*š-ša-nu* x x x

---

19) [*p*]*a-*[*r*]*i-si* ŠE.BA

Text 8 (unveröffentlicht)

ATT 39/153.2

1) [x *p*]*a* ŠE *a-na* MÍ.MEŠ-*t*[*im*
2) [ ]—5 *a-na* LÚ.MEŠ.URU.*Ḫé*$^{?}$-[
3) 1+x—*a-na Mu-ur-ra-t*[*e*]
4) x—*a-na* LÚ.MEŠ.*a-s*[*í-ri*]
5) [1]4—*a-na* LÚ.MEŠ.U[Š.BAR]
6) [1—] ⌞*a-na*⌟ *Zi-i*[*r-ri*]

Text 9 = Al T 252

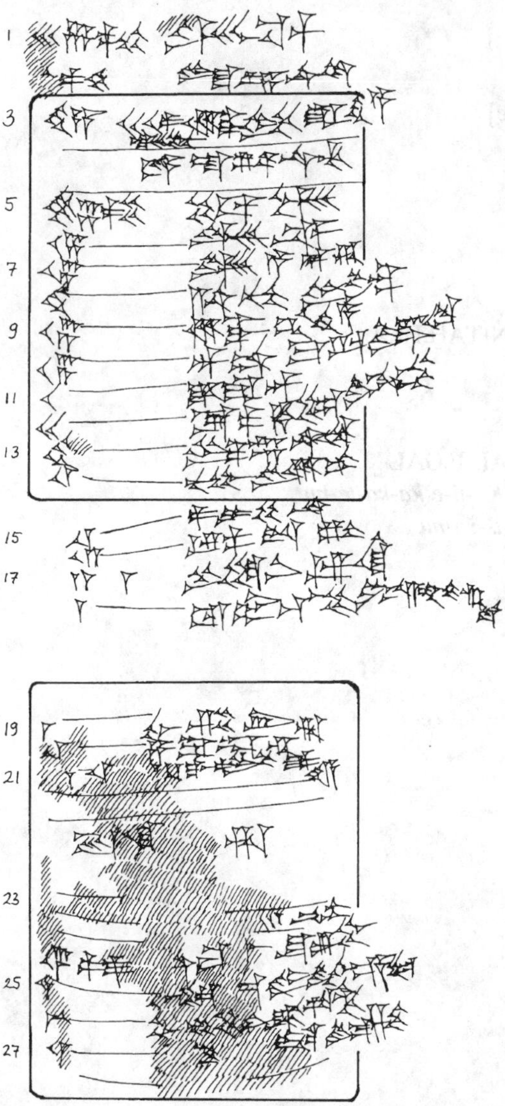

Z.1-2 stehen auf oberem Rand (gegen D,F); **Z.1:** D,F: 44; **Z.2.** F: 40[?]; **Z.3:** Das Wort *ke-eš-še-nu* ist ein interlinearer Kommentar; D,F: 45 ŠE! PA ŠÁ.GAL; **Z 6ff:** D,F omm. Tabellenstriche; **Z.12:** F: LÚ.RÁ.GÁB; **Z.15-18** stehen auf unterem Rand (gegen D,F); **Z. 17:** E las 1; **Z.18:** F: *Zu-uk-ra-še* (in D so nicht kopiert); Goetze, 38: (auf Anfrage bei Wiseman) *"read Zu-uk-ra-še"*; D,F omm. *Am-mu-ri*.KI; **Z.20:** D,F: [x] statt 11 —; **Z.21:** D,F: x statt x+1; D,F: omm. 2 lineas; **Z.22:** E las *Pa-ag-ri;* **Z.23ff.**: D,F: "remainder illigible"

Text 9 = Al T 252

AM 9036

D: S. 17; E: S. 84; F: S. 23

o.Rd.

1) \\16 *pa* ŠE LÚ.MEŠ.UŠ.BAR
2) x+10 *pa* ŠE GÌR *Ku-un-na-te*

Vs.

3) 44 30 *pa ke-eš-še-nu* ŠÀ.GAL ANŠE.KUR.RA.ḪI.A

---

4) ITI *At-ta-na-ti*

---

5) 65 *pa* ŠE ŠE.BA MÍ.MEŠ
6) 15 — LÚ.MEŠ.UŠ.BAR
7) 15 — LÚ.MEŠ.*a-si-ri*
8) 40 — *a-na* NUMUN GÌR LÚ.ENGAR
9) 15 — ŠÀ.GAL GU$_4$.ḪI.A
10) 15 — *An-du-ma-lik* LÚ.BUR.GUL
11) 10 — *Bur-ra-an*
12) 20 — *Su-bá-ḫa-li* GÌR.SÈ$^{!}$.GA$^{!}$
13) 40 — GÌR *Ku-un-na-te*
14) 11 — *Nu-pu* LÚ.ŠÀ.GU$_4$

u.Rd.

15) 11 — *Pa-i-še-na*
16) 12 — *Ip-pa-da-ga*
17) 2 1 LÚ.*Tu-ni-ip*.KI
18) 1 — *Zu-uq-qa-mu* LÚ.KUŠ$_7$ *Am-mu-ri*.KI

Rs.

19) 1 — ^{f}*Zi-ir-ri*
20) 11 *za-ra-ap-hu*
21) x+1 — 11$^{?}$ ŠÀ.GAL ANŠE.KUR.RA. \ ḪI.A

==========================

22) ITI *Ki-*[*ra-*]*ri*

---

23) [ ] x x

---

24) {14} <40> *pa* ZÍZ [*i-n*]*a* É.[GA]L *šu-ru-bu*
25) 11 — ^{f}*Šar*-x GÌR LÚ.*eḫ-e-le*
26) 2$^{!}$ — MÍ.*mu-še-ni-iq-ta-tim*
27) 11 — [x] x [x] *i-di* LÚ.*ma-sí*

Text 10 = Al T 246

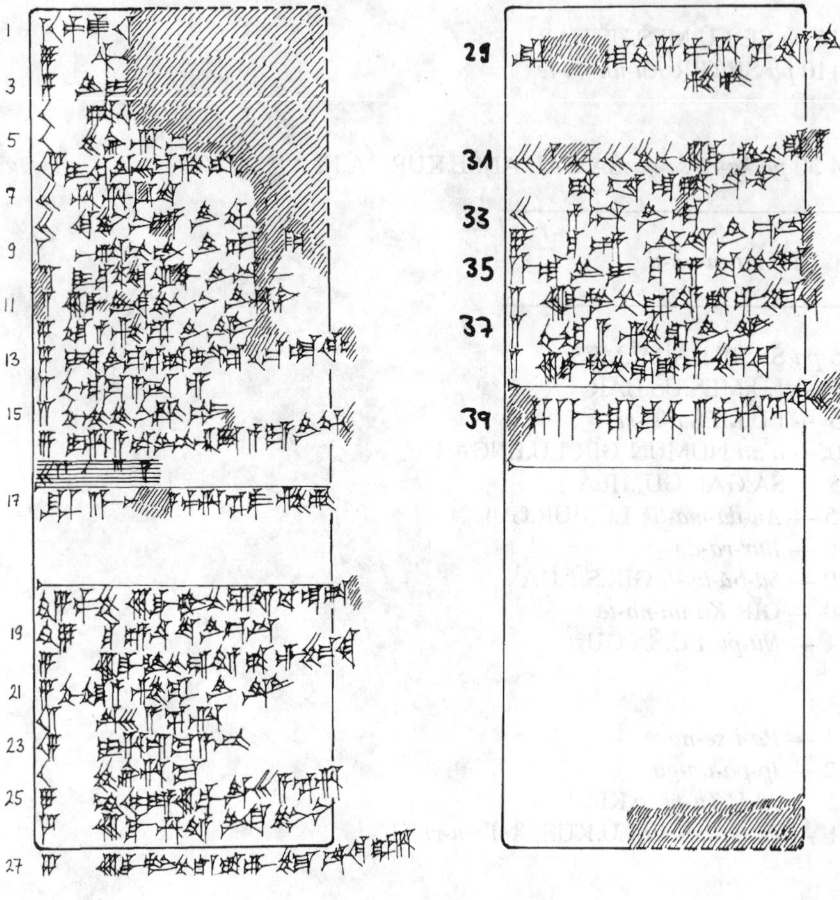

Z.1+2: Goetze, 35 erg. Z.2 zu Šinurapi, ist an beiden Stellen *ši-im* zu erg.?; **Z.3:** Alternativ könnte GÌR *I*-[zu lesen sein; **Z.4:** J.O. Mompeán, UF 30, 589: *Ta-ki-*; **Z.5:** Draffk., 141: *Še-ir-ri-ku*; **Z.6:** F: *ku-zi x**, zu unserer Lesung vgl. Z.13, ON und Verb könnten auf einer umgebrochenen Linie gestanden haben; **Z.7:** J.O. Mompeán, UF 30, 589: *-tam*; **Z.8:** D,F: praeb. LÚ.MUŠEN.DÙ für *-ia* LÚ.NAGAR; **Z.9:** F: LÚ.SAG*; Draffk., 25: LUGAL-*ra*; J.O. Mompeán, UF 30, 589: LÚ.DUB.[SAR]; **Z.10:** F: *I-x-šar-ru-we* LÚ [...]; Goetze, 35: *Eḫ-li-šar-ru-wa*; J.O. Mompeán, UF 30, 589: *I-šu-ut-tu-ru-we*; **Z.11:** D,F: 1; **Z.12:** D,F: 6; **Z.13:** F: LÚ.*ka_4-zi ša i-na* URU.x*- x*-*at*.KI; Goetze, 35: "Can one read KUR-*a-at*.KI?"; J.O.Mompeán: UF 30, 589: URU.*Di*[?]-x-*at*.KI; **Z.16:** D,F: 6; F: *Be-en**; Draffk., 139: *Bi-iš-da-a-ya*; J.O. Mompeán, UF 30, 589: *I-ri-A-du* DUMU *Bé-en-da-A-ia* ŠEŠ[?]; **Z.18:** D,F: 3 *me-tim*; E: 306[?]; **Z.25:** Draffk., 141: *Še-ir-ri-ku*; **Z.28:** D,F omm. lineam; F: omm. *ša*; Zeile steht auf unterem Rand (gegen D,F); **Z.31:** D,F omm. *p*[*a*]; F: praeb. ḪÁ, doch ist auf B,D kein Platz für ḪI; **Z.33:** J.O.Mompeán, UF 30, 590: *I-ku-un-ba-aḫ-li*; **Z.35:** F: *-zu-uḫ-li*; **Z.40:** D,F: add. lineam: ZI.GA

Text 10 = Al T 246

BM 131.559

D: S. 16; E: S. 83; F: S. 21f (Zeilennummern abweichend ab Z.17)

1) 70 *pa* ZÍZ *š*[*i-im*$^{?}$]
2) 8 *ši-i*[*m*]
3) 5 LÚ.TUR [ ]
4) 10 *Ta-ši-*[ ]
5) 10 *Še-er-ri-m*[*a*]
6) 14 *i-di* LÚ.MEŠ.*ma-sí ša* [*i-na* URU]
7) 20 *Ḫu-ri-*⸢*ip*⸣*-te*
8) 20 *Ki-in-ni-ia* LÚ.NAGAR
9) 1 *Aš-ta-bi-*LUGAL LÚ.SAG.U[R].S[AG]
10) ⸢3⸣ DUMU *Ku-ut-tu-ru-we* LÚ.UŠ.[B]AR
11) ⸢3⸣ ŠÀ.GAL GÌR *Ki-in-ni* LÚ.MUŠEN.DÙ
12) 5 DAM *A-zi-ra* LÚ.NAR
13) 5 *i-di* LÚ.*ma-si ša i-na* URU.[*Ḫ*]*i-ma-at-ki i-*[*li-ku*]$^{??}$
14) 2 ^{f}*La-ma-a-da-e*
15) 2 MÍ.*mu-še-ni-iq-tum*
16) 6 *I-ri-a-du* GÌR *Bé-en-da-a-ia* LÚ.NAGAR
17) (Rasur: 22 10+x 3+x 3+x)

---

18) ŠU.NÍGIN 2 *me-t*[*im*] ⸢5⸣ *pa-ri-si* ZÍZ ZI.GA

---

19) 45 *pa* ŠE ŠÀ.GAL ANŠE.KUR.RA.ḪI.A ITI *At-ta-*[*na-tim*]
20) 48 *Ku-un-na-te* LÚ.É.UŠ
21) 5 ŠÀ.GAL ANŠE.KUR.RA.ḪI.A *ša* MAR.TU.KI
22) 5 ^{f}DAM *A-zi-ra* LÚ.NAR
23) 12 LÚ.MEŠ.*a-si-ri*
24) 15 *I-ri-iš-ma-a-bi*
25) 10 *Še-er-ri-ma*
26) 7 *Am-mi-ia* ŠÀ.GAL LÚ.MEŠ.*a-si-ri*
27) 4 ŠÀ.GAL MUŠEN.ḪI.A GÌR *Ki-in-ni*

u.Rd.
28) 5 ŠÀ.GAL ANŠE.KUR.RA *ša* MAR.TU ITI *Ki-ra-ri*

Rs.
29) ŠU.NÍGI[N 1 *me-*]*at* 56 *pa-ri-si* ŠE.A.AM
30) ZI.GA
31) 30 *p*[*a k*]*e-eš-še-nu* ŠÀ.GAL ANŠE.KUR.RA.[ḪI].A
32) *ša* ITI *At-ta-na-tim*
33) 20 *A-du* LÚ.ENGAR
34) 8 *Ku-un-na-te* LÚ.É.UŠ
35) 1 *me-at* GÌR TUR *Ku-un-ba-aḫ-li*
36) 2 ŠÀ.GAL ANŠE.KUR.RA.ḪI.A *ša* MAR.TU.K[I]
37) 2 ^{f}DAM *A-zi-ra* LÚ.NAR
38) 2 ŠÀ.GAL ANŠE.KUR.RA *ša* MAR.TU.KI

(Fortsetzung...)

Text 11 = Al T 274

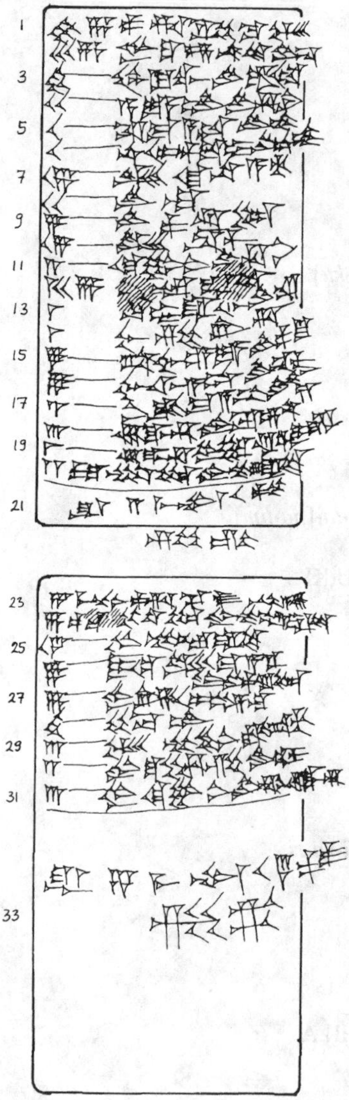

Z.2: F erg. <É>; **Z.15:** D,F: 7; **Z.18:** F: *Ku*-un-na-te*; **Z.20:** D: *úr*; nach B ist das *ú* wohl nachträglich in den Text korrigiert worden; **Z.21:** E: 360; D,F: 3; **Z.22** steht auf u.Rd. (gegen D,F); **Z.24:** F: *Pa-ku-li?-li*; D.Arnaud, AuOr 16,164: *pa-*⌈*lu*?⌉*-li-li;* **Z.26:** F: LÚ.MEŠ.x.A.x

39) [ŠU].NÍGIN 1 *me-at* 1 *šu-ši* 3 *pa-ri-si ke-eš*[*-še-nu*]

Text 11 = Al T 274

AM 9028

D: S. 22; E: S. 87; F: S. 30 (Z.21-25 abweichende Zeilenzählung)

1) 66 *pa-ri-si* ŠE.BA MÍ.MEŠ
2) 36 GÌR *Ku-un-na-te* LÚ.UŠ
3) 50—*Eḫ-lu-wa* LÚ.BUR.GUL
4) 20—*A-ia-*LUGAL LÚ.MUŠEN.DÙ
5) 10—*Iš-ma-a-du* LÚ.MU
6) 10—*Na-mi-*^{d}*Da-gan* LÚ.RÁ.GAB
7) 15—LÚ.MEŠ.*ki-na-a-ti*
8) 20—LÚ.ENGAR
9) 5—LÚ.*pa-ru-li*
10) 15—LÚ.MEŠ.UŠ.BAR
11) 2—*Ki-in-ni* LÚ.MUŠEN.DÙ
12) 86 [*M*]*u-úr-ra-te*
13) 1 *Z*[*u-u*]*k-ra-ši* LÚ.KUŠ$_{7}$
14) 1 ^{f}*Zi-ir-ri*
15) 7—*Ta-aḫ-e-ia* LÚ.SIPA
16) 8—*Eḫ-lim-a-du* LÚ.UŠ.BAR
17) 2—*Ni-iq-ma-a-bi* LÚ.NAR
18) 3—ŠÀ.GAL MUŠEN GÌR *Zu-un-na*
19) 1—ŠÀ.GAL MUŠEN GÌR *Šar-ru-we* DUMU SANGA
20) 2 *pa-ku-mu-ut-tu* GÌR *Mu-ú-ra-te*

21) ŠU.NÍGIN 2 *me-tim* 70 *pa* ŠE

u.Rd.
22) ZI.GA

Rs.
23) 5 *me-tim pa-ri-si* ZÍZ NUMUN A.ŠÀ
24) 6 *pa-k*[*u-m*]*u-ut-tu* GÌR *Mu-úr-ra-te*
25) 14—GÌR *Mu-úr-ra-te*
26) 8—*i-di* LÚ.MEŠ.*ma-a-si* \ GÌR LÚ.*pa-ru-li*
27) 6—GÌR *Ir-ḫa-mi-il-la*
28) 40—ŠE.BA LUGAL
29) 3—MÍ.MEŠ.*mu-še-ni-iq-ta-ti*
30) 2—GÌR *Ku-uz-zi* LÚ.ÚZU
31) 3—GÌR *Ki-in-ni* LÚ.MUŠEN.DÙ ŠÀ.GAL MUŠEN

(Absatz)
32) ŠU.NÍGIN 5 *me-tim* 74 *pa* ZÍZ
33) ZI.GA

Text 12 = Al T 256

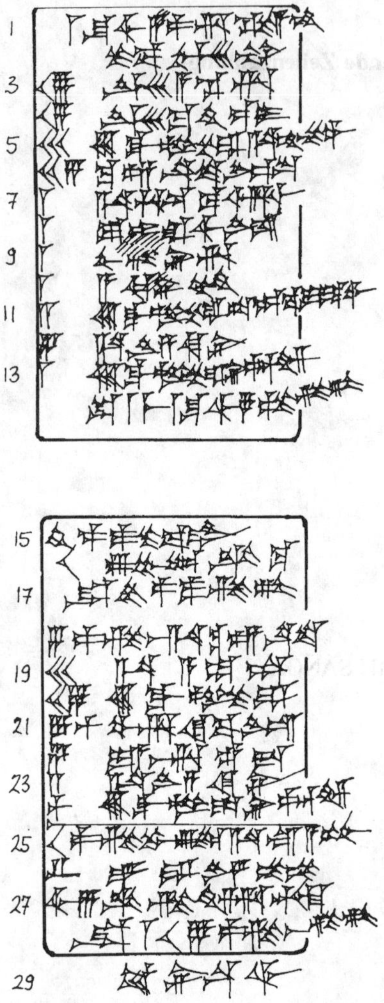

Z.1: D,F: 64; J.O.Mompeán, UF 30, 592: GIŠ!*pa-ri-si*; **Z.4:** F: *ma-ḫi-iṣ* x; **Z.7:** F: *ba*; **Z.10:** F: *A-ki-i-ḫi* x; Draffk., 128: dto. x als *še*; **Z.11:** D,F: 3; F: *ša i-na* URU.*Na*-x-*we i-li-ku*; **Z.12:** D,F: 6; **Z.16:** F: *Pa-aḫ-li-ik-ku*; Giac., 65: *il-li-ku*; Draffk., 28: *Eḫ-li-ik-ku*; **Z.24:** D,F: praeb. ANŠE.KUR.RA; omm. *ša*; F omm. lineam; **Z.25:** F: SAR* (siehe fig.1, S. 33); J.O.Mompeán, UF 30, 592: *ṣi-bu-ú-tu*; F: URU.*A-li-me*; **Z.28:** E: 77; **Z.29:** J.O.Mompeán, UF 30, 592: *lí-qa-še*

Text 12 = Al T 256

BM 131.564

D: S. 18f; E: S. 84; F: S. 24f (in D sind Vorder- und Rückseite vertauscht)

1) 1 *šu-ši* 5 *pa-ri-si* ŠE.A.AM
2) ŠE.BA MÍ.MEŠ-*tim*
3) 19 LÚ.MEŠ.*a-si-ri*
4) 15 LÚ.MEŠ.*ma-ḫi-iṣ-i*
5) 30 ŠÀ.GAL ANŠE.KUR.RA *a-na Am-mu-wa*
6) 25 *Ku-un-na-te* LÚ.É.UŠ
7) 1 *a-na Ḫu-uš-ma-ar-ši*
8) 1 *Zu-uk-ra-ši* LÚ.KUŠ$_7$
9) 1 ^{f}*Zi-ir-ri*
10) 1 *A-di-ni-iḫ-ḫe*
11) 2 ŠÀ.GAL ANŠE.KUR.RA *ša Ab-ba-i* DUMU *Ku-we*
12) 4 *a-na* LÚ.*sà-ki-ni*
13) 1 ŠÀ.GAL ANŠE.KUR.RA *Ir-pa-*^{d}IM
14) ŠU.NÍGIN 1 *me* 1 *šu-ši* 7 *pa* ŠE ZI.GA

Rs.
15) 40 *pa* ZÍZ ŠE.BA LUGAL
16) 10 *Ú-bu-li-ik-ku*
17) ŠU.NÍGIN 50 *pa* ZÍZ ZI.GA
18) 5 *pa* ZI.AŠ *a-na Ku-un-na-te*
19) 30 *a-na A-ad-du*
20) 28 ŠÀ.GAL ANŠE.KUR.RA
21) 7 *We-ri-ki-ba* LÚ.KUŠ$_7$
22) 5 *Ia-aš-re-e-da*
23) 2 *a-na* LÚ.*sà-ki-ni*
24) ŠÀ.GAL ANŠE.<KUR.RA> *ša Ir-pa-*^{d}IM

---

25) 10 *pa zi-bu-ú*.SAR *a-na* URU.*A-pí-šal*
26) 1/3 *Bur-ra* LÚ.NINDA.DUḪ.DUḪ
27) IGI.6.GÁL *Zi-im-ri-*^{d}IŠDAR
28) ŠU.NÍGIN 78 *pa* ZI.AŠ ZI.GA

u.Rd.
29) ITI *Ni-qa-lim*

Text 13 = Al T 254

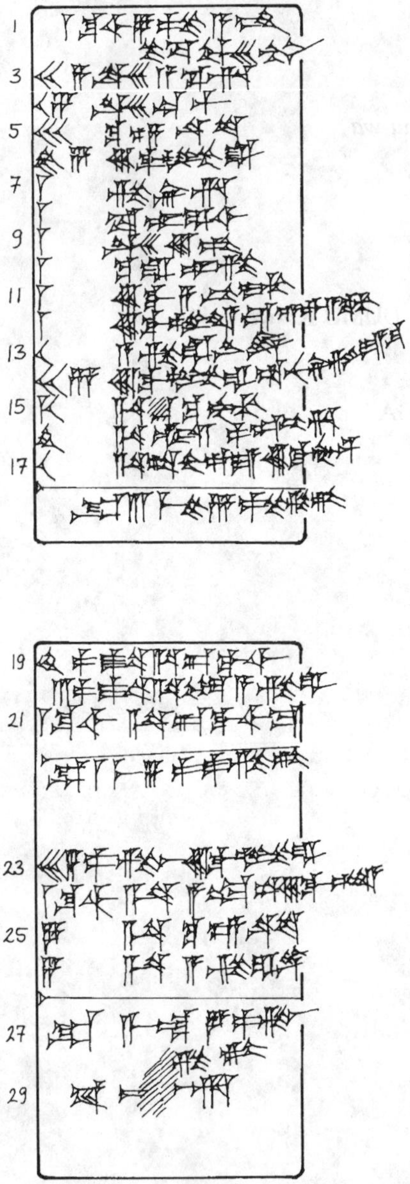

Z.3: D,F: 25; **Z.12:** F: *a-zu-ti*; J.O.Mompeán, UF 30, 591: *a-ṣú-ti*; **Z.16:** F: BAPPIR* *ba-*; Draffk.,139: *Bur-iš-pa-ab-bi-ḫu* oder "perhaps" *Bur-ra*!; **Z.17:** Giac., 26: SAL.ḪAL.MAŠ; F: GÌR.AN.BAR; J.O.Mompeán, UF 30, 591: GUD.APIN.MAŠ.LAL; **Z.18:** E: 366; **Z.19f:** F: jeweils ZÍZ.GIŠ statt ZÍZ.BABBAR; **Z.25:** Goetze,38: 7*; **Z.26:** F add. <LÚ>; Goetze,38: 5*

Text 13 = Al T 254

BM 131.563

D: S. 18; E: S. 84; F: S. 24

1) 1 *šu-ši* 8 *pa* ŠE.A.AM
2) ŠE.BA MÍ.MEŠ-*tim*
3) 24 LÚ.MEŠ.*a-si-ri*
4) 15 LÚ.MEŠ.UŠ.BAR
5) 30 *Ku-un-na-te*
6) 55 ŠÀ.GAL ANŠE.KUR.RA
7) 1 *Zi-ir-ri*
8) 1 *Zu-uk-ra-ši*
9) 1 LÚ.MEŠ.ŠÀ.GU$_4$
10) 1 *Ku-ra-az-zi*
11) 1 ŠÀ.GAL *ṣa-bi-i-ti*
12) 1 ŠÀ.GAL ANŠE.ḪI.A URU.*E-mar a-ba-ti*
13) 10 *A-zi-ra* LÚ.NAR
14) 26 ŠÀ.GAL ANŠE.KUR.RA *ša Nu-ni-kí-ia-šu*
15) 70 *a-na* [*š*]*u-ku-up-ti*
16) 40 *a-na* BAPPIR *bá-ap-pí-ri*
17) 10 *a-na Ta-aḫ-e-ia* ŠÀ.GAL ŠAḪ

---

18) ŠU.NÍGIN 3 *me* 56 *pa* ŠE ZI.GA

Rs.
19) 40 *pa* ZÍZ.BABBAR *a-na* É.GAL-*lim*
20) 3 *pa* ZÍZ.BABBAR *a-na* [f]DAM *A-zi-ra*
21) 1 *šu-ši a-na* É.GAL-*lim-ma*

---

22) ŠU.NÍGIN 1 *me* 6 *pa* ZÍZ ZI.GA

(Absatz)
23) 35 *pa* ZI.AŠ ŠÀ.GAL ANŠE.KUR.RA
24) 1 *šu-ši a-na A-ad-du* ŠÀ.GAL GU$_4$.ḪI.A
25) 7 *a-na Ku-un-na-te*
26) 5 *a-na A-zi-ra* NAR

---

27) ŠU.NÍGIN 1 *me-at* 7 *pa* ZI.AŠ
28) ZI.GA
29) ITI *P*[*a-a*]*g-ri*

Text 14 (unveröffentlicht)

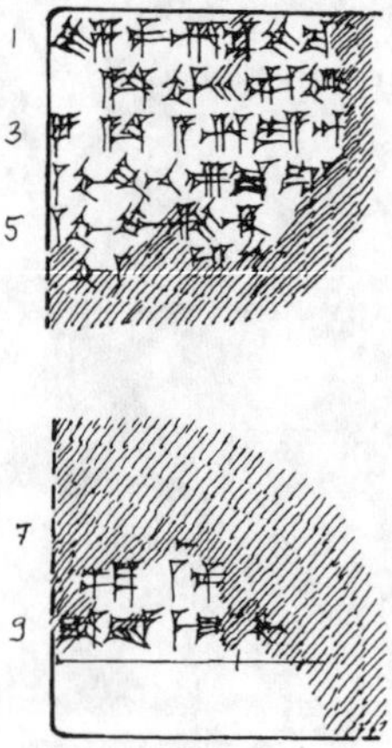

Text 15 = Al T 272

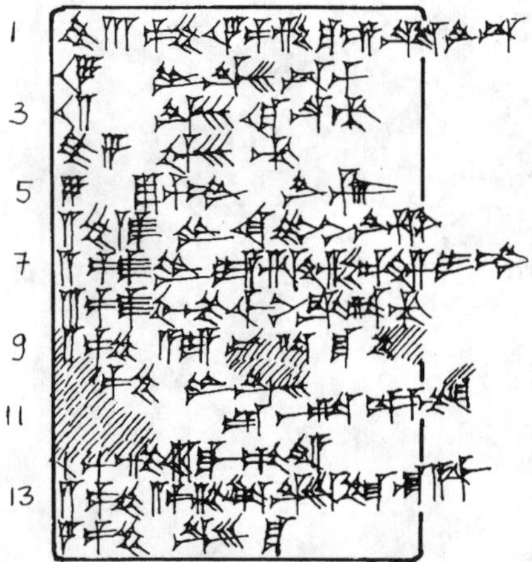

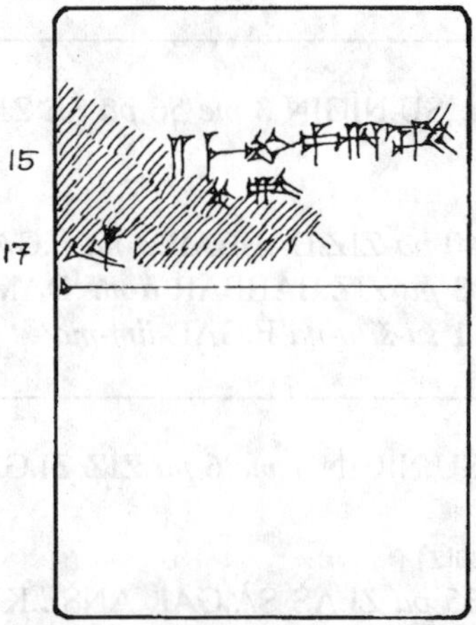

Z.2: F: ZI.AŠ?; F: omm. LÚ.UŠ; **Z.6:** F: 2 PA? ZÍZ; **Z.9:** F: 4 (gegen D); F: *-na-ku-še*; **Z.10:** LÚ.MEŠ[...]; **Z.12:** D,F: x pa; **Z.13:** F: 2 PA ŠE 2 PA ZI.AŠ? *ša* LÚ.MEŠ SAL-*tu la-a-ši*; **Z.14:** E: *amēlē (meš) GAL*; F: LÚ.APIN*

Text 14 (unveröffentlicht)
BM 131.939

1) 66 *pa-ri-si* ŠE.BA
2) *a-na* MÍ.MEŠ.SAG.GÉME
3) 7 *a-na A-ri-ia-an*
4) 1 ᶠ*Ḫe-pát-ú-ma-ra*
5) 1 ᶠ*Pu-ze-en*
6) [1] ᶠ⌈*A-ri*⌉-*i*[*p*-x

Rs.
7) [x x] x [ ]
8) [Š]U.NÍGIN 60 *pa*-[*ri-si*]
9) *ša* ITI *Me-ša-a*[*r-ri*]

Text 15 = Al T 272
BM 131.571
D: S. 22; E: S. 87; F: S. 30 (ab Z.11 abweichende Zeilenzählung)

1) 53 *pa* ŠE 14 *pa* ZI *Ku-un-na-te* LÚ.UŠ
2) 17 GÌR LÚ.MEŠ.UŠ.BAR
3) 12 LÚ.MEŠ.*ki-na-ti*
4) 65 MÍ.MEŠ-*ti*
5) 8 *Lu-bar*-LUGAL LÚ.AŠGAB
6) 2 ŠE 1 ZÍZ GÌR *Ki-in-ni* LÚ.MUŠEN.DÙ
7) 2 *pa* ZÍZ GÌR *Ia-ri-im-li-im* DUMU LUGAL
8) 3 *pa* ZÍZ MÍ.*mu-ši-ni-iq-ta-ti*
9) 2 *pa* ŠE *A-ia-* ⌊*bi-ta*⌋ *-ku-še*
10) [x] *pa* ŠE GÌR LÚ.MEŠ.
11) URU.*Aš-ta-ka-mu*.KI
12) ⌈11 *pa*⌉ ZI ŠÀ.GAL GU_4.ḪI.A
13) 2 *pa* ŠE 2 *pa* ZI (Korrektur) *ša* LÚ.MEŠ ᵐ*Tu-la-a-ši*
14) 4 *pa* ŠE LÚ.MEŠ.ÁZLAG

u.Rd.

Rs.

(Absatz)
15) [ŠU.NÍGIN] 2 *me-tim pa-ri-si* ŠE
16) ZI.GA
17) ⌈ITI *Ú*⌉ -[*ti*]- ⌈*it-ḫi*⌉

Text 16 = Al T 283b

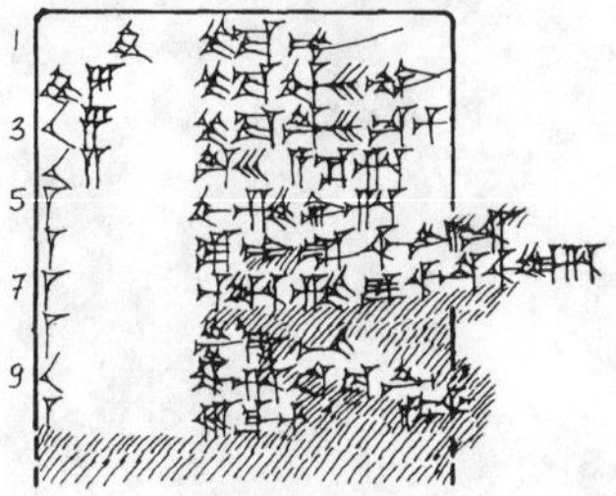

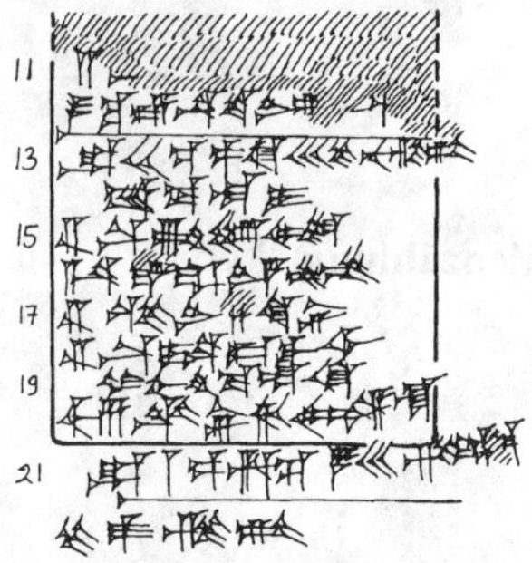

Z.2: D,F: 57; **Z.6:** F: LÚ*; **Z.8:** LÚ.KUŠ$_7$ ist unter LÚ.TUR kommentiert; F: x-*ta-zi*; F: *Ši-na-wa-šar-ri*; J.O.Mompeán, UF 30, 598: *Ši-na-ši*!-*tu-ri*; **Z.8-11:** F hat kaum mehr als die Zahlen; **Z.9:** J.O.Mompeán, UF 30, 598: LÚ.BUR.[GUL]; **Z.10:** J.O.Mompeán, UF 30, 589: *Ew-ri-tam-ma*; **Z.12:** D,F: 7; F omm. lineam; **Z.15.17.18:** F hat *qa* statt *pa*; **Z.15:** F: *hi-li-mi-tu*; **Z.19:** F: SAL.DAM? *La-ki*; Draffk., 135: *Gam-ma-la-ki* ("perhaps read *tu*! for *gam-ma*"; **Z.20:** D,F omm. GÁL; F: IGI.6 LÚ.MEŠ *Ir-ḫa-*; **Z.21:** F: ZI.LI; Goetze, 38: "Mr. Wiseman informs me that the original offers <^{d}>XXX-*e-da*"; J.O.Mompeán, UF 30, 599: 60 *pa-ri-si* 4 ŠE ZI.GA; **Z.22:** D,F haben Z.22 als Z.1

Text 17 = Al T 264

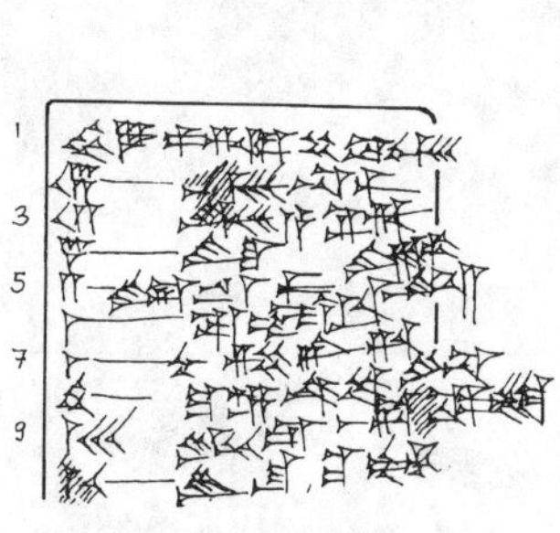

Text 16 = Al T 283b

BM 131.577

D: S. 1.24; E: existiert nicht; F: S. 32 (abweichende Zeilenzählung)

1) 40 ŠE.BA LUGAL
2) 54 ŠE.BA MÍ.MEŠ-*tim*
3) 15 ŠE.BA LÚ.MEŠ.UŠ.BAR
4) 12 LÚ.MEŠ.*a-si-ri*
5) 1 ^{f}*Zi-ir-ri*
6) 1 *Zu-uk-ra-ši* LÚ.TUKU+KUŠ$_7$
7) 1 *Qa-uz-zi* DUMU *Ši-na-ši-tu-ri*
8) 1 LÚ K[UŠ$_7$]$^{??}$ LÚ.TUR *A*[*m-mu-ri*.KI]$^{??}$
9) 10 *We-ri-k*[*i*]-*ba* LÚ.K[UŠ$_7$]
10) 1 ŠÀ.GAL MUŠ[EN GÌR *Iš-ma-*]*a-du* L[Ú.MU]

Rs.
11) 2 x [ ]
12) 3 *Ku-un-na-te* LÚ.É.U[Š] [ ]

---

13) ŠU.NÍGIN 20 GIŠ.*pa ke-eš-še-nu* ZI.GA
14) ITI *Ba-la-i*
15) 1/3 *pa*$^{!}$ ŠAM.*ḫi-li-mi*.SAR
16) *a-na Bur-ra* LÚ.NINDA.DUḪ.DUḪ
17) 1/3 *pa*$^{!}$ {ŠE} LÚ.[*s*]*à-ki-ni*
18) 1/3 *pa*$^{!}$ *i-na* É.GAL-*lim*
19) GÌR MÍ.*Ḫi-ba-at-ki*
20) IGI.6.GÁL *Ir-ḫa-mi-il-la*
21) ŠU.NÍGIN 1 *pa-ri-si* 7 EŠ$^{!?}$ ZI.GA$^{!?}$

---

22) 40 ZÍZ ZI.GA

Text 17 = Al T 264

AM 9122

D: S. 20; E: S.85f; F: S. 26f

1) 57 *pa-ri-si* <ŠE> ŠE.BA MÍ.MEŠ
2) 15— [L]Ú.MEŠ.UŠ.BAR
3) 12 LÚ.MEŠ.*a-si-ri*
4) 4— LÚ.ÁZLAG
5) 2—LÚ.É.UŠ 1 *pa* LÚ.ŠÀ.GU$_4$
6) 1— *Zu-uk-ra-ši* LÚ.KUŠ$_7$
7) 1— ^{f}*Zi-ir-ri*
8) 40— *Ku-un-na-te* LÚ.UŠ
9) 90 LÚ.MEŠ.URU.*Aš-ta-ka-mu*.KI
10) 70— LÚ.*šu-ku-up-ti*

Fortsetzung...

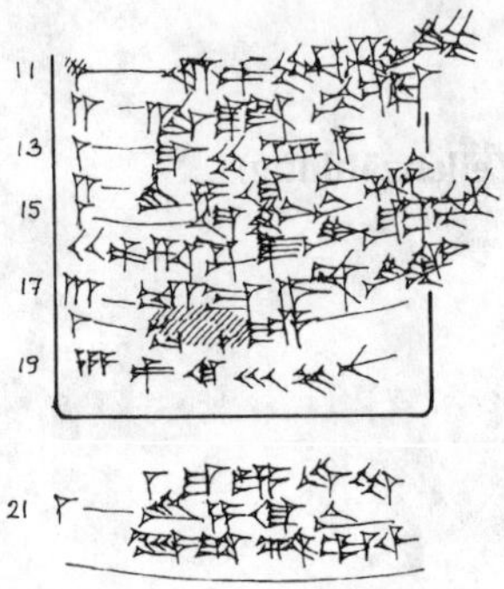

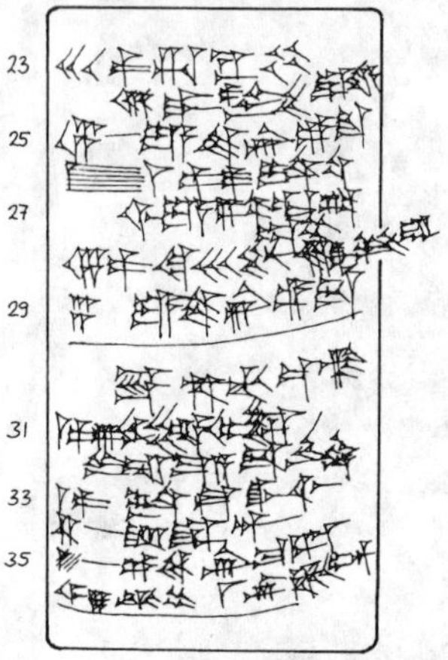

Z.4: F: LÚ.APIN (vgl. aber die Reihenfolge in Text 21); **Z.5:** F: LÚ.GIŠ.BAN?; **Z.8:** F add. <É>; **Z.12:** F: *Ku-da-bi-iz-zu*; **Z.14:** F: *ki**; **Z.18:** F: *Zu*(?)*-a-ia;* **Z.20:** D,F: 10 ^{m}*Ku-*; **Z.21:** F: *ki**; **Z.26:** D,F: 1 statt (Rasur: 1); D,F: u_4*-um*; **Z.27:** F hat alles auf einer Zeile (gegen D); **Z.31:** F: MI.SAR*; **Z.32:** F: LÚ.NA-GAR

Text 18 (unveröffentlicht)

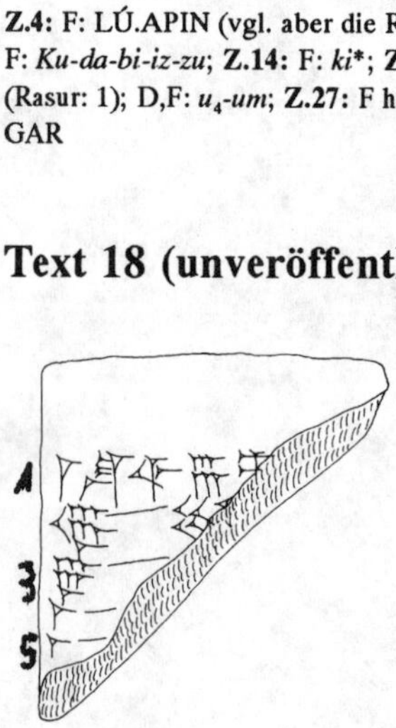

11) 1— ŠÀ.GAL UZ.MUŠEN GÌR LÚ.MU
12) 2— *a-na Ku-tá-bi* GIŠ.GIGIR
13) 1— *Ku-še-sa-a*
14) 2— LÚ.*sà-ki-ni*
15) 1— *Ki-in-ni* MUŠEN.DÙ
16) 20 *pa-ri-si* ZÍZ LÚ.*šu-ku-up-ti*
17) 3— *Iš-ma-a-du* LÚ.NAR
18) 1— *B*⌜*a-a*⌝*-ia*
19) 6 *pa ke-eš-še-nu*

u.Rd.
20) DIŠ *Ku-un-na-te*
21) 1— LÚ.*sà-ki-ni*
22) ITI *Ša-ta-al-lim*

Rs.
23) 30 *pa-ri-si* ŠE
24) ŠÀ.GAL ANŠE.KUR.RA.ḪI.A
25) 15— *Ia-ṭe*$_4$*-er-e-da*
26) (Rasur: 1) 1 *pa* ZÍZ *i-na* UD
27) *ši-ia-ta-al-ta-* \ *-ap-še*
28) 15 *pa ke-eš-še-nu* ŠÀ.GAL ANŠE.KUR.RA
29) 5 *Ia-ṭe*$_4$*-er-e-da*

---

30) ITI *Ḫu-dì-iz-zi*
31) 1 *pa* ŠAM.TIN.TIR.GE$_6$.SAR
32) GÌR *Iš-ma-a-da* LÚ.NAR
33) 1 *pa i-na* É.GAL*-lim*
34) 1/3— *Bur-ra-an*
35) 1— *E-ṭe*$_4$*-er-ma-lik*
36) IGI.8.GÁL {ŠE} DIŠ *Ir-ḫa-mi-ila*

Text 18 (unveröffentlicht)
ATT 81/14

1) 1 *šu-ši* 6 *pa* [ŠE MÍ.MEŠ.SAG.GÉME]
2) 17——ŠE *a*[*-na* LÚ.MEŠ.UŠ.BAR]
3) 7——[ŠE *a-na* LÚ.MEŠ.*a-si-ri*]
4) 1——[ŠE *a-na*]
5) 1——[ŠE *a-na*]
6) [ ]

Fortsetzung...

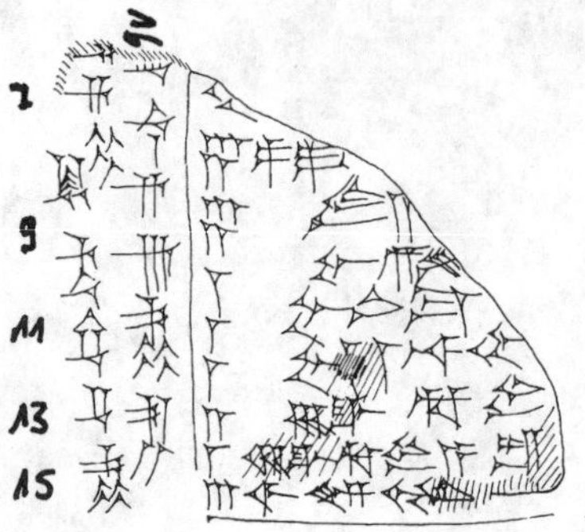

Z. 7: Die Zahl dürfte wohl 40[?] sein.

Text 19 = Al T 241

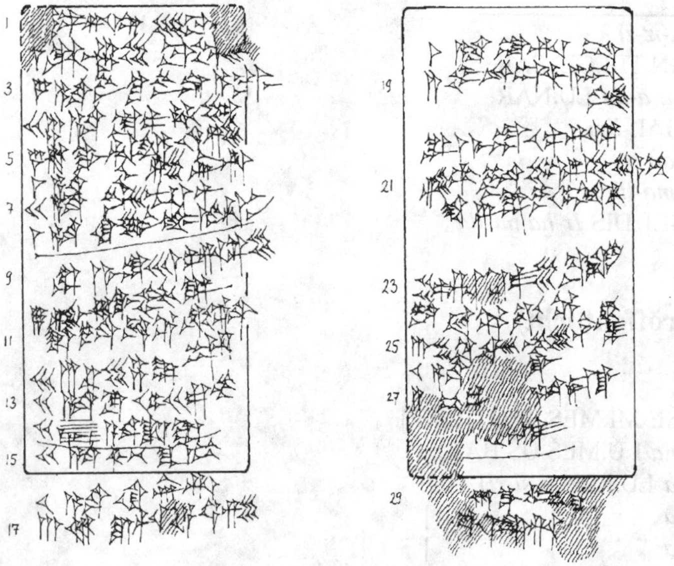

Rs.
7) 20+[x *pa*]
8) 5 *pa* ZÍZ G[ÌR]
9) 5 GÌR *A*-[ ]
10) 1 ᶠ*Gi*-[ ]
11) 1 ᶠ*Ni-ma*-[ ]
12) 1 ᶠ*Ku-ti-iḫ*-[ ]
13) 2 ŠÀ.GAL MUŠEN GÌR [ ]
14) 1 ŠÀ.GAL MUŠEN GÌR *A-ia*-[LUGAL LÚ.MUŠEN.DÙ]

o.Rd.
15) 1 *ši-im* GI

---

lkr.Rd.
16) [*š*]*u-ši pa* ZÍZ ZI.GA
17) [x]+4 *pa* ŠE
18) ITI *Ḫu-di-iz-zi*

Text 19 = Al T 241

AM 9038

D: S. 14; E: S. 82; F: S. 20 (Zeilennummern ab Z. 20 abweichend)

1) ⌜9⌝ *pa-ri-si* ŠE.BA x [ ]
2) 1 *šu-ši* 7 ŠE.BA MÍ.MEŠ L[UGAL]
3) 4 *a-na* LÚ.ÁZLAG LÚ.URU.*A-ma-me*
4) 25 *a-na Su-bá-ḫa-li*
5) 4 ŠÀ.GAL MUŠEN.ḪI.A.u_4-*sí*
6) 1 *a-na* ᶠ*Zi-ir-ri*
7) 20 *a-na* LÚ.MEŠ.UŠ.BAR
8) 1 *a-na Ki-in-ne* LÚ.MUŠEN.DÙ

---

9) ŠU.NÍGIN 1 *me-at* 31 *pa-ri-si* ŠE
10) 8 ZI.AŠ ŠÀ.GAL ANŠE.KUR.RA
11) *ša i-na* ITI *E-ek-e-na*
12) 33 1/3 ŠE *za-ra-ap-ḫu*
13) 20 *a-na Su-mi-lam-mu*
14) 20 (Rasur: *a-na*) *a-na Bur-ra*

---

15) 20 *a-na Ši-nu-ra-pí*

u.Rd.
16) 10 *a-na Ki-ir-ri*
17) 3 ŠÀ.GAL! MUŠEN.[Ḫ]I.A.u_4-*sí*

Fortsetzung...

Z.1: F: 8; aus D ist keine sichere Entscheidung zu treffen. F ergänzt [LUGAL(?)]; **Z.2:** F: GÉME[?]; **Z.14:** F: Rasur fehlt (gegen D); **Z.15:** F: *Ši-pít-ra-bi*; **Z.17:** Beachte die Zeichenvarianten in D; **Z.18:** B omm. <*a*>; D,F praeb. ; **Z.19:** D,F: *ši* ist nicht sichtbar; **Z.20:** B omm. ŠE; D,F praeb.; **Z.25:** F: *-tum* ist auf der Zeile; B,D: abgesetzt; **Z.26:** D: 10 *a-na* LÚ.TÚG; vgl. aber E: "palace retainers"; **Z.27:** F: 2 KAŠ [...] *a-na* É.GAL; **Z.29f:** D,F omm. Die Zahl 36 ist nach 56,1 zu ergänzen.

Text 20 = Al T 251

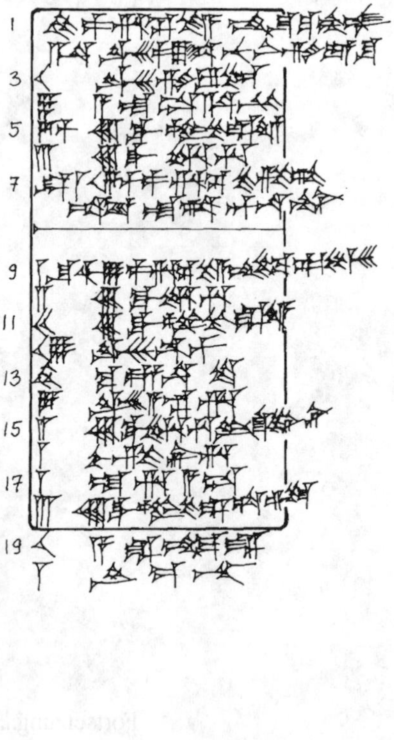

Rs.
18) 1 *a-na At-ri-*<*a*>*-du*
19) 2 GÌR *Na-ap-ši-a-du* LÚ.MU
20) ŠU.NÍGIN 1 *me-at* 10 *pa-ri-si* <ŠE>
21) ZI.GA *i-na li-ib-bu* ŠE.A.AM
22) *ša Ir-ra-i-mi-it-ti*

(Absatz)
23) 40 *pa-*⌜*ri-si*⌝ ZÍZ ŠE.BA *ša* LUGAL
24) *i-na* ITI *E-ek-e*
25) 3 ŠE.BA MÍ.MEŠ.*mu-še-ni-iq-* \ *-tum*
26) 10 *a-na* [É].GAL
27) 2 KAŠ.GEŠ[TIN] [x] *a-na* É.GAL
28) [ŠU.NÍGI]N ⌜55⌝ ZÍZ

---

o.Rd.
29) [36] ŠÀ.GAL ANŠE.KUR.R[A]
30) ITI *Ki-ra-ri*

Text 20 = Al T 251

BM 131.562
D: S. 17; E: S. 84; F: S. 23

1) 50 *pa-ri-si* ŠE.A.AM *šu-ku-up-tum*
2) *a-na* LÚ.MEŠ.SIPA *ša Nu-ni-kí-ia-šu*
3) 10 LÚ.MEŠ.*kí-ib-li*
4) 8 *A-ad-du a-na* NUMUN
5) 4 1/2 ŠÀ.GAL ANŠE.KUR.RA.ḪI.A
6) 3 ŠÀ.GAL UZ.MUŠEN
7) ŠU.NÍGIN 75 1/2 *pa-ri-si* ŠE ZI.GA
8) *ša* ITI *At-ta-an-na-tim*

---

9) 1 *šu-ši* 9 *pa-ri-si* ŠE.A.AM ŠE.BA SAG.GÉME.MEŠ
10) 2 ŠÀ.GAL UZ.MUŠEN
11) 20 ŠÀ.GAL ANŠE.KUR.RA.ḪI.A
12) 19 LÚ.MEŠ.UŠ.BAR
13) 40 *Ku-un-na-te*
14) 7 LÚ.MEŠ.*a-si-ri*
15) 2 ŠÀ.GAL UZ.MUŠEN GÌR *Ki-in-ni*
16) 1 ^{f}*Zi-ir-ri*
17) 1 *At-ri-a-du*
18) 3 ŠÀ.GAL ANŠE.KUR.RA *ša* MAR.TU

u.Rd.
19) 10 *A-ra-am-ma-ra*
20) 1 LÚ.GIŠ.BAN

Fortsetzung...

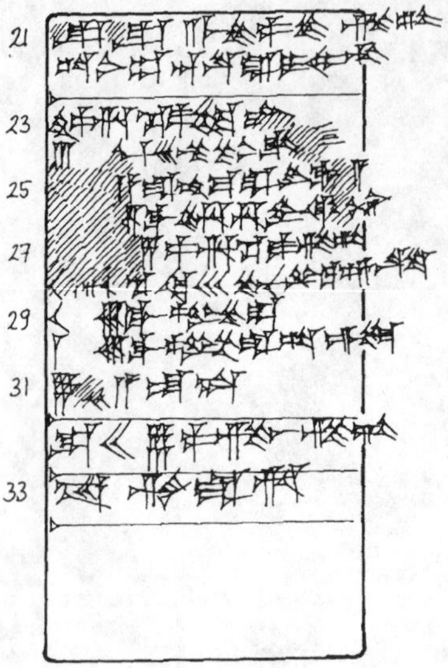

Z.2: J.O.Mompeán, UF 30, 590f: *Be-lí-*; **Z.12**: D,F: 18; **Z.20**: Draffk., 230: LÚ.*ma*-TAR oder "Perhaps read DI!.KUD" **Z.23**: F: LUGAL*; **Z.24**: D,F: 2; **Z.25**: F: LÚ.NAR; Draffk., 23: LÚ.ŠU.I (?); **Z.28**: F: [10] x PA

Text 21 = Al T 247

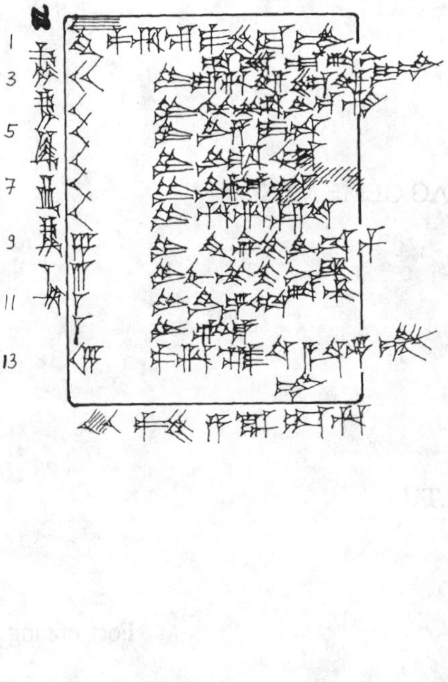

Rs.
21) ŠU.NÍGIN ŠU.NÍGIN 2 *me* 50 *pa* ŠE ZI.GA
22) *ša* Ì.DUB ^{d}*Ìr-ra-i-mi-ti*

---

23) 40 *pa-ri-si* ZÍZ ŠE.BA LUGAL
24) 3 MÍ.MEŠ.*mu-še-ni-iq-*[*tu*]*m*
25) [5] ⌜*A*⌝*-ra-am-ma-ra* LÚ.SIMUG
26) [1$^{?}$ Š]À.GAL UZ.MUŠEN GÌR *Ki-*[*i*]*n-ni*
27) [ŠU.NÍGIN 5]5 *pa-ri-si* ZÍZ ZI.GA
28) 10 [*pa-r*]*i-si ke-eš-še-nu* GÌR *Ku-un-na-te*
29) 10 ŠÀ.GAL ANŠE.KUR.RA
30) 1 ŠÀ.GAL ANŠE.KUR.RA *ša* MAR.TU
31) 8 (Rasur: 20) *A-ad-du*

---

32) ŠU.NÍGIN 29 *pa* ZI.AŠ ZI.GA

---

33) ITI *Kí-ra-ri*

Text 21 = Al T 247

BM 131.560

D: S. 16; E: S. 83; F: S. 22 (ab Z.15 abweichende Zeilennummern)

(Rasur: 10)
1) 40 *pa-ri-si* ZÍZ ŠE.BA LUGAL
2) *ša* ITI *At-ta-ni*
3) 20 GÌR *Ia-ri-im-li-im* DUMU LUGAL
4) 10 GÌR *Aḫ-mu-ša* LÚ.GIŠ.GI
5) 10 GÌR LÚ.*Ṣa-i-du*
6) 10 GÌR LÚ.BUR.GUL
7) 10 GÌR LÚ.SIMUG.⌜URUDU⌝
8) 10 GÌR *Ḫu-ri-ip-te*
9) 5 GÌR *Ḫi-ir-še* LÚ.UŠ.BAR
10) 3 GÌR MÍ.*mu-še-ni-iq-* \ *-ta-ti*
11) 1 GÌR LÚ.BUR.GUL
12) 1 GÌR SIMUG
13) 15 *pa-ri-si* ZÍZ.BABBAR *a-na* KURUM$_6$ (Korrektur: LUGAL)
14) LUGAL

u.Rd.
15) ⌜30⌝ *pa* ŠE *za-ra-ap-ḫu*

Fortsetzung...

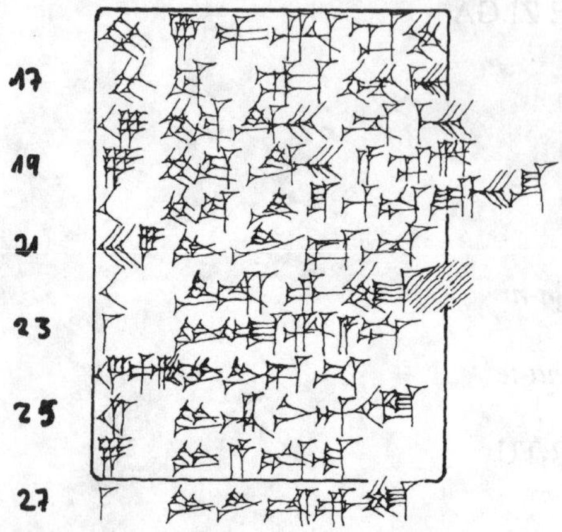

Z.1: D,F omm. [Verschreibung]; **Z.3:** J.O.Mompeán, UF 30, 590: *Kam*$^!$; **Z.7:** F: LÚ.MAR.TU.x; **Z.10:** F: *-ta-ti* auf der Zeile; **Z.12:** F: GÌR *E-ḫe-lu*; J.O.Mompeán, UF 30, 590: *Ek-la* statt SIMUG; **Z.13:** Giac., 69 hat BABBAR als eigenes Wort; F: NÍG.DÌM statt KURUM$_6$; J.O.Mompeán, UF 30, 590: ZÍZ-*tam a-na* NINDA KASKAL LUGAL; **Z.15:** D,E,F: 20; **Z.22:** D,F: 1;**Z.24:** J.O.Mompeán, UF 30, 590: EN-*lí*; **Z.26:** F: *A-du-te*; J.O. Mompeán, UF 30, 590: *A-du-la*!; **Z.27:** Zeile steht auf oberem Rand (gegen D,F)

Text 22 = Al T 261

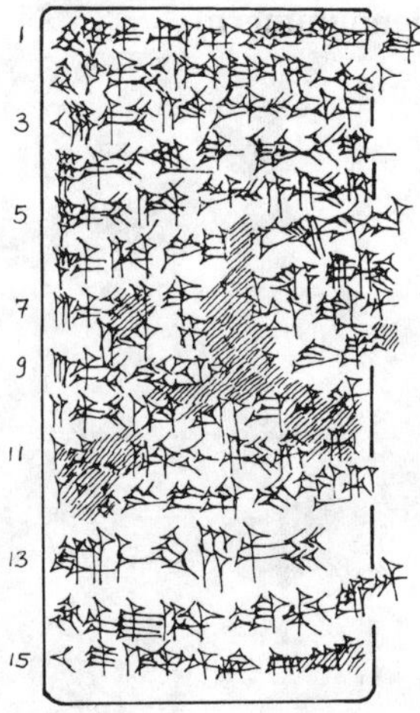

Rs.

16) 68 *pa-ri-si* ŠE
17) ŠE.BA SAG.GÉME.MEŠ
18) 18 ŠE.BA LÚ.MEŠ.UŠ.<BAR.>MEŠ
19) 8 ŠE.BA LÚ.MEŠ.*a-si-ri*
20) 10 ŠE.BA LÚ.ÁZLAG *qa-du* TUR.MEŠ-*šu*
21) 37 GÌR LÚ.É.UŠ
22) 10 LÚ.KUŠ$_7$ MAR.TU
23) 1 GÌR *At-ri-a-du*
24) 14 *pa* ZI.AŠ GÌR LÚ.É.UŠ
25) 12 GÌR *En-ni-*^{d}IŠDAR
26) 8 GÌR *A-du* ENGAR

o.Rd.
27) 1 GÌR LÚ.KUŠ$_7$ MAR.TU

lkr.Rd.
28) ZI.GA ITI *At-ta-na*

Text 22 = Al T 261

AM 9033
D: S. 20; E: S. 85; F: S. 26

1) 57 *pa-ri-si* ŠE *i-na* É.GAL
2) 44 *pa* ŠE *a-na Ku-un-na-te*
3) 16 *pa* ŠE *a-na* LÚ.MEŠ.UŠ.BAR
4) 8 *pa* ŠE ŠÀ.GAL ANŠE.KUR.RA
5) 7 *pa* ŠE *a-na* LÚ.MEŠ.*a-sí-ri*
6) 4 *pa a-na* LÚ.ÁZLAG *Ni-im-na-du*
7) 3 *pa* ŠE [Š]À.GAL [MU]ŠEN.ḪI.A.*ú-sí*
8) *a-na Ḫa-ab-ra-an*
9) 3 *pa* ŠE *Mu-k*[*a* x x] LÚ.SIMUG
10) 2 *pa* ŠE *a-na Iš-ma-*^{d}IM
11) 1 *pa* [ŠE] *a-na* ^{f}*Zi-ir-ri*
12) 1 ⌈*pa* ŠE⌉ LÚ.TUR URU.*Mu-ra-ri*
13) ŠU.NÍGIN 1 *me* 45 *pa* ŠE
14) 50 *pa* ZÍZ *a-na At-ti-ia-an*
15) 10 ZÍZ *a-na* ^{d}*Ir-<pa>-sa-ap-si*$^{?}$

u.Rd.
16) 10 ZÍZ *a-na A-bi-ṭa-ba*

Fortsetzung...

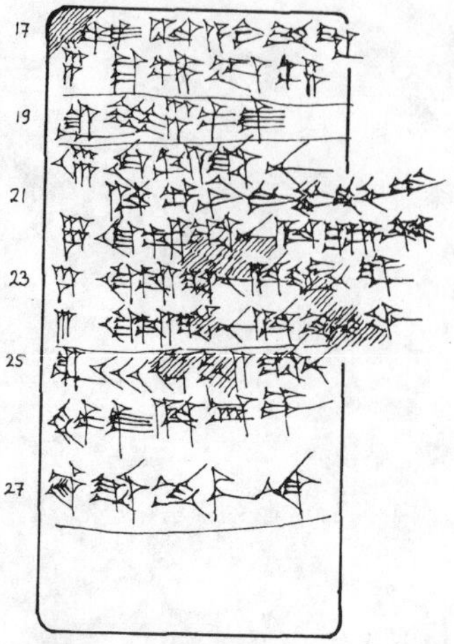

Z.1: D,F omm. [Verschreibung]; **Z.3:** J.O.Mompeán, UF 30, 590: *Kam*!; **Z.7:** F: LÚ.MAR.TU.x; **Z.10:** F: *-ta-ti* auf der Zeile; **Z.12:** F: GÌR *E-ḫe-lu*; J.O.Mompeán, UF 30, 590: *Ek-la* statt SIMUG; **Z.13:** Giac., 69 hat BABBAR als eigenes Wort; F: NÍG.DÌM statt KURUM$_6$; J.O.Mompeán, UF 30, 590: ZÍZ-*tam a-na* NINDA KASKAL LUGAL; **Z.15:** D,E,F: 20; **Z.22:** D,F: 1;**Z.24:** J.O.Mompeán, UF 30, 590: EN-*lí*; **Z.26:** F: *A-du-te*; J.O. Mompeán, UF 30, 590: *A-du-la*!; **Z.27:** Zeile steht auf oberem Rand (gegen D,F)

Text 23 (unveröffentlicht)

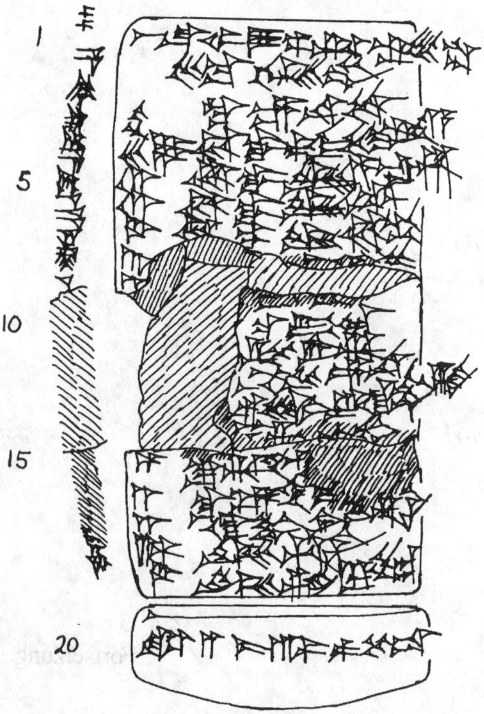

Rs.
17) ⌜20⌝ *pa* ZÍZ *a-na A-ni-qar-ra*
18) 5 *Ku-un-zu-un*

---

19) ŠU.NÍGIN 95 *pa* ZÍZ

---

20) 16 *ki-iš-ša-nu*
21) *a-na E-ni* LÚ.IN.KÀR LUGAL
22) 7 *ki-iš-ša-nu a-na Ku-un-na-te*
23) 4 *ki-iš-ša-nu a-na* ANŠE.KUR.RA
24) 3 *ki-iš-ša-nu a-na Am-mu-wa*

---

25) ŠU.NÍGIN 30 *ki-iš-ša-nu*
26) 40 *pa* ZÍZ *a-na* É.GAL
27) ITI *Ša-am-me-na*

Text 23 (unveröffentlicht)
ATT 39/102

1) 1 *šu-ši* 7 *pa-ri-si* ŠE-*tù*
2) ŠE.BA MÍ.MEŠ LUGAL
3) 40 *Ku-un-na-te*
4) 38 ŠÀ.GAL ANŠE.KUR.RA.ḪI.A
5) 12 ŠÀ.GAL LÚ.MEŠ.*a-si-ri*
6) 12 ŠÀ.GAL LÚ.MEŠ.UŠ.BAR
7) 4 ŠÀ.GAL LÚ.MEŠ.ŠÀ.GU_4
8) 3 [ŠÀ.GAL LÚ].⌞MEŠ.Ì.DUḪ⌟
9) 2 ⌜*a-na A-ad-du*⌝
10) [*a-na*] UD *ú-li*
11) [1 ᶠ]*Zi-ir-ri*
12) [1 ᶠ]*Ti-mu-un-na*
13) [LÚ.]URU.*Tu-ni-ip*.KI *ša* KÙ.GI
14) [*Pa-z*]*a-gi-in*
15) 2 *Su-ri-im* [ ]
16) 2 *Ku-un-di-b*[*a-aḫ-li*]
17) 2 *Ki-in-ni* LÚ.MUŠEN.DÙ
18) 3 1/2 LÚ.MEŠ.MUŠEN.DÙ
19) 4 LÚ.MEŠ.*kí-ib-li*

u.Rd.

---

20) ŠU.NÍGIN 2 *me* 3 1/2 *pa* ŠE-*tù*

Fortsetzung...

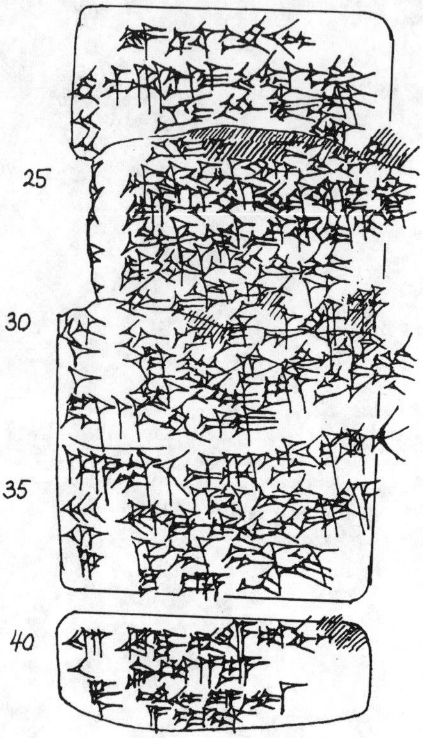

Z.28: Vgl. das Zeichen in Z.34; **Z.29:** UM und ME sind ligiert, vgl. 26,21; **Z.30:** Das *-ma*-Zeichen ist sicher, da der Name belegt ist. Es dürfte sich um das bekannte Phänomen des "gespaltenen Griffels" handeln.

Text 24 = Al T 238

Rs.
21) ITI *Ša-am-mi*
22) 40 *pa-ri-si* ZÍZ ŠE.BA LUGAL
23) [2]0 GÌR *Pu-uḫ-ia*
24) [2]0 GÌR x x x LÚ.KUŠ$_7$
25) [2]0 ^{d}UTU-*ši*-^{d}IM ŠEŠ LUGAL
26) [2]0 *Ia-ri-im-li-im* DUMU LUGAL
27) x+1 LÚ.TIN *ša* URU.*Ḫa-at-ti*.KI
28) 2+x *Ku-uz-zi* LÚ.NUMUN$^{?}$
29) x+1 MÍ.UM.ME.GA.LÁ
30) 10 1/2 ^{f}*La-ma*-^{d}IM-*e*
31) 1 *Ki-in-ni* LÚ.MUŠEN.DÙ
32) 1 *Eḫ-li-ia* LÚ.Ì.DUḪ
33) ŠU.NÍGIN 1 *me* 40 *pa* ZÍZ

---

34) 1 *me-a-at* 10 *pa-ri-si ki-ša-nu* \ *a-na* NUMUN
35) 30 ŠÀ.GAL ANŠE.KUR.RA.ḪI.A
36) 12 *A-ad-du*
37) 5 *Ku-un-na-te*

u.Rd.
38) 23 ŠÀ.GAL GU$_4$.ḪI.A *ša* MÍ[.LUGAL$^{?}$
39) 10 *Ir-ta-a-ia*
40) 5 *Am-mi-ia* DÍM
41) 1 *A-ad-du*

lkr.Rd.
42) 2 *Pu-ú-ia* ŠU.NÍGIN 2 *me* ZI.AŠ [*š*]*a* LUGAL

Text 24 = Al T 238
AM 9059
C: pl. XXXI; E: S. 82; F: S. 19

1) 66 *pa* ŠE *ip-ru* MÍ.MEŠ.SAG.GÉME
2) 19 *a-na* LÚ.MEŠ.UŠ.BAR
3) 25 *a-na Ku-un-na* ŠÀ.GAL GU$_4$.ḪI.A
4) 10 *a-na A-du* ŠÀ.GAL GU$_4$.ḪI.A
5) 7 *a-na A-ri-ia-an*
6) 5 *a-na Am-mi-ia-an*
7) 3 *a-na* LÚ.MEŠ.*ú-tu*
8) 4 *a-na* LÚ.MEŠ.*ki-zu-ú*
9) 1 *a-na* LÚ.TUR *Ku-un-na-te*
10) 3 *a-na* LÚ.GIŠ.*e-pí-nu*
11) 1 *Pa-za-ge-e*[*n*

Fortsetzung...

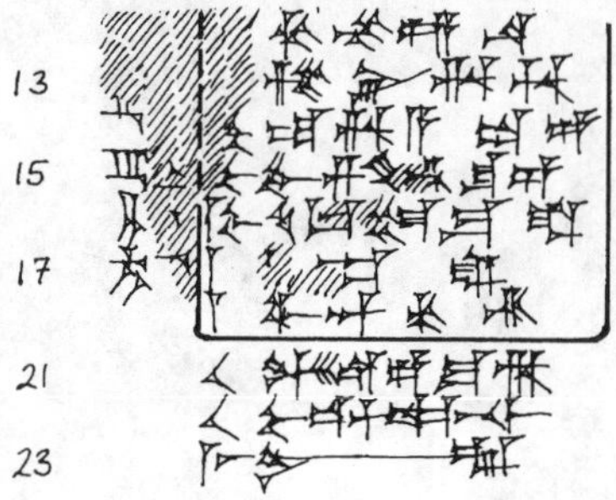

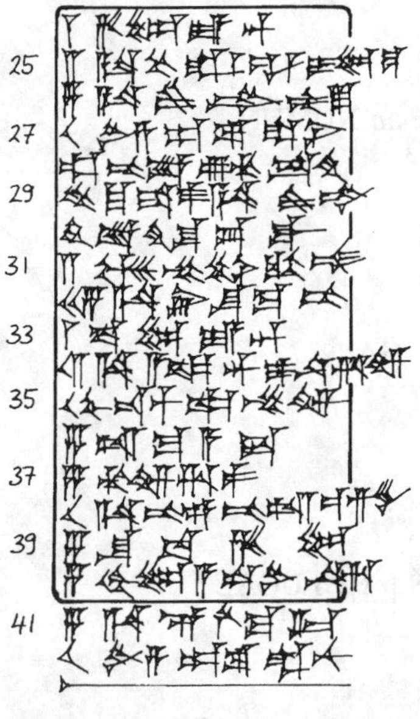

Z.1: E: *ur-ru* SAL.MEŠ.SAG.GU(GEME) "the daily issue of barley for female servants", F: *ep-ru*; **Z.3:** C,F: 24; F: *un** (Zeichen in C unvollständig); Goetze, 34: "one feels inclined to emend to *Ku-un-na-<te>*; **Z.8:** A,C,F: 5;B: 4; **Z.9:** C,F: GÌR *ša*; **Z.10:** F: *pi*; **Z.11:** F: 1 *E-gi*; A,C: 1; B: 1]; **Z.12:** C,F: ⌈ ist nicht sichtbar, aber transkribiert, nach A,B ist noch ein Rest sichtbar; **Z.13:** F: MUŠEN<.DÙ>; **Z.14:** F: *-a-du-un*; **Z.15:** F: *zi*; *e**; Draffk.,139f *Pu-zi* SAL.ŠU.I *oder Pu-zi-en* ŠU.I "unclear"; **Z.16:** F: 1 ⌈x-x-*tu-ma-ra*; **Z.17:** F: ti; **Z.20:** F: *qà-aš-ši*; **Z.21:** F: ME, nach A wahrscheinlicher Einstich der Zeilenlinie; **Z.23:** F: 2 ANŠE?.KUR.RA *ana?* URU *i-li-ku*; **Z.26:** F: *tup; ú** (in C fehlt halbes Zeichen); **Z.27:** E: 40? *ku-ša*; F: 50 ZID.DA ZÍZ; **Z.28:** E: SUḪ.É.GAL; F: x ITU x x É.GAL; **Z.33:** F: qà-aš-še-em; **Z.35:** C,F: 6; **Z.38:** C,F: 6; **Z.39:** F: *tar*; **Z.40:** F: *Il-ap-zu-ra*; vgl. D.Arnaud, AuOr 16, 146.154, anders 170; **Z.42:** Goetze,34: "one is tempted to restore [LUGAL]. What then is the rest?", unser Vorschlag schließt sich an 60,7 an.

12) 1 ^{f}]*Ti-mu-un-na*
13) 1 ^{f}]*Zi-ir-ri-{ḫu}*
14) 1 ^{f}]*At-ri-a-du-e*
15) 1$^{?}$ ^{f}]*Pu-ze-en* NAR
16) 1 ^{f}*Tu*$^{?}$*-tu-ma*$^{?}$*-ra*
17) 1 ⌞*Ḫa*⌟ *-ab-ra*
18) 1 *Wa-an-dì-en*

u.Rd.
19) 10 LÚ.MEŠ.URU.*E-ma-ri*
20) 10 MÍ.UŠ.BAR *ka-aš-ši*
21) 1$^{?}$ LÚ.SANGA

Rs.

22) 1 *Ḫa-li-ia-an*
23) 2 *a-na* KUR.*Ka*$^{!}$*-al i-li-ku*
24) 5 *a-na* KASKAL LUGAL *ub-lu*
25) 10 LÚ.*za-ab-zu-ra-ni*
26) *ṭup-pí* ITI *Ú-ti-it-ḫi*
27) 50 ZÌ *ša* ZÍZ *a-na* KASKAL LUGAL
28) 40 ITI *ḫi-šu* É.GAL
29) 2 MÍ.MEŠ.*mu-še-ni-iq-tum*
30) 25 *a-na Ir-šu-ma-bi*
31) 1 *Ba-li-ia-an*
32) 12 *a-na A-ka-an* DUMU *na-ri-im*
33) 10 MÍ.UŠ.BAR *ka-aš-še-em*
34) 5 *Iš-ma-a-da*
35) 5 *Ti-im-ri-pa*
36) 10 *a-na* KAŠ *e-pí-iš* GIŠ.GI
37) 5 *Šu-ba-ḫa-li*
38) 5 *Eḫ-li-a-du* LÚ.*na-ri*

o.Rd.
39) 5 *a-na E-ṭar-ma-lik*
40) 10 LÚ.*za-ab-zu-ra-nu*

---

lkr.Rd.
41) 3 *a-na Be-li-ia* 5 *a-na* [x x x] x x
42) 5 *a-na Ia-ri-im-li-im* DUMU [*Bi-it-ta*]$^{?}$*-ku-bi-ti*

Text 25 = Al T 257

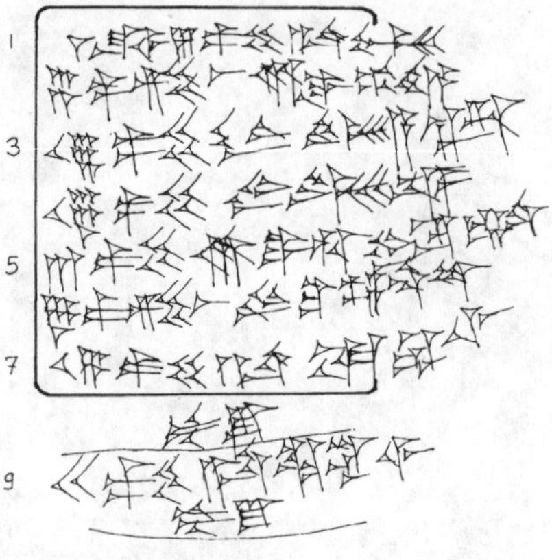

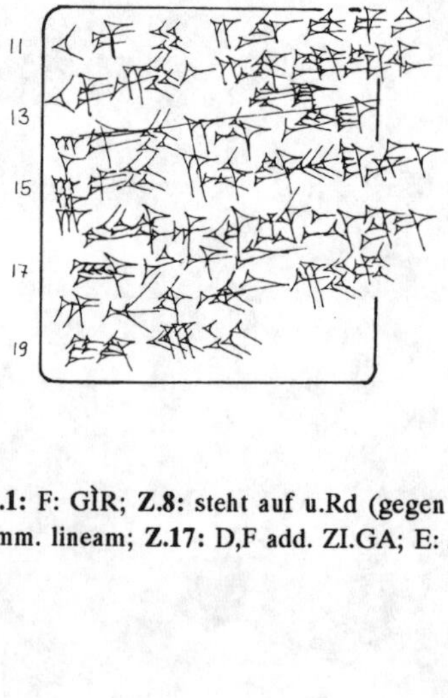

Z.1: F: GÌR; **Z.8:** steht auf u.Rd (gegen D,F); **Z.9:** D,F add. *-ma*; **Z.11:** F: *a-na Up-pa-ni*; **Z.13:** D,F omm. lineam; **Z.17:** D,F add. ZI.GA; E: *ni/zal-la-ni*; **Z.19:** D,F add. x; E add. [*-bi še ʾim*]

Text 25 = Al T 257
AM 9032
D: S. 19; E: S. 85; F: S. 25

1) 1 *šu-ši* 4 *pa* ŠE *a-na* MÍ.MEŠ
2) 5 *pa* ZI.AŠ ŠÀ.GAL GU_4.ḪI.A
3) 18 *pa* ŠE GÌR LÚ.MEŠ.*a-si-ri*
4) 17 *pa* ŠE GÌR LÚ.MEŠ.UŠ.BAR
5) 3 *pa* ŠE ŠÀ.GAL MUŠEN GÌR *Zu-un-na*
6) 7 *pa* ZI.AŠ GÌR *Ku-un-na-te*
7) 15 *pa* ŠE *a-na ka-ra-ši*

u.Rd.
8) *ub-lu*

---

9) 20 *pa* ŠE *a-na ka-ra-ši*
10) *ub-lu*

Rs.
11) 10 *pa* ŠE *a-na* <*ka-ra-ši*> *ub-lu*[!?]
12) 10 *pa* ZI.AŠ *a-na ka-ra-ši*
13) *ub-lu*[!]

---

14) 4 *pa* ŠE *a-na* LÚ.ÁZLAG
15) 9 *pa* ŠE *a-na* LÚ.MEŠ.ḪUN.GÁ
16) GÌR *Wa-an-di-ša-uš-ka*
17) ITI *Ni-qa-lí*
18) *an-nu-ut-tim* ZI.GA
19) *i-na* ŠÀ ŠE

Text 26 = Al T 253

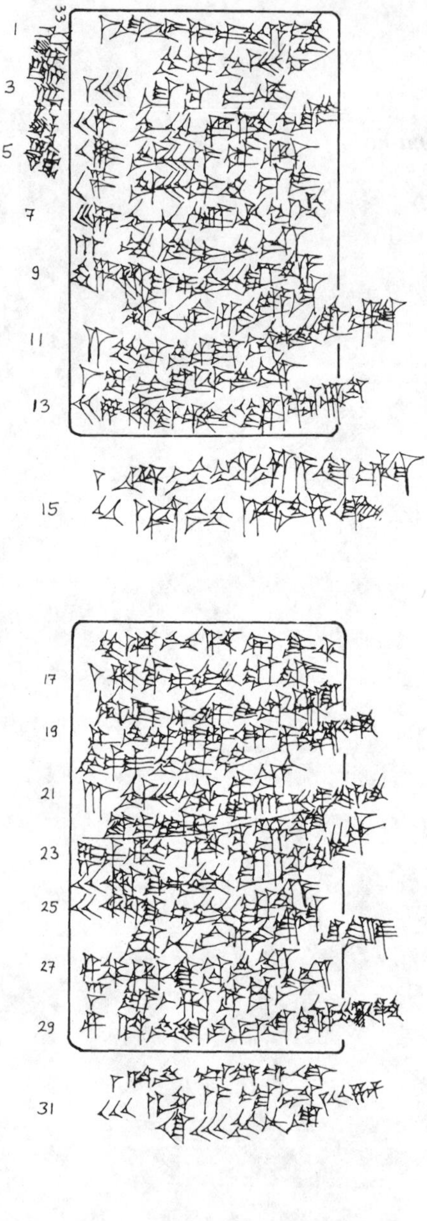

Z.2: **F:** SAL.MEŠ-*tim*; **Z.3:** D,F: 90; **Z.4:** F: SAL.ŠU.I; **Z.6:** F:*ma-ḫi-iṣ* x; **Z.13:** F: *pa-zi-ri* (omm. DIŠ); **Z.14:** D,F: *A-ki-i-e*; **Z.15f:** F jeweils ŠEŠ statt NUMUN; J.O. Mompeán, UF 30, 599: ŠE.NUMUN; **Z.15:** D,F: 10; **Z.16:** E: 40; **Z.18:** F: *Ta-kab*; **Z.22:** D: 60+40; F: $90^{?}$; **Z.26:** F: x x; **Z.30:** F: *E-ma-ar* (gegen D) **Z.32:** D,F: 1 *ke-eš-še-nu* 1 ME 24; **Z.33+34:** D,F omm.

Text 26 = Al T 253

AM 9055

D: S. 18; E: S. 84; F: S. 23f (Zeilennummern ab Z.2 abweichend)

1) 1 *šu-ši* 4 *pa* ŠE.A.AM
2) ŠE.BA MÍ.MEŠ LUGAL
3) 91 *šu-ku-up-ti*
4) 24 ^{f}*Pu-ú-ze* MÍ.NAR
5) 19 LÚ.MEŠ.*a-si-ri*
6) 15 LÚ.MEŠ.*ma-ḫi-iṣ-i*
7) 36 ^{f}*Be-el-ti-ma-ti*
8) 3 *Am-mu-uq* LÚ.KUŠ$_7$
9) 45 ŠÀ.GAL ANŠE.KUR.RA.ḪI.A
10) *ša Nu-ni-kí-ia-šu*
11) 2 ŠE.BA LÚ.SIPA *ša* ANŠE.KUR.RA MAR.TU
12) 1 *Zu-uk-ra-ši* LÚ.KUŠ$_7$
13) 28 ŠÀ.GAL ANŠE.KUR.RA DIŠ SIPA-*re-na*

u.Rd.
14) 1 ŠÀ-*bi ša* URU.*A-ke-e*.KI
15) 20 *a-na* NUMUN *a-na* LÚ.*sà-ki-ni*

Rs.
16) 50 *a-na* NUMUN *a-na* É.GAL-*lim*
17) 1 ŠÀ.GAL ANŠE.KUR.RA.ḪI.A
18) *ša Ur-*^{d}IM DUMU URU.*Ar-ra*
19) 1/3 LÚ.URU.*E-mar*.KI 1/2 *pa* LÚ.ŠEM.GIG
20) 50 *pa* ZÍZ ŠE.BA LUGAL
21) 3 MÍ.MEŠ.UM.ME.GA.LÁ
22) ITI *Pa-ag-ri* ŠU.NÍGIN 3 *me* 80 *pa* ŠE.A.AM

---

23) 8 *pa* ZI.AŠ *a-na Ku-un-na-te*
24) 20 ŠÀ.GAL ANŠE.KUR.RA *a-na Am-mu-wa*
25) 20 ŠÀ.GAL ANŠE.KUR.RA.ḪI.A
26) *ša Nu-ni-kí-ia-šu* \ ŠU KI.MIN ZÍZ
27) 1/3 *We-ri-ki-ba* LÚ.KUŠ$_7$
28) 4 *Ia-aš-re-e-da* LÚ.KUŠ$_7$
29) 1/3 *a-na* LÚ.*Tu-ni-ip*.KI *ša* GIŠ.ŠEM.GIG

o.Rd.
30) 1 *a-na* LÚ.URU.*E-mar*.KI
31) 30 *a-na A-ad-du*
32) *ke-eš-še-nu* ŠU.NÍGIN 84 *pa*$^{?}$

lkr.Rd.
33) 2 *pa* DUMU *Wa-an-di-e*
34) 2 *pa Ra-bi*.KI-*ia-ni*

Text 27 (unveröffentlicht)

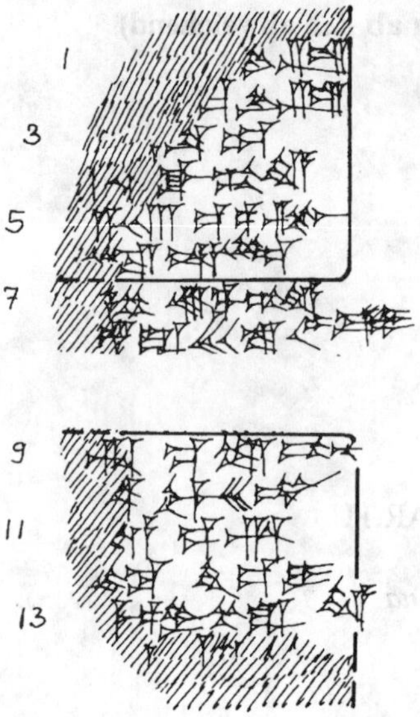

Text 28 = Al T 273

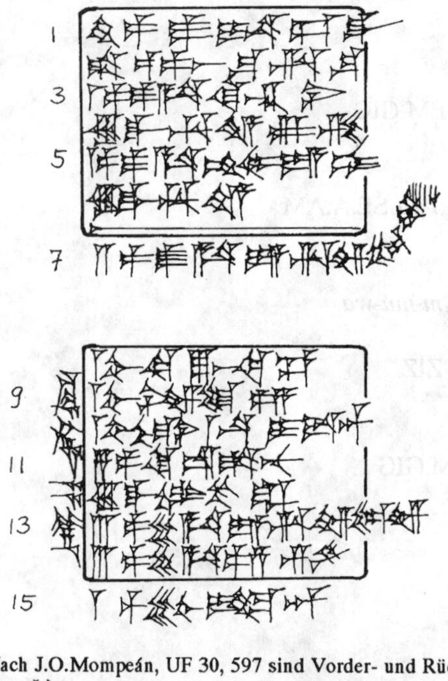

Nach J.O.Mompeán, UF 30, 597 sind Vorder- und Rückseite zu vertauschen. **Z.2:** F: *ša* ZÍZ *Aš-šu-ri-ba*; **Z.4:** ŠÀ ist unterstrichen; J.O.Mompeán, UF 30, 598: *ú-ṣí* (von *waṣû*), F: ZÍZ.MUŠEN; **Z.6:** ŠÀ ist unterstrichen; **Z.8:** F: *Di-ib-na-e*; **Z.10:** 1 SAL.DAM *Nim?-na-i?-da-an*; J.O. Mompeán, UF 30, 597: [f]*Nin-ni*; **Z.12:** ŠÀ ist unterstrichen; **Z. 15:** J.O.Mompeán, NABU 1999: *I-ḫi/tí-ma*-AN

Text 27 (unveröffentlicht)

ATT 39/182.16

1) [ ] LÚ.TUKU+KUŠ$_7$
2) [ ] LÚ.TUKU+KUŠ$_7$
3) [*x-na-ap*
4) [x] Š[À].GAL GU$_4$.ḪI.A
5) [ ] x 23 GIŠ.*pa* ZI.AŠ
6)] x *Sú-bá-ḫa-li*
u.Rd.
7) [*Nu-ni-kí-i*]*a-še* ŠÀ.GAL GU$_4$.ḪI.A
8) [30] *Bur-ra* 30 *Su-mi-la*$^{!}$*-mu*$^{!}$

Rs.
9) [ŠU.NÍGIN x *pa-*]*ri-si*$^{!}$ ŠE.A.AM$^{!}$
10) [x *pa* ŠE *a-n*]*a* MÍ.MEŠ LUGAL
11) [x *a-na* LÚ.ME]Š.*a-si-ri*
12) [x *a-na* LÚ.ME]Š.*ma-ḫi-iṣ-i*
13) [x ŠÀ.GA]L ANŠE.KUR.RA.ḪI.A
14)] x x x

Text 28 = Al T 273

BM 131.572

D: S. 23; E: S. 87; F: S. 30; J.O. Mompeán, UF 30, 597f.

1) 40 *pa* ZÍZ *i-na* É.GAL
2) *ša* GIŠ.*pa-aš-šu-ri-šu*
3) 1 *pa* ZÍZ *a-na Ke-en-ni*
4) ŠÀ.GAL MUŠEN.ḪI.A.*ú-sí*
5) 1 *pa* ZÍZ *a-na Am-mi-ia-tum*
6) ŠÀ.GAL MUŠEN.ḪI.A

---

u.Rd.
7) 2 *pa* ZÍZ *a-na Ia-ri-im-li-im* DU[MU LUGAL]

Rs.
8) 1 ^{f}*Di-lu-aš-di-e*
9) 1 ^{f}*Ni-im-tu-un*
10) 1 ^{f}DAM.NI ^{m}*Na-i-tá-an*
11) 5 *pa ki-iš-ša-nu*
12) ŠÀ.GAL ANŠE.KUR.RA
13) 3 *pa* ŠE *a-na Ia-ri-im-li-im*
14) 3 *pa* ŠE *a-na Pa-za-ge*

o.Rd.
15) 1 *pa* ŠE ^{f}*I-ḫi-ma-an*
lkr.Rd.
16) ITI *Az-za-li*

Text 29 = Al T 263

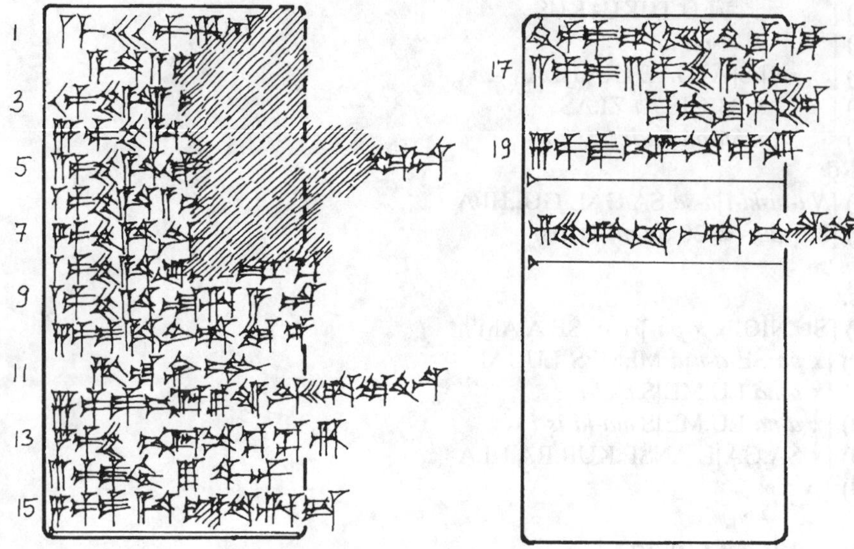

Z.6f: D,F vertauschen die beiden Zeilen; **Z.10:** F: LÚ.*Ša-li*-[x]; **Z.11:** F: LUGAL-*ri*?; **Z.12:** F: LÚ.x-*ma*[-x]; **Z.12:** J.O.Mompeán, UF 30, 592: TÚG statt UDU; **Z.13:** wohl irrtümlich ŠE *pro* ZÍZ (Reihenfolge, ZÍZ ist üblicher Währungsersatz), D,F: 5; F: x x x; J.O.Mompeán, UF 30, 592: *ta-e-e-ri*?; **Z.14:** D,F: *Eḫ-lu*-[*wa*]; **Z.15:** D,F: 3; **Z.16:** D,E,F: ITU *Ḫi*-[*ia-ri*]; **Z.19:** E,F: *Az-ta-ni*; J.O. Mompeán, UF 30, 592: *ta-e-ru*; **Z.20:** E: *Aštabi*-[*šarri*]

Text 30 (unveröffentlicht)

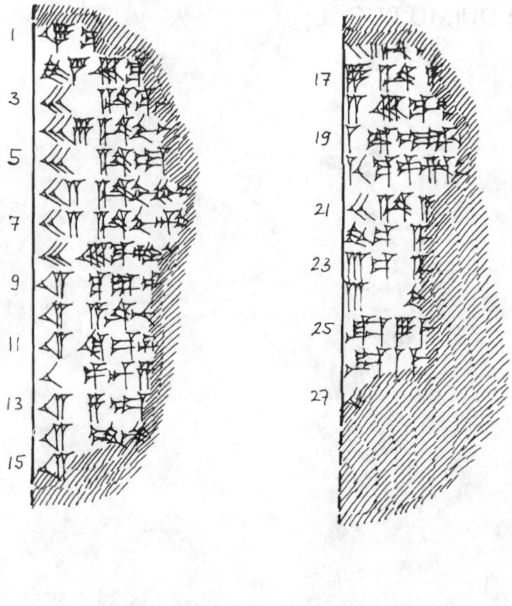

Text 29 = Al T 263

BM 131.567

D: S. 20; E: S. 85; F: S. 26

1) 1 *me* 30 *pa-ri-s*[*i* ŠE]
2) *a-na A-r*[*a-am-ma-ra*]$^{?}$
3) 10 *pa* ŠE *a-na A*-x [ ]
4) 6 *pa* ŠE *a-na* [x]
5) 2 *pa* ŠE *a-na Ki-i*[*r*$^{?}$- x x]-*tu-du*
6) 2 *pa* ŠE *a-na A-b*[*i-ṭa-ba*]$^{?}$
7) 4 *pa* ŠE *a-na* LÚ.M[EŠ.KUŠ$_{7}$$^{?}$
8) 1 *pa* ŠE *a-na Zu-u*[*k*]-*ra-si*
9) 1 *pa* ŠE *a-na At-ri-a-du*
10) 5 *pa* ZÍZ *a-na* LÚ.*Ša-tu-e*
11) *ḫa-at-ni* LUGAL
12) 6 *pa* ZÍZ ŠÁM UDU.ḪI.A LÚ.MEŠ.*Ša-tu-ḫi-na*
13) 4 *pa* {ŠE} <ZÍZ> ŠÁM NA$_{4}$.*si-si-ri*
14) 3 *pa* ZÍZ *Eḫ-lu-wa-an*
15) 5 *pa* ZÍZ *a-na Ia-ṭe*$_{4}$*-re-da*

Rs.

16) 40 *pa* ZÍZ *ša* ITI *ḫi-šu* É.GAL
17) 2 *pa* ZÍZ 3 *pa* ŠE *a-na* LÚ.
18) *ku-ub-šu-ḫu-li*
19) 6 *pa* ZÍZ ŠÁM NA$_{4}$.*e-ru*

---

20) ZI.GA ITI *Aš-ta-bi-na-tim*

Text 30 (unveröffentlicht)

ATT 39/182.8

1) 17 *Ba*-[ ]
2) 54 ŠÀ.GAL [ANŠE.KUR.RA]
3) 30 *a-na Ku-u*[*n-na-te*]
4) 36 *a-na* ^{f}*B*[*e-el-ti-ma-ti*]$^{??}$
5) 30 *a-na Ad*-[*du*]
6) 22 *a-na* ^{f}*Pu*-⌜*ú*⌝-[*ze*]
7) 22 *a-na* ^{fd}*Ḫ*[*e-pát-ú-me-ra*]
8) 30 ŠÀ.GAL. ANŠE.K[UR.RA]
9) 12 *Ku-ra-a*[*z-zi*]
10) 12 *A-na-nu*[*-me-ni*]
11) 12 *Ki-iz-z*[*u*]
12) 10 *Pa-an-za*[*-ge*$_{5}$]
13) 12 *Ṣa-ab*-[ ]
14) 12 *Am-mu*-[*uq* LÚ.KUŠ$_{7}$]
15) 12 [ ]

Fortsetzung...

Z.21: Aus inhaltlichen Gründen läßt sich die Zeile weder zu Addu noch zu Azira ergänzen. **Z.23:** Die Ergänzung folgt 13,20.

Text 31 (unveröffentlicht)

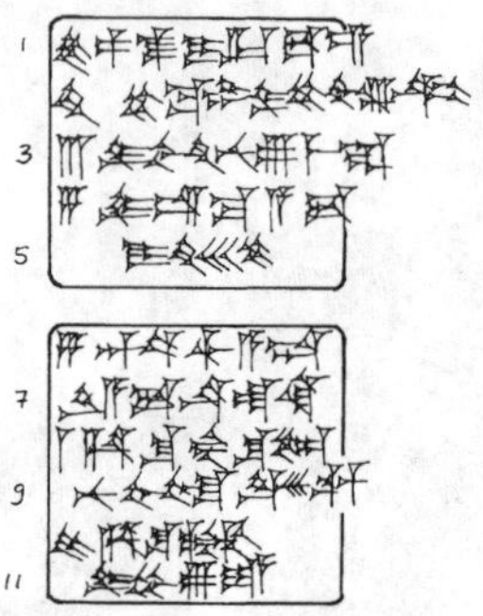

Z.9: NU nicht erklärbar. Handelt es sich um die westsem. Präposit. *l*-, so daß *là* zu lesen wäre?

Text 32 = Al T 242

Rs.
16) ⌜22⌝ *a-na K*[*u-un-na-te*]?
17) 8 *a-na A*-[*ad-du*]
18) 2 ŠÀ.GAL AN[ŠE.KUR.RA]
19) 1 *Zu-ḫé-ra-š*[*i*]
20) 70 *Ku-pa-ri*-x [ ]
21) 20 *a-na A*-[
22) 40 *pa a-n*[*a* É.GAL-*lim*
23) 3 *pa a-na* [fDAM *A-zi-ra*
24) 3 MÍ.[MEŠ.*mu-še-ni-iq-ta-ti*
25) ŠU.NÍGIN 7 *me* [
26) ŠU.NÍGIN 1 *me* [
27) I[TI *Pa-ag-ri*

Text 31 (unveröffentlicht)
AM 9365

1) 50 *pa* ZÍZ DUMU *Ur-da-e*
2) 40 ŠE.BA LUGAL GÌR *Še-eḫ-ru-na-bi*
3) 3 GÌR f*Ḫe-pát-ú-me-ra*
4) 5 GÌR *Iš-ma-a-da*
5) DUMU *Ḫe-eš-še*

Rs.
6) 5 dUTU-*ši-a-du*
7) LÚ.*A-da-na-at*.KI
8) 1 *a-na šu-ub-šu-li*
9) NU fDAM LÚ.MEŠ.UŠ.BAR
10) 50 *a-na šu-ku-up-ti*
11) GÌR *Pu-ú-ia*

Text 32 = Al T 242
AM 9050
D: S. 16; E: S. 82; F: S. 20

1) 33 1/3 *pa-ri-si* ŠE *mu-uṭ-ṭu*
2) 10 *a-na Si-nu-ra-pí*
3) 10 *pa* ZÍZ *a-na Si-nu-ra-pí*
4) 14 *a-na Am-mu-wa* ŠÀ.GAL ANŠE.KUR.RA
5) 4 *pa-ri-si ki-ša-nu*
6) 36 *pa* ZÍZ *a-na Ki-is-ḫe* LÚ.QA.DUḪ
7) 4 *pa* ZÍZ *a-na Na-mi-da-ga*$_{14}$
8) DIŠ *Sa-du-uq-qí*
9) 2 *pa* ŠE ŠÀ.GAL MUŠEN.ḪI. ⌜A⌝
10) *a-na Na-mu-*[*q*]*a*?*-ni*
11) 2 *pa* ŠE 1 *pa* ZÍZ ŠÀ.GAL MUŠEN.ḪI.A

Fortsetzung...

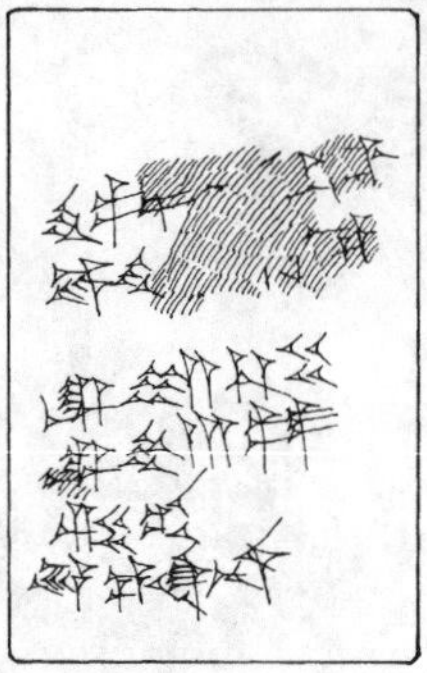

Z.4: B omm. ANŠE.KUR.RA; A,D,F praeb.; **Z.6:** Giac., 24: *ḫe* D,F omm. LÚ x x, E: *ana keššenu*; **Z.8:** F: " statt DIŠ; Goetze,35: "Would one not ... expect *LÚ*A-du-e*.KI"; **Z.9:** F: add. ḪI.A; B: praeb. (gegen D); **Z.10:** F: *Na-mu-x-ni*; B,D praeb. ⌜*qa*⌝; **Z.11:** F: *Ki*; **Z.12:** F: add. [AN?]; **Z.14:** Draffk.,32: *Ḫa-še* [x x]; **Z.15:** Zeile steht auf u.Rd. (gegen D,F)

Text 33 (unveröffentlicht)

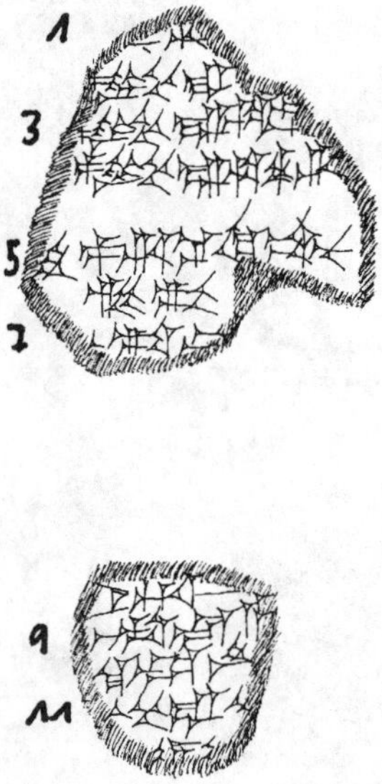

12) *a-na Ke-en-ni*
13) 1 *pa* ŠE 1 *pa* ZÍZ *a-na A-du*
14) 1 *pa* ŠE 1 *pa* ZÍZ *a-na Ḫa-li-ia*

u.Rd.
15) *a-na pa-ni* ^{d}IŠDAR

Rs.
16) 40 *pa* ⌜ZÍZ⌝ [*a-na*] ⌜É.GAL⌝
17) ITI *Ḫi-*[*ia*]*-r* ⌜*e-e*⌝
18) ŠU.NÍGIN 62 1/3 ŠE
19) ŠU.NÍGIN 53 *pa* ZÍZ
20) ZI.GA
21) ITI *E-ke-na*

Text 33 (unveröffentlicht)
ATT 39/109-110.5

1) [U]Z.MU[ŠEN]
2) [A]NŠE.KUR.RA[ ]
3) [A]NŠE.KUR.RA *a-na* TU[R]
4) [ ]ANŠE.KUR.RA *a-na We-ri-*[*ki-ba*]

(Absatz)

5) 40 *pa-ri-si ki-ša-nu*
6) ZI.GA
7) [ITI *Š*]*a-a*[*m-me-na*]

Rs.
8) [*W*]*e-ri-ki-*[*ba*]
9) [ ] *ša* URU.*A-*[*ke-e*$^{?}$]
10) [*We-ri*]*-ki-ba*$^{!}$ LÚ.[KUŠ$_{7}$]
11) [ŠÀ.GAL AN]ŠE.KUR.RA.Ḫ[I.A]
12) x

Text 34 (unveröffentlicht)

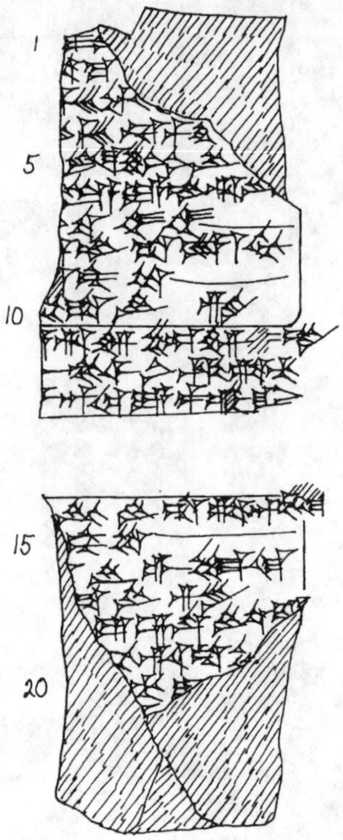

Z.7: vgl. HZL Nr. 333; **Z.13**: ANŠE ist archaisierendes Zeichen.

Text 34 (unveröffentlicht)
ATT 80/14

1) [ ] ZÍZ L[Ú]
2) [*a-n*]*a ma-*[ ]
3) [LÚ].MEŠ.NAGAR [ ]
4) [L]Ú.MEŠ.UŠ.BAR-*ḫi-*[*is-i*]
5) [ ] GÌR *Ki-in-ni* LÚ.[MUŠEN.DÙ]
6) [ ] GÌR *A-ia*-LUGAL-*ri* LÚ.[MUŠEN.DÙ]
7) [LÚ.N]A$_4$.ḪAR.ḪAR———
8) [ŠE.B]A LUGAL *ša* ITI.1.KAM
9) [*šu-k*]*u-up-te*———
10) [ ] *ša* LÚ.GI

u.Rd.
11) [*I*]*a-ri-im-li-im* [DU]MU LUGAL
12) [MÍ.ME]Š.*mu-ši-ni-iq-ta-ti*
13) [*W*]*a-an-di-ia* UGULA ANŠE$^{?}$

Rs.
14) [ ] ŠEŠ LÚ.*Ta-ta-an-dì*.KI
15) [*šu-ku-*]*up-te*———
16) [ ] LÚ.MAR.TU.KI
17) [ ] *ša* LÚ.GI
18) [ ] *Zu-un-na* LÚ.UD.K[A.BAR$^{??}$
19) [*b*]*i-ri ša* x [ ]
20)] *ti-i*[*a*]
21) [ ] x [ ]

Text 35 = Al T 269

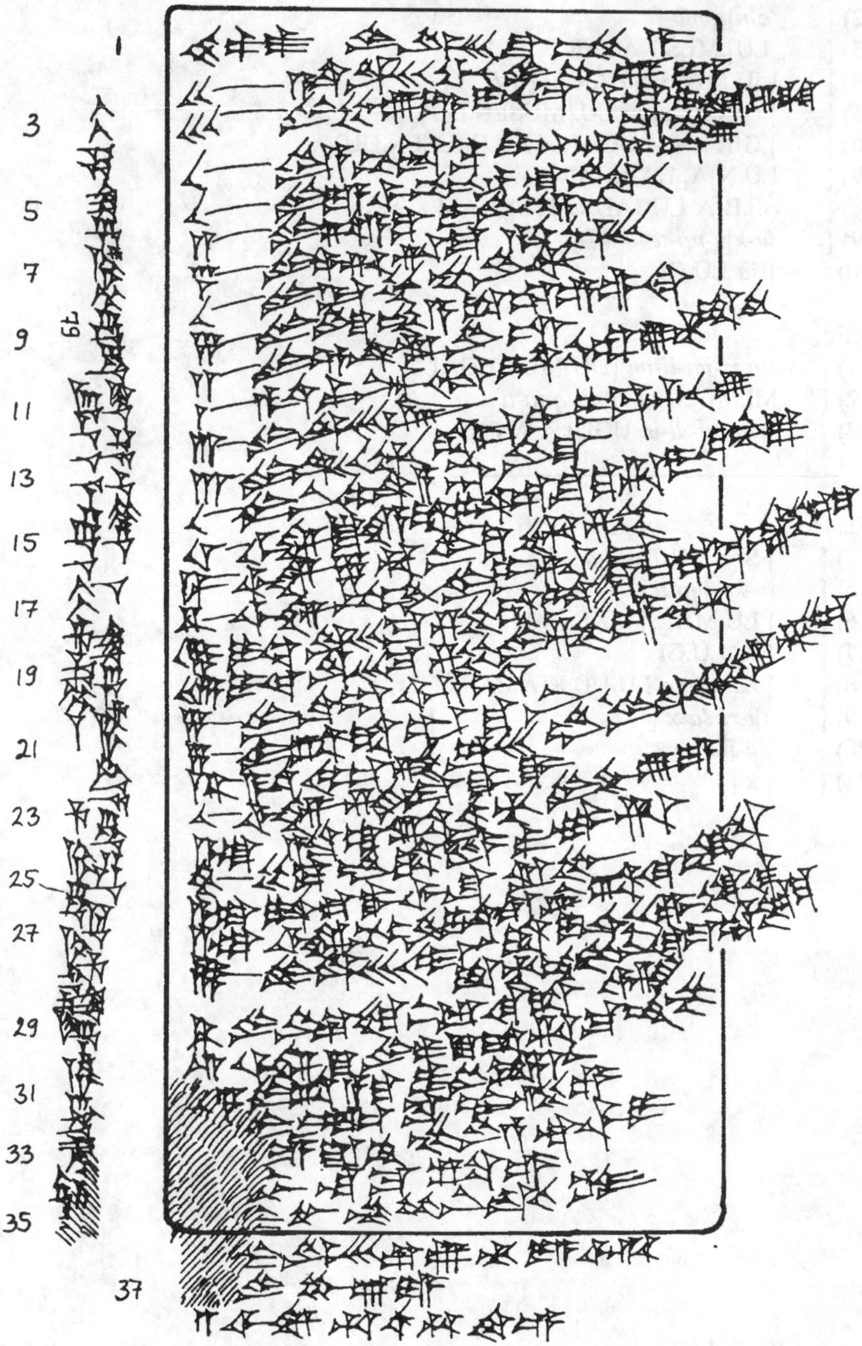

Text 35 = Al T 269
AM 9018
C: pl. XXXII; E: S. 86; F: S. 28

1) 50 *pa* ZÍZ GÌR LÚ.MEŠ.ŠU.DUḪ.A
2) 20— *a-na* LÚ.MEŠ.NAGAR GÌR *Pu-ú-ia*
3) 30—GÌR *Pu-ú-ia i-nu-ma a-la-ak* LUGAL URU.*Ib-la*.KI \ *iš-mu-ú*
4) 10— GÌR *A-bi-ṭa-ba* TUR *Qa-an-a-du*
5) 10— GÌR *Ia-ši-bi-il-la* LÚ.NAGAR
6) 2— GÌR *Ta-a-ku* DUMU LÚ.GU.ZA.LÁ
7) 4— GÌR *We-ri-tal-ma a-na* MÍ.MEŠ
8) 10— GÌR *Ur-kam-mu* LÚ.NAGAR
9) 5— GÌR LÚ.ŠU.DUḪ.A *ša* URU.*E-mar*.KI
10) 2— GÌR *E-na-ru* LÚ.KUŠ$_7$
11) 1— *a-na pa-ni* ^{d}IŠDAR *i-na* u_4*-um Ú-ti-it-ḫi*
12) 3— GÌR LÚ.MEŠ.AŠGAB
13) 3— GÌR LÚ.MEŠ.NAGAR *ša* É.GAL *i-ba-an-nu-ú*
14) 10— GÌR *Ni-mi-na-a-du* LÚ.ÁZLAG
15) 11— *ši-im* UDU.ḪI.A *ša i-na* URU.*Šu-ku-ri-i*.KI *ub-lu*
16) 1 1/2— *ši-im* 8 MUŠEN GÌR *Ku-uz-zi*
17) 1/3— *ši-im* KAŠ.LUGAL GÌR *I-ri-ma*
18) 18— *i-di* LÚ.MEŠ.*ma-sí ša i-na* [U]RU.*Ma-ra-ba il-li-ku*
19) 26 *i-di* LÚ.MEŠ.*ma-sí* GÌR *Zi-ia-aḫ-ḫu*
20) 5— GÌR *Na-ap-ši-a-du*
21) 5— GÌR *Ta-ša-al-ku-ni*
22) 1 1/3 *a-na mi-iz-zi* DUMU.MEŠ LUGAL GÌR LÚ.MEŠ.*ḫa-še-ru-ḫu-li*
23) 10— *ši-im* GI.PISAN.GAL.GAL
24) 1 *me-at a-na ad-ru-ut-na-ti* GÌR *Pu-ú-ia*
25) 50— ŠE.BA LUGAL *ša* ITI *Pa-ag-ri*
26) 1 *me-at i-na* É.GAL*-lim šu-ru-bu*
27) 1 *me-at ši-im* KAŠ.LUGAL *i-na* URU.*Ir-ta*.KI *ub-lu-nim*
28) 9— GÌR LÚ.MEŠ.ŠAMÁN.LÁ *ša i-na* KUR.MAR.TU.KI \
it-ti Am-mu-ni-qí-ma il-li-ku
29) 1/3 GÌR LÚ.URU.*Tu-ni-ip*.KI *ša* KÙ.GI
30) 12 *ši-im* UDU GÌR SIPA *ša Tal-ma-am-mu*
31) x+14 GÌR *Ta-a-ku* DUMU LÚ.GÚ.ZA.LÁ
32) [x] GÌR DUMU *Ka-ba-az-ze-e*
33) [x] GÌR *A-ra-am-mu* LÚ.*A-la-ši-i*
34) [x GÌ]R <^{f}>*La-ma-dá-e*
35) [x GÌ]R MÍ.*mu-še-ni-iq-tum*

u.Rd.
36) [x] GÌR LÚ.MEŠ.URU.*Ú-ti-ia-ar*
37) [ ] GÌR *Pu-ú-ia*
38) 2 *ši-im ḫu-ut-ḫu-te-e*

Fortsetzung...

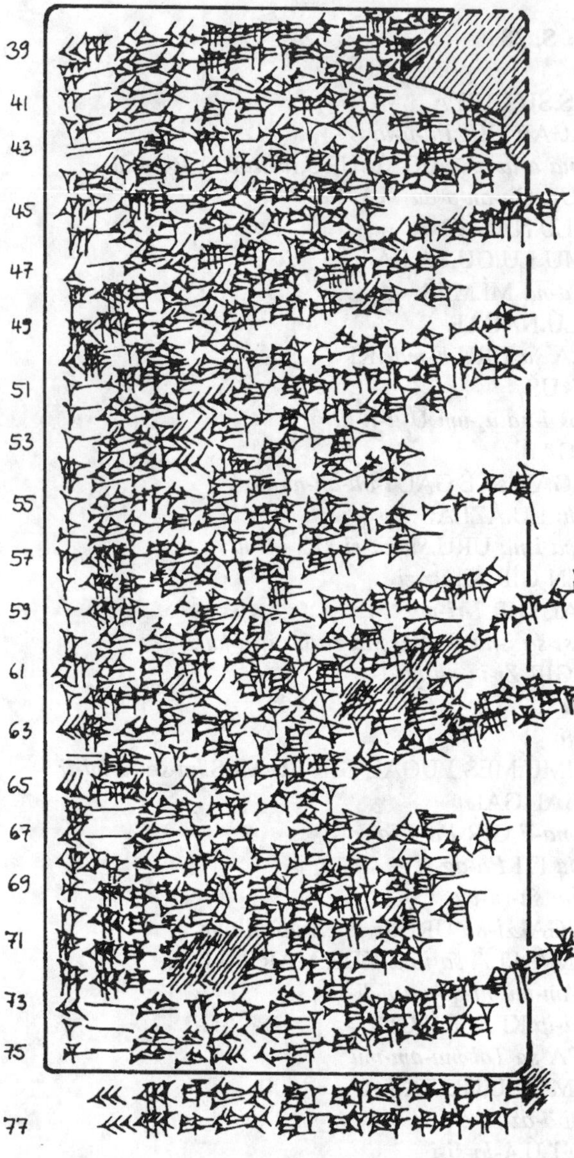

Z.2ff: C,F omm lineas; **Z.2f u.ö:** F alterniert *Bu-ú-ia* mit *Pu-ú-ia*; F omm. *iš-mu-ú*; **Z.9:** F: *E-ma-ar* (gegen C); **Z.16:** F: 7 (gegen C); **Z.18f:** F: jeweils *ku-zi*; **Z.29:** C,F: 2; **Z.30:** F: SÍB *Ta-ri-ba-am-mu* (C hat ebenfalls TA statt ŠA); Goetze,37: "impossible to decide"; **Z.31:** C,F: 14; C,F praeb GU; **Z.32:** C,F: 10?; **Z.34:** Der Rest dürfte der von GÌR sein, ᶠ ist zu ergänzen, da alle Vorkommen des PNF das Determinativ aufweisen; **Z.36** steht auf u.Rd. (gegen C,F); **Z.38:** E: "tamḫute-birds"; **Z.39:** *i-na* steht statt *a-na*; F: *i-na* É? LUGAL x[x]; **Z.42:** C,F add. lineam; **Z.43:** F: 21 ZÍZ (gegen C: 81 ZÍZ); **Z.46:** LÚ.MEŠ.GEDIM*.ḪÁ; **Z.52:** F: *a-zu-ti*; **Z.59:** F: ANŠE.GAM*.MAL*; Lambert, BASOR 160,42f DARA.MAŠ "Hirsch"; **Z.62:** F: *Zu-mi-e-ni*? LÚ.URU.*Gur-na-bi-it*; **Z.63:** C,F add. lineam; **Z.64:** F hat Dttgr. des PA; **Z.69:** C,F: 1/3; **Z.72:** F ergänzt nicht GU$_4$; **Z.74:** F: *a-zu-ti*; **Z.77:** C non praeb. *ša*, F erg. *ša*; **Z.78:** F: *e-ka-li*; F: ANŠE *ša Am*-x[x]; **Z.79:** F: 80 (gegen C)

Rs.

39) 25 GÌR *Pu-ú-ia i-na* SUKKAL LUGAL G[AL$^{!}$]

40) 5— GÌR *Pu-ú-ia a-na ad-r*[*u-ut-na-ti*]

41) 2— GÌR MÍ.*mu-še-ni-iq-tu*[*m*]

42) 1 1/2 GÌR ^{f}*La-ma-dá-e*

43) ==== ŠU.NÍGIN 6 *me-tim* 82 *pa* ZÍZ ZI.[GA]

44) 1 *pa* ŠE *a-na pa-ni* ^{d}IŠDAR *ša* *u*$_4$*-um Ú-ti-i*[*t-ḫi*]

45) 12 1/2 ŠÀ.GAL ANŠE.KUR.RA.ḪI.A GÌR *A-bi-ṭa-ba*

46) 3— ŠE.BA LÚ.MEŠ.TUKU+KUŠ$_7$.ḪI.A

47) 10— GÌR *Pu-ú-ia a-na* LÚ.MEŠ.URU.*Mu-ra-ri*.KI

48) 4 ŠÀ.GAL ANŠE.KUR.RA *ša* SUKKAL LUGAL GAL

49) 5 ŠÀ.GAL ANŠE.KUR.RA *ša* MAR.TU.KI

50) 29— *a-na* NUMUN

51) 1— ŠÀ.GAL ANŠE.ḪI.A *ša* LUGAL URU.*Na-aš-tar-we*

52) 1— GÌR LÚ.MEŠ.ŠAMÁN.LÁ *ša* URU.*E-mar*.KI *a-ba-ti*

53) 1— GÌR LÚ.MEŠ.ŠAMÁN.LÁ *ša* MAR.TU.KI

54) 5 GÌR LÚ.MEŠ.AŠGAB *ša* KUŠ

55) 1 GÌR *E-ṭar-ma-lik* LÚ.NAR

56) 1/2 GÌR ^{f}*La-ma-dá-e*

57) 2 ŠÀ.GAL ANŠE.ḪI.A *ša* LUGAL URU.*Na-aš-tar-we*.KI

58) 1 ŠÀ.GAL ANŠE.ḪI.A *ša* DUMU.A.NI-*šu*

59) 1 ŠÀ.GAL ANŠE.GÚR.NUN

60) 2 GÌR LÚ.URU.*Tu-ni-ip*.KI *ša* KÙ.GI

61) 42 GÌR *Ku-un-na-te* LÚ.É.UŠ

62) 1 ŠÀ.GAL ANŠE.KUR.RA *ša Su-mi-e-pa* LÚ.URU.*Si-na-bi-te*

63) 38 GÌR *Ku-un-na-te* LÚ.[É].UŠ

64) === ŠU.NÍGIN 1 *me-at* 1 *šu-ši* 1 *pa* {ZÍZ} ŠE ZI.GA

65) 30 *pa* ZI.AŠ *ši-im* GIŠ.ERIN GÌR LÚ.MEŠ.URU.*Ú-ti-ia-ar*

66) 7— GÌR *Ku-un-na-te*

67) 20— GÌR *A-du* LÚ.ENGAR

68) 14 IGI.4 GÌR *E-ṭar-ma-lik* LÚ.NAR

69) 1/2 ŠÀ.GAL ANŠE.ḪI.A *ša* LUGAL URU.*Na-aš-tar-we*

70) 2 ŠÀ.GAL ANŠE.KUR.RA *ša* SUKKAL LUGAL GAL

71) 5 ŠÀ.GAL ANŠ[E.KUR.R]A *ša* MAR.TU.KI

72) 6 ŠÀ.GAL G[U$_4$] GÌR *Ku-un-na-te*

73) 20— GÌR *A-du* LÚ.ENGAR

74) 1— GÌR LÚ.MEŠ.ŠAMÁN.LÁ *ša* URU.*E-mar*.KI *a-ba-ti*

75) 1/2— GÌR LÚ.MEŠ.ŠAMÁN.LÁ *ša* MAR.TU.KI

o.Rd.

76) 30 ŠÀ.GAL ANŠE.KUR.RA *ša* ITI *Ka-al-m*[*a*

77) 20 ŠÀ.GAL ANŠE.KUR.RA *ša* ITI *Pa-ag-ri*

lkr.Rd.

78) 25 ŠÀ.GAL ANŠE.KUR.RA *ša* ITI *E-qa-li* 1 ŠÀ.GAL ANŠE.ḪI.A *ša Ab-ba*
1/2 ŠÀ.GAL ANŠE *ša Zi-*⌜*gi-il*⌝*-de*

79) ŠU.NÍGIN 1 *me-at* 80 *pa* ZI.AŠ 1/2 GÌR *ša* LÚ.KÙ.GI

Text 36 = Al T 267

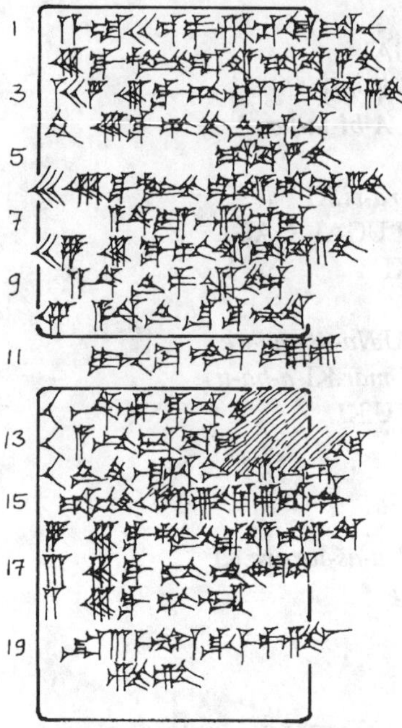

Z.2 u.ö: F hat für ITI x.KAM jeweils ITU x*; E nennt Monatsnamen ZAGIN oder ŠÁ.KUR; **Z.3:** F: GU_4 x x; J.O.Mompeán, UF 30, 595: GUD.APIN.MAŠ.LAL; **Z.6:** J.O.Mompeán, UF 30, 595: 5; **Z.10:** D,F: 14; **Z.11:** Ist gemeint LUGALxMAŠ als Ligatur für LUGAl GAL?; F: LUGAL*; J.O.Mompeán, UF 30, 595: LUGAL DINGIR$^?$; **Z.14:** **F:** LÚ.*ḫi-la-ḫu-ru*; **Z.15:** F: *ša* .....* (fig.1; S.33: "line written over erasure"); Goetze,37: "line has not been satisfactorly deciphered"; J.O. Mompeán, UF 30, 596: *ša* ALAM GIBIL; **Z.17:** F: GU_4

Text 37 (unveröffentlicht)

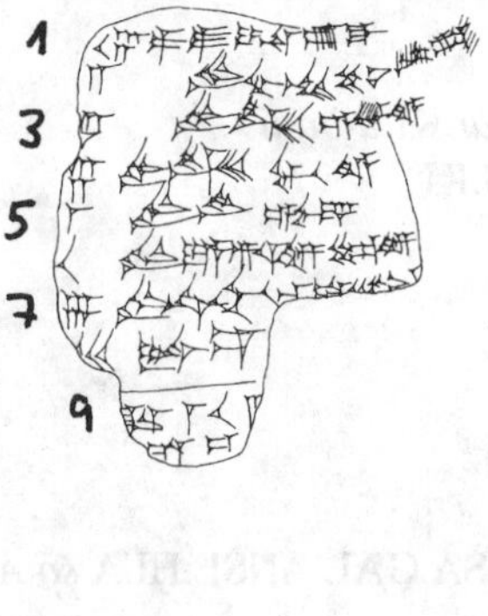

Text 36 = Al T 267
BM 131.569
D: S. 21; E: S. 86; F: S. 27

1) 1 *me-at* 20 GIŠ.*pa-ri-si ki-ša-nu*
2) ŠÀ.GAL ANŠE.KUR.RA.ḪI.A *ša* ITI.5.KAM
3) 84 ŠÀ.GAL GU$_4$.APIN.LÁ *ša* ITI.6.KAM
4) 40 ŠÀ.GAL GU$_4$.ŠE LÚ.É.UŠ
5) *ša* ITI.4.KAM

6) 30 ŠÀ.GAL ANŠE.KUR.RA.ḪI.A *ša* ITI.4.KAM
7) *a-na Ia-aš-re-e-da*
8) 28 ŠÀ.GAL GU$_4$.ḪI.A *ša* ITI.2.KAM
9) *a-na* LÚ.*pa-ru-li*
10) 15 *a-na* LÚ.*šu-ku-up-te*

u.Rd
11) *i-nu-ma* LUGAL *i-lu-ú*

Rs.
12) 10 *Na-ak-ku-uš-še* [LÚ.KIN.GI$_4$.]A$^{?}$
13) 10 *A-bi-ṭa-ba* DU[MU *Qa-an-a-d*]*ú*
14) 10 LÚ.*ḫi-la-ḫu-n*[*i*] *š*[*a*] *A-du-e*
15) *ša* TAḪ DUGUD *ú-še-lu-ú ša* LUGAL$^{!}$
16) 8 ŠÀ.GAL ANŠE.KUR.RA.ḪI.A *ša* MAR.TU
17) 3 ŠÀ.GAL AMAR *Am-mi-la-du*
18) 2 ŠÀ.GAL GU$_4$.MAḪ
19) ŠU.NÍGIN 3 *me-tim* 1 *šu-ši pa* ZI.AŠ
20) ZI.GA

Text 37 (unveröffentlicht)
ATT 80/1

1) 15 *pa* ZÍZ *i-na* É.GAL
2) 2 GÌR MÍ.*mu-še-ni-*⌈*iq*⌉*-ta-*[*ti*]
3) 4 GÌR LÚ.MEŠ.DUG.SÌLA.BUR.ḪI.A
4) 5 GÌR LÚ.MEŠ.NAGAR.ḪI.A
5) 1 GÌR LÚ.DUG.SÌLA.BUR
6) 10 GÌR *Ia-ri-im-li-im*
7) 6 GÌR *Na-aḫ-*⌈*mi-du-ḫi*⌉*-in* x
8) 30 *i-na* GIŠ.[ ]

---

9) [Š]U.NÍGIN 72 [*pa* ZÍZ]
10) [ ] *ša* GIŠ.[ ]

Fortsetzung...

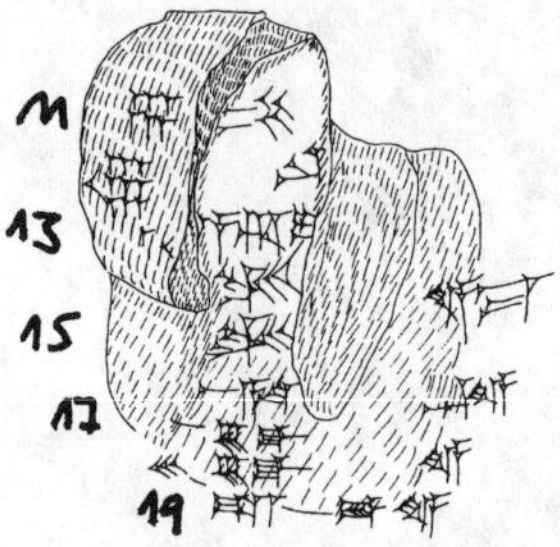

Text 38 = Al T 283

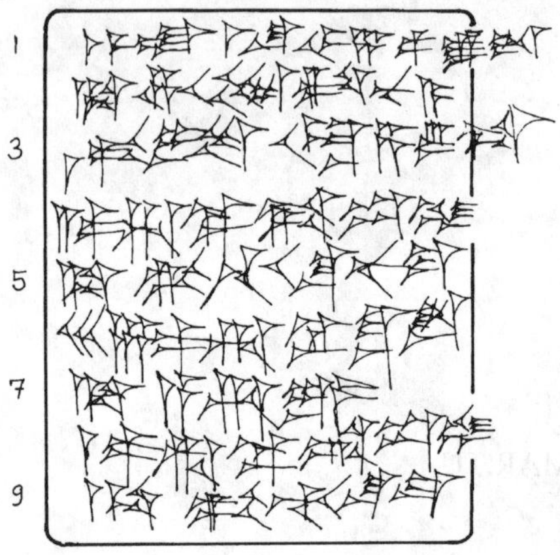

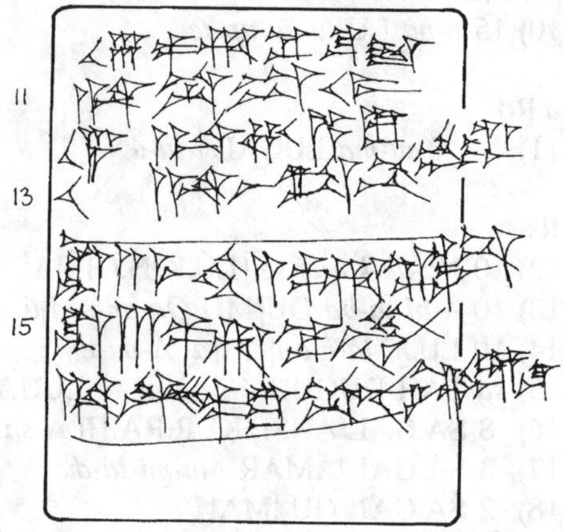

Z.3: F: ^{m}*Ga-i-te*; **Z.9:** F: *-šu-nu*; **Z.11:** D.Arnaud, AuOr 16, 152 hält *Ta-ap-še* für wahrscheinlicher; **Z.12:** F: *Ḫa-a-ib*

Text 39 = Al T 279

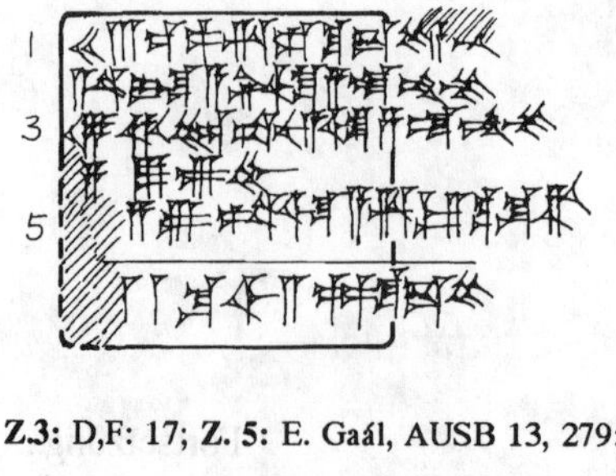

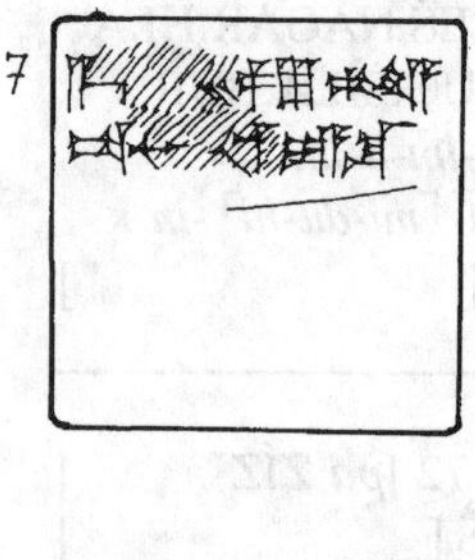

Z.3: D,F: 17; **Z. 5:** E. Gaál, AUSB 13, 279: ŠU.KU$_6$

Rs.
11) 6 [*p*]*a* ŠE [ ]
12) 19 LÚ.M[EŠ]
13) x *A-ri-i*[*a*]
14) x] LÚ.MEŠ [ ]
15) [ ] LÚ.MEŠ [ ].ḪI.A-*ma*
16) [——] *a-na* [ ]x.ḪI.A
17) ——] ŠÀ.GAL [ ]
18) 30 ŠÀ.GAL [ANŠE.KUR.RA].ḪI.A
19) *ša*[!] ITI.ḪI.A

Text 38 = Al T 283

AM 9016
D: S. 24; E: S. 89; F: S. 32

1) 1 *me-at* 1 *šu-ši* 5 *pa* ZÌ.DA
2) *a-na Ḫa-li-ta-nu-a*
3) 1 *Ga-i-te ù Za-ú-ta*
4) 2 *pa-ri-si ṭá-ab-tum*
5) *a-na qá-ti-šu-nu-ma*
6) 36 *pa-ri-si* ZÌ.DA
7) *a-na A-ri-ia*
8) 1 *pa-ri-si ṭá-ab-tum*
9) *a-na qá-ti-šu-ma*

Rs.
10) 16 *pa-ri-si* ZÌ.DA
11) *a-na Ša-ap-ši*
12) 15 *a-na Ḫa-a-lu*
13) 10 *a-na Aš-ta-bi-šàr-ra*

---

14) ŠU.NÍGIN 2 *me* 42 *pa-ri-si* ZÌ.DA
15) ŠU.NÍGIN 3 *pa-ri-si* MUN
16) *a-na* LÚ.MEŠ.SIPA *ša Nu-ni-kí-ia-šu*

Text 39 = Al T 279

AM 9031
D: S. 23; E: S. 88; F: S. 31

1) 23 GIŠ.*pa-ri-si* ZÌ.DA ŠE.A.A[M]
2) *a-na I-la-a-ni ù Ṣa-ad-am-mu*
3) 18 *Ḫa-li-ta-nu-a ù Ṣa-ad-am-mu*
4) 6[?] *Lu-ú-pu*
5) [15] *Za-ú-ta ù A-ri-ip-ku-šu-ḫa*

---

6) [ŠU.NÍGI]N 1 *šu-ši* 2 GIŠ.*pa* ZÌ.DA ŠE

Fortsetzung...

Text 40 = Al T 282

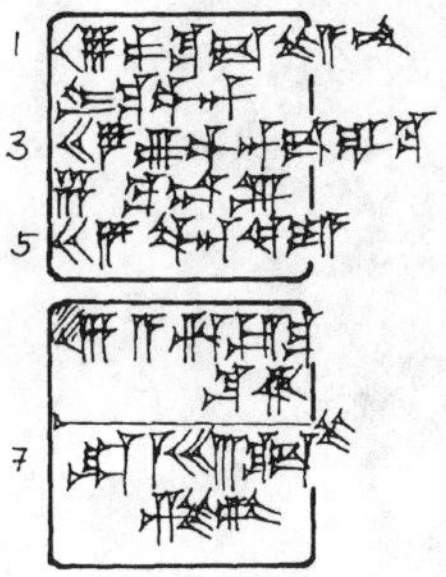

Z.4: Geschrieben *Ma-du-ru*; **Z. 6:** E. Gaál, AUSB 13, 276f: ŠU.KU$_6$

Text 41 (unveröffentlicht)

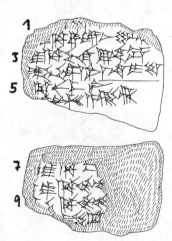

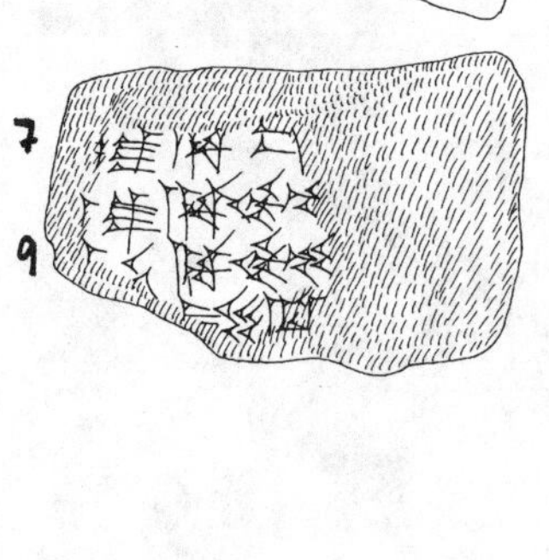

Rs.

7) *a-n*[*a* LÚ.ME]Š.SIPA GU_4.ḪI.A
8) *ša Nu-* ⌜*ni-ki*⌝ *-ia-šu*

Text 40 = Al T 282
BM 131.576
D: S. 24; E: S. 88; F: S. 24

1) 19 *pa* ZÌ.DA ŠE.A.AM
2) GÌR *Ku-wa-an*
3) 27 *Ú-wa-an-da-ra-ma*
4) 6 *Ku-du-ru*
5) 25 *Wa-an-di-ia*

Rs.
6) 16 *A-ri-ip-ku-* \ *šu-ḫa*

---

7) ŠU.NÍGIN 93 ZÌ.DA ŠE
8) ZI.GA

Text 41 (unveröffentlicht)
ATT 81/8

1) [ ] ⌜82⌝
2) [Z]ÍZ *a-na Ḫa-ia-aš-ša*[*r-ri*]
3) [ ] ZÍZ *a-na* ᶠ*Ki-lu-na-e*
4) [x] *pa* ZÍZ ᶠDAM.NI ᵐ*Na-i-te*
5) [ ] *A-na-nu-me-ni*
6) [ ] ⌜*a-na*⌝ LÚ.MEŠ.*a-sí-ri*

Rs.
7) [*p*]*a* ZÍZ *a-na* x
8) [*p*]*a* ZÍZ *a-na Eḫ-m*[*u-ta-an*]
9) [*p*]*a* ⌜ŠE⌝ *a-na Eḫ-mu*[*-ta-an*]
10) [*p*]*a* ŠE *a-na* [

Text 42 (unveröffentlicht)

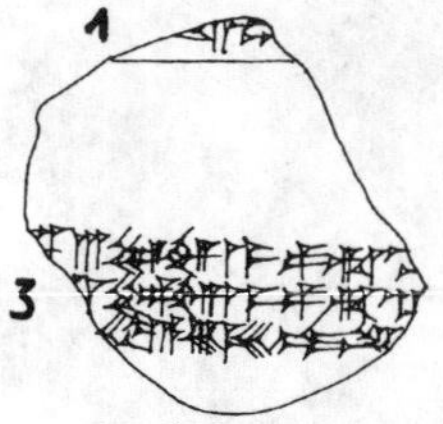

Text 43 (unveröffentlicht)

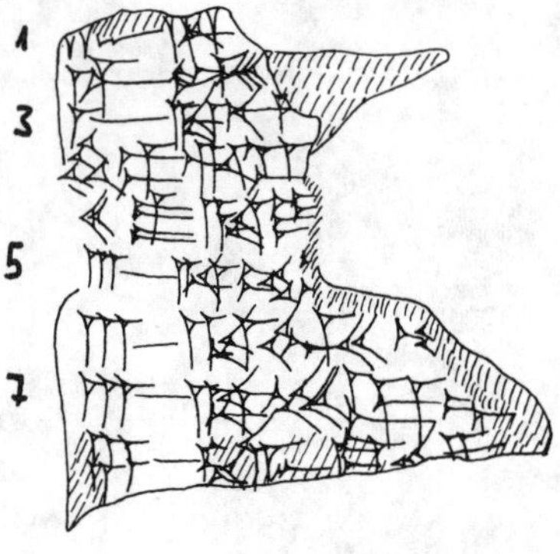

In Z. 5 ist das Zeichen PA zweimal übereinander geschrieben.

Text 44 (Al T 266)

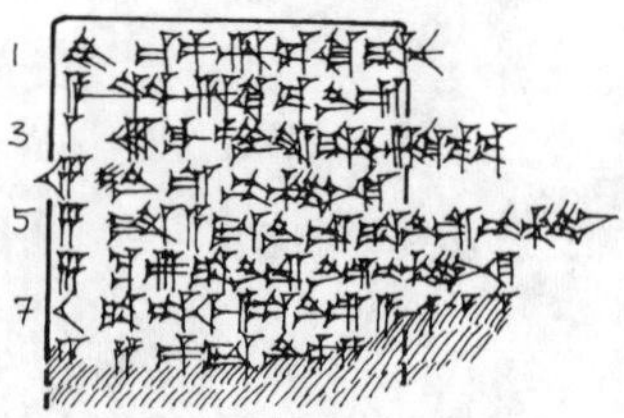

Text 42 (unveröffentlicht)
ATT 32

1) IT]I *A*[*t-ta-na-ti*]

---

2) [ŠU.NÍG]IN 3 *li-im* 1 *me pa-ri-s*[*i*]
3) [ŠU.NÍGIN] 2 *li-im* 1 *me pa-ri-si* [ ]
4) ŠE$^{?}$].BA A.ŠÀ.MEŠ ÍB.TA[K$_4$]

Text 43 (unveröffentlicht)
ATT 39/109-110.8

1) 2——*a-na* [ ]
2) 1 1/2——LÚ.MEŠ.[ ]
3) 1——*A-na-nu-*[*me-ni*]
4) 40 *pa-ri-si* [ZÍZ *a-na* LUGAL$^{?}$]

u.Rd.
5) 20 *pa a-na I-*[ ]
6) 3——*a-na Am-m*[*u*-x]

Rs.

7) 3 *a-na* MÍ.MEŠ.*m*[*u-še-ni-iq-ta-ti*]
8) 3 *a-na Mu-ur-r*[*a-te*]
9) 6 *a-na* ⌞TÚG.ḪI.A⌟

Text 44 = Al T 266
BM 131.568
D existiert nicht; E: S. 86; F: S. 27 (abweichende Zeilenzählung ab Z.6)

1) 50 GIŠ.*pa-ri-si ki-ša-nu*
2) *a-na We-ri-ki-ba* LÚ.KUŠ$_7^{!}$
3) 1 ŠÀ.GAL ANŠE.ḪI.A *ša We-ri-ki-ba*{*-ba*}
4) 15 LÚ.URU.*Bi-ti-in*.KI
5) 5 *It-a-da* LÚ.KUŠ$_7$ *ša* LÚ.URU.*Bi-ti-in*<.KI>
6) 6 *Ku-ú-ša* LÚ.KUŠ$_7$ LÚ.URU.*Bi-ti-in*.KI
7) 10 *Ša-ap-ši-a-du* LÚ.URU.*A-na-de/ke*.KI
8) 2 *Za-ú-tá* LÚ.SI[PA]

Fortsetzung...

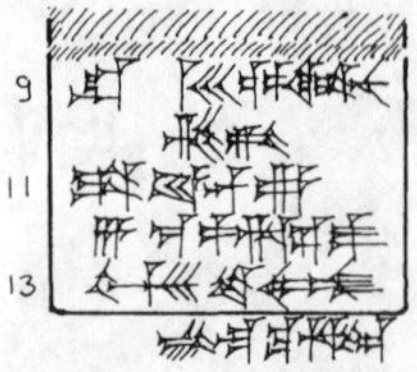

Z.2: E: *amēl bîti*; F: LÚ.SUKKAL; **Z.3:** F fig.1, S. 33 hat Zeichen für ba-{ba}; F: ŠÀ.GAL *ša* UZ.MUŠEN KI-*šu-ma*; J.O.Mompeán, UF 30, 595: 2 ... *Ew-ri-ku-ba-ba*; **Z.4-8:** Die URU-Zeichen erinnern an IŠ; **Z.4:** F: LUGAL; offenbar ist LUGAL in LÚ korrigiert; **Z.5:** F: 4 *It-za-da*; **Z.6:** F omm.; **Z.7:** URU.*Ḫa-d*[*a-ri-ig*]; oder *A-na-še* zu lesen, vgl. 20.02,38; **Z.8:** F: "rest missing"; **Z.14:** *taḫ-la**-

Text 45 = Al T 259

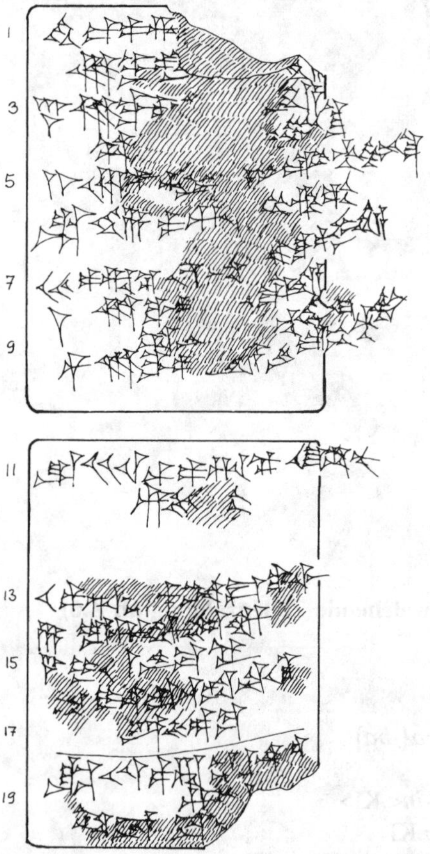

Z.1: F: erg. ŠE ...; **Z.2:** F: erg. zu ANŠE.KUR.RA; vgl. aber zur Struktur des Textes oben S. 402; **Z.4:** F: LÚ *la Bi-ti-in*; **Z.7:** D,F: ANŠE ohne ḪI.A; **Z.9:** F: LÚ *la Bi-ti-in*; **Z.10:** F: ANŠE *ša* LÚ *la Bi-ti-in*; **Z.13:** F: *i*$^?$-*na*$^?$; **Z.14:** D,F: 5; **Z.15:** F: Á LÚ.*ku-si*; **Z.18:** F: ZÍZ x x

Rs.
9) ŠU.NÍGIN 90 GIŠ.*pa ki-ša-nu*
10) ZI.GA
11) *ša* ITI dKAL
12) 6 GIŠ.*pa-ri-si* ZÍZ
13) MÍ.MEŠ.*ṭe₄-mi-tum*

o.Rd.
14) *pí-la-ku-ḫu-li*

Text 45 = Al T 259

AM 9053

D: S. 19; E: S. 85; F: S. 25.

1) 40 GIŠ.*pa-ri*[*-si* ŠE.A.AM]
2) ŠÀ.GAL AN[ŠE].ḪI.A
3) 4 ŠÀ.GAL A[NŠE.KUR.R]A.ḪI.A
4) *ša* [LÚ.URU.*Bi-t*]*i-in*.KI
5) 2 ŠÀ.GAL AN[ŠE.ḪI].A ⌜LÚ⌝.URU.*Bi-ti-in*.KI
6) ŠU.NÍGIN 46 *pa-r*[*i-si*] ŠE ZI.GA
7) 30 *pa-ri-si ki-ša-*[*nu*] ŠÀ.GAL ANŠE.ḪI.A
8) 1 ŠÀ.GAL AN[ŠE.KUR.]RA.ḪI.A
9) *ša* L[Ú.URU.*Bi-*]*ti-in*.KI
10) 1/2 ŠÀ.GAL AN[ŠE.Ḫ]I.A LÚ.URU.*Bi-ti-in*

Rs.

11) ŠU.NÍGIN 31 1/2 *pa-ri-si ki-ša-nu*
12) ZI.[G]A
13) 10 *pa-ri-s*[*i* Z]ÍZ *i-na* É.GAL-*lim*
14) 6 *Ia-ri-im-li-im*
15) 4 *i-*[*d*]*i* LÚ.*ma-si*
16) *ša i-na* URU.*Qa-ṭá-na*.KI
17) *il-li-ku*

---

18) ŠU.NÍGIN 21 *pa-ri-s*[*i k*]*u-na-ši*
19) Z[I.GA]
20) *ša* ITI *Ba-l*[*a-e*]

Text 46 = Al T 268

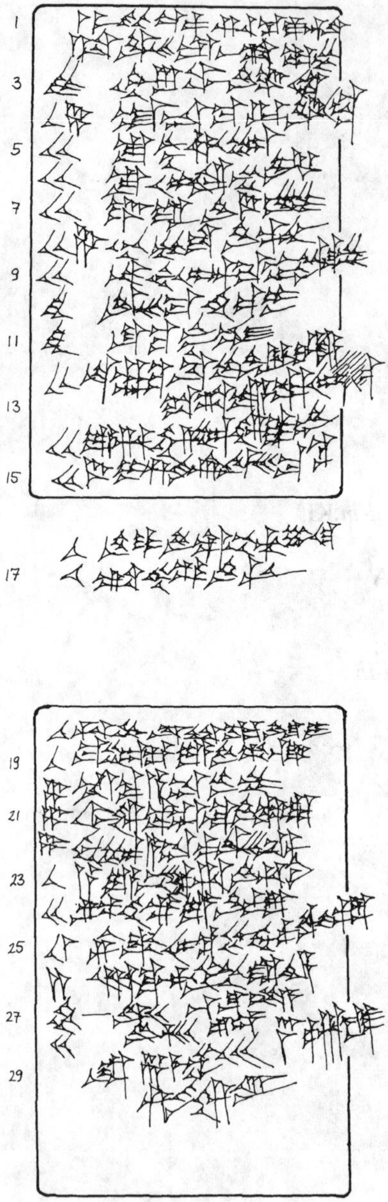

Z.8: J.O.Mompeán, UF 30, 590: *Kam*[!]; **Z.10:** F: *ma-ḫi-iṣ* x; **Z.15:** F: *ku-si*; **Z.21:** F: *Ši-im-ba-ra-na* LÚ.*ba-bá-la*.GIŠ; **Z.23:** *aš* hat einen waagerechten Keil zuviel (Korrektur des Folgezeichens von *šàr* in *šar*?; **Z.24:** F: *Ta-aḫ-*; **Z.28:** F: LÚ.MEŠ.E.x*

Text 46 = Al T 268

AM 9027

D: S. 21; F: S. 27f (ab Z.13 abweichende Zeilenzählung)

1) 1 *me* 50 GIŠ.*pa-ri-si* ZÍZ.AN.NA
2) *a-na* LÚ.MEŠ.URU.*Aš-ta-ka-mu*
3) 50 *Eḫ-lu-wa* LÚ.BUR.GUL
4) 15 *Ad-du-ma-lik* LÚ.BUR$^{!}$.GUL
5) 20 *Su-ub-ḫa-li*
6) 20 *Su-mi-lam-mu* LÚ.GAR
7) 20 *Bur-ra* LÚ.NINDA.DUḪ.DUḪ
8) 25 *Aḫ-mu-ša* LÚ.GIŠ.BAN
9) 20 *Na-aḫ-mi-*^{d}*Da-gan* LÚ.QA.ŠU.DUḪ
10) 40 LÚ.MEŠ.*ma-ḫi-iṣ-i*
11) 40 *šu-ku-up-tum*
12) 20 *Na-ak-ku-uš-še* LÚ.KIN.GI_4.A
13) *ša* TA *Kar-ka-mi-is*.KI
14) 20 *Ia-ri-im-li-im* DUMU LUGAL
15) 24 *i-gi-ir* LÚ.MEŠ.*ma-si*

u.Rd.

16) 10 LÚ.TUR LÚ.URU.*Bi-ti-in*.KI
17) 10 *Ta-aḫ-e* LÚ.TIN

Rs.

18) 10 *Ḫu-bu-uš-te-ka* LÚ.ŠU.I
19) 10 *Ba-le-e-ia* LÚ.DUG.SÌLA.BUR
20) 5 *Iš-ma-a-du* LÚ.MU
21) 5 *Ši-im-ba-al-la* LÚ.KA.KEŠDA
22) 5 *Eḫ-li-a-du* UGULA LÚ.MEŠ.UŠ.BAR
23) 10 *A-ia-aš*$^{!}$*-šar-ri* LÚ.MUŠEN.DÙ
24) 20 *Ta-ḫe-e-ia* LÚ.SIPA
25) 11 *Ni-iq-mi-e-pu-uḫ* UGULA LÚ.MEŠ.SIPA
26) 2 ŠÀ.GAL ANŠE.KUR.RA.ḪI.A
27) 50— LÚ.MEŠ.QA.ŠU.DUḪ.A
28) 20 LÚ.MEŠ.MÀŠKIM
29) ŠU.NÍGIN 6 *me-tim* 34 *pa-ri-si* ZÍZ
30) *gi-im-ru*

Text 47 (unveröffentlicht)

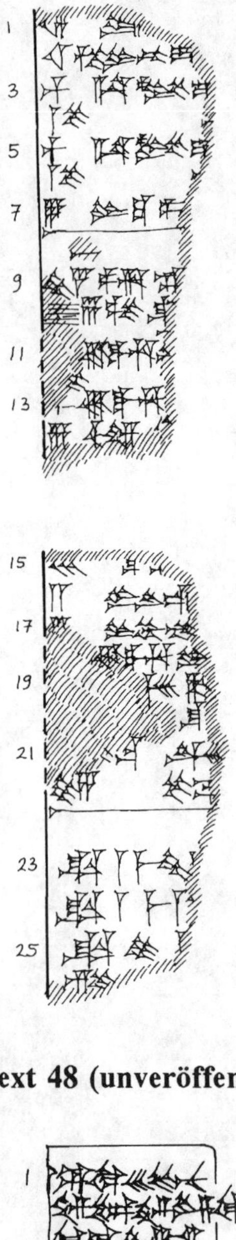

Text 48 (unveröffentlicht)

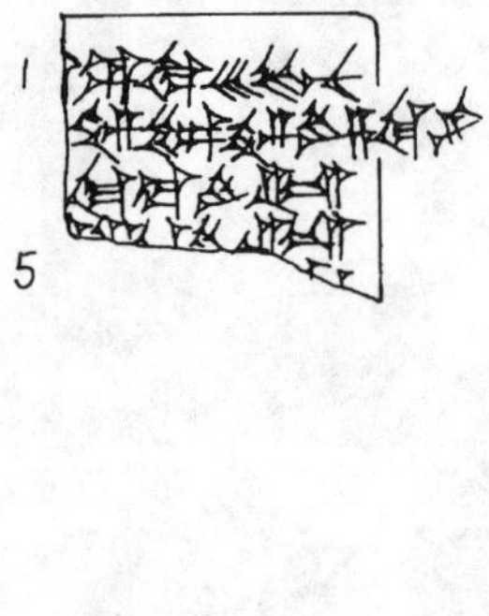

Text 47 (unveröffentlicht)
ATT 39/182.1

1) 14 GÌR *A*[*-ad-du*
2) 11 1/2 ŠE GÌR *Bi-i*[*a-*]
3) 1/2 *a-na* ANŠE.KUR.R[A]
4) 1 ŠE x [ ]
5) 1/2 *a-na* ANŠE.KUR.R[A]
6) 1 ŠE x [ ]
7) 8 GÌR *Ku-u*[*n-na-te*]

---

8) (Rasur)
9) 54 *pa-ri-si* [ŠE MÍ.MEŠ.SAG.GÉME]
10) (Rasur) 6 *pa* ŠE *Šu-*[*ba-ḫa-li*]
11) [x]== ŠÀ.GAL MUŠEN G[ÌR LÚ.MUŠEN.DÙ]
12) [1] ŠE [ ]
13) 1+x—ŠÀ.GAL MUŠEN [ ]
14) 6 *ši-im ḫ*[*i-li-mi*]

Rs.
15) 30 ⌜*Ku*⌝*-u*[*n-na-te*]
16) 2 GÌR LÚ.KUŠ$_7$ [ ]
17) 3 GÌR *Eḫ-mu-*[*ta-an*]
18) [x] ŠÀ.GAL MUŠEN GÌR [ ]
19) [LÚ.]MEŠ.*ḫa*[*-še-ru-ḫu-li*$^?$]
20) [ ] *šu-*[*ku-up-te*$^?$]
21) [x Š]E.BA LÚ.MEŠ[ ]
22) 65 ŠE.BA [MÍ.MEŠ.SAG.GÉME]

---

23) ŠU.NÍGIN 1 *me* 50 *p*[*a* ŠE]
24) ŠU.NÍGIN 1 *me* 60+x [*pa* ZÍZ]
25) ŠU.NÍGIN 60+x [*pa* ZI.AŠ]
26) ZI.[GA]

Text 48 (unveröffentlicht)
ATT 82/7

1) [*pa-r*]*i-si ke-eš-še-nu*
2) [*Ia-ri-*]*im-li-im* LÚ.*sà-ki-ni*
3) [*We-ri-*]*ki-ba* LÚ.TUKU+KUŠ$_7$
4) [ ] x x LÚ.TUKU+KUŠ$_7$
5) [ ] x

Fortsetzung...

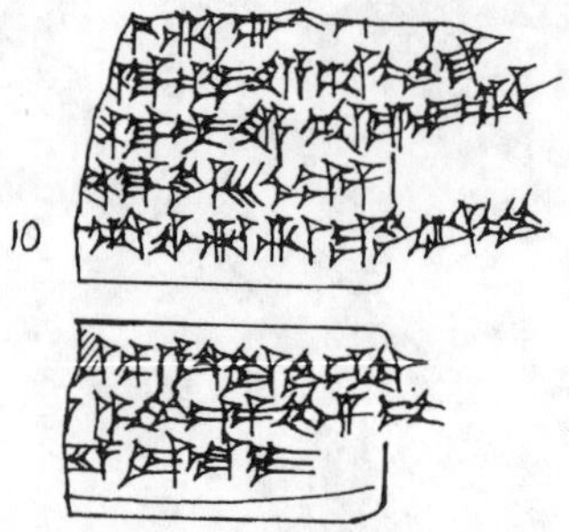

Text 49 (unveröffentlicht)

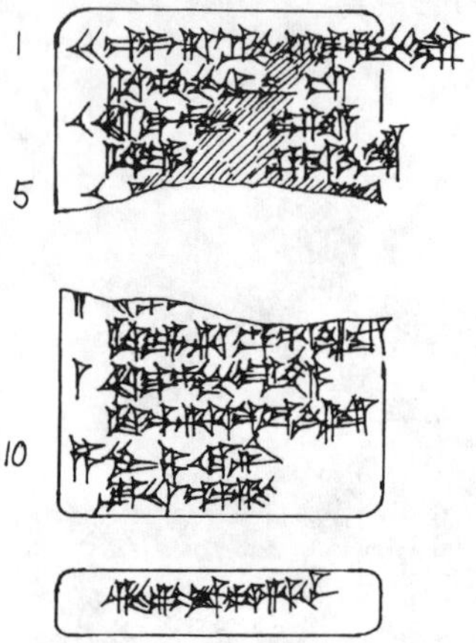

Offenbar nennt jeweils die erste Zeile die Menge des empfangenen Getreides, die zweite den Empfänger. Da sich Jašreda vermutlich wiederholt, dürften Werikiba und Ammuwa ebenfalls zu ergänzen sein.

Text 50 (unveröffentlicht)

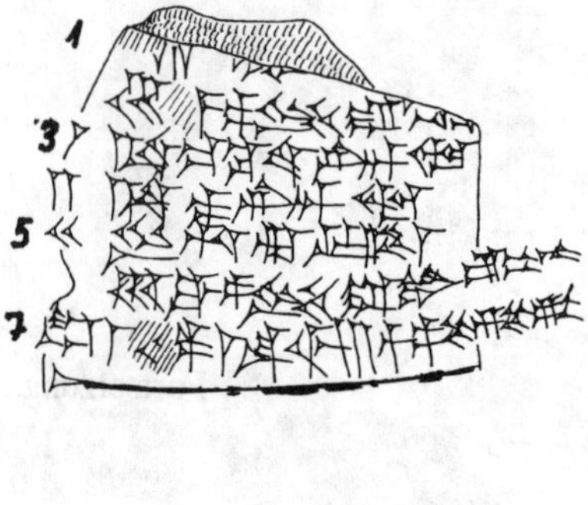

Rs.
6) [ ] *x-ri* MAR.TU.KI
7) [Š]À.GAL ANŠE.ḪI.A *ša* LUGAL GAL
8) [Š]À.GAL ANŠE.ḪI.A *ša Zu-uk-ra-ši*
9) [Š]À.GAL LÚ.MEŠ.UŠ.BAR
10) [ ] *ša We-ri-tal-ma* LÚ.É.UŠ LUGAL

o.Rd.
11) x *pa a-na* TUR LÚ.GIŠ.GIGIR
12) ŠU.NÍGI]N 1 *me* 50 GIŠ.*pa* ŠE.A.AM!
13) ITI *Ba-la-i*

Text 49 (unveröffentlicht)
ATT 81/4

1) 20 GIŠ.*pa-ri-si* ŠE ŠÀ.GAL ANŠE.KUR.RA
2) *a-na Am-mu-wa* LÚ.KUŠ$_7$
3) 10 ŠÀ.GAL ANŠ[E.KUR].RA.ḪI.A
4) *a-na Ia-aš-*[*re*]*-e-da* LÚ.TUKU+KUŠ$_7$
5) 10 [ŠÀ.GAL ANŠE.KUR.RA.ḪI.]A

Rs.
6) 2 ⌜ŠÀ.GAL⌝ [ANŠE.KUR.RA.ḪI.A]
7) *a-na Ia-aš-re-e-da* LÚ.TUKU+KUŠ$_7$
8) 1 ŠÀ.GAL ANŠE.KUR.RA.ḪI.A
9) *a-na We-ri-ki-ba* LÚ.TUKU+KUŠ$_7$
10) 4 LÚ.*sà-ki-ni*
11) ŠU.NÍGIN 21 GIŠ.*pa* ZI.AŠ

o.Rd.
12) ZI.GA ITI *Ša-tal-lim*

Text 50 (unveröffentlicht)
ATT 11

1) [ ] x x [ ]
2) ŠÀ.[GA]L ANŠE.KUR.RA ⌜*ša*⌝ M[AR.TU]
3) 1 *a-na* GIŠ.TUKKUL *pa-ni* ᵈIŠDAR
4) 2 *a-na pa-ni* ᵈIŠDAR
5) 20 GÌR *Ḫu-ri-ip-te*
6) [x] ŠÀ.GAL ANŠE.KUR.RA LUGAL URU.*Bi-t*[*i-in*]
7) ŠU.NÍGIN 1 [*me-a*]*t* 1 *šu-ši* 3 1/2 *pa* ŠE ZI.GA

Fortsetzung...

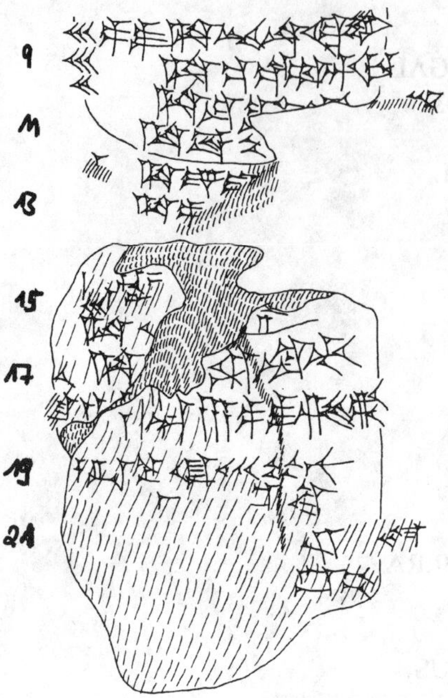

Text 51 (unveröffentlicht)

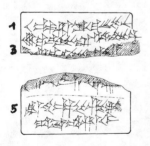

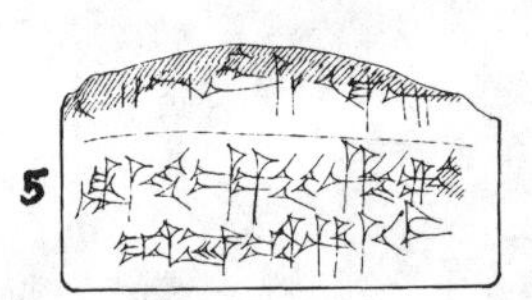

Die Ergänzung Z. 4 bezieht sich auf den mehrfach belegten ON Akē. Zum Zeichen E mit drei senkrechten Keilen siehe 22.08,17.

Text 52 (unveröffentlicht)

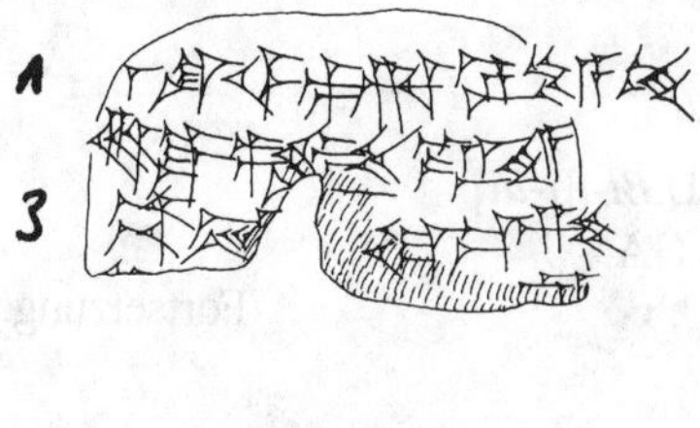

8) 30 *pa* ZÍZ *a-na* NUMUN *na-di-in*
9) 30 *a-na* GIŠ.BANŠUR ᵈIŠDAR
10) 30 *a-na šu-k*[*u-u*]*p-t*[*i*] x
11) *a-na* ITI *B*[*a-la-e*]

u.Rd.
12) 1 *a-na Bur-r*[*a*]
13) *a-na pa-*[*ni* ᵈIŠDAR]

Rs.
14) [ ] ⌜ŠÀ.GAL⌝ MU[ŠEN x]??
15) [ ] ⌜*a-na*⌝ LÚ.[ ]
16) [ ] *a-na K*[*i-in-n*]*i* [ ]
17) [ ]10 *a-na* [ ] *-mil-la-ti*
18) [Š]U.NÍGIN 2 *me-at* 6 *pa* ZÍZ ZI.GA

---

19) [x *p*]*a-ri-si ke-eš-še-nu*
20) x x x x-*ki*
21) [ANŠE.KUR.RA.Ḫ]I.A [MAR.]TU
22) [*Ši-nu-r*]*a*?*-pí*

Text 51 (unveröffentlicht)
ATT 73

1) 10 GIŠ.*pa-ri-si ke-eš-še-nu*
2) ŠÀ.GAL ANŠE.KUR.RA *a-na Am-mu-wa*
3) ⌞4 ŠÀ.GAL ANŠE.KUR.RA.ḪI.A⌟ *š*[*a* \ [MAR.TU.KI?]

Rs.
4) ⌜10+x⌝ *a-na* LÚ.*A-ke-*⌜*e*⌝

---

5) ŠU.NÍGIN 40 GIŠ.*pa* ŠE ZI.GA
6) *ša* ITI *Ša-tal-lim*

Text 52 (unveröffentlicht)
ATT 39/109-110.14

1) 1 *šu-ši pa-ri-si* ŠE.A.AM
2) ŠÀ.GAL ANŠE.KUR.RA.ḪI.A
3) *ša* ITI [*Ḫu*]*-di-iz-zi*
4) 10+x x x [ ] x

Fortsetzung...

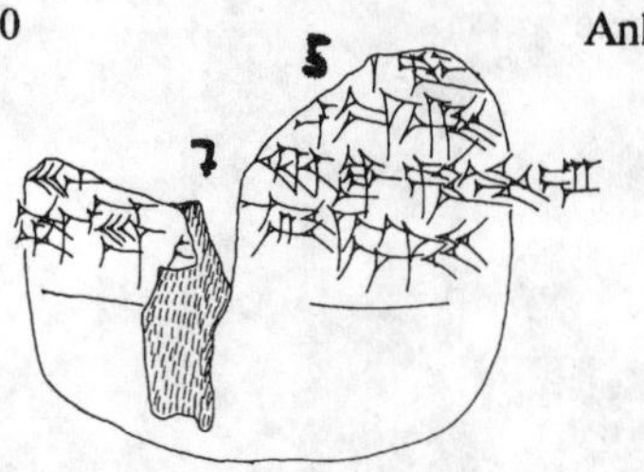

Text 53 = Al T 244

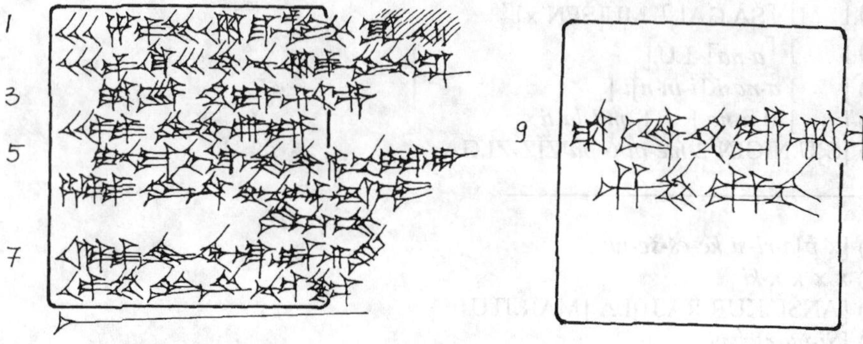

Z.5: F: *su* statt *šu* (gegen D und E)

Text 54 = Al T 240

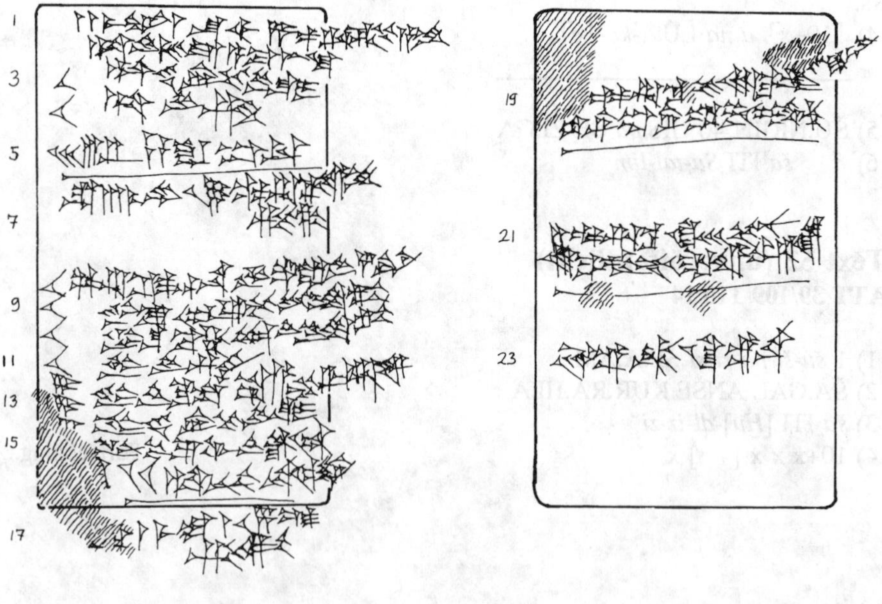

Rs.
5) [x x x x] x ANŠE
6) [*ša* ITI *Ḫu-d*]*i-iz-zi*
7) 30 *pa* [ZI.AŠ] ŠÀ.GAL ANŠE.KUR.RA
8) *ša* ITI ⌞*ša*⌟ *ta-ap-še*

Text 53 = Al T 244

ATT 39/144

D: S. 16; E: S. 83; F: S. 21

1) 35 *pa* ŠE ŠÀ.GAL ANŠE.KUR.RA.⌜ḪI.A⌝
2) 30 *pa ke-eš-še-nu* ŠÀ.GAL ANŠE.KUR.RA
3) *ša* ITI *Ḫi-ia-re-e*
4) 20 *pa* ZÍZ GÌR *Pu-ú-ia*
5) *i-nu-ma* ᶠ*Šu-mu-na-a-bi i-la-ak*
6) 5 *pa* ZÍZ GÌR *Na-aḫ-mi-*ᵈ*Da-gan*
7) LÚ.RÁ.GAB
8) 12 *pa* ZÍZ GÌR *Eḫ-la-ag-gi*
9) 10 *pa* ŠE GÌR LÚ.NU.GIŠ.KIRI$_6$

u.Rd.

Rs.
10) *ša* ITI *Ḫi-ia-re-e*
11) ZI.GA

Text 54 = Al T 240

AM 9056

D: S. 15; E: S. 82; F: S. 20 (Zeilennummern ab Z.7 abweichend!)

1) 2 *me-tim* 1 *šu-ši* 5 *pa-ri-si* ŠE.A.AM
2) *a-na* LÚ.MEŠ.URU.*A-ma-me*.KI
3) 10 *a-na Ḫi-ir-še* LÚ.ŠU.I
4) 10 *a-na* LÚ.GI
5) 33 1/3 *za-ra-ap-ḫu*

---

6) ŠU.NÍGIN 3 *me-tim* 18 GIŠ.*pa-ri-si* ŠE.A.AM
7) ZI.GA
8) 10 GIŠ.*pa-ri-si* ZÍZ.AN.NA GÌR *Bur-ra* LÚ.NINDA.DÙ.DÙ
9) 10 GÌR *Su-mi-lam-mu* LÚ.GÌR.SÈ.GA
10) 10 GÌR *Šu-ba-ḫa-li* LÚ.GÌR.SÈ.GA
11) 10 GÌR LÚ.GI
12) 5 GÌR LÚ.SIMUG *ša A-mu-ur-ri-im*
13) ⌞5⌟ GÌR *Ḫi-ir-še* LÚ.ŠU.I
14) [5] GÌR *Eḫ-lu-wa* LÚ.BUR.GUL
15) [1 *me-a*]*t* 20 *a-na* NUMUN *na-di-in*

Fortsetzung...

Z.5: F: *za** (D hat *a*), Goetze, 34: "The reading *za-ra-ap-ḫu* - against the text - is justified..."; **Z.10:** F: *Su-ba-*; **Z.12:** F: *Zu-un-na-a-mu zu-ri-im*; **Z.14:** D,F: 5 als sichtbar; **Z.16:** D: ŠU.NÍGIN ist nur teilweise sichtbar (gegen F); F: PA (ohne Ergänzung); **Z.17:** E,F: *a-na*; **Z.22:** B: *om.* SUKKAL (praeb. D,F, cf. Goetze,34); E: Wariki-malak; Draffk.,62: SANGA; **Z.23:** E: *e-ik-ki-e-na*; F:*e-ek-ki-e-na*

Text 55 = Al T 239

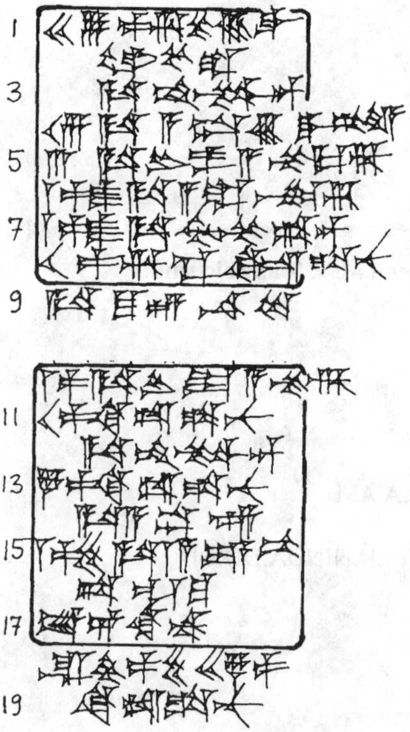

Z.1: E,F: add. *pa-ri-<si>*; die Ergänzung ist jedoch nicht zwingend, obwohl die Maßeinheit nur hier so abgekürzt wird.; **Z.7:** F: *Aḫ-mu-ša*-AN; J.O.Mompeán, UF 30, 590: *Kam-*; **Z.10:** F: ^{m}*A-mu-ri*; **Z.13:** F: *ki-iš-[ša-nu]*; **Z.18:** E,F: 28

u.Rd.
16) [ŠU.NÍGI]N 1 *me-at* 75 GIŠ.<*pa*> ZÍZ
17) ZI.GA

Rs.
18) [ ]
19) [x] GIŠ.*pa-ri-si* ŠE ŠÀ.GAL ANŠE.KUR.RA LUGAL
20) *ša* Ì.DUB *Ir-ra-i-mi-it-ti*

---

21) 2 GIŠ.*pa-ri-si ke-eš-še-nu*
22) ŠÀ.GAL ANŠE.KUR.RA.ḪI.A *We-ri-ki-ba*

---

23) ITI *E-ek-ke-e-na*

Text 55 = Al T 239

BM 131.558
D: S. 15; E: S. 82; F: S. 19f

1) 29 *pa-ri* ŠE ŠÀ.GAL
2) ANŠE.KUR.RA
3) *a-na Am-mu-wa-an*
4) 16 *a-na A-du* ŠÀ.GAL GU$_4$.ḪI.A
5) 3 *a-na* LÚ.TUR *A-mu-ur-ri*
6) 1 *pa* ZÍZ *a-na A-ra-aš-šar-ri*
7) 1 *pa* ZÍZ *a-na Eḫ-mu-ta-an*
8) 10 *pa-ri-si ki-iš-ša-nu*

u.Rd.
9) *a-na Ku-un-na-te*

Rs.
10) 1 *pa a-na* LÚ.TUR *A-mu-ri*
11) 10 *pa ki-iš-ša-nu*
12) *a-na Am-mu-wa-an*
13) 7 *pa ki-iš-ša-nu*
14) *a-na A-du-un*
15) 1 *pa* ŠE *a-na* ^{m}*A-ia-bi-*
16) *ta-al-ma*
17) ITI *E-ke-na*
18) ŠU.NÍGIN 50 *pa* ŠE 27 *pa*
19) *ki-iš-ša-nu*

Text 56 = Al T 245

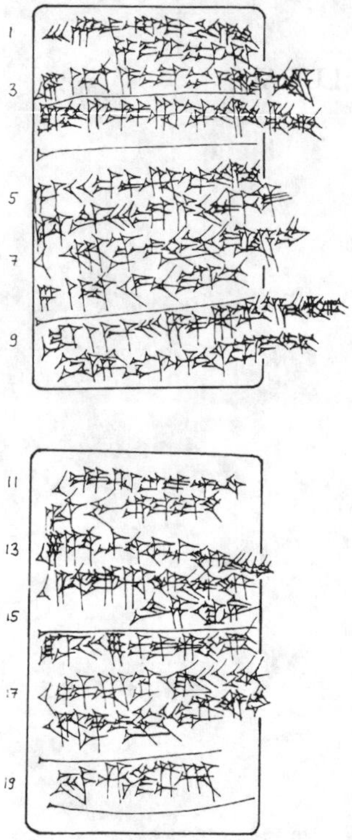

Z.4:B: 62; **Z.9**: F: *Èr* (gegen E); **Z.12**: J.O. Mompeán, NABU 1999: *E-pá-at-ḫi/ṭí*

Text 57 = Al T 248

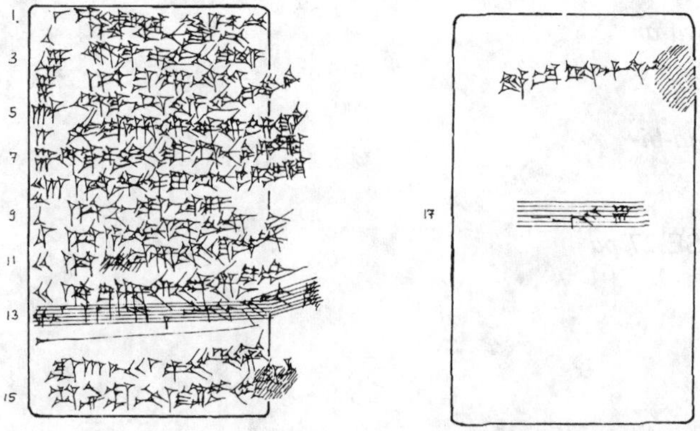

Text 56 = Al T 245

AM 9051
C: pl. XXXI; E: S. 83; F: S. 21 (Zeilennummern ab Z. 2 abweichend)

1) 36 *pa-ri-si* ŠE.A.AM
2) *za-ra-ap-ḫu*
3) 16 *a-na A-ad-du* ŠÀ.GAL GU_4.ḪI.A

---

4) ŠU.NÍGIN 52 GIŠ.*pa-ri-si* ŠE.A.AM ZI.GA

---

5) 1 *me* 80 GIŠ.*pa-ri-si* ŠE.A.AM
6) *a-na* LÚ.MEŠ.URU.*A-li-me*.KI
7) 10 ŠÀ.GAL ANŠE.KUR.RA.ḪI.A LUGAL
8) 5 *a-na Ši-nu-ra-pí*

---

9) ŠU.NÍGIN 1 *me* 95 *pa-ri-si* ŠE.A.AM ZI.GA
10) *ša* Ì.DUB [d]*Ìr-ra-i-mi-ti*

Rs.
11) 10 GIŠ.*pa-ri-si* ZÍZ.AN.NA
12) *a-na* [f]*E-ma-at-ḫi*
13) 18 *a-na* [d]UTU-*ši*-[d]IM ŠEŠ LUGAL
14) 10 *a-na Ia-ri-im-li-im*
15) LÚ.*sà-ki-ni*

---

16) ŠU.NÍGIN 38 *pa* ZÍZ ZI.GA
17) 10 GIŠ.*pa-ri-si ke-eš-še-nu*
18) ŠÀ.GAL ANŠE.KUR.RA.ḪI.A LUGAL

---

19) ITI *Kí-ra-ri*

Text 57 = Al T 248

AM 9035
D: S. 17; E: S. 83; F: S. 22 (ab Z.14 abweichende Zeilennummern)

1) 1 *me* 80 *pa-ri-si* ŠE *a-na* KAŠ
2) 10 *a-na Ši-nu-ra-pí*
3) 18 ŠÀ.GAL ANŠE.KUR.RA.ḪI.A
4) 8 *a-na Ku-un-na-te*
5) 3 1/2 ŠÀ.GAL MUŠEN.ḪI.A GÌR *Ki-in-ni*
6) 2 GÌR *Ia-ri-im-li-im* LÚ.*sà-ki-ni*
7) 6 ŠÀ.GAL ANŠE.KUR.RA *ša Nu-ni-kí-ia-šu*
8) 43 *a-na* LÚ.MEŠ.SIPA *ša Nu-ni-kí-ia-šu*
9) 10 *a-na* MÍ.*ka-aš-šu-ú*
10) 11 *a-na A-bi-ṭa-ba* LÚ.$KUŠ_7$

Fortsetzung...

Z.1: D,F: 70; **Z.6:** E: zadini; **Z.13:** D,F omm. Rasur; **Z.17:** D,F omm. Rasur

Text 58 = Al T 249

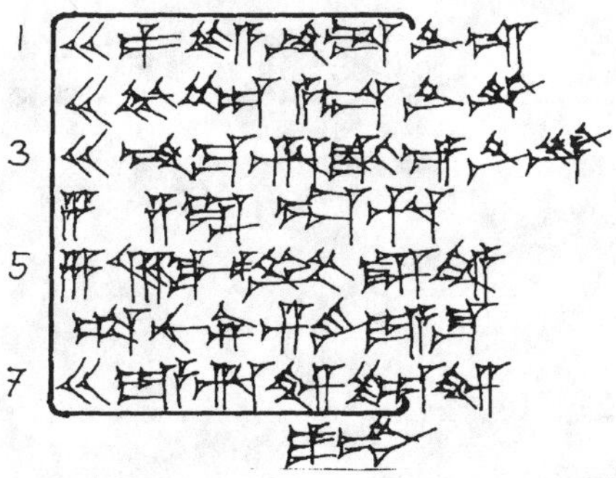

Z.1: E: *da-ḫi-iš* ("threshed barley"); **Z.3:** F: *Am-ma-ri-me-e*; **Z.8** steht auf unterem Rand (gegen D,F); **Z.9:** ŠE ist abgesetzt (gegen F); **Z.13:** LÚ.NAR ist abgesetzt (gegen F); **Z.16** steht auf oberem Rand (gegen F)

11) 20 *a-na Am-ma-ri-ik-ke* LÚ.NAR
12) 20 *a-na Ia-ri-im-li-im* DUMU LUGAL
13) (Rasur: x x x x x x x x x x)

---

14) ŠU.NÍGIN 3 *me* 21 *pa* ŠE ZI.GA
15) *ša* Ì.DUB *Ìr-ra-i-mi-it-t*[*i*]

Rs.
16) ITI *At-ta-an-na-t*[*im*]
17) (Rasur: x x 6)

Text 58 = Al T 249

AM 9054
D: S. 17; E: S. 83; F: S. 22

1) 20 *pa* ŠE.A.AM Á LÚ.KUŠ$_7$
2) 20 *Eḫ-li-a-du* LÚ.NAR
3) 20 *Am-ma-ri-ik-e* LÚ.NAR
4) 5 *za-ra-ap-ḫu*
5) 6 ŠÀ.GAL ANŠE.KUR.RA.ḪI.A
6) *ša Nu-ni-kí-ia-šu*
7) 20 *Ia-ri-im-li-im*

u.Rd.
8) DUMU LUGAL

Rs.
9) ŠU.NÍGIN 91 *pa-ri-si* \ ŠE
10) ZI.GA
11) 2 *pa ki-ša-nu* ŠÀ.GAL ANŠE.KUR.RA
12) *ša Nu-ni-kí-ia-šu*
13) 10 *pa* ZÍZ *Eḫ-li-a-du* \ LÚ.NAR
14) 10 *pa* ZÍZ *Am-ma-ri-ik-e*
15) ŠU.NÍGIN 20 *pa* ZÍZ ZI.GA

o.Rd.
16) ITI *At-ta-na*

Text 59 = Al T 250

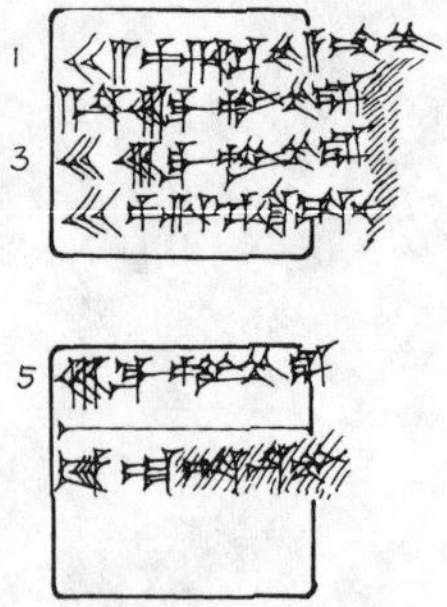

Z.1: J.O.Mompeán, UF 30, 590: LÚ [] statt NUMUN

Text 60 = Al T 278

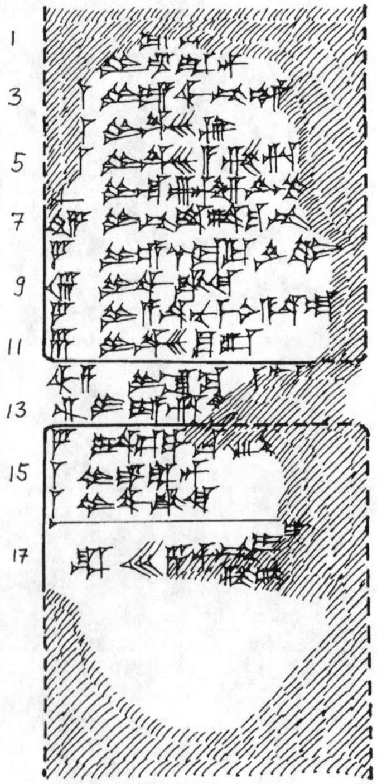

Z.1: Cf. die Abfolge in Text 54 und 68; **Z.6:** F: 1/3 (gegen D); **Z.9:** D,F: IGI.6; **Z.10:** F erg. *Ad*-[*du*]; **Z.14:** F: *é-kál*[-*lim*]; **Z.17f:** F: 35 PA Š[E ZI.GA]

Text 59 = Al T 250
BM 131.561
D: S. 17; E: S. 84; F: S. 23

1) 22 *pa-ri-si* ŠE.A.AM NUMUN
2) *a-na* ŠÀ.GAL ANŠE.KUR.RA
3) 30 ŠÀ.GAL ANŠE.KUR.RA
4) 30 *pa-ri-si ki-ša-nu*

Rs.

5) ŠÀ.GAL ANŠE.KUR.RA

---

6) ITI *At-ta-na-tim*

Text 60 = Al T 278
BM 131.574
D: S. 23; E: S. 88; F: S. 31 (Zeilenzählung weicht ab)

1) [GÌR] ⌜*Sú*⌝ *-b*[*a-ḫa-li*
2) [x] GÌR *Bur-ra-an*
3) [x+]1 GÌR *Ia-ši-bi-il*[*-la*]
4) [x+]1 GÌR LÚ.MEŠ.AŠGAB
5) [x+]1 GÌR LÚ.MEŠ.*a-sí-ri*
6) 1/3 GÌR *La-ú-*ᵈIM LÚ.MU
7) 45 GÌR *Bi-it-ta-ku-bi-*[*ti*]
8) 4 GÌR *E-ṭar-ma-lik* LÚ.NAR
9) 16 GÌR *Wi-ik-ke*
10) 4 GÌR *A-na-nu-me-ni a-na ad-*[*ru-ut-na-ti*ˀ]
11) 6 GÌR LÚ.MEŠ.ḪUN.GÁ

u.Rd.
12) IGI.4 GÌR *Su-ba-* ⌞*ḫa-li*⌟
13) 1/3 GÌR *Ia-ri-i*[*m-li-im*]

Rs.
14) 4 *i-na* É.GAL ⌜*šu-ru-bu*⌝
15) 1 GÌR *Bur-ra-an*
16) 1/2 GÌR *Wi-ik-ke*

---

17) ŠU.NÍGIN 35 1/2 GÚ.T[UR.T]UR
18) ZI.GA

Text 61 (unveröffentlicht)

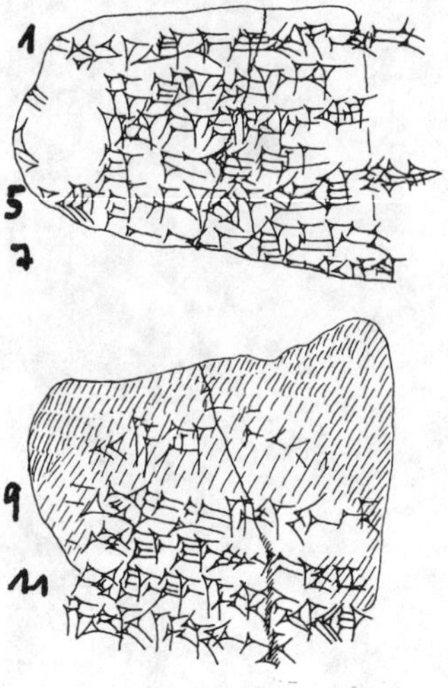

Text 62 (unveröffentlicht)

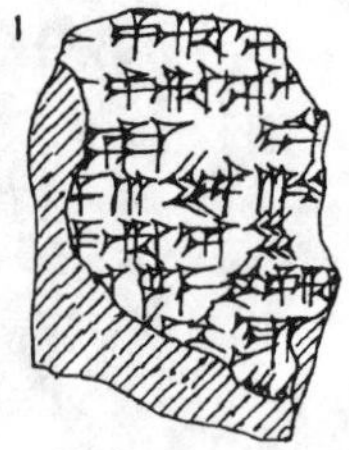

Text 63 (unveröffentlicht)

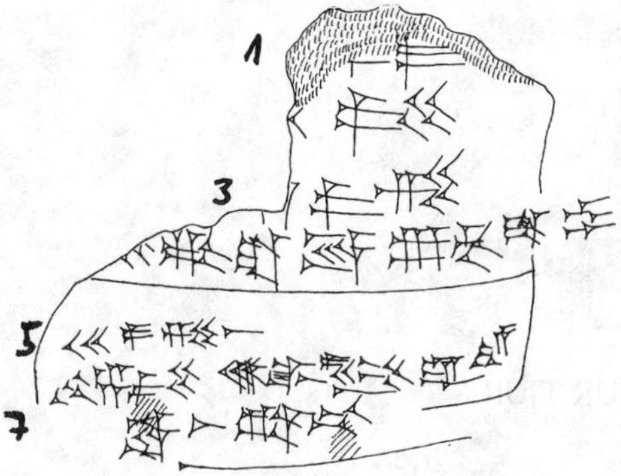

Text 61 (unveröffentlicht)
ATT 39/109-110.7+15

1) [x] *me-tim* 1 *šu-ši pa* ŠE.A.AM KAŠ
2) 30 *za-ra-ap-ḫu*
3) 10 *a-na* GIŠ.BANŠUR ^{d}IŠDAR
4) 1 *Ma-du-ḫar-ra*
5) x+1 ŠÀ.GAL MUŠEN.ḪI.A GÌR *Ki-in-ni*
6) [x] x ⌜*at*⌝-*ki-ip-pí*
7) x x *a-na*

Rs.
8) [IT]I *A-ta-na-* ⌞*tim*⌟
9) [ ] GÚ.TUR.TUR *a-na* MÍ-*ti*
10) [ ] GÚ.GAL.GAL *i-na* GIŠ.KIRI$_6$

o.Rd.
11) [ ] GÚ.GAL.GAL *a-na Wi-ik-ke-*[*en*]
12) [ ] 4 SÍG *a-na* MÍ-*ti*

Text 62 (unveröffentlicht)
ATT 38

1) [x] *pa-ri-si* [ ]
2) [x] *pa-ri-si* Z[I.AŠ]
3) [x] SAG.DU [ ]
4) ŠU.NÍG]IN 3 *li* 2 *me-t*[*im*]
5) [x *p*]*a-ri-si* ŠE [ ]
6) [ŠU.NÍGI]N 4 *me* 50 *pa-ri-*[*si*]
7) x-*bi*$^{?}$-*su*$^{!}$
8) [ ].MEŠ x

Text 63 (unveröffentlicht)
ATT 82/4

1) [x] *pa* ZÍZ
2) [x]+10 *pa* ŠE
3) [ ] 2 *pa* ZI
4) [Z]I.GA *ša* ITI *Ú-ti-it-ḫe*

---

5) 30 *pa* ZI.AŠ
6) 45 *pa* ŠE ŠÀ.GAL ANŠE.KUR.RA.ḪI.A

u.Rd.
7) ITI *Aš-ta-bi*

Fortsetzung...

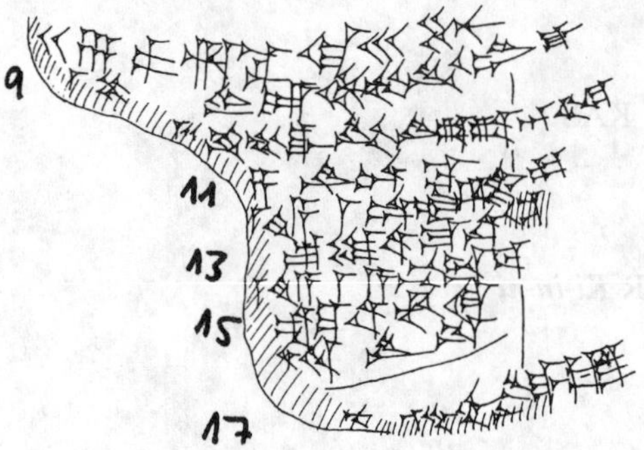

Text 64 (unveröffentlicht)

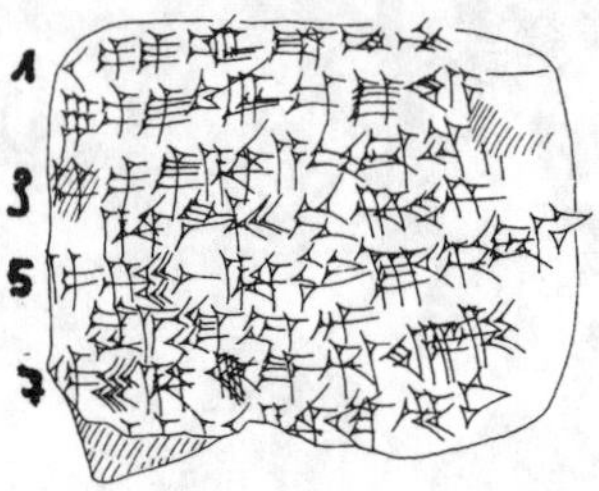

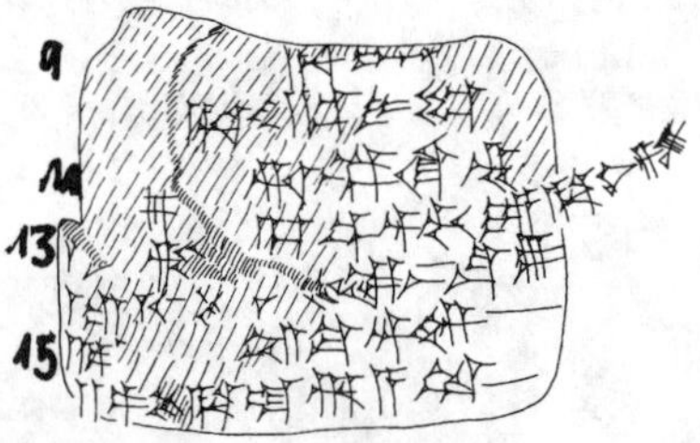

Z.6: LÚ unter URU nachgetragen.

Text 65 (unveröffentlicht)

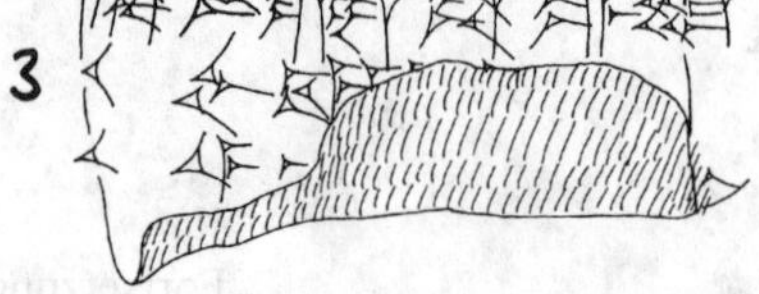

Rs.
8) 26 *pa-ri-si ke-eš-še-nu*
9) 90 GÌR *Ia-aḫ-mu* ŠEŠ LUGAL.GAL
10) [*Ḫ*]*a-am-mu*-GAL ŠEŠ LÚ.*Ta-ta-an-dì*.KI
11) [x]] LÚ.*Ṭú-ba*
12) [ ][x].ḪI.A DIŠ/[m] *Du-ḫé-ri-in-ka*
13) [ ]URU.*Tu-ud-ma-na*
14) [ANŠE.KUR.R]A.ḪI.A DIŠ *A-bi-ṭa-ba*
15) [ ] *Ša-gu*$_5$*-ut-ti*.KI
16) [*Ku-n*]*a-te* LÚ.UŠ

---

17) *Ni-iq-me-pu-uḫ* LÚ.GAL TUKU+KUŠ[?]

Text 64 (unveröffentlicht)
ATT 80/31

1) 10 *pa* ZÍZ ŠÁM *ša-am-mu*
2) 8 *pa* ZÍZ ŠÁM GIŠ.TUKKUL.ḪI.A
3) 1/3 *pa* ZÍZ *a-na A-bi-ṭa-ba*
4) *a-na* LÚ.MEŠ.*pí-ri-im*
5) 1 *pa* ZI.AŠ *a-na* LÚ.*ḫu-ul-da-nu*
6) LÚ.URU.*Ṭu-ba-an*
7) 10 *pa* ŠE *a-na* ŠÀ.GAL MUŠEN.ḪI.A.*ú-sí*
8) [x] ⸤ŠÀ.GAL MUŠEN⸥ *a-na Ke-en-ni*

Rs.
9) [ ] ⸢*a-na*⸣ x x
10) [ ] *a-na Im-ma*-x-*tu*
11) [*a-na A*]*-ri-ip-ke-en*
12) 1 *p*[*a*] ZI[.AŠ] *a-na Wa-an-dì-ia a-na ni-gi*
13) 1 *pa*[!] ZI[!]
14) 2 *pa* 70—— ŠE 10 MÍ.MEŠ.*ka-aš-šu-ú*
15) 2 *pa* [ZI.AŠ] *Iš-ma*-[d]IM——
16) 2 *pa* ŠE *a-na At-ri-a-du*——

Text 65 (unveröffentlicht)
ATT 78/15

1) 20 *pa-ri-si* ŠE.A.AM
2) *a-na* LÚ.SIMUG *ša* MAR.TU
3) 10 MÍ.*ka*-[*aš*]- ⸢*šu*⸣ -[*ú*]
4) 10 *ši-i*[*m*]*-ni*

Text 66 = Al T 260

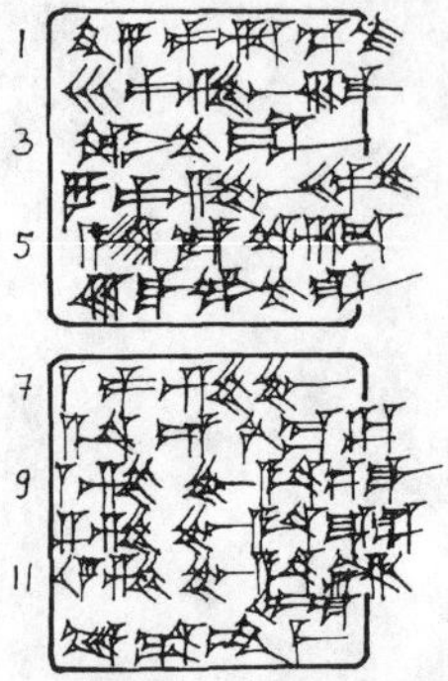

Z.11: Nach Kopie 14, aber vgl. 16,36 und z.B 59,12 zu Bruchzahlen ohne GÁL; F hat *-mi-la* auf der Zeile (gegen B,D).

Text 67 = Al T 262

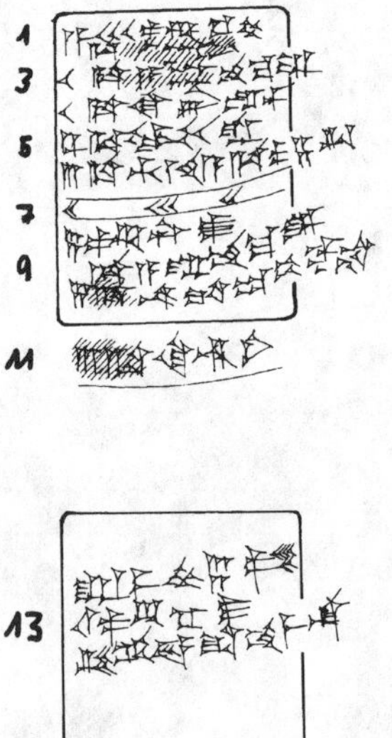

Z.7: Die Zeile wird mit Winkelhaken markiert; F: XX* XXX* XX*; **Z.10:** F: *-bi-e*; **Z.11:** F: 2/3 (gegen D); Goetze, 36: "This should be 14."; **Z.14:** archaisierendes NA-Zeichen.

Text 66 = Al T 260

BM 131.566

D: S. 19; E: S. 85; F: S. 25f

1) 45 *pa-ri-si* ŠE
2) 30 *pa* ZI.AŠ ŠÀ.GAL
3) ANŠE.KUR.RA
4) 7 *pa* ZI.AŠ 20 *pa* ŠE
5) *a-na Ia-ṭe$_4$-re-da*
6) ŠÀ.GAL ANŠE.KUR.RA

Rs.
7) 1 *pa zi-bu*
8) *a-na E-ṭar-ma-lik*
9) 1 *zi-bu a-na* É.GAL
10) 1/3 *zi-bu a-na Bur-ra*
11) IGI[!].4 *zi-bu a-na Ir-ḫa- \ mi-la*
12) ITI *Ša-am-me*

Text 67 = Al T 262

ATT 39/137

D: S. 20; E: S. 85; F: S. 26

1) 1 *me* 30 *pa-ri-si* ŠE
2) *a-na* ⌜MÍ.MEŠ⌝[!?] LU[G]AL
3) 10 *a-na A-[r]a-am-ma-ra*
4) 10 *a-na Ki-ir-ra-an*
5) 1/3 *a-na* ANŠE.KUR.RA
6) 3 *a-na* MUŠEN.ḪI.A *a-na pa-za-ri*

---

7) 20 30 20

---

8) 5 *pa-ri-si* ZÍZ
9) *a-na A-ra-am-ma-ra*
10) 5 *a-na Na-ša-ab-bi* SIMUG[?]

u.Rd.
11) 3 *a-na Ke-en-ni*

Rs.
12) ŠU.NÍGIN 1 *me* 55 *pa* ŠE
13) 11 *pa-ri-si* ZÍZ
14) ZI.GA ITI *Ša-am-me-na*[??]

Text 68 = Al T 276

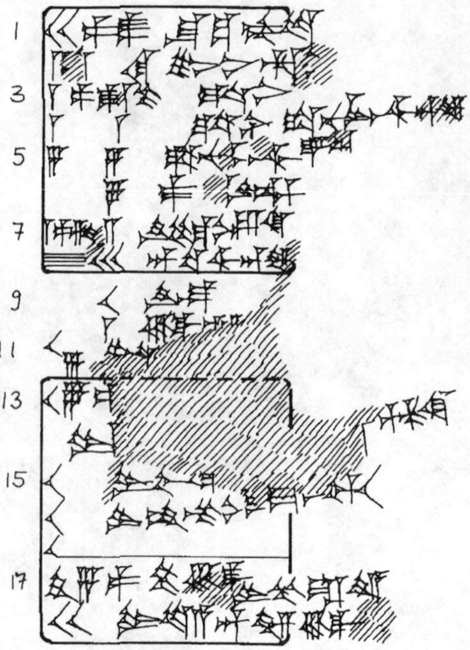

Z.2: F: 2 statt *a-na*; F: *Ki-in*-ni** MUŠEN.DÙ; **Z.3-5:** F hat i.w. nur die Zahlen; J.O.Mompeán, UF 30, 598: Z.4: 1 *ša Ni-du-Ki-aš-ši*; Z.5: *Ra-nu/bad-du-šu*[?]; **Z.3:** B: ^{d}IM?; **Z.5:** Die Zeichen IŠ und ḪA sind sehr eng aneinander geschrieben; **Z.6:** F: 7* ZÍZ LÚ.UŠ.BAR; **Z.7:** F: ZI-x; F omm. KI; **Z.8** steht nicht auf u.Rd. (gegen D,F); F: 10 statt Rasur; **Z.9:** D,F add. lineam; **Z.11:** F: 1-x; **Z.12-14:** F hat i.w. nur die Zahlen; **Z.15:** cf. zum PN 69,19; **Z.16:** D,F omm. Winkelhaken vor der Linie; **Z.17:** ŠÀ.GAL* x[x]

Text 69 = Al T 280

Text 68 = Al T 276

BM 131.573
D: S. 23; E: S. 88; F: S. 31 (Zeilenzählung ab Z.16 abweichend)

1) 20 *pa* ZÍZ *šu-ku-up-te*
2) *a-*[*n*]*a Ki-in-ni* MUŠEN.D[Ù]
3) 1 *pa* ZÍZ 1 ŠE *ša-ni*
4) 1 1 *ša-ni ša Nu-wa-aš-ši-*^{d}IŠDAR$^{!}$
5) 5 5 *ša Nu-wa-aš-ši-*^{d}*iš*$^{!}$*-ḫa*$^{!}$*-ra*
6) 7 ZÍZ [UGUL]A LÚ.UŠ.BAR
7) 1 *pa* ZI 2 LÚ.*Tu-ni-ip*.KI
8) (Rasur) 30 ^{d}UTU-*ši*-^{d}IM

u.Rd.
9) 10 LÚ.ENGAR
10) 1 ŠÀ.GAL MUŠEN.⌜ḪI⌝$^{!}$.[A]
11) 10 *i-na* [ ]
12) 6 [ ]

Rs.
13) 18 *pa* [ ]
14) GÌR [*A*]*q-qa-ti*.KI
15) 10 GÌR ^{f}*Ki*[*-ir-ra*]
16) 10 GÌR *Am-mu-ni-iq*$^{!}$*-ma* ⌜LÚ⌝.NAGAR
10____________________
17) 45 *pa* ŠE ŠÀ.GAL \ ANŠE.KUR.RA.ḪI.A
18) 20 GÌR KAR-^{d}IM ŠÀ.GAL [ANŠE.KUR.RA.ḪI.A]

Text 69 = Al T 280

BM 131.575
D: S. 23; E: S. 88; F: S. 31f (ab Z. 12 abweichende Zeilenzählung)

1) 15 *pa* ŠE.A.AM ŠE.BA MÍ.MEŠ
2) *ša* DA LUGAL
3) 8 *a-na Nu-wa-aš-ši-*^{d}IŠDAR
4) 1 LÚ.*Tu-ni-ip*.KI *ša* KÙ.GI
5) ŠU.NÍGIN 24 *pa* ŠE ZI.GA
6) 1/2 *ke-eš-še-nu* LÚ.URU.*Tu-ni-ip*.KI

---

7) [1]/2 *pa* GÚ.TUR.TUR GÌR *E-ṭe*$_{4}$*-er-ma-lik*
8) [1/2] *Am-mu-ni-iq-ma*

---

9) 1 *pa* MUN LÚ.MEŠ.URU.*Ba-bé-ia*.KI
10) 1 *E-ṭe-er-ma-lik* LÚ.SIMUG
11) <1> *Am-mu-ni-iq-ma* LÚ.NAGA[R]

Fortsetzung...

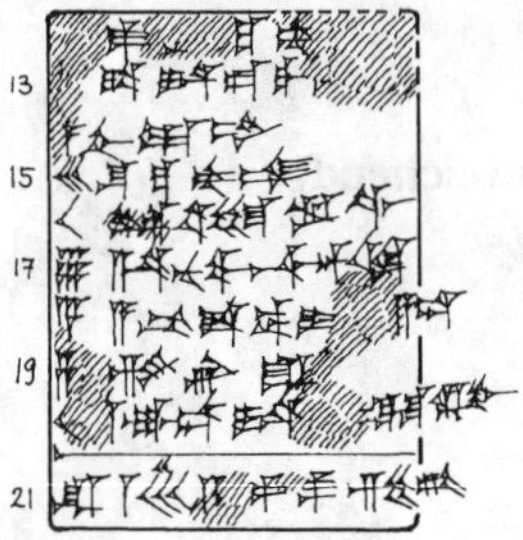

Z.2: F: DA*; **Z.7:** F: 1; Draffk., 156: statt GÚ.TUR.TUR lies *Am-i-ḫé* "(mng. unkn.)"; **Z.9:** F: GÌR statt MUN; F: URU.*Ku-bi-e*; J.O.Mompeán, UF 30, 598: URU.*Ku-bi-ia*; **Z.11:** J.O.Mompeán, UF 30, 598: LÚ.DIN; **Z.12:** D,F omm. Zeile F: "gap"; **Z.13:** F erg. [*-lim*]; **Z.14:** F: SAL DA LUGAL; **Z.16:** F: [*Eḫ-*]*li-šar-ru-wa*; **Z.17:** D,F: 8; **Z.18:** F: 6?; **Z.19:** F: 5 (in D ist Zeichen angebrochen); **Z.21:** F: 90+4?

Text 70 (unveröffentlicht)

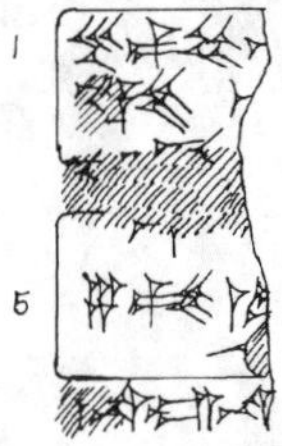

Hier handelt es sichtlich um das Fragment einer eher kleinen Tafel. Zu beachten ist, daß der Schreiber einmal um die ganze Tafel schrieb. **Z.1:** Die Ergänzung folgt Z.5; **Z.2:** Statt ḪI ist ŠE geschrieben.

Text 71 (unveröffentlicht)

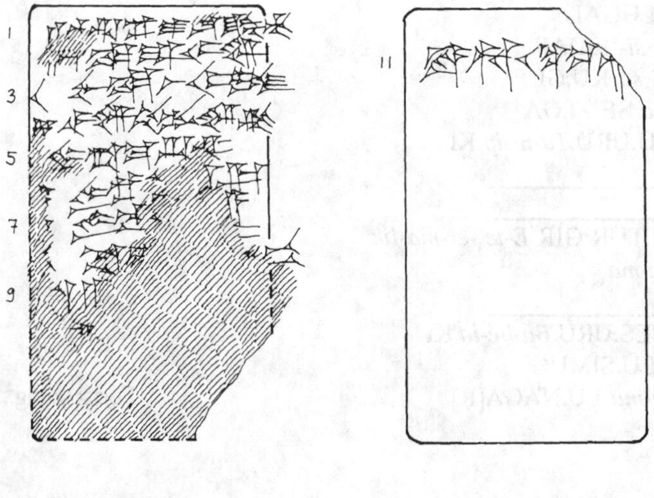

Rs.
12) [x] ZÍZ *š[u]-ku-up-[te]*
13) [ ] *ša i-na* É.GAL *š[u-ru-bu]*
14) [x]+2 MÍ.SAG LUGAL
15) 30 *šu-ku-up-tum*
16) 10 LÚ.URU.*Ut-tu-ru-we*
17) 9 *a-na Nu-wa-aš-ši-*ᵈIŠDAR
18) 4 *A-bi-ṭa-ba* TUR *[Qa-an-]a-du*
19) 5 *Kí-ir-ra*
20) 10 *[p]a-aq-du i-na* ⌜É⌝.GAL *šu-ru-bu*

[interlinear: 20]
21) ŠU.NÍGIN 92 *pa* ZÍZ ZI.GA

Text 70 (unveröffentlicht)
ATT 97/42

1) 40 *pa* ŠE G[ÌR *Ku-un-na-te]*
2) ⌜ITI⌝ *Ḫi*?*-[ia-re-e]*

u.Rd.= Rest des oberen Randes
3) x x [ ]

Rs.
4) x [ ]
5) 5 *pa* ŠE DIŠ *Ku-u[n-na-te]*

o.Rd.
6) *a-na* URU.*Na-[aš-tar-we]*

Text 71 (unveröffentlicht)
ATT 39/56

1) 2 *pa-ri-si* ZÍZ *šu-ku-up-ti*
2) ⌜*a-na*⌝ *ka-ra-ši-im*
3) 10 MÍ.*ka-aš-ši-i-tum*
4) 5 *ši-im* KAŠ.GEŠTIN *em-ṣí*
5) [G]ÌR *Ta-ma-re-en*
6) 5 GÌR *E-ṭ[ar-m]a-lik*
7) 1+x GÌR *Ba-l[e-i]a*
8) 10? *ša e[-pí-iš]* KAŠ?
9) 11+x *a-[na*]
10) [x *a-n]a* [ ]

Rs.
11) ITI *Ḫu-di-iz-z[i*

Text 72 (unveröffentlicht)

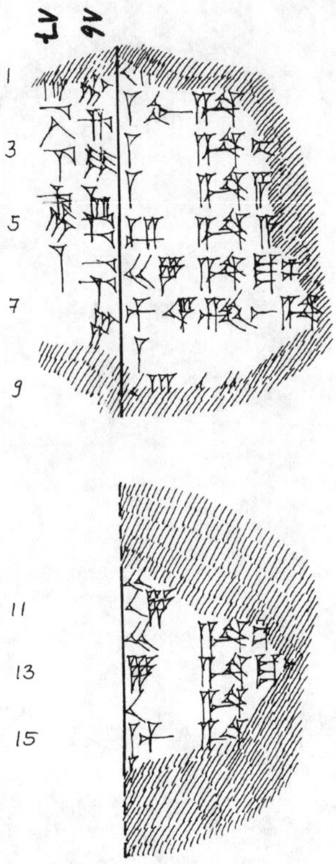

Text 73 = Al T 236

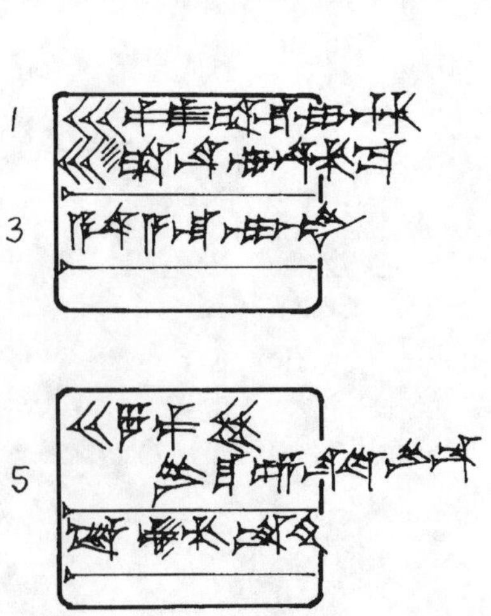

Z 1+2: Vgl. J.O.Mompeán, UF 30, 589; **Z.1:** Vgl. 45,10 zu LA für URU; F: *la Ak-ka$_4$-dì*, C: *ša la-aq-qa-ti* "gleaned or freshly gathered"; **Z.2:** F: LÚ$^{?}$*Ak-ka$_4$-dì-ma*; **Z.5:** D,F: omm. LÚ.UŠ

Text 72 (unveröffentlicht)
ATT 39/182.14

1) 12 [ ]
2) 1 MÍ *a-na* [ ]
3) 1 *a-na B*[*a-*]
4) 1 *a-na A*-[*ad-du*$^{?}$]
5) 2/3 *a-na A*-[*ad-du*$^{?}$]
6) 27 *a-na Ku-u*[*n-na-te*]
7) 1/2 KURUM$_6$ ZI.AŠ *a-na* [ ]
8) 1 [ ]
9) 13 x x [ ]

Rs.
10) 20 [ ]
11) 18 [ ]
12) 20 *a-na K*[*u-un-na-te*]$^{?}$
13) 8 *a-na Ku-u*[*n-na-te*]$^{?}$
14) 10 *a-na* [ ]
15) 1 1/2 *a-na* [ ]
16) 1+x [ ]

lkr.Rd.
17) [ŠU.NÍGIN x+]50 *pa* ŠE ŠU.NÍGIN 1 *me* 50 [*pa* ZÍZ]
18) [ŠU.NÍGIN x] *šu-ši* ZI.AŠ

Text 73 = Al T 236
BM 131.556
D: S. 15; E: S. 81; F: S. 19

1) 30 *pa* ZÍZ *ša* URU*Aq-qa-ti*
2) 30 *ša na-ak-na-ti-ma*

---

3) *a-na a-la-ak* LUGAL

Rs.
4) 27 *pa* ŠE
5) GÌR *Ku-un-na-te* LÚ.UŠ

---

6) ITI *Ú-ti-it-ḫi*

Text 74 = Al T 237

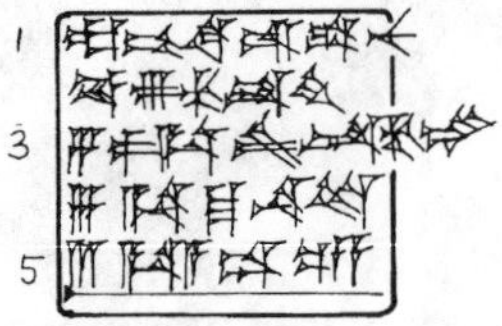

Z.1: F: *tup*; **Z.2:** F: *ú** (war in C anders kopiert)

Text 75 (unveröffentlicht)

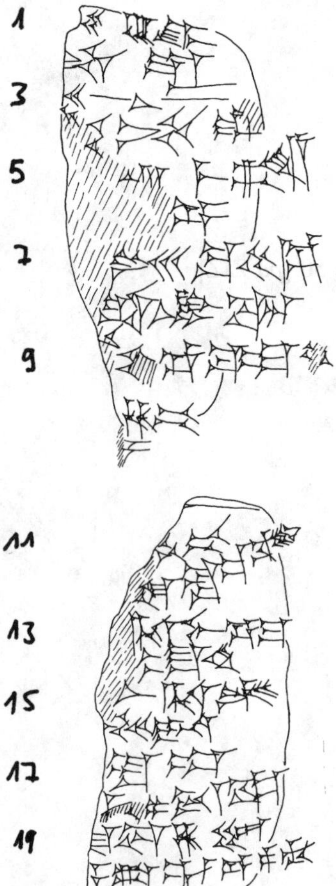

Z.7: Das Zeichen IṢ ist nachträglich eingefügt worden; in B fehlen zwei waagrechte Keile.

Text 74 = Al T 237

BM 131.557
C: pl. XXX; E: S. 81; F: S. 19

1) *ṭup-pí ki-iš-ša-nu*
2) ITI *Ú-ti-it-ḫi*
3) 5 *pa a-na* KASKAL *it-ti* LUGAL
4) 6 *a-na Ku-na-te*
5) 3 *a-na A-du-un*

Text 75 (unveröffentlicht)

ATT 31

1) [x] ŠE ŠÀ.GAL
2) [ANŠE].KUR.RA
3) [ ] 20——10——
4) [AN]ŠE.KUR.RA
5) [MÍ.MEŠ.U]M.ME.GA<.LÁ>.ḪI.A
6) [ ]-*e*
7) [ ] LÚ.MEŠ.*ma-ḫi-iṣ*$^{!}$*-e*
8) [ ] *Ša-ak-ba-an*
9) [ ] ^{f}*E-ma-at-ḫi*
10) [ ]-*ḫa-bi*

u.Rd.
=====

Rs.

---

11) [URU.*Na-aš-*]*tar-bi*
12) [ ] *ki-la-we*$^{?}$*-ti*$^{?}$*-in*$^{?}$
13) [ ] *a-na* ^{f}*E-ma-* \
14) *at-ḫi*
15) [ZI.]AŠ *a-na* LÚ.MEŠ
16) [ ]-*mu i-na*
17) [URU.*Ḫa-*]*la-ab*
18) [*Na-a*]*ḫ-mi-da-ga*$_{14}$
19) [*Š*]*u-ba-ḫa-li*
20) [ ] ⌜*A*⌝*-ta-al-e-pa-ti*

o.Rd.
21) [ITI *Ú*]*-ti-it-ḫi*

Text 76 (unveröffentlicht)

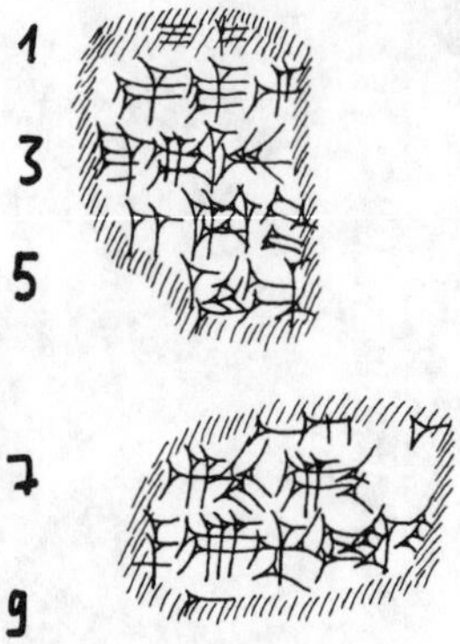

Text 77 = Al T 255

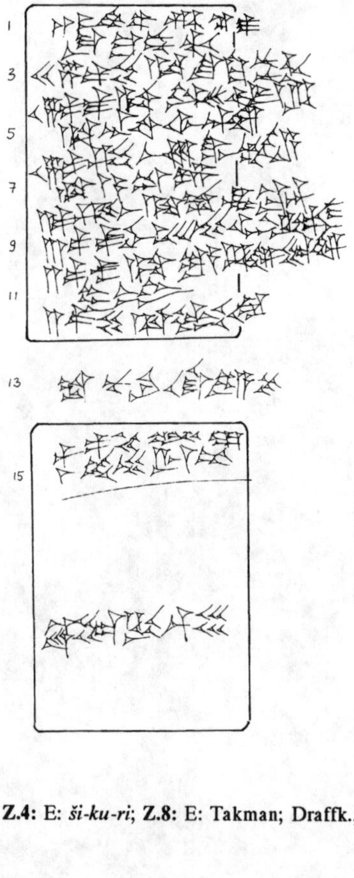

Z.4: E: *ši-ku-ri*; **Z.8:** E: Takman; Draffk.,140: *Ša-ak-ku/ma-AN*; **Z.14:** F add. <*a-na*>; **Z.15:** F: *-ra-pí*

Text 76 (unveröffentlicht)
ATT 39/109-110.33

1) [ ] x x [ ]
2) [ ] *pa* ZÍZ *Z*[*i*-]
3) [*A*]*t-ta-na-* [*tim*?]
4) [x+]2 *a-na Pu*[-*ú-ia*]
5) [ ] x LÚ.*Al*-[ ]

Rs.
6) [ ] x ⌜ZI⌝.A[Š]
7) ZI.GA
8) IT]I *Ú-ti-it-ḫ*[*i*]
9) x

Text 77 = Al T 255
AM 9034
D: S. 18; E: S. 84; F: S. 24

1) 2 *me* 50 *pa-ri-si* ZÍZ
2) *šu-ku-up-ti*
3) 25 *pa* ŠE *a-na šu-ku-up-ti*
4) 15 *pa* ZÍZ *a-na* LÚ.MEŠ.*ši-ip-ri*
5) *a-na* ᵈUTU-*ši*-ᵈIM
6) 15 *pa* ZI.AŠ ŠÀ.GAL GU_4.ḪI.A
7) *a-na A-du-un*
8) 2 *pa* ZI.AŠ *a-na Ša-ak-ba-an*
9) 3 *pa* ZÍZ MÍ.MEŠ.*mu-ši-ni-iq-tum*
10) 2 *pa* ZÍZ *a-na Ia-ri-im-li-im*
11) DUMU LUGAL
12) 2 *pa* ŠE *a-na* ANŠE.KUR.RA

u.Rd.
13) *ša Nu-ni-ki-ia-še*

Rs.
14) 1/2 *pa* ŠE ANŠE.KUR.RA
15) 1 *Am-mu-ur-pí*

Absatz
16) ITI *Li-iq-qa-še*

Text 78 = Al T 281

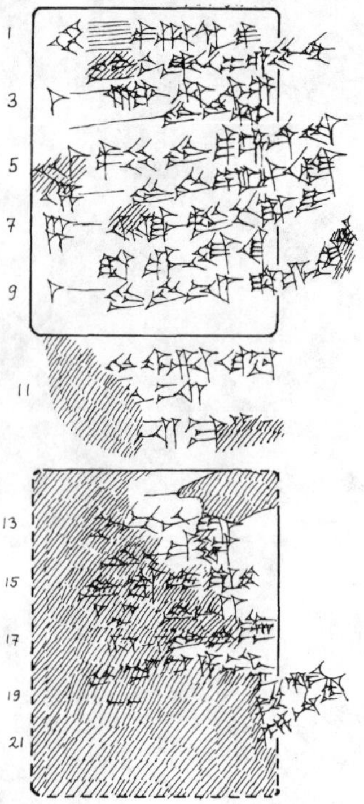

Z.1: E: 40; F: [GIŠ?] statt Rasur; **Z.3:** E,F: IGI-*e*; **Z.4:** F add. 10; **Z.13ff:** F: "Rest broken and illegible"

Text 79 (unveröffentlicht)

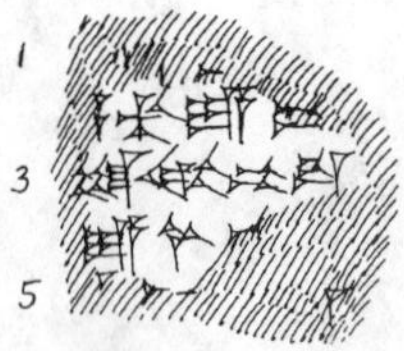

Text 80 (unveröffentlicht)

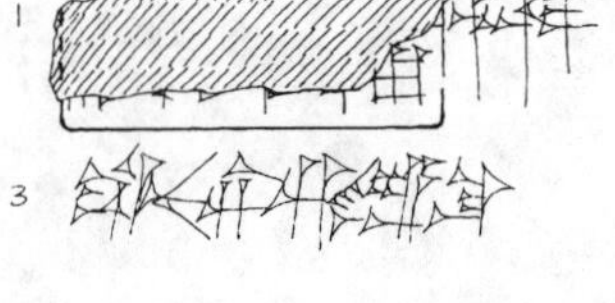

Text 78 = Al T 281
AM 9121
D: S. 24; E: S. 88; F: S. 32

1) 50 (Rasur) *pa-ri-si* ZÍZ
2) GÌR *Ni-iq-mi-e-pu-uḫ*
3) 1—ŠÀ.GAL MUŠEN.*ši-e*
4) ————GÌR LÚ.MUŠEN.DÙ
5) 21 *pa* ŠE GÌR *Ku-un-na-te*
6) 15—GÌR LÚ.SANGA ^{d}IŠDAR
7) 5—ŠÀ.GAL ANŠE.KUR.RA TUR
8) *ša* MAR.TU.KI
9) 1—GÌR LÚ.KUŠ$_{7}$ *ša* MAR.TU.KI

u.Rd.
10) [x] GÌR *We-ri-ki-ba*
11) [L]Ú.KUŠ$_{7}$
12) [*I*]*š-ma-a-*[*-du*]

Rs. ————
13) [ ] ^{f}*Bi-ni-i*[*a*]
14) [ ] LÚ.NU.GIŠ.KIRI$_{6}$
15) [ ] GÌR *Zu-uk-ra-še*
16) x x LÚ.⌈KUŠ$_{7}$⌉
17) x GÌR LÚ.ÚZU
18) x [G]ÌR *Iš-ma-a-du*
19) [x x] x [x x L]Ú.ÚZU
20) [x x x x] x ŠE MUŠEN.DÙ
21) [*K*]*u-un-na-te*

Text 79 (unveröffentlicht)
ATT 39/182.25

1) [ ] x x x [ ]
2) [ ] ⌈*A*⌉*-ti-ia* D[A]
3) [ ]*Tu-ul-pí* DA]
4) [ ]*Ia-ṭar-m*[*a-lik*]
5) [ ] x x x x [ ]

Text 80 (unveröffentlicht)
ATT 39/73

1) [x]*-du-qí*
2) ⌈*a-na* LÚ.MEŠ.SI⌉ PA
u.Rd.
3) *ša Nu-ni-kí-ia-šu*

Text 81 (unveröffentlicht)

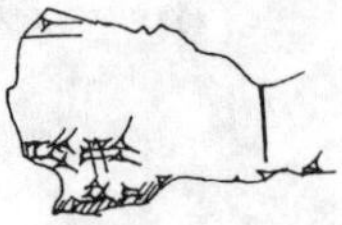

3

Text 82 (unveröffentlicht)

1

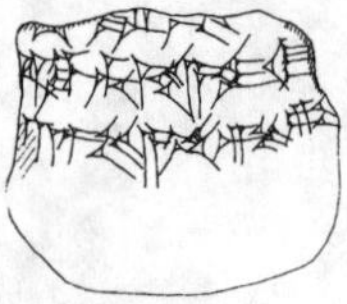

3

Text 83 (unveröffentlicht)

1

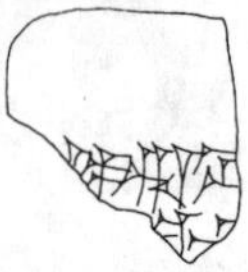

3

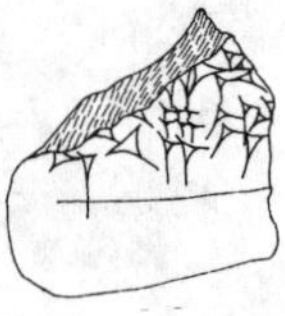

Text 84 (unveröffentlicht)

1

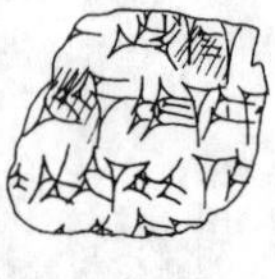

3

Z. 3 KAxGU: Borger, ABZ Nr. 34: *šakirû* "Bilsenkraut", vgl. AHw 1140a.

Text 85 (unveröffentlicht)

1

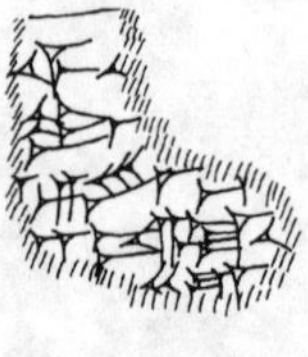

3

5

Text 81 (unveröffentlicht)
ATT 85/48

1) [ZI.]AŠ [ ]
2) [Z]I.GA [ ]
3) LÚ.U[RU] ⌞x x x⌟.KI

Text 82 (unveröffentlicht)
ATT 39/109-110.9

1) [*Ši*]-⌜*nu-ra-pí*⌝ [ ]
2) [Š]À.GAL MUŠEN.ḪI.A GÌR *Ki-*[*in-ni*]
3) [ ] 3 1/2 ŠE.A.AM ZI.GA

Text 83 (unveröffentlicht)
ATT 39/109-110.11

1) [x GI]Š.*pa-ri-s*[*i*]
2) [x x x] *al* [ ]

Rs.
3) [ITI *Ḫ*]*u-dì*[*-iz-zi*]
4) Š[U.NÍG]IN 38 GIŠ.*pa*[*-ri-si*]

Text 84 (unveröffentlicht)
ATT 39/109-110.19

1) [ ] x x [ ]
2) [IT]I *At-t*[*a-na-tim*]
3) [ŠAM].KAxGU
4) x *la*? x

Text 85 (unveröffentlicht)
ATT 39/109-110.22

1) [x] *ši* [x]
2) [x] GÌR [x]
3) [x] *gi* [x]
4) [*Ir-ḫ*]*a-mil-la* [x]
5) [ANŠE.K]UR.RA [ ]

Text 86 (unveröffentlicht)

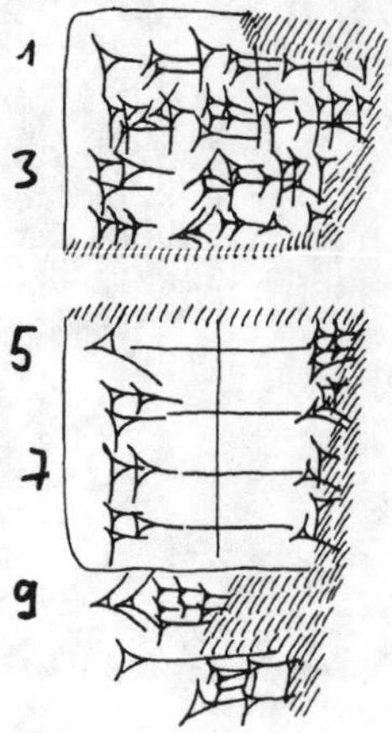

Text 87 (unveröffentlicht)

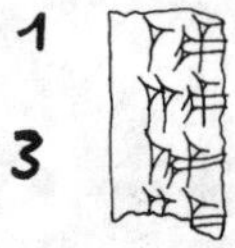

Text 88 (unveröffentlicht)

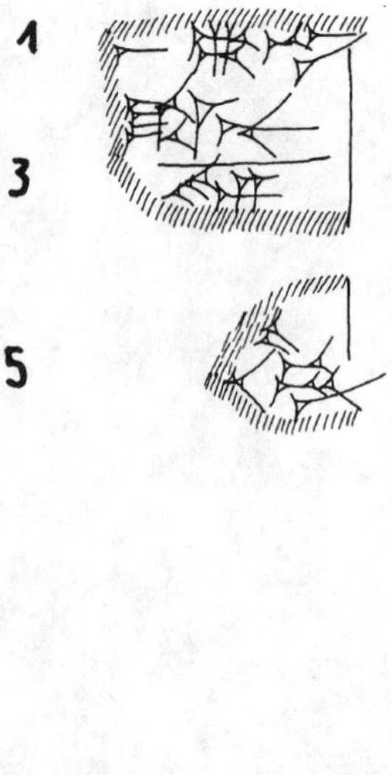

Text 86 (unveröffentlicht)
ATT 39/109-110.25

1) 1 GIŠ.*pa-r*[*i-si*]
2) *a-na Ia-ri-*[*im-li-im*]
3) 3 *We-ri-*[*ki-ba*]
4) 3+x Š[À.GAL]

Rs.
5) 10—— *I*-[ ]
6) 3—— Š[À.GAL]
7) 2—— Š[A.GAL]
8) 3—— Š[À.GAL]

o.Rd.
9) 27 [ ]

---

10) ŠU.NÍGIN [ ]

Text 87 (unveröffentlicht)
ATT 39/109-110.30

1) 1 *pa* [ ]
2) 2 *pa* [ ]
3) 1 *pa* [ ]
4) 2 *p*[*a*]

Text 88 (unveröffentlicht)
ATT 39/109-110.31

1) [ ] x *ga* LU[GAL?]
2) [*ki*]*-ša-nu*

---

3) [*Ia-ri-im-li-*]?*-im*

Rs.
4) [*Ḫa-am-mu-ra-p*]*í*?
5) [ŠE]Š LUGAL
6) [URU.*Ta-ta-an-dì*.KI]

Text 89 (unveröffentlicht)

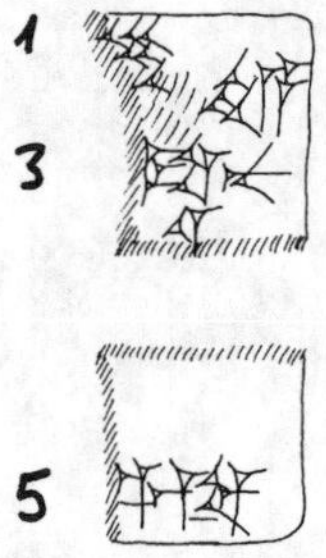

Text 90 (unveröffentlicht)

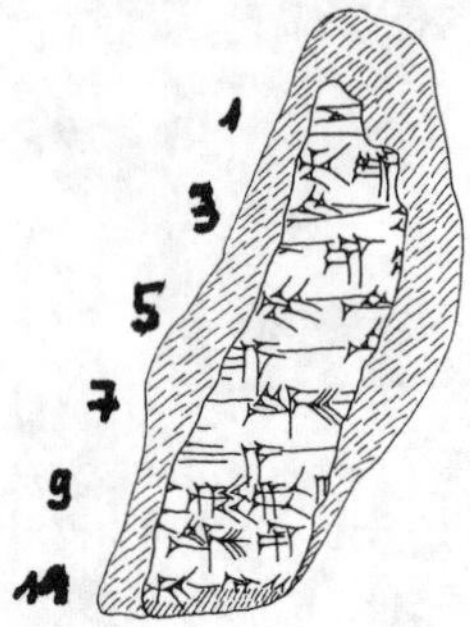

Text 91 (unveröffentlicht)

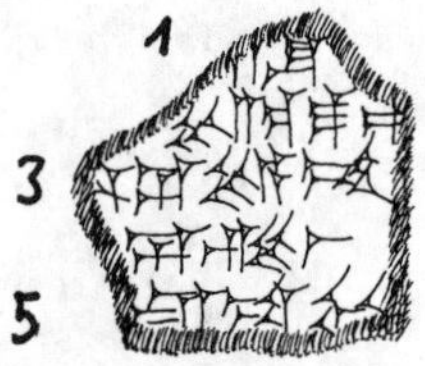

Text 92 (unveröffentlicht)

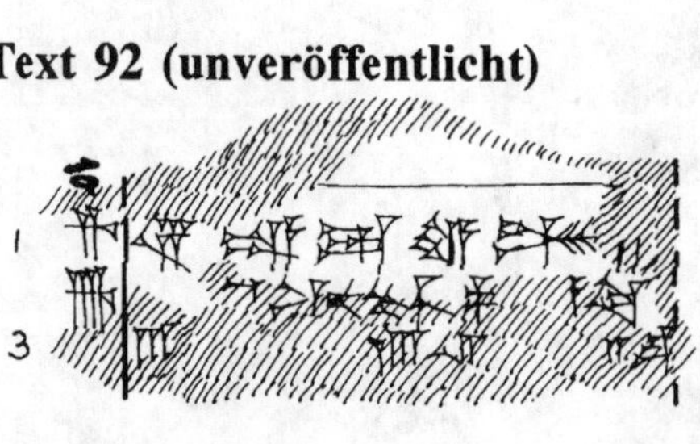

Text 89 (unveröffentlicht)
ATT 39/109-110.32

1) [ ] ŠE
2) [ ] x.ḪI.A
3) [*ki*]-*ša-nu*
4) [ ] x [ ]

Rs.
5) [ ] x x [ ]

Text 90 (unveröffentlicht)
ATT 83/20

1) (Rasur)
2) [*A*-]*ti-ia*[-*an*]
3) [ ] LÚ.[x]
4) [ ] x URU.x [ ]
5) [ ]-*mu*——LÚ.[ ]
6) [ ]-*ia*——L[Ú.]
7) [ ]——LÚ.MEŠ.[ ]
8) [*š*]*i*$^{?}$-*a*——[ ]
9) [x] ZI.GA Š[À.GAL]
10) [x] LÚ.MEŠ.URU.[ ]
11) [ ]-*ti* ⌞URU⌟ x [ ]

Text 91 (unveröffentlicht)
ATT 39/109-110.3

1) [*Nu-ni-kí*-]⌜*a*⌝-*šu* [ ]
2) [ ] 42 GIŠ.*pa* ZÍZ x [ ]
3) [*pa-r*]*i-si* ŠE.A.AM [ ]
4) [*pa-ri*-]*si* ZI.AŠ
5) [ ] URU.*Ša-g*[*u-ut-ti*]

Text 92 (unveröffentlicht)
ATT 39/182.13

1) 15 DUG Ì.GIŠ.ḪI.A LÚ.MEŠ [x]
2) *al*$^{?}$-*nu*$^{?}$-*me-pa* x *di*
3) 3 x 12$^{?}$ x -*šu*

Fortsetzung...

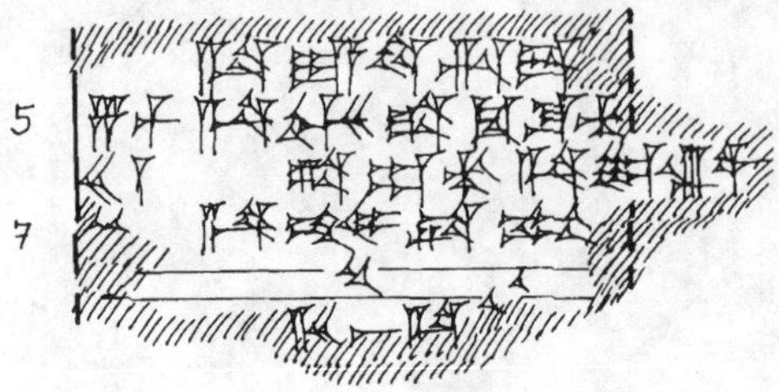

Z.1: Das DUG-Zeichen mit ausgeschriebenem A ist möglich, die Ligatur Ì.GIŠ ist sonst erst später belegt.

Text 93 (unveröffentlicht)

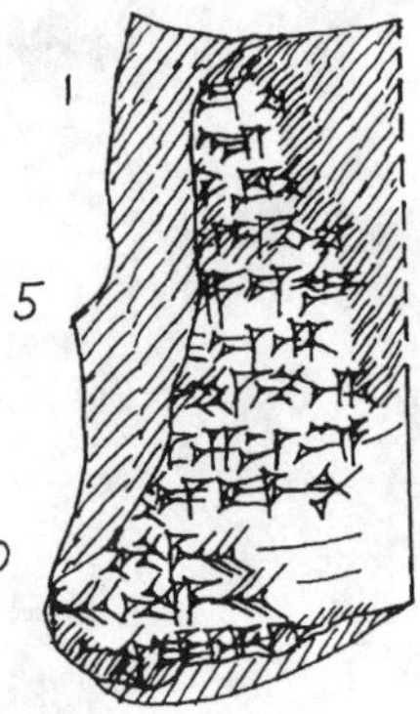

Text 94 (unveröffentlicht)

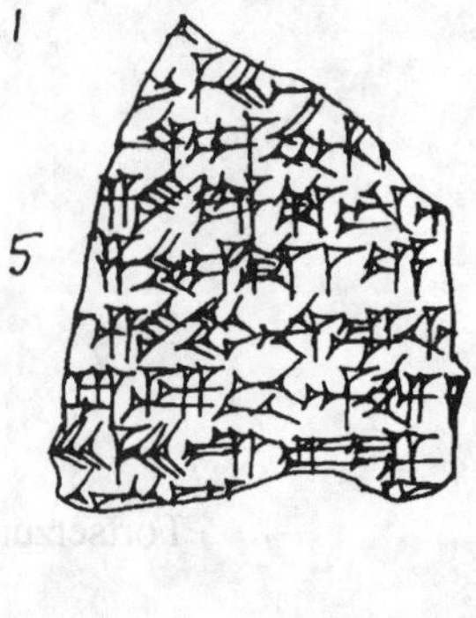

Rs.
4) *a-na Ia-ṭe*$_4$*-re-da*
5) 5 1/2 *a-na* MÍ.ME.DIDLI *ša* SÍG ŠU.TI
6) 21 *ṭá-ab-ti a-na Šar-ru-we*
7) 20+x *a-na Am-mi-ta-qum*

---

8) 20 10

---

9) [Z]I.AŠ *a-na* x [ ]

lkr.Rd.
10) [ ] *pa* ZÍZ [ ]

Text 93 (unveröffentlicht)
ATT 80/36

1) [ ] *ma*-[x]
2) [ ] *su* [ ]
3) [ ] *ni-iq*-[ ]
4) [LÚ.]GIŠ.GU.Z[A.LÁ]
5) [ ]-⸢*e*⸣ ANŠE.[KUR.RA]
6) [ ] GIŠ.*ḫu*-[ ]
7) [ ] *te mu-ri* [ ]
8) [ ] *gi-ia*—[ ]
9) [ ] *pa-pá-aš-nu* [ ]
10) [ ] GÉME.MEŠ—[ ]
11) [ ].MEŠ ÌR.MEŠ—[ ]
12) [ ] *ta-ka-ri*-x [ ]

Text 94 (unveröffentlicht)
ATT 78/21

1) [ ] x [ ]
2) [L]Ú.MEŠ.U[Š.BAR]
3) [ ] *na-ap-še-ḫu* [ ]
4) [ ] *gi-ia ša* UŠ.BAR [ ]
5) [ ] *ṣa-li ša* ᵐ*E*-[ ]
6) [ ] *gi-in-na-ra-ši* [ ]
7) [SI]PA *Ib-bi*-ᵈIM x [ ]
8) [L]Ú.MEŠ URU.*Ú-ra*[.KI]

Anhang B: Indices zu den Texten

A 1) Wörter und Sumerogramme [1]

Á → *idu*

A.ŠÀ(.MEŠ) → *eqlu*

adrūtnātu o.ä. (fem.pl.?) "?" (ein auswärtiger Empfangszweck?)
ad-ru-ut-na-ti **35**,24
ad-r[*u-ut-na-ti*] **35**,40
→ *ad-* (Index A2)

agru "Mietarbeiter"
LÚ.MEŠ.*ag-ri* **4**,15
LÚ.MEŠ.ḪUN.GÁ **25**,15; **60**,11

aḫu "Bruder"
ŠEŠ **4**,32; **23**,25; **34**,14; **56**,13; **63**,9.10
[ŠE]Š **88**,5

alaḫḫinnu "Müller"
[LÚ.N]A_4.ḪAR.ḪAR **34**,7

alāku "gehen, fahren"
i-la-ak **53**,5
i-li-ku **24**,23
i-[*li-ku*]?? **10**,13
il-li-ku **35**,18.28; **45**,17
Infinitiv: *alāku* "Reise, Fahrt, Feldzug"
a-la-ak **35**,3; **73**,3
KASKAL **24**,24.27; **74**,3

alpu "Rind"
GU_4 **2**,29
G[U_4] **35**,72
GU_4.ḪI.A **1**,10.11.27; **7**,10; **9**,9; **13**,24; **15**,12; **23**,38; **24**,3.4; **25**,2; **27**,4.7; **36**,8; **39**,7; **55**,4; **56**,3; **77**,6

---

[1] —Wo aus den Texten ersichtlich wird, wie ein Logogramm in Alalaḫ gelesen wurde, wird diese Lesung angegeben. Wo dies unbekannt ist, geben wir die Standardlesung der spätaltbabylonischen Zeit oder des syrischen Raumes an, die am wahrscheinlichsten ist.
—Die Auffindbarkeit eines Lexems und/oder Logogrammes ist dadurch gewährleistet, daß bei jedem Logogramm angegeben wird, unter welcher Lesung es verzettelt wird. Von der Möglichkeit des Querverweises wird auch dort Gebrauch gemacht, wo dies nicht unbedingt erforderlich wäre.
—Um bei Ergänzungen den epigraphischen Bestand deutlich zu machen, wurden Ergänzungs- und Auslassungszeichen mit angegeben. Nicht in allen Fällen läßt sich jedoch dem Index entnehmen, in welchem Maß der Kontext erhalten ist, da hier eine gewisse Vereinfachung angestrebt wurde.
—Innerhalb eines Indexeintrages sind die verschiedenen Schreibungen i.w. alphabetisch geordnet, nur teilweise erhaltene Behalte in der Reihenfolge des Erhaltungszustandes. Allerdings wurde in nicht wenigen Fällen hiervon abgewichen, wo das Kriterium der Benutzerfreundlichkeit eine veränderte Reihenfolge ratsam erscheinen ließ.
—Zahlen, die nicht ganz erhalten sind, werden am Ende des Zahlenindexes unter der Form x+{Zahl} verzettelt, um deutlich zu machen, daß es sich um eine Gesamtzahl handelt. Dabei wurde keine Rücksicht darauf genommen, ob der linke oder der rechte Teil der Zahl erhalten ist.

LU.MEŠ.*a-s*[*í-ri*] **8**,4
aškāpu → *maškuḫuli*
aššatu "Ehefrau"
DAM 10,12
ᶠDAM **10**,22.37; **13**,20; **31**,9
[ᶠDAM] **30**,23
ᶠDAM.NI **28**,10; **41**,4
→ Die Bezeichnung einer Frau als Ehegattin erfolgt mitunter durch die hurr. Genitivendung *-e* am Namen ihres Ehemannes (s. Index B1b).
atkuppu "Rohrmattenflechter" o.ä.; hier umgelautete Form
⌜*at*⌝ *-ki-ip-pí* **61**,6
atû → *utû*
awīlu "Person, Diener" (auch als Determinativ)
LÚ ᵈIŠDAR "Diener der Ištar" **2**,13
LÚ.MEŠ **3**,2; **4**,11; **5**,11; **15**,13
banû "bauen"
i-ba-an-nu-ú **35**,13
BAPPIR → *bappiru*
bappiru "Bierbrot, Malz"
bá-ap-pí-ri **13**,16
bārû "Opferschaupriester"
LÚ.ÚZU **11**,30; **78**,17
[L]Ú.ÚZU **78**,19
BANŠUR → *paššūru*
bašālu "kochen" Š
šu-ub-šu-li **31**,8
baššūru → *paššūru*
būru "Kalb"
AMAR **36**,17
DA → *itti*
DAM, ᶠDAM(.NI), → *aššatu*
DÍM → *itinnu*
DIŠ → *ana*
DUG → *karpatu*
DUGUD → *kabtu*
DUMU, DUMU.A.NI-*šu*; DUMU.MEŠ → *māru*; → *ṣuḫāru*, → *naʿru*
dūru "Tempelmauer", Fehllesung: → *paššūru*
É.BÀD (Fehllesung) → *paššūru*
É.GAL, É.GAL-*lim*(-*ma*) → *ekallu*
eḫl- hurr. "frei" (vgl. Ug 5 N 137 II 17′: *eḫl* = KAR = *ḥwy* und Alal. IV *šūzubu*)
LÚ.*e-ḫe-le* **9**,25
ekallu "Palast; -wirtschaft", mitunter syn. mit LUGAL als Träger der Palastwirtschaft
É.GAL **6**,3; **7**,14; **19**,27; **22**,1.26; **24**,28; **28**,1; **29**,16; **35**,13; **37**,1; **60**,14; **66**,9; **69**,13
⌜É.GAL⌝ **32**,16
É.[GA]L **9**,24
[É].GAL **19**,26; **69**,20
É.GAL-*lim* **13**,19; **16**,18; **17**,33; **26**,16; **30**,22; **35**,26; **45**,13
É.GAL-*lim-ma* **13**,21

elû "hinaufsteigen (zum König)", Š: "hinaufbringen (zum König)"
i-lu-ú **36**,11
ú-še-lu-ú **36**,15
emṣu "sauer" (vom Wein, also vermutlich "Essig")
em-ṣí **71**,4
ENGAR, LÚ.ENGAR → *ikkaru*
epēšu "machen, produzieren"
e-pí-iš **24**,36
e[-pí-iš] **71**,8
epinnu "Pflug"
LÚ.GIŠ.*e-pí-nu* **24**,10
ēpû → *āpû* (vgl. U 5 N 130 III 15′)
eqlu "Feld"
A.ŠÀ **11**,23
A.ŠÀ.MEŠ **42**,4
erēbu Š "bringen"
šu-ru-bu **6**,3; **9**,24; **35**,26; **69**,20
šu-⌈*ru-bu*⌉ **60**,14
š[u-ru-bu] **69**,13
ERIN → *erinnu*
erinnu "Zeder"
GIŠ.ERIN **35**,65
erû "Kupfer" (oder in 29,19 "Mahlstein"?)
NA_4.*e-ru* **29**,19
LÚ.SIMUG.⌈URUDU⌉ **21**,7
EŠ (Maßeinheit 1/6 *pa*)
EŠ!? **16**,21
eṭlu "junger Mann"
LÚ.GURUŠ **2**,11
ewweru (?) "blind"
LÚ.IGI.NU.TUKU **2**,19
gallābu "Barbier"
LÚ.ŠU.I **46**,18; **54**,3.13
→ LÚ.NAR (die Schreibung läßt bisweilen beides zu)
GÉME.MEŠ (und vergleichbar) → *kinattūtu*
gerseqqu → *sākinnu*
GEŠTIN; KAŠ.GEŠTIN → *karānu*
GI, GIŠ.GI → *qanû*; LÚ.(GIŠ.)GI → *qanuḫḫe*
GI.PISAN.GAL.GAL → *pisannu*
GI.PISAN.TUR.TUR → *pisannu*
giblu → *kiblu*
gimru "Monatsausgabe"
gi-im-ru **46**,30
ZI.GA **1**,23.24; **3**,12.17.25; **5**,25; **6**,11.30; **10**,18.30; **11**,22.33; **12**,14.17.28; **13**,18.22.28; **15**,16; **16**,13.22; **18**,16; **20**,7.21.27.32; **21**,28; **25**,18.33; **29**,20; **32**,20; **33**,6; **35**,64; **36**,20; **40**,8; **44**,10; **45**,6; **49**,12; **50**,7.18; **51**,5; **53**,11; **54**,7.17.21; **56**,4.9.16; **57**,14; **58**,10.15; **60**,18; **67**,14; **69**,5.21; **76**,7; **82**,3; **90**,9
ZI.GA!? **16**,21
ZI.[G]A **45**,12

ZI.[GA] **35**,43; **47**,26
Z[I.GA] **4**,20; **45**,19
[Z]I.GA **63**,4; **81**,2
GÌR (Lesung *šēp* unsicher, jedenfalls in den meisten Fällen mit *ana* austauschbar)
1,10.11.17.19.20.22.26; **2**,1.20.23.30; **5**,22.23; **6**,7.8.18.31; **9**,2.8.13.25; **11**,2.18.19.20.24.25.26.27.30.31; **15**,2.6.7.10; **16**,10.19; **17**,11.32; **18**,9.13.14; **19**,19; **20**,15.26.28; **21**,3.4.5.6.7.8.9.10.11.12.21.23.24.25.26.27; **23**,23.24; **25**,3.4.5.6.16; **31**,2.3.4.11; **34**,5.6; **35**,2.3.4.5.6.7.8.9.10.12.13.14.16.17.19.20.21.22.24.28.29.30.31.32.33.36.37.39.40.-41.42.45.47.52.53. 54.55.56.60.61.63.65.66.67.68.72.73.74.75.79; **37**,2.3.4.5.6.7; **40**,2; **47**,1.2.7.16.17.18; **50**,5; **53**,4.6.8.9.11.16.27.35; **54**,8.9.10.11.12.13.14; **57**,5.6; **60**,2.3.4.5.6.7.8.9.10.11.12.13.15.16; **61**,5; **63**,9; **68**,14.15.16.18; **69**,7; **70**,1; **71**,6.7; **73**,5; **78**,2.4.5.6.9.10.15.17; **82**,2; **85**,2
[G]ÌR **71**,5; **78**,18
[GÌ]R **2**,5; **35**,34.35
G[ÌR] **18**,8; **47**,11
GÌ[R] **21**,6
[GÌR] **60**,1
GÌR.SÈ.GA, LÚ.GÌR.SÈ.GA → *sākinnu*
GIŠ.BAN (mit LÚ) → *qanuḫḫe*
GIŠ.BANŠUR → *paššūru*
GIŠ.ERIN → *erinnu*
GIŠ.GI → *qanû*; LÚ.GIŠ.GI → *qanuḫḫe*
GIŠ.GIGIR; LÚ.GIŠ.GIGIR → *rākibu*
GIŠ.GU.ZA.LÁ → *guzalû*
GIŠ.KIRI$_6$ → *kirû*
GIŠ.ŠEM.GIG → *kanaktu*
GIŠ.TUKKUL(.ḪI.A) → *kakku*
GU.ZA.LÁ; GÚ.ZA.LÁ
GÚ.GAL.GAL → *ḫallūru*
GÚ.TUR.TUR → *kakkû*
GU$_4$.APIN.LÁ → *alpu*
GU$_4$.MAḪ → *alpu*
GU$_4$.ŠE → *alpu*
gumāḫu → *alpu* s.v. GU$_4$.MAḪ
GU.ZA.LÁ; GÚ.ZA.LÁ → *guzalû*
guzalû "Thron", in Verbindung mit LÚ: "Thronträger, ein Beamter"
LÚ.GU.ZA.LÁ **35**,6
LÚ.GÚ.ZA.LÁ **35**,31
[LÚ].GIŠ.GU.Z[A.LÁ] **93**,4
ḫallūru "Erbse, Bohne"
GÚ.GAL.GAL **61**,10.11
→ *kakkû*
ḪAR.ḪAR (MUŠEN) → *ḫarḫarru*; (LÚ.NA$_4$) → *alaḫḫinnu*; (ḪI.A) → *ṭênu*
ḫarḫarru (Bezeichnung einer Vogelart)
MUŠEN.ḪAR$^?$.ḪAR$^?$ **6**,8
ḫašeruḫuli "Dienstmann" (vgl. M.Dietrich/O.Loretz, WO 3, 189-191)
LÚ.MEŠ.*ḫa-še-ru-ḫu-li* **35**,22
[LÚ.]MEŠ.*ḫa*[*-še-ru-ḫu-li*] **47**,19

ḫatanu → *ḫatnu*

ḫatnu "Schwiegersohn"
ḫa-at-ni **29**,11

ḫilaḫuni "Pförtner" (vgl. *ḫilaḫuli*; M. Dietrich/O.Loretz, WO 3, 191f)
LÚ.*ḫi-la-ḫu-n*[*i*] **36**,14

**ḫilimītu* → *ḫilīmu*

ḫilīmu "ein Gewürz (?)
ŠAM.*ḫi-li-mi*.SAR **3**,18.24; **16**,15
ḫ[*i-li-mi*] **47**,14
→ *šammu*

ḫîšu "monatliche (Emmer-)Lieferung an den Palast" (oder phonet. Komplement zu ITI?)
ITI *ḫi-šu* **24**,28; **29**,16

ḫu-[
GIŠ.*ḫu-*[**93**,6

ḫuldānu (ein Funktionär, vgl. *ḫulludannu* AHw 563a; CAD L 244a)
LÚ.*ḫu-ul-da-nu* **64**,5

ḫurāṣu "Gold" (als Attribut der Stadt Tunip)
KÙ.GI **23**,13; **69**,4
LÚ.KÙ.GI **35**,79
→ *kanaktu*

ḫutḫutû "?" (vielleicht ein Vogel, dessen Name onomatopoetisch gebildet ist?)
ḫu-ut-ḫu-te-e **35**,38

Ì.DUB → *našpaku*

Ì.DUḪ; LÚ.(MEŠ.)Ì.DUḪ → *utû*

Ì.GIŠ.ḪI.A → *šamnu*

ÍB.TAK$_4$ → *sittu*

idu "Lohn (für Miet-, Fronarbeiter)"
Á **58**,1
i-di **6**,7; **9**,27; **10**,6.13; **11**,26; **35**,18.19
i-[*d*]*i* **45**,15

igru "Lohn (für 'Fronarbeiter')"
i-gi-ir **46**,15

ikkaru "Domänenverwalter"
LÚ.ENGAR **1**,11.26; **9**,8; **10**,33; **11**,8; **35**,67.73; **68**,9
ENGAR **21**,26
LÚ.IN.KÀR **22**,21
→ *Addu, Enni* (Index B1)

imbaru "Regenzeit"
im-ba-ri **2**,26

imēru → *pirû*

immeru "Schaf, Lamm"
UDU **35**,30
UDU.ḪI.A **29**,12; **35**,15
UDU.NÍTAḪ.ḪI.A **7**,10

ina "hin ... zu, in, aus"
i-na **2**,8; **3**,21; **4**,27; **5**,17.24.29; **6**,3; **10**,13; **16**,18; **17**,26.33; **19**,11.21.24; **22**,1; **25**,19; **28**,1; **35**,11.15.18.26.27.28.39; **37**,1.8; **45**,13.16; **60**,14; **61**,10; **68**,11; **69**,13.20; **75**,16

[*i-na*] **10**,6
[*i-n*]*a* **9**,24
inūma "als, wenn (temp.)"
i-nu-ma **35**,3; **36**,11; **53**,5
ipru "Ausgabe, Ration"
ip-ru **24**,1
ŠE.BA **1**,1; **2**,2.21; **3**,2; **4**,2.22; **5**,2.20; **6**,1.12.17; **7**,19; **9**,5; **11**,1.28; **12**,2.15; **13**,2; **14**,1; **16**,1.2.3; **17**,1; **19**,1.2.23.25; **20**,9.23; **21**,1.17.18.19.20; **23**,2.22; **26**,2.11.20; **31**,2; **35**,25.46; **47**,22; **69**,1
[Š]E.BA **47**,21
[ŠE?].BA **42**,4
[ŠE.B]A **34**,8
→ *ḫîšu*
ÌR.MEŠ → *naʕru*
iṣṣuru "Vogel"
MUŠEN **1**,22; **11**,18.19.31; **18**,13.14; **25**,5; **35**,16; **47**,11.13.18
⌊MUŠEN⌋ **64**,8
MUŠ[EN] **16**,10; **50**,14
MUŠEN.ḪI.A **1**,7.8.19; **2**,25; **10**,27; **28**,6; **32**,11; **57**,5; **61**,5; **67**,6; **82**,2
MUŠEN.ḪI.⌈A⌉ **32**,9
MUŠEN.⌈ḪI⌉!.[A] **68**,10
→ *ḫarḫarru*, *ḫutḫutû*, *šiʔû*, *ūsu*
ištu "aus"
TA **46**,13
ITI; ITI.x.KAM; ITI-*ḫi-šu* → *warḫu*
itinnu "Baumeister" (hier Aufseher des Gesindes?)
DÍM **23**,40
itti "mit,bei"
it-ti **35**,28; **74**,3
DA **6**,17.20.32; **69**,2; **79**,3
D[A] **79**,2
kabtu "schwer"
DUGUD **36**,15
kakatennu "Militärbeamter, Offizier"
ka-ka-te-nu **7**,15
kakku "Waffe, Keule"
GIŠ.TUKKUL **50**,3
GIŠ.TUKKUL.ḪI.A **64**,2
kakkû "Erbse, Linse"
GÚ.TUR.TUR **61**,9; **69**,7
GÚ.T[UR.T]UR **60**,17
→ *ḫallūru*
kanaktu "ein einheimisches Gehölz, dessen Öl als Spezerei verwendet wird", als Attribut der Stadt Tunip.
GIŠ.ŠEM.GIG **26**,29
LÚ.ŠEM.GIG **26**,19
→ *ḫurāṣu*
kapparu "Hirte"
LÚ.SIPA **11**,15; **26**,11; **46**,24

LÚ.SI[PA] **44**,8
LÚ.MEŠ.SIPA **4**,16; **20**,2; **38**,16; **46**,25; **57**,8
[LÚ.ME]Š.SIPA **39**,7
⌜LÚ.MEŠ.SI⌝PA **80**,2
SIPA **35**,30
SIPA-*re-na* **26**,13

karānu "Wein"
KAŠ.GEŠTIN **71**,4
KAŠ.GEŠ[TIN] **19**,27

karāšu "(Feld-)Lager"
ka-ra-ši-im **71**,2
ka-ra-ši **25**,7.9.12
<ka-ra-ši> **25**,11

karpatu "Krug" (als Hohlmaß, ca. 10l)
DUG **92**,1

kāṣiru unklar: AHw, 1567a: "Knüpfer"; CAD sub A: "Schneider" ‖ LÚ.UŠ.BAR (vgl. AHw); sub B "official of low rank in a household"; sub C: "donkey-driver"; "Schneider o.ä" ist wohl vorzuziehen.
LÚ.KA.KEŠDA **46**,21

KAŠ(.ḪI.A) → *šikāru*
KAŠ.GEŠTIN → *karānu*
KAŠ.LUGAL → *marnu ʾātu*
KAŠ.Ú.SA → *mizzu*
KASKAL → *alāku*

kaššû "Weberin (für *kaššītu*-Gewänder)"
ka-aš-še-em **24**,33
ka-aš-ši **24**,20
MÍ.*ka-aš-šu-ú* **57**,9
MÍ.*ka-*[*aš*]-⌜*šu*⌝-[*ú*] **65**,3
MÍ.*ka-aš-ši-i-tum* **71**,3
MÍ.MEŠ.*ka-aš-šu-ú* **64**,14

kaššītu "ein Gewand" → *kaššû*
keššēnu → *kiššānu*
KI.MIN → *šanû*

kiblu "das Stricken, Wickeln"; in Verbindung mit LÚ: "Stricker"
LÚ.MEŠ.*kí-ib-li* **20**,3; **23**,19
LÚ.ÁZLAG **1**,5; **17**,4; **19**,3; **21**,20; **22**,6; **25**,14; **35**,14
LÚ.MEŠ.ÁZLAG **15**,14

kinattu "(männliches) Gesinde"
LÚ.MEŠ.*ki-na-a-ti* **11**,7
LÚ.MEŠ.*ki-na-ti* **15**,3

kinattūtu "Gesinde (zumeist weiblich)"
GÉME.MEŠ **1**,1; **93**,10
MÍ.MEŠ **9**,5; **11**,1; **17**,1; **19**,2; **25**,1; **26**,2
MÍ.MEŠ.SAG.GÉME **14**,2; **24**,1
[MÍ.MEŠ.SAG.GÉME] **18**,1; **47**,9.22;
MÍ.MEŠ.SAG.GÉME.ÌR.MEŠ **4**,2; **5**,2
MÍ.MEŠ-*ti* **15**,4
MÍ.MEŠ-*tim* **12**,2; **13**,2; **16**,2

MÍ.MEŠ-*t*[*im* **8**,1
SAG.GÉME.ÌR.MEŠ **6**,12
SAG.GÉME.MEŠ **20**,9; **21**,17
KIRI$_6$ mit GIŠ → *kirû*; mit LÚ.NU.GIŠ → *nukaribbu*
kirû "Garten"
GIŠ.KIRI$_6$ **61**,10
→ *nukaribbu*
kiššānu "Futterwicke" o.ä.
ke-eš-ša-nu **1**,29
ke-eš-še-nu **6**,31; **9**,3; **16**,13; **17**,19.28; **20**,28; **26**,32; **48**,1; **50**,19; **51**,1; **53**,2; **54**,21; **56**,17; **63**,8; **69**,6
ke-eš[*-še-nu*] **10**,39
[*k*]*e-eš-še-nu* **10**,31
ki-iš-ša-nu **7**,16; **22**,20.22.23.24.25; **28**,11; **55**,8.11.13.19; **74**,1
[*ki-i*]*š-ša-nu* **7**,18
ki-ša-nu **2**,29; **5**,27; **23**,34; **32**,5; **33**,5; **36**,1; **45**,11; **44**,1.9; **58**,11; **59**,4
ki-ša-[*nu*] **45**,7
[*ki*]*-ša-nu* **88**,2; **89**,3
ZI.AŠ **1**,26; **3**,13; **12**,18.28; **13**,23.27; **19**,10; **20**,32; **21**,24; **23**,42; **25**,2.6.12; **26**,23; **27**,5; **35**,65.79; **36**,19; **49**,11; **63**,5; **64**,5; **66**,2.4; **72**,7.18; **77**,6.8; **91**,4
ZI **15**,1.12.13; **63**,3; **68**,7
ZI$^!$ **64**,13
⌜ZI⌝.AŠ **76**,6
[ZI.]AŠ **75**,15; **81**,1
ZI[.AŠ] **64**,12
Z[I.AŠ] **62**,2
[Z]I.AŠ **92**,9
[ZI.AŠ] **47**,25; **52**,7; **64**,15
kizû "Pferdeknecht"
LÚ.*ki-zu* **7**,13
LÚ.KUŠ$_7$ **6**,29; **9**,18; **11**,13; **12**,8.21; **17**,6; **21**,22.27; **23**,24; **26**,8.12.27; **30**,14; **35**,10; **44**,5.6; **47**,16; **49**,2; **57**,10; **58**,1; **78**,9
LÚ.KUŠ$_{7!}$ **44**,2
LÚ.⌜KUŠ$_7$⌝ **78**,16
LÚ.K[UŠ$_7$] **16**,8.9
LÚ.[KUŠ$_7$] **33**,10
[LÚ].KUŠ$_7$ **2**,21
LÚ.TUKU+KUŠ$_7$ **3**,5; **16**,6; **27**,1.2; **48**,3.4; **49**,4.7.9
LÚ.MEŠ.KUŠ$_7$ **4**,9; **5**,9; **6**,22
LÚ.M[EŠ.KUŠ$_7$]$^?$ **29**,7
LÚ.MEŠ.TUKU+KUŠ$_7$.ḪI.A **35**,46
LÚ.MEŠ.*ki-zu-ú* **7**,7; **24**,8
TUKU+KUŠ$^?$ **63**,17
kūdanu "Maultier"
ANŠE.GÚR.NUN (vgl. AHw 499a; CAD K 492a: "The readings ... are all unlikely") **35**,59
KÙ.GI; LÚ.KÙ.GI → *ḫurāṣu*
kullizu "Rinderhirte"
LÚ.ŠÀ.GU$_4$ **2**,8; **9**,14; **17**,5

LÚ.MEŠ.ŠÀ.GU$_4$ **5**,10; **6**,21; **13**,9; **23**,7
LÚ.MEŠ.ŠÀ.G[U$_4$] **4**,10
kunāšu "Emmer"
[*k*]*u-na-ši* **45**,18
ZÍZ **1**,13.24; **4**,22.33; **5**,20.25; **6**,1.11; **7**,14.15; **9**,24; **10**,1.18; **11**,23.32; **12**,15.17; **13**,22; **15**,6.7.8; **16**,22; **17**,16.26; **18**,8.16; **19**,23.28; **20**,27; **21**,1; **22**,14.15.16.17.19.26; **24**,27; **26**,20.26; **28**,1.3.5.7; **29**,10.12.14.15.16.17.19; **31**,1; **32**,3.6.7.11.13.14.19; **34**,1; **35**,43; **37**,1; **41**,2.3.4.7.8; **44**,12; **46**,29; **47**,24; **50**,8.18; **53**,4.6.8; **54**,16; **55**,6.7; **56**,16; **58**,13.14.15; **63**,1; **64**,1.2.3; **67**,8.13; **68**,1.3.6; **69**,12.21; **71**,1; **73**,1; **77**,1.4.9.10; **76**,2.3; **78**,1; **91**,2; **92**,10
<ZÍZ> **29**,13
{ZÍZ} **4**,20; 35,64
⌜ZÍZ⌝ **32**,16
Z]ÍZ **45**,13
[ZÍZ] **36**,19; **43**,4; **72**,17
ZÍZ.AN.NA **46**,1; **54**,8; **56**,11
⌜ZÍZ⌝.AN.NA **2**,28
ZÍZ.BABBAR **3**,26; **13**,19.20; **21**,13
kubšuḫuli "Turbanmacher" (vgl. M. Dietrich/O. Loretz, WO 3, 192)
LÚ.*ku-ub-šu-ḫu-li* **29**,17f
KURUM$_6$ → *kurummatu*
kurummatu "Kost, Ration"
KURUM$_6$ **21**,13; **72**,7
KUŠ → *mašku*
lā "nicht" (?) oder *la-* als westsem. Präposition (?)
NU **31**,9
leqû "nehmen"
ŠU.TI **92**,5
libbu "inmitten von, Ausgangspunkt"
li-ib-bu **19**,21
ŠÀ **25**,19
ŠÀ-*bi* **26**,14
līm "1000" → Index C
LÚ.[x] **50**,15; **90**,3.5
L[Ú] **34**,1; **90**,6
→ *awīlu*
LÚ.(MEŠ).AŠGAB → *maškuḫuli* [2]
LÚ.(MEŠ).ÁZLAG → *kiblu*
LÚ.BUR.GUL → *parkullu*
LÚ.DUB.SAR → *ṭupšarru*
LÚ.(MEŠ.)DUG.SÌLA.BUR(.ḪI.A) → *paḫāru*
LÚ.É.UŠ → *paruli*
LÚ.*eḫele* → *eḫl-*

[2] Wo mit LÚ determinierten Kontextformen eine Pluralform belegt ist, wird diese unter dem Singular eingeordnet: LÚ(.MEŠ). Wo nur die Pluralform belegt ist, wird sie unter LÚ.MEš einsortiert, die Angabe der LÚ(.MEŠ).URU.ON findet sich unter dem jeweiligen Ortsnamen im Index B2.

LÚ.ENGAR → *ikkaru*
LÚ.GAL → *rabû*
LÚ.GAR → *sākinnu*
LÚ.GI → *qanuḫḫe*
LÚ.GÌR.SÈ.GA → *sākinnu*
LÚ.GIŠ.BAN → *qanuḫḫe*
LÚ.GIŠ.GI → *qanuḫḫe*
LÚ.GIŠ.GIGIR → *rākibu*
LÚ.GIŠ.GU.ZA.LÁ → *guzalû*
LÚ.GU.ZA.LÁ → *guzalû*
LÚ.GÚ.ZA.LÁ → *guzalû*
LÚ.GURUŠ → *eṭlu*
LÚ.(MEŠ).Ì.DUḪ
LÚ.IGI.NU.TUKU → *ewweru*
LÚ.IN.KÀR → *ikkaru*
LÚ.KA.ŠÌR → *kāṣiru*
LÚ.(MEŠ).*kizû* → *kizû*
LÚ.KIN.GI$_4$ → *šipru*
LÚ.KÙ.GI → *ḫurāṣu*
LÚ.*kubšuḫuli* → *kubšuḫuli*
LÚ.(MEŠ).KUŠ$_7$ → *kizû*
LÚ.(MEŠ.)*māḫiṣu* → *māḫiṣu*
LÚ.MAR.TU.KI → *Amurru* (Index B2)
LÚ.(MEŠ).*māsu* → *māsu*
LÚ.MEŠ → *awīlu*
LÚ.MEŠ.x
  LÚ.MEŠ.[ ] **37**,14.15; **43**,2; **47**,21; **75**,15; **90**,7; **92**,1; **94**,2
  LÚ.M[EŠ] **37**,12
LÚ.MEŠ.*asīrū* → *asiru*
LÚ.MEŠ.*agrū* → *agru*
LÚ.MEŠ.*giblū* → *kiblu*
LÚ.MEŠ.*ḫašeruḫuli* → *ḫašeruḫuli*
LÚ.MEŠ.ḪUN.GÁ → *agru*
LÚ.MEŠ.*kinātu* → *kinattu*
LÚ.MEŠ.*kiblū* → *kiblu*
LÚ.MEŠ.MÀŠKIM → *rābiṣu*
LÚ.MEŠ.*pirû* → *pirû*
LÚ.MEŠ.*šalkū* → *šalku*
LÚ.MEŠ.ŠAMÁN.LÁ → *šamallû*
LÚ.MEŠ.*šiprū* → *šipru*
LÚ.MEŠ.*utû* → *utû*
LÚ.MEŠ.UŠ.BAR → *māḫiṣu*
LÚ.MEŠ.UŠ<.BAR.>MEŠ → *māḫiṣu*
LÚ.MU → *nuḫatimmu*
LÚ.(MEŠ.)MUŠEN.DÙ → *ušandû*
LÚ.(MEŠ.)NAGAR(.ḪI.A) → *nagāru*
LÚ.NA$_4$.ḪAR.ḪAR → *alaḫḫinnu*
LÚ.NAR → *nāru*
LÚ.NINDA.DÙ.DÙ → *āpû*

LÚ.NINDA.DUḪ.DUḪ → *āpû*
LÚ.NU.GIŠ.KIRI$_6$ → *nukaribbu*
LÚ.NUMUN → *šukupte*
LÚ.*paruli* → *paruli*
LÚ.(MEŠ.)QA.ŠU.DUḪ(.A) → *šāqû*
LÚ.RÁ.GAB → *rākibu*
LÚ.(MEŠ.)ŠÀ.GU$_4$ → *kullizu*
LÚ.*sākinnu* → *sākinnu*
LÚ.SAG.UR.SAG → *para ʾuram, zabzurannu*
LÚ.SANGA → *šangû*
LÚ.SIMUG → *nappāḫu*
LÚ.(MEŠ.)SIPA → *kapparu*
LÚ.SUKKAL → *sukkallu*
LÚ.ŠEM.GIG → *kanaktu*
LÚ.ŠU.DUḪ.A → *šāqû*
LÚ.ŠU.I → *gallābu*
LÚ.*šukupte/i* → *šukupte*
LÚ.TIN → *sābû*
LÚ.(MEŠ).TUKU+KUŠ$_7$
LÚ.TUR → *ṣuḫāru*
LÚ.UD.KA.BAR → *siparru*
LÚ.UŠ → *paruli*
LÚ.(MEŠ.)UŠ.BAR → *māḫiṣu*
LÚ.ÚZU → *bārû*
LUGAL → *šarru*
māḫiṣu "Weber"
  LÚ.UŠ.BAR **4**,17.29; **11**,16; **21**,9; **68**,6
  LÚ.UŠ.[B]AR **10**,10
  LÚ.MEŠ.UŠ.BAR **1**,3; **2**,3; **6**,14; **7**,9; **9**,1.6; **11**,10; **13**,4; **15**,2; **16**,3; **19**,7; **20**,12; **22**,3; **23**,6; **24**,2; **25**,4; **31**,9; **46**,22; **48**,9
  LÚ.MEŠ.(Rasur)UŠ.BAR **6**,6
  LÚ.MEŠ.UŠ.<BAR.>MEŠ **21**,18
  [L]Ú.MEŠ.UŠ.BAR-*ḫi-*[*iṣ-i* **34**,4
  [L]Ú.MEŠ.UŠ.BAR **17**,2
  LÚ.MEŠ.U[Š.BAR] **8**,5
  [LÚ.MEŠ.UŠ.BAR] **18**,2
  LÚ.MEŠ.*ma-ḫi-iṣ*$^{!}$*-e* **75**,7
  LÚ.MEŠ.*ma-ḫi-iṣ-i* **4**,7; **5**,7; **12**,4; **26**,6; **46**,10
  LÚ.MEŠ.*m*[*a*]*-ḫi-iṣ-i* **3**,4
  [LÚ.ME]Š.*ma-ḫi-iṣ-i* **27**,12
  MÍ.UŠ.BAR **24**,20.33
  UŠ.BAR **94**,4
  U[Š.BAR]$^{?}$ **94**,2
  → *kaššû*
mākisu "(Steuer-)Einnehmer"
  LÚ.ZAG.ḪA **2**,25
MAR.TU → *Amurru* (Index B2)
māru "Sohn"
  DUMU **4**,18.28.30.31; **7**,15; **10**,10; **11**,19; **12**,11; **15**,7; **16**,7; **21**,3; **23**,26;

24,32.42; **26**,18.33;
31,1.5; **34**,11; **35**,6.31.32; **46**,14; **58**,8; **77**,11
DU[MU] **28**,7
[DU]MU **34**,11
DUMU.A.NI-*šu* **35**,58
DUMU.MEŠ **35**,22
→ *ṣuḫāru*; → LÚ.TUR (nicht alle Stellen lassen eindeutig erkennen, ob ein "Sohn" oder ein "Untergebener" gemeint ist); → *naʿru*
marnu ʾātu "eine bessere Biersorte, 'Königsbräu'" (CAD M/1, 284b ohne ?)
KAŠ.LUGAL **35**,17.27
massu → *māsu*
māsu "Fron, Dienstbarkeit"; in Verbindung mit LÚ: "Fronarbeiter"
LÚ.*ma-si* **9**,27; **10**,13; **45**,15
LÚ.MEŠ.*ma-sí* **6**,7; **10**,6; **35**,18.19; **46**,15
LÚ.MEŠ.*ma-a-si* **11**,26
mašku "Leder"
KUŠ **35**,54
maškuḫuli "Lederarbeiter"
LÚ.AŠGAB **15**,5
LÚ.MEŠ.AŠGAB **35**,12.54; **60**,4
me ʾatu "100" → "100" (unter Zahlen)
MÍ.*Ḫibatki* → vermutlich ein Gentilizium, siehe Index B2
MÍ.LUGAL → *šarratu*
MÍ.ME.DIDLI → *sinništu*
MÍ.MEŠ → *sinništu*; → *kinattūtu*
MÍ.MEŠ.SAG.GÉME.(ÌR).(MEŠ) → *kinattūtu*
MÍ.(MEŠ).UM.ME.GA.LÁ → *mušēniqtu*
MÍ.NAR → *nārtu*
MÍ.SAG LUGAL → *rabītu*
MÍ.UŠ.BAR → *māḫiṣu*
mizzu "Mischbier" (CAD M/1, 148 "a type of beer" mit Gleichung KAŠ.Ú.SA)
mi-iz-zi **35**,22
KAŠ.Ú.SA **1**,15
MUN → *ṭabtu*
MUŠEN(.ḪI.A) → *ḫarḫarru*; → *ḫutḫutû*; → *iṣṣūru*; → *ūsu*; → *ši ʾû*
MUŠEN.DÙ; LÚ.MUŠEN.DÙ → *ušandû*
MUŠEN.ḪAR?.ḪAR? → *ḫarḫarru*; → *ḫutḫutû*?
MUŠEN.ḪI.A.*ūsū* → *ūsu*
MUŠEN.*ši ʾe* → *ši ʾû*
mušēniqtu "Amme"
MÍ.*mu-ši-ni-iq-ta-ti* **15**,8
MÍ.*mu-še-ni-*⌜*iq*⌝*-ta-*[*ti*] **37**,2
MÍ.*mu-še-ni-iq-ta-tim* **9**,26
MÍ.*mu-še-ni-iq-tum* **35**,35
MÍ.*mu-še-ni-iq-tu*[*m*] **35**,41
MÍ.*mu-še-ni-iq-tum*.ḪI.A **6**,10
MÍ.UM.ME.GA.LÁ **23**,29
MÍ.MEŠ.*mu-še-ni-iq-ta-ti* **11**,29; **21**,10
MÍ.MEŠ.*m*[*u-še-ni-iq-ta-ti*] **43**,7

MÍ.[MEŠ.*mu-še-ni-iq-ta-ti* **30**,24
MÍ.MEŠ.*mu-še-ni-iq-tum* **5**,21; **10**,15; **19**,25; **24**,29
MÍ.MEŠ.*mu-še-ni-iq-*[*tu*]*m* **20**,24
MÍ.MEŠ.*mu-še-ni-i*[*q-tum*] **4**,23
MÍ.ME]Š.*mu-ši-ni-iq-ta-ti* **34**,12
MÍ.MEŠ.*mu-ši-ni-iq-tum* **77**,9
MÍ.MEŠ.UM.ME.GA.LÁ **2**,24; **26**,21
MÍ.MEŠ.U]M.ME.GA<.LÁ>.ḪI.A **75**,5
muṭṭu "Inventardifferenz"
mu-uṭ-ṭu **32**,1
NA$_4$.*erû* → *erû*
NA$_4$.*sissiru* → *sissiru*
nadānu "geben, auszahlen"
na-di-in **50**,8; **54**,15
nagāru "Zimmermann"
LÚ.NAGAR **10**,8.16; **35**,5.8
LÚ.NAGA[R] **69**,11
⌜LÚ⌝.NAGAR **68**,16
LÚ.MEŠ.NAGAR **35**,2.13
[LÚ].MEŠ.NAGAR **34**,3
LÚ.MEŠ.NAGAR.ḪI.A **37**,4
nagû "Bezirk, Außenstelle" → *nigû*
nakimtu "Aufhäufung" (etwa im Sinn von "Rücklage"?); *nikimtu* (AHw 788b), im Westen offenbar als *nakimtu* realisiert > *nakintu*; Pl.Obl. *naknātu*.
na-ak-na-ti-ma **73**,2
napḫaru "Summe, Gesamtausgabe"
ŠU.NÍGIN **1**,23.24.29; **2**,28.32; **3**,12.17.24; **4**,20.33; **5**,18.25; **6**,11; **10**,18; **11**,21.32; **12**,14.17.28; **13**,18.22.27; **16**,13.21; **19**,9.20; **20**,7.21.32; **22**,13.19.25; **23**,20.33.42; **26**,22.32; **30**,25.26; **32**,18.19; **35**,43.64.79; **36**,19; **38**,14.15; **40**,7; **44**,9; **45**,6.11.18; **46**,29; **47**,23.24.25; **49**,11; **50**,7.18; **51**,5; **54**,6; **55**,18; **56**,4.9.16; **57**,14; **58**,9.15; **60**,17; **67**,12; **69**,5.21; **72**,17; **86**,10
Š[U.NÍG]IN **83**,4
ŠU.NÍGI[N] **10**,29
[ŠU.NÍGI]N **19**,28; **39**,6; **48**,12; **54**,16
[Š]U.NÍGIN **14**,8; **37**,9
[ŠU].NÍGIN **10**,39
ŠU.NÍG]IN **42**,2; **62**,4
[ŠU.NÍGI]N **62**,6
[ŠU.NÍGIN] **20**,27; **27**,9; **15**,15; **42**,3; **72**,17.18
ŠU.NÍGIN ŠU.NÍGIN "*summa summarum*" **20**,21
nappāḫu "Schmied"
LÚ.SIMUG **20**,25; **22**,9; **54**,12; **65**,2; **69**,10
LÚ.SIMUG.⌜URUDU⌝ (→ *erû*) **21**,7
SIMUG **21**,12
SIMUG$^{?}$ **67**,10
naʿru westsem. "Knecht"
ÌR.MEŠ **93**,11
na-ar$^{!}$ **3**,22
NAR; LÚ.NAR → *nāru*; MÍ.NAR → *nārtu*

nāru "Sänger, Musikant"
LÚ.NAR **3**,9.20; **10**,12.22.37; **11**,17; **13**,13; **17**,17.32; **35**,55.68; **57**,11; **58**,2.3.13; **60**,8
NAR **13**,26
LÚ.*na-ri* **24**,38
na-ri-im **24**,32
→ *nārtu*

nārtu
MÍ.NAR **3**,6; **26**,4

našpaku "Speicher, Getreideausgabestelle"
Ì.DUB **20**,22; **54**,20; **56**,10; **57**,15

nigû "Bezirk, Außenstelle"
ni-gi **64**,12

niziqtu "Unheil, Ärger, Kummer"
ni-zi-iq-ti **5**,17.24

NU → *lā*

nuhatimmu "Koch"
LÚ.MU **11**,5; **17**,11; **19**,19; **46**,20; **60**,6
L[Ú.MU] **16**,10

nukaribbu "Gärtner"
LÚ.NU.GIŠ.KIRI$_6$ **53**,9; **78**,14

NUMUN → *šukupte*

pa, pari, parīsu Maßeinheit für Getreide (ca. 60 l)
pa **1**,13.23.24.26.28.29; **3**,12.17.26; **4**,20.33; **5**,18.25; **6**,1.2.12.30.31; **7**,16; **9**,1.2.3.5.24; **10**,1.19; **11**,21.32; **12**,14.15.17.18.25.28; **13**,1.18.19.20.22.23.27; **15**,1.7.8.9.10.13.14; **17**,5.19.26.28.31.33; **18**,1.7.8.16.17; **20**,21.32; **21**,15.24; **22**,2.3.4.5.6.7.9.10.11.13.14.17.19.26; **23**,20.33; **24**,1; **25**,1.2.3.4.5.6.7.9.11.12.14.15; **26**,1.19.20.22.23.33.34; **27**,10; **28**,1.3.5.7.11.13.14.15; **29**,3.4.5.6.7.8.9.10.12.13.14.15.16.17.19; **30**,22.23; **31**,1; **32**,3.6.7.9.11.13.14.16; **35**,43.44.64.65.79; **36**,19; **37**,1; **38**,1; **40**,1; **41**,4; **47**,10; **48**,11; **50**,7.8.18; **52**,7; **53**,1.2.4.8.9; **55**,7.10.11.13.15.18; **56**,16; **57**,14; **58**,1.11.13.14.15; **61**,1; **63**,1.2.3.5.6; **64**,1.2.3.5.7.14.15.16; **66**,2.4.7; **67**,12; **68**,1.3.7.13.17; **69**,1.5.7.9.21; **70**,1.5; **72**,17; **73**,1.4; **74**,3; **76**,2; **77**,3.4.6.8.9.10.12.14; **78**,5; **87**,1.2.3; **92**,10
⌜*pa*⌝ **2**,28; **15**,12; **22**,12;
[*p*]*a* **8**,1; **41**,7.8.9.10
p[*a*] **10**,31; **47**,23; **64**,12; **87**,4
[*pa*] **7**,18; **37**,9; **47**,24.25; **72**,17
pa[!] **16**,15.17.18; **64**,12
pa[?] **26**,32
GIŠ.<*pa*> **54**,16
GIŠ.*pa* **2**,29; **16**,13; **27**,5; **39**,6; **44**,9; **48**,12; **49**,11; **51**,5; **91**,2
GIŠ.*pa-ri-si* **2**,1; **4**,1.22; **5**,1.20; **36**,1; **39**,1; **46**,1; **44**,1.12; **49**,1; **51**,1; **54**,6.8.19.21; **56**,4.5.11.17
⌜GIŠ.*pa-ri-si*⌝ **1**,1
GIŠ.*pa-ri*[*-si*] **45**,1
GIŠ.*pa-r*[*i-si*] **86**,1
GIŠ.*pa*[*-ri-si*] **83**,4
GI]Š.*pa-ri-s*[*i*] **83**,1

pa-ri **55**,1
pa-ri-si **3**,1.13.18.24; **5**,27; **6**,11; **7**,14.16; **10**,18.29.39; **11**,1.23; **12**,1; **14**,1; **15**,15; **16**,21; **17**,1.16.23; **19**,19.20; **20**,1.7.9.23.27; **21**,1.13.16; **22**,1; **23**,1.22.34; **32**,1.5; **33**,5; **38**,4.6.8.10.14.15; **42**,3; **43**,4; **45**,7.11; **46**,29; **47**,9; **52**,1; **54**,1; **55**,8; **56**,1.9; **57**,1; **58**,9; **59**,1.4; **62**,1.2; **63**,8; **65**,1; **66**,1; **67**,1.8.13; **71**,1; **77**,1; **78**,1
pa-ri-s[i] **29**,1; **42**,2; **45**,13.18
pa-ri-[si] **62**,6
pa-r[i-si] **45**,6
pa-[ri-si⌋ **14**,8
pa-⌈ri-si⌉ **19**,23
[p]a-ri-si **50**,19; **62**,5
[p]a-[r]i-si **7**,19
[pa-]ri-si$^!$ **27**,9
[pa-r]i-si **20**,28; **48**,1; **91**,3
[pa-ri]-si **91**,4
paḫāru "Töpfer"
LÚ.DUG.SÌLA.BUR **37**,5; **46**,19
LÚ.MEŠ.DUG.SÌLA.BUR.ḪI.A **37**,3
pakumuttu "?"
pa-ku-mu-ut-tu **11**,20
pa-k[u-m]u-ut-tu **11**,24
pānû "Antlitz"
pa-ni **32**,15; **35**,11.44; **50**,3.4
pa-[ni] **50**,13
papašnu "?"
pa-pá-aš-nu **93**,9
paqādu "anvertrauen, übergeben"
pa-aq-dum **6**,3
[p]a-aq-du **69**,20
paraʾuram "(Eunuche); Haremsbediensteter"
LÚ.SAG.[U]R.S[AG] **10**,9
→ *zabzurannu*
pari → *pa*
parīsu → *pa*
parkullu "Siegelschneider"
LÚ.BUR.GUL **1**,16; **9**,10; **11**,3; **21**,6.11; **46**,3; **54**,14
LÚ.BUR$^!$.GUL **46**,4
paruli "Haushofmeister"
LÚ.É.UŠ **1**,10; **4**,5; **5**,5; **6**,13; **10**,20.34; **12**,6; **17**,5; **21**,21.24; **35**,61; **36**,4; **48**,10
LÚ.[É].UŠ **35**,63
LÚ.É.U[Š] **16**,12
LÚ.UŠ **11**,2; **15**,1; **17**,8; **63**,16
LÚ.*pa-ru-li* **2**,32; **11**,9.26; **36**,9
→ *Kunnate*
paššūru "Tisch"
GIŠ.*pa-aš-šu-ri-šu* **28**,2
GIŠ.BANŠUR **1**,9.13; **50**,9; **61**,3
pazaru "?" (eher Verwendungszweck als PN, vgl. D. Arnaud, AuOr 16, 170 "pâture")
pa-za-ri **67**,6

pilakkuḫuli "Spindel"
pí-la-ku-ḫu-li **44**,14
pirû "Esel"; in Verbindung mit LÚ: "Mann des Esels" = "Eselshirte"
ANŠE **35**,78; **52**,5
ANŠE?? **34**,13
ANŠE<.KUR.RA> → **12**,24
ANŠE.ḪI.A **2**,11; **3**,13.15; **6**,20.32; **13**,12; **35**,51.57.58.69.78; **44**,3; **45**,7; **48**,7.8
[A]NŠE.ḪI.A **3**,10.11
AN[ŠE.Ḫ]I.A **45**,10
AN[ŠE.ḪI].[A **45**,5
AN[ŠE].ḪI.A **45**,2
LÚ.MEŠ.*pí-ri-im* **64**,4
PISAN.GAL.GAL → *pisannu*
PISAN.TUR.TUR → *pisannu*
pisannu "Kasten, Gefäß"
GI.PISAN.GAL.GAL **5**,23; **35**,23
GI.PISAN.TUR.TUR **5**,22
purkulluḫuli → *parkullu*
qadu "mit"
qa-du **21**,20
qanû "Pfeil"
GI **18**,15
GIŠ.GI **24**,36
qanuḫḫe "Pfeilschnitzer, Person, die mit der Herstellung von Pfeil und Bogen betraut ist" (E. Gaál, AUSB 13,280 "reed harvester")
LÚ.GI **34**,10.17; **54**,4.11
LÚ.GIŠ.BAN **20**,20; **46**,8
LÚ.GIŠ.GI **21**,4
[LÚ.]MEŠ.*qa-nu-ḫe-en* **7**,3
qaqqadu "Kapital, Gesamtbestand"
SAG.DU **62**,3
qātu "Hand"
qa-ti **6**,25; **7**,5
qá-ti-šu-ma **38**,9
qá-ti-šu-nu-ma **38**,5
qēmu "Mehl"
ZÌ **24**,27
ZÌ.DA **38**,1.6.10.14; **39**,1.6; **40**,1.7
qû Hohlmaß (ca. 1l)
qa **2**,31
rābiṣu "Wächter o.ä"
LÚ.MEŠ.MÁŠKIM **46**,28
rabû "groß", in Verbindung mit LÚ: "Obmann (der Pferdehirten?)"
LÚ.GAL **63**,17
→ *šarru* (*rabû* kommt als Adjektiv nur in der Verbindung LUGAL GAL vor)
rabītu "groß" (fem.); in Verbindung mit MÍ "Obfrau (der Angestelltenschaft)"
MÍ.SAG **69**,14
→ *šarru* (*rabītu* kommt als Adj. nur in der Wendung MÍ.SAG LUGAL vor)

rākibu "Wagenfahrer o.ä" (CAD A/2 52b liest LÚ.GIŠ.GIGIR als *$ša_{11}$ narkabti*.)
GIŠ.GIGIR **17**,12
LÚ.GIŠ.GIGIR **48**,11
LÚ.RÁ.GAB **11**,6; **53**,7
sābû "Gastwirt"
LÚ.TIN **23**,27; **46**,17
SAG → *rabû*; → *rabītu*
SAG.DU → *qaqqadu*
SAG.UR.SAG → *para ʾuram*
SAG.GÉME.(ÌR).MEŠ → *kinattūtu*
sākinnu "(mittlerer) Beamter"
LÚ.GÌR.SÈ.GA **54**,9.10
GÌR.SÈ$^!$.GA$^!$ **9**,12
LÚ.GAR **46**,6
LÚ.*sà-ki-ni* **2**,27; **3**,23; **5**,23; **12**,12.23; **17**,14.21; **26**,15; **48**,2; **49**,10; **56**,15; **57**,6
LÚ.[*s*]*à-ki-ni* **16**,17
SANGA → *šangû*
SÍG → *šīpātu*
sinništu "Frau"
MÍ **72**,2
MÍ-*ti* **61**,9.12
MÍ.ME.DIDLI **92**,5
MÍ.MEŠ **2**,2; **6**,17; **23**,2; **27**,10; **35**,7; **69**,1
⌜MÍ.MEŠ⌝$^{!?}$ **67**,2
MÍ.SAG → *rabītu*
SIPA(*-re-na*); LÚ.(MEŠ).SIPA → *kapparu*
siparru "Bronze"; in Verbindung mit LÚ: "Bronzeschmied (?)"
LÚ.UD.K[A.BAR] **34**,18
sissiru "ein Stein" (oder *e-{e}-ri* zu lesen? Dann → *erû*)
NA$_4$.*si-si-ri* **29**,13
sisû "Pferd"
ANŠE.KUR.RA **1**,12; **5**,28; **7**,17; **10**,28.38; **12**,5.11.13.20; **13**,6.14.23; **17**,28; **19**,10; **20**,18.29.30; **22**,4.23; **26**,11.13.24; **28**,12; **32**,4; **33**,4; **35**,48.49.62.70.76.77.78; **49**,1; **50**,2.6; **51**,2; **52**,7; **53**,2; **54**,19; **55**,2; **57**,7; **58**,11; **59**,2.3.5; **66**,3.6; **67**,5; **77**,12.14; **78**,7
ANŠE<.KUR.RA> **12**,24
ANŠE.KUR.R[A] **19**,29; **47**,3.5
ANŠE.K[UR.RA] **30**,8
ANŠ[E.KUR.R]A **35**,71
ANŠE.[KUR.RA] **93**,5
AN[ŠE.KUR.RA] **30**,18
[A]NŠE.KUR.RA **33**,2.3
[AN]ŠE.KUR.RA **75**,4
[ANŠE].KUR.RA **75**,2
[ANŠE.K]UR.RA **85**,5
[ANŠE.KUR.RA] **30**,2
ANŠE.KUR.RA.ḪI.A **1**,28; **2**,14; **9**,3.21; **10**,19.21.36; **17**,24; **20**,5.11; **23**,4.35; **26**,9.17.25; **27**,13; **35**,45; **36**,2.6.17, **46**,26; **49**,8; **52**,2; **54**,22; **56**,7.18; **57**,3; **58**,5; **68**,17

⌊ANŠE.KUR.RA.ḪI.A⌋ **51**,3
ANŠ[E.KUR].RA.ḪI.A **49**,3
[ANŠ]E.KUR.[R]A.ḪI.A **3**,7
ANŠE.KUR.RA.[ḪI.]A **10**,31
AN]ŠE.KUR.RA.Ḫ[I.A] **33**,11
AN[ŠE.KUR.]RA.ḪI.A **45**,8
ANŠE.KUR.RA.[ḪI.A] **53**,1
A[NŠE.KUR.R]A.ḪI.A **45**,3
[ANŠE.KUR.R]A.ḪI.A **63**,14
[ANŠE.KUR.RA.Ḫ]I.A **50**,21
[ANŠE.KUR.RA.ḪI.]A **49**,5
[ANŠE.KUR.RA.ḪI.A] **37**,18; **49**,6; **68**,18;

SIMUG; LÚ.SIMUG → *napāḫḫu*

SIPA → *kapparu*

sittu "Rest"
ÍB.TA[K_4] **42**,4

SUKKAL → *sukkallu*

sukkallu "Beauftragter"
SUKKAL **35**,39.48.70

ṣabītu "Gazelle" (AHw 1071: "Empfänger")
ṣa-bi-i-ti **13**,11

ṣubātu (vermutlich eine Gewandbezeichnung)
⌊TÚG.ḪI.A⌋ **43**,9
TÚG.ḪI.A.x.MEŠ **2**,33

ṣuḫāru "Knecht, Untergebener"
LÚ.TUR **16**,8; **22**,12; **24**,9; **46**,16; **55**,5.10
LÚ.TUR **10**,3
TUR **2**,25; **6**,5; **7**,5; **10**,35; **35**,4; **48**,11; **69**,18; **78**,7
TU[R] **33**,3
T[UR] **36**,13
TUR.MEŠ-*šu* **21**,20
ṣú-ḫa-ar **6**,25
→ DUMU (etliche der DUMU-Belege könnten auch den "Untergebenen" meinen);
→ *māru*; → *naʿru*

ša pron. "wovon gilt; des"
ša **1**,9.13.21; **2**,11.14; **3**,10.11.14.16.21; **4**,16.21; **5**,19.26; **6**,1.17.20.25.33; **7**,5; **10**,6.13.21.28.32.36.38; **12**,11.24; **13**,14; **14**,9; **15**,13; **19**,11.22.23; **20**,2.8.15.21.30; **21**,2; **23**,13.27.38; **24**,27; **26**,10.11.14.18.26.29; **28**,2; **29**,16; **33**,9; **34**,8.10.17; **34**,19
35,9.13.15.18.25.28.29.30.44.48.49.51.52.53.54.57.58.60.62.69.70.71.74.75.76-.77.78.79; **36**,2.3.5.6.8.15.16; **37**,10; **38**,16; **39**,8; **44**,3.5.11; **45**,4.9.16.20; **46**,13; **48**,7.8.10; **51**,6; **52**,3.6.8; **53**,3.10; **54**,12.20; **56**,10; **57**,7.8.15; **58**,6.12; **63**,4; **65**,2; **68**,4.5; **69**,2.4.13; **71**,8; **73**,1.2; **77**,13; **78**,8.9; **80**,3; **92**,5; **94**,4.5
⌜*ša*⌝ **50**,2
⌞*ša*⌟ **52**,8
<*ša*> **6**,32
ša! **37**,19
š[*a*] **36**,14; **51**,3
[*š*]*a* **23**,42

ŠÀ(*-bi*) → *libbu*
ŠÀ.GAL → *ukullû*
ŠAḪ → *šaḫû*
šaḫû "Schwein"
ŠAḪ **13**,17
šakirû "Bilsenkraut"
ŠAM.KAxGU **84**,3
→ *šammu*
šalku "?" (Bezeichnung der Reisebegleiter der Timunna)
LÚ.MEŠ.*ša-al-kí* **4**,11; **5**,11
LÚ.MEŠ.*ša-al-ku* **7**,4
ŠÁM → *šīmu*
ŠAM.TIN.TIR.GE$_6$.SAR → *zibû*
šamallû "Händler"
LÚ.MEŠ.ŠAMÁN.LÁ **35**,28.52.53.74.75
šammu "Pflanze, (Gewürz") (Lesung von ŠAM, das dann nicht Determinativ wäre?)
ša-am-mu **64**,1
šamnu "Öl"
Ì.GIŠ$^?$.ḪI.A **92**,1
šangû "Priester"
LÚ.SANGA **24**,21; **78**,6
SANGA **11**,19
šanû "zum zweiten Mal tun", Stativ: "wiederholt" (als Wiederholungszeichen)
KI.MIN **26**,26
ša-ni **68**,3.4
šāqû "Mundschenk"
LÚ.ŠU.DUḪ.A **35**,9
LÚ.QA.DUḪ **32**,6
LÚ.QA.ŠU.DUḪ **46**,9
LÚ.MEŠ.QA.ŠU.DUḪ.A **46**,27
šarratu "Königin"
MÍ.LUGAL **7**,14
MÍ[.LUGAL] **23**,38
šarru "König"
LUGAL **2**,2.17; **3**,2; **4**,31.32; **5**,20; **6**,1.17.20.32; **11**,28; **12**,15; **15**,7; **16**,1; **19**,23; **20**,23; **21**,1.3.14; **22**,21; **23**,2.22.25.26.42; **24**,24.27; **26**,2.20; **27**,10; **29**,11; **31**,2; **34**,8.11; **35**,3.22.25.51.57.69; **36**,11; **43**,4; **46**,14; **48**,10; **50**,6; **54**,19; **56**,7.13.18; **58**,8; **69**,2.14; **73**,3; **74**,3; **77**,11; **88**,5
LUGAL GAL **35**,48.70; **48**,7; **63**,9
LUGAL G[AL$^!$ **35**,39
LUGAL$^!$ **36**,15
[LUGAL] **28**,7
LU[GAL] **88**,1
LU[G]AL **67**,2
L[UGAL] **19**,2
[LUGAL$^?$] **4**,22
ŠE → *še'u; uṭṭatu*
ŠE.A.AM → *še'u*

še'u "Gerste"
ŠE **2**,32; **3**,12; **5**,18; **6**,12.30.44; **7**,16; **8**,1; **9**,1.2.5; **10**,19; **12**,14; **13**,18; **15**,1.6.9.10.13.14.15; **17**,23; **18**,2.17; **19**,9.12; **20**,7.21; **21**,15.16; **22**,1.2.3.4.5.7.9.10.13; **24**,1; **25**,1.3.4.5.7.9.11.14.15.19; **27**,10; **28**,13.14.15.21; **29**,3.4.5.6.7.8.9.13.17; **32**,1.9.11.13.14.18.23; **35**,64; **39**,6; **40**,7; **41**,10; **45**,6; **47**,2.4.6.10.12.23; **49**,1; **50**,7; **51**,5; **53**,1.9; **54**,19; **55**,1.15.18; **57**,1.14; **58**,9; **62**,5; **63**,2.6; **64**,7.14.16; **66**,1.4; **67**,1.12; **68**,3.17; **69**,5; **70**,1.5; **72**,17; **73**,4; **77**,3.12.14; **78**,5.20; **89**,1
{ŠE} **16**,17; **17**,36; **29**,13
<ŠE> **4**,20
⸢ŠE⸣ **22**,12; **41**,9
[ŠE] **18**,1.3.4.5; **22**,11; **29**,1; **47**,9
ŠE.A.AM **3**,1; **4**,1; **5**,1; **10**,29; **12**,1; **13**,1; **19**,21; **20**,1.9; **26**,1.22; **40**,1; **52**,1; **54**,1.6; **56**,1.4.5.9; **58**,1; **59**,1; **61**,1; **65**,1; **69**,1; **82**,3; **91**,3
ŠE.A.AM! **27**,9; **48**,12
[ŠE.A.AM] **45**,1
ŠE.A.A[M] **39**,1
→ *uṭṭatu*
ŠE.BA → *ḫīšu*, *ipru*
ŠEM.GIG mit LÚ bzw. GIŠ → *kanaktu*
šemû "hören"
iš-mu-ú **35**,3
šēpu → GÌR
ŠEŠ → *aḫu*
šiataltapše "ein Fest"
UD *ši-ia-ta-al-ta-ap-še* **17**,26
ITI *ša Ta-ap-še* **52**,8
ši'û "Orakelvogel (?)"
MUŠEN.*ši-e* **78**,3
šikāru "Getränk, Bier"
KAŠ **24**,36; **57**,1; **61**,1; **71**,8
KAŠ.ḪI.A **2**,31
šīmu "Kaufpreis"
ŠÁM **29**,12.13.19; **64**,1.2
ši-im **2**,25; **5**,22.23; **6**,8; **18**,15; **35**,15.16.17.23.27.30.38.65; **47**,14; **71**,4
ši-i[*m*] **65**,4
ši-[; *š*[*i*- (**10**,1.2) hierher oder PN?
šīpātu
SÍG **61**,12; **92**,5
šipru "Nachricht"; in Verbindung mit LÚ: "Bote, Gesandter"
LÚ.KIN.GI$_4$.A **46**,12
[LÚ.KIN.GI$_4$.]A? **36**,12
LÚ.MEŠ.*ši-ip-ri* **77**,4
ŠU (Wiederholungszeichen, "dasselbe, dto.", wohl nicht mitgelesen)
3,22; **26**,26
ŠU.NÍGIN → *napḫaru*
šukupte "Saatgut", in Verbindung mit LÚ: "Saatbeauftragter"
šu-ku-up-te **1**,14; **68**,1
š[*u*]-*ku-up*-[*te*] **69**,12

[*šu-k*]*u-up-te* **34**,9
[*šu-ku-*]*up-te* **34**,15
šu-ku-up-ti **26**,3; **31**,10; **71**,1; **77**,2.3
[*š*]*u-ku-up-ti* **13**,15
šu-[*ku-up-te*] **47**,20
šu-k[*u-u*]*p-t*[*i*] **50**,10
šu-ku-up-tum **20**,1; **46**,11; **69**,15
šu-ku-ut-tum **6**,2
NUMUN **9**,8; **11**,23; **20**,4; **23**,34; **26**,15.16; **35**,50; **50**,8; **54**,15; **59**,1
LÚ.NUMUN$^?$ **23**,28
LÚ.*šu-ku-up-te* **36**,10
LÚ.*šu-ku-up-ti* **17**,10.16
→ Kuzzi (Index B1)

šūši "60" → "60" (Index C)
TA → *ištu*
TAḪ → *taḫḫu*
taḫḫu "Ersatz", vermutlich eine Art Steuer oder Zins
TAḪ **36**,15
tāpalu "Paar" → Tapal (Index B1)
tapše → *Šiataltapše*
TIN.TIR.GE$_6$.SAR → *zibû*
TUKKUL; GIŠ.TUKKUL(.ḪI.A) → *kakku*
TÚG.ḪI.A → *ṣubātu*
TUR; LÚ.TUR → *ṣuḫāru*
ṭabtu "Salz"
MUN **38**,15; **69**,9
ṭá-ab-tum **38**,4.8
ṭá-ab-ti **92**,6
ṭēmītu "Spinnerin"
MÍ.MEŠ.*ṭe$_4$-mi-tum* **44**,13
ṭênu "mahlen"
ṭe$_4$-e-nim **4**,26.27
ṭênu "Mühle"
ḪAR.ḪAR.ḪI.A **4**,27
→ *alaḫḫinnu*
ṭuppu "Tafel", "Einzeleintrag (?)"
ṭup-pí **24**,26; **74**,1
ṭupšarru "Schreiber"
LÚ.DUB.SAR **3**,19
u "und"
ù **3**,23; 7,10; **38**,3; **39**,2.3.5
UD → *ūmu*
UDU(.ḪI.A); UDU.NÍTAḪ.ḪI.A → *immeru*
UGULA → *waklu*
ukullû "Nahrung, Fütterung"
ŠÀ.GAL **1**,7.8.10.11.12.19.22.27.28; **2**,10; **3**,13.15; **6**,20.32; **7**,10; **9**,3.9.21; **10**,11.19.21.26.27.28.31.36.38; **11**,18.19.31; **12**,5.11.13.20.24; **13**,6.11.12.14.17.23.24; **15**,12; **16**,10; **17**,11.24.28; **18**,13.14; **19**,5.10.29; **20**,5.6.10.11.15.18.29.30; **22**,4; **23**,4.5.6.7.35.38; **24**,3.4; **25**,2.5; **26**,9.13.17.24.25;

27,7; **28**,4.6.12; **30**,2.8.18; **32**,4.9.11;
35,45.48.49.51.57.58.59.62.69.70.71.72.76.77.78; **36**,2.3.4.6.8.16.17.18.26;
37,17.18; **44**,3; **45**,2.3.5.7.8.10; **47**,11.13.18; **49**,1.3.8; **50**,6; **51**,2; **52**,2.7; **53**,1.2;
54,19.22; **55**,1.4; **56**,3.7.18; **57**,3.5.7; **58**,5.11; **59**,2.3.5; **61**,5; **63**,6; **64**,7; **66**,2.6;
68,10.17.18; **75**,1; **77**,6; **78**,3.7
ŠÀ<.GAL> **2**,29
ŠÀ.GAL! **19**,17
ŠÀ.⸢GAL⸣ **2**,11
⸢ŠÀ⸣.GAL **3**,11
⸢ŠÀ.GAL⸣ **49**,6; **50**,14
⸤ŠÀ.GAL⸥ **51**,3; **64**,8
[Š]À.GAL **5**,28; **7**,17; **20**,26; **22**,7; **48**,7.8.9; **82**,2
Š[À].GAL **27**,4
ŠÀ.[GA]L **50**,2
ŠÀ[.GAL] **3**,10
Š[À.GAL] **2**,14; **3**,7; **86**,4.6.7.8; **90**,9
[ŠÀ.GA]L **27**,13
[ŠÀ.GAL] **23**,8; **33**,11; **49**,5

ūlu "ein Festtag, das Fest der Tag- und Nachtgleiche?"
UD *ú-li* **23**,10

ūmu "Tag, Festtag"
u$_4$*-um* **5**,17.24; **35**,11.44
UD **17**,26; **23**,10

URUDU → *erû*

ūsu "Ente" (gemeint ist wohl nicht unbedingt die Ente im taxonom. Sinn, sondern jeder entenartige Vogel)
UZ.MUŠEN **17**,11; **20**,6.10.15.26
U]Z.MU[ŠEN] **33**,1
UZ.MUŠEN.ḪI.A **2**,10
MUŠEN.ḪI.A.*ú-sí* **28**,4; **64**,7
[MU]ŠEN.ḪI.A.*ú-sí* **22**,7
MUŠEN.ḪI.A.*u*$_4$*-sí* **19**,5
MUŠEN.[Ḫ]I.A.*u*$_4$*-sí* **19**,17

ušandû "Vogelwart"
LÚ.MUŠEN.DÙ **1**,6; **10**,11; **11**,4.11.31; **15**,6; **18**,14; **19**,8; **23**,17.31; **46**,23; **78**,4
LÚ.[MUŠEN.DÙ] **34**,5.6; **47**,11
MUŠEN.DÙ **17**,15, **78**,20
MUŠEN.D[Ù] **68**,2
LÚ.MEŠ.MUŠEN.DÙ **23**,18

utû "Pförtner, Haremswächter"
Ì.DUḪ **2**,17
LÚ.Ì.DUḪ **23**,32
LÚ.MEŠ.Ì.DUḪ **4**,3; **5**,3; **6**,23
[LÚ].⸤MEŠ.Ì.DUḪ⸥ **23**,8
LÚ.MEŠ.*ú-tu* **24**,7
LÚ.MEŠ.*ú-tu-ú* **7**,6

uṭṭatu "Getreide"
ŠE-*tù* **23**,1.20

UZ; UZ.MUŠEN(.ḪI.A) → *ūsu*

ÚZU; LÚ.ÚZU → *bārû*
wabālu "tragen, bringen"
ub-lu **1**,21; **24**,24; **25**,8.10; **35**,15
ub-lu[!] **25**,13
ub-lu[!?] **25**,11
ub-lu-nim **35**,27
waklu "Aufseher, Obmann"
UGULA **6**,6; **34**,13; **46**,22.25
[UGUL]A **68**,6
wardu → *naʕru*
warḫu
ITI **1**,25; **4**,21.34; **5**,19.26; **6**,1.33; **9**,4.22; **10**,19.28.32; **12**,29; **13**,29; **16**,14; **17**,22.30; **18**,18; **19**,11.24; **20**,8.33; **21**,2.16.28; **22**,27; **23**,21; **24**,26.28; **25**,17; **26**,22; **28**,16; **29**,16.20; **32**,17.21; **33**,7; **35**,25.76.77.78; **44**,11; **45**,20; **48**,13; **49**,12; **50**,11; **51**,6; **52**,3.6.8; **53**,3.10; **54**,23; **55**,17; **56**,19; **57**,16; **58**,16; **59**,6; **63**,4.7; **66**,12; **67**,14; **71**,11; **73**,6; **74**,2; **77**,16; **83**,3
ITI.ḪI.A **37**,19
⌜ITI⌝ **15**,17; **70**,2
I[TI **30**,27
[IT]I **42**,1; **61**,8; **76**,8; **84**,2
[ITI] **75**,21
ITI.1.KAM **34**,8
ITI.2.KAM **36**,8
ITI.4.KAM **36**,5.6
ITI.5.KAM **36**,2
ITI.6.KAM **36**,3
ITI-*ḫi-šu* "monatliche (Emmer-)Lieferung an den Palast" (oder → *ḫîšu*?)
24,28; **29**,16
→ Index B4
werû → *erû*
zabardabbû → *šāqû* (vgl. J.-J. Glassner, RlA 8, 420-422)
zabzurannu "(Eunuche), Haremsbediensteter"
LÚ.*za-ab-zu-ra-ni* **24**,25
LÚ.*za-ab-zu-ra-nu* **24**,40
LÚ.SAG.U[R].S[AG] **10**,9
zarapḫu "Pferdenahrung"
za-ra-ap-ḫu **9**,20; **19**,12; **21**,15; **54**,5; **56**,2; **58**,4; **61**,2
ZI → *kiššānu* (Abk. für ZI.AŠ)
ZI.AŠ → *kiššānu*
ZI.GA → *gimru*
ZÌ; ZÌ.DA → *qemû*
zibû "(schwarzer) Kümmel
ŠAM.TIN.TIR.GE$_6$.SAR **17**,31
zi-bu **66**,7.9.10.11
zi-bu-ú.SAR **12**,25
ZÍZ; ZÍZ.AN.NA; ZÍZ.BABBAR → *kunāšu*

A 2) Unsicheres und unlesbares

]*al*[**83**,2
ad-[**60**,10
]*ka-ri* **7**,2
x-*bi*?-*su*! **62**,7
x-*di* **92**,2
]-⌜*e*⌝ **93**,5
x-*ga* **88**,1
]-*gi* **85**,3
]-*gi-ia* **93**,8; **94**,4
] *gi-in-na-ra-ši* **94**,6
GIŠ.[**37**,8.10
[x].ḪI.A **37**,16; **63**,12.14; **89**,2
[x].ḪI.A-*ma* **37**,15
x-*ki* **50**,20
ki-la-we?-*ti*?-*in*? **75**,12
x-*la* **84**,4
] *ma* [**93**,1
ma-[x **34**,2
[ ].MEŠ **62**,8
].MEŠ **93**,11
]-*mu* **73**,16
]-*mu-ri* **93**,7
] x-*na-ap* **27**,3
] *na-ap-še-ḫu* **94**,3
]-*ni* **65**,4
] *ni-iq*-[**93**,3
] *su* [**93**,2
]*ṣa-li* **94**,5
x-*ša* **2**,18
] *ši* [**85**,1
x-*šu* **92**,3
Ta-ka-ri-x **93**,12
]-*te* **93**,7
]-*ti* **90**,11
Ti-i[*a* **34**,20

B) Eigennamen [3]

1) Personen

a) Männer und unsicher

[3] Die Eigennamen werden um der Lesbarkeit willen in einer zusammenhängenden Umschrift geboten, die auch auf Langvokale keine Rücksicht nimmt. Ausnahme: wo an einer Wortfuge zwei Vokale zusammenstoßen, wird ein Bindestrich gesetzt. Die exakte Bestimmung aller Namensformen würde Studien voraussetzen, die hier nicht geleistet werden können.

Die Personennamen werden auf eine Grundform zurückgeführt und dann mit ihren jeweiligen Näherbestimmungen aufgelistet. Dabei wurde auf bestehende Personalidentität keine Rücksicht genommen, da sie erst das interpretatorische Ergebnis der Arbeit mit einem Personenindex sein kann, dessen Zustandekommen so verschleiert würde.

Ananumeni
A-na-nu-me-ni **1**,8; **41**,5; **60**,10
A-na-nu-[me-ni] **30**,10; **43**,3
Andumalik
Ad-du-ma-lik LÚ.BUR$^{!}$.GUL **46**,4
An-du-ma-lik LÚ.BUR.GUL **9**,10
Aniqarra
A-ni-qar-ra **22**,17
Arašarri
A-ra-aš-šar-ri **55**,6
Arammara
A-ra-am-ma-ra **20**,19; **67**,9
A-[r]a-am-ma-ra **67**,3
⸢*A*⸣*-ra-am-ma-ra* LÚ.SIMUG **20**,25
A-r[a-am-ma-ra]$^{?}$ **29**,2
Arammu
A-ra-am-mu LÚ.*A-la-ši-i* **35**,33
A-ra-mu **5**,22
Ari-Addu
⸢*A*⸣*-ri-a-du* LÚ ^{d}IŠDAR **2**,13
Aripken
[A]-ri-ip-ke-en **64**,11
→ *Ariya*
Aripkušuḫa
A-ri-ip-ku-\-šu-ḫa **40**,6
A-ri-ip-ku-šu-ḫa **39**,5
Ariya
A-ri-ia **6**,18; **38**,7
A-ri-i[a] **37**,13
A-ri-ia-an **14**,3; **24**,5
→ *Aripken*
Aštabišarri
*Aš-ta-bi-*LUGAL LÚ.SAG.U[R].S[AG] **10**,9
Aš-ta-bi-šàr-ra **38**,13
Atal-epati
⸢*A*⸣*-ta-al-e-pa-ti* **75**,20
Atri-Addu
At-ri-a-du **20**,17; **21**,23; **29**,9; **64**,16
At-ri-<a>-du **19**,18
→ *Atri-Addu-e* (Index B1b)
Attiya
At-ti-ia-an **22**,14
[A]-ti-ia[-an] **90**,2
⸢*A*⸣*-ti-ia* **79**,2
Aya-abi
A-ia-a-bi **2**,20
Ayašarri
*A-ia-*LUGAL LÚ.MUŠEN.DÙ **11**,4
A-ia-[LUGAL LÚ.MUŠEN.DÙ] **18**,14
*A-ia-*LUGAL*-ri* **1**,22
*A-ia-*LUGAL*-ri* LÚ.[MUŠEN.DÙ] **34**,6
A-ia-aš$^{!}$*-šar-ri* LÚ.MUŠEN.DÙ **46**,23
Ḫa-ia-aš-šar-[ri] **41**,2
Ayabitalma
A-ia-bi-ta-al-ma **55**,15
Ayabitakuše
A-ia-⸤*bi-ta*⸥*-ku-še* **15**,9
Azira
A-zi-ra LÚ.NAR **3**,20; **10**,12.22.37; **13**,13
A-zi-ra NAR **13**,26
A-[zi-r]a$^{?}$ LÚ.NAR **3**,9
→ *Azira* (Index B1b)
Azzagami
Az-za-ga-mi **6**,19
Ba-[(Personenname?)
Ba-[**30**,1; **72**,3
Baleya → *Baliya*
Baliya
Ba-le-e-ia LÚ.DUG.SÌLA.BUR **46**,19
Ba-l[e-i]a **71**,7
Ba-li-ia-an **24**,31
Batuya-Ili
Ba-tu-ia-ì-li **4**,25
Baya
B⸢*a-a*⸣*-ia* **17**,18
Beliya
Be-li-ia **24**,41
Bendaya
Bé-en-da-a-ia LÚ.NAGAR **10**,16
Biya-[
Bi-i[a **47**,2
Bittakubiti (Frauenname?)
Bi-it-ta-ku-bi-[ti] **60**,7
[Bi-it-ta]$^{?}$*-ku-bi-ti* **24**,42
Burra
Bur-ra **3**,21; **19**,14; **27**,8; **66**,10
Bur-r[a] **50**,12
Bur-ra LÚ.NINDA.DÙ.DÙ **54**,8
Bur-ra LÚ.NINDA.DUḪ.DUḪ **12**,26; **16**,16; **46**,7
Bur-ra-an **9**,11; **17**,34; **60**,2.15
Duḫerinka
Du-ḫé-ri-in-ka **63**,12
E-[
^{m}*E-*[**94**,5

Eḫlaggi
Eḫ-la-ag-gi **53**,8
Eḫliya
Eḫ-li-ia LÚ.Ì.DUḪ **23**,32
→ *Ḫaliya*
Eḫli-Addu
Eḫ-li-a-du LÚ.NAR **58**,2.13
Eḫ-li-a-du LÚ.*na-ri* **24**,38
Eḫ-li-a-du UGULA LÚ.MEŠ.UŠ.BAR **46**,22
Eḫ-lim-a-du UGULA LÚ.MEŠ.UŠ.BAR **6**,6
Eḫ-lim-a-du LÚ.UŠ.BAR **11**,16
Eḫluwa
Eḫ-lu-wa LÚ.BUR.GUL **11**,3; **46**,3; **54**,14
Eḫ-lu-wa-an **29**,14
Eḫmutan
Eḫ-mu-ta-an **55**,7
Eḫ-mu-[*ta-an*] **41**,9; **47**,17
Eḫ-m[*u-ta-an*] **41**,8
Enaru
E-na-ru LÚ.KUŠ$_7$ **35**,10
Enni
E-ni LÚ.IN.KÀR LUGAL **22**,21
Enni-Ištar
En-ni-^{d}IŠDAR **21**,25
Eṭarmalik
E-ṭar-ma-lik **24**,39; **66**,8
E-t[*ar-m*]*a-lik* **71**,6
E-ṭar-ma-lik LÚ.NAR **35**,55.68; **60**,8
E-ṭe-er-ma-lik LÚ.SIMUG **69**,10
E-ṭe$_4$-er-ma-lik **17**,35; **69**,7
Gaite
Ga-i-te **38**,3
Ḫabra
Ḫa-ab-ra-an **22**,8
⌊*Ḫa*⌋*-ab-ra* **24**,17
Ḫalitanua
Ḫa-li-ta-nu-a **38**,2; **39**,3
Ḫaliya
Ḫa-li-ia **32**,14
Ḫa-li-ia-an **24**,22
→ *Eḫliya*
Ḫalu
Ḫa-a-lu **38**,12
Ḫammurapi
[*Ḫa-am-mu-ra-p*]*í* ŠE]Š LUGAL [URU.*Ta-ta-an-dì*.KI] **88**,4-6
[*Ḫ*]*a-am-mu-*GAL [ŠE]Š LÚ.*Ta-ta-an-dì*.KI **63**,10f
Ḫaya-šarri → *Aya-šarri*
Ḫešše
Ḫe-eš-še **31**,5
→ *Ḫirše?*
Ḫirše
Ḫi-ir-še LÚ.ŠU.I **54**,3.13
Ḫi-ir-še LÚ.UŠ.BAR **21**,9
→ *Ḫešše*
Ḫubušteka
Ḫu-bu-uš-te-ka LÚ.ŠU.I **46**,18
Ḫuripte
Ḫu-ri-ip-te **21**,8; **50**,5
Ḫu-ri-⌈*ip*⌉*-te* **10**,7
Ḫušmarši
Ḫu-uš-ma-ar-ši **6**,9; **12**,7
Ibbi-Addu
Ib-bi-^{d}IM **94**,7
Igmira-Addu
Ig-mi-ra-a-du **6**,8
I-[
I-[**43**,5; **86**,5
Ilani
I-la-a-ni **39**,2
Imma-x-tu
Im-ma-x-tu **64**,10
Inni-Addu
In-ni-^{d}IM **1**,17
Ippadagan
Ip-pa-da-ga **9**,16
Iri-Addu
I-ri-a-du **10**,16
Irḫam-ila
Ir-ḫa-mi-ila **17**,36
Ir-ḫa-mi-il-la **2**,23; **11**,27; **16**,20
Ir-ḫa-mi-la **66**,11
[*Ir-ḫ*]*a-mil-la* **85**,4
Irima
I-ri-ma **35**,17
Irišm-abi → *Iršumabi*
Irpa-Addu
Ir-pa-^{d}IM **6**,5; **12**,13.24
Irpa-Šapši
^{d}*Ir-pa-sa-ap-si*$^{?}$ **22**,15
Irra-imitti
^{d}*Ìr-ra-i-mi-ti* **20**,22; **56**,10
Ir-ra-i-mi-it-ti **19**,22; **54**,20
Ìr-ra-i-mi-it-t[*i*] **57**,15

Iršumabi
Ir-šu-ma-bi **24**,30
I-ri-iš-ma-a-bi **10**,24
Irta-Aya
Ir-ta-a-ia **23**,39
Išma-addu
Iš-ma-a-da **24**,34; **31**,4
Iš-ma-a-du **78**,18
[*I*]*š-ma-a-*[*du*] **78**,12
Iš-ma-^{d}IM **22**,10; **64**,15
Iš-ma-a-du LÚ.MU **11**,5; **46**,20
Iš-ma-a-da LÚ.NAR **17**,32
Iš-ma-a-du LÚ.NAR **17**,17
[*Iš-ma-*]*a-du* L[Ú.MU] **16**,10
Itada
It-a-da LÚ.KUŠ$_7$ **44**,5
Jaḫmu
Ia-aḫ-mu ŠEŠ LUGAL.GAL **63**,9
Jarimlim
Ia-ri-im-li-im **6**,7; **28**,13; **37**,6; **45**,14
Ia-ri-i[*m-li-im*] **60**,13
Ia-ri-[*im-li-im*] **86**,2
[*Ia-ri-im-li-*]$^{?}$*-im* **88**,3
Ia-ri-im-li-im DUMU LUGAL **4**,31; **15**,7; **21**,3; **23**,26; **46**,14; **57**,12; **58**,7; **77**,10
[*I*]*a-ri-im-li-im* [DU]MU LUGAL **34**,11
Ia-ri-im-li-im DU[MU.LUGAL] **28**,7
Ia-ri-im-li-im DUMU [*Bi-it-ta*]$^{?}$*-ku-bi-ti* **24**,42
Ia-ri-im-li-im LÚ.*sà-ki-ni* **2**,27; **56**,14; **57**,6
[*Ia-ri-*]*im-li-im* LÚ.*sà-ki-ni* **48**,2
Jašib-Aššur
Ia-ši-ib-^{d}AN.ŠUR **4**,24
Jašibilla
Ia-ši-bi-il-la LÚ.NAGAR **35**,5
Ia-ši-bi-il[*-la*] **60**,3
Jašreda
Ia-aš-re-e-da **12**,22; **36**,7;
Ia-aš-re-e-da LÚ.TUKU+KUŠ$_7$ **49**,7
Ia-aš-[*re*]*-e-da* LÚ.TUKU+KUŠ$_7$ **49**,4
Ia-aš-re-e-da LÚ.KUŠ$_7$ **26**,28
Jaṭar-malik
Ia-tar-m[*a-lik*] **79**,4
Jaṭereda
Ia-ṭe$_4$*-er-e-da* **17**,25.29
Ia-ṭe$_4$*-re-da* **29**,15; **66**,5; **92**,4
KAR-^{d}IM **68**,18

Kabazze
Ka-ba-az-ze-e **35**,32
Kammutan -> Eḫmutan
KAR-^{d}IM → *Jaṭereda*
Kaziranupši (AHw 1567a: "ein Funktionär")
Ka-zi-ra-nu-up-ši **4**,30
Kenni → *Kinni*
Kinni
Ke-en-ni **32**,12; **28**,3; **64**,8; **67**,11;
Ki-in-ne LÚ.MUŠEN.DÙ **19**,8
Ki-in-ni **1**,19; **10**,27; **20**,15; **57**,5; **61**,5
K[*i-in-n*]*i* **50**,16
[*K*]*i-i*[*n-n*]*i* **2**,6
Ki-in-ni LÚ.MUŠEN.DÙ **1**,6; **10**,11; **11**,11.31; **15**,6; **23**,17.31
Ki-in-ni LÚ.[MUŠEN.DÙ] **34**,5
Ki-in-ni MUŠEN.DÙ **17**,15
Ki-in-ni MUŠEN.D[Ù] **68**,2
Ki-[*i*]*n-ni* **20**,26
Ki-[*in-ni*] **82**,2
Kinniya
Ki-in-ni-ia LÚ.NAGAR **10**,8
Kir-x-madu
Ki-i[*r*$^{?}$- x x]*-tu-du* **29**,5
Kirra
Kí-ir-ra **5**,16; **69**,19
Ki-ir-ra-an **67**,4
→ *Kirri*
Kirri
Ki-ir-ri **19**,16
→ *Kirra*
Kisḫe
Ki-is-ḫe LÚ.QA.DUḪ **32**,6
Kizzi
Ki-iz-zi **3**,23
Ki-iz-z[*u*] **30**,11
Kudurru
Ku-du-ru **40**,4
Kunbaḫli
Ku-un-ba-aḫ-li **10**,35
Kundibaḫli
Ku-un-di-b[*a-aḫ-li*] **23**,16
Kunnate
Ku-na-te **74**,4
[*Ku-n*]*a-te* LÚ.UŠ **63**,16
Ku-un-na **24**,3
⌊*Ku-un-na*⌋ **2**,5

Fortsetzung...

[*Nu-ni-kí-i*]*a-še* **27**,7
Nu-ni-kí-ia-šu **13**,14; **20**,2; **26**,10.26; **38**,16; **57**,7.8; **58**,6.12; **80**,3
Nu-ni-kí-i[*a-šu*] **4**,16
Nu-⌜*ni-ki*⌝*-ia-šu* **39**,8
[*Nu-ni-kí-*]⌜*a*⌝*-šu* [**91**,1
Nupu → *Lupu*
Nuwašši-Išḫara
Nu-wa-aš-ši-^{d}IŠDAR$^{!}$ **68**,4; **69**,3.17
Nu-wa-aš-ši-^{d}*iš*$^{!}$*-ḫa*$^{!}$*-ra* **68**,5
Paišena
Pa-i-še-na **9**,15
Pazage
Pa-an-za-ge-en **7**,12
Pa-an-za-ge **6**,24
Pa-an-za[*-ge*] **30**,12
Pa-an-za-ge$_5$ **4**,14; **5**,14
Pa-za-ge **28**,14
Pa-za-ge-e[*n*] **24**,11
Pa-zé-ḫa SAG.UR.SAG **6**,4
[*Pa-z*]*a-gi-in* **23**,14
Pūya
Pu-ú-ia **23**,42; **31**,11; **35**,2.3.24.37.39.40.47; **53**,4
Pu[*-ú-ia*] **76**,4
Pu-uḫ-ia **23**,23
Qauzzi
Qa-uz-zi DUMU *Ši-na-ši-tu-ri* **16**,7
Qan-Addu
Qa-an-a-du **35**,4
[*Qa-an-a-d*]*ú* **36**,13
[*Qa-an-*]*a-du* **69**,18
Subaḫali
Sú-bá-ḫa-li **27**,6
Su-bá-ḫa-li GÌR.SÈ$^{!}$.GA$^{!}$ **9**,12
Su-ba-⌞*ḫa-li*⌟ **60**,12
⌜*Sú*⌝*-b*[*a-ḫa-li*] **60**,1
Su-ub-ḫa-li **2**,12; **46**,5
Šu-ba-ḫa-li **19**,4; **24**,37
Šu-[*ba-ḫa-li*] **47**,10
[*Š*]*u-ba-ḫa-li* **75**,19
Šu-ba-ḫa-li LÚ.GÌR.SÈ.GA **54**,10
Sumi-epa
Su-mi-e-pa LÚ.URU.*Si-na-bi-te* **35**,62
Sumilammu
Su-mi-lam-mu **19**,13
Su-mi-lam-mu LÚ.GAR **46**,6
Su-mi-lam-mu LÚ.GÌR.SÈ.GA **54**,9
Su-mi-la$^{!}$*-mu*$^{!}$ **27**,8
Surim
Su-ri-im **23**,15
Ṣab-[
Ṣa-ab-[**30**,13
Ṣadammu
Ṣa-ad-am-mu **39**,2.3
Ṣaduqqi
Ṣa-du-uq-qí **32**,8
Šakban
Ša-ak-ba-an **75**,8; **77**,8
Šak-eda
Ša-ak-e-d[*a*] LÚ.KUŠ$_7$ **6**,29
Šamši-Addu → *Šapši-Addu*
Šapši
Ša-ap-ši **38**,11
Šapši-Addu
^{d}UTU-*ši-*^{d}IM **4**,19; **68**,8; **77**,5
^{d}UTU-*ši-a-du* LÚ.*A-da-na-at*.KI **31**,6
Sa-am-si-^{d}IM ŠEŠ LUGAL **4**,32
^{d}UTU-*ši-*^{d}IM ŠEŠ LUGAL **23**,25; **56**,13
Ša-ap-ši-a-du LÚ.URU.*A-na-de/ke*.KI **44**,7
Šarruwe
Šar-ru-we **92**,6
Šar-ru-we DUMU SANGA **11**,19
Šeḫrunabi
Še-eḫ-ru-na-bi **31**,2
Šerrima
Še-er-ri-ma **10**,25
Še-er-ri-m[*a*] **10**,5
Ši-x; (oder *ši-im* "Kaufpreis" ergänzen?)
Ši-[**10**,2
Š[*i-* **10**,1
Šimballa
Ši-im-ba-al-la **1**,18
Šimballa
Ši-im-ba-al-la LÚ.KA.ṢÌR **46**,21
Šinašituri
Ši-na-ši-tu-ri **16**,7
Šinurapi
Ši-nu-ra-pí **5**,15; **6**,16; **19**,15; **32**,2.3; **56**,8; **57**,2
[*Ši*]*-*⌜*nu-ra-pí*⌝ **82**,1
[*Ši-nu-r*]*a*$^{?}$*-pí* **50**,22
Ši-nu-ra-pí DUMU *Ir-pa-*^{d}IM **6**,5
Šušesa
Šu-še-sa-a **17**,13
Taḫe
Ta-aḫ-e LÚ.TIN **46**,17

Taḫeya
Ta-aḫ-e-ia **13**,17
Ta-aḫ-e-ia LÚ.SIPA **11**,15
Ta-ḫe-e-ia LÚ.SIPA **46**,24
Taku
Ta-a-ku DUMU LÚ.GU.ZA.LÁ **35**,6.31
Talm-Aya
Tal-ma-a-ia{-ia} **2**,22
Talm-Ammu
Tal-ma-am-mu **35**,30
Tamare
Ta-ma-re-en **71**,5
Tapal (oder Lexem "Paar"?)
Ta-pal **2**,26
Tašalkuni
Ta-ša-al-ku-ni **35**,21
Taši
Ta-ši[**10**,4
Timripa
Ti-im-ri-pa **24**,35
Tulaši
^{m}*Tu-la-a-ši* **15**,13
Tulpi
Tu-ul-pí **79**,3
Ubulikku
Ú-bu-li-ik-ku **12**,16
Ur-Addu
Ur-^{d}IM DUMU URU.*Ar-ra* **26**,18
Urda-e → Index B1b
Urkammu
Ur-kam-mu LÚ.NAGAR **35**,8
Uwandarama
Ú-wa-an-da-ra-ma **40**,3
Wandi
Wa-an-dì-en **24**,18
Wandi-e → Index B1b
Wandi-Šauška
Wa-an-di-ša-uš-ka **25**,16
Wandiya
Wa-an-di-ia **40**,5
Wa-an-dì-ia **64**,12
[*W*]*a-an-di-ia* UGULA ANŠE$^{??}$ **34**,13
→ *Wandi*
Werikiba
We-ri-ki-ba **54**,22
We-ri-[*ki-ba*] **33**,4; **86**,3
[*W*]*e-ri-ki-*[*ba*] **33**,8
We-ri-ki-ba{-ba} **44**,3
We-ri-ki-ba LÚ.TUKU+KUŠ$_7$ **49**,9
We-ri-ki-ba LÚ.KUŠ$_7$ **12**,21; **26**,27; **78**,10
We-ri-ki-ba LÚ.KUŠ$_7$$^{!}$ **44**,2
[*We-ri-*]*ki-ba*$^{!}$ LÚ.KUŠ$_7$ **33**,10
[*We-ri-*]*ki-ba*$^{!}$ LÚ.TUKU+KUŠ$_7$ **48**,3
We-ri-k[*i*]*-ba* LÚ.[KUŠ$_7$] **16**,9
Werimuza
We-ri-mu-za LÚ.UŠ.BAR **4**,17.29
Weritalma
We-ri-tal-ma **35**,7
We-ri-tal-ma LÚ.É.UŠ LUGAL **48**,10
Wikke
Wi-ik-ke **60**,9.16
Wi-ik-ke-en **61**,11
Zauta
Za-ú-ta **38**,3; **39**,5
Za-ú-tá LÚ.SI[PA] **44**,8
Z[*i-*
Z[*i-* **76**,2
Ziaḫḫu
Zi-ia-aḫ-ḫu **35**,19
Zigilde
Zi-⌜*gi-il*⌝*-de* **35**,78
Ziqqaru-e → Index B1b
Zimri-Ištar
Zi-im-ri-^{d}IŠDAR **3**,22; **12**,27
Zukraši
Zu-u[*k*]*-ra-si* **29**,8
Zu-uk-ra-še LÚ.KUŠ$_7$ **78**,15
Zu-uk-ra-ši **2**,7; **13**,8; **48**,8
Zu-uk-ra-ši LÚ.KUŠ$_7$ **12**,8; **17**,6; **26**,12
Zu-uk-ra-ši LÚ.KUŠ$_7$$^{!}$ **16**,6
Zu-u[*k*]*-ra-ši* LÚ.KUŠ$_7$ **3**,5
Z[*u-u*]*k-ra-ši* LÚ.KUŠ$_7$ **11**,13
Zu-ḫé-ra-š[*i*] **30**,19
Zunna
Zu-un-na **11**,18; **25**,5
Zu-un-na LÚ.UD.K[A.BAR] **34**,18
Zuqqamu
Zu-uq-qa-mu LÚ.KUŠ$_7$ *Am-mu-ri*.KI **9**,18

b) Frauen [4]

Addu-e
A-du-e **36**,14
Atri-Addu-e
^{f}*At-ri-a-du-e* **4**,6; **5**,6
^{f}]*At-ri-a-du-e* **24**,14
*Arip-*x
^{f}⌜*A-ri*⌝-*i*[*p*]-x **14**,6
Azira
^{f}DAM *A-zi-ra* LÚ.NAR **10**,22.37
^{f}DAM *A-zi-ra* **13**,20
DAM *A-zi-ra* LÚ.NAR **10**,12
[^{f}DAM *A-zi-ra*] **30**,23
Beltimati
^{f}*Be-el-ti-ma-ti* **26**,7
^{f}*B*[*e-el-ti-ma-ti*] **30**,4
Biniya
^{f}*Bi-ni-i*[*a*] **78**,13
Diluašdi-e
^{f}*Di-lu-aš-di-e* **28**,8
Emat̮ḫi
^{f}*E-ma-at-ḫi* **56**,12; **75**,9
^{f}*E-ma-* \ *at-ḫi* **75**,13
*Gi-*x
^{f}*Gi-*[**18**,10
Ḫepat-umara
^{f}*Ḫe-pát-ú-ma-ra* **14**,4
^{f}*Ḫe-pát-ú-me-ra* **31**,3
^{fd}*Ḫ*[*e-pát-ú-me-ra*] **30**,7
Ḫibatki
(hierher oder ON? URU.*Ḫimatki*?)
MÍ.*Ḫi-ba-at-ki* **16**,19
Iḫiman
^{f}*I-ḫi-ma-an* **28**,15
Kiluna-e
^{f}*Ki-lu-na-e* **41**,3
Kirra
^{f}*Ki-*[*-ir-ra*] **68**,15
*Itiḫ-*x
^{f}*Ku-ti-iḫ-*[**18**,12
Kuwe
^{f}*Ku-ú-e* **7**,15
Ku-we **12**,11
Lamada-e
^{f}*La-ma-a-da-e* **10**,14
^{f}*La-ma-dá-e* **35**,42.56
<^{f}>*La-ma-dá-e* **35**,34
^{f}*La-ma-*^{d}IM-*e* **23**,30
Naida
^{f}DAM.NI ^{m}*Na-i-da-an* **28**,10
*Nima-*x
^{f}*Ni-ma-*[**18**,11
Nimtun
^{f}*Ni-im-tu-un* **28**,9
Pūze (zwei verschiedene Frauen)
^{f}*Pu-ze-en* **14**,5
^{f}*Pu-*⌜*ú*⌝-[*ze* **30**,6
^{f}]*Pu-ze-en* NAR **24**,15
^{f}*Pu-ú-ze* MÍ.NAR **26**,4
Šar-x
^{f}*Šar-*x **9**,25
Šumunnabi
^{f}*Šu-mu-na-a-bi* **53**,5
Timunna
^{f}*Ti-mu-un-na* **4**,13; **5**,13
^{f}⌜*Ti-mu-un-na*⌝ **6**,26
[^{f}]*Ti-mu-un-na* **23**,12; **24**,12
Tumara
^{f}*Tu-ma-ra* **24**,16
Urda-e
Ur-da-e **31**,1
Wandi-e
Wa-an-di-e **26**,33
Ziqqaru-e
Zi-iq-qa-ru-e **4**,28
Zirri
^{f}*Zi-ir-ri* **1**,4; **4**,12; **5**,12; **6**,27; **9**,19; **11**,14; **12**,9; **16**,5; **17**,7; **19**,6; **20**,16; **22**,11
[^{f}]*Zi-ir-ri* **23**,11
[^{f}]*Zi-ir-ri-*{*ḫu*} **24**,13
Zi-ir-ri **13**,7
Zi-i[*r-ri*] **8**,6
^{f}*Zi-ir-ri* MÍ.NAR **3**,6

[4] Hier werden Frauen verzettelt, die *eindeutig* als weiblich bezeichnet sind. Wo sie (z.B. durch den hurr. Genitiv) als Ehefrau eines Mannes bezeichnet sind, bleiben sie für uns namenlos. Sie werden dann unter dem Namen des Gatten eingeordnet.

c) Akephale Personennamen

?
[**29**,4
-b]*iri*
-b]*i-ri* **34**,19
x]*-addu*
x-*a-*]*du* LÚ.IGI.NU.TUKU **2**,19
x-*duqqi*
x-*du-qí* **80**,1
]*-e*
]*-e* **75**,6
]*ḫ-abi*
]*ḫa-bi* **75**,10
]*-mu*
]*-mu* LÚ.[**90**,5
]*-ri*
]-x-*ri* **48**,6
]*-šiya*
š]*i*?*-a* **90**,8
]*-millati*
]*-mil-la-ti* **50**,17
-ya
]*-ia* LÚ.[**90**,6

2) Orte und Gentilizia [5]

Abattu → *Emar*
Adanat (20)
LÚ.*A-da-na-at*.KI **31**,7
Akē (36)
URU.*A-ke-e*.KI **26**,14
URU.*A-[ke-e]* **33**,9
LÚ.*A-ke-*⌜*e*⌝ **51**,4
Alašī (78)
LÚ.*A-la-ši-i* **35**,33
Alime (79)
LÚ.MEŠ.URU.*A-li-me*.KI **56**,6
Amame (13)
A-ma-me **21**,8
LÚ.MEŠ.URU.*A-ma-me*.KI **54**,2
LÚ.URU.*A-ma-me* **19**,3
Amurru (80)
A-mu-ri **55**,10
A-mu-ru-uḫ-ḫe **7**,13
A-mu-ur-ri **55**,5
A-mu-ur-ri-im **54**,12
Am-mu-ri.KI **9**,18
A[m-mu-ri.KI]$^{??}$ **16**,8
KUR.MAR.TU.KI **35**,28
LÚ.MAR.TU.KI **34**,16
MAR.TU **2**,14; **10**,28; **20**,18.30; **21**,27; **26**,11; **36**,16; **65**,2
MAR.TU **21**,22
M[AR.TU] **50**,2
MAR.TU.KI **10**,21.38; **35**,49.53.71.75; **48**,6; **78**,8.9
MAR.TU.K[I] **10**,36
[MAR.]TU **50**,21
[MAR.TU.KI]$^{?}$ **51**,3
Anade/ke (81)
LÚ.URU.*A-na-de/ke*.KI **44**,7
Apišal (30)
URU.*A-pí-šal* **12**,25
URU.*A-pí-šal*.KI **3**,21
Aqqati (82)
URU.*Aq-qa-ti* **73**,1
[URU.*A*]*q-qa-ti*.KI **68**,14
Arra (83)
URU.*Ar-ra* **26**,18
Aštakamu (84)
LÚ.MEŠ.URU.*Aš-ta-ka-mu* **46**,2
LÚ.MEŠ.URU.*Aš-ta-ka-mu*.KI **17**,9
URU.*Aš-ta-ka-mu*.KI **15**,11
Babeye (35)
LÚ.MEŠ.URU.*Ba-bé-ia*.KI **69**,9
Bitin (85)
URU.*Bi-t[i-in]* **50**,6
LÚ.URU.*Bi-ti-in* **45**,10
LÚ.URU.*Bi-ti-in*.KI **44**,4.6; **46**,16
⌜LÚ⌝.URU.*Bi-ti-in*.KI **45**,5
LÚ.URU.*Bi-ti-in*<.KI> **44**,5
L[Ú.URU.*Bi-*]*ti-in*.KI **45**,9
[LÚ.URU.*Bi-t*]*i-in*.KI **45**,4
Ebla (53)
URU.*Ib-la*.KI **35**,3
Emar (2)
a-ba-ti **3**,10; **13**,12; **35**,52.74
LÚ.MEŠ.URU.*E-ma-ri* **24**,19
LÚ.URU.*E-mar*.KI **26**,19.30
URU.*E-mar* **13**,12
URU.*E-mar*.KI **3**,10.14; **35**,9.52.74
Ḫatti (86)
URU.*Ḫa-at-ti*.KI **23**,27
Ḫalab
[URU.*Ḫa-*]*la-ab* **75**,17
Ḫe-[
LÚ.MEŠ.URU.*Ḫé*$^{?}$-[**8**,2
Ḫibat(ki) (87) (identisch mit *Ḫimatki*?)
MÍ.*Ḫi-ba-at-ki* **16**,19
Ḫimatki (87)
URU.[*Ḫ*]*i-ma-at-ki* **10**,13
Ibla → *Ebla*
Irta (88)
URU.*Ir-ta*.KI **35**,27
Kal- (92)
KUR.*Ka*$^{!}$*-al* **24**,23
Karkemiš (89)
Kar-ka-mi-is.KI **46**,13
Maraba (90)
[U]RU.*Ma-ra-ba* **35**,18
Murar (17)
LÚ.MEŠ.URU.*Mu-ra-ri*.KI **35**,47

---

[5] Vgl. für einen geographischen Kurzüberblick die Karten bei E. Gaál, AcAnt 30, 41 und M.C. Astour, UF 29, 54f. Zu den Ortsnamen insgesamt vgl. Vf., UF 30. Die Nummer hinter jedem ON verweist auf die Ordnungsnummer, unter der dort die jeweiligen ONN besprochen werden.

URU.*Mu-ra-ar* **5**,29
URU.*Mu-ra-ri* **22**,12
Naštarwe (5)
[URU.*Na-aš-*]*tar-bi* **75**,11
URU.*Na-aš-tar-we* **35**,51.69
URU.*Na-aš-tar-we*.KI **35**,57
URU.*Na-*[*aš-tar-we*] **70**,6
Qaṭna (31)
URU.*Qa-ṭá-na*.KI **45**,16
Rabiyānu (91)
Ra-bi.KI-*ia-ni* **26**,34
Ral (92) → *Kal*
Sinabite (93)
LÚ.URU.*Si-na-bi-te* **35**,62
Ṣa ʾīdu (55)
LÚ.*Ṣa-i-du* **21**,5
Ṣalwar (94)
URU.*Ṣa-al-wa-ar* **3**,11.16
Ṣara-e (95)
URU.*Ṣa-ra-e* **1**,21
Šagutti (38)
Ša-gu₅-ut-ti.KI **63**,15
URU.*Ša-g*[*u-ut-ti* **91**,5
Šatu-e (96) ("Steppenbewohner"?)
LÚ.*Ša-tu-e ḫa-at-ni* LUGAL **29**,10
LÚ.MEŠ.*Ša-tu-ḫi-na* **29**,12
Šukurrī (97)
URU.*Šu-ku-ri-i*.KI **35**,15
Tatandi (61)
LÚ.*Ta-ta-an-dì*.KI **34**,14; **63**,10
[URU.*Ta-ta-an-dì*.KI] **88**,6
Tudmanna (94)
URU.*Tu-ud-ma-na* **63**,13
Tunip (99)
LÚ.*Tu-ni-ip*.KI **9**,17; **26**,29; **68**,7; **69**,4
LÚ.URU.*Tu-ni-ip*.KI **35**,29.60; **69**,6
LÚ.]URU.*Tu-ni-ip*.KI **23**,13
→ *ḫurāṣu*, → *kanaktu*
Ṭuba (22)
LÚ.*Ṭú-ba* **63**,11
LÚ.URU.*Ṭú-ba-an* **64**,6
Urē (48)
[L]Ú.MEŠ.URU.*Ú-ra*[.KI] **94**,8
Utiyar (100)
LÚ.MEŠ.URU.*Ú-ti-ia-ar* **35**,36.65
Utturuwe (101)
LÚ.URU.*Ut-tu-ru-wa* **69**,16

?

⌞URU⌟ **90**,11
LÚ.MEŠ.URU[ ] **90**,10
LÚ.U[RU]. ⌞x x x x⌟ .K[I] **81**,3
[URU] x **10**,6; **90**,4

3) Götter [3]

Ištar
^{d}IŠDAR 1,9.13; 2,13; 32,15; 35,11.44; 50,3.4.9.13; 61,3; 78,6

4) Monate [4]

Aštabi(natim)
Aš-ta-bi **63**,7
Aš-ta-bi-na-tim **29**,20
Attana(tim)
At-ta-an-na-tim **20**,8
At-ta-an-na-t[im] **57**,16
At-ta-na **21**,28; **58**,16
At-ta-na-ti **9**,4
A[t-ta-na-ti] **42**,1
At-ta-na-tim **10**,32; **59**,6
At-t[a-na-tim] **84**,2
At-ta-ni **21**,2
At-ta-[na-tim] **10**,19
A-ta-na-⌞tim⌟ **61**,8
[A]t-ta-n[a-tim]$^{?}$ **76**,3
Azzali
Az-za-li **28**,16
Bala ʾe
Ba-la-e **4**,34; **5**,26
Ba-la-i **16**,14; **48**,13
Ba-la-⌜e⌝ **4**,21
Ba-l[a-e] **45**,20
B[a-la-e] **50**,11
[Ba-la-e] **47**,26
Kalma
^{d}KAL **44**,11
Ka-al-m[a] **35**,76
Ekena
E **6**,1
E-ek-e **19**,24
E-ek-e-na **19**,11
E-ek-ke-e-na **54**,23
E-ke-na **32**,21; **55**,17
Eqali → *Niqali*
Ḫiari
Ḫi-ia-re-e **1**,25; **53**,3.10
Ḫi-[ia]-r⌜e-e⌝ **32**,17
Ḫi$^{?}$*-[ia-re-e]* **70**,2
Ḫudizzi
Ḫu-dì-iz-zi **6**,33; **17**,30
Ḫu-di-iz-zi **18**,18
Ḫu-di-iz-z[i] **71**,11
[Ḫu-d]i-iz-zi **52**,6
[Ḫ]u-dì[-iz-zi] **83**,3
[Ḫu]-di-iz-zi **52**,3
Kirari
Ki-ra-ri **10**,28; **19**,30; **56**,19
Kí-ra-ri **20**,33
Ki-[ra-]ri **9**,22
Liqqaše
Li-iq-qa-še **77**,16
Mešarri
Me-ša-a[r-ri] **14**,9
Niqali
Ni-qa-lim **12**,29
Ni-qa-lí **25**,17
E-qa-li **35**,78
Pagri
Pa-ag-ri **26**,22; **30**,27; **35**,25.77
P[a-a]g-ri **13**,29
Šammena
Ša-am-me **66**,12
Ša-am-mi **23**,21
Ša-am-me-na **22**,27; **67**,14
[Š]a-a[m-me-na] **33**,7
Šatalli
Ša-ta-al-lim **5**,19; **17**,22; **49**,12; **51**,6
Utitḫi
Ú-ti-it-ḫi **24**,26; **73**,6; **74**,2
[Ú]-ti-it-ḫi **75**,21
Ú-ti-it-ḫ[i] **76**,8
⌜Ú⌝-[ti]-⌜it-ḫi⌝ **15**,17
Ú-ti-it-ḫe **63**,4
ūm Ú-ti-it-ḫi **35**,11
ūm Ú-ti-i[t-ḫi] **35**,44

---

[3] Nicht genannt werden hier natürlich die theophoren Elemente der Personennamen und im Monatsnamen (^{d})Kalma.

[4] Alle Monatsnamen stehen nach ITI, das hier nicht mehr eigens aufgeführt wird und nur in der Wendung *ūm* MN fehlt. → *ḫîšu*.

C) Zahlen

IGI.8.GÁL **17**,36
IGI.6.GÁL **12**,27; **16**,20
IGI.4 **35**,68; **60**,12
IGI[!].4 **66**,11
1/3 **3**,21; **12**,26; **16**,15.17.18; **17**,34; **26**,19.27.29; **35**,17.29; **60**,6.13; **64**,3; **66**,10; **67**,5
1/2 **3**,15.17; **6**,9; **12**,24; **26**,19; **35**,56.69.75.78.79; **45**,10; **47**,3.5; **60**,16; **69**,6; **72**,7; **77**,14
1/2[!] **3**,13
[1]/2 **69**,7
1/2] **69**,8
2/3 **72**,5
1 **1**,4.6.19.22.23; **2**,1.7.8.9.10.25.26.27.29.32; **3**,5.6.10.12.17.20; **4**,5.6.12.13.14.24.25.26; **5**,5.6.12.13.14.18; **6**,8.12.24.25.26.27.29.30.32; **7**,12.13; **9**,17.18.19; **10**,9.35.39; **11**,13.14.19; **12**,1.7.8.9.10.13.14; **13**,1.7.8.9.10.11.12.21.22.24.27; **14**,4.5; **15**,6; **16**,5.6.7.8.10.21; **17**,5.6.7.11.13.15.18.21.26.31.33.35; **18**,1.4.5.10.11.12.14.15; **19**,2.6.8.9.18.20; **20**,9.16.17.20.30; **21**,11.12.23.27; **22**,11.12.13; **23**,1.31.32.33.34.41; **24**,9.11.16.17.18.22.31; **25**,1; **26**,1.12.14.17.30; **28**,3.5.8.9.10.15; **29**,1.8.9; **30**,19.26; **31**,8; **32**,11.13.14; **35**,11.24.26.27.44.51.52.53.55.58.59.62.64.74.78.79; **36**,1.19; **37**,5; **38**,1.3.8; **39**,6; **42**,2.3; **43**,3; **44**,3; **45**,8; **46**,1; **47**,4.6.23.24; **48**,12; **49**,8; **50**,3.7.12; **52**,1; **54**,1.16; **55**,6.7.10.15; **56**,5.9; **57**,1; **60**,15; **61**,1.4; **64**,5.12.13.14; **66**,7.9; **67**,1.12; **68**,3.4.7.10; **69**,4.9.10; **72**,2.3.4.8.17; **77**,15; **78**,3.9; **86**,1; **87**,1.3
⌞1⌟ **7**,15
<1> **69**,11
[1] **2**,6.13; **8**,6; **10**,29; **14**,6; **20**,26; **23**,11.12; **24**,12.13.14; **47**,12; **54**,15
1[?] **24**,15
1 1/2 **35**,16.42; **43**,2; **72**,15
1 1/3 **35**,22
2 **1**,18.20; **2**,33; **3**,11.18; **4**,11.20.23.26; **5**,11.21; **6**,10.12.19.20.23; **7**,7; **9**,17; **10**,14.15.18.36.37.38; **11**,11.17.20.21.30; **12**,11.23; **15**,6.7.9.13.15; **16**,11; **17**,5.12.14; **18**,13; **19**,19.27; **20**,10.15.21; **22**,10; **23**,9.15.16.17.20.42; **24**,23.29; **26**,11.33.34; **28**,7; **29**,5.6.17; **30**,18; **32**,9.11; **35**,6.10.38.41.57.60.70; **36**,18; **37**,2; **38**,4.14; **39**,6; **42**,3; **43**,1; **44**,8; **45**,5; **46**,26; **47**,16; **49**,6; **50**,4.18; **54**,1.21; **57**,6; **58**,11; **62**,4; **68**,7; **63**,3; **64**,15.16; **71**,1; **77**,1.8.10.12; **86**,7; **87**,2.4
⌜2⌝ **2**,24
2[!] **9**,26
ITI.2.KAM **36**,8
2 1/2 **6**,7
3 **1**,7.8; **4**,3.10.33; **5**,3.10.17; **6**,28; **7**,6; **10**,39; **11**,18.29.31; **13**,18.20; **15**,8; **16**,12; **17**,17; **19**,17.25; **20**,6.18.24; **21**,10; **22**,7.9.24; **23**,8.18.20; **24**,7.10.41; **25**,5; **26**,8.21.22; **28**,13.14; **29**,14.17; **30**,23.24; **31**,3; **35**,12.13.46; **36**,17.19; **38**,15; **42**,2; **43**,6.7.8; **47**,17; **54**,6; **57**,14; **62**,4; **67**,6.11; **74**,5; **77**,9; **82**,3; **86**,3.6.8; **92**,3
⌜3⌝ **10**,10.11
3 1/2 **3**,24; **23**,18.20; **50**,7; **57**,5; **82**,3
4 **1**,5; **3**,8; **4**,9.30; **5**,9; **6**,21.22; **10**,27; **12**,12; **15**,14; **17**,4; **19**,3.5; **22**,6.23; **23**,7.19; **24**,8; **25**,1.14; **26**,1.28; **29**,7.13; **32**,5.7; **35**,7.48; **37**,3; **45**,3.15; **49**,10; **60**,8.10.14; **62**,6; **69**,18.19
⌞4⌟ **51**,3
4[?] **4**,17
ITI.4.KAM **36**,5.6

5 **3**,9; **4**,28.29.31; **5**,27; **6**,3.6.30; **7**,14; **8**,2; **9**,3.12.13.21.22.28; **11**,9.23.32; **12**,1.18.22; **13**,26; **17**,25.29; **18**,8.9; 21,9; **22**,18; **23**,37.40; **24**,6.24.34.35.37.38.39.41.42; **25**,2; **28**,11; **29**,10.15; **31**,4.5.6; **35**,9.20.21.40.49.54.71; **37**,4; **38**,1; **44**,5; **46**,20.21.22; **53**,6; **54**,1.12; **56**,8; **58**,4; **67**,8.10; **68**,5; **70**,5; **71**,4.6; **74**,3; **78**,7; **92**,5

⸢5⸣ **10**,18

⸤5⸥ **54**,13

[5] **20**,25; **54**,14

ITI.5.KAM **36**,2

5 1/3 **3**,26

5 1/2 **92**,5

6 **6**,31; **10**,16; **11**,24.27; **13**,22; **17**,19; **18**,1; **29**,4.12.19; **35**,43.72; **37**,7.11; **40**,4; **43**,9; **44**,6.12; **45**,14; **46**,29; **47**,10.14; **50**,18; **57**,7; **58**,5; **60**,11; **68**,12; **74**,4

6? **39**,4

ITI.6.KAM **36**,3

7 **1**,2.26.29; **4**,8; **10**,26; **11**,15; **12**,14; **13**,25.27; **14**,3; **15**,5; **16**,21; **18**,3; **19**,2; **20**,14; **22**,5.22; **23**,1; **24**,5; **25**,6; **30**,25; **35**,66; **55**,13; **66**,4; **68**,6

7 1/2 **12**,21

8 **7**,8; **10**,2.34; **11**,16.26; **13**,1; **15**,5; **19**,10; **20**,4.31; **21**,19.26; **22**,4; **26**,23; **30**,17; 35,16; **57**,4; **69**,3; **36**,16; **47**,7; **64**,2; **72**,13

9 **5**,8; **20**,9; **25**,15; **35**,28; **69**,17

⸢9⸣ **19**,1

10 **5**,16; **6**,4.5.15.16; **9**,11; **10**,4.5.25; **11**,5.6.9; **12**,16.25; **13**,13.17; **16**,9; **19**,16.20.26; **20**,3.19.28.29; **21**,4.5.6.7.8.20.22; **22**,15.16; **23**,30.34.39; **24**,4.19.20.25.33.36.40; **25**,11.12; **29**,3; **30**,12; **32**,2.3.17; **35**,4.5.8.14.23.47; **36**,12.13.14; **37**,6; **38**,13; **44**,7; **45**,13; **46**,16.17.18.19.23; **49**,3.5; **51**,1; **53**,9; **54**,3.4.8.9.10.11; **55**,11; **56**,7.11.14.17; **57**,2.9; **58**,13.14; **61**,3; **64**,1.7.14; **65**,3.4; **67**,3.4; **68**,11.15.16; **69**,16.20; **71**,3; **72**,14; **75**,3; **86**,5; **92**,8

⸢10⸣ **71**,8

10 1/2 **23**,30

11 **2**,4; **5**,22; **9**,14.15.20.25.27; **35**,15; **46**,25; **47**,2; **57**,10; **67**,13

⸢11⸣ **15**,12

11? **9**,21

11 1/2 **47**,2

12**5**,7; **6**,14; **9**,16; **10**,23; **15**,3; **16**,4; **17**,3; **21**,25; **23**,5.6.36; **24**,32; **30**,9.10.11.13.14.15; **35**,30; **53**,8; **72**,1

12? **92**,3

12 1/2 **35**,45

13 **4**,7; **72**,9

14 **1**,11.12.29; **2**,3; **10**,6; **11**,25; **15**,1; **21**,24; **32**,4; **35**,68; **47**,1

[1]4 **8**,5

{14} **9**,24

15 **3**,4; **5**,24; **7**,16; **9**,6.7.9.10; **10**,24; **11**,7.10; **12**,4; **13**,4; **16**,3; **17**,2.28; **21**,13; **25**,7; **26**,6; **36**,10; **37**,1; **38**,12; **44**,4; **46**,4; **69**,1; **77**,4.6; **78**,6; **92**,1

16 **21**,1; **22**,3.20; **38**,10; **40**,6; **55**,4; **56**,3; **60**,9

\\16 **9**,1

[16] **39**,5

17 **15**,2; **18**,2; **25**,4; **30**,1

18 **6**,17; **7**,9.10; **21**,18; **25**,3; **35**,18; **39**,3; **54**,6; **56**,13; **57**,3; **68**,13; **72**,11

54 **16**,2; **30**,2; **47**,9
55 **13**,6; **67**,12
[5]5 **20**,27
⌜55⌝ **19**,28
56 **10**,29; **13**,18
57 **17**,1; **22**,1
60 [5] **1**,1; **14**,8; **47**,24
šu-ši **2**,1.28.32; **6**,12.30; **10**,39; **12**,1.14; **13**,1.21.24; **18**,1; **19**,2; **20**,9; **23**,1; **25**,1; **26**,1; **35**,64; **36**,19; **38**,1; **39**,6; **50**,7; **52**,1; **54**,1; **61**,1; **72**,18
[š]u-ši **18**,16
61 **24**,1
62 1/3 **32**,18
65 **9**,5; **15**,4; **47**,22
65[?] **5**,1
66 **5**,18; **14**,1; **11**,1; **24**,1
68 **21**,16
70 **3**,1; **10**,1; **11**,21; **13**,15; **17**,10; **30**,20; **64**,14
72 **37**,9
74 **11**,32
75 **4**,1; **54**,16
75 1/2 **20**,7
78 **12**,28
80 **26**,22; **35**,79; **56**,5; **57**,1
82 **35**,43
⌜82⌝ **41**,1
84 **26**,32; **36**,3
86 **1**,24; **11**,12
88 **1**,23
90 **17**,9; **44**,9; **63**,9
91 **26**,3; **58**,9
92 **69**,21
93 **40**,7
95 **22**,19; **56**,9
96[!?] **6**,11
100
me **1**,23; **2**,29; **3**,12; **4**,20.26.33; **12**,14; **13**,18.22; **20**,21; **22**,13; **23**,20.33.42; **26**,22; **29**,1; **30**,25.26; **38**,14; **42**,2.3; **46**,1; **47**,23.24; **48**,12; **56**,5.9; **57**,1.14; **62**,6; **67**,1.12; **72**,17; **77**,1
me-a-at **5**,18; **23**,34
me-at **6**,30; **10**,35.39; **13**,27; **19**,9.20; **35**,24.26.27.64.79; **36**,1; **38**,1; **50**,18; **54**,16
[me-a]t **50**,7; **54**,15
me-tim **11**,21.23.32; **15**,15; **35**,43; **36**,19; **46**,29; **54**,1.6; **61**,1
me-t[im] **10**,18; **62**,4
[me-]at **10**,29

---

[5] Bei den Zahlen größer als 60 wird nicht unterschieden, ob das Element durch sechs Winkelhaken oder durch das DIŠ-Zeichen ausgedrückt ist.

1000
li-im **42**,2.3
li **62**,4
[*l*]*i* **62**,6
x **2**,11.13.14; **5**,28; **7**,4.18; **8**,1.4; **15**,10; **27**,4.9.10.11.12.13; **35**,32.33.34.35.36; **37**,13; **41**,4; **47**,11.19,21; **48**,11; **50**,19; **60**,2; **61**,1.6; **63**,1; **64**,8; **69**,12; **71**,5; **72**,18; **76**,2; **78**,10; **83**,1; **90**,9.10
x+1 **2**,5.28; **7**,5; **8**,3; **9**,21; **23**,27.29; **47**,13; **60**,3.4.5; **61**,5; **62**,1.2.6; **71**,7; **72**,16
x+2 **23**,28; **69**,14; **76**,4
x+3 **86**,4
x+4 **18**,17
x+10 **6**,2; **9**,2; **52**,4; **63**,2
⌜10+x⌝ **51**,4
x+11 **5**,23; **71**,9
x+14 **35**,31
x+20 **18**,7; **92**,7
x+50 **72**,17
x+60 **47**,24.25

Anhang C: Abgrenzung der Blöcke

Block	Ware	Abgrenzungssignal(e) Beginn	Abgrenzungssignal(e) Ende
1,1-12	ŠE	Beginn der Tafel	Warenwechsel
1,13-22	ZÍZ	Warenwechsel	Strich,Summe (2 Bl.)
1,26-28	ZI.AŠ	Summen	Strich, Ende der Tafel
2,1-16	ŠE	Beginn der Tafel	Ende der Vorderseite?
2,17-28	ZÍZ	Beginn der Rückseite?	Summe
2,29-31	ZI.AŠ, Bier	Summe	Ende der Rs., Summe
3,1-12	ŠE	Beginn der Tafel	Summe, Absatz
3,13-17	ZI.AŠ	Summe, Absatz	Summe, Absatz
3,18-25	*ḫilīmu*	Summe, Absatz	Summe
3,26f	ZÍZ.BABBAR	Summe	Ende Tafel (keine Summe, da Einzeleintrag)
4,1-21	ŠE	Beginn der Tafel	Summe
4,22-34	ZÍZ	Summe	Ende der Tafel
5,1-19	ŠE	Beginn der Tafel	Summe, Strich
5,20-24	ZÍZ	Summe, Strich	Strich, Summe
5,27-29	ZI.AŠ	Strich, Summe	Ende Tafel (keine Summe, da Einzeleintrag)
6,1-10	ZÍZ	Beginn der Tafel	Strich, Summe
6,12-30	ŠE	Strich, Summe	Strich, Summe, Strich
6,31f	ZI.AŠ	Strich, Summe, Strich	Strich, "Kolophon", Doppelstr., Ende Tafel
7,1-13	ŠE	Beginn der Tafel	Warenwechsel
7,14f	ZÍZ	Warenwechsel	Warenwechsel
7,16f	ŠE/ZI.AŠ	Warenwechsel	Warenwechsel [1]
7,18	ZI.AŠ	Warenwechsel	Strich

[1] Zu den Besonderheiten dieses und vergleichbarer Doppeleinträge siehe oben (Kap V,2.1.12) die Einzelinterpretation.

Block	Ware	Abgrenzungssignal(e) Beginn	Abgrenzungssignal(e) Ende
7,19	?	Strich	Ende der Tafel
8,1-6	ŠE	Beginn der Tafel	Ende der Tafel
9,1-4	ŠE (+ZI.AŠ)	Beginn der Tafel	Strich, Monatsangabe, Strich [2]
9,5-22	ŠE	Strich, Monat, Strich	Doppelstrich, Monat [3]
9,24-27	ZÍZ	Strich	Strich, Ende der Tafel
10,1-16	ZÍZ	Beginn der Tafel	Strich, Summe
10,19-28	ŠE (+ZI.AŠ)	Strich, Summe	Strich, Summe
10,31-38	ZI.AŠ	Strich, Summe	Strich, Summe, Strich, Ende der Tafel
11,1-20	ŠE	Beginn der Tafel	Strich, Summe, Ende der Vs.
11,23-31	ZÍZ	Beginn der Rückseite	Strich, Absatz, Summe, Ende der Tafel
12,1-14	ŠE	Beginn der Tafel	Summe, Ende Vs.
12,15-17	ZÍZ	Beginn der Rückseite	Summe
12,18-24	ZI.AŠ	Summe	Strich
12,25-28	*zibû*	Strich	Summe (des vorhergehenden Blocks), Ende der Tafel
13,1-17	ŠE	Beginn der Tafel	Strich, Summe, Ende der Vorderseite
13,19-22	ZÍZ	Beginn der Vorderseite	Strich, Summe, Absatz
13,23-26	ZI.AŠ	Strich, Summe, Absatz	Strich, Summe, Ende der Tafel
14,1-6	ŠE	Beginn der Tafel	(zerstört)
14,7	?	(zerstört)	Summe, Ende der Tafel

[2] Zum Charakter dieses Blockes als Übertragsblock siehe oben.
[3] Z. 23 dürfte keinen eigenen Eintrag darstellen, sondern eine Verschreibung.

Block	Ware	Abgrenzungssignal(e) Beginn	Abgrenzungssignal(e) Ende
15,1-14	ŠE, ZI.AŠ, ZÍZ	Beginn der Tafel	Strich, Beginn Rs. Absatz, Summe, Ende der Tafel
16,1+22	ZÍZ	Beginn der Tafel	Ende der Tafel [4]
16,2-10	ŠE	Warenw. (implizit) [5]	(abgebrochen)
16,11-12	ZI.AŠ	Beginn der Rückseite	Strich, Summe
16,15-21	*ḫilīmu*	Strich, Summe	Summe, Strich
17,1-15	ŠE	Beginn der Tafel	Warenwechsel
17,16-18	ZÍZ	Warenwechsel	Warenwechsel [6]
17,19-22	ZI.Aš	Warenwechsel	Monatsangabe, Strich, Ende der Vorderseite
17,23-29	ŠE, ZÍZ, ZI.AŠ	Monatsangabe, Strich, Beginn der Rückseite	Strich, Monat [7]
17,31-36	*zibû*	Strich, Monatsangabe	Ende der Tafel
18,1-6(?)	ŠE	Beginn der Tafel	(zerstört)
18,7(?)-15	ZÍZ	Beginn der Rückseite?	Strich, Ende o.Rd. [8]
19,1-8	ŠE	Beginn der Tafel	Strich, Summe
19,10f	ZI.AŠ	Strich, Summe	Warenwechsel [9]
19,12-22	ŠE	Warenwechsel	Summe
19,23-28	ZÍZ, Wein	Summe	Summe, Strich

[4] Es handelt sich hier um eine "Fangzeile", siehe oben Kap V,2.16.

[5] Ein impliziter Warenwechsel liegt vor, wenn wir aus anderen Gründen definitiv sagen können, daß hier ein neuer Block beginnt (siehe zu den Kriterien Kap IV,2.4.2 und 2.4.3. zur Abgrenzung der "Normblöcke" und "ŠE.BA LUGAL-Blöcke").

[6] Der Neueinsatz wird auch durch die Wiederholung der Maßeinheit deutlich.

[7] Die innere Struktur des Blockes zeigt, daß er nicht etwa in Einzeleinträge aufzulösen ist.

[8] Die Summe der gesamten Tafel findet sich auf dem linken Rand, Z. 7 ist die Getreidesorte nicht erhalten, so daß die Abgrenzung nicht eindeutig ist.

[9] Daß es sich um einen Einschub handelt, erhellt schon daraus, daß hier eine Monatsangabe vorhanden ist.

Block	Ware	Abgrenzungssignal(e) Beginn	Abgrenzungssignal(e) Ende
19,29f	ŠE	Summe, Strich	Monatsangabe, Ende der Tafel [10]
20,1-8	ŠE	Beginn der Tafel	Summe, Strich
20,9-21	ŠE	Summe, Strich	Ende der Vorderseite, Summe, Strich
20,23-27	ZÍZ	Summe, Strich	Summe
20,28-31	ZI.AŠ	Summe	Strich, Summe, Strich, Monat, Strich, Ende der Tafel
21,1-12	ZÍZ	Beginn der Tafel	Warenwechsel [11]
21,13f	ZÍZ.BABBAR	Warenwechsel	Warenwechsel
21,15	ŠE	Warenwechsel	Ende des unt. Randes
21,16-23	ŠE	Beginn der Rückseite	Warenwechsel
21,24-27	ZI.AŠ	Warenwechsel	Ende auf o.Rd., Monatsangabe auf lk.Rd.
22,1-13	ŠE	Beginn der Tafel	Summe
22,14-18	ZÍZ	Summe	Strich, Summe, Strich
22,20-24	ZI.AŠ	Strich, Summe, Strich	Strich, Summe
22,26f	ZÍZ	Strich, Summe	Monatsangabe, Strich Ende der Tafel
23,1-19	ŠE-*tù*	Beginn der Tafel	Strich, Summe auf unterem Rand
23,22-33	ZÍZ	Monatsangabe als Beginn der Rückseite	Summe, Strich
23,34-42	ZI.AŠ	Summe, Strich	Summe, Ende der Tafel

[10] Es dürfte sich bei diesem Eintrag um eine Fangzeile handeln, die den Text mit Text 56 verknüpft.

[11] Weitere Argumente sprechen dafür, hier den Wechsel einsetzen zu lassen: Die Einträge Z.3-12 haben allesamt GÌR, in Z. 13 wird die Maßangabe wiederholt. Z. 13f sind tabulatorartig eingerückt.

Block	Ware	Abgrenzungssignal(e) Beginn	Abgrenzungssignal(e) Ende
24,1-26	ŠE	Beginn der Tafel	"Kolophon" mit Monatsangabe
24,27	ZÌ *ša* ZÍZ	"Kolophon"	Warenw. (implizit)
24,28-42	ZÍZ	Warenw. (implizit)	Ende der Tafel
25,1-19	ŠE, ZI.AŠ	Beginn der Tafel	Monat, "Kolophon" [12] Ende der Tafel
26,1-19	ŠE	Beginn der Tafel	Warenwechsel [13]
26,20-22	ZÍZ	Warenwechsel	Strich, Summe (des vorherigen Blockes)
26,23-32	ZI.AŠ (+ZÍZ)	Strich, Summe	Summe, Ende des o.Rd.
26,33f	ŠE (?)	Summe,Beginn lkr.Rd.	Ende der Tafel
27,1-9	ŠE	Beginn der Tafel	Summe (?)
27,10-14	ŠE	Summe (?), Einsatz des Normblocks	Ende der Tafel
28,1-10	ZÍZ	Beginn der Tafel	Warenwechsel
28,11f	ZI.AŠ	Warenwechsel	Warenwechsel
28,13-16	ŠE	Warenwechsel	Monatsangabe, Ende der Tafel
29,1-9	ŠE	Beginn der Tafel	Warenwechsel
29,10-19	ZÍZ	Warenwechsel	Strich, Monatsangabe, Ende der Tafel
30,1-21	ZI.AŠ (?)	Beginn der Tafel	Warenw. (implizit)
30,22-24	ZÍZ	Warenw. (implizit)	Summen, Monat, Ende der Tafel
31,1-11	ZÍZ	Beginn der Tafel	Ende der Tafel

[12] Die Tafel weist neben der Mischung verschiedener Getreidesorten auch die Besonderheit auf, daß weitere Einträge, durch Striche abgetrennt, eingeschoben sind. Siehe dazu oben Kap. V,2.25.

[13] Die Maßeinheit wird wiederholt.

Block	**Ware**	**Abgrenzungssignal(e) Beginn**	**Abgrenzungssignal(e) Ende**
32,1-2 [14]	ŠE	Beginn der Tafel	Warenwechsel
32,3-4	ZÍZ	Warenwechsel	Warenwechsel
32,5	ZI.AŠ	Warenwechsel	Warenwechsel
32,6-8	ZÍZ	Warenwechsel	Warenwechsel
32,9f	ŠE	Warenwechsel	Warenwechsel
32,11-15	ŠE + ZÍZ	Warenwechsel	Strich
32,16f	ZÍZ	Strich	Summen, Monat Ende der Tafel
33,1-7	ZI.AŠ	Beginn der Tafel	Monatsangabe, Ende der Vorders.
33,8-12	ŠE	Monat, Beginn der Rs.	Ende der Tafel
34,1-13 (?)	ZÍZ	Beginn der Tafel	Ende unt. Rand
34,14-21	ŠE (?)	Beginn der Rückseite	Ende der Tafel
35,1-42	ZÍZ	Beginn der Tafel	Summe (tabulatorartig eingerückt)
35,44-63	ŠE	Summe	Summe (tabulatorartig eingerückt)
35,65-79a	ZI.AŠ	Summe	Summe
35,79b	ZI.AŠ	Summe	Ende der Tafel
36,1-20	ZI.AŠ	Beginn der Tafel	Summe, Ende der Tafel
37,1-8	ZÍZ	Beginn der Tafel	Strich, Summe, Ende der Vs.
37,11-19	ŠE [15]	Strich, Summe, Beginn der Rs.	Ende der Tafel
38,1-9 [16]	ZÌ.DA/*ṭabtu*	Beginn der Tafel	Ende der Vorderseite

[14] Bei Z.1-15 könnte man auch einen Block mit verschiedenen Getreidesorten ansetzen.

[15] Z. 11 spricht von ŠE, die Menge Z. 18 könnte auf ZI.AŠ weisen, so daß die Abgrenzung des Blocks offen bleiben muß.

[16] Es ist auf die formale Differenz der Blöcke auf dieser Tafel zu dem anderen Material hinzuweisen, die oben bereits Gegenstand der Erörterung war.

Block	Ware	Abgrenzungssignal(e) Beginn	Abgrenzungssignal(e) Ende
38,10-13	ZÌ.DA	Beginn der Rückseite	Strich, Summen, Ende der Tafel
39,1-5	ZÌ.DA	Beginn der Tafel	Strich, Summe, Strich, Ende der Tafel
40,1-6	ZÌ.DA	Beginn der Tafel	Strich, Summe, Ende der Tafel
41,2-8	ZÍZ	Beginn der Tafel	Warenwechsel
41,9-10	ŠE	Warenwechsel	Ende der Tafel
Text 42	?	(nur Summe und evtl. ein Eintrag erhalten)	
43,1-9	ZÍZ (?)	Beginn der Tafel	Ende der Tafel
44,1-8	ZI.AŠ	Beginn der Tafel	Summe
44,12-14	ZÍZ	Summe	Ende der Tafel
45,1-6	ŠE	Beginn der Tafel	Summe
45,7-12	ZI.AŠ	Summe	Summe
45,13-17	ZÍZ	Summe, Absatz	Strich, Summe, Ende der Tafel
46,1-28	ZÍZ	Beginn der Tafel	Summe, Ende der Tafel
47,1-7	ŠE + ZI.AŠ	Beginn der Tafel	Strich
47,9-22	ŠE + ZÍZ (?)	Strich	Strich, Summen, Ende der Tafel
48,1-13 (?) [17]	ZI.AŠ	Beginn der Tafel	Summe, Ende der Tafel
49,1-5	ŠE	Beginn der Tafel	(zerstört)
49,6-12	ZI.AŠ	(zerstört)	Summe, Ende der Tafel
50,1-7	ŠE	Beginn der Tafel	Summe, Strich

[17] Der untere Teil der Tafel ist zerstört, so daß wir nicht wissen, ob die gesamte Tafel einen Block darstellt.

Block	Ware	Abgrenzungssignal(e) Beginn	Abgrenzungssignal(e) Ende
50,8-18	ZÍZ	Summe, Strich	Summe, Strich
50,19-22	ZI.AŠ	Summe, Strich	Ende der Tafel
51,1-3	ZI.AŠ	Beginn der Tafel	(zerstört)
51,4-6	ŠE	(zerstört)	Summe, Ende der Tafel
52,1-8 [18]	ŠE, x, ZI.AŠ	Beginn der Tafel	Ende der Tafel
53,1-11	ŠE, ZÍZ	Beginn der Tafel	Strich, Monatsangabe, Ende der Tafel
54,1-5	ŠE	Beginn der Tafel	Strich, Summe
54,8-15	ZÍZ	Strich, Summe	Strich, Summe
54,18-20	ŠE	Strich, Summe	Strich (keine Summe, da Einzeleintrag)
54,21f	ZI.AŠ	Strich	Strich, Monatsangabe, Ende der Tafel (keine Summe, da Einzeleintrag)
55,1-19	ŠE, ZI.AŠ	Beginn der Tafel	Summe beider Waren Ende der Tafel
56,1-3	ŠE	Beginn der Tafel	Strich, Summe, Strich
56,5-8	ŠE	Strich, Summe, Strich	Ende der Vorderseite
56,11-15	ZÍZ	Beginn der Rückseite	Strich, Summe
56,17f	ZI.AŠ	Strich, Summe	Strich, Monat, Strich, Ende der Tafel (keine Summe, da Einzeleintrag)
57,1-13	ŠE	Beginn der Tafel	Strich, Summe, Monatsangabe Ende der Tafel
58,1-8	ŠE	Beginn der Tafel	Summe

[18] Es handelt sich um drei Einzeleinträge vom Typ Menge-Ware-Zweck *ša* MN.

Block	**Ware**	**Abgrenzungssignal(e) Beginn**	**Abgrenzungssignal(e) Ende**
58,11f	ZI.AŠ	Summe	Warenwechsel
58,13-14	ZÍZ	Warenwechsel	Summe, Monatsangabe, Ende der Tafel
59,1-5	ŠE, ZI.AŠ	Beginn der Tafel	Strich, Monatsangabe, Ende der Tafel
60,1-16 (?) [19]	Hülsenfrüchte	Beginn der Tafel	Strich, Summe, Ende der Tafel
61,1-7	ŠE	Beginn der Tafel	Monatsangabe
61,9-12	Hülsenfrüchte, Wolle	Summe (mehrere Einzeleinträge)	Ende der Tafel
62,1-3	ŠE	Beginn der Tafel	Summe
62,5-8	?	(genaue Struktur nicht mehr aufzuhellen)	
63,1-4	ZÍZ,ŠE,ZI.AŠ	Beginn der Tafel	Monatsangabe, Strich
63,5-7	ZI.AŠ, ŠE	Monatsangabe, Strich	Monatsangabe, Strich
63,8-16	ZI.AŠ	Monatsangabe, Strich	Strich
63,17	?	Strich	(zerstört)
64,1-16	ZÍZ, ZI.AŠ, ŠE	Beginn der Tafel	Ende der Tafel
65,1-4	ŠE	Beginn der Tafel	Ende der Tafel
66,1-6	ŠE, ZI.AŠ	Beginn der Tafel	Ende der Vorderseite
66,7-11	*zibû*	Beginn der Rückseite	Monatsangabe, Ende der Tafel
67,1-6	ŠE	Beginn der Tafel	Strich, Trennzeile [20], Strich

[19] Da der Anfang der Tafel nicht erhalten ist, läßt sich kaum sagen, ob sie in ihrer Gesamtheit einen Block darstellt.

[20] Die Trennzeile ist mit mehreren Winkelhaken gefüllt.

Block	Ware	Abgrenzungssignal(e) Beginn	Abgrenzungssignal(e) Ende
67,8-11	ZÍZ	Strich, Trennzeile, Strich	Gesamtsumme, Ende der Tafel
68,1-16 [21]	ZÍZ, ŠE	Beginn der Tafel	Strich
68,17-18	ŠE	Strich	Ende der Tafel
69,1-5	ŠE	Beginn der Tafel	Summe
69,6	ZI.AŠ	Summe	Doppelstrich (keine Summe, da Einzeleintrag)
69,7-8	Hülsenfrüchte	Doppelstrich	Strich
69,9-11	Salz	Strich	Ende der Vorderseite
69,12-20	ZÍZ	Beginn der Rückseite	Strich, Summe, Ende der Tafel
70,1-6 [22]	ŠE	Beginn der Tafel	Ende der Tafel
71,1-11	ZÍZ	Beginn der Tafel	Monatsangabe, Ende der Tafel
Text 72 [23]	ŠE	Beginn der Tafel	Ende der Tafel
73,1-3	ZÍZ	Beginn der Tafel	Strich, Zweckangabe, Strich Ende der Vorderseite
73,4f	ŠE	Strich, Zweckangabe, Strich, Ende Rückseite	Strich, Monatsangabe, Strich Ende der Tafel
74,1-5	ZI.AŠ	Beginn der Tafel, Überschrift Monatsangabe	Strich, Ende der Tafel
75,1-2	ŠE	Beginn der Tafel	Trennzeile, Warenw. (implizit)

[21] Der Text ist tabellarisch geschrieben, siehe oben Kap. IV,2.1.4.

[22] Trotz der Monatsangabe in Z. 2 ist der Text als einheitlicher Block zu betrachten, da der Schreiber einmal um die ganze Tafel schrieb.

[23] Die Summe nennt alle drei Getreidesorten, ohne daß wir deren genaue Verteilung hier noch nachvollziehen könnten.

Block	Ware	Abgrenzungssignal(e) Beginn	Abgrenzungssignal(e) Ende
75, 3-10(?) [24]	ZÍZ (?)	Trennzeile, Warenw.	Doppellinie, Ende Vs.
75,11-21	ZI.AŠ (?)	Beginn der Rückseite Strich	Monatsangabe, Ende der Tafel
76,1-5 [25]	ZÍZ	(zerstörter) Beginn der Tafel	Ende der Vs., Summe auf Rs., Ende der Tafel
77,1-15	ZÍZ, ŠE, ZI.AŠ	Beginn der Tafel	Strich, Monatsangabe, Ende der Tafel
78,1-4	ZÍZ	Beginn der Tafel	langer Strich vor letztem Eintrag Warenwechsel
78,5-12 (?)	ŠE	Warenwechsel [26]	Ende der Vs. und u.Rd.
78,13-21	ZI.AŠ	Beginn Rs., Strich	Ende der Tafel
Text 79	?	Beginn der Tafel	Ende der Tafel
Text 80 [27]	?	Beginn der Tafel	Ende der Tafel
Text 81	ZI.AŠ	Beginn der Tafel	Ende der Tafel
Text 82	ŠE	Beginn der Tafel	Summe, Ende der Tafel
Text 83	?	Beginn der Tafel	Summe, Ende der Tafel
Text 84	?	Beginn der Tafel	Monatsangabe, Ende der Tafel
Text 85	?	Beginn der Tafel	Ende der Tafel
Text 86	?	Beginn der Tafel	Summe, Ende der Tafel

[24] Diese Abtrennung des Blocks beruft sich darauf, daß auf dem unteren Rand eine Doppellinie steht.

[25] Da die Summe Z. 6 von ZI.AŠ spricht, muß auch dieser im nicht erhaltenen Teil der Tafel belegt gewesen sein.

[26] Die Maßeinheit wird wiederholt.

[27] Es muß sich nicht zwangsläufig um eine Getreidesorte gehandelt haben. Dennoch dürfte die Tafel mindestens sachlich hierhin gehören, da sie die Hirten des Nunikiyašu nennt.

Block	**Ware**	**Abgrenzungssignal(e) Beginn**	**Abgrenzungssignal(e) Ende**
Text 87	?	Beginn der Tafel	Ende der Tafel
Text 88	ZI.AŠ	Beginn der Tafel	Ende der Tafel
Text 89	ŠE, ZI.AŠ	Beginn der Tafel	Ende der Tafel
Text 90	?	Beginn der Tafel	Ende der Tafel
Text 91	ZÍZ, ŠE, ZI.AŠ	Beginn der Tafel	Ende der Tafel
92,1-3	Lämmer	Beginn der Tafel, Strich	Ende der Vorderseite
92,4-5	?	Beginn der Rs.	Warenwechsel
92,6-7	Salz	Warenwechsel	Strich, Trennzeile, Strich
92,9	ZI.AŠ (?)	Strich, Trennzeile, Strich	Ende der Rückseite
92,10	ZÍZ	Lkr. Rand	Ende der Tafel
Text 93	?	Beginn der Tafel	Ende der Tafel
Text 94	?	Beginn der Tafel	Ende der Tafel

Anhang D: Formanalyse der Einzeleinträge und Summen[1]

A) Einzeleinträge

1 Menge durch reine Zahl angegeben

1.1 Zahl + Empfänger

1.1.1 PN: ca. 136 Einträge[2].
Beispiel: 24,18: 1 *Wa-an-dì-en*
Erweiterungen: *ša i-na* ON (3,21), *ù* PN (38,3)

1.1.2 PN mit Spezifikation: ca. 69 Einträge.
Bsp.: 24,38: 5 *Eḫ-li-a-du* LÚ.*na-ri*
Erweiterungen: ON (9,18), *ša* ON (44,5), hurr. Nisbe (7,13), *ša* TA ON (46,12f), *ša* PN (4,16)

1.1.3 PN mit Filiation[3]: ca. 19 Einträge.
Bsp.: 6,5: 10 *Ši-nu-ra-pí* DUMU *Ir-pa-*ᵈIM

1.1.4 Berufsangabe (ohne PN): ca. 89 Einträge.
Bsp.: 24,20: 10 MÍ.UŠ.BAR *ka-aš-ši*
Erweiterungen: *ša* PN (4,16); *ša* ON (öfter); (Beruf) *š*[*a*] *A-du-e ša* TAḪ DUGUD *ú-še-lu-ú ša* LUGAL! (36,14f).

1.1.5 LÚ bzw. LÚ.MEŠ.ON: ca. 10 Einträge.
Bsp.: 24,19: 10 LÚ.MEŠ.URU.*E-ma-ri*

---

[1]Einzeleinträge, die weitgehend oder teilweise zerstört sind, werden nur dann in die Betrachtung einbezogen, wenn sie sich zweifelsfrei beschreiben ließen. In den Fällen, wo eine Ergänzung sicher ist, wurde zur Vereinfachung der Benutzung auf die Angabe verzichtet, welche Teile eines Zeichens erhalten sind.

[2]Nicht an allen Stellen kann mit letztgültiger Sicherheit gesagt werden, ob wirklich ein Personenname vorliegt. Diese Unsicherheit wird noch dadurch verstärkt, daß eine hohe Zahl der nur teilweise erhaltenen Zeilen ebenfalls Personennamen enthalten haben könnten. Die i.f. gegebenen Zahlen verstehen sich demnach lediglich als Zirkaangaben, die eine relative Häufigkeit ausdrücken wollen. Im übrigen gilt dieses Problem für alle Kategorien, so daß bei zwei entsprechend großen Stichproben das relative Verhältnis ungefähr gleich bleiben dürfte. Andererseits ist der Wert dieser Statistik insoweit begrenzt, als sich aus einer geringen Belegdichte in einer Kategorie, dem Fehlen einer anderen Kategorie oder dem zahlenmäßigen Verhältnis zweier dünn belegten Kategorien keine Folgerungen ziehen lassen. Aus dem Aufbau dieser Statistik ergibt sich insbesondere, daß dies besonders da virulent wird, wo der Anfang eines Eintrages (Zahl!) nicht erhalten ist.

[3]Hierunter sind i.f. auch andere Verwandtschaftsbezeichnungen verstanden: DUMU.MÍ, ŠEŠ, DAM. Einträge mit Filiation, wobei der PN fehlt (4,18: 20 DUMU *Ku-ut-tu-ru-we)*, sind ebenfalls unter diesem Unterpunkt subsumiert. Gleichermaßen sind hier Einträge verzettelt, wo nicht klar DUMU und TUR unterscheidbar sind. Wo eindeutig TUR gemeint ist, wird der Eintrag unter 1.1.4. eingeordnet. Dies gilt - *mutatis mutandis* - auch i.f. für die Einträge mit DUMU bzw. TUR sowie die anderen Verwandtschaftsbezeichnungen.

1.1.6 Zahl + Empfänger + Zweck

1.1.6.1 Zahl + Empfänger ohne Präposition: 2 Einträge.
Bsp.: 1,8: 3 *A-na-nu-me-ni* ŠÀ.GAL MUŠEN.ḪI.A

1.1.6.2 Zahl + Empfänger + GÌR: 3 Einträge.
Bsp.: 10,16: 6 *I-ri-a-du* GÌR *Bé-en-da-a-ia* LÚ.NAGAR

1.1.6.3 Zahl + Empfänger + *a-na*[4]: 1 Eintrag:
20,4: 8 *A-ad-du a-na* NUMUN

1.2 Zahl + Angabe des Verwendungszwecks (ohne *a-na*)

1.2.1 ŠÀ.GAL[5]

1.2.1.1 ŠÀ.GAL (ohne Empfängerangabe): ca. 75 Einträge.
Bsp.: 20,10: 2 ŠÀ.GAL UZ.MUŠEN

"gefüttert" werden folgende Tiere und Menschengruppen[6]:
AMAR, ANŠE, ANŠE.KUR.RA (LUGAL), GU_4.APIN.LÁ, GU_4.ḪI.A *ù* UDU.NITAḪ.ḪI.A, GU_4.ḪI.A, GU_4.MAḪ, GU_4.ŠE, LÚ.MEŠ.*a-si-ri*, LÚ.MEŠ.Ì.DUḪ, LÚ.MEŠ.ŠÀ.GU_4, LÚ.MEŠ.UŠ.BAR, MUŠEN, MUŠEN.*ši-e*, MUŠEN.*u_4-sí*, *ṣa-bi-ti*, ŠAḪ, UZ.MUŠEN.

Belegte Erweiterungen zu den "Fütterungsobjekten":
ITI.x.KAM, LUGAL, *ša* DA LUGAL, *ša* DUMU.A.NI-*šu*, *ša* Ì.DUB PN, *ša i-na* Monat, *ša* ITI.x, *ša* ITI.x.KAM, *ša* LÚ.GURUŠ, *ša* LÚ.URU.ON, *ša* LUGAL ON, *ša* MAR.TU.KI, *ša* MÍ.[LUGAL]?, *ša* ON, *ša* PN, *ša* PN (mit Filiation), *ša* SUKKAL LUGAL GAL.

1.2.1.2 ŠÀ.GAL mit Angabe des Empfängers

1.2.1.2.1 ŠÀ.GAL mit PN usw.

1.2.1.2.1.1 ŠÀ.GAL mit PN: 4 Einträge.
Bsp.: 12,13: 1 ŠÀ.GAL ANŠE.KUR.RA *Ir-pa-*[d]IM

1.2.1.2.1.2 ŠÀ.GAL mit Beruf: 1 Eintrag:
36,4f: 40 ŠÀ.GAL GU_4.ŠE LÚ.É.UŠ *ša* ITI.4.KAM

1.2.1.2.2 ŠÀ.GAL mit GÌR

1.2.1.2.2.1 GÌR + PN: 7 Einträge.
Bsp.: 1,19: 1 ŠÀ.GAL MUŠEN.ḪI.A GÌR *Ki-in-ni*

---

[4]Oder das DIŠ-Zeichen. R. Borger, ABZ, Nr. 480.
[5]Bzw. das hierzu gehörige *zaraphu*.
[6]Dies bezieht sich auf *alle* Vorkommen von ŠÀ.GAL in Text 1-94. Kommt ein "Fütterungsobjekt" sowohl mit als auch ohne Pluralmarker vor, ist nur der Singular aufgelistet.

1.2.1.2.2.2 GÌR + PN + Spezifikation: 3 Einträge.
10,11: 3 ŠÀ.GAL GÌR *Ki-in-ni* LÚ.MUŠEN.DÙ

1.2.1.2.2.3 GÌR + PN + Filiation: 1 Eintrag:
11,19: 1 ŠÀ.GAL MUŠEN GÌR *Šar-ru-we* DUMU SANGA

1.2.1.2.2.4 GÌR + Beruf: 7 Einträge.
Bsp.: 1,10: 30 ŠÀ.GAL GU_4.ḪI.A GÌR LÚ.É.UŠ

1.2.1.2.3 ŠÀ.GAL mit *a-na*/DIŠ

1.2.1.2.3.1 *a-na* + PN: 5 Einträge.
Bsp.: 26,24: 20 ŠÀ.GAL ANŠE.KUR.RA *a-na Am-mu-wa*

1.2.1.2.3.2 *a-na* + Beruf: 2 Einträge.
26,13: 28 ŠÀ.GAL DIŠ SIPA-*re-na*

1.2.2 ŠE.BA[7]

Beliefert werden[8]:
É.GAL, LÚ.ÁZLAG *qadu* DUMU.MEŠ-*šu*, LÚ.MEŠ.*a-si-ri*, LÚ.MEŠ.KIN.GI_4, LÚ.MEŠ.UŠ.BAR, LÚ.MEŠ.UŠ.<BAR.>MEŠ, LÚ.SIPA *ša* ANŠE.KUR.RA MAR.TU, LUGAL (*ša* ITI Monat), MÍ.ME.DIDLI *ša* DA LUGAL, MÍ.MEŠ, MÍ.MEŠ LUGAL, MÍ.MEŠ.*mu-še-ni-iq-tum*, MÍ.MEŠ.SAG.GÉME.ÌR.MEŠ, MÍ.MEŠ-*tim ša* LUGAL, SAG.GÉME.ÌR.MEŠ, SAG.GÉME.MEŠ.

1.2.2.1 ohne Angabe eines Empfängers: ca. 15 Einträge.
Bsp.: 19,25: 3 ŠE.BA MÍ.MEŠ.*mu-še-ni-iq-tum*

1.2.2.2 mit Empfängerangabe durch GÌR. 1 Eintrag.
6,17f: 18 ŠE.BA MÍ.MEŠ *ša* DA LUGAL GÌR *A-ri-ia*

1.2.3 Ankauf von Gegenständen (ŠÁM, *ši-im*)

Gekauft werden:
MUŠEN.ḪAR.ḪAR, GI, (GI.)PISAN.GAL.GAL, GIŠ.ERIN, *ḫu-ut-ḫu-te-e*, KAŠ.GEŠTIN *em-ṣi*, KAŠ.LUGAL, MUŠEN, NA_4.*E-ru*, NA_4.*si-si-ri*, PISAN.TUR.TUR; ŠAM.*ḫi-li-mi*.SAR, *ša-am-mu*, UDU(.ḪI.A)

1.2.3.1 *ši-im* ohne Angabe des Empfängers: 3 Einträge.
Bsp.: 35,38: 2 *ši-im ḫu-ut-ḫu-te-e*
Zusätze sind möglich, z.B. 35,15: *ša i-na* ON *ub-lu*, Z. 27: *i-na* ON *ub-lu-nim*

---

[7]Zu ŠE.BA ist meist kein direkter Empfänger genannt, vgl. aber Text 2,1.
[8]Auch hier auf das gesamte Textkorpus bezogen. Wir nennen auch die Belege für ITI *ḫi-šu*.

1.2.3.2 *ši-im* mit Angabe des Empfängers als Berufsangabe: 1 Eintrag:
2,25: 1 *ši-im* MUŠEN.ḪI.A TUR LÚ.ZAG.ḪA

1.2.3.3 *ši-im* mit Angabe des Empfängers durch GÌR

1.2.3.3.1 GÌR + PN: 6 Einträge.
Bsp.: 6,8: 2 *ši-im* MUŠEN.ḪAR.ḪAR GÌR *Ik-mi-ra-a-du*

1.2.3.3.2 GÌR + Beruf (*ša* ON/PN): 4 Einträge.
Bsp.: 35,30: 12 *ši-im* UDU GÌR SIPA *ša Tal-ma-am-mu*

1.2.4 Entlohnung des/r LÚ(.MEŠ).*ma-sí* (*idu, igru*)

1.2.4.1 Ohne Angabe des Empfängers: 6 Einträge.
Bsp.: 45,15f: 4 *i-di* LÚ.*ma-sí*
(möglicher Zusatz: *ša i-na* ON *il-li-ku*)

1.2.4.2 Angabe des Empfängers durch GÌR

1.2.4.2.1 GÌR + PN: 1 Eintrag:
6,7: 2 1/2 *i-di* LÚ.MEŠ.*ma-sí* GÌR *Ia-ri-im-li-im*

1.2.4.2.2 GÌR + Beruf: 1 Eintrag:
11,26: 8 *i-di* LÚ.MEŠ.*ma-a-si* GÌR LÚ.*pa-ru-li*

1.2.5 NUMUN, *šukupte*: 5 Einträge.
Bsp: 1,14: 20 *šu-ku-up-te*

1.2.6 *pakumuttu* + GÌR: 2 Einträge.
11,20.24: 2 bzw. 6 *pa-ku-mu-ut-tu* GÌR *Mu-ú(r)-ra-te*

1.3 Zahl mit Angabe des Empfängers durch GÌR

1.3.1 GÌR + PN: ca. 33 Einträge.
Bsp.: 1,17: 10 GÌR *In-ni-*ᵈIM
Erweiterungen: *a-na* LÚ.MEŠ.ON (35,47), *a-na* Gegenstand? (35,40; 60,10), *a-na* MÍ.MEŠ (35,7), *i-na* SUKKAL LUGAL GAL! (35,39); *i-nu-ma a-la-ak* LUGAL URU.*Ib-la*.KI *iš-mu-ú* (35,3), *ša* LÚ.ON (35,79), *ša* ON *ub-lu* (1,20f), *ša* URU.ON (35,9), ŠÀ.GAL [ANŠE.KUR.RA.ḪI.A] (68,18)

1.3.2 GÌR + PN + Spezifikation: ca. 18 Einträge.
Bsp.: 54,10: 10 GÌR *Šu-ba-ḫa-li* LÚ.GÌR.SÈ.GA
Erweiterung: 11,31: ŠÀ.GAL MUŠEN

1.3.3 GÌR + PN + Filiation: 7 Einträge.
Bsp.: 21,3: 20 GÌR *Ia-ri-im-li-im* DUMU LUGAL

1.3.4 GÌR + Beruf: ca. 28 Einträge.
Bsp.: 54,11: 10 GÌR LÚ.GI

Erweiterungen: *ša A-mu-ur-ri-im* (54,12), *ša* É.GAL *i-ba-an-nu-ú* (35,13), *ša i-na* ON *it-ti* PN *il-li-ku* (35,28), *ša* ON (4x, z.B. 35,52)

1.3.5 GÌR + LÚ(.MEŠ).ON: ca. 5 Einträge.
Bsp.: 21,5: 10 GÌR LÚ.*Ṣa-i-du*

1.4 Zahl mit Angabe des Empfängers durch *a-na*

1.4.1 Zahl + *a-na* + Empfänger

1.4.1.1 PN: ca. 48 Einträge.
Bsp.: 74,4: 6 *a-na Ku-na-te*

1.4.1.2 PN + Spezifikation: ca. 12 Einträge.
Bsp.: 19,8: 1 *a-na Ki-in-ne* LÚ.MUŠEN.DÙ

1.4.1.3 PN + Filiation: ca. 4 Einträge.
Bsp.: 24,32: 12 *a-na A-ka-an* DUMU *na-ri-im*

1.4.1.4 Beruf: ca. 12 Einträge.
Bsp.: 24,2: 19 *a-na* LÚ.MEŠ.UŠ.BAR

Erweiterungen: *ša* PN (57,8); LÚ.ON (19,3); *i-nu-ma* LUGAL *i-lu-ú* (36,11); *ša* SÍG ŠU.TI (92,5)

1.4.1.5 LÚ.ON: 1 Eintrag:
Bsp.: 26,29: 1/3 *a-na* LÚ.*Tu-ni-ip*.KI *ša* GIŠ.ŠEM.GIG

1.4.2 Zahl + *a-na* + Zweck/Ziel

1.4.2.1 Mit Verbalform: 3 Einträge.
24,23: 2 *a-na* KUR.*Ra-al il-li-ku*
24,24: 5 *a-na* KASKAL LUGAL *ub-lu*
54,15: 1 *me-at* 20 *a-na* NUMUN *na-di-in*

1.4.2.2 Ohne Verbalform: ca. 15 Einträge.
Bsp.: 35,50: 29 *a-na* NUMUN

Angegebene Zwecke/Ziele: ANŠE.KUR.RA, BAPPIR.*bá-ap-pí-ri*, É.GAL (*-lim*), GIŠ.BANŠUR ᵈIŠDAR, GIŠ.TUKKUL *pa-ni* ᵈIŠDAR, KASKAL LUGAL, KAŠ *e-pi-iš* GIŠ.GI, KAŠ.Ú.SA, NUMUN, *šubšuli*, *šukupte*, *pa-ni* ᵈIŠDAR, URU.ON, TÚG.ḪI.A, *ṭe₄-e-nim*.

1.4.3 Mehrgliedrige Formeln

1.4.3.1 *a-na* + Empfänger + Zweck: ca. 7 Einträge.
Bsp.: 13,17: 10 *a-na Ta-aḫ-e-ia* ŠÀ.GAL ŠAḪ

1.4.3.2 *a-na* + Empfänger/Zweck + GÌR

1.4.3.2.1 PN: 3 Einträge.
Bsp.: 35,2: 20 *a-na* LÚ.MEŠ.NAGAR GÌR *Pu-ú-ia*

1.4.3.2.2 Beruf: 2 Einträge.
Bsp.: 9,8: 40 *a-na* NUMUN GÌR LÚ.ENGAR

1.4.3.3 *a-na* + Zweck + *a-na*: 2 Einträge.
Bsp.: 26,15: 20 *a-na* NUMUN *a-na* LÚ.*sà-ki-ni*
Zusätzlich hierzu?: 19,27: 2 KAŠ.GEŠ[TIN] [x] *a-na* É.GAL

1.4.3.4 Sonstiges zu *a-na*
3,22f: ŠU *na-ar*[!] *Zi-im-ri-*[d]IŠDAR *Ki-iz-zi ù a-na* LÚ.*sà-ki-ni*
4,27: 50 *a-na ṭe*$_4$*-e-nim i-na* A.ŠÀ[?] BA[?].ḪI.A
35,11: 1 *a-na pa-ni* [d]IŠDAR *i-na u*$_4$*-um Ú-ti-it-ḫi*
50,9: 30 *a-na* GIŠ.BANŠUR [d]IŠDAR

1.5 Sonstiges
ša GIŠ.BANŠUR [d]IŠDAR (1,9), *i-na A-ma-me* LÚ.ŠÀ.GU$_4$ (2,8), *i-na u*$_4$*-um ni-zi-iq-ti* (5,24), *pa-aq-dum i-na* É.GAL *šu-ru-bu* (6,3), *ṣú-ḫa-ar qa-ti ša Ku-un-na-te* (6,25), ŠÀ-*bi ša* URU.*A-ke-e*.KI (26,14), 1 *me-at i-na* É.GAL-*lim šu-ru-bu* (35,26), *i-na* É.GAL *šu-ru-bu* (60,14),]GÚ.GAL.GAL *a-na Wi-ik-ke-en* (61,11), *i-na* [(68,11), *ša i-na* É.GAL *š*[*u-ru-bu*] (69,13), [*p*]*a-aq-du i-na* ⌜É⌝.GAL *šu-ru-bu* (69,20), *ša e*[*-pí-iš*] KAŠ[??] (71,8), KURUM$_6$ ZI.AŠ *a-na* [(72,7), *ša na-ak-na-ti-ma* (73,2).

2 Menge durch Zahl + Maßeinheit angegeben[9]

2.1 Mit Angabe des Empfängers. 3 Einträge (nie mit PN; 2x LÚ.ON, einmal Filiation ohne PN, alle in Text 25):
Bsp.: 26,19: 1/2 *pa* LÚ.ŠEM.GIG

2.2 Mit Angabe des Zweckes, jedoch ohne Angabe des Empfängers

2.2.1 ŠÀ.GAL: 1 Eintrag:
1,28: 7 *pa* ŠÀ.GAL ANŠE.KUR.RA.ḪI.A

2.2.2 ŠE.BA: 4 Einträge.
Bsp.: 11,1: 66 *pa-ri-si* ŠE.BA MÍ.MEŠ

2.3 Mit Präposition

2.3.1 *a-na*: 4 Einträge.
21,6: 4 *pa a-na* LÚ.ÁZLAG *Ni-im-na-du*
48,11: x *pa a-na* TUR LÚ.GIŠ.GIGIR

---

[9] In allen anderen Fällen steht neben der Maßeinheit die ausgegebene Ware.

55,10: 1 *pa a-na* LÚ.TUR *A-mu-ri*
74,3: 5 *pa a-na* KASKAL *it-ti* LUGAL

2.3.2 *i-na*: 2 Einträge.
16,18f: 1/3 *pa i-na* É.GAL-*lim* GÌR MÍ.*Ḫi-ba-at-ki*
17,33: 1 *pa i-na* É.GAL-*lim*

2.3.3 GÌR: 1 Eintrag (hierher?):
78,18: x [G]ÌR *Iš-ma-a-du*

3 Menge durch Zahl + Maßeinheit + Ware angegeben

[Folgende Waren gelangen zur Verteilung: GÚ.GAL.GAL, GÚ.SILA$_4$, GÚ.TUR.TUR, *ḫilīmu*, KAŠ.GEŠTIN; *keššenu* (ZI.AŠ), *kunāšu* (ZÍZ, ZÍZ.AN.NA, ZÍZ.BABBAR), SÍG, *še ʾum* (ŠE, ŠE.A.AM, ŠE-*du*), *ṭabtum* (MUN), ZÌ(.DA) (ŠE, *ša* ZÍZ), *zibû*][10]

3.1 Mit Angabe des Empfängers

3.1.1 PN: 11 Einträge.
Bsp.: 15,9: 2 *pa* ŠE *A-ia-* ⌊*bi-ta*⌋ *-ku-še*

3.1.2 PN + Spezifikation: 2 Einträge.
58,13: 10 *pa* ZÍZ *Eḫ-li-a-du* LÚ.NAR

3.1.3 Filiation: 1 Eintrag:
30,1: 50 *pa* ZÍZ DUMU *Ur-da-e*

3.1.4 Beruf ohne PN: 11 Einträge.
Bsp.: 20 *pa-ri-si* ZÍZ LÚ.*šu-ku-up-ti*
Erweiterung: É.GAL (7,14)

3.2 Mit Angabe des Zweckes

3.2.1 ŠÀ.GAL

3.2.1.1 Ohne Angabe des Empfängers: ca 27 Einträge.
Bsp.: 53,1: 35 *pa* ŠE ŠÀ.GAL ANŠE.KUR.RA ⌈ḪI.A⌉
Erweiterung: *i-na* ON (5,27-29)

3.2.1.2 Empfänger mit PN: 1 Eintrag:
54,21: 2 GIŠ.*pa-ri-si ke-eš-še-nu* ŠÀ.GAL ANŠE.KUR.RA.ḪI.A *We-ri-ki-ba*

3.2.1.3 Empfänger mit GÌR: 1 Eintrag:
25,5: 3 *pa* ŠE ŠÀ.GAL MUŠEN GÌR *Zu-un-na*

---

[10] Dabei wird von einzelnen Einträgen wie 2,31.33 abgesehen, da sie formuntypisch sind und (2,33) deutlich als "Nachtrag" zu verstehen sind.

3.2.1.4 Empfänger mit *a-na* PN: 5 Einträge.
Bsp.: 32,9f: 2 *pa* ŠÀ.GAL MUŠEN.ḪI.A *a-na Na-mu-qa-ni*

3.2.2 ŠE.BA[11]: ca. 22 Einträge.
Bsp.: 9,5: 65 *pa* ŠE.BA MÍ.MEŠ
24,1: 66 *pa* ŠE *ip-ru* MÍ.MEŠ.SAG.GÉME

3.2.3 Ankauf von Gegenständen

3.2.3.1 ohne Empfängerangabe: ca. 3 Einträge.
Bsp.: 29,19: 6 *pa* ZÍZ ŠÁM NA_4.*e-ru*

3.2.3.2 mit Empfänger LÚ.MEŠ.ON: 1 Eintrag:
29,12: 6 *pa* ZÍZ ŠÁM UDU.ḪI.A LÚ.MEŠ.*Ša-tu-ḫi-na*

3.2.3.3 mit Empfänger durch GÌR (LÚ.MEŠ.ON): 1 Eintrag:
35,65: 30 *pa* ZI.AŠ *ši-im* GIŠ.ERIN GÌR LÚ.MEŠ.URU.*Ú-ti-ia-ar*

3.2.4 Entlohnung: 1 Eintrag:
58,1: 20 *pa* ŠE.A.AM Á LÚ.$KUŠ_7$

3.2.5 NUMUN/*šukupte* ohne Empfängerangabe[12]: 3 Einträ.ge
Bsp.: 77,1f: 2 *me* 50 *pa-ri-si* ZÍZ *šu-ku-up-ti*

3.3 Angabe des Empfängers durch GÌR

3.3.1 PN: 13 Einträge.
Bsp.: 25,6: 7 *pa* ZI.AŠ GÌR *Ku-un-na-te*
Erweiterung: 53,4f: *i-nu-ma* ᶠ*Šu-mu-na-a-bi i-la-ak*
Erweiterung durch Zweckangabe:
2,1f: 1 *šu-ši* 16 GIŠ.*pa-ri-si* GìR *A-bi-a-tar* ŠE.BA MÍ.MEŠ LUGAL

3.3.2 PN + Spezifikation: 6 Einträge.
Bsp.: 54,8: 10 GIŠ.*pa-ri-si* ZÍZ.AN.NA GÌR *Bur-ra* LÚ.NINDA.DÙ.DÙ

3.3.3 PN + Filiation: 1 Eintrag:
Bsp.: 15,7: 2 *pa* ZÍZ GÌR *Ia-ri-im-li-im* DUMU LUGAL

3.3.4 Beruf: 4 Einträge.
Bsp.: 21,24: 14 *pa* ZI.AŠ GÌR LÚ.É.UŠ

---

[11]Erweiterungen und Leistungsempfänger s.o. unter 1.2.2. Eine weitere Aufgliederung ist hier nicht sinnvoll, da es zum Wesen der Zweckangabe ŠE.BA gehört, daß ein "Letztverbraucher" genannt ist.

[12]Bei den drei Belegen der Struktur Zahl-Menge-Getreidesorte *šukupte a-na* (20,1f; 68,1f; 71,1f) ist wahrscheinlich, daß es sich bei *šukupte* um eine Apposition zur Getreidesorte handelt, zumal der Eintrag stets am Beginn der Tafel steht. Für den hier gegebenen Beleg gilt dies natürlich nicht, da sonst kein Zweck/Empfänger angegeben wäre.

Erweiterung: Zweckangabe: 1,26: 7 *pa* ZI.AŠ GÌR LÚ.APIN ŠÀ.GAL GU_4.ḪI.A

3.3.5 LÚ.ON: 1 Eintrag:
15,10f: x] *pa* ŠE GÌR LÚ.MEŠ.URU.*Aš-ta-ka-mu*.KI

3.4 Angabe des Empfängers durch *a-na*

3.4.1 PN: ca. 36 Einträge.
Bsp.: 55,8f: 10 *pa-ri-si ki-iš-ša-nu a-na Ku-un-na-te*

3.4.2 PN + Spezifikation: 6 Einträge.
Bsp.: 19,8: 1 *a-na Ki-in-ne* LÚ.MUŠEN.DÙ
Erweiterung: 7,14: 5 *pa-ri-si* ZÍZ *a-na* MÍ.LUGAL É.GAL

3.4.3 PN + Filiation. 4 Einträge.
Bsp.: 13,20: 3 *pa* ZÍZ.BABBAR *a-na* ᶠDAM *A-zi-ra*
Erweiterung: 7,15: 1 *pa* ZÍZ *a-na* DUMU ᶠ*Ku-ú-e ka-ka-te-nu*

3.4.4 Beruf: 7 Einträge.
Bsp.: 25,14: 4 *pa* ŠE *a-na* LÚ.ÁZLAG

3.4.5 LÚ.ON: 6 Einträge.
Bsp.: 54,1: 2 *me-tim* 1 *šu-ši* 5 *pa-ri-si* ŠE.A.AM *a-na* LÚ.MEŠ.URU.*A-ma-me*.KI

3.4.6 Mehrgliedrige Formeln
25,15f: 9 *pa* ŠE *a-na* LÚ.MEŠ.ḪUN.GÁ GÌR *Wa-an-di-ša-uš-ka*
32,7f: 4 *pa* ZÍZ *a-na Na-mi-da-ga*$_{14}$ DIŠ *Ṣa-du-uq-qí*
64,3f: 1/3 *pa* ZÍZ *a-na A-bi-ṭa-ba a-na* LÚ.MEŠ.*bi-ri-im*
70,5: 5 *pa* ŠE DIŠ *Ku-un-na-te*
77,4f: 15 *pa* ZÍZ *a-na* LÚ.MEŠ.*ši-ip-ri a-na* ᵈUTU-*ši*-ᵈIM

3.4.7 Sonstiges zu *a-na*:
12,25: 10 *pa zi-bu-ú*.SAR *a-na* URU.*A-pí-šal*
13,19: 40 *pa* ZÍZ.BABBAR *a-na* É.GAL-*lim*
21,13: 15 *pa-ri-si* ZÍZ.BABBAR *a-na* $KURUM_6$ LUGAL
22,26: 40 *pa* ZÍZ *a-na* É.GAL
25,7f.9f.12f(ZI.AŠ): 10/15/20 *pa* ŠE *a-na ka-ra-ši ub-lu*
28,3f: 1 *pa* ZÍZ *a-na Ke-en-ni* ŠÀ.GAL MUŠEN.ḪI.A *ú-sí*
28,5f: 1 *pa* ZÍZ *a-na Am-mi-ia-tum* ŠÀ.GAL MUŠEN.ḪI.A
32,16 40 *pa* ⸢ZÍZ⸣ [*a-na*] ⸢É.GAL⸣
35,44: 1 *pa* ŠE *a-na pa-ni* ᵈIŠDAR *ša* u_4-*um Ú-ti-it*[-*ḫi*
38,4f.8f: 2 bzw. 1 *pa-ri-si ṭá-ab-tum a-na qa-ti*-EPP
39,1f: 23 GIŠ.*pa-ri-si* ZÌ.DA ŠE.A.AM *a-na i-la-a-ni ù Ṣa-ad-am-mu*
50,8: 30 *pa* ZÍZ *a-na* NUMUN *na-di-in*
57,1: 1 *me* 80 *pa-ri-si* ŠE *a-na* KAŠ
59,1ff: 22 *pa-ri-si* ŠE.A.AM NUMUN *a-na* ŠÀ.GAL ANŠE.KUR.RA
71,1f: 2 *pa-ri-si* ZÍZ *šu-ku-up-ti a-na ka-ra-ši-im*

72,7: 1/2 KURUM$_6$ ZI.AŠ *a-na* [
77,12f: 2 *pa* ŠE *a-na* ANŠE.KUR.RA *ša Nu-ni-ki-ia-še*

3.5 Sonstiges
1,13: 20 *pa* ZÍZ *ša* GIŠ.BANŠUR ^{d}IŠDAR
11,23: 5 *me-tim pa-ri-si* ZÍZ NUMUN A.ŠÀ
17,26f: 1 *pa* ZÍZ *i-na* UD.*Ši-ia-ta-al-ta-ap-še*
22,1: 57 *pa-ri-si* ŠE *i-na* É.GAL
28,1f: wie 45,13 ohne phon. Kompl. mit Erweiterung *ša* GIŠ.*pa-aš-šu-ri-šu*
29,16: 40 *pa* ZÍZ *ša* ITI *ḫi-šu* É.GAL
32,1: 33 1/3 *pa* ŠE *mu-uṭ-ṭu*
32,5: 4 *pa-ri-si ki-ša-nu*[13]
37,1: 15 *pa* ZÍZ *i-na* É.GAL
37,8: 30 *i-na* GIŠ.[
45,13: 10 *pa-ri-si* ZÍZ *i-na* É.GAL-*lim*
61,1: [x] *me-tim* 1 *šu-ši pa* ŠE.A.AM KAŠ
63,8: 26 *pa-ri-si ke-eš-še-nu*
77,14: 1/2 *pa* ŠE ANŠE.KUR.RA

4 Einträge mit 2 verschiedenen Liefergegenständen[14]

4.1 Mit PN + Beruf: 1 Eintrag:
15,1: 53 *pa* ŠE 14 *pa* ZI *Ku-un-na-te* LÚ.UŠ

4.2 Mit LÚ.ON: 2 Einträge:
9,17: 2 1 LÚ.*Tu-ni-ip*.KI
68,7: 1 *pa* ZI<.AŠ> 2 LÚ.*Tu-ni-ip*.KI

4.3 Mit Angabe des Zwecks
7,16: [30$^{??}$] *pa-ri-si* ŠE 15 *pa ki-iš-ša-nu* [Š]À.GAL ANŠE.KUR.RA
9,3: 44 30 *pa* ŠÀ.GAL ANŠE.KUR.RA.ḪI.A (interl. komm.: *ke-eš-še-nu*)
9,21: x+1— 11$^{?}$ ŠÀ.GAL ANŠE.KUR.RA. \ ḪI.A
32,11f: 2 *pa* ŠE 1 *pa* ZÍZ ŠÀ.GAL MUŠEN.ḪI.A *a-na Ke-en-ni*
63,5f: 7 *pa* ZI.AŠ 20 *pa* ŠE *a-na Ia-ṭe$_4$-re-da* ŠÀ.GAL ANŠE.KUR.RA
66,1ff: 45 *pa-ri-si* ŠE 30 *pa* ZI.AŠ ŠÀ.GAL ANŠE.KUR.RA

4.4 Mit GÌR + Beruf: 1 Eintrag:
15,6: 2 ŠE 1 ZÍZ GÌR *Ki-in-ni* LÚ.MUŠEN.DÙ

4.5 Mit *a-na*
29,17f: 2 *pa* ZÍZ 3 *pa* ŠE *a-na* LÚ.*ku-ub-šu-ḫu-li*
32,13: 1 *pa* ŠE 1 *pa* ZÍZ *a-na A-du*
32,14f: 1 *pa* ŠE 1 *pa* ZÍZ *a-na Ḫa-li-ia a-na pa-ni* ^{d}IŠDAR
66,4ff: 7 *pa* ZI.AŠ 20 *pa* ŠE *a-na Ia-ṭe$_4$-re-da* ŠÀ.GAL ANŠE.KUR.RA

---

[13] Handelt es sich um einen Eintrag mit zwei verschiedenen Liefergegenständen?
[14] Da diese Einträge Besonderheiten darstellen, sind sie hier einzeln aufgeführt und nicht nur summarisch eingeordnet.

4.6 Sonstiges

15,13: 2 *pa* ŠE 2 *pa* ZI *ša* LÚ.MEŠ ^{m}*Tu-la-a-ši*

68,3-5: 1 *pa* ZÍZ 1 ŠE *ša-ni*

1 1 *ša-ni ša Nu-wa-aš-ši-*^{d}IŠDAR

5 5 *ša Nu-wa-aš-ši* BUR.GUL

5 Einträge mit Zahl und Gegenstand, jedoch ohne Maßeinheit

5.1 Zweck (jedoch ohne Empfängerangabe)

5.1.1: Zweckangabe ohne Präposition: 2 Einträge.
Bsp.: 19,12: 33 1/3 ŠE *za-ra-ap-ḫu*
Erweiterung: *ša i-na* ITI MN (19,10f)

5.1.2 Zweckangabe durch *a-na*: 2 Einträge:
24,27: 50 ZÌ *ša* ZÍZ *a-na* KASKAL LUGAL
66,9: 1 *zi-bu a-na* É.GAL

5.2 Mit Empfängerangabe durch *a-na*

5.2.1 PN: 5 Einträge.
Bsp.: 17,36: IGI.8.GÁL ŠE DIŠ *Ir-ḫa-mi-ila*
66,10: 1/3 *zi-bu a-na Bur-ra*
66,11: IGI.4 *zi-bu a-na Ir-ḫa-mi-la*

5.2.2 Beruf: ca. 3[15] Einträge
Bsp.: 18,2: 17——ŠE *a*[*-na* LÚ.MEŠ.UŠ.BAR]
18,3: 7——[ŠE *a-na* LÚ.MEŠ.*a-si-ri*]
64,14 hierzu?: 2 *pa* 70—— ŠE x MÍ.MEŠ.*ka-aš-šu-ú*

5.3 Mit Empfängerangabe durch GÌR: 1 Eintrag.
47,2: 11 1/2 ŠE GÌR *Bi-*[*ia*

[15]Die Zeilen 18,4-6 gehören vermutlich ebenfalls hierher, doch läßt sich dies nicht mit letzter Sicherheit sagen.

B) Zusammenfassende Angaben[16]

1 Angaben *ohne* ŠU.NÍGIN[17]

1.1 Reine Monatsangabe: 13 Einträge:
9,4.22; 17,22.30; 28,16; 54,23; 56,19; 59,6; 66,12; 71,11; 73,6; 75,21; 77,16

1.2 Anaphorisches Pronomen vor Monatsangabe

1.2.1 *ša* Monat ZI.GA: 1 Eintrag: 53,10f

1.2.2 *an-nu-ut-tum ša* Monat: 1 Eintrag: 6,33

1.3 Weiteres mit Monatsangabe, aber ohne ŠU.NÍGIN

1.3.1 ZI.GA Monat: 3 Einträge: 21,28; 29,20; 33,5-7

1.3.2 Monat *an-nu-ut-tim* ZI.GA *i-na* ŠÀ ŠE [: 1 Eintrag: 25,17-19

1.3.3 *ṭup-pí* Ware Monat: 1 Eintrag: 74,1f

1.3.4 *ṭup-pí* Monat: 1 Eintrag: 24,26

2 Monat *vor* ŠU.NÍGIN

2.1 Monat ŠU.NÍGIN Zahl Ware: 1 Eintrag: 32,17f
2.2 Monat ŠU.NÍGIN Zahl Maß Ware: 1 Eintrag: 26,22
2.3 fraglich: 83,3f: ITI *Ḫ*]*u-di*[*-iz-zi* Š[U.NÍG]IN 38 GIŠ.*pa*[*-ri-si*]

3 Angaben, die mit ŠU.NÍGIN beginnen

3.1 Angaben mit Zahl, Maßeinheit, Ware, aber *ohne* ZI.GA[18] oder Monat

3.1.1 Einträge ohne Erweiterungen: ca. 18 Einträge:
1,29; 10,39; 14,9; 19,9; 22,13.19.25; 23,20.33.42?; 35,79; 38,14; 47,23?.24?; 62,6?; 72,17(*bis*).18
Bsp.: 1,29: ŠU.NÍGIN 14 *pa ke-eš-ša-nu*

3.1.2 Einträge mit Erweiterungen: 4 Einträge: 2,32; 19,20-22; 38,15f; 39,6-8
Erweiterungen: KAŠ.ḪI.A; LÚ.*pa-ru-li*; *i-na li-ib-bu* ŠE.A.AM *ša Ir-ra-i-mi-it-ti*; *a-na* LÚ.MEŠ.SIPA (GU_4.ḪI.A) *ša Nu-ni-kí-ia-šu*

---

[16]Hier werden die Einträge verzettelt, die aus mehreren Einzeleinträgen eine Summe erstellen oder die Tafel bzw. einzelne Abschnitte auf andere Weise zusammenfassen. Zumeist geschieht dies durch Verwendung des ŠU.NÍGIN-Zeichens, oft fehlt dieses allerdings.
[17]Nicht aufgenommen sind hier die Einträge, die zwar Monatsnamen bieten, aber wohl eher einem Einzeleintrag zuzuordnen sind.
[18]Bzw. das syllabische *gimru*.

3.2 Angaben mit Zahl, Maßeinheit, Ware *und* ZI.GA und/oder Monat

3.2.1 Zahl, Maßeinheit, Ware, ZI.GA: ca. 31 Einträge:
1,23; 3,12.24; 6,11; 10,29f; 11,21f.32f; 12,14.17; 13,18; 16,21?; 18,16?; 20,27; 30,25?; 35,47.64; 36,19f; 45,6.11; 46,29f; 47,25f; 48,12 (hierher?); 50,7.18; 54,6f.16f?; 56,4.16.19; 58,9f; 69,5.21
Erweiterung: 56,9f: *ša* Ì.DUB *Ìr-ra-i-mi-ti*

3.2.2 dto. *mit* ZI.GA *und* Monat: ca. 15 Einträge:
1,24f; 4,33f; 12,28f; 13,29; 15,15-17; 16,13f; 18,17?; 20,32f; 30,26f?; 32,19-21; 49,11; 57,14-16; 76,6-9?
Einfügung (zwischen) ZI.GA und Monat: 57,14: *ša* Ì.DUB *Ìr-ra-i-mi-it-ti*

3.2.3 dto. mit *ša* vor der Monatsangabe: 6 Einträge:
4,21; 5,25f; 20,7f; 44,9-11; 45,18-20; 51,5f

3.3 Angaben ohne Maßeinheit

3.3.1 Zahl, Ware: 2 Einträge:
19,28: ŠU.NÍGIN ⌜55⌝ ZÍZ
32,18: ŠU.NÍGIN 62 1/3 ŠE

3.3.2 Zahl, Ware; ZI.GA: 2 Einträge:
40,7f: ŠU.NÍGIN 93 ZÌ.DA ŠE ZI.GA
60,17f: ŠU.NÍGIN 35 1/2 GÚ.TUR.TUR ZI.GA

3.4 Sonstiges:

3,17: ŠU.NÍGIN 1 1/2 1/2 *pa* ZI.GA (Summe wird in Einzeleinträge aufgefächert: 1 *pa*, das sich zusammensetzt: 1/2 *pa* + 1/2 *pa*)

20,21f: ŠU.NÍGIN ŠU.NÍGIN 2 *me* 50 *pa* ŠE ZI.GA *ša* Ì.DUB ^{d}*Ìr-ra-i-mi-ti* (aus mehreren Einzelsummen wird eine Gesamtsumme aufaddiert)

26,32f: *ke-eš-še-nu* ŠU.NÍGIN 84 *pa*? (die Ware steht vor ŠU.NÍGIN)

63,1-4: es sind drei Zahlen, *pa* und Ware angegeben, leider läßt sich nicht sagen, ob es sich um einen Sammeleintrag oder drei einzelne Einträge handelt

67,12-14: ŠU.NÍGIN 1 *me* 55 *pa* ŠE 11 *pa-ri-si* ZÍZ ZI.GA ITI *Ša-am-me-na* (hier handelt es sich um einen Sammeleintrag, der zwei Getreidesorten zusammenfaßt).

86,10: ŠU.NÍGIN [(unlesbar)

Anhang E: Konkordanzen[19]

A) Getreidelieferlisten

a) Nach Textnummern

Text 1	Al T 243	Melbourne	**Text 39**	Al T 279	AM 9031
Text 2	x	ATT 15+17	**Text 40**	Al T 282	BM 131.576
Text 3	Al T 275	AM 9017	**Text 41**	x	ATT 81/8
Text 4	Al T 258	BM 131.565	**Text 42**	x	ATT 32
Text 5	x	AM 9029	**Text 43**	x	ATT 39/109-110.8
Text 6	Al T 265	AM 9030	**Text 44**	Al T 266	BM 131.568
Text 7	Al T 277	AM 9015	**Text 45**	Al T 259	AM 9053
Text 8	x	ATT 39/153.2	**Text 46**	Al T 268	AM 9027
Text 9	Al T 252	AM 9036	**Text 47**	x	ATT 39/182.1
Text 10	Al T 246	BM 131.559	**Text 48**	x	ATT 82/7
Text 11	Al T 274	AM 9028	**Text 49**	x	ATT 81/4
Text 12	Al T 256	BM 131.564	**Text 50**	x	ATT 11
Text 13	Al T 254	BM 131.563	**Text 51**	x	ATT 73
Text 14	x	BM 131.939	**Text 52**	x	ATT39/109-110.14
Text 15	Al T 272	BM 131.571	**Text 53**	Al T 244	ATT 39/144
Text 16	Al T 283b	BM 131.577	**Text 54**	Al T 240	AM 9056
Text 17	Al T 264	AM 9122	**Text 55**	Al T 239	BM 131.558
Text 18	x	ATT 81/14	**Text 56**	Al T 245	AM 9051
Text 19	Al T 241	AM 9038	**Text 57**	Al T 248	AM 9035
Text 20	Al T 251	BM 131.562	**Text 58**	Al T 249	AM 9054
Text 21	Al T 247	BM 131.560	**Text 59**	Al T 250	BM 131.561
Text 22	Al T 261	AM 9033	**Text 60**	Al T 278	BM 131.574
Text 23	x	ATT 39/102	**Text 61**	x	ATT 39/109-110.7+15
Text 24	Al T 238	AM 9059	**Text 62**	x	ATT 38
Text 25	Al T 257	AM 9032	**Text 63**	x	ATT 82/4
Text 26	Al T 253	AM 9055	**Text 64**	x	ATT 80/31
Text 27	x	ATT 39/182.16	**Text 65**	x	ATT 78/15
Text 28	Al T 273	BM 131.572	**Text 66**	Al T 260	BM 131.566
Text 29	Al T 263	BM 131.567	**Text 67**	Al T 262	ATT 39/137
Text 30	x	ATT 39/182.8	**Text 68**	Al T 276	BM 131.573
Text 31	x	AM 9365	**Text 69**	Al T 280	BM 131.575
Text 32	Al T 242	AM 9050	**Text 70**	x	ATT 97/42
Text 33	x	ATT 39/109-110.5	**Text 71**	x	ATT 39/56
Text 34	x	ATT 80/14	**Text 72**	x	ATT 39/182.14
Text 35	Al T 269	AM 9018	**Text 73**	Al T 236	BM 131.556
Text 36	Al T 267	BM 131.569	**Text 74**	Al T 237	BM 131.557
Text 37	x	ATT 80/1	**Text 75**	x	ATT 31
Text 38	Al T 283	AM 9016	**Text 76**	x	ATT39/109-110.33

[19] Wo anstelle einer Al T-Nummer ein x steht, ist die betreffende Tafel unveröffentlicht. Die Zählung in Antakya ist allerdings etwas inkonsistent (vgl. D. Collon, AOAT 27, 205). Im folgenden werden daher die Museumsnummern angegeben, wo mir diese bekannt waren. In den anderen Fällen wurde die Ausgrabungsnummer (AT etc.) grundsätzlich vereinfacht zu ATT. Dieses Verfahren ist zulässig, da eine Verwirrung nicht entstehen kann: Wo das Ausgrabungsjahr 1939 vorhanden ist (Bsp. ATT 39/73) war die Nummer ATT, in allen anderen Fällen AT.

Text 77	Al T 255	AM 9034	**Text 86**	x	ATT 39/109-110.25
Text 78	Al T 281	AM 9121	**Text 87**	x	ATT 39/109-110.30
Text 79	x	ATT 39/182.25	**Text 88**	x	ATT 39/109-110.31
Text 80	x	ATT 39/73	**Text 89**	x	ATT 39/109-110.32
Text 81	x	ATT 85/48	**Text 90**	x	ATT 83/20
Text 82	x	ATT 39/109-110.9	**Text 91**	x	ATT 39/109-110.3
Text 83	x	ATT 39/109-110.10	**Text 92**	x	ATT 39/182.13
Text 84	x	ATT 39/109-110.17	**Text 93**	x	ATT 80/36
Text 85	x	ATT 39/109-110.22	**Text 94**	x	ATT 78/21

b) Veröffentlichte Getreidelieferlisten

Al T 236	Text 73	BM 131.556	**Al T 260**	Text 66	BM 131.566
Al T 237	Text 74	BM 131.557	**Al T 261**	Text 22	AM 9033
Al T 238	Text 24	AM 9059	**Al T 262**	Text 67	ATT 39/137
Al T 239	Text 55	BM 131.558	**Al T 263**	Text 29	BM 131.567
Al T 240	Text 54	AM 9056	**Al T 264**	Text 17	AM 9122
Al T 241	Text 19	AM 9038	**Al T 265**	Text 6	AM 9030
Al T 242	Text 32	AM 9050	**Al T 266**	Text 44	BM 131.568
Al T 243	Text 1	Melbourne	**Al T 267**	Text 36	BM 131.569
Al T 244	Text 53	ATT 39/144	**Al T 268**	Text 46	AM 9027
Al T 245	Text 56	AM 9051	**Al T 269**	Text 35	AM 9018
Al T 246	Text 10	BM 131.559	**Al T 272**	Text 15	BM 131.571
Al T 247	Text 21	BM 131.560	**Al T 273**	Text 28	BM 131.572
Al T 248	Text 57	AM 9035	**Al T 274**	Text 11	AM 9028
Al T 249	Text 58	AM 9054	**Al T 275**	Text 3	AM 9017
Al T 250	Text 59	BM 131.561	**Al T 276**	Text 68	BM 131.573
Al T 251	Text 20	BM 131.562	**Al T 277**	Text 7	AM 9015
Al T 252	Text 9	AM 9036	**Al T 278**	Text 60	BM 131.574
Al T 253	Text 26	AM 9055	**Al T 279**	Text 39	AM 9031
Al T 254	Text 13	BM 131.563	**Al T 280**	Text 69	BM 131.575
Al T 255	Text 77	AM 9034	**Al T 281**	Text 78	AM 9121
Al T 256	Text 12	BM 131.564	**Al T 282**	Text 40	BM 131.576
Al T 257	Text 25	AM 9032	**Al T 283**	Text 38	AM 9016
Al T 258	Text 4	BM 131.565	**Al T 283b**	Text 16	BM 131.577
Al T 259	Text 45	AM 9053			

c) Museums- bzw. Ausgrabungsnummern

AM 9015	Text 7	Al T 277	**AM 9034**	Text 77	Al T 255
AM 9016	Text 38	Al T 283	**AM 9035**	Text 57	Al T 248
AM 9017	Text 3	Al T 275	**AM 9036**	Text 9	Al T 252
AM 9018	Text 35	Al T 269	**AM 9038**	Text 19	Al T 241
AM 9027	Text 46	Al T 268	**AM 9050**	Text 32	Al T 242
AM 9028	Text 11	Al T 274	**AM 9051**	Text 56	Al T 245
AM 9029	Text 5	x	**AM 9053**	Text 45	Al T 259
AM 9030	Text 6	Al T 265	**AM 9054**	Text 58	Al T 249
AM 9031	Text 39	Al T 279	**AM 9055**	Text 26	Al T 253
AM 9032	Text 25	Al T 257	**AM 9056**	Text 54	Al T 240
AM 9033	Text 22	Al T 261	**AM 9059**	Text 24	Al T 238

AM 9121	Text 78 Al T 281	**ATT 78/21**	Text 94 x
AM 9122	Text 17 Al T 264	**ATT 80/1**	Text 37 x
AM 9365	Text 31 x	**ATT 80/14**	Text 34 x
ATT 11	Text 50 x	**ATT 80/31**	Text 64 x
ATT 15+17	Text 2 x	**ATT 80/36**	Text 93 x
ATT 31	Text 75 x	**ATT 81/4**	Text 49 x
ATT 32	Text 42 x	**ATT 81/8**	Text 41 x
ATT 38	Text 62 x	**ATT 81/14**	Text 18 x
ATT 39/56	Text 71 x	**ATT 82/4**	Text 63 x
ATT 39/73	Text 80 x	**ATT 82/7**	Text 48 x
ATT 39/102	Text 23 x	**ATT 83/20**	Text 90 x
ATT 39/109-110.3	Text 91 x	**ATT 85/48**	Text 81 x
ATT 39/109-110.5	Text 33 x	**ATT 97/42**	Text 70 x
ATT 39/109-110.7+15	Text 61 x	**BM 131.556**	Text 73 Al T 236
ATT 39/109-110.8	Text 43 x	**BM 131.557**	Text 74 Al T 237
ATT 39/109-110.9	Text 82 x	**BM 131.558**	Text 55 Al T 239
ATT 39/109-110.10	Text 83 x	**BM 131.559**	Text 10 Al T 246
ATT 39/109-110.14	Text 52 x	**BM 131.560**	Text 21 Al T 247
ATT 39/109-110.19	Text 84 x	**BM 131.561**	Text 59 Al T 250
ATT 39/109-110.22	Text 85 x	**BM 131.562**	Text 20 Al T 251
ATT 39/109-110.25	Text 86 x	**BM 131.563**	Text 13 Al T 254
ATT 39/109-110.30	Text 87 x	**BM 131.564**	Text 12 Al T 256
ATT 39/109-110.31	Text 88 x	**BM 131.565**	Text 4 Al T 258
ATT 39/109-110.32	Text 89 x	**BM 131.566**	Text 66 Al T 260
ATT 39/109-110.33	Text 76 x	**BM 131.567**	Text 29 Al T 263
ATT 39/137	Text 67 Al T 262	**BM 131.568**	Text 44 Al T 266
ATT 39/144	Text 53 Al T 244	**BM 131.569**	Text 36 Al T 267
ATT 39/153.2	Text 8 x	**BM 131.571**	Text 15 Al T 272
ATT 39/182.1	Text 47 x	**BM 131.572**	Text 28 Al T 273
ATT 39/182.8	Text 30 x	**BM 131.573**	Text 68 Al T 276
ATT 39/182.13	Text 92 x	**BM 131.574**	Text 60 Al T 278
ATT 39/182.14	Text 72 x	**BM 131.575**	Text 69 Al T 280
ATT 39/182.16	Text 27 x	**BM 131.576**	Text 40 Al T 282
ATT 39/182.25	Text 79 x	**BM 131.577**	Text 16 Al T 283b
ATT 73	Text 51 x	**BM 131.939**	Text 14 x
ATT 78/15	Text 65 x	**Melbourne**	Text 1 Al T 243

B) Konkordanzen der anderen Texte aus Schicht VII[20]

a) Nach neuen Nummern[21]

10.01	1	
10.02	456	
10.03	126	
11.01		ATT 39/182.24
20.01	7	
20.02	8	
20.03	9	
20.04	10	
20.05	11	
20.06	41	
20.07	57	
20.08	455	
20.09		ATT 23
20.10		ATT 39/124
20.11		ATT 39/153.3
20.12		ATT 39/160
20.13		ATT 39/182.19
20.14		ATT 39/182.20
20.15		ATT 48/2
20.16		ATT 80/11
20.17		ATT 80/32
20.18		AM 7900 (?)
21.01	6	
21.02	86	
21.03	95	
21.04	96	
21.05		ATT 39/182.12
21.06		ATT 51
22.01	52	
22.02	53	
22.03	54	
22.04	55	
22.05	56	
22.06	58	
22.07	59	
22.08	60	
22.09	61	
22.10	62	
22.11	63	
22.12	64	
22.13	98d	
22.14		AM XXXX
22.15		ATT 10
22.16		ATT 39/109-110.24
22.17		ATT 39/109-110.28
22.18		ATT 39/156 A 2
22.19		ATT 39/182.2
22.20		ATT 39/182.5
22.21		ATT 39/182.7
22.22		ATT 39/182.9
22.23		ATT 39/182.11
22.24		ATT 39/182.15
22.25		ATT 39/182.23
22.26		ATT 39/184.7
22.27		ATT 39/184.8
22.28		ATT 39/184.9
22.29		ATT 39/184.11
23.01	76	
23.02	77	
23.03	79	
23.04	80	
23.05	78	
23.06		ATT 39/184.5
24.01	65	
30.01	319	
30.02	380	
30.03	45	
30.04	32	
30.05	33	
30.06	34	
30.07	35	
30.08	37	
30.09	39	
30.10	42	
30.11	43	
30.12	322	
30.13	127	
30.14	370	
30.15		AM 11114
30.16		ATT 39/182.4
30.17		ATT 39/182.13
30.18		ATT 39/182.22
30.19		ATT 57
31.01	18	

---

[20]Die Siegel werden hier ebensowenig dargeboten wie die Getreidelieferlisten, so daß die Kategorien 12 Siegel und 41 Getreidelieferlisten nicht vorhanden sind.

[21]Die linke Spalte nennt unsere Numerierung, die mittlere bei veröffentlichten die AlT-Nr. die rechte bei unveröffentlichten die jeweilige Museums- bzw. Ausgrabungsnummer.

31.02	20	
31.03	21	
31.04	22	
31.05	24	
31.06	25	
31.07	26	
31.08	27	
31.09	36	
31.10	44	
31.11	19	
31.12	23	
31.13	38	
31.14	40	
31.15		ATT 1/h
31.16		ATT 39/182.17
31.17		ATT 81/13
31.18		ATT 82/6
31.19		ATT 85/24
32.01	28	
32.02	29	
32.03	30	
32.04	31	
40.01	178	
40.02	176	
40.03	412	
40.04	413	
40.05	366	
40.06	432	
40.07	371	
40.08		ATT 58
40.09		ATT 78/7+ ATT 69
40.10		ATT 82/10
40.11		ATT 84/23
40.12		ATT 85/28
42.01	203	
42.02	204	
42.03	205	
42.04	206	
42.05	367	
42.06	376	
42.07	377	
42.08	333	
42.09	334	
42.10	346	
42.11	347	
42.12	348	
42.13	357	
42.14	358	
42.15	359	
42.16	360	
42.17		ATT 39/109-110.6
42.18		ATT 39/109-110.18
42.19		ATT 39/182.3
43.01	379	
43.02	320	
43.03	321	
43.04	271	
43.05	335	
43.06	349	
43.07	369	
43.08	372	
43.09	373	
43.10	374	
43.11	375	
43.12		ATT 82/9
43.13		ATT 83/31
43.14		ATT 84/15
44.01	411	
44.02	410	
44.03	414	
44.04	409	
44.05	378	
50.01	381	
50.02	382	
50.03	383	
50.04	384	
50.05	385	
50.06	389	
50.07	387	
50.08	386	
50.09	388	
51.01	12	
51.02	98c	
51.03	119	
51.04	120	
51.05	368	
51.06	98a	
51.07	324b	
51.08		ATT 39/109110.12+26
51.09		ATT 39/182.6
60.01	270	
60.02	97	
60.03	98b	
61.01		ATT 1/b
61.02		ATT 1/d
61.03		ATT 1/g
61.04		ATT 39/156 A 1

61.05	ATT 39/182.10	**61.12**	ATT 84/1
61.06	ATT 39/182.18	**61.13**	ATT 85/26
61.07	ATT 39/182.21	**61.14**	ATT 39/109-110.16
61.08	ATT 46	**61.15**	ATT 39/109-110.23
61.09	ATT 81/1	**61.16**	ATT 39/109-110.27
61.10	ATT 82/2	**61.17**	ATT 39/185
61.11	ATT 82/17		

b) Veröffentlichte Texte (Al T)

1	10.01	**41**	20.06	**98d**	22.13	**368**	51.05
6	21.01	**42**	30.10	**119**	51.03	**369**	43.07
7	20.01	**43**	30.11	**120**	51.05	**370**	30.14
8	20.02	**44**	31.10	**126**	10.03	**371**	40.07
9	20.03	**45**	30.03	**127**	30.13	**372**	43.08
10	20.04	**52**	22.01	**176**	40.02	**373**	43.09
11	20.05	**53**	22.02	**178**	40.01	**374**	43.10
12	51.01	**54**	22.03	**203**	42.01	**375**	43.11
18	31.01	**55**	22.04	**204**	42.02	**376**	42.06
19	31.11	**56**	22.05	**205**	42.03	**377**	42.07
20	31.02	**57**	20.07	**206**	42.04	**378**	44.05
21	31.03	**58**	22.06	**270**	60.01	**379**	43.01
22	31.04	**59**	22.07	**271**	43.04	**380**	30.02
23	31.12	**60**	22.08	**319**	30.01	**381**	50.01
24	31.05	**61**	22.09	**320**	43.02	**382**	50.02
25	31.06	**62**	22.10	**321**	43.03	**383**	50.03
26	31.07	**63**	22.11	**322**	30.12	**384**	50.04
27	31.08	**64**	22.12	**324b**	51.07	**385**	50.05
28	32.01	**65**	24.01	**333**	42.08	**386**	50.08
29	32.02	**76**	23.01	**334**	42.09	**387**	50.07
30	32.03	**77**	23.02	**335**	43.05	**388**	50.09
31	32.04	**78**	23.05	**346**	42.10	**389**	50.06
32	30.04	**79**	23.03	**347**	42.11	**409**	44.04
33	30.05	**80**	23.04	**348**	42.12	**410**	44.02
34	30.06	**86**	21.02	**349**	43.06	**411**	44.01
35	30.07	**95**	21.03	**357**	42.13	**412**	40.03
36	31.09	**96**	21.04	**358**	42.14	**413**	40.04
37	30.08	**97**	60.02	**359**	42.15	**414**	44.03
38	31.13	**98a**	51.06	**360**	42.16	**432**	40.06
39	30.09	**98b**	60.03	**366**	40.05	**455**	20.08
40	31.14	**98c**	51.02	**367**	42.05	**456**	10.02

c) Unveröffentlichte Texte und Textfragmente (Museums- bzw. Ausgrabungsnr.)

AM XXXX	22.14
AM 7900 (?)	20.18
AM 11114	30.15
ATT 1/b	61.01
ATT 1/d	61.02
ATT 1/g	61.03
ATT 1/h	31.15
ATT 10	22.15
ATT 23	20.09
ATT 39/109-110.6	42.17
ATT 39/109-110.12+26	51.06
ATT 39/109-110.16	61.14
ATT 39/109-110.18	42.18
ATT 39/109-110.23	61.15
ATT 39/109-110.24	22.16 ATT
39/109-110.27	61.16
ATT 39/109-110.28	22.17
ATT 39/124	20.10
ATT 39/153.3	20.11
ATT 39/156 A 1	61.04
ATT 39/156 A 2	22.18
ATT 39/160	20.12
ATT 39/182.2	22.19
ATT 39/182.4	30.16
ATT 39/182.5	22.20
ATT 39/182.6	51.07
ATT 39/182.7	22.21
ATT 39/182.9	22.22
ATT 39/182.10	61.05
ATT 39/182.11	22.23
ATT 39/182.12	21.05
ATT 39/182.13	42.19
ATT 39/182.15	22.24
ATT 39/182.17	31.16
ATT 39/182.18	61.06
ATT 39/182.19	20.13
ATT 39/182.20	20.14
ATT 39/182.21	61.07
ATT 39/182.22	30.18
ATT 39/182.23	22.25
ATT 39/182.24	11.01
ATT 39/184.5	23.06
ATT 39/184.7	22.26
ATT 39/184.8	22.27
ATT 39/184.9	22.28
ATT 39/184.11	22.29
ATT 39/185	61.17
ATT 46	61.08
ATT 48/2	20.15
ATT 51	21.06
ATT 57	30.19
ATT 58	40.08
ATT 78/7 + ATT 69	40.09
ATT 80/11	20.16
ATT 80/32	20.17
ATT 81/1	61.09
ATT 81/13	31.17
ATT 82/2	61.10
ATT 82/6	31.18
ATT 82/9	43.12
ATT 82/10	40.10
ATT 82/17	61.11
ATT 83/31	43.13
ATT 84/1	61.12
ATT 84/15	43.14
ATT 84/23	40.11
ATT 85/24	31.19
ATT 85/26	61.13
ATT 85/28	40.12

Anhang F: Diagramm zu Ausgabemengen im Normblock

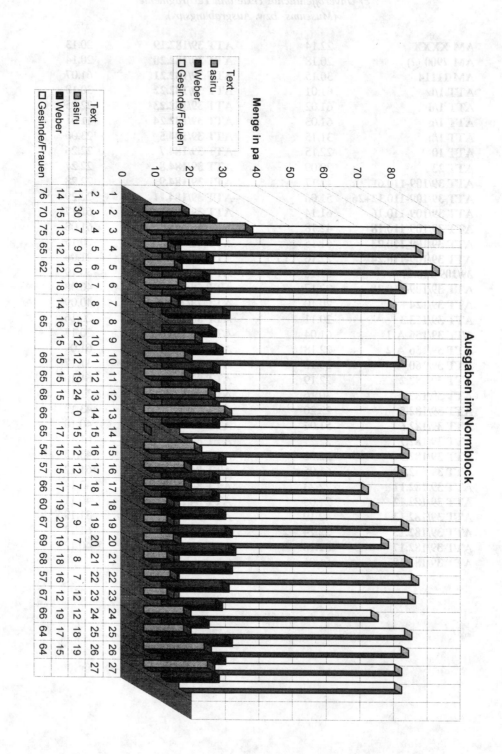

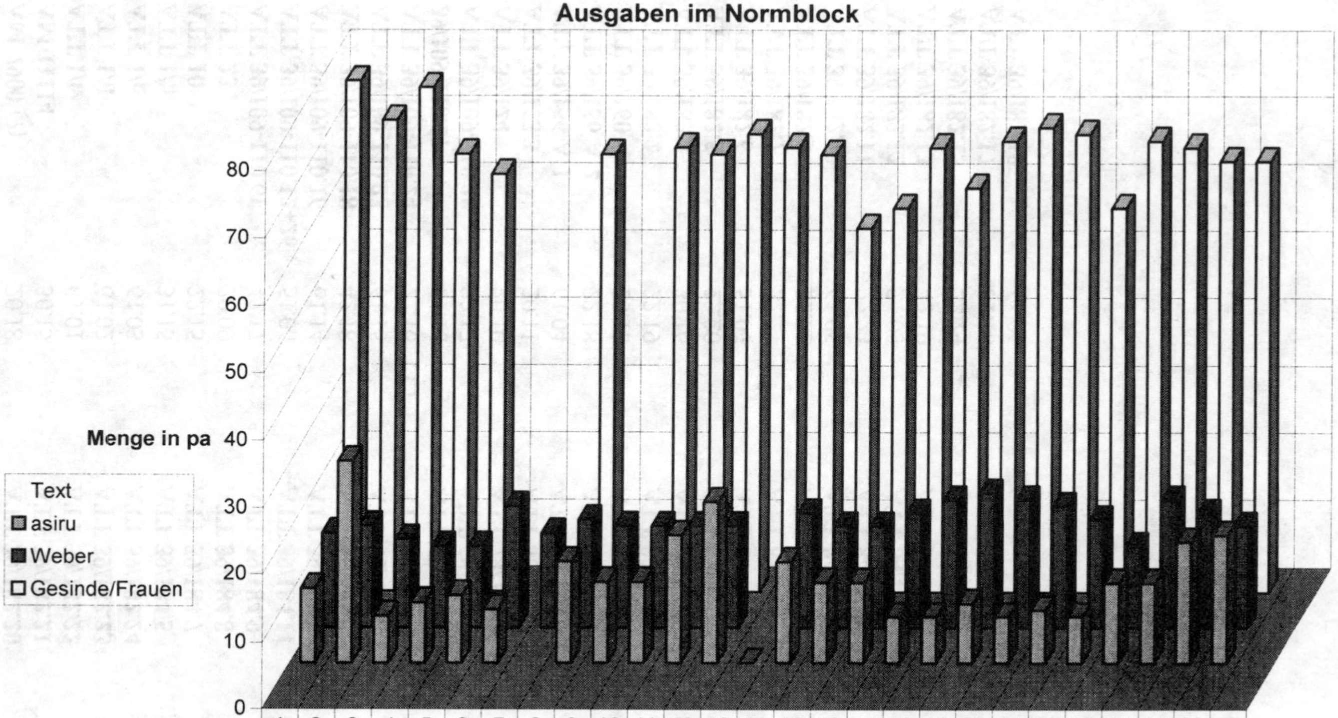

	1	2	3	4	5	6	7	8	9	10	11	12	13	14	15	16	17	18	19	20	21	22	23	24	25	26	27
Text	2	3	4	5	6	7	8	9	10	11	12	13	14	15	16	17	18	1	19	20	21	22	23	24	25	26	27
asiru	11	30	7	9	10	8		15	12	12	19	24	0	15	12	12	7	7	9	7	8	7	12	12	18	19	
Weber	14	15	13	12	12	18	14	16	15	15	15	15		17	15	15	17	19	20	19	18	16	12	19	17	15	
Gesinde/Frauen	76	70	75	65	62			65		66	65	68	66	65	54	57	66	60	67	69	68	57	67	66	64	64	

Gesamtregister [1]

A: Stellenregister

1. Stellen aus den Getreidelieferlisten

1 146.172.211
1,1-13 211
1,1 218
1,2 233
1,3 246
1,4 253
1,5 259
1,6 264
1,7 268
1,8 265.268.278
1.10.11.26 300
1.10.11 298.307
1,10 292
1,11 310
1,12 324
1,13 283
1,14 444
1,16 448
1,19 264.269
1,22 167.269.280
1,26.28 343
1,26f 311
1,28 127.333
2+3 176.187
2,1f 218
2,2 141
2,3 246
2,4 233
2,5.29f.32 300
2,5 291.292
2,6 264
2,7.21 343
2,7 324.386.394
2,8 370
2,9 368
2,10 265.268
2,11 398.401
2,12-15 405
2,12 405
2,13 141.284
2,14 324.388
2,15 263
2,17 418
2,21 333.387
2,23 197
2,24 153
2,25 267.481
2,26 139.176.447
2,27 409
2,29f 311
2,30 308
2,31-33 405
2,31 200
2,32 294
2,33 142
3,1-12 152
3,1-7 412
3,1f 218
3,1 228
3,2 141.185
3,3 233
3,4 246
3,5 324.386.394
3,6 253.255
3,7 325
3,8-11 412
3,9 413
3,10 398.464
3,11 398
3,12.17 127
3,13f 398
3,13 400.464
3,15f 398
3,18-23 196
3,18 142
3,20 413
3,21 194.451.453
3,22f 409
3,22 131
3,26f 195.311
4-7 175
4-6 174.371
4+5 172.187
4 127.129.153
4,1-14 432
4,1f 218
4,3 418
4,4 292
4,6 421
4,7 246
4,8 233
4,9 325.386
4,10 370
4,11 424
4,12 253
4,13 426
4,14 427
4,15 429
4,16 325.360.361
4,17.29 250
4,18f 130
4,18 373
4,19 127.377
4,20 150
4,21 145
4,22 130
4,24 143
4,26f 143
4,26 130
4,27 130
4,32 141.377.431
5,1f 218
5,3.24 285
5,3 418
5,4 292
5,6 421
5,7 246

---

[1] Einträge, die sich aus dem Inhaltsverzeichnis entnehmen lassen, sind i.d.R. nicht in den Index aufgenommen.

41,6 235
42,4 142
42,12 403
43,2 202
43,3 278
43,5 201
43,6 334.341
43,8 439
44-46 181.388.400.471
44,1-3 280
44,1f 334.384.387.393
44,3 269.387.393.398
44,5.6 396
44,5 334.387
44,6 334.387
44,7 179.377
44,8 334.361.372
44,11 141
44,13 135.142.143
45,1-12 181.400
45,1f 398
45,3f 330
45,5.10 140
45,5 398
45,7 398
45,8f 334
45,10 337.398.401
45,13 479
45,14 410
45,18-20 181
45,18 134
46+54 249
46,1f 471
46,1 190.483
46,3 448
46,4 449
46,5-8 437
46,5 406
46,6 410
46,7 451
46,8 437
46,9 460
46,10 249
46,11 444
46,12 480
46,15 481
46,17 381
46,19 362
46,20 275.459
46,22 249.423
46,23 275.280
46,24.25.26 341
46,24 334.342.361.381.383
46,25 334.342.360
46,26 335
46,30 145
47,1.7 305
47,3 335
47,5 335
47,7 294
47,9.22 172.220
47,10 406
47,11 269
47,13 269
47,14 142.196.197
47,15 294
47,16 335.387
47,18 269
47,20 444
48 340
48,2 410
48,3 335.387.393
48,4 335.387
48,7 340.398
48,8 394.398
48,9 241.249
48,10 291
48,11 481
49,1-5 364
49,1f 330.351
49,3f 330.387.392
49,4.7.11 326
49,5 330
49,6f 335.387.392
49,8f 387.393
49,8 335
49,10 410
50,1f 389
50,2 330
50,3 284.287
50,4 285
50,5f 330
50,5 351
50,6 337
50,8 442
50,9 283
50,10 444
50,12f 285.451
50,14 269
50,16 264
50,21 335.389
50,22 335.353
51,1f 335
51,2 351
51,3 335.389.391
51,4 462
52 159
52,1-3 330
52,5 398
52,7f 335
52,8 285
53,1-3 364
53,1 330
53,2 335
53,4f 274.461
53,5 136
53,6f 460
53,10f 145
54 179.181
54,4 437
54,5 330.347
54,7-10 437
54,8 190.451
54,9 410
54,10 406
54,11 437
54,12 389.478
54,14f 408
54,14 449
54,15 442
54,16 201
54,19f 330
54,20 475
54,21f 388.393
54,21 335
54,23 146
55+56 172
55,1-4 348
55,1-3 330.352
55,1 200

72-74 168.297
72 180
72,4 312
72,5 202.312
72,6 294
72,12 294
72,13 294
73+74 180
73,1f 140
73,5 288.294
74,1 127.131.145
74,4.5 306
74,4 291.296
74,5 308.312
75 180
75,1f 330
75,4 335.341
75,5 154
75,7 249
75,18 460
75,19 406
76 159.181
77-94 180
77,1f 444
77,3 444
77,4f 431
77,5 377
77,6f 312
77,6 315
77,7 308
77,10 154
77,12f 362
77,12 330
77,13 363
77,14 330
77,16 180
78,1f 383
78,3f 265
78,3 269.274
78,5 294
78,6 285
78,7-9 390
78,7f 330.389.481
78,7 293
78,9 330.388.389
78,10f 330.388
78,10 393
78,12 330.459
78,13 226
78,15f 331.394
78,18 331.459
78,20 280
78,21 294
80,1-3 331.360.362
82,1 331.353
82,2 265.269
85,5 331
86,3 331.388.393
86,4 331
86,6-8 331
91,1 331.362
92,3 335
92,4 354
92,6 199.458
93,5 331
93,10 220
94,2.4 252
94,5 139
94,7 361

2. Stellen aus den anderen Texten der Schicht VII

10.01 28.81.97
10.01,1 68
10.01,3.16f 287
10.01,12 142
10.01,19 429
10.02 28.97.401
10.02,1 464
10.02,17.28 482
10.02,69 359
10.03 28.270.293
10.03,4.9.10 480
11.01 28
20.01 33.91
20.01 S 359.378.460
20.01,37 32
20.01 H 43 422
20.01,43 460
20.01,45 440
20.01,46 457
20.01,47 178
20.02 33
20.02,12 402
20.02,37 32.378
20.02,39 433
20.02,42 180
20.03-20.05 89
20.03+20.04 318
20.03 34
20.04 34
20.04,23 378
20.05 34.98.401
20.05,17.32 422
20.05,19.33 460
20.05,31 459
20.06 35.92
20.06,10 359
20.07 35.359
20.07,13 468
20.07,45 423
20.08 11.35.92.97
20.09,9 460
20.09,10 355
20.11 318
21.01 37.256
21.01,23 376
21.01,27 82.394.416
21.01,29 408
21.01,30 241
21.01,31 477
21.02 38.91
21.02,2 402
21.02,12 255
21.03 32.38.92.95
21.03,38 475
21.04 39.91.431
21.04,7 378
21.04,23 292.423
21.04,24 288.460
21.04,25 415.459
21.04,27 393

60.01,7 373
60.01,11 456
60.01,13 251
60.01,29 374
60.01,37 248
60.02 29
60.02,12.14 408
60.02,13 360
60.02,14 266
60.03 29
60.03,9 415.459
60.03,10 378

3. Stellen aus den Texten der Schicht IV und der Idrimi-Statue

31.1+2 70
33.1,17.24 362
341.1+2 48
412.6-8 23
412.13,29 470
412.19,8 448
413.1-12 23
413.6,1 357
415.19 11
433.1-10 494
45.4,4 61
H 3 68
Idr. 7-12 107
Idr. 27-30 272
Idr. 45-49 106
Idr. 80f 106

4. Stellen aus Māri

A 1917 203
A 2760 391
AÉM I/1,207,40-43 240
ARM I,91+ 101
ARM V,63,5-16 455
ARM VII,94,3 200
ARM VII,225f,5 289
ARM VII,263 II 14f 315
ARM IX,33 96
ARM IX,238,2.10.15 193
ARM IX,239,4 194
ARM IX,258,28 63
ARM IX,294 206
ARM X,92.93.97 258
ARM X,112 409
ARM XIV,83 465
ARM XXI,151-188 493
ARM XXIII,57 493
ARM XXIII,535-537 101
ARM XXIII,536 102
ARM XXV 137
ARM XXV,17,1-4 101
RA 36,3,15 433

5. Stellen aus anderen akkadischen Texten und den Eblatexten [2]

AbB VI,189,24 419
AbB VII,7 102
Ana ittišu VII i 8 307
AOAT 4, Zyl III/2 11 II 57 73
ARET I, 5 169
ARET VIII,1-21 169
ARET IX 17 r III 5 399
BAL 1,75,42 318
CḪ § 194 156
CT 18, 16c,10 246
EA 362,69 409
Emar VI,217-220 368
Emar VI,463 161
Emar VI,542,235' 309
Enūma Anu Enlil 20f 86
Enūma Anu Enlil 63 87
Gilg M I 11 476
Jahresdatum Ḫammurapis 32;35 74
KAV 1 § 40+41 238
KAV 98,42 63
MBQ 3,21 41
MBQ 21,32 107
MSL I 91,8-92,12 307
MSL XI 74,25ff 331.452
MSL XII 239 IV 10f 246
PRU 3,82,21 452
PRU 6,34 401
PRU 6,118:5' 357
RS 21.062 r 13' 289
RSOu VII,11,3 408
RSOu VII,34,1 265
TIM 9,51,9 467
Ug V N 248,32 255
Ug V 131,1' 290, 292
VAB 5, Nr. 284,11f 74

[2] In dieser Rubrik finden sich auch Belege aus akkadischen Texten aus Ugarit und aus zweisprachigen Listen. Die Eblatexte werden aus pragmatischen Gründen hier eingeordnet, ohne daß damit eine Aussage über die sprachliche Zugehörigkeit des "Eblaitischen" intendiert ist.

6. Stellen aus keilalphabetischen ugaritischen Texten (KTU²)

1.3 I 14 227
1.6 VI 53ff 289
1.14 II 2 230
1.14 III 18 321
1.15 I 5 321
1.17 I 26 54
1.41 205
1.85:4 452
1.87 205
1.92:10 320
1.125:12 363
1.133 128
4.14:4 193
4.63 145
4.68 57
4.68:62 385
4.99:4 452
4.99:10 385
4.99:15 245
4.126:14 385
4.126:27 403
4.128 495
4.168 258
4.222:3 385
4.264:6 357
4.307:7 357
4.348:14 229
4.387 164
4.400:7-9 189
4.690:18 131
4.707:8 193
4.754 145

7. Stellen aus dem hebräischen Alten Testament

Gen 37 236
Gen 39 236
Lev 12,6 320
Num 31,32 322
1.Reg 5,13 463
2.Reg 14,18 104
2.Reg 15,2 104
2.Reg 18,14 318
2.Reg 21,1 104
2.Reg 21,6 272
Jes 14,17 236
Jes 28,25.27 193
Am 5,2 6
Sach 9,12 236
Ps 79,11 236
Hi 6,6 197
Koh 2,25 154

8. Stellen aus hethitischen Texten und Texten des Fundorts Boğazköy

KBo I 6 obv. 13 104
KBo III 27 103
KBo IV 4 III 23 329
KBo IV 4 Rs III 56||57 487
KBo X 1+2 68
KUB XXV 21 III 2-5 76
KUB XXXI 5 91
KUB XXXI 5+ 82
KUB XXXII 19 I 5 458
KUB XXXVI 100+ 82
StBoT XXXII 14 Vs. I,12.14 261
StBoT XXXII 15 Vs. I 9.11 205
StBoT XXXII 19 I 3 239
StBoT XXXII 21 I 3 239

9. Stellen aus griechischen und ägyptischen Texten

Herod. Hist. II 35,2 253
Herod. Hist. VII 187,2 208
Hom., Il. I,30 253
Hom., Il. I,154 322
Hom., Od. VII,108f 253
Hom., Od. XIV+XV 383
Hom., Od. XIV,18-22.98-102 366
Thutmosis III Urk. IV,719,17ff 108

B: Wortregister

1. Akkadisch und Eblatexte (Lexeme, Kontextformen, Logogramme)

Á 206
a-ba-tu 465
abattu 465
adrūtnātim 278
á.du 307
ādu 307
alāku 168.297.425
alamû 195
alpu 319
ālu 142
AMAR GA 321
AN.ZA.QAR 393
ana 139.476
ana līti 36
andurāru 229
annû 143
ANŠE.GÚR.NUN 397
ap(a)tum 66
apil 41
asāru 239
a-si-ra-tu 238
āširūma 236
ašlāku 259
ašlukkatu 288
aštapiru 227
atû 418
azāru 234
azzamu 425
babaššarrē 54
bamat 133
BAR.AN 399
ba-rí 290
barû 292
bīt dūri 283
bīt redûti 289
BUR.GUL 448
burtu 319
DA 401.434
DÀRA.MAŠ 397
DIŠ 139
DUḪ 419
É.BÀD 283
É.GAL 219
É.UŠ.BU.DU 288
eḫele 22.441
emṣu 200
emūqu 395
eperu 15
epēšu 379
epinnu 308
ērišūtu 315
esēru I-III 235
esirtu 238
eṭēru 332
eṭlu 401
ga-na-ag-tum 455
GÉME 223
gerseqqu 409
GI 437
GIBIL 260
gibillu 260
gimru 145
GÌR 136
GIŠ.BANŠUR 283
GIŠ.TUKKUL 287
GÚ.GAL 192
GÚ.GAL.GAL 199
GÚ.NÍG.ḪAR.RA 191
GÚ.TUR 192
GÚ.TUR.TUR 199
GU_4.APIN.LÁ 315
GU_4.APIN.MAŠ.LÁ 315
GU_4.MAḪ 316
GU_4.ŠE 316
gumāḫu 316
GURUŠ 401
ḪAL 290
ḫaniaḫḫe 22
ḫanṭuti 65
ḫapiru 16
ḫâšu 154
ḫāzaru 234
ḫepû 94
ḫidaru 251
ḫilaḫuni 418
ḫilimitu 195
ḫilīmu 194.411
ḫîšu 154
ḫupše 22
ḫupšu 16
ḫutḫutû 274
Ì.DUB 475
iddarrar 230
idu 135
IGI.x(.GÁL) 133
igru 135
ikkaru 309
ilku 425
imbaru 176
IN.KÀR 309
ina 136.476
ina libbu 136.475.486
inūma 57.136
ipru 17.30.134.219
ÌR 223
išparru 245
ITI 142
ITI.x.KAM 133
ITI-*ḫi-šu* 154
itti 63
izirtu 234
ka(r)kardennu 403
kaballu 261
kabālu 262
kakatennu 403
kakku 404
kanaktu 455
kapparu 326
kâpu 443
KAR 332
karāšu 486
karû 476
KASKAL 168.297
KAŠ.GEŠTIN 142.199
KAŠ.LUGAL 468
kašāšu 485
kaššû 485
KI = *itti* 63
KI.MIN 131
kiblu 260
kinattūtu 227.229.241
kiššānu 134.190

2. Ugaritisch

3. Hebräisch

4. Arabisch

5. Semitisch (Gemeinsemitisch und voreinzelsprachlich)

MTĪ 452
MŠK/MSK 107
nšr 275
ʿBR 467
PRS 292
qanû 436
RKB 461
ŚMʿ 459
ŠKB/P 443
ŠLG 425

6. Hurritisch (Wurzeln, Kontextforme, Suffixe)

ak- 320
-annu 428
ar- 375
=a(t)=ennu 403
eġl 332.420
eḫl- 379
eni 440
-enn- 43
ḫaš- 462
-ḫḫe 141.436
ḫil(l)- 420
ḫuš- 462
karkarni 403
kebel- 261
kepli 261
kirkirni 403
-n 308
nari- 415
pap- 43.403
papatennu 403
pariss=ad=e 205
parulenni 289
-pḫ- 351
pir- 227
purli 289
šer=i 258.415.458
taḫe 382
tan- 379
-(w)e 141.254.421
wur- 292
zuq- 321

7. Hethitisch

appa pii̯anz 239
ḫappar 237
ḫila- 420
ḫippara 237
karubaḫi 476
LÚ.*appanz-* 239
sagau̯ 88
zapzagi 428

8. Andere Sprachen

Ägyptisch:
psḏntjw 118
sr.t 239

Griechisch:
νόθος 403
ταμίη (gr.) 233

Latein:
succulum 321

Syrisch:
ḥlmtʾ 197

C: Namenregister
1. Ortsnamen und Genitilicia [3]

A(w)irraše 91.388
A-BAR-SAL$_4$ 466
Adabiq 129
Akē 462.488
Amame 181.263.369.413.478
Ammenaše 242
Amuq-Ebene 271
Amurru 388.478
Apišal 194.255.453.466
Aruna 398
Aštakamu 471
Bitin 181.337.393.400.471
Ebla 67.167.204.207.226.239.450
Emar 68.129.400.463
Ḥamā 454
Ḥazor 391
Ḫana 24
Irride 15.482
Kal 486
Kanaan 107
Kišādu 65
Lullubû 357
Māri 74.204
Megiddo 78.109
Mirar 335
Mitanni 24.69
Murar 129.480
Mutanni 42
Naštarbi 15.180.400
Naštarwe 98
Nuḫašše 42
Nuzi 206
Pylos 167.209.224
Qadeš 117
Qaṭna 391
Rabiya 466
Samānum 466
Susa 85
Ṣaʾidu 261

[3] Auf die Ortsnamen Alalaḫ, Aleppo und Jamḫad wurde verzichtet.

Ṣalwar 400
Ṣara'e 129
Ṣuḫaruwe 47
Tatandi 374.400
Tell Açana 10
Tell Beydar 204
Tell ed-Dēr 85
Tell ed-Ḍabʿa 110
Tell Kabri 111
Tell Meskene 464
Tell Muḥammad 87
Thera 112
Tunip 454
Tuttul 466
Ṭa'ime 402
Ṭuba 15.357
Ugarit 167
Ušuwa 15
Zanuar 398

2. Personennamen

a) Personen aus Alalaḫ[4]

α) Könige von Alalaḫ und Aleppo[5]

Abban 90.102.308
Adad-nirari 113
Ammitaqum 46.58.105
Ammitaqum I 165
Ammitaqum II 93
Ḫammurapi (Alal.) 91
Ḫammurapi I (Alep.) 77
Ḫammurapi II (Alep.) 89.94.101
Idrimi 69.83.106
Ilim-Ilimma 83.107
Irkabtum (Alal.) 91
Irkabtum (Alep.) 94
Jarimlim (Alal.) 15.44.90
Jarimlim D. LUGAL 181
Jarimlim I (Alep.) 101
Jarimlim II (Alal.) 89.92
Jarimlim II (Alep.) 93.97
Jarimlim III 46.93.168. 281.357
Niqmepa 24
Niqmi-epuḫ (Alep.) 89.92

β) Andere Personen

Abba 402
Abiaṭar 223
Abiṭaba 336.341.386
Addu 19.287.298.307. 336.385.420.442
Addumalik 448
Agap-kiaše 363
Aḫmuša 438
Akki 320
Amma-Akku 413
Ammarikke 181.256.417
Ammarikku 413
Ammitaqum (Priester) 488
Ammiya 241.435
Ammiyatum 275.277
Ammuwa 179.323.337
Ananumeni 278.282
Arammara 477
Aramu 263
Ari-Addu 285
Arip-Kušuḫa 375
Ariya 220.226.243. 367.426.434
Aštabi-šarru 374
Atri-Addu 173.292. 414.421
Atriya 292
Awari-Addu 58
Aya 255.463
Aya-šarru 165.176. 280.357
Azzagami 425
Bēlti-māti 488
Bendaya 374
Bendi-Addu 281
Binineri 226
Burra 19.181.197.285.406
Eḫli-Addu 181.249. 375.379.415
Eḫliya 174.379
Eḫlup-šarri 225
Eḫluwa 168.379.448
Ematḫi 180
Enaru 342

---

[4] Hier werden (ungeachtet ihrer jeweiligen Herkunft) Personennamen aus den Archiven von Alalaḫ (Schicht VII und IV) sowie Personen aus Alalaḫ und Aleppo genannt, die in anderen Archiven belegt sind. Auf Personidentität wurde in der Regel nur bei Königen Rücksicht genommen. Personennamen bzw. Belege, die über das Inhaltsverzeichnis eindeutig auffindbar sind, werden hier nicht wiederholt.

[5] Hier auch die Könige, die in der Forschung angesetzt werden, obwohl in dieser Arbeit ihre Existenz bezweifelt wird.

Enni 308
Eṭarmalik 181.194.415.478
Ewriḫa'uwe 252
Gaita 367
Ḫabra 277
Ḫalitanua 367.379
Ḫaliya 174.285.313
Ḫepatumara 179.226
Ḫirše 250
Ilānu 367
Ippa-Dagan 372
Irḫamilla 197
Irpa-Addu 44.335
Irra-Imitti 336.447.475
Išma-Addu 19.268.275.333.374.415
Ḫuripte 351
Jarimlim 410
Jašib-Aššur 143
Jaṭereda 342
KAR-^{d}IM 332
Kinni 19.445
Kun-Baḫli 457.483
Kunnate 19.168.384.410.417
Kūša 337
Kušu'e 456
Kutturu 167
Kutturuwe 250
Kuwe 372.402
Kuzzi 269.272.321.445.472
La'u-Addu 275
Lubarwaṇdi 417
Lūpu 368
Muš-šarru 262
Nadina 167.250
Nakkušše 480
Namuqani 277
Napši-Addu 275
Nawaratal 256
Nimnadu 260
Niqmi-epuḫ (Hirte) 342.383
Nubar-LUGAL 469
Nunikiyašu 20.314.323.333.385.445
Nuwašši-(^{d})IŠDAR 173.284
Pazage 174.178.420
Pūya 179.181.274
Pūze 226.257.488
Qan-Addu 356
Subaḫali 168.405.412
Summilammu 406.411
Sumunnabi 91.230.274.461
Ṣadammu 368
Šapši-Addu 179
Šarruwe 277.285.458
Šinurapi 179.181.333.335.336.341.433
Taği-Išḫara 284
Taḫe 381
Taḫeya 181.275.342
Talm-Ammu 357
Tatteya 98
Timunna 170.174.419.432
Tišuḫi 430
Ubulikku 413
Wandi-Šauška 430
Wandiya 282.484
Werikiba 342.384
Werimusa 250
Weritalma 220.291
Wikke 181.279
Zauta 367
Zikilda 250
Zirri 19.275
Zukraši 275.326
Zukraši (General) 81.394
Zukraši (Sänger) 416
Zunna 279
Zuqqammu 390

b) Andere Personennamen der vormodernen Zeit

α) Mesopotamien: Babylonien, Assyrien, Māri, Mitanni

Adad-nerāri 116
Adasi 82
Ammiṣaduqa 79.86
Asquddum 409
Barattarna 106
Burnaburiaš II 117
Daduša 74
Enḫeduana 257
Ḫammurapi 73.101
Išme-Dagan 74
Jasmaḫ-Addu 74.258
Kadašman-Enlil II 116
Mutia 102
Rim-Sîn 74
Samsu-Iluna 82.102
Šaušatar 83
Šamši-Addu (Assyr.) 74
Šibtu 68.240
Šilwa-Teššup 494
Zimrilim 74.96.101.258

β) Altsyrien-Palästina

Asarja 104
Aziri 414
Bentešina 403
Ili-malku 289
Manasse 104
Niqmaddu III 289
utly 229
Yantin-Ammu 80

γ) Hethiter

δ) Ägypten

ε) Homerische Epen

ζ) Mittelalterliche Theologen

c) Moderne Forscher [6]

3. Götternamen und theophore Elemente

---

[6] Hier werden nur die Namen an den Stellen genannt, wo eine Veröffentlichung der betreffenden Person ausführlicher besprochen wird.

4. Namen von Monaten und Feiertagen

D: Sachregister

Literaturverzeichnis

Die Abkürzungen folgen denen der "Ugarit-Bibliographie" (Dietrich, M./Loretz, O.: Analytic Ugaritic Bibliography (1972-1988), Alter Orient und Altes Testament 20/6, Kevelaer/Neukirchen-Vluyn 1996, 1053-1077) bzw. der "Theologischen Realenzyklopädie" (Schwertner, S.: Abkürzungsverzeichnis, Berlin/New York ^{2}1994 = ders., Internationales Abkürzungsverzeichnis für Theologie und Grenzgebiete, Berlin/New York ^{2}1992). Wörterbücher werden entweder durch die in den oben genannten Werken angegebene Abkürzung (AHw, CAD, Ges., HAL) oder durch Angabe des Nachnamens ihres Verfassernamens zitiert (Dalman, Wehr). Darüberhinaus oder abweichend hiervon bedeutet:

ABD	Freedman, D.J. u.a. (Hg.): Anchor Bible Dictionary I-VI, New York 1992.
AbrNahr	Abr-Nahrain. Melbourne.
ÄgAb	Ägyptologische Abhandlungen. Wiesbaden.
ArchHom	Buchholz, H.-G. (Hg.): Archaeologica Homerica: Die Denkmäler und das frühgriechische Epos. Göttingen.
ÄuL	Ägypten und Levante. Internationale Zeitschrift für ägyptische Archäologie und deren Grenzgebiete. Wien.
AUSB	Annales Universitatis Scientiarum Budapestiensis de Rolando Eötvös Nominatae. Sectio Historica. Budapest.
BDFSNM	Banco de datos filólogicos semíticos noroccidentales. Monografías. Barcelona.
BBVF	Berliner Beiträge zur Vor- und Frühgeschichte. Berlin.
BiblEnzyk	Biblische Enzyklopädie. Stuttgart.
BM	Bibliotheca Mesopotamica. Malibu.
BSA	Bulletin on Sumerian Archeology. Cambridge.
CDOG	Colloquien der Deutschen Orient-Gesellschaft. Saarbrücken.
CivANE	→ Sasson, J.M. (Hg.)
CM	Cuneiform Monographs. Groningen.
DdA	Dialoghi di Archeologia. Mailand.
DDD^{2}	Thoorn, K. van der (Hg.): Dictionary of Deities and Demons in the Bible, Leiden ^{2}1999.
Emar	→ Arnaud, D.
FAOS	Freiburger altorientalische Studien. Stuttgart.
FWG	Fischer Weltgeschichte → Cassin, E. u.a. (Hgg.)
HÄB	Hildesheimer Ägyptologische Beiträge. Hildesheim.
HML	P. Åström (Hg.): High, Middle or Low. Acts of an International Colloquium on Absolute Chronology Held at the University of Gothenburg, 20th-22nd August 1987, I: SIMA 56, 1987; II: SIMA 56, 1987; III: SIMA 80, 1989 (jeweils Göteburg).
HSAO	Heidelberger Studien zum Alten Orient. Heidelberg.
JACF	Journal of the Ancient Chronology Forum. Orpington.
MémNABU	Mémoires de N.A.B.U. Paris.
MHEM	Mesopotamian History and Environment. Monographs. Gent.
MVS	Materiali per il vocabolario sumerico. Rom.
NEB	Neue Echter Bibel. Würzburg.
OPBF	Occasional Publications of the Babylonian Fund. Philadelphia.
OPBIAA	Occasional Publications of the British Institute for Archeology at Ankara. London.

OxfEncANE	Meyers, E.M. (Hg.): Oxford Encyclopedia of Archeology in the Near East. New York/Oxford 1997.
RGTC	Répertoire Géographique des Textes Cunéiformes. Beihefte zum Tübinger Atlas des Vorderen Orients, Reihe B (Geisteswissenschaften) 7. Wiesbaden.
RIME	Royal Inscriptions of Mesopotamia. Early Periods. Toronto.
RlÄ	Helck, W./Westendorf, W. (Hgg.): Reallexikon der Ägyptologie. Wiesbaden.
SAAB	State Archives of Assyria. Bulletin. Padua
SD	Studia et documenta ad iura orientis antiqui pertinentia. Leiden.
SHCANE	Studies in the History and Culture of the Ancient Near East, Leiden u.a.
StBoT	Studien zu den Boğazköy-Texten. Wiesbaden.
StStA	Studi di Stori Antica. Bologna.
stw	Suhrkamp-Taschenbuch Wissenschaft. Frankfurt.
TdH	Texte der Hethiter. Heidelberg.
VO	Vicino Oriente. Rom.
WdM	→ Haussig, H.W. (Hg.)

—**Aboud, J.:** Die Rolle des Königs und seiner Familie nach den Texten von Ugarit, FARG 27, Münster 1994.

—**Abush, T.:** Art. Ishtar, in: DDD², 452-458.

—**Albright, W.F.:** A Revolution in the Chronology of Western Asia, BASOR 69, 1938, 18-21.

—**Albright, W.F.:** Some Recent Books Received by the Editor, BASOR 79, 1940, 35-37.

—**Albright, W.F.:** Mitannian *maryannu* "chariot-warrior" and the Canaanite and Egyptian Equivalents, AfO 6, 1930/31, 217-221.

—**Albright, W.F.:** New Light on the History of Western Asia in the Second Millenium B.C., BASOR 77, 1940, 20-32.

—**Albright, W.F.:** New Light on the History of Western Asia in the Second Millenium B.C., BASOR 78, 1940, 23-31.

—**Albright, W.F.:** A Third Revision of the Early Chronology of Western Asia, BASOR 88, 1942, 28-36.

—**Albright, W.F.:** A New Hebrew word for "Glaze" in Proverbs 26:33, BASOR 98, 1945, 24f.

—**Albright, W.F.:** An Indirect Synchronism Between Egypt and Mesopotamia, BASOR 99, 1945, 9-18.

—**Albright, W.F.:** Some Important Recent Discoveries: Alphabetic Origins and the Idrimi Statue, BASOR 118, 1950, 11-20.

—**Albright, W.F.:** A Note on the Chronology of the Second Millenium B.C., BASOR 126, 1952, 24-26.

—**Albright, W.F.:** Further Observations on the Chronology of the Early Second Millenium B.C., BASOR 127, 1952, 27-30.

—**Albright, W.F.:** Stratigraphic Confirmation of the Low Mesopotamian Chronology, BASOR 144, 1956, 26-30.

—**Albright, W.F.:** From the Stone Age to Christianity. Monotheism and the Historical Process, New York ²1957.

—**Albright, W.F.:** Further Observations of the Chronology of Alalakh, BASOR 146, 1957, 26-34.
—**Albright, W.F.:** The Eighteenth Century Princes of Byblos and the Chronology of Middle Bronze, BASOR 176, 1964, 38-46.
—**Albright, W.F.:** The Historical Framework of Palestinian Archeology Between 2100 and 1600 B.C (E.B IV, M.B. I, M.B. II A-B), BASOR 209, 1973, 12-18.
—**Alt, A.:** Bemerkungen zu den Verwaltungsurkunden von Ugarit und Alalah, WO 2, 1954-1959, 7-18.234-243.338-342; WO 3, 1964-1966, 2-18.
—**Anbar, M.:** Le début du règne de Šamši-Addu Ier, IOS 3, 1973, 1-33.
—**Archi, A.:** Art.: Ebla, in: OxfEncANE 2, 184-186.
—**Archi, A.:** Berechnungen von Zuwendungen an Personengruppen in Ebla, AoF 13, 1986, 191-205.
—**Archi, A.:** Die ersten zehn Könige von Ebla, ZA 76, 1986, 213-217.
—**Archi, A.:** Les titres de e n et l u g a l à Ebla et les cadeaux pour le roi de Kish, MARI 5, 1987, 37-52.
—**Archi, A.:** Zur Organisation der Arbeit in Ebla, in: Hauptmann, H./Waetzoldt, H. (Hgg.): Wirtschaft und Gesellschaft von Ebla, HSAO 2, Heidelberg 1988, 134-138.
—**Archi, A.:** Prices, Workers' Wages and Maintenance at Ebla, AoF 15, 1988, 24-29.
—**Archi, A.:** Imar au IIIe millénaire d'après les archives d'Ebla, MARI 6, 1990, 21-38.
—**Archi, A.:** Culture de l'olivier et production de l'huile à Ebla, in: Charpin, D./Joannès, F. (Hgg.): Marchands, diplomates et empereurs (FS Garelli), Paris 1991, 211-222.
—**Archi, A.:** Ḫattušili I and the Treaty with Talmi-Šarruma of Aleppo again, NABU Nr. 40/1999, 49f.
—**Arnaud, D.:** Contribution à l'étude de la métrologie syrienne au IIe millénaire, RA 61, 1967, 151-167.
—**Arnaud, D.:** Recherches au Pays d'Aštata. Textes sumériens et accadiens, Emar VI/1-3, Éditions Recherche sur les Civilisations, "Synthèse" 18, Paris 1985.
—**Arnaud, D.:** Recherches au Pays d'Aštata. Textes de la bibliothèque. Transcriptions et traductions, Emar VI/4, Éditions Recherche sur les Civilisations, "Synthèse" 28, Paris 1987.
—**Arnaud, D.:** Textes syriens de l'âge de Bronze récent, AuOrS 1, Barcelona 1991.
—**Arnaud, D.:** Jours et mois d'Ougarit, SMEA 32, 1993, 123-129.
—**Arnaud, D.:** Le vocabulaire de l'héritage dans les textes du Moyen-Euphrate à la fin du Bronze Récent, SEL 12, 1995, 21-26.
—**Arnaud, D.:** Études sur Alalah et Ougarit à l'âge du Bronze Récent, SMEA 37, 1996, 47-65.
—**Arnaud, D.:** Prolégomènes à la rédaction d'une histoire d'Ougarit I. Ougarit avant Suppiluliuma Ier, SMEA 39, 1997, 151-161.
—**Arnaud, D.:** Le dialecte d'Alalah: un examen préliminaire, AuOr 16, 1998, 143-186.
—**Arnaud, D./Salvini, M.:** Le divorce du roi Ammistamru d'Ougarit: Un document redécouvert, Sem 41/42, 1991/92, 7-22.

—**Aro, J.**: Remarks on the Language of the Alalakh Texts, AfO 17, 1954/56, 361-365.
—**Artzy, L.M.**: The Late Bronze "Palestinian" Bi-Chrome Ware in its Cypriote Context, in: Hoffner, H.A., Jr. (Hg.): Orient and Occident (FS C.H. Gordon), AOAT 22, Neukirchen-Vluyn/Kevelaer 1973, 9-16.
—**Astour, M.C.**: Art.: Alalakh, in: ABD I, 142-145.
—**Astour, M.C.**: Place-Names from the Kingdom of Alalaḫ in the North-Syrian List of Thutmose III: A Study in Historical Topography, JNES 22, 1963, 220-240.
—**Astour, M.C.**: The Partition of the Confederacy of Mukiš-Nuhašše-Nii by Šuppiluliuma. A Study in Political Geography of the Amarna Age, Or 38, 1969, 381-414.
—**Astour, M.C.**: Toponyms in the Hurrian Alphabetic Tablet RS 24.285, UF 2, 1970, 1-6.
—**Astour, M.C.**: Tunip - Hamath and Its Region. A Contribution to the Historical Geography of Central Syria, Or 46, 1977, 51-64.
—**Astour, M.C.**: The Rabbeans: A Tribal Society on the Euphrates from Yakhdun-Lim to Caesar, Malibu 1978.
—**Astour, M.C.**: Les Hourrites en Syrie du Nord: rapport sommaire, RHA 36 = CRRAI 24, Paris 1978, 1-22.
—**Astour, M.C.**: Ancient North Syrian Toponyms Derived from Plant Names, in: Rendsburg, G. u.a. (Hgg.): The Bible World (FS C.H. Gordon), New York 1980, 1-8.
—**Astour, M.C.**: Toponymic Parallels Between the Nuzi Area and Northern Syria. Appendix: Nuzi Place Names in Egyptian Topographic Lists, SCCNH 1, Winona Lake 1981, 11-26.
—**Astour, M.C.**: The Geographical and Political Structure of the Ebla Empire, in: Hauptmann, H./Waetzoldt, H. (Hgg.): Wirtschaft und Gesellschaft von Ebla, HSAO 2, Heidelberg 1988, 139-158.
—**Astour, M.C.**: Hittite History and Absolute Chronology of the Bronze Age, SIMA Pocket Book 73, Partille 1989.
—**Astour, M.C.**: The North Mesopotamian Kingdom of Ilānṣura, in: Young, G.D. (Hg.): Mari in Retrospect. Fifty Years of Mari and Mari Studies, Winona Lake 1992, 1-33.
—**Astour, M.C.**: The Date of the Destruction of Palace G at Ebla, in: Chavalas, M.W./Hayes, J.L. (Hgg.): New Horizons in the History of Ancient Syria, BM 25, Malibu 1992, 24-39.
—**Astour, M.C.**: An Outline of the History of Ebla (part 1), in: Gordon, C.H. (Hg.): Eblaitica 3, New York 1992, 3-82.
—**Astour, M.C.**: Ḫassu and Ḫasuwan. A Contribution to North Syrian History and Geography, UF 29, 1997, 1-66.
—**Astour, M.C.**: Toponomy of Ebla and Ethnohistory of Northern Syria. A Preliminary Survey, JAOS 108, 1998, 545-555.
—**Åström, P.**: The Chronology of the Middle Cypriote Bronze Age, in: HML I, 57-66.
—**Åström, P.**: Implications of an Ultra-Low Chronology, ÄuL 3, 1992, 19-21.
—**Auerbach, E.**: Heirloom Seals and Political Legitimacy in Late Bronce Age Syria, Akkadica 74/75, 1991, 19-36.

—**Banke, St.J.:** The Transition from the Middle to the Late Bronze Age in Syria, Levant 25, 1993, 155-195.
—**Batto, B.F.:** Studies on Women at Mari, Baltimore 1974.
—**Beal, R.H.:** The Organisation of the Hittite Military, TdH 20, Heidelberg 1992.
—**Beal, R.H.:** Is KUŠ$_7$ the Reading of IŠ= *kiz–*, NABU Nr. 48/1992, 38f.
—**Beck, P.:** Middle Bronze Age Cylinder Seal and Cylinder Seal Impression from Lachish, Tel Aviv 25, 1998, 174-183.
—**Beckerath, J. von:** Das Kalendarium des Papyrus Ebers und das Sothisdatum vom 9. Jahr Amenophis' I, SAK 14, 1987, 27-33.
—**Beckerath, J. von:** Das Kalendarium des Papyrus Ebers und die Chronologie des ägyptischen Neuen Reiches. Gegenwärtiger Stand der Frage, ÄuL 3, 1992, 23-27.
—**Beckerath, J. von:** Bemerkungen zum ägyptischen Kalender, ZÄS 120, 1993, 7-22.131-136.
—**Beckerath, J. von:** Chronologie des ägyptischen Neuen Reiches, HÄB 39, Hildesheim 1994.
—**Beckerath, J. von:** Zur Datierung Ramses' II, GM 142, 1994, 55f.
—**Beckerath, J. von:** Nochmals zur Chronologie der XII. Dynastie, Or 64, 1995, 445-449.
—**Beckerath, J. von:** Chronologie des Pharaonischen Ägypten. Die Zeitbestimmung der ägyptischen Geschichte von der Vorzeit bis 332 v.Chr., MÄSt 46, Mainz 1997.
—**Berger, K.:** Formgeschichte des Neuen Testaments, Heidelberg 1984.
—**Berger, K.:** Einführung in die Formgeschichte, UTB 1444, Tübingen 1987.
—**Berger, P.R.:** Die neubabylonischen Königsinschriften. Königsinschriften des ausgehenden babylonischen Reiches (626-539 a. Chr.), AOAT 4/1, Neukirchen-Vluyn/Kevelaer 1973.
—**Berreman, G.D.:** Social Inequality. A Cross-Cultural Analysis, in: ders. (Hg.): Social Inequality: Comparative and Developmental Approaches, New York 1981, 3-40.
—**Beyer, D.:** Quelques vestiges de l'imagerie émariote du Bronze Moyen, MARI 6, 1990, 93-102.
—**Bietak, M.:** Art.: Tell ed-Dabʿa, in: RlÄ 6, 321-323.
—**Bietak, M.:** Problems of Middle Bronze Age Chronology: New Evidence from Egypt, AJA 88, 1984, 471-485.
—**Bietak, M.:** The Middle Bronze Age of the Levant - A New Approach to Relative and Absolute Chronology, in: HML III, 78-123.
—**Bietak, M.:** Egypt and Canaan During the Middle Bronze Age, BASOR 281, 1991, 27-72.
—**Bietak, M.:** Die Chronologie Ägyptens und der Beginn der mittleren Bronzezeit, ÄuL 3, 1992, 29-37.
—**Bietak, M.:** Connections Between Egypt and the Minoan World, in: Davies, W.V/Schofield, L. (Hgg.): Egypt, the Aegean and the Levant. Interconnections in the Second Millenium BC, London 1995, 19-28.
—**Bietak, M./Marinatos, N.:** The Minoan Wall Paintings from Avaris, ÄuL 5, 1995, 49-62.
—**Birot, M.:** Commentaire, in: Textes administratifs de la salle V du palais, ARM IX, Paris 1960, 242-352.

—**Birot, M.**: Données nouvelles sur la chronologie du règne de Zimri-Lim, Syria 55, 1978, 333-343.
—**Birot, M.**: Les chroniques assyriennes de Mari, MARI 4, 1985, 219-242.
—**Bobek, H.**: Die Hauptstufen der Gesellschafts- und Wirtschaftsentfaltung in geographischer Hinsicht, Die Erde 90, 1959, 259-298 (= E. Wirth (Hg.): Wirtschaftsgeographie, WdF 219, Darmstadt 1969, 441-485).
—**Böhl, F.M. de Liagre:** Brieven uit het archief van Mari (Tell Ḥariri) III, BiOr 1, 1943/44, 101-105.
—**Böhl, F.M. de Liagre:** King Hammurapi in the Setting of his Time, in: ders., Opera Minora, Groningen/Djakarta 1953, 339-363.
—**Bonechi, M.**: I "regni" dei testi degli archivi di Ebla, AuOr 8, 1990, 157-174.
—**Bonechi, M.**: Onomastica dei testi di Ebla: nomi propri come fossili-guida, SEL 8, 1991, 59-79.
—**Bonechi, M.**: Relations amicales syro-palestiniennes: Mari et Hasor au XVIIIe siècle av. J.C., in: Durand, J.-M et al. (Hgg.): Florilegium Marianum (FS M. Fleury), MémNABU 1, Paris 1992, 9-22.
—**Bonechi, M.**: I nomi geografici dei testi di Ebla, RGTC 12/1, Wiesbaden 1993.
—**Bonechi, M.**: West Semitic Personal Names in the Cuneiform Sources. I: Some Remarks on the Amarna Personal Names, SEL 13, 1996, 9-17.
—**Bordreuil, P. (Hg.)**: Une bibliothèque au sud de la ville, RSOu VII, Paris 1991.
—**Bordreuil, P.**: Recherches Ougaritiques. II: La mention du mois d'Adaru dans une lettre du roi de Tyr au roi d'Ougarit (RS 18.59 l. 14), Sem 40, 1991, 28-30.
—**Borger, R.**: Art.: Getreide A. Mesopotamien, nach sumerischen und akkadischen Texten, in: RlA 3, 308-311.
—**Borger, R.**: Akkadische Rechtsbücher, in: ders. u.a.: Rechtsbücher, TUAT I/1, Gütersloh 1982, 32-95.
—**Borger, R.**: Assyrisch-Babylonische Zeichenliste, AOAT 33/33A, Kevelaer/Neukirchen-Vluyn ^{4}1988.
—**Borger, R.**: Babylonisch-Assyrische Lesestücke, I: Die Texte in Umschrift; II: Elemente der Grammatik und der Schrift. Glossar. Die Texte in Keilschrift, AnOr 54, Rom ^{2}1994 (= BAL^{2}).
—**Bosch, K.**: Statistik-Taschenbuch, München/Wien ^{2}1993.
—**Bottéro, J.**: Art.: Getränke A. Nach sumerischen und akkadischen Texten, in: RlA 3, 302-306.
—**Botterweck, G.J./Branson, R.D.**: Art.: יָשַׁר *jāsar*, ThWAT III, 688-697.
—**Bouzon, E.**: A propriedade fundiária na Baixa Mesopotâmia durante o período paleobabilônico, Cadmo 1, 1991, 9-30.
—**Bouzon, E.**: O alcance social da *ṣimdat šarrim* nos contratos paleobabilônicos de Larsa, Cadmo 1, 1991, 77-100.
—**Bouzon, E.**: Die soziale Bedeutung des *ṣimdat-šarrim*-Aktes nach den Kaufverträgen der Rim-Sin-Zeit, in: Dietrich, M./Loretz, O. (Hgg.): Vom Alten Orient zum Alten Testament (FS W. von Soden), AOAT 240, Neukirchen-Vluyn/Kevelaer 1995, 11-30
—**Boyer, G.**: Commentaire juridique, in: Textes juridiques, ARM VIII, Paris 1958, 157-241.
—**Bradbury, L.**: The Tombos Inscription: A New Interpretation, Serapis 8, 1984/85, 1-20.

—**Braidwood, R.J.:** Mounds in the Plain of Antioch, OIP 48, Chicago 1937.
—**Braun, E./Rademacher, H.:** Wissenschaftstheoretisches Lexikon, Graz u.a 1978.
—**Brentjes, B.:** Das Kamel im Alten Orient, Klio 38, 1960, 23-52.
—**Brinkmann, J.A.:** A History of Post-Kassite Babylonia, AnOr 43, Rom 1968.
—**Brinkmann, J.A.:** Notes on Mesopotamian History in the Thirteenth Century B.C., BiOr 27, 1970, 301-314.
—**Brinkmann, J.A.:** Prelude to Empire: Babylonian Society and Politics, 747-626 B.C., OPBF 7, Philadelphia 1984.
—**Brinkman, J.A.:** Textual Evidence for Anomalous Quantities of Iron in Alalakh and Nuzi in the Middle and Late Bronze Ages, NABU Nr. 64/1987, 34f.
—**Brinkman, J.A./Lasson, J.A.:** A Missing Fragment of the Khorsabad Kinglist, NABU Nr. 33/1999, 32f.
—**Brockelmann, C.:** Lexion Syriacum, Halle ^{2}1928 (= Tübingen 1982).
—**Brockelmann, C.:** Arabische Grammatik, Leipzig u.a. ^{24}1992 (~ Leipzig ^{14}1960) (= Grammatik).
—**Bryce, T.:** The Kingdom of the Hittites, Oxford 1998.
—**Buccellati, G.:** Art.: Amorites, in: OxfEncANE 1, 107-111.
—**Buccellati, G.:** Art.: Syria in the Bronze Age, in: OxcEncANE 5, 126-131.
—**Buccellati, G.:** An Interpretation of the Akkadian Stative as a Nominal Sentence, JNES 27, 1968, 1-12.
—**Buccellati, G.:** A Structural Grammar of Babylonian, Wiesbaden 1996.
—**Buchholz, H.-G.:** Ugarit, Zypern und Ägäis. Kulturbeziehungen im zweiten Jahrtausend v.Chr., AOAT 261, Münster 1999.
—**Bunnens, G.:** Quelques aspects de la vie quotidienne au palais d'Alalakh d'après les listes de rations du niveau VII (XVIIIe/XVIIe s.), in: Hirsch, H./Hunger, H. (Hgg.): Vorträge gehalten auf der 28. RAI in Wien, BAfO 19 = CRRAI 28, Wien 1982, 72-84.
—**Bunnens, G.:** Was There a Military Officer Named *Zukraši* in the Alalakh Texts, AbrNahr 32, 1994, 96f.
—**Butz, K.:** Art.: Landwirtschaft, in: RlA 6, 470-486.
—**Cantor, H.:** Syro-Palestinian Ivories, JNES 15, 1956, 153-174.
—**Casperson, L.W.:** The Lunar Dates of Thutmose III, JNES 45, 1986, 139-150.
—**Casperson, L.W.:** The Lunar Date of Ramesses II, JNES 47, 1988, 181-184.
—**Cassin, E. u.a. (Hgg.):** Die Altorientalischen Reiche I-III. I: Vom Paläolithicum bis zur Mitte des 2. Jahrtausends (Frankfurt 1965); II: Das Ende des 2. Jahrtausends (Frankfurt 1966), III: Die erste Hälfte des 1. Jahrtausends (Frankfurt 1967) (= Fischer Weltgeschichte, Band 2-4; verschiedene Verfasser).
—**Cavigneaux, A:** Le nom akkadien du grain, NABU Nr. 52/1989, 33.
—**Cavigneaux, A:** SAHAR = $kuš_7$, NABU Nr. 103/1992, 48f.
—**Chadwick, J.:** The Mycenaean World, London 1976 = Die mykenische Welt, Stuttgart 1979.
—**Chadwick, J./Ventris, M.:** Documents in Mycenaean Greek, London ^{2}1973.
—**Charpin, D.:** Mari entre l'Est et l'Ouest: Politique, Culture, Religion, Akkadica 78, 1992, 1-10.
—**Charpin, D.:** Les archives du devin Asqudum, MARI 4, 1985, 453-462.
—**Charpin, D.:** Rois et *šaknus*, RA 80, 1986, 186.
—**Charpin, D.:** L'*andurârum* à Mari, MARI 6, 1990, 253-270.

—Charpin, D./Durand, J.-M.: Relectures d'ARMT VII, MARI 2, 1983, 75-115.

—Charpin, D./Durand, J.-M.: La prise du pouvoir par Zimri-Lim, MARI 4, 1987, 293-343.

—Charpin, D./Ziegler, N.: Mekum, roi d'Apišal, MARI 8, 1997, 243-247.

—Chavalas, M.V. (Hg.): Emar: The History, Religion and Culture of a Syrian Toponym in the Late Bronze Age, Bethesda 1976.

—Charles, M.P.: Introductory Remarks on the Cereals, BSA 1, 1984, 17-31.

—Charles, M.P.: An Introduction to the Legumes and Oil Plants of Mesopotamia, BSA 2, 1985, 39-61.

—Chirichigno, G.: Debt Slavery in Israel and the Ancient Near East, JSOT.SS 141, Sheffield 1993.

—Civil, M.: Studies on Early Dynastic Lexicography I, OA 21, 1982, 1-26.

—Civil, M.: The Farmer's Instructions. A Sumerian Agricultural Manual, AuOrS 5, Barcelona 1994.

—Cohen, M.E.: The Cultic Calendars of the Ancient Near East, Bethesda 1993.

—Collins, B.J.: Ḫattušili I. The Lion King, JCS 50, 1998, 15-20.

—Collon, D.: The Seal Impressions from Tell Atchana/Alalakh, AOAT 27, Neukirchen-Vluyn/Kevelaer 1975.

—Collon, D.: "A New Look at the Chronology of Alalakh Level VII: A Rejoinder", AnSt 27, 1977, 127-131.

—Collon, D.: The Aleppo Workshop. A Seal-Cutters' Workshop in Syria in the Second Half of the 18th Century B.C., UF 13, 1981, 33-43.

—Collon, D.: The Alalakh Cylinder Seals, BAR.IS 32, Oxford 1982.

—Cornelius, F.: Die Chronologie des Vorderen Orients im 2. Jahrtausend v. Chr., AfO 17, 1954/1956, 294-309.

—Cornelius, F.: Chronology. Eine Erwiderung, JCS 12, 1958, 101-104.

—Cornelius, F.: Geschichte der Hethiter mit besonderer Berücksichtigung der geographischen Verhältnisse und der Rechtsgeschichte, Darmstadt ²1976.

—Crowley, J.L.: Minoan Influence on Mycenaean Art: Chronological Problems with the Prototypes, in: HML III, 124-141.

—Cryer, F.: Chronology: Issues and Problems, in: Sasson, J.M. (Hg.): CivANE, 651-664.

—Cunchillos, J.-L.: The Correspondence of Ugarit. I: The Ugaritic Letters, in: Watson, W.G.E./Wyatt, N.: Handbook of Ugaritic Studies, HdO I/39, Leiden u.a. 1999, 359-374.

—Curvens, H.H./Schwartz, M.: Umm el Marra, a Bronze Age Urban Center in the Jabbul Plain, Western Syria, AJA 101, 1997, 201-239.

—Dalley, S.: The Descent of Ishtar to the Netherworld, in: Hallo, W.H./Younger, K.L. Jr. (Hgg.): The Context of Scripture, I. Canonical Compositions from the Biblical World, Leiden 1997, 381-384.

—Dalman, G.: Arbeit und Sitte in Palästina I-VII, Gütersloh 1928-1942 = Hildesheim 1968 (= AuS).

—Dalman, G.: Aramäisch-Neuhebräisches Handwörterbuch zu Targum, Talmud und Midrasch, Göttingen 1938 = Hildesheim 1967 (= Dalman).

—Dassow, E.M. von: Social Stratification of Alalah under the Mitannian Empire, Ph.D. (unveröff.) 1997.

—**Davies, W.V./ Schofield, L. (Hgg.):** Egypt, the Aegean and the Levant. Interconnections in the Second Millenium BC, London 1995.
—**Deger-Jalkowski, S.:** Landbesitz und Sozialstruktur im mykenischen Staat von Pylos, in: Heltzer, M./Lipiński, E. (Hgg.): Society and Economy in the Eastern Mediterranean (c. 1500-1000 B.C.). Proceedings of the International Symposium held at the University of Haifa from the 28th of April to the 2nd of May 1985, OLA 23, 1988, 31-52.
—**Del Olmo Lete, G.:** La religión cananea según la litúrgia de Ugarit. Estudio textual, AuOrS 3, Barcelona 1992. (überarbeitete engl. Übersetzung: Canaanite Religion According to the Liturgical Texts From Ugarit, Bethesda 1999).
—**Del Olmo Lete, G./Sanmartín, J.:** Diccionario de la lengua ugarítica I, AuOrS 7+8, Barcelona 1996/2000 (= DLU).
—**Del Olmo Lete, G./Sanmartín, J.:** Kultisches in den keilalphabetischen Verwaltungs- und Wirtschaftstexten aus Ugarit, in: Dietrich, M./Kottsieper, I. (Hgg.): "Und Mose schrieb dieses Lied auf". Studien zum Alten Testament und zum Alten Orient (FS O. Loretz), AOAT 250, Münster 1998, 175-197.
—**Dever, W.G.:** "Hyksos", Egyptian Destructions and the End of the Palestinian Middle Bronze Age, Levant 22, 1990, 75-81.
—**Dever, W.G.:** The Chronology of Syria-Palestine in the Second Millennium B.C.E.: A Review of Current Issues, BASOR 288, 1992, 1-25.
—**Dever, W.G.:** Hurrian Incursions and the End of the Middle Bronze Age in Syria/Palestine. A Rejoinder to Nadav Na'aman, in: Lesko, L.H. (Hg.): Ancient Egyptian and Mediterranean Studies (GS W.A. Ward), Providence 1998, 91-110.
—**Diakonoff, I.M.:** Problems of Property. The Structure of the Economy in Western Asia (russ.), VDI, 1969/4, 3-33.
—**Diakonoff, I.M.:** Hurrisch und Urartäisch, MSS.B 6, München 1971 (= HuU).
—**Diakonoff, I.M.:** Socio-economic Classes and the Babylonian Concept of Social Stratification, in: Edzard, D.O. (Hg.): Gesellschaftsklassen im Alten Zweistromland und den angrenzenden Gebieten, CRRAI 18, München 1972, 41-52.
—**Diakonoff, I.M.:** Slaves, Helots and Serfs in Early Antiquity, in: Harmatta, J./Komoróczy, G. (Hgg.): Wirtschaft und Gesellschaft im Alten Vorderasien (= Nachdruck aus AcAnt 22, 1974), Budapest 1976, 45-78.
—**Diakonoff, I.M.:** The Structure of the Ancient Near East, Oikumene 3, 1982, 7-100.
—**Diakonoff, I.M.:** Slave Labour vs. Non-Slave Labour: The Problem of Definition, in: Powell, M.A. (Hg.): Labor in the Ancient Near East, AOS 68, New Haven 1987, 1-3.
—**Dietrich, M.:** Das Einsetzungsritual der Entu von Emar (Emar VI/3, 369), UF 21, 1989, 47-100.
—**Dietrich, M.:** Die akkadischen Texte der Archive und Bibliotheken von Emar, UF 22, 1990, 25-48.
—**Dietrich, M.:** Die Frage nach der persönlichen Freiheit im Alten Orient, in: Mesopotamia — Ugaritica — Biblica (FS Bergerhof), AOAT 232, Kevelaer/Neukirchen-Vluyn 1993, 45-58.
—**Dietrich, M.:** Die Texte aus Ugarit im Spannungsfeld zwischen Königshaus und Bevölkerung, in: Albertz, R. (Hg.): Religion und Gesellschaft. Studien zu ihrer Wechselbeziehung in den Kulturen des Antiken Vorderen Orients, Veröffent-

lichungen des Arbeitskreises zur Erforschung der Religions- und Kulturgeschichte des Antiken Vorderen Orients (AZERKAVO) I, AOAT 248, Münster 1997.

—**Dietrich, M.:** Aspects of the Babylonian Impact on Ugaritic Literature and Religion, in: Wyatt, N. u.a. (Hgg.): Ugarit, religion and culture. Proceedings of the International Colloquium on Ugarit, religion and culture. Edinburgh, July 1994 (FS J.C.L. Gibson), UBL 12, Münster 1996.

—**Dietrich, M. u.a.:** Zur ugaritschen Lexikographie (VIII), UF 5, 1973, 105-117.

—**Dietrich, M. u.a.:** Die angebliche ug.-he. Parallele *SPSG* ‖ *SPS(J)G(JM)*, UF 8, 1976, 37-40.

—**Dietrich, M. u.a.:** *Sikkanum* "Betyle", UF 21, 1989, 133-139.

—**Dietrich, M./Loretz, O.:** Die soziale Struktur von Alalaḫ und Ugarit. I: Die Berufsbezeichnungen mit der hurritischen Endung *-ḫuli*, WO 3, 1964-1966, 188-205.

—**Dietrich, M./Loretz, O.:** Hurritisch *fa/ent* in ugaritischen Personennamen, UF 1, 1969, 211-213.

—**Dietrich, M./Loretz, O.:** Siegel des Taḫe-Addu (CA. 1750 v.Chr), UF 1, 1969, 213-215.

—**Dietrich, M./Loretz, O.:** Die soziale Struktur von Alalah und Ugarit (V) Die Weingärten des Gebietes von Alalah im 15. Jahrhundert, UF 1, 1969, 37-64.

—**Dietrich, M./Loretz, O.:** Die soziale Struktur von Alalah und Ugarit (II). Die sozialen Gruppen *ḫupše-namê*, *ḫaniaḫḫe-ekû*, *eḫele-šūzubū* und *marjanne* nach Texten aus Alalah IV, WO 5, 1969/70, 57-93.

—**Dietrich, M./Loretz, O.:** Die soziale Struktur von Alalah und Ugarit (IV). Die É = *bītu*-Listen aus Alalah IV als Quelle für die Erforschung der gesellschaftlichen Schichtung von Alalah im 15. Jh. v. Chr., ZA 60, 1970, 88-123.

—**Dietrich, M./Loretz, O.:** Zur ugaritischen Lexikographie, UF 4, 1972, 27-35.

—**Dietrich, M./Loretz, O.:** Die ug. Berufsbezeichnungen *yt(n)* "Aufseher" und akk. *atû*, *atuḫlu*, UF 9, 1977, 338f.

—**Dietrich, M./Loretz, O.:** Ämter und Titel des Schreibers *Ilmlk* von Ugarit, UF 12, 1980, 387-389.

—**Dietrich, M./Loretz, O.:** Die Inschrift der Statue des Königs Idrimi von Alalah, UF 13, 1981, 201-269.

—**Dietrich, M./Loretz, O.:** Dokumente aus Alalach und Ugarit, in: D. Conrad u.a.: Dokumente zum Rechts- und Wirtschaftsleben, TUAT I/3, Gütersloh 1983, 210-219.

—**Dietrich, M./Loretz, O.:** Historisch-Chronologische Texte aus Alalah, Ugarit, Kamid el Loz/Kumidi und den Amarna-Briefen, in: dies. u.a.: Historisch-Chronologische Texte II, TUAT I/5, Gütersloh 1985, 496-520.

—**Dietrich, M./Loretz, O.:** Die Keilalphabete. Die phönizisch-kanaanäischen und altsüdarabischen Alphabete in Ugarit, ALASP 1, Münster 1988.

—**Dietrich, M./Loretz, O.:** Votiv und Bauinschriften aus Mari und Ugarit, in: C. Butterweck u.a.: Grab-, Sarg-, Votiv- und Bauinschriften, TUAT II/4, Gütersloh 1988, 501-505.

—**Dietrich, M./Loretz, O.:** Ugaritisch *drʿ*, *drt*, *dry* und hebräisch *zrh* II, UF 23, 1991, 79-82.

—**Dietrich, M./Loretz, O.:** Zur Debatte über die Lautentwicklung *z* -> *d* im Ugaritischen (*zrʿ*/*drʿ* "säen", *ʿḏb*/*ʿdb* "legen, setzen"), UF 25, 1993, 123-132.

—**Dietrich, M./Loretz, O.:** Der biblische Azazel und AlT *126, UF 25, 1993, 99-117.

—**Dietrich, M./Loretz, O.:** The Cuneiform Alphabetic Texts from Ugarit, Ras Ibn Hani and Other Places (KTU[2]), ALASPM 8, Münster 1995 (= KTU).

—**Dietrich, M./Loretz, O.:** Analytic Ugaritic Bibliography (1972-1988), AOAT 20/6, Kevelaer/Neukirchen-Vluyn 1996.

—**Dietrich, M./Loretz, O.:** Das ugaritische Gottesattribut *ḥrš* "Weiser, handwerklich Tüchtiger". Eine Studie über die Götter El, Ea/Enki, Kṯr-w-ḫss und Hyn, UF 31, 1999, 165-173.

—**Dietrich, M./Mayer, W.:** Beiträge zum Hurritischen (I). Einzelfragen zu Grammatik und Lexikon des Mitanni-Briefs, UF 23, 1991, 107-126.

—**Dietrich, M./Mayer, W.:** Die Konjunktive im Mitanni-Hurritischen. Beiträge zum Hurritischen (II). Einzelfragen zu Grammatik und Lexikon des Mitanni-Briefs, UF 24, 1992, 39-58.

—**Dietrich, M./Mayer, W.:** Hurritische Weihrauch-Beschwörungen in ugaritischer Alphabetschrift, UF 26, 1994, 73-112.

—**Dietrich, M./Mayer, W.:** Sprache und Kultur der Hurriter in Ugarit, in: Dietrich, M./Loretz, O. (Hgg.): Ugarit —ein ostmediterranes Kultzentrum im Alten Orient. Ergebnisse und Perspektiven der Forschung. I: Ugarit und seine altorientalische Umwelt., ALASP 7/1, Münster 1995, 7-42.

—**Dietrich, M./Mayer, W.:** Hurritica Alalahiana (I), UF 28, 1996, 177-188.

—**Dietrich, M./Mayer, W.:** Ein hurritisches Totenritual für ʿAmmistamru III (KTU 1.125), in: Pongratz-Leisten, B. u.a. (Hgg.): *Ana šādi Labnāni lu allik.* Beiträge zu altorientalischen und mittelmeerischen Kulturen (FS W. Röllig), AOAT 247, Neukirchen-Vluyn/Kevelaer 1997, 79-89.

—**Dijkstra, M.:** Response to H.-P. Müller and M. Weippert, in: Hoftijzer, J./Kooij van der, G. (Hgg.): The Balaam Text from Deir ʿAllā Re-Evaluated, Leiden 1991, 206-217.

—**Dombradi, E.:** Die Darstellung des Rechtsaustrags in den altbabylonischen Prozessurkunden. I: Die Gestaltung der altbabylonischen Prozessurkunden. Der altbabylonische Zivilprozess; II: Appendix: Die Organe der Rechtsprechung. Anmerkungen—Exkurse—Indices, FAOS 20/1+2, Stuttgart 1996.

—**Dosch, G.:** Zur Struktur der Gesellschaft des Königreichs Arrapḫe, HSAO 5, Heidelberg 1993.

—**Dossin, G.:** Les archives épistolaires du palais de Mari, Syria 19, 1938, 105-126.

—**Dossin, G.:** Les archives économiques du palais de Mari, Syria 20, 1939, 97-113.

—**Dossin, G.:** L'inscription de fondation de Yaḫdun-Lim, roi de Mari, Syria 32, 1955, 1-28.

—**Dozy, R.:** Supplément aux dictionnaires arabes, 2 Bdd., Beirut 1968 (= Leiden 1881).

—**Draffkorn, A.:** *Ilāni/Elohim*, JBL 76, 1957, 216-224.

—**Draffkorn, A.:** Hurrians and Hurrian at Alalakh, Ph.D. (unv.) 1959 (= Hurrians).

—**Draffkorn, A.:** Was King Abba-AN a Vizier for the King of Hattusa?, JCS 13, 1959, 94-97.

—**Dsharakarian, R.:** Altakkadische Wirtschaftstexte aus den Archiven von Awal und Gasur (III. Jahrtausend v.Chr.), ZA 84, 1993, 1-10.

—**Dupuydt, L.:** The Function of the Ebers Calendar Concordance, Or 65, 1996, 61-88.

—**Durand, J.-M.:** Relectures de ARM VIII. I. Collations, MARI 1, 1982, 75-135.

—**Durand, J.-M.:** Trois études sur Mari, MARI 3, 1984, 127-180.

—**Durand, J.-M.:** Introduction. Le point de vue de l'epigraphiste, MARI 4, 1985, 6-12.

—**Durand, J.-M.:** Les dames du palais de Mari à l'époque du royaume de Haute-Mésopotamie, MARI 4, 1985, 385-436.

—**Durand, J.-M.:** Documents pour l'histoire du royaume de Haute-Mésopotamie, MARI 5, 1987, 151-198.

—**Durand, J.-M.:** Question des chiffres, MARI 5, 1987, 605-610.

—**Durand, J.-M.:** Tombes familiales et culte des ancêtres à Emar, NABU Nr. 112/1989, 85-88.

—**Durand, J.-M.:** La cité-état d'Imar à l'époque des rois de Mari, MARI 6, 1990, 39-92.

—**Durand, J.-M.:** Le sel à Mari. II: Les salines sur les bords du Habur, MARI 6, 1990, 629-634.

—**Ebeling, E.:** Art.: Gerste, in: RlA 3, 211f.

—**Eder, Chr.:** Die ägyptischen Motive in der Glyptik des östlichen Mittelmeerraumes zu Anfang des 2. Jts. v. Chr., OLA 71, Leuven 1995.

—**Edgerton, W.F.:** Chronology of the Twelfth Dynasty, JNES 1, 1942, 307-314.

—**Edzard, D.O.:** in: Haussig, H.W. (Hg.): Götter und Mythen im Vorderen Orient, WdM I/1, Stuttgart 1965, 17-140.

—**Edzard, D.O.:** Die "zweite Zwischenzeit" Babyloniens, Wiesbaden 1957.

—**Edzard, D.O.:** Art.: Irra-Imitti, in: RlA 5, 170.

—**Edzard, D.O.:** Art.: Martu (Mardu). B. Bevölkerungsgruppe, in: RlA 7, 438-440.

—**Edzard, D.O.:** Der Vertrag von Ebla mit A-bar-QA, QS 18, 1992, 187-217.

—**Edzard, D.O./Farber, G.:** Die Orts- und Gewässernamen der Zeit der 3. Dynastie von Ur, RGTC 2, Wiesbaden 1974.

—**Eichler, B.L.:** Indenture at Nuzi, New Haven/London 1973.

—**Eidem, J.:** A Note on the Pulse Crops at Tell Šemšara, BSA 2, 1985, 141-143.

—**Eidem, J.:** The Tell Leilan Archives 1987, RA 85, 1991, 109-135.

—**Eidem, J.:** The Shemshāra Archives 2. The Administrative Texts, Historisk filosofiske Skrifter 15, Kopenhagen 1992.

—**Eidem, J.:** From the Zagros to Aleppo—and Back. Chronological Notes on the Empire of Šamši-Adad, Akkadica 81, 1993, 23-28.

—**Eidem, J.:** Sûmu-Epuh - A stretcher-case, NABU Nr. 10/1994, 9f.

—**Eißfeldt, O.:** Ugarit und Alalach (Erstpublikation), in: ders.: Kleine Schriften III, Tübingen 1966, 270-280.

—**Ellis, R.S.:** Art.: Mühle B. Archäologisch, in: RlA 8, 401-404.

—**Ellison, R.:** Diet in Mesopotamia: The Evidence of the Barley Ration Texts (c. 3000-1400 B.C.), Iraq 43, 1981, 35-45.

—**Englund, R.K.:** Organisation und Verwaltung der Ur III-Fischerei, BBVO 10, Berlin 1990.

—**Enneking, D. u.a.:** A Note on Vicia ervilia Cultivation, Utilization and toxicity in Morocco, Al Awamia 89, 1995, 141-148 (mir nicht zugänglich, hier nach: http://www.general.uwa.edu.au/u/enneking/Awamia.htm, eingesehen 07.09.1999)

—**Evans, A.:** Some Notes on the Tal Atchana Pottery, JHS 56, 1936, 133f.
—**Farber, H.:** A Price and Wage Study for Northern Babylonia During the Old Babylonian Period, JESHO 21, 1978, 1-51.
—**Finet, A.:** Le *ṣuḫārum* à Mari, in: Edzard, D.O. (Hg.): Gesellschaftsklassen im Alten Zweistromland und den angrenzenden Gebieten, CRRAI 18, München 1972, 65-72.
—**Finet, A.:** Le vin à Mari, AfO 25, 1974/77, 122-131.
—**Finkelstein, J.J.:** The Year Dates of Samsuditana, JCS 13, 1959, 39-49.
—**Firmage, A.:** Art.: Zoology, in: ABD VI, 1109-1167.
—**Fischer, P.M./Lodding, A.R.E.:** SIMS Studies of Teeth: A New Dating Technique?, in: HML III, 142-149.
—**Fisher, A.G./Fisher, H.W.:** Slavery and Muslim society in Africa : The institution in Saharan and Sudanic Africa and the Trans-Saharan Trade, London 1970.
—**Fisz, M.:** Wahrscheinlichkeitsrechung und mathematische Statistik, Berlin 1980.
—**Fleming, D.:** More Help from Syria. Introducing Emar to Biblical Studies, BA 58, 1995, 139-147.
—**Fohrer, G. u.a.:** Exegese des Alten Testaments, UTB 267, Heidelberg [4]1983.
—**Frame, G.:** The Old Babylonian Period (2003-1595), RIME 4, Toronto u.a. 1990.
—**Frandsen, P.J.:** Art.: Tell Mardikh, in: RlÄ 6, 348-351.
—**Franke, D.:** Zur Chronologie des Mittleren Reiches (12.-18. Dynastie). Teil I: Die zwölfte Dynastie, Or 57, 1988, 113-138.
—**Frantz-Szabó, G.:** Art.: Mundschenk B, in: RlA 8, 422f.
—**Frayne, D.R.:** New Light on the Reign of Išme-Dagān, ZA 88, 1998, 6-44.
—**Freydank, H.:** Beiträge zur mittelassyrischen Chronologie und Geschichte, Schriften zur Geschichte und Kultur des Alten Orients 21, Berlin 1991.
—**Freydank, H.:** Das Archiv Assur 18764, AoF 19, 1992, 276-321.
—**Friedrichs, J.:** Die Hethitischen Gesetze, Documenta et Monumenta Orientis Antiqui 7, Leiden 1959.
—**Fritz, V.:** Die Entstehung Israels im 12. und 11. Jahrhundert v.Chr., BiblEnzyk 2, Stuttgart u.a. 1996.
—**Gaál, E.:** Alalah táradalma és gazdasági élete az i.e. 18-17 században (A VII réteg okmányai alapján) (= Gesellschaft und Wirtschaftsleben von Alalakh VII im 18.-17. Jhd. v.u.Z.. - Aufgrund der Dokumente der Schicht VII, Veröffentlichungen der Lehrstühle für die Geschichte des Altertums an der Eötvös-Loránd-Universität 1, Budapest 1971.
—**Gaál, E.:** The Economic Life of Alalaḫ in the 18-17th Centuries B.C., AUSB 13, 1972, 279-300.
—**Gaál, E.:** The "Eperum" in Alalaḫ, AUSB 17, 1976, 3-14.
—**Gaál, E.:** The State Sector as the Guarantee of the Territorial Integrity (Based on the Alalaḫ VII Archive), Oikumene 1, 1976, 39-46.
—**Gaál, E.:** Alalaḫian Miscellanies II, SCCNH 1, Winona Lake 1981, 133-135.
—**Gaál, E.:** On the Chronology of Alalaḫ Level VII, AUSB 22, 1982, 3-53.
—**Gaál, E.:** State and Private Sectors in Alalaḫ VII, AcAnt 30, 1982-84, 3-44.
—**Gaál, E.:** The Social Structure of Alalaḫ, in: Heltzer, M./Lipiński, E. (Hgg.): Society and Economy in the Eastern Mediterranean (c. 1500-1000 B.C.). Proceedings of the International Symposium held at the University of Haifa from the 28th of April to the 2nd of May 1985, OLA 23, 1988, 99-110.

—**Gaál, E.:** Prisoners of War in Alalaḫ VII, AcAnt 32, 1989, 1-3.
—**Galandi, G.:** Terqa Glyptic Data Highly Support a Low Chronology, NABU Nr. 137/1998, 133f.
—**Galter, H.-D.:** Art.: Aya, in: DDD², 125-127.
—**Garbini, G./della Vida, G.L.:** Considerazioni sull' iscrizione punica di Pyrgi, OA 4, 1965, 35-52.
—**Gasche, H. u.a.:** Dating the Fall of Babylon. A Reappraisal of Second-Millennium Chronology, MHEM 4, Gent/Chicago 1998.
—**Gasche, H. u.a.:** A Correction to "*Dating the Fall of Babylon. A Reappraisal of Second-Millennium Chronology* (= MHEM 4), Ghent and Chicago, 1998", Accadica 108, 1998, 1-4.
—**Gates, M.-H. C.:** Alalakh Levels VI and V: A Chronological Reassessment, SMS 4/2, 1981, 1-50.
—**Gates, M.-H. C.:** Alalakh and Chronology again, in: HML II, 60-86.
—**Gehlen, A.:** Urmensch und Spätkultur. Philosophische Ergebnisse und Aussagen, Wiesbaden ³1985.
—**Gelb, I.J.:** Two Assyrian King-Lists, JNES 13, 1954, 209-230.
—**Gelb, I.J.:** The Ancient Mesopotamian Ration System, JNES 24, 1965, 230-243.
—**Gelb, I.J.:** Approaches to Ancient Society, JAOS 87, 1967, 1-8.
—**Gelb, I.J.:** From Freedom to Slavery, in: Edzard, D.O. (Hg.): Gesellschaftsklassen im Alten Zweistromland und den angrenzenden Gebieten, CRRAI 18, München 1972, 81-92.
—**Gelb, I.J.:** Definition and Discussion of Slavery and Serfdom, UF 11, 1979, 283-297.
—**Gelb, I.J.:** Measures of Dry and Liquid Capacity, JAOS 102, 1982, 585-590.
—**Gelb, I.J. u.a.:** Nuzi Personal Names, OIP 57, Chicago 1943 (= NPN).
—**Gesenius, W.:** Hebräisches und Aramäisches Handwörterbuch über das Alte Testament, Berlin ¹⁷1915 = 1962 (Ges¹⁷); Neubearbeitung: I: ¹⁸1987; II: ¹⁸1995 (Ges¹⁸).
—**Geyer, B.:** Une ville aujourd'hui engloutie: Emar. Contributition géomorphique à la localisation de la cité, MARI 6, 1990, 107-120.
—**Giacumakis, G.:** The Akkadian of Alalaḫ, Ianua Linguarum. Series Practica 59, Den Haag/Paris 1970.
—**Ginsberg, H.L.:** The North-Canaanite Myth of Anath and Aqhat, BASOR 98, 1945, 15-23.
—**Glassner, J.-J.:** Art.: Mundschenk (échanson) A. In Mesopotamien, in: RlA 8, 420-422.
—**Goedicke, H.:** The Chronology of the Thera/Santorin Explosion, ÄuL 3, 1992, 57-62.
—**Goetze, A.:** Number Idioms in Old Babylonian, JNES 5, 1946, 187-202.
—**Goetze, A.:** The Etymology of Akk. *qātum* "Hand", JCS 2, 1948, 269f.
—**Goetze, A.:** Rez. zu S.Smith, The Statue of Idrimi: JCS 4, 1950, 226-231.
—**Goetze, A.:** The Problem of Chronology and Early Hittite History, BASOR 122, 1951, 18-25.
—**Goetze, A.:** The Date of the Hittite Raid on Babylon, BASOR 127, 1952, 21-26.
—**Goetze, A.:** Alalakh and Hittite Chronology, BASOR 146, 1957, 20-26.

—**Goetze, A.:** On the Chronology of the Second Millenium B.C., JCS 11, 1957, 53-61.63-73.
—**Goetze, A.:** Remarks on the Ration Lists from Alalakh VII, JCS 13, 1959, 34-38.
—**Goetze, A.:** Remarks on the Lists from Alalakh IV, JCS 13, 1959, 63f.
—**Goetze, A.:** The Roster of Women AT 298, JCS 13, 1959, 98-103.
—**Gordon, C.H.:** The Names of the Month in the Nuzi Calendar, RSO 15, 1934/35, 253-257.
—**Gordon, C.H.:** Ugaritic Textbook, AnOr 38, Rom 1965 (= UT).
—**Gordon, C.H./Lacheman, E.R.:** The Nuzu Menology, ArOr 10, 1938, 51-64.
—**Gragg, C.:** Art.: Hurrian, in: OxfEncANE 3, 125f.
—**Grayson, A.K.:** Art.: Königslisten und Chroniken B, in: RlA 6, 86-135.
—**Grayson, A.K.:** Eunuchs in Power. Their Role in the Assyrian Bureaucracy, in: Dietrich, M./Loretz, O. (Hgg.): Vom Alten Orient zum Alten Testament (FS W. von Soden), AOAT 240, Münster 1995, 85-98.
—**Green, A.R.W.:** Social Stratification and Cultural Continuity at Alalakh, in: Huffmon, H.B. u.a. (Hgg.): The Quest of the Kingdom of God (FS G.E. Mendenhall), Winona Lake 1983, 181-203.
—**Greenstein, E.L.:** Art.: Alalakh-Texts, in: OxfEncANE 1, 59-61.
—**Greenstein, E.L.:** Autobiographies in Ancient Western Asia, in: Sasson, J.M. (Hg.): CivANE, 2423-2428.
—**Greenstein, E.L./Marcus, D.:** The Accadian Inscription of Idrimi, JANES 8, 1976, 59-96.
—**Gröndahl, F.:** Die Personennamen der Texte aus Ugarit, Studia Pohl 1, Rom 1967.
—**Groneberg, B.:** Die Orts- und Gewässernamen der altbabylonischen Zeit, RGTC 3, Wiesbaden 1980.
—**Groneberg, B.:** La culture matérielle à Mari. II: Der *nūbalum* und seine Objekte, MARI 6, 1990, 161-180.
—**Groneberg, B.:** Dam-Hurāṣim, Prinzessin aus Qaṭnā und ihr *NŪBALUM*, in: Charpin, D./Durand, J.-M. (Hgg.): Florilegium Marianum II (GS M. Birot), MémNABU 3, Paris 1994, 133-136.
—**Guichard, M.:** Le sel à Mari. III: Les lieux du sel, in: Charpin, D./Durand, J.-M. (Hgg.): Florilegium Marianum III (GS M.-T. Barrelet), MémNABU 4, Paris 1997, 167-200.
—**Gurney, O.R:** The Hittites, London [2]1976.
—**Gurzadyan, V.G./Cole, S.W.:** Ur III Eclipses Revisited, Akkadica 113, 1999, 1-5.
—**Güterbock, H.G.:** Bemerkungen zu den Ausdrücken *ellum, wardum* und *asīru* in hethitischen Texten, in: Edzard, D.O. (Hg.): Gesellschaftsklassen im Alten Zweistromland und den angrenzenden Gebieten, CRRAI 18, München 1972, 93-97.
—**Haas, V.:** Geschichte der hethitischen Religion, HdO I/15, Leiden u.a. 1994.
—**Haas, V./Wäfler, M.:** Möglichkeiten der Identifizierung des Tall al-Ḥamīdīya, in: Eichler, S. u.a. (Hgg.): Tall al Hamīdīya. 1. Vorbericht 1984, OBO.SerAr 4, Freiburg/Schw. 1985, 53-76.
—**Haidar, A.:** Who were the Amorites?, MANE 1, Leiden 1971.
—**Halstead, P.:** Quantifiying Sumerian Agriculture—Some Seeds of Doubt and Hope, BSA 5, 1990, 187-195.

—**Halstead, P.:** Banking on Livestock: Indirect Storage in Greek Agriculture, BSA 7, 1993, 63-75.

—**Halstead, P.:** Plough and Power: The Economic and Social Significance of Cultivation with the Ox-Drawn Card in the Mediterranean, BSA 8, 1995, 11-22.

—**Hankey, V.:** The Chronology of the Aegean Late Bronze Age, in: HML II, 39-59.

—**Hartmann, F.L./Oppenheim, A.L:** On Beer and Brewing Techniques in Ancient Mesopotamia According to the XXrd Tablet of the Series HAR.RA/*ḫubullu*, JAOS.Supp. 10, Baltimore 1950.

—**Haussig, H.W. (Hg.):** Götter und Mythen im Vorderen Orient, Wörterbuch der Mythologie I/1, Stuttgart 1965 (= WdM I/1).

—**Hawkins, J.D.:** Art.: Irrite, in: RlA 5, 171.

—**Hawkins, J.D.:** Art.: Karkemis, in: RlA 5, 426-446.

—**Hawkins, J.D.:** Art.: Luhuti, in: RlA 7, 159-161.

—**Healey, J.F.:** Ugaritic and Arabic. A Review, in: Dietrich, M./Loretz, O. (Hgg.): Ugarit - ein ostmediterranes Kulturzentrum im Alten Orient. Ergebnisse und Perspektiven der Forschung. I: Ugarit und seine altorientalische Umwelt, ALASP 7/1, Münster 1995, 75-85.

—**Hecker, K.:** Grammatik der Kültepe-Texte, AnOr 44, Rom 1968.

—**Hecker, K.:** Zur Herkunft der hethitischen Keilschrift, SCCNH 8, Winona Lake 1996, 291-303.

—**Heimpel, W.:** Art.: Kamel, in: RlA 5, 330-332.

—**Heimpel, W.:** Plow and Animal Inspection. Records from Ur III Girsu and Umma, BSA 8, 1995, 71-171.

—**Heinz, M.:** Tell Atchana/Alalakh. Die Schichten VII-XVII, AOAT 41, Kevelaer/Neukirchen-Vluyn 1992.

—**Heinz, M.:** Anmerkungen zu Th. McClellan... (FS H. Cantor), Akkadica 81, 1993, 1-28.

—**Helck, W.:** Art.: Alalach, in: RlÄ 1, 130.

—**Helck, W.:** Die Beziehungen Ägyptens zu Vorderasien im 3. und 2. Jahrtausend v. Chr., Wiesbaden ^{2}1971 (= Beziehungen^{2}).

—**Helck, W.:** Die Lage der Stadt Tunip, UF 5, 1973, 286-288.

—**Helck, W.:** Ägyptische Statuen im Ausland - ein chronologisches Problem, UF 8, 1976, 101-115.

—**Helck, W.:** "Was kann die Ägyptologie wirklich zum Problem der absoluten Chronologie in der Bronzezeit beitragen?" Chronologische Annäherungswerte in der 18. Dynastie, in: HML I, 18-36.

—**Helck, W.:** Erneut das angebliche Sothisdatum des Papyrus Ebers und die Chronologie der 18. Dynastie, SAK 15, 1988, 149-164.

—**Helck, W.:** Die Beziehungen Ägypten-Ugarit, in: Dietrich, M./Loretz, O. (Hgg.): Ugarit—ein ostmediterranes Kulturzentrum im Alten Orient. Ergebnisse und Perspektiven der Forschung. I: Ugarit und seine altorientalische Umwelt, ALASP 7/1, Münster 1995, 87-94

—**Helck, W.:** Die Beziehungen Ägyptens und Vorderasiens zur Ägäis bis ins 7. Jahrhundert v.Chr., EdF 120, Darmstadt ^{2}1995

—**Held, M.:** *mḫṣ/mḫš* in Ugaritic and Other Semitic Languages (A Study in Comparative Lexicography), JAOS 79, 1959, 169-176.

—**Heltzer, M.:** The Rural Community in Ancient Ugarit, Wiesbaden 1976.

—**Heltzer, M.:** Goods, Prices and the Organization of Trade in Ugarit. Marketing and Transportation in the Eastern Mediterranean in the Second Half of the II Milenium B.C.E., Wiesbaden 1978.
—**Heltzer, M.:** The Late Bronze Age Service System and Its Decline, in: ders./Lipiński, E. (Hgg.): Society and Economy in the Eastern Mediterranean (c. 1500-1000 B.C.). Proceedings of the International Symposium held at the University of Haifa from the 28th of April to the 2nd of May 1985, OLA 23, 1988, 7-18.
—**Heltzer, M.:** Vineyards and Wine in Ugarit (Property and Distribution), UF 22, 1990, 119-135.
—**Heltzer, M.:** Again about the *gt* in Ugarit and to the article of D. Michaux-Colombot in *UF* 29, UF 31, 1999, 193-197.
—**Henne, W.:** Bemerkungen zum heliakischen Aufgang der Sothis, ZÄS 119, 1992, 10-21.
—**Herrmann, W.:** Art. Baal, in: DDD², 132-139.
—**Hess, R.S.:** A Preliminary List of the Published Alalakh Tablets, UF 20, 1988, 69-87.
—**Hess, R.S.:** Observations on Some Unpublished Alalakh Texts, Probably from Level IV, UF 24, 1992, 113-115.
—**Hess, R.S.:** Amarna Personal Names, ASOR.DS 9, Winona Lake 1993.
—**Hess, R.S.:** Alalakh Studies and the Bible: Obstacle or Contribution?, in: Coogan, M.D. u.a. (Hgg.): Scripture and Other Artifacts: Essays on the Bible and Archaeology (FS Ph.J. King), Louisville 1994, 199-215.
—**Hess, R.S.:** A Comparision of the Ugarit, Emar and Alalakh Archives, in: Ugarit, religion and culture. Proceedings of the International Colloquium on Ugarit, religion and culture, Edinburgh, July 1994 (FS J.C.L. Gibson), UBL 12, Münster 1996, 75-83.
—**Hess, R.S.:** Hurrians and Other Inhabitants of Late Bronze Age Palestine, Levant 29, 1997, 153-156.
—**Hess, R.S.:** Occurences of "Canaan" in Late Bronze Age Archives of the West Semitic World, in: Sh. Isre'el u.a. (Hgg.): Past Links. Studies in the Languages and Cultures of the Ancient Near East (FS A.F. Rainey), IOS 18, 1998, 365-371.
—**Hess, R.S.:** Canaan and Canaanite at Alalakh, UF 31, 1999, 225-236.
—**Hiller, S.:** Dependant Personnel in Mycenaean Texts, in: Heltzer, M./Lipiński, E. (Hgg.): Society and Economy in the Eastern Mediterranean (c. 1500-1000 B.C.). Proceedings of the International Symposium held at the University of Haifa from the 28th of April to the 2nd of May 1985, OLA 23, 1988, 53-68.
—**Hillmann, G.:** Traditional Husbandry and Processing of Archaic Cereals in Recent Times. The Operations, Products and Equipment, Which Might Feature in Sumerian Times, I: The Glume Wheats, BSA 1, 1984, 114-132; II: The Free-Threshing Cereals, BSA 2, 1985, 1-31.
—**Hoffmeier, J.K.:** James Weinstein's "Egypt and the Middle Bronze IIC/Late Bronze IA. Transition in Palestine". A Rejoinder, Levant 23, 1991, 117-124.
—**Hoftijzer, J./Soldt, W.H.:** Texts from Ugarit Concerning Security and Related Akkadian and West Semitic Material, UF 23, 1991, 189-216.
—**Honigmann, E./Forrer, E.:** Art.: Amurru 1. Land des Westens bzw. Westwindes, in: RlA 1, 99-103.

—**Hornung, E.:** Grundzüge der ägyptischen Geschichte, Darmstadt 1978².
—**Hornung, E.:** Chronologie in Bewegung, in: Görg, M./Pusch, E.: Festschrift Elmar Edel, ÄAT 1, Bamberg 1979, 247-252.
—**Houwinck ten Cate, P.:** The History of Warfare According to Hittite Sources: The Annals of Hattusilis I (part II), Anatolica 11, 1984, 47-87.
—**Hrozný, B.:** Das Getreide im alten Babylonien, Kais. Akad. WS, Phil.-hist. Kl. 173/1, Wien 1913.
—**Huber, K.:** Art.: Bier und Bierbereitung in Babylonien, in: RlA 2, 25-28.
—**Huber, P.J.:** Astronomical Dating of Babylon I and Ur III, OPNE 1/4, Malibu 1982.
—**Huber, P.J.:** Astronomical Evidence for the Long and against the Middle and Short Chronologies, in: HML I, 5-17.
—**Huehnergard, J.:** Art.: Emar Texts, in: OxfEncANE 2, 239f.
—**Huehnergard, J.:** On Verbless Clauses in Akkadian, ZA 76, 1986, 218-249.
—**Huehnergard, J.:** Ugaritic Vocabulary in Syllabic Transscription, HSS 32, Atlanta 1987.
—**Huehnergard, J.:** The Accadian of Ugarit, HSS 34, Atlanta 1989.
—**Huehnergard, J.:** The Correspondence of Ugarit. II: The Akkadian Letters, in: Watson, W.G.E./Wyatt, N.: Handbook of Ugaritic Studies, HdO I/39, Leiden u.a. 1999, 375-389.
—**Huffmon, H.B.:** Amorite Personal Names in the Mari Texts. A Structural and Lexical Study, Baltimore 1965.
—**Hunger, H.:** Art.: Kalender, in: RlA 5, 297-303.
—**Ikeda, J.:** The Accadian Language from Emar: Texts Related to a Diviner's Family, in: Sh. Isre'el u.a. (Hgg.): Past Links. Studies in the Languages and Cultures of the Ancient Near East (FS A.F. Rainey), IOS 18, 1998, 33-61.
—**Imparati, F./Saporetti, C.:** L'autobiografia di Hattusili I, SCO 14, 1965, 40-85.
—**Jacob, I./Jacob, W.:** Art.: Flora, in: ABD II, 803-817.
—**Janowski, B./Wilhelm, G.:** Der Bock, der die Sünden hinausträgt, in: Janowski, B. u.a. (Hgg.): Religionsgeschichtliche Beziehungen zwischen Kleinasien, Nordsyrien und dem Alten Testament. Internationales Symposium Hamburg 17.-21. März 1990, OBO 129, Freiburg/Göttingen 1993, 109-169.
—**Jenni, E.:** Das hebräische Piʿel, Zürich 1968.
—**Jeremias, J.:** Der Prophet Amos, ATD 24/2, Göttingen 1995.
—**Jirku, A.:** Art.: ʾEmori, in: RlA 2, 362-367.
—**Joannès, F.:** Une mention d'Emar dans un texte de Haradum, MARI 6, 1990, 121f.
—**Joannès, F.:** Les Parfums à Mari, MARI 7, 1993, 251-270.
—**Jonas, F.:** Die Institutionenlehre Arnold Gehlens, Soziale Forschung und Praxis 24, Tübingen 1966.
—**Jong, T. de/Soldt, W.H. van:** Redating an Early Solar Eclipse (KTU 1.78). Implications for the Ugaritic Calendar and for the Secular Accelerations of the Earth and Moon, JEOL 30, 1987/88, 65-77.
—**Jucqois, G.:** Phonétique comparée des dialectes moyen-babyloniens du Nord et de l'Ouest, Bibliothèque du Musée 53, Louvain 1966.
—**Kalla, G.:** Art.: Nachlaß. B. Altbabylonisch, in: RlA 9, 36-42.

—**Karageorghis, V.:** Cyprus. From the Stone Age to the Romans, Ancient Peoples and Places 101, London 1982.
—**Kaufman, J.-T.:** Art.: Samaria Ostraca, in: ABD V, 921-926.
—**Kempinski, A.:** The Middle Bronze Age in Northern Israel. Local and External Synchronisms, ÄuL 3, 1992, 69-73.
—**Kessler, K.:** Das Schicksal von Irridu unter Adad-Narari I, RA 74, 1980, 61-66.
—**Kessler, R.:** Frühkapitalismus, Rentenkapitalismus, Tributarismus, antike Klassengesellschaft. Theorien zur Gesellschaft des alten Israel, EvTh 54, 1994, 413-427.
—**Khayyata, W./Kohlmeyer, K.:** Die Zitadelle von Aleppo — Vorläufiger Bericht über die Untersuchungen 1996 und 1997, DaM 10, 1998, 69-95.
—**Kienast, B.:** Rechtsurkunden in ugaritischer Sprache, UF 11, 1979, 431-452.
—**Kienast, B.:** Die altbabylonischen Kaufurkunden aus Alalah, WO 11, 1980, 35-63.
—**Kienast, B.:** Ugaritisch und Arabisch, in: Kropp, M./Wagner, A. (Hgg.): "Schnittpunkt Ugarit", Nordostafrikanische Westasiatische Studien 2, Frankfurt u.a. 1999, 59-68.
—**Killen, J.:** Bands of Sheep and Goats at Mycenaean Knossos and Pylos, BSA 7, 1993, 209-218.
—**Kippenberg, H.G.:** Die Typik der antiken Entwicklung, in: ders. (Hg.): Seminar: Die Entstehung der antiken Klassengesellschaft, stw 130, Frankfurt 1977, 9-61.
—**Kislev, M.E. u.a.:** Import of an Aegaean Food Plant to a Middle Bronze IIA Coastal Site in Israel, Levant 25, 1993, 145-154.
—**Kitchen, K.A.:** Byblos, Egypt and Mari in the Early Second Millenium B.C., Or 36, 1967, 39-54.
—**Kitchen, K.A.:** The Basics of Egyptian Chronology in Relation to the Bronze Age, in: HML I, 37-55.
—**Kitchen, K.A.:** Supplementary Notes on "The Basics of Egyptian Chronology", in: HML III, 152-159.
—**Klengel, H.:** Art.: Alalah, in: RGG[4] I, 264f.
—**Klengel, H.:** Art.: Lullu(bum), in: RlA 7, 164-168.
—**Klengel, H.:** Art.: Mukiš, in: RlA 8, 411f.
—**Klengel, H.:** Zu den *šibūtū* in altbabylonischer Zeit, Or 29, 1960, 357-375.
—**Klengel, H.:** Zur Sklaverei in Alalach, AcAnt 11, 1963, 1-11.
—**Klengel, H.:** Geschichte Syriens im 2. Jahrtausend v.u.Z. Teil 1: Nordsyrien, Berlin 1965.
—**Klengel, H.:** Geschichte Syriens im 2. Jahrtausend v.u.Z. Teil 2: Mittel und Südsyrien, Berlin 1969.
—**Klengel, H.:** Geschichte Syriens im 2. Jahrtausend v.u.Z. Teil 3: Historische Geographie und allgemeine Darstellung, Berlin 1970.
—**Klengel, H.:** Königtum und Palast nach den Alalaḫ-Texten, in: Garelli, P. (Hg.): Le palais et la royauté, CRRAI 19, Paris 1974, 273-282.
—**Klengel, H.:** Einige Bemerkungen zur sozialökonomischen Entwicklung in der altbabylonischen Zeit, in: Harmatta, J./Komoróczy, G. (Hgg.): Wirtschaft und Gesellschaft im Alten Vorderasien (= Nachdruck aus AcAnt 22, 1974), Budapest 1976, 249-257.
—**Klengel, H.:** Mitanni: Probleme seiner Expansion und politischen Struktur, RHA 36 = CRRAI 24, Paris 1978, 91-115.

—**Klengel, H.**: Die Palastwirtschaft in Alalach, in: E. Lipiński (Hg.): State and Temple Economy in the Ancient Near East II, OLA 6, Leuven 1979, 435-457.
—**Klengel, H.**: Handel und Händler im Alten Orient, Leipzig 1979.
—**Klengel, H.**: Handel und Kaufleute im hethitischen Reich, AoF 6, 1979, 69-80.
—**Klengel, H.**: Die Hethiter und Babylonien, ArOr 47, 1979, 83-90.
—**Klengel, H.**: Historischer Kommentar zur Inschrift des Idrimi von Alalah, UF 13, 1981, 269-278.
—**Klengel, H.**: Non-Slave Labour in the Old Babylonian Period: The Basic Outlines, in: Powell, M.A. (Hg.): Labor in the Ancient Near East, AOS 68, New Haven 1987, 159-166.
—**Klengel, H.**: Syria 3000-300 B.C. A Handbook of Political History, Berlin 1992.
—**Klengel, H.**: Tunip und andere Probleme der historischen Geographie Mittelsyriens, in: Leberghe, K. van/ Schoors, A. (Hgg.): Immigration and Emigration within the Ancient Near East (FS E. Lipiński), OLA 65, 1995, 125-134.
—**Klengel, H.**: Die historische Rolle der Stadt Aleppo im vorantiken Syrien, in: Wilhelm, G. (Hg.): Die orientalische Stadt, Kotinuität, Wandel, Bruch. I. Internationales Colloquium der Deutschen OrientGesellschaft 9.-10. Mai 1996 in Halle/Saale, CDOG 1, Saarbrücken 1997, 359-374.
—**Klengel, H.**: Geschichte des hethitischen Reiches, HdO I/34, Leiden u.a. 1998.
—**Klinger, J.**: Überlegungen zu den Anfängen des Mitanni-Staates, in: Haas, V. (Hg.): Hurriter und Hurritisch, Xenia 21, Konstanz 1988, 27-42.
—**Klinger, J.**: Fremde und Außenseiter in Ḫatti, in: Haas, V. (Hg.): Außenseiter und Randgruppen: Beiträge zu einer Sozialgeschichte des Alten Orients, Xenia 32, Konstanz 1992, 187-212.
—**Klinger, J.**: Zur Geschichte des hethitischen Reiches, OLZ 95, 2000, 1-13.
—**Knauf, E.A.**: Art.: Qôs, in: DDD², 674-677.
—**Koch, K.**: Was ist Formgeschichte? Methoden der Bibelexegese, Neukirchen-Vluyn ⁵1989.
—**Köhler, L./Baumgartner, W.**: Hebräisches und aramäisches Lexikon zum Alten Testament (3. Auflage) (= HAL), Leiden I: 1967; II: 1974; III: 1983; IV: 1990; V: 1995; VI: 1996.
—**Komoróczy, G.**: Literaturberichte (zu E.Gaál, Alalah társadalma...), AUSB 15, 1974, 257-260.
—**Kouwenberg, N.J.C.**: Nouns as Verbs: the Verbal Nature of the Akkadian Stative, Or 69, 2000, 21-71.
—**Kraus, F.R.**: Staatliche Viehhaltung im altbabylonischen Lande Larsa, Amsterdam 1966.
—**Kraus, F.R.**: Akkadische Wörter und Ausdrücke X-XI. XI *nawûm*, RA 70, 1976, 165-179.
—**Kraus, F.R.**: Der Palast. Produzent und Unternehmer im Königreiche Babylon nach Hammurabi (ca. 1750 -1600 v.Chr.), in: E. Lipiński (Hg.): State and Temple Economy in the Ancient Near East II, OLA 6, Leuven 1979, 423-434.
—**Kraus, F.R.**: Königliche Verfügungen in altbabylonischer Zeit, SD XI, Leiden 1984.
—**Krauss, R.**: Sothis- und Monddaten, HÄB 20, Hildesheim 1985.
—**Krauss, R.**: Note on Modern Computational Errors in Astronomical Dating, in: HML III, 160-162.

—**Krauss, R.**: Das Kalendarium des Papyrus Ebers und seine chronologische Verwertbarkeit, ÄuL 3, 1992, 75-96.
—**Krauss, R.**: Zur Chronologie des Mittleren Reiches (Rez. zu U. Luft, SÖAW 598), OLZ 89, 1994, 5-18.
—**Krauss, R.**: Nochmals die Nacht vom 14./15. November 1463 v.Chr., GM 146, 1995, 61-70.
—**Krauss, R.**: Zur Chronologie des Neuen Reiches (Rez. zu J. von Beckerath, HÄB 39), OLZ 90, 1995, 237-252.
—**Krebernik, M.**: Schriftfunde aus Tall Biʿa 1990, MDOG 123, 1991, 41-70.
—**Kristensen, A.L.**: Ugaritic Epistolary Formular, UF 9, 1977, 143-158.
—**Kühne, C.**: Neukirchen-Vluyn/Kevelaer, Die Chronologie der internationalen Korrespondenz von El-Amarna, AOAT 17, 1973.
—**Kühne, C.**: Politische Szenerie und internationale Beziehungen Vorderasiens um die Mitte des 2. Jahrtausends vor Christus (zugleich ein Konzept der Kurzchronologie) mit einer Zeitafel, BBVO 1/1, Berlin 1982, 203-264.
—**Kümmel, H.-M.**: Hethitische historisch-chronologische Texte, in: M. Dietrich u.a.: Historisch-Chronologische Texte II, TUAT I/5, Gütersloh 1985, 455-495.
—**Kuniholm, P.I.**: A Date-List for Bronze Age and Iron Age Monuments Based on Combined Dendrochronological and Radiocarbon Evidence, in: Mellinck, M. u.a. (Hgg.): Aspects of Art and Iconography: Anatolia and Its Neighbors (FS N. Özgüç), Ankara 1993, 371-373.
—**Kuniholm, P.I. u.a.**: Anatolian Tree Rings and the Absolute Chronology of the Eastern Mediterranean, 2270-718 BC, Nature 381, 1996, 780-783.
—**Kupper, J.R.**: Art.: Mari A, in: RlA 7, 382-390.
—**Kupper, J.R.**: Rez. zu D.J. Wiseman, Al T, BiOr 11, 1954, 117-120.
—**Kupper, J.R.**: Les Hourrites à Mari, RHA 36 = CRRAI 24, Paris 1978, 117-131.
—**Kupper, J.R.**: Karkémish aux IIIe et IIe millénaires avant notre ère, Akkadica 79/80, 1992, 16-23.
—**Lackenbacher, S.**: Un texte vieux-babylonien sur la fonction des textiles, Syria 59, 1982, 129-149.
—**Labat, R.**: Rez. zu D.J. Wiseman, Al T, Syria 31, 1954, 122-125.
—**Labat, R./Malbran-Labat, F.**: Manuel d'épigraphie akkadienne (Signes, Syllabaire, Idéogrammes), Paris ^{6}1988.
—**Lambert, W.G.**: A Vizier of Ḫattuša? A Further Comment, JCS 13, 1959, 132.
—**Lambert, W.G.**: The Domesticated Camel in the Second Millenium. Evidence from Alalakh and Ugarit, BASOR 160, 1960, 42f.
—**Lambert, W.G.**: The Pantheon of Mari, MARI 4, 1985, 525-539.
—**Lamprichs, R.**: Die Westexpansion des neuassyrischen Reiches. Eine Strukturanalyse, AOAT 239, Neukirchen-Vluyn/Kevelaer 1995.
—**Landsberger, B.**: Kommt *Ḫattum* "Hettiterland" und *Ḫatti ʾum* "Hettiter" in den Kültepe-Tafeln vor?, ArOr 18/1-2, 1950, 329-350.
—**Landsberger, B.**: "Hethiterland" und "Hethiter" in den Kültepe-Tafeln, ArOr 18/3, 1950, 321-329.
—**Landsberger, B.**: Assyrische Königsliste und "Dunkles Zeitalter", JCS 8, 1954, 31-73.106-133.
—**Lane, E.W.**: An Arab-English Lexicon in Eight Parts, Beirut 1968 (= London/Edinburgh 1863-1893).

—**Laroche, E.:** Glossaire de la langue hourrite, Paris 1980 (= GLH).
—**Lauffer, S.:** Die Sklaverei in der griechisch-römischen Welt, Gymnasium 68, 1961, 370-383.
—**Leberghe, K. van/Voet, G.:** Tell Beydar: "The Missing Link", Phoenix 41, 1995, 27-42.
—**Leemanns, W.F.:** The Asīru, RA 55, 1961, 57-76.
—**Leemanns, W.F.:** The Importance of Trade, Iraq 39, 1977, 1-10.
—**Leinfellner, W.:** Einführung in die Erkenntnis- und Wissenschaftstheorie, Mannheim u.a 1980.
—**Leitz, Chr.:** Studien zur ägyptischen Astronomie, ÄgAb 49, Wiesbaden ^{2}1991.
—**Leitz, Chr.:** Bemerkungen zur astronomischen Chronologie, ÄuL 3, 1992, 97-102.
—**Lello, G.:** Thutmosis' III First Lunar Date, JNES 37, 1978, 327-330.
—**Lemche, N.P.:** *Andurârum* and *Mīšarum*: Comments on the Problem of Social Edicts and Their Application in the Ancient Near East, JNES 38, 1979, 11-22.
—**Lemche, N.P.:** Where Should We Look for Canaan. A Reply to Nadav Na'aman, UF 28, 1996, 767-772.
—**Lemche, N.P.:** Greater Canaan. The Implications of a Correct Reading of EA 151,49-67, BASOR 310, 1998, 19-25.
—**Lencman, J.A.:** Die Sklaverei im mykenischen und homerischen Griechenland, Wiesbaden 1966.
—**Leonhard, A. Jr./Cline, E.H.:** The Aegean Pottery at Megiddo. An Appraisal and Reanalysis, BASOR 309, 3-39.
—**Lewis, Th.:** Cults of the Dead in Ancient Israel and Ugarit, HSM 39, Atlanta 1989.
—**Levy, J.:** Wörterbuch über die Talmudim und Midraschim, 4 Bdd., Darmstadt 1963 = Berlin/Wien ^{2}1924.
—**Lewy, J.:** Ḫatta, Ḫattu, Ḫatti, Ḫattuša and "Old Assyrian" Ḫattum, ArOr 18/3, 1950, 366-441.
—**Lion, B.:** *Andurârum* de printemps à Mari ou à Burundum, NABU Nr. 116/1997, 106f.
—**Lipiński, E.:** Ea, Kothar et El, UF 20, 1988, 137-143.
—**Lipiński, E.:** Emprunts suméro-akkadiens en hébreu biblique, ZAH 1, 1988, 61-73.
—**Lipiński, E.:** "Leadership". The Roots *DBR* und *NGD* in Aramaic, in: Dietrich, M./Kottsieper, I. (Hgg.): "Und Mose schrieb dieses Lied auf". Studien zum Alten Testament und zum Alten Orient (FS O. Loretz), AOAT 250, Münster 1998, 501-514.
—**Lisowsky, G.:** Konkordanz zum Hebräischen Alten Testament, Stuttgart ^{2}1958.
—**Littauer, M.A./Crouwel, J.H.:** Wheeled Vehicles and Ridden Animals in the Ancient Near East, HdO VII/1 B 1, Leiden/Köln 1979.
—**Liverani, M.:** Antecedenti del diptotismo arabo nei testi accadici di Ugarit, RSO 38, 1963, 131-160.
—**Liverani, M.:** Communautés de village et palais royal dans la Syrie du IIème millénaire, JESHO 18, 1975, 146-164.
—**Liverani, M.:** Art.: Ras Shamra II. Histoire, in: DBS 9, 1979, 1295-1348.
—**Liverani, M.:** Communautés rurales dans la Syrie du IIe Millénaire a.C., in: Les communautés rurales/Rural Communities II: Antiquité/Antiquity, Receuils de la

Sociéte Jean Bodin pour l'histoire comparative des institutions 41, 1983, 147-185.
—**Liverani, M.:** Antico Oriente. Storia. Societá. Economia, Rom/Bari 1988.
—**Liverani, M.:** La fin d'Ougarit: quand? pourquoi? comment?, in: M. Yon u.a. (Hgg.): Le pays d'Ougarit autour de 1200 av. J.-C. Histoire et archéologie, RSOu XI, Paris 1995, 111-117.
—**Liverani, M.:** Reconstruction of the Rural Landscape of the Ancient Near East, JESHO 39, 1996, 1-41.
—**Livingstone, A.:** The Akkadian Word for Barley, JSS 42, 1997, 1-5.
—**Loewenstamm, S.E.:** Notes on the Alalakh Tablets, IEJ 6, 1956, 217-225 (= ders., Comparative Studies in Biblical and Ancient Oriental Literatures, AOAT 204, Kevelaer/Neukirchen-Vluyn 1980, 17-26).
—**Longman, T. III:** The Autobiography of Idrimi (1.148), in: Hallo, W.H./Younger, K.L. Jr. (Hgg.): The Context of Scripture, I. Canonical Compositions from the Biblical World, Leiden 1997, 479f.
—**Loretz, O.:** Die prophetische Kritik des Rentenkapitalismus. Grundlagen-Probleme der Prophetenforschung, UF 7, 1975, 271-278.
—**Loretz, O.:** Die *asīrum*-Texte (I), UF 10, 1978, 121-160.
—**Luft, U.:** Der Tagesbeginn in Ägypten, AoF 14, 1987, 3-11.
—**Luft, U.:** Ilahun-Studien IV: Zur chronologischen Verwertbarkeit des Sothisdatums, SAK 16, 1989, 217-233.
—**Luft, U.:** Die chronologische Fixierung des ägyptischen Mittleren Reiches nach dem Tempelarchiv von Ilahun, SÖAW.PH. Klasse 598, Wien 1992.
—**Luft, U.:** Rez. zu J. von Beckerath, HÄB 39: Or 65, 1996, 453-457.
—**Macdonald, J.:** The Unique Ugaritic Personal Text KTU 4.102, UF 10, 1978, 161-173.
—**Macginnis, J.D.A.:** *kizû*'s of the Ebabbara, RA 91, 1997, 81-87.
—**MacGillivray, J.A.:** A Minoan Cup at Tell el-Dabʿa, ÄuL 5, 1995, 81-84.
—**Maekawa, K.:** Cultivation of Legumes and Mun-Gazi Plants in Ur III Girsu, BSA 2, 1985, 97-118.
—**Maguire, L.C.:** Tell el-Dab'a: The Cypriot Connection, in: Davies, W.V/Schofield, L. (Hgg.): Egypt, the Aegean and the Levant. Interconnections in the Second Millenium BC, London 1995, 54-65.
—**Maguire, L.C.:** A Cautious Approach to the Middle Bronze Age Chronology of Cyprus, ÄuL 3, 1992, 115-120.
—**Mahlmann, Th.:** Art.: Kritischer Rationalismus, in: TRE 20, 97-121.
—**Maidman, M.P.:** The Teḫip-Tilla Family of Nuzi: A Genealogical Reconstruction, JCS 28, 1976, 127-155.
—**Maigret, A. de:** Reconsiderazione sul sistema ponderale di Ebla, OA 19, 1980, 161-169.
—**Malamat, A.:** Mari and Hazor: The Implications for the Middle Bronze Age Chronlogy (= ders., SHCANE 12, 51-55), ÄuL 3, 1992, 121-123.
—**Malamat, A.:** Mari and Hazor: Trade Relations in the Old Babylonian Period, in: ders.: Mari and the Bible (Erstpublikation 1993), SHCANE 12, Leiden 1998, 45-50.
—**Malamat, A.:** Mari and its Relations with the Eastern Mediterranean World, in: ders.: Mari and the Bible, SHCANE 12, Leiden 1998, 33-40.
—**Malamat, A.:** Amorrite Musicians at Mari, NABU Nr. 49/1999, 49f.

—**Malek, J.:** The Egyptian Text on the Seal Impression from Alalakh (Tell Atchana), Levant 28, 1996, 173-176.

—**Malul, M.:** David's Curse of Joab (2 Sam 3:29) and the Social Significance of *mḥzyq bplk*, AuOr 10, 1992, 49-68.

—**Manning, St.W.:** The Absolute Chronology of the Aegean Early Bronze Age. Archaeology, Radiocarbon and History, Sheffield 1995.

—**Margalit, B.:** The Ugarit Poem of AQHT, BZAW 182, Berlin/New York 1989.

—**Margueron, J.-Cl.:** Art.: Amuq Plain, in: ABD I, 218f.

—**Margueron, J.-Cl.:** Imar ou Emar: Une recherche qui se prolonge, MARI 6, 1990, 103-106.

—**Margueron, J.-Cl.:** Emar. Capital of Astata in the Fourteenth Century B.C.E., BA 58, 1995, 126-138.

—**Margueron, J.-Cl./Sigrist, M.:** Art.: Emar, in: OxfEncANE 2, 236-239.

—**Márquez Rowe, I.:** Summaries of Ugaritic Texts and Some New Reading Suggestions, UF 24, 1992, 259-262.

—**Márquez Rowe, I.:** A Number or a Measure? The Hurrian Gloss in AlT 46, ZA 87, 1997, 222-232.

—**Márquez Rowe, I.:** Ḫalab in the XVIth and XVth Centuries B.C. A New Look at the Alalakh Material, WZKM 87, 1997, 177-205.

—**Márquez Rowe, I.:** Notes on the Hurro-Akkadian of Alalaḫ in the Mid-Second Millenium B.C.E., in: Sh. Isre'el u.a. (Hgg.): Past Links. Studies in the Languages and Cultures of the Ancient Near East (FS A.F. Rainey), IOS 18, 1998, 62-78.

—**Martin, K.:** Art.: Sedfest, in: RlÄ 5, 782-790.

—**Matthiae, P.:** Art.: Ebla Texts, in: OxfEncANE 2, 180-183.

—**Matthiae, P.:** DU-UB[KI] di Mardikh II B1 = *Tu-ba*[KI] di Alalakh VII, SEb 1, 1979, 115-118.

—**Matthiae, P.:** The Destruction of Ebla Royal Palace: Interconnections Between Syria, Mesopotamia and Egypt in the Late EB IVA, in: HML III, 163-169.

—**Mayer, W.:** Art.: Munbāqa, Tall. A. Philologisch, in: RlA 8, 417.

—**Mayer, W.:** Nuzi-Studien. I: Die Archive des Palastes und die Prosopographie der Berufe, AOAT 205/1, Kevelaer/Neukirchen-Vluyn 1978.

—**Mayer, W.:** *urra(m) šēra(m)* in syrischen Rechtsurkunden des 2. Jtd v. Chr., UF 17, 1986, 405f.

—**Mayer, W.:** Grundzüge der Geschichte der Stadt Tuttul im 2. Jt. v. Chr., UF 19, 1987, 121-160.

—**Mayer, W.:** Ergänzungen zur Geschichte der Stadt Tuttul I, UF 21, 1989, 271-276.

—**Mayer, W.:** Der antike Namen von Tall Munbāqa, die Schreiber und die chronologische Einordnung der Tafelfunde: Die Tontafelfunde von Tall Munbāqa 1988, MDOG 122, 1990, 45-66.

—**Mayer, W.:** Assyrische Politik und Kriegskunst, ALASPM 9, Münster 1995.

—**Mayer, W.:** Die historische Einordnung der 'Autobiographie' des Idrimi von Alalah, UF 27, 1995, 333-350.

—**Mayer, W.:** Ekalte II: Die Texte, WVDOG 102, Berlin 2001 (in Vorbereitung).

—**Mayer, W.:** Idrimi, in: Dietrich, M./Loretz, O. (Hgg.): König Idrimi von Alalah, ALASP 4 (in Vorbereitung).

—**Mayer, W.R.:** Zum Terminativ-Adverbialis im Akkadischen. Die Modaladverben auf *-iš*, Or 64, 1995, 161-180.
—**Mayer, W.R./Soldt, W.H. van:** Akkadische Lexikographie, Or 60, 1991, 109-120.
—**Mayer-Opificius, R.:** Rez. zu D. Collon, AOAT 27, UF 10, 1978, 461-463.
—**Mayer-Opificius, R.:** Archäologischer Kommentar zur Statue des Idrimi von Alalah, UF 13, 1981, 279-290.
—**Mayer-Opificius, R.:** Betrachtungen zum Verwendungszeitraum altorientalischer Rollsiegel, UF 18, 1986, 237-240.
—**McClellan, Th.L.:** The Chronology and Ceramic Assemblages of Alalakh, in: Leonard Jr., A./Williams, B.B.: Studies in Ancient Civilasation (FS H. Kantor), SOAC 47, Chicago 1989, 181-212.
—**McDonald, J.M.:** The Role and Status of the *ṣuḫāru* in the Mari Correspondance, JAOS 96, 1976, 57-68.
—**McEwan, G.J.P.:** A Seleucid Augural Request, ZA 70, 1980, 59-69.
—**McLaughlin, J.L.:** The *marzeaḥ* at Ugarit. A Textual and Contextual Study, UF 23, 1991, 265-281.
—**Melchert, H.C.:** The Acts of Hattušili I, JNES 37, 1978, 1-22.
—**Mendelsohn, I.:** On Slavery in Alalakh, IEJ 5, 1955, 65-72.
—**Mendenhall, G.E.:** Art.: Amorites, in: ABD I, 199-201.
—**Merrillees, R.S.:** The Absolute Chronology of the Bronze Age in Cyprus: A Revision, BASOR 288, 1992, 47-52.
—**Michaux-Colombot, D.:** La *gat* de Gideon, pressoir ou fief?, UF 29, 1997, 579-598.
—**Michel, C.:** La culture matérielle à Mari. III: *ebbum* et *ebbûtum*, MARI 6, 1990, 181-218.
—**Michel, C.:** Validité et durée de vie de contrats et reconnaissances de dettes paléo-assyriennes, RA 89, 1995, 15-27.
—**Mieroop, M. van de:** The Tell Leilan Tablets 1991. A Preliminary Report, Or 63, 1994, 305-344.
—**Milano, L.:** Art.: Mehl, in: RlA 8, 22-31.
—**Milano, L.:** Art.: Mühle A I. In Mesopotamien, in: RlA 8, 393-400.
—**Milano, L.:** Alimentazione e ragioni alimentari nella Siria preclassica, DdA 3/3, 1981, 85-121 (engl. in C. Zaccagnini (Hg.), Production and Consumption, 205-271).
—**Milano, L.:** Barley for Rations and Barley for Sowing, ASJ 9, 1987, 177-201.
—**Milano, L.:** Food rations at Ebla, MARI 5, 1987, 519-550.
—**Milano, L.:** Le razione alimentari nel Vicino Oriente Antico: Per un' articolazione storica del sistema, in: Dolce, R./Zaccagnini, C. (Hgg.): Il pane del re. Accumulo e distribuzione dei cereali nell' Oriente antico, StStA 13, Bologna 1989, 65-100.
—**Milano, L.:** NI = ʾa_x nel sillabario di Ebla, SEb 7, 1984, 213-225.
—**Milano, L.:** Lessicografia e storia sociale: gli "schiavi" di Ebla, SEL 12, 1995, 121-134.
—**Millard, A.:** The Last Tablets of Ugarit, in: M. Yon u.a. (Hgg.): Le pays d'Ougarit autour de 1200 av. J.-C. Histoire et archéologie, RSOu XI, Paris 1995, 119-124.

—**Mitchell, W.A.:** Ancient Astronomical Observations and Near Eastern Chronology, JACF 3, 1990, 7-26.

—**Mompeán, J.O.:** Ishtar Syria. La deidad semítico-occidental en los textos acadicos del Oeste, diss. phil (unv.), Murcia 1994.

—**Mompeán, J.O.:** Neue Kollationen und Anmerkungen zu einigen Alalaḫ VII-Texten, UF 30, 1998, 587-600.

—**Mompeán, J.O.:** Minima Alalaḫiana II: Zur Verwendung von T/ṬÍ im Syllabar von Alalaḫ VII, NABU Nr. 24/1999, 24.

—**Mompeán, J.O.:** The Alalakh Tablet *432 from Level VII Reconsidered, SEL 17, 2000, 31/41.

—**Mompeán, J.O.:** Alalaḫ VII Chronographica. Una revisión del archivo sobre la base de los textos de Yarim-Lim, AuOr 17/18, 1999/2000, 229-239.

—**Monte, G.F. del:** Metrologia hittita. I: Le misure di capacità per aridi, OA 19, 1980, 219-226.

—**Monte, G.F. del:** Una nuova subdivisione del *sutu* a Boğazköy, EVO 12, 1989, 139-144.

—**Monte, G.F. del:** Die Orts- und Gewässernamen der hethitischen Texte. Supplement, RGTC 6/2, Wiesbaden 1992.

—**Monte, G.F. del:** Bier und Wein bei den Hethitern, in: van den Hout, P./de Roos, J. (Hgg.): Studio historiae ardens (FS Ph. H.J. Houwink ten Cate), Leiden 1995, 211-224.

—**Monte, G.F. del/Tischler, J.:** Die Orts- und Gewässernamen der hethitischen Texte, RGTC 6, Wiesbaden 1978.

—**Moor, J.C. de:** The Seasonal Pattern in the Ugaritic Myth of Baʿlu, AOAT 16, Neukirchen-Vluyn/Kevelaer 1971.

—**Moor, J.C. de/Watson, W.G.E.:** General Introduction, in: dies. (Hgg.): Verse in Ancient Near Eastern Prose, AOAT 42, Kevelaer/Neukirchen-Vluyn 1993, IX-XVIII.

—**Moran, W.L.:** The Amarna Letters, Baltimore/London 1992.

—**Morgan, L.:** Minoan Painting and Egypt: The Case of Tell el-Dab'a, in: Davies, W.V/Schofield, L. (Hgg.): Egypt, the Aegean and the Levant. Interconnections in the Second Millenium BC, London 1995, 29-53.

—**Mucke, H.:** Zur astronomischen Datierung im zweiten Jahrtausend, ÄuL 3, 1992, 125-128.

—**Mulder, M.J.:** Hat man in Ugarit die Sonnenwende begangen?, UF 4,1972,79-96.

—**Müller, G.G.W.:** Zu einigen hurritischen Verba Mittendi, Mesopotamia 21, 1986, 229-236.

—**Müller, H.-P.:** Art.: Formgeschichte/Formenkritik I, in: TRE 11, 271-285.

—**Müller, H.-P.:** Die Funktion divinatorischen Redens und die Tierbezeichnungen der Inschrift von Tell Deir ʿAllā, in: Hoftijzer, J./Kooij van der, G. (Hgg.): The Balaam Text from Deir ʿAllā Re-Evaluated, Leiden 1991, 189-205.

—**Müller, M.:** "Getreideertragsabgaben an den Palast" im hurritischen Staat Arraphe, SCCNH 5, Winona Lake 1995, 29-43.

—**Na'aman, N.:** Syria at the Transition from the Old Babylonian Period to the Middle Babylonian Period, UF 6, 1974, 265-274.

—**Na'aman, N.:** "A New Look at the Chronology of Alalakh Level VII", AnSt 26, 1976, 129-143.

—**Na'aman, N.:** The Chronology of Alalakh Level VII Once Again, AnSt 29, 1979, 103-113.
—**Na'aman, N.:** The Ishtar Temple at Alalakh, JNES 39, 1980, 209-214.
—**Na'aman, N.:** A Royal Scribe and His Scribal Products in the Alalakh IV Court, OA 19, 1980, 107-116.
—**Na'aman, N.:** The Recycling of a Silver Statue, JNES 40, 1981, 147f.
—**Na'aman, N.:** The Historical Introduction of the Aleppo Treaty Reconsidered, JCS 32, 1980, 34-42.
—**Na'aman, N.:** The Hurrians and the End of the Middle Bronze Age in Palestine, Levant 26, 1994, 175-187.
—**Na'aman, N.:** The Canaanites and Their Land. A Rejoinder, UF 26, 1994, 397-418.
—**Nagel, W.:** Art.: Getreide C. In der Archäologie, in: RlA 3, 315-318.
—**Nagel, W.:** Frühe Tierwelt in Vorderasien I, in: ders., Altvorderasien ... (Erstveröffentlichung 1958), 106-118.
—**Nagel, W.:** Frühe Tierwelt in Vorderasien II (= ders., Altvorderasien ..., 345-412), ZA 55, 1963, 169-222.
—**Nagel, W.:** Der mesopotamische Streitwagen und seine Entwicklung im ostmediterranen Bereich, BBVF 10, Berlin 1966.
—**Nagel, W.:** Altvorderasien in kleinen Schriften (herausgegeben von B. Jacobs), Wiesbaden 1988.
—**Nagel, W. u.a.:** Der "Onager" in der Antike und die Herkunft des Hausesels, AoF 26, 1999, 154-202.
—**Nagel, W./Eder, Chr.:** Altsyrien und Ägypten, DaM 6, 1992, 1-108.
—**Nagel, W./Strommenger, E.:** Alalaḫ und Siegelkunst (= Nagel, W., Altvorderasien ..., 195-209), JCS 12, 1958, 109-123.
—**Nashef, Kh.:** Die Orts- und Gewässernamen der mittelbabylonischen und mittelassyrischen Zeit, RGTC 5, Wiesbaden 1982.
—**Neu, E.:** Zur Grammatik des Hurritischen auf der Grundlage der hurritisch-hethitischen Bilingue aus der Boğazköy-Grabungskampagne 1983, in: Haas, V. (Hg.): Hurriter und Hurritisch, Xenia 21, Konstanz 1988, 95-115.
—**Neu, E.:** Hethitisch *zapzagi-*, UF 27, 1995, 395-402.
—**Neu, E.:** Das hurritische Epos der Freilassung I. Untersuchungen zu einem hurritisch-hethitischen Textensemble aus Ḫattuša, StBoT 32, Wiesbaden 1996.
—**Neu, E.:** Akkadisches Lehnwortgut im Hurritischen, Archivum Anatolicum 3 (GS E. Bilgiç), Ankara 1997, 255-263.
—**Niedorf, Chr.:** Die Toponyme der Texte aus Alalaḫ IV, UF 30, 1998, 515-568.
—**Niehr, H.:** Zur Etymologie und Bedeutung von *ʿšr* I, UF 17, 1986, 231-235.
—**Niehr, H.:** Religionen in Israels Umwelt. Einführung in die nordwestsemitischen Religionen Syrien-Palästinas, NEB.E 5, Würzburg 1998.
—**Niemaier, W.-D.:** Minoan Artisans Travelling Overseas: The Alalakh Frescoes and the Painted Plaster Floor at Tel Kabri (Western Galilee), Aegaeum 7, 1991, 189-201.
—**Noth, M.:** Art.: Alalach, in: RRG[3] I, 211.
—**Noth, M.:** Könige, 1. Teilband, BK IX/1, Neukirchen-Vluyn 1968.
—**Nougayrol, J./Amiet, P.:** Le sceau de Sumirapa, roi de Tuba, RA 56, 1962, 169-174.

—**Ochsenschlager, E.L.:** Sheep: Ethnoarchaeology at Al-Hiba, BSA 7, 1993, 33-42.
—**Ochsenschlager, E.L.:** Village Weavers, BSA 7, 1993, 43-62.
—**Oelsner, J.:** Art.: Nachlaß. C. Nachaltbabylonisch, Assyrisch, Nuzi, Syrien, in: RlA 9, 42-44.
—**Oesch, J.:** Die Religion Alalaḫs, in: Haider, P.W. u.a. (Hgg.): Religionsgeschichte Syriens. Von der Frühzeit bis zur Gegenwart, Stuttgart u.a. 1996, 49-68.
—**Oliva, J.C. → Mompeán, J.O.**
—**Olivier, J.P.J.:** Notes on the Ugaritic Month Names, JNWSL 1, 1971, 39-45.
—**Olivier, J.P.J.:** Notes on the Ugaritic Month Names II, JNWSL 2, 1972, 53-59.
—**Oller, G.H.:** The Autobiography of Idrimi. A new text edition with philological and historical commentary, Ph.D. (unveröff.) 1977.
—**Oller, G.H.:** The Inscription of Idrimi: A Pseudo-Autobiography, in: Behrens, H. u.a (Hgg.): dumu e2-dub-ba (FS Å.W. Sjöberg), OPSNKF 11, Philadelphia 1989, 411-417.
—**Olsson, I.U.:** Carbon 14 Dating and Interpretation of the Validity of some Dates from the Bronze Age in the Aegean, in: HML II, 4-38.
—**Oppenheim, A.L.:** Die nichtsemitischen Monatsnamen der Nuzi-Texte, ArOr 8, 1936, 290-305.
—**Oppenheim, A.L.:** Rez. zu D.J. Wiseman, Al T, JNES 14, 1955, 196-199.
—**Otten, H.:** Keilschrifttexte, MDOG 91, 1958, 73-84.
—**Otto, E.:** Soziale Restitution und Vertragsrecht. *MĪŠARU(M), (AN)-DURĀRU(M), KIRENZI, PARĀ TARNUMAR, Š^{e}MIṬṬA* und *D^{e}RÔR* in Mesopotamien, Syrien in der hebräischen Bibel und die Frage des Rechtsmonopols im Alten Orient, RA 92, 1998, 125-160.
—**Pardee, D.:** Art.: Ugaritic Inscriptions, in: OxfEncANE 5, 264-266.
—**Pardee, D.:** The Ugaritic Text 147 (90), UF 6, 1974, 257-282.
—**Parise, N.F.:** Mina di Ugarit, mina di Karkemish, mina di Khatti, DdA 3/3, 1981, 155-160 (engl. in C. Zaccagnini (Hg.), Production and Consumption, 333-341).
—**Parise, N.F.:** Unità ponderali e rapporti di cambio nella Siria del Nord, in: Archi, A. (Hg.): Circulation of Goods in Non-Palatial Context in the Ancient Near East. Proceedings of the International Conference Organized by the Istituto per gli studi Micenei ed Egeo-Anatolici, Incunabula Graeca 82, Rom 1984, 125-138.
—**Parker, R.A.:** The Calendars of Ancient Egypt, SOAC 26, Chicago 1950.
—**Parker, R.A.:** The Sothic Dating of the Twelfth and Eighteenth Dynasty, in: Johnsson, J./Wente, E.F. (Hgg.): Studies in Honor of George H. Hughes, SOAC 39, 1976, 177-189.
—**Patterson, O.:** Slavery and Social Death. A Comparative Study, Cambridge 1982.
—**Payne-Smith, R.:** A Compendious Syriac Dictionary, Oxford 1903 = Winona Lake 1998.
—**Pettinato, G.:** Il Calendario di Ebla al Tempo del Re Ibbi-Sipiš sulla base di TM 75.G.427, AfO 25, 1974/77, 1-36.
—**Pettinato, G.:** Il calendario semitíco del millenio ricostruito sulla base dei testi di Ebla, OA 16, 1977, 257-285.
—**Pettinato, G.:** Pre-Ugaritic Documentation of Ba'l, in: Rendsburg, G. u.a. (Hgg.): The Bible World (FS C.H. Gordon), New York 1980, 203-209.
—**Pettinato, G.:** Thesaurus Inscriptionum Eblaiticarum. Volume A, Parte Prima, Rom 1995.

—**Pettinato, G.**: Il regno MAR-TU^{ki} nella documentazione di Ebla, in: Lerberghe, K. van/Schoors, A. (Hgg.): Immigration and Emigration within the Ancient Near East (FS E. Lipiński), OLA 65, 1995, 229-243.
—**Pettinato, G.**: Testi Amministrativi di Ebla. Archivio L. 2752, MEE 5 = MVS 2, Rom 1996.
—**Pettinato, G.:/Waetzold, H.**: Saatgut und Furchenabstand beim Getreideanbau, StOr 46, Helsinki 1975, 259-290.
—**Pientka, R.**: Die spätaltbabylonische Zeit. Abiešuḫ bis Samsuditana. Quellen, Jahresdaten, Geschichte (2 Teile), IMGULA 2, Münster 1998.
—**Pingree, D.**: Venus Phenomena in *Enūma Anu Enlil*, in: Galter, H.D. (Hg.): Die Rolle der Astronomie in den Kulturen Mesopotamiens: Beiträge zum 3. Grazer Morgenländischen Symposium, Morgenländische Studien 3, Graz 1993, 257-273.
—**Pitard, W.T.**: Art.: Aleppo, in: OxfEncANE 1, 63-65.
—**Poebel, A.**: The Assyrian King-List from Khorsabad, JNES 1, 1942, 247-305. 460-492.
—**Poebel, A.**: The Assyrian King-List from Khorsabad (concluded), JNES 2, 1943, 56-90.
—**Pomponio, F.**: Abba-Kalla di Puzriš-Dagan, VO 8/2, 1992, 13-21.
—**Pomponio, F./Xella, P.**: Les dieux d' Ebla. Étude analytique des divinités éblaïtes à l'époque des archives royales du IIIe millénaire, AOAT 245, Münster 1997.
—**Popko, M.**: Huryci, Warschau 1982.
—**Popper, K.**: Logik und Forschung, Die Einheit der Gesellschaftswissenschaften 44, Tübingen ^{10}1990.
—**Porada, E.**: Syrian Seal Impressions on Tablets Dated in the Time of Hammurabi and Samsu-Iluna, JNES 16, 1957, 192-197.
—**Porada, E. u.a.**: The Chronology of Mesopotamia ca. 7000-1600 B.C., in: Ehrich, R. (Hg.): Chronologies in Old World Archaeology, Chicago ^{3}1992, 77-121.
—**Postgate, J.N.**: The Problem of Yields in Cuneiform Texts, BSA 1, 1984, 97-102.
—**Powell, M.A.**: Art.: Maße und Gewichte, in: RlA 7, 457-530.
—**Powell, M.A.**: Sumerian Cereal Crops, BSA 1, 1984, 48-62.
—**Powell, M.A.**: m u n - d u as an Akkadian Plural Loan Word in Sumerian, ZA 76, 1986, 12-16.
-**Powell, M.A.**: Price Fluctuations in Babylonia, AoF 17, 1990, 76-99.
—**Powell, M.A.**: Naram-Sīn, Son of Sargon. Ancient History, Famous Names and a Famous Babylonian Forgery, ZA 81, 1991, 20-30.
—**Powell, M.A.**: Money in Mesopotamia, JESHO 39, 1996, 224-242.
—**Prechel, D.**: Die Göttin Išḫara. Ein Beitrag zur altorientalischen Religionsgeschichte, ALASPM 11, Münster 1996.
—**Pressler, C.**: Wives and Daughters. Bond and Free: Views of Women in the Slave Laws of Exodus 21.2-11, in: Matthews, V.H. u.a. (Hgg.): Gender and Law in the Hebrew Bible and the Ancient Near East, JSOT.SS 262, Sheffield 1998, 147-172.
—**Quack, J.F.**: Eine Erwähnung des Reiches von Aleppo in den Ächtungstexten?, GM 130, 1992, 75-78.
—**Quack, J.F.**: Gefangene oder Edelfrau?, WO 25, 1994, 17-20.
—**Rainey, A.F.**: *āširu* and *asīru* in Ugarit and the Land of Canaan, JNES 26, 1967, 296-301.

—**Rainey, A.F.:** The *Sitz im Leben* of the Samaria Ostraca, Tel Aviv 6, 1970, 91-94.

—**Rainey, A.F.:** El Amarna Tablets 359-379, AOAT 8, Neukirchen-Vluyn/Kevelaer ²1978.

—**Rainey, A.F.:** Canaanite in the Amarna Tablets. A Linguistic Analysis of the Mixed Dialect Used by the Scribes from Canaan, I: Orthography, Phonology. Morphosyntactic Analysis of the Pronouns, Nouns, Numerals; II: Morphosyntactic Analysis of the Verbal System; III: Morphosyntactic Analysis of the Particles and Adverbs; IV: References and Index of Texts Cited, HdO I/25,1-4, Leiden 1996.

—**Rainey, A.F.:** *CAT* "Tails", UF 28, 1996, 513-526.

—**Redford, D.B.:** A Gate Inscription from Karnak and Egyptian Involvement in Western Asia During the Early 18th Dynasty, JAOS 99, 1979, 270-287.

—**Redford, D.B.:** Egypt, Canaan and Israel in Ancient Times, Princeton 1993 (paperb.).

—**Reiner, E.:** Enūma Anu Enlil, tablet 63: the Venus Tablet of Ammisaduqa, BM 2/1, Malibu 1975.

—**Reiner, E.:** At the Fuller's, in: Dietrich, M./Loretz, O. (Hgg.): Vom Alten Orient zum Alten Testament (FS W. von Soden), AOAT 240, Münster 1995, 407-411.

—**Reiner, E.:** Babylonian Planetary Omens, CM 11, Groningen 1998.

—**Reiter, K.:** Altbabylonische Verträge unter Beachtung günstiger Tage, MARI 7, 1993, 359-363.

—**Renfroe, F.:** Methodological Considerations Regarding the Use of Arabic in Ugaritic Lexicography, UF 18, 1986, 33-74.

—**Renfroe, F.:** Arabic-Lexical Studies, ALASP 5, Münster 1992.

—**Renfrew, J.M.:** Cereals Cultivated in Ancient Iraq, BSA 1, 1984, 32-44.

—**Renfrew, J.M.:** Pulses Recorded from Ancient Iraq, BSA 2, 1985, 67-71.

—**Renger, J.:** Report on the Implications of Employing Draught Animals, BSA 5, 1990, 267-279.

—**Richter, W.:** Die Landwirtschaft im homerischen Zeitalter, ArchHom II/H, Göttingen 1968.

—**Ringgren, H.:** Die Religionen des Alten Orients, ATD.E Sonderbd. 1, Göttingen 1979.

—**Rohl, D.M.:** The Early Third Intermediate Period. Some Chronological Considerations, JACF 3, 1990, 45-70.

—**Rohl, D.M.:** Some Chronological Conundrums of the 21st Dynasty, ÄuL 3, 1992, 133-141.

—**Rohl, D.M.:** Pharaonen und Propheten. Das Alte Testament auf dem Prüfstand, München 1996.

—**Röllig, W.:** Art.: Idue, Ituwe, in: RlA 5, 33.

—**Röllig, W.:** Art.: Mirar/Murar, in: RlA 8, 220.

—**Röllig, W.:** Materialien zur Chronologie Vorderasiens im 2. Jahrtausend v.Chr., habil. (unveröff.), Münster 1965.

—**Röllig, W.:** Das Bier im alten Mesopotamien, Berlin 1970.

—**Römer, W.H.Ph.:** Frauenbriefe über Religion, Politik und Privatleben in Māri, AOAT 12, Neukirchen-Vluyn/Kevelaer 1971.

—**Rose, L.E.:** The Astronomical Evidence for Dating the End of the Middle Kingdom of Ancient Egypt to the Early Second Millennium. A Reassessment,

JNES 53, 1994, 237-261.
—**Rose, L.E.:** The Sothic Date from the Ptolemaic Temple of Isis at Aswan, BiOr 56, 1999, 14-34.
—**Rositani, A.:** I nomi propri dell'archivo del *bīt asīrī*, SEL 14, 1997, 1-15.
—**Rostock, A.-K./Feldmann, W.:** Islandpferde - Reitlehre: Leitfaden für Haltung, Ausbildung und Reiten von Islandpferden und anderen Freizeitpferden, Bad Honnef, [2]1987.
—**Rowton, M.B:** The Date of the Hittite Capture of Babylon, BASOR 126, 1952, 20-24.
—**Rowton, M.B.:** The Date of Hammurabi, JNES 17, 1958, 97-111.
—**Rüster, Chr./Neu, E.:** Hethitisches Zeichenlexikon. Inventar und Interpretation der Keilschriftzeichen aus den Boğazköy-Texten, StBoT B 2, Wiesbaden 1989 (= HZL).
—**Rüster, Chr./Neu, E.:** Deutsch-Sumerographisches Wörterverzeichnis. Materialien zum HZL I, StBoT 35, Wiesbaden 1991.
—**Rüster, Chr./Neu, E.:** Konträr-Index der hethitischen Keilschriftzeichen. Materialien zum HZL II, StBoT 40, Wiesbaden 1993.
—**Safadi, H. el-:** Die Entstehung der syrischen Glyptik und ihre Entwicklung in der Zeit von Zimrilim bis Ammitaqumma, I: UF 6, 1974, 313-352, II: UF 7, 1975, 433-468.
—**Sallaberger, W.:** Numbers and Metrology, in: F. Ismail u.a. (Hgg.): Administrative Documents from Tell Beydar (Seasons 1993-1995), SUBARTU 2, Turnhout 1996, 81-84.
—**Sallaberger, W.:** Die frühdynastischen Tontafeln von Tell Beydar. Einblicke in Kultur und Geschichte einer Stadt Syriens im 3. Jt., Beydar 3, 1999, 111-132.
—**Salonen, A.:** Die Landfahrzeuge des alten Mesopotamiens nach sumerisch-akkadischen Quellen (mit besonderer Berücksichtigung der 5. Tafel der Serie ḪAR-ra = *ḫubullu*). Eine lexikalische und kulturgeschichtliche Untersuchung, AASF.B 72/3, Helsinki 1951.
—**Salonen, A.:** Rez. zu D.J. Wiseman, Al T: AfO 17, 1954-56, 378f.
—**Salonen, A.:** Hippologia accadica, AASF.B 100, Helsinki 1955.
—**Salonen, A.:** Agricultura Mesopotamica nach sumerisch-akkadischen Quellen. Eine lexikalische und kulturgeschichtliche Untersuchung, AASF.B 149, Helsinki 1968.
—**Salonen, A.:** Die Fußbekleidung der alten Mesopotamier nach sumerisch-akkadischen Quellen. Eine lexikalische und kulturgeschichtliche Untersuchung, AASF.B 157, Helsinki 1969.
—**Salonen, A.:** Vögel und Vögelfang im alten Mesopotamien, AASF.B 180, Helsinki 1973.
—**Salonen, E.:** Die Gruss- und Höflichkeitsformeln im babylonisch-assyrischen Briefen, StOr 38, Helsinki 1967.
—**Salonen, E.:** Über das Erwerbsleben im Alten Mesopotamien. Untersuchungen zu den akkadischen Berufsnamen I, StOr 41, Helsinki 1970.
—**Salvini, M.:** Die hurritischen Überlieferungen des Gilgameš-Epos und der Kašši-Erzählung, in: Haas, V. (Hg.): Hurriter und Hurritisch, Xenia 21, Konstanz 1988, 157-172.

—**Salvini, M.:** Earliest Evidence of the Hurrians before the Formation of the Reign of Mitanni, in: Buccellati, G./Kelly-Buccellati, M. (Hgg.): Urkesh and the Hurrians (FS L. Cotsen), BM 26, 1998, 94-115.

—**Sanmartín, J.:** *arbḫ* - "vierjährig" (KTU 1.92:10), UF 9, 1977, 374f.

—**Sanmartín, J.:** Rez. zu D. Pardee, Les textes hippiatriques, RSOu II, Paris 1985, AfO 35, 1988, 226-29.

—**Sanmartín, J.:** Wirtschaft und Handel in Ugarit: Kulturgrammatische Aspekte, in: Dietrich, M./Loretz, O. (Hgg.): Ugarit —ein ostmediterranes Kultzentrum im Alten Orient. Ergebnisse und Perspektiven der Forschung. I: Ugarit und seine altorientalische Umwelt., ALASP 7/1, Münster 1995, 131-158.

—**Sanmartín, J.:** Das Handwerk in Ugarit: Eine lexikalische Studie, SEL 12, 1995, 169-195.

—**Sasson, J.M.:** A Sketch in North Syrian Economic Relations in the Middle Bronze Age, JESHO 9, 1966, 161-181.

—**Sasson, J.M.:** Ḫurrians and Ḫurrian Names in the Mari Texts, UF 6, 1974, 353-400.

—**Sasson, J.M.:** The ENGAR/*ikkārum* at Mari, in: Eichler, B.L. (Hg.): Kramer Anniversary Volume (FS S.N. Kramer), AOAT 25, Kevelaer/Neukirchen-Vluyn 1976, 401-410.

—**Sasson, J.M.:** Two Recent Works on Mari, AfO 27, 1980, 127-135.

—**Sasson, J.M. (Hg.):** Civilisations of the Ancient Near East, New York 1995 (= CivANE).

—**Sasson, J.M.:** The King and I. A Mari King in Changing Perceptions, JAOS 118, 1998, 453-470.

—**Schachermayer, F.:** Ägäis und Orient, Denkschriften der ÖAW.PH Klasse 93, Wien 1967.

—**Schelsky, H.:** Auf der Suche nach Wirklichkeit, Düsseldorf 1956.

—**Schmidtke, F.:** Die Fehldatierung Naramsins durch Nabonid, WO 1, 1947-52, 51-56.

—**Schmitz, P.C.:** Art.: Canaan, Place of, in: ABD I, 528-531.

—**Schubert, K.:** Die altorientalischen Dynastien zur Zeit Hammurapis von Babylon, WZKM 51, 1948/52, 21-33.

—**Schuler, E. von:** Art.: Gesellschaft B, in: RlA 3, 237-243.

—**Schuler, E. von:** Hethitische Rechtsbücher, in: R. Borger u.a.: Rechtsbücher, TUAT I/1, Gütersloh 1982, 96-123.

—**Schwarz, E.:** Die soziale Stellung der Frau in den homerischen Epen, diss. phil (unveröff.), Marburg 1950.

—**Seiffert, H.:** Einführung in die Erkenntnis- und Wissenschaftstheorie. Sprachanalyse-Deduktion-Induktion in Natur- und Sozialwissenschaften, München [10]1983.

—**Seiffert, H. (Hg.):** Handlexikon der Wissenschaftstheorie, dtv-Wissenschaft 4586, München [2]1994.

—**Seitter, W.C./Duerbeck, H.W.:** Astronomische Überlegungen zu dem ugaritischen Text über Sonne und Mars - KTU 1.78, in: Dietrich, M./Loretz, O.: Mantik in Ugarit. Keilalphabetische Texte der Opferschau - Omensammlungen - Nekromantie, ALASP 3, Münster 1990, 281-286.

—**Seminara, S.:** L'accadico di Emar, MVS 6, Rom 1998.
—**Sidersky, D.:** Nouvelle étude sur la chronologie de la dynastie hammurapienne, RA 37, 1940/41, 45-54.
—**Simpson, W.K.:** Art.: Senenmut, RlÄ 5, 850f.
—**Singer, I.:** Appendix III: A Concise History of Amurru, in: Izreʾel, Sh.: Amurru Akkadian. A Linguistic Study, HSS 41, Atlanta 1991, 135-195.
—**Sivan, D.:** Grammatical Analysis and Glossary of the Northwest Semitic Vocables in Accadian Texts of the 15th-13th C.B.C. from Canaan and Syria, AOAT 214, Kevelaer/Neukirchen-Vluyn 1984.
—**Sivan, D.:** A Grammar of the Ugaritic Language, HdO I/28, Leiden u.a. 1997.
—**Skaist, A.:** *Šīmu gamru*: Its Function and History, in: Zevit, Z. u.a. (Hgg.): Solving Riddles and Untying Knots (FS J.C. Greenfield), Winona Lake 1995, 619-626.
—**Smith, M.S.:** The Ugaritic Baal Cycle. I: Introduction with Text, Translation and Commentary of KTU 1.1-1.2, SVT 55, Leiden u.a. 1994.
—**Smith, S.:** A Preliminary Account of the Tablets from Atchana, AJ 19, 1939, 39-48.
—**Smith, S.:** Ursu and Ḫaššum, AnSt 6, 1956, 35-43.
—**Smith, S.:** Alalakh and Chronology, London 1940 (mir lag nur Abschrift vor).
—**Smith, S.:** The Statue of Idrimi, OPBIAA 1, London 1949.
—**Soden, W. von:** Akkadisches Handwörterbuch (= AHw), Wiesbaden I: [2]1985; II: 1972; III: 1981.
—**Soden, W. von:** Das akkadische Syllabar, AnOr 42, Rom [4]1991 (= AkkSyll).
—**Soden, W. von:** Grundriß der akkadischen Grammatik (= GAG), AnOr 33+47, Rom [2]1969, [3]1995.
—**Soden, W. von:** Akkadisch *ḫâšum* I "sich sorgen" und hebräisch *ḥūš* II, UF 1, 1969, 197.
—**Soden, W. von:** Zu N.A.B.U. 1989/76 und 1989/77, NABU Nr. 106/1989, 78f.
—**Sollberger, E.:** Administrative Texts Chiefly Concerning Textiles, ARET 8, Rom 1986.
—**Soldt, W.H. van:** Hurrian utte "emmer", RA 75, 1981, 93.
—**Soldt, W.H. van:** The title *ṭy*, UF 20, 1988, 313-321.
—**Soldt, W.H. van:** *ʾAtn prln*, "ʾAttā/ēnu the Diviner", UF 21, 1989, 365-368.
—**Soldt, W.H. van:** Fabrics and Dyes at Ugarit, UF 22, 1990, 321-357.
—**Soldt, W.H. van:** Studies in the Accadian from Ugarit, AOAT 40, Neukirchen-Vluyn/Kevelaer 1991.
—**Soldt, W.H. van:** Studies in the Topography of Ugarit (1). The Spelling of the Ugaritic Toponyms, UF 28, 1996, 653-692.
—**Soldt, W.H. van:** Studies in the Topography of Ugarit (2). The borders of Ugarit, UF 29, 1997, 683-703.
—**Sommer, F./Falkenstein, A.:** Die hethitisch-akkadische Bilingue des Hattušili I (Labarna), ABAW.NF 16, München 1938.
—**Sommerfeld, W.:** Der babylonische "Feudalismus", in: Dietrich, M./Loretz, O. (Hgg.): Vom Alten Orient zum Alten Testament (FS W. von Soden), AOAT 240, Kevelaer/Neukirchen-Vluyn 1995, 467-490.
—**Spalinger, A.J.:** Egyptian-Hittite Relations at the Close of the Amarna Period and Some Notes on Hittite Military Strategy in North Syria, Bulletin of the

Egyptological Seminary 1, 1979, 55-89.
—**Spalinger, A.J.:** Notes on the Egyptian Calendars, Or 64, 1995, 17-32.
—**Speiser, E.A.:** Rez. zu S. Smith, Idrimi, JAOS 71, 1951, 151f.
—**Speiser, E.A.:** Comments on Recent Studies in Accadian Grammar, JAOS 73, 1953, 129-138.
—**Speiser, E.A.:** Rezension zu D.J. Wiseman, Al T: JAOS 74, 1954, 18-25.
—**Stamm, J.J.:** Die akkadische Namengebung, MVAeG 44, Leipzig 1939 = Darmstadt 1968 .
—**Starke, F.:** Die Funktionen der dimensionalen Kasus und Adverbien im Althethitischen, StBoT 23, Wiesbaden 1977.
—**Stein, D.L.:** Art.: Alalakh, in: OxfEncANE 1, 55-59.
—**Stein, D.L.:** Art.: Hurrians, in: OxfEncANE 3, 126-130.
—**Steiner, G.:** Art.: Getränke B. Nach hethitischen Texten, in: RlA 3, 307f.
—**Steiner, G.:** Art.: Getreide B. Nach hethitischen Texten, in: RlA 3, 311-315.
—**Steiner, G.:** Kaufmanns- und Handelssprachen im Alten Orient, Iraq 39, 1977, 11-17.
—**Steiner, G.:** Die Dauer einer "Generation" nach den Vorstellungen des Alten Orients, in: HML III, 170-195.
—**Steiner, G.:** Muršili I: Sohn oder Enkel Labarna-Hattušilis I?, UF 28, 1996, 561-618.
—**Steiner, G.:** Was bedeutet LUGAL-*zu-nu* ... *ul-tam-li* im Aleppo-Vertrag?, AoF 26, 1999, 13-25.
—**Steinkeller, P.:** The Forestery of Umma: Toward a Definition of Ur III Labor, in: Powell, M.A. (Hg.): Labor in the Ancient Near East, AOS 68, New Haven 1987, 73-115.
—**Stephenson, F.R.:** in: Royal Astronomic Society (Hg.): Current Issues in Astroarcheonomy. Royal Astronomic Society Specialist Discussion Meeting, London, Observatory 116, 1996, 282f.
—**Stephenson, F.R./Yau, K.K.:** The Total Solar Eclipse of AD 1221 and the Rotation of the Earth, Astronomy and Astrophysics 260, 1992, 485-488.
—**Stieglitz, R.R.:** The City of Amurru, JNES 50, 1991, 45-48.
—**Stieglitz, R.R.:** The Phoenician-Punic Menology, in: M. Lubetski u.a. (Hgg.): Boundaries of the Ancient Near Eastern World (FS C.H. Gordon), JSOT.SS 273, Sheffield 1998, 211-221.
—**Stieler-Alegria, G.:** Ein kassitisches Rollsiegel aus der Zeit des Abi-ešuh. Bemerkungen zur kurzen Chronologie und ihre Bedeutung für die protokassitische Glyptik, NABU 1/1999, 1f.
—**Stoebe, H.-J.:** Der Prophet Amos und sein bürgerlicher Beruf, WuD 5, 1957, 160-181.
—**Stol, M.:** Art.: Malz, in: RlA 7, 322-329.
—**Stol, M.:** Art.: Miete B, in: RlA 8, 162-174.
—**Stol, M.:** Beans, Peas, Lentils and Vetches in Akkadian Texts, BSA 2, 1985, 127-139.
—**Stol, M.:** Old Babylonian Cattle, BSA 8, 1995, 173-213.
—**Stol, M.:** Women in Mesopotomia, JESHO 38, 1995, 123-144.
—**Stolz, F.:** Art.: Kanaan, in: TRE 17, 539-556.
—**Streck, M.P.:** Art.: Name, Namengebung. E. Amurritisch, in: RlA 9, 127-131.

—**Streck, M.P.**: Zahl und Zeit. Grammatik der Numeralia und des Verbalsystems im Spätbabylonischen, CM 5, Groningen 1995.

—**Streck, M.P.**: *Zahl und Zeit*, Ergänzungen und Korrekturen, NABU Nr. 98/1995, 88f.

—**Streck, M.P.**: Rez. zu W.H. van Soldt, Letters in the British Museum 2, Leiden 1994, BiOr 54, 1997, 143-148.

—**Streck, M.P.**: Zum akkadischen Wort für Gerste, NABU Nr. 53/1998, 55f.

—**Taracha, P.**: Rez. zu M. Popko, Huryci: OLZ 89, 1994, 279-282.

—**Teissier, B.**: Egyptian Iconography on Syro-Palestinian Cylinder Seals of the Middle Bronze Age, OBO.SerAr 11, Fribourg/Göttingen 1996.

—**Thomas, H.L.**: Historical Chronologies and Radiocarbon Dating, ÄuL 3, 1992, 143-155.

—**Thompson, R.C**: A Dictionary of Assyrian Botany, London 1949.

—**Thureau-Dangin, F.**: Iasmah-Adad, RA 34, 1937, 135-139.

—**Thureau-Dangin, F.**: Tablettes ḫurrites provenant de Mâri, RA 36, 1939, 1-12.

—**Tischler, J.**: Hethitisches Etymologisches Glossar, Innsbrucker Beiträge zur Sprachwissenschaft, Lief. 2, Innsbruck 1978.

—**Titzmann, M.**: Strukurale Textanalyse, UTB 592, München ^{3}1993.

—**Tonietti, M.V.**: Le cas de *Mekum*: continuité ou innovation dans tradition éblaite entre IIIe et IIe millénaires?, MARI 8, 1997, 225-242.

—**Tournay, R.**: Rez. zu D.J. Wiseman, Al T, RB 61, 1954, 469-471.

—**Tropper, J.**: Das ugaritische Konsonanteninventar, JNWSL 20, 1994, 17-59.

—**Tropper, J.**: Die semitische "Suffixkonjugation" im Wandel. Von der Prädikativform zum Perfekt, in: Dietrich, M./Loretz, O. (Hgg.): Vom Alten Orient zum Alten Testament (FS W. von Soden), AOAT 240, Kevelaer/Neukirchen-Vluyn 1995, 491-516.

—**Tropper, J.**: Das letzte Zeichen des ugaritischen Alphabets, UF 27, 1995, 505-528.

—**Tropper, J.**: Ugaritische Grammatik, AOAT 273, Münster 2000.

—**Tropper, J./Vita, J.-P.**: Der Wettergott von Ḫalab in Ugarit (KTU 4.278), AoF 26, 1999, 310-313.

—**Trümpy, C.**: Untersuchungen zu den altgriechischen Monatsnamen und Monatsfolgen, Bibliothek der klassischen Altertumswissenschaften II/89, Heidelberg 1997.

—**Tsevat, M.**: Alalakhiana, HUCA 29, 1958, 109-134.

—**Tuman, V.S.**: Astrological Omens from Lunar Eclipses As a Source for Babylonian Chronology Confirms the Long Chronology, in: HML III, 197-206.

—**Unger, E.**: Art.: Gazelle, in: RlA 3, 153f.

—**Ungnad, A.**: Art.: Datenlisten, in: RlA 2, 131-194.

—**Ungnad, A.**: Eine neue Grundlage für die altorientalische Chronologie, AfO 13, 1939-41, 145f.

—**Uchitel, A.**: Women at Work. Pylos and Knossos, Lagash and Ur, Historia 33, 1984, 257-282.

—**Uchitel, A.**: The Archives of Mycenaean Greece and the Ancient Near East, in: Heltzer, M./Lipiński, E. (Hgg.): Society and Economy in the Eastern Mediterranean (c. 1500-1000 B.C.). Proceedings of the International Symposium held at the University of Haifa (28th of April 2nd of May 1985), OLA 23, 1988, 19-30.

—**Utzschneider, H.:** Die 'Realia' und die Wirklichkeit. Prolegomena zu einer Sozial- und Kulturgeschichte des alten Israel am Modell der Handweberei in Israel und seiner Umwelt, WuD 21, 1991, 57-80.

—**Veenhof, K.R.:** Art.: Miete C, in: RlA 8, 181-184.

—**Veenhof, K.R.:** Eponyms and Mari Chronology, MARI 4, 1985, 191-218.

—**Veenhof, K.R.:** The Sequence of the 'Overseers of the merchants' at Sippar and the date of the Year-eponomy of Habil-kēnum, JEOL 30, 1987/88, 32-37.

—**Ventris, M./Chadwick, J.:** Documents in Mycenean Greek, Cambridge ²1973.

—**Viganò, L.:** ^d*à-du*, the Lord of Aleppo, in: ders., On Ebla. An Accounting of Third Millenium Syria, AuOrS 12, Barcelona 1996, 113-126.

—**Viganò, L.:** The Tablets of ARET 8, in: ders., On Ebla. An Accounting of Third Millenium Syria, AuOrS 12, Barcelona 1996, 127-172.

—**Villard, P.:** Un voyage de la cour de Mari vers le Ouest?, ARM XXIII, Paris 1985, 457-475.

—**Villard, P.:** Un roi de M a r i à Ugarit, UF 18, 1986, 387-412.

—**Villard, P.:** La mort de Sûmu-Epuh et la révolte des Turukéens, NABU Nr. 119/1993, 101f.

—**Virolleaud, Ch.:** Les villes et les corporations du royaume d'Ugarit, Syria 21, 1940, 121-151.

—**Vita, J.-P.:** El ejército de Ugarit, BDFSNM 1, Madrid 1995.

—**Vita, J.-P.:** Una nueva interpretación del documento administrativo ugarítico 00-4.392, UF 28, 1996, 693-699.

—**Vita, J.-P.:** *PĀNI* comme préposition, dans l'accadien péripherique de Bronze Récent, NABU Nr. 124/1997, 117f.

—**Vita, J.-P.:** Datation et genres littéraires à Ougarit, in: Briquel-Chatonnet, F./Lozachmeur, H. (Hgg.): Proche-Orient Ancien. Temps vécu, temps pensé, Antiquités Sémitiques 3, Paris 1998.

—**Vita, J.-P.:** Zur Menologie und zum Kalender von Alalaḫ, AoF 27, 2000, 296-307.

—**Waarden, B.L. van der:** On Babylonian Astronomy I. The Venus Tablets of Ammiṣaduqa, JEOL 10, 1945-48, 414-424.

—**Waetzold, H.:** Rez. zu Harmatta, J./Komoróczy, G. (Hgg.): Wirtschaft und Gesellschaft im Alten Vorderasien (= Nachdruck aus AcAnt 22, 1974), Budapest 1976, WO 11, 1980, 136-142.

—**Waetzold, H.:** Compensation of Craft Workers and Officials in the Ur III Period, in: Powell, M.A. (Hg.): Labor in the Ancient Near East, AOS 68, New Haven 1987, 117-141.

—**Waetzold, H.:** Die Situation der Frauen und Kinder anhand ihrer Einkommensverhältnisse zur Zeit der III. Dynastie von Ur, AoF 15, 1988, 30-44.

—**Walberg, G.:** Middle Minoan Chronology: Relative and Absolute, in: HML I, 67-73.

—**Walberg, G.:** The Finds at Tell ed-Dabʿa and Middle Minoan Chronology, ÄuL 3, 1992, 157-159.

—**Walz, R.:** Zum Problem des Zeitpunkts der Domestikation der altweltlichen Kameliden, ZDMG 101, 1951, 29-51.

—**Walz, R.:** Neue Untersuchungen zum Domestikationsproblem der altweltlichen Cameliden. Beiträge zur ältesten Geschichte des zweihöckrigen Kamels,

ZDMG 104, 1954, 45-87.
—**Ward, W.A.:** Egypt and the East Mediterranean World 2200-1900 B.C., Beirut 1971.
—**Ward, W.A.:** The Present Status of Egyptian Chronology, BASOR 288, 1992, 53-66.
—**Warren, P.:** Minoan Crete and Pharaonic Egypt, in: Davies, W.V/Schofield, L. (Hgg.): Egypt, the Aegean and the Levant. Interconnections in the Second Millenium BC, London 1995, 1-18.
—**Watson, W.G.E.:** Ugaritic Lexicography, in: ders./Wyatt, N.: Handbook of Ugaritic Studies, HdO I/39, Leiden u.a. 1999, 122-133.
—**Wehr, H.:** Arabisches Wörterbuch für die Schriftsprache der Gegenwart, Wiesbaden [5]1985.
—**Weidner, E.F.:** Bemerkungen zur Königsliste aus Chorsabad, AfO 15, 1945/51, 85-102.
—**Weiner, M.H./Allen, J.P.:** Separate Lives: The Ahmose Tempest Stela and the Theran Eruption, JNES 57, 1998, 1-28.
—**Weinstein, J.M.:** Egypt and the Middle Bronze IIC/Late Bronze IA. Transition in Palestine, Levant 23, 1991, 105-116.
—**Weinstein, J.M.:** Palestine in the Early Second Millennium B.C.E., BASOR 288, 1992, 27-46.
—**Weinstein, J.M.:** Reflections on the Chronology of Tell el-Dab'a, in: Davies, W.V/Schofield, L. (Hgg.): Egypt, the Aegean and the Levant. Interconnections in the Second Millenium BC, London 1995, 84-90.
—**Weippert, M.:** Art.: Kanaan, in: RlA 5, 352-355.
—**Weiss, H.:** Tell Leilan and Shubat Enlil, MARI 4, 1985, 269-292.
—**Wente, E.F/Siclen, C.C. van:** A Chronology of the New Kingdom, in: Johnsson, J./Wente, E.F. (Hgg.): Studies in Honor of George H. Hughes, SOAC 34, Chicago 1976, 217-261.
—**Westbrook, R.:** The Phrase "His heart is satified" in the Ancient Near Eastern Sources, JAOS 111, 1991, 219-224.
—**Westbrook, R.:** The Female Slave, in: V.H. Matthews u.a. (Hgg.): Gender and Law in the Hebrew Bible and the Ancient Near East, JSOT.SS 262, Sheffield 1998, 214-238.
—**Westenholz, J./Westenholz, A.:** Help for Rejected Suitors. The Old Accadian Love Incantation MAD V 8, Or 43, 1977, 198-219.
—**Whiting, R.M.:** Amorite Tribes and Nations of Second-Millenium Western Asia, in: Sasson, J.M. (Hg.): CivANE, 1231-1242.
—**Wickert-Micknat, G.:** Rez. zu J.A. Lencman, Gnomon 39, 1967, 587-604.
—**Wickert-Micknat, G.:** Die Frau, ArchHom III/R, Göttingen 1982.
—**Wickert-Micknat, G.:** Unfreiheit im Zeitalter der homerischen Epen, Forschungen zur antiken Sklaverei XVI, Wiesbaden 1983.
—**Wilcke, C.:** Art.: Inanna/Ishtar, in: RlA 5, 74-87.
—**Wilcke, C.:** Zur Geschichte der Amurriter in der Ur-III-Zeit, WO 5, 1969/70, 1-31.
—**Wilcke, C.:** *AḪ*, die "Brüder" von Emar. Untersuchungen zur Schreibtradition am Euphratknie, AuOr 10, 1992, 115-150.
—**Wilhelm, G.:** Art.: Muršili I, in: RlA 8, 434f.

—**Wilhelm, G.:** Art.: Name, Namengebung. D. Bei den Hurritern, in: RlA 9, 121-127.
—**Wilhelm, G.:** Untersuchungen zum Hurro-Akkadischen von Nuzi, AOAT 9, 1970, Kevelaer/Neukirchen-Vluyn 1970.
—**Wilhelm, G.:** Das Archiv des Šilwa-Teššup. Heft 2: Rationenlisten I, Wiesbaden 1980; Heft 3: Rationenlisten II, Wiesbaden 1980. (= Šilwa-Teššup)
—**Wilhelm, G.:** Geschichte und Kultur der Hurriter, Grundzüge 45, Darmstadt 1982.
—**Wilhelm, G.:** "Verhafte ihn", Or 59, 1990, 306-311.
—**Wilhelm, G.:** Probleme der hethitischen Chronologie, OLZ 86, 1991, 469-475.
—**Wilhelm, G.:** Die Inschrift des Tišatal von Urkesh, in: Buccellati, G./Kelly-Buccellati, M. (Hgg.): Urkesh and the Hurrians (FS L. Cotsen), BM 26, Malibu 1998, 117-143.
—**Wilhelm, G.:** Hurr. *šinussi* "Scheuklappe"?, SCCNH 9, Winona Lake 1998, 173-176.
—**Wilhelm, G./Boese, J.:** Absolute Chronologie und die hethitische Geschichte des 13. und 14. Jahrhunderts v.Chr., in: HML I, 74-117.
—**Williams, B./Hassert, R.:** Some Aspects of the Excavation at Tell Atchana, Part I: A Critical Review of the Pottery from Levels XVII-VII, Serapis 4, 1977/78, 41-56.
—**Wirth, E.:** Syrien. Eine geographische Landeskunde, Wissenschaftliche Länderkunden 4/5, Darmstadt 1971.
—**Wiseman, D.J.:** The Alalakh Tablets, OPBIAA 2, London 1953.
—**Wiseman, D.J.:** Supplementary Copies of Alalakh Tablets, JCS 8, 1954, 1-30.
—**Wiseman, D.J.:** Abban and Alalaḫ, JCS 12, 1958, 124-129.
—**Wiseman, D.J.:** Ration Lists from Alalakh VII, JCS 13, 1959, 19-33.
—**Wiseman, D.J.:** Ration Lists from Alalakh IV, JCS 13, 1959, 50-59.
—**Wiseman, D.J.:** Some Aspects of Babylonian Influence at Alalaḫ, Syria 39, 1962, 180-187.
—**Wiseman, D.J./Hess, R.S.:** Alalakh Text 457, UF 26, 1995, 501-508.
—**Wolf, W.:** Das Alte Ägypten, Monographien zur Weltgeschichte, dtv 3201, München 1971.
—**Wolf, W.:** Die Ägypter (Nachdruck), Essen ca. 1997.
—**Wooley, L.:** Tal Atchana, JHS 56, 1936, 125-132.
—**Wooley, L.:** Ein vergessenes Königreich. Die Ausgrabung der zwei Hügel Atschana und al-Mina im türkischen Hatay, Wiesbaden 1954.
—**Wooley, L.:** Alalakh. An Account of the Excavations at Tell Atchana in the Hatay, 1937-1949, Reports of the Research Committee of the Society of Antiquaries of London, Oxford 1955.
—**Yamada, S.:** The Editorial History of the Assyrian King List, ZA 84, 1994, 11-37.
—**Yamada, S.:** The Hittite Social Concept of "Free" in the Light of the Emar Texts, AoF 22, 1995, 297-316.
—**Yon, M.:** Art.: Ugarit, in: OxfEncANE 5, 255-262.
—**Zaccagnini, C.:** The Yield of the Fields at Nuzi, OA 14, 1975, 181-225.
—**Zaccagnini, C.:** Note on the Talent at Alalah, Iraq 40, 1978, 67-69.
—**Zaccagnini, C.:** Notes on the Weight System at Alalaḫ VII, Or 48, 1979, 472-475.

—**Zaccagnini, C.:** Notes on the Nuzi Surface Measures, UF 11, 1979, 849-856.
—**Zaccagnini, C.:** Modo di produzione asiatico e Vicino Oriente antico. Appunti per una discussione, DdA 3/3, 1981, 3-65 (engl. in: ders. (Hg): Production and Consumption, 1-126).
—**Zaccagnini, C.:** Patterns of Mobility among Ancient Near Eastern Craftsmen, JNES 42, 1983, 245-264.
—**Zaccagnini, C. (Hg.):** Production and Consumption in the Ancient Near East, Budapest 1989 (engl. Übersetzung von DdA 3/3, 1981).
—**Zaccagnini, C.:** Nota sulla redistribuzione dei cereali nel Vicino Oriente del II e I Millenio, in: Dolce, R./Zaccagnini, C. (Hgg.): Il pane del re. Accumulo e distribuzione dei cereali nell' Oriente antico, StStA 13, Bologna 1989, 101-116.
—**Zaccagnini, C.:** Again on the Yield of the Fields at Nuzi, BSA 5, 1990, 201-217.
—**Zaccagnini, C.:** Joint Responsability in Barley Loans of the Neo-Assyrian Period, SAAB 8, 1994, 21-42.
—**Zaccagnini, C.:** TEŠ.BI = *mitḫāru/mitḫāriš* at Emar and Elsewhere, Or 65, 1996, 89-110.
—**Zadok, R.:** Notes on the Emar Documentation, OLP 22, 1991, 27-55.
—**Zadok, R.:** Pūlu, '*Vicia faba*' in Neo-Babylonian, NABU Nr. 19/1998, 20f.
—**Zeeb, F.:** Tell Leilan und die Gründung des altbabylonischen Alalaḫ, UF 23, 1991, 401-404.
—**Zeeb, F.:** Studien zu den altbabylonischen Texten aus Alalaḫ. I: Schuldscheine, UF 23, 1991, 405-438.
—**Zeeb, F.:** Studien zu den altbabylonischen Texten aus Alalaḫ. II: Pfandurkunden, UF 24, 1992, 447-480.
—**Zeeb, F.:** "Die Truppen sind unfähig". Überlegungen zu RS 34.143, UF 24, 1992, 481-498.
—**Zeeb, F.:** Studien zu den altbabylonischen Texten aus Alalaḫ. III: Schuldabtretungsurkunden, UF 25, 1993, 461-472.
—**Zeeb, F.:** Das *teqnītu* in den Immobilienkaufurkunden aus Alalaḫ VII, in: Dietrich, M./Loretz, O. (Hgg.): Vom Alten Orient zum Alten Testament (FS W. von Soden), AOAT 240, Neukirchen-Vluyn/Kevelaer 1995, 541-549.
—**Zeeb, F.:** Alalaḫ VII und das Amosbuch, UF 27, 1995, 641-656.
—**Zeeb, F.:** Die Ortsnamen und geographischen Bezeichnungen der Texte aus Alalaḫ VII, UF 30, 1998, 829-886.
—**Zeist, W. van:** Lists of Names of Wild and Cultivated Cereals, BSA 1, 1984, 8-15.
—**Zeist, W. van:** Pulses and Oil Plants, BSA 2, 1985, 33-37.
—**Ziegler, N.:** Le Harem de Zimrî-Lîm, Florilegium IV, MémNABU 5, Paris 1999.
—**Zgoll, A.:** Der Rechtsfall der En-ḫedu-Ana im Lied nin-me-šara, AOAT 246, Münster 1997.
—**Zwickel, W.:** Wirtschaftliche Grundlagen in Zentraljuda gegen Ende des 8. Jh.s aus archäologischer Sicht. Mit einem Ausblick auf die wirtschaftliche Situation im 7. Jh, UF 26, 1994, 557-592.

Ugarit-Verlag Münster

Ricarda-Huch-Straße 6, D-48161 Münster

Lieferbare Bände der Serien AOAT, AVO und FARG:

Alter Orient und Altes Testament (AOAT)

Herausgeber: *Manfried* DIETRICH - *Oswald* LORETZ

Bd. 43 Nils P. HEEßEL, *Babylonisch-assyrische Diagnostik.* 2000 (ISBN 3-927120-86-3), XII + 471 S. + 2 Abb., DM 192,--; ÖS 1.402,--; SFr 170,--.

Bd. 245 Francesco POMPONIO - Paolo XELLA, *Les dieux d'Ebla. Étude analytique des divinités éblaïtes à l'époque des archives royales du IIIe millénaire.* 1997 (ISBN 3-927120-46-4), VII + 551 S., DM 116,--; ÖS 847,--; SFr 103,--.

Bd. 246 Annette ZGOLL, *Der Rechtsfall der En-ḫedu-Ana im Lied nin-me-šara*, 1997 (ISBN 3-927120-50-2), XII + 632 S., DM 134,--; ÖS 978,--; SFr 120,--.

Bd. 248 *Religion und Gesellschaft. Studien zu ihrer Wechselbeziehung in den Kulturen des Antiken Vorderen Orients. Veröffentlichungen des Arbeitskreises zur Erforschung der Religions- und Kulturgeschichte des Antiken Vorderen Orients (AZERKAVO), Band 1.* 1997 (ISBN 3-927120-54-5), VIII + 220 S., DM 86,--; ÖS 628,--; SFr 78,--.

Bd. 249 Karin REITER, *Die Metalle im Alten Orient unter besonderer Berücksichtigung altbabylonischer Quellen.* 1997 (ISBN 3-927120-49-9), XLVII + 471 + 160 S. + 1 Taf., DM 142,--; ÖS 1.037,--; SFr 125,--.

Bd. 250 Manfried DIETRICH - Ingo KOTTSIEPER, Hrsg., *"Und Mose schrieb dieses Lied auf". Studien zum Alten Testament und zum Alten Orient. Festschrift Oswald Loretz.* 1998 (ISBN 3-927120-60-X), xviii + 955 S., DM 222,--; ÖS 1.621,--; SF 197,--

Bd. 251 Thomas R. KÄMMERER, *Šimâ milka. Induktion und Reception der mittelbabylonischen Dichtung von Ugarit, Emār und Tell el-'Amārna.* 1998 (ISBN 3-927120-47-2), XXI + 360 S., DM 118,--; ÖS 861,--; SFr 105,--.

Bd. 252 Joachim MARZAHN - Hans NEUMANN, Hrsg., *Assyriologica et Semitica. Festschrift für Joachim* OELSNER *anläßlich seines 65. Geburtstages am 18. Februar 1997.* 2000 (ISBN 3-927120-62-6), xii + 635 S. + Abb., DM 196,--; ÖS 1.432,--; SFr. 174,--.

Bd. 253 Manfried DIETRICH - Oswald LORETZ, Hrsg., *dubsar anta-men. Studien zur Altorientalistik. Festschrift für W.H.Ph. Römer.* 1998 (ISBN 3-927120-63-4), xviii + 512 S., DM 142,--; ÖS 1.035,--; SF 126,--.

Bd. 254 Michael JURSA, *Der Tempelzehnt in Babylonien vom siebenten bis zum dritten Jahrhundert v.Chr.* 1998 (ISBN 3-927120-59-6), VIII + 146 S., DM 82,--; ÖS 599,--; SFr 74,50.

Bd. 255 Thomas R. KÄMMERER - Dirk SCHWIDERSKI, *Deutsch-Akkadisches Wörterbuch.* 1998 (ISBN 3-927120-66-9), XVIII + 589 S., DM 156,--; ÖS 1.139,--; SFr 138,--.

Bd. 256 Hanspeter SCHAUDIG, *Die Inschriften Nabonids von Babylon und Kyros des Großen.* 2001 (ISBN 3-927120-75-8)(i.V.)

Bd. 257 Thomas RICHTER, *Untersuchungen zu den lokalen Panthea Süd- und Mittelbabyloniens in altbabylonischer Zeit.* 1999 (ISBN 3-927120-64-2), XXII + 518 S., DM 167,--; ÖS 1.037,--; SFr 149,--.

Bd. 258 Sally A.L. BUTLER, *Mesopotamian Conceptions of Dreams and Dream Rituals.* 1998 (ISBN 3-927120-65-0), XXXIX + 474 S. + 20 Pl., DM 148,--; ÖS 1.080,--; SFr 131,--.

Bd. 259 Ralf ROTHENBUSCH, *Die kasuistische Rechtssammlung im Bundesbuch und ihr literarischer Kontext im Licht altorientalischer Parallelen.* 2000 (ISBN 3-927120-67-7), IV + 681 S., DM 186,--; ÖS 1.358,--; SFr 168,--

Bd. 260 Tamar ZEWI, *A Syntactical Study of Verbal Forms Affixed by -n(n) Endings in Classical Arabic, Biblical Hebrew, El-Amarna Akkadian and Ugaritic.* 1999 (ISBN 3-927120-71-5), VI + 211 S., DM 94,--; ÖS 686,--; SFr 85,50.

Bd. 261 Hans-Günter BUCHHOLZ, *Ugarit, Zypern und Ägäis - Kulturbeziehungen im zweiten Jahrtausend v.Chr.* 1999 (ISBN 3-927120-38-3), XIII + 812 S., 116 Tafeln, DM 214,--; ÖS 1.562,--; SFr 191,50.

Bd. 262 Willem H.Ph. RÖMER, *Die Sumerologie. Einführung in die Forschung und Bibliographie in Auswahl* (zweite, erweiterte Auflage). 1999 (ISBN 3-927120-72-3), XII + 250 S., DM 120,--; ÖS 876,--; SFr 106,50.

Bd. 263 Robert ROLLINGER, *Frühformen historischen Denkens. Geschichtsdenken, Ideologie und Propaganda im alten Mesopotamien am Übergang von der Ur-III zur Isin-Larsa Zeit* (ISBN 3-927120-76-6)(i.V.)

Bd. 264 Michael P. STRECK, *Die Bildersprache der akkadischen Epik.* 1999 (ISBN 3-927120-77-4), 258 S., DM 120,--; ÖS 876,--; SFr 106,50.

Bd. 265 Betina I. FAIST, *Der Fernhandel des assyrischen Reichs zwischen dem 14. und 11. Jahrhundert v. Chr.*, 2001 (ISBN 3-927120-79-0), XXII + 322 S. + 5 Tf., DM 141,--; ÖS 1.029,--; SFr. 125,--.

Bd. 266 Oskar KAELIN, *Ein assyrisches Bildexperiment nach ägyptischem Vorbild. Zu Planung und Ausführung der „Schlacht am Ulai“.* 1999 (ISBN 3-927120-80-4), 150 S., Abb., 5 Beilagen, DM 96,--; ÖS 701,--; SFr. 87,--.

Bd. 267 Barbara BÖCK, Eva CANCIK-KIRSCHBAUM, Thomas RICHTER, Hrsg., *Munuscula Mesopotamica. Festschrift für Johannes RENGER.* 1999 (ISBN 3-927120-81-2), XXIX + 704 S., Abb., DM 244,--; ÖS 1.752,--; SFr. 219,--.

Bd. 268 Yushu GONG, *Die Namen der Keilschriftzeichen.* 2000 (ISBN 3-927120-83-9), VIII + 228 S., DM 88,--; ÖS 642,--; SFr 80,--.

Bd. 269/1 Manfried DIETRICH - Oswald LORETZ, *Studien zu den ugaritischen Texten I: Mythos und Ritual in KTU 1.12, 1.24, 1.96, 1.100 und 1.114.* 2000 (ISBN 3-927120-84-7), XIV + 554 S., DM 176,--; ÖS 1.285,--; SFr. 158,--.

Bd. 270 Andreas SCHÜLE, *Die Syntax der althebräischen Inschriften. Ein Beitrag zur historischen Grammatik des Hebräischen.* 2000 (ISBN 3-927120-85-5), IV + 294 S., DM 124,--; ÖS 905,--; SFr. 112,--.

Bd. 271/1 Michael P. STRECK, *Das amurritische Onomastikon der altbabylonischen Zeit I: Die Amurriter, die onomastische Forschung, Orthographie und Phonologie, Nominalmorphologie.* 2000 (ISBN 3-927120-87-1), 414 S., DM 148,--; ÖS 1.080,--; SFr 131,--.

Bd. 272 Reinhard DITTMANN - Barthel HROUDA - Ulrike LÖW - Paolo MATTHIAE - Ruth MAYER-OPIFICIUS - Sabine THÜRWÄCHTER, Hrsg., *Variatio Delectat - Iran und der Westen. Gedenkschrift für Peter CALMEYER.* 2001 (ISBN 3-927120-89-8), XVIII + 768 S. + 2 Faltb., DM 224,--; ÖS 1.635,--; SFr. 200,--.

Bd. 273 Josef TROPPER, *Ugaritische Grammatik.* 2000 (ISBN 3-927120-90-1), XXII + 1056 S., DM 196,--; ÖS 1.431,--; SFr. 174,--.

Bd. 274 *Festschrift für B. Kienast.* 2001 (ISBN 3-927120-91-X)(i.V.)

Bd. 275 Petra GESCHE, *Schulunterricht in Babylonien im ersten Jahrtausend v.Chr.* 2001 (ISBN 3-927120-93-6), xxxiv + 820 S. + xiv Tf., DM 220,--; ÖS 1.606,-; SFr. 195,--.

Bd. 276 Willem H.Ph. RÖMER, *Hymnen und Klagelieder in sumerischer Sprache.* 2001 (ISBN 3-927120-94-4), xi + 275 S., DM 130,--; ÖS 949,--; SFr. 117,50.

Bd. 277 Corinna FRIEDL, *Polygynie in Mesopotamien und Israel. Sozialgeschichtliche Analyse polygamer Beziehungen anhand rechtlicher Texte aus dem 2. und 1. Jahrtausend v.Chr.* 2000 (ISBN 3-927120-95-2), 325 S., DM 130,--; ÖS 949,--; SFr 117,50.

Bd. 278/1 Alexander MILITAREV - Leonid KOGAN, *Semitic Etymological Dictionary. Vol. I: Anatomy of Man and Animals.* 2000 (ISBN 3-927120-90-1), cliv + 425 S., DM 166,--; ÖS 1.212,--; SFr. 147,--.

Bd. 279 Kai A. METZLER, *Tempora in altbabylonischen literarischen Texten.* 2001 (ISBN 3-934628-03-6)(i.D.)

Bd. 280 Beat HUWYLER - Hans-Peter MATHYS - Beat WEBER, Hrsg., *Prophetie und Psalmen. Festschrift für Klaus SEYBOLD zum 65. Geburtstag.* 2001 (ISBN 3-934628-01-X), xi + 315 S., 10 Abb., DM 138,--; ÖS 1.007,--; SFr. 122,--.

Bd. 281 Oswald LORETZ - Kai METZLER - Hanspeter SCHAUDIG, Hrsg., *Ex Oriente Lux. Festschrift für Manfried DIETRICH zu seinem 65. Geburtstag am 6.11.2000.* 2001 (ISBN 3-927120-99-5)(i.D.)

Bd. 282 Frank T. ZEEB, *Die Palastwirtschaft in Altsyrien nach den spätaltbabylonischen Getreidelieferlisten aus Alalaḫ (Schicht VII).* 2001 (ISBN 3-934628-05-2), XIII + 757 S. (i.D.)

Bd. 283 Rüdiger SCHMITT, *Bildhafte Herrschaftsrepräsentation im eisenzeitlichen Israel.* 2001 (ISBN 3-934628-06-0), VIII + 231 S. (i.D.)

Altertumskunde des Vorderen Orients (AVO)

Herausgeber: *Manfried DIETRICH - Reinhard DITTMANN - Oswald LORETZ*

Bd. 1 Nadja CHOLIDIS, *Möbel in Ton.* 1992 (ISBN 3-927120-10-3), XII + 323 S. + 46 Taf., DM 119,--; ÖS 869,--; SFr 105,--.

Bd. 2 Ellen REHM, *Der Schmuck der Achämeniden.* 1992 (ISBN 3-927120-11-1), X + 358 S. + 107 Taf., DM 125,--; ÖS 913,--; SFr 111,--.

Bd. 3 Maria KRAFELD-DAUGHERTY, *Wohnen im Alten Orient.* 1994 (ISBN 3-927120-16-2), x + 404 S. + 41 Taf., DM 146,--; ÖS 1.066,--; SFr 129,50.

Bd. 4 Manfried DIETRICH - Oswald LORETZ, Hrsg., *Festschrift für* Ruth Mayer-Opificius. 1994 (ISBN 3-927120-18-9), xviii + 356 S. + 256 Abb., DM 116,--; ÖS 847,--; SFr 103,--.

Bd. 5 Gunnar LEHMANN, *Untersuchungen zur späten Eisenzeit in Syrien und Libanon. Stratigraphie und Keramikformen zwischen ca. 720 bis 300 v.Chr.* 1996 (ISBN 3-927120-33-2), x + 548 S. + 3 Karten + 113 Tf., DM 212,--; ÖS 1.550,--; SFr 188,--

Bd. 6 Ulrike LÖW, *Figürlich verzierte Metallgefäße aus Nord- und Nordwestiran - eine stilkritische Untersuchung.* 1998 (ISBN 3-927120-34-0), xxxvii + 663 S. + 107 Taf., DM 256,--; ÖS 1.869,--; SFr 228,--.

Bd. 7 Ursula MAGEN - Mahmoud RASHAD, Hrsg., *Vom Halys zum Euphrat.* Thomas Beran *zu Ehren.* 1996 (ISBN 3-927120-41-3), XI + 311 S., 123 Abb., DM 139,--; ÖS 1.015,--; SFr 123,--.

Bd. 8 Eşref ABAY, *Die Keramik der Frühbronzezeit in Anatolien mit »syrischen Affinitäten«.* 1997 (ISBN 3-927120-58-8), XIV + 461 S., 271 Abb.-Taf., DM 228,--; ÖS 1.664,--; SFr 202,--.

Bd. 9 Jürgen SCHREIBER, *Die Siedlungsarchitektur auf der Halbinsel Oman vom 3. bis zur Mitte des 1. Jahrtausends v.Chr.* 1998 (ISBN 3-927120-61-8), XII + 253 S., DM 104,--; ÖS 759,--; SFr 92,50.

Bd. 10 *Iron Age Pottery in Northern Mesopotamia, Northern Syria and South-Eastern Anatolia.* Ed. Arnulf HAUSLEITER and Andrzej REICHE. 1999 (ISBN 3-927120-78-2), XII + 491 S., DM 230,--; ÖS 1.679,--; SFr 206,50.

Forschungen zur Anthropologie und Religionsgeschichte
(FARG)

Herausgeber: *Manfried DIETRICH - Oswald LORETZ*

Bd. 27 Jehad ABOUD, *Die Rolle des Königs und seiner Familie nach den Texten von Ugarit.* 1994 (ISBN 3-927120-20-0), XI + 217 S., DM 38,50; ÖS 283,--; SFr 36,--.

Bd. 28 Azad HAMOTO, *Der Affe in der altorientalischen Kunst.* 1995 (ISBN 3-927120-30-8), XII + 147 S. + 25 Tf. mit 155 Abb.; DM 49,--; ÖS 358,--; SFr 45,50.

Bd. 29 *Engel und Dämonen. Theologische, anthropologische und religionsgeschichtliche Aspekte des Guten und Bösen.* Hrsg. von Gregor AHN - Manfried DIETRICH, 1996 (ISBN 3-927120-31-6), XV + 190 S., DM 36,--; ÖS 263,--; SFr 33,--.

Bd. 30 Matthias B. LAUER, *"Nachhaltige Entwicklung" und Religion. Gesellschaftsvisionen unter Religionsverdacht und die Frage der religiösen Bedingungen ökologischen Handelns.* 1996 (ISBN 3-927120-48-0), VIII + 207 S.; DM 36,--; ÖS 263,--; SFr 33,--.

Bd. 31 Stephan AHN, *Søren Kierkegaards Ontologie der Bewusstseinssphären. Versuch einer multidisziplinären Gegenstandsuntersuchung.* 1997 (ISBN 3-927120-51-0), XXI + 289 S., DM 46,--; ÖS 336,--; SFr 42,50.

Bd. 32 Mechtilde BOLAND, *Die Wind-Atem-Lehre in den älteren Upanisaden.* 1997 (ISBN 3-927120-52-9), XIX + 157 S., DM 36,--; ÖS 263,--; SFr 33,--.

Bd. 33 *Religionen in einer sich ändernden Welt. Akten des Dritten Gemeinsamen Symposiums der THEOLOGISCHEN FAKULTÄT DER UNIVERSITÄT TARTU und der DEUTSCHEN RELIGIONSGESCHICHTLICHEN STUDIENGESELLSCHAFT am 14. und 15. November 1997.* Hrsg. von Manfried DIETRICH, 1999 (ISBN 3-927120-69-3), X + 163 S., 12 Abb., DM 33,--; ÖS 241,--; SFr 30,50.

Bd. 34 *Endzeiterwartungen und Endzeitvorstellungen in den verschiedenen Religionen. Akten des Vierten Gemeinsamen Symposiums der THEOLOGISCHEN FAKULTÄT DER UNIVERSITÄT TARTU und der DEUTSCHEN RELIGIONSGESCHICHTLICHEN STUDIENGESELLSCHAFT am 5. und 6. November 1999.* Hrsg. von Manfried DIETRICH, 2001 (ISBN 3-927120-92-8)(i.D.)

Bd. 35 Maria Grazia LANCELLOTTI, *The Naassenes. A Gnostic Identity Among Judaism, Christianity, Classical and Ancient Near Eastern Traditions.* 2000 (ISBN 3-927120-97-9), XII + 416 S., DM 72,--; ÖS 526,--; SFr. 65.50.

Bei einem Abonnement der Serien liegen die angegebenen Preise um ca. 15% tiefer.

Auslieferung - Distribution:
BDK Bücherdienst GmbH
Kölner Straße 248
D-51149 Köln

Distributor to North America:
Eisenbrauns, Inc.
Publishers and Booksellers, POB 275
Winona Lake, Ind. 46590, U.S.A.